NomosPraxis

Prof. Dr. Sebastian Kluckert [Hrsg.]

Das neue Infektionsschutzrecht

2. Auflage

Dr. Peter Bachmann, Rechtsanwalt, Fachanwalt für Verwaltungsrecht, München | **Nicole Böck**, Rechtsanwältin, München | **Andreas Fleischfresser**, Vorsitzender Richter am Verwaltungsgericht, Köln | **Prof. Dr. Ulrich M. Gassner, Mag. rer. publ., M. Jur.**, Universität Augsburg | **Dr. Kerstin Sabina Heidenreich**, GKV-Spitzenverband, Berlin | **Prof. Dr. Marcel Kau**, LL.M., Universität Konstanz | **Prof. Dr. Sebastian Kluckert**, Universität Wuppertal | **Dr. Martin Krasney**, Rechtsanwalt, GKV-Spitzenverband, Berlin | **Dr. Felix Lubrich**, GKV-Spitzenverband, Berlin | **Dr. Klaus Ritgen**, Deutscher Landkreistag, Berlin | **Prof. Dr. Stephan Rixen**, Universität Bayreuth | **Dr. Joachim Rung**, Rechtsanwalt, München | **Prof. Dr. Nils Schaks**, Universität Mannheim | **Dr. Marc Schüffner**, Rechtsanwalt, Fachanwalt für Verwaltungsrecht, Berlin | **Joachim Schütz**, Rechtsanwalt, Deutscher Hausärzteverband, Köln | **Prof. Dr. Felipe Temming**, LL.M., Universität Hannover | **Prof. Dr. Michael Tsambikakis**, Rechtsanwalt, Fachanwalt für Strafrecht und Fachanwalt für Medizinrecht, Köln | **Ulf Zumdick**, Rechtsanwalt, Bundesverband der Pharmazeutischen Industrie (BPI) e.V., Berlin.

Nomos

Zitiervorschlag: Kluckert Neues InfektionsschutzR/*Bearbeiter* § ... Rn. ...

Die Deutsche Nationalbibliothek verzeichnet diese Publikation in der Deutschen Nationalbibliografie; detaillierte bibliografische Daten sind im Internet über http://dnb.d-nb.de abrufbar.

ISBN 978-3-8487-7041-0

2. Auflage 2021

Vorwort zur 2. Auflage

Nach über einem Jahr seit Beginn des ersten Lockdowns im März 2020 steht das gesamte private und öffentliche Leben in der Bundesrepublik Deutschland weiterhin im Zeichen der Corona-Pandemie. Maßnahmen zur Eindämmung des Coronavirus und zur Versorgung mit Impfstoffen und (Schnell-)Tests beherrschen die Debatte. Mittlerweile ist erkennbar, dass die getroffenen bzw. unterlassenen Maßnahmen sowie ihr Erfolg oder Misserfolg sich auf die Verfasstheit der Gesellschaft und das Vertrauen in staatliche Institutionen auswirken und damit auch auf die Grundordnung des Staates abfärben können.

Das Infektionsschutzrecht ist das rechtliche Fundament aller wesentlichen Bausteine, die über Erfolg oder Misserfolg entscheiden. Von welcher großen Aktualität und Dynamik dieses Rechtsgebiet ist, beweist der Umstand, dass nach weniger als einem Jahr seit Erscheinen der Erstauflage bereits die zweite Auflage dieses Handbuchs vorgelegt wird. Mit dem Ziel, Rechtsanwendern in Gerichten, Verwaltung, Rechtsanwaltschaft, Sozialversicherung, Unternehmen, Verbänden etc. rechtliche Orientierung und aktuelle Auskunft zu geben, wurde die Neuauflage erforderlich. Mit Blick auf den wissenschaftlichen Anspruch des Handbuchs ist festzustellen, dass die wissenschaftliche Begleitung, Erschließung und Aufarbeitung des Infektionsschutzrechts mittlerweile an Fahrt aufgenommen hat; sie stehen gleichwohl erst am Anfang. Die zweite Auflage verarbeitet die neu veröffentlichten literarischen Beiträge und setzt weitere Impulse für den wissenschaftlichen Diskurs.

Trotz aller Dynamik musste es naturgemäß einen Redaktionsschluss geben, der auf den 24. Februar 2021 fällt. Das am 4. März 2021 vom Deutschen Bundestag beschlossene „Gesetz zur Fortgeltung der die epidemische Lage von nationaler Tragweite betreffenden Regelungen“ konnte aber noch vollständig eingearbeitet werden. Weitere Entwicklungen, wie etwa die Anpassung der Landesverordnungen, konnten punktuell sogar bis März im Handbuch berücksichtigt werden.

Zum größten Dank bin ich wiederum dem verantwortlichen Lektor des Nomos Verlags, Herrn Dr. Marco Ganzhorn, verpflichtet, der mit seiner tatkräftigen und sorgsamen Arbeitsweise wiederum zum Gelingen maßgeblich beigetragen hat.

Wuppertal, im März 2021 — Prof. Dr. Sebastian Kluckert

Vorwort zur 1. Auflage

Die Corona-Pandemie hat mit dem Infektionsschutzgesetz (IfSG) ein im juristischen Schrifttum bisher wenig beachtetes Gesetz in den Lebensmittelpunkt der Menschen gerückt. Das IfSG enthält weitreichende Befugnisse zur Verhütung und Bekämpfung übertragbarer Krankheiten. Mit dem (Ersten) Gesetz zum Schutz der Bevölkerung bei einer epidemischen Lage von nationaler Tragweite v. 27.3.2020 hat der Bundesgesetzgeber zudem weitreichende Änderungen des IfSG beschlossen, die insbesondere das Gesundheitswesen betreffende Krisenreaktionsmaßnahmen ermöglichen. Mit dem Zweiten Bevölkerungsschutzgesetz v. 19.5.2020 wurden weitere Anpassungen vorgenommen und die exekutiven Befugnisse noch einmal ausgebaut. Neben dem Gesetzgeber ist auf Bundesebene vor allem der Verordnungsgeber aktiv, der sich auf umfangreiche Ermächtigungen stützen kann. Im Rahmen des Vollzugs des IfSG und zur Bewältigung der Pandemiefolgen wurden zudem auf Landesebene zahlreiche Regelungen erlassen – allen voran die Maßnahmen zur Bekämpfung des Coronavirus, die zu in der Geschichte der Bundesrepublik Deutschland beispiellosen Freiheitsbeschränkungen geführt haben. Viele Befugnisse, Ermächtigungen und Regelungen sind juristisch hochumstritten.

Das vorliegende Handbuch umfasst die internationalen, europäischen, verfassungs- und verwaltungsrechtlichen Grundlagen des Infektionsschutzrechts. Es widmet sich ferner ausführlich den rechtlichen Einzelfragestellungen, die in verschiedenen Sachgebieten innerhalb und außerhalb des Gesundheitswesens mit der Bewältigung der epidemischen Lage von nationaler Tragweite verbunden sind. Als zeitnahe literarische Reaktion auf neue oder bisher unbeleuchtete Rechtsprobleme soll das Werk Rechtsanwendern in Gerichten, Verwaltung, Rechtsanwaltschaft, Sozialversicherung, Unternehmen, Verbänden etc rechtliche Orientierung und Auskunft geben. Ferner liefert das Buch einen Beitrag zur wissenschaftlichen Begleitung, Erschließung und Aufarbeitung des Infektionsschutzrechts, die jahrzehntelang – jedenfalls auf breiter Basis – versäumt wurde und jetzt unbedingt nachgeholt werden muss. Der Tag der Verkündung des Zweiten Bevölkerungsschutzgesetzes, dessen Regelungen in das Handbuch bereits eingearbeitet wurden, markiert den Redaktionsschluss (22.5.2020).

Größter Dank gebührt dem verantwortlichen Lektor des Nomos-Verlags, Herrn Dr. Marco Ganzhorn, der zupackend und unermüdlich das Projekt vorangetrieben hat. Ferner habe ich Frau Dr. Katharina König vom juristischen Lektorat des Nomos-Verlags zu danken, die die Erstbearbeitung der Manuskripte mit Sorgfalt und größter Schnelligkeit durchgeführt hat. Schließlich gilt mein Dank auch denjenigen Verlagsmitarbeitern, die zwar keinen direkten Kontakt mit dem Herausgeber haben, aber für die zuverlässige Herstellung des Werks ebenso ihren Beitrag geleistet haben.

Wuppertal, im Mai 2020 Prof. Dr. Sebastian Kluckert

Inhaltsübersicht

Vorwort zur 2. Auflage 5

Vorwort zur 1. Auflage 7

Bearbeiterverzeichnis 11

Allgemeines Literaturverzeichnis 13

Abkürzungsverzeichnis 17

Teil 1: Grundlagen

§ 1 Internationales und Europäisches Infektionsschutzrecht *(Gassner)* 27

§ 2 Verfassungs- und verwaltungsrechtliche Grundlagen des Infektionsschutzrechts *(Kluckert)* 77

§ 3 Die Corona-Bekämpfungsmaßnahmen der Bundesländer während der ersten Welle *(Kluckert)* 153

Teil 2: Epidemische Lage von nationaler Tragweite

§ 4 Die epidemische Lage von nationaler Tragweite – einfachrechtliche Regelungen und verfassungsrechtliche Problematik *(Rixen)* 167

§ 5 Einreisen und die epidemische Lage von nationaler Tragweite *(Kau)* 184

§ 6 Transport und Verkehr und die epidemische Lage von nationaler Tragweite *(Kau)* 204

§ 7 Medizinprodukte und die epidemische Lage von nationaler Tragweite *(Böck)* 226

§ 8 Arzneimittel und die epidemische Lage von nationaler Tragweite *(Zumdick)* 249

§ 9 Ärzte und die epidemische Lage von nationaler Tragweite *(Schütz)* 270

§ 10 Krankenhäuser und Pflegeeinrichtungen und die epidemische Lage von nationaler Tragweite *(Schüffner)* 295

Teil 3: Gesetzliche Krankenversicherung

§ 11 Aufgaben und Herausforderungen der gesetzlichen Krankenversicherung bei der Bewältigung von Pandemien *(Krasney/Heidenreich/Lubrich)* 317

Teil 4: Behördliche Zuständigkeiten und Aufgaben

§ 12 Behördliche Zuständigkeiten und Aufgaben *(Ritgen)* 385

Teil 5: Verhütungs- und Bekämpfungsmaßnahmen

§ 13 Ordnungsrecht – §§ 16 ff., §§ 24 ff. IfSG *(Fleischfresser)* 425

§ 14 Verhütung übertragbarer Krankheiten: Schutzimpfungen *(Schaks)* 451

Teil 6: Entschädigung

§ 15 Entschädigungsrecht und IfSG *(Bachmann/Rung)* 475

Teil 7: Arbeitsrecht

§ 16 Infektionsschutzrechtliche Implikationen auf das Arbeitsrecht *(Temming)* .. 497

Teil 8: Straf- und Bußgeldvorschriften

§ 17 Straf- und Bußgeldvorschriften *(Tsambikakis)* 541

Anhang: Zusammenstellung der Corona-Bekämpfungsregelungen der Bundesländer *(Kluckert)* 551

Stichwortverzeichnis 677

Bearbeiterverzeichnis

Dr. Peter Bachmann Rechtsanwalt, Fachanwalt für Verwaltungsrecht, München; Lehrbeauftragter für Öffentliches Recht an der Universität Passau	§ 15 (zs. mit *Rung*)
Nicole Böck Rechtsanwältin, München	§ 7
Andreas Fleischfresser Vorsitzender Richter am Verwaltungsgericht, Köln	§ 13
Prof. Dr. Ulrich M. Gassner, Mag. rer. publ., M. Jur. (Oxon.) Professur für Öffentliches Recht, Institut für Bio-, Gesundheits- und Medizinrecht (IBGM), Universität Augsburg	§ 1
Dr. Kerstin Sabina Heidenreich Justitiarin des GKV-Spitzenverbandes, Berlin	§ 11 (zs. mit *Krasney/Lubrich*)
Prof. Dr. Marcel Kau, LL.M. (Georgetown) Universität Konstanz	§§ 5, 6
Prof. Dr. Sebastian Kluckert Lehrstuhl für Öffentliches Recht, insb. Öffentliches Wirtschaftsrecht und Sozialrecht, Bergische Universität Wuppertal	§§ 2, 3, Anhang
Dr. Martin Krasney Rechtsanwalt, Justitiar des GKV-Spitzenverbandes, Berlin	§ 11 (zs. mit *Heidenreich/Lubrich*)
Dr. Felix Lubrich Justitiar des GKV-Spitzenverbandes, Berlin	§ 11 (zs. mit *Krasney/Heidenreich*)
Dr. Klaus Ritgen Referent beim Deutschen Landkreistag, Berlin	§ 12
Prof. Dr. Stephan Rixen Lehrstuhl für Öffentliches Recht, Sozialwirtschafts- und Gesundheitsrecht, Universität Bayreuth	§ 4
Dr. Joachim Rung Rechtsanwalt, München	§ 15 (zs. mit *Bachmann*)

Prof. Dr. Nils Schaks, licencié en droit (Paris X-Nanterre) Juniorprofessur für Öffentliches Recht, Universität Mannheim	§ 14
Dr. Marc Schüffner Rechtsanwalt, Fachanwalt für Verwaltungsrecht, Berlin	§ 10
Joachim Schütz Rechtsanwalt, Geschäftsführer und Justiziar des Deutschen Hausärzteverbandes, Köln	§ 9
Prof. Dr. Felipe Temming, LL.M. (LSE) Lehrstuhl für Bürgerliches Recht, Arbeits- und Wirtschaftsrecht, Leibniz Universität Hannover	§ 16
Prof. Dr. Michael Tsambikakis Rechtsanwalt, Fachanwalt für Strafrecht und Fachanwalt für Medizinrecht, Köln, Honorarprofessor für Strafrecht und Strafprozessrecht an der Universität Passau	§ 17
Ulf Zumdick Rechtsanwalt, Justiziar und Geschäftsfeldleiter Arzneimittelrecht des Bundesverbandes der Pharmazeutischen Industrie (BPI) e.V., Berlin	§ 8

Allgemeines Literaturverzeichnis

Das Verzeichnis enthält alle in den Fußnoten in Kurzform zitierten Werke.

Altmeppen	Altmeppen, GmbHG, Kommentar, 10. Aufl. 2021
Anhalt/Dieners MedProdukteR-HdB	Anhalt/Dieners, Handbuch des Medizinprodukterechts, Kommentar, 2. Aufl. 2017
Becker/Kingreen	Becker/Kingreen, SGB V – Gesetzliche Krankenversicherung, Kommentar, 7. Aufl. 2020
BeckOGK BGB	Gsell/Krüger/Lorenz/Reymann, BeckOGK BGB, Großkommentar, 32. Aufl. 2020
BeckOK ArbR	Rolfs/Giesen/Kreikebohm/Udsching, BeckOK Arbeitsrecht, Kommentar, 55. Aufl. 2020
BeckOK GG	Epping/Hillgruber, BeckOK Grundgesetz, Kommentar, 45. Aufl. 2020
BeckOK InfSchR	Eckart/Winkelmüller, BeckOK Infektionsschutzrecht, Kommentar, 2. Aufl. 2020
BeckOK OWiG	Graf, BeckOK OWiG, Kommentar, 26. Aufl. 2020
Benkard PatG	Benkard, Patentgesetz, Kommentar, 11. Aufl. 2015
BHKM BayÖffR	Becker/Heckmann/Kempen/Manssen, Öffentliches Recht in Bayern, Lehrbuch, 7. Aufl. 2017
BK-GG	Kahl/Waldhoff/Walter, Bonner Kommentar zum Grundgesetz, Kommentar, 199. Aufl. 2019
Bumke/Voßkuhle VerfassungsR	Bumke/Voßkuhle, Casebook Verfassungsrecht, Lehrbuch, 7. Aufl. 2015
Calliess/Ruffert	Calliess/Ruffert, EUV/AEUV, Kommentar, 5. Aufl. 2016
Dieners/Reese PharmaR-HdB	Dieners/Reese, Handbuch des Pharmarechts, Handbuch, 2010
Dörr/Grote/Marauhn	Dörr/Grote/Marauhn, EMRK/GG Konkordanzkommentar zum europäischen und deutschen Grundrechtsschutz, Handbuch, 2. Aufl. 2013
Dreier	Dreier, Grundgesetz-Kommentar, Kommentar, Bände 1–3, 3. Aufl. 2013 ff.
Ehlers/Fehling/Pünder BesVerwR	Ehlers/Fehling/Pünder, Besonderes Verwaltungsrecht, Handbuch, Band 1, 4. Aufl. 2019
Erbs/Kohlhaas	Erbs/Kohlhaas, Strafrechtliche Nebengesetze, Kommentar, 233. Aufl. 2020
Erdle	Erdle, Infektionsschutzgesetz, Kommentar, 7. Aufl. 2020
ErfK	Müller-Glöge/Preis/Schmidt, Erfurter Kommentar zum Arbeitsrecht, Kommentar, 21. Aufl. 2021
Esser/Tsambikakis PandemieStrafR	Esser/Tsambikakis, Pandemiestrafrecht, 2020
Fuhrmann/Klein/Fleischfresser ArzneimittelR-HdB	Fuhrmann/Klein/Fleischfresser, Arzneimittelrecht, Handbuch, 3. Aufl. 2020
Gerhardt	Gerhardt, Infektionsschutzgesetz, Kommentar, 5. Aufl. 2021
Grabitz/Hilf/Nettesheim	Grabitz/Hilf/Nettesheim, Das Recht der Europäischen Union, Kommentar, 71. Aufl. 2020

Hailbronner/Maaßen/Hecker/Kau	Hailbronner/Maaßen/Hecker/Kau, Staatsangehörigkeitsrecht: StAngR, Kommentar, 6. Aufl. 2017
Hauck/Noftz	Hauck/Noftz, Sozialgesetzbuch, Kommentar, Bände 1–12, 2019
HK-ArbR	Däubler/Hjort/Schubert/Wolmerath, Arbeitsrecht, Kommentar, 4. Aufl. 2017
HK-BDSG	Sydow, Bundesdatenschutzgesetz, Kommentar, 2019
HK-SozEntschR	Knickrehm, Gesamtes Soziales Entschädigungsrecht, Kommentar, 2012
HK-VerwR	Fehling/Kastner/Störmer, Verwaltungsrecht, Kommentar, 5. Aufl. 2021
Hoffmann-Riem/Schmidt-Aßmann/Voßkuhle VerwR II	Hoffmann-Riem/Schmidt-Aßmann/Voßkuhle, Grundlagen des Verwaltungsrechts, Personal, Finanzen, Kontrolle, Sanktionen, Staatliche Einstandspflichten, Handbuch, Band II, 2. Aufl. 2012
Hohenstatt/Sittard ArbR Corona	Hohenstatt/Sittard, Arbeitsrecht in Zeiten von Corona, 2020
Huster/Kingreen InfektionsschutzR-HdB	Huster/Kingreen, Handbuch Infektionsschutzrecht, Handbuch, 2021
HWK	Henssler/Willemsen/Kalb, Arbeitsrecht, Kommentar, 9. Aufl. 2020
Isensee/Kirchhof StaatsR-HdB	Isensee/Kirchhof, Handbuch des Staatsrechts der Bundesrepublik Deutschland, Handbuch, Bände 1–12, 3. Aufl. 2003 ff.
Jarass/Pieroth	Jarass/Kment, Grundgesetz für die Bundesrepublik Deutschland: GG, Kommentar, 16. Aufl. 2020
jurisPK-SGB IV	Schlegel/Voelzke/Schlegel, juris PraxisKommentar SGB IV, Kommentar, 3. Aufl. 2016
jurisPK-SGB V	Schlegel/Voelzke, juris PraxisKommentar SGB V, Kommentar, 4. Aufl. 2020
jurisPK-SGB XI	Schlegel/Voelzke/Hauck, juris PraxisKommentar SGB XI, Kommentar, 2. Aufl. 2017
Karpenstein/Mayer	Karpenstein/Mayer, EMRK, Kommentar, 2. Aufl. 2015
KassKomm	Körner/Leitherer/Mutschler/Rolfs, Kasseler Kommentar Sozialversicherungsrecht, Kommentar, 111. Aufl. 2020
Kersten/Rixen Verfassungsstaat Covid-19	Kersten/Rixen, Der Verfassungsstaat in der Corona-Krise, 2020
Kiesche/Kohte ArbSchutz Corona	Kiesche/Kohte, Arbeits- und Gesundheitsschutz in Zeiten von Corona, 2. Aufl. 2020
Kießling	Kießling, Infektionsschutzgesetz: IfSG, Kommentar, 2020
Kingreen/Poscher POR	Kingreen/Poscher, Polizei- und Ordnungsrecht, Lehrbuch, 11. Aufl. 2020
Kingreen/Poscher StaatsR II	Kingreen/Poscher, Grundrechte Staatsrecht II, Lehrbuch, 35. Aufl. 2019
KK-OWiG	Mitsch, Karlsruher Kommentar zum Gesetz über Ordnungswidrigkeiten: OWiG, Kommentar, 5. Aufl. 2018

Kloepfer Pandemien	Kloepfer, Pandemien als Herausforderung für die Rechtsordnung, 2011
Knack/Henneke	Knack/Henneke, Verwaltungsverfahrensgesetz: VwVfG, Kommentar, 11. Aufl. 2019
Körner/Patzak/Volkmer	Körner/Patzak/Volkmer, Betäubungsmittelgesetz: BtMG, Kommentar, 9. Aufl. 2019
Krenberger/Krumm	Krenberger/Krumm, OWiG, Kommentar, 6. Aufl. 2020
Kroiß Rechtsprobleme COVID-19	Kroiß, Rechtsprobleme durch COVID-19, Handbuch, 2020
Kügel/Müller/Hofmann	Kügel/Müller/Hofmann, Arzneimittelgesetz: AMG, Kommentar, 2. Aufl. 2016
Laufs/Kern/Rehborn ArztR-HdB	Laufs/Kern/Rehborn, Handbuch des Arztrechts, Handbuch, 5. Aufl. 2019
Lisken/Denninger PolR-HdB	Lisken/Denninger, Handbuch des Polizeirechts, Handbuch, 6. Aufl. 2018
LPK-SGB V	Hänlein/Schuler, Sozialgesetzbuch V, Kommentar, 5. Aufl. 2016
Lutz	Lutz, Infektionsschutzgesetz, Kommentar, 2. Aufl. 2020
MAH MedR	Clausen/Schroeder-Printzen, Münchener Anwaltshandbuch Medizinrecht, Handbuch, 3. Aufl. 2020
v. Mangoldt/Klein/Starck	von Mangoldt/Klein/Starck, Grundgesetz, Kommentar, Bände 1–3, 7. Aufl. 2018
Maunz/Dürig	Maunz/Dürig, Grundgesetz-Kommentar, Kommentar, 92. Aufl. 2020
Maurer/Waldhoff AllgVerwR	Maurer/Waldhoff, Allgemeines Verwaltungsrecht, Lehrbuch, 20. Aufl. 2020
Mes	Mes, Patentgesetz, Gebrauchsmustergesetz: PatG, GebrMG, Kommentar, 5. Aufl. 2020
MHdB ArbR	Kiel/Lunk/Oetker, Münchener Handbuch zum Arbeitsrecht, Handbuch, Bände 1–4, 4. Aufl. 2018 ff.
MüKoBGB	Säcker/Rixecker/Oetker/Limperg, Münchener Kommentar zum Bürgerlichen Gesetzbuch: BGB, Kommentar, Bände 1–13, 8. Aufl. 2018 ff.
NebenStrafR-Lex	Buddendiek/Rutkowski, Lexikon des Nebenstrafrechts, Lexikon, 43. Aufl. 2020
NK-EuGRCh	Meyer/Hölscheidt, Charta der Grundrechte der Europäischen Union, Kommentar, 5. Aufl. 2019
NK-GesundhR	Berchtold/Huster/Rehborn, Gesundheitsrecht, Kommentar, 2. Aufl. 2018
NK-StGB	Kindhäuser/Neumann/Paeffgen, Strafgesetzbuch, Kommentar, 5. Aufl. 2017
NK-VwGO	Sodan/Ziekow, Verwaltungsgerichtsordnung, Kommentar, 5. Aufl. 2018
Ossenbühl/Cornils StaatsHaftR	Ossenbühl/Cornils, Staatshaftungsrecht, Lehrbuch, 6. Aufl. 2013
Palandt	Palandt, Bürgerliches Gesetzbuch, Kommentar, 80. Aufl. 2021
Peters KV-HdB II	Peters, Handbuch der Krankenversicherung, Teil II: SGB V, Handbuch, 94. Aufl. 2020

Preis/Temming ArbR	Preis/Temming, Arbeitsrecht – Individualarbeitsrecht Lehrbuch für Studium und Praxis, Lehrbuch, 6. Aufl. 2019
Quaas/Zuck/Clemens/Gokel MedR	Quaas/Zuck/Clemens, Medizinrecht, Handbuch, 4. Aufl. 2018
Ratzel/Luxenburger MedR-HdB	Ratzel/Luxenburger, Handbuch Medizinrecht, Handbuch, 3. Aufl. 2015
Rehmann	Rehmann, Arzneimittelgesetz: AMG, Kommentar, 5. Aufl. 2020
Rehmann/Wagner	Rehmann/Wagner, Medizinproduktegesetz (MPG), Kommentar, 3. Aufl. 2018
Rixen/Krämer	Rixen/Krämer, ApoG, Kommentar, 2014
Sachs	Sachs, Grundgesetz: GG, Kommentar, 8. Aufl. 2018
Sander ArzneimittelR	Sander, Arzneimittelrecht – Kommentar für die juristische und pharmazeutische Praxis zum Arzneimittelgesetz, Kommentar, 58. Aufl. 2017
Schaub ArbR-HdB	Schaub, Arbeitsrechts-Handbuch, Handbuch, 18. Aufl. 2019
Schenke/Graulich/Ruthig	Schenke/Graulich/Ruthig, Sicherheitsrecht des Bundes, Kommentar, 2. Aufl. 2019
Schlegel/Meßling/Bockholdt Gesundheit und Soziales Corona	Schlegel/Meßling/Bockholdt, COVID-19 – Corona-Gesetzgebung – Gesundheit und Soziales, 2020
Schmidt COVID-19	Schmidt, COVID-19 – Rechtsfragen zur Corona-Krise, 2. Aufl. 2020
Schnapp/Wigge VertragsarztR-HdB	Schnapp/Wigge, Handbuch des Vertragsarztrechts, Handbuch, 3. Aufl. 2017
Schönke/Schröder	Schönke/Schröder, Strafgesetzbuch: StGB, Kommentar, 30. Aufl. 2019
Schwarze	Schwarze, EU-Kommentar, Kommentar, 4. Aufl. 2019
SHH	Schmidt-Bleibtreu/Hofmann/Henneke, Kommentar zum Grundgesetz: GG, Kommentar, 14. Aufl. 2017
Sodan KrankenVersR-HdB	Sodan, Handbuch des Krankenversicherungsrechts, Handbuch, 3. Aufl. 2018
Sodan/Ziekow GK ÖffR	Sodan/Ziekow, Grundkurs Öffentliches Recht, Handbuch, 9. Aufl. 2020
Spickhoff	Spickhoff, Medizinrecht, Kommentar, 3. Aufl. 2018
SRH	Ruland/Becker/Axer, Sozialrechtshandbuch (SRH), Handbuch, 6. Aufl. 2018
Staudinger	Staudinger, BGB – J. von Staudingers Kommentar zum Bürgerlichen Gesetzbuch mit Einführungsgesetz, Kommentar, 18. Aufl. 2018
Stelkens/Bonk/Sachs	Stelkens/Bonk/Sachs, VwVfG: Verwaltungsverfahrensgesetz, Kommentar, 9. Aufl. 2018
Stern StaatsR I	Stern, Das Staatsrecht der Bundesrepublik Deutschland, Bd. I, Handbuch, 2. Aufl. 1984
Stern StaatsR II	Stern, Das Staatsrecht der Bundesrepublik Deutschland, Bd. II, Handbuch, 1980

Abkürzungsverzeichnis

1. PpUG-ÄndV	Erste Verordnung zur Änderung der Pflegepersonaluntergrenzenverordnung
aA	anderer Ansicht
aaO	am angegebenen Ort
abl.	ablehnend
ABl.	Amtsblatt der Europäischen Union
Abs.	Absatz
Abschn.	Abschnitt
abw.	abweichend
aE	am Ende
ÄApprO	Approbationsordnung für Ärzte
AEUV	Vertrag über die Arbeitsweise der Europäischen Union
aF	alte Fassung
AfG	Ausschuss für Gesundheit
AG	Amtsgericht
AGBGB	Ausführungsgesetz BGB
AIDS	Acquired Immune Deficiency Syndrome
allg.	allgemein
allgA	allgemeine Ansicht
allg M	allgemeine Meinung
AllMBl.	Allgemeines Ministerialblatt
aM	anderer Meinung
AMG	Arzneimittelgesetz
AM-RL	Arzneimittel-Richtlinie
Amtl. Anz.	Amtlicher Anzeiger
AMVV	Arzneimittelverschreibungsverordnung
AMWHV	Verordnung über die Anwendung der Guten Herstellungspraxis bei der Herstellung von Arzneimitteln und Wirkstoffen und über die Anwendung der Guten fachlichen Praxis bei der Herstellung von Produkten menschlicher Herkunft (Arzneimittel- und Wirkstoffherstellungsverordnung)
Änd-AV	Änderungsallgemeinverfügung
Änd-Erl.	Änderungserlass
Änd-G	Änderungsgesetz
Änd-VO	Änderungsverordnung
AnFöVO	Anerkennungs- und Förderungsverordnung
Anh.	Anhang
Anm.	Anmerkung
Anl.	Anlage
APA	Advance Purchase Agreement
Art.	Artikel
AU	Arbeitsunfähigkeit
Aufl.	Auflage
ausdr.	ausdrücklich
ausf.	ausführlich
AV	Allgemeinverfügung(en)
AWG	Außenwirtschaftsgesetz

Az.	Aktenzeichen
BAG	Bundesarbeitsgericht
BÄK	Bundesärztekammer
BAnz	Bundesanzeiger
BauNVO	Verordnung über die bauliche Nutzung der Grundstücke (Baunutzungsverordnung)
BayIfSG	Bayerisches Infektionsschutzgesetz
BayIfSMV	Bayerische Infektionsschutzmaßnahmenverordnung
BayKSG	Bayerisches Katastrophenschutzgesetz
BayMBl.	Bayerisches Ministerialblatt
BAV	Bundesanstalt für Verwaltungsdienstleistungen
BBK	Bundesamt für Bevölkerungsschutz und Katastrophenhilfe
Bd.	Band
BDSG	Bundesdatenschutzgesetz
Begr.	Begründung
Bek.	Bekanntmachung
ber.	berichtigt
BerlLadÖffG	Berliner Ladenöffnungsgesetz
bes.	besonders
Beschl.	Beschluss
BewA	Bewertungsausschuss
BfArM	Bundesinstitut für Arzneimittel und Medizinprodukte
BGB	Bürgerliches Gesetzbuch
BGBl.	Bundesgesetzblatt
BGH	Bundesgerichtshof
BMAS	Bundesministerium für Arbeit und Soziales
BMF	Bundesministerium der Finanzen
BMG	Bundesministerium für Gesundheit
BMV	Bundesmantelvertrag
BMVg	Bundesministerium der Verteidigung
BMWi	Bundesministerium für Wirtschaft und Energie
BPflV	Bundespflegesatzverordnung
BPolG	Bundespolizeigesetz
BSeuchG	Bundes-Seuchengesetz
BSG	Bundessozialgericht
bspw.	beispielsweise
BT-Drs.	Bundestags-Drucksache
BT-PlPr	Bundestags-Plenarprotokoll
BtMG	Betäubungsmittelgesetz
BtMVV	Verordnung über das Verschreiben, die Abgabe und den Nachweis des Verbleibs von Betäubungsmitteln (Betäubungsmittel-Verschreibungsverordnung)
Bundesgesundheitsbl.	Bundesgesundheitsblatt
BVerfG	Bundesverfassungsgericht
BVerwG	Bundesverwaltungsgericht
BVL	Bundesamt für Verbraucherschutz und Lebensmittelsicherheit
BW	Baden-Württemberg
bzgl.	bezüglich
bzw.	beziehungsweise
CEPI	Coalition for Epidemic Preparedness Innovations
CESCR	Committee on Economic, Social and Cultural Rights

CFE	Contingency Fund for Emergencies
CoBeLVO (Rheinland-Pfalz)	Corona-Bekämpfungsverordnung Rheinland-Pfalz
CoronaBetrVO (Nordrhein-Westfalen)	Coronabetreuungsverordnung
CoronaEinreiseVO (Nordrhein-Westfalen)	Verordnung zum Schutz vor Neuinfizierungen mit dem Coronavirus SARS-CoV-2 in Bezug auf Ein- und Rückreisende (Coronaeinreiseverordnung)
CoronaImpfV	Coronavirus-Impfverordnung
CoronaSchVO (Nordrhein-Westfalen)	Verordnung zum Schutz vor Neuinfizierungen mit dem Coronavirus SARS-CoV-2
Corona-Übergangs-LVO MV	Verordnung der Landesregierung Mecklenburg-Vorpommern zum Übergang nach den Corona-Schutz-Maßnahmen
CoronaVO (Baden-Württemberg)	Verordnung der Landesregierung über infektionsschützende Maßnahmen gegen die Ausbreitung des Virus SARS-CoV-2 (Corona-Verordnung)
CoronaVO Einreise (Baden-Württemberg)	Verordnung des Sozialministeriums zu Quarantänemaßnahmen für Ein- und Rückreisende zur Eindämmung des Virus SARS-CoV-2 (Corona-Verordnung Einreise-Quarantäne – CoronaVO EQ)
CorSurV	Coronavirus-Surveillanceverordnung
COVAX	Covid 19 Vaccines Global Access
COVID-19	Coronavirus Disease 19
COVID-19-Krankenhausentlastungsgesetz	Gesetz zum Ausgleich COVID-19 bedingter finanzieller Belastungen der Krankenhäuser und weiterer Gesundheitseinrichtungen
COVID-19-VSt-SchutzVO	COVID-19-Versorgungsstrukturen-Schutzverordnung
COVuR	COVID-19 und Recht (Zeitschrift)
C-TAP	Covid-19 Technology Access Pool
dh	das heißt
DIVI	Deutsche Interdisziplinäre Vereinigung für Intensiv- und Notfallmedizin
DIVI IntensivRegister-Verordnung	Verordnung zur Aufrechterhaltung und Sicherung intensivmedizinischer Krankenhauskapazitäten
DKG	Deutsche Krankenhausgesellschaft
DMP-Anforderungen-Richtlinie	Richtlinie zur Zusammenführung der Anforderungen an strukturierte Behandlungsprogramme nach § 137 f Absatz 2 des Fünften Sozialgesetzbuch
Dok.	Dokument
dpa	Deutsche Presseagentur
Drs.	Drucksache
DRiZ	Deutsche Richterzeitung
Durchführungsbeschl.	Durchführungsbeschluss
DurchführungsVO	Durchführungsverordnung
DVBl	Deutsches Verwaltungsblatt (Zeitschrift)
E	Entwurf
ebd.	ebenda

EBM	Einheitlicher Bewertungsmaßstab
ECDC	European Centre for Disease Prevention and Control
ECSR	European Committee of Social Rights
EDPB	European Data Protection Board
EDSA	Europäischer Datenschutz-Ausschuss
EFTA	Europäische Freihandelsassoziation
EFZG	Entgeltfortzahlungsgesetz
EG	Europäische Gemeinschaft; Erwägungsgrund
eGK	elektronische Gesundheitskarte
Einf.	Einführung
eingetr.	eingetragen
Einl.	Einleitung
EinlALR	Einleitung zum Preußischen Allgemeinen Landrecht von 1794
einschl.	einschließlich
einschr.	einschränkend
EL	Ergänzungslieferung
EMA	European Medicines Agency
EMRK	Europäische Menschenrechtskonvention
Entsch.	Entscheidung
entspr.	entsprechend
EpiLage-Fortgeltungsgesetz	Gesetz zur Fortgeltung der die epidemische Lage von nationaler Tragweite betreffenden Regelungen
EQV (Bayern)	Verordnung über Quarantänemaßnahmen für Einreisende zur Bekämpfung des Coronavirus (Einreise-Quarantäneverordnung)
Erkl.	Erklärung
Erl.	Erlass; Erläuterung
ErlIfSMG (Baden-Württemberg)	Gesetz über den Erlass infektionsschützender Maßnahmen
ESC	Europäische Sozialcharta
ESI	Emergency Support Instrument
etc	et cetera
EU	Europäische Union
EuGH	Europäischer Gerichtshof
EUR	Euro (bei Geldbeträgen)
eur.	europäisch
EUV	Vertrag über die Europäische Union
eV	eingetragener Verein
evtl.	eventuell
EWR	Europäischer Wirtschaftsraum
EWRS	Early Warning and Response System
f., ff.	folgende
FAZ	Frankfurter Allgemeine Zeitung
FlüAG	Flüchtlingsaufnahmegesetz
Fn.	Fußnote
FreizügG/EU	Gesetz über die allgemeine Freizügigkeit von Unionsbürgern (Freizügigkeitsgesetz/EU – FreizügG/EU)
FS	Festschrift
FT	Financial Times
GATS	General Agreement on Trade in Services

GATT	General Agreement on Tariffs and Trade
Gavi	Global Alliance for Vaccines and Immunization
G-BA	Gemeinsamer Bundesausschuss
GCP-V	Verordnung über die Anwendung der Guten Klinischen Praxis bei der Durchführung von klinischen Prüfungen mit Arzneimitteln zur Anwendung am Menschen
geänd.	geändert
gem.	gemäß
GewO	Gewerbeordnung
GFATM	The Global Fund to Fight AIDS, Tuberculosis and Malaria
GG	Grundgesetz
ggf.	gegebenenfalls
GHRP	Global Humanitarian Response Plan
GISN	Global Influenza Surveillance Network
GKV	Gesetzliche Krankenversicherung
GMLZ	Gemeinsame Melde- und Lagezentrum
GOARN	Global Outbreak Alert and Response Network
GOP	Gebührenordnungsposition
GPEI	Globale Polioeradikationsinitiative
GrCH	Charta der Grundrechte der Europäischen Union
grdl.	grundlegend
grds.	grundsätzlich
GV, GVBl.	Gesetz- und Verordnungsblatt
hA	herrschende Auffassung
HdB	Handbuch
HERA	Health Emergency Preparedness and Response Authority
HiAP	Health in All Policies
HIV	Human immunodeficiency virus
hL	herrschende Lehre
hM	herrschende Meinung
HmbSARS-CoV-2-EindämmungsVO	Verordnung zur Eindämmung der Ausbreitung des Coronavirus SARS-CoV-2 in der Freien und Hansestadt Hamburg (Hamburgische SARS-CoV-2-Eindämmungsverordnung)
HOLN	Health Organization of the League of Nations
HRRS	Höchstrichterliche Rechtsprechung im Strafrecht (Online-Zeitschrift)
Hrsg.	Herausgeber
Hs.	Halbsatz
HSC	Health Security Committee
iA	im Auftrag
ICMRA	International Coalition of Medicines Regulatory Authorities
idF	in der Fassung
idR	in der Regel
idS	in diesem Sinne
iE	im Einzelnen/im Ergebnis
ieS	im engeren Sinne
IfSBG-NRW	Gesetz zur Regelung besonderer Handlungsbefugnisse im Rahmen einer epidemischen Lage von nationaler oder landesweiter Tragweite und zur Festlegung der Zuständigkeiten nach dem Infektionsschutzgesetz Nordrhein-Westfalen (Infektionsschutz- und Befugnisgesetz)

IfSG	Gesetz zur Verhütung und Bekämpfung von Infektionskrankheiten beim Menschen (Infektionsschutzgesetz)
IfSGKoordinierungs-VwV	Allgemeine Verwaltungsvorschrift über die Koordinierung des Infektionsschutzes in epidemisch bedeutsamen Fällen (Verwaltungsvorschrift-IfSG-Koordinierung)
IfSGZustV (Baden-Württemberg)	Verordnung des Sozialministeriums zur Änderung der Verordnung über Zuständigkeiten nach dem Infektionsschutzgesetz
IGH	Internationaler Gerichtshof
IGV	Internationale Gesundheitsvorschriften
IGV-DG	Gesetz zur Durchführung der Internationalen Gesundheitsvorschriften
iHv	in Höhe von
IHR	International Health Regulations
IKRK	Internationales Komitee vom Roten Kreuz
ILC	International Law Commission
InEK	Institut für das Entgeltsystem im Krankenhaus
INIG	Informationsstelle für Internationalen Gesundheitsschutz
inkl.	inklusive
insbes.	insbesondere
insg.	insgesamt
IPbpR	Internationaler Pakt über bürgerliche und politische Rechte (sog. UN-Zivilpakt)
IPCR	Integrated Political Crisis Response
IPU	Interparlamentarische Union
IPwskR	Internationaler Pakt über wirtschaftliche, soziale und kulturelle Rechte (sog. UN-Sozialpakt)
iS	im Sinne
iSd	im Sinne des
iSv	im Sinne von
ISV	Internationale Sanitätsvorschriften
iÜ	im Übrigen
iVm	in Verbindung mit
IWF	Internationaler Währungsfonds
iwS	im weiteren Sinne
JEE	Joint External Evaluation
jM	juris – Die Monatszeitschrift
Kammerbeschl.	Kammerbeschluss
Kap.	Kapitel
KBV	Kassenärztliche Bundesvereinigung
KHEntgG	Krankenhausentgeltgesetz
KHG	Krankenhausfinanzierungsgesetz
KHGG NRW	Krankenhausgestaltungsgesetz des Landes Nordrhein-Westfalen
KOVVfG	Gesetz über das Verwaltungsverfahren der Kriegsopferversorgung
krit.	kritisch
KV	Krankenversicherung; Kassenärztliche Vereinigung
KZV	Kassenzahnärztliche Vereinigung
LG	Landgericht
lit.	litera

Lit.	Literatur
Ls.	Leitsatz
LStVG	Gesetz über das Landesstrafrecht und das Verordnungsrecht auf dem Gebiet der öffentlichen Sicherheit und Ordnung (Landesstraf- und Verordnungsgesetz)
mAnm	mit Anmerkung
MD	Medizinischer Dienst
MDK	Medizinischen Dienste der Krankenversicherung
MDK-Reformgesetz	Reformgesetz der Medizinischen Dienste der Krankenversicherung
MDR	Medical Device Regulation
MDS	Medizinischer Dienst des Spitzenverbandes Bund der Krankenkassen
mE	meines Erachtens
MedBVSV	Verordnung zur Sicherstellung der Versorgung der Bevölkerung mit Produkten des medizinischen Bedarfs bei der durch das Coronavirus SARS-CoV-2 verursachten Epidemie
mind.	mindestens
Mio.	Million(en)
Mitt.	Mitteilung(en)
mN	mit Nachweisen
MPG	Medizinproduktegesetz
MPP	Medicines Patent Pool
Mrd.	Milliarde(n)
mwN	mit weiteren Nachweisen
mWv	mit Wirkung von
mzN	mit zahlreichen Nachweisen
Nachw.	Nachweise
nF	neue Fassung
Nov.	Novelle
Nr.	Nummer
nrkr	nicht rechtskräftig
NRW	Nordrhein-Westfalen
nv	nicht veröffentlicht
oÄ	oder Ähnliches
OCHA	Office for the Coordination of Humanitarian Affairs
og	oben genannt
ÖGDG NRW	Gesetz über den öffentlichen Gesundheitsdienst des Landes Nordrhein-Westfalen
OHIP	Office International d'Hygiène Publique
OIE	Office International des Epizooties
OLG	Oberlandesgericht
ÖPNV	öffentlicher Personennahverkehr
OPS	Operationen- und Prozedurenschlüssel
OVG	Oberverwaltungsgericht
PAG	Gesetz über Aufgaben und Befugnisse der Staatlichen Bayerischen Polizei (Polizeiaufgabengesetz)
PASB	Pan American Sanitary Bureau
PASO	Pan American Sanitary Organization
PatG	Patentgesetz

PEF	Pandemic Emergency Financing Facility
PEI	Paul-Ehrlich-Institut
PharmR	Pharmarecht (Zeitschrift)
PHEIC	Public Health Emergency of International Concern
PJ	Praktisches Jahr
PKV	Private Krankenversicherung
PolG	Polizeigesetz
pU	pharmazeutischer Unternehmer
RdErl.	Runderlass
RdJB	Recht der Jugend und des Bildungswesens (Zeitschrift)
RefE	Referentenentwurf
resp.	respektive
re. Sp.	rechte Spalte
RKI	Robert Koch-Institut
RL	Richtlinie
Rn.	Randnummer
RS	Rundschreiben
Rspr.	Rechtsprechung
S.	Seite
s.	siehe
SächsCoronaSchVO	Verordnung des Sächsischen Staatsministeriums für Soziales und Gesellschaftlichen Zusammenhalt zum Schutz vor dem Coronavirus SARS-CoV-2 und COVID-19 (Sächsische Corona-Schutz-Verordnung)
SAPV	spezialisierte ambulante Palliativversorgung
SARS	Severe Acute Respiratory Syndrome (Schweres Akutes Respiratorisches Syndrom)
SARS-CoV-2	Severe Acute Respiratory Syndrome Coronavirus 2 (Schweres Akutes Atemwegssyndrom Coronoavirus 2)
SARS-CoV-2-AMVersV	SARS-CoV-2-Arzneimittelversorgungsverordnung
SARS-CoV-2-BekämpfV (Mecklenburg-Vorpommern)	Verordnung der Landesregierung über Maßnahmen zur Bekämpfung der Ausbreitung des neuartigen Coronavirus SARS-CoV-2 in Mecklenburg-Vorpommern (SARS-CoV-2-Bekämpfungsverordnung)
SARS-CoV-2-BekämpfV (Schleswig-Holstein)	Landesverordnung über Maßnahmen zur Bekämpfung der Ausbreitung des neuartigen Coronavirus SARS-CoV-2 in Schleswig-Holstein (SARS-CoV-2-Bekämpfungsverordnung)
SARS-CoV-2-EindmaßnV (Berlin)	Konsolidierte Fassung der Verordnung über erforderliche Maßnahmen zur Eindämmung der Ausbreitung des neuartigen Coronavirus SARS-CoV-2 in Berlin
SARS-CoV-2-EindV (Brandenburg)	Verordnung über Maßnahmen zur Eindämmung des neuartigen Coronavirus SARS-CoV-2 und COVID-19 in Brandenburg
SARS-CoV-2-EindV (Sachsen-Anhalt)	Verordnung über Maßnahmen zur Eindämmung der Ausbreitung des neuartigen CoronavirusSARS-CoV-2 in Sachsen-Anhalt (SARS-CoV-2-Eindämmungsverordnung)
SDG	Sustainable Development Goals
SG	Soldatengesetz
SGB	Sozialgesetzbuch
SL	Saarland

Slg	Sammlung
sog	sogenannt/so genannt
Spgstr.	Spiegelstrich
SPRP	Strategic Preparedness and Response Plan
SPS-Übereinkommen	Agreement on the Application of Sanitary and Phytosanitary Measures (SPS Agreement)
SR	Systematische Sammlung des Bundesrechts (Schweiz)
StGB	Strafgesetzbuch
STIKO	Ständige Impfkommission
StMGP	Bayerisches Staatsministerium für Gesundheit und Pflege
StPO	Strafprozessordnung
stRspr	ständige Rechtsprechung
SZ	Süddeutsche Zeitung
TFG	Gesetz zur Regelung des Transfusionswesens
ThürSARS-CoV-2-EindmaßnVO	Thüringer Verordnung über erforderliche Maßnahmen zur Eindämmung der Ausbreitung des Coronavirus SARS-CoV-2 (Thüringer SARS-CoV-2-Eindämmungsmaßnahmenverordnung)
TRIPS	Übereinkommen über handelsbezogene Aspekte der Rechte geistigen Eigentums
ua	unter anderem
UAbs.	Unterabsatz
uä/uÄ	und ähnlich/und Ähnliches
uam	und anderes mehr
uE	unseres Erachtens
umstr.	umstritten
UN	United Nations
unstr.	unstreitig
Urt.	Urteil
USD	US-Dollar
usw	und so weiter
uU	unter Umständen
uVm	und Vieles mehr
v.	von/vom
Verf.	Verfasser
VG	Verwaltungsgericht
VGH	Verwaltungsgerichtshof
vgl.	vergleiche
VO	Verordnung
vorl.	vorläufig
VwGO	Verwaltungsgerichtsordnung
VwVfG	Verwaltungsverfahrensgesetz
WHA	Wisconsin Hospital Association, World Health Assembly
WHE	WHO Health Emergencies Programme
WHO	World Health Organization
wN	weitere Nachweise
WTO	World Trade Organization
zB	zum Beispiel
Ziff.	Ziffer
zit.	zitiert
ZLS	Zentralstelle der Länder für Sicherheitstechnik

zT	zum Teil
zust.	zustimmend
zutr.	zutreffend
zw.	zweifelhaft
zzgl.	zuzüglich

Teil 1: Grundlagen

§ 1 Internationales und Europäisches Infektionsschutzrecht

Literatur: *Abbott/Reichman,* Facilitating Access to Cross-Border Supplies of Patented Pharmaceuticals: The Case of the COVID-19 Pandemic, J Int Econ Law 23 (2020), 535; *Ammon/Faensen,* Surveillance von Infektionskrankheiten auf europäischer Ebene, Bundesgesundheitsbl. 2009, 176; *Anderson/Mirski,* How Can China Respond to the Coronavirus-Related Lawsuits Against It?, Lawfare Blog, 3.9.2020, abrufbar unter https://ogy.de/yh6 q; *Anderson/Mirski,* An Update on the Coronavirus-Related Lawsuits Against China, Lawfare Blog, 22.1.2021, abrufbar unter https://ogy.de/s1jw; *Anton/Hartmann,* Ein Überblick über europäische und nationale Maßnahmen, MPJ 2020, 195; *Aust/Feihle,* "I want to break free": the WHO Foundation as an Experiment in the Financing of International Organisations, EJIL:Talk!, 14.10.2020, abrufbar unter https://ogy.de/tt0 h; *Bansal,* Can China be held liable for the COVID-19 Global Pandemic?, CILJ Blog, 30.8.2020, abrufbar unter https://ogy.de/wdsy; *Bartolini,* The Failure of 'Core Capacities' Under The WHO International Health Regulations, ICLQ 70 (2020), 233, abrufbar unter https://ogy.de/i8ww; *Beck,* Weltrisikogesellschaft, 2007; *Becker,* Do We Need an International Commission of Inquiry for COVID-19? Part I, EJIL:Talk!, 18.5.2020, abrufbar unter https://ogy.de/eb58; *Becker/Hatje/Schoo/Schwarze* (Hrsg.), EU-Kommentar, 4. Aufl. 2019; *Becker/Michelutti,* Corona-Verlängerung: Neuerungen für grenzüberschreitende B2C-Lieferungen nunmehr zum 1.7.2021, DStR 2020, 1817; *Benedek,* Grundlagen und Rahmenbedingungen der Steuerungskraft des Völkerrechts, ZaöRV 2016, 345; *von Bogdandy/Villarreal,* Die Weltgesundheitsorganisation in der COVID-19 Pandemie, ZaöRV 2020, 293; *von Bogdandy/Villarreal,* International Law on Pandemic Response: A First Stocktaking in Light of the Coronavirus Crisis, MPIL Research Paper Series No. 2020–07, abrufbar unter https://ogy.de/pomt; *von Bogdandy/Villarreal,* The role of international law in vaccinating against COVID-19: Appraising the COVAX Initative, MPIL Research Paper Series No. 2020–46, abrufbar unter https://ogy.de/w9d7; *Bonk/Döring,* A new Approach to Global Health, Internationale Politik Special 2/2021, 57; *Bozhenko,* More on Public International Law and Infectious Diseases: Foundations of the Obligation to Report Epidemic Outbreaks, EJIL:Talk!, 15.8.2019, abrufbar unter https://ogy.de/i09 k; *Burci,* COVID-19 and the Governance of International Organizations, IOLR 17 (2020), 485; *Burci/Vignes,* The WHO, 2004; *Burholt,* Kartellrecht in Zeiten von Covid-19, PharmR 2020, 229; *Calliess/Ruffert* (Hrsg.), EUV/AEUV – Kommentar, 5. Aufl. 2016; *de Coninck,* Germany adopts a new Global Health Strategy, Global Health Law Groningen Blog, 17.11.2020, abrufbar unter https://ogy.de/xj1 q; *Cucinotta/Vanelli,* WHO Declares COVID-19 a Pandemic, Acta Biomed 91 (2020), 157; *Davies,* Infectious Disease Outbreak Response: Mind the Rights Gap, Med. L. Rev. 25 (2017), 270; *Destoumieux-Garzón/Mavingui/Boetsch/Boissier/Darriet ua,* The One Health Concept: 10 Years Old and a Long Road Ahead. Front Vet Sci 5 (2018); *Diesfeld,* WHO, in Gerabek/Haage/Keil/Wegner (Hrsg.), Enzyklopädie Medizingeschichte, 2005, S. 1484; *Dörr/Grote/Marauhn,* EMRK/GG, Konkordanzkommentar, 2. Aufl. 2013; *Emanuel/Persad/Kern/Buchanan/Fabre ua,* An ethical framework for global vaccine allocation, Science 369 (2020), 1309; *Essawy,* The WHO: The Guardian of Human Rights during Pandemics?, EJIL:Talk!, 15.6.2020 abrufbar unter https://ogy.de/kh7 m; *Fidler,* International Law and Infectious Diseases, 1999; *Fidler,* From International Sanitary Conventions to Global Health Security: The New International Health Regulations, Chinese J. Int'l L. 4 (2005), 325; *Fidler,* To Declare Or Not to Declare: The Controversy over Declaring a Public Health Emergency of International Concern for the Ebola Outbreak in the Democratic Republic of the Congo, Asian J. WTO & Int'l Health L & Pol'y 14 (2019), 287; *Fidler,* Vaccine nationalism's politics, Science 369 (2020), 749; *Fidler,* Covid-19 and International Law: Must China Compensate Countries for the Damage?, Just Security, 27.3.2020, abrufbar unter https://ogy.de/uhwg; *Fidler/Gostin,* The New International Health Regulations: An Historic Development for International Law and Public Health, J.L. Med. & Ethics 34 (2006), 85; *Franzkowiak/Hurrelmann,* Gesundheit, in Bundeszentrale für gesundheitliche Aufklärung (Hrsg.), Leitbegriffe der Gesundheitsförderung (Stand: 13.6.2018), abrufbar unter https://ogy.de/s0cl; *Frau,* Law as an Antidote? Assessing the Potential of International Health Law Based on the Ebola-Outbreak 2014, GoJIL 7 (2016), 225; *Frau,* Gesundheitsvölkerrecht, AL 2017,

356; *Frau,* Combining the WHO's International Health Regulations (2005) with the UN Security Council's Powers: Does it Make Sense for Health Governance?, in Vierck/Villarreal/Weilert (Hrsg.), The Governance of Disease Outbreaks, 2017, S. 327; *Frenzel*, Sekundärrechtsetzungsakte internationaler Organisationen, 2011; *Frischhut/Greer*, EU public health law and policy – communicable diseases, in Hervey/Young/Bishop (Hrsg.), Research Handbook on EU Health Law and Policy, 2017, S. 315; *Gassner*, Internationale regulatorische Zusammenarbeit durch transgouvernementale Netzwerke – das Beispiel des International Medical Device Regulators Forum (IMDRF), in Lorenzmeier/Folz (Hrsg.), Recht und Realität, Festschrift für Christoph Vedder, 2017, S. 420; *Gassner*, Europäisches Arzneimittelverwaltungsverfahrensrecht – Praxisdefizite und Reformoptionen (Teil 1), PharmR 2019, 209; *Gassner* (Hrsg.), Die neue Medizinprodukte-Verordnung, 2. Aufl. 2021; *Gassner/Ponader*, Nationaler Versorgungsbedarf und unionales Kompetenzgefüge, COVuR 2020, 465; *Gostin*, Global Health Law, 2014; *Gostin/Cathaoir*, Lurching from Complacency to Panic in the Fight against Dangerous Microbes: A Blueprint for a Common Secure Future, Emory L.J. 67 (2018), 337; *Gostin/Hongju/Koh/Williams/Hamburg/Benjamin/Foege,* US withdrawal from WHO is unlawful and threatens global and US health and security, The Lancet 396 (2020), 293; *Gostin/Karim/Meier*, Facilitating Access to a COVID-19 Vaccine through Global Health Law, JLME 48 (2020), 622; *Gostin/Shalala/Hamburg/Bloom/Koplan/Rimer/Williams,* A global health action agenda for the Biden administration, The Lancet 397 (2021), 5; *Grabitz/Hilf/Nettesheim* (Hrsg.), Das Recht der Europäischen Union (Stand: 71. EL August 2020); *Grosse Ruse-Khan*, Access to Covid-19 Treatment and International Intellectual Property Protection, Part I: Patent protection, voluntary access and compulsory licensing, EJIL:Talk!, 15.4.2020, abrufbar unter https://ogy.de/yvwn; *Grosse Ruse-Khan*, Part II: National security exceptions and test data protection, EJIL:Talk!, 15.4.2020, abrufbar unter https://ogy.de/vhs1; *Haas,* Präventionsmaßnahmen in einer Pandemie und die Strategien ihrer Bekämpfung auf internationaler, europäischer und nationaler Ebene, in Kloepfer (Hrsg.), Pandemien als Herausforderung für die Rechtsordnung, 2011, S. 45; *Habibi/Huffstetler/Meier,* Human Rights Must Be Central to the International Health Regulations, HHR Viewpoint, 26.8.2020, abrufbar unter https://ogy.de/3bms; *Hartwig,* The Coronavirus Challenges the International Order, ZaöRV 2020, 281; *Heger/Heger*, Die Fluggastrechteverordnung in Zeiten von Corona, NZV 2020, 338; *Hervey/McHale*, European Union Health Law, 2015; *t'Hoen*, TRIPS council to discuss IP and the public interest in the context of COVID 19, Medicines Law & Policy, 29.7.2020 abrufbar unter https://ogy.de/yzz9; *Holzinger/May/Pohler*, Einleitung: Weltrisikogesellschaft, in Holzinger/May/Pohler (Hrsg.), Weltrisikogesellschaft als Ausnahmezustand, 2010, S. 9; *Howard-Jones*, The scientific background of the International Sanitary Conferences 1851–1938, 1975, abrufbar unter https://ogy.de/e1ko; *Huremagić/Kainz,* COVID-19, China and International Aviation Law: A ticket to The Hague?, EJIL:Talk!, 13.7.2020, abrufbar unter https://ogy.de/ppct; *Ioannidis*, Between Responsibility and Solidarity: COVID-19 and the Future of the European Economic Order, ZaöRV 2020, 773; *Jungkind/Bormann*, Verschärfung des Außenwirtschaftsrechts vor dem Hintergrund der COVID-19 Pandemie, NZG 2020, 619; *Kamradt-Scott,* The International Health Regulations (2005): Strengthening Their Effective Implementation and Utilisation, IOLR 16 (2019), 242; *Karpenstein/Mayer* (Hrsg.), Konvention zum Schutz der Menschenrechte und Grundfreiheiten: EMRK, 2. Aufl. 2015; *Katsoni*, Do compulsory vaccinations against COVID-19 violate human rights?: An assessment of the measure's compatibility with the European Convention on Human Rights, Völkerrechtsblog, 2.12.2020, abrufbar unter https://ogy.de/8e9 q; *Keitner*, Missouri's Lawsuit Doesn't Abrogate China's Sovereign Immunity, Just Security, 22.4.2020, abrufbar unter https://ogy.de/ethx.; *Kickbusch/Franz/Holzscheiter/Hunger/Jahn/Razum/Schmidt*, Germany's expanding role in global health, The Lancet 390 (2017), 898; *Klafki,* Risiko und Recht – Risiken und Katastrophen im Spannungsfeld von Effektivität, demokratischer Legitimation und rechtsstaatlichen Grundsätzen am Beispiel von Pandemien, 2017; *Klafki*, International Health Regulations and Transmissible Diseases, GYIL 61 (2018), 73; *Knauff*, Konstitutionalisierung im inner- und überstaatlichen Recht – Konvergenz oder Divergenz?, ZaöRV 2008, 453; *Krajewski*, Völkerrecht, 2. Aufl. 2020; *Krajewski*, Wirtschaftsvölkerrecht, 4. Aufl. 2017; *Kühling*, Das „Recht auf Vergessenwerden" vor dem BVerfG – November(r)evolution für die Grundrechtsarchitektur im Mehrebenensystem, NJW 2020, 275; *Küpper,* Das ungarische Corona-Ermächtigungsgesetz: das „Ende der Demokratie"?, WiRO 2020, 129; *Kuszler*, Global Health and the Human Rights Imperative, Asian J. WTO & Int'l Health L. & Pol'y 2 (2007), 99; *Lambertson*, Swatting a Bug without a Flyswatter: Minimizing the Impact of Disease Control on Individual Liberty under the Revised International Health Regulations, Penn St. Int'l L. Rev. 25 (2006), 531; *Lloyd,* The Pan American Sanitary Bureau, Am J Public Health Nations Health 20 (1930), 925; *Makatsch*, Gesundheitsschutz im Recht der Welthandelsorganisation (WTO), 2004; *Meyer,* Next Generation EU, EuZW 2021, 16; *Meyer/Hölscheidt* (Hrsg.), Charta der Grundrechte der Europäischen Union, 5. Aufl. 2019; *Mögele*, Die EU und COVID-19: Befugnisse und Initiativen, EuZW 2020, 297; *von Mohl*, Staatsrecht, Völkerrecht und Politik, Bd. 1, Staatsrecht und Völkerrecht, 1860; *Moon*, Global health law and governance: concepts, tools, actors and power, in Burci/Toebes (Hrsg.), Research Handbook on Global Health Law, 2018, S. 24; *Moon ua*, Will Ebola change the game? Ten essential reforms before the next pandemic. The report of the Harvard-LSHTM Independent Panel on the Global Response to Ebola, The Lancet 386 (2015), 2204; *Negri*, Communicable disease control, in Burci/Toebes (Hrsg.), Research Handbook on Global Health Law, 2018, S. 265; *Oke*, Is the National Security Exception in the TRIPS agreement a Realistic Option in Confronting COVID-19?, EJIL:Talk!, 6.8.2020, abrufbar unter https://ogy.de/hszr; *Orator*, Möglichkeiten und Grenzen der Einrichtung von Unionsagenturen, 2017; *Oyeleke*, COVID-19 Pandemic: an Evaluation of China's state responsibility under international law, JAPIL 1 (2020); *Pannenborg*, A new international health order. An inquiry into the international relations of world health and medical care, 1979; *Pavone*, Ebola and Securitization of Health: UN Security Council Resolution 2177/2014 and Its Limits, in Vierck/Villarreal/Weilert (Hrsg.), The Governance of Disease Outbreaks, 2017, S. 301; *Peters*, Recht für eine globale Weltgesellschaft: Bedingungen und Grenzen universeller Normsetzung, in Kautek/Schmidinger/Neck (Hrsg.), Wissenschaft – Antrieb oder Ergebnis globaler Dynamik?, 2014, S. 131; *Peters*, Die Pandemie und das Völkerrecht, MPIL Research Paper Series No. 2021–03, abrufbar unter https://ogy.de/l8os; *Pflug*, Pandemievorsorge – informationelle und kognitive Regelungsstrukturen, 2013; *Pobjie*, COVID-19 as a threat to international peace and security: the role of the UN security council in addressing the pandemic, EJIL:Talk!, 27.7.2020, abrufbar unter https://ogy.de/4o1 h; *Prah Ruger*, The Changing Role of the World Bank in Global Health, Am. J. Public Health 95 (2005), 60; *Prah Ruger*, Normative Foundations of Global Health Law, Georget. Law J. 96 (2008), 423; *Reddy/Mazhar/Lencucha*, The financial sustainability of the World Health Organization and the politicial economy of global health governance: a review of funding proposals, Global Health 14 (2018), 1; *Reiling*, Die Anwendung des Grundsatzes der Völkerrechtsfreundlichkeit auf rechtsunverbindliche internationale Standards, ZaöRV 2018, 311; *Reyniers*, COVAX, Pandemic Vaccines and Duties of International Assistance Based on Human Rights, GC Human Rights Preparedness, 5.11.2020, abrufbar unter https://ogy.de/jc7 b; *Rhymer/Speare*, Countries' response to WHO's travel recommendations during the 2013–2016 Ebola outbreak, Bull World Health Organ. 95 (2017), 10; *Rittberger/Kruck/Romund*, Grundzüge der Weltpolitik, 2010; *Rixen*, Gesundheitsschutz in der Coronavirus-Krise – Die (Neu-)Regelungen des Infektionsschutzgesetzes, NJW 2020, 1097; *Rubner*, Ohrenbetäubendes Schweigen Zur Blockade des Sicherheitsrats im Kampf gegen COVID-19, Völkerrechtsblog, 11.6.2020, abrufbar unter https://ogy.de/tyck; *Ruckert/Zinszer/Zarowsky/Labonté/Carabin*, What role for One Health in the COVID-19 pandemic?, Can J Public Health 111 (2020), 641; *Ruffert*, Europarecht für die nächste Generation – Zum Projekt Next Generation EU, NVwZ 2020, 1777; *Sander*, Internationaler und europäischer Gesundheitsschutz, 2004; *Sarkar*, The Liability of China and International Adjudication of the Covid-19 Pandemic, JURIST, 10.4.2020, abrufbar unter https://ogy.de/nk1 m; *Schmidt am Busch*, Die Gesundheitssicherung im Mehrebenensystem, 2007; *Scholz*, Internationaler Gesundheitsschutz und Welthandel, 2010; *Seitz*, Schutz vor Epidemien und Pandemien in der Europäischen Union – Das Coronavirus hCoV-19 als Testfall für den Gesundheitsschutz?, EuZW 2020, 449; *Seitz/Berne*, Die Panazee gegen COVID-19: Das EU-Beihilferecht, EuZW 2020, 591; *Sekalala*, Soft Law and Global Health Problems, 2017; *Siddiqi*, World Health and World Politics, 1995; *Soltész*, Wichtige Entwicklungen im Europäischen Beihilferecht im Jahre 2020, EuZW 2021, 5; *Steinbrück Platise*, Hands Tied? The Law Governing the World Health Organization, MPIL Research Paper Series No. 2021–01, abrufbar unter https://ogy.de/vthv; *Sridhar*, Who Sets the Global Health Research Agenda? The Challenge of Multi-Bi Financing, PLOS Medicine 9 (2012), 1, abrufbar unter https://ogy.de/h8o6; *Stoffels*, EU-Mitgliedschaft und Abspaltung, 2017; *Taak*, International criminal court and liability of china during COVID-19, IJL 6 (2020), 276; *Talmon*, Die Grenzen der Anwendung des Völkerrechts im deutschen Recht, JZ 2013, 12; *Taylor*, Global Health Law: International Law and Public Health Policy, in Quah/Cockerham (Hrsg.), International Encyclopedia of Public Health, Bd. 3, 2. Aufl. 2017, S. 268; *Taylor/Habibi/*

Burci/Dagron/Eccleston-Turner ua, Solidarity in the wake of Covid-19: reimaging the International Health Regulations, The Lancet 396 (2020), 82; *Taylor/Latham/Woolhouse,* Risk factors for human disease emergence, Philos Trans R Soc Lond B Biol Sci, 356 (2001), 983; *Toebes*, Global health law: defining the field, in Burci/Toebes (Hrsg.), Research Handbook on Global Health Law, 2018, S. 2; *Trute*, How to Deal with Pandemics, in Eger/Oeter/Voigt (Hrsg.), International Law and the Rule of Law under Extreme Conditions, 2017, S. 115; *Trute*, Pandemien als potenziell globale Katastrophe, GSZ 2018, 125; *Vedder/Heintschel von Heinegg* (Hrsg.), Europäisches Unionsrecht, 2. Aufl. 2018; *Villarreal*, The World Health Organization's Governance Framework in Disease Outbreaks: A Legal Perspective, in Vierck/Villarreal/Weilert (Hrsg.), The Governance of Disease Outbreaks, 2017, S. 243; *Villarreal*, Public International Law and Human Health: Bridging Conceptual Gaps Through Governance, GYIL 61 (2018), 45; *Villarreal*, Pandemic Intrigue in Geneva: COVID-19 and the 73rd World Health Assembly, EJIL_Talk, 22.5.2020, abrufbar unter https://ogy.de/ysrc; *Weilert*, The Right to Health in International Law – Normative Foundations and Doctrinal Flaws, in Vierck/Villarreal/Weilert (Hrsg.), The Governance of Disease Outbreaks, 2017, S. 145; *Willhöft/Schwind*, Die behördliche Sonderzulassung von Medizinprodukten – zunehmende praktische Relevanz durch die Einführung der MDR, MPR 2020, 46; *Wissenschaftliche Dienste (Deutscher Bundestag)*, Die Corona-Pandemie im Lichte des Völkerrechts (Teil 1), Ausarbeitung v. 5.5.2020, WD 2 – 3000 – 037/20; *Wissenschaftliche Dienste (Deutscher Bundestag)*, Die Corona-Pandemie im Lichte des Völkerrechts (Teil 2), Ausarbeitung v. 2.7.2020, WD 2 – 3000 – 038/20; Zinsstag/Schelling/Waltner-Toews/Tanner, From "one medicine" to "one health" and systemic approaches to health and well-being, Prev Vet Med. 101 (2011), 148.

I. Infektionsschutzrecht als globales und regionales Recht ... 1
II. Internationales Infektionsschutzrecht ... 7
1. Entwicklungsgeschichte ... 7
a) Internationale Sanitätskonferenzen ... 7
b) Institutionalisierung ... 9
2. Die WHO als zentraler Akteur des internationalen Infektionsschutzes ... 11
a) Entstehung und Rechtsgrundlage ... 11
b) Status ... 12
c) Mitglieder ... 13
d) Aufbau und Struktur ... 15
aa) Hauptorgane ... 15
bb) Regionalisierung ... 20
e) Ziel und Aufgaben ... 21
aa) Ziel ... 21
bb) Aufgaben ... 22
f) Finanzierung und Budget ... 23
g) Völkerrechtliche Instrumente ... 24
aa) Soft Law ... 24
bb) Hard Law ... 25
h) Die Internationalen Gesundheitsvorschriften (IGV) ... 29
aa) Einleitung ... 29
bb) Die IGV (2005) ... 33
i) WHO und Deutschland ... 57
aa) Mitgliedschaft ... 57
bb) IGV (2005) ... 58
cc) Kooperation ... 61
dd) Förderung ... 62
ee) Orientierung ... 63
3. Internationaler Infektionsschutz durch sonstige Organisationen und Institutionen ... 64
a) UN ... 64
aa) Krisenmanagement ... 64
bb) Menschenrechtsschutz ... 65
b) Weltbank ... 66
c) IWF ... 67
d) WTO ... 68
aa) Infektionsschutz als Handelshemmnis ... 68
bb) SPS-Übereinkommen ... 69
e) Transgouvernementale Netzwerke ... 72
f) Sonstige Initiativen ... 73
aa) COVAX ... 73
bb) Patent Pools ... 79
cc) One-Health-Konzept ... 81
III. Europäisches Infektionsschutzrecht ... 82
1. Unionales Infektionsschutzrecht ... 82
a) Maßnahmen ... 82
aa) Handlungsauftrag ... 82
bb) Kompetenzen ... 83
cc) Aktionsprogramme ... 85
dd) Institutionalisierung ... 86
ee) Paket zur Europäischen Gesundheitsunion ... 88
b) Pandemie-Governance ... 89
c) Grundrechtsschutz ... 92
d) Nationaler Infektionsschutz und unionsrechtliche Vorgaben ... 95
2. Europarat und Infektionsschutz ... 102
a) Einleitung ... 102
b) Recht auf Schutz der Gesundheit ... 105
IV. Globale Gesundheitspolitik – Anspruch und Verpflichtung ... 107

I. Infektionsschutzrecht als globales und regionales Recht

Infektionskrankheiten kennen keine Staatsgrenzen. In Pandemien entfaltet sich eine zentrale Dimension der Weltrisikogesellschaft.[1] Sie sind ein Weltproblem:[2] Alle politischen Gemeinschaften sind von ihnen potenziell betroffen und es erfordert intensive globale Kooperation, um gegen sie aussichtsreich vorzugehen.[3] Daher ist Infektionsschutz, dh die Verhütung und Bekämpfung übertragbarer Krankheiten, ein **genuin internationales Politikfeld.** 1

Die zur Bewältigung solcher globalen Aufgaben im Rahmen moderner Mikrobialpolitik[4] entwickelten Steuerungsinstrumente sind kategorial dem **Völkerrecht** bzw. Internationalen Recht zugeordnet. Hierunter wird herkömmlich eine überstaatliche Rechtsordnung verstanden, die sich sowohl mit den Rechtsbeziehungen zwischen verschiedenen Staaten als auch mit den Rechtsbeziehungen in und zwischen internationalen Organisationen beschäftigt. In beschränktem Maße regelt das Völkerrecht auch Rechte und Pflichten von Individuen und besonderen Einheiten. 2

Dieses traditionelle Verständnis ist in jüngerer Zeit wegen **qualitativer, quantitativer und struktureller Veränderungen** zunehmend brüchig geworden.[5] In qualitativ-inhaltlicher Hinsicht ist ein Trend zur Humanisierung und Konstitutionalisierung des Völkerrechts zu beobachten. Menschenrechte werden immer bedeutsamer.[6] Unter quantitativen Aspekten zeichnet sich vor allem eine ansteigende Verrechtlichung internationaler Beziehungen ab. Ein erheblicher Strukturwandel hat zB bei den Rechtsetzungstechniken stattgefunden: Völkerrecht entsteht vielfach in globalen Foren unter maßgeblicher Beteiligung nicht-staatlicher Akteure (Nichtregierungsorganisationen ua). Soft Law tritt zunehmend in den Vordergrund. Eine weitere strukturelle Entwicklung liegt in der zunehmenden Konvergenz von Völkerrecht und staatlichem Recht, wodurch Strukturen von Mehrebenenrecht entstehen, die auch als Katalysator der Konstitutionalisierung wirken.[7] Diese Veränderungen lassen sich begrifflich als **Wandel „vom Völkerrecht zum globalen Recht"** kennzeichnen.[8] 3

Der Regelungsgegenstand des Gesundheitsrechts bildet insofern keine Ausnahme. Deswegen wird in den letzten Jahren, besonders im englischsprachigen Schrifttum, der Begriff des Gesundheitsvölkerrechts (International Health Law) durch den weiteren **Begriff des globalen Gesundheitsrechts** (Global Health Law) ersetzt.[9] Lawrence O. Gostin hat in seinem 2014 erschienenen Lehrbuch „Global Health Law" eine Definition dieses 4

1 *Holzinger/May/Pohler* in Holzinger/May/Pohler, Weltrisikogesellschaft als Ausnahmezustand, 2010, S. 9 (10 f.); *Pflug*, Pandemievorsorge, 2013, S. 43, 75; grdl. *Beck*, Weltrisikogesellschaft, 2007, passim; instruktiv zum Zusammenhang zwischen Globalisierung und der Ausbreitung von Infektionskrankheiten *Gostin*, Global Health Law, 2014, S. 34 ff.; vgl. auch *Negri* in Burci/Toebes (Hrsg.), Research Handbook on Global Health Law, 2018, S. 265 ff.

2 Nach *Rittberger/Kruck/Romund*, Grundzüge der Weltpolitik, 2010, S. 19 Fn. 1, sind Weltprobleme dadurch gekennzeichnet, dass sie – erstens – weltumspannenden Charakter haben und – zweitens – nur gemeinsam effektiv bewältigt werden können.

3 Vgl. in diesem Sinne auch schon *von Mohl*, Staatsrecht, Völkerrecht und Politik, Bd. 1, Staatsrecht und Völkerrecht, 1860, S. 615.

4 Vgl. näher *Fidler*, International Law and Infectious Diseases, 1999, S. 18, 52 ff., 279 ff., der Mikrobialpolitik als Produkt zweier Dynamiken versteht, nämlich einerseits der Auswirkung von Infektionskrankheiten auf die internationalen Beziehungen und andererseits der Auswirkung der internationalen Beziehungen auf die Infektionskrankheiten und ihre Kontrolle.

5 Vgl. dazu etwa *Benedek* ZaöRV 2016, 345 (351 ff.); *Peters* in Kautek/Schmidinger Neck (Hrsg.), Wissenschaft – Antrieb oder Ergebnis globaler Dynamik?, 2014, S. 131 (146 ff.).

6 Ausführlich dazu *Knauff* ZaöRV 2008, 453 (456 ff.).

7 *Knauff* ZaöRV 2008, 453 (482 ff.).

8 *Peters* in Kautek/Schmidinger Neck (Hrsg.), Wissenschaft – Antrieb oder Ergebnis globaler Dynamik?, 2014, S. 131 (146).

9 Vgl. dazu *Prah Ruger* 96 Georget. Law J. (2008), 423 (423); *Toebes* in Burci/Toebes (Hrsg.), Research Handbook on Global Health Law, 2018, S. 2 (5 f.); *Villarreal* 61 GYIL (2018), 45 (49 f.).

Rechtsgebiets vorgeschlagen, die normative und deskriptive Elemente enthält. Danach umfasst globales Gesundheitsrecht das Studium und die Praxis des Internationalen Rechts – sowohl von Hard Law als auch von Soft Law – und gestaltet Normen, Prozesse und Institutionen, um den höchsten erreichbaren Standard für die Gesundheit der Weltbevölkerung zu erreichen.[10] Jüngst wurde ausgehend von einer Governance-Perspektive[11] eine engere und präzisere Definition entwickelt, der zufolge unter globalem Gesundheitsrecht alle geschriebenen nicht-bindenden oder bindenden Regeln zu verstehen sind, die ausdrücklich darauf zielen, Gesundheit zu schützen oder zu fördern, die von einer staatlichen oder zwischenstaatlichen Stelle unterstützt werden, denen drei oder mehr Länder zugestimmt haben und die Auswirkungen über eine einzelne Region hinaus haben.[12] Die Abgrenzungsleistung dieser Definition ist hoch, doch dürfte sie mit ihrem Detaillierungsgrad kaum international anschlussfähig sein. Zudem ist in der deutschen Völkerrechtsrechtswissenschaft der Begriff „Weltgesundheitsrecht" völlig ungebräuchlich. Stattdessen wird nach wie vor einhellig die Kategorie „Gesundheitsvölkerrecht" verwendet[13] und als Teilgebiet des Völkerrechts verstanden. Damit kann Gesundheitsvölkerrecht als „die Summe der völkerrechtlichen Regelungen, die einen spezifischen Bezug zur menschlichen Gesundheit aufweisen", beschrieben werden.[14] Diese breite Definition ist semantisch durchaus geeignet, den qualitativen, quantitativen und strukturellen Wandel des Gesundheitsvölkerrechts zu einem globalen Gesundheitsrecht zu reflektieren. So fallen hierunter nicht nur verbindliche vertrags- und gewohnheitsrechtliche Regelungen, sondern auch Soft Law. Dies ist gerade mit Blick auf die Weltgesundheitsorganisation (World Health Organization, WHO) von erheblicher Bedeutung (→ Rn. 24, 51). Neben dem Recht der WHO (→ Rn. 11 ff.) als Hauptbereich des Gesundheitsvölkerrechts sind ihm aber besonders auch dem Menschenrechtsschutz dienende Übereinkommen (→ Rn. 65, 102 ff.) zuzurechnen.[15]

5 Schließt der Begriff des Gesundheitsvölkerrechts also auch die Entwicklung hin zu einem globalen Gesundheitsrecht mit ein, spricht nichts dagegen, an der tradierten Terminologie festzuhalten. Dies gilt auch für den Infektionsschutz als einem der aktuell wichtigsten Regelungsgegenstände dieses Rechtsgebiets. Damit kann **Internationales Infektionsschutzrecht** als die Summe der gesundheitsvölkerrechtlichen Regelungen begriffen werden, die einen spezifischen Bezug zum Infektionsschutz aufweisen. Es bildet den historischen Kern des Gesundheitsvölkerrechts (→ Rn. 7 ff.).[16]

6 Hiervon kategorial zu trennen ist das **Europäische Infektionsschutzrecht.**[17] Entsprechend einer beim Begriff „Europarecht" gängigen Praxis kann insofern zwischen Europäischem Infektionsschutzrecht im weiteren und Europäischem Infektionsschutzrecht im engeren Sinne unterschieden werden. Danach umfasst das Europäische Infektionsschutzrecht ieS alle unionsrechtlichen Bestimmungen zum Infektionsschutz (→ Rn. 82 ff.).[18] Das Europäische Infektionsschutzrecht iwS schließt zudem noch dasje-

10 *Gostin*, Global Health Law, 2014, S. 59; ähnlich *Taylor* in in Quah/Cockerham (Hrsg.), International Encyclopedia of Public Health, Bd. 3, 2. Aufl. 2017, S. 268 (268).
11 Vgl. dazu näher zB *Gostin*, Global Health Law, 2014, S. 77 ff.
12 *Moon* in Burci/Toebes (Hrsg.), Research Handbook on Global Health Law, 2018, S. 24 (35 f.).
13 Vgl. zB *Frau* AL 2017, 356 (356 ff.); *Scholz*, Internationaler Gesundheitsschutz und Welthandel, 2010, S. 21 und passim.
14 *Frau* AL 2017, 356 (357).
15 Ähnlich *Frau* AL 2017, 356 (357).
16 *Negri* in Burci/Toebes (Hrsg.), Research Handbook on Global Health Law, 2018, S. 265 (269).
17 Diese formale Kategorisierung folgt den in anderen Rechtsgebieten verbreiteten Mustern. Eine Aussage über die umstrittene Frage, ob EU-Recht ein Teilgebiet des Völkerrechts ist oder nicht, vgl. dazu zuletzt ausführlich etwa *Stoffels*, EU-Mitgliedschaft und Abspaltung, 2017, S. 52 ff., soll damit nicht getroffen werden.
18 *Hervey/McHale*, European Union Health Law, 2015, S. 516, zufolge muss die EU erst noch ein eigenes Infektionsschutzrecht entwickeln, was freilich im Rahmen der bestehenden Kompetenzordnung (→ Rn. 83 ff.) nicht darstellbar ist.

nige Infektionsschutzrecht mit ein, das von anderen in Europa bestehenden internationalen Organisationen, wie vor allem dem Europarat, geschaffen wird (→ Rn. 102 ff.). Zwischen beiden Teilrechtsordnungen bestehen normative Wechselbeziehungen, so dass eine klare und widerspruchsfreie kategoriale Trennung nicht möglich ist.

II. Internationales Infektionsschutzrecht

1. Entwicklungsgeschichte

a) Internationale Sanitätskonferenzen

Ursprung und Anlass internationaler Gesundheitskooperation ist der Infektionsschutz. 7
Als sich die beiden **Cholera-Pandemien** in den Jahren 1830 und 1847 in Europa ausbreiteten und sich die Quarantäne sowie andere herkömmliche Schutzmaßnahmen der betroffenen Staaten als weitgehend wirkungslos erwiesen, begann die Überzeugung, dass eine wirksame Seuchenbekämpfung der internationalen Zusammenarbeit bedarf, zunehmend an Boden zu gewinnen. Demgegenüber gründete die Absicht der seinerzeit führenden Handelsmächte Großbritannien und Frankreich zu multilateraler Kooperation vor allem auf ihrem vitalen Interesse an einem von nationalen Maßnahmen der Seuchenbekämpfung möglichst wenig beeinträchtigten Seehandel.[19] Demnach trat schon ganz zu Beginn der internationalen Regulierung des Infektionsschutzes das bis heute bestehende **Spannungsfeld zwischen gesundheitlichen und wirtschaftlichen Interessen** zutage.

Vor allem auf Betreiben Frankreichs kam schließlich die **erste Internationale Sanitätskonferenz** am 23.6.1851 in Paris zustande, der bis 1938 dreizehn weitere Konferenzen 8
folgten.[20] Die erste Sanitätskonferenz war durch den Streit darüber geprägt, ob Quarantänemaßnahmen nicht nur gegen die Pest und das Gelbfieber, sondern auch gegen die Cholera ergriffen werden sollten. Zwar sprach sich die Mehrheit der anwesenden Mediziner und Diplomaten schließlich für Letzteres aus, doch blieb der daraufhin beschlossene Entwurf einer Internationalen Sanitätskonvention (Projet de Convention sanitaire) samt Annex (Projet de Règlement sanitaire international) mangels anschließender Ratifikation zunächst ohne Wirkung. Die erste Internationale Sanitätskonferenz hatte also keine praktischen Folgen und endete insofern in einem Fiasko, doch war sie zumindest Beleg dafür, dass Seuchenbekämpfung ein geeignetes Objekt internationaler Konsultation und Kooperation sein konnte.[21] Auch Robert von Mohl hielt sie deshalb entsprechend seiner Forderung nach einem gemeinschaftlichen zweckgemäßen Handeln der betroffenen Staaten für einen sehr lobenswerten Vorgang.[22] Die auf der ersten Konferenz sichtbar gewordene Uneinigkeit der Mediziner über den Ursprung der Cholera führte dazu, dass Frankreich die teilnehmenden Staaten bat, ausschließlich Diplomaten zur zweiten Internationalen Sanitätskonferenz 1859 zu entsenden, um die Verabschiedung eines von ihm vorbereiteten revidierten und konsolidierten Konventionsentwurfs zu erleichtern.[23] Echte Fortschritte wurden aber weder auf dieser Konferenz noch

---

19 *Scholz*, Internationaler Gesundheitsschutz und Welthandel, 2010, S. 23; *Siddiqi*, World Health and World Politics, 1995, S. 14.

20 Vgl. zu den einzelnen Konferenzen ausführlich *Howard-Jones*, The scientific background of the International Sanitary Conferences 1851–1938, 1975, S. 12 ff.; *Scholz*, Internationaler Gesundheitsschutz und Welthandel, 2010, S. 25, geht irrig von insgesamt elf Konferenzen aus und verkennt, dass – wenn auch in anderem organisatorischen Rahmen – auch noch 1911/1912, 1926 und 1938 Internationale Sanitätskonferenzen stattgefunden haben.

21 *Howard-Jones*, The scientific background of the International Sanitary Conferences 1851–1938, 1975, S. 12.

22 *Von Mohl*, Staatsrecht, Völkerrecht und Politik, Bd. 1, Staatsrecht und Völkerrecht, 1860, S. 615 mit Fn. 1.

23 *Howard-Jones*, The scientific background of the International Sanitary Conferences 1851–1938, 1975, S. 20; vgl. auch *Siddiqi*, World Health and World Politics, 1995, S. 16.

in den Folgekonferenzen erreicht. Auf der sechsten Internationalen Sanitätskonferenz 1885 traten zudem noch englisch-französische Rivalitäten in den Vordergrund.[24] Erst auf den Sanitätskonferenzen der 1890er Jahre fanden sich die teilnehmenden Staaten vor dem Hintergrund verbesserter Erkenntnisse über die Ätiologie von Infektionskrankheiten zu konstruktiven und weiterführenden Kooperationsformen bereit. So gelang es auf der siebten Internationalen Sanitätskonferenz 1892, die erste wirksame, dh im Nachgang von allen Teilnehmern ratifizierte, **Internationale Sanitätskonvention** zu verabschieden. Sie betraf Sanitärmaßnahmen für die Ost-West-Schifffahrt durch den Suezkanal.[25] Auf den folgenden Internationalen Sanitätskonferenzen entstanden weitere Sanitätskonventionen, die vor allem Maßnahmen zur Bekämpfung von Cholera und Pest zum Gegenstand hatten.[26] So einigten sich die an der achten Internationalen Sanitätskonferenz teilnehmenden Staaten ua auf eine Pflicht zur wechselseitigen Benachrichtigung über Cholera-Ausbrüche und eine Beschränkung von Importverboten auf bestimmte, als besonders infektiös erachtete Waren.[27] Auf der **elften Internationalen Sanitätskonferenz** im Jahr 1903 wurden die insgesamt vier Internationalen Sanitätskonventionen von 1892, 1893, 1894 und 1897 konsolidiert und durch eine neue, 184 Artikel umfassende Konvention ersetzt. Sie hatte insofern eurozentrischen Charakter, als sie sich auf die Regelung des internationalen Infektionsschutzes hinsichtlich der Cholera und der Pest beschränkte. Die Kontrolle des Gelbfiebers erachtete die eindeutige Mehrheit demgegenüber als rein inneramerikanische Angelegenheit. Zugleich verständigte man sich auf die Einrichtung eines ständigen internationalen Gesundheitsbüros in Paris, das die epidemiologischen Informationen zentralisieren und die internationalen Quarantäne-Vereinbarungen überwachen sollte.[28] Damit war der erste Schritt in Richtung Institutionalisierung des – nach wie vor auf Infektionskrankheiten beschränkten – internationalen Gesundheitsschutzes getan.

b) Institutionalisierung

9 Auch außerhalb Europas entstanden **multilaterale Kooperationsinitiativen** im Bereich des Infektionsschutzes.[29] So kam es 1902 auf der Internationalen Konferenz Amerikanischer Staaten zur Gründung der ersten multilateralen Institution im Bereich der öffentlichen Gesundheit, dem „Pan American Sanitary Bureau (PASB)“ mit Sitz in Washington, D.C. (USA).[30] Kurz darauf wurde in Europa 1907 das „Office International d'Hygiène Publique (OHIP)“ mit Sitz in Paris gegründet.[31] 1923 entstand die „Health Organization of the League of Nations (HOLN)“ mit Sitz in Genf und 1924 das „Office International des Epizooties (OIE)“ mit Sitz in Paris.

10 Diese internationalen Organisationen schufen einen stabilen **Rahmen für die internationale Kooperation im Infektionsschutz.** Im Laufe der Zeit wurde die Kooperation über

24 *Siddiqi*, World Health and World Politics, 1995, S. 17.

25 *Fidler* 4 Chinese J. Int'l L. (2005), 325 (331); *Howard-Jones*, The scientific background of the International Sanitary Conferences 1851–1938, 1975, S. 64 f.; vgl. auch *Siddiqi*, World Health and World Politics, 1995, S. 17.

26 *Howard-Jones*, The scientific background of the International Sanitary Conferences 1851–1938, 1975, S. 66 ff.; vgl. auch *Siddiqi*, World Health and World Politics, 1995, S. 17 f.

27 *Howard-Jones*, The scientific background of the International Sanitary Conferences 1851–1938, 1975, S. 70.

28 *Howard-Jones*, The scientific background of the International Sanitary Conferences 1851–1938, 1975, S. 85; vgl. auch *Siddiqi*, World Health and World Politics, 1995, S. 18.

29 *Burci/Vignes*, The WHO, 2004, S. 16; *Scholz*, Internationaler Gesundheitsschutz und Welthandel, 2010, S. 25; *Siddiqi*, World Health and World Politics, 1995, S. 18 ff.

30 Vgl. zum PASB und den von ihm organisierten Sanitätskonferenzen *Lloyd* Am J Public Health Nations Health 20 (1930), 925 (925 ff.).

31 *Howard-Jones*, The scientific background of the International Sanitary Conferences 1851–1938, 1975, S. 86 ff.; *Sander*, Internationaler und europäischer Gesundheitsschutz, 2004, S. 59 f.

Cholera, Pest und Gelbfieber hinaus auf die Bekämpfung anderer ansteckender Krankheiten ausgeweitet. Auch nicht-ansteckende Krankheiten wurden nach und nach Gegenstand der internationalen Zusammenarbeit im Gesundheitsbereich. Allerdings führten Kompetenzüberschneidungen nicht selten zu Effektivitätsverlusten.[32] Dies änderte sich erst, als die oben genannten Organisationen (→ Rn. 9) 1946 in der WHO aufgingen (→ Rn. 11).

2. Die WHO als zentraler Akteur des internationalen Infektionsschutzes

a) Entstehung und Rechtsgrundlage

Der Vorschlag, eine internationale Konferenz zur Gründung einer neuen weltweiten Gesundheitsorganisation abzuhalten, entstand auf der **Gründungskonferenz der Vereinten Nationen** (United Nations, UN) 1945 in San Francisco und lässt sich in Art. 13 Abs. 1 lit. b, 55 lit. b und 59 UN-Charta verorten.[33] Diese Konferenz wurde vom UN-Wirtschafts- und Sozialrat vorbereitet und v. 19.6.1946 bis zum 22.7.1946 in New York abgehalten. Die dort ausgearbeitete Verfassung bzw. Satzung[34] der WHO wurde von 61 Staaten unterzeichnet.[35] Sie gilt als **Magna Charta der Weltgesundheit**[36] und trat am 7.4.1948 nach der Ratifikation des 26. Signatarstaats in Kraft (vgl. Art. 80 WHO-Satzung).[37] 11

b) Status

Die WHO ist eine von mehreren UN-Sonderorganisationen iSv Art. 57 UN-Charta. Als internationale Organisation hat sie **Völkerrechtssubjektivität**, ist also Trägerin völkerrechtlicher Rechte und Pflichten, und genießt innerstaatliche Immunität (Art. 66 ff. WHO-Satzung). 12

c) Mitglieder

Die WHO hat gegenwärtig 194 Mitglieder.[38] Die Mitgliedschaft steht nach Art. 3 WHO-Satzung allen Staaten offen. Hierin kommen zwei **Prinzipien** zum Ausdruck: die **Universalität** der WHO sowie die **Staatlichkeit** als Voraussetzung der Mitgliedschaft.[39] Abgesehen von dem in Art. 5 WHO-Satzung geregelten historischen Fall der Mitgliedschaft von Staaten, deren Regierungen zur Entsendung von Beobachtern zur Internationalen Gesundheitskonferenz in New York 1946 eingeladen worden waren, gibt es für Staaten zwei Möglichkeiten des Beitritts zur WHO. UN-Mitgliedstaaten wird in Art. 4 WHO-Satzung ausdrücklich die Möglichkeit der Mitgliedschaft durch Anerkennung der Satzung eröffnet. Andere Staaten können gem. Art. 6 WHO-Satzung mit einfacher Mehrheit von der Weltgesundheitsversammlung (World Health Assembly, WHA) 13

32 Vgl. *Fidler* 4 Chinese J. Int'l L. (2005), 325 (332).

33 *Diesfeld* in Gerabek/Haage/Keil/Wegner (Hrsg.), Enzyklopädie Medizingeschichte, 2005, S. 1484 (1484); WHO, Official Records No. 2. Summary report on proceedings, minutes and final acts of the International Health Conference held in New York from 19 June to 22 July 1946, 1948, S. 5 f., abrufbar unter https://ogy.de/9dkw; *Sander*, Internationaler und europäischer Gesundheitsschutz, 2004, S. 59 f.

34 So die offizielle bundesdeutsche Übersetzung, vgl. Bekanntmachung der Satzung der Weltgesundheitsorganisation v. 22.1.1974 (BGBl. II 43, 45), anders dagegen die schweizerische Übersetzung der französischen Originalfassung, vgl. SR 0.810.1 (Stand: 8.5.2014, abrufbar unter https://ogy.de/cwcd).

35 Vgl. WHO, Official Records No. 2. Summary report on proceedings, minutes and final acts of the International Health Conference held in New York from 19 June to 22 July 1946, 1948, S. 7, 115 ff., abrufbar unter https://ogy.de/9dkw.

36 *Gostin*, Global Health Law, 2014, S. 91.

37 An diesem Tag wird, zurückgehend auf einen Beschluss der ersten Weltgesundheitsversammlung der WHO 1948, alljährlich der Weltgesundheitstag begangen.

38 WHO, Basic Documents, forty-ninth edition (including amendments adopted up to 31 May 2019), 2020, S. 228 ff., abrufbar unter https://ogy.de/g5eg.

39 *Burci/Vignes*, The WHO, 2004, S. 21.

(→ Rn. 16 f.) als Mitglieder aufgenommen werden. Nach Art. 151 WHA-Verfahrensordnung[40] spielt hierbei aber auch der Generaldirektor der WHO (→ Rn. 19) eine maßgebliche Rolle.[41] Auf diese Weise wurden Niue und die Cookinseln WHO-Mitglieder. Territorien, deren Außenpolitik von anderen Staaten wahrgenommen wird, können nach Art. 8 WHO-Satzung assoziierte Mitglieder werden. Zu ihnen gehören Puerto Rico und Tokelau.[42]

14 Einen mit Blick auf das Universalitätsprinzip (Art. 3 WHO-Satzung) problematischen Sonderfall bildet die **Republik China (Taiwan)**, die 1971 aus der UN ausgeschlossen worden war, und auf Betreiben der Volksrepublik China bislang nicht wieder in die UN und damit auch nicht in die WHO aufgenommen wurde. Eine assoziierte Mitgliedschaft kommt ebenfalls nicht in Betracht, da Taiwan selbst für die Wahrnehmung seiner internationalen Beziehungen verantwortlich ist.[43]

d) Aufbau und Struktur

aa) Hauptorgane

15 Die WHO verfügt über drei Hauptorgane: **die Weltgesundheitsversammlung** (→ Rn. 16 f.), **den Exekutivrat** (→ Rn. 18) **und das Sekretariat** (→ Rn. 19) (Art. 9 WHO-Satzung). Daneben können auch Ausschüsse errichtet werden, wenn die Weltgesundheitsversammlung und der Exekutivrat dies für wünschenswert erachten (Art. 38 WHO-Satzung).

(1) Weltgesundheitsversammlung

16 Die Weltgesundheitsversammlung ist das **oberste Entscheidungsgremium** der WHO. Sie bestimmt die großen Handlungslinien, überwacht die übrigen Organe und ernennt deren Mitglieder, verwaltet die Finanzen (→ Rn. 23), erstattet der UN-Bericht und kann Institutionen errichten sowie sonstige geeignete Maßnahmen treffen, um das Ziel der WHO zu fördern (Art. 18 WHO-Satzung). Hinzu kommt nach Art. 21 WHO-Satzung die Kompetenz, Vorschriften zu beschließen (→ Rn. 27 f.). Die Weltgesundheitsversammlung tritt mindestens einmal jährlich – in der Regel Anfang Mai im Palais des Nations der UN in Genf – zusammen (Art. 14 WHO-Satzung). Jedes Mitglied hat nur eine Stimme (Art. 10 WHO-Satzung), doch kann es bis zu drei Delegierte in die Versammlung entsenden (Art. 11 S. 1 WHO-Satzung). Die als Delegierte entsandten Personen sollten ausgewiesene Gesundheitsexperten – möglichst aus der staatlichen Gesundheitsverwaltung – sein (Art. 11 S. 2 WHO-Satzung). In dieser Bestimmung zeigt sich der Charakter der WHO als Expertenorgan.[44]

17 Zudem hat die Weltgesundheitsversammlung bestimmten Völkerrechtssubjekten, wie dem Internationalen Komitee vom Roten Kreuz (IKRK), und internationalen Organisationen, wie der im Jahr 2000 mit Unterstützung der Bill & Melinda Gates Foundation gegründeten und von Deutschland mitfinanzierten[45] Impfallianz Gavi (Global Alliance for Vaccines and Immunization),[46] einen quasi-permanenten oder permanenten **Beobachterstatus** eingeräumt.[47] Die Republik China (→ Rn. 14) konnte noch von 2009

---

40 Rules of Procedure of the World Health Assembly, abgedruckt in WHO, Basic Documents, forty-ninth edition (including amendments adopted up to 31 May 2019), 2020, S. 173 ff., abrufbar unter https://ogy.de/g5eg.

41 Näher *Burci/Vignes*, The WHO, 2004, S. 21 ff.

42 *Burci/Vignes*, The WHO, 2004, S. 33.

43 Näher *Scholz*, Internationaler Gesundheitsschutz und Welthandel, 2010, S. 27 f.

44 *Scholz*, Internationaler Gesundheitsschutz und Welthandel, 2010, S. 28.

45 Der deutsche Beitrag belief sich von 2016 bis 2020 auf 600 Mio. EUR, s. BT-Drs. 19/18618, 7.

46 Vgl. zu ihr *Gostin*, Global Health Law, 2014, S. 155 ff.

47 *Burci/Vignes*, The WHO, 2004, S. 36 ff. Auf der 72. Weltgesundheitsversammlung 2019 hatten neben den beiden genannten noch folgende Völkerrechtssubjekte bzw. Organisationen Beobachterstatus: der Heilige

bis 2016 mit einem Beobachterstatus an der Weltgesundheitsversammlung teilnehmen, doch ist dies seither infolge eines Regierungswechsels in Taipeh auf Druck der Volksrepublik China nicht mehr möglich. Dadurch ist die Republik China vom internationalen Gesundheitssystem abgeschnitten und kann auch ihr eigenes Wissen nur schwer mit anderen teilen. So hätte sie als frühzeitig von der Corona-Pandemie betroffenes Land an der internationalen Kooperation gegen die Ausbreitung des SARS-CoV-2 und dem entsprechenden Informationsaustausch teilnehmen wollen, wurde aber in die zahlreichen Aktivitäten der WHO zur Eindämmung von COVID-19 auf Betreiben Pekings nur selten eingebunden.[48] Erst im Nachhinein hat der Direktor des WHO Health Emergencies Programme (WHE) (→ Rn. 56), offenbar um der internationalen Kritik an der überbordenden China-Freundlichkeit der WHO[49] die Spitze zu nehmen, zähneknirschend einräumen müssen, die taiwanesischen Gesundheitsbehörden verdienten Lob, weil sie sehr gut auf die Verbreitung von SARS-CoV-2 reagiert hätten.[50] Im November 2020 wurde Taiwan auf Betreiben der Volksrepublik China erneut nicht zu einem von der WHO abgehaltenen virtuellen Treffen eingeladen.[51]

(2) Exekutivrat

Der Exekutivrat ist das **ausführende Organ** der Weltgesundheitsversammlung 18 (→ Rn. 16 f.). Er hat ua die Aufgabe, ihre Beschlüsse auszuführen, als ihr Vollzugsorgan tätig zu werden, alle ihm von ihr übertragenen Aufgaben wahrzunehmen und sie zu beraten (Art. 28 WHO-Satzung). Der Exekutivrat besteht aus 24 fachkundigen Personen, die jeweils von einem Mitgliedstaat entsandt und von der Weltgesundheitsversammlung für eine Dauer von drei Jahren gewählt werden (Art. 24 f. WHO-Satzung).[52]

(3) Sekretariat

Das Sekretariat besteht aus dem **Generaldirektor und sonstigen Fach- und Verwaltungs-** 19 **bediensteten** (Art. 30 WHO-Satzung). Der Generaldirektor steht dem Sekretariat vor und wird auf Vorschlag des Exekutivrats (→ Rn. 18) von der Weltgesundheitsversammlung (→ Rn. 16 f.) ernannt. Letztere bestimmt darüber, ob die Ernennungsvoraussetzungen, wie zB besondere Erfahrungen im Gesundheitsmanagement, vorliegen (Art. 31 WHO-Satzung).[53] Nach Art. 108 S. 1 WHA-Verfahrensordnung[54] wird der Generaldirektor für eine – nur einmal verlängerbare – Amtsperiode von fünf Jahren berufen. Amtsinhaber ist seit Juli 2017 der Äthiopier Tedros Adhanom Ghebreyesus.

bb) Regionalisierung

Eine Besonderheit der WHO besteht darin, dass sie in sechs Regionen (Afrika, Amerika, 20 Südostasien, Europa, Östlicher Mittelmeerraum, Westpazifik) untergliedert ist (vgl.

Stuhl, die Palästinensische Autonomiebehörde, der Souveräne Malteser-Ritterorden, die Internationale Föderation der Rotkreuz- und Rothalbmondgesellschaften und die Interparlamentarische Union (IPU) sowie der Globale Fonds zur Bekämpfung von AIDS, Tuberkulose und Malaria (The Global Fund to Fight AIDS, Tuberculosis and Malaria, GFATM), vgl. WHO, Seventy-second World Health Assembly. List of Delegates and other Participants, A 72/DIV./1 Rev. 1, 31.5.2019, WHO, S. 72 ff., abrufbar unter https://ogy.de/08co.

48 *N.N. (boe.)*, Ein dickes Lob für Taiwan, FAZ v. 20.4.2020, S. 5; vgl. auch Antrag der FDP-Fraktion, Beteiligung von Taiwan in der Weltgesundheitsorganisation ermöglichen, BT-Drs. 19/18225, 2.

49 Vgl. *Ankenbrand/Hein/Ritter/Sattar/Welter*, Ein paar Tonlagen zu hoch, FAZ v. 16.4.2020, S. 3.

50 *N.N. (boe.)*, Ein dickes Lob für Taiwan, FAZ v. 20.4.2020, S. 5.

51 *N.N.*, Taiwan says not invited to WHO meeting after China's 'obstruction', Reuters, 9.11.2020, https://ogy.de/dn3 i.

52 Näher *Burci/Vignes*, The WHO, 2004, S. 45 ff.

53 *Burci/Vignes*, The WHO, 2004, S. 50.

54 Rules of Procedure of the World Health Assembly, abgedruckt in WHO, Basic Documents, forty-ninth editison (including amendments adopted up to 31 May 2019), 2020, S. 173 ff., abrufbar unter https://ogy.de/g5eg.

Art. 44 lit. a WHO-Satzung).[55] In jeder Region wurde entsprechend Art. 44 lit. b, 46 WHO-Satzung eine regionale Unterorganisation gebildet, die aus einem Regionalbüro und einem Regionalausschuss besteht.[56] Für diese **dezentralisierte Organisationsstruktur** entschied sich die Internationale Gesundheitskonferenz deshalb, weil man zum einen die existierenden regionalen Organisationen, namentlich die Pan American Sanitary Organization (PASO), erhalten wollte, zum anderen aber auch bestrebt war, auf diese Weise den jeweiligen spezifischen Erfordernissen der Regionen flexibel Rechnung zu tragen (vgl. Art. 44 lit. b S. 1 Hs. 2 WHO-Satzung).[57]

e) Ziel und Aufgaben

aa) Ziel

21 Das Ziel der WHO besteht nach Art. 1 WHO-Satzung darin, allen Völkern zur Erreichung eines **möglichst hohen Gesundheitsniveaus** zu verhelfen. Unter „Gesundheit" versteht die WHO einen „Zustand völligen körperlichen, geistigen und sozialen Wohlbefindens und nicht nur das Freisein von Krankheit oder Gebrechen" (erster Erwägungsgrund WHO-Satzung). Mit dieser Definition löst sich die WHO von einer rein biomedizinischen Sichtweise und definiert Gesundheit multidimensional: Sie umfasst körperliche, seelisch-geistige und soziale Anteile, die sich wechselseitig beeinflussen.[58] Dieser **multidimensionale Gesundheitsbegriff** ist aus unterschiedlichen Richtungen vielfach kritisiert worden. Die Einwände beziehen sich auf die mit ihm verbundene subjektiv akzentuierte Sichtweise und seine ungenaue, kaum zu operationalisierende oder messbare Mehrdimensionalität. Zudem zeichne ihn ein unausgereiftes, statisches Denken in Extrempolen sowie ein utopischer Healthismus aus.[59] Dessen ungeachtet definiert er das Mandat der WHO.[60] Würde aber Gesundheit als nahezu allumfassendes Konzept betrachtet, käme der WHO der Auftrag zu, sich nicht nur um die Gesundheit ieS betreffende Angelegenheiten, wie zB ansteckende Krankheiten, zu kümmern, sondern sich darüber hinaus ua auch der Armutsbekämpfung, dem Schutz der Umwelt oder dem Menschenrechtsschutz zu widmen.[61] Ein so weitgehendes Mandat steht der WHO indes nicht zu. Wie der Internationale Gerichtshof (IGH) entschieden hat, dürfen die der WHO zugewiesenen weitreichenden internationalen Aufgaben iSv Art. 57 Abs. 1 UN-Charta nicht in andere Zuständigkeitsbereiche des UN-Systems eingreifen und sind deshalb notwendig auf den Bereich der öffentlichen Gesundheit beschränkt.[62]

bb) Aufgaben

22 Das in Art. 1 WHO-Satzung beschriebene ambitionierte Ziel soll die WHO durch die in Art. 2 WHO-Satzung aufgeführten Aufgaben erreichen. Die meisten Aufgabenfelder können den Bereich des **Infektionsschutzes** zumindest mittelbar betreffen oder beziehen sich ausdrücklich auf entsprechende Maßnahmen. Dazu gehören Leitungs-, und Koordinierungsaufgaben im Bereich des internationalen Gesundheitsschutzes (Art. 2 lit. a

55 Näher *Burci/Vignes*, The WHO, 2004, S. 53 ff.
56 Näher *Burci/Vignes*, The WHO, 2004, S. 56 ff.
57 WHO, Official Records No. 2. Summary report on proceedings, minutes and final acts of the International Health Conference held in New York from 19 June to 22 July 1946, 1948, S. 23 f., abrufbar unter https://og y.de/9dkw; *Burci/Vignes*, The WHO, 2004, S. 17 f.
58 *Franzkowiak/Hurrelmann*, Gesundheit, in BZgA (Hrsg.), Leitbegriffe der Gesundheitsförderung (Stand: 13.6.2018); vgl. auch *Burci/Vignes*, The WHO, 2004, S. 107 ff.
59 *Franzkowiak/Hurrelmann*, Gesundheit, in BZgA (Hrsg.), Leitbegriffe der Gesundheitsförderung (Stand: 13.6.2018).
60 *Frau* AL 2017, 356 (358).
61 *Scholz*, Internationaler Gesundheitsschutz und Welthandel, 2010, S. 26.
62 IGH, Legality of the Use by a State of Nuclear Weapons in Armed Conflict (Request by WHO), Advisory Opinion of 8 July 1996, I.C.J. Reports 1996, 66 (91); vgl. *Burci/Vignes*, The WHO, 2004, S. 114 ff.; *Scholz*, Internationaler Gesundheitsschutz und Welthandel, 2010, S. 26.

und b WHO-Satzung), Unterstützung beim Aufbau des Gesundheitswesens und technische Hilfe in Notfallsituationen (Art. 2 lit. c bis e WHO-Satzung), Einrichtung und Unterhaltung administrativer und technischer – einschl. epidemiologischer und statistischer – Dienste (Art. 2 lit. f WHO-Satzung), Förderung und Anregung der Tätigkeit zur Unterdrückung epidemischer, endemischer und anderer Krankheiten (Art. 2 lit. g WHO-Satzung) (→ Rn. 29), Förderung der sanitären Einrichtungen, der wirtschaftlichen Verhältnisse und der Arbeitsbedingungen und anderer Aspekte der Umwelthygiene (Art. 2 lit. i WHO-Satzung), Vorschläge von Verträgen, Abkommen und Regelungen, Abgabe von Empfehlungen über Fragen des internationalen Gesundheitswesens (Art. 2 lit. k WHO-Satzung) sowie Förderung und Durchführung von Forschungsarbeiten auf dem Gebiet des Gesundheitswesens (Art. 2 lit. n WHO-Satzung). Abgerundet wird dieser **umfängliche Katalog** mit der Aufgabe, „ganz allgemein alle erforderlichen Maßnahmen zu treffen, um das Ziel der Organisation zu erreichen" (Art. 2 lit. v. WHO-Satzung).

f) Finanzierung und Budget

Die WHO finanziert sich zu einem geringen Anteil über **Pflichtbeiträge,**[63] überwiegend 23
aber durch **freiwillige Zahlungen** ihrer Mitgliedstaaten. Auch Nichtregierungsorganisationen können sich beteiligen. Im Zweijahreszeitraum 2020/2021 beläuft sich das Budget bisher auf rund 7,6 Mrd. USD.[64] Zu den wichtigsten Geldgebern gehören (in dieser Reihenfolge) die Bill & Melinda Gates Foundation,[65] Deutschland, die USA, die EU-Kommission, das Vereinigte Königreich und die Impfallianz Gavi (→ Rn. 17).[66] Der inzwischen von US-Präsident Biden revidierte[67] Vorstoß seines Vorgängers Donald Trump, die WHO-Mitgliedschaft der USA zu beenden,[68] hat die Abhängigkeit der WHO von der Zahlungsbereitschaft ihrer Mitglieder deutlich gemacht.[69] Zudem relativiert die finanzielle Einflussmacht privater Donatoren die Gestaltungsbefugnis der Weltgesundheitsversammlung.[70] Vor diesem Hintergrund befürwortet die Bundesregierung die Erhöhung der Pflichtbeiträge.[71] Ein wichtiger Schritt hin zu einer finanziellen Stärkung der WHO[72] scheint die im Mai 2020 nach zweijähriger Vorbereitungszeit[73] erfolgte Gründung der WHO-Stiftung (Foundation in support of the World Health Organization, WHO-F) zu sein. Das angestrebte Ziel dieser Stiftung, die auf einem Memorandum of Understanding basiert, besteht darin, einerseits durch eine Erweiterung der Spendenmöglichkeiten die Geberbasis zu verbreitern[74] und damit auf eine besser vor-

63 Hier gelten starre Beitragssätze, vgl. *Reddy/Mazhar/Lencucha* Global Health 14 (2018), 1 (8).

64 WHO, https://ogy.de/bv4 d.

65 Vgl. zu dem bedeutsamen Einfluss privater Donatoren auf die WHO-Politik *Sridhar* PLOS Medicine (9) 2012, 1 ff.

66 WHO, https://ogy.de/bv4 d. Auch zum Notfallfonds der WHO (Contingency Fund for Emergencies, CFE) hat Deutschland seit dessen Gründung 2015 am meisten beigetragen, s. BMG, Bundesgesundheitsminister Spahn sagt weitere finanzielle Unterstützung für den WHO-Notfallfonds zu, Presseerklärung v. 4.10.2019, abrufbar unter https://ogy.de/houb.

67 *Nebehay,* U.S., staying in WHO, to join COVID vaccine push for poor nations: Fauci, Reuters, 21.1.2020, abrufbar unter https://ogy.de/3l25.

68 Vgl. *Gostin/Hongju Koh/Williams/Hamburg/Benjamin/Foege* The Lancet 396 (2020), 293 (293 f.). Da die WHO-Verfassung keine Kündigungsklausel vorsieht, erscheint es zweifelhaft, ob ein Austritt aus der WHO überhaupt möglich ist, vgl. *Wissenschaftliche Dienste (Deutscher Bundestag),* Ausarbeitung v. 2.7.2020, WD 2 – 3000 – 038/20, S. 12.

69 *Steinbrück Platise,* Hands Tied? The Law Governing the World Health Organization, MPIL Research Paper Series No. 2021–01, S. 23; ähnlich *von Bogdandy/Villarreal* ZaöRV 2020, 293 (317).

70 Vgl. dazu zuletzt etwa *Klafki,* Risiko und Recht, 2017, S. 220 f.

71 Bundesregierung, Strategie der Bundesregierung zur globalen Gesundheit. Verantwortung – Innovation – Partnerschaft: Globale Gesundheit gemeinsam gestalten, Oktober 2020, S. 34, abrufbar unter https://ogy.de/flox (→ Rn. 62).

72 *Aust/Feihle* EJIL:Talk!, 14.10.2020.

73 *Bussard* Une foundation suisse au secours (financier) de l'OMS, Le Temps, 28.5.2020, abrufbar unter https://ogy.de/scmd.

74 Art. 57 WHO-Satzung erlaubt dies.

hersehbare und flexiblere Finanzierung hinzuarbeiten.[75] Andererseits soll der Einfluss projekt- und absichtsbezogener Spenden verringert werden, um eine größere Unabhängigkeit der WHO-Aktivitäten zu gewährleisten.[76] Schließlich bleibt anzumerken, dass im Strategic Preparedness and Response Plan (SPRP; auch als Global COVID-19 MPA bezeichnet)[77] der Finanzbedarf zur unmittelbaren Unterstützung der WHO im Gesundheitsbereich und zur Unterstützung der Gesundheitssysteme in der Corona-Krise für den Zeitraum v. 1.2.2020 bis 30.4.2020 auf rund 676 Mio. USD veranschlagt wurde.[78] Im April 2020 wurde von der Weltbank (→ Rn. 66) ein Volumen von 6 Mrd. USD für das SPRP veranschlagt.[79] Im September 2020 sind von den dafür zugesagten Mitteln in Höhe von 3,9 Mrd. USD (65 % des geplanten Volumens) 1,2 Mrd. USD aus dem SPRP bereits ausgegeben worden.[80]

g) Völkerrechtliche Instrumente

aa) Soft Law

24 Zur Förderung der Gesundheit kann die WHO gegenüber ihren Mitgliedern Empfehlungen aussprechen (Art. 23 WHO-Satzung). Sie werden mit einfacher Mehrheit von der Weltgesundheitsversammlung (→ Rn. 16 f.) beschlossen (Art. 60 lit. a iVm Art. 60 lit. b WHO-Satzung) und können sich auf alle Angelegenheiten beziehen, die in den Kompetenzbereich der WHO fallen, also auch auf den Infektionsschutz. Die **Empfehlungen der WHO** sind unverbindlich (→ Rn. 51) und damit Soft Law (→ Rn. 4). Hierzu gehören etwa die vom Generaldirektor (→ Rn. 19) in internationalen Gesundheitsnotlagen (→ Rn. 44) erlassenen temporären Empfehlungen (→ Rn. 48),[81] aber auch eine Fülle von Programmen und Aktivitäten zur Pandemievorsorge, insbesondere mit Blick auf Influenza. So hat die WHO zB schon 1952 das Global Influenza Surveillance Network (GISN) etabliert, 2017 einen Leitfaden „Pandemic Influenza Risk Management“[82] herausgegeben und 2019 in ihrem Papier „Global Influenza Strategy 2019–2030“ ihre bislang umfangreichste und weitreichendste Strategie gegen Influenza entwickelt. Diese Strategie setzt einen Rahmen sowohl für die WHO als auch für die einzelnen Länder und diverse Partner, um den Kampf gegen die Erkrankung ganzheitlich anzugehen.[83] Insgesamt lässt sich feststellen, dass die WHO (auch) für den Infektionsschutz schwerpunktmäßig Soft Law-Instrumente nutzt.[84]

---

75 S. https://ogy.de/069 k.

76 *Aust/Feihle* EJIL:Talk!, 14.10.2020.

77 Weltbank, Project Paper on a proposed additional financing to the COVID-19 strategic preparedness and response program using the multiphase programmatic approach (Global COVID-19 MPA), 13.10.2020, S. 3, abrufbar unter https://ogy.de/84vw.

78 WHO, 2019 Novel Coronavirus (2019-nCoV): Strategic Preparedness and Response Plan, 2020, S. 23, abrufbar unter https://ogy.de/40zp; vgl. dazu auch BT-Drs. 19/18618, 8.

79 Weltbank, Project Paper on a proposed additional financing to the COVID-19 strategic preparedness and response program using the multiphase programmatic approach (Global COVID-19 MPA),13.10.2020, S. 6, abrufbar unter ogy.de/ndlr.

80 Weltbank, Project Paper on a proposed additional financing to the COVID-19 strategic preparedness and response program using the multiphase programmatic approach (Global COVID-19 MPA),13.10.2020, S. 9, abrufbar unter ogy.de/ndlr.

81 *Frau* AL 2017, 356 (358); *Gostin*, Global Health Law, 2014, S. 113, 121; *Scholz*, Internationaler Gesundheitsschutz und Welthandel, 2010, S. 31.

82 WHO, Pandemic Influenza Risk Management: A WHO guide to inform and harmonize national and international pandemic preparedness and response, 2017, abrufbar unter https://ogy.de/xv4 j.

83 WHO, Global influenza strategy 2019–2030, 2019, abrufbar unter https://ogy.de/vpmk; WHO, Seventy-second World Health Assembly. List of Delegates and other Participants, A 72/DIV./1 Rev. 1, 31.5.2019, abrufbar unter https://ogy.de/08co; vgl. zu früheren Aktivitäten der WHO gegen die Influenza auch *Gostin*, Global Health Law, 2014, S. 367 ff.; *Klafki* GYIL 61 (2018), 73 (79).

84 *Frau* AL 2017, 356 (358); *Sekalala*, Soft Law and Global Health Problems, 2017, S. 12.

bb) Hard Law

(1) Konventionen und Übereinkommen

25 Nach Art. 19 WHO-Satzung kann die **Weltgesundheitsversammlung** (→ Rn. 16 f.) **mit Zweidrittelmehrheit** Konventionen und Übereinkommen beschließen. Ein solches Abkommen tritt für die Mitgliedstaaten in Kraft, wenn sie es nach Maßgabe ihres Verfassungsrechts annehmen (Art. 20 WHO-Satzung).

26 Art. 19 WHO-Satzung wird in Art. 2 lit. k WHO-Satzung vor dem Hintergrund der weiten Definition von Gesundheit nur scheinbar dadurch präzisiert, dass ausschließlich „internationale Gesundheitsfragen" als Regelungsgegenstand in Betracht kommen. Der WHO steht damit eine **kaum begrenzte Rechtschaffungskompetenz** zur Verfügung, die diejenige der Vorgängerorganisationen bei Weitem übersteigt. Aus verschiedenen Gründen hat sie hiervon bisher nur einmal Gebrauch gemacht.[85] Für den Infektionsschutz ist diese Rechtschaffungskompetenz bislang bedeutungslos.

(2) Vorschriften

27 Nach Art. 21 WHO-Satzung ist die Weltgesundheitsversammlung (→ Rn. 16 f.) befugt, über verschiedene, relativ **präzise umschriebene Regelungsgegenstände** Vorschriften zu beschließen, wofür eine **einfache Mehrheit** ausreicht (Art. 60 lit. a iVm Art. 60 lit. b WHO-Satzung). Entsprechend ihrer historischen und aktuellen Bedeutung werden dort an erster Stelle „sanitäre und Quarantäneerfordernisse sowie sonstige Verfahren zur Verhütung der Verbreitung von Krankheiten von Land zu Land" aufgeführt (Art. 21 lit. a WHO-Satzung). Auf dieser Rechtsgrundlage sind die für das Infektionsschutzrecht zentralen IGV (→ Rn. 29 ff.) erlassen worden.

28 Die auf Grundlage der Art. 21 WHO-Satzung beschlossenen Vorschriften treten nach einer von der Weltgesundheitsversammlung (→ Rn. 16 f.) festgelegten Frist für jeden Mitgliedstaat in Kraft (Art. 22 Hs. 1 WHO-Satzung), es sei denn, er macht von seinem **Ablehnungs- bzw. Vorbehaltsrecht** aus Art. 22 Hs. 2 Alt. 1 WHO-Satzung Gebrauch. Bei dem Opting-out des Art. 22 Hs. 2 Alt. 1 WHO-Satzung handelt es sich um ein im Völkerrecht seltenes Rechtsetzungsinstrument.[86] Seine Rechtsnatur ist umstritten. Nach wohl überwiegender und zutreffender Auffassung handelt es sich nicht um einen einseitigen Rechtsakt der WHO, sondern um ein besonderes Vertragsschlussverfahren. Denn die Mitglieder hätten sich beim Beitritt bewusst (auch) für Art. 22 WHO-Satzung entschieden und damit ihr Einverständnis erklärt, durch Nichtausübung des Opting-out in Zukunft gebunden zu werden.[87] Auch die Vorbehaltsregelung in Art. 22 Hs. 2 Alt. 2 WHO-Satzung wirft Auslegungszweifel auf. Sie scheint dieselbe Rechtsfolge nach sich zu ziehen wie eine Ablehnungserklärung, also einen auf alle Vorschriften bezogenen vollständigen Ausschluss der Rechtsbindung. Bei einer solchen Lesart würde indes eine Unterscheidung zwischen Ablehnungen und Vorbehalten überflüssig sein, so dass sich Vorbehalte nur auf einzelne Vorschriften bezögen, die sonstigen Vorschriften im Übrigen aber für den betreffenden Staat weiter verbindlich blieben.[88]

---

85 *Scholz*, Internationaler Gesundheitsschutz und Welthandel, 2010, S. 25; vgl. auch *Frau* AL 2017, 356, (358).

86 *Taylor* in Quah/Cockerham (Hrsg.), International Encyclopedia of Public Health, Bd. 3, 2. Aufl. 2017, S. 268 (277); vgl. näher *Frenzel*, Sekundärrechtsetzungsakte internationaler Organisationen, 2011, S. 133 f.

87 Näher *Frau* AL 2017, 356 (359); *Scholz*, Internationaler Gesundheitsschutz und Welthandel, 2010, S. 35 f.

88 *Frenzel*, Sekundärrechtsetzungsakte internationaler Organisationen, 2011, S. 134.

h) Die Internationalen Gesundheitsvorschriften (IGV)

aa) Einleitung

29 Die Verhütung und **Bekämpfung von Infektionskrankheiten** gehört zu den Kernaufgaben (→ Rn. 22) der WHO (vgl. Art. 2 lit. g WHO-Satzung). Als zentrales rechtliches Instrument dienen ihr dabei die IGV. Zunächst 1951 als Internationale Sanitätsvorschriften (ISV) von der WHO auf Grundlage der Art. 21 f. WHO-Satzung (→ Rn. 27 f.) erlassen, wurden sie 1969 in IGV umbenannt und in den Jahren 1973 und 1981 leicht modifiziert (im Folgenden: „IGV (1969)").[89]

30 Die **IGV (1969)** standen in der Tradition der internationalen Kooperation im Bereich der Seuchenverhütung und -bekämpfung des 19. und frühen 20. Jahrhunderts. Das **zentrale Regelungsziel** bildete daher nach wie vor ein maximaler Infektionsschutz bei minimaler Beeinträchtigung des internationalen Personen- und Güterverkehrs. Die IGV (1969) enthielten Bestimmungen über zahlreiche Schutzmaßnahmen, die bei Ausbruch von Cholera, Pest und Gelbfieber ergriffen werden konnten, wie zB die Einführung von Gesundheitsnachweisen für aus infizierten Gebieten einreisende Personen. Darüber hinaus wurden den Staaten ua Melde- und Berichtspflichten auferlegt.[90]

31 Die IGV (1969) blieben **nahezu bedeutungslos**, wofür verschiedene Faktoren verantwortlich waren. Ein wesentlicher Grund dürfte gewesen sein, dass Staaten oft exzessive, dh unzulässige Schutzmaßnahmen ergriffen, was zu erheblichen wirtschaftlichen Schäden in den hiervon betroffenen Ländern führte. Aus Furcht vor den wirtschaftlichen Folgen der Überreaktion anderer Staaten nahm auch die allgemeine Bereitschaft ab, Krankheitsausbrüche zu melden. Da die WHO nicht ermächtigt war, auf andere Informationsquellen zurückzugreifen, konnte sie ihrer Überwachungsfunktion hinsichtlich des Ausbruchs von Infektionskrankheiten (→ Rn. 22) nur noch eingeschränkt nachkommen. Außerdem erwiesen sich die IGV (1969) wegen ihres nur auf Cholera, Pest und Gelbfieber beschränkten Anwendungsbereichs als wirkungslos gegenüber neuen Infektionskrankheiten, wie zB HIV/AIDS.[91]

32 Vor dem Hintergrund dieser Regelungsdefizite und Ineffizienzen wurde 1995 ein **Reformprozess** eingeleitet, der – beschleunigt durch den Ausbruch von SARS 2003 – schließlich dazu führte, dass die 58. Weltgesundheitsversammlung 2005 die neuen IGV (im Folgenden: „IGV [2005]") verabschiedete.[92] Sie sind ua wegen ihres breiten Anwendungsbereichs (→ Rn. 34) und einem neuartigen Informationsregime (→ Rn. 39 ff.) als bahnbrechendes innovatives Instrument zur Bekämpfung von Infektionskrankheiten zu betrachten[93] und bilden die wichtigste Rechtsquelle des internationalen Seuchenschutzes.[94]

---

89 *Negri* in Burci/Toebes (Hrsg.), Research Handbook on Global Health Law, 2018, S. 265 (270 f.); *Scholz*, Internationaler Gesundheitsschutz und Welthandel, 2010, S. 84; vgl. auch *Frau* AL 2017, 356 (359).

90 Ausführlich dazu *Fidler* Chinese J. Int'l L. 4 (2005), 325 (333 ff.); vgl. auch *Scholz*, Internationaler Gesundheitsschutz und Welthandel, 2010, S. 85.

91 *Fidler* Chinese J. Int'l L. 4 (2005), 325 (333 ff.); *Negri* in Burci/Toebes (Hrsg.), Research Handbook on Global Health Law, 2018, S. 265 (271 f.); *Scholz*, Internationaler Gesundheitsschutz und Welthandel, 2010, S. 86; vgl. auch *Klafki* GYIL 61 (2018), 73 (76 f.).

92 *Fidler* Chinese J. Int'l L. 4 (2005), 325 (338 ff.); *Gostin*, Global Health Law, 2014, S. 180 f.; *Scholz*, Internationaler Gesundheitsschutz und Welthandel, 2010, S. 85 f.; *Villarreal* in Vierck/Villarreal/Weilert (Hrsg.), The Governance of Disease Outbreaks, 2017, S. 243 (257 f.).

93 *Fidler* 4 Chinese J. Int'l L. (2005), 325 (342 ff.); *Negri* in Burci/Toebes (Hrsg.), Research Handbook on Global Health Law, 2018, S. 265 (277 ff.).

94 So zB *Klafki*, Risiko und Recht, 2017, S. 175; *Pflug*, Pandemievorsorge, 2013, S. 86.

bb) Die IGV (2005)

(1) Zweck und Anwendungsbereich

Zweck und Anwendungsbereich der am 15.6.2007 in Kraft getretenen IGV (2005) bestehen nach Art. 2 Hs. 1 IGV (2005) darin, die grenzüberschreitende Ausbreitung von Krankheiten zu verhüten und zu bekämpfen, davor zu schützen und dagegen Gesundheitsmaßnahmen[95] einzuleiten. Dies soll aber auf eine Art und Weise geschehen, die den Gefahren für die öffentliche Gesundheit entspricht, auf diese beschränkt ist und eine unnötige Beeinträchtigung des internationalen Verkehrs und Handels[96] vermeidet (Art. 2 Hs. 2 IGV (2005)). Der erste Vorbehalt soll der Gefahr begegnen, dass Infektionsschutzmaßnahmen zu anderen, nicht dem Gesundheitsschutz dienenden politischen Zwecken eingesetzt werden. Der zweite Vorbehalt adressiert das tradierte Spannungsverhältnis zu ökonomischen Zielen, enthält aber gegenüber der Vorgängerregelung, die eine möglichst minimale Beschränkung des internationalen Verkehrs vorsah, eine leichte **Akzentverschiebung zugunsten von Gesundheitszielen.**[97] 33

Der Anwendungsbereich der IGV (2005) erstreckt sich auf Gesundheitsrisiken jeglichen Ursprungs (Art. 2 Hs. 2 IGV (2005)). Damit wurde die tradierte Beschränkung des Infektionsschutzes auf die drei Krankheiten Pest, Cholera und Gelbfieber zugunsten eines **All-Risiko-Ansatzes**[98] (All Hazards Approach) aufgegeben. 34

(2) Grundsätze

Die Durchführung der IGV (2005) muss bestimmten Grundsätzen genügen. Dies betrifft namentlich die Ausrichtung auf das Ziel ihrer weltweiten Anwendung zum Schutz der Weltbevölkerung vor der grenzüberschreitenden Ausbreitung von Krankheiten (Art. 3 Abs. 3 IGV (2005)). Darüber hinaus bilden die IGV (2005) ein Beispiel für den jüngeren **Trend zur stärkeren Konstitutionalisierung** des Gesundheitsvölkerrechts (→ Rn. 3 f.): Art. 3 Abs. 1 IGV (2005) verpflichtet zur Durchführung der einzelnen Vorschriften „unter uneingeschränkter Achtung der Würde des Menschen, der Menschenrechte und der Grundfreiheiten."[99] Damit werden namentlich die menschenrechtlichen Gewährleistungen des Internationalen Pakts über bürgerliche und politische Rechte[100] (IPbpR, sog. UN-Zivilpakt) samt den Syrakus-Prinzipien[101] als Auslegungshilfe[102] referenziert.[103] Umgekehrt fordert Art. 26 der Syrakus-Prinzipien, bei Menschenrechtseingriffen aus Gründen der öffentlichen Gesundheit die IGV zu beachten.[104] Da die Überwachung der Einhaltung von Menschenrechten grundsätzlich anderen internationalen Organisationen obliegt (→ Rn. 21), ist fraglich, ob der WHO bei der Umsetzung von 35

95 Nach der Legaldefinition in Art. 1 Abs. 1 IGV (2005) handelt es sich bei ihnen um „Verfahren, die angewendet werden, um die Ausbreitung von Krankheiten oder von Verseuchung zu verhindern", doch nicht um „Maßnahmen des Gesetzesvollzugs oder Sicherheitsmaßnahmen".

96 Diese im Wortlaut wiedergegebene Wendung ist tautologischer Natur, da der Begriff „internationaler Verkehr" in Art. 1 Abs. 1 IGV (2005) als „die Bewegung von Personen, Gepäck, Fracht, Containern, Beförderungsmitteln, Gütern oder Postpaketen über eine internationale Grenze, einschließlich des internationalen Handels" legaldefiniert ist.

97 *Scholz*, Internationaler Gesundheitsschutz und Welthandel, 2010, S. 88.

98 *Gostin*, Global Health Law, 2014, S. 184 f.; vgl. zur Genese dieses Ansatzes näher *Frischhut/Greer* in Hervey/Young/Bishop (Hrsg.), Research Handbook on EU Health Law and Policy, 2017, S. 315 (325 f.).

99 *Kuszler* 2 Asian J. WTO & Int'l Health L. & Pol'y (2007), 99 (116).

100 Gesetz zu dem Internationalen Pakt v. 19.12.1966 über bürgerliche und politische Rechte v. 15.11.1973 (BGBl. II 1533).

101 UN, Siracusa Principles on the Limitation and Derogation of Provisions in the International Covenant on Civil and Political Rights. Annex, UN Doc E/CN.4/1984/4, abrufbar unter https://ogy.de/zze2.

102 Vgl. im hier relevanten Kontext nur *Gostin*, Global Health Law, 2014, S. 256.

103 Eingehend dazu *Negri* in Burci/Toebes (Hrsg.), Research Handbook on Global Health Law, 2018, S. 265 (276 ff.); vgl. auch *Gostin*, Global Health Law, 2014, S. 252 ff.

104 Vgl. dazu zB *Lambertson*, 25 Penn St. Int'l L. Rev. (2006), 531 (554 f.), die eine ausdrückliche Bezugnahme der IGV (2005) auf den IPbpR anmahnt.

Maßnahmen zur Pandemiebekämpfung eine solche Befugnis zusteht.[105] Das im Zuge der Schweinegrippe (H1N1)-Pandemie eingerichtete Untersuchungskomitee kam zu dem Schluss, das Mandat der Organisation reiche nicht so weit.[106] Doch ließe sich eine solche Befugnis der WHO trotz fehlender ausdrücklicher Ermächtigung in den IGV (2005) möglicherweise aus der Implied-Powers-Doktrin ableiten.[107]

(3) Ausschüsse

36 Der gem. Art. 48 IGV (2005) zu errichtende **Notfallausschuss** setzt sich aus internationalen Sachverständigen zusammen und dient dazu, den WHO-Generaldirektor (→ Rn. 19) im Hinblick auf die Feststellung einer internationalen Gesundheitsnotlage (→ Rn. 44) und die Abgabe zeitlich befristeter Empfehlungen (→ Rn. 48) zu beraten. Ebenso wie bisher ist der WHO-Generaldirektor auch in der Corona-Krise den Stellungnahmen des Ausschusses gefolgt,[108] weshalb ihm eine hohe faktische Autorität zukommt. In der Regel spricht der Ausschuss mit einer Stimme, doch war in einer Stellungnahme v. 23.1.2020 erstmals von unterschiedlichen Auffassungen die Rede.[109]

37 Der gem. Art. 50 Abs. 1 IGV (2005) einzurichtende **Prüfungsausschuss** hat die Aufgabe, den WHO-Generaldirektor (→ Rn. 19) über alle Anliegen, welche die Wirksamkeit der Vorschriften betreffen, zu beraten. Außerdem unterstützt er ihn in fachlicher Hinsicht bei der Entscheidung über ständige Empfehlungen (→ Rn. 49).[110]

(4) Information

38 Auch die jüngste Erfahrung mit SARS-CoV-2 belegt, dass eine **zügige und transparente Informationsübermittlung** bei Krankheitsausbrüchen unerlässlich für die effektive Bekämpfung von Epidemien und Pandemien ist. Zudem ist gerade bei Pandemien die ständige Generierung von Wissen unabdingbar, um in der Folge mit neuen Risikolagen Schritt zu halten.[111]

(a) Informationsquellen

(i) Meldepflicht

39 Eine der vertragsstaatlichen Hauptpflichten besteht in der Meldung infektionsschutzrelevanter Ereignisse (Art. 6 Abs. 1 S. 1, 2 IGV (2005)). Meldepflichtig sind alle Ereignisse, die nach dem Entscheidungsschema in Anlage 2 der IGV (2005) eine globale gesundheitliche Notlage (→ Rn. 44) im Territorium des Vertragsstaats darstellen können, also zB das Auftreten bestimmter Krankheiten wie SARS oder einer Influenza, die durch einen neuen Virus des Subtyps verursacht wird (Art. 6 Abs. 1 S. 1 IGV (2005)). Danach muss prognostisch unter Ungewissheitsbedingungen entschieden werden, ob es einer

---

105 So hat der frühere US-Präsident Trump als einen der Gründe für den Austritt der USA aus der WHO den Umgang der WHO mit Menschenrechtsverletzungen in China im Zusammenhang mit dem Ausbruchsgeschehen angeführt, vgl. *Essawy* EJIL:Talk!, 15.6.2020.

106 WHO, Strengthening response to pandemics and other public-health emergencies, Report of the Review Committee on the Functioning of the International Health Regulations (2005) and on Pandemic Influenza (H1N1) 2009, 1.1.2011, S. 63, abrufbar unter https://ogy.de/ubu8.

107 Vgl. *Essawy* EJIL:Talk!, 15.6.2020.

108 WHO, Statement on the second meeting of the International Health Regulations (2005). Emergency Committee regarding the outbreak of novel coronavirus (2019-nCoV), 30.1.2020, abrufbar unter https://ogy.de/d1ke.

109 Der Dissens bezog sich auf die Feststellung einer internationalen Gesundheitsnotlage, s. Statement on the meeting of the International Health Regulations (2005) Emergency Committee regarding the outbreak of novel coronavirus (2019-nCoV), abrufbar unter https://ogy.de/7v1r; vgl. dazu auch *von Bogdandy/Villarreal*, International Law on Pandemic Response: A First Stocktaking in Light of the Coronavirus Crisis, MPIL Research Paper Series No. 2020–07, S. 13.

110 Näher *Scholz*, Internationaler Gesundheitsschutz und Welthandel, 2010, S. 109 f.

111 *Pflug*, Pandemievorsorge, 2013, S. 71, 78; *Trute* in Eger/Oeter/Voigt (Hrsg.), International Law and the Rule of Law under Extreme Conditions, 2017, S. 115 (118 f.); *Trute* GSZ 2018, 125 (126).

Meldung an die WHO bedarf.[112] Die Vertragsstaaten sind verpflichtet, alle entsprechenden **Ereignisse sowie die ergriffenen Gesundheitsmaßnahmen binnen 24 Stunden** unter Verwendung der effizientesten verfügbaren Kommunikationsmittel der WHO zu melden (vgl. *Ritgen* in → § 12 Rn. 8).[113]

Wird die Meldepflicht nicht bzw. nicht ausreichend erfüllt, was der Volksrepublik China im Zusammenhang mit dem Ausbruch von COVID-19 vorgeworfen wird,[114] kann dies Forderungen nach einer Haftung für wirtschaftliche Schäden nach sich ziehen.[115] Vor welchen Institutionen oder Gerichten und auf Grundlage welches Rechtstextes Staaten oder andere Akteure bei derartigen Verstößen zur Verantwortung gezogen werden sollten, scheint iE aber noch ungeklärt.[116] Eine Anklage gegen einen Staat vor nationalen Gerichten wird regelmäßig an der Staatenimmunität scheitern.[117] In den IGV 2005 ist als Möglichkeit zur Klärung nur die Durchführung eines Streitbeilegungsverfahrens (→ Rn. 55) vorgesehen; eine Rechtswegeröffnung für Schadensersatzforderungen fehlt.[118] Das grundsätzliche Erfordernis, dass sich für eine Klage vor dem IGH alle Streitparteien der Gerichtsbarkeit unterwerfen müssen (Art. 36 IGH-Statut), könnte durch Art. 75 WHO-Satzung entbehrlich sein, da über diese Bestimmung implizit durch die Ratifizierung der WHO-Satzung die Unterwerfung erklärt wurde (Art. 36 Abs. 1 Alt. 2 IGH-Statut).[119] Als mögliche Anspruchsgrundlage für Schadenersatzforderungen auf internationaler Ebene kommt ua der gewohnheitsrechtliche Grundsatz der Staatenverantwortlichkeit in Betracht, kodifiziert in den Regelungen der International Law Commission (ILC) über das Recht der Staatenverantwortlichkeit (ILC Artikelentwurf)[120].[121] Neben der Verletzung einer völkerrechtlichen Pflicht[122] muss für die Bejahung der Verantwortlichkeit aber auch der Kausalitätsnachweis zwischen der Pflichtverletzung und dem eingetretenen Schaden geführt werden, was im Falle eines pandemi-

112 *Klafki*, Risiko und Recht, 2017, S. 176.

113 Näher *Gostin*, Global Health Law, 2014, S. 189 ff.; *Negri* in Burci/Toebes (Hrsg.), Research Handbook on Global Health Law, 2018, S. 265 (276 ff.); *Scholz*, Internationaler Gesundheitsschutz und Welthandel, 2010, S. 90 ff.; *Trute* in Eger/Oeter/Voigt (Hrsg.), International Law and the Rule of Law under Extreme Conditions, 2017, S. 115 (128 f.); *Trute* GSZ 2018, 125 (127).

114 Sogar ein Mitglied des Notfallausschusses (→ Rn. 36) hat die Volksrepublik China für ihre zu zögerliche Informationspolitik kritisiert, vgl. *Riordan/Sue-Lin*, Beijing too slow to report cases, says WHO expert: Contagion, FT v. 5.2.2020, S. 6; vgl. auch *Fahrion/Gebauer/Hipp/Neukirch/Scheuermann/Schult/Wiedmann-Schmidt*, Die Schuldfrage, Der Spiegel v. 9.5.2020, S. 17 f.; *von Bogdandy/Villarreal*, International Law on Pandemic Response: A First Stocktaking in Light of the Coronavirus Crisis, MPIL Research Paper Series No. 2020–07, S. 7.

115 Neben Einzelpersonen und Sammelklägern, vgl. nur *Ferek* Lawsuits Target China for Coronavirus Damage, WSJ, 22.4.2020, abrufbar unter https://ogy.de/gbvo, hat in den USA auch der Bundesstaat Missouri Schadensersatzklagen erhoben, vgl. *N.N.*, Erster US-Bundesstaat klagt gegen China wegen Coronavirus, Der Spiegel v. 22.4.2020, abrufbar unter https://ogy.de/6n7 m).

116 Vgl. ua *Taak* IJL 6 (2020), 276 (277); Huremagić/*Kainz* EJIL:Talk!, 13.7.2020.

117 Vgl. ua *Keitner* Just Security, 22.4.2020; ähnlich für die USA, vgl. *Julie/Menegon/Murgier* Covid-19: potential legal actions against China, ibanet, 6.8.2020, abrufbar unter https://ogy.de/4fkm; vgl. aber die am 30.7.2020 vom Justizausschuss des Senats genehmigte Gesetzesvorlage „Civil Justice for Victims of COVID Act“, die auf die Änderung des Foreign Sovereign Immunities Act gerichtet ist vgl. *Anderson/Mirski* Lawfare Blog, 3.9.2020; näher zur aktuellen Entwicklung *Anderson/Mirski* Lawfare Blog, 22.1.2021.

118 *Wissenschaftliche Dienste (Deutscher Bundestag)*, Die Corona-Pandemie im Lichte des Völkerrechts (Teil 1), Ausarbeitung v. 2.7.2020, WD 2 – 3000 – 037/20, S. 19; ähnlich *von Bogdandy/Villarreal* ZaöRV 2020, 293 (306 f.).

119 Vgl. allgemein *Krajewski*, Völkerrecht, 2. Aufl. 2020, S. 186.

120 Völkerrechtskommission, Artikelentwurf für die Verantwortlichkeit von Staaten für völkerrechtswidriges Handeln, 2001, abrufbar unter https://ogy.de/bdjw.

121 *Sarkar* JURIST, 10.4.2020.

122 Hier kommen wiederum verschiedene Punkte in Frage, auf die die Argumentation bezüglich der Pflichtverletzung gestützt werden könnte. Neben einer Verletzung der Meldepflichten der IGV kommt auch eine Berufung auf allgemeine Völkerrechtsgrundsätze wie das Schädigungsverbot, vgl. *Oyeleke* JAPIL 1 (2020), 5, die Convention on International Civil Aviation, vgl. *Huremagić/Kainz* EJIL:Talk!, 13.7.2020, sowie die Biowaffenkonvention, vgl. *Bansal* CILJ Blog, 30.8.2020, in Betracht.

schen Geschehens fast unmöglich scheint,[123] zumal im Fall der Covid-Pandemie auch Staaten wie die USA durch zu späte Reaktionen die Lage verschlimmert haben.[124]

(ii) Konsultationen

40 Von relevanten Ereignissen, die (**noch**) **keine Meldeverpflichtung** (→ Rn. 39) auslösen, kann der betreffende Vertragsstaat die WHO unterrichten und sich mit ihr über geeignete Gesundheitsmaßnahmen abstimmen (Art. 8 Abs. 1 S. 1 IGV (2005)).

(iii) Sonstige Informationsquellen

41 Art. 9 Abs. 1 S. 1 Hs. 1 IGV (2005) ermöglicht der WHO zwar den Rückgriff auf **nichtstaatliche Informationsquellen**, doch unterliegen diese einem **Validierungsverfahren**. Das bedeutet, dass die WHO den Vertragsstaat, in dessen Hoheitsgebiet das Ereignis angeblich eingetreten ist, zunächst zu konsultieren sowie sich um den Erhalt einer Bestätigung nach dem in Art. 10 IGV (2005) beschriebenen Verfahren zu bemühen hat (Art. 9 Abs. 1 S. 2 IGV (2005)). Stellt die WHO die erhaltenen Informationen den Vertragsstaaten zur Verfügung, darf sie die Vertraulichkeit der Quelle nur dort wahren, wo dies ordnungsgemäß begründet ist (Art. 9 Abs. 1 S. 3 IGV (2005)).[125] Aus menschenrechtlicher Perspektive (vgl. Art. 3 Abs. 1 IGV (2005)) erscheint dieser Schutz besonders für Einzelpersonen als völlig unzureichend.[126]

(b) Informationsübermittlung

42 Um eine möglichst reibungslose Kommunikation zwischen den Vertragsstaaten und der WHO zu gewährleisten, sieht Art. 4 Abs. 1 IGV (2005) die Einrichtung oder Bestimmung **nationaler IGV-Anlaufstellen** vor. Sie sind ua für die Erfüllung der Meldepflicht (→ Rn. 39) zuständig (Art. 6 Abs. 1 S. 2 IGV (2005)). Die WHO errichtet ihrerseits an ihrem Hauptsitz in Genf oder in ihren Regionalbüros **IGV-Kontaktstellen** (Art. 4 Abs. 3 IGV (2005)).

43 Alle Informationen, die der WHO gemäß Art. 5 bis 10 IGV (2005) zugehen und die erforderlich sind, um auf eine Gefahr für die öffentliche Gesundheit reagieren zu können, muss sie unter bestimmten Voraussetzungen (Art. 11 Abs. 2 IGV (2005)) allen **Vertragsparteien und ggf. einschlägigen zwischenstaatlichen Organisationen** übermitteln (Art. 11 Abs. 1 IGV (2005)). Ist dies geschehen, kann die WHO auch die **Öffentlichkeit** unterrichten, wenn bereits andere Informationen über das Ereignis öffentlich bekannt geworden sind und ein Bedürfnis nach zuverlässiger und unabhängiger Information besteht (Art. 11 Abs. 4 IGV (2005)).[127]

(c) Informationsbewertung

44 Auf Grundlage der erhaltenen Informationen stellt der **WHO-Generaldirektor** (→ Rn. 19) **vorläufig** fest, ob **eine gesundheitliche Notlage von internationaler Tragweite** (Public Health Emergency of International Concern, PHEIC) vorliegt. Sie ist definiert als „ein außergewöhnliches Ereignis, das (...) (i) durch die grenzüberschreitende Ausbreitung von Krankheiten eine Gefahr für die öffentliche Gesundheit in anderen Staaten darstellt und (ii) möglicherweise eine abgestimmte internationale Reaktion erfordert"

123 *Fidler* Just Security, 27.3.2020.

124 *Mitchell/Yu/Liu/Peel* China and Covid-19: What went wrong in Wuhan?, FT, 17.10.2020, abrufbar unter https://ogy.de/a8by.

125 Näher *Klafki*, Risiko und Recht, 2017, S. 179 f.; *Scholz*, Internationaler Gesundheitsschutz und Welthandel, 2010, S. 93 f.

126 *Davies* Med. L. Rev. 25 (2017), 270 (286 ff.); vgl. auch *Gostin*, Global Health Law, 2014, S. 192 f.; *Trute* in Eger/Oeter/Voigt (Hrsg.), International Law and the Rule of Law under Extreme Conditions, 2017, S. 115 (130 f.).

127 Näher *Scholz*, Internationaler Gesundheitsschutz und Welthandel, 2010, S. 94 ff.

(Art. 1 Abs. 1 IGV (2005)). Diese Befugnis stellt ein für internationale Organisationen einzigartiges Instrument dar, da sie einer Person zugewiesen ist und weitreichende Konsequenzen haben kann.[128] Ob dem Generaldirektor damit eine „inhaltlich kaum umgrenzte Entscheidungsgewalt" eingeräumt wird,[129] erscheint zweifelhaft. Denn er hat bei der Feststellung gem. Art. 12 Abs. 4 IGV (2005) folgende Kriterien zu beachten:

- die vom betroffenen Vertragsstaat bereitgestellten Informationen (→ Rn. 39),
- das Entscheidungsschema in Anlage 2 IGV (2005),
- den Rat des Notfallausschusses,
- wissenschaftliche Grundsätze sowie die verfügbaren wissenschaftlichen Nachweise/Beweisstücke und andere einschlägige Informationen sowie
- eine Bewertung der Gefahr für die menschliche Gesundheit, des Risikos der grenzüberschreitenden Krankheitsausbreitung und des Risikos der Beeinträchtigung des internationalen Verkehrs.

Die Perzeption des Generaldirektors als „entfesselter Souverän in der Pandemie"[130] geht im Übrigen an der Rechtswirklichkeit vorbei, da er bislang stets, so auch beim COVID-19-Ausbruch, den Stellungnahmen des Notfallausschusses gefolgt ist (→ Rn. 36).

Nach der vorläufigen Feststellung einer gesundheitlichen Notlage von internationaler Tragweite **berät** sich der Generaldirektor mit dem Vertragsstaat, in dessen Hoheitsgebiet das Ereignis auftritt (Art. 12 Abs. 1 S. 1 IGV (2005)). Sind sich Generaldirektor und Vertragsstaat hinsichtlich dieser Feststellung **einig**, so ersucht er den Notfallausschuss (→ Rn. 36) um dessen Standpunkt zu geeigneten vorläufigen Empfehlungen (→ Rn. 48) (Art. 12 Abs. 1 S. 2 IGV (2005). Erzielen Generaldirektor und Vertragsstaat dagegen binnen 48 Stunden **keine Einigung** darüber, ob das Ereignis eine gesundheitliche Notlage von internationaler Tragweite (→ Rn. 44) darstellt, trifft der Generaldirektor gem. Art. 49 Abs. 5 IGV (2005) die **endgültige** Entscheidung. Dem betroffenen Staat wird Rechtsschutz nur insofern gewährt, als er die Beendigung der Notlage dem Generaldirektor vorschlagen und diesen Vorschlag dem Notfallausschuss vorlegen kann (Art. 49 Abs. 7 IGV (2005)). Bleibt dieses Vorgehen erfolglos, ist für eine solche Angelegenheit im Rahmen des allgemeinen Streitbeilegungsverfahrens die Weltgesundheitsversammlung (→ Rn. 16 f.) zuständig (Art. 56 Abs. 5 IGV (2005)).[131] 45

Insgesamt sind **bislang sechs gesundheitliche Notlagen** von internationaler Tragweite (→ Rn. 44) ausgerufen worden,[132] zuletzt am 30.1.2020 hinsichtlich SARS-CoV-2.[133] Die unmittelbar zuvor ergangenen Feststellungen einer internationalen gesundheitlichen Notlage sind teilweise in die Kritik geraten. So wird dem Notfallausschuss (→ Rn. 36) mit Blick auf den Ebola-Ausbruch 2018/2019 vorgeworfen, er habe seine Autorität missbraucht und die Vorgaben des Art. 12 Abs. 4 IGV (2005) ignoriert; zudem habe der Generaldirektor (→ Rn. 19) die Feststellung des Vorliegens einer gesundheitlichen Notlage von internationaler Tragweite zu spät getroffen.[134] Ähnliche Vorwürfe sind in der Corona-Krise laut geworden.[135] 46

128 *Bogdandy/Villarreal*, International Law on Pandemic Response: A First Stocktaking in Light of the Coronavirus Crisis, MPIL Research Paper Series No. 2020–07, S. 11.

129 *Klafki* Recht und Risiko, 2017, S. 356.

130 *Klafki* Recht und Risiko, 2017, S. 355.

131 Näher *Scholz*, Internationaler Gesundheitsschutz und Welthandel, 2010, S. 96 ff.; *Trute* in Eger/Oeter/Voigt (Hrsg.), International Law and the Rule of Law under Extreme Conditions, 2017, S. 115 (128 f.); *Trute* GSZ 2018, 125 (127).

132 *Von Bogdandy/Villarreal*, International Law on Pandemic Response: A First Stocktaking in Light of the Coronavirus Crisis, MPIL Research Paper Series No. 2020–07, S. 14.

133 WHO, Statement on the second meeting of the International Health Regulations (2005). Emergency Committee regarding the outbreak of novel coronavirus (2019-nCoV), abrufbar unter https://ogy.de/d1ke.

134 Eingehend dazu zuletzt *Fidler* 14 Asian J. WTO & Int'l Health L & Pol'y (2019), 287 ff.

135 Vgl. *Ankenbrand/Hein/Ritter/Sattar/Welter*, Ein paar Tonlagen zu hoch, FAZ v. 16.4.2020, S. 3.

(5) Vertragsstaatlicher Kapazitätsaufbau

47 Dem Erfordernis, gesundheitliche Notlagen von internationaler Tragweite (→ Rn. 44) rasch zu erkennen und unverzüglich darauf zu reagieren, können nur belastbare nationale Gesundheitssysteme entsprechen.[136] Deshalb gibt Art. 5 Abs. 1 IGV (2005) den Vertragsstaaten auf, ein **Überwachungssystem** zu installieren, um gesundheitsrelevante Ereignisse iSd IGV (2005) entdecken und melden zu können. Die Anforderungen an ein solches Überwachungssystem sind in Abschnitt A der Anlage 1 IGV (2005) detailliert dargestellt. Diese betreffen die lokale, die regionale und die nationale Ebene. Auf nationaler Ebene sollen zB institutionelle Kernkapazitäten bestehen, die ausreichen, um alle Berichte über dringende, die öffentliche Gesundheit betreffende Ereignisse innerhalb von 48 Stunden bewerten zu können. Zur Herstellung eines Minimums an globaler Reaktionsfähigkeit werden die Vertragsstaaten zudem in Art. 13 Abs. 1 IGV (2005) iVm Anlage 1 IGV (2005) zur Schaffung und Unterhaltung institutioneller und organisatorischer Kernkapazitäten verpflichtet. Dazu zählt zB die Ausarbeitung eines nationalen Notfallplans für gesundheitliche Notlagen, die Selbstauskunft hinsichtlich vorhandener Kapazitäten, die Vernetzung von Schlüsselstellen oder das Bereithalten geeigneter logistischer Kapazitäten auf bestimmten Flughäfen.[137] Dieser substanziellen Verpflichtung sollten die Vertragsstaaten baldmöglichst, spätestens aber fünf Jahre nach Inkrafttreten der IGV (2005), also bis 15.6.2012, nachkommen, was aber bislang nur unzureichend geschehen ist.[138]

(6) Infektionsschutzmaßnahmen

(a) Kompetenzen der WHO

48 Ist der Eintritt einer gesundheitlichen Notlage von internationaler Tragweite festgestellt (→ Rn. 44) worden, gibt der WHO-Generaldirektor (→ Rn. 19) **zeitlich befristete Empfehlungen** ab (Art. 15 Abs. 1 IGV (2005)). Sie können Infektionsschutzmaßnahmen umfassen, die von dem betroffenen Vertragsstaat oder anderen Vertragsstaaten durchgeführt werden sollen (Art. 15 Abs. 2 IGV (2005)).[139]

49 Die WHO kann gem. Art. 16 Abs. 1 S. 1 IGV (2005) auch **ständige Empfehlungen** für geeignete Gesundheitsmaßnahmen zur systematischen oder gelegentlichen Anwendung erlassen. Dies setzt voraus, dass eine bestimmte anhaltende Gefahr für die öffentliche Gesundheit iSv Art. 16 Abs. 1 S. 2 IGV (2005) vorliegt. Eine Gefahr für die öffentliche Gesundheit wird in Art. 1 Abs. 2 IGV (2005) legaldefiniert als „die Wahrscheinlichkeit eines Ereignisses, das die Gesundheit von Bevölkerungsgruppen beeinträchtigen kann, wobei solche Ereignisse besonders zu beachten sind, die sich grenzüberschreitend ausbreiten oder eine ernste und unmittelbare Bedrohung darstellen können."[140]

50 Der **Inhalt** möglicher Empfehlungen erstreckt sich auf das klassische Instrumentarium des Infektionsschutzes, also zB **individuelle** Quarantäne- oder andere Gesundheitsmaßnahmen, Einreiseverbote, Nachverfolgung der Kontakte verdächtiger oder betroffener Personen (Art. 18 IGV (2005)), nicht aber Massenquarantäne (Lockdown bzw. Shutdown).[141] Dies entsprach auch der WHO-Praxis hinsichtlich COVID-19,[142] die aber

136 Vgl. nur *Moon ua* The Lancet 386 (2015), 2204 (2207).

137 Näher *Scholz*, Internationaler Gesundheitsschutz und Welthandel, 2010, S. 99 ff.

138 Vgl. zB den IHR core capacities implementation status für die Region Europa, abrufbar unter https://ogy.de/q4bl.

139 Näher *Scholz*, Internationaler Gesundheitsschutz und Welthandel, 2010, S. 99 ff.

140 Vgl. *Klafki* GBYL 61 (2018), 73 (81); *Scholz*, Internationaler Gesundheitsschutz und Welthandel, 2010, S. 110.

141 AA *von Bogdandy/Villarreal*, Es geht nicht ohne die WHO, FAZ v. 23.4.2020, S. 6.

142 Vgl. zB WHO, Statement on the second meeting of the International Health Regulations (2005). Emergency Committee regarding the outbreak of novel coronavirus (2019-nCoV), 30.1.2020, abrufbar unter

mit der positiven Würdigung der weitergehenden Maßnahmen in der Volksrepublik China und Italien kaum in Einklang steht.[143] Der WHO-Direktor kann auch empfehlen, bestimmte Maßnahmen nicht zu ergreifen (Art. 18 Abs. 1 Spgstr. 1, Abs. 2 Spgstr. 1 IGV (2005)).[144] Zudem unterliegen die Empfehlungen auch bestimmten Kriterien (Art. 17 IGV (2005)). Der WHO-Generaldirektor (→ Rn. 19) wird ua zur Wissenschaftlichkeit verpflichtet und darf nur angemessene Maßnahmen in Betracht ziehen, die auf eine Risikoabschätzung gestützt sind. Damit sollte eine weitgehende Vereinbarkeit mit dem SPS-Übereinkommen (Agreement on the Application of Sanitary and Phytosanitary Measures, SPS Agreement, → Rn. 69 ff.) hergestellt werden.[145] Außerdem konkretisieren diese Maßgaben den Menschenrechtsprimat des Art. 3 Abs. 1 IGV (2005) (→ Rn. 35).

Die Empfehlungen bilden das **Hauptkoordinierungsinstrument** der IGV.[146] Obwohl sie nach Art. 1 Abs. 2 IGV (2005) **rechtlich nicht verbindlich** sind,[147] haben sie faktisch doch erhebliche Bedeutung: zum einen insoweit, als sie im nationalen oder internationalen Recht in Bezug genommen werden, zum anderen wegen ihrer verbreiteten Akzeptanz durch potenziell Betroffene, wie zB bei Reisewarnungen, oder politische Entscheidungsträger. Letztlich beruht ihre **faktische Wirkkraft** auf der ihnen inhärenten Expertise, die durch die an ihrer Entstehung beteiligten Fachwissenschaftler aus aller Welt (vgl. Art. 17 UAbs. 1 lit. b iVm Art. 48 Abs. 1 lit. c, Abs. 2 und 3, Art. 50 Abs. 1, lit. b, Abs. 6 IGV (2005)) in der Regel gewährleistet wird.[148] Dieser Nimbus schließt freilich nicht aus, dass Empfehlungen zuweilen, wie in der Ebola-Epidemie 2014–2016, aus anderen Gründen ignoriert werden.[149] 51

(b) Maßnahmen der Vertragsstaaten

Die Art. 23–41 IGV (2005) enthalten zahlreiche Vorgaben darüber, welche Maßnahmen routinemäßig angewendet werden sollen, um die grenzüberschreitende Ausbreitung von Infektionskrankheiten zu verhüten, und welche Vollzugsbedingungen dabei beachtet werden sollen (**Standardmaßnahmen**). Neben allgemeinen Bestimmungen über die Ankunft und Abreise (Art. 23 IGV (2005) werden dort spezielle Regelungen im Hinblick auf Transportmittel und Transportgesellschaften (Art. 24–29 IGV (2005)), Reisende (Art. 30–32 IGV (2005)), Güter, Container und Container-Verladeplätze (Art. 33–34 IGV (2005)), Gesundheitsdokumente (Art. 35–39 IGV (2005)) sowie Gebühren (Art. 35–39 IGV (2005)) getroffen.[150] In diesen Bestimmungen manifestiert sich einerseits der Zweck der IGV (2005), effektive Infektionsschutzmaßnahmen ohne unnötige Behinderungen des internationalen Verkehrs zu ermöglichen (→ Rn. 33). Andererseits hat dort aber auch der völkerrechtliche Menschenrechtsschutz in Konkretisierung von 52

https://ogy.de/d1ke; WHO, Considerations for quarantine of individuals in the context of containment for coronavirus disease (COVID-19), 19.3.2020, WHO/2019-nCoV/IHR_Quarantine/2020.2, abrufbar unter https://ogy.de/lbnp.

143 Vgl. *von Bogdandy/Villarreal*, International Law on Pandemic Response: A First Stocktaking in Light of the Coronavirus Crisis, MPIL Research Paper Series No. 2020–07, S. 20.

144 Vgl. nur *Villarreal* in Vierck/Villarreal/Weilert (Hrsg.), The Governance of Disease Outbreaks, 2017, S. 243 (260).

145 *Scholz*, Internationaler Gesundheitsschutz und Welthandel, 2010, S. 99 f.

146 WHO, Implementation of the International Health Regulations (2005). Report of the Review Committee on the Role of the International Health Regulations (2005) in the Ebola Outbreak and Response, WHA69/21,13.5.2016, S. 32, abrufbar unter https://ogy.de/00ek; vgl. auch *Klafki* GBYL 61 (2018), 73 (79).

147 Art. 3 Abs. 4 S. 1 IGV (2005) hebt ergänzend die gesundheitspolitische Souveränität der Vertragsstaaten hervor.

148 *Frau* AL 2017, 356 (359); *Frau* GoJIL (2016), 225 (236 f.).

149 *Frau* AL 2017, 356 (359); *Frau* GoJIL 7 (2016), 225 (250 ff.); *Rhymer/Speare* Bull World Health Organ. 95 (2017), 10 (14).

150 Näher *Scholz*, Internationaler Gesundheitsschutz und Welthandel, 2010, S. 104 f.

Art. 3 Abs. 1 IGV (2005) (→ Rn. 35) Niederschlag gefunden. So sieht zB Art. 32 Hs. 2 lit. b IGV (2005) ausdrücklich vor, bei der Durchführung von Infektionsschutzmaßnahmen „geschlechtsbezogene, soziokulturelle, ethnische oder religiöse Belange der Reisenden zu berücksichtigen".[151]

53 Im Übrigen ermöglicht es Art. 43 IGV (2005) den Vertragsstaaten, **zusätzliche Gesundheitsschutzmaßnahmen** zu ergreifen. Sie lassen sich wie folgt typisieren:

1. Maßnahmen, die sich von WHO-Empfehlungen unterscheiden, aber dasselbe oder ein höheres Maß an Gesundheitsschutz erreichen (Art. 43 Abs. 1 UAbs. 1 Hs. 1 lit. a IGV (2005)) – Typ 1;
2. Maßnahmen, die sonst nach den IGV (2005) explizit verboten sind (Art. 43 Abs. 1 UAbs. 1 Hs. 1 lit. b IGV (2005)) – Typ 2;
3. Maßnahmen, die nach den IGV (2005) explizit erlaubt sind (Art. 43 Abs. 2 IGV (2005)) – Typ 3.

54 Maßnahmen des Typs 1 und 2 müssen mit den Bestimmungen der IGV (2005) vereinbar sein (Art. 43 Abs. 1 UAbs. 1 Hs. 2 lit. a IGV (2005)). Ferner dürfen sie den internationalen Verkehr nicht stärker beschränken und für Personen nicht invasiver oder störender sein als unter vertretbarem Aufwand verfügbare Alternativen, die ein angemessenes Maß an Gesundheitsschutz erreichen würden (Art. 43 Abs. 1 UAbs. 2 IGV (2005)). Der Sache nach dieselbe Anforderung ergibt sich für Maßnahmen des Typs 3 aus dem Wortlaut der einzelnen Bestimmungen (vgl. zB Art. 23 Abs. 2 IGV (2005) „am wenigsten störende und invasive ärztliche Untersuchung" oder Art. 27 Abs. 1 UAbs. 2 S. 1 IGV (2005) „nötigenfalls"). Bei der Durchführung zusätzlicher Maßnahmen aller drei Typen müssen sich die Vertragsstaaten gem. Art. 43 Abs. 2 IGV (2005) vor allem an **wissenschaftlichen Standards** orientieren. IE sind folgende Kriterien und Vorgaben zu beachten:

1. wissenschaftliche Grundsätze,
2. verfügbare wissenschaftliche Erkenntnisse über eine Gefahr für die menschliche Gesundheit, oder – wenn ein solcher Nachweis unzureichend ist – verfügbare Informationen, einschließlich solcher der WHO und anderer einschlägiger zwischenstaatlicher Organisationen und internationaler Organe, und
3. verfügbare spezifische Anleitungen oder Ratschlägen der WHO.

Insofern behält sich die WHO ein Prüfungsrecht vor (Art. 43 Abs. 4 IGV (2005)).[152]

(7) Streitbeilegung

55 Die IGV (2005) kennen nur grundsätzlich unverbindliche Streitbeilegungsmechanismen. Bleiben Bemühungen um eine einvernehmliche Streitbeilegung **zwischen den Vertragsstaaten** iSv Art. 56 Abs. 1 IGV (2005) erfolglos, kann die Streitigkeit entweder dem WHO-Generaldirektor (→ Rn. 19) vorgelegt (Art. 56 Abs. 2 IGV (2005)) oder ein Schiedsgerichtsverfahren (Art. 56 Abs. 3 IGV (2005)) herbeigeführt werden. Für Streitigkeiten **zwischen der WHO und den Vertragsstaaten** über die Auslegung und Anwendung der Vorschriften sieht Art. 56 Abs. 5 IGV (2005) nur vor, dass die Angelegenheit an die Weltgesundheitsversammlung (→ Rn. 16 f.) verwiesen wird.[153] Zwar steht es den Vertragsstaaten frei, sich des Streitbeilegungsverfahrens der Welthandelsorganisation (World Trade Organization, WTO)[154] zu bedienen (Art. 56 Abs. 4 IGV (2005)), doch

---

151 *Kuszler* Asian J. WTO & Int'l Health L. & Pol'y 2 (2007), 99 (116).

152 Näher zum Vorstehenden *Scholz*, Internationaler Gesundheitsschutz und Welthandel, 2010, S. 105 ff.; vgl. auch *Klafki*, Risiko und Recht, 2017, S. 182 f.

153 Näher *Scholz*, Internationaler Gesundheitsschutz und Welthandel, 2010, S. 111 ff.

154 Vgl. dazu nur *Krajewski*, Wirtschaftsvölkerrecht, 4. Aufl. 2017, S. 66 ff.

handelt es sich hierbei jedenfalls in jüngerer Zeit und mit Blick auf Gesundheitsbelange um ein ebenso wenig effektives Rechtsschutzinstrument.[155]

(8) Reforminitiativen

Wurden die IGV (2005) anfangs noch als mögliches Kernstück der globalen Gesundheitspolitik im 21. Jahrhundert betrachtet,[156] so mehren sich insbesondere seit dem wenig überzeugenden Umgang der WHO mit der Ebola-Krise 2014–2016 in jüngerer Zeit die kritischen Stimmen. Sie zielen vor allem auf das – wie jüngst wieder in der Corona-Pandemie sichtbar gewordene – Problem der Nichteinhaltung der vertragsstaatlichen Meldepflichten (→ Rn. 39), die fehlenden Durchsetzungsmöglichkeiten hinsichtlich des vielfach unzureichenden Aufbaus der erforderlichen vertragsstaatlichen Kernkapazitäten (→ Rn. 47) und die mangelnde Effektivität unverbindlicher Gesundheitsempfehlungen (→ Rn. 51).[157] Die WHO hat zwar auf der Basis von vier Kommissionsberichten verschiedene Initiativen ergriffen. So empfiehlt sie zB über die in Anlage 1 Teil A. Abs. 2 Anlage 1 IGV (2005) vorgesehene **Selbstauskunft** (→ Rn. 47) hinaus die freiwillige Durchführung einer sog. **Joint External Evaluation** (JEE), um Überwachungs-, Warn- und Krisenmanagementsysteme im teilnehmenden Land zu stärken.[158] Weitere Beispiele sind **das WHO Health Emergencies Programme** (WHE)[159], das ua das Global Outbreak Alert and Response Network (GOARN) umfasst,[160] sowie der **R&D Blueprint for Action to Prevent Epidemics.**[161] Solche und andere Lösungsversuche und Programme sind nach verbreiteter Ansicht jedoch nur beschränkt erfolgreich, da sie innerhalb der normativen Grenzen des primär auf technischer Beratung und medizinischer Expertise beruhenden Governancekonzepts der IGV (2005) verwirklicht werden müssen und sie überwiegend auf dem Prinzip freiwilliger Beteiligung und Finanzierung durch Vertragsstaaten oder Dritte beruhen. Soll deshalb die **WHO als führende globale Autorität** zur Bekämpfung von Infektionskrankheiten (re-)etabliert werden, erscheint eine grundlegende und umfassende Revision der IGV (2005) erforderlich.[162] Die Erfolgsaussichten einer solchen Reform hängen freilich entscheidend davon ab, ob die Vertragsstaaten ihre – jüngst in der Corona-Pandemie wieder aufgeflammten[163] – nationalen Egoismen zähmen und zu weiteren Souveränitätsverzichten bereit sind. Auf wiederholte Forderungen in Wissenschaft und Politik[164] reagierte die Gesundheitsversammlung im Mai 2020 mit dem Beschluss, eine internationale Untersuchungskommission zu COVID-19 einzurichten.[165] Der von der früheren neuseeländischen Premierministerin Helen Clark und der früheren liberianischen Präsidentin Ellen Johnson Sirleaf geleitete Ausschuss (Inde- 56

155 *Gostin/Cathaoir* Emory L.J. 67 (2018), 337 (369); *Klafki* GBYL 61 (2018), 73 (83).

156 *Fidler/Gostin* J.L. Med. & Ethics 34 (2006), 85 (93).

157 Näher *Klafki* GBYL 61 (2018), 73 (81 ff.).

158 Vgl. nur *Klafki* GBYL 61 (2018), 73 (87 f.).

159 WHO Health Emergencies Programme (WHE), 2016, abrufbar unter https://ogy.de/no1 h; vgl. dazu *Klafki* GBYL 61 (2018), 73 (89 ff.).

160 Hierbei handelt es sich um ein von der WHO koordiniertes globales Netzwerk von mehr als 75 Ländern zur schnellen Erkennung und Bewältigung von Krankheitsausbrüchen.

161 WHO, An R&D Blueprint for Action to Prevent Epidemics. Plan of Action, 2016, abrufbar unter https://ogy.de/m934; vgl. auch *Klafki* GBYL 61 (2018), 73 (93 f.).

162 Ausführlich zu den zahlreichen Reformvorschlägen *Gostin*, Global Health Law, 2014, S. 114 ff.; *Klafki* GBYL 61 (2018), 73 (99 ff.); *Kamradt-Scott* IOLR 16 (2019) 242 ff.; *Negri* in Burci/Toebes (Hrsg.), Research Handbook on Global Health Law, 2018, S. 265 (297 ff.); vgl. jüngst zB *Habibi/Huffstetler/Meier* HHR Viewpoint, 26.8.2020; *Taylor/Habibi/Burci/Dagron/Eccleston-Turner ua* The Lancet 396 (2020), 82 (82 f.).

163 Vgl. zB *Blasberg/Fahrion/Sarovic/Schaap*, Der große Beutezug, Der Spiegel v. 9.5.2020, S. 84 ff.; *Böge/Gerster/Sattar*, Kampf um das Serum FAS v. 17.5.2020, S. 2; *Kohlenberg/Lau/Mayr/Middelhoff*, Wenn es nicht für alle reicht, Die Zeit v. 23.4.2020, S. 29.

164 *Becker* EJIL:Talk!, 18.5.2020.

165 WHO, COVID-19 response, A73/CONF./1 Rev.1, 18.5.2020, abrufbar unter https://ogy.de/cp40; *Villarreal* EJIL_Talk, 22.5.2020.

pendent Panel for Pandemic Preparedness and Response)[166] bestätigte in einem Zwischenbericht zu Beginn des Jahres 2021 Versäumnisse der WHO und China im Umgang mit dem Ausbruch in Wuhan.[167]

i) WHO und Deutschland

aa) Mitgliedschaft

57 Die Bundesrepublik Deutschland ist auf der Grundlage von Art. 4 WHO-Satzung seit 29.5.1951 **Mitglied** (→ Rn. 13) der WHO.[168]

bb) IGV (2005)

(1) Geltung

58 Die IGV (2005) (→ Rn. 33 ff.) sind (auch) für die Bundesrepublik Deutschland am 15.6.2007 in Kraft getreten.[169] Das hierzu verabschiedete Gesetz enthielt die für völkerrechtliche Verträge übliche Zustimmungsformel.[170] Die IGV (2005) wurden also wie ein **völkerrechtlicher Vertrag iSv Art. 59 Abs. 2 S. 1 GG** behandelt, obwohl der deutsche Staat als WHO-Mitglied unmittelbar und ohne das Erfordernis einer weiteren innerstaatlichen Zustimmung an die IGV (2005) gebunden war (→ Rn. 28). Begründet wurde dieses Vorgehen damit, dass sich der Vertrag auf Gegenstände der Bundesgesetzgebung beziehe und deshalb Art. 59 Abs. 2 S. 1GG eingreife.[171] Der erste Teil dieser Feststellung trifft zu, da die Inhalte der IGV (2005) grundrechtsrelevant sind und damit dem Vorbehalt des Gesetzes unterfallen. Dies erfordert zwar ein entsprechendes innerstaatliches Gesetz, doch war eine konstitutive Zustimmung, um erst die völkerrechtliche Bindung herbeizuführen, nicht erforderlich.[172]

(2) Umsetzung

59 Die IGV (2005) werden innerstaatlich durch das **IGV-DG**[173] umgesetzt. Die Funktion der nationalen IGV-Anlaufstelle nach Art. 4 IGV (2005) (→ Rn. 42) übernimmt in Deutschland das Gemeinsame Melde- und Lagezentrum (GMLZ) des Bundesamts für Bevölkerungsschutz und Katastrophenhilfe (BBK) mit Sitz in Bonn (§§ 3 IGV-DG). Ob eine Ereignismeldung im Bereich übertragbarer Krankheiten über diese Stelle an die WHO weiterzuleiten ist (→ Rn. 39), entscheidet das Robert Koch-Institut (RKI) auf der Grundlage des in Anlage 2 IGV (2005) vorgegebenen Entscheidungsschemas (§ 4 IGV-DG). Daneben finden sich im IGV-DG vor allem Regelungen zum Luftverkehr (§§ 8 ff.

166 The Independent Panel, Second Report on Progress, 19.1.2021, S. 32, abrufbar unter https://ogy.de/8hwj. Neben diesem Panel wurde das Review Committee on the Functioning of the International Health Regulations (2005) during the COVID-19 Response etabliert, um Vorschläge zur Verbesserung der in den IGV enthaltenen Mechanismen zu erarbeiten, vgl. *Bartolini* ICLQ 70 (2020), 233 (246).

167 *N.N.* Untersuchungskommission kritisiert: Corona-Maßnahmen in China und seitens der WHO sind zu schleppend angelaufen, RND, 19.1.2021, abrufbar unter https://ogy.de/z3st.

168 Bekanntmachung der Satzung der Weltgesundheitsorganisation v. 22.1.1974 (BGBl. II 43), Die Deutsche Demokratische Republik trat am 8.5.1973 der WHO bei.

169 Bekanntmachung über das Inkrafttreten der Internationalen Gesundheitsvorschriften (2005) (IGV) v. 23.5.2005 und über das Außerkrafttreten der Internationalen Gesundheitsvorschriften v. 25.7.1969 v. 1.10.2007 (BGBl. II 43).

170 Vgl. Art. 1 S. 1 Gesetz zu den Internationalen Gesundheitsvorschriften (2005) (IGV) v. 23.5.2005 v. 20.7.2007: „Den am 23.5.2005 in Genf von der 58. Weltgesundheitsversammlung angenommenen Internationalen Gesundheitsvorschriften (2005) (IGV) wird zugestimmt."

171 BT-Drs. 16/5387, 9.

172 Vgl. *Frenzel*, Sekundärrechtsetzungsakte internationaler Organisationen, 2011, S. 138 f.

173 Gesetz zur Durchführung der Internationalen Gesundheitsvorschriften (2005) (IGV-Durchführungsgesetz – IGV-DG) v. 21.3.2013 (BGBl. I 566), zul. geänd. durch Art. 100 der Verordnung v. 19.6.2020 (BGBl. I 1328).

IGV-DV) sowie zum See- und Binnenschiffsverkehr (§§ 8 ff. IGV-DG), ua hinsichtlich der Kernkapazitäten (→ Rn. 47).[174]

(3) Gesundheitliche Notlage von internationaler Tragweite

Nach § 5 Abs. 1 S. 6 IfSG wird die **Feststellung einer epidemischen Lage von nationaler** 60
Tragweite durch den Bundestag (§ 5 Abs. 1 S. 1 IfSG) alternativ davon abhängig gemacht, ob eine dynamische Ausbreitung einer bedrohlichen übertragbaren Krankheit über mehrere Länder in der Bundesrepublik Deutschland droht oder stattfindet (Nr. 2) oder die WHO eine gesundheitliche Notlage von internationaler Tragweite ausgerufen hat (→ Rn. 44) und die Einschleppung einer bedrohlichen übertragbaren Krankheit in die Bundesrepublik Deutschland droht (Nr. 1) (*Rixen* in → § 4 Rn. 6 f.). Die in § 5 Abs. 1 S. 6 Nr. 1 IfSG enthaltene dynamische Verweisung ist darüber hinaus auch für das **deutsche Informationsregime** von zentraler Bedeutung (vgl. § 12 Abs. 1 S. 1 IfSG, § 1 Abs. 2 Nr. 20, § 4 Abs. 2 S. 1 Nr. 1 IGV-DG).

cc) Kooperation

Die vor dem Hintergrund der Erfahrungen aus der Ebola-Krise 2014–2016 implemen- 61
tierte Bestimmung des **§ 4 Abs. 3 IfSG** sieht vor, dass das RKI zu den in § 1 Abs. 1 IfSG genannten Zwecken ua auch mit der WHO kooperiert und dadurch zum globalen Gesundheitsschutz und somit auch zum Schutz vor der Einschleppung übertragbarer Krankheiten ins Inland beiträgt. Die Regelung knüpft an die Zielsetzungen von Art. 2 IGV (2005) (→ Rn. 33) an. Zudem bringt sie über die nach den IGV (2005) von den Vertragsstaaten geforderten inländischen Kernkapazitäten für den Gesundheitsschutz (→ Rn. 47) hinaus einen dauerhaften Beitrag insbesondere zur Primärprävention von internationalen Gesundheitsgefahren im Ausland.[175] **§ 50 a IfSG** bildet die Rechtsgrundlage für die Beteiligung der Bundesrepublik Deutschland an der Globalen Polioeradikationsinitiative (GPEI) der WHO. Die Initiative zielt darauf ab, die Poliomyelitis (Kinderlähmung) zu eradizieren, dh die Krankheit weltweit auszurotten.[176]

dd) Förderung

Die Bundesrepublik Deutschland fördert **finanziell und institutionell** die Aktivitäten der 62
WHO in vielfältiger Weise. Deutschland ist nicht nur einer der wichtigsten Beitragszahler (→ Rn. 23), sondern hat zB im März 2019 auch die Funktion der Informationsstelle für Internationalen Gesundheitsschutz (INIG) am RKI als WHO-Kooperationszentrum für GOARN (→ Rn. 56) übernommen.[177] Durch das im Oktober 2020 von der deutschen Bundesregierung veröffentlichte Strategiepapier („Strategie der Bundesregierung zur globalen Gesundheit. Verantwortung – Innovation – Partnerschaft: Globale Gesundheit gemeinsam gestalten“) setzt Deutschland seine Bestrebungen fort, einen wichtigen Beitrag zur Stärkung der WHO und der weltweiten Gesundheit zu leisten.[178] Als Grundlage dienen dabei die von der UN in ihrer Agenda 2030 genannten Nachhaltig-

174 Vgl. dazu die nach Anhörung der obersten Landesgesundheitsbehörden erlassenen Empfehlungen des RKI „Kernkapazitäten von gemäß Art. 20 Absatz 1 IGV benannten Flughäfen für den Bereich der übertragbaren Krankheiten zur Durchführung der internationalen Gesundheitsvorschriften (2005; IGV) in Deutschland“ (Bundesgesundheitsbl. 2018, 1187) und „Kernkapazitäten von gemäß Art. 20 Absatz 1 IGV benannten Seehäfen für den Bereich der übertragbaren Krankheiten zur Durchführung der internationalen Gesundheitsvorschriften (2005; IGV) in Deutschland“ (Bundesgesundheitsbl. 2018, 1196).
175 BT-Drs. 18/10938, 47.
176 BT-Drs. 18/10938, 73.
177 S. https://ogy.de/tq12.
178 *De Coninck* Global Health Law Groningen Blog, 17.11.2020.

keitsziele (Sustainable Development Goals, SDG), von denen einige zumindest mittelbar einen Bezug zur Gesundheit aufweisen.[179]

ee) Orientierung

63 Die WHO-Aktivitäten haben außerdem eine Orientierungsfunktion für die deutsche Infektionsschutzpolitik. Dies gilt etwa für den risikobasierten Ansatz zur Bewertung von Influenza-Pandemien und das damit assoziierte zyklische Vier-Phasen-Modell[180], auf das sich auch der Nationale Pandemieplan 2017 ausführlich bezieht.[181] Die Einstufung einer Influenza-Epidemie durch den WHO-Generaldirektor (→ Rn. 19) als **Pandemie** hängt nach der Ablösung des früheren Sechs-Stufen-Modells[182] nur noch von einer situationsbezogenen Risikobewertung ab. Sie hat keine Bindungswirkung und ist deshalb ohne rechtliche Bedeutung, sofern sie nicht ausdrücklich, zB in Verträgen, referenziert wird. Die Feststellung einer Influenza-Pandemie kann aber – ebenso wie die Ausrufung einer gesundheitlichen Notlage von internationaler Tragweite (→ Rn. 44) – regulatorische Maßnahmen auslösen.[183] Obwohl sie mangels Influenza-Eigenschaft nicht auf den WHO-Leitfaden „Pandemic Influenza Risk Management" (→ Rn. 24) gestützt werden kann,[184] dürfte für die in einer Rede des Generaldirektors v. 11.3.2020 erfolgte[185] – und bei der richterlichen Entscheidungsfindung in Deutschland sofort stark beachtete[186] – Einstufung von COVID-19 als Pandemie[187] nichts anderes gelten.

3. Internationaler Infektionsschutz durch sonstige Organisationen und Institutionen

a) UN

aa) Krisenmanagement

64 Neben der WHO spielen auch die UN eine zunehmend wichtige Rolle im internationalen Infektionsschutz. So haben sie während des **Ebola-Ausbruchs** 2014–2016 de facto das Krisenmanagement übernommen.[188] Die Aktivitäten hinsichtlich der SARS-CoV-2-

179 Vgl. *Bonk/Döring* Internationale Politik Special 2/2021, 57 (57); vgl. Bundesregierung, Strategie der Bundesregierung zur globalen Gesundheit. Verantwortung – Innovation – Partnerschaft: Globale Gesundheit gemeinsam gestalten, Oktober 2020, S. 3.

180 WHO, Pandemic Influenza Risk Management: A WHO guide to inform and harmonize national and international pandemic preparedness and response, 2017, S. 12 f., abrufbar unter https://ogy.de/xv4 j; vgl. zum zuvor bestehenden Sechs-Phasen-Modell und der damit verbundenen Kritik ausführlich *Pflug*, Pandemievorsorge, 2013, S. 90 ff.; vgl. zur Entwicklung der Pandemieplanung von 1947 bis 2010 auch *Haas* in Kloepfer Pandemien S. 45 ff.

181 RKI, Nationaler Pandemieplan Teil I. Strukturen und Maßnahmen, Stand: 2.3.2017, S. 6 f., abrufbar unter https://ogy.de/pwu0.

182 Vgl. dazu und der daran geübten Kritik ausführlich *Pflug*, Pandemievorsorge, 2013, S. 90 ff.; s. zur Entwicklung der Pandemieplanung von 1947 bis 2010 auch *Haas* in Kloepfer Pandemien S. 45 ff.; vgl. zur früheren Rechtslage nur *Trute* in Eger/Oeter/Voigt (Hrsg.), International Law and the Rule of Law under Extreme Conditions, 2017, S. 115 (117).

183 WHO, Pandemic Influenza Risk Management: A WHO guide to inform and harmonize national and international pandemic preparedness and response, 2017, S. 14, abrufbar unter https://ogy.de/xv4 j.

184 Übersehen von *von Bogdandy/Villarreal*, International Law on Pandemic Response: A First Stocktaking in Light of the Coronavirus Crisis, MPIL Research Paper Series No. 2020–07, S. 12.

185 WHO Director-General's opening remarks at the media briefing on COVID-19, abrufbar unter https://ogy.de/bz6 w.

186 Vgl. schon die ersten Gerichtentscheidungen im März 2020, zB AG Dresden Beschl. v. 23.3.2020 – 404 XVII 80/20, COVuR 2020, 90 (91 Rn. 8); OVG Berlin-Brandenburg Beschl. v. 23.3.2020 – 11 S 12/20, DVBl 2020, 775 (776 Rn. 10); VG Oldenburg Beschl. v. 31.3.2020 – 7 B 709/20, juris Rn. 10; zuletzt etwa VGH Mannheim Beschl. v. 15.1.2021 – 1 S 4181/20, juris Rn. 28; OVG Bautzen Beschl. v. 7.12.2020 – 3 B 396/20, juris Rn. 23.

187 Vgl. zu ihr nur *Cucinotta/Vanelli* Acta Biomed 91 (2020), 157 ff.

188 Vgl. *von Bogdandy/Villarreal*, International Law on Pandemic Response: A First Stocktaking in Light of the Coronavirus Crisis, MPIL Research Paper Series No. 2020–07, S. 22 f.; *Frau* in Vierck/Villarreal/Weilert (Hrsg.), The Governance of Disease Outbreaks, 2017, S. 327 (338 ff.); *Klafki* GBYL 61 (2018), 73 (86); *Pavone* in Vierck/Villarreal/Weilert (Hrsg.), The Governance of Disease Outbreaks, 2017, S. 301 ff.

Pandemie greifen nicht so weit, sondern beschränken sich im Wesentlichen auf koordinative Aufgaben: Am 7.5.2020 hat das Büro der UN zur Koordinierung der humanitären Hilfe (Office for the Coordination of Humanitarian Affairs, OCHA) unter Mitwirkung der WHO (→ Rn. 11 ff.) und anderer UN-Sonderorganisationen und sonstiger Organisationen, einschließlich Nichtregierungsorganisationen, den **Updated COVID-19 Global Humanitarian Response Plan** (GHRP) mit einem Fundraisingvolumen von 6,7 Mrd. USD veröffentlicht.[189] Der GHRP ermöglicht, dass humanitäre Hilfe schnell und zentral koordiniert zur Verfügung gestellt werden kann.[190] Indem der UN-Sicherheitsrat am 1.7.2020[191] in einer Resolution[192] die Forderung nach einem weltweiten Waffenstillstand erhob und die Corona-Pandemie als Gefahr für den internationalen Frieden und Sicherheit klassifizierte,[193] setzte er seine bisherige Praxis fort, der globalen Gesundheit einen entscheidenden Einfluss auf die internationale Sicherheit zuzurechnen und damit seine Kompetenz auf gesundheitliche Notlagen auszuweiten.[194]

bb) Menschenrechtsschutz

Gem. Art. 12 Abs. 1 des Internationalen Pakts über wirtschaftliche, soziale und kulturelle Rechte[195] (IPwskR, sog. UN-Sozialpakt) erkennen die Vertragsstaaten das Recht eines jeden auf das für ihn erreichbare **Höchstmaß an körperlicher und geistiger Gesundheit** an. Die von den Vertragsstaaten zu unternehmenden Schritte zur vollen Verwirklichung dieses Rechts umfassen auch „die erforderlichen Maßnahmen (...) zur Vorbeugung, Behandlung und Bekämpfung epidemischer, endemischer, Berufs- und sonstiger Krankheiten" (Art. 12 Abs. 2 lit. c IPwskR). Nach dem Kommentar des Ausschusses für wirtschaftliche, soziale und kulturelle Rechte (Committee on Economic, Social and Cultural Rights, CESCR)[196] erfordert dies ua die Einrichtung von Präventions- und Aufklärungsprogrammen für verhaltensbezogene Gesundheitsbelange, die Schaffung eines Systems der dringenden medizinischen Versorgung bei Unfällen, Epidemien und ähnlichen Gesundheitsrisiken sowie die Bereitstellung relevanter Technologien zur epidemiologischen Überwachung und Datenerhebung auf disaggregierter Basis, die Durchführung oder Verbesserung von Impfprogrammen und anderen Strategien zur Kontrolle von Infektionskrankheiten.[197] Das so verstandene **Menschenrecht auf Infektions-** 65

---

189 Updated COVID-19 Global Humanitarian Response Plan v. 7.5.2020, abrufbar unter https://ogy.de/wj93. Sein Vorläufer war der Global Humanitarian Response Plan: COVID-19 (April–Dezember 2020) v. 25.3.2020, abrufbar unter https://ogy.de/fwoz. Die UN hat von den insgesamt vorgesehenen 9,5 Mrd. USD mit Stand Februar 2021 nur knapp 40% erhalten, UN Office for the Coordination of Humanitarian Affairs. Financial Tracking Service: COVID-19 Global Humanitarian Response Plan, abrufbar unter https://ogy.de/uf5 d.

190 BT-Drs. 19/18618, 8.

191 Dies erfolgte erst über 100 Tage nach Ausrufung einer gesundheitlichen Notlage durch Vermittlung von Frankreich und Tunesien und war unter anderem dem bestehenden Konflikt zwischen den USA und China geschuldet, vgl. *Burci* IOLR 17 (2020), 485 (485 f.); *Hartwig* ZaöRV 2020, 281 (284 f.).

192 Sicherheitsrat, Resolution 2532 (2020), abrufbar unter https://ogy.de/hgij.

193 *Pobjie* EJIL:Talk!, 27.7.2020.

194 *Rubner* Völkerrechtsblog, 11.6.2020; vgl. zur umstrittenen Frage der Verbindlichkeit seiner Forderungen *Pobjie* EJIL:Talk!, 27.7.2020.

195 Gesetz zu dem Internationalen Pakt v. 19.12.1966 über wirtschaftliche, soziale und kulturelle Rechte v. 23.11.1973 (BGBl. II 1569).

196 Der Kommentar ist nicht rechtsverbindlich, wird aber teilweise als autoritative Interpretation angesehen, vgl. *Weilert* in Vierck/Villarreal/Weilert (Hrsg.), The Governance of Disease Outbreaks, 2017, S. 145 (154 f.).

197 CESCR, General Comment No. 14: The Right to the Highest Attainable Standard of Health (Art. 12 of the Covenant), 11 August 2000, E/C.12/2000/4, Rn. 16, abrufbar unter https://ogy.de/dkqi.

schutz[198] steht zwar unter dem Vorbehalt vorhandener staatlicher Ressourcen,[199] ist aber zB geeignet, die in Art. 6 Abs. 1 IGV (2005) vorgesehene Meldepflicht (→ Rn. 39) menschenrechtlich zu unterfüttern.[200] Darüber hinaus hat das Menschenrecht auf Gesundheit in den letzten beiden Dekaden zunehmend einen Bedeutungszuwachs als Legitimationsgrund internationaler Initiativen für von Infektionskrankheiten besonders betroffene Minderheiten und vulnerable Gruppen erfahren.[201] Den Beginn dieser Entwicklung markierte 2003 die UN-Generalversammlung in ihrer Resolution zum Recht auf den Zugang zu Arzneimitteln gegen HIV/AIDS, in der sie sich ausdrücklich auf das Menschenrecht auf Gesundheit und dessen weite Auslegung durch den CESCR berief.[202]

b) Weltbank

66 Der Aufstieg der Weltbank zu einem wichtigen Akteur der globalen Gesundheitspolitik begann Ende der 1970er Jahre, als sie sich verstärkt Entwicklungsaufgaben zuwandte.[203] Eines ihrer Handlungsfelder ist bis in die jüngere Zeit auch die Pandemievorsorge. So wurde in Umsetzung einer Forderung von Teilnehmern des G7-Gipfels 2015 mit Unterstützung der WHO (→ Rn. 11 ff.) sowie Deutschlands und Japans als Hauptgeberländer 2017 eine **Pandemie-Notfall-Finanzierungsfazilität** (Pandemic Emergency Financing Facility, PEF) bei der Weltbank angesiedelt. Hierbei handelt es sich um einen innovativen globalen Finanzmechanismus zum zügigen Ausgleich der wirtschaftlichen Folgen von Pandemien.[204] Im Kontext der SARS-CoV-2-Pandemie fließen von April 2020 an in einem Zeitraum von 15 Monaten 150–160 Mrd. USD an zahlreiche besonders betroffene Entwicklungsländer.[205] Angesichts anhaltender Kritik an der PEF ist eine weitere Fortführung des Programms offen.[206]

c) IWF

67 Der Internationale Währungsfonds (IWF)[207] hat verschiedene Schritte zur **Unterstützung einzelner Staaten** in der Corona-Pandemie ergriffen. So wurden zB 25 Niedrigeinkommensländern die Schulden gestundet.[208]

---

198 In diese Richtung schon *Pannenborg*, A new international health order. An inquiry into the international relations of world health and medical care, 1979, S. 318, der den Umfang dieses Recht allerdings im WHO-Kontext von den jeweiligen Bedürfnissen abhängig machen will.

199 CESCR, General Comment No. 14: The Right to the Highest Attainable Standard of Health (Art. 12 of the Covenant), 11 August 2000, E/C.12/2000/4, Rn. 4, abrufbar unter https://ogy.de/dkqi; vgl. dazu *Frau* AL 2017, 356 (358); *Gostin*, Global Health Law, 2014, S. 251; *Weilert* in Vierck/Villarreal/Weilert (Hrsg.), The Governance of Disease Outbreaks, 2017, S. 145 (154).

200 Vgl. *Bozhenko* EJIL:Talk! 15.8.2019.

201 *Taylor* in Quah/Cockerham (Hrsg.), International Encyclopedia of Public Health, Bd. 3, 2. Aufl. 2017, S. 268 (270 f.).

202 UN, General Assembly Access to medication in the context of pandemics such as HIV/AIDS, tuberculosis and malaria, UN Doc A/RES/58/179 (22.12.2003), S. 2; vgl. dazu und zu hieran anschließenden späteren Resolutionen *Sekalala*, Soft Law and Global Health Problems, 2017, S. 179; *Taylor* in Quah/Cockerham (Hrsg.), International Encyclopedia of Public Health, Bd. 3, 2. Aufl. 2017, S. 268 (270 f.).

203 *Prah Ruger* Am. J.Public Health 95 (2005), 60 (63 ff.); vgl. auch *Gostin*, Global Health Law, 2014, S. 134.

204 Weltbank, Weltbankgruppe startet bahnbrechende Finanzierungsfazilität zum Schutz der ärmsten Länder vor Pandemien, Pressemitteilung 2016/HDN/383 v. 5.5.2016, abrufbar unter https://ogy.de/wp6 y; näher *von Bogdandy/Villarreal*, International Law on Pandemic Response: A First Stocktaking in Light of the Coronavirus Crisis, MPIL Research Paper Series No. 2020–07, S. 24 f.; *Klafki* GBYL 61 (2018), 73 (93); vgl. auch Kleine Anfrage der Fraktion DIE LINKE, Pandemie-Bonds der Pandemic Emergency Financing Facility vor dem Hintergrund des Ausbruchs des Corona-Virus 2020, BT-Drs. 19/18235, 1.

205 Weltbankgruppe, 100 Countries Get Support in Response to COVID-19 (Coronavirus), 2020/193/EXC v. 19.5.2020, abrufbar unter https://ogy.de/e0x1.

206 *Clarke* Opinion: Now is not the time for the World Bank to step back on pandemic financing, devex, 4.8.2020, abrufbar unter https://ogy.de/3h8 o.

207 Vgl. zu ihm nur *Krajewski*, Wirtschaftsvölkerrecht, 4. Aufl. 2017, S. 243 ff.

208 IWF, IMF Executive Board Approves Immediate Debt Service Relief for 25 Eligible Low-Income Countries, Press Release No. 20/165 v. 15.4.2020, abrufbar unter https://ogy.de/u8qi.

d) WTO

aa) Infektionsschutz als Handelshemmnis

Ein wesentliches **Ziel** der WTO ist die fortwährende Liberalisierung des Welthandels durch Senkung/Abschaffung von Zöllen und anderen Handelshemmnissen. Die hierfür geschaffenen Regelungen für den Handel mit Waren (General Agreement on Tariffs and Trade, GATT) dienen diesem Zweck und schaffen dadurch ein gewisses Spannungsfeld zu den Normen und Zielen des globalen Gesundheitsschutzes.[209] Freilich lässt das GATT auch **Ausnahmen** zu, wie zB Maßnahmen zum Schutze des Lebens und der Gesundheit (Art. XX lit. b GATT). Hierbei muss indes beachtet werden, dass Maßnahmen, die diesen Zielen dienen, nicht willkürlich und diskriminierend wirken oder zu einer verschleierten Beschränkung des internationalen Handels (sog. Chapeau) führen dürfen.[210] Eine ähnliche Ausnahmevorschrift ist Art. XIV lit. b des Allgemeinen Abkommen über den Handel mit Dienstleistungen (General Agreement on Trade in Services, GATS).[211] Auch im Übereinkommen über handelsbezogene Aspekte der Rechte des geistigen Eigentums (Agreement on Trade-Related Aspects of Intellectual Property Rights, TRIPS) finden sich Regelungen mit Ausnahmecharakter. Art. 31 TRIPS steckt den völkerrechtlich zulässigen Rahmen für § 5 Abs. 2 S. 1 Nr. 5 IfSG ab (*Zumdick* in → § 8 Rn. 102). Art. 31bis TRIPS enthält den WTO-Mechanismus zur Erteilung von Zwangslizenzen für den Export pharmazeutischer Produkte, der die Versorgungssituation im Epidemiefall vor allem in den am wenigsten entwickelten Länder verbessern soll.[212] 68

bb) SPS-Übereinkommen

Zur Konkretisierung von Art. XX lit. b GATT wurde das Übereinkommen über **die Anwendung gesundheitspolizeilicher und pflanzenschutzrechtlicher Maßnahmen** (Agreement on the Application of Sanitary and Phytosanitary Measures, SPS Agreement) geschaffen.[213] Es unterstreicht das Recht der WTO-Mitglieder, die zum Schutz des Lebens oder der Gesundheit von Menschen, Tieren und Pflanzen notwendigen Maßnahmen zu treffen. Jedes Land kann also das für sich als angemessen erachtete Schutzniveau, zB in Bezug auf Tierseuchen und Zoonosen (→ Rn. 81), festlegen, unterwirft diese Befugnis aber zugleich einer Reihe von **materiellen und prozeduralen Anforderungen.**[214] 69

Eine wesentliche Anforderung besteht darin, dass SPS-Maßnahmen nur auf **wissenschaftlicher Grundlage** getroffen und beibehalten werden, und weder zu willkürlichen oder ungerechtfertigten Diskriminierungen noch zu versteckten Behinderungen des internationalen Handels führen dürfen (Art. 2.2 und Art. 2.3 SPS-Übereinkommen). Diese Regelung soll dazu beitragen, Maßnahmen zum Schutz der Gesundheit von solchen zu unterscheiden, die nur scheinbar den Gesundheitsschutz zum Ziel haben und in Wahr- 70

209 Vgl. dazu nur *Gostin*, Global Health Law, 2014, S. 270 ff.

210 Näher *Scholz*, Internationaler Gesundheitsschutz und Welthandel, 2010, S. 136 ff.; vgl. auch *Krajewski*, Wirtschaftsvölkerrecht, 4. Aufl. 2017, S. 100 ff.

211 Vgl. *Sander*, Internationaler und europäischer Gesundheitsschutz, 2004, S. 124; *Scholz*, Internationaler Gesundheitsschutz und Welthandel, 2010, S. 160.

212 Umgesetzt durch VO (EG) Nr. 816/2006 (ABl. 2006 L 157, 1); vgl. im Kontext von Covid-19 näher *Abbott/Reichman* J Int Econ Law 23 (2020), 535 ff.; *Grosse Ruse-Khan* EJIL:Talk!, 15.4.2020, Part I und Part II; *Oke* EJIL:Talk!, 6.8.2020; *t'Hoen* Medicines Law & Policy, 29.7.2020; zuletzt etwa *Hilty*, Patente sichern schnelle Impfung, FAZ v. 24.2.2021, S. 16.

213 Vgl. zum SPS-Übereinkommen als Teil des WTO-Systems eingehend *Makatsch*, Gesundheitsschutz im Recht der Welthandelsorganisation (WTO), 2004, S. 29 ff.

214 Vgl. dazu allgemein *Krajewski*, Wirtschaftsvölkerrecht, 4. Aufl. 2017, S. 109 ff.; *Makatsch*, Gesundheitsschutz im Recht der Welthandelsorganisation (WTO), 2004, S. 59 ff., 97 ff.; *Scholz*, Internationaler Gesundheitsschutz und Welthandel, 2010, S. 146 ff.

heit protektionistischen Zwecken dienen.[215] Die Wissenschaftlichkeit von Gesundheitsschutzmaßnahmen ist, wie etwa Art. 43 Abs. 2 lit. b IGV (2005) belegt, auch ein Grundpfeiler der IGV (2005) (→ Rn. 54).[216]

71 Im Hinblick auf exzessive Gesundheitsschutzmaßnahmen angesichts grenzüberschreitender Gesundheitsgefährdungen verfolgen die IGV (2005) (→ Rn. 33 ff.) und das SPS-Übereinkommen ein gemeinsames Anliegen. Beide Regimes sind zwar nicht normativ miteinander verknüpft, doch bleibt eine **harmonisierende Auslegung** von Bestimmungen des SPS-Übereinkommens iSv Art. 57 Abs. 1 S. 1 IGV (2005) möglich.[217]

e) Transgouvernementale Netzwerke

72 Die Internationale regulatorische Kooperation und Koordination durch transgouvernementale bzw. transadministrative Netzwerke hat in den letzten Jahren immer mehr an Bedeutung gewonnen.[218] Ein solches Netzwerk ist die 2012 gegründete **Internationale Koalition der Arzneimittelregulierungsbehörden** (International Coalition of Medicines Regulatory Authorities, ICMRA). Die ICMRA setzt sich dafür ein, weltweit strategische Führungsqualitäten für die Bewältigung aktueller und künftiger Regulierungs- und Sicherheitsfragen von Humanarzneimitteln bereitzustellen und zu koordinieren. Mitglieder sind zB die Europäische Arzneimittelagentur (European Medicines Agency, EMA) und das Paul-Ehrlich-Institut (PEI). Die WHO (→ Rn. 11 ff.) besitzt Beobachterstatus. In der Corona-Pandemie hat die ICMRA verschiedene Aktivitäten entfaltet. So fand am 16.4.2020 eine Zusammenkunft statt, in der Fragen der regulatorischen Konvergenz und Flexibilität hinsichtlich der Erleichterung der Entwicklung, Bewertung und Verfügbarkeit von Medikamenten zur Behandlung und Prävention von COVID-19 erörtert wurden.

f) Sonstige Initiativen

aa) COVAX

73 Mit ihrem Vorstoß, Vakzine gegen das SARS-CoV-2-Virus als ein globales öffentliches Gut zu deklarieren, haben der UN-Generalsekretär[219] und die WHO-Generalversammlung[220] der internationalen Gemeinschaft das Ziel vorgegeben, weltweit für eine gerechte Verteilung des Impfstoffs zu sorgen. Daraufhin gründete die WHO zusammen mit den Impfstoffallianzen Gavi (→ Rn. 17) und CEPI (Coalition for Epidemic Preparedness Innovations)[221] die Initiative COVAX (Covid 19 Vaccines Global Access).[222] Sie soll die Gefahr nationaler Alleingänge bei der Impfstoffbeschaffung verringern[223] und

---

215 Ausführlich zum Wissenschaftlichkeitskonzept des SPS-Übereinkommens *Makatsch*, Gesundheitsschutz im Recht der Welthandelsorganisation (WTO), 2004, S. 97 ff.; vgl. auch *Scholz*, Internationaler Gesundheitsschutz und Welthandel, 2010, S. 148 f.

216 *Scholz*, Internationaler Gesundheitsschutz und Welthandel, 2010, S. 204.

217 Vgl. ausführlich dazu *Scholz*, Internationaler Gesundheitsschutz und Welthandel, 2010, S. 199 ff.

218 Vgl. zu ihrer Kategorisierung nur *Gassner* in FS Vedder, 2017, S. 420 (420 f.).

219 Vereinte Nationen, COVID-19 and Human Rights: We are all in this together, April 2020, S. 19, abrufbar unter https://ogy.de/qmlb.

220 *Gostin/Karim/Meier* JLME 48 (2020), 622 (622).

221 Bei CEPI handelt es sich um eine norwegische-Non-Profit-Organisation, *von Bogdandy/Villarreal*, The role of international law in vaccinating against COVID-19: Appraising the COVAX Initative, MPIL Research Paper Series No. 2020–46, S. 12.

222 COVAX wurde als eine der drei Säulen des Access-to-COVID-19-Tools (ACT) Accelerator im April 2020 gegründet, *WHO*, COVAX: The Vaccines Pillar of the Access to COVID-10 Tools (ACT) Accelerator: Structures and Principles, 9.11.2020, abrufbar unter https://ogy.de/9283, wobei sich inzwischen ein Großteil der Staaten (Stand November 2020: 189) der Initiative angeschlossen haben, *Gostin/Shalala/Hamburg/Bloom/Koplan/Rimer/Williams* The Lancet 397 (2021), 5 (6).

223 *Fidler* Science 369 (2020), 749 (749).

bis Ende 2021 1,3 Mrd. Impfdosen für 92 Länder mit niedrigem und mittlerem Einkommen bereitstellen[224].

(1) Grundlage von COVAX: Völkerrechtliche Verpflichtungen gegenüber anderen Staaten

Die in Art. 12 Abs. 3 lit. c UN-Sozialpakt (→ Rn. 65) vorgesehene Verpflichtung der Staaten, die notwendigen Schritte für Prävention, Behandlung und Kontrolle von Epidemien und anderen Erkrankungen zu ergreifen, enthält neben der Verpflichtung, der eigenen Bevölkerung den Zugang zu Impfstoffen zu ermöglichen, über das Schädigungsverbot und das Solidaritätsgebot auch eine transnationale Komponente des Rechts auf Gesundheit.[225] Diese Grundsätze verbieten es Staaten, der Gesundheit anderer Völker dadurch zu schaden, dass mehr Impfstoff als notwendig beschafft wird.[226] Neben diesen altruistischen Motiven sprechen für die Etablierung einer Initiative wie COVAX auch pragmatische Erwägungen. So kann sich kein Staat sicher sein, dass die von ihm vertraglich verpflichteten pharmazeutischen Unternehmen einen geeigneten Impfstoff entwickeln werden. Zudem ist die Pandemie erst bewältigt, wenn ein Großteil der Weltbevölkerung immunisiert ist.[227] 74

(2) Mitglieder

Die Mitglieder der Initiative sind in vier Gruppen einzuteilen: Staaten (darunter zahlende und nicht-zahlende), internationale Organisationen, wie die WHO und UNICEF, nicht-staatliche Akteure und Vertreter pharmazeutischer Unternehmen.[228] 75

(3) Organisationstruktur

CEPI und Gavi bilden dabei als Hauptverantwortliche das Entscheidungsorgan von COVAX.[229] Während zahlende Mitgliedstaaten Teil des Shareholders Councils sind, bilden die anderen Länder die Advance Market Commitments Engagement Gruppe, wobei diesen nur beratende Funktion zukommt.[230] 76

(4) Funktionsweise

Die regelmäßig durch Vermittlung von Gavi nach englischem Recht abgeschlossenen Verträge sollen den Zugang zu geeigneten Impfstoffen und deren gerechte Verteilung sicherstellen.[231] Es ist vorgesehen, dass alle beteiligten Länder zum gleichen Zeitpunkt Zugang zu einem Impfstoff erhalten mit dem Ziel, bis Ende 2021 20 % der Bevölkerung zu immunisieren, wobei vulnerablen Gruppen und Mitarbeitern in Gesundheits- 77

224 S. https://ogy.de/q9d7.

225 *Fidler* Science 369 (2020), 749 (749). Die staatlichen Verpflichtungen im Rahmen einer Pandemie lassen sich in eher „fremdnützige“ Sorgfaltspflichten (wie dem Kooperationsgebot oder dem Schädigungsverbot) sowie eher „egoistische“ Pflichten (wie dem Vorsorgeprinzip) einteilen. Diese Pflichten sind allgemeine Völkerrechtsprinzipien, die größtenteils dem Umweltrecht entstammen, inzwischen aber auch im gesundheitsrechtlichen Kontext Anwendung finden, *Wissenschaftliche Dienste (Deutscher Bundestag)*, Ausarbeitung v. 2.7.2020, WD 2 – 3000 – 038/20, S. 7.

226 Gegen diesen Grundsatz wurde während der H1N1-Pandemie verstoßen, indem mehr Impfstoff als notwendig durch wohlhabende Nationen beschafft wurde, vgl. *Reyniers* GC Human Rights Preparedness, 5.11.2020.

227 *Gostin/Karim/Meier* JLME 48 (2020), 622 (622).

228 *Von Bogdandy/Villarreal*, The role of international law in vaccinating against COVID-19: Appraising the COVAX Initative, MPIL Research Paper Series No. 2020–46, S. 10 ff.

229 *Von Bogdandy/Villarreal*, The role of international law in vaccinating against COVID-19: Appraising the COVAX Initative, MPIL Research Paper Series No. 2020–46, S. 12.

230 *Von Bogdandy/Villarreal*, The role of international law in vaccinating against COVID-19: Appraising the COVAX Initative, MPIL Research Paper Series No. 2020–46, S. 12.

231 *Von Bogdandy/Villarreal*, The role of international law in vaccinating against COVID-19: Appraising the COVAX Initative, MPIL Research Paper Series No. 2020–46, S. 13 ff.

einrichtungen der Vorzug gegeben werden soll.[232] Teilweise wird bei der Entwicklung eines gerechten Verteilungsschlüssels gefordert, zusätzlich soziale und wirtschaftliche Gegebenheiten in benachteiligten Ländern zu berücksichtigen.[233] Dass einige wohlhabende Staaten neben einem Beitritt zu COVAX noch eigene Verträge mit pharmazeutischen Unternehmen geschlossen haben,[234] hat keinen Einfluss auf die Bereitstellung von Impfdosen durch die COVAX-Initiative.[235]

(5) Bewertung

78 Wenn die COVAX-Initiative mit ihrem Ziel, internationale Solidarität im Kampf gegen die Pandemie zu stärken, Erfolg hat, könnte dies als Vorbild für künftige Kooperationsbestrebungen dienen.[236] Dass die Initiative von einer Partnerschaft zwischen öffentlicher Hand und Privaten geprägt ist, bringt zwar Vorteile, wie eine Steigerung des vorhandenen Know-How und die Flexibilität zivilrechtlicher Handlungsinstrumente mit sich, führt aber auch zu mangelnder Transparenz der Entscheidungen.[237] Die Beteiligung pharmazeutischer Unternehmen ist zweifelsohne sachlich geboten, da diese über valide Informationen bezüglich Herstellungs- und Verteilungskapazitäten verfügen, birgt andererseits aber auch die Gefahr von Interessenkonflikten.[238]

bb) Patent Pools

79 Der Medicines Patent Pool (MPP) wurde mit dem Ziel gegründet[239], durch die Aushandlung von Verträgen mit pharmazeutischen Unternehmen Lizenzen für die Weitergabe an Generika-Hersteller zu erwerben, so dass diese zu einem günstigeren Preis Arzneimittel für Länder mit niedrigem und mittlerem Einkommen produzieren können.[240] Länder mit mittlerem Einkommen sind in den ausgehandelten Verträgen als mögliche Abnehmer teilweise ausgeschlossen, da sie als durchaus lukrative Absatzmärkte betrachtet werden.[241]

80 Der im März 2020 von Costa Rica vorgebrachte Vorschlag, einen Technology Access Pool zu etablieren, hat zur Gründung von C-TAP (Covid-19 Technology Access Pool) durch die WHO geführt.[242] Dieser Pool wurde mit dem Ziel gegründet, für die Bekämpfung der Corona-Pandemie relevante Patente und Lizenzen allgemein zugänglich zu machen und die Entwicklung von Impfstoffen und Medikamenten dadurch zu beschleunigen, dass Forschungsergebnisse geteilt und Produktionskapazitäten ausgeweitet werden.[243] Während die Initiative in Ländern mit niedrigem oder mittlerem Einkom-

---

232 WHO, Concept for fair access and equitable allocation of COVID-19 health products, 9.9.2020, S. 12, abrufbar unter https://ogy.de/k015.

233 *Emanuel/Persad/Kern/Buchanan/Fabre ua* Science 369 (2020), 1309 (1310).

234 Ua die USA, EU (→ Rn. 101), UK, China und Indien, vgl. *Fidler*, Science 369 (2020), 749 (749).

235 *Von Bogdandy/Villarreal*, The role of international law in vaccinating against COVID-19: Appraising the COVAX Initative, MPIL Research Paper Series No. 2020–46, S. 15.

236 *Kickbusch* The Covid-19 crisis is a signal – Need to "reset" global health financing, Health Policy Watch, 27.11.2020, abrufbar unter https://ogy.de/2y45.

237 So ist es bei Vereinbarungen mit pharmazeutischen Unternehmen unklar, wie Gavi seine Entscheidungen trifft, vgl. *von Bogdandy/Villarreal*, The role of international law in vaccinating against COVID-19: Appraising the COVAX Initative, MPIL Research Paper Series No. 2020–46, S. 12 f.

238 *Von Bogdandy/Villarreal*, The role of international law in vaccinating against COVID-19: Appraising the COVAX Initative, MPIL Research Paper Series No. 2020–46, S. 12.

239 Gründung 2010 von Unitaid, einem internationalen Projekt, das HIV-, Malaria- und Tuberkulose-Behandlungen finanziert, vgl. *Worley* COVID-10 puts a spotlight on the medicines patent pool, devex, 22.6.2020, abrufbar unter https://ogy.de/8a6 a.

240 *Worley* devex, 22.6.2020.

241 *Abbott/Reichman* J Int Econ Law 23 (2020), 535 (549).

242 *Baker/Malpani/Kamal-Yanni* Corporate charity – Is the Gates foundation addressing or reinforcing systemic problems raised by COVID-19?, Health Policy Watch, 31.10.2020, abrufbar unter https://ogy.de/243 f.

243 *Gostin/Karim/Meier* JLME 48 (2020), 622 (622); *Worley* WHO and Costa Rica launch COVID-10 technology access pool, devex, 29.5.2020, abrufbar unter https://ogy.de/wd42.

men viele Unterstützer fand, sind von den wohlhabenden Ländern nur wenige beigetreten.[244] In den ersten acht Monaten seines Bestehens ist es C-TAP nicht gelungen, pharmazeutische Firmen für eine Kooperation zu gewinnen.[245]

cc) One-Health-Konzept

Der zoonotische Ursprung des Coronavirus[246] hat vor Augen geführt, dass es zur 81
Verhinderung künftiger Pandemien von maßgeblicher Bedeutung ist, die wechselseitige Bedingtheit von menschlicher und tierischer Gesundheit im Umweltkontext in den Blick zu nehmen.[247] Diesen Ansatz verfolgt das sogenannte **One-Health-Konzept**[248], indem es die interdisziplinäre Forschung und die sektorübergreifende Zusammenarbeit zwischen Human- und Veterinärmedizin und den Umweltwissenschaften fördert.[249] Das Risiko, dass Erreger die Speziesbarriere überwinden und vom Tier auf den Mensch übertragen werden, steigt ua durch die Erderwärmung[250] und die Verkleinerung natürlicher Lebensräume.[251] Ziel des One-Health-Konzepts ist es deshalb, zur Bekämpfung von Infektionskrankheiten eine Infrastruktur zu schaffen, die die integrierte Überwachung von Infektionskrankheiten bei Mensch und Tier durch das Teilen von Informationen und die Koordinierung von Maßnahmen und damit eine schnellere Reaktion ermöglicht.[252]

III. Europäisches Infektionsschutzrecht

1. Unionales Infektionsschutzrecht

a) Maßnahmen

aa) Handlungsauftrag

Die sog. **Querschnittsklausel des Art. 168 Abs. 1 UAbs. 1 AEUV** soll gewährleisten, 82
dass in allen Politikbereichen der Union gesundheitliche Erfordernisse berücksichtigt werden. Die Verankerung des Gesundheitsschutzes – und damit auch des Infektionsschutzes – als Querschnittsaufgabe und verbindlicher Handlungsauftrag geht auf die Erkenntnis zurück, dass ein hohes Maß an Gesundheit nicht allein durch sektoral begrenzte, ausschließlich gesundheitspolitisch motivierte Maßnahmen zu erzielen ist.[253]

bb) Kompetenzen

Die Zuständigkeit für den Infektionsschutz liegt primär bei den Mitgliedstaaten. Dies 83
hat sich auch in der COVID-19-Pandemie gezeigt, als die EU in drei großen Politikfeldern Initiativen und Maßnahmen zur Bewältigung der Krise und ihrer Folgen ergriff: im öffentlichen Gesundheitsschutz, in der Personen- und Warenfreizügigkeit sowie im Be-

---

244 *Worley* devex, 29.5.2020.

245 *Safi* WHO platform for pharmaceutical firms unused since pandemic began, The Guardian, 22.1.2021, abrufbar unter https://ogy.de/y2rq.

246 WHO, Report of the WHO-China Joint Mission on Coronavirus Disease 2019 (COVID-19), 28.2.2020, S. 8, abrufbar unter https://ogy.de/fmgk.

247 *Ruckert/Zinszer/Zarowsky/Labonté/Carabin* Can J Public Health 111 (2020), 641 (642); ähnlich: *Falkenberg* Mit "One Health" gegen Epidemien und Pandemien, 9.4.2020, abrufbar unter https://ogy.de/nxsl.

248 Das One-Health-Konzept wurde 2004 entwickelt und nimmt anders als das davor etablierte „One Medicine"-Konzept neben der Tier- und Humanmedizin auch das Ökosystem in den Blick, *Destoumieux-Garzón/Mavingui/Boetsch/Boissier/Darriet ua* Front Vet Sci 5 (2018), 2.

249 Vgl. *Zinsstag/Schelling/Waltner-Toews/Tanner* Prev Vet Med. 101(2011), 148 (150); ähnlich *Peters*, Die Pandemie und das Völkerrecht, MPIL Research Paper Series No. 2021–03, S. 14.

250 *Destoumieux-Garzón/Mavingui/Boetsch/Boissier/Darriet ua* Front Vet Sci 5 (2018), 21; nach Schätzungen der US-amerikanischen Gesundheitsbehörde CDC (Centers for Disease Control and Prevention) sind rund 60 % aller menschlichen Infektionskrankheiten und rund 75 % der neu aufgetretenen Infektionskrankheiten zoonotischen Ursprungs, abrufbar unter https://ogy.de/kn45.

251 *Ruckert/Zinszer/Zarowsky/Labonté/Carabin* Can J Public Health 111 (2020), 641 (642); ähnlich *Taylor/Latham/Woolhouse* Philos Trans R Soc Lond B Biol Sci, 356 (2001), 983 (984 ff.).

252 *Ruckert/Zinszer/Zarowsky/Labonté/Carabin* Can J Public Health 111 (2020), 641 (641 f.).

253 *Schmidt am Busch* in Grabitz/Hilf/Nettesheim AEUV Art. 168 Rn. 86, 88.

reich der Wirtschaftspolitik.[254] Gerade im Gesundheitswesen verfügt die EU nur über begrenzte Kompetenzen. Nach Art. 6 S. 2 lit. a iVm Art. 2 Abs. 5 AEUV ist sie dafür zuständig, Maßnahmen zur Unterstützung, Koordinierung oder Ergänzung der Maßnahmen der Mitgliedstaaten hinsichtlich des Schutzes und der Verbesserung der menschlichen Gesundheit durchzuführen, ohne dass dadurch die Zuständigkeit der Union für diesen Bereich an die Stelle der Zuständigkeit der Mitgliedstaaten tritt. Nur für gemeinsame Sicherheitsanliegen besteht gem. Art. 4 Abs. 2 lit. k, Art. 168 Abs. 4 AEUV eine **geteilte Zuständigkeit**. Für den Infektionsschutz besonders bedeutsam ist, wie sich auch in der Corona-Krise gezeigt hat (→ Rn. 100), die von Art. 168 Abs. 4 lit. c AEUV erfasste Arzneimittel- und Medizinproduktegesetzgebung.[255] Nach Art. 2 Abs. 2 S. 2 AEUV nehmen die Mitgliedstaaten ihre Zuständigkeit im Rahmen geteilter Kompetenz wahr, sofern und soweit die Union ihre Zuständigkeit nicht ausgeübt hat. Daher entfaltet die Ausübung der Unionskompetenz im Kontext der geteilten Zuständigkeit – im Unterschied zur Unterstützungs-, Koordinierungs- und Ergänzungskompetenz – eine **Sperrwirkung** gegenüber nationalen Befugnissen.[256] Die Begrenztheit der Unionsbefugnisse ergibt sich auch aus Art. 168 Abs. 1 und Abs. 2 AEUV, wonach die Union im Gesundheitswesen inhaltlich auf die Ergänzung der mitgliedstaatlichen Politiken (vgl. Art. 168 Abs. 1 UAbs. 2, 3 AEUV) und organisatorisch auf die Förderung ihrer Zusammenarbeit (vgl. Art. 168 Abs. 2 UAbs. 1 AEUV) beschränkt ist (Komplementärfunktion der Unionsmaßnahmen).[257] Nach Art. 168 Abs. 1 UAbs. 2 S. 2 Hs. 2 AEUV umfasst die ergänzende Unionspolitik auch „die Beobachtung, frühzeitige Meldung und Bekämpfung schwerwiegender grenzüberschreitender Gesundheitsgefahren." Grenzüberschreitende Krankheiten sind nicht zu den schwerwiegenden grenzüberschreitenden Gesundheitsgefahren zu rechnen, da Art. 168 AEUV – wie sich aus Abs. 5 ergibt – ausdrücklich zwischen schweren grenzüberschreitenden „Krankheiten" und schwerwiegenden grenzüberschreitenden „Gesundheitsgefahren" unterscheidet.[258] Art. 168 Abs. 3 AEUV verpflichtet die Union und die Mitgliedstaaten auf die gerade im Infektionsschutz besonders wichtige Zusammenarbeit mit dritten Staaten und internationalen Organisationen, an erster Stelle der WHO (→ Rn. 11 ff.). Entgegen dem insoweit nicht geglückten Wortlaut („fördern die Zusammenarbeit") handelt es sich hierbei um eine Außenkompetenz, die von der Union und ihren Mitgliedstaaten für ihre jeweiligen Kompetenzbereiche wahrgenommen wird.[259] Abgesehen von dem schon erwähnten Handlungsfeld der gemeinsamen Sicherheitsanliegen im Bereich der öffentlichen Gesundheit (Art. 168 Abs. 4 AEUV) ist der Union im Anwendungsbereich des Art. 168 AEUV nur eine **ergänzende Zuständigkeit** iSd Art. 6 AEUV eingeräumt. Danach ist die Union befugt, ergänzende Maßnahmen zu ergreifen, ohne dass dadurch die Zuständigkeit der Mitgliedstaaten berührt wird. So wird sie in Art. 168 Abs. 5 AEUV ua dazu ermächtigt, „insbesondere zur Bekämpfung der weit verbreiteten schweren grenzüberschreitenden Krankheiten, Maßnahmen zur Beobachtung, frühzeitigen Meldung und Bekämpfung schwerwiegender grenzüberschreitender Gesundheitsgefahren" zu erlassen, dies aber „unter Ausschluss jeglicher Harmonisierung der Rechtsvorschriften der Mitgliedstaaten". Die Bestimmung verdeutlicht die primärrechtliche Bedeutung eines effektiven Schutzregimes gegen Epidemien und Pandemien.[260] Auf Grundlage von Art. 168 Abs. 5 AEUV ist der Beschl.

254 Vgl. dazu den Überblick bei *Mögele* EuZW 2020, 297 ff.

255 Vgl. dazu näher *Schmidt am Busch* in Grabitz/Hilf/Nettesheim AEUV Art. 168 Rn. 58 ff.; übersehen von *Mögele* EuZW 2020, 297 (297), der nur die weniger bedeutsame Kompetenz für Maßnahmen gegen Tier- und Pflanzenkrankheiten (Art. 168 Abs. 4 lit. b AEUV) in den Blick nimmt.

256 *Kingreen* in Calliess/Ruffert AEUV Art. 168 Rn. 5.

257 *Berg/Augsberg* in Schwarze AEUV Art. 168 Rn. 15.

258 *Schmidt am Busch* in Grabitz/Hilf/Nettesheim AEUV Art. 168 Rn. 15, 19.

259 *Vedder* in HK-UnionsR AEUV Art. 168 Rn. 5.

260 *Schmidt am Busch* in Grabitz/Hilf/Nettesheim AEUV Art. 168 Rn. 19.

1082/2013/EU[261] zu schwerwiegenden grenzüberschreitenden Gesundheitsgefahren ergangen. Im Gesundheitssicherheitsausschuss (Health Security Committee, HSC) koordinieren Mitgliedstaaten und Kommission die Risiko- und Krisenkommunikation und Maßnahmen der Mitgliedstaaten (Art. 17 Abs. 2 Beschl. 1082/2013/EU). Diesem Ausschuss sollen im Rahmen des Pakets zur Europäischen Gesundheitsunion (→ Rn. 88) noch umfangreichere Befugnisse zur Einleitung und Umsetzung einer koordinierten Reaktion auf EU-Ebene durch Leitlinien und Stellungnahmen eingeräumt werden.[262] Im Rahmen freiwilliger Vereinbarungen mit den Mitgliedstaaten über die gemeinsame Beschaffung medizinischen Materials (Art. 5 Beschl. 1082/2013/EU) hat die Kommission Ende Februar 2020 vier Ausschreibungen zum Erwerb persönlicher Schutzausrüstung, von Beatmungsgeräten und Diagnosematerial gestartet[263] und erfolgreich abgeschlossen.[264] Schließlich verleiht Art. 168 Abs. 6 AEUV dem Rat die Befugnis, auf Vorschlag der Kommission unverbindliche Empfehlungen für die in Art. 168 AEUV genannten Zwecke, also auch für den Infektionsschutz, auszusprechen. In ihrem Vorschlag zur Schaffung einer Europäischen Gesundheitsunion (→ Rn. 88) hat die Kommission versichert, die Zuständigkeit der Mitgliedstaaten im Gesundheitsbereich uneingeschränkt wahren zu wollen.[265]

Neben Art. 168 AEUV ist insbesondere die Binnenmarktkompetenz der EU aus Art. 114 AEUV für das Infektionsschutzrecht von Bedeutung. Auf sie stützen sich die Verordnung über persönliche Schutzausrüstungen[266] und die Verordnung über die Bereitstellung auf dem Markt und die Verwendung von Biozidprodukten, zu denen auch Desinfektionsmittel zählen.[267] 84

cc) Aktionsprogramme

Aktionsprogramme zur Beobachtung, frühzeitigen Meldung und Bekämpfung schwerwiegender grenzüberschreitender Gesundheitsgefahren durch Infektionskrankheiten können auf Art. 168 Abs. 5 AEUV gestützt werden.[268] Ab 1993 sind zunächst acht europäische Aktionsprogramme im Bereich der öffentlichen Gesundheit zu speziellen Themen initiiert worden. Eines davon betraf übertragbare Krankheiten.[269] Im Jahr 2000 hat die Kommission erstmals eine integrierte Strategie mit einem kohärenten und koordinierten Konzept vorgestellt, um die gesundheitsrelevanten Politikbereiche besser aufeinander abzustimmen und miteinander zu verzahnen.[270] Im Anschluss hieran wurden die zuvor bestehenden Aktionsprogramme durch ein einheitliches neues Aktionsprogramm im Bereich der öffentlichen Gesundheit ersetzt (2003–2008).[271] Das Programm verfolgte als vorrangiges Ziel die Optimierung der Überwachungs- und Krisenreaktionssysteme, ua durch Verbesserung der Kapazitäten für die Bekämpfung übertragbarer Krankheiten. Die Kommission hat dazu erklärt, erwägen zu wollen, ob die Errichtung einer entsprechenden Exekutivagentur sinnvoll sei. Mit dem 2007 erschienenen Weiß- 85

---

261 ABl. 2013 L 293, 1, ber. ABl. 2015 L 231, 16.

262 Vgl. COM(2020) 727 final, S. 9, 12, 19 f., 24, 34 ff.

263 *Mögele* EuZW 2020, 297 (298).

264 Kommission, IP/20/523 v. 24.3.2020, abrufbar unter https://ogy.de/jy16. Zur Impfstoffbeschaffung durch die EU → Rn. 101.

265 COM(2020) 724 final, S. 4.

266 VO (EU) 2016/425 (ABl. 2016 L 81, 51).

267 VO (EU) 528/2012 (ABl. 2012 L 167, 1, zul. geänd. durch VO (EU) 2019/1825, ABl. 2019 L 279, 19); vgl. auch die Hinweise der Europäischen Chemikalienagentur zur Corona-Pandemie, abrufbar unter https://ogy.de/dorw; *Seitz* EuZW 2020, 449 (451).

268 *Schmidt am Busch* in Grabitz/Hilf/Nettesheim AEUV Art. 168 Rn. 72.

269 Beschl. 647/96/EG (ABl. 1996 L 95, 16).

270 KOM(2000) 285 endg.; vgl. dazu *Schmidt am Busch*, Die Gesundheitssicherung im Mehrebenensystem, 2007, S. 22 f.

271 Beschl. 1786/2002/EG (ABl. 2002 L 271, 1).

buch „Gemeinsam für die Gesundheit“ hat die Kommission dann mit der **intersektoriellen Gesundheitspolitik (Health in All Policies, HiAP)** einen neuen, umfassenden strategischen Ansatz für den Zeitraum 2008–2013 vorgestellt.[272] Zur Umsetzung dieser Strategie wurde das zweite Aktionsprogramm (2008–2013)[273] beschlossen und das dritte Aktionsprogramm (2014–2020)[274] – erstmals in der Rechtsform einer Verordnung – verabschiedet. Wie schon das zweite Aktionsprogramm setzt es unter Berücksichtigung internationaler Vorgaben, ua solchen der WHO (→ Rn. 11 ff.), auf eine enge Kooperation zwischen Union und Mitgliedstaaten und steht auch der Einbeziehung von Drittstaaten und Nichtregierungsorganisationen offen gegenüber. Das Programm will auch zur Schaffung und Aufrechterhaltung solider Mechanismen und Instrumente zur Erkennung, zur Bewertung und zum Umgang mit schwerwiegenden grenzüberschreitenden Gesundheitsgefahren, wie zB Pandemien, beitragen. Besondere Anstrengungen sollen unternommen werden, um Kohärenz und Synergie-Effekte zwischen dem Programm und den weltweit im Gesundheitsbereich im Rahmen anderer Unionsprogramme und -instrumente durchgeführten Arbeiten sicherzustellen, insbesondere in Bezug auf Grippe, HIV/AIDS, Tuberkulose und andere grenzüberschreitende Gesundheitsgefahren in Drittländern. In diesem Zusammenhang hält es der Gesetzgeber für wichtig, dass das Programm bei der Bekämpfung übertragbarer Krankheiten die Komplementarität mit dem Arbeitsprogramm des Europäischen Zentrums für die Prävention und die Kontrolle von Krankheiten (European Centre for Disease Prevention and Control, ECDC)[275] (→ Rn. 86) gewährleistet.

dd) Institutionalisierung

86 Schon 1998 ist ein „Gemeinschaftsnetz“ für die epidemiologische Überwachung und Kontrolle von Infektionskrankheiten eingerichtet worden,[276] das dann im Zuge des seinerzeitigen Trends zur Agenturisierung der EU-Eigenverwaltung[277] 2004 in Gestalt des ECDC institutionalisiert wurde.[278] Das Zentrum verfügt über keine Regelungsbefugnis[279] und ist daher bei einer am jeweiligen Handlungsinstrumentarium orientierten Betrachtung nicht als Exekutivagentur (→ Rn. 85), sondern als **Agentur zur Kooperations- und Koordinationsförderung** zu charakterisieren.[280] Der Auftrag des somit „sehr schwach ausgestattet(en)“[281] Zentrums besteht darin, die durch übertragbare Krankheiten bedingten derzeitigen und neu auftretenden Risiken für die menschliche Gesundheit zu ermitteln, zu bewerten und Informationen darüber weiterzugeben (Art. 3 Abs. 1 S. 1 VO Nr. 851/2004). Deshalb lässt sich das ECDC auch als Informationsagentur begreifen.[282] Eine seiner Kernaufgaben liegt in der epidemiologischen Überwachung von Infektionskrankheiten und deren europaweiter Koordinierung (vgl. Art. 3 Abs. 2 VO

272 KOM(2007) 630 endg.
273 Beschl. 1350/2007/EG (ABl. 2007 L 301, 3).
274 VO (EU) 282/2014 (ABl. 2017 L 86, 1).
275 ECDC, Single Programming Document 2020–2022, 2020, abrufbar unter https://ogy.de/mlc1.
276 Entsch. Nr. 2119/98/EG (ABl. 1998 L 268, 1, zul. geänd. durch VO (EG) Nr. 569/2009, ABl. 2009 L 188, 14).
277 Generalanwalt *Jääskinen*, EU:C:2013:562, Rn. 19 – Schlussanträge Vereinigtes Königreich/Parlament u. Rat (Rs. 270/12); vgl. auch *Gassner* PharmR 2019, 209 (209 f.).
278 Näher *Ammon/Faensen* Bundesgesundheitsbl. 2009, 176 (176 ff.); *Hervey/McHale*, European Union Health Law, 2015, S. 312 ff.; *Klafki*, Risiko und Recht, 2017, S. 189 f.; *Pflug*, Pandemievorsorge, 2013, S. 106 ff.; *Schmidt am Busch*, Die Gesundheitssicherung im Mehrebenensystem, 2007, S. 72; *Trute* in Eger/Oeter/Voigt (Hrsg.), International Law and the Rule of Law under Extreme Conditions, 2017, S. 115 (143 f.); *Trute* GSZ 2018, 125 (128 f.).
279 EG 6 VO (EG) Nr. 851/2004 (ABl. 2007 L 142, 1).
280 *Orator*, Möglichkeiten und Grenzen der Einrichtung von Unionsagenturen, 2017, S. 101 f., 131.
281 *Klafki*, Risiko und Recht, 2017, S. 192.
282 *Pflug*, Pandemievorsorge, 2013, S. 112 f.

Nr. 851/2004).[283] Sonstige EU-Agenturen, wie zB die EMA, spielen derzeit beim unmittelbaren Infektionsschutz nur eine untergeordnete Rolle.[284] Hinsichtlich der EMA deutet sich aber eine stärkere Einbeziehung in den Infektionsschutz – über ihre Aufgabe als Zulassungsbehörde für Impfstoffe und sonstige Arzneimittel hinaus – durch das Paket zur Europäischen Gesundheitsunion (→ Rn. 88) an.[285]

WHO-Empfehlungen (→ Rn. 24) wirken steuernd auf die Aktivitäten des Zentrums ein 87
und vernetzen auf diese Weise die Handlungsebenen. So hat das ECDC im April 2020 unter Rekurs auf entsprechende WHO-Leitfäden eine Empfehlung „Strategies for the surveillance of COVID-19" veröffentlicht.[286] Auf die Bedeutung solcher Empfehlungen hat die Kommission in Leitlinien für das mitgliedstaatliche Grenzmanagement in der COVID-19-Krise ausdrücklich hingewiesen (→ Rn. 98). Zur Überwachung übertragbarer Krankheiten ist dem ECDC der integrierte Betrieb spezialisierter Netzwerke und damit auch die organisatorische sowie technische Sicherstellung des Informationsaustauschs unter den Mitgliedstaaten und mit der Kommission übertragen (Art. 5 VO Nr. 851/2004). Auf diese Weise stehen die Kommission, das ECDC und die auf nationaler Ebene für die epidemiologische Überwachung zuständigen Behörden in ständiger Verbindung (Art. 6 Beschl. 1082/2013/EU). Zudem wurde unter der Bezeichnung „Frühwarn- und Reaktionssystem" (Early Warning and Response System, EWRS) ein Schnellwarnsystem eingerichtet, mit dem Warnmeldungen über schwerwiegende grenzüberschreitende Gesundheitsgefahren rasch auf Unionsebene übermittelt und bewertet werden können (Art. 8 VO Nr. 851/2004, Art. 8 ff. Beschl. 1082/2013/EU).[287] Daher ist das ECDC als die **bedeutendste Institution der europäischen Informationsebene** im Pandemiefall anzusehen.[288] Diese Stellung soll auch durch das Paket zur Europäischen Gesundheitsunion (→ Rn. 88) weiter gefestigt werden. Für die Übermittlung der relevanten Informationen an das Zentrum ist in Deutschland das RKI zuständig (§ 12 Abs. 2 S. 4 IfSG). Bei Datenerhebung und -analyse arbeitet das ECDC im Übrigen auch mit der WHO (→ Rn. 11 ff.) und Drittstaaten zusammen (Art. 11 Abs. 2 Spgstr. 3 VO 851/2004).

ee) Paket zur Europäischen Gesundheitsunion

Einen umfassenden Ansatz zur Weiterentwicklung der institutionalisierten Gesundheits- 88
krisenvorsorge und -bekämpfung stellt das am 11.11.2020 vorgestellte **Maßnahmenpaket zur Europäischen Gesundheitsunion**[289] dar. Das Paket hat die Stärkung des EU-Rahmens für Gesundheitssicherheit, Krisenvorsorge und -reaktion zum Ziel. Es sollen ein verbindlicher EU-Vorsorge- und Reaktionsplan für Gesundheitskrisen und Pandemien ausgearbeitet und regelmäßige Stresstests im Gesundheitswesen durchgeführt werden.[290] Daneben ist geplant, die Rolle der Kommission bei der Pandemiebekämpfung weiter zu stärken. Sie soll im Ernstfall eine „Notlage im Bereich der öffentlichen Ge-

283 Vgl. iE Beschl. 1082/2013/EU (ABl. 2013 L 293, 1; ber. ABl. 2015 L 231, 16); näher zur praktischen Umsetzung *Ammon/Faensen* Bundesgesundheitsbl. 2009, 176 (178 ff.); *Trute* in Eger/Oeter/Voigt (Hrsg.), International Law and the Rule of Law under Extreme Conditions, 2017, S. 115 (144); *Trute* GSZ 2018, 125 (128).

284 Vgl. *Frischhut/Greer* in Hervey/Young/Bishop (Hrsg.), Research Handbook on EU Health Law and Policy, 2017, S. 315 (326 f.).

285 Vgl. zu den Aktivitäten der EMA in der Corona-Pandemie den aktuellen Überblick bei https://ogy.de/k0jd und die Hinweise und Leitlinien unter https://ogy.de/lce7.

286 ECDC, Strategies for the surveillance of COVID-19, abrufbar unter https://ogy.de/eg1 b.

287 Vgl. iE Durchführungsbeschl. (EU) 2017/253 (ABl. 2017 L 37, 23). Das Verfahren rund um das EWRS soll iRd Pakets zur Gesundheitsunion noch weiter ausgearbeitet werden, COM(2020) 727 final, S. 32 ff. Der HSC soll dann eine koordinierte Reaktion der Mitgliedstaaten erleichtern, COM(2020) 727 final, S. 19, 35 f.

288 *Pflug*, Pandemievorsorge, 2013, S. 114.

289 COM(2020) 724, 725, 726, 727.

290 COM(2020) 727 final.

sundheit auf Unionsebene" ausrufen können, die ihr weitere Kompetenzen verleiht, die insbesondere die Entwicklung von Reaktionsmaßnahmen und die Koordination und Zusammenführung nationaler Gegenmaßnahmen ermöglichen sollen.[291] Ein Beratender Ausschuss für Notlagen im Bereich der öffentlichen Gesundheit (Advisory Committee) soll die Kommission unterstützen.[292] Auch ist die Möglichkeit der gemeinsamen Beschaffung medizinischer Gegenmaßnahmen vorgesehen.[293] Mit Blick auf die institutionalisierte Krisenvorsorge und -bekämpfung soll die Rolle von ECDC[294] (→ Rn. 86) und EMA[295] weiter ausgebaut und die Vernetzung und Zusammenarbeit der beiden Institutionen verbessert werden. Das ECDC soll gestärkt werden, um die Bereitschaftsplanung, die Überwachung, die Risikobewertung und Frühwarnung sowie Reaktion auf künftige grenzüberschreitende Gesundheitsgefahren zu unterstützen. Mit einem beim ECDC angesiedelten, in Teilen KI-basierten Überwachungssystem[296] soll es dem ECDC ermöglicht werden, als medizinisches Notfallzentrum der EU zu agieren. Die EMA soll erstmalig stärker in das Krisenmanagement eingebunden werden und neben ihrer Zulassungstätigkeit, die weiter an die speziellen Bedürfnisse in Krisenzeiten angepasst wird, auch die Versorgung der EU mit kritischen Arzneimitteln, Medizinprodukten und sonstigen medizinischen Hilfsmitteln überwachen, vor Versorgungsengpässen warnen und Empfehlungen abgeben. Auch soll ein Netzwerk von EU-Referenzlaboratorien und ein Netzwerk für seroepidemiologische Daten geschaffen werden.[297] Im vierten Quartal 2021 will die Kommission außerdem ihren Vorschlag für eine neue EU-Behörde für Krisenvorsorge und -reaktion bei gesundheitlichen Notlagen (Health Emergency Preparedness and Response Authority, HERA) vorlegen. Sie soll vor allem der strategischen Früherkennung und Krisenbekämpfung dienen (→ Rn. 101).[298]

b) Pandemie-Governance

89 Die Integrierte EU-Regelung für die politische Reaktion auf Krisen (**Integrated Political Crisis Response,** IPCR) soll bei Krisen mit weitreichenden Auswirkungen oder von großer politischer Bedeutung eine frühzeitige Koordinierung und Reaktion auf politischer Ebene der Union ermöglichen.[299] Der EU-Ratsvorsitz hat die IPCR vor dem Hintergrund der Corona-Pandemie am 28.1.2020 im Informationsaustausch-Modus aktiviert und sie angesichts der sich verschlechternden Lage und der verschiedenen betroffenen Sektoren (Gesundheit, Konsularwesen, Katastrophenschutz, Wirtschaft) am 2.3.2020 auf den Modus der vollständigen Aktivierung hochgestuft. Bei der Übernahme des Ratsvorsitzes zunächst durch Deutschland am 1.7.2020 und dann durch Portugal am 1.1.2021 hat man sich dazu entschieden, die IPCR im Vollmodus aktiviert zu lassen.[300] Im Rahmen des Mechanismus fand zB Ende 2020 ein Notfalltreffen mit nationalen Experten zu der in Großbritannien entdeckten Mutation des Coronavirus statt.[301]

90 Mit der IPCR und den darauf beruhenden institutionellen Vorkehrungen wird sichergestellt, dass die Union auf politischer Ebene kohärent, wirksam und rasch auf Krisen reagiert. Sie ermöglicht es, den Aktionsraum der EU über den engen Bereich der Gesund-

291 COM(2020) 727 final, S. 37 ff.
292 COM(2020) 727 final, S. 37 f.
293 COM(2020) 727 final, S. 25 f.
294 COM(2020) 726 final.
295 COM(2020) 725 final.
296 COM(2020) 727 final, S. 26 ff.
297 COM(2020) 727 final, S. 28 ff.
298 Vgl. Kommission, QANDA/20/2042 v. 11.11.2020, abrufbar unter https://ogy.de/itha.
299 Beschl. 2014/415/EU (ABl. 2014 L 192, 53; ber. ABl. 2014 L 221, 26, ABl. 2014 L 275, 7); Durchführungsbeschl. (EU) 2018/1993 (ABl. 2018 L, 28).
300 Vgl. https://ogy.de/bgxf.
301 Vgl. N.N., EU-Ratspräsidentschaft beruft Notfalltreffen ein, Der Spiegel v. 20.12.2020, abrufbar unter https://ogy.de/sky9.

heitspolitik und die dort definierten Handlungsinstrumente auf zahlreiche andere Politikfelder auszuweiten. Die COVID-19-Pandemie liefert hierfür eine Fülle von Hard-Law- und Soft-Law-Beispielen. Vielfach geht es hierbei um die Milderung der wirtschaftlichen Auswirkungen der Pandemie. So wurden zB die Regeln für Zeitnischen, aufgrund derer die Fluggesellschaften dazu verpflichtet sind, mindestens 80 % ihrer Zeitnischen für Starts und Landungen zu bedienen, um sie für das folgende Jahr zu behalten, bis zum 27.3.2021 ausgesetzt.[302] Weitere Anpassungen betreffen etwa die befristete Abweichung von den für Europäische Gesellschaften (SE) und Europäische Genossenschaften (SCE) geltenden Vorschriften über die Frist für Hauptversammlungen (zwölf statt sechs Monate),[303] die Verschiebung des Geltungsbeginns der Verordnung 2017/745 über Medizinprodukte um ein Jahr,[304] Anpassungen des Beihilferechts[305] und Fristverlängerungen für EU-Meldepflichten bei grenzüberschreitenden Steuergestaltungen und die Verschiebung des Inkrafttretens von Mehrwertsteuerregelungen für den elektronischen Handel.[306] Jenseits dieser rechtlicher Anpassungen liegt der Steuerungsschwerpunkt aber nach wie vor auf **Empfehlungen und Leitlinien der Kommission**, die sich auf gesundheitsspezifische Regelungen und Institutionen, wie das ECDC (→ Rn. 86 f.), direkt oder indirekt rückbeziehen, soweit dies sachdienlich ist. Beispiele hierfür bilden die Mitteilung über weitere Maßnahmen zur Bekämpfung der COVID-19-Pandemie,[307] die Empfehlung zur Unterstützung von Ausstiegsstrategien durch Daten von mobilen Geräten und Corona-Tracing-Apps,[308] die Leitlinie zur Durchführung von Fernaudits durch Benannte Stellen[309] und die COVID-19-Leitlinien für ein integriertes Vorgehen beim Grenzmanagement, durch das der Gesundheitsschutz und die Wahrung der Integrität des Binnenmarkts sowie die personenbezogenen Grundfreiheiten (→ Rn. 98) wirksam gewährleistet werden sollten.[310] Auch stellte die Kommission bereits am 16.6.2020 im Rahmen einer Mitteilung eine EU-Impfstoffstrategie vor, die sich mit der raschen Entwicklung, Herstellung und Verbreitung eines Impfstoffs beschäftigt.[311] Diese Strategie wurde in einer weiteren Mitteilung v. 15.10.2020 weiterentwickelt.[312] Auch von den strengen kartellrechtlichen Vorgaben wurden Abweichungen zugunsten unerlässlicher und zeitlich befristeter Kooperationen zur Pandemiebekämpfung, auch unter Einsatz von Comfort Letters ermöglicht.[313] Weiterhin beschlossen die Mitgliedstaaten auf Vorschlag der Kommission, bei Impfstoffen und Testsets Befreiungen von der Mehrwertsteuer vorsehen zu können.[314] Für die Zeit bis zur Verbreitung

302 VO (EU) 2020/459 (ABl. 2020 L 99, 1), verlängert durch K(2020) 6916 endg. Zur Fluggastrechteverordnung in Pandemiezeiten *Heger/Heger* NZV 2020, 338 (338 ff.).

303 VO (EU) 2020/699 (ABl. 2020 L 165, 25).

304 VO (EU) 2020/561, ABl. 2020 L 130, 18; DurchführungsVO (EU) 2020/666, ABl. 2020 L 156, 2; vgl. auch *Anton/Hartmann* MPJ 2020, 195 (195 f.); Gassner in *Gassner* Die neue Medizinprodukte-Verordnung S. 15 f., 49 f.

305 *Seitz/Berne* EuZW 2020, 591; *Soltész* EuZW 2021, 5 (8 ff.).

306 RL (EU) 2020/876 (ABl. 2020 L 204, 46) und VO (EU) 2020/1108 (ABl. 2020 L 244, 1). Zu den Mehrwertsteuerregelungen *Becker/Michelutti* DStR 2020, 1817 (1817 f.).

307 COM(2020) 687 final.

308 Empfehlung (EU) (ABl. 2020 L 114, 7).

309 Medical Device Coordination Group Document 2020-4; Bekanntmachung der Kommission über die Anwendung des Anhangs IX Abschnitte 2.3 und 3.3 der Verordnung (EU) 2017/745 und der Verordnung (EU) 2017/746 in Bezug auf die Audits Benannter Stellen im Rahmen der Bewertung des Qualitätsmanagementsystems (ABl. 2021 C 8, 1); vgl. auch *Anton/Hartmann* MPJ 2020, 195 (197).

310 COVID-19 Leitlinien für Grenzmanagementmaßnahmen zum Schutz der Gesundheit und zur Sicherstellung der Verfügbarkeit von Waren und wesentlichen Dienstleistungen (ABl. 2020 C 86I, 1); vgl. dazu auch *Mögele* EuZW 2020, 297 (298).

311 COM(2020) 245 final.

312 COM(2020) 680 final.

313 Mitteilung der Kommission (ABl. 2020 C 116, 7); *Burholt* PharmR 2020, 229 (230 f., 234).

314 Dies geschah auf Basis der Mitteilung der Kommission über weitere Maßnahmen zur Bekämpfung der COVID-19-Pandemie, COM(2020) 687 final.

von Impfstoffen folgte die Strategie „COVID-19 – sicher durch den Winter“[315] und mit „A united front to beat COVID-19“ schließlich eine Mitteilung der Kommission zur Beschleunigung der Impfungen, dem Umgang mit Virus-Varianten, der Wahrung von Binnenmarkt und Freizügigkeit und internationaler Solidarität bei der Impfstoffverteilung.[316] Auch empfahl der Rat den verstärkten Einsatz von Antigen-Schnelltests und die gegenseitige Anerkennung der Ergebnisse von COVID-19-Tests.[317] Darüber hinaus wurde durch den Aktionsplan „ERAvsCORONA“[318] speziell für die Bekämpfung der Corona-Pandemie unter anderem eine Plattform[319] für Forschungsdaten geschaffen, um sie zu sammeln und gemeinsam zu nutzen.[320] Der Blick auf noch laufende Vorhaben zeigt indes, dass auch an anderen, mit dem Infektionsschutz verwandten Punkten des europäischen Rechtsrahmens, wie etwa der Arzneimittelversorgung[321] und dem Kampf gegen Desinformation[322], angesetzt werden soll. Abseits der Organe der EU können auch **nachgeordnete Institutionen**, wie zB der Europäische Datenschutz-Ausschuss (EDSA), im Rahmen ihres Mandats infektionsschutzbezogene Leitlinien herausgeben.[323]

91 Mit Blick auf die wirtschaftspolitischen Unterstützungsmaßnahmen der EU[324] und den extrem hohen Finanzierungsbedarf der Pandemiebekämpfung[325] soll, und zwar speziell im Zusammenhang mit der Corona-Pandemie und dem EU-Haushalt für die Jahre 2021–2027,[326] das Aufbauinstrument **NextGenerationEU** den Weg aus der Krise ebnen.[327] NextGenerationEU wurde am 27.5.2020 vorgestellt und unterstützt flankierend zum mehrjährigen Finanzrahmen der EU die wirtschaftliche Erholung Europas.[328] Wesentlicher Teil des Aufbauplans ist das Finanzierungsprogramm EU4Health, das Innovation und Investitionen mit Blick auf den Schutz vor grenzüberschreitenden Gesundheitsgefahren, die Verfügbarkeit von Arzneimitteln und die Stärkung der nationalen Gesundheitssysteme fördern soll.[329] Insgesamt sollen rund 1,8 Bio. EUR des langfristigen EU-Haushalts 2021–2027 in Reformvorhaben fließen und eine nachhaltige und stabile Konjunkturbelebung anstoßen.[330]

c) Grundrechtsschutz

92 Nach Art. 35 S. 1 GrCH hat jeder Mensch das **Recht auf Zugang zur Gesundheitsvorsorge und auf ärztliche Versorgung** nach Maßgabe der einzelstaatlichen Rechtsvorschriften und Gepflogenheiten. Der in Art. 35 S. 1 GrCH verwendete Gesundheitsbe-

315 COM(2020) 786 final.
316 COM(2021) 35 final.
317 Empfehlung (EU) (ABl. 2021 C 24, 1).
318 Vgl. EU, First "ERAvsCORONA" Action Plan v. 7.4.2020, abrufbar unter https://ogy.de/u8o6.
319 Abrufbar unter https://ogy.de/myj6.
320 *Seitz* EuZW 2020, 449 (452 f.).
321 Kommission, A pharmaceutical strategy for Europe, abrufbar unter https://ogy.de/tesl. Diese soll das Paket zur Gesundheitsunion (→ Rn. 88) ergänzen.
322 Gemeinsame Mitteilung zur Bekämpfung von Desinformation im Zusammenhang mit COVID-19 – Fakten statt Fiktion, JOIN (2020) 8 final. In eine ähnliche Richtung geht auch die Schlussfolgerung des Rates zur digitalen Bildung in europäischen Wissensgesellschaften (ABl. 2020 C 415, 22).
323 S. zB European Data Protection Board, Guidelines 04/2020 on the use of location data and contact tracing tools in the context of the COVID-19 outbreak, abrufbar unter https://ogy.de/0epi.
324 Zu den bisherigen Unterstützungsmaßnahmen zählt etwa das Emergency Support Instrument (ESI), in dessen Rahmen 150 Mio. EUR für die Beförderung wesentlicher medizinischer Güter bereitgestellt wurde, Kommission, IP/20/1671 v. 18.9.2020, abrufbar unter https://ogy.de/pd0k.
325 *Ruffert* NVwZ 2020, 1777 (1777).
326 Allgemein zu den Implikationen einer verstärkten wirtschaftlichen Solidarität in der EU angesichts der Corona-Pandemie *Ioannidis* ZaöRV 2020, 773 (782 f.).
327 *Meyer* EuZW 2021, 16; *Schorkopf*, Next Generation EU – Worum es wirklich geht, Cicero, 27.8.2020, abrufbar unter https://ogy.de/h7p6.
328 Eingehend zu den einzelnen EU-Rechtsakten *Schorkopf*, Cicero, 27.8.2020; kritisch zu der gewählten Art der Kreditfinanzierung *Ruffert* NVwZ 2020, 1777 (1778 ff.).
329 KOM(2020) 405 endg., ergänzt durch Ratsdok. 11056/20.
330 Vgl. Ratsschlussfolgerung EUCO 10/20.

griff bezieht sich – im Unterschied zu dem weiten Begriffsverständnis der WHO (→ Rn. 21) – nur auf den Schutz konkreter Gefährdungen der körperlichen und geistigen Gesundheit."[331] Zugang zu Gesundheitsvorsorge (Art. 35 S. 1 Alt. 1 GrCH) bedeutet Zugang zu präventiven Maßnahmen der Gesundheitsförderung.[332] Hierzu gehört entsprechend Art. 11 lit. c ESC (Europäische Sozialcharta, → Rn. 102 ff.), der bei der Auslegung von Art. 35 S. 1 GrCH zu beachten ist, auch die **Vorbeugung epidemischer Krankheiten.**[333] Der Anspruch erstreckt sich auch auf Medikamente.[334] Das Recht auf ärztliche Versorgung (Art. 35 S. 1 Alt. 2 GrCH) umfasst die gesamte medizinische Versorgung.[335] Nach wohl überwiegender Ansicht garantiert Art. 35 S. 1 GrCH entsprechend seinem Wortlaut indes nur den – diskriminierungsfreien (vgl. Art. 21 GrCH) – Zugang zu einer medizinischen Leistung und verbürgt **keinen konkreten Leistungsanspruch.**[336]

Adressaten dieses Grundrechts[337] sind gem. Art. 51 Abs. 1 S. 1 GrCH einerseits die Organe, Einrichtungen und sonstigen Stellen der Europäischen Union, andererseits die Mitgliedstaaten, allerdings nur bei Durchführung des Rechts der Union. Die EU hat auf dem Gebiet der Gesundheitsvorsorge und des Gesundheitsschutzes nur wenige Kompetenzen (→ Rn. 83), so dass der Anwendungsbereich des Art. 35 S. 1 GrCH mangels normativer, administrativer oder judikativer Durchführungsmaßnahmen iSv Art. 51 Abs. 1 S. 1 Alt. 2 GrCH auf mitgliedstaatlicher Ebene recht eingeschränkt ist.[338] Für eine Anwendung kommen daher im Wesentlichen nur Maßnahmen auf Grundlage des Art. 168 Abs. 4 und 5 AEUV (→ Rn. 83) in Betracht.[339] Allerdings unterliegen die Mitgliedstaaten auch bei der Einschränkung von Grundfreiheiten der Grundrechtsbindung (vgl. hinsichtlich der Warenverkehrsfreiheit → Rn. 99).[340] 93

Im Übrigen enthält Art. 35 S. 1 GrCH keine originären Ansprüche auf Gesundheitsleistungen gegenüber den Mitgliedstaaten, sondern verweist auf deren einzelstaatliche Rechtsvorschriften und Gepflogenheiten. Gleichwohl ist das Grundrecht insofern **kein Nudum ius,** sondern bietet einen diskriminierungsfreien Rahmen, dessen Inhalt die Mitgliedstaaten entsprechend der unionalen Kompetenzverteilung bestimmen können.[341] 94

d) Nationaler Infektionsschutz und unionsrechtliche Vorgaben

Infektionsschutzmaßnahmen der Mitgliedstaaten können in zahlreiche **Grundrechte,** wie das Recht auf körperliche und geistige Unversehrtheit (Art. 3 Abs. 1 GrCH), die körperliche Bewegungsfreiheit (Art. 6 Alt. 1 GrCH), das Recht auf Datenschutz (Art. 8 GrCH), die Arbeits- und Berufsfreiheit (Art. 15 Abs. 1 GrCH), die unternehmerische Freiheit (Art. 16 GrCH), das Eigentumsrecht (Art. 17 GrCH), das Recht auf Freizügigkeit und die Aufenthaltsfreiheit (Art. 45 GrCH) eingreifen sowie gegen Diskriminierungsverbote (Art. 21 GrCH) verstoßen. Dies ist insofern von besonderer Bedeutung, als das BVerfG in seiner jüngeren Rechtsprechung die GrCH in vollharmonisierten Be- 95

331 *Giesecke* in NK-EuGRCh Art. 35 Rn. 15 ff.
332 *Giesecke* in NK-EuGRCh Art. 35 Rn. 2, 20.
333 *Giesecke* in NK-EuGRCh Art. 35 Rn. 2.
334 *Giesecke* in NK-EuGRCh Art. 35 Rn. 20.
335 *Kingreen* in Calliess/Ruffert GrCH Art. 35 Rn. 34; *Giesecke* in NK-EuGRCh Art. 35 Rn. 22.
336 *Giesecke* in NK-EuGRCh Art. 35 Rn. 26.
337 *Giesecke* in NK-EuGRCh Art. 35 Rn. 9.
338 *Schwerdtfeger* in NK-EuGRCh Art. 51 Rn. 50.
339 *Giesecke* in NK-EuGRCh Art. 35 Rn. 12.
340 Vgl. nur *Schwerdtfeger* in NK-EuGRCh Art. 51 Rn. 50.
341 *Giesecke* in NK-EuGRCh Art. 35 Rn. 27.

reichen, wie Datenschutz[342] oder Medizinprodukte (ab 26.5.2021[343]) (→ Rn. 100), als **unmittelbaren Prüfungsmaßstab** heranzieht.[344]

96 In der **Rechtsprechung des EuGH** haben die grundrechtlichen Grenzen des Infektionsschutzes bislang vor allem im Kontext übertragbarer Tierkrankheiten eine Rolle gespielt.[345] In diesem Zusammenhang wies der Gerichtshof ua darauf hin, dass Art. 16 und 17 GrCH im Hinblick auf ihre gesellschaftliche Funktion gesehen werden müssten[346] und betonte auf Grundlage seiner ständigen Rechtsprechung, dass Art. 52 Abs. 1 GrCH im Rahmen der dort genannten Voraussetzungen, namentlich der Verhältnismäßigkeit des Eingriffs, auch Einschränkungen der Ausübung wirtschaftlicher Grundrechte und Freiheiten zulasse.[347] Mit Blick auf menschliche Infektionskrankheiten hatte der EuGH in den letzten Jahren nur einen Fall möglicher Diskriminierung homosexueller Männer gem. Art. 21 GrCH zu entscheiden, wobei er die Bedeutung des allgemeinen Ziels, ein hohes Gesundheitsschutzniveau sicherzustellen (Art. 168 Abs. 1 AEUV, Art. 35 S. 2 GrCH), im Kontext der Minimierung von Infektionsrisiken hervorhob.[348]

97 Da die Kompetenzausübungsschranke des Art. 168 Abs. 7 AEUV die Mitgliedstaaten nicht davon befreit, ihre Gesundheitsmaßnahmen primärrechtskompatibel auszugestalten,[349] sind bei der Implementation nationaler Infektionsschutznormen auch die personenbezogenen **Grundfreiheiten** (Art. 45 ff., 49 ff., 56 ff. AEUV) und die Freiheit des Warenverkehrs (Art. 28 ff. AEUV) zu beachten. Wenn und soweit ein Regelungsbereich durch sekundäres Unionsrecht abschließend harmonisiert ist, kann die staatliche Maßnahme allerdings nicht mehr an den Grundfreiheiten, sondern allein anhand des – primärrechtskonformen – Sekundärrechts gemessen werden.[350]

98 Insofern ist hinsichtlich der **Freizügigkeit für Arbeitnehmer, Selbständige und Dienstleistende** die auf Grundlage der Art. 12, 46, 52, 62 iVm 52 AEUV erlassene Unionsbürger-RL 2004/38/EG[351] von maßgeblicher Bedeutung.[352] Als Krankheiten, die eine die Freizügigkeit beschränkende staatliche Maßnahme, wie zB ein **Einreiseverbot**, rechtfertigen, gelten nach Art. 29 Abs. 1 RL 2004/38/EG ausschließlich die Krankheiten mit epidemischem Potenzial im Sinne der einschlägigen Rechtsinstrumente der WHO[353] sowie sonstige übertragbare, durch Infektionserreger oder Parasiten verursachte Krankheiten, sofern gegen diese Krankheiten Maßnahmen zum Schutz der Staatsangehörigen des Aufnahmemitgliedstaats getroffen werden. Wenn ernsthafte Anhaltspunkte dies rechtferti-

342 VO (EU) 2016/679 (ABl. 2016 L 119, 1).

343 VO (EU) 2017/745 (ABl. 2017 L 117, 1; ber. ABl. 2019 L 117, 9, ABl. 2019 L 334, 165, zul. geänd. durch VO (EU) 2020/561, ABl. 2020 L 130, 18).

344 BVerfG Beschl. v. 6.11.2019 – 1 BvR 276/17, NJW 2020, 314 (316 Rn. 42 ff.) – Recht auf Vergessen II; *Kühling* NJW 2020, 275 (277).

345 Vgl. *Frischhut/Greer* in Hervey/Young/Bishop (Hrsg.), Research Handbook on EU Health Law and Policy, 2017, S. 315 (341 f.).

346 EuGH Urt. v. 10.7.2003 – C-20/00 und C-64/00, ECLI:EU:C:2003:397 Rn. 68 – Booker Aquaculture und Hydro Seafood; vgl. auch EuG Urt. v. 20.12.2012 – T-333/10, ECLI:EU:T:2013:451 Rn. 188 – ATC.

347 EuGH Urt. v. 10.7.2013 – C-101/12, ECLI:EU:C:2013:661 Rn. 27 – Schaible.

348 EuGH Urt. v. 29.4.2015 – C-528/13, ECLI:EU:C:2015:288 – Léger; näher dazu *Frischhut/Greer* in Hervey/Young/Bishop (Hrsg.), Research Handbook on EU Health Law and Policy, 2017, S. 315 (342 f.).

349 Vgl. nur *Schmidt am Busch* in Grabitz/Hilf/Nettesheim AEUV Art. 168 Rn. 84.

350 StRspr, vgl. nur EuGH Urt. v. 1.7.2014 – C-573/12, ECLI:EU:C:2014:2037 Rn. 57 – Ålands Vindkraft; Urt. v. 12.11.2015 – C-198/14, ECLI:EU:C:2015:751 Rn. 40 – Visnapuu; Urt. v. 18.9.2019 – C-222/18, ECLI:EU:C:2019:751 Rn. 22 – VIPA; vgl. dazu auch *Sander*, Internationaler und europäischer Gesundheitsschutz, 2004, S. 204 f.

351 RL 2004/38/EG (ABl. 2004 L 158, 77, ber. ABl. 2004 L 229, 35, zul. geänd. durch VO (EU) Nr. 492/2011, ABl. 2011 L 141, 1).

352 Vgl. zum Verhältnis zu Art. 168 AEUV *Schmidt am Busch* in Grabitz/Hilf/Nettesheim AEUV Art. 168 Rn. 106.

353 Insofern liegt also ähnlich wie in der Legaldefinition der „Gefahr für die öffentliche Gesundheit" des Art. 2 Nr. 21 Alt. 1 VO (EU) 2016/399 (ABl. 2016 L 77, 1, ber. ABl. 2018 L 272, 69, zul. geänd. durch VO (EU) 2019/817, ABl. 2019 L 135, 27) eine bemerkenswerte dynamische Verweisung vor.

gen, können die Mitgliedstaaten für aufenthaltsberechtigte Personen binnen drei Monaten nach der Einreise im Einzelfall eine kostenlose ärztliche Untersuchung anordnen, um feststellen zu lassen, dass sie nicht an einer Krankheit iSv Art. 29 Abs. 1 RL 2004/38/EG leiden (Art. 29 Abs. 3 RL 2004/38/EG). Diese Vorgaben wurden in § 6 Abs. 1 FreizügG/EU[354] umgesetzt. Als wohl speziellere Norm muss nun aber insbesondere § 36 Abs. 8, 10 IfSG (*Kau* in → § 5 Rn. 12 ff.) vorrangig herangezogen werden. Für Einreisen aus einem Schengen-Land bilden Art. 25 und 28 VO (EU) 2016/399 den relevanten Rechtsrahmen (*Kau* in → § 5 Rn. 52).[355] Wie bereits die Gesetzesbegründung zur Vorgängerregelung in § 5 Abs. 2 S. 1 Nr. 1 IfSG aF, die lediglich auf die IGV (2005) (→ Rn. 33 ff.; *Kau* in → § 5 Rn. 53) hinwies, verhält sich auch die Begründung der „weiterentwickelten"[356] Verordnungsermächtigung nicht zu unionsrechtlichen Bestimmungen.[357] Der unabgestimmten und zT abrupten Einführung von Grenzkontrollen in der COVID-19-Krise durch einzelne Mitgliedstaaten begegnete die Kommission ua durch die Veröffentlichung von Leitlinien für gesundheitsbezogene Grenzmanagementmaßnahmen. Darin erinnerte sie die Mitgliedstaaten an die zu beachtenden Vorgaben einschließlich der RL 2004/38/EG und wies ua darauf hin, dass sich die Begründungen für Personenverkehrsbeschränkungen in wissenschaftlich fundierter Weise auf die Empfehlungen der WHO (→ Rn. 48 ff.) und des ECDC (→ Rn. 87) stützen müssten.[358] Zuletzt äußerte sich der Rat am 13.10.2020 im Rahmen einer Empfehlung, die durch eine weitere Empfehlung vom 25.1.2021 ergänzt wird, zu den pandemiebedingten Beschränkungen der Freizügigkeit in der EU.[359] Er betonte das Recht auf Freizügigkeit, stellte aber vor allem den Gesundheitsschutz in den Vordergrund. Die Mitgliedstaaten sollten sich koordinieren und unter Berücksichtigung unionsrechtlicher Grundsätze einheitliche Kriterien und Schwellenwerte festlegen, die von der Kommission mit Unterstützung des ECDC überprüft werden. Auch die Kommission sprach sich klar gegen pauschale Reiseverbote sowie Grenzschließungen und für die Vermeidung nicht notwendiger Reisen aus.[360]

In die **Freiheit des Warenverkehrs** (Art. 28 ff. AEUV) kann insbesondere durch **Ausfuhrverbote** für Güter, die für die Aufrechterhaltung eines funktionierenden Gesundheitssystems unerlässlich sind, eingegriffen werden (Art. 35 AEUV). Sie sind nach Art. 10 VO (EU) 2015/479[361] und Art. 36 AEUV grundsätzlich nur zulässig, sofern sie zum Schutz vor Gefahren für die Gesundheit und das Leben von Menschen tatsächlich notwendig sind. Beschränkungen im Außenwirtschaftsverkehr können auf Grundlage von § 6 Abs. 1 S. 1 iVm § 4 Abs. 1 Nr. 5 AWG[362] durch Anordnung des Bundesministeriums für Wirtschaft und Energie (BMWi) vorgenommen werden, um einer Gefährdung der Deckung des lebenswichtigen Bedarfs im Inland oder in Teilen des Inlands entgegenzuwirken und dadurch die Gesundheit und das Leben von Menschen zu schützen. Von dieser Befugnis ist zu Beginn der Corona-Krise mit Blick auf **medizinisches Schutzmaterial** (Mund-Nasen-Masken, FFP2- und FFP3-Masken, Schutzanzüge und -brillen usw) Ge- 99

354 Gesetz über die allgemeine Freizügigkeit von Unionsbürgern (Freizügigkeitsgesetz/EU – FreizügG/EU) v. 30.7.2004 (BGBl. I 1950, 1986), zul. geänd. durch Art. 1 des Gesetzes v. 12.11.2020 (BGBl. I 2416).

355 Vgl. auch *Mögele* EuZW 2020, 297 (298).

356 BT-Drs. 19/23944, 36.

357 Vgl. BT-Drs.19/18111, 20.

358 COVID-19 Leitlinien für Grenzmanagementmaßnahmen zum Schutz der Gesundheit und zur Sicherstellung der Verfügbarkeit von Waren und wesentlichen Dienstleistungen (ABl. 2020 C 86I, 1); näher *Mögele* EuZW 2020, 297 (298).

359 Empfehlung (EU) 2020/1475 (ABl. 2020 L 337, 3), ergänzt durch Empfehlung (EU) 2021/0021.

360 Com(2021) 35 final, S. 8.

361 VO (EU) 2015/479 (ABl. 2015 L 83, 34).

362 Außenwirtschaftsgesetz v. 6.6.2013 (BGBl. I 1482), zul. geänd. durch Art. 1 des Gesetzes v. 10.7.2020 (BGBl. I 2602).

brauch gemacht worden.[363] Unter den von Art. 36 S. 1 AEUV geschützten Gütern und Interessen nehmen die Gesundheit und das Leben von Menschen den höchsten Rang ein, so dass im Rahmen der gebotenen eingehenden **Verhältnismäßigkeitsprüfung** den Mitgliedstaaten ein **Wertungsspielraum** zuzuerkennen ist.[364] Auch kann die grundrechtliche Gewährleistung des Infektionsschutzes durch Art. 35 S. 1 GrCH (→ Rn. 92 ff.) als Rechtfertigungsgrund fungieren.[365] Gleichwohl sind absolute Exportverbote medizinischer Schutzausrüstungen oder sonstiger infektionsschutzrelevanter Güter auch in Pandemiezeiten unionsrechtswidrig. Mit dem Verhältnismäßigkeitsgrundsatz vereinbar erscheinen nur Ausfuhrbeschränkungen, die zumindest mit einem Ausnahmevorbehalt zugunsten von EU/EWR-Mitgliedstaaten in derselben prekären Lage versehen sind.[366] Entsprechendes gilt für Maßnahmen, die in ihrer Wirkung Exportverboten gleichkommen (zB Verpflichtung zur Bevorratung im Inland und Abgabe nur an bestimmte inländische Abnehmer). Die Kommission ist daher zu Recht gegen die von einzelnen Mitgliedstaaten zu Beginn der COVID-19-Pandemie erlassenen Exportbeschränkungen vorgegangen[367] und unterwarf stattdessen die Ausfuhr medizinischen Schutzmaterials in Drittstaaten einem Genehmigungserfordernis.[368] Daraufhin hob das BMWi die oben erwähnte Anordnung auf.[369]

100 Auch die in § 5 Abs. 2 S. 1 Nr. 4 lit. a und b IfSG vorgesehenen Befugnisse, durch Rechtsverordnung ohne Zustimmung des Bundesrates **Maßnahmen zur Sicherstellung der Versorgung mit infektionsschutzrelevanten Produkten** in Gestalt allgemeiner oder individueller Ausnahmen ua von arzneimittel- und medizinprodukterechtlichen Vorschriften zu erlassen (näher dazu *Böck* in → § 7 Rn. 4 ff. und *Zumdick* in → § 8 Rn. 18 ff.), erscheinen nach unionsrechtlichen Maßstäben in mehrfacher Hinsicht fragwürdig. Die gehäufte Aufzählung primär- und sekundärrechtlicher Bestimmungen in der Gesetzesbegründung, die vorgeblich Ausnahmen gestatten,[370] macht nicht nur nachdenklich,[371] sondern ist darüber hinaus auch dazu angetan, einen gewissen, bei näherer Betrachtung auch durchaus berechtigten Argwohn zu wecken.[372] So zeugt die Absicht, „aufgrund der Wahrung der Verantwortung der Mitgliedstaaten für die medizinische Versorgung nach Art. 168 Abs. 7 AEUV von primären Grundfreiheiten, wie der Warenverkehrsfreiheit" abweichen zu wollen,[373] von einem profunden Missverständnis über die beschränkte Reichweite dieser Kompetenzausübungsschranke, die eben gerade nicht von der Beachtung der Grundfreiheiten entbindet (→ Rn. 97). Die Entscheidungsprärogative über die Sicherstellung der Versorgung mit Gesundheitsprodukten und de-

---

363 Anordnungen v. 4.3.2020 (BAnz AT 4.3.2020 B1) und 12.3.2020 (BAnz AT 12.3.2020 B1). Auch wurde – allerdings mit EU-freundlicher Stoßrichtung – das Außenwirtschaftsrecht geändert, um Unternehmen aus dem Gesundheitssektor und anderen sensitiven Wirtschaftsbereichen vor Übernahmen durch ausländische Investoren zu schützen, die für Deutschland, andere Mitgliedstaaten oder die EU nachteilig sind und die öffentliche Ordnung oder Sicherheit – nicht nur Deutschlands, sondern auch der EU bzw. ihrer Mitgliedstaaten – voraussichtlich beeinträchtigen können, §§ 5 Abs. 2, 4 Abs. 1 Nr. 4, 4 a AWG, eingehend *Jungkind/Bormann* NZG 2020, 619 (619 ff.).

364 StRspr, vgl. zuletzt etwa EuGH Urt. v. 12.11.2015 – C-198/14, ECLI:EU:C:2015:751 Rn. 118 – Visnapuu; Urt. v. 18.9.2019 – C-222/18, ECLI:EU:C:2019:751 Rn. 71 – VIPA.

365 EuGH Urt. v. 12.6.2003 – C-112/00, ECLI:EU:C:2003:333 Rn. 74 – Schmidberger; Urt. v. 14.10.2004 – C-36/02, ECLI:EU:C:2004:614 Rn. 35 – Omega; vgl. auch *Becker* in Schwarze AEUV Art. 36 Rn. 39; *Kingreen* in Calliess/Ruffert AEUV Art. 36 Rn. 218.

366 So wohl auch die Kommission, vgl. COM(2020), 112 final, Annex 2, S. 4.

367 Vgl. COM(2020), 112 final, S. 3 f., Annex 2.

368 DurchführungsVO (EU) 2020/402 (ABl. 2020 L 077I, 1, zul. geänd. durch DurchführungsVO (EU) 2020/426, ABl. 2020 L 84I, 1); näher *Mögele* EuZW 2020, 297 (298).

369 Anordnung v. 19.3.2020 (BAnz AT 19.3.2020 B11); vgl. dazu auch BT-Drs. 19/19277, 6.

370 BT-Drs. 19/18111, 21.

371 So *Rixen* NJW 2020, 1097 (1102 Fn. 73).

372 Vgl. hierzu näher *Gassner/Ponader* COVuR 2020, 465 (465 ff.).

373 BT-Drs. 19/18111, 21.

ren Organisation mag zwar bei den Mitgliedstaaten liegen,[374] doch erstreckt sie sich nicht auf die unionale Regulierung des Marktzugangs von Gesundheitsprodukten, solange damit kein Zwang zur Umgestaltung der nationalen Gesundheitssysteme verbunden ist.[375] Dass auf die **Notstandsklausel** des Art. 347 AEUV mit ihrem bewusst scharf abgegrenzten und daher eng auszulegenden[376] Sondertatbestand „einer schwerwiegenden innerstaatlichen Störung der öffentlichen Ordnung" zum Schutz der Gesundheit rekurriert wird,[377] um Ausnahmen vom EU-Sekundärrecht zu legitimieren, spricht für sich selbst: Vorübergehende Versorgungskrisen stellen offensichtlich die verfassungsmäßige Ordnung eines Staates nicht grundsätzlich in Frage und werden daher von Art. 347 AEUV nicht erfasst.[378] Zudem darf auf die Notstandsklausel wegen ihres Ultima-Ratio-Charakters nach zutreffender Ansicht im – hier eröffneten – Anwendungsbereich der Grundfreiheiten (→ Rn. 97) nicht zurückgegriffen werden.[379] Auch die pauschale Bezugnahme auf die bestehenden sekundärrechtlichen Öffnungsklauseln für Medizinprodukte (Art. 59 Abs. 1, 97 und 98 VO (EU) 2017/745) erscheint zweifelhaft. Die – ohnehin erst ab 26.5.2021[380] geltenden – Art. 97 und 98 VO (EU) 2017/745 eignen sich schon nach ihrem klaren Wortlaut nicht dazu, die Befugnis nach § 5 Abs. 2 S. 1 Nr. 4 lit. a und b IfSG unionsrechtlich zu legitimieren.[381] Die seit 20.4.2020 geltende[382] „nationale Ausnahmeregelung"[383] des Art. 59 Abs. 1 VO (EU) 2017/745 erlaubt es, von der Durchführung eines Konformitätsbewertungsverfahrens iSv Art. 52 VO (EU) 2017/74 abzusehen und **Sonderzulassungen** hinsichtlich „eines spezifischen Produkts" zu erteilen (näher zur deutschen Anpassungsgesetzgebung *Böck* in → § 7 Rn. 22 ff.). Allerdings kommt es bei einem Pandemie-Ausbruch, wie auch die Kommission klargestellt hat, maßgeblich darauf an, dass „Medizinprodukte, die einen adäquaten Schutz gewährleisten, für jene Menschen, die diese am dringendsten benötigen, rasch verfügbar werden."[384] Mit Sinn und Zweck von Art. 59 Abs. 1 VO (EU) 2017/745 dürfte es also schwerlich vereinbar sein, wenn in Fällen dringlichen und massenhaften Bedarfs nicht auch Sonderzulassungen für Produktgruppen einzelner oder mehrerer Hersteller erteilt werden könnten.[385] Vor dem Hintergrund der Sperrwirkung von Art. 2 Abs. 2 S. 2 AEUV (→ Rn. 83) ist damit aber zugleich auch die Grenze des Handlungsspielraums markiert, der dem deutschen Gesetzgeber unter dem unional determinierten Regime des Medizinprodukterechts eingeräumt ist. Im Gegenzug verpflichtet die Solidaritätsklausel des Art. 222 Abs. 1 S. 2 lit. b AEUV die EU dazu, die Mitgliedstaaten in Krisenzeiten durch effektive Marktzugangsregelungen zu unterstützen.[386]

374 *Schmidt am Busch* in Grabitz/Hilf/Nettesheim AEUV Art. 168 Rn. 63.

375 *Schmidt am Busch* in Grabitz/Hilf/Nettesheim AEUV Art. 168 Rn. 82.

376 Vgl. nur *Karpenstein* in Schwarze AEUV Art. 347 Rn. 1.

377 BT-Drs. 19/18111, 21.

378 Vgl. *Calliess* in Calliess/Ruffert AEUV Art. 347 Rn. 4; *Karpenstein* in Schwarze AEUV Art. 347 Rn. 4.

379 *Karpenstein* in Schwarze AEUV Art. 347 Rn. 12.

380 Art. 123 Abs. 2 VO (EU) 2017/745 (ABl. 2017 L 117, 1; ber. ABl. 2019 L 117, 9, ABl. 2019 L 334, 165, zul. geänd. durch VO (EU) 2020/561, ABl. 2020 L 130, 18). Verordnungen nach § 5 Abs. 2 IfSG treten gemäß § 5 Abs. 4 S. 1 IfSG bei Feststellung der Aufhebung der epidemischen Lage von nationaler Tragweite außer Kraft (näher *Kluckert* in → § 2 Rn. 131 und *Zumdick* in → § 8 Rn. 27, 57, 93).

381 Hierzu *Gassner/Ponader* COVuR 2020, 465 (466). Dasselbe gilt für die noch bis 25.5.2021 anwendbaren Bestimmungen Art. 9 a RL 90/385/EWG (ABl. 1990 L 189, 17, zul. geänd. durch RL 2007/47/EG, ABl. 2007 L 247, 21) und Art. 11 Abs. 13, Art. 14 a RL 93/42/EWG (ABl. 1993 L 169, 1, zul. geänd. durch RL 2007/47/EG, ABl. 2007 L 247, 21).

382 Art. 123 Abs. 3 lit. j VO (EU) 2017/745.

383 EG 7 VO (EU) 2020/561 (ABl. 2020 L 130, 18).

384 EG 2 Empfehlung (EU) 2020/403 (ABl. 2020 L 79I, 1).

385 So im Ergebnis auch *Willhöft/Schwind* MPR 2020, 46 (51); vgl. in diesem Sinne auch BT-Drs. 19/15620, 123.

386 *Gassner/Ponader* COVuR 2020, 465 (468); vgl. auch *Vedder*, Europas Recht, SZ, 10.6.2020, abrufbar unter https://ogy.de/lj7l.

101 Untergeordnet wurde der nationale Infektionsschutz einem gemeinsamen Vorgehen der Mitgliedstaaten bei der Impfstoffbeschaffung.[387] So einigten sich die Regierungschefs Anfang Juni 2020 darauf, die Kommission mit dem Abschluss von Vorverträgen (Advance Purchase Agreements, APAs) mit den einzelnen Impfstoffherstellern zu betrauen.[388] Die Teilnahme der Mitgliedstaaten an diesen Verträgen bleibt freiwillig.[389] Ebenso wie bereits bei der gemeinsamen Beschaffung von Schutzausrüstungen (→ Rn. 83) und des Arzneimittels Remdesivir[390] hat die Kommission die Verträge geschlossen. Dieses umfangreiche Tätigwerden der Kommission stützt sich auf Art. 4 Abs. 5 lit. b der Verordnung zum Emergency Support Instrument (ESI)[391] und stellt rechtlich gesehen eine Soforthilfemaßnahme der Kommission für die Mitgliedstaaten dar. Das Vorgehen der Kommission bei der Beschaffung von Impfstoffen wurde ua vom Europäischen Parlaments[392] kritisiert. Dieser Kritik trug die Kommission durch erneute Verhandlungen mit den Herstellern Rechnung. Zudem erließ sie eine Durchführungsverordnung, die ein Genehmigungserfordernis für den Export entsprechender Impfstoffe und bestimmter Vorprodukte enthält, um dadurch sicherzustellen, dass die Lieferzusagen weitestgehend eingehalten werden.[393] Darüber hinaus hat die Kommission am 17.2.2021 insbesondere mit Blick auf die Bedrohung durch COVID-19-Varianten eine Reihe von Maßnahmen im Rahmen eines Plans zur Vorsorge gegen biologische Gefahren (HERA Incubator) ergriffen.[394] So soll mit dem „EU-Fab"-Projekt ein europaweites Netz von Produktionskapazitäten für Impfstoffe und Arzneimittel geschaffen werden, das im Krisenfall von einzelnen oder mehreren Nutzern sowie für einzelne oder mehrere Technologien genutzt werden kann. Langfristig soll das Projekt zu einem wichtigen Bestandteil einer künftigen Europäischen Behörde für die Krisenvorsorge und -reaktion bei gesundheitlichen Notlagen (HERA) (→ Rn. 88) werden. Ferner wird ein Netz für klinische Prüfungen zu COVID-19 (VACCELERATE) eingerichtet, an dem 16 EU-Mitgliedstaaten und fünf assoziierte Länder, darunter die Schweiz und Israel, beteiligt sind, um Daten auszutauschen und schrittweise auch Kinder und junge Erwachsene in klinische Prüfungen einzubeziehen. Abschließend bleibt anzumerken, dass die EU und ihre Mitgliedstaaten im September 2020 der von der Impfallianz Gavi verwalteten COVAX-Facility (→ Rn. 73 ff.) beigetreten sind und diese in erheblichem Umfang finanziell unterstützen.[395]

2. Europarat und Infektionsschutz

a) Einleitung

102 Der Europarat ist eine am 5.5.1949 durch den Vertrag von London gegründete europäische internationale Organisation. Ihm gehören gegenwärtig 47 Staaten an. Die Bundesrepublik Deutschland ist seit 13.7.1950 assoziiertes Mitglied und seit 2.5.1951 Vollmit-

387 Vgl. COM(2020) 245 final, S. 3.
388 C(2020) 4192 final.
389 Vgl. BT-PlPr. 19/191, B-C.
390 Kommission, IP/20/1416 v. 29.7.2020, abrufbar unter https://ogy.de/bq70.
391 VO (EU) 2020/521 (ABl. 2020 L 117, 3).
392 Europäisches Parlament, Pressemitteilung v. 12.1.2021, abrufbar unter https://ogy.de/kfpl.
393 DurchführungsVO (EU) 2021/111, ABl. 2021 L 31I, 1; Kommission, IP/21/307 v. 29.1.2021, abrufbar unter https://ogy.de/q3fq. Die ursprüngliche Einbeziehung Nordirlands in den Mechanismus sorgte im Post-Brexit-Kontext für nachhaltige Irritationen, vgl. *N.N.*, Nordirland wirft EU „Akt der Feindschaft" vor, FAZ v. 29.1.2021, abrufbar unter ogy.de/3ey3. Die Exportbeschränkungen wurden auch von der WHO kritisiert, vgl. *N.N.*, Coronavirus: WHO criticises EU over vaccine export controls, BBC News, 30.1.2021, abrufbar unter ogy.de/3176.
394 COM(2021) 78 final; Kommission, IP/21/641 v. 17.2.2021, abrufbar unter https://ogy.de/05as; QANDA/21/642 v. 17.2.2021, abrufbar unter https://ogy.de/elun.
395 Kommission, IP/21/690 v. 19.2.2021, abrufbar unter https://ogy.de/ys4 q.

glied des Europarats.[396] Mit der von ihm ausgearbeiteten Europäischen Menschenrechtskonvention (EMRK) hat der Europarat das bis heute am weitesten entwickelte überstaatliche Menschenrechtsschutzsystem der Welt geschaffen.[397] Im infektionsschutzrechtlichen Kontext ist zu beachten, dass Zwangsimpfungen nach der Rechtsprechung des Europäischen Gerichtshofs für Menschenrechte (EGMR) als eine Form unfreiwilliger medizinischer Behandlung einen Eingriff in das Recht auf die Achtung des Privatlebens (Art. 8 Abs. 1 EMRK) darstellen.[398] Ob und inwieweit sie nach Art. 8 Abs. 2 EMRK gerechtfertigt werden können, hat der Gerichtshof noch nicht geklärt.[399] Da sich der Gewährleistungsumfang der EMRK und ihrer Zusatzprotokolle auf die bürgerlichen und politischen Rechte beschränkt, umfasst er kein Recht auf Gesundheit. Diese **Lücke soll** die **Europäische Sozialcharta** (ESC) schließen.[400] Sie wurde als völkerrechtlicher Vertrag am 18.1.1961 unterzeichnet und trat (auch) für die Bundesrepublik Deutschland am 26.2.1965 in Kraft.[401]

Die Vertragsparteien konnten sich bei der Ratifikation entscheiden, in welchem Umfang 103
sie die Gewährleistungen der ESC als bindend akzeptieren. Zu der Mindestanzahl der bindenden Verpflichtungen gehören fünf der sieben Artikel, die zu den Kerngewährleistungen gezählt werden, sowie zehn weitere Artikel oder nummerierte Absätze (Art. 20 ESC). Deutschland hat darüber hinaus auch das **Recht auf Schutz der Gesundheit** (Art. 11 ESC), als bindend anerkannt.[402] Mit der Bindung der Vertragsparteien an die ESC ist noch keine Aussage darüber getroffen, ob sie auch im nationalen Recht unmittelbare Geltung beanspruchen kann. Die deutschen Gerichte haben entschieden, dass die ESC keine unmittelbaren Rechte einzelner Bürger begründet und keine unmittelbaren Auswirkungen auf den Bestand nationaler Rechtsvorschriften hat. Sie kann aber – ebenso wie andere vergleichbare über- oder zwischenstaatliche Normen – als **Auslegungshilfe** bezüglich des Inhalts und der Reichweite von Rechten herangezogen werden.[403]

Der aus 15 unabhängigen Experten bestehende **Europäische Ausschuss für soziale Rechte** (European Committee of Social Rights, ECSR) hat die Aufgabe, anhand von jährli- 104
chen Staatenberichten nach rechtlichen Kriterien zu überprüfen, ob die Vertragsstaaten ihre Verpflichtungen aus der ESC erfüllen (Art. 25 ESC).[404]

b) Recht auf Schutz der Gesundheit

Die wirksame Ausübung des Rechts auf Schutz der Gesundheit soll nach Art. 11 Nr. 3 105
ESC ua dadurch gewährleistet werden, dass sich die Vertragsparteien verpflichten, entweder unmittelbar oder in Zusammenarbeit mit öffentlichen oder privaten Organisationen geeignete Maßnahmen zu ergreifen, die darauf abzielen, soweit wie möglich epidemischen, endemischen und anderen Krankheiten vorzubeugen. Infektionsschutz ist also Regelungsgegenstand der Bestimmung, wenn auch in sehr zurückhaltender Diktion.

396 Gesetz über den Beitritt der Bundesrepublik Deutschland zum Europarat v. 8.7.1950 (BGBl. II 263); Bekanntmachung über den Beitritt der Bundesrepublik Deutschland zum Europarat v. 16.9.1953 (BGBl. II 558).
397 Gesetz zur Europäischen Sozialcharta v. 18.10.1961 v. 19.9.1964 (BGBl. II 1261); Bekanntmachung über das Inkrafttreten der Europäischen Sozialcharta v. 9.8.1965 (BGBl. II 1122).
398 Vgl. EGMR, Salvetti/Italien, Nr. 42197/98, 9.7.2002; Solomakhin/Ukraine, Nr. 24429/03, 24.9.2012, Rn. 33.
399 *Vgl. dazu Katsoni* Völkerrechtsblog, 2.12.2020.
400 *Kadelbach* in Dörr/Grote/Marauhn Kap. 30 Rn. 96.
401 *Mayer* in Karpenstein/Mayer EMRK Einl. Rn. 1.
402 *Kadelbach* in Dörr/Grote/Marauhn Kap. 30 Rn. 97.
403 Vgl. zB BVerfG Kammerbeschl. v. 1.2.2018 – 1 BvR 1379/14, juris Rn. 14; BAG Urt. v. 20.11.2012 – 1 AZR 611/1, NZA 2013, 437 (446 Rn. 75); BVerwG Urt. v. 22.2.1995 – 1 C 11/94, NVwZ 1995, 1113 (1116); s. a. *Kadelbach* in Dörr/Grote/Marauhn Kap. 30 Rn. 98.
404 *Kadelbach* in Dörr/Grote/Marauhn Kap. 30 Rn. 101 f.

Ebenso wie auch andere Bestimmungen der Sozialcharta enthält Art. 11 ESC **kein Individualrecht**, sondern beschreibt nur eine allgemeine Verpflichtung für die Vertragsstaaten.[405]

106 In der **Kontrollpraxis** des ECSR (→ Rn. 104) spielt der Infektionsschutz durchaus eine gewisse Rolle, zB mit Blick auf Impfungen und epidemiologische Meldesysteme.[406] Die Tätigkeit des Ausschusses erschöpft sich aber nicht nur in der Prüfung von Staatenberichten. So hat sich der ECSR anlässlich der Corona-Pandemie mit einer Auslegungserklärung zu Art. 11 ESC zu Wort gemeldet. Danach begrüßt der Ausschuss ausdrücklich die zahlreichen Maßnahmen, die die Staaten in Reaktion auf COVID-19 erlassen haben. Zugleich mahnt er aber an, dass diese unter Berücksichtigung des aktuellen wissenschaftlichen Erkenntnisstands und in Übereinstimmung mit den einschlägigen Menschenrechtsnormen entwickelt und umgesetzt werden müssen.[407]

IV. Globale Gesundheitspolitik – Anspruch und Verpflichtung

107 Weltweiter Multilateralismus ist essentiell für effektiven internationalen Infektionsschutz.[408] Die Prävention von Pandemien ist deshalb auch ein Schwerpunkt der in Deutschland schon seit dem G8-Gipfel 2007 verstärkt verfolgten[409] Strategie einer globalen Gesundheitspolitik.[410] Die damit einhergehende Unterstützung der WHO[411] ist Ausdruck der besonderen internationalen **Verantwortung** Deutschlands, wie sie nicht zuletzt in der Völkerrechtsfreundlichkeit des Grundgesetzes[412] aufscheint. Diesen Weg gilt es konsequent weiterzuverfolgen, um Gesundheitsnationalismen zu wehren, die – wie gerade in jüngerer Zeit vielfach zu beobachten (→ Rn. 56) – bei Pandemien aufzuflackern pflegen.[413] Denn es ist deutsche Staatsräson, aber auch unionale Verpflichtung (vgl. Art. 21 Abs. 1 EUV),[414] eine multilaterale und freiheitliche, auf die Würde eines jeden Menschen ausgerichtete Weltgesundheitsordnung zu fördern.[415]

---

405 Vgl. *Kadelbach* in Dörr/Grote/Marauhn Kap. 6 Rn. 93.

406 ESCR, Conclusions 2017 – Austria – Article 11–3, abrufbar unter https://ogy.de/jdki. Deutschland hat sich einer Beurteilung durch die Nichtvorlage der relevanten Informationen für den Referenzzeitraum v. 1.1.2012 bis 31.12.2015 entzogen, vgl. Conclusions XXI-2 – Germany – Article 11–3, abrufbar unter https://ogy.de/1pze.

407 ESCR, Statement of interpretation on the right to protection of health in times of pandemic, 21.4.2020, S. 3, abrufbar unter https://ogy.de/wpoz.

408 Auswärtiges Amt, Gemeinsame Erklärung der Allianz für den Multilateralismus, Pressemitteilung v. 16.4.2020, abrufbar unter https://ogy.de/79se: „Die Covid-19-Pandemie ist ein Weckruf für den Multilateralismus."

409 Vgl. iE zu den zahlreichen Aktivitäten *Kickbusch/Franz/Holzscheiter/Hunger/Jahn/Razum/Schmidt* The Lancet 390 (2017), 898 ff.

410 Vgl. Koalitionsvertrag zwischen CDU, CSU und SPD. Ein neuer Aufbruch für Europa – Eine neue Dynamik für Deutschland – Ein neuer Zusammenhalt für unser Land, 7.2.2018, S. 101, abrufbar unter https://ogy.de/n4yt; vgl. auch BT-Drs. 19/18618, 5 f.

411 Ebd.: „Außerdem gilt es, die WHO zu stärken, indem wir auch den Reformprozess in der WHO unterstützen."

412 Zuletzt dazu etwa *Reiling* ZaöRV 2018, 311 (316 f.).

413 Einen Überblick und eine kurze Bewertung der außenpolitischen Konsequenzen der COVID-19-Pandemie gibt das Europäische Parlament, P9_TA-PROV(2020)0322, abrufbar unter https://ogy.de/3nce; eingehend zum ungarischen Corona-Ermächtigungsgesetz *Küpper* WiRO 2020, 129 (129 ff.).

414 Exemplarisch hierfür steht der von Europäischer Kommission und WHO im September 2020 gegründete Hochrangige Förderrat für engere globale Zusammenarbeit (High Level Facilitation Council), Kommission, IP/20/1581 v. 10.9.2020, abrufbar unter https://ogy.de/9qxe.

415 So zu Recht *von Bogdandy/Villarreal*, Es geht nicht ohne die WHO, FAZ v. 23.4.2020, S. 6.

§ 2 Verfassungs- und verwaltungsrechtliche Grundlagen des Infektionsschutzrechts

Literatur: *von Armin*, Finanzzuständigkeit, in Isensee/Kirchhof (Hrsg.), Handbuch des Staatsrechts der Bundesrepublik Deutschland, Bd. VI, 3. Aufl. 2008, § 138; *Bals/Kuhn*, SARS-CoV-2 – das „Coronavirus" unter rechtlichen Gesichtspunkten, GesR 2020, 213; *Bauer*, Der Gesetzesvorbehalt im Subventionsrecht, DÖV 1983, 53; *Böckenförde*, Der verdrängte Ausnahmezustand – Zum Handeln der Staatsgewalt in außergewöhnlicher Lage, NJW 1978, 1882; *Böckenförde*, Organisationsgewalt und Gesetzesvorbehalt, NJW 1999, 1235; *Brocker*, Exekutive versus parlamentarische Normsetzung in der Corona-Pandemie – Sind verordnungsvertretende Gesetze nach Art. 80 IV GG geeignet, den Parlamentsvorbehalt in der Krise zu gewährleisten?, NVwZ 2020, 1485; *Brunner*, Vom Wert des Zitiergebots in Krisenzeiten, DÖV 2020, 925; *Cremer*, Art. 80 Abs. 1 S. 2 GG und Parlamentsvorbehalt – Dogmatische Unstimmigkeiten in der Rechtsprechung des Bundesverfassungsgerichts, AöR 122 (1997), 248; *Dreesman/Benzler*, Surveillance übertragbarer Krankheiten auf der Grundlage des Infektionsschutzgesetzes in Deutschland durch den öffentlichen Gesundheitsdienst, Bundesgesundheitsbl. 2005, 979; *Dreier* (Hrsg.), Grundgesetz – Kommentar, 3. Aufl., Bd. I (2013), Bd. II (2015), Bd. III (2018); *Eckart/Winkelmüller* (Hrsg.), BeckOK Infektionsschutzrecht (Stand: 2. Edition 1.12.2020); *Ehlers/Fehling/Pünder* (Hrsg.), Besonderes Verwaltungsrecht, Bd. 2: Planungs-, Bau- und Straßenrecht, Umweltrecht, Gesundheitsrecht, Medien- und Informationsrecht, 4. Aufl. 2020; *Eibenstein*, Die (vertane) Chance § 28 a IfSG, COVuR 2020, 856; *Engel*, Öffentlichkeitsarbeit, in Isensee/Kirchhof (Hrsg.), Handbuch des Staatsrechts der Bundesrepublik Deutschland, Bd. IV, 3. Aufl. 2006, § 80; *Engels*, Infektionsschutzrecht als Gefahrenabwehrrecht?, DÖV 2014, 464; *Erdle*, Infektionsschutzgesetz – Kommentar, 7. Aufl. 2020; *Esser/Tsambikakis* (Hrsg.), Pandemiestrafrecht, 2020; *Gassner/Ponader*, Nationaler Versorgungsbedarf und unionales Kompetenzgefüge, COVuR 2020, 465; *Frenz*, Zweiter Lockdown und Verfassungsrecht, COVuR 2020, 794; *Frenz*, Harter Lockdown – grundrechtlich geboten und subjektiv einforderbar, COVuR 2020, 2; *Gerhardt*, Infektionsschutzgesetz – Kommentar, 4. Aufl. 2020; *Glaab/Schwedler*, Besuchseinschränkungen in Pflegeheimen zur Bekämpfung des Coronavirus, NJW 2020, 1702; *Grüner*, Biologische Katastrophen – Eine Herausforderung an den Rechtsstaat, 2017; *Giesberts/Gayger/Weyand*, COVID-19 – Hoheitliche Befugnisse, Rechte Betroffener und staatliche Hilfen, NVwZ 2020, 417; *Guckelberger*, Ausgangsbeschränkungen und Kontaktverbote anlässlich der Corona-Pandemie, NVwZ-Extra 2020 Nr. 9 a; *Guckelberger*, Flexiblere Abänderung von Rechtsvorschriften aufgrund der Corona-Pandemie?, DVBl 2020, 1441; *Gusy*, Gesetzesvorbehalte im Grundgesetz, JA 2002, 610; *Haas*, Prinzipien und Aspekte der Seuchenalarmplanung am Beispiel der Influenzapandemieplanung, Bundesgesundheitsbl. 2005, 1020; *Hamm*, Zwischen Effektivität und Normenbestimmtheit – Kritische Anmerkungen zur Ermächtigungsnorm der §§ 32 Abs. 1, 28 Abs. 1 IfSG bei Vorliegen einer epidemischen Lage nationalen Ausmaßes, COVuR 2020, 743; *Hamouda*, Die Rolle des Bundes bei der Verhütung und Bekämpfung von Infektionskrankheiten – Strukturen, Zuständigkeiten und Aufgaben, Bundesgesundheitsbl. 2005, 963; *Hanssen*, Über Seuchenbekämpfung in Kiel im 18. Jahrhundert, Archiv für die Geschichte der Medizin, Bd. 17 (1925), 171; *Hauri/Uphoff*, Aufgaben, Prinzipien und Methoden der angewandten/aufsuchenden Infektionsepidemiologie, Bundesgesundheitsbl. 2005, 1013; *Herbst*, Gesetzgebungskompetenzen im Bundesstaat – eine Rekonstruktion der Rechtsprechung des Bundesverfassungsgerichts, 2014; *Hermes*, Das Grundrecht auf Schutz von Leben und Gesundheit – Schutzpflicht und Schutzanspruch aus Art. 2 Abs. 2 Satz 1 GG, 1987; *Hess*, Seuchengesetzgebung in den deutschen Staaten und im Kaiserreich vom ausgehenden 18. Jahrhundert bis zum Reichsseuchengesetz 1900, 2009; *Hesse*, Grundzüge des Verfassungsrechts der Bundesrepublik Deutschland, 20. Aufl. 1995; *Hofmann*, Souverän ist, wer über den Ausnahmezustand entscheidet, Der Staat 44 (2005), 171; *Horsch*, Anpassung des nationalen Rechts an das Gemeinschaftsrecht – Wie weit darf die Ermächtigung der Exekutive gehen?, ZRP 2009, 48; *Ipsen*, Deutschland im Ausnahmezustand – Grund und Grenzen administrativer Maßnahmen der Pandemie-Bekämpfung, DVBl 2020, 1037; *Huster/Kingreen* (Hrsg.), Handbuch Infektionsschutzrecht, 2021; *Isensee*, Staatsaufgaben, in Isensee/Kirchhof (Hrsg.), Handbuch des Staatsrechts der Bundesrepublik Deutschland, Bd. IV, 3. Aufl. 2006, § 73; *Isensee*, Das Grundrecht als Abwehrrecht und als staatliche Schutzpflicht, in Isensee/Kirchhof (Hrsg.), Handbuch des Staatsrechts der Bundesrepublik Deutschland, Bd. IX, 3. Aufl. 2011, § 191; *Jarass/Pieroth*, Grundgesetz – Kommentar, 16. Aufl. 2020; *Jestaedt*, Demokratieprinzip und Kondominialverwaltung, 1993; *Jochum*, Das Bundeskartellamt auf dem Weg nach Europa, VerwArch. 94 (2003), 513; *Katzenmeier*, Grundrechte in Zeiten von Corona – Zugleich Anmerkung zu BVerfG, Beschl. v. 7. 4. 2020 – 1 BvR 755/20, MedR 2020, 461; *Kersten/Rixen*, Der Verfassungsstaat in der Corona-Krise, 2020; *Kießling* (Hrsg.), Infektionsschutzgesetz – Kommentar, 2020; *Kießling*, Stellungnahme v. 10.11.2020 zum Dritten Bevölkerungsschutzgesetz (BT-Drs. 19/23944), Gesundheitsausschuss-Drs. 19(14)246(7); *Kingreen*, Stellungnahme v. 7.5.2020 zum Entwurf eines Zweiten Gesetzes zum Schutz der Bevölkerung bei einer epidemischen Lage von nationaler Tragweite (BT-Drs. 19/18967), Gesundheitsausschuss-Drs. 19(14)160(27), abrufbar unter https://www.bundestag.de/resource/blob/694844/0b2af0e61b45ddbfe1311c78557720ee/19_14_0160-27-_ESV-Prof-Dr-Kingreen_2-Bevoelk-schutzg--data.pdf; *Kingreen/Poscher*, Polizei- und Ordnungsrecht, 11. Aufl. 2020; *Kingreen/Poscher*, Grundrechte/Staatsrecht II, 36. Aufl. 2020; *Kirchner*, Die gesetzlichen Grundlagen der Seuchenbekämpfung im Deutschen Reiche unter besonderer Berücksichtigung Preußens, 1907; *Klafki*, Risiko und Recht – Risiken und Katastrophen im Spannungsfeld von Effektivität, demokratischer Legitimation und rechtsstaatlichen Grundsätzen am Beispiel von Pandemien, 2017; *Klafki*, Stellungnahme v. 10.11.2020 zum Dritten Bevölkerungsschutzgesetz (BT-Drs. 19/23944), Gesundheitsausschuss-Drs. 19(14)246(9); *Klafki*, Mehr Parlament wagen? – Die Entdeckung des Art. 80 IV GG in der Corona-Pandemie, NVwZ 2020, 1718; *Kloepfer* (Hrsg.), Pandemien als Herausforderung für die Rechtsordnung, 2011; *Kloepfer*, Handbuch des Katastrophenrechts, 2015; *Kloepfer/Deye*, Pandemien als Herausforderung für die Rechtsordnung, DVBl 2009, 1208; *Kluckert*, Gerichtlicher Drittrechtsschutz und funktionelle Zuständigkeit des Bundeswirtschaftsministers bei der Ministererlaubnis nach § 42 GWB – Insbesondere zur Beachtlichkeit innerbehördlicher Zuständigkeiten im Verwaltungsrechtsverhältnis, DÖV 2019, 551; *Kluckert*, Die Gewichtung von öffentlichen Interessen im Rahmen der Verhältnismäßigkeitsprüfung, JuS 2015, 116; *Kluckert*, Zuwendung und Gesetz, 2018; *Kluckert*, Schriftliche Stellungnahme v. 8.5.2020 zum Entwurf eines Zweiten Gesetzes zum Schutz der Bevölkerung bei einer epidemischen Lage von nationaler Tragweite (BT-Drs. 19/18967), Gesundheitsausschuss-Drs. 19(14)160(29), abrufbar unter https://www.bundestag.de/resource/blob/695484/56dcbcad06d277cfc3d601b5e4306ccf/19_14_0160-29-_ESV-Prof-Dr-Kluckert_2-Bevoelk-schutzg--data.pdf; *Kluckert*, Die Generalklausel des § 28 Abs. 1 Satz 1 IfSG im Spannungsverhältnis zwischen epidemiologischer Fachlichkeit, rechtsstaatlicher Machtbegrenzung und demokratischer Verantwortlichkeit, DVBl 2021, 96 *Knack/Henneke* (Hrsg.), Verwaltungsverfahrensgesetz – Kommentar, 11. Aufl. 2019; *Knufmann-Happe*, Pandemiebekämpfung in der deutschen Gesundheitspolitik, in Kloepfer (Hrsg.), Pandemien als Herausforderung für die Rechtsordnung, 2011, S. 21; *Möstl/Kugelmann* (Hrsg.), BeckOK Polizei- und Ordnungsrecht Nordrhein-Westfalen (Stand: 16. Edition 1.1.2020); *Kurp*, Notstand und Krisenbewältigung, COVuR 2021, 6; *Lehmann-Brauns*, Die Zustimmungsbedürftigkeit von Bundesgesetzen nach der Föderalismusreform, 2008; *Lepa*, Verfassungsrechtliche Probleme der Rechtsetzung durch Rechtsverordnung, AöR 195 (1980), 337; *Lutz*, Infektionsschutzgesetz – Kommentar, 2. Aufl. 2020; *Lindner*, Öffentliches Recht, in: H. Schmidt (Hrsg.), COVID-19 – Rechtsfragen zur Corona-Krise, 2. Aufl. 2020, § 17; *von Mangoldt/Klein/Starck* (Hrsg.), Kommentar zum Grundgesetz, Bd. 2, Bd. 3, 7. Aufl. 2018; *Maunz/Dürig* (Begr.), Grundgesetz – Kommentar (Stand: 89. EL Oktober 2019); *Mayen*, Zur Verfassungsmäßigkeit der Befugnisse des Bundesministeriums für Gesundheit nach § 5 IfSG, NVwZ 2020, 828; *Mers*, Infektionsschutz im liberalen Rechtsstaat, 2019; *Merten/Pitschas*, Sozialverwaltung im Reformprozeß, 1997; *Meßling*, Gesetz zum Schutz der Bevölkerung bei einer epidemischen Lage von nationaler Tragweite vom 27.3.2020, NZS 2020, 321; *Merz*, Social distancing in Dortmund – coronabedingte Kontaktverbote unwirksam und damit bußgeldlos? Zugleich Anmerkung zu AG Dortmund COVuR 2020, 896, COVuR 2021, 14; *Müller-Franken*, Referendarexamensklausur – Öffentliches Recht: Frauenförderung im Subventionswesen, JuS 2005, 723; *von Münch/Kunig* (Hrsg.), Grundgesetz – Kommentar, Bd. 2, 7. Aufl. 2021; *Nierhaus*, Bestimmtheitsgebot und Delegationsverbot des Art. 80 Abs. 1 Satz 2 GG und der Gesetzesvorbehalt der Wesentlichkeitstheorie, in Burmeister (Hrsg.), Verfassungsstaatlichkeit (Festschrift Stern), 1997, S. 717; *Oebbecke*, Verwaltungszuständigkeit, in Isensee/Kirchhof (Hrsg.), Handbuch des Staatsrechts der Bundesrepublik Deutschland, Bd. VI, 3. Aufl. 2008, § 136; *Ohler*, Der institutionelle Vorbehalt des Gesetzes, AöR 131 (2006), 336; *Ossenbühl*, Rechtsverordnung, in Isensee/Kirchhof (Hrsg.), Handbuch des Staatsrechts der Bundesrepublik Deutschland, Bd. V, 3. Aufl. 2007, § 103; *Papier*, Freiheitsrechte in Zeiten der Pandemie, DRiZ 2020, 180; *Papier/Möller*, Das Bestimmtheitsgebot und seine Durchsetzung, AöR 122 (1997), 177; *Ritgen*, Die Rolle der Landkreise in der Corona-Pandemie, Der Landkreis 2020, 127; *Ritgen*, Rechtsetzung im Schatten der Corona-Pandemie – Das Gesetz zum Schutz der Bevölkerung bei einer epidemischen Lage von nationaler Tragweite, Der Landkreis 2020, 137; *Rixen*, Befugnisse und Grenzen des staatlichen Infektionsschutzrechts, in Kloepfer (Hrsg.), Pandemien als Herausforderung für die Rechtsordnung, 2011, S. 67; *Rixen*, Gesundheitsschutz in der Coronavirus-Krise – Die (Neu-)Regelungen des Infektionsschutzgesetzes, NJW 2020, 1097; *Rogmann*, Die Bindungswirkung von Verwaltungsvorschriften – Zur Rechtslage insbesondere im Wirtschafts-, Umwelt- und Steuerrecht, 1998; *Sachs* (Hrsg.), Grundgesetz – Kommentar, 8. Aufl. 2018; *Sangs*, Das Dritte Gesetz zum Schutz der Bevölkerung bei einer epidemischen Lage von nationaler Tragweite und Gesetzgebung während der Pandemie, NVwZ 2020, 1780; *Schaks*, Die Wesensgehaltsgarantie, Art. 19 II GG, JuS 2015, 407; *Schewerda*, Die Verteilung der Verwaltungskompetenzen zwischen Bund und Ländern nach dem Grundgesetz, 2008; *W.-R. Schenke*, Rechtsfragen der Bekämpfung von AIDS, DVBl 1988, 165; *Schmidt-Bleibtreu/Hofmann/Henneke* (Hrsg.), Grundgesetz – Kommentar, 14. Aufl. 2017; *C. Schmitt*, Politische Theologie, 9. Aufl. 2009 (Neusatz auf Basis der 1934 erschienenen 2. Aufl.); *F. Schmitt*, Die Verfassungswidrigkeit der landesweiten Ausgangsverbote, NJW 2020, 1626; *Schneider*, Gesetzgebung, 3. Aufl. 2002; *Schoch* (Hrsg.), Besonderes Verwaltungsrecht, 2019; *Schröder*, Staatsrecht an den Grenzen des Rechtsstaates – Überlegungen zur Verteidigung des Rechtsstaates in außergewöhnlichen Lagen, AöR 103 (1978), 121; *Schwerdtfeger*, Krisengesetzgebung, 2018; *Seewald*, Zu den Voraussetzungen der Seuchenbekämpfung durch Blutuntersuchung und Zwangsinformation, NJW 1988, 2921; *Siegel*, Verwaltungsrecht im Krisenmodus, NVwZ 2020, 577; *Sinn*, Die Änderung gesetzlicher Regelungen durch einfache Rechtsverordnung – Zugleich ein Beitrag zur Bestimmung des Kernbereichs der gesetzgebenden Gewalt, 1970; *Sodan*, Infektionsschutzrecht, in Ehlers/Fehling/Pünder (Hrsg.), Besonderes Verwaltungsrecht, Bd. 2, 4. Aufl. 2020, § 56; *Sodan/Ziekow*, Grundkurs Öffentliches Recht, 9. Aufl. 2020; *Stach*, Die häusliche Quarantäne nach Ein- oder Rückreise aus dem Ausland, NJW 2021, 10; *von Steinau-Steinrück*, Die staatliche Verhütung und Bekämpfung von Infektionskrankheiten – Rechtliche Rahmenbedingungen, grundgesetzliche Schutzpflichten und Eingriffsgrenzen, 2013; *Stelkens/Bonk/Sachs* (Hrsg.), Verwaltungsverfahrensgesetz – Kommentar, 9. Aufl. 2018; *Tappe/Wernsmann*, Öffentliches Finanzrecht, 2. Aufl. 2019; *Taupitz*, Infektionsschutzrechtliche „Triage“ – Wer darf überleben? – Zur Verteilung knapper medizinischer Güter aus juristischer Sicht, in Kloepfer (Hrsg.), Pandemien als Herausforderung für die Rechtsordnung, 2011, S. 103; *Trute*, Katastrophenschutz – Besichtigung eines verdrängten Rechtsgebiets, KritV 2005, 342; *Trute*, Pandemien als potentiell globale Katastrophe, GSZ 2018, 125; *Trute*, Ungewissheit in der Pandemie als Herausforderung, GSZ 2020, 93; *Trute*, Rechtsprechung zum Infektionsschutzrecht in der SARS-COV-2-Welt, jM 2020, 291; *Uhle*, Parlament und Rechtsverordnung, 1999; *Volkmann*, Heraus aus dem Verordnungsregime – Die erheblichen Grundrechtseingriffe der Corona-Krise bedürfen endlich einer tragfähigen Rechtsgrundlage, NJW 2020, 3153; *Wahl/Masing*, Schutz durch Eingriff, JZ 1990, 553; *Walus*, Pandemie und Katastrophennotstand: Zuständigkeitsverteilung und Kompetenzmängel des Bundes, DÖV 2010, 127; *Wehr*, Bundespolizeigesetz – Kommentar, 2. Aufl. 2015; *Weißenberger*, Die Corona-Pandemie und das Strafrecht, insbesondere in Verbindung mit dem (neuen) IfSG, HRRS 2020, 166; *Wilke*, Bundesverfassungsgericht und Rechtsverordnungen, AöR 98 (1973), 196; *Wirtz/Andres/Gottschalk/Stark/Weber*, Rolle der Gesundheitsbehörden der Länder bei der Verhütung und Bekämpfung von Infektionskrankheiten – Aufgaben, Strukturen und Zuständigkeiten, Bundesgesundheitsbl. 2005, 971; *Wißmann*, Generalklauseln – Verwaltungsbefugnisse zwischen Gesetzmäßigkeit und offenen Normen, 2008; *Wißmann*, Stellungnahme v. 10.11.2020 zum Dritten Bevölkerungsschutzgesetz (BT-Drs. 19/23944), Gesundheitsausschuss-Drs. 19(14)246(12); *Wollenschläger*, Schriftliche Stellungnahme v. 11.5.2020 zum Entwurf eines Zweiten Gesetzes zum Schutz der Bevölkerung bei einer epidemischen Lage von nationaler Tragweite (BT-Drs. 19/18967), Gesundheitsausschuss-Drs. 19(14)160(31); *Würdinger*, Das Ziel der Gesetzesauslegung – ein juristischer Klassiker und Kernstreit der Methodenlehre, JuS 2016, 1; *E. Ziekow*, Die Verfassungsmäßigkeit von sogenannten „Ausgangssperren“ nach dem Bundesinfektionsschutzgesetz, DVBl 2020, 732.

I. Verfassungsrechtliche Grundlagen 1
1. Gesetzgebungs-, Verwaltungs- und Finanzierungskompetenzen auf dem Gebiet des Infektionsschutzes 1
a) Gesetzgebungskompetenz 1
aa) Art. 74 Abs. 1 Nr. 19 Var. 1 GG 1
bb) Kodifikationen 6
cc) Ergänzende Bundeskompetenzen 8
dd) Kompetenz der Länder für den Katastrophenschutz 10
ee) Landesnormen auf dem Gebiet des Infektionsschutzrechts 14
b) Verwaltungskompetenzen 17
aa) Landeseigene Verwaltung 18
bb) Bundeseigene Verwaltung (Art. 86 GG) 22
cc) Kooperation zwischen Bund und Ländern 43
dd) Amtshilfe: §§ 4, 36 Abs. 11 IfSG............. 46a
c) Finanzierungskompetenz 47
2. Die grundrechtliche Schutzpflicht zugunsten der Rechtsgüter Leben und körperliche Unversehrtheit .. 49
a) Infektionskrankheiten/Pandemie 51
b) IfSG 53
c) Inhalt......................... 54
3. Abwägungsfähigkeit der Rechtsgüter Leben und körperliche Unversehrtheit 60
a) Grundrechtseingriffe.......... 63
b) Erfüllung von Schutzpflichten 68
aa) Eingriff in die Menschenwürde zum Schutz von Leben und Gesundheit ... 69
bb) Unterscheidung zwischen staatlicher Berechtigung und Verpflichtung 70
cc) Abwägungen bei der Erfüllung von Schutzpflichten 75
4. Verhütung und Bekämpfung von Infektionskrankheiten auf der Grundlage von Generalklauseln .. 80
a) Generalklausel, Rechtsstaat und Ausnahmezustand 85
b) § 28 Abs. 1 S. 1 IfSG und Bestimmtheitsgebot 88
aa) Tatbestand 89
bb) Verantwortlichkeit 90
cc) Rechtsfolge 93
dd) Verfassungsrechtliche Würdigung 96
c) Wesentlichkeitsvorbehalt zugunsten des Landesgesetzgebers 102
d) § 28 a IfSG 111e
5. Leistungsfähigkeit des Grundsatzes der Verhältnismäßigkeit als Kontrollmaßstab bei epidemischer Lage von nationaler Tragweite 112
a) Gewicht der verfolgten Gemeinwohlbelange 115
b) Einschätzungsspielräume 117
c) Angemessenheit............... 121
d) Ansatzpunkte 126
6. Verordnungsermächtigungen des § 5 Abs. 2 IfSG, insbes. Änderung von formellen Gesetzen durch Rechtsverordnungen............. 131
a) Verordnungsermächtigungen des § 5 Abs. 2 IfSG........... 132
b) Verfassungsrechtliche Problematik 137
c) Staatspraxis 138
d) Judikate 143
e) Verfassungsrechtliche Würdigung 147
f) Sachgebietsbezogene Ermächtigungen in Krisenlagen? 151
II. Verwaltungsrechtliche Grundlagen der Bekämpfungsmaßnahmen 159
1. Gefahrenabwehr................. 160
a) Konkrete und abstrakte Gefahren 164
b) Vorverlagerter Gefahrenbegriff? 166
c) Schadensprognose 172
d) Inanspruchnahme von Nichtstörern 175a
2. Die „notwendigen Schutzmaßnahmen“ im Spannungsverhältnis zwischen epidemiologischer Fachlichkeit, rechtsstaatlicher Machtbegrenzung und demokratischer Verantwortlichkeit 176
3. Verhältnis Standardmaßnahmen und Generalklausel 184
4. Reichweite der Handlungsform der Allgemeinverfügung 191
a) Materieller Allgemeinverfügungs- und formeller Rechtsverordnungsbegriff 193
b) Unschärfe des Einzelfallbegriffs und Zulässigkeit von „Einzelfallfiktionen“ nach § 35 S. 2 VwVfG............. 196
c) Grenzen der rechtlichen Fiktion von Einzelfällen 201
5. Rechtmäßigkeit von Quarantäneanordnungen 204
a) Richtervorbehalt 209
b) Zitiergebot 218

I. Verfassungsrechtliche Grundlagen

1. Gesetzgebungs-, Verwaltungs- und Finanzierungskompetenzen auf dem Gebiet des Infektionsschutzes

a) Gesetzgebungskompetenz

aa) Art. 74 Abs. 1 Nr. 19 Var. 1 GG

Das Infektionsschutzrecht ist Bestandteil der **konkurrierenden Gesetzgebungskompetenz** 1 des Bundes (Art. 72, 74 GG). Unter diese Kategorie von Bundeskompetenzen fallen gem. Art. 74 Abs. 1 Nr. 19 Var. 1 GG Maßnahmen gegen gemeingefährliche oder übertragbare Krankheiten bei Menschen und Tieren.

Unter Rückgriff auf die ständige Rechtsprechung des BSG wird unter einer **Krankheit** 2 jeder regelwidrige körperliche oder geistige Zustand verstanden, der ärztlicher Behandlung bedarf oder arbeitsunfähig macht, wobei der Betroffene in seinen Körperfunktionen beeinträchtigt sein oder die Abweichung vom Regelzustand entstellende Wirkung haben muss.[1] Im Zusammenhang mit Infektionskrankheiten ist der Begriff der **übertragbaren Krankheit** einschlägig. Als zutreffende einfachgesetzliche Definition des zugleich verfassungsrechtlichen Begriffs wird § 2 Nr. 3 IfSG angesehen,[2] wobei die auf Menschen beschränkte Definition des IfSG auf verfassungsrechtlicher Ebene um Tiere erweitert werden muss.[3] Danach ist unter einer übertragbaren Krankheit eine durch Krankheitserreger oder deren toxische Produkte, die unmittelbar oder mittelbar auf den Menschen (oder auf Tiere) übertragen werden, verursachte Krankheit zu verstehen. Übertragbare Krankheiten können zugleich **gemeingefährliche Krankheiten** sein, die ohne ansteckend sein zu müssen, jedenfalls zu schweren Gesundheitsbeeinträchtigungen oder zum Tod führen können und nicht nur vereinzelt auftreten[4] (zB Krebs). Bei übertragbaren Krankheiten ist auch eine „gewisse Schwere" zu verlangen,[5] die aber deutlich unterhalb der schweren Gesundheitsbeeinträchtigung anzusiedeln ist.

Art. 74 Abs. 1 Nr. 19 Var. 1 GG begründet die Gesetzgebungskompetenz des Bundes für 3 (normative) **Maßnahmen** gegen übertragbare (oder hier nicht weiter zu behandelnde gemeingefährliche) Krankheiten. Als Maßnahmen iS dieses Kompetenztitels werden die **Vorbeugung** (zB Vorsorgeuntersuchungen, Tests, Impfungen, Meldepflichten und Surveillance, → Rn. 27) und die **Bekämpfung** akuter Krankheiten, einschließlich der damit im Zusammenhang stehenden Vorsorge (zB durch Bevorratung[6] von Schutzausrüstung, antiviralen Arzneimitteln und Impfstoffen), Surveillance bzw. Ausbruchsuntersuchung, angesehen. Damit sind diejenigen Regelungen angesprochen, die die epidemiologisch relevante Verhinderung, Verringerung oder Unterbrechung der Krankheitsaus- und -weiterverbreitung und die Krankheitsauslöschung zum Gegenstand haben.

Die Praxis der Maßnahmen im Zusammenhang mit der Corona-Pandemie wirft die 4 Frage auf, ob mit der Bundeskompetenz für (normative) „Maßnahmen gegen übertragbare Krankheiten" auch ein weitergehender Zugriff des Bundesgesetzgebers zur Regelung von Problemlagen, die mit der **Bewältigung akuter Auswirkungen einer Pandemie**

1 Zur Rechtsprechung des BSG: BSG Urt. v. 15.3.2018 – B 3 KR 18/17 R BSGE 125, 189 Rn. 27 mwN Zur Auslegung des Krankheitsbegriffs des Art. 74 Abs. 1 Nr. 19 GG: *Oeter* in v. Mangoldt/Klein/Starck GG Art. 74 Rn. 135; *Wittreck* in Dreier GG Art. 74 Rn. 86.

2 Vgl. *Maunz* in Maunz/Dürig GG Art. 74 Rn. 212 (Lfg. 23).

3 *Mers*, Infektionsschutz im liberalen Rechtsstaat, 2019, S. 23 f.; *von Steinau-Steinrück*, Die staatliche Verhütung und Bekämpfung von Infektionskrankheiten, 2013, S. 60.

4 *Degenhart* in Sachs GG Art. 74 Rn. 84; *Maunz* in Maunz/Dürig GG Art. 74 Rn. 211 (Lfg. 23). Vgl. *Oeter* in v. Mangoldt/Klein/Starck GG Art. 74 Rn. 135, nach dem ansteckende Krankheiten nur unter den Begriff der übertragbaren Krankheit fallen.

5 *Degenhart* in Sachs GG Art. 74 Rn. 84; *Oeter* in v. Mangoldt/Klein/Starck GG Art. 74 Rn. 135; aA *von Steinau-Steinrück*, Die staatliche Verhütung und Bekämpfung von Infektionskrankheiten, 2013, S. 60 f.

6 Vgl. *Haas*, Bundesgesundheitsbl. 2005, 1020 (1024).

im Zusammenhang stehen, möglich ist. Dieser Zugriff betrifft vor allem das Gesundheitswesen (Sicherstellung der Versorgung im weitesten Sinne), aber auch viele andere gesellschaftliche[7] und soziale[8] Bereiche.

5 Der gemeingefährliche und übertragbare Krankheiten betreffende Titel ist in Art. 74 Abs. 1 Nr. 19 GG jedenfalls zusammen mit anderweitigen Titeln verortet, die keinen umfänglichen Zugriff des Bundesgesetzgebers auf das Gesundheitswesen erlauben.[9] **Krankenversorgung und -behandlung** sind von der Kompetenz aus Nr. 19 Var. 1 erfasst, soweit diesbezügliche Regelungen die Verhinderung, Verringerung oder Unterbrechung der Krankheitsaus- und -weiterverbreitung und die Krankheitsauslöschung betreffen (zB Hygienevorschriften). Dass Art, Ausmaß, Härte und Notwendigkeit von Bekämpfungsmaßnahmen ua davon abhängig sein können, wie leistungsfähig das Gesundheitswesen in Zeiten einer akuten Epidemie ist (zB Anzahl der Intensivbetten in Krankenhäusern), zieht die Sicherstellung der Versorgung nicht in den Kompetenztitel des Art. 74 Abs. 1 Nr. 19 Var. 1 GG.[10] Dass die Schutzrichtung des IfSG nicht auf den einzelnen Erkrankten geht,[11] ist Ausfluss dieser kompetenziellen Beschränkung. Verallgemeinernd ist festzustellen, dass Art. 74 Abs. 1 Nr. 19 Var. 1 GG kein umfassender Kompetenztitel für das gesamte Pandemiefolgenrecht ist.[12] Die kompetenzielle Beschränkung bzw. die aus ihr abzuleitende Schutzrichtung des IfSG sind bedeutsam für die Auslegung des § 28 Abs. 1 Satz 1 IfSG hinsichtlich der von dieser Generalklausel gedeckten Maßnahmen (→ Rn. 101). Bundesgesetzliche Regelungen zur Sicherstellung der Gesundheitsversorgung können aber von anderen Kompetenztiteln gedeckt sein (→ Rn. 8). Dies gilt gleichermaßen, wenn es um die Bewältigung von Pandemiefolgen im Bereich des **Zivil-, Insolvenz-, Straf-, Sozial- oder Parteienrechts** geht.

bb) Kodifikationen

6 Der Bundesgesetzgeber hat von seiner übertragbare Krankheiten betreffenden Normsetzungsbefugnis durch das **Infektionsschutzgesetz** (IfSG) v. 20.7.2000[13] Gebrauch gemacht. Diese als Art. 1 des Gesetzes zur Neuordnung seuchenrechtlicher Vorschriften (Seuchenrechtsneuordnungsgesetz) erlassene Reformkodifikation löste das frühere Gesetz zur Verhütung und Bekämpfung übertragbarer Krankheiten beim Menschen (**Bundes-Seuchengesetz**) v. 18.7.1961[14] ab, mit welchem wiederum das bis dahin fortgeltende Gesetz, betreffend die Bekämpfung gemeingefährlicher Krankheiten v. 30.6.1900[15] (**Reichs-Seuchengesetz**) ersetzt wurde.[16] Ferner sind hier das nach Art. 59 Abs. 2 S. 1 GG erlassene Zustimmungsgesetz zu den von den Mitgliedstaaten der WHO im Jahr

---

7 Vgl. bspw. das Gesetz zur Abmilderung der Folgen der COVID-19-Pandemie im Zivil-, Insolvenz- und Strafverfahrensrecht v. 27.3.2020 (BGBl. I 569), welches ua das COVID-19-Insolvenzaussetzungsgesetz (Art. 1) und das Gesetz über Maßnahmen im Gesellschafts-, Genossenschafts-, Vereins-, Stiftungs- und Wohnungseigentumsrecht zur Bekämpfung der Auswirkungen der COVID-19-Pandemie (Art. 2) enthält.

8 Vgl. bspw. das Gesetz für den erleichterten Zugang zu sozialer Sicherung und zum Einsatz und zur Absicherung sozialer Dienstleister aufgrund des Coronavirus SARS-CoV-2 (Sozialschutz-Paket) v. 27.3.2020 (BGBl. I 575).

9 Vgl. BVerfG Beschl. v. 21.10.1954 – 1 BvL 9/51 ua, BVerfGE 4, 74 (83); Beschl. v. 17.3.1964 – 2 BvO 1/60, BVerfGE 17, 287 (292); *von Steinau-Steinrück*, Die staatliche Verhütung und Bekämpfung von Infektionskrankheiten, 2013, S. 58 f.

10 *Huster* in Huster/Kingreen InfektionsschutzR-HdB Kap. 8 Rn. 4; *Maunz* in Maunz/Dürig GG Art. 74 Rn. 213.

11 *Kloepfer/Deye* DVBl 2009, 1208 (1217).

12 *Kingreen* in Huster/Kingreen InfektionsschutzR-HdB Kap. 1 Rn. 50.

13 BGBl. 2000 I 1045.

14 BGBl. 1961 I 1012.

15 RGBl. 1900 306.

16 Zur Entwicklung der Seuchengesetzgebung in Deutschland *von Steinau-Steinrück*, Die staatliche Verhütung und Bekämpfung von Infektionskrankheiten, 2013, S. 72 ff.

2005 revidierten[17] **Internationalen Gesundheitsvorschriften** (**IGV**) v. 20.7.2007[18] sowie das Gesetz zur Durchführung der Internationalen Gesundheitsvorschriften (**IGV-DG**) v. 21.3.2013[19] zu nennen (*Gassner* in → § 1 Rn. 58 f.). Die Vorbeugung vor Tierseuchen und deren Bekämpfung ist seit 2013 Gegenstand des Gesetzes zur Vorbeugung vor und Bekämpfung von Tierseuchen (**Tiergesundheitsgesetz**),[20] mit welchem das frühere Tierseuchengesetz außer Kraft gesetzt wurde.

Der Kompetenztitel des Art. 74 Abs. 1 Nr. 19 GG ist nicht in **Art. 72 Abs. 2 GG** erwähnt. Folglich wird durch das Grundgesetz seit der Föderalismusreform I (2006) für die betreffenden Materien die Erforderlichkeit einer bundesgesetzlichen Regelung ohne Weiteres unterstellt. 7

cc) Ergänzende Bundeskompetenzen

Sofern Infektionskrankheiten betreffende Regelungen nicht unmittelbar auf die in Art. 74 Abs. 1 Nr. 19 Var. 1 GG angesiedelte, Vorbeugungs- und Bekämpfungsmaßnahmen umfassende Gesetzgebungskompetenz gestützt werden können (→ Rn. 4 f.), vermag der Bund ggf. anderweitige Kompetenztitel zu aktivieren. Für die Gesundheitsversorgung betreffende Regelungen kommen insbes. auch Art. 74 Abs. 1 Nr. 12 GG (**Sozialversicherung**), Nr. 11 (**Recht der Wirtschaft**), Nr. 19 a (**wirtschaftliche Sicherung der Krankenhäuser**) sowie die anderen in Nr. 19 verorteten, das **Gesundheitswesen** betreffenden Titel (Zulassung zu Heilberufen, Recht des Apothekenwesens, der Arzneien, Medizinprodukte, Heilmittel, Betäubungsmittel und Gifte) in Betracht, aber auch Nr. 12 (**Arbeitsrecht, Arbeitsschutz**). Allerdings ist zu beachten, dass sich die im IfSG verankerten Befugnisse auf die Verhütung und Bekämpfung übertragbarer Krankheiten beschränken, sofern eine Vorschrift des IfSG nicht eindeutig außerhalb (vgl. bspw. § 5 Abs. 2 S. 1 Nr. 7, 8 IfSG) dieser aus Art. 74 Abs. 1 Nr. 19 Var. 1 GG abzuleitenden Zweckbindung steht (→ Rn. 5, 101). 8

Sofern Sachmaterien bezogene **Überscheidungen zu anderweitigen Bundeskompetenzen** bestehen, bspw. bei Einreisebestimmungen (vgl. § 36 Abs. 8 bis 13 IfSG, § 5 Abs. 2 S. 1 Nr. 1, 2 IfSG aF) zu Art. 73 Abs. 1 Nr. 5 GG (Grenzschutz), gibt dies keinen Anlass, an der Bundeskompetenz zu zweifeln. 9

dd) Kompetenz der Länder für den Katastrophenschutz

Im Fall einer Epidemie von nationaler Tragweite kann es Überschneidungen zu der in Art. 70 Abs. 1 GG verorteten Gesetzgebungskompetenz der Länder für den Katastrophenschutz in Friedenszeiten geben.[21] Diese Landeskompetenz ist Bestandteil der allgemein zugunsten der Länder bestehenden **Residualkompetenz für die Gefahrenabwehr**.[22] 10

Allerdings wird schon mit Blick auf einige Kompetenztitel klar, dass auch der **Bund** im Bereich der Gefahrenabwehr eigene, die Länder sogar ausschließende Gesetzgebungskompetenzen besitzt (vgl. Art. 73 Abs. 1 Nr. 9 a GG). Die ausschließliche Gesetzgebungskompetenz des Bundes für den Zivilschutz (Art. 73 Abs. 1 Nr. 1 GG) bezieht sich 11

17 BT-Drs. 16/5387, 76.
18 BGBl. 2007 II 930.
19 BGBl. 2013 I 566.
20 BGBl. 2013 I 1324.
21 Vgl. *Bals/Kuhn* GesR 2020, 213 (214 f.); *Kloepfer/Deye* DVBl 2009, 1208 (1216); *Taupitz* in Kloepfer Pandemien S. 103 (111 ff.); *Walus* DÖV 2010, 127 (130 f.).
22 *Grüner*, Biologische Katastrophen, 2017, S. 195. Vgl. aber BVerfG Urt. v. 15.2.2006 – 1 BvR 357/05, BVerfGE 115, 118 (141), wonach sich unmittelbar aus Art. 35 Abs. 2 S. 2, Abs. 3 GG eine Gesetzgebungskompetenz des Bundes für Regelungen ergibt, die „das Nähere über den Einsatz seiner Streitkräfte im Zusammenwirken mit den beteiligten Ländern zur Bewältigung eines regionalen oder überregionalen Katastrophennotstands bestimmen".

jedoch allein auf den Schutz der Bevölkerung vor **kriegsverursachten Katastrophen** (*Ritgen* in → § 12 Rn. 84).[23]

12 Von Infektionskrankheiten ausgelöste Seuchen können sich zu einem Katastrophenfall entwickeln.[24] Sofern eine materielle Regelung jedoch die Bekämpfung einer übertragbaren Krankheit betrifft, geht auch im **Pandemie-Katastrophenfall** die Bundeskompetenz aus Art. 74 Abs. 1 Nr. 19 Var. 1 GG als spezielle Kompetenzregelung vor,[25] da die „Katastrophenart"[26] Seuche eine besondere Verlaufsform der Ausbreitung einer übertragbaren Krankheit darstellt.[27] Das Infektionsschutzgesetz stellt folglich Besonderes Katastrophenschutzrecht dar.[28]

13 Schwieriger ist jedoch in einem von einer Infektionskrankheit verursachten Katastrophenfall die kompetenzielle Abgrenzung zu **anderweitigen Sachmaterien der Bundesgesetzgebungskompetenz** (ua im Bereich der Gesundheitsversorgung).[29] Hier kann die Ausnahmesituation des Katastrophenfalls die Spezialität und Einschlägigkeit des Katastrophenschutzrechts begründen. Diese ungeklärte Kompetenzverteilung spiegelt sich in § 79 a Abs. 4 a S. 1 AMG wieder, der durch das Dritte Bevölkerungsschutzgesetz v. 18.11.2020[30] eingefügt wurde. Danach kann das BMG – unbeschadet der Aufgaben anderer zur Sicherstellung der Versorgung der Bevölkerung – Arzneimittel sowie Wirk-, Ausgangs- und Hilfsstoffe sowie Packmittel von Arzneimitteln selbst oder durch beauftragte Stellen herstellen, beschaffen, lagern und in Verkehr bringen, wenn im Fall einer bestehenden oder drohenden bedrohlichen übertragbaren Krankheit (§ 2 Nr. 3 a IfSG) die notwendige Versorgung der Bevölkerung mit Arzneimitteln sonst ernstlich gefährdet wäre. Die Formulierung „unbeschadet der Aufgaben anderer zur Sicherstellung der Versorgung der Bevölkerung" bezieht sich ausweislich der Gesetzgebungsmaterialien insbes. auf die Länderkompetenz im Bereich des Katastrophenschutzes.[31] Eine auf die Gesetzgebungskompetenz für den Katastrophenschutz gestützte Landesvorschrift ist aber mit der Kompetenzordnung nicht vereinbar, wenn Bundesbehörden für ihren Vollzug zuständig wären (zB beim Grenzschutz). Auch im Katastrophenfall führt der Bund keine Normen des Landesrechts aus. Verwaltungszuständigkeiten des Bundes können daher einen Rückgriff auf die Landeskompetenz für den Katastrophenschutz als Querschnittsmaterie sperren.

ee) Landesnormen auf dem Gebiet des Infektionsschutzrechts

14 Auf dem Gebiet des von Art. 74 Abs. 1 Nr. 19 Var. 1 GG als konkurrierende Bundeskompetenz ausgestalteten Infektionsschutzrechts können jedoch auch Landesnormen erlassen werden.

---

23 *Kloepfer*, Handbuch des Katastrophenrechts, 2015, § 3 Rn. 72 ff.; *Walus* DÖV 2010, 217 (131).

24 Vgl. *Kloepfer*, Handbuch des Katastrophenrechts, 2015, § 1 Rn. 8; *Sodan* in Ehlers/Fehling/Pünder BesVerwR II § 56 Rn. 19.

25 So auch *Lindner* in Schmidt COVID-19 § 17 Rn. 97.

26 *Kloepfer*, Handbuch des Katastrophenrechts, 2015, § 1 Rn. 8; vgl. *von Steinau-Steinrück*, Die staatliche Verhütung und Bekämpfung von Infektionskrankheiten, 2013, S. 106.

27 *Taupitz* in Kloepfer Pandemien S. 103 (112 f.). So auch *Bals/Kuhn* GesR 2020, 213 (215).

28 *Grüner*, Biologische Katastrophen, 2017, S. 181 f.; *Taupitz* in Kloepfer Pandemien S. 103 (112).

29 Vgl. bspw. die auf das Bayerische Katastrophenschutzgesetz gestützte Gemeinsame Bekanntmachung der Bayerischen Staatsministerien des Innern, für Sport und Integration und für Gesundheit und Pflege „Notfallplan Corona-Pandemie: Aufrechterhaltung der Arztversorgung während des festgestellten Katastrophenfalls" v. 26.3.2020 (MBl. 2020 Nr. 157), welche Regelungen enthält, die bundesgesetzliche Regelungen (vgl. zB § 72 Abs. 1 SGB V) überlagern bzw. mit ihnen konfligieren. S. a. *Klafki*, Risiko und Recht, 2017, S. 326 ff. zur unbefriedigenden katastrophenschutzrechtlichen Regelungslage hinsichtlich des Verhältnisses zwischen Katastrophenschutzbehörden und Gesundheitssektor.

30 BGBl. 2020 I 2397.

31 Vgl. BT-Drs. 19/24334, 91 – Zu Nr. 2 Buchst. a.

Zunächst sind nach **Art. 72 Abs. 1 GG** landesrechtliche Regelungen zulässig, wenn das IfSG keine abschließende Regelung enthält. Allerdings dürfte hier eine weitgehende Sperre durch das IfSG erzeugt werden.[32] Mit dem Bayerischen Infektionsschutzgesetz v. 25.3.2020[33] (**BayIfSG**), das am 31.12.2020 außer Kraft getreten ist (Art. 11 BayIfSG), und dem Infektionsschutz- und Befugnisgesetz v. 14.4.2020[34] (**IfSBG-NRW**) haben jedoch Bayern und Nordrhein-Westfalen zwei Gesetze erlassen, die dem Namen nach in einem Spannungsverhältnis zum IfSG stehen (s. zu diesen beiden Gesetzen *Rixen* in → § 4 Rn. 30 ff., 34 ff.). Sofern solche Gesetze Zuständigkeiten innerhalb des Landes neu ordnen, treten sie von vornherein nicht in Konflikt zum IfSG, da der Vollzug des IfSG einschließlich der Festlegung von Behördenzuständigkeiten ohnehin den Ländern obliegt (Art. 83, 84 Abs. 1 S. 1 GG, vgl. § 54 IfSG). Reduziert man mit der hier vertretenen Ansicht den Kompetenztitel des Art. 74 Abs. 1 Nr. 19 Var. 1 GG auf Regelungen, die die epidemiologisch relevante Verhinderung, Verringerung oder Unterbrechung der Krankheitsaus- und -verbreitung betreffen (→ Rn. 3), gehören nicht alle Problemlagen, die mit der Bewältigung einer Epidemie im Zusammenhang stehen (zB die Sicherstellung der Versorgung im Gesundheitssektor), zur Gesetzgebungskompetenz des Bundes für den Infektionsschutz (→ Rn. 4 f.). Folgerichtig enthält das IfSG dazu vielfach auch keine Regelungen (s. aber § 5 Abs. 2 IfSG für die Corona-Epidemie). Die Folgenbewältigung betrifft auch Sachmaterien, für die die Länder eine Gesetzgebungskompetenz besitzen. Derartige Materien können in einem Landesinfektionsschutzgesetz geregelt werden, sofern das Land nicht durch anderweitige, dh neben Art. 74 Abs. 1 Nr. 19 Var. 1 GG existierende (ausschließliche oder konkurrierende) Gesetzgebungskompetenzen des Bundes (→ Rn. 8) gesperrt wird.[35] 15

Ferner können aufgrund von Verordnungsermächtigungen des IfSG (§§ 15, 17, 20, 23, 32, 36, 41, 54, 64) **Rechtsverordnungen** der Landesregierungen oder – aufgrund der Selbsteintrittskompetenz nach Art. 80 Abs. 4 GG – von den Landesparlamenten **formelle Gesetze** erlassen werden. Dabei handelt es sich jedoch nicht um eine Gesetzgebungskompetenz der Länder, sondern um einen Fall zulässiger (vgl. § 80 Abs. 1 S. 1 GG) Delegation von Normsetzungsbefugnissen des Bundes auf die Länder, um den lokalen Be- 16

32 Für eine abschließende Regelung: *Grüner*, Biologische Katastrophen, 2017, S. 172; *Mers*, Infektionsschutz im liberalen Rechtsstaat, 2019, S. 24; *von Steinau-Steinrück*, Die staatliche Verhütung und Bekämpfung von Infektionskrankheiten, 2013, S. 65. Vgl. BT-Drs. 14/2530, 39: „Das Ziel, durch die Regelung [IfSG] eine effektive Bekämpfung übertragbarer Krankheiten zu ermöglichen, kann nur erreicht werden, wenn im gesamten Bundesgebiet einheitliche Regelungen zum Schutz der Bevölkerung vor übertragbaren Krankheiten gelten."

33 GVBl. 2020, 174.

34 GV. 2020, 218 b.

35 Vgl. aber *Dingemann/Gausing* in BeckOK InfSchR IfSG § 5 Rn. 64, wonach mit dem unmittelbar nach dem BayIfSG in Kraft getretenen (ersten) Bevölkerungsschutzgesetz v. 27.3.2020 das BayIfSG nichtig geworden sei, soweit der Bundesgesetzgeber mit § 5 Abs. 2 IfSG kongruente Regelungsbereiche erfasst (Sicherstellung von Produkten, Verkaufsverbot usw) und damit von seiner konkurrierenden Gesetzgebungszuständigkeit abschließend Gebrauch gemacht hat (so auch *Lindner* in Schmidt COVID-19 § 17 Rn. 13 f.). Mit der hier in Bezug genommenen konkurrierenden Gesetzgebungszuständigkeit kann nach hier vertretener Ansicht (→ Rn. 4 f.) jedenfalls nicht ausnahmslos der Kompetenztitel des Art. 74 Abs. 1 Nr. 19 Var. 1 GG gemeint sein. Zudem können auf andere Kompetenztitel gestützte, die Versorgung im Gesundheitssektor betreffende Bundesregelungen auch Zuständigkeiten der Länder betreffen (zB für das Katastrophenschutzrecht → Rn. 10 ff.). Daher ist nicht anzunehmen, dass § 5 Abs. 2 IfSG die Länder vollständig hinsichtlich aller dort genannten Regelungsbereiche sperrt. Dass wohl keine abschließende Bundesregelung beabsichtigt wurde, ergibt sich aus der in § 5 Abs. 2 S. 1 IfSG enthaltenen Eingangsformulierung „unbeschadet der Befugnisse der Länder". Im Falle des Gebrauchmachens von der Verordnungsermächtigung ist bei Widersprüchen danach zu fragen, ob die Landesregelung sachgegenständlich einem Bereich der konkurrierenden Gesetzgebung des Bundes zuzuordnen ist (Widerspruch unzulässig) oder eher einem Bereich der ausschließlichen Gesetzgebungszuständigkeit der Länder (Bundesregelung insofern nicht anwendbar oder nichtig). Diese Abgrenzungen können aber nicht auf der Ebene des § 5 Abs. 2 IfSG (Verordnungsermächtigung) getroffen werden.

sonderheiten Rechnung tragen zu können[36]. Auch diese den Infektionsschutz iSv Art. 74 Abs. 1 Nr. 19 Var. 1 GG betreffenden Regelungsmaterien könnten wegen Art. 80 Abs. 4 GG Bestandteil eines Landesinfektionsschutzgesetzes sein.

b) Verwaltungskompetenzen

17 Für den Vollzug des IfSG und weitere Maßnahmen auf dem Gebiet des Infektionsschutzes lassen sich sowohl Landes- als auch Bundeskompetenzen im Grundgesetz begründen.

aa) Landeseigene Verwaltung

18 Das IfSG wird nach **Art. 30, 83 GG** als eigene Angelegenheit von den Ländern ausgeführt.[37] Dies gilt auch im Fall einer epidemischen Lage von nationaler Tragweite. Dementsprechend bestimmt § 54 S. 1 IfSG, dass die Landesregierungen durch Rechtsverordnung die zuständigen Behörden bestimmen soweit eine landesrechtliche Regelung (insbes. in einem allgemeinen Zuständigkeitsgesetz) nicht besteht. Insofern definiert § 2 Nr. 14 IfSG das Gesundheitsamt als diejenige Behörde, die nach Landesrecht für die Durchführung des IfSG bestimmt ist, wobei § 2 Nr. 14 IfSG verlangt, dass diese Behörde mit einem Amtsarzt besetzt ist[38]. Allerdings geht das IfSG selbst davon aus, dass neben dem Gesundheitsamt noch Ordnungsbehörden existieren, die das IfSG vollziehen (→ Rn. 19), sodass die Definition missverständlich sein kann. Die die behördlichen Zuständigkeiten betreffenden Regelungen der Länder finden sich regelmäßig in den Bestimmungen über den öffentlichen Gesundheitsdienst.[39] Regelmäßig sind die Gesundheitsämter bei den Landkreisen und kreisfreien Städten angesiedelt (*Ritgen* in → § 12 Rn. 58 ff., 62 ff.).[40]

19 Das IfSG geht von einer zuständigkeitsbezogenen **Trennung von Gesundheit- und Ordnungsamt** aus. So bestimmt es, dass Verhütungsmaßnahmen nach § 16 Abs. 1 IfSG auf Vorschlag des Gesundheitsamts von der zuständigen Behörde (§ 16 Abs. 6 S. 1 IfSG), nur bei Gefahr im Verzug vom Gesundheitsamt selbst (§ 16 Abs. 7 S. 1 IfSG) angeordnet werden. Hinsichtlich der Bekämpfungsmaßnahmen nach § 28 Abs. 1 IfSG verweist § 28 Abs. 3 IfSG auf die Regelungen von § 16 Abs. 6, 7 IfSG. Für die Länder besteht keine Verpflichtung, eine solche Trennung von Gesundheitsamt und Ordnungsbehörde in ihrer Zuständigkeitsordnung vorzusehen (vgl. auch Art. 84 Abs. 1 S. 2, Art. 125 b Abs. 2 GG).[41]

19a Da die Länder das IfSG als eigene Angelegenheit ausführen (Art. 30, 83 GG), regeln sie neben der die Zuweisung des Aufgabenkreises umfassenden Einrichtung der Behörden auch das **Verwaltungsverfahren** (Art. 84 Abs. 1 S. 1 GG). Das Verwaltungsverfahren betreffende Regelungen des Bundes sind jedoch im IfSG möglich, wobei es den Ländern dann wiederum zusteht, davon abweichende Regelungen zu erlassen (Art. 84 Abs. 1 S. 2 GG). In Ausnahmefällen darf der Bund mit Zustimmung des Bundesrates wegen eines besonderen Bedürfnisses nach bundeseinheitlicher Regelung das Verwaltungsverfahren ohne Abweichungsmöglichkeit für die Länder regeln (Art. 84 Abs. 1 S. 5, 6 GG). So

36 Vgl. BT-Drs. 8/2468, 21 (zu Nr. 13), 29 (zu Nr. 34).

37 *Hollo* in Kießling IfSG § 5 Rn. 5; *Ipsen* DVBl 2020, 1037 (1038); *Poscher* in Huster/Kingreen InfektionsschutzR-HdB Kap. 2 Rn. 41; *Walus* DÖV 2010, 127 (129).

38 Vgl. BR-Drs. 566/99 (Beschluss), 4 – Nr. 4 zur verfassungsrechtlichen Kritik des Bundesrates.

39 Vgl. zu den Zuständigkeitsordnungen der einzelnen Länder die Übersicht bei *Ritgen* Der Landkreis 2020, 127 (131 f.).

40 Vgl. *Engels* DÖV 2014, 464 (473); *Wirtz/Andres/Gottschalk/Stark/Weber* Bundesgesundheitsbl. 2005, 971 (972).

41 *Erdle* IfSG § 16 Rn. 8; *Gerhardt* IfSG § 16 Rn. 39, 58; *Kießling* in Kießling IfSG § 2 Rn. 43. Unklar *Engels* DÖV 2014, 464 (473), der von einer bundesgesetzlichen Vorgabe spricht, die zu einer rechtlich-organisatorischen Disziplinierung des Infektionsschutzes führe.

sind Abweichungen der Länder von den das Verwaltungsverfahren betreffenden Vorschriften des § 12 Abs. 1 S. 1 bis 5, Abs. 2 S. 1 bis 3 IfSG (betreffend Datenübermittelungen und Mitteilungen aufgrund völker- und unionsrechtlicher Vorschriften) nach § 12 Abs. 3 IfSG sowie des § 14 IfSG (betreffend das elektronische Melde- und Informationssystem) nach § 14 Abs. 10 IfSG ausgeschlossen.

Bei Ausführung der Bundesgesetze durch die Länder als eigene Angelegenheit ist eine gesetzliche[42] Ausgestaltung möglich, nach der der Bundesregierung als Kollegialorgan die Befugnis verliehen wird, in besonderen Fällen den Gesetzesvollzug betreffende **Einzelweisungen an Landesbehörden** zu erteilen, und zwar im Regelfall an die obersten Landesbehörden (Ministerien), bei Dringlichkeit auch an niedrigere Ebenen (Art. 84 Abs. 5 GG). Eine solche Ausgestaltung war in der vom Bundesministerium für Gesundheit (BMG) am 20.3.2020 erstellten „Formulierungshilfe" für einen Entwurf eines (ersten) Gesetzes zum Schutz der Bevölkerung bei einer epidemischen Lage von nationaler Tragweite noch enthalten (§ 5 Abs. 6 IfSG-E),[43] wurde aber bereits aus der vom Bundeskabinett beschlossenen Formulierungshilfe gestrichen. 20

Die Landesregierungen und Landesverwaltungen (einschließlich der Landkreise und Kommunen) sind zudem berechtigt, hinsichtlich der Aufgaben auf dem Gebiet des Infektionsschutzes eine **Planung** durchzuführen. So existieren Pandemiepläne der einzelnen Bundesländer und kommunale Pandemiepläne.[44] Pandemiepläne sind im IfSG nicht vorgesehen. Ihre Aufstellung gehört folglich nicht mehr zur gesetzesakzessorischen Verwaltung iSv Art. 83 GG. Die Zuständigkeit der Länder lässt sich unmittelbar aus Art. 30 GG begründen (→ Rn. 38 zum Nationalen Pandemieplan). 21

bb) Bundeseigene Verwaltung (Art. 86 GG)

Eine ungeschriebene Verwaltungskompetenz des Bundes **kraft Natur der Sache** ist auch im Fall einer epidemischen Lage von nationaler Tragweite abzulehnen, weil der Zweck des IfSG durch das Verwaltungshandeln der Länder erreicht werden kann.[45] Angesichts eines örtlich unterschiedlich verteilten Infektionsgeschehens ist bei der Verhütung und Bekämpfung von Infektionskrankheiten in der Regel sogar ein differenzierter Ansatz angezeigt. 22

In Abweichung von dem Regel-Ausnahme-Prinzip des Art. 83 GG, wonach die Länder die Bundesgesetze grundsätzlich als eigene Angelegenheit ausführen, ermöglicht Art. 87 Abs. 3 GG unter bestimmten Voraussetzungen den Bundesvollzug von Bundesgesetzen,[46] insbes. eine bundeseigene Verwaltung durch selbständige Bundesoberbehörden 23

42 Vgl. *Walus* DÖV 2010, 127 (133).

43 Die vorgeschlagene Bestimmung lautete: „Die Bundesregierung kann für den Fall einer epidemischen Lage von nationaler Tragweite zur Ausführung dieses Gesetzes sowie des Arzneimittel-, des Apothekengesetzes und der aufgrund dieser Gesetze erlassenen Rechtsverordnungen und der medizinprodukterechtlichen Vorschriften in Ausnahmefällen gegenüber den Ländern Einzelweisungen erteilen, wenn dies zur Sicherung der öffentlichen Gesundheit in der Bundesrepublik Deutschland dringend geboten ist." Vgl. auch *Ritgen*, Der Landkreis 2020, 137 (141).

44 *Kloepfer/Deye* DVBl 2009, 1208 (1215 f.); *Knufmann-Happe* in Kloepfer Pandemien S. 21 (23). Vgl. überblicksartig zum Inhalt *Klafki*, Risiko und Recht, 2017, S. 250 f.

45 *Mayen* NVwZ 2020, 828 (833). Eine ungeschriebene Verwaltungskompetenz des Bundes kraft Natur der Sache wird bejaht, wenn die Erreichung des Zwecks eines Bundesgesetzes bei einem Vollzug durch die Länder von vornherein ausgeschlossen ist; vgl. BVerfG Beschl. v. 15.3.1960 – 2 BvG 1/57, BVerfGE 11, 6 (17 f.); Urt. v. 18.7.1967 – 2 BvF 3/62 ua, BVerfGE 22, 180 (216 f.); Beschl. v. 10.2.1976 – 2 BvG 1/74, BVerfGE 41, 291 (312); *Henneke* in Schmidt-Bleibtreu/Hofmann/Henneke GG Vorb. v. Art. 83 Rn. 21; *Kirchhof* in Maunz/Dürig GG Art. 83 Rn. 49; *Lehmann-Brauns*, Die Zustimmungsbedürftigkeit von Bundesgesetzen nach der Föderalismusreform, 2008, S. 98; *Oebbecke* in Isensee/Kirchhof StaatsR-HdB § 136 Rn. 198. Vgl. *Herbst*, Gesetzgebungskompetenzen im Bundesstaat, 2014, S. 272 f. zu den Parallelen bei der Gesetzgebungskompetenz kraft Natur der Sache.

46 Vgl. zu Durchbrechungen des Grundsatzes der Länderexekution *Merten/Pitschas*, Sozialverwaltung im Reformprozeß, 1997, S. 29 ff.

(Art. 87 Abs. 3 S. 1 GG). Diese **fakultative Bundesverwaltung** kommt nur bei Angelegenheiten in Betracht, für die der Bund die Gesetzgebungskompetenz besitzt. Art. 87 Abs. 3 S. 1 GG ermöglicht nicht nur die Errichtung von selbständigen Bundesoberbehörden sowie neuen Körperschaften und Anstalten des öffentlichen Rechts, sondern über seinen Wortlaut hinaus auch die Zuweisung von Aufgaben an schon bestehende Verwaltungseinrichtungen der genannten Art.[47]

24 Um die Länder vor einer Aushöhlung ihrer Verwaltungskompetenzen zu schützen, ist der Bund mit Blick auf die unmittelbare Bundesverwaltung durch das Erfordernis einer Bundesoberbehörde grundsätzlich[48] auf eine **zentrale Aufgabenerledigung** beschränkt. Die damit vermutlich einhergehenden Effizienzverluste sollen unter bundesstaatlichen Gesichtspunkten eine Konzentration auf wenige, vor allem länderübergreifende und grundsätzliche Aufgaben bewirken. Die von Art. 87 Abs. 3 S. 1 GG vorausgesetzte **Selbständigkeit der Bundesoberbehörde** bezieht sich nach ganz einhelliger Ansicht nur auf die organisatorische und funktionale Ausgliederung aus der Einheit einer obersten Bundesbehörde und zielt nicht auf sachliche Unabhängigkeit iSe ministerialfreien Raumes.[49]

(1) Robert Koch-Institut

25 Mit dem **Robert Koch-Institut** (RKI) entfallen Verwaltungskompetenzen auf eine Bundesbehörde. Das RKI wurde durch § 2 des Gesetzes über Nachfolgeeinrichtungen des Bundesgesundheitsamtes (BGA-NachfG) v. 24.6.1994[50] errichtet. Es handelt sich um eine selbständige Bundesoberbehörde im Geschäftsbereich des BMG in Gestalt eines Bundesinstituts für Infektionskrankheiten und nicht übertragbare Krankheiten (§ 2 Abs. 1 BGA-NachfG). Anders als es die Bezeichnung als Institut nahelegen könnte, handelt es sich bei dem RKI nicht um eine unabhängige wissenschaftliche Einrichtung, sondern um eine der Fachaufsicht unterliegende Behörde. Es untersteht den fachlichen Weisungen des BMG (§ 5 BGA-NachfG).

26 Die **Tätigkeitsbereiche des RKI** werden nur sehr allgemein in § 2 Abs. 3 BGA-NachfG umrissen (insbes. Erkennung, Verhütung und Bekämpfung von übertragbaren und nicht übertragbaren Krankheiten, epidemiologische Untersuchungen auf dem Gebiet der übertragbaren und nicht übertragbaren Krankheiten einschließlich der Erkennung und Bewertung von Risiken sowie der Dokumentation und Information sowie Gesundheitsberichterstattung). Etwas konkreter werden in § 4 IfSG die allgemeinen Aufgaben des RKI beschrieben. Schlagworte sind hier: Analyse, Forschung, Amtshilfe, Richtlinien, Empfehlungen, Merkblätter, sonstige Informationen, Datenauswertung, Informationsfluss an Behörden (insbes. oberste Landesgesundheitsbehörden und Gesundheitsämter) und Zusammenarbeit mit ausländischen Stellen und supranationalen Organisationen. Zentrale Bedeutung kommt dem RKI im Rahmen des **Meldewesens** zur Überwachung übertragbarer Krankheiten (§§ 6 ff. IfSG) zu, da die Daten zu meldepflichtigen Krankheiten und Nachweisen von Krankheitserregern bei ihm zusammengeführt werden.[51] Die Datensammlung dient insbes. dazu, die vorstehend bezeichneten Aufgaben (Analy-

---

47 S. die Zuweisung von Aufgaben nach dem Treibhausgas-Emissionshandelsgesetz an das Umweltbundesamt betreffend: BVerfG Kammerbeschl. v. 14.5.2007 – 1 BvR 2036/05, NVwZ 2007, 942 (944); BVerwG Urt. v. 30.6.2005 – 7 C 26/04, BVerwGE 124, 47 (67 ff.). AA *Poscher* in Huster/Kingreen InfektionsschutzR-HdB Kap. 2 Rn. 34.

48 Für Aufgaben, die eines Verwaltungsunterbaus bedürfen, kann eine bundeseigene Verwaltung nur durch ein hinreichend bestimmtes Zustimmungsgesetz errichtet werden (Art. 87 Abs. 3 S. 2 GG).

49 *Sachs* in Sachs GG Art. 87 Rn. 66; ferner *Burgi* in v. Mangoldt/Klein/Starck GG Art. 87 Rn. 97, 109; *Ibler* in Maunz/Dürig GG Art. 87 Rn. 254; *Jestaedt*, Demokratieprinzip und Kondominialverwaltung, 1993, S. 468 ff.; *Jochum* VerwArch. 94 (2003), 513 (515).

50 BGBl. 1994 I 1416.

51 Vgl. zum Verfahren der Meldung *Dreesman/Benzler*, Bundesgesundheitsbl. 2005, 979 (983 ff.). Vgl. *Trute* GSZ 2020, 93 (96) zur Rolle des RKI als „nationale[r] Knotenpunkt eines Netzwerkes wissenschaftlicher Referenz- und Kompetenzzentren“.

se, Forschung, Empfehlungen usw) erfüllen zu können. Im Speziellen obliegt dem RKI im Fall einer epidemischen Lage von nationaler Tragweite im Rahmen seiner gesetzlichen Aufgaben die **Koordinierung der Zusammenarbeit** zwischen den Ländern und zwischen den Ländern und dem Bund sowie weiteren beteiligten Behörden und Stellen (§ 5 Abs. 7 IfSG). Mit dieser Verwaltungsaufgabe wird das RKI jedoch desto eher an Grenzen stoßen, je stärker die Zusammenarbeit unmittelbar auf Regierungsebene betrieben wird (→ Rn. 43 ff.). Unmittelbare Durchgriffsrechte auf die Länder sind mit § 5 Abs. 7 IfSG ohnehin nicht verbunden.[52] Bei § 5 Abs. 7 IfSG ist zu bemerken, dass diese Vorschrift auch nach Außerkrafttreten der meisten Bestimmungen des gegenwärtigen § 5 IfSG als § 5 Abs. 2 IfSG nF für den Fall einer künftigen epidemischen Lage von nationaler Tragweite fortbestehen sollte.[53] Das vom Bundestag am 4.3.2021 beschlossene „Gesetz zur Fortgeltung der die epidemische Lage von nationaler Tragweite betreffenden Regelungen“ sieht jedoch vor, dass § 5 IfSG (vorerst) vollumfänglich fortbesteht.[54]

Hinsichtlich der Erfüllung der staatlichen Aufgaben im Bereich der **Rechtsprechung** 26a
schreibt § 4 IfSG dem RKI nicht ausdrücklich eine besondere Rolle zu. Allerdings knüpfen die Gerichte in nahezu allen Entscheidungen in Sachen COVID-19 an die Risikoeinschätzungen des RKI an; sie berücksichtigen dabei den Umstand, dass der Gesetzgeber den Einschätzungen des RKI im Bereich des Infektionsschutzes ein besonderes Gewicht beigemessen hat.[55] Dennoch sind die Gerichte bei der Sachverhaltsermittlung und den Prognosen nicht an die Bewertungen des RKI gebunden.

Essentiell für die Früherkennung von Infektionsgefahren und die von Landesbehörden 27
zu treffenden Vorbeugungs- und Bekämpfungsmaßnahmen ist (möglichst schnell generiertes) **Wissen über einen Krankheitserreger**, sein Auftreten, seine Übertragungswege und seine Verbreitung in der Bevölkerung sowie über die Symptome, Schwere und Behandlung der von einem Krankheitserreger ausgelösten Krankheit.[56] Die Handlungsoptionen in einer epidemischen Lage werden weitgehend vom medizinischen und epidemiologischen Wissen präjudiziert (s. aber → Rn. 172 ff.).[57] Um das erforderliche Wissen aufzubauen und fortzuentwickeln ist eine fortlaufende und systematische Sammlung, Analyse und Bewertung von Daten über einen möglichen oder festgestellten Infektionsausbruch (sog. **Surveillance**) erforderlich.[58] Surveillance einschließlich Identifikation und Untersuchung von Ausbrüchen[59] sind wesentliche Aufgaben des RKI.[60] Neben den der Surveillance dienenden Meldepflichten (§§ 6 ff. IfSG) sind ua die molekulare und virologische Surveillance (vgl. § 13 Abs. 3 IfSG), die Krankheitserregersurveillance (vgl. § 13 Abs. 4 S. 2 Nr. 1 IfSG), die syndromische Surveillance[61] (vgl. § 13 Abs. 4 S. 2 Nr. 2

52 *Hollo* in Kießling IfSG § 5 Rn. 40.

53 Art. 3, 7 Abs. 4 Gesetz v. 27.3.2020 (BGBl. I 587).

54 BT-Drs. 19/26545, 25 – Zu Art. 7.

55 *Trute* GSZ 2020, 93 (97); *Trute* jM 2020, 291 (292 f.).

56 *Rixen* in Kloepfer Pandemien S. 67 (77). Vgl. *Engels* DÖV 2014, 464 (468 f.); *Trute* GSZ 2020, 93 ff.

57 *Rixen* in Kloepfer Pandemien S. 67 (77). „Epidemiologie ist die Lehre über die Verteilung von Gesundheit und Krankheiten in definierten Bevölkerungsgruppen und ihre Determinanten“, *Hauri/Uphoff*, Bundesgesundheitsbl. 2005, 1013.

58 *Kloepfer/Deye* DVBl 2009, 1208 (1214); *Trute* GSZ 2018, 125 (127). Vgl. zur Surveillance übertragbarer Krankheiten auf der Grundlage des IfSG durch den öffentlichen Gesundheitsdienst *Dreesman/Benzler*, Bundesgesundheitsbl. 2005, 979 ff.

59 Unter einem Ausbruch wird ein gegenüber der Erwartung deutlich erhöhtes Auftreten von Fällen einer Krankheit verstanden, *Dreesman/Benzler*, Bundesgesundheitsbl. 2005, 979. Vgl. zu den im Rahmen einer Ausbruchsuntersuchung angewandten Methoden der Infektionsepidemiologie *Hauri/Uphoff*, Bundesgesundheitsbl. 2005, 1013 (1014 ff.).

60 *Hamouda*, Bundesgesundheitsbl. 2005, 963 (968 ff.).

61 „Bei der syndromischen Surveillance handelt es sich um die systematische Ermittlung bestimmter Krankheitsfälle über das Erfassen definierter charakteristischer klinischer Krankheitszeichen bzw. ihrer Kombination, dh das Auftreten eines oder mehrerer Symptome, die relativ spezifisch auf bestimmte Infektionskrankheiten hinweisen“ (BT-Drs. 19/23944, 27 aE).

IfSG) und die Impfsurveillance (vgl. § 13 Abs. 5 IfSG) spezielle Formen der epidemiologischen Überwachung zur Wissensgenerierung.

28 Ansonsten **beherbergt** das RKI die Ständige Impfkommission (§ 20 Abs. 2 IfSG), die Kommission für Krankenhaushygiene und Infektionsprävention (§ 23 Abs. 1 IfSG), die Kommission Antiinfektiva, Resistenz und Therapie (§ 23 Abs. 2 IfSG) und die Geschäftsstelle der Nationalen Kommission für die Polioeradikation (§ 50 a Abs. 1 IfSG).

29 Nur selten verfügt das RKI über echte **Außenkompetenzen**. So ist es nach § 18 Abs. 3 S. 1 IfSG die zuständige Bundesoberbehörde für die Anerkennung von Mitteln und Verfahren zur Desinfektion.

(2) Paul-Ehrlich-Institut

30 Im Rahmen des Infektionsschutzes spielen Schutzimpfungen eine große Rolle (vgl. §§ 20 ff. IfSG), s. dazu auch *Schaks* in → § 14 Rn. 5 ff. Unter der Bezeichnung Paul-Ehrlich-Institut (PEI) unterhält der Bund ein Bundesinstitut für **Impfstoffe** und **biomedizinische Arzneimittel** als selbständige Bundesbehörde. Es untersteht dem BMG. Das PEI ist ua für die Zulassung und Chargenprüfung von Impfstoffen nach dem AMG (§ 77 Abs. 2 AMG) zuständig. Daraus ergeben sich Überschneidungen zum IfSG (vgl. § 11 Abs. 4 S. 4, § 13 Abs. 5 S. 1, § 20 Abs. 2 S. 5, Abs. 9 S. 8).[62]

(3) Bundesministerium für Gesundheit

(a) § 5 Abs. 2 S. 1 Nr. 6 IfSG

31 § 5 Abs. 2 S. 1 Nr. 4 IfSG ermächtigt das BMG durch Rechtsverordnungen Maßnahmen zur Sicherstellung der **Versorgung mit Gesundheitsprodukten** (Arzneimittel einschließlich Impfstoffe und Betäubungsmittel, Medizinprodukte, Labordiagnostik, Hilfsmittel, persönliche Schutzausrüstung und Desinfektionsmittel) sowie mit Wirk-, Ausgangs- und Hilfsstoffen, Materialien, Behältnissen und Verpackungsmaterialien, die zur Herstellung und zum Transport dieser Gesundheitsprodukte erforderlich sind, zu treffen. Neben dieser Normsetzungskompetenz begründet § 5 Abs. 2 S. 1 Nr. 6 IfSG eine Verwaltungsaufgabe:[63] Das BMG wird ermächtigt, zugleich auch die notwendigen **Anordnungen zur Durchführung** der aufgrund der vorstehend genannten Verordnungsermächtigung erlassenen Normen zu treffen, sofern die Regelungen den in Nr. 4 lit. a und c bis g aufgeführten, weit formulierten Handlungsbereichen zuzuordnen ist.

32 Für die Verwaltungskompetenz des Bundes kann Art. 87 Abs. 3 S. 1 GG aktiviert werden. Danach ist nicht nur die Errichtung von selbständigen Bundesoberbehörden sowie neuen Körperschaften und Anstalten des öffentlichen Rechts möglich, sondern – über den Wortlaut hinaus – auch die Zuweisung von Aufgaben an schon bestehende Verwaltungseinrichtungen der genannten Art (→ Rn. 23 f.). Umstritten ist im Falle der fakultativen Bundesverwaltung aber, ob eine Aufgabe auch einem **Bundesministerium** zugewiesen werden darf. Eine Ansicht geht davon aus, dass mit dem Wortlaut des Art. 87 Abs. 3 S. 1 GG nur den dort genannten Verwaltungsorganisationsformen (selbständige Bundesoberbehörde, Körperschaft oder Anstalt des öffentlichen Rechts) Aufgaben zugewiesen werden dürfen.[64] Die herrschende Gegenansicht entnimmt der Vorschrift ein Prinzip der organisations- und aufgabenbezogenen Zentralität, welches über den Wort-

62 Vgl. *Hamouda*, Bundesgesundheitsbl. 2005, 963 (966 f.).
63 *Dingemann/Gausing* in BeckOK InfSchR IfSG § 5 Rn. 6; *Lindner* in Schmidt COVID-19 § 17 Rn. 23, 30.
64 *Sachs* in Sachs GG Art. 87 Rn. 69; ferner *Mayen* NVwZ 2020, 828 (832).

laut hinaus auch die Erledigung von Verwaltungsaufgaben unmittelbar durch die Bundesministerien zulässt.[65]

Nach § 5 Abs. 2 S. 1 Nr. 6 IfSG kann das BMG eine nachgeordnete Behörde beauftragen, die Anordnungen zu treffen. Sofern man der Norm eine Befugnis zur **Übertragung** der *gesamten* sachlichen Zuständigkeit **auf** eine **nachgeordnete Behörde** entnimmt, ist umstritten, ob eine solche Übertragung an einem Vorbehalt des Gesetzes scheitert.[66] Jedenfalls wäre zu beachten, dass zur Wahrung des Prinzips der organisations- und aufgabenbezogenen Zentralität (→ Rn. 24; Art. 87 Abs. 3 S. 1 GG) und des Zustimmungsvorbehalts[67] nach Art. 87 Abs. 3 S. 2 GG eine Übertragung nur auf eine selbständige Bundesoberbehörde (zB das Bundesinstitut für Arzneimittel und Medizinprodukte) möglich ist. 33

(b) § 5 Abs. 2 S. 1 Nr. 5 IfSG

§ 5 Abs. 2 S. 1 Nr. 5 IfSG überträgt die zugunsten der Bundesregierung bestehende **Anordnungsbefugnis nach § 13 Abs. 1 S. 1 PatG** (Beschränkung der Wirkung eines Patents für öffentliche Wohlfahrt und im Interesse der Sicherheit des Bundes) auf das BMG hinsichtlich der in § 5 Abs. 2 S. 1 Nr. 4 IfSG genannten Gesundheitsprodukte. Zur Beauftragung einer nachgeordneten Behörde → Rn. 33. 34

(c) § 5 Abs. 2 S. 1 Nr. 1, 2 IfSG aF

Die durch das (erste) Gesetz zum Schutz der Bevölkerung bei einer epidemischen Lage von nationaler Tragweite v. 27.3.2020[68] eingefügte Vorschrift des § 5 Abs. 2 S. 1 Nr. 1 IfSG aF erteilte dem BMG die Befugnis, bestimmte Anordnungen gegenüber **Personen** zu treffen, **die in die Bundesrepublik Deutschland einreisen** wollen oder eingereist sind und die wahrscheinlich einem erhöhten Infektionsrisiko für bestimmte bedrohliche übertragbare Krankheiten (vgl. die Definition in § 2 Nr. 3 a IfSG) ausgesetzt waren (dazu in der Vorauflage *Kau* in § 5 Rn. 1 ff.). Die Anordnungsbefugnis des § 5 Abs. 2 S. 1 Nr. 1 IfSG aF bezog sich auf die Begründung von Informations- und Auskunftspflichten der Reisenden sowie der Pflicht, sich ärztlich untersuchen zu lassen. Diese Verpflichtungen durften ausschließlich zur Feststellung und Verhinderung einer Einschleppung einer bedrohlichen übertragbaren Krankheit angeordnet werden. Eine in § 5 Abs. 2 S. 1 Nr. 2 IfSG aF geregelte Befugnis für Anordnungen gegenüber **Verkehrsunternehmen, Betreibern von Verkehrsinfrastruktureinrichtungen** (zB Flugplatz, Hafen) **und Reiseveranstaltern** ergänzte § 5 Abs. 2 S. 1 Nr. 1 IfSG aF. Inbegriffen waren hier nur Verpflichtungen zur Mitwirkung bei der Durchführung von Anordnungen nach Nr. 1.[69] 35

Die Nr. 1 und 2 des § 5 Abs. 2 S. 1 IfSG wurden durch das Dritte Bevölkerungsschutzgesetz v. 18.11.2020[70] mWv 19.11.2020 aufgehoben und ihre Regelungsgegenstände 36

65 *Hermes* in Dreier GG Art. 87 Rn. 76, 79, 85 ff.; *Kment* in Jarass/Pieroth GG Art. 87 Rn. 14; *Schewerda*, Die Verteilung der Verwaltungskompetenzen zwischen Bund und Ländern nach dem Grundgesetz, 2008, S. 129 ff.

66 Vgl. BVerwG Beschl. v. 24.8.1987 – 4 B 129/87, NVwZ 1988, 532 (533 f.) – Zuständigkeitsübertragung vom Vorstand der Deutschen Bundesbahn auf eine nachgeordnete Dienststelle zulässig; BVerwG Urt. v. 14.3.2006 – 1 C 3.05, BeckRS 2006, 23546 Rn. 16 f. – Erforderlichkeit einer rechtssatzmäßigen Übertragung der sachlichen Zuständigkeit offengelassen; *Kluckert* DÖV 2019, 551 (555), wonach die Zuweisung der sachlichen Zuständigkeit regelmäßig durch Rechtssatz erfolgen muss; *Ohler* AöR 131 (2006), 336 (367 ff.), der einen Vorbehalt des Gesetzes hinsichtlich der Regelung der sachlichen Zuständigkeit ablehnt (mwN auch für die Gegenansicht).

67 Mangels Erwähnung der in Art. 87 Abs. 3 S. 2 GG genannten Mittel- und Unterbehörden in § 5 Abs. 2 S. 1 Nr. 6 IfSG bezieht sich die Zustimmung des Bundesrats zum Gesetz v. 27.3.2020 (BGBl. I 587) nicht auf eine Übertragung auf solche Behörden.

68 BGBl. 2020 I 587.

69 Vgl. in der Voraufl. § 2 Rn. 32 ff. zur Herleitung der Verwaltungskompetenz des Bundes aus Art. 87 Abs. 1 S. 2 GG, wonach der Bund Bundesgrenzschutzbehörden einrichten darf.

70 BGBl. 2020 I 2397.

nach § 36 Abs. 9 und 10 (ergänzend Abs. 11) IfSG verschoben. Die Neuregelung beschränkt sich auf Verordnungsermächtigungen, sodass dem BMG nunmehr nur noch normative Maßnahmen möglich sind.

(d) § 5 Abs. 6 IfSG

37 Nach § 5 Abs. 5 IfSG kann das BMG im Fall einer epidemischen Lage von nationaler Tragweite unter Heranziehung der Empfehlungen des RKI **Empfehlungen** abgeben, um ein koordiniertes Vorgehen (→ Rn. 26, 43 ff.) innerhalb der Bundesrepublik Deutschland zu ermöglichen. Diese Vorschrift sollte nach Außerkrafttreten der meisten Bestimmungen des gegenwärtigen § 5 IfSG als § 5 Abs. 1 IfSG nF für den Fall einer künftigen epidemischen Lage von nationaler Tragweite fortbestehen.[71] Das vom Bundestag am 4.3.2021 beschlossene „Gesetz zur Fortgeltung der die epidemische Lage von nationaler Tragweite betreffenden Regelungen" sieht jedoch vor, dass § 5 IfSG (vorerst) vollumfänglich fortbesteht.[72]

(e) Planung

38 Als oberster Bundesbehörde obliegt dem BMG auch die Aufgabe einer den Infektionsschutz betreffenden Planung, insbes. einer Planung für den Fall einer Pandemie. Hier überschneiden sich Verwaltungsaufgaben mit staatsleitenden Regierungsaufgaben (Art. 65 GG). Der Bundesminister kann sich hinsichtlich seiner ihn als Regierungsmitglied treffenden Verantwortlichkeiten und Planungsaufgaben der Verwaltung seines Ministeriums und aller ihm nachgeordneten Behörden bedienen. So erarbeitete das RKI mit einer bei ihm eingerichteten Expertengruppe im Auftrag des BMG einen Nationalen **Pandemieplan.**[73] Dieser Plan bezieht sich vornehmlich auf eine Influenzapandemie, entfaltet aber „Auffangwirkung für durch andere Erregergruppen ausgelöste Pandemien".[74]

(4) Bundeswehr

39 Historische überkommen[75] wird der Bundeswehr[76] der Vollzug des IfSG für bestimmte **Personengruppen, Gegenstände** (Grundstücke, Einrichtungen, Ausrüstungs- und Gebrauchsgegenstände der Bundeswehr) und **Tätigkeiten** (mit Krankheitserregern im Bereich der Bundeswehr) übertragen (vgl. § 77 BSeuchG, § 70 IfSG aF, § 54 a IfSG; iE *Ritgen* in → § 12 Rn. 80 c ff.).

39a Zu den betreffenden **Personengruppen** gehörten nach dem bis zum 22.5.2020 gültigen § 70 Abs. 1 IfSG aF insbes. Personen (einschließlich Zivilbediensteter), die in Unterkünften oder sonstigen Einrichtungen der Bundeswehr untergebracht sind, Soldaten, die dauernd oder vorübergehend außerhalb der vorstehenden Einrichtungen wohnen, sowie Angehörige der Bundeswehr auf dem Transport, bei Märschen, in Manövern und Übungen. Die Regelungen wurden zunächst durch das Zweite Bevölkerungsschutzgesetz v. 19.5.2020[77] und nochmals durch das Dritte Bevölkerungsschutzgesetz v.

---

71 Art. 3, 7 Abs. 4 Gesetz v. 27.3.2020 (BGBl. I 587).

72 BT-Drs. 19/26545, 25 – Zu Art. 7.

73 *Haas*, Bundesgesundheitsbl. 2005, 1020 (1023). Vgl. zur geringen Steuerungswirkung des Nationalen Pandemieplans *Grüner*, Biologische Katastrophen, 2017, S. 191 ff.; *Walus* DÖV 2010, 127 (132). Vgl. überblicksartig zum Inhalt des zuletzt 2017 aktualisierten Nationalen Pandemieplans *Bals/Kuhn* GesR 2020, 213 (215 f.).

74 *Klafki*, Risiko und Recht, 2017, S. 243 f.

75 *Ritgen* in → § 12 Rn. 80 c. Vgl. auch BT-Drs. 3/1888, 32 f. zur Übertragung der Aufgaben der Gesundheitsämter auf Sanitätsdienststellen der ehemaligen Wehrmacht.

76 Streitkräfte (Art. 87 a GG) und Bundeswehrverwaltung (Art. 87 b GG) bilden gemeinsam mit den Organisationsbereichen Rechtspflege und Militärseelsorge die Bundeswehr (*Kokott* in Sachs GG Art. 87 b Rn. 3).

77 BGBl. 2020 I 1018.

18.11.2020[78] modifiziert. Nunmehr umfasst die **Eigenvollzugskompetenz der Bundeswehr** ua alle Angehörigen des Geschäftsbereichs des Bundesministeriums der Verteidigung während ihrer Dienstausübung (§ 54 a Abs. 1 Nr. 1 IfSG), was letztlich Soldaten, Zivilbeschäftigte der Bundeswehrverwaltung (Art. 87 b GG) und die gesamte Ministerialbürokratie des BMVg umfasst. Soldaten unterliegen nach § 54 a Abs. 1 Nr. 2 IfSG sogar außerhalb der Dienstausübung dem bundeseigenen Vollzug des IfSG durch die zuständigen Stellen der Bundeswehr. Diese mit dem Dritten Bevölkerungsschutzgesetz vollzogene Erweiterung wurde mit der Erforderlichkeit, die Einsatzbereitschaft der Bundeswehr sicherzustellen, begründet.[79]

Es darf als fraglich angesehen werden, ob das Grundgesetz eine derart weite Überstellung verschiedener Personengruppen in die Eigenvollzugskompetenz der Bundeswehr zulässt. Es ist kaum ersichtlich, dass sich mittels Art. 87 Abs. 3, Art. 87 a oder Art. 87 b GG eine Eigenvollzugskompetenz der Bundeswehr für Ministerialbeamte (während der Dienstausübung) und für außerhalb von Einrichtungen der Bundeswehr untergebrachte Soldaten außerhalb ihrer Dienstausübung unmittelbar begründen lässt. Da der Vollzug des IfSG nicht dem Bereich „militärische Gewalt" zuzurechnen ist (Bundeskompetenz für die Streitkräfte gemäß Art. 87 a GG), sondern es sich – wie mit Blick auf § 54 IfSG deutlich wird – um eine „normale" Verwaltungsaufgabe handelt, müsste der Vollzug des IfSG im Bereich der Bundeswehr dem Kompetenzbereich der **Bundeswehrverwaltung** (Art. 87 b GG) zuzurechnen sein. Insbes. handelt es sich bei dem IfSG weder um ein Verteidigungsgesetz iSv Art. 87 b Abs. 2 S. 1 GG, das mit Zustimmung des Bundesrates in bundeseigener Verwaltung ausgeführt werden darf, noch ist dessen Vollzug dem genuinen verfassungsrechtlich begründeten Aufgabenbereich der Bundeswehrverwaltung (Personalwesen und unmittelbare Deckung des Sachbedarfs der Streitkräfte) gemäß Art. 87 b Abs. 1 S. 1 GG zuzurechnen. 39b

Für eine ungeschriebene **Verwaltungskompetenz kraft Sachzusammenhangs** (zu Art. 87 a, 87 b GG) müsste ein Übergreifen in den an sich „fremden" Aufgabenbereich unerlässlich für die Erledigung der zugewiesenen Aufgabe sein. Dies ist wohl noch zu bejahen, wenn es um Personen geht, die Einrichtungen der Bundeswehr betreten, nutzen oder in ihnen untergebracht sind. Dass völlig losgelöst von einer epidemischen Lage von nationaler Tragweite bzw. einem Spannungs-, Bündnis- oder Verteidigungsfall (Art. 80 a, 115 a GG) eine viel weitergehende Eigenvollzugskompetenz der Bundeswehr für „ihre Leute" (mit Blick auf das BMVg sogar Außenstehende) im Inland unerlässlich ist, um die Verteidigungsbereitschaft der Bundesrepublik Deutschland zu gewährleisten, ist kaum ersichtlich. Bloße Schwierigkeiten bei der Aufgabenerledigung (manifestiert in der Ausnahmesituation einer Pandemie), die auch jede andere wichtige Bundesbehörde bewältigen muss, rechtfertigen noch nicht, dass der Bund Aufgaben der Länder personengruppenbezogen an sich zieht.[80] 39c

(5) Eisenbahn-Bundesamt

Nach § 54 b IfSG obliegt im Bereich der Eisenbahnen des Bundes und der Magnetschwebebahnen der Vollzug des IfSG für Schienenfahrzeuge sowie für ortsfeste Anlagen zur ausschließlichen Befüllung von Schienenfahrzeugen dem Eisenbahn-Bundesamt, soweit die Aufgaben des Gesundheitsamtes und der zuständigen Behörde nach den §§ 37 bis 39 und 41 betroffen sind. Das zweitgenannte Aufgabengebiet (§§ 37 ff., 41 IfSG) betrifft die Überwachung im Bereich Trink- und Abwasser. Ihren Grund findet die Zuständigkeit ausweislich der Gesetzentwurfsbegründung zum Eisenbahnneuordnungsgesetz v. 40

78 BGBl. 2020 I 2397.
79 BT-Drs. 19/23944, 37 – Zu Nr. 19.
80 *Ritgen* in → § 12 Rn. 80 f.: „zweifelhaft".

27.12.1993[81] darin, dass der weiträumige Eisenbahnbetrieb bundeseinheitliche Maßstäbe bei der Anwendung des (früheren) BSeuchG erfordert.[82] Aus systematischen Gründen wurde die inhaltsgleiche Regelung des § 72 IfSG aF mit dem Zweiten Bevölkerungsschutzgesetz v. 19.5.2020[83] nach § 54 b IfSG verschoben.[84] Verfassungsrechtlicher Anknüpfungspunkt der bundeseigenen Verwaltung ist hier eine Annexkompetenz zu Art. 87 e Abs. 1, 2 GG.

(6) Aufklärung und Krisenkommunikation

41 Wie die Planung (→ Rn. 38) liegt auch die Aufgabe der Aufklärung und Krisenkommunikation im Überschneidungsbereich von Verwaltungs- und Regierungskompetenz.

„Die Aufgabe der Staatsleitung und der von ihr als integralem Bestandteil umfassten Informationsarbeit der Bundesregierung ist Ausdruck ihrer gesamtstaatlichen Verantwortung.“[85] Die **Bundesregierung** hat daher die „Aufgabe, im Rahmen ihrer Öffentlichkeitsarbeit auch auf aktuelle streitige, die Öffentlichkeit erheblich berührende Fragen einzugehen“.[86] Zur Erfüllung ihrer informationsbezogenen Aufgabe kann die Bundesregierung auch nachgeordnete Behörden (zB das RKI) einschalten; sie darf diese Aufgabe aber nicht vollständig auslagern. Eine Pandemie bringt höchste Anforderungen an die Aufklärungsarbeit und Krisenkommunikation mit sich, da „der Erfolg der Pandemiebekämpfung [...] in hohem Maße davon ab[hängt], dass die von den Behörden verordneten oder empfohlenen Maßnahmen in der Bevölkerung auf Akzeptanz stoßen“.[87] Allerdings ist auch beim Informationshandeln die Kompetenzordnung zu beachten.[88]

42 Insbes. spielt die Aufklärung auf der **Verwaltungsebene** eine große Rolle. So erklärt § 3 IfSG die Information und Aufklärung der Allgemeinheit über die Gefahren übertragbarer Krankheiten und die Möglichkeiten zu deren Verhütung zur öffentlichen Aufgabe. Diese Verwaltungsaufgabe lässt sich ua aus der staatlichen Schutzpflicht aus Art. 2 Abs. 2 S. 1 GG (→ Rn. 49 ff.) ableiten.[89] Neben dem Bundesministerium für Gesundheit sind für die Aufklärung über Infektionskrankheiten und den Infektionsschutz verschiedene Behörden zuständig, ua (im Allgemeinen hinsichtlich der Bevölkerung) die Bundeszentrale für gesundheitliche Aufklärung[90] und (im Besonderen, insbes. hinsichtlich der Fachkreise) das RKI (vgl. § 4 Abs. 2 Nr. 1 IfSG).

cc) Kooperation zwischen Bund und Ländern

43 Da das Grundgesetz keine strikte Trennung der Sphären von Bund und Ländern kennt, sind zwischen den Staatsverbänden vielfältige Formen der Zusammenarbeit möglich und zulässig, was unter dem Begriff des kooperativen Föderalismus zusammengefasst werden kann. Ua dürfen die Länder auf bestimmten Aufgabengebieten ihr Vorgehen

---

81 BGBl. 1993 I 2378; BGBl. 1994 I 2439.

82 BT-Drs. 12/4609, 107 – Zu Absatz 24.

83 BGBl. 2020 I 1018.

84 Vgl. BT-Drs. 19/18967, 60 – Zu § 54 b.

85 BVerfG Beschl. v. 26.6.2002 – 1 BvR 558/91 ua, BVerfGE 105, 252 (270). Vgl. *Engel* in Isensee/Kirchhof StaatsR-HdB § 80 Rn. 5 zur Rechtfertigung der Öffentlichkeitsarbeit der Regierung aus dem Demokratie- und Rechtsstaatsprinzip.

86 BVerfG Beschl. v. 26.6.2002 – 1 BvR 670/91, BVerfGE 105, 279 (301); vgl. BVerfG Urt. v. 16.12.2014 – 2 BvE 2/14, BVerfGE 138, 102 (114 Rn. 40) mwN.

87 *Knufmann-Happe* in Kloepfer Pandemien S. 21 (24). Vgl. *Trute* KritV 2005, 342 (350) aE. Vgl. VerfGH Saarland Beschl. v. 28.4.2020 – Lv 7/20, BeckRS 2020, 7053 Rn. 40.

88 BVerfG Beschl. v. 26.6.2002 – 1 BvR 558/91 ua, BVerfGE 105, 252 (270).

89 *Kloepfer/Deye* DVBl 2009, 1208 (1215). Vgl. *von Steinau-Steinrück*, Die staatliche Verhütung und Bekämpfung von Infektionskrankheiten, 2013, S. 163 ff. zu der von der Aufgabe zu trennenden Frage, ob der einzelne Bürger einen Anspruch auf Information und Aufklärung hat.

90 Vgl. *Hamouda*, Bundesgesundheitsbl. 2005, 963 (968).

untereinander und mit der Bundesregierung bzw. Bundesbehörden abstimmen.[91] Das IfSG enthält dazu in § 4 Abs. 2 Nr. 3 und 5 sowie § 5 Abs. 6 (→ Rn. 36 a) und Abs. 7 (→ Rn. 26) flankierende Vorschriften. Die ausschließlich für die Bekämpfung der Corona-Epidemie geltende Vorschrift des § 28 a Abs. 3 S. 9 IfSG bestimmt, dass ab einer bestimmten Inzidenz bundesweit abgestimmte Schutzmaßnahmen anzustreben sind.[92]

Eine solchen Zusammenarbeit kann auf **verfassungsrechtliche Grenzen** stoßen: 44

„Die Kompetenzordnung des Grundgesetzes kann nicht überwunden werden. Der Bund darf in Ländersachen, die Länder dürfen in Bundessachen allenfalls beratend und empfehlend tätig werden, niemals dagegen mitregelnd oder mitentscheidend. Ebenso wenig kann eine Ebene gegenüber der anderen auf die Ausübung von Kompetenzen […] oder Befugnissen […] verzichten oder sie übertragen."[93]

Hinsichtlich des Infektionsschutzes bedeutet dies, dass Bundeskanzler und Bundesregierung mit Blick auf die von den Ländern im Wege der landeseigenen gesetzesakzessorischen Verwaltung (Art. 83 f. GG) zu erledigenden Hauptaufgaben nach dem IfSG (→ Rn. 18) nur eine beratende Stimme haben können. Auch ist ein Land hinsichtlich dieser Aufgaben verfassungsrechtlich nicht an die Absprachen gebunden, die auf Ministerpräsidentenebene mehrheitlich getroffen wurden, wenngleich hiervon gewisse faktische Befolgungszwänge ausgehen können[94]. 45

Die Kooperation kann zudem auf **einfachgesetzliche Grenzen** stoßen. Nach § 28 Abs. 1 S. 1 IfSG (ggf. iVm § 32 IfSG) müssen von den zuständigen Stellen in den Ländern die „notwendigen Schutzmaßnahmen" getroffen werden. Ein einheitliches Vorgehen aller Länder kann sich daher als rechtswidrig erweisen. Bei einem unterschiedlichen Infektionsgeschehen können in allen Ländern gleichermaßen ergriffene Bekämpfungsmaßnahmen in einigen Ländern unverhältnismäßig und damit grundrechtswidrig sein, während sie in anderen Ländern nicht ausreichend sind und folglich gegen den Vorrang des Gesetzes (Art. 20 Abs. 3 GG) verstoßen, der in Gestalt des IfSG notwendige Schutzmaßnahmen gebietet. 46

dd) Amtshilfe: §§ 4, 36 Abs. 11 IfSG

Nach Art. 35 Abs. 1 GG leisten alle Behörden des Bundes und der Länder sich gegenseitig Rechts- und Amtshilfe. Im Allgemeinen Verwaltungsrecht wird die **Amtshilfepflicht** durch §§ 4 ff. VwVfG näher ausgestaltet, wobei § 5 Abs. 1 VwVfG bzw. die entsprechende Norm des jeweiligen Landesverwaltungsverfahrensgesetzes die Konstellationen nennt, in denen eine Bundesbehörde bzw. Landesbehörde eine andere Behörde um Amtshilfe ersuchen darf. § 5 Abs. 2, 3 VwVfG beschreibt Umstände, unter denen eine ersuchte Behörde die Hilfe nicht leisten darf (Abs. 2) bzw. nicht zu leisten braucht (Abs. 3). Würde die Hilfehandlung der ersuchten Behörde in **Grundrechte** eingreifen, so bedürfte die Behörde hierfür einer auf ein formelles Gesetz zurückführbaren Ermächtigungsgrundlage, die Art. 35 Abs. 1 GG oder §§ 4 ff. VwVfG nicht zu ersetzen vermag.[95] Sofern das IfSG keine speziellen Regelungen enthält, kommen die allgemeinen Regelungen zur Anwendung. 46a

91 Vgl. *Klafki*, Risiko und Recht, 2017, S. 331 f.; *Walus* DÖV 2010, 127 (132 f.) zur interministeriellen Koordinierungsgruppe, die bei lang anhaltenden, länderübergreifenden Gefahren- oder Schadenslagen mit hohem Abstimmungs- und Beratungsbedarf (vgl. § 1 GOIntMinKoGr) einberufen werden kann.

92 Vgl. zu verfassungsrechtlichen Bedenken *Eibenstein* COVuR 2020, 856 (862). S. a. *Ritgen* in → § 12 Rn. 37 e: „unverbindlicher Programmsatz".

93 *Sodan/Ziekow* GK ÖffR § 8 Rn. 29. Vgl. BVerfG Urt. v. 15.7.2003 – 2 BvF 6/98, BVerfGE 108, 169 (182); Urt. v. 20.12.2007 – 2 BvR 2433/04 ua, BVerfGE 119, 331 (365).

94 Vgl. *Ipsen* DVBl 2020, 1037 (1038 f.); *Klafki*, Risiko und Recht, 2017, S. 135.

95 *Dederer* in Maunz/Dürig GG Art. 35 Rn. 82.

46b Besondere Regelungen zur Amtshilfe finden sich in **§ 4 IfSG**. Ganz allgemein arbeitet das RKI gemäß § 4 Abs. 1 S. 3 IfSG mit den zuständigen Landesbehörden zusammen. Ausdrücklich kann das RKI auf Ersuchen der zuständigen obersten Landesgesundheitsbehörde den zuständigen Stellen bei Maßnahmen zur Überwachung, Verhütung und Bekämpfung von bedrohlichen übertragbaren Krankheiten, auf Ersuchen mehrerer zuständiger oberster Landesgesundheitsbehörden auch länderübergreifend, Amtshilfe leisten (§ 4 Abs. 1 S. 5 IfSG). Beim RKI wird zudem eine Kontaktstelle für den öffentlichen Gesundheitsdienst der Länder eingerichtet, die ua die Amtshilfe koordiniert. Der Aufgabenerledigung anderer Behörden dient es schließlich, wenn das RKI die Ergebnisse seiner infektionsepidemiologischen Auswertungen den in § 4 Abs. 2 Nr. 3 IfSG genannten Behörden zur Verfügung stellt. Allerdings darf das RKI die ihm danach „eingeräumte Amtshilfe nur leisten, wenn die Handlung, um die ersucht wird, nach dem für das RKI maßgeblichen Recht zulässig ist. [...] Insbesondere wenn eine Eingriffshandlung Gegenstand des Amtshilfeersuchens ist, muss das RKI über die dazu erforderliche gesetzliche Eingriffsermächtigung verfügen".[96] Keinesfalls kann eine infektionsschutzrechtliche Befugnisnorm zu Gunsten einer Landesbehörde (vgl. § 54 IfSG) einfach im Wege der Amtshilfe zum RKI gezogen werden. Schon aufgrund dieser grundrechtlichen Schranke, kann mittels Amtshilfe die Zuständigkeitsordnung nicht aus den Angeln gehoben werden. Um im Rahmen der Amtshilfe personenbezogene Daten verarbeiten zu können, legitimiert § 4 Abs. 1 S. 6 IfSG den damit verbundenen Grundrechtseingriff.

46c Eine eigentümliche Form der „aufgedrängten" Amtshilfe scheint **§ 36 Abs. 11 IfSG** zu regeln. Die Vorschrift steht in dem Kontext „Einreisen", der mit dem Dritten Bevölkerungsschutzgesetz v. 18.11.2020[97] – unter Aufhebung von § 5 Abs. 2 S. 1 Nr. 1, 2 IfSG aF und Abschaffung der Anordnungskompetenz des BMG – nach § 36 Abs. 8 bis 11 IfSG übertragen wurde (→ Rn. 36). Gemäß § 36 Abs. 10 S. 1 Nr. 1 IfSG wird die Bundesregierung im Falle einer vom Bundestag festgestellten epidemischen Lage von nationaler Tragweite ermächtigt, durch Rechtsverordnung bestimmte **Nachweis- und Auskunftspflichten von Einreisenden** (zB Vorlage einer Impfdokumentation, eines ärztlichen Zeugnisses oder eines Testergebnisses, Auskunft über Krankheitssymptome) zu begründen. Die Vorlage- und Auskunftspflicht soll dann ua gegenüber den die *zuständigen Behörden unterstützenden*, mit der polizeilichen Kontrolle des grenzüberschreitenden Verkehrs beauftragten *Behörden* bestehen. Komplementär dazu verhält sich § 36 Abs. 11 S. 1 IfSG, wonach diese unterstützenden Behörden anlässlich ihrer grenzpolizeilichen Aufgabenwahrnehmung stichprobenhaft von Einreisenden die Vorlage der vorstehend genannten Dokumente bzw. Auskunft über Krankheitssymptome verlangen dürfen. Die **unterstützenden Grenzpolizeibehörden** unterrichten bei Kenntnis die zuständigen Behörden unverzüglich über die Einreise von Personen, die ihren Nachweis- und Auskunftsverpflichtungen bei der Einreise nicht nachgekommen sind (§ 36 Abs. 11 S. 2 IfSG). Zu diesem Zweck dürfen von den Grenzpolizeibehörden personenbezogene Angaben sowie Angaben zu Aufenthaltsorten und genutzten Reisemitteln erhoben und der zuständigen Behörde übermittelt werden (§ 36 Abs. 11 S. 3 IfSG).

46d Die Einordnung der Grenzschutzbehörden als nur „unterstützende Behörden" im Zusammenhang mit Einreisen macht auf ein **Spannungsverhältnis zwischen Landes- und Bundeskompetenzen** aufmerksam. Mit dem internationalen Reiseverkehr ist die Gefahr der Einschleppung von Krankheitserregern verbunden. Die Verhinderung des Einschleppens (durch Zurückweisung von Personen an der Grenze) oder zumindest die Gefahrbegrenzung (durch Gefährdungsabschätzungen an der Grenze, Erfassung von Einreisenden mit Gefahrenpotenzial und Informationsübermittelung an die Gesundheitsämter

96 BT-Drs. 19/15164, 51.
97 BGBl. 2020 I 2397.

zwecks weiterer Veranlassungen, wie zB eine Quarantäneüberwachung) sind epidemiologisch wirksame Maßnahmen gegen die Ausbreitung von Infektionskrankheiten. Mit diesem Blickwinkel ließe sich das diesbezügliche Verwaltungshandeln der Länderkompetenz zur **Ausführung des IfSG** (vgl. Art. 83 f. GG, § 54 IfSG) zuordnen. Die in § 36 Abs. 11 IfSG genannten Maßnahmen der Grenzpolizeibehörden (des Bundes) erweisen sich dann als Amtshilfe, für die die Norm aufgrund der mit den Maßnahmen verbundenen Grundrechtseingriffe eigenständige Ermächtigungsgrundlagen bereitstellt (→ Rn. 46 a). Als nicht ganz unproblematisch erweist es sich dann aber, dass die Kontrollbefugnisse der unterstützenden Behörden nach dem Gesetzeswortlaut unabhängig von einem Ersuchen der zuständigen Behörden ausgeübt werden dürfen.

Allerdings stehen Einreisen auch in einem sehr engen Zusammenhang zu den Verwal- **46e**
tungskompetenzen des Bundes. Diese Sichtweise nahm wohl noch der Gesetzgeber des (ersten) Gesetzes zum Schutz der Bevölkerung bei einer epidemischen Lage von nationaler Tragweite v. 27.3.2020[98] ein, als er mit § 5 Abs. 2 S. 1 Nr. 1 IfSG aF diesbezügliche Anordnungskompetenzen beim BMG ansiedelte. Nach Art. 87 Abs. 1 S. 2 GG darf der Bund **Bundesgrenzschutzbehörden** einrichten. Voraussetzung ist allerdings, dass der Bund diese fakultative Verwaltungskompetenz im Bereich des Grenzschutzes durch Gesetz an sich zieht, was er mit der Einrichtung des früheren Bundesgrenzschutzes bzw. der heutigen Bundespolizei auch getan hat (vgl. § 2 BPolG)[99]. Dass im Rahmen des Grenzschutzes auch Gefahren abzuwehren sind, deren Abwehr ansonsten – wie bei Infektionskrankheiten – in die Kompetenz der Länder fällt, ändert nichts daran, dass die Kontrolle des grenzüberschreitenden Personenverkehrs dem Aufgabenbereich des Grenzschutzes zuzurechnen ist[100]. Andernfalls könnten die Länder mit Blick auf ihre Verwaltungsaufgaben die Grenzkontrolle weitgehend auch zu ihrer eigenen Angelegenheit machen, was ersichtlich vom Grundgesetz nicht gewollt ist. Fraglich war bei § 5 Abs. 2 S. 1 Nr. 1 IfSG aF aber, ob auch das BMG eine Bundesgrenzschutzbehörde iSd Grundgesetzes sein kann.

c) Finanzierungskompetenz

Nach der allgemeinen Lastenverteilungsregel des Art. 104 a Abs. 1 GG tragen Bund und **47**
Länder, die sich aus der Wahrnehmung ihrer Aufgaben ergebenden Ausgaben selbst (Konnexitätsprinzip).

§ 5 Abs. 2 S. 1 Nr. 9 IfSG sieht entgegen dieser Lastenverteilungsregel vor, dass der **48**
Bund **Finanzhilfen** nach Art. 104 b Abs. 1 GG für Investitionen in die **IT-Ausstattung der Gesundheitsämter** gewähren kann.[101] Die Regelung ist verfassungswidrig:[102] Art. 104 a Abs. 5 S. 1 Hs. 1 GG, wonach die Länder die bei ihren Behörden entstehenden Verwaltungsausgaben zu tragen haben, sperrt hinsichtlich der IT-Ausgaben die Anwendbarkeit des Art. 104 b Abs. 1 GG. Denn bei diesen Ausgaben handelt es sich um sog. Verwaltungsausgaben,[103] die in der finanzverfassungsrechtlichen Systematik von

98 BGBl. 2020 I 587.

99 BVerfG Beschl. v. 28.1.1998 – 2 BvF 3/92, BVerfGE 97, 198 (216).

100 Vgl. § 2 Abs. 2 Nr. 2 lit. c BPolG, der allgemein von der Gefahrenabwehr spricht sowie Nomos-BR/*Wehr* BPolG § 2 Rn. 11; BT-Drs. 12/8047, 6 – Stellungnahme des Bundesrates. Vgl. ferner zu der dem Grenzschutz zuzurechnenden „Kontrolle des grenzüberschreitenden Verkehrs“ BVerfG Beschl. v. 28.1.1998 – 2 BvF 3/92, BVerfGE 97, 198 (214).

101 BT-Drs. 19/18967, 53 (zu Doppelbuchst. cc) nennt einen Finanzierungsanteil des Bundes von jeweils ca. 100.000 bis 150.000 Euro für jedes der 375 Gesundheitsämter in der Bundesrepublik Deutschland.

102 S. ausführlich *Kluckert*, Schriftliche Stellungnahme v. 8.5.2020 zum Entwurf eines Zweiten Gesetzes zum Schutz der Bevölkerung bei einer epidemischen Lage von nationaler Tragweite (BT-Drs. 19/18967), Gesundheitsausschuss-Drs. 19(14)160(29), S. 7 ff.; s. ferner *Rixen* in → § 4 Rn. 27.

103 Verwaltungsausgaben sind die „Kosten für die Unterhaltung und den Betrieb des administrativen Apparates“ (*Heun* in Dreier GG Art. 104 a Rn. 16). Kosten, die für die IT-Systeme einer Behörde anfallen, gehören

sog. Zweckausgaben zu unterscheiden sind.[104] Die Unterscheidung zwischen Zweckausgaben und Verwaltungsausgaben wird getroffen, weil die allgemeine Lastenverteilungsregel (Art. 104 a Abs. 1 GG) nur hinsichtlich der sog. Zweckausgaben Ausnahmen zulässt. Nach vielfach vertretener Ansicht gilt Art. 104 a Abs. 5 GG auch für die außerhalb von Art. 104 a GG angesiedelten Lastenverteilungsregeln (Art. 104 b, 104 c, 91 a ff. und 120 GG).[105] Dass die spezielle, Verwaltungsausgaben betreffende Finanzierungsregel auch für Finanzhilfen des Bundes gilt, hat das BVerwG ausdrücklich ausgesprochen. Zwar hat es (in einer früheren Entscheidung) den Anwendungsbereich von Art. 104 a Abs. 5 GG einengend ausgelegt und formuliert, dass der Anwendungsbereich des Art. 104 a Abs. 5 GG nicht über den der vorangehenden Absätze (2 bis 4) hinausreicht.[106] Allerdings waren zum damaligen Zeitpunkt die Finanzhilfen des Bundes in Art. 104 a Abs. 4 GG aF geregelt. Im Zuge der Föderalismusreform I (2006) wurde der Regelungsgehalt des Art. 104 a Abs. 4 GG aF nach Art. 104 b Abs. 1 GG überführt.[107] Es ist nicht davon auszugehen, dass mit dieser neuen Verortung die Finanzierungszuständigkeiten des Bundes erweitert wurden. Die Föderalismusreform I verfolgte gerade das gegenteilige Ziel.[108] Unabhängig von der durch Art. 104 a Abs. 5 GG erzeugten Sperre hinsichtlich solcher Finanzhilfen nach Art. 104 b Abs. 1 S. 1 GG, die sich auf die Verwaltungsausgaben von Landesbehörden beziehen, dürften bereits die allgemeinen Voraussetzungen[109] für Finanzhilfen des Bundes nach Art. 104 b Abs. 1 GG nicht erfüllt sein.[110] Der durch das Wort „zur" bzw. „zum" in Art. 104 b Abs. 1 S. 1 GG ausgedrückte und verlangte Finalzusammenhang (zur Abwehr einer Störung des gesamtwirtschaftlichen Gleichgewichts, zum Ausgleich unterschiedlicher Wirtschaftskraft im Bundesgebiet, zur Förderung des wirtschaftlichen Wachstums) ist hinsichtlich der in § 5 Abs. 2 S. 1 Nr. 9 IfSG vorgesehenen Hilfen nicht vorhanden.[111]

48a Mit dem Dritten Bevölkerungsschutzgesetz v. 18.11.2020[112] wurde die in § 5 Abs. 2 S. 1 Nr. 9 IfSG enthaltene Ermächtigung zur Gewährung von Finanzhilfen des Bundes erweitert. Sie umfasst nun auch Hilfen zum Aufbau oder zur Aufrechterhaltung von Kernkapazitäten (iSd Anlage 1 Teil B der Internationalen Gesundheitsvorschriften, *Gassner* in → § 1 Rn. 47) auf Flughäfen, in Häfen und bei Landübergängen, soweit dies in die Zuständigkeit der Länder fällt. Die Gesetzentwurfsbegründung nennt als Kernkapazitäten beispielhaft Vorkehrungen für Desinfektion und Entseuchung von Gepäckstücken, Frachtstücken oder Containern sowie Räumlichkeiten für die Befragung, Untersuchung und Versorgung von kranken oder krankheitsverdächtigen Reisenden bzw. für die Lagerung der hierzu erforderlichen Materialien des öffentlichen Gesundheitsdienstes.[113] Dabei handelt es sich um Kernkapazitäten, die in § 8 Abs. 5 IGV-DG für Flughä-

---

typischerweise zu der Kategorie der Verwaltungsausgaben (vgl. *Schwarz* in Maunz/Dürig GG Art. 104 a Rn. 90).

104 Vgl. *Heun* in Dreier GG Art. 104 a Rn. 17.

105 *Von Arnim* in Isensee/Kirchhof StaatsR-HdB § 138 Rn. 22; *Heintzen* in v. Münch/Kunig GG Art. 104 a Rn. 9; *Hellermann* in MKS GG Art. 104 a Rn. 141; *Siekmann* in Sachs GG Art. 104 a Rn. 13.

106 BVerwG Urt. v. 27.3.1980 – IV A 1.77, juris Rn. 19. BVerwG Urt. v. 20.2.1997 – 3 A 2/95, juris Rn. 13 lässt dagegen ausdrücklich offen, ob Art. 104 a Abs. 5 GG im Rahmen des Art. 120 GG gilt.

107 Vgl. BT-Drs. 16/813, 19 – Zu Absatz 1.

108 BT-Drs. 16/813, 1, 10 und 19 – Zu Nummer 17. Vgl. *Tappe/Wernsmann*, Öffentliches Finanzrecht, 2. Aufl. 2019, Rn. 157.

109 Gemeint sind die allgemeinen Voraussetzungen „zur Abwehr einer Störung des gesamtwirtschaftlichen Gleichgewichts" oder „zum Ausgleich unterschiedlicher Wirtschaftskraft im Bundesgebiet" oder „zur Förderung des wirtschaftlichen Wachstums".

110 So auch *Hollo* in Kießling IfSG § 5 Rn. 32.

111 Ausf. *Kluckert*, Schriftliche Stellungnahme v. 8.5.2020 zum Entwurf eines Zweiten Gesetzes zum Schutz der Bevölkerung bei einer epidemischen Lage von nationaler Tragweite (BT-Drs. 19/18967), Gesundheitsausschuss-Drs. 19(14)160(29), 9 f.

112 BGBl. 2020 I 2397.

113 BT-Drs. 19/23944, 25 – Zu Nr. 4 a) bb).

fen und § 13 Abs. 5 IGV-DG für Seehäfen erwähnt werden. Auffällig ist aber, dass nach den vorstehenden Bestimmungen die Flughafenunternehmer oder Seehafenbetreiber für die Schaffung und Erhaltung dieser Kapazitäten selbst zu sorgen haben. Die Länder haben gerade nicht die in § 8 Abs. 5, § 13 Abs. 5 IGV-DG erwähnten, sondern nur die übrigen Kernkapazitäten nach Anlage 1 Teil B IGV zu schaffen (§ 8 Abs. 6 S. 1, § 13 Abs. 6 S. 1 IGV-DG). Letztlich handelt es sich bei Investitionen für den in die Zuständigkeit der Länder fallenden Aufbau und die Aufrechterhaltung von Kernkapazitäten um Verwaltungsausgaben, die nach Art. 104 a Abs. 5 S. 1 Hs. 1 GG ausschließlich von dem zuständigen Verband finanziert werden müssen; zudem liegen auch die Voraussetzungen für Finanzhilfen des Bundes nach Art. 104 b Abs. 1 S. 1 GG nicht vor. Zur Begründung kann auf die Ausführungen zu den Finanzhilfen für Investitionen in die IT-Ausstattung der Gesundheitsämter verwiesen werden (→ Rn. 48).

2. Die grundrechtliche Schutzpflicht zugunsten der Rechtsgüter Leben und körperliche Unversehrtheit

Die Grundrechte sind nach ihrer klassischen Funktion und weiterhin vornehmlich Abwehrrechte des Bürgers gegen den Staat.[114] Seit Mitte der 1970er Jahre ist aber auch in der Rechtsprechung des **BVerfG anerkannt**, dass Grundrechte – allen voran das Grundrecht auf Leben und körperliche Unversehrtheit (Art. 2 Abs. 2 S. 1 GG) – auch Schutzpflichten des Staates hinsichtlich der von ihnen geschützten Rechtsgüter auslösen.[115] Da Schutzpflichten dem Staat ein Handeln zugunsten des Bürgers abverlangen, könnte man sie als eine Form eines originären Leistungsrechts auffassen, wenngleich der Leistungsinhalt hochgradig unbestimmt bliebe. Die herrschende Ansicht ordnet Schutzpflichten jedoch eher dem **objektiv-rechtlich**en Gehalt eines Grundrechts zu.[116] Dass die Verletzung von Schutzpflichten gleichwohl mit der dem subjektiven Rechtsschutz dienenden (vgl. § 90 Abs. 1 BVerfGG) Verfassungsbeschwerde gerügt werden kann,[117] verweist auf ihre komplizierte verfassungsrechtliche Konstruktion. 49

Die jüngere Grundrechtsfunktion der Schutzpflichten ist nicht völlig unproblematisch, weil sie schon bei leichter Ausdehnung unmittelbar in Konflikt zu anderen Grundsätzen der Verfassung (→ Rn. 55, 57 zur Haushaltsautonomie), insbes. zur freiheitlichen Grundrechtsordnung selbst treten kann. Der Anerkennung von Schutzpflichten ist die **Gefahr** immanent, dass „die Grundrechte unter der Hand aus einem Hort der Freiheitssicherung zur Grundlage einer Fülle von freiheitsbeschränkenden Reglementierungen werden“[118] könnten. Anders als Abwehrrechte, die lediglich ein Unterlassen des Staates verlangen, begründen Schutzpflichten eine Handlungspflicht, deren Erfüllung regelmäßig mit Grundrechtseingriffen verbunden sein wird.[119] Daher muss – anders als in der Abwehrfunktion des Grundrechts – die **Reichweite** der Schutzpflicht unter Berücksichtigung kollidierender Rechtsgüter bestimmt werden.[120] 50

114 Vgl. BVerfG Urt. v. 15.1.1958 – 1 BvR 400/51, BVerfGE 7, 198 (204 f.); Beschl. v. 31.10.1984 – 1 BvR 35/82 ua, BVerfGE 68, 193 (205).

115 Grundlegend: BVerfG Urt. v. 25.2.1975 – 1 BvF 1/74 ua, BVerfGE 39, 1 ff. – Schwangerschaftsabbruch I.

116 BVerfG Beschl. v. 8.8.1978 – 2 BvL 8/77, BVerfGE 49, 89 (141 f.); Beschl. v. 14.1.1981 – 1 BvR 612/72, BVerfGE 56, 54 (73); *Sodan/Ziekow* GK ÖffR § 22 Rn. 21; *Herdegen* in Maunz/Dürig GG Art. 1 Abs. 3 Rn. 17 ff.

117 BVerfG Beschl. v. 29.10.1987 – 2 BvR 624/83 ua, BVerfGE 77, 170 (214).

118 Sondervotum der Richter *Rupp-v. Brünneck* und *Simon* BVerfGE 39, 68 (73).

119 *Wahl/Masing* JZ 1990, 553 ff.

120 BVerfG Urt. v. 28.5.1993 – 2 BvF 2/90 ua, BVerfGE 88, 203 (254). Vgl. BVerfG Beschl. v. 6.5.1997 – 1 BvR 409/90, BVerfGE 96, 56 (64).

a) Infektionskrankheiten/Pandemie

51 In der Schutzpflichtdimension geht es nicht um Gefahren, die in zurechenbarer Weise vom Staat selbst verursacht wurden. Vielmehr sind hier insbes. rechtswidrige „Eingriffe" Dritter in den Blick zu nehmen, die sich in einem Dreieck Staat – Opfer – Störer abbilden[121]. Umstritten ist mit Blick auf diesen Ausgangspunkt, ob nicht vom Menschen verursachte und nicht auf Übergriffen Privater beruhende **Naturkatastrophen** überhaupt eine Schutzpflicht des Staates begründen und nicht nur eine staatliche Aufgabe.[122] Allerdings wäre bereits hier differenzierend zu hinterfragen, ob sich eine Schutzpflicht nicht ggf. nach Eintritt einer Naturkatastrophe in der akuten Bekämpfungssituation aktualisiert.

52 Jedenfalls fällt die **Seuchengefahr** nicht unter diesen Streitfall (→ Rn. 51). Sie löst die reguläre Schutzpflicht des Staates aus, da menschliches Verhalten für die Übertragung eines Virus eine zentrale Rolle spielt und es darum geht, Nichtinfizierte vor Ansteckung durch Infizierte zu bewahren, mithin Gefahren aus der Mitte der Gesellschaft abzuwehren.[123]

b) IfSG

53 Der mit dem IfSG verfolgte Zweck, übertragbaren Krankheiten beim Menschen vorzubeugen, Infektionen frühzeitig zu erkennen und ihre Weiterverbreitung zu verhindern (§ 1 Abs. 1 IfSG), berührt **grundrechtlich begründbare Handlungspflichten** von Gesetzgeber und Verwaltung.[124] Die in Art. 2 Abs. 2 S. 1 GG verwurzelte Schutzpflicht des Staates verlangt, dass der Staat den Schutz seiner Bürger vor tödlichen, gesundheitsschädigenden, lebens- und gesundheitsgefährdenden Infektionskrankheiten zu einem seiner Anliegen macht und diesbezüglich nicht gänzlich untätig bleibt. Zusätzlich wird hier die grundrechtliche Schutzpflicht aus Art. 2 Abs. 2 S. 1 GG durch das **Sozialstaatsprinzip** (Art. 20 Abs. 1 GG) verstärkt.[125] Unter dem sozialstaatlichen Aspekt der sozialen Sicherheit wird angenommen, dass den Staat auch ein Auftrag trifft, Vorsorge gegen die Wechselfälle des Lebens, wozu auch Erkrankungen gehören, zu treffen.[126] „Der Schutz des Einzelnen in Fällen von Krankheit ist in der sozialstaatlichen Ordnung des Grundgesetzes eine Grundaufgabe des Staates."[127]

c) Inhalt

54 Die Schutzpflicht aus Art. 2 Abs. 2 S. 1 GG gebietet allen staatlichen Organen, sich schützend und fördernd vor das Leben und die körperliche Unversehrtheit zu stellen.[128] Bereits das im Vorfeld der Gefahr angesiedelte Risiko für ein Rechtsgut ist für die Aktivierung der Schutzpflicht ausreichend.[129] Aus einer grundrechtlichen Schutzpflicht folgt

121 *Isensee* in Isensee/Kirchhof StaatsR-HdB § 191 Rn. 5.

122 Vgl. *Hermes*, Das Grundrecht auf Schutz von Leben und Gesundheit, 1987, S. 231 f. (verneint); *Isensee* in Isensee/Kirchhof StaatsR-HdB § 191 Rn. 206 mwN (verneint); *Kloepfer*, Handbuch des Katastrophenrechts, 2015, § 3 Rn. 58 ff. (bejaht); *von Steinau-Steinrück*, Die staatliche Verhütung und Bekämpfung von Infektionskrankheiten, 2013, S. 141 ff. (bejaht); *Trute* KritV 2005, 342 (358) (bejaht).

123 *Grüner*, Biologische Katastrophen, 2017, S. 251 f.; *Isensee* in Isensee/Kirchhof StaatsR-HdB § 191 Rn. 207.

124 BVerfG Kammerbeschl. v. 13.5.2020 – 1 BvR 1021/20, BeckRS 2020, 8418 Rn. 8; Kammerbeschl. v. 11.11.2020 – 1 BvR 2530/20, BeckRS 2020, 30293 Rn. 16; OVG Berlin-Brandenburg Beschl. v. 6.11.2020 – 11 S 113/20, BeckRS 2020, 29815 Rn. 27; OVG Münster Beschl. v. 18.8.2020 – 13 B 847/20.NE BeckRS 2020, 21590 Rn. 27; *Sodan* in Ehlers/Fehling/Pünder BesVerwR II § 56 Rn. 24.

125 Vgl. VGH Kassel Beschl. v. 7.4.2020 – 8 B 892/20.N BeckRS 2020, 5242 Rn. 42, 47.

126 *Sodan/Ziekow* GK ÖffR § 10 Rn. 11.

127 BVerfG Urt. v. 6.12.2005 – 1 BvR 347/98, BVerfGE 115, 25 (43).

128 BVerfG Beschl. v. 14.1.1981 – 1 BvR 612/72, BVerfGE 56, 54 (73); Urt. v. 6.12.2005 – 1 BvR 347/98, BVerfGE 115, 25 (44 f.); Urt. v. 11.6.2008 – 1 BvR 3262/07 ua, BVerfGE 121, 267 (356); Kammerbeschl. v. 19.5.2015 – 2 BvR 987/11, NJW 2015, 3500 (3501 Rn. 18).

129 *Isensee* in Isensee/Kirchhof StaatsR-HdB § 191 Rn. 235.

in der Regel **keine bestimmte Handlungsvorgabe,** was die Schutzpflicht mit dem sie normativ verstärkenden Sozialstaatsprinzip (→ Rn. 53) gemeinsam hat[130]. Die Erfüllung der Schutzpflicht erfolgt in eigener Verantwortung der zuständigen Staatsorgane.[131] Es ist vor allem Sache des Gesetzgebers, ein Schutzkonzept aufzustellen und normativ umzusetzen,[132] wobei ihm ein weiter Einschätzungs-, Wertungs- und Gestaltungsspielraum zukommt[133]. Nur in seltenen Ausnahmefällen lassen sich der Verfassung konkrete Pflichten oder ein bestimmtes Mindestschutzniveau entnehmen.[134] Insbes. gewährleistet auch das Recht auf Leben „keinen Anspruch auf Ausschluss jedes vorstellbaren Risikos".[135] Dementsprechend stellt das BVerfG eine Verletzung nur dann fest, wenn der Gesetzgeber seine Pflicht **„evident" verletzt** hat.[136] Eine solche Evidenz setzt voraus, dass er „Schutzvorkehrungen überhaupt nicht getroffen hat oder die ergriffenen Maßnahmen gänzlich ungeeignet oder völlig unzulänglich sind, das gebotene Schutzziel zu erreichen oder erheblich dahinter zurückbleiben".[137]

Die Zurückhaltung des BVerfG hinsichtlich des Gesetzgebers ist zuständigkeitsbezogen 55
und folgt aus Überlegungen, welche die Funktionen von Gesetzgebung und Rechtsprechung, mithin die Gewaltenteilung und das Demokratieprinzip betreffen.[138] Der Schutz bestimmter Rechtsgüter erfordert letztlich immer eine **politisch zu verantwortende Abwägung** vielfältiger und gegenläufiger Interessen – auch finanzieller Art, denn in der Haushaltswirtschaft sind auch andere Gemeinwohlbelange zu berücksichtigen[139]. Die einzelinteressenbezogene Ableitung konkreter, mit Ausgaben verbundener Handlungspostulate durch Gerichte würde das **Budgetrecht** des Parlaments zurückdrängen. Zudem können bei der Erfüllung der Schutzpflicht für Leben und Gesundheit bereits „interne" **Zielkonflikte** vorhanden sein, wenn bspw. für die Bereitstellung von Krankenhausplätzen für eine bestimmte Patientengruppe andere medizinische Bedürfnisse zurückgestellt werden müssen. Soweit es nicht um die Teilhabe an vorhandenen Schutzeinrichtungen geht, sondern um eine aktive Erweiterung, muss auch hier gelten, dass dieses Begehren „unter dem **Vorbehalt des Möglichen** im Sinne dessen, was der Einzelne vernünftigerweise von der Gesellschaft beanspruchen kann",[140] steht. Zu dieser Abwägung ist in erster Linie der vom Volk unmittelbar legitimierte Gesetzgeber berufen.[141] Eine Verletzung grundrechtlicher Schutzpflichten kann das BVerfG daher nur dann feststellen, wenn die betreffende Grundrechtsposition in Anbetracht der Bedeutung und

130 BVerfG Beschl. v. 27.4.1999 – 1 BvR 2203/93 ua, BVerfGE 100, 271 (284): „Das Sozialstaatsprinzip enthält einen Gestaltungsauftrag an den Gesetzgeber [...]. Wie der Gesetzgeber diesen Auftrag erfüllt, ist mangels näherer Konkretisierung des Sozialstaatsprinzips seine Sache". Vgl. ferner BVerfG Urt. v. 3.4.2001 – 1 BvR 1629/94, BVerfGE 103, 242 (259 f.); Beschl. v. 8.6.2004 – 2 BvL 5/00, BVerfGE 110, 412 (445 f.).

131 BVerfG Urt. v. 16.10.1977 – 1 BvQ 5/77, BVerfGE 46, 160 (164).

132 BVerfG Urt. v. 11.6.2008 – 1 BvR 3262/07 ua, BVerfGE 121, 267 (357).

133 BVerfG Beschl. v. 30.11.1988 – 1 BvR 1301/84, BVerfGE 79, 174 (202); Kammerbeschl. v. 11. 1. 2016 – 1 BvR 2980/14, NVwZ 2016, 841 (842 Rn. 19). So auch in der Corona-Epidemie BVerfG Kammerbeschl. v. 12.5.2020 – 1 BvR 1027/20, BeckRS 2020, 8419 Rn. 6.

134 BVerfG Kammerbeschl. v. 28.7.1987 – 1 BvR 842/87, NVwZ 2016, 841 (842). Vgl. BVerfG Urt. v. 11.6.2008 – 1 BvR 3262/07 ua, BVerfGE 121, 267 (357); OVG Bautzen Beschl. v. 10.6.2020 – 3 B 194/20, NVwZ 2020, 1125 (1127 Rn. 19); *Wahl/Masing* JZ 1990, 553 (558 f.).

135 BVerfG Kammerbeschl. v. 18.2.2010 – 2 BvR 2502/08, NVwZ 2010, 702 (703 Rn. 10).

136 BVerfG Kammerbeschl. v. 26.10.1995 – 1 BvR 1348/95, NJW 1995, 651 (652); Kammerbeschl. v. 11.1.2016 – 1 BvR 2980/14, NVwZ 2016, 841 (842 Rn. 19); *Sodan/Ziekow* GK ÖffR § 22 Rn. 24.

137 BVerfG Kammerbeschl. v. 18.2.2010 – 2 BvR 2502/08, NVwZ 2010, 702 (703 Rn. 11). Vgl. BVerfG Beschl. v. 29.10.1987 – 2 BvR 624/83 ua, BVerfGE 77, 170 (215). So auch in der Corona-Epidemie BVerfG Kammerbeschl. v. 12.5.2020 – 1 BvR 1027/20, BeckRS 2020, 8419 Rn. 7.

138 Vgl. BVerfG Beschl. v. 14.1.1981 – 1 BvR 612/72, BVerfGE 56, 54 (81); Kammerbeschl. v. 28.7.1987 – 1 BvR 842/87, NJW 1987, 2287.

139 Vgl. BVerfG Urt. v. 18.7.1972 – 1 BvL 32/70 ua, BVerfGE 33, 303 (333).

140 BVerfG Urt. v. 18.7.1972 – 1 BvL 32/70 ua, BVerfGE 33, 303 (333) – Hervorhebungen vom Verf. Vgl. *Kloepfer/Deye* DVBl 2009, 1208 (1218 f.).

141 *Kluckert* JuS 2015, 116 (118).

Tragweite des betroffenen Grundrechts in einer Weise untergeordnet wurde, dass „von einem angemessenen Ausgleich nicht mehr gesprochen werden kann“.[142]

56 Zudem beruhen die einem grundrechtlich geschützten Rechtsgut drohenden Schäden vielfach auf Prognosen, und die zu betrachtenden Kausalverläufe sind oftmals **wissenschaftlich umstritten.** Dies gilt gerade exemplarisch für von neuen Krankheitserregern und übertragbaren Krankheiten ausgehende Gefahren für die Gesundheit.[143] Eine an Risikoanalysen und -bewertungen anschließende Differenzierung des Schutzniveaus muss daher unter größter **Unsicherheit** vorgenommen werden. Die Zurückhaltung des BVerfG trägt deshalb auch der Verteilung der Verantwortung zur Beurteilung komplexer und höchst umstrittener Sachverhalte und den nach Funktion und Verfahrensweise unterschiedlichen Erkenntnismöglichkeiten beider Gewalten Rechnung.[144]

57 Allerdings weist die Rechtsprechung den grundrechtlichen Schutzpflichten mit Blick auf die **Verwaltung** eine etwas größere Bedeutung zu, so dass auch die auf eine Schutzpflicht gestützten Postulate der Rechtsprechung stärker ausfallen können. So können grundrechtliche Schutzpflichten im Einzelfall ordnungsrechtliche, dh grundsätzlich objektiv-rechtliche Ermächtigungsgrundlagen ausnahmsweise zu einem subjektiven Recht mutieren lassen[145] und Ermessensspielräume, insbes. das Entschließungsermessen reduzieren. Keinesfalls können aber aus Schutzpflichten unmittelbare Eingriffsbefugnisse der Verwaltung abgeleitet werden; Grundrechtseingriffe bedürfen auch in Notsituationen einer normativen Grundlage im einfachen Recht.[146] Bei der Prüfung der Verhältnismäßigkeit von auf das IfSG gestützten Eingriffen bildet die Schutzpflicht aus Art. 2 Abs. 2 S. 1 GG einen wichtigen Aspekt für die Gewichtung der auf der Waagschale des Staates liegenden öffentlichen Interessen und Gemeinwohlbelange.[147] Allerdings ist hierbei zu beachten, dass die **Sozialgestaltungskompetenz der Exekutive** geringer ist als die des Gesetzgebers. Zudem sind die Handlungsmöglichkeiten der Exekutive von vornherein durch die Kompetenzordnung, die Gewaltenteilung und den Vorbehalt des Gesetzes begrenzt.[148] Von diesen Bindungen befreit auch nicht der Umstand, dass eine Schutzpflicht erfüllt werden soll. Diese Grenzen haben auch die Gerichte zu berücksichtigen, wenn sie gegenüber der Exekutive aus Schutzpflichten abgeleitete Handlungsvorgaben formulieren. Unzulässig wäre es daher, Behörden auf der Grundlage von Generalklauseln zu Maßnahmen zu verpflichten, welche die Grenzen behördlicher Sozialgestaltungskompetenz sprengen und die Haushaltsautonomie des Parlaments umgehen.

58 Folglich wird mit Blick auf Katastrophenfälle formuliert, dass die Verletzung einer Schutzpflicht nur dann evident ist, wenn der Staat gänzlich **auf Schutzmaßnahmen verzichten** würde bzw. diese sich als völlig untauglich erwiesen.[149] Insbes. ist der Staat

142 BVerfG Beschl. v. 27.1.1998 – 1 BvL 15/87, BVerfGE 97, 169 (176 f.).

143 Vgl. *Engels* DÖV 2014, 464 (468 f.); *Knufmann-Happe* in Kloepfer Pandemien S. 21 (23 f.); *Trute* GSZ 2018, 125 (132); *Trute* GSZ 2020, 93 ff.

144 BVerfG Kammerbeschl. v. 18.2.2010 – 2 BvR 2502/08, NVwZ 2010, 702 (703 Rn. 11). Vgl. *Klafki*, Risiko und Recht, 2017, S. 150 f.; *Schulze-Fielitz* in Dreier GG Art. 2 Abs. 2 Rn. 89.

145 Vgl. VG Hamburg Beschl. v. 23.1.2012 – 15 E 211/12, NJW 2012, 2536 (2537 Rn. 5) (zur polizeirechtlichen Generalklausel); VG Köln Urt. v. 9.4.2013 – 7 K 6257/08, juris Rn. 39 (zu § 17 Abs. 2 IfSG); *Kießling* in Kießling IfSG Einf. Rn. 6.

146 AA *Frenz* COVuR 2020, 794 f. mN zur ganz herrschenden Gegenansicht.

147 Vgl. BVerfG Kammerbeschl. v. 7.4.2020 – 1 BvR 755/20, NVwZ 2020, 708 (709 Rn. 11); Kammerbeschl. v. 10.4.2020 – 1 BvQ 28/20, BeckRS 2020, 5589 Rn. 14; Kammerbeschl. v. 10.4.2020 – 1 BvQ 31/20, BeckRS 2020, 5584 Rn. 15; Kammerbeschl. v. 13.5.2020 – 1 BvR 1021/20, BeckRS 2020, 8418 Rn. 8; VerfGH Sachsen Beschl. v. 17.4.2020 – Vf. 51-IV-20 (e.A.), BeckRS 2020, 6054 Rn. 14; OVG Bremen Beschl. v. 9.4.2020 – 1 B 97/20, BeckRS 2020, 5629 Rn. 47; VGH Kassel Beschl. v. 7.4.2020 – 8 B 892/20.N BeckRS 2020, 5242 Rn. 42.

148 *Wahl/Masing* JZ 1990, 553 (555, 559, 561).

149 *Grüner*, Biologische Katastrophen, 2017, S. 254 f.; *Kloepfer*, Handbuch des Katastrophenrechts, 2015, § 3 Rn. 71. So auch in der Corona-Epidemie BVerfG Kammerbeschl. v. 12.5.2020 – 1 BvR 1027/20, BeckRS

nicht verpflichtet, alle Mittel auszuschöpfen. Eine Operationalisierung grundrechtlicher Anforderungen wird im Bundestaat schon dadurch erschwert, dass die staatlichen Aufgaben nach der verfassungsrechtlichen und einfachgesetzlichen Zuständigkeitsordnung auf viele verschiedene Verwaltungsträger aufgeteilt sind.[150]

Dem wertsetzenden Rahmenprogramm der Schutzplichten für staatliches Handeln können aber gewisse Maßgaben für die **medizinische Versorgung**, insbes. die Vorhaltung lebenserhaltender Einrichtungen und Geräte im Not-, Unglücks- oder Krankheitsfall entnommen werden, aus denen der Staat zum Aufbau, zur Unterhaltung und ggf. im Falle einer epidemischen Lage von nationaler Tragweite zur temporären Verstärkung einer leistungsfähigen medizinischen Versorgungsstruktur angehalten ist.[151] Diesbezüglich existiert ein derivatives Teilhaberecht, dh ein Anspruch des Grundrechtsträgers auf sachgerechte Partizipation an den bestehenden, ggf. verstärkten Versorgungsleistungen. Die „Forderung nach ganz konkreten [zusätzlichen] Maßnahmen" – iSe originären Leistungsrechts – würde aber „regelmäßig die direktive Kraft der Verfassung überfordern".[152] Ohnehin steht die Krankenversorgung weitgehend außerhalb des IfSG (→ Rn. 4 f.). 59

3. Abwägungsfähigkeit der Rechtsgüter Leben und körperliche Unversehrtheit

Hochansteckende übertragbare Krankheiten können im Falle einer Epidemie oder Pandemie Leben und Gesundheit einer unübersichtlichen Vielzahl von Menschen gefährden. Das Leben stellt als vitale Basis der Menschenwürde und Voraussetzung aller anderen Grundrechte einen **Höchstwert** innerhalb der durch das Grundgesetz normierten staatlichen Ordnung der Bundesrepublik Deutschland dar.[153] Die körperliche Unversehrtheit bzw. menschliche Gesundheit ist, jedenfalls wenn es um lebensbedrohliche und/oder schwere Erkrankungen geht, als ein verfassungsrechtlich geschütztes Rechtsgut von höchster Wertigkeit anerkannt.[154] 60

Mit Blick auf die Rechtfertigung der zur Bekämpfung der Corona-Epidemie – vornehmlich auf der Grundlage von §§ 28, 32 IfSG, später zusätzlich § 28 a IfSG – erlassenen Maßnahmen (Ausgangssperren, Kontakt-, Reise-, Gottesdienst-, Veranstaltungs-, Ansammlungs- und Versammlungsverbote bzw. -beschränkungen, Schließung von Kindertagesstätten, Schulen, Hochschulen, Gaststätten, Hotels, Geschäften, Sport-, Freizeit- und Kultureinrichtungen, Besuchsverbote in Krankenhäusern und Pflegeheimen; vgl. *Kluckert* in → § 3 Rn. 1 ff.) wurde in der öffentlichen Debatte oftmals formuliert, der Schutz des Lebens und der Gesundheit habe „**absoluten Vorrang**", die ergriffenen Maßnahmen seien im Großen und Ganzen „unverzichtbar", der Staat habe nur „geringe Handlungsspielräume". Auch im einstweiligen Rechtsschutz ergangene Gerichtsentscheidungen lesen sich teilweise so, als sei – trotz Anerkennung des Umstandes, dass es sich bei den Bekämpfungsmaßnahmen um die schwersten Grundrechtseingriffe seit Bestehen der Bundesrepublik Deutschland handelt – das Überwiegen der Rechtsgüter Leben und körperliche Unversehrtheit gegenüber anderweitigen Interessen unausweichlich. Zudem erinnern sich Juristen an den aus dem Strafrechtsstudium bekannten Satz, 61

2020, 8419 Rn. 7; OVG Bautzen Beschl. v. 10.6.2020 – 3 B 194/20, NVwZ 2020, 1125 (1127 Rn. 19) bzgl. der Aufhebung eines Abstandsgebots.

150 Vgl. *Trute* KritV 2005, 342 (359).

151 *Kunig* in v. Münch/Kunig GG, Bd. I, 6. Aufl. 2012, Art. 2 Rn. 60.

152 *Von Steinau-Steinrück*, Die staatliche Verhütung und Bekämpfung von Infektionskrankheiten, 2013, S. 159.

153 BVerfG Urt. v. 25.2.1975 – 1 BvR 1/74 ua, BVerfGE 39, 1 (42); Beschl. v. 1.8.1978 – 2 BvR 1013/77 ua, BVerfGE 49, 24 (53); Beschl. v. 6.12.2005 – 1 BvR 347/98, BVerfGE 115, 25 (45); *Schaks* JuS 2015, 407 (409).

154 Vgl. VerfGH Bayern Beschl. v. 26.3.2020 – Vf. 6-VII-20, NVwZ 2020, 624 (626 Rn. 18): „überragende Bedeutung"; *Murswiek/Rixen* in Sachs GG Art. 2 Rn. 8: „fundamentale […] Bedeutung".

dass Leben nicht gegen Leben abgewogen werden könne.[155] Wenn also Leben schon nicht gegen Leben abgewogen werden kann, dann kann es doch erst recht nicht gegen Religions-, Kunst-, Versammlungs-, Berufs-, Eigentums- und allgemeine Handlungsfreiheit, Freiheit der Person, Freizügigkeit oder gegen „wirtschaftliche Interessen" abgewogen werden – so könnte man schnell schließen.

62 Die Frage nach der Abwägungsfähigkeit höchster Rechtsgüter bedarf jedoch näherer Betrachtung. Eine verfassungsrechtliche Einordnung muss dabei differenzierend die **Konstellationen** in den Blick nehmen und beachten, in denen gegenläufige Interessen aufeinandertreffen können.

a) Grundrechtseingriffe

63 Zunächst gibt es Konstellationen, in denen nach der ungeschriebenen, von Rechtslehre und Rechtsprechung auszufüllenden[156] Eingriffsdogmatik ein Verhalten dem Staat in der Weise zuzurechnen ist, dass mit der Bejahung eines Grundrechtseingriffs die besondere[157] **freiheitsgrundrechtliche Rechtfertigungsbedürftigkeit** ausgelöst wird.

64 Sogar für staatliche **Eingriffe in das Leben** geht das Grundgesetz davon aus, dass sie rechtlich zulässig sein können. Ausdrücklich darf nach Art. 2 Abs. 2 S. 3 GG aufgrund eines Gesetzes in das Grundrecht auf Leben (und körperliche Unversehrtheit) eingegriffen werden. Die Frage nach der besonderen freiheitsgrundrechtlichen Rechtfertigung mündet, eine formell verfassungsmäßige Ermächtigungsgrundlage vorausgesetzt, in eine vom Rechtsstaatsprinzip gebotene Verhältnismäßigkeitsprüfung, die auf ihrer letzten Stufe eine Abwägung umfasst.

65 Wenn das Grundgesetz das Grundrecht auf Leben in Art. 2 Abs. 2 GG unter **Gesetzesvorbehalt** stellt, muss es im Ausgangspunkt auch Fallgestaltungen geben, in denen sich ein Menschenleben nicht gegenüber einem (vom Grundgesetz nicht ausdrücklich beschriebenen) gegenläufigen Rechtsgut im Rahmen einer Abwägung durchzusetzen vermag. Art. 2 Abs. 2 S. 3 GG ist ein unmissverständlicher Nachweis dafür, dass das Grundgesetz auch das menschliche **Leben in extremen Situationen** für **antastbar** erklärt. Nur die unantastbare Menschenwürde ist jeder Abwägung von vornherein unzugänglich. Daran ändert sich auch nichts, wenn man bei Art. 2 Abs. 2 S. 1 GG sogleich die zwingende Querverbindung zur Menschenwürde herstellt. So scheitern auch Eingriffe in das Allgemeine Persönlichkeitsrecht, das bekanntlich in Art. 2 Abs. 1 iVm Art. 1 Abs. 1 GG verortet wird, nicht an diesem Querbezug. Nur sofern der Eingriff in das Leben eines Menschen zugleich unter Beeinträchtigung der Menschenwürde erfolgt, wie es das BVerfG für den Fall des Abschusses eines von Terroristen gekaperten Passagierflugzeugs annahm,[158] ist der Eingriff von vornherein jeder Rechtfertigung und der mit ihm verfolgte Gemeinwohlbelang jeder Abwägung entzogen. Eine vollständige Kongruenz zwischen dem Lebensrecht und dem Recht auf Achtung der Würde besteht nicht.[159]

66 Näherer Vertiefung bedarf diese Konstellation hier jedoch nicht, denn um staatliche Angriffe auf das Leben (und die körperliche Unversehrtheit) geht es bei der SARS-CoV-2-Epidemie nicht. Die **Infektion** eines Grundrechtsträgers mit dem Virus erfolgt (idR) **nicht** in einer Weise, die dem Staat **als Grundrechtseingriff zuzurechnen** ist.

155 Vgl. nur den „Katzenkönig-Fall": BGH Urt. v. 15.9.1988 – 4 StR 352/88, BGHSt 35, 347 = NJW 1989, 912 (913).

156 Vgl. *Kluckert*, Zuwendung und Gesetz, 2018, S. 141.

157 Ganz allgemein gesehen bedarf jedes staatliche Handeln einer Rechtfertigung – zumindest in der Gestalt, dass es einer Gemeinwohlbindung unterliegt (BVerfG Beschl. v. 13.6.2006 – 1 BvR 1160/03, BVerfGE 116, 135 [153]; *Isensee* in Isensee/Kirchhof StaatsR-HdB § 73 Rn. 71).

158 BVerfG Urt. v. 15.2.2006 – 1 BvR 357/05, BVerfGE 115, 118 ff.

159 *Di Fabio* in Maunz/Dürig GG Art. 2 Abs. 2 Rn. 14 ff.

Dies gilt im Übrigen auch hinsichtlich der **tödlichen Fernwirkungen** bestimmter **Bekämpfungsmaßnahmen** (zB depressionsbedingte Suizide aufgrund von Kontaktsperren, Todesfälle aufgrund verschobener Operationen[160]). Bei Suiziden ist eine Zurechnung überhaupt nur dann denkbar, wenn ein Mensch durch staatliches Handeln in den Tod getrieben wird. Dagegen kann die Verweigerung einer medinischen Versorgung durch ein staatliches Krankenhaus mit tödlicher Folge je nach Kausalverlauf und zeitlicher Nähe einen Eingriff darstellen. Ein solcher Eingriff wäre aber schon deshalb nicht gerechtfertigt, weil die Bekämpfungsverordnungen der Länder keine Ermächtigungsgrundlage für medizinisch nicht vertretbare Behandlungsaussetzungen schufen.[161] Auch hinsichtlich eines solchen rechtswidrigen Eingriffs gäbe es nichts abzuwägen. 67

b) Erfüllung von Schutzpflichten

Nicht die von der Infektionskrankheit ausgehenden Gesundheitsgefährdungen, sondern die auf §§ 28, 28 a, 32 IfSG gestützten Bekämpfungsmaßnahmen lösen die besondere freiheitsgrundrechtliche Rechtfertigungsbedürftigkeit zugunsten der betroffenen Grundrechtsträger aus, denn diese Maßnahmen stellen Grundrechtseingriffe dar. Leben und Gesundheit der von Ansteckung Bedrohten erscheinen hier als gegenläufige öffentliche Interessen und Gemeinwohlbelange, die zur Rechtfertigung der Freiheitsverkürzungen auf die eine Waagschale gestellt werden. 68

aa) Eingriff in die Menschenwürde zum Schutz von Leben und Gesundheit

Zunächst gilt auch bei der Erfüllung von Schutzpflichten: Ebenso wenig wie in das Leben und die Gesundheit unter Beeinträchtigung der Menschenwürde eingegriffen werden darf (→ Rn. 65), dürfen Leben und Gesundheit unter Beeinträchtigung der Menschenwürde geschützt werden.[162] Ein solcher Konflikt könnte sich im Falle einer (gegenwärtig einfachgesetzlich nach § 28 Abs. 1 S. 3 IfSG ausgeschlossenen) Zwangsheilbehandlung ergeben.[163] 69

bb) Unterscheidung zwischen staatlicher Berechtigung und Verpflichtung

Dass der jeweilige Regelungsgeber aus Sicht der kontrollierenden Rechtsprechung ein bestimmtes **Schutzniveau** für Leben und Gesundheit (zB weitgehender Lockdown) unter Zurückdrängung anderweitiger Freiheitsgrundrechte etablieren durfte, bedeutet nicht, dass er dazu auch verpflichtet war. 70

Dies ergibt sich bereits unter dem Blickwinkel, dass die Verhältnismäßigkeit eines Mittels bereits festzustellen ist, wenn die geopferten und die geschützten Interessen *sich* 71

---

160 Vgl. bspw. § 5 Abs. 1 S. 1 der SARS-CoV-2-Eindämmungsmaßnahmenverordnung des Landes Berlin (idF v. 2.4.2020, GVBl. 234), wonach Krankenhäuser, die an der Notfallversorgung teilnehmen, soweit medizinisch vertretbar, grundsätzlich alle planbaren Aufnahmen, Operationen und Eingriffe aussetzen müssen, soweit dadurch personelle und sonstige Kapazitäten für die Behandlung von Patienten mit COVID-19 oder Verdacht hierauf freigesetzt werden können.

161 Nicht auszuschließen ist es aber, dass medizinisch vertretbare Behandlungsaussetzungen einen Eingriff in das Grundrecht auf körperliche Unversehrtheit darstellen.

162 Vgl. OVG Berlin-Brandenburg Beschl. v. 3.4.2020 – OVG 11 S 14/20, BeckRS 2020, 5147 Rn. 8 f. (Eingriff verneint für Pflegeheime betreffendes Besuchsverbot). Zwar lassen die Umstände, unter denen aufgrund der im Zuge der Corona-Pandemie getroffenen Bekämpfungsmaßnahmen Beerdigungen von Nichtinfizierten stattfinden mussten, noch keinen Eingriff in die Menschenwürde bejahen, die staatlichen Regelungen sind hier aber bereits brisant (vgl. *Heinig* Gottesdienstverbot auf Grundlage des Infektionsschutzgesetzes, abrufbar unter https://verfassungsblog.de/gottesdienstverbot-auf-grundlage-des-infektionsschutzgesetzes). Dagegen ist ein Eingriff in die Menschenwürde wohl zu bejahen, sofern Menschen in Alten- und Pflegeheimen zur Bekämpfung des Coronavirus für längere Zeit vollständig isoliert wurden (vgl. nunmehr § 28 a Abs. 2 S. 2 IfSG). Vgl. zur Verhältnismäßigkeit von Besuchseinschränkungen in Pflegeheimen *Glaab/Schwedler* NJW 2020, 1702 (1704 f.).

163 Vgl. *von Steinau-Steinrück*, Die staatliche Verhütung und Bekämpfung von Infektionskrankheiten, 2013, S. 208 f. (Vereinbarkeit mit Menschenwürdegarantie bejaht). S. zur (bejahten) Zulässigkeit eines Behandlungszwangs *Kloepfer/Deye* DVBl 2009, 1208 (1216).

die Waage halten. Aber auch wenn Gerichte dem Regelungsgeber bestätigen, seine Maßnahmen seien **verhältnismäßig**, weil der Schutz von Leben und Gesundheit der von Ansteckung Bedrohten anderweitige Interessen *überwiege*, bedeutet dieses Abwägungsergebnis **nicht**, dass der Regelungsgeber auch genau **so handeln musste**. Dies kann unter verschiedenen Blickwinkeln erklärt werden:

72 Eine Erklärung ergibt sich aus den mehr oder weniger versteckten Prämissen des im gerichtlichen Verfahren erzeugten Abwägungsergebnisses. Zunächst handelt es sich im Regelfall um eine auf einzelne Personen (Gastwirt), Personengruppen (Gastwirte) und auf die sie betreffende Grundrechtsbelastung (Art. 12 Abs. 1 GG) fokussierende Abwägung. Eine **Gesamtschau** aller, auch Dritte betreffenden Folgen, Auswirkungen und betroffenen Interessen übersteigt oftmals die Leistungsfähigkeit eines gerichtsförmig durchzuführenden Erkenntnisverfahrens. Ferner ist zu berücksichtigen, dass ein gerichtliches **Abwägungsergebnis umso relativer** ist, je großzügiger dem Regelungsgeber eine Einschätzungsprärogative zugebilligt wird. Gerade bei der Beurteilung der SARS-CoV-2-Bekämpfungsmaßnahmen nach §§ 28, 28 a, 32 IfSG wurde den Verordnungsgebern seitens der Rechtsprechung auf den Stufen der Geeignetheit und Erforderlichkeit eine große Einschätzungsprärogative zugebilligt (→ Rn. 117 ff.).[164]

73 Entscheidend ist aber Folgendes: Die Antwort auf die Frage, mit welcher Härte gegenüber den Trägern gegenläufiger Grundrechte Lebens- und Gesundheitsschutz zu betreiben sind, ergibt sich nicht aus den in obigen Konstellationen zur Rechtfertigung von ergriffenen Maßnahmen getroffenen Abwägungen. Maßgeblich aus **Sicht des Regelungsgebers** ist eine ganz andere Perspektive mit der Frage, ob er in einer bestimmten Weise handeln *muss* – nicht aber die von der Rechtsprechung geprüfte Frage, ob er auch so handeln durfte.[165]

74 Den dafür erforderlichen **Maßstab** liefert bei den Bekämpfungsmaßnahmen nach dem IfSG vor allem die Schutzpflichtdimension der thematisch einschlägigen Grundrechte. Die Reichweite der **Schutzpflicht** wird unter Berücksichtigung kollidierender Rechtsgüter bestimmt (→ Rn. 50, 54 ff.).[166] Aus der grundrechtlichen Schutzpflicht für das Leben und die körperliche Unversehrtheit folgt fast nie eine operationalisierbare Handlungsvorgabe (→ Rn. 58). Das für die konkrete Schutzkonzeption zuständige Staatsorgan darf jedoch ein (evidentes) **Untermaß** nicht unterschreiten (→ Rn. 54, 58). Zwischen diesem Untermaß und dem Übermaß, das bei Eingriffen in die Menschenwürde und unzumutbaren Eingriffen in andere Grundrechte beginnt, liegt regelmäßig ein **weites Spektrum** möglicher Sozialgestaltung. Diese Sozialgestaltung vollzieht sich unter Beachtung der Verbands- und Organkompetenzen durch Entscheidungen, die auf einer Abwägung aller erkennbaren Interessen beruhen. Das Spektrum wird umso weiter, je entfernter das Übermaß liegt. Wann das Übermaß erreicht ist, wird ua durch die Einschätzungsspielräume bestimmt, die staatlichen Entscheidern zugebilligt werden, wenn die Verhältnismäßigkeit von Grundrechtseingriffen zu überprüfen ist, die zur Erfüllung der Schutzpflicht vorgenommen wurden (→ Rn. 117 ff.).

cc) Abwägungen bei der Erfüllung von Schutzpflichten

75 **Zwischen Untermaß und Übermaß** können die Rechtsgüter Leben und Gesundheit mit anderweitigen Grundrechten und gemeinwohlorientierten (auch wirtschaftlichen) Interessen weitgehend **frei abgewogen** werden. In einer solchen Abwägung sind im Falle des IfSG auch die ebenfalls Leben und Gesundheit betreffenden tödlichen Nebenfolgen bestimmter Bekämpfungsmaßnahmen (→ Rn. 67) zu berücksichtigen.

164 Vgl. VGH Hessen Beschl. v. 7.4.2020 – 8 B 892/20.N BeckRS 2020, 5242 Rn. 39 f.
165 Vgl. *Isensee* in Isensee/Kirchhof StaatsR-HdB § 191 Rn. 304.
166 BVerfG Urt. v. 28.5.1993 – 2 BvF 2/90 ua, BVerfGE 88, 203 (254).

Die mit der Annahme von Schutzpflichten aufgrund von gegenläufigen Interessen und begrenzten Haushaltsmitteln unausweichlich verbundenen Abwägungen werden im politischen Raum nach außen **kaum kommuniziert** und nicht in Gesetzentwurfsbegründungen offenbart. Sie kommen dennoch häufig vor. So ließen sich Abbiegeunfälle mit Lastkraftwagen weitgehend verhindern, wenn der Gesetzgeber das Führen solcher Fahrzeuge nur bei Anwesenheit eines zum Aufpassen verpflichteten Beifahrers zuließe. Viele Verkehrstote ließen sich verhindern, wenn die zulässige Höchstgeschwindigkeit auf Autobahnen auf 80 km/h, auf Landstraßen auf 50 km/h und im Stadtverkehr auf 20 km/h reduziert würde.[167] Noch mehr Tote ließen sich mit einem generellen Rauchverbot verhindern.[168] Dass solche Regelungen nicht existieren, beruht nicht darauf, dass sie keinem Gesetz- oder Verordnungsgeber bisher eingefallen wären. Vielmehr wurde von solchen Regelungen aufgrund einer die grundrechtlich geschützten Freiheiten (einschließlich der von ihnen mitumfassten wirtschaftlichen Interessen) in den Blick nehmenden Abwägung abgesehen. Im Ergebnis stellt sich eine solche Entscheidung als **Zuordnung bestimmter Risiken in die Privatsphäre** dar. Im Rahmen der zwischen Untermaß und Übermaß liegenden Sozialgestaltung kann ein Risiko als allgemeines Lebensrisiko eingestuft werden. 76

Dass derartige, die „Höchstwerte" Leib und Leben involvierende Zuordnungen und Abwägungen vorgenommen werden dürfen, kann keinem Zweifel unterliegen.[169] Andernfalls wäre der von den anderen Grundrechten gewährleistete **Freiheitsraum minimal**, wenn der Höchstwert Leben und der Fundamentalwert körperliche Unversehrtheit – nach absoluten Maßstäben – ihren **maximal** möglichen **Schutz** durch den Staat verlangten.[170] Allgemein gesprochen weist das BVerfG den zuständigen staatlichen Organen daher die Aufgabe zu, „zwischen den einander gegenüberstehenden Grundrechten abzuwägen und die negativen Folgen zu berücksichtigen, die eine bestimmte Form der Erfüllung der Schutzpflicht haben könnte".[171] 77

Fraglich kann nur sein, welche Staatsorgane zur Abwägung im Rahmen der Sozialgestaltung ggf. berufen sind. In erster Linie ist es der durch Wahlen legitimierte **Gesetzgeber**.[172] Die Schutzpflicht äußert sich so vor allem in Organisation und Verfahren.[173] 78

Dass die staatlichen Organe selbst bei konkreter Lebensgefahr dann noch berechtigt sind, darüber zu befinden, welche Schutznahmen zweckdienlich sind, hat das BVerfG im Entführungsfall von Hanns-Martin **Schleyer** ausgesprochen.[174] Demzufolge konnte das Gericht keine Verpflichtung staatlicher Organe feststellen, bestimmte Gefangene, wie von den Entführern verlangt, freizulassen. 79

4. Verhütung und Bekämpfung von Infektionskrankheiten auf der Grundlage von Generalklauseln

Das IfSG sieht einige nach Tatbestand und Rechtsfolge ausdrücklich beschriebene Maßnahmen vor, die von zuständigen Behörden zur Verhütung (§§ 16 ff. IfSG) oder Bekämpfung (§§ 24 ff. IfSG) von übertragbaren Krankheiten zu ergreifen sind oder ergriffen werden können. Diese Befugnisse sind in der Dogmatik des Polizei- und Ordnungs- 80

167 Zur Verneinung einer verfassungsrechtlichen Pflicht, die zulässige Höchstgeschwindigkeiten für Kraftfahrzeuge zu reduzieren: BVerfG Kammerbeschl. v. 26.10.1995 – 1 BvR 1348/95, NJW 1996, 651 f.

168 Zur Ablehnung einer verfassungsrechtlichen Pflicht zur Verstärkung des Nichtraucherschutzes: BVerfG Kammerbeschl. v. 9.2.1998 – 1 BvR 2234/97, NJW 1998, 2961 f.

169 Vgl. *Katzenmeier* MedR 2020, 461 (463 f.).

170 Vgl. BVerfG Kammerbeschl. v. 12.5.2020 – 1 BvR 1027/20, BeckRS 2020, 8419 Rn. 7.

171 BVerfG Beschl. v. 6.5.1997 – 1 BvR 409/90, BVerfGE 96, 56 (64).

172 Vgl. *Kluckert* JuS 2015, 116 (118).

173 Vgl. *Trute* KritV 2005, 342 (361).

174 BVerfG Urt. v. 16.10.1977 – 1 BvQ 5/77, BVerfGE 46, 160 (164 f.).

rechts als **Standardmaßnahmen** einzuordnen. Als Standardmaßnahmen werden wiederkehrende, typische Handlungsmuster der Gefahrenabwehrbehörden bezeichnet.[175] Im Rahmen der Bekämpfung bereits festgestellter Krankheiten sind dies bspw. Informationsermittlungen und Untersuchungen (§ 25 IfSG), die Beobachtung Betroffener (§ 29 IfSG), die Quarantäne bzw. Absonderung[176] in einem Krankenhaus oder in sonst geeigneter Weise (§ 30 IfSG) (→ Rn. 204 ff.), ein berufliches Tätigkeitsverbot für Betroffene (§ 31 IfSG) und ein Gemeinschaftseinrichtungen betreffendes Tätigkeits- oder Betretungsverbot (§ 28 Abs. 2 iVm § 34 Abs. 1 S. 1, 2 IfSG). Sofern sie nicht nur bloße Regelungsbeispiele[177] der Generalklausel darstellen,[178] sind auch die in § 28 Abs. 1 S. 1 letzter Hs. IfSG und in § 28 Abs. 1 S. 2 IfSG geregelten Maßnahmen als Standardmaßnahmen zu qualifizieren.[179] Mit Blick auf die Standardmaßnahmen des Polizei- und Ordnungsrechts ist jedoch ein Unterschied hervorzuheben. Während diese nicht immer, aber regelmäßig gegenüber der polizei- und ordnungsbehördenrechtlichen Generalklausel gesteigerte tatbestandliche Anforderungen aufweisen, unterscheidet sich der Tatbestand einer infektionsschutzrechtlichen Standardmaßnahme regelmäßig nicht von den Anforderungen an unbenannte Schutzmaßnahmen gemäß der infektionsschutzrechtlichen Generalklausel (→ Rn. 185 f.).

81 Daneben existieren **zwei Generalklauseln**, und zwar mit § 16 Abs. 1 S. 1 IfSG für die Verhütung noch nicht nachweisbar aufgetretener Krankheiten und mit § 28 Abs. 1 S. 1 IfSG für die Bekämpfung bereits festgestellter Krankheiten. Nachgestellt werden in den beiden Vorschriften jeweils einige nicht abschließend zu verstehende Ausschnitte aus dem Spektrum möglicher Maßnahmen präzisiert. Viele der zur Bekämpfung des Coronavirus SARS-CoV-2 ergriffenen Grundrechtseingriffe von erheblichem Gewicht (*Kluckert* in → § 3 Rn. 1 ff.) wurden auf die Generalklausel des § 28 Abs. 1 S. 1 IfSG gestützt. Dies gilt auch für die durch Rechtsverordnungen auferlegten Freiheitsbeschränkungen, denn die Verordnungsermächtigung des § 32 IfSG verweist hinsichtlich Tatbestand und Rechtsfolge auf die Vorschriften der §§ 28 bis 31 IfSG. Soweit es um die Bekämpfung des Coronavirus SARS-CoV-2 geht, wird § 28 Abs. 1 S. 1 IfSG seit dem 19.11.2020 durch § 28 a IfSG ergänzt (→ Rn. 111 e ff.).[180]

82 In verfassungsrechtlicher Hinsicht sind Generalklauseln einerseits nicht unproblematisch, andererseits aber auch erforderlich, da nicht jede Herausforderung, die der Verwaltung in der Praxis begegnet, vom regelmäßig auf eine abstrakt-generelle Steuerung der Verwaltung beschränkten Gesetzgeber vorausgesehen werden kann.

83 Zum einen treten Generalklauseln in Konflikt zum rechtsstaatlichen[181] **Bestimmtheitsgebot**. Die vom Gesetzgeber zu beachtende Normenbestimmtheit wirkt in Richtung Bürger, Verwaltung und Gerichte: Das allgemeine Bestimmtheitsgebot zwingt den

---

175 Vgl. *Schoch* in Schoch BesVerwR Kap. 1 Rn. 225.

176 Die Standardmaßnahme wurde mit dem Zweiten Gesetz zum Schutz der Bevölkerung bei einer epidemischen Lage von nationaler Tragweite v. 19.5.2020 (BGBl. I 1018) von Quarantäne in Absonderung umbenannt.

177 Der in diesem Zusammenhang oftmals verwendete Begriff des Regelbeispiels ist ungenau. Unter einem Regelbeispiel sind Umstände zu verstehen, die nach der Wertung des Gesetzgebers im Regelfall die Verwirklichung eines Tatbestandsmerkmals indizieren. Bei § 28 Abs. 1 IfSG geht es jedoch um mögliche Rechtsfolgen.

178 So *Kießling* in Kießling IfSG § 28 Rn. 55: „Maßnahmen, die als Fortsetzung der Generalklausel beispielhaft […] genannt werden".

179 Für eine Einordnung dieser Vorschriften als Standardmaßnahmen: *Mers*, Infektionsschutz im liberalen Rechtsstaat, 2019, S. 197, 201, 204 – zur Fassung vor der Änderung durch das Gesetz v. 27.3.2020 (BGBl. I 587); ähnlich *Merz* COVuR 2021, 14 (17) hinsichtlich § 28 Abs. 1 S. 2 IfSG nF – reicht „nahe an die Funktion einer Standardmaßnahme heran". Zur Änderung durch das Gesetz v. 27.3.2020 *Rixen* NJW 2020, 1097 (1099); das Zitiergebot betreffend *Brunner* DÖV 2020, 925 (927, 929 f.).

180 Vgl. *Kluckert* DVBl 2021, 96 (101 f.).

181 Zu den Grundlagen des Bestimmtheitsgebots *Papier/Möller* AöR 122 (1997), 177 (178 ff.).

Normgeber, Vorschriften so klar zu fassen, dass „die Rechtslage für den Betroffenen erkennbar ist und er sein Verhalten daran ausrichten kann".[182]

„Die Anforderungen an die Bestimmtheit und Klarheit der Norm dienen ferner dazu, die Verwaltung zu binden und ihr Verhalten nach Inhalt, Zweck und Ausmaß zu begrenzen […]. Darüber hinaus sollen die Normenbestimmtheit und die Normenklarheit die Gerichte in die Lage versetzen, die Verwaltung anhand rechtlicher Maßstäbe zu kontrollieren."[183]

Zum anderen droht durch die Einräumung von exekutiven Handlungsbefugnissen im Wege von Generalklauseln bzw. Blankettermächtigungen eine Relativierung bzw. Umgehung von **grundrechtlichen Gesetzes- bzw. Parlamentsvorbehalten**. Die Generalklausel birgt die Gefahr, dass der Gesetzgeber mit ihr wesentliche Entscheidungen, die er ggf. selbst zu treffen hätte, auf die Verwaltung delegiert. 84

a) Generalklausel, Rechtsstaat und Ausnahmezustand

Für den Fall einer militärischen Bedrohung unternimmt das Grundgesetz seit Einfügung der Notstandsverfassung im Jahr 1968 den Versuch, die staatliche **Aufgabenerfüllung in außergewöhnlicher Lage** (Spannungs-, Bündnis- und Verteidigungsfall), die grell auch als Ausnahmezustand oder Notstand bezeichnet werden kann, unter Verzicht auf eine generalklauselartige Exklusivzuständigkeit (vgl. Art. 48 Abs. 2 WRV[184]) rechtsstaatlich, insbes. normativ vorherbestimmt zu bewältigen.[185] Dieser Versuch wurde in der Literatur teilweise als „realitätsferne Vorstellung, mit antizipierter ‚Vergesetzlichung' ganz bestimmter außergewöhnlicher Situationen könne das Ausnahmeproblem als solches gelöst werden", abgetan.[186] Für den inneren Notstand sieht das Grundgesetz überhaupt nur rudimentäre Regelungen vor (Art. 35 Abs. 2, 3, Art. 87a Abs. 4, Art. 91 GG), die sich auf die möglichen Einsatzorte und Kompetenzen für Polizei und Bundeswehr beziehen,[187] aber auch Weisungen der Bundesregierung gegenüber den Landesregierungen ermöglichen.[188] Vor diesem Hintergrund sprach *Ernst-Wolfgang Böckenförde* sowohl hinsichtlich des äußeren als auch des inneren Notstands von einer „Verdrängung des Ausnahmezustands" in der Bundesrepublik Deutschland.[189] Dem entspricht es, wenn bspw. das Katastrophenschutzrecht als „Mauerblümchen des juristischen Diskurses"[190] bezeichnet wird. 85

Die Corona-Pandemie muss allerdings nicht unbedingt Anlass dazu geben, die traditionsreiche und mit dem Namen *Carl Schmitt*[191] verbundene Diskussion[192] über die staatlichen Befugnisse im Ausnahmezustand wieder aufleben zu lassen. Denn Ausnahmelagen lassen sich mit dem **Rechtsregime der „Normallage"** ausreichend bewältigen, wenn die öffentlich-rechtliche Kompetenzordnung situationsgerecht ausgelegt wird; hierbei spielen insbes. solche Generalklauseln eine Rolle, die „ohnehin eine mehr oder 86

182 BVerfG Beschl. v. 12.6.1979 – 1 BvL 19/76, BVerfGE 52, 1 (41); vgl. BVerfG Beschl. v. 17.7.2003 – 2 BvL 1/01 ua, BVerfGE 108, 186 (235).

183 BVerfG Urt. v. 27.7.2005 – 1 BvR 668/04, BVerfGE 113, 348 (376 f.).

184 Vgl. zu dieser Vorschrift *Kersten/Rixen* Verfassungsstaat Covid-19 S. 33 f.

185 Vgl. den Überblick über die Regelungen des äußeren Notstandes bei *Kurp* COVuR 2021, 6 (7).

186 *Hofmann* Der Staat 44 (2005), 171 (179) zusammenfassend über die von *Böckenförde* NJW 1978, 1881 ff. formulierte Kritik.

187 Vgl. den Überblick über die Regelungen des inneren Notstandes bei *Kurp* COVuR 2021, 6 (7 f.).

188 Vgl. *Kersten/Rixen* Verfassungsstaat Covid-19 S. 35 f. zur (im Ausgangspunkt möglichen) Aktivierung der Regelungen über den Not- und Katastrophenfall (Art. 35 Abs. 2, 3 GG) im Zuge der Corona-Krise.

189 *Böckenförde* NJW 1978, 1881 (1885).

190 *Trute* KritV 2005, 342 (344).

191 Vgl. *Schmitt*, Politische Theologie, 9. Aufl. 2009, S. 18 f. (Neusatz auf Basis der 1934 erschienenen 2. Aufl.): „Im Ausnahmefall suspendiert der Staat das Recht, kraft eines Selbsterhaltungsrechtes"; mit dem berühmten Satz „Souverän ist, wer über den Ausnahmezustand entscheidet" (S. 13).

192 Vgl. dazu *Klafki*, Risiko und Recht, 2017, S. 138 ff.

weniger ausgeprägte Affinität zu außergewöhnlichen Lagen“ aufweisen.[193] Je großzügiger man in außergewöhnlicher Lage eine in diesem Sinne einschlägige Generalklausel zur Aufgabenerfüllung ausreichen lässt, umso geringer ist das Bedürfnis für Diskussionen über einen das Rechtsregime der „Normallage“ gänzlich verdrängenden Ausnahmefall. Generalklauseln können in außergewöhnlichen Lagen Lösungen in den Strukturen der geltenden Kompetenzordnung und Handlungsformen ermöglichen und mit diesem Beitrag ggf. ihre rechtsstaatlichen Defizite kompensieren. Sie können für einen gewissen **Erstreaktionszeitraum** – ggf. bis zur Handlungsfähigkeit des Gesetzgebers – ein Auffangnetz für Fälle bilden, in denen die Primärordnung bzw. die von ihr umfasste Sicherheitsarchitektur „versagt oder aus technologischen Gründen unzureichend ist, weil nach dem Stand des Wissens und der Fertigkeiten keine Verhinderung möglich ist“.[194]

87 Die große Herausforderung für alle Rechtsanwender, insbes. der kontrollierenden Gerichte, bleibt es dann aber, eine „vagabundierende **Grenzenlosigkeit** […], die dem guten Zweck alles und jedes unterordnet“[195], zu **verhindern**. Oftmals wird bei ganz neuen Herausforderungen jedoch die dem Rechtsstaat geschuldete Idealleistung erst mit einigem Verzug erbracht werden (können) – sei es durch die Gerichte selbst, sei es durch gesetzgeberisches Handeln noch während der außergewöhnlichen Lage.

b) § 28 Abs. 1 S. 1 IfSG und Bestimmtheitsgebot

88 Die Befugnisnorm des § 28 Abs. 1 S. 1 IfSG unterfällt dem allgemeinen rechtsstaatlichen Bestimmtheitsgebot. Für die auf sie bezogene Verordnungsermächtigung des § 32 IfSG gilt mit Art. 80 Abs. 1 S. 2 GG ein spezieller Bestimmtheitsmaßstab.

aa) Tatbestand

89 Nimmt man § 28 Abs. 1 S. 1 IfSG in den Blick, so ist zunächst festzustellen, dass der Tatbestand **nicht unbestimmt** ist und noch nicht einmal einen „unbestimmten Rechtsbegriff“ enthält. Voraussetzung für die behördliche Inanspruchnahme der Befugnisse ist, dass Kranke, Krankheitsverdächtige, Ansteckungsverdächtige oder Ausscheider festgestellt wurden. Die personenbezogenen Begriffe werden zudem in § 2 IfSG definiert. Allerdings ist die Eingriffsschwelle durch die Anknüpfung an Verdachtslagen und Vermutungen (vgl. die Definitionen in § 2 Nr. 5, 7 IfSG) auf Tatbestandsebene bereits herabgesetzt.[196]

bb) Verantwortlichkeit

90 Eine adressatenbezogene weitere Voraussetzung von Gefahrenabwehrmaßnahmen ist die Verantwortlichkeit. Die verantwortlichen **Störer** werden mit den vorstehend genannten Begriffen bezeichnet (→ Rn. 89, 175 a). Dass über diesen Personenkreis hinaus **Dritte** als Nichtstörer in Anspruch genommen werden dürfen, unterliegt keinem Zweifel:

91 Das **Bundes-Seuchengesetz** enthielt in seiner ursprünglichen Fassung[197] mit § 43 eine Regelung, die mit „Maßnahmen gegenüber der Allgemeinheit“ überschrieben war und

193 *Meinhard Schröder* AöR 103 (1978), 121 (125).

194 *Trute* KritV 2005, 342 (346, 349) zum Katastrophenschutzrecht. Vgl. auch VerfGH Saarland Beschl. v. 28.8.2020 – Lv 15/20, NVwZ 2020, 1513 (1518 Rn. 89); VGH München Beschl. v. 27.4.2020 – 20 NE 20.793, BeckRS 2020, 6630 Rn. 45; *Volkmann* NJW 2020, 3153 (3160 Rn. 53). AA wohl *Katzenmeier* MedR 2020, 461 (463). Außerhalb des Rechts der „Normallage“ und der Verfassungsordnung stehen dagegen Ansätze, aus grundrechtlichen Schutzpflichten exekutive Notkompetenzen für gesetzlich nicht vorgesehene Grundrechtseingriffe abzuleiten (vgl. zu einem solchen Ansatz *Frenz* COVuR 2020, 794 f.; *Trute* COVuR 2021, 2 [3 f.]).

195 *Rixen* in Kloepfer Pandemien S. 67 (70) – Hervorhebung durch Verf.

196 Vgl. *Rixen* NJW 2020, 1097; → Rn. 166 ff.

197 BGBl. 1961 I 1012.

abschließend bestimmte Nichtstörer (mit den Begriffen „Ansammlungen einer größeren Zahl von Menschen, insbes. Veranstaltungen in Theatern, Filmtheatern, Versammlungsräumen, Vergnügungs- und Gaststätten und ähnliche Einrichtungen“, „Abhaltung von Märkten, Messen, Tagungen, Volksfesten und Sportveranstaltungen“ und „Badeanstalten“) als Adressaten von Beschränkungen und Verboten erkennbar machte. Mit dem Vierten Gesetz zur Änderung des Bundes-Seuchengesetzes v. 18.12.1979[198] wurden die Schutzmaßnahmen in § 34 BSeuchG neu geregelt und in diesem Zuge § 43 BSeuchG gestrichen, weil die bisher abschließend aufgeführten Maßnahmen gegenüber Einzelnen und der Allgemeinheit als zu eng gezogen angesehen wurden.[199] Ausdrücklich nennt die Gesetzentwurfsbegründung daher auch Nichtstörer als Adressaten von Schutzmaßnahmen. § 34 BSeuchG ist dann später in § 28 Abs. 1 IfSG aufgegangen.[200]

Der Zugriff auf weite Personenkreise bei der Inanspruchnahme Dritter konnte vor die- **92**
sem Hintergrund bereits in der bis zum 27.3.2020 geltenden Fassung des § 28 Abs. 1 IfSG Ergebnis einer Auslegung der im Wortlaut zu findenden Begrifflichkeiten (Veranstaltungen, sonstige Ansammlungen einer größeren Anzahl von Menschen, Personen) sein.[201]

cc) Rechtsfolge

Fragezeichen hinsichtlich der Bestimmtheit können die Rechtsfolgenseite betreffen, wel- **93**
che lakonisch alle „**notwendigen Schutzmaßnahmen**“ umfassen soll. Es ist die weitgefasste Rechtsfolgenseite, die die Norm zu einer Generalklausel macht und ggf. die Frage aufwirft, ob einzelne im Zuge der Corona-Pandemie verfügte Maßnahmen (*Kluckert* in → § 3 Rn. 1 ff.) bis zum Inkrafttreten des mit dem Dritten Bevölkerungsschutzgesetz v. 18.11.2020[202] eingefügten § 28 a IfSG (→ Rn. 111 e ff.) überhaupt als Rechtsfolge vorgesehen waren.

Ruft man sich in Erinnerung, dass eine **Norm** nicht unbestimmt ist, solange sie **ausle- 94**
gungsfähig ist,[203] können bereits eine Reihe von (heute) unbenannten Bekämpfungsmaßnahmen mittels genetischer Interpretation mit § 28 Abs. 1 S. 1 IfSG verbunden werden. Die vom Gesetzgeber für *zu eng* erachtete partielle Vorgängervorschrift des § 43 BSeuchG aF (→ Rn. 91), welche mit „Maßnahmen gegenüber der Allgemeinheit“ überschrieben war, verband Beschränkungen und Verbote mit folgenden, heute nicht mehr erwähnten Begriffen: Theater, Filmtheater, Versammlungsräume, Vergnügungs- und Gaststätten, ähnliche Einrichtungen, Märkte, Messen, Tagungen, Volksfeste und Sportveranstaltungen. Von diesen Begriffen ist jedenfalls der Weg zu Gottesdiensten und Versammlungen unter freiem Himmel nicht mehr ganz so weit.

Darüber hinaus gehören nach dem Wortlaut des § 28 Abs. 1 S. 1 IfSG (in der seit **95**
28.3.2020 geltenden Fassung) auch ortsbezogene Beschränkungen zu den (nicht nur ganz vorübergehenden) Schutzmaßnahmen.[204] Bei diesem Wortlaut kann die Einbeziehung von Betretungsbeschränkungen, die sich auf größere Gebiete beziehen, schon nach allgemeinen Auslegungsmethoden ein zulässiges Auslegungsergebnis sein. Die Verknüpfung mit der Verordnungsermächtigung (§ 32 IfSG) macht zudem hinsichtlich der

---

198 BGBl. 1979 I 2248.
199 BT-Drs. 8/2488, 27 – Zu Nr. 29 und 30.
200 BT-Drs. 14/2530, 74.
201 Vgl. *Siegel* NVwZ 2020, 577 (578), der einen Rückgriff auf die Notstandsregelungen des allgemeinen Polizei- und Ordnungsrechts ablehnt. Für einen Rückgriff auf die Notstandsregelungen dagegen *Giesberts/Gayger/Weyand* NVwZ 2020, 417 (418).
202 BGBl. 2020 I 2397.
203 *Sodan/Ziekow* GK ÖffR § 7 Rn. 38. Vgl. BVerfG Beschl. v. 18.5.1988 – 2 BvR 579/94, BVerfGE 78, 205 (212); Beschl. v. 24.6.1993 – 1 BvR 689/92, BVerfGE 89, 69 (84 f.); Beschl. v. 7.3.2017 – 1 BvR 1314/12 ua, BVerfGE 145, 20 (69 Rn. 25).
204 Vgl. zu der Änderung im März 2020 *Rixen* NJW 2020, 1097 (1099); *Siegel* NVwZ 2020, 577 (578).

Rechtsfolge deutlich, dass es nach Vorstellung des Gesetzgebers auf größerer Fläche eine Vielzahl von Adressaten geben kann. Schließlich gehören Restriktionen im Personen- und Warenverkehr schon **seuchengeschichtlich** zu den verbreiteten Bekämpfungsformen.[205]

dd) Verfassungsrechtliche Würdigung

96 Aus dem Bestimmtheitsgebot lassen sich zwei Maßgaben ableiten,[206] die beim Infektionsschutz gegenläufig sind: Je **intensiver** der **Grundrechtseingriff** ist, den eine Norm rechtfertigen soll, desto höher sind die Anforderungen an ihre Bestimmtheit.[207] Allerdings braucht der Gesetzgeber eine Norm nur „so bestimmt zu fassen, wie dies nach der **Eigenart** der zu ordnenden **Lebenssachverhalte** mit Rücksicht auf den Normzweck möglich ist".[208] Auch bei Intensität folgt aus dem Bestimmtheitsgebot jedenfalls kein Regelungsverhinderungseinwand. Generalklauseln sind zulässig, wenn sie erforderlich sind, um zu erreichen, dass der Gesetzgeber in der Lage bleibt, „der Vielgestaltigkeit des Lebens Herr zu werden".[209]

97 Vor diesem Hintergrund ergeben sich **keine grundsätzlichen Bedenken** gegen die infektionsschutzrechtliche Generalklausel des § 28 Abs. 1 S. 1 IfSG (→ Rn. 101 zur einschränkenden Auslegung).[210] Ebenso wie auf anderen Gebieten des Gefahrenabwehrrechts (vgl. nur die bauordnungsrechtlichen Generalklauseln[211] oder die allgemeinen ordnungsbehördlichen Generalklauseln[212]) gibt es auch beim Infektionsschutz ein aus der Effektivität der Gefahrenabwehr erwachsenes Bedürfnis,[213] den Gefahren in bestimmten Fällen mit Mitteln begegnen zu können, die nicht zu den Standardmaßnahmen (→ Rn. 80) gehören (*Ritgen* in → § 12 Rn. 34 a).

98 Die Anreicherung des § 28 Abs. 1 IfSG um **weitere Regelungsbeispiele** auf Rechtsfolgenseite, wie mit dem Dritten Bevölkerungsschutzgesetz v. 18.11.2020[214] in § 28 a Abs. 1 Nr. 1 bis 17 IfSG beschränkt auf die Coronavirus-Epidemie geschehen (→ Rn. 111 e ff.), bringt angesichts der hier für die Auslegung der Rechtsfolgenseite bestehenden Anhaltspunkte (→ Rn. 94 f.) keinen großen rechtsstaatlichen Gewinn. Echten Gewinn würde eher die wünschenswerte tatbestandliche Fixierung der hier interessierenden massiven Grundrechtseingriffe abwerfen. Aber eben diese Steuerung des in Ausnahmelage erforderlichen Handelns über Tatbestandsmerkmale erscheint schwierig.[215] Auch wird man wohl kaum Gottesdienst- und Versammlungsverbote – außerhalb einer ganz bestimmten Epidemie – als allgemeine infektionsschutzrechtliche Standardmaßnahmen ausweisen wollen.

99 Zweifel an der Bestimmtheit der Generalklausel betreffen gerade diejenigen Befugnisse, die eine Nähe zum staatlichen Handeln in außergewöhnlicher Lage aufweisen. General-

---

205 Vgl. *Hanssen* Archiv für die Geschichte der Medizin, Bd. 17 (1925), 171 ff.; *Hess*, Seuchengesetzgebung in den deutschen Staaten und im Kaiserreich vom ausgehenden 18. Jahrhundert bis zum Reichsseuchengesetz 1900, 2009, S. 24, 86 f.; *Kirchner*, Die gesetzlichen Grundlagen der Seuchenbekämpfung im Deutschen Reiche unter besonderer Berücksichtigung Preußens, 1907, S. 125–176.

206 Vgl. *Papier/Möller* AöR 122 (1997), 177 (185 ff.).

207 BVerfG Urt. v. 16.1.2003 – 2 BvR 716/01, BVerfGE 107, 194 (120); Urt. v. 24.7.2018 – 2 BvR 309/15 ua, BVerfGE 149, 293 (323 f. Rn. 77) mwN. Kritisch *Wißmann*, Generalklauseln, 2008, S. 171 f.

208 BVerfG Beschl. v. 7.3.2017 – 1 BvR 1314/12 ua, BVerfGE 145, 20 (69 Rn. 25) mwN; Urt. v. 24.7.2018 – 2 BvR 309/15 ua, BVerfGE 149, 293 (323 f. Rn. 77) mwN (Hervorhebungen vom Verf.).

209 BVerfG Beschl. v. 23.6.2010 – 2 BvR 2559/08, BVerfGE 126, 170 (195); Urt. v. 24.7.2018 – 2 BvR 309/15 ua, BVerfGE 149, 293 (324 Rn. 78) mwN.

210 *Kießling* in Kießling IfSG § 28 Rn. 49.

211 ZB § 58 Abs. 2 S. 2 BauO NRW.

212 ZB § 14 Abs. 1 BPolG, § 14 Abs. 1 OBG NRW.

213 *Rixen* NJW 2020, 1097 (1099).

214 BGBl. 2020 I 2397.

215 Diese Schwierigkeit ist der Dreh- und Angelpunkt der Diskussionen über die rechtliche Bewältigung von Ausnahmezuständen, vgl. *Böckenförde* NJW 1978, 1881 (1885 f.).

klauseln, die eine ausgeprägte **Affinität zu außergewöhnlichen Lagen** ausweisen – wie § 28 Abs. 1 S. 1 IfSG zu Epidemien einer hochansteckenden und für größere Teile der Bevölkerung lebensbedrohlichen übertragbaren Krankheit – ermöglichen in außergewöhnlichen Lagen Lösungen in den Strukturen der geltenden Kompetenzordnung und Handlungsformen und kompensieren damit – ggf. nur für einen gewissen Erstreaktionszeitraum – ihre rechtsstaatlichen Defizite (→ Rn. 86).

Die weiterhin bestehenden Bedenken hinsichtlich einiger bestimmter Maßnahmen, die schwerste Grundrechtseingriffe darstellen, betreffen weniger eine Frage der Bestimmtheit, sondern sind eher **anderen verfassungsrechtlichen Prinzipien** (Verhältnismäßigkeit, Wesentlichkeitstheorie) zuzuordnen, die das Gebrauchmachen von generellen Befugnissen ab einem bestimmten (inhaltlichen und zeitlichen) Punkt sperren oder modifizieren können (→ Rn. 102 ff.). In vielen Entscheidungsbegründungen und manchem literarischen Beitrag wird jedoch der Eindruck vermittelt, man könnte mittels langer Ausführungen zur Vereinbarkeit des § 28 Abs. 1 S. 1 IfSG mit dem Bestimmtheitsgebot die echten verfassungsrechtlichen Probleme in Vergessenheit geraten lassen. 100

Das Bestimmtheitsgebot mit seinem Ziel, staatliches Handeln nach Inhalt, Zweck und Ausmaß zu begrenzen,[216] gebietet jedoch eine **einschränkende Auslegung** der Generalklausel des § 28 Abs. 1 S. 1 IfSG. Erforderliche Schutzmaßnahmen iS dieser Norm beschränken sich auf die von dem Kompetenztitel für den Infektionsschutz (Art. 74 Abs. 1 Nr. 19 Var. 1 GG) erfassten Maßnahmen. Damit sind Maßnahmen gemeint, die sich auf die epidemiologisch relevante Verhinderung, Verringerung oder Unterbrechung der Krankheitsaus- und -weiterverbreitung und die Krankheitsauslöschung beziehen (→ Rn. 3 f.). Eine weitergehende Befugnis zur Regelung aller Problemlagen, die mit der Bewältigung akuter Auswirkungen einer Epidemie im Zusammenhang stehen (→ Rn. 4 f.), ist – auch wenn dafür anderweitige Bundeskompetenzen bestehen – jedenfalls mit § 28 Abs. 1 S. 1, § 32 IfSG nicht verbunden.[217] Andernfalls wären Inhalt und Ausmaß der Befugnis (§ 28 IfSG) bzw. Verordnungsermächtigung (§ 32 IfSG) gar nicht mehr einzugrenzen. 101

c) Wesentlichkeitsvorbehalt zugunsten des Landesgesetzgebers

UU können bestimmte Entscheidungen (zB Einsatz der Bundeswehr im Ausland) weder auf der Grundlage von tatbestands- und rechtsfolgenseitig konkretisierten Normen noch aufgrund von Generalklauseln von der Exekutive getroffen werden, weil ein **Parlamentsvorbehalt** gilt. Die aus dem Demokratie- und Rechtsstaatsprinzip – der Bezug zum Demokratieprinzip dürfte überwiegen[218] – abgeleitete Wesentlichkeitstheorie besagt in ihrer Kurzfassung, dass der parlamentarische Gesetzgeber gehalten ist, alle wesentlichen Entscheidungen selbst zu treffen. 102

Die **Wesentlichkeitstheorie** trifft in ihrer ersten Entwicklungsstufe keine selbständige Aussage darüber, ob eine parlamentarische Regelung überhaupt erforderlich ist, sondern setzt die Erforderlichkeit voraus. Es geht hier darum, in welchem Ausmaß der parlamentarische Gesetzgeber seine sachgegenständlichen Rechtsetzungsbefugnisse anderen Normgebern überlassen bzw. an sie delegieren darf.[219] Mit den grundrechtlichen Gesetzesvorbehalten überträgt das Grundgesetz „in erster Linie dem Gesetzgeber die 103

---

216 BVerfG Urt. v. 27.7.2005 – 1 BvR 668/04, BVerfGE 113, 348 (376).

217 Zweifelhaft daher VG Ansbach Beschl. v. 25.4.2020 – AN 18 S 20.00739, BeckRS 2020, 7124 Rn. 18 ff., das für die Krankenversorgung betreffende Anordnungen (Freihaltung von Behandlungskapazitäten in Krankenhäusern) einen wohl zu losen Zusammenhang zur Verhinderung der Ausbreitung des Coronavirus konstruiert.

218 *Böckenförde* NJW 1999, 1235; *Gusy* JA 2002, 610 (613).

219 Vgl. zu den drei Dimensionen der Wesentlichkeitstheorie *Kluckert*, Zuwendung und Gesetz, 2018, S. 110 ff.

Entscheidung darüber, welche Gemeinschaftsinteressen so gewichtig sind, daß das Freiheitsrecht des Einzelnen zurücktreten muß. Dieser Entscheidungspflicht kann sich der demokratische Gesetzgeber nicht beliebig entziehen."[220] Der „Vorbehalt, daß in den Grundrechtsbereich lediglich durch ein Gesetz oder auf Grund eines Gesetzes eingegriffen werden darf, [kann] nur den Sinn haben, daß der Gesetzgeber die grundlegenden Entscheidungen selbst verantworten soll".[221] Eine Sinnentleerung der Gesetzesvorbehalte droht nicht nur durch die vollständige Delegation von Rechtsetzungsbefugnissen auf Verordnungs- oder Satzungsgeber, sondern auch durch die Einräumung von exekutiven Handlungsbefugnissen im Wege von Generalklauseln.[222] Die Wesentlichkeitstheorie verdichtet in ihrer ersten Dimension den Vorbehalt des Gesetzes, wo auch immer er angenommen wird, zu einem Delegationsverbot oder umgekehrt betrachtet zu einem „**Gebot verstärkter Regelungsdichte**"[223]. Sie erweist sich bei einem grundrechtlich über den Gesetzesvorbehalt ausgelösten Vorbehalt des Gesetzes als materiellrechtliche „Schranken-Schranke".[224]

104 In weiteren Entwicklungsstufen entkoppelt die Wesentlichkeitstheorie den Vorbehalt des Gesetzes vom Grundrechtseingriff. So postuliert das BVerfG, dass „die Entscheidung aller grundsätzlichen Fragen, die den Bürger unmittelbar betreffen, durch Gesetz erfolgen muß, und zwar losgelöst von dem in der Praxis fließenden Abgrenzungsmerkmal des ‚Eingriffs'".[225] Im grundrechtsrelevanten Bereich bedeutet „wesentlich" in der Regel „**wesentlich für die Verwirklichung der Grundrechte**".[226] „Als wesentlich sind also Regelungen zu verstehen, die für die Verwirklichung von Grundrechten erhebliche Bedeutung haben [...] und sie besonders intensiv betreffen".[227] Ferner finden sich Judikate, in denen für den Parlamentsvorbehalt unabhängig von einem grundrechtlichen Bezug ganz allgemein auf die „Auswirkungen auf die allgemeinen Lebensverhältnisse"[228] bzw. die „**Bedeutung** einer Rechtsmaterie **für das Gemeinwesen**"[229] abgestellt oder danach gefragt wird, ob es sich um eine „Grundentscheidung von allgemeiner Bedeutung"[230] handelt.[231]

105 Die von den **Landesregierungen** in der ersten Bekämpfungsphase auf der Grundlage von §§ 28, 32 IfSG erlassenen Rechtsverordnungen umfassen Ausgangssperren, Kontakt-, Reise-, Gottesdienst-, Veranstaltungs-, Ansammlungs- und Versammlungsverbote, die Schließung von Kindertagesstätten, Schulen, Hochschulen, Gaststätten, Hotels, Geschäften, Sport-, Freizeit- und Kultureinrichtungen sowie Besuchsverbote in Krankenhäusern und Pflegeheimen (*Kluckert* in → § 3 Rn. 1 ff.). Einige Branchen blieben seitdem von jeder Lockerung ausgeschlossen. Ferner wurden vergleichbare, für einige Bran-

220 BVerfG Beschl. v. 9.5.1972 – 1 BvR 518/62 ua, BVerfGE 33, 125 (159).
221 BVerfG Beschl. v. 9.5.1972 – 1 BvR 518/62 ua, BVerfGE 33, 303 (346).
222 *Kluckert*, Zuwendung und Gesetz, 2018, S. 111.
223 *Nierhaus* in FS Stern, 1997, S. 717 (724) – Hervorhebungen vom Verf.
224 Vgl. *Kingreen/Poscher* StaatR II Rn. 329.
225 BVerfG Beschl. v. 28.10.1975 – 2 BvR 883/73 ua, BVerfGE 40, 237 (249).
226 BVerfG Beschl. v. 21.12.1977 – 1 BvL 1/75 ua, BVerfGE 47, 46 (79); Urt. v. 14.7.1998 – 1 BvR 1640/97, BVerfGE 98, 218 (251); Beschl. v. 21.4.2015 – 2 BvR 1322/12 ua, BVerfGE 139, 19 (45 Rn. 52) – Hervorhebungen vom Verf.
227 BVerfG Beschl. v. 21.4.2015 – 2 BvR 1322/12 ua, BVerfGE 139, 19 (45 Rn. 52); vgl. BVerfG Urt. v. 8.4.1997 – 1 BvR 48/94, BVerfGE 95, 267 (308).
228 BVerfG Beschl. v. 8.8.1978 – 2 BvL 8/77, BVerfGE 49, 89 (127).
229 Vgl. VerfGH Nordrhein-Westfalen Urt. v. 9.2.1999 – 11/98, OVGE 47, 280 (288); OVG Berlin-Brandenburg Urt. v. 14.3.2012 – OVG 6 B 19.11, OVGE 33, 14 (17); OVG Münster Urt. v. 22.5.1990 – 5 A 2694/88, juris Rn. 23 (insofern nicht abgedruckt in NVwZ 1991, 176); *Bauer* DÖV 1983, 53 (56); *Müller-Franken* JuS 2005, 723 (726); *Rogmann*, Die Bindungswirkung von Verwaltungsvorschriften, 1998, S. 171 f.
230 BVerwG Urt. v. 13.1.1982 – 7 C 95/80, BVerwGE 64, 308 (315). Ähnlich *Schulze-Fielitz* in Dreier GG Art. 20 (Rechtsstaat) Rn. 114: „Bedeutung für die Allgemeinheit".
231 Einen solchen Ansatz befürwortend *Volkmann* NJW 2020, 3153 (3158 Rn. 40).

chen sogar härtere Bekämpfungsmaßnahmen wiederum ab November 2020 („Lockdown light") mit nachfolgenden Steigerungen (harter Lockdown) verordnet. Es handelt sich um „eine bislang in der Geschichte der Bundesrepublik Deutschland **beispiellose Beschränkung grundrechtlich geschützter Freiheiten**" sämtlicher Menschen.[232] Wenn überhaupt irgendetwas im Sinne der Wesentlichkeitstheorie „wesentlich" oder eine „Grundentscheidung von allgemeiner Bedeutung" sein soll, dann müssen es die ab Mitte März 2020 zur Eindämmung des SARS-CoV-2-Virus erlassenen Maßnahmen sein.[233] Jeder der ernsthaft meint, die vorstehend umrissenen Maßnahmen involvierten keine Entscheidungen, die für die Verwirklichung der Grundrechte wesentlich oder für die Verwirklichung von Grundrechten von erheblicher Bedeutung sind, braucht jedenfalls über Parlamentsvorbehalte im Bereich der Grundrechtsausübung nicht mehr zu sprechen.

Die **Entscheidungszuständigkeit des Parlaments** ergibt sich hier aus zwei Umständen: 106
zum einen der jeden Einzelnen treffenden systematischen Kumulation von unterschiedlichen, gleichzeitigen und schweren Grundrechtseingriffen und zum anderen aus der flächendeckenden Geltung.

Dem unabhängig von der Verbandzuständigkeit (Bund/Land) festzustellenden Parla- 107
mentsvorbehalt kann auch nicht der Einwand entgegengehalten werden, mit §§ 28, 32 IfSG habe der Bundesgesetzgeber bereits eine Entscheidung getroffen.[234] Der Anwendung von Generalklauseln durch Behörden (Allgemeinverfügung) oder Landesregierungen (Rechtsverordnung) will die Wesentlichkeitstheorie ab einem bestimmten Punkt Grenzen setzen. Bestimmte Entscheidungen kann ein Parlament nicht lapidar mit § 28 und § 32 IfSG auf die Exekutive delegieren. Die faktische Herbeiführung einer dem Ausnahmezustand nahekommenden[235] Grundrechtslage muss das Parlament *in der konkreten Entscheidungssituation* selbst verantworten. Dies gilt gerade dann, wenn der Grundsatz der Verhältnismäßigkeit als Kontrollmaßstab praktisch weitgehend ausfällt (→ Rn. 112 ff.). Dies gilt ferner mit Blick darauf, dass die Erfüllung der Schutzpflicht aus Art. 2 Abs. 2 S. 1 GG letztlich eine Abwägung vielfältiger und gegenläufiger Interessen – auch finanzieller Art, denn in der Haushaltswirtschaft sind auch andere Gemeinwohlbelange zu berücksichtigen – erfordert (→ Rn. 55). Bei dem Ausmaß und Gewicht der im Falle einer epidemischen Lage von nationaler Tragweite „auf dem Spiel" stehenden Interessen ist einzig und allein der vom Volk unmittelbar legitimierte parlamentarische Gesetzgeber zu einer Abwägung der gegenläufigen Interessen berufen (→ Rn. 110 zur Gefahr im Verzug).[236] Die gerichtliche Praxis scheint aus vermeintlichen Praktikabi-

232 VG Schleswig Beschl. v. 8.4.2020 – 1 B 44/20, BeckRS 2020, 5411 Rn. 22 – Hervorhebungen vom Verf. Ähnliche Formulierung bei VGH München Beschl. v. 9.4.2020 – 20 NE 20.663, BeckRS 2020, 5446 Rn. 27; Beschl. v. 9.4.2020 – 20 NE 20.688, BeckRS 2020, 5449 Rn. 25; VGH Kassel Beschl. v. 7.4.2020 – 8 B 892/20.N BeckRS 2020, 5242 Rn. 21; *Spieth/Hellermann* NVwZ 2020, 1405.

233 Vgl. OVG Saarlouis Beschl. v. 22.4.2020 – 2 B 128/20, BeckRS 2020, 6415 Rn. 16; AG Dortmund Urt. v. 2.11.2020 – 733 OWi (127 Js 75/20) 64/20, BeckRS 2020, 28759 Rn. 28 ff.; *Katzenmeier* MedR 2020, 461 (462 f.); *Schmitt* NJW 2020, 1626 (1629); *Volkmann* NJW 2020, 3153 ff.

234 So wohl OVG Bremen Beschl. v. 9.4.2020 – 1 B 97/20, BeckRS 2020, 5629 Rn. 28 f. Zutreffend dagegen VerfGH Saarland Beschl. v. 28.8.2020 – Lv 15/20, NVwZ 2020, 1513 (1518 Rn. 87) bzgl. Kontaktdatenerhebung; VG Mainz Beschl. v. 1.11.2020 – 1 L 843/20, COVuR 2020, 771 (772 Rn. 11) bzgl. Sportstättenschließung; VG Hamburg Beschl. v. 10.11.2020 – 13 E 4550/20, BeckRS 2020, 30379 Rn. 9 bzgl. Betriebsschließung; AG Dortmund Urt. v. 2.11.2020 – 733 OWi (127 Js 75/20) 64/20, BeckRS 2020, 28759 Rn. 30 bzgl. Kontaktverbot; AG Weimar Urt. v. 11.1.2021 – 6 OWi – 523 Js 202518/20, BeckRS 2021, 257 Rn. 13 bzgl. Kontaktverbot; *Gärditz/Abdulsalam* GSZ 2020, 108 (112 f.) bzgl. Gottesdienstverboten und Ausgangsbeschränkungen; *Hamm* COVuR 2020, 743 (750); *Kießling* in Kießling IfSG § 28 Rn. 63; *Schmitt* NJW 2020, 1626 (1629). Die Judikate stellen hier regelmäßig darauf ab, dass der Erstreaktionszeitraum (→ Rn. 86, 99) abgelaufen war.

235 Vgl. *Ipsen* DVBl 2020, 1037 (1039 ff.).

236 Im Verfahren des einstweiligen Rechtsschutzes wegen der Grundsätzlichkeit der Frage im Ergebnis offengelassen von OVG Saarlouis Beschl. v. 22.4.2020 – 2 B 128/20, BeckRS 2020, 6415 Rn. 14 ff.; VGH Mann-

litätsgründen die Augen vor den aus der Wesentlichkeitstheorie abzuleitenden Rechtsfolgen weitgehend zu verschließen.[237] Es ist jedoch ein weit verbreiteter Irrtum, dass Parlamente nicht schnell handeln könnten, wenn eine Angelegenheit besonders dringlich ist. Zudem wird die Reaktionsfähigkeit des Normgebers bei einer Epidemie vor allem durch den wissenschaftlichen Erkenntnisprozess bestimmt; die im RKI zusammengeführte Expertise steht Parlamenten und Regierungen gleichermaßen und niemandem schneller zur Verfügung.[238] Sofern in einigen Gerichtsentscheidungen ab Spätsommer des Jahres 2020 angedeutet wurde, dass das betreffende Gericht in Zukunft die §§ 28, 32 IfSG nicht mehr als hinreichende Grundlage anerkennen könnte (→ Rn. 107), wurde jedenfalls der exekutive Erstreaktionszeitraum (→ Rn. 86, 99) viel zu lang bemessen.

108 Wo genau die zur Parlamentszuständigkeit führende Grenze überschritten ist, kann hier nicht weiter untersucht werden. In der konkreten Entscheidungssituation dürfte das **Überschreiten der Grenze** meistens ohne Weiteres erkennbar sein. Es ist in den neuralgischen Fällen kaum vorstellbar, dass nur eine einzige der in § 3 dieses Buches dargestellten Maßnahmen (zB singuläres Gottesdienstverbot) mit Wirkung für ganz Deutschland oder für das gesamte Bundesland verhängt wird, um eine übertragbare Krankheit zu bekämpfen, während auf die meisten anderen Maßnahmen verzichtet wird. Wäre dies der Fall, könnte die einzelne Maßnahme wohl schon ausreichend am Verhältnismäßigkeitsgrundsatz gemessen werden, da dann die Gefahren nicht so groß sein können. Andererseits gibt es auch einzelne Maßnahmen, die zwar – wie zB die Verpflichtung zum Tragen einer Mund-Nasen-Bedeckung in Geschäften oder im öffentlichen Personennahverkehr – eine Unannehmlichkeit, einzeln betrachtet aber keinen schweren Grundrechtseingriff darstellen.[239] Sie könnten nur dann als vom Parlamentsvorbehalt mitumfasst angesehen werden, wenn man die Wesentlichkeit der Entscheidung mit einer Gesamtbetrachtung aller in einem Maßnahmenpaket (Corona-Bekämpfungsverordnung) getroffenen Ge- und Verbote bestimmt. Vorzuziehen ist es jedoch, in eine die Kumulation von Maßnahmen berücksichtigende Betrachtung (→ Rn. 106) nur solche Maßnahmen einzubeziehen, die bereits einzeln betrachtet einen schweren Grundrechtseingriff darstellen.

109 In den vom Parlamentsvorbehalt erfassten Fällen gilt Folgendes:

110 **Landesregierungen** dürfen die betreffenden Maßnahmen nicht als Allgemeinverfügung (vgl. § 35 S. 2 VwVfG) erlassen (→ Rn. 191 ff.). Sie können von der Verordnungsermächtigung nach § 32 S. 1, § 28 Abs. 1 S. 1 IfSG nur bei Gefahr im Verzug bis zum Ge-

---

heim Beschl. v. 9.4.2020 – 1 S 925/20, BeckRS 2020, 6351 Rn. 30 ff.: Die „sehr gravierenden Auswirkungen können dafür sprechen, dass die Vorschriften in § 32 S. 1 iVm. § 28 Abs. 1 S. 1, 2 IfSG die Voraussetzungen, den Umfang und insbesondere die Grenzen dieses Eingriffs [in Art. 12 Abs. 1 GG] nicht ausreichend erkennen lassen und daher wegen Verstoßes gegen den Parlamentsvorbehalt nicht verfassungsgemäß sind". Vgl. auch VGH München Beschl. v. 27.4.2020 – 20 NE 20.793, BeckRS 2020, 6630 Rn. 45: „Sollte sich aufgrund der Fortentwicklung der Pandemielage jedoch zeigen, dass die grundrechtsbeeinträchtigenden Maßnahmen nicht mehr nur kurzfristiger Natur sind, sondern längere Zeit fortdauern, erscheint zweifelhaft, ob der Vorbehalt des Gesetzes als wesentlicher Grundsatz einer parlamentarischen Staatsform ohne den Erlass eines Maßnahmegesetzes durch den parlamentarischen Bundesgesetzgeber als Rechtsgrundlage für mittelfristig und langfristig wirkende Maßnahmen gewahrt werden kann"; ähnliche Zweifel wiederholt in VGH München Beschl. v. 5.11.2020 – 20 NE 20.2468, BeckRS 2020, 29302 Rn. 11 ff.

237 Vgl. exemplarisch die Argumentation bei *Lutz* IfSG § 30 Rn. 5: „Solange die Verordnungen jedoch befristet sind und regelmäßig überprüft werden, müssen diese Bedenken angesichts der Erforderlichkeit von schnellen Maßnahmen zurück gestellt werden"; ähnlich OVG Berlin-Brandenburg Beschl. v. 6.11.2020 – 11 S 113/20, BeckRS 2020, 29815 Rn. 20 mit der These, dass auch der Verordnungsgeber die wesentlichen Entscheidungen treffen darf, wenn es schnell gehen muss. S. a. *Volkmann* NJW 2020, 3153 (3160 Rn. 53 f.). Methodisch verfehlt erfolgt die Verneinung des Wesentlichkeitsvorbehalts in der Rechtsprechung oftmals dadurch, indem Bestimmtheitsgebot und Wesentlichkeitsvorbehalt vermengt werden, mithin ein Parlamentsvorbehalt dort nicht existieren könne, wo bereits eine dem Bestimmtheitsgebot genügende Ermächtigungsgrundlage vorliege (vgl. bspw. OVG Lüneburg Beschl. v. 6.11.2020 – 13 MN 433/20, BeckRS 2020, 29459 Rn. 13 ff.).

238 *Gärditz/Abdulsalam* GSZ 2020, 108 (110).

239 Vgl. VerfGH Saarland Beschl. v. 28.8.2020 – Lv 15/20, NVwZ 2020, 1513 (1515 Rn. 48).

setzesbeschluss bzw. zur Ablehnung eines solchen durch den Landtag selbst Gebrauch machen. Dass die Rechtsprechung die Zuständigkeit der Landesregierungen sogar noch nach Monaten der Pandemiebekämpfung annahm bzw. weiterhin annimmt,[240] ist gleichermaßen bedauerlich und fehlsam. Durch den mWv 19.11.2020 neugeschaffenen § 28 a IfSG hat sich an der zeitlich begrenzten Zuständigkeit der Landesregierungen für „wesentliche Entscheidungen“ nichts geändert (→ Rn. 111 i).

111 Entscheidungszuständig sind die **Landtage**. Nach Art. 80 Abs. 4 GG sind die Länder zu einer Regelung auch durch Gesetz befugt, soweit durch Bundesgesetz oder aufgrund von Bundesgesetzen Landesregierungen ermächtigt werden, Rechtsverordnungen zu erlassen. Demokratie- und Rechtsstaatsprinzip des Grundgesetzes und der Landesverfassungen verengen bei kumulativ und flächendeckend wirkenden Ausgangssperren, Kontakt-, Reise-, Gottesdienst-, Veranstaltungs-, Ansammlungs- und Versammlungsverboten bzw. -beschränkungen, Schließungen von Gaststätten, Hotels, Geschäften, Sport-, Freizeit- und Kultureinrichtungen sowie Besuchsverboten in Krankenhäusern und Pflegeheimen den Handlungsspielraum der Länder dahingehend, dass die Landesparlamente selbst darüber entscheiden müssen (→ Rn. 182 f.). §§ 32, 28 ff. IfSG umreißen dabei den bundesgesetzlich auf die Länder übertragenen Normsetzungsbereich (→ Rn. 16). In dem Gesetz können die Landtage ggf. bestimmen, unter welchen Bedingungen die Exekutive Lockerungen vornehmen darf.[241]

111a Dass Landesparlamente mittels eines verordnungsvertretenden Gesetzes (Art. 80 Abs. 4 GG) eine dem Parlamentsvorbehalt, namentlich dem Wesentlichkeitsvorbehalt genügende Rechtsgrundlage hinsichtlich „wesentlicher“ infektionsschutzrechtlicher Entscheidungen herzustellen vermögen,[242] wird bisweilen **bestritten**: Die „Pflicht, das Wesentliche zu regeln,“ treffe „den Bundes- und nicht den Landesgesetzgeber“; es reiche „nicht aus, dass ‚irgendein‘ Parlament ein hinreichend bestimmtes Gesetz erlässt“, sondern es müsse auch das zuständige Parlament sein, welches angesichts des Art. 74 Abs. 1 Nr. 19 GG allein der Deutsche Bundestag sei.[243] So vermöchten die Landesparlamente die Versäumnisse auf Bundesebene nicht zu kompensieren.[244] Diese allgemeine Betrachtungsweise übersieht jedoch Besonderheiten beim Infektionsschutz:

111b Kompetenzen zum Erlass von Bundesgesetzen beruhen auf dem Erfordernis einer bundeseinheitlichen Regelung. Dass Art. 72 Abs. 2 GG für den Kompetenztitel des Art. 74 Abs. 1 Nr. 19 GG nicht gilt, beruht darauf, dass das Grundgesetz in den von Art. 72 Abs. 2 GG nicht umfassten Sachbereichen der konkurrierenden Gesetzgebung unwiderleglich vermutet, dass eine bundesgesetzliche Regelung erforderlich ist. Dem Erfordernis einer bundesgesetzlichen Regelung ist zugleich die Zielrichtung einer bundeseinheitlichen Regelung immanent. Der Erlass **bundeseinheitlich geltender Bekämpfungsmaßnahmen** ist jedoch selbst bei Bestehen einer epidemischen Lage von nationaler Tragweite aus verfassungsrechtlichen Gründen, namentlich aufgrund des Verhältnismäßigkeitsgebots, vielfach kaum möglich (→ Rn. 130; zur bundeseinheitlichen Ermächtigungsgrundlage für Bekämpfungsmaßnahmen → Rn. 111 c). So kommt es im Infektionsschutz auf „passgenaue, situations- und ortsbezogene Reaktionen“ an.[245] „Pandemien sind geprägt durch besonders entwicklungsoffene Sachverhalte, wodurch in besonderem Maße flexible und dezentrale Regelungen erforderlich sind. Das Pandemiegeschehen kann sich von Bundesland zu Bundesland deutlich unterscheiden und damit auch unterschiedliche Regelungen erfordern. Bevölkerungsarme Flächenländer mögen anders gefährdet sein

240 Vgl. nur OVG Münster Beschl. v. 6.11.2020 – 13 B 1657/20.NE BeckRS 2020, 29787 Rn. 10 ff.
241 *Kluckert* DVBl 2021, 96 (99 f.).
242 So auch VerfGH Saarland Beschl. v. 28.8.2020 – Lv 15/20, NVwZ 2020, 1513 (1519 Rn. 100).
243 *Brocker* NVwZ 2020, 1485 (1488).
244 *Klafki* NVwZ 2020, 1718 (1722).
245 *Völzmann* DÖV 2020, 893 (897).

als Länder mit bevölkerungsreichen Ballungszentren. Auch kann die Pandemie in den Bundesländern unterschiedlich stark verbreitet sein und daher unterschiedliche Maßnahmen erfordern."[246] Sofern es um die Legitimierung von schwerwiegenden, kumulierten und flächendeckend geltenden Bekämpfungsmaßnahmen geht, kann der Wesentlichkeitsvorbehalt nicht vom Bundesgesetzgeber etwas verlangen, woran ihn Verhältnismäßigkeitsgebot und allgemeiner Gleichheitssatz hindern. Solange über derartige Maßnahmen dezentral entschieden wird und werden muss, sind die im **Wesentlichkeitsvorbehalt** verschmolzenen Postulate des Demokratie- und Rechtsstaatsprinzips **dezentral zu verwirklichen.**

111c Eine bundes*einheitliche* Regelung lässt sich aus den vorstehend beschriebenen Gründen vielfach nicht auf der Ebene der konkret zu ergreifenden Bekämpfungsmaßnahmen verwirklichen, sondern allenfalls auf der Ebene der **Ermächtigungsgrundlage für Bekämpfungsmaßnahmen** (zB §§ 28 ff. IfSG). Hier eine dem Wesentlichkeitsvorbehalt genügende Ermächtigungsgrundlage mit abstrakt-generellen Handlungsanweisungen und abgestuften Interventionen auf Bundesebene für die rechtsanwendende Exekutive zu erlassen, gelingt – wenn überhaupt[247] – allenfalls nach einem längeren Zeitraum, in welchem zunächst Unsicherheiten über den Krankheitserreger und die von ihm ausgelöste Krankheit in der Wissenschaft verringert wurden und ein Bild über die für die Bekämpfung relevanten Parameter (zB Inzidenzen) und Bekämpfungsformen von der Politik hergestellt werden konnte. Jedoch läuft der mit Blick auf das Demokratie- und Rechtsstaatsprinzip erträgliche Erstreaktionszeitraum für exekutive Maßnahmen auf der Grundlage der Generalklausel viel früher ab.

111d Weil die Landesparlamente – jedenfalls im Infektionsschutzrecht – den Parlamentsvorbehalt erfüllen können (→ Rn. 111 ff.), können auch die von verschiedenen Bundesländern[248] erlassenen **Gesetze über die Parlamentsbeteiligung** beim Erlass von infektionsschutzrechtlichen Verordnungen die Problematik abmildern, jedoch in ihrer konkreten Ausgestaltung der Problematik nicht abhelfen. Verfahrensbezogene Pflichten der Landesregierung, wie die vorherige Zuleitung einer Verordnung nach § 32 IfSG an das Parlament oder eine regelmäßige Unterrichtung des Parlaments über die pandemische Lage, heben das Legitimationsniveau nur sehr gering an. Allerdings geht das Berliner COVID-19-Parlamentsbeteiligungsgesetz deutlich darüber hinaus: Maßnahmen auf der Grundlage von §§ 28 bis 31 IfSG treten nach § 5 Abs. 1 S. 1 Berliner COVID-19-Parlamentsbeteiligungsgesetz außer Kraft, wenn das Abgeordnetenhaus Einspruch erhebt und die Maßnahmen aufhebt oder ändert. Zudem sind solche Maßnahmen nach § 5 Abs. 1 S. 2 Berliner COVID-19-Parlamentsbeteiligungsgesetz auf Verlangen des Abgeordnetenhauses aufzuheben oder durch den Senat zu ändern. Die in § 28 a Abs. 2 IfSG aufgezählten Maßnahmen (Untersagung von Versammlungen und von religiösen oder weltanschaulichen Zusammenkünften, Anordnung einer Ausgangsbeschränkung sowie Untersagung des Betretens oder des Besuchs von Einrichtungen des Gesundheits- oder Sozialwesens) bedürfen nach § 4 Abs. 1 Berliner COVID-19-Parlamentsbeteiligungsgesetz eines Parlamentsgesetzes oder einer Rechtsverordnung nebst eines zustimmenden Beschlusses des Abgeordnetenhauses, sofern nicht das Abgeordnetenhaus an einer Beschlussfassung gehindert ist. Da das Zustandekommen von Landesrechtsverordnungen aufgrund der Verfassungsautonomie der Länder weitgehend in die Verbandskompetenz der Länder fällt und nach Art. 80 Abs. 4 GG den Landesparlamenten ein Selbsteintrittsrecht hinsichtlich bundesgesetzlicher Verordnungsermächtigungen zukommt, sind die

246 *Völzmann* DÖV 2020, 893 (897).
247 Vgl. OVG Münster Beschl. v. 18.8.2020 – 13 B 847/20.NE BeckRS 2020, 21590 Rn. 11.
248 Vgl. das baden-württembergische Gesetz über den Erlass infektionsschützender Maßnahmen v. 23.7.2020 (GVBl. 649), das hessische Gesetz über den Erlass infektionsschützender Maßnahmen v. 11.12.2020 (GVBl. 922), das Berliner COVID-19-Parlamentsbeteiligungsgesetz v. 1.2.2021 (GVBl. 102).

verfassungsrechtlichen Wertungen, die für die Beteiligung des Bundestages an der Verordnungsgebung entwickelt wurden (→ Rn. 155 ff.), auf Art. 80 Abs. 4 GG übertragbar.[249] Ein Zustimmungsvorbehalt kann dem Parlamentsvorbehalt ausreichend Rechnung tragen. Der im Berliner COVID-19-Parlamentsbeteiligungsgesetz verankerte Zustimmungsvorbehalt greift allerdings mit seiner Beschränkung auf Maßnahmen nach § 28 a Abs. 2 IfSG zu kurz. Dies ist in der Praxis unschädlich, wenn eine Verordnung des Berliner Senats aufgrund einer einzelnen Regelung insgesamt der Zustimmung des Abgeordnetenhauses bedarf.

d) § 28 a IfSG

Fraglich ist, ob der durch das Dritte Bevölkerungsschutzgesetz v. 18.11.2020[250] in das IfSG eingefügte § 28 a (*Ritgen* in → § 12 Rn. 37 a ff.) die das Demokratie- und Rechtsstaatsprinzip betreffenden Defizite der Generalklausel (→ Rn. 102 ff.) beseitigt hat, aufgrund derer sich – nach hier vertretener Rechtsansicht – viele bis dahin zur Bekämpfung des Corona-Virus ergriffene Maßnahmen als verfassungswidrig erweisen. Die Neuerung betrifft eine Reihe von Konkretisierungen, die Schutzmaßnahmen zur Bekämpfung des Coronavirus SARS-CoV-2 bzw. der Coronavirus-Krankheit COVID-19 (sachliche Beschränkung) für die Dauer einer vom Bundestag festgestellten epidemischen Lage von nationaler Tragweite (zeitliche Beschränkung) betreffen, und in dieser Hinsicht die Generalklausel des § 28 Abs. 1 S. 1 IfSG ergänzen. Die ursprünglich im Gesetzentwurf[251] unter Art. 1 Nr. 17 vorgeschlagene Regelung hat wiederum durch die Beschlussempfehlung des Ausschusses für Gesundheit zahlreiche Änderungen erfahren,[252] in deren Fassung Bundestag und Bundesrat § 28 a am 18.11.2020 beschlossen haben. § 28 a Abs. 1 IfSG enthält nunmehr einen nicht abschließenden **Katalog von notwendigen Schutzmaßnahmen** iSv § 28 Abs. 1 IfSG. Über 17 Nummern verteilt werden vom Abstandsgebot über Versammlungsverbote und Betriebsschließungen bis zu Kontaktdatenlisten im Wesentlichen alle Maßnahmen aufgeführt, die bisher im Zuge der Bekämpfung der Corona-Pandemie in intransparenten Verfahren unter Ausschluss der Öffentlichkeit von der Exekutive beschlossen wurden.[253] Veranlasst wurde die Neuregelung insbes. durch „Warnungen" aus der Rechtsprechung, dass man § 28 Abs. 1 S. 1 IfSG alsbald nicht mehr als ausreichende Rechtsgrundlage für bestimmte eingriffsintensive Corona-Bekämpfungsmaßnahmen anerkennen würde.[254] 111e

Bereits oben wurde festgestellt, dass die Anreicherung des § 28 Abs. 1 S. 1 IfSG um weitere Regelungsbeispiele keinen großen rechtsstaatlichen Gewinn bringt (→ Rn. 98). Eine in rechtsstaatlicher und demokratischer Hinsicht echten Gewinn bringende – aber schwierige – gesetzgeberische Anleitung des exekutiven Handelns durch **tatbestandliche Fixierung** der aufgeführten Maßnahmen erfolgt jedoch weiterhin nicht. 111f

§ 28 a IfSG umfasst einerseits einige **„Erinnerungsposten"**, die einen Amtswalter im Gesundheitsamt oder in der Ordnungsbehörde darauf aufmerksam machen können, dass 111g

249 *Klafki* NVwZ 2020, 1718 (1720).

250 BGBl. 2020 I 2397, mvW 19.11.2020.

251 BT-Drs. 19/23944, 12 ff., 31 ff. Vgl. dazu die Kritik von *Kießling*, Stellungnahme v. 10.11.2020, Gesundheitsausschuss-Drs. 19(14)246(7); *Klafki*, Stellungnahme v. 10.11.2020, Gesundheitsausschuss-Drs. 19(14)246(9); *Wißmann*, Stellungnahme v. 10.11.2020, Gesundheitsausschuss-Drs. 19(14)246(12).

252 BT-Drs. 19/24344, 23 ff.

253 Vgl. *Eibenstein* COVuR 2020, 856 (860): § 28 a IfSG „erschöpft sich [...] in einer rückblickenden Billigung der den Einzelnen [sic] aus den meisten Corona-Schutz-Verordnungen bereits bekannten Maßnahmen".

254 Vgl. insbes. VG Hamburg Beschl. v. 10.11.2020 – 13 E 4550/20, BeckRS 2020, 30379 Rn. 6 ff., das die infektionsschutzrechtliche Generalklausel nicht mehr als Rechtsgrundlage anerkannte; ferner VerfGH Saarland Beschl. v. 28.8.2020 – Lv 15/20, NVwZ 2020, 1513 (1518 Rn. 89); VGH München Beschl. v. 5.11.2020 – 20 NE 20.2468, BeckRS 2020, 29302 Rn. 11 ff.; VG Mainz Beschl. v. 1.11.2020 – 1 L 843/20, COVuR 2020, 771 (772 Rn. 11).

bei der Anwendung von Verwaltungsrecht auch die Verfassung zu beachten ist, aber keinen eigenständigen Beitrag des Gesetzgebers zur Steuerung der Verwaltung darstellen: Wenn § 28 a Abs. 2 S. 1 IfSG bestimmt, dass Versammlungs- und Gottesdienstverbote, Ausgangsbeschränkungen sowie Betretungsverbote für Alten- und Pflegeheime nur zulässig sind, wenn eine wirksame Krankheitseindämmung erheblich gefährdet wäre, wird damit nicht mehr als dasjenige beschrieben, was sich angesichts der Schwere der damit verbundenen Grundrechtseingriffe ohnehin aus dem Verhältnismäßigkeitsgebot ergibt (und übrigens genauso auch für die in § 28 a Abs. 2 IfSG gar nicht erwähnten Betriebsschließungen gilt). Dass Betretungsverbote nicht zur vollständigen Isolation von einzelnen Personen oder Gruppen führen dürfen und ein Mindestmaß an sozialen Kontakten gewährleistet sein muss (§ 28 Abs. 2 S. 2 IfSG), dürfte sich bereits aus der Menschenwürde (Art. 1 Abs. 1 GG) ableiten lassen. Auch spricht § 28 a Abs. 3 S. 1 IfSG nicht mehr als eine Binsenweisheit aus, wenn Entscheidungen über Schutzmaßnahmen „insbesondere an dem Schutz von Leben und Gesundheit und der Funktionsfähigkeit des Gesundheitssystems auszurichten" sind. Das Gleiche gilt für die Vorgabe des § 28 a Abs. 6 S. 2 IfSG, nach der bei der Entscheidung über Schutzmaßnahmen „soziale, gesellschaftliche und wirtschaftliche Auswirkungen auf den Einzelnen und die Allgemeinheit einzubeziehen und zu berücksichtigen" sind. Verfassungsrechtlich problematisch ist aber die Formulierung, dass solche Auswirkungen nur dann zu berücksichtigen seien, soweit dies mit dem Ziel einer wirksamen Verhinderung der Krankheitsverbreitung vereinbar ist. Diese gegenläufigen Interessen können nicht von vornherein aus einer Abwägung herausgehalten werden, sie können nur ggf. dort überwunden werden.

111h Andererseits bewirkt auch die in § 28 a Abs. 3 IfSG formulierte **Anknüpfung an bestimmte Gefahrenlagen in Gestalt von Schwellenwerten** (35 bzw. 50 Neuinfektionen je 100.000 Einwohner innerhalb von sieben Tagen) keine gesetzgeberische Anleitung der Exekutive. Welche der in § 28 a Abs. 1 Nr. 1 bis 17 IfSG aufgeführten Maßnahmen beim ersten Schwellenwert (noch) ausscheiden und damit nicht zu den „breit angelegten Schutzmaßnahmen" zählen, „die eine schnelle Abschwächung des Infektionsgeschehens erwarten lassen" (§ 28 a Abs. 3 S. 6 IfSG), und welche Maßnahmen erst beim zweiten Schwellenwert im Rahmen der „umfassenden Schutzmaßnahmen" zulässig sind, „die eine effektive Eindämmung des Infektionsgeschehens erwarten lassen" (§ 28 Abs. 3 S. 5 IfSG), verrät der Gesetzgeber an keiner Stelle. Diese Unklarheit wird weiter vernebelt, wenn selbst *vor dem Überschreiten* eines Schwellenwertes „die in Bezug auf den jeweiligen Schwellenwert genannten[255] Schutzmaßnahmen insbesondere [!] bereits dann angezeigt [sind], wenn die Infektionsdynamik eine Überschreitung des jeweiligen Schwellenwertes in absehbarer Zeit wahrscheinlich macht" (§ 28 a Abs. 3 S. 8 IfSG). Umgekehrt können auch *nach Unterschreiten* eines Schwellenwertes nach § 28 a Abs. 3 S. 5, 6 IfSG die in Bezug auf den jeweiligen Schwellenwert genannten[256] Schutzmaßnahmen aufrechterhalten werden, soweit und solange dies zur Verhinderung der Krankheitsausbreitung erforderlich ist (§ 28 a Abs. 3 S. 11 IfSG).

111i Mit der über den gesamten § 28 a IfSG betriebenen Akkumulation von „können", „sollen" und „insbesondere" sowie der fehlenden Zuordnung von bestimmten Maßnahmen zu tatbestandsmäßigen Gefahrenlagen wird jedenfalls **kein gestuftes Regelungskonzept von zulässigen und noch nicht zulässigen Maßnahmen** verwirklicht, welches iS einer Anleitung durch den Gesetzgeber die sachlich-inhaltliche demokratische Legitimation der exekutiven Schutzmaßnahmen signifikant erhöht.[257] Daher bleibt es auch nach Ver-

255 Wo sind Maßnahmen *in Bezug auf* einen Schwellenwert im Gesetz genannt?
256 Nochmals: Wo sind Maßnahmen *in Bezug auf* einen Schwellenwert im Gesetz genannt?
257 S. a. *Ritgen* in → § 12 Rn. 37 d aE: „Auswahlermessen der Behörden bzw. Verordnungsgeber kaum oder gar nicht über das Maß hinaus beschränkt [...], das sich zuvor bereits aus dem Verhältnismäßigkeitsgrund-

abschiedung des Dritten Bevölkerungsschutzgesetzes dabei, dass § 28 Abs. 1 S. 1 IfSG – auch in der Gesamtschau mit der gesetzgeberischen „Unbedenklichkeitsbescheinigung" des § 28 a IfSG – keine dem Vorbehalt des Gesetzes genügende Entscheidung des Parlaments darstellt, wenn es um die Legitimierung von schwerwiegenden, kumulierten und flächendeckend geltenden Maßnahmen zur Bekämpfung der Corona-Pandemie geht.[258]

5. Leistungsfähigkeit des Grundsatzes der Verhältnismäßigkeit als Kontrollmaßstab bei epidemischer Lage von nationaler Tragweite

Eine Steuerung und Begrenzung staatlichen Handelns erfolgt durch den Gesetzgeber 112 über die Tatbestandsmerkmale und die Rechtsfolgenseite einer Norm. Der Bekämpfung übertragbarer Krankheiten (§§ 24 ff. IfSG) ist mit der allgemeinen oder auf eine konkrete Person bezogenen Feststellung eines Kranken, Krankheitsverdächtigen, Ansteckungsverdächtigen oder Ausscheiders (vgl. zu diesen Begriffen § 2 Nr. 4–7 IfSG) tatbestandsseitig keine besonders hohe Hürde gesetzt. Bei den Standardmaßnahmen Beobachtung (§ 29 IfSG), Absonderung (§ 30 IfSG), berufliches Tätigkeitsverbot (§ 31 IfSG) und dem Gemeinschaftseinrichtungen betreffenden Tätigkeits- bzw. Betretungsverbot (§ 28 Abs. 2 iVm § 34 Abs. 1 S. 1, 2 IfSG) erfolgt naturgemäß eine Begrenzung auf die jeweilige, sprachlich fixierte Rechtsfolge.[259] Dagegen öffnet die Generalklausel (§ 28 Abs. 1 S. 1 IfSG) unter der Rechtsfolge „notwendige Schutzmaßnahmen" einen besonders großen Instrumentenkasten (→ Rn. 93 ff.).[260] Dieser wird auch nicht durch die Beispiele des § 28 a Abs. 1 IfSG verkleinert.

Bei der Rechtsanwendung geht nur vom Grundsatz der Verhältnismäßigkeit eine Wir- 113 kung aus, die der verfassungsrechtlich durch die Gesetzesvorbehalte der Grundrechte ermöglichten Einschränkung von Freiheitsgrundrechten Schranken setzt (sog. „Schranken-Schranke").[261] Technisch erfolgt dies in erster Linie über die Reduzierung von Handlungsspielräumen (insbes. sofern Entschließungs- und/oder Auswahlwahlermessen besteht).

Allerdings kann in Fällen einer epidemischen Lage von nationaler Tragweite die Leis- 114 tungsfähigkeit des Verhältnismäßigkeitsgrundsatzes als Schranken-Schranke erheblich vermindert sein:[262]

a) Gewicht der verfolgten Gemeinwohlbelange

Wie weit das verbotene Übermaß entfernt liegt, wird ua durch das Gewicht der verfolg- 115 ten Gemeinwohlbelange bestimmt. Mit dem Leben und der körperlichen Unversehrtheit werden höchste bzw. fundamentale Rechtsgüter durch die Bekämpfungsmaßnahmen geschützt – Güter, die schon bei bloßen Gefahren für Einzelne schwerwiegende Grundrechtseingriffe rechtfertigen können. Verbreitet sich eine hochansteckende Krankheit, die für einen Teil der Bevölkerung tödlich, lebensbedrohlich oder extrem gesundheitsschädlich ist, erreicht mit der hunderttausendfachen Multiplikation von Höchstwerten das Gewicht der vom Staat verfolgten öffentlichen Interessen und **Gemeinwohlbelange** ein **schwer zu überwiegendes Ausmaß** – und zwar nicht nur bei abstrakter Gewichtung

satz ergab"; so auch *Sangs* NVwZ 2020, 1780 (1785): „schwerlich geeignet, die Verordnungsgeber über die Maßgaben des allgemeinen Verhältnismäßigkeitsgrundsatzes hinaus anzuleiten".

258 So auch *Eibenstein* COVuR 2020, 856 (859 f.); ferner *Sangs* NVwZ 2020, 1780 (1784 f.); *Stach* NJW 2021, 10 (11 Rn. 6).

259 → Rn. 80 dazu, ob in § 28 Abs. 1 S. 1 letzter Hs. IfSG und in § 28 Abs. 1 S. 2 IfSG Standardmaßnahmen geregelt sind.

260 Ähnliches gilt für die Verhütungsmaßnahmen nach § 16 Abs. 1 S. 1 IfSG: „notwendigen Maßnahmen zur Abwendung der dem Einzelnen oder der Allgemeinheit hierdurch drohenden Gefahren".

261 Strukturell neben den Freiheitsgrundrechten geht auch vom allgemeinen Gleichheitssatz (Art. 3 Abs. 1 GG) eine Begrenzung des Ermessensspielraums bei der Rechtsanwendung aus (→ Rn. 127 ff.).

262 Vgl. dazu auch *Trute* GSZ 2020, 93 (100 f.).

dieser Gemeinwohlbelange, sondern auch unter Berücksichtigung von die abstrakten Gewichte oftmals relativierenden Faktoren wie der konkreten Gefahrenlage und dem Nutzeffekt[263].

116 Viele neben dem Lebens- und Gesundheitsschutz zusätzlich genannte legitime Zwecke von Bekämpfungsmaßnahmen,[264] wie die Funktionsfähigkeit des Gesundheitswesens, der Schutz des Personals vor Überlastung, die Gewährleistung einer bestmöglichen Versorgung, die Sicherstellung der Leistungsfähigkeit der (krankenhaus-)ärztlichen (Intensiv-)Versorgung, die Verhinderung der Weiterverbreitung der Krankheit, die Gewährleistung ausreichender Kapazitäten des Gesundheitssystems zur Behandlung schwer Erkrankter, die Minimierung der Hospitalisierung intensivpflichtiger Patienten oder die Senkung der Reproduktionsrate, sind letztlich **Zwischenziele** zur Erreichung des eigentlichen **Endzwecks**, welcher im Lebens- und Gesundheitsschutz für Hunderttausende besteht.[265]

b) Einschätzungsspielräume

117 Wann das Übermaß erreicht ist, wird ua durch Einschätzungsspielräume bestimmt. Hinsichtlich der Bekämpfungsmaßnahmen wird unter folgerichtiger Übertragung ansonsten angewandter Grundsätze ein großer Einschätzungs-, Bewertungs- und Prognosespielraum zugunsten der staatlichen Entscheider anerkannt.[266] Der Umfang solcher Spielräume „richtet sich je nach der Eigenart des in Rede stehenden Sachbereichs, den Möglichkeiten, sich ein hinreichend sicheres Urteil zu bilden, und den auf dem Spiel stehenden Rechtsgütern."[267]

118 Bei der für die **Geeignetheit** relevanten Frage, ob mit dem eingesetzten Mittel der legitime Zweck überhaupt gefördert werden kann, spielt oftmals herein, dass die angenommenen Wirkzusammenhänge bestritten werden bzw. wissenschaftlich umstritten sind. Solange die (in Grundrechte eingreifenden) Mittel nicht erwiesenermaßen untauglich sind, darf der staatliche Entscheider, insbes. der Gesetzgeber, regelmäßig auch eine bestrittene wissenschaftliche Ansicht zur Grundlage seines präventiven Handelns machen.[268] Wenn ferner ein Einschätzungsspielraum bei der **Erforderlichkeit** eingeräumt wird, wo es darum geht, ob ein alternatives milderes Mittel „gleich wirksam" ist,

---

263 Vgl. zur Ermittlung der fallbezogenen Bedeutung eines Gemeinwohlbelangs und zu den diesbezüglich relevanten Faktoren abstraktes Gewicht, konkrete Gefahrenlage und Nutzeffekt *Kluckert* JuS 2015, 116 (118 ff.).

264 Vgl. BVerfG Kammerbeschl. v. 10.4.2020 – 1 BvQ 28/20, BeckRS 2020, 5589 Rn. 14; OVG Bremen Beschl. v. 9.4.2020 – 1 B 97/20, BeckRS 2020, 5629 Rn. 42, 44; VGH Kassel Beschl. v. 7.4.2020 – 8 B 892/20.N BeckRS 2020, 5242 Rn. 42; VG Schleswig Beschl. v. 8.4.2020 – 1 B 44/20, BeckRS 2020, 5411 Rn. 10, 19, 22.

265 OVG Berlin-Brandenburg Beschl. v. 6.11.2020 – 11 S 113/20, BeckRS 2020, 29815 Rn. 27. AA *Stach* NJW 2021, 10 (13 Rn. 17). Ebenso *Gärditz/Abdulsalam* GSZ 2020, 108 (114 f.); *Kießling* in Kießling IfSG Einführung Rn. 7; *Volkmann* NJW 2020, 3153 (3159 f. Rn. 46 f.) die in den Mitteln bzw. Zwischenzielen bereits den relevanten legitimen Zweck sehen. Zutreffend ist zwar, dass eine Verhältnismäßigkeitsprüfung regelmäßig nur funktioniert, wenn nicht allein das abstrakte Gewicht der Rechtsgüter Leben und Gesundheit zu Gunsten des Staates auf die Waagschale gelegt wird. Daher beeinflussen ua die Gefahrenlage und der Nutzeffekt die Gewichtung bzw. fallbezogene Bedeutung eines Gemeinwohlbelangs (→ Rn. 115, 129; vgl. *Kluckert* JuS 2015, 116 ff.). Insbes. zur Beurteilung des Nutzeffekts ist das gewählte Mittel in den Blick zu nehmen.

266 VerfGH Saarland Beschl. v. 28.4.2020 – Lv 7/20, BeckRS 2020, 7053 Rn. 29 f.; OVG Berlin-Brandenburg Beschl. v. 23.3.2020 – OVG 11 S 12/20, BeckRS 2020, 4408 Rn. 8 mit Anm. *Edenharter* DVBl 2020, 777 ff.; OVG Bremen Beschl. v. 9.4.2020 – 1 B 97/20, BeckRS 2020, 5629 Rn. 43; OVG Magdeburg Beschl. v. 4.11.2020 – 3 R 218/20, COVuR 2020, 819 (824 Rn. 28); OVG Münster Beschl. v. 18.8.2020 – 13 B 847/20.NE BeckRS 2020, 21590 Rn. 34; OVG Saarlouis Beschl. v. 22.4.2020 – 2 B 128/20, BeckRS 2020, 6415 Rn. 23; VGH München Beschl. v. 30.3.2020 – 20 NE 20.632, NJW 2020, 1236 (1240 Rn. 60); VGH Kassel Beschl. v. 7.4.2020 – 8 B 892/20.N BeckRS 2020, 5242 Rn. 39 f.

267 BVerfG Beschl. v. 9.3.1994 – 2 BvL 43/92 ua, BVerfGE 90, 145 (173).

268 Vgl. OVG Münster Beschl. v. 18.8.2020 – 13 B 847/20.NE BeckRS 2020, 21590 Rn. 40.

bezieht sich dieser Einschätzungsspielraum gerade auf die für den Vergleich relevante Wirksamkeit der eingesetzten und alternativen Mittel.

Die Bekämpfung einer **neuartigen übertragbaren Krankheit** erfolgt unter Beurteilung komplexer und höchst umstrittener Sachverhalte. Die epidemische Lage ist durch zahlreiche Unsicherheiten und sich ständig weiterentwickelnde Erkenntnisse geprägt.[269] Die allgemeine Beobachtung, dass sich Einschätzungsprärogativen umso eher finden, je deutlicher die Aufgabe auf der Ebene von Gesetzgeber oder Regierung angesiedelt ist,[270] kann sich in § 32 IfSG abgebildet finden. Allerdings sind die Spielräume eines auf Behördenebene angesiedelten und in der Rechtsform des Verwaltungsakts handelnden Entscheiders nicht unbedingt viel kleiner, da – wenn man Einschätzungsprärogativen eher für „höhere" Ebenen reserviert – die Einschätzungsprärogative auf unteren Ebenen strukturell verwandt als „Prognoseermächtigung" erscheint.[271] Im Laufe der Zeit können im Rahmen der Bekämpfung einer neuartigen Infektionskrankheit die Einschätzungs- bzw. Prognosespielräume geringer ausfallen, da das Wissen über den Krankheitserreger, sein Auftreten, seine Übertragungswege und Verbreitung in der Bevölkerung sowie über die Symptome, Schwere und Behandlung der von einem Krankheitserreger ausgelösten Krankheit zugenommen haben.[272] Andererseits können im Zeitverlauf – bspw. durch Mutationen – wiederum neue Unsicherheiten hinzukommen. 119

Allen Handlungsspielräumen von Normgebern oder Behörden ist jedenfalls gemein, dass sie die gerichtliche Überprüfbarkeit staatlichen Handelns reduzieren. Hinzu kommt der Umstand, dass die härtesten und radikalsten Maßnahmen sich fast immer als geeignet und erforderlich erweisen werden, weil die milderen Alternativen schon augenscheinlich nicht gleich wirksam sind. 120

c) Angemessenheit

Auf der letzten Stufe der Verhältnismäßigkeitsprüfung, der sog. Angemessenheit (auch als Zumutbarkeit, Proportionalität oder Verhältnismäßigkeit ieS bezeichnet), werden die vom Staat verfolgten Gemeinwohlbelange den betroffenen Individualinteressen der belasteten Grundrechtsträger gegenübergestellt. Es kommt zu einer Abwägung: 121

„Das Gebot der Verhältnismäßigkeit im engeren Sinne verlangt, dass die Schwere der gesetzgeberischen Grundrechtsbeschränkung bei einer Gesamtabwägung nicht außer Verhältnis zu dem Gewicht der sie rechtfertigenden Gründe steht. Dabei ist ein angemessener Ausgleich zwischen dem Eingriffsgewicht der Regelung und dem verfolgten gesetzgeberischen Ziel, zwischen Individual- und Allgemeininteresse herzustellen"[273].

Das Bild der im Begriff der Abwägung sinnbildlich enthaltenen Waage macht deutlich, dass das Ergebnis einer Verhältnismäßigkeitsprüfung am Ende davon abhängt, welche **Gewichte** in jeder Waagschale liegen. Eine schwere Belastung ist nicht unverhältnismäßig, wenn der verfolgte Gemeinwohlbelang vergleichsweise schwer oder sogar noch schwerer wiegt.[274] 122

269 OVG Bremen Beschl. v. 9.4.2020 – 1 B 97/20, BeckRS 2020, 5629 Rn. 43; VGH Kassel Beschl. v. 7.4.2020 – 8 B 892/20.N BeckRS 2020, 5242 Rn. 38 f.; VGH München Beschl. v. 30.3.2020 – 20 NE 20.632, NJW 2020, 1236 (1240 Rn. 60); Beschl. v. 27.4.2020 – 20 NE 20.793, BeckRS 2020, 6630 Rn. 28; *Engels* DÖV 2014, 464 (468 f.); *Knufmann-Happe* in Kloepfer Pandemien S. 23 f.; *Trute* GSZ 2018, 125 (125, 132); *Trute* GSZ 2020, 93 ff.

270 *Schmidt-Aßmann* in Maunz/Dürig GG Art. 19 Abs. 4 Rn. 197.

271 *Schmidt-Aßmann* in Maunz/Dürig GG Art. 19 Abs. 4 Rn. 197, 198.

272 OVG Berlin-Brandenburg Beschl. v. 4.11.2020 – OVG 11 S 94/20, BeckRS 2020, 29285 Rn. 26.

273 BVerfG Urt. v. 24.4.2013 – 1 BvR 1215/07, BVerfGE 133, 277 (322). Vgl. auch BVerfG Urt. v. 11.3.2008 – 1 BvR 2074/05 ua, BVerfGE 120, 378 (428).

274 *Kluckert* JuS 2015, 116 (117).

123 Anders als die Stufen der Geeignetheit und Erforderlichkeit kann die letzte Stufe der Verhältnismäßigkeitsprüfung in einen **Konflikt zur effektiven Gefahrenabwehr** treten. Die Schwere der mit einer bestimmten Gefahrenabwehrmaßnahme verbundenen Belastung bei Grundrechtsträgern kann den Staat dazu zwingen, den legitimen Zweck mit Mitteln zu verfolgen, die milder, aber nicht genauso wirksam sind wie das ursprünglich angedachte Mittel. Im Rechtsstaat heiligt der legitime Zweck nicht jedes Mittel.

124 Die Bekämpfung der Ausbreitung des Corona-Virus SARS-CoV-2 und die im Rahmen der Überprüfung von Maßnahmen ergangenen Entscheidungen im einstweiligen Rechtsschutz zeigen auf, dass eine die staatlichen Befugnisse **begrenzende Wirkung** der Verhältnismäßigkeit im Falle der Epidemie einer hochansteckenden und für größere Teile der Bevölkerung lebensbedrohlichen Krankheit – jedenfalls in der frühen Bekämpfungsphase (*Kluckert* in → § 3 Rn. 1, 4) – bisher **weitgehend ausfiel.**

125 Grundrechtseingriffe sind nicht unverhältnismäßig, solange sich geschützte und geschmälerte Rechtsgüter und Interessen die Waage halten. Erst wenn die Schwere des Eingriffs außer Verhältnis zum Gewicht der geschützten Rechtsgüter steht, kann ein **Gericht** die Unverhältnismäßigkeit feststellen. Mit Blick auf das Gewicht der durch die Bekämpfungsmaßnahmen geschützten Rechtsgüter scheint der erforderliche Abwägungsvorgang weitgehend die funktionellen Grenzen der rechtsprechenden Gewalt auszutesten. Zudem kann festgehalten werden: Je gemeingefährlicher die Auswirkungen von Einschätzungs- und Bewertungsfehlern sind, die zur Aufhebung von Maßnahmen führen, desto geringer ist die Neigung eines Einzelrichters, einer Kammer oder eines Senats, die Letztverantwortung für das Unterbleiben der Maßnahme selbst zu übernehmen.[275] Zudem kann bei schweren Grundrechtseingriffen mittels Gewährung von Entschädigungen Angemessenheit hergestellt werden.[276]

d) Ansatzpunkte

126 Nach den Erfahrungen aus der Corona-Pandemie beschränken sich die Gerichte in der frühen Akutphase einer Epidemie mit einem hochansteckenden Virus, das eine für Teile der Bevölkerung tödliche, lebensbedrohliche oder extrem gesundheitsschädliche Krankheit auslöst, nach ihrer Funktion, Verfahrensweise und Erkenntnismöglichkeit darauf, praktische Konkordanz[277] allein im Randbereich herzustellen. Dazu gehört es, bei Verboten die Möglichkeit von Ausnahmen im Einzelfall anzumahnen und **Ermessensfehler** bei der Entscheidung über **Ausnahmegenehmigungen** zu rügen.[278] Die Sicherstellung eines echten Freiheitsniveaus für alle Bürgerinnen und Bürger ist damit kaum verbunden.

127 Größere Schlagkraft gewinnen die Gerichte paradoxerweise erst mit der Lockerung der schwersten Eingriffe.[279] Hier kommt es nämlich zu Ungleichbehandlungen, die am

275 Ähnlich *Papier* DRiZ 2020, 180 (181).

276 Vgl. OVG Berlin-Brandenburg Beschl. v. 4.11.2020 – OVG 11 S 94/20, BeckRS 2020, 29285 Rn. 38; OVG Magdeburg Beschl. v. 4.11.2020 – 3 R 218/20, COVuR 2020, 819 (829 Rn. 61 f.); OVG Münster Beschl. v. 6.11.2020 – 13 B 1657/20.NE BeckRS 2020, 29787 Rn. 27 ff.; VGH München Beschl. v. 5.11.2020 – 20 NE 20.2468, BeckRS 2020, 29302 Rn. 19.

277 Vgl. zur praktischen Konkordanz: *Hesse*, Grundzüge des Verfassungsrechts der Bundesrepublik Deutschland, 20. Aufl. 1995, Rn. 72; *Sodan/Ziekow* GK ÖffR § 2 Rn. 11. Danach werden verfassungsrechtlich geschützte Grundsätze, Prinzipien oder Güter in der Problemlösung einander so zugeordnet, dass beide möglichst zur optimalen Wirkung gelangen. Kein Verfassungsgrundsatz, -prinzip oder -gut soll sich einseitig auf Kosten des anderen durchsetzen.

278 Vgl. BVerfG Kammerbeschl. v. 15.4.2020 – 1 BvR 828/20, BeckRS 2020, 5766 Rn. 11 ff.; Kammerbeschl. v. 17.4.2020 – 1 BvQ 37/20, BeckRS 2020, 6051 Rn. 20 ff.

279 Vgl. VerfGH Saarland Beschl. v. 28.4.2020 – Lv 7/20, BeckRS 2020, 7053 Rn. 44 ff.; VGH München Beschl. v. 27.4.2020 – 20 NE 20.793, BeckRS 2020, 6630 Rn. 32 ff.; ferner OVG Saarlouis Beschl. v. 22.4.2020 – 2 B 128/20, BeckRS 2020, 6415 Rn. 23 aE.

Maßstab des allgemeinen Gleichheitssatzes zu messen sind.[280] Die Verhältnismäßigkeit spielt dabei mittelbar eine Rolle. Denn mit der sog. **„neuen Formel"** richtet das BVerfG seit 1980 die Prüfung der Rechtfertigung einer Ungleichbehandlung iSv Art. 3 Abs. 1 GG stärker an Verhältnismäßigkeitsgesichtspunkten aus.

„Aus dem allgemeinen Gleichheitssatz ergeben sich je nach Regelungsgegenstand und Differenzierungsmerkmalen unterschiedliche Grenzen für den Gesetzgeber, die vom bloßen Willkürverbot bis zu einer strengen Bindung an Verhältnismäßigkeitserfordernisse reichen."[281]

Der Prüfungsmaßstab erhöht sich insbes. dann zu einer strengen Bindung, wenn eine Ungleichbehandlung von Personengruppen besteht, einschließlich des Falles, dass eine Ungleichbehandlung von Sachverhalten mittelbar eine Ungleichbehandlung von Personengruppen bewirkt.[282] Die Bindung ist umso größer, „je stärker sich die Ungleichbehandlung auf die Ausübung grundrechtlich geschützter Freiheiten […] nachteilig auswirken kann".[283] Allerdings sind unterschiedliche Regelungen bzw. Schutzmaßnahmen in *anderen* Bundesländern, Landkreisen oder Gemeinden von vornherein kein tauglicher Anknüpfungspunkt für eine Ungleichbehandlung, da der allgemeine Gleichheitssatz jeden Träger öffentlicher Gewalt allein in dessen Zuständigkeitsbereich bindet.[284] Eine Ungleichbehandlung setzt voraus, dass zwischen Sachverhalten, Situationen, Personen und Personengruppen Vergleichbarkeit besteht,[285] was der Fall ist, wenn ein sinnvoller gemeinsamer Oberbegriff (genus proximum, tertium comparationis) gebildet werden kann, von dem die Komparatoren vollständig und abschließend erfasst werden. Ob ein sinnvoller gemeinsamer Oberbegriff gebildet werden kann, ist nicht eine bloße Frage der Logik, sondern enthält Elemente der Wertung. 128

Ein Verstoß gegen den allgemeinen Gleichheitssatz (Art. 3 Abs. 1 GG) kann sich unter dem Gesichtspunkt der Gleichbehandlung von Ungleichem[286] daraus ergeben, dass ein Regelungsgeber ein Verhalten verbietet und dabei alle denkbaren Fallgestaltungen (zeitlich und örtlich) über einen Kamm schert, ohne „nach dem Grad der Gefährlichkeit eines für sich genommen […] infektionsschutzrechtlich unbedenklichen Freizeitverhaltens, das erst in bestimmten räumlichen und zeitlichen Zusammenhängen durch die Be- 128a

---

280 Vgl. bspw. OVG Bautzen Beschl. v. 12.5.2020 – 3 B 177/20, BeckRS 2020, 8235 Rn. 21 – großflächige Möbelgeschäfte dürfen öffnen, Elektronikfachmärkte nicht; OVG Münster Beschl. v. 20.11.2020 – 13 B 1770/20.NE BeckRS 2020, 31758 Rn. 14 ff. – Quarantäne für Reiserückkehrer, obwohl bei vergleichbaren Inzidenzwerten im Inland von Daheimgebliebenen kein geringeres Risiko ausgeht; VGH München Beschl. v. 12.11.2020 – 20 NE 20.2463, BeckRS 2020, 30337 Rn. 26 f. – Verbot von Fitnessstudios während Freizeit- und Individualsport im Rahmen der Kontaktbeschränkungen zulässig ist; VG Berlin Beschl. v. 4.5.2020 – VG 14 L 74/20, BeckRS 2020, 8651 Rn. 28 ff. – Ungleichbehandlung von großflächigen Einzelhandelsbetrieben einerseits und Einkaufszentren andererseits. Vgl. auch *Trute* jM 2020, 291 (298) zu einer konzeptorientierten Kontrolle am Maßstab des Art. 3 Abs. 1 GG; ferner OVG Münster Beschl. v. 8.9.2020 – 13 B 902/20.NE BeckRS 2020, 22109 Rn. 13, VGH Mannheim Beschl. v. 15.10.2020 – 1 S 3156/20, BeckRS 2020, 26559 Rn. 40 und VGH München Beschl. v. 12.11.2020 – 20 NE 20.2463, BeckRS 2020, 30337 Rn. 27 zur Relevanz des Gesamtkonzepts von Beschränkungen und Lockerungen im Rahmen der Verhältnismäßigkeitsprüfung.

281 BVerfG Beschl. v. 26.1.1993 – 1 BvL 38/92, BVerfGE 88, 87 (96); vgl. BVerfG Beschl. v. 19.6.2012 – 2 BvR 1397/09, BVerfGE 131, 239 (255 f.); Beschl. v. 7.5.2013 – 2 BvR 909/06 ua, BVerfGE 133, 377 (407 Rn. 74).

282 BVerfG Beschl. v. 7.5.2013 – 2 BvR 909/06 ua, BVerfGE 133, 377 (407 f. Rn. 74).

283 BVerfG Beschl. v. 14.4.2010 – 1 BvL 8/08, BVerfGE 126, 29 (48).

284 BVerfG Beschl. v. 12.5.1987 – 2 BvR 1226/83 ua, BVerfGE 76, 1 (73); Kammerbeschl. v. 8.5.2008 – 1 BvR 645/08, NJW 2008, 2770 (2771); OVG Münster Beschl. v. 18.8.2020 – 13 B 847/20.NE BeckRS 2020, 21590 Rn. 55.

285 Vgl. OVG Berlin-Brandenburg Beschl. v. 4.11.2020 – OVG 11 S 94/20, BeckRS 2020, 29285 Rn. 43 f. – Vergleich des Betriebs eines Tattoo-Studios mit Aufenthalt im Freien oder Einzelhandel; OVG Münster Beschl. v. 6.11.2020 – 13 B 1657/20.NE BeckRS 2020, 29787 Rn. 33 – Vergleich Fitnessstudio und Sonnenstudio.

286 Vgl. BVerfG Beschl. v. 7.11. 2006 – 1 BvL 10/02, BVerfGE 117, 1 (30).

teiligung einer Vielzahl von Personen eine infektionsschutzrechtliche Gefährlichkeit entwickeln kann“, zu differenzieren; insbes. scheidet das Instrument der Typisierung aus, wenn das Leitbild einer Regelung am atypischen Fall (zB vereinzelter Missbrauch) ausgerichtet ist.[287] Ferner führen normativ angelegte und strukturelle Vollzugsdefizite zu sachlich nicht gerechtfertigten Ungleichbehandlungen.[288]

129 Sind in einer **fortgeschrittenen Bekämpfungsphase** endlich Informationen über ein neues Virus – insbes. über seine Gefährlichkeit, Übertragungswege (resp. Schutzmöglichkeiten), Verbreitung und Ausbreitungsgeschwindigkeit (zB Zahl der Neuinfektionen pro Tag), örtliche Unterschiede – verfügbar, können die für die Ermittlung der fallbezogenen Bedeutung eines Gemeinwohlbelangs relevanten Faktoren **Gefahrenlage**[289] und **Nutzeffekt**[290] auch wieder besser fruchtbar gemacht werden,[291] welche das abstrakte Gewicht der verfolgten Gemeinwohlbelange (Leben und körperliche Unversehrtheit) relativieren können.[292]

129a Stellen sich Bekämpfungsmaßnahmen als „Schüsse in eine Nebelwand“ dar, weil sich über ihren (zumindest noch denkbaren) Beitrag zur Reduzierung des Infektionsgeschehens kaum etwas Sicheres sagen lässt, ist die Verhältnismäßigkeit der Maßnahmen nur schwierig zu begründen. Dies kann allerdings mit Blick auf die Gefährlichkeit der Lage uU noch gelingen. Werden mangels messbarer Erfolge derartige Maßnahmen in den schon schwer betroffenen Lebensbereichen noch weiter verschärft (zB Gastronomie, Einzelhandel) oder zusätzlich in weiteren Lebensbereichen weitere Nebelwandschüsse abgegeben (zB Ausgangssperren zur Nachtzeit), ohne überhaupt andere, weitgehend unbehelligte Lebensbereiche mit naheliegenden Infektionsrisiken (zB ÖPNV) mit Maßnahmen zu belegen, wachsen die ergriffenen Maßnahmen in die Unverhältnismäßigkeit hinein. Ferner können Vollzugsdefizite zur Unverhältnismäßigkeit führen. Ist die Durchsetzung einer Regelung bzw. die Kontrolle ihrer Einhaltung überhaupt nicht möglich, stellt sich (neben Fragen der Gleichbehandlung → Rn. 128 a) auch die Frage, ob Appelle ein gleichwirksames milderes Mittel sein könnten,[293] oder – wohl eher – mit Blick auf die Angemessenheit der Maßnahme eine vorzugswürdige Alternative sind. Das im Rahmen der Verhältnismäßigkeitsprüfung oftmals ins Feld geführte Instrument der Befristung[294] von Maßnahmen verliert mit dem längeren Andauern einer epidemischen Lage und entsprechenden Kettenverlängerungen an Zugkraft.

130 Schließlich kann auch ein Vergleich Rückschlüsse auf die Verhältnismäßigkeit von Bekämpfungsmaßnahmen ermöglichen. Werden trotz erheblicher **örtlicher Unterschiede** im Infektionsgeschehen – quasi zur „Gleichbehandlung“[295] – keine nennenswerten Differenzierungen zugelassen, sondern weiterhin einheitlich geltende Schutzmaßnahmen

287 VGH München Beschl. v. 1.9.2020 – 20 NE 20.1754, BeckRS 2020, 21222 Rn. 29 – Grillverbot auf öffentlichen Plätzen ohne Differenzierung nach der örtlichen Lage (Land/Großstadt).

288 OVG Lüneburg Beschl. v. 15.10.2020 – 13 MN 371/20, COVuR 2020, 700 (707 Rn. 58) – Durchsetzung des Beherbergungsverbots hängt maßgeblich von nicht überprüfbaren Angaben zur Einreise in das Bundesland ab.

289 Vgl. dazu *Kluckert* JuS 2015, 116 (118 f.).

290 Vgl. dazu *Kluckert* JuS 2015, 116 (119 f.): „Unter einem Nutzeffekt ist das Ausmaß zu verstehen, mit dem das Mittel (belastende Maßnahme) den legitimen Zweck fördert.“ S. a. *Stach* NJW 2021, 10 (16 Rn. 34) mwN.

291 Vgl. zur Berücksichtigung der Gefahrenlage und des Nutzeffekts VGH Mannheim Beschl. v. 15.10.2020 – 1 S 3156/20, BeckRS 2020, 26559 Rn. 36–38 bzgl. Beherbergungsverbot; ferner OVG Lüneburg Beschl. v. 15.10.2020 – 13 MN 371/20, COVuR 2020, 700 Rn. 53–56 (Gefahr), 52, 62, 67 (Nutzeffekt) bzgl. Beherbergungsverbot.

292 Vgl. *Kersten/Rixen* Verfassungsstaat Covid-19 S. 50.

293 So *Katzenmeier* MedR 2020, 461 (464).

294 Vgl. OVG Berlin-Brandenburg Beschl. v. 6.11.2020 – 11 S 113/20, BeckRS 2020, 29815 Rn. 46.

295 In diesem Zusammenhang ist daran zu erinnern, dass eine Ungleichbehandlung auch in Form einer Gleichbehandlung von Ungleichem vorliegen kann, vgl. BVerfG Beschl. v. 7.11. 2006 – 1 BvL 10/02, BVerfGE 117, 1 (30).

vollzogen, kann das darauf hindeuten, dass die Grundrechtseingriffe in weniger belasteten Städten oder Kreisen unverhältnismäßig sind.[296] Entsprechendes gilt, wenn geimpften Personen allein zur „Gleichbehandlung" Lockerungen vorenthalten werden (ausf. dazu *Schaks* in → § 14 Rn. 6 a).

6. Verordnungsermächtigungen des § 5 Abs. 2 IfSG, insbes. Änderung von formellen Gesetzen durch Rechtsverordnungen

Im Falle einer durch den Deutschen Bundestag festgestellten epidemischen Lage von nationaler Tragweite (§ 5 Abs. 1 IfSG) begründet der durch das (erste) Bevölkerungsschutzgesetz v. 27.3.2020[297] eingefügte § 5 Abs. 2 S. 1 IfSG in seinen Nr. 3[298], 4, 7, 8 und 10 weitreichende Verordnungsermächtigungen zugunsten des **BMG**. Die auf diese Grundlage erlassenen Rechtsverordnungen treten mit Aufhebung der Feststellung der epidemischen Lage von nationaler Tragweite **außer Kraft** (§ 5 Abs. 4 S. 1 IfSG).[299] Ursprünglich war das Außerkrafttreten spätestens mit Ablauf des 31.3.2021 vorgesehen (§ 5 Abs. 4 S. 1 IfSG aF). Aufgrund der Entwicklung der pandemischen Lage wurde diese absolute Befristung mit dem am 4.3.2021 vom Bundestag beschlossenen „Gesetz zur Fortgeltung der die epidemische Lage von nationaler Tragweite betreffenden Regelungen"[300] gestrichen. 131

a) Verordnungsermächtigungen des § 5 Abs. 2 IfSG

IE handelt es sich zunächst um **§ 5 Abs. 2 S. 1 Nr. 4 IfSG**, der Maßnahmen zur **Sicherstellung der Versorgung mit Gesundheitsprodukten** (insbes. Arzneimittel einschließlich Betäubungsmittel, Medizinprodukte, Labordiagnostik, Hilfsmittel, persönliche Schutzausrüstung und Desinfektionsmittel) betrifft. Hier ist ausdrücklich vorgesehen, dass die Rechtsverordnungen Ausnahmen von namentlich bezeichneten (zB AMG, SGB V) oder nur sachbereichsbezogen umrissenen (zB medizinprodukterechtliche Vorschriften, Vorschriften zum Arbeitsschutz) Parlamentsgesetzen regeln können (§ 5 Abs. 2 S. 1 Nr. 4 lit. a IfSG). Ferner dürften auch andere in der Verordnungsermächtigung genannte Maßnahmen eine Änderung formell-gesetzlicher Bestimmungen implizieren (vgl. § 5 Abs. 2 S. 1 Nr. 4 lit. f IfSG: Regelungen zum Vertrieb, zur Abgabe, Preisbildung und -gestaltung, Erstattung und Vergütung).[301] 132

Ferner ermächtigt **§ 5 Abs. 2 S. 1 Nr. 7 IfSG** dazu, mittels Rechtsverordnung Maßnahmen zur **Aufrechterhaltung der Gesundheitsversorgung** in ambulanten Praxen, Apotheken, Krankenhäusern, Laboren, Vorsorge- und Rehabilitationseinrichtungen und sonstigen Gesundheitseinrichtungen „in Abweichung von bestehenden gesetzlichen Vorgaben vorzusehen". Allerdings nennen hier die Regelungsbeispiele in Nr. 7 lit. a bis d nur untergesetzliche Normen, Vereinbarungen und Beschlüsse.[302] 133

---

296 Vgl. VGH München Beschl. v. 1.9.2020 – 20 NE 20.1754, BeckRS 2020, 21222 Rn. 27. → Rn. 128 a zur daraus resultierenden Gleichbehandlung von Ungleichem.

297 BGBl. 2020 I 587.

298 Die Ermächtigung des § 5 Abs. 2 S. 1 Nr. 3 IfSG zur Änderung des IfSG wurde durch das Dritte Bevölkerungsschutzgesetz v. 18.11.2020 (BGBl. I 2397) mWv 19.11.2020 unter Verweis auf die Kritik im rechtswissenschaftlichen Schrifttum (BT-Drs. 19/23944, 25 – Zu Nummer 4, s. zur Kritik Rn. 149 a sowie *Rixen* in → § 4 Rn. 20) aufgehoben.

299 Beachte die Ausnahmen in § 5 Abs. 4 S. 2 und 3 IfSG.

300 BT-Drs. 19/26545, 16 – Zu Doppelbuchst. cc.

301 Vgl. BT-Drs. 19/18111, 22, wo ausdrücklich „Abweichungen von sozialrechtlichen Vorgaben nach den §§ 126, 127" SGB V genannt werden.

302 Die Erwähnung von „Gesetzen, auf die im SGB V Bezug genommen wird" (Nr. 7 lit. a), bezieht sich auf die nach diesen Gesetzen erlassenen untergesetzlichen Akte der Sozialverwaltungspartner (so auch *Dingemann/Gausing* in BeckOK InfSchR IfSG § 5 Rn. 39). Vgl. zu einer abweichenden Auslegung *Schütz* in → § 9 Rn. 52.

134 Weiterhin findet sich in **§ 5 Abs. 2 S. 1 Nr. 8 IfSG** eine ähnliche Ermächtigung für Maßnahmen zur **Aufrechterhaltung der pflegerischen Versorgung** in ambulanten und stationären Pflegeeinrichtungen „in Abweichung von bestehenden gesetzlichen Vorgaben". Als Regelungsbeispiel für solche Abweichungen werden in Nr. 8 lit. a „bundesgesetzliche Anforderungen an Pflegeeinrichtungen" genannt, womit dieses Regelungsbeispiel von den erst in Nr. 8 lit. b erwähnten untergesetzlichen Normen, Vereinbarungen und Beschlüssen abgesetzt wird. Hier dürfte es – anders als bei § 5 Abs. 2 S. 1 Nr. 7 IfSG (→ Rn. 133) – keine Zweifel geben, dass die Rechtsverordnung auch anderslautende Parlamentsgesetze derogieren soll.

135 In § 5 Abs. 2 S. 1 Nr. 10 IfSG wird das BGM ermächtigt, durch Rechtsverordnung abweichende Regelungen von den **Berufsgesetzen** für 21 in § 5 Abs. 2 S. 2 IfSG namentlich genannte **Gesundheitsfachberufe** einschließlich der zugehörigen Rechtsverordnungen zu treffen.

136 Schließlich ermächtigte **§ 5 Abs. 2 S. 1 Nr. 3 IfSG aF** das BMG dazu, durch Rechtsverordnung Ausnahmen von den **Vorschriften des IfSG** in Bezug auf die Verhütung und Bekämpfung übertragbarer Krankheiten, den Infektionsschutz bei bestimmten Einrichtungen, Unternehmen und Personen und gesundheitliche Anforderungen an das Personal beim Umgang mit Lebensmitteln zuzulassen. Die Vorschrift wurde mWv 19.11.2020 aufgeboben (→ Rn. 149 a).

b) Verfassungsrechtliche Problematik

137 Die vorstehend dargestellten Verordnungsermächtigungen (→ Rn. 132 ff.) werfen ua zwei **verfassungsrechtliche Fragen** auf. Erstens stellt sich die Frage, ob der Gesetzgeber in § 5 Abs. 2 IfSG den Verordnungsgeber dazu ermächtigen kann, auf großflächig skizzierte Teile des in Parlamentsgesetzen niedergelegten Gesundheitsrechts derogierend[303] einzuwirken. Eine solche parlamentarische Delegation von Gesetzgebungsmacht auf die Exekutive unter Relativierung des Ranges von Parlamentsgesetzen tritt jedenfalls in Konflikt zur Gewaltenteilung, dem Vorrang des Gesetzes und zum Demokratieprinzip. Zweitens kann fraglich sein, ob die weiten Ermächtigungen mit Art. 80 Abs. 1 S. 2 GG vereinbar sind.

c) Staatspraxis

138 Ob und inwiefern Rechtsverordnungen formelle Gesetze ändern können, ist verfassungsrechtlich erst in Grundzügen geklärt. In der Staatspraxis sind jedenfalls eine Reihe von Beispielen bekannt.[304] So ermächtigt § 51 Abs. 3 **EStG** die Bundesregierung, durch Rechtsverordnung die Einkommensteuer befristet für ein Jahr um höchstens 10 Prozent herabzusenken oder zu erhöhen. Nach § 70 Abs. 7 **LFGB** können durch Rechtsverordnung Vorschriften des LFGB gestrichen oder in ihrem Wortlaut angepasst werden, soweit sie aufgrund von Unionsrecht unanwendbar geworden sind.[305] Weitere Beispiele finden sich in § 1 Abs. 1 S. 1 **LadSchlG** (Verkauf an Sonn- und Feiertagen in Kurorten), § 1 Abs. 2, 3 **BtMG** (Änderung der Betäubungsmittelliste), § 10 Abs. 2 AWG aF[306] (Änderung der Einfuhrliste), § 5 Abs. 2 **UStG** (Anordnung von Steuerbefreiungen), § 28 Abs. 2 UStG aF[307] (Verschiebung des Inkrafttretens der Aufhebung einer Steuerbefrei-

303 Vgl. zur Ablehnung der verwirrenden und unbrauchbaren Unterscheidung zwischen gesetzesvertretenden, gesetzesändernden und gesetzesergänzenden Rechtsverordnungen *Lepa* AöR 195 (1980), 337 (352); *Wilke* AöR 98 (1973), 196 (243).

304 Vgl. zum Konstitutionalismus und zur Weimarer Republik *Sinn*, Die Änderung gesetzlicher Regelungen durch einfache Rechtsverordnung, 1970, S. 11 f.

305 Kritisch dazu *Horsch* ZRP 2009, 48 (49 f.).

306 In der bis zum 31.8.2013 gültigen Fassung.

307 In der bis zum 31.12.1982 gültigen Fassung.

ung) oder mit der Ausnahmeermächtigung für Krisenzeiten in § 79 Abs. 1 S. 1 **AMG**, die auf sechs Monate befristete (§ 79 Abs. 4 AMG) Ausnahmen von den Vorschriften des AMG zulässt, wenn die notwendige Versorgung der Bevölkerung mit Arzneimitteln sonst ernstlich gefährdet wäre und eine Gefährdung der Gesundheit von Menschen durch Arzneimittel nicht zu befürchten ist.[308] Ferner existieren sog. **Experimentierklauseln**, bei denen eine Verordnungsermächtigung Abweichungen vom betreffenden Gesetz zur Erprobung neuer Regelungskonzepte zulässt.[309]

Neben den vorstehenden, sich bloß auf das eigene Gesetz beziehenden Abweichungser- 139
mächtigungen kennt die Staatspraxis aber auch weniger spezifische Ermächtigungen, die sich auf ein Handlungs- bzw. Sachgebiet beziehen: § 1 Abs. 1 S. 1 des **Wirtschaftssicherstellungsgesetzes** (WiSG) ermächtigt zum Erlass von Vorschriften durch Rechtsverordnung, um die für Zwecke der Verteidigung, insbes. zur Deckung des Bedarfs der Zivilbevölkerung und der Streitkräfte erforderliche Versorgung mit Gütern- und Leistungen sicherzustellen. Wenn auch der Erlass von formellen Gesetzen verdrängenden Vorschriften nicht ausdrücklich erwähnt ist, so dürfte sich dies aus der Weite der Regelungsgegenstände (zB Gewinnung und Herstellung von Waren der gewerblichen Wirtschaft sowie deren Bearbeitung, Verarbeitung, Zuteilung, Lieferung und Verwendung, § 1 Abs. 1 S. 1 Nr. 1, 2 WiSG) ergeben, da diese vielfach formell-gesetzlich ausgestaltet sind. Gleiches gilt für die Regelungsgegenstände gemäß § 1 Abs. 1 des **Verkehrssicherstellungsgesetzes** (VSG), das zum Erlass von Vorschriften durch Rechtsverordnung ermächtigt, um die für Zwecke der Verteidigung erforderlichen lebenswichtigen Verkehrsleistungen, insbes. zur Versorgung der Zivilbevölkerung und der Streitkräfte, sicherzustellen.

Allerdings dürfen die aufgrund beider Gesetze erlassenen Rechtsverordnungen nur dann 140
angewendet werden und damit gesetzesderogierende Wirkung entfalten, wenn der Verteidigungsfall eingetreten ist oder der Spannungsfall bzw. Bündnisfall festgestellt wurde (§ 2 Abs. 1 WiSG, § 1 Abs. 3 VSG iVm Art. 80 a GG), was eine **Zwei-Drittel-Mehrheit im Deutschen Bundestag** (Art. 80 a Abs. 1 S. 2 GG) oder einen Beschluss der NATO mit Zustimmung der Bundesregierung (Art. 80 a Abs. 3 S. 1 GG) erfordert.

Eine weitere, strukturell mit dem WiSG und VSG vergleichbare Verordnungsermächti- 141
gung enthält § 4 Abs. 1 des **Ernährungssicherstellungs- und -vorsorgegesetzes** (ESVG), der zur Sicherstellung der Grundversorgung in einer Versorgungskrise dazu ermächtigt, hinsichtlich weiter, vielfach formell-gesetzlich ausgestalteter Regelungsgegenstände (zB Herstellen, Behandeln und Inverkehrbringen von Lebens- und Futtermitteln, Pflanzen und Saatgut, § 4 Abs. 1 Nr. 1 iVm § 2 Nr. 2 ESVG) Vorschriften durch Rechtsverordnungen zu erlassen. Die Versorgungskrise kann die **Bundesregierung** feststellen, wenn die Deckung des lebensnotwendigen Bedarfs an Lebensmitteln in wesentlichen Teilen des Bundesgebietes (a) im Spannungs-, Bündnis- oder Verteidigungsfall (§ 1 Abs. 1 Nr. 1 lit. a ESVG) oder (b) infolge einer Naturkatastrophe, eines besonders schweren Unglücksfalles, einer Sabotagehandlung, einer wirtschaftlichen Krisenlage oder eines sonstigen vergleichbaren Ereignisses (§ 1 Abs. 1 Nr. 1 lit. b ESVG) ernsthaft gefährdet ist. Anders als das WiSG und VSG beschränkt sich das ESVG damit nicht auf den mit der Notstandsverfassung geregelten äußeren Notstand, sondern erfasst auch den inneren Notstand.

---

308 Eine ähnliche Ermächtigung in § 20 Abs. 1 BtMG knüpft dagegen die Anwendung einer solchen Rechtsverordnung an die Feststellung des Spannungs-, Bündnis- oder Verteidigungsfalls (§ 20 Abs. 2 BtMG iVm Art. 80 a GG).

309 *Remmert* in Maunz/Dürig GG Art. 80 Rn. 99.

142 Die vorstehend skizzierten Sicherstellungsgesetze[310] sind ganz offensichtlich das Vorbild, an dem sich § 5 Abs. 2 IfSG orientiert. Die bloße Existenz solcher Verordnungsermächtigungen belegt nicht ihre verfassungsrechtliche Zulässigkeit.

d) Judikate

143 Die **verfassungsrechtliche Zulässigkeit gesetzesderogierender Rechtsverordnungen** ist nur in Grundzügen durch das BVerfG geklärt. In einem Beschluss v. 6.5.1958 zu einer von ihm für zulässig erachteten Ermächtigung, von einer Norm des LAG abweichende Verfahrensregelungen in Form von Verwaltungsvorschriften zu erlassen, betonte das Gericht, dass der Gesetzgeber selbst die nachgiebige Norm mit einer Anwendungsbeschränkung versehen und ihre Subsidiarität gegenüber Verwaltungsvorschriften angeordnet habe. Es stehe dem Gesetzgeber „frei, die Anwendbarkeit einer Norm dadurch zu beschränken, daß er ihr eine Subsidiarität gegenüber bestimmten staatlichen Willensäußerungen niedrigeren Ranges beilegt".[311] Er könne „einer einzelnen Vorschrift oder auch einer Gruppe von Vorschriften einen subsidiären Charakter geben".[312]

144 Allerdings zog das BVerfG eine **Grenze**, und zwar „dort, wo der Gesetzgeber Vorschriften von solcher Bedeutung und in solchem Umfang für subsidiär erklärt, daß sich dadurch innerhalb des Staatsgefüges eine Gewichtsverschiebung zwischen gesetzgebender Gewalt und Verwaltung ergibt".[313] Freilich führt eine einzelne nachgiebige Norm nicht zu einer solchen Gewichtsverschiebung.

145 Diese Rechtsprechung wurde erst 1997 durch einen Kammerbeschluss zu der Ermächtigung des § 1 Abs. 2, 3 BtMG präzisiert, wonach der Verordnungsgeber die Anlage I des BtMG (nicht verkehrsfähige Betäubungsmittel) ändern und ergänzen darf. Auch die Kammer ging davon aus, dass gesetzesderogierende Rechtsverordnungen verfassungsrechtlich zulässig seien, „wenn die gesetzesverdrängende Wirkung auf einem ausdrücklich zugunsten der Rechtsverordnung reduzierten – subsidiären – Geltungsanspruch des Gesetzes beruht".[314] Darin sah die Kammer eine Form der Gesetzesausführung. Sie nannte aber gegenüber dem Senatsbeschluss von 1958 zwei **weitere Grenzen**: Es müssten sachliche Gründe für den „Verordnungsvorbehalt"[315] bestehen, außerdem sei Art. 80 Abs. 1 S. 2 GG zu beachten.[316] Diese Grundzüge finden auch Unterstützung beim BVerwG und in der Literatur.[317]

146 Allerdings ist festzustellen, dass sich die spärlichen höchstrichterlichen Entscheidungen auf die Derogation *einzelner* Normen oder übersichtlicher Gruppen von Normen beziehen. Verordnungsermächtigungen, die wie im WiSG, VSG oder ESVG oder nunmehr in § 5 Abs. 2 IfSG einen Zugriff auf ein gesamtes Gesetz oder noch weitergehend auf alles, was einem mehr oder weniger eingrenzbaren komplexen Handlungs- bzw. Sachgebiet zuzuordnen ist, erlauben, unterlagen bisher – soweit ersichtlich – noch keiner gerichtlichen Überprüfung.

---

310 S. zudem das noch nicht erwähnte Wassersicherstellungsgesetz (WasSiG).
311 BVerfG Beschl. v. 6.5.1958 – 2 BvL 37/56 ua, BVerfGE 8, 155 (170).
312 BVerfG Beschl. v. 6.5.1958 – 2 BvL 37/56 ua, BVerfGE 8, 155 (171).
313 BVerfG Beschl. v. 6.5.1958 – 2 BvL 37/56 ua, BVerfGE 8, 155 (171).
314 BVerfG Kammerbeschl. v. 4.5.1997 – 2 BvR 509/96 ua, NJW 1998, 669 (670).
315 *Ossenbühl* in Isensee/Kirchhof StaatsR-HdB § 103 Rn. 27.
316 BVerfG Kammerbeschl. v. 4.5.1997 – 2 BvR 509/96 ua, NJW 1998, 669 (670).
317 BVerwG Urt. v. 23.6.2005 – 2 C 217/04, NVwZ 2005, 1332 (1333); *Klein* in Maunz/Dürig GG Art. 129 Rn. 23; *Lepa* AöR 195 (1980), 337 (352 ff.); *Mann* in Sachs GG Art. 80 Rn. 11; *Ossenbühl* in StaatsR-HdB § 103 Rn. 27; *Remmert* in Maunz/Dürig GG Art. 80 Rn. 99; *Schneider*, Gesetzgebung, 3. Aufl. 2002, Rn. 658; *Sinn*, Die Änderung gesetzlicher Regelungen durch einfache Rechtsverordnung, 1970, S. 48 ff., 115. Kritisch dagegen *Wilke* AöR 98 (1973), 196 (243 ff.).

e) Verfassungsrechtliche Würdigung

Bleibt man bei den vorstehenden Kriterien, die anhand von Fällen entwickelt wurden, in denen eine Gesetzesderogation hinsichtlich einzelner Normen oder übersichtlicher Gruppen von Normen zu beurteilen war, müssten zunächst **sachliche Gründe** für die in § 5 Abs. 2 S. 1 Nr. 3 (aF), 4, 7, 8, 10 IfSG vorgesehenen gesetzesderogierenden Rechtsverordnungen vorliegen. Einen sachlichen Grund kann man in der Komplexität und dem Umfang der mit der Bewältigung der Corona-Pandemie verbundenen, ggf. zeitnah vorzunehmenden Rechtsänderungen erblicken.[318] Dieser Grund wird durch den Umstand verstärkt, dass zudem keinerlei Erfahrungen mit der gesetzgeberischen Begleitung bzw. Bewältigung einer akut stattfindenden Epidemie von der Tragweite der durch das Virus SARS-CoV-2 ausgelösten bestehen. 147

Ferner müssten die in § 5 Abs. 2 S. 1 Nr. 3 (aF), 4, 7, 8 und 10 IfSG verankerten Verordnungsermächtigungen „den **Anforderungen des Art. 80 Abs. 1 GG** in vollem Umfang entsprechen".[319] Dies gilt im Übrigen völlig unabhängig davon, ob die Delegation von Rechtsetzungsbefugnissen auf die Exekutive eine Änderung formeller Gesetze einbeziehen soll. „Sinn der Regelung des Art. 80 Abs. 1 GG ist es, das Parlament darin zu hindern, sich seiner Verantwortung als gesetzgebende Körperschaft zu entäußern."[320] In dieser Aussage des BVerfG wird deutlich, dass Art. 80 Abs. 1 GG nicht nur Bestimmtheitsanforderungen aufstellt, sondern auch die Gewaltenteilung schützt. 148

Die einzig und allein über den Zweck – zur Aufrechterhaltung der Abläufe im Gesundheitswesen und der Versorgung der Bevölkerung (§ 5 Abs. 2 S. 1 Nr. 3 IfSG aF), zur Sicherstellung der Versorgung mit bestimmten Gesundheitsprodukten (§ 5 Abs. 2 S. 1 Nr. 4 IfSG), zur Aufrechterhaltung der Gesundheitsversorgung in Gesundheitseinrichtungen (§ 5 Abs. 2 S. 1 Nr. 7 IfSG), zur Aufrechterhaltung der pflegerischen Versorgung in ambulanten und stationären Pflegeeinrichtungen (§ 5 Abs. 2 S. 1 Nr. 8 IfSG) –[321] vermittelte **Begrenzung der exekutiven Verordnungsmacht** ist **nicht ausreichend**, um Inhalt und Ausmaß denkbarer Verordnungsregelungen ausreichend begrenzen zu können. In § 5 Abs. 2 S. 1 Nr. 4, 7, 8, 10 IfSG eröffnet der Gesetzgeber den Zugriff auf das gesamte öffentlich-rechtliche Recht der Gesundheit.[322] Ein solcher Zugriff ist grundsätzlich mit Art. 80 Abs. 1 S. 2 GG nicht zu vereinbaren.[323] 149

Lediglich die „nur" auf das (gesamte) IfSG beschränkte Ermächtigung des § 5 Abs. 2 S. 1 Nr. 3 IfSG aF war enger. Allerdings blieb es mit Blick auf das Erfordernis einer nach Inhalt und Ausmaß begrenzten Ermächtigung und auf den Vorrang des Gesetzes (Art. 20 Abs. 3 GG) fragwürdig, einer jeden Bestimmung einer umfangreichen Kodifika- 149a

---

318 So auch *Dingemann/Gausing* in BeckOK InfSchR IfSG § 5 Rn. 14. Vgl. *Mayen* NVwZ 2020, 828 (831), der einen „dringenden Handlungsbedarf […], der auf andere Weise als durch eine Subsidiarität des eigentlich zuständigen Gesetzgebers nicht bewältigt werden kann", als sachlichen Grund anerkennt, allerdings verneint, dass ein solcher Handlungsbedarf im Rahmen der Corona-Pandemie bestand bzw. besteht.

319 *Klein* in Maunz/Dürig GG Art. 129 Rn. 23 aE – Hervorhebungen vom Verf.

320 BVerfG Beschl. v. 8.6.1988 – 2 BvL 9/85 ua, BVerfGE 78, 249 (272); BFH Beschl. v. 11.1.2018 – VIII B 67/17, BFHE 260, 385 Rn. 40; vgl. BVerfG Urt. v. 19.9.2018 – 2 BvF 1/15 ua, BVerfGE 150, 1 (99 Rn. 199).

321 Bei § 5 Abs. 2 S. 1 Nr. 10 IfSG müsste der nicht ausdrücklich genannte Zweck erst im Wege der Auslegung ergänzt werden.

322 *Rixen* NJW 2020, 1097 (1102); ähnlich *Mayen* NVwZ 2020, 828 (830).

323 IE ebenso *Gärditz/Abdulsalam* GSZ 2020, 108 (114); *Guckelberger* DVBl 2020, 1441 (1444 f.) – zu § 5 Abs. 1 S. 1 Nr. 3 aF; *Hollo* in Kießling IfSG § 5 Rn. 23; *Lindner* in Schmidt COVID-19 § 17 Rn. 46; *Mayen* NVwZ 2020, 828 (831 f.). Vgl. ferner *Gassner/Ponader* COVuR 2020, 465 (466) – Vereinbarkeit „höchst zweifelhaft"; *Meßling* NZS 2020, 321 (323 f.). → Rn. 151 ff. hinsichtlich möglicher eigenartbedingter Abstriche an die Bestimmtheit bei Krisenlagen. Vgl. dagegen *Wollenschläger*, Schriftliche Stellungnahme v. 11.5.2020 zum Entwurf eines Zweiten Gesetzes zum Schutz der Bevölkerung bei einer epidemischen Lage von nationaler Tragweite (BT-Drs. 19/18967), Gesundheitsausschuss-Drs. 19(14)160(31), 19, 24 ff., der die Verordnungsermächtigung des § 5 Abs. 1 S. 1 Nr. 10 IfSG aufgrund einer die anderen Verordnungsermächtigungen ausblendenden Einzelbetrachtung für vereinbar mit Art. 81 Abs. 1 S. 2 GG hält.

tionen subsidiären Charakter beizulegen und eine solche Kodifikation vollständig und pauschal unter Verordnungsvorbehalt zu stellen.[324] Dies galt erst Recht im Falle der epidemischen Lage von nationaler Tragweite, in der das IfSG den rechtlichen Dreh- und Angelpunkt darstellt (→ Rn. 154). Mit Blick auf im rechtswissenschaftlichen Schrifttum geäußerte Kritik wurde § 5 Abs. 2 S. 1 Nr. 3 IfSG durch das Dritte Bevölkerungsschutzgesetz v. 18.11.2020[325] aufgehoben.[326] Von der Ermächtigung wurde bis dahin vom BMG kein Gebrauch gemacht.

150 Schließlich lässt sich aufgrund der Weite des ermöglichten Zugriffs und angesichts des Umstandes, dass gegenwärtig und für einige Zeit zukünftig die Bewältigung der Corona-Pandemie *das* zentrale politische Thema der Bundesrepublik Deutschland ist, folgende vorsichtige Aussage treffen: Es ist nicht völlig fernliegend, dass der Gesetzgeber mit § 5 Abs. 2 IfSG Vorschriften von solcher Bedeutung und in solchem Umfang (gesamtes Gesundheitsrecht, Teile des Arbeitsrechts, bis zum 18.11.2020 auch das IfSG) für subsidiär erklärt hat, dass innerhalb des Staatsgefüges eine den **Kernbereich der Legislative verletzende Gewichtsverschiebung** zwischen gesetzgebender Gewalt und Exekutive eingetreten ist.[327]

f) Sachgebietsbezogene Ermächtigungen in Krisenlagen?

151 Keiner weiteren Überprüfung bedarf es hier, ob die an den **Spannungs-, Bündnis- und Verteidigungsfall** anknüpfenden, sich auf ganze Handlungs- bzw. Sachgebiete beziehenden Verordnungsermächtigungen des WiSG, VSG und § 4 Abs. 1 iVm § 1 Abs. 1 Nr. 1 lit. a ESVG (→ Rn. 139 ff.) von der Notstandsverfassung des Grundgesetzes gedeckt sein könnten.

152 Allerdings ist zu erwägen, ob eine **schwere Krise**, die selbst in außergewöhnlichster Lage auf der Grundlage des Rechts der Normallage zu bewältigen ist (→ Rn. 85 ff.), eigenartbedingte[328] Abstriche von den im „Normalfall" zu verlangenden Anforderungen an die Bestimmtheit einer Ermächtigung gestattet.[329] Dabei ist **Vorsicht geboten**, weil einfache gesellschaftliche und politische Mehrheiten ggf. eine von ihnen angenommene Krise feststellen könnten, um ihre Normsetzungsagenda außerhalb des Öffentlichkeit und Transparenz sichernden parlamentarischen Verfahrens abzuarbeiten. Jedes Denken vom Ausnahmezustand her birgt die Gefahr einer Erosion der freiheitlichen Verfassungsordnung. Nichtsdestotrotz ist aber auch nicht zu verkennen, dass die geltende Verfassungsordnung hinreichend leistungsfähig sein muss, um auch außergewöhnlichste Situationen bewältigen zu können, da sie ansonsten durch den Vertrauensentzug der Bürger erschüttert wird.

153 Sich auf komplexe Handlungs- bzw. Sachgebiete beziehende Ermächtigungen von der Struktur des § 4 Abs. 1 iVm § 1 Abs. 1 Nr. 1 Buchst. b ESVG (Naturkatastrophe, beson-

---

324 *Rixen* NJW 2020, 1098 (1102 f.) sieht hier die Grenzen des Art. 80 Abs. 1 S. 2 GG überschritten; ebenso *Guckelberger* DVBl 2020, 1441 (1444 f.), mit weiteren Argumenten zur Übervereinbarkeit der Vorschrift mit dem Parlamentsvorbehalt (Wesentlichkeitstheorie) und dem Zitiergebot (S. 1445 f.); *Katzenmeier* MedR 2020, 461 (462). In diese Richtung auch *Hollo* in Kießling IfSG § 5 Rn. 24.

325 BGBl. 2020 I 2397, mvW 19.11.2020.

326 BT-Drs. 19/23944, 25 – Zu Nummer 4, s. zur Kritik auch *Rixen* in → § 4 Rn. 20.

327 Vgl. *Sodan* in Ehlers/Fehling/Pünder BesVerwR II § 56 Rn. 12: „Auch nach den Maßstäben des Bundesverfassungsgerichts ist allerdings trotz der Corona-Krise fraglich, ob in Anbetracht des Umfangs der Ermächtigungen sich nicht die gesetzgebenden Gewichte zu sehr auf die Exekutive verschoben haben, womit der Kernbereich der Legislative nach dem Grundsatz der Gewaltenteilung verletzt wäre".

328 Vgl. zum Einfluss der Eigenart der zu ordnenden Lebenssachverhalte auf die Bestimmtheitsanforderungen: BVerfG Beschl. v. 7.3.2017 – 1 BvR 1314/12 ua, BVerfGE 145, 20 (69 Rn. 25) mwN; Urt. v. 24.7.2018 – 2 BvR 309/15 ua, BVerfGE 149, 293 (323 f. Rn. 77) mwN.

329 Vgl. *Meinhard Schröder* AöR 103 (1978), 121 (125). So sehen *Dingemann/Gausing* in BeckOK InfSchR IfSG § 5 Rn. 14 die Verordnungsermächtigungen mit Blick auf Besonderheiten der epidemischen Lage von nationaler Tragweite „noch als verfassungsgemäß" an.

ders schwerer Unglücksfall, Sabotagehandlung, wirtschaftliche Krisenlage oder ein sonstiges vergleichbares Ereignis) oder des § 5 Abs. 2 S. 1 Nr. 4, 7, 8, 10 IfSG (epidemische Lage von nationaler Tragweite) mögen daher **verfassungsrechtlich nicht völlig ausgeschlossen** sein.[330] Zur Sicherstellung der auch in außergewöhnlichster Lage nicht – auch nicht temporär – zur Disposition stehenden Gewaltenteilung und der verfassungsrechtlichen Stellung des Parlaments im Staatsgefüge, die das Parlament „zum Gravitationszentrum der politischen Auseinandersetzung"[331] macht, wären jedoch **Sicherungselemente unabdingbar**, die § 5 Abs. 2 IfSG nicht aufweist.

Ermächtigungen, die sich auf komplexe Handlungs- bzw. Sachgebiete beziehen, würden neben der ausnahmezustandsähnlichen Lage verschiedene **Vorkehrungen** voraussetzen: Dazu gehören die kurze Befristung der Verordnungsermächtigung und der auf ihrer Grundlage erlassenen Rechtsverordnungen sowie eine äußerst restriktive Auslegung[332] der Verordnungsermächtigung. Das Gebrauchmachen von der Ermächtigung durch die Exekutive muss auf eilbedürftige Regelungen beschränkt werden; hierzu sollte der Gesetzgeber dem Ermächtigungsadressaten die Pflicht auferlegen, den Verordnungsentwurf (zum Zustimmungsvorbehalt → Rn. 155 f.) mit einer spezifischen Begründung zu versehen[333]. Zudem ist bei dem Erlass einzelner Regelungen ein ggf. aus der Wesentlichkeitstheorie[334] erwachsenes Delegationsverbot zu beachten. Auch in Krisenzeiten wird diese freiheitssichernde grundrechtliche Gewährleistung zugunsten der Bürgerinnen und Bürger nicht suspendiert. Das Delegationsverbot wäre bspw. beeinträchtigt, wenn die Verordnungsermächtigungen dazu genutzt werden könnten, die vom Gesetzgeber zur Krisenbewältigung erlassenen Kernvorschriften (zB §§ 5, 28 ff., 32 IfSG) zur Disposition zu stellen (vgl. § 5 Abs. 2 S. 1 Nr. 3 IfSG aF). 154

Als weitere unverzichtbare Vorkehrung müsste die Verordnungsermächtigung einen unmittelbaren gestalterischen **Einfluss des Parlaments auf die Rechtsverordnung** wahren. Dafür dürfte ein Änderungs- und Zustimmungsvorbehalt zugunsten des Parlaments unumgänglich sein. 155

Parlamentarische **Zustimmungsvorbehalte** (vgl. zB § 21 Abs. 2 S. 2 ZuG 2012) sind nach der Rechtsprechung des BVerfG „jedenfalls für solche Sachbereiche mit dem Grundgesetz vereinbar, für die ein legitimes Interesse der Legislative anerkannt werden muß, zwar einerseits die Rechtsetzung auf die Exekutive zu delegieren, sich aber andererseits – wegen der Bedeutung der zu treffenden Regelungen – entscheidenden Einfluß auf Erlaß und Inhalt der Verordnungen vorzubehalten".[335] Die Bedeutung der Sache ergibt sich im hiesigen Kontext ua aus der Weite der Verordnungsermächtigung, der Möglichkeit zur Derogation formeller Gesetze und dem Spannungsverhältnis zur Wesentlichkeitstheorie. 156

Ferner ist ein parlamentarischer **Änderungsvorbehalt** (vgl. § 48 b BImSchG, § 47 k Abs. 8 S. 2, 3 GWB, § 67 KrWG, § 12 Abs. 11 RStruktFG aF[336]) verfassungsrechtlich zulässig.[337] Aufgrund eines Änderungsvorbehalts sind beabsichtigte Rechtsverordnung 157

330 So iE auch *Dingemann/Gausing* in BeckOK InfSchR IfSG § 5 Rn. 14.
331 *Sodan/Ziekow* GK ÖffR § 6 Rn. 39.
332 *Rixen* NJW 2020, 1097 (1103); ferner *Dingemann/Gausing* in BeckOK InfSchR IfSG § 5 Rn. 25, 44.
333 Zur verfassungsrechtlichen Zulässigkeit *Uhle*, Parlament und Rechtsverordnung, 1999, S. 480. Vgl. auch den durch das Dritte Bevölkerungsschutzgesetz v. 18.11.2020 eingefügten § 28 a Abs. 5 S. 1 IfSG, wonach Rechtsverordnungen, die nach § 32 iVm § 28 Abs. 1, § 28 a Abs. 1 IfSG erlassen werden, mit einer allgemeinen Begründung zu versehen sind.
334 Vgl. zum Wesentlichkeitsvorbehalt *Kluckert*, Zuwendung und Gesetz, 2018, S. 110 ff.
335 BVerfG Beschl. v. 12.11.1958 – 2 BvL 4/56 ua, BVerfGE 8, 274 (321). Vgl. auch *Schwerdtfeger*, Krisengesetzgebung, 2018, S. 348 ff.
336 In der bis zum 31.12.2014 geltenden Fassung.
337 Zur grundsätzlichen verfassungsrechtlichen Zulässigkeit *Uhle*, Parlament und Rechtsverordnung, 1999, S. 495 ff. Nicht gefolgt werden kann der Ansicht von *Schwerdtfeger* (Krisengesetzgebung, 2018, S. 310),

vor Erlass dem Bundestag zuzuleiten, der den Text innerhalb eines bestimmten Zeitraums ändern kann.

158 Weitergehende Zugeständnisse können wegen der Gewaltenteilung nicht gemacht werden. **Zustimmungsfiktionen** (vgl. § 51 Abs. 2 S. 4 EStG, § 31 Abs. 4 S. 4 GewO) und bloße **Aufhebungsvorbehalte** (vgl. § 20 Abs. 5 S. 2 StabG) wären **nicht ausreichend,** um einer Gewichtsverschiebung zwischen gesetzgebender Gewalt und Exekutive hinreichend zu begegnen. Dies zeigt auf, dass außergewöhnliche Lagen nicht nur die „Stunde der Exekutive" sind, sondern in der parlamentarischen Demokratie auch die des Parlaments.

II. Verwaltungsrechtliche Grundlagen der Bekämpfungsmaßnahmen

159 Mit der Feststellung von Kranken, Krankheitsverdächtigen, Ansteckungsverdächtigen oder Ausscheidern ist der Anwendungsbereich der §§ 28 ff. IfSG eröffnet. Ab diesem Punkt dürfen die zuständigen Behörden über die bloße Sachverhaltsvermittlung (§ 25 IfSG) hinausgehende[338] Maßnahmen zur Bekämpfung übertragbarer Krankheiten ergreifen. Dabei handelt es sich im Regelfall um Grundrechtseingriffe, oftmals sogar um schwergewichtige. Bekämpfungsmaßnahmen sind auch nicht auf die vorstehend genannten Personen beschränkt, sondern können gegen Dritte (sog. Nichtstörer) gerichtet werden (→ Rn. 90 ff.). Durch die Generalklausel (§ 28 Abs. 1 S. 1 IfSG) sind zudem die möglichen Bekämpfungsmaßnahmen schon ihrer Art nach sehr weit (→ Rn. 93 ff.). Während die Generalklausel für präventive Verhütungsmaßnahmen (§ 16 Abs. 1 S. 1 IfSG) noch eine Eingrenzung über das Zitiergebot des Art. 19 Abs. 1 S. 2 GG erfährt,[339] weil dort keine Grundrechte zitiert werden,[340] ist das bei der Generalklausel für Bekämpfungsmaßnahmen anders. § 28 Abs. 1 S. 4 IfSG nennt ausdrücklich die Grundrechte der Freiheit der Person (§ 2 Abs. 2 S. 2 GG), der Versammlungsfreiheit (Art. 8 Abs. 1 GG), der Freizügigkeit (Art. 11 Abs. 1 GG), der Unverletzlichkeit der Wohnung (Art. 13 Abs. 1 GG) und seit dem 19.11.2020 zudem das Grundrecht der körperlichen Unversehrtheit (Art. 2 Abs. 2 S. 1 GG). Die Bewältigung von außergewöhnlichen Lagen auf der Grundlage von Generalklauseln (→ Rn. 85 ff.) ist mit der rechtsstaatlichen Herausforderung verbunden, eine „vagabundierende Grenzenlosigkeit"[341] zu verhindern. Diese Herausforderung muss im Rahmen der Anwendung des einfachen Rechts bewältigt werden. Daher müssen gerade die §§ 28 ff. IfSG eine Konstitutionalisierung erfahren.

1. Gefahrenabwehr

160 Während die Generalklausel zur Verhütung noch nicht nachweislich aufgetretener[342] übertragbarer Krankheiten (§ 16 Abs. 1 S. 1 IfSG) den Begriff der drohenden Gefahr (für den Einzelnen oder die Allgemeinheit) als Tatbestandsmerkmal kennt, scheint die

---

wonach ein solcher Vorbehalt eine Unterscheidung sowie Zuordnung des gestalterischen Beitrags des Verordnungsgebers einerseits und des Parlaments andererseits verhindere. Die im Parlament beschlossene Änderung verdeutlicht den Beitrag des Parlaments viel besser als informelle Signale an die Exekutive, unter welchen Bedingungen die Koalitionsfraktionen einer Verordnung zustimmen.

338 Ermittlungen nach § 25 IfSG dienen zur Feststellung der Bekämpfungsvoraussetzungen und sind folglich schon früher möglich.

339 Vgl. *Mers* in Kießling IfSG § 16 Rn. 16, 18. S. allgemein zur Bedeutung des Zitiergebots „für die Auslegung und Anwendung von Gesetzen in Bezug auf die durch das Gesetz möglichen oder nicht möglichen Grundrechtsbeschränkungen" *Brunner* DÖV 2020, 925 (926); ferner VG München Beschl. v. 24.3.2020 – M 26 S 20.1252, BeckRS 2020, 6126 Rn. 30.

340 S. ggf. noch die Nennung von Art. 13 Abs. 1 GG in § 16 Abs. 4 IfSG für Maßnahmen nach § 16 Abs. 2, 3 IfSG.

341 *Rixen* in Kloepfer Pandemien S. 67 (70).

342 Vgl. *Sodan* in Ehlers/Fehling/Pünder BesVerwR II § 56 Rn. 40.

Generalklausel zur Bekämpfung bereits festgestellter Infektionskrankheiten (§ 28 Abs. 1 S. 1 IfSG) gänzlich ohne das Tatbestandsmerkmal der Gefahr auskommen zu können.[343] Allerdings kann nicht geleugnet werden, dass das IfSG den Zweck verfolgt, Gefahren für die Gesundheit von Menschen zu begegnen, wenn es ihm darum geht, übertragbaren Krankheiten beim Menschen vorzubeugen, Infektionen frühzeitig zu erkennen und ihre Weiterverbreitung zu verhindern (§ 1 Abs. 1 IfSG). Damit ist das **IfSG** dem besonderen **Gefahrenabwehrrecht** zuzuordnen,[344] ohne dass sich die Einordnung des Gesetzes darin erschöpfen muss.[345] So ist auch das Wirtschaftsverwaltungsrecht vielfach Gefahrenabwehrrecht. Der ordnungsrechtliche Einschlag des IfSG wird deutlich, wenn in den Gesetzesmaterialien ordnungsrechtliche Kategorien wie Störer und Nichtstörer zu finden sind.[346]

Die Zuordnung des IfSG zum Recht der Gefahrenabwehr ist nicht bloß rein akademi- 161
scher Natur, sondern erfüllt eine **verfassungsrechtlich indizierte Funktion**: „Die Einbettung in das Gefahrenabwehrrecht ist der Garant für eine starke Verfassungsanbindung mit rechtsstaatlichen Sicherungsmechanismen."[347] Den Generalklauseln des allgemeinen Polizei- und Ordnungsrechts mit ihren unbestimmten Rechtsbegriffen „öffentliche Sicherheit" und „öffentliche Ordnung" wird eine rechtsstaatliche Unbedenklichkeit deshalb zugesprochen, „weil sie in jahrzehntelanger Entwicklung durch Rechtsprechung und Lehre nach Inhalt, Zweck und Ausmaß hinreichend präzisiert, in ihrer Bedeutung geklärt und im juristischen Sprachgebrauch verfestigt" sind.[348] Auf einem solchen Boden steht das Infektionsschutzrecht nicht, wie bereits die spärlichen Urteile, die es zu ihm vor der Corona-Pandemie gab,[349] belegen. Nur das Korsett des Polizei- und Ordnungsrechts kann dem IfSG angesichts seiner vielen Unbekannten eine rechtsstaatlich akzeptable Einfassung vermitteln.[350]

343 Vgl. zum Verhältnis von Verhütung und Bekämpfung OVG Lüneburg Urt. v. 3.2.2011 – 13 LC 198/08, NdsVBl. 2011, 158 (162) – „[D]ie Rechtsgrundlagen des § 16 Abs. 1 IfSG einerseits und des § 28 Abs. 1 IfSG andererseits [stehen] in einem Exklusivitätsverhältnis zueinander [...]; der Anwendungsbereich des § 16 Abs. 1 IfSG ist nur eröffnet, solange eine übertragbare Krankheit noch nicht aufgetreten ist"; so weiterhin OVG Lüneburg Beschl. v. 15.10.2020 – 13 MN 371/20, COVuR 2020, 700 (705 Rn. 45); ähnlich *Kießling* in Kießling IfSG Einführung Rn. 20; anders – keine strikte Trennung möglich – *Seewald* NJW 1988, 2921 (2925) – zum BSeuchG; *Klafki*, Risiko und Recht, 2017, S. 306 Fn. 1695; *Sodan* in Ehlers/Fehling/Pünder BesVerwR II § 56 Rn. 27; *von Steinau-Steinrück*, Die staatliche Verhütung und Bekämpfung von Infektionskrankheiten, 2013, S. 90 ff. Vgl. auch VGH Mannheim Beschl. v. 9.4.2020 – 1 S 925/20, BeckRS 2020, 6351 Rn. 24: „Maßnahmen nach § 28 Abs. 1 IfSG dienen [...] gezielt auch präventiven Zwecken."

344 *Kießling* in Kießling IfSG Einführung Rn. 23; *Mers*, Infektionsschutz im liberalen Rechtsstaat, 2019, S. 112, 123; *Sodan* in Ehlers/Fehling/Pünder BesVerwR II § 56 Rn. 27; wohl auch *von Steinau-Steinrück*, Die staatliche Verhütung und Bekämpfung von Infektionskrankheiten, 2013, S. 88.

345 Vgl. *Rixen* in Kloepfer Pandemien S. 67 (74 ff.) zur Überschneidung von Gefahrenabwehr- und Gesundheitsrecht. *Trute* GSZ 2018, 125 (133) siedelt das IfSG an der Schnittstelle von sicherheitsrechtlicher Ausrichtung und Gesundheitsrecht an. *Engels* DÖV 2014, 464 (471 f.) ordnet das IfSG dagegen dem öffentlichen Gesundheitsrecht zu und spricht von „einem von ordnungsrechtlichen Kategorien weitgehend abgelösten Infektionsschutzrecht".

346 Vgl. zum BSeuchG: BT-Drs. 3/1888, 21 (zu § 10), 27 (zu § 48), 29 (zu § 56); BT-Drs. 8/3176, 27; zum IfSG: BT-Drs. 14/2530, 89. Vgl. *Engels* DÖV 2014, 464 (470 f.), nach dem die Eigengesetzlichkeiten des IfSG-Gegenstandes „Gesundheit" einen pauschalen Rückgriff auf die ordnungsrechtliche Kategorie des Nichtstörers ausschließen. Vgl. *Merz* COVuR 2021, 14 (17), der die Sinnhaftigkeit der Differenzierung von Störern und Nichtstörern im IfSG anzweifelt, da vielfach unklar sei, wer Störer bzw. Nichtstörer ist.

347 *Grüner*, Biologische Katastrophen, 2017, S. 182.

348 BVerfG Beschl. v. 22.5.1980 – 2 BvR 854/79, BVerfGE 54, 143 (144 f.). Vgl. BVerwG Urt. v. 15.7.2007 – 6 C 39/06, BVerwGE 129, 142 (Rn. 33).

349 Vgl. *Mers*, Infektionsschutz im liberalen Rechtsstaat, 2019, S. 122 f., 198; *Rixen* in Kloepfer Pandemien S. 68 f.

350 Bei den Verhütungsmaßnahmen aufgrund von § 16 IfSG erfolgt zumindest hinsichtlich der Rechtsfolge eine stärkere Begrenzung über das Zitiergebot des Art. 19 Abs. 1 S. 2 GG als bei § 28 IfSG, da § 16 Abs. 4 IfSG nur Art. 13 GG erwähnt. Vgl. *Mers*, Infektionsschutz im liberalen Rechtsstaat, 2019, S. 110 zur früheren Erwähnung weiterer Grundrechte in § 10 Abs. 4 BSeuchG sowie VG München Beschl. v. 24.3.2020

162 Als **ungeschriebenes Tatbestandsmerkmal** verbirgt sich die Gefahr in §§ 28 ff. IfSG hinter der Feststellung von Kranken, Krankheitsverdächtigen, Ansteckungsverdächtigen oder Ausscheidern. Diese Feststellung begründet bei übertragbaren Krankheiten typischerweise eine Gefahr der Ansteckung anderer Menschen und damit des Ingang- oder Fortsetzens einer Infektionskette (→ Rn. 173 f.). Mit den im Tatbestand erwähnten Personen (Störern) verbindet das IfSG ein bestimmtes Bild der Gefahrenlage (→ Rn. 169).

163 Der Tatbestand der Generalklausel des § 28 Abs. 1 S. 1 GG erfüllt mit der bloßen Feststellung von Kranken, Krankheitsverdächtigen, Ansteckungsverdächtigen oder Ausscheidern allerdings noch keine Begrenzungsfunktion, denn dass irgendwo in Deutschland solche Personen festgestellt wurden, kann allein nicht ausreichen, um überall in Deutschland Eingriffsbefugnisse zu reklamieren. Diese **Begrenzungsfunktion** erfüllt das in die Befugnisnorm hinein zu lesende Tatbestandsmerkmal der Gefahr.[351] Dort, wo die zuständige Behörde (*Ritgen* in → § 12 Rn. 58 ff., 62 ff.) eine Maßnahme ergreifen möchte, muss die Gefahr der Ansteckung eines Einzelnen bzw. die Gefahr der Ingangsetzung oder Fortsetzung einer Infektionskette bestehen. Wo eine solche Gefahr keine ausreichende Grundlage in einem erwiesenen Sachverhalt – sei es auch nur in einem einen Gefahrenverdacht begründenden Sachverhalt – findet, sind die Voraussetzungen für Schutzmaßnahmen schon tatbestandlich nicht erfüllt.

a) Konkrete und abstrakte Gefahren

164 Im allgemeinen Polizei- und Ordnungsrecht ist die Abwehr von konkreten und abstrakten Gefahren auf zwei Normen verteilt, die einerseits zu einem Handeln in Form eines Verwaltungsakts (einschließlich Allgemeinverfügung) und andererseits zu einem Handeln in Form einer Rechtsverordnung führen.[352] Mit dem Verweis der Verordnungsermächtigung in § 32 IfSG auf die Voraussetzungen des § 28 stellt sich die Frage, ob § 28 auch abstrakte Gefahren[353] umfasst und/oder § 32 IfSG zur Bekämpfung konkreter Gefahren durch Rechtsverordnung ermächtigt.

165 Allerdings sind bei der Bekämpfung von Infektionskrankheiten tradierte verwaltungsrechtliche Anknüpfungspunkte vorhanden, mit denen in der Praxis die Konkretheit der Gefahr leicht begründet werden kann. Anknüpfungspunkte zur **Begründung einer konkreten Gefahr** werden in der Rechtspraxis versteckt bei der Allgemeinverfügung nach § 35 S. 2 VwVfG gesucht. Dann bestimmt (verkehrter Weise) die verwaltungsverfahrensrechtliche Weite der Welt der Allgemeinverfügung, was noch als konkrete Gefahr iSd Fachgesetzes anzusehen ist. So gilt verwaltungsverfahrensrechtlich eine personenbezogene Regelung bereits deshalb als Einzelfallregelung, und daraus gefolgert[354] die mit

– M 26 S 20.1252, BeckRS 2020, 6126 Rn. 31 und *Brunner* DÖV 2020, 925 (928 f.) zu der (zu verneinenden) Frage, ob dieses Zitat heute noch fortwirkt.

351 Ähnlich *Johann/Gabriel* in BeckOK InfSchR IfSG § 28 Rn. 19; *Kießling* in Kießling IfSG § 28 Rn. 11.

352 Vgl. *Kingreen/Poscher* POR § 23 Rn. 15; *Worms/Gusy* in BeckOK PolR NRW § 14 OBG Rn. 12; *Schroeder* in BeckOK PolR NRW § 26 OBG Rn. 8.

353 Vgl. zum Begriff der abstrakten Gefahr BVerwG Urt. v. 3.7.2002 – 6 CN 8/01, BVerwGE 116, 347 = NVwZ 2003, 95 (96); OVG Weimar Urt. v. 21.6.2012 – 3 N 653/09, juris Rn. 49. Vgl. auch *Mers*, Infektionsschutz im liberalen Rechtsstaat, 2019, S. 191 f., nach der § 16 Abs. 1 S. 1 IfSG abstrakte Gefahrenlagen und § 28 Abs. 1 S. 1 IfSG konkrete Gefahrenlagen betrifft. Eine konkrete Gefahr verlangt bei § 28 Abs. 1 S. 1, § 32 IfSG AG Dortmund Urt. v. 2.11.2020 – 733 OWi (127 Js 75/20) 64/20, BeckRS 2020, 28759 Rn. 21.

354 Vgl. VG Saarlouis Beschl. v. 30.3.2020 – 6 L 340/20, BeckRS 2020, 4980 Rn. 6 – Ausgangsbeschränkung: „Der für eine Allgemeinverfügung erforderliche Bezug zu einem konkreten Sachverhalt ergibt sich vorliegend aus der Corona-Pandemie […]. Diese Anordnungen dienen damit nicht der Abwehr einer abstrakten Gefahr, wie dies etwa für den Erlass abstrakt-genereller Regelungen in Form einer Rechtsverordnung kennzeichnend ist, sondern betreffen eine konkrete Gefahr für die Gesundheit der Bevölkerung nicht nur des Saarlandes, sondern deutschlandweit durch das neuartige Corona-Virus SARS-CoV-2." Vgl. VG Dresden Beschl. v. 3.4.2020 – 3 L 182/20, BeckRS 2020, 5783 Rn. 17 – Veranstaltungsverbot: „Es geht um die Bekämpfung konkreter, unmittelbar drohender Gefahren für den betroffenen Personenkreis aufgrund der ak-

ihr bekämpfte Gefahr als konkrete, wenn die Regelung anlässlich einer akuten, zeitlich beschränkten Seuche getroffen wird (→ Rn. 200),[355] auch wenn – wie bei Abstandsgeboten und pauschalen Geschäftsschließungen – faktisch wohl auf den Nachweis einer hinreichenden Wahrscheinlichkeit des Schadenseintritts im Einzelfall verzichtet bzw. der Nachweis nur nach ganz allgemeinen Erfahrungssätzen geführt wird, wie es bei abstrakten Gefahren typisch ist.

b) Vorverlagerter Gefahrenbegriff?

Es wird vertreten, dass den Normen des IfSG aufgrund des epidemiologischen Zwecks, übertragbaren Krankheiten vorzubeugen, Infektionen frühzeitig zu erkennen und ihre Weiterverbreitung durch Unterbrechung von Infektionsketten frühzeitig zu verhindern, ein *vorverlagerter* Gefahrenbegriff immanent sein muss, wenn der Zweck des Gesetzes effektiv erreicht werden soll (vgl. *Fleischfresser* in → § 13 Rn. 6).[356] 166

Die mit einer solchen Betrachtungsweise verbundene Absenkung der Eingriffsschwelle tritt aber angesichts der Weite und Schwere der auf Rechtsfolgenseite ermöglichten Eingriffe (→ Rn. 94) in einen **Konflikt zu rechtsstaatlichen Geboten**. Eine gegenüber denjenigen Vorverlagerungen, die bereits aus dem allgemeinen Ordnungsrecht bekannt sind, noch weitergehende Vorverlagerung des Gefahrenbegriffs oder sogar eine „Umstellung des Gefahrenbegriffs von Wahrscheinlichkeit auf Möglichkeit und Vermutung“[357] darf sich daher – folgte man einer derartigen Vorverlagerungsthese – nicht in allen Fallgestaltungen aktualisieren. Die Verhältnismäßigkeit könnte dann bereits im Rahmen einer verfassungskonformen Anwendung des Tatbestandes im Einzelfall die Eingriffsschwelle modifizieren, dh von der Vermutung ggf. auf eine konkrete Gefahr (einschließlich Gefahrenverdacht) anheben. Sie muss mindestens aber auf der Rechtsfolgenseite begrenzend wirken, sofern ein überschaubares, lokal begrenztes Infektionsgeschehen vorliegt. 167

Fraglich ist aber, auch mit Blick auf eine herzustellende rechtsstaatliche Einfassung des IfSG (→ Rn. 161), ob ein gegenüber dem allgemeinen Polizei- und Ordnungsrecht vorverlagerter Gefahrenbegriff tatsächlich benötigt wird. Die eingriffsschwellenrelevanten Tatbestände des IfSG können nämlich in **ordnungsrechtliche Gefahrenkategorien** eingeordnet werden. 168

Zur Begründung einer Vorverlagerung des Gefahrenbegriffs wird auf die Definitionen in **§ 2 Nr. 5, 7 IfSG** verwiesen. Diese Definitionen betreffen eigentlich die ordnungsrechtliche Verantwortlichkeit (Eigenschaft als „Störer“). Da die Störer (Kranke, Krankheitsverdächtige, Ansteckungsverdächtige und Ausscheider) deutlich konkreter identifiziert werden als im allgemeinen Polizei- und Ordnungsrecht mit den Begriffen Handlungsstörer und Zustandsstörer, lassen sich aus den Störerdefinitionen auch Maßgaben für die Gefahr ableiten. Denn mit Kranken, Krankheitsverdächtigen, Ansteckungsverdächtigen und Ausscheidern verbindet das IfSG ein Bild der Gefahrenlage. 169

Wenn in der Definition des **Krankheitsverdächtigen** nach § 2 Nr. 5 IfSG der Begriff der **Vermutung** („vermuten lassen“) erscheint, dann kann die von einer solchen Person ausgehende Gefahrenlage als **„echte“ Gefahr** oder als **Anscheinsgefahr** qualifiziert werden. Auch bei diesen bekannten Gefahrenarten wird immer etwas Tatsächliches „vermutet“. Weder bei der „echten“ noch bei der Anscheinsgefahr wird vorausgesetzt, dass ein 170

---

tuellen Pandemie und gerade nicht um die Abwehr einer abstrakten Gefahr. Die Allgemeinverfügung […] ist zeitlich befristet und knüpft an das Bestehen der aktuellen Gefahrenlage aufgrund der Corona Pandemie an, entfaltet jedoch keine Wirkungen unabhängig von diesem Anlass und über diesen konkreten Sachverhalt hinaus im Hinblick etwa auf zukünftige, anderweitige gesundheitliche Gefahrenlagen.“

355 Vgl. BVerwG Urt. v. 28.2.1961 – I C 54.57, BVerwGE 12, 87 = NJW 1961, 2077 (2078) – Endiviensalat.

356 *Grüner*, Biologische Katastrophen, 2017, S. 180 f.; *Rixen* in Kloepfer Pandemien S. 67 (76). Vgl. *Engels* DÖV 2014, 464 (467 f., 470).

357 *Rixen* in Kloepfer Pandemien S. 67 (76).

Amtswalter sich völlig sicher sein muss. Stimmt die „Vermutung" mit der Wirklichkeit überein (zB Fußgänger hält eine scharfe Waffe in der Hand) und droht ein Schaden, führt dies zum Vorliegen einer „echten" Gefahr. Wenn die „Vermutung"/Vorstellung/ Annahme des Amtswalters trotz Anspannung aller geistigen Kräfte falsch ist (zB Fußgänger hält nur eine Spielzeugpistole in der Hand), aber seine auf der „Vermutung" angestellte Schadensprognose stimmt, ist eine Anscheinsgefahr zu bejahen. Allerdings wird im polizeirechtlichen Zusammenhang von einer Vermutung normalerweise nur dann gesprochen, wenn die Gefahrenannahme gar nicht mehr auf Tatsachen zu stützen ist. Jedoch darf auch keine infektionsschutzrechtliche Befugnis auf derartige Vermutungen gestützt werden. So hat das BVerwG zu Recht auch für den Ansteckungsverdacht eine **aussagekräftige Tatsachengrundlage** verlangt.[358] Mit der Verwendung des Begriffs der Vermutung in § 2 Nr. 5 IfSG ist somit keine besondere infektionsschutzrechtliche Vorverlagerung des Gefahrenbegriffs verbunden.

171 Ebenfalls ist keine besondere infektionsschutzrechtliche Vorverlagerung des Gefahrenbegriffs damit verbunden, dass nach § 2 Nr. 7 IfSG *Annahmen* ausreichen, um **Ansteckungsverdächtiger** zu sein. Das mit einem Ansteckungsverdächtigen verbundene Gefahrenbild (→ Rn. 169) ist in den Kategorien des allgemeinen Polizei- und Ordnungsrechts eine Gefahr in Gestalt des **Gefahrenverdachts**. Dem Gefahrenverdacht ist eine Absenkung der Gefahrenschwelle immanent.[359] Hier bestehen entweder schon Unsicherheiten bei der Diagnose des Sachverhalts oder Unsicherheiten bei der Prognose des Kausalverlaufs, so dass eine Behörde das Vorliegen einer Gefahr nur für möglich hält. Trotzdem existieren schon behördliche Handlungsbefugnisse. Die Besonderheit des IfSG besteht allenfalls nur darin, dass hinsichtlich eines Ansteckungsverdächtigen nicht nur eine Gefahrenerforschung zulässig ist, sondern er sich ggf. wie ein Infizierter behandeln lassen muss.[360]

c) Schadensprognose

172 Bezugspunkt der Gefahr ist immer ein zukünftig eintretender Schaden, wobei im Regelfall der Schaden für ein Rechtsgut zu prognostizieren ist. Die Schadensprognose ist **Bestandteil des Gefahrentatbestands** und steht nicht neben ihm.

173 Während sich im allgemeinen Polizei- und Ordnungsrecht ein bunter Strauß von Rechtsgütern hinter dem Schutzgut der öffentlichen Sicherheit verbirgt, ist das IfSG schmalspuriger. Zu weit gegriffen wäre es hier sogar, den Gesundheitsschaden als relevanten Schaden anzusehen. Zwar schützt das IfSG letztlich die Rechtsgüter Leben und körperliche Unversehrtheit. §§ 16 ff. und §§ 24 ff. IfSG reduzieren den Schutz der Gesundheit jedoch auf die Verhinderung des Ausbruchs (Verhütung) oder der Weiterverbreitung (Bekämpfung) einer übertragbaren Krankheit. Der bei Bekämpfungsmaßnahmen zu prognostizierende **Schaden** ist folglich die **Ansteckung eines Dritten**[361]. Ist gesichert oder hinreichend wahrscheinlich, dass ein Kranker, Krankheitsverdächtiger, Ansteckungsverdächtiger oder Ausscheider keinen anderen Menschen mehr anstecken

358 BVerwG Urt. v. 22.3.2012 – 3 C 16/11, BVerwGE 142, 205 Rn. 33.

359 Vgl. BVerwG Urt. v. 3.7.2002 – 6 CN 8/0, BVerwGE 116, 347 = NVwZ 2003, 95 (97).

360 Vgl. *Merz* COVuR 2021, 14 (16) mit dem Hinweis, dass die niedrige Eingriffsschwelle des Gefahrenverdachts auf der Ebene der Verhältnismäßigkeit der Maßnahme zu kompensieren ist. Einen Gefahrenverdacht lässt *Gabriel* in BeckOK InfSchR IfSG § 25 Rn. 11 nicht ausreichen, um Schutzmaßnahmen nach §§ 28 ff. IfSG ergreifen zu können.

361 Der Schutz des Kranken, Krankheitsverdächtigen, Ansteckungsverdächtigen oder Ausscheiders ist nicht vom IfSG umfasst. Vgl. auch *Mers*, Infektionsschutz im liberalen Rechtsstaat, 2019, S. 192, 206, 215: Gefahr in Form der Weiterverbreitung der Krankheit (S. 192).

kann und damit eine mögliche Infektionskette unterbrochen ist, ist die Aufgabe der §§ 24 ff. IfSG erfüllt.[362]

Eine Gefahr besteht demnach, wenn die Ansteckung eines Dritten mit einer übertrag- 174
baren Krankheit bei ungehindertem Geschehensablauf **hinreichend wahrscheinlich** ist. Auch hier besteht kein Bedürfnis dafür, im Sinne einer besonderen infektionsschutzrechtlichen Vorverlagerung des Gefahrenbegriffs das Erfordernis der Wahrscheinlichkeit wegzuwischen.

Der zu verlangende **Wahrscheinlichkeitsgrad** ist **dynamisch** und abhängig von dem 175
Krankheitserreger und der von ihm verursachten Krankheit. Eine hinreichend hohe Wahrscheinlichkeit kann sich bei bestimmten Krankheitserregern bereits aus dem Übertragungsweg ergeben, bspw. daraus, dass Kranken, Krankheitsverdächtigen, Ansteckungsverdächtigen oder Ausscheidern ohne Weiteres ein Sozialkontakt unterstellt werden kann. Zudem kann es auch beim IfSG – wie im allgemeinen Polizei- und Ordnungsrecht – zu einer **Absenkung** des Wahrscheinlichkeitsgrades kommen. Je schwerer die von einem Krankheitserreger ausgelösten gesundheitlichen Folgen sind, desto geringer sind die Anforderungen an die Wahrscheinlichkeit.[363] So ist auch nach allgemeinen Grundsätzen oftmals das Verlangen nach einer hinreichenden „Wahrscheinlichkeit“ als prognoseausfüllender Maßstab vielfach nur damit zu erklären, dass die Wahrscheinlichkeit eine Zahl zwischen 0 und 1 ist.[364]

d) Inanspruchnahme von Nichtstörern

Die Adressaten von Bekämpfungsmaßnahmen lassen sich mit polizeirechtlicher Termi- 175a
nologie in Störer (bzw. Verantwortliche) und Nichtstörer (bzw. Nichtverantwortliche) unterscheiden. Allerdings folgt die Qualifizierung einer Person als Störer nicht aus den Kategorien der Verhaltens- und Zustandsverantwortlichkeit (vgl. §§ 17, 18 OBG NRW, §§ 4, 5 PolG NRW, §§ 17, 18 BPolG). Abweichend vom allgemeinen Gefahrenabwehrrecht werden die Störer spezialgesetzlich im IfSG als Kranke (§ 2 Nr. 4 IfSG), Krankheitsverdächtige (§ 2 Nr. 5 IfSG), Ansteckungsverdächtige (§ 2 Nr. 7 IfSG) und Ausscheider (§ 2 Nr. 6 IfSG) erkennbar gemacht und definiert. Die Inanspruchnahme von Nichtstörern erfolgt ebenfalls unter **struktureller Abweichung vom allgemeinen Polizei- und Ordnungsrecht**. Während hier Nichtverantwortliche nur unter den engen Voraussetzungen des polizeilichen bzw. ordnungsbehördlichen Notstandes (vgl. § 19 OBG NRW, § 6 PolG NRW, § 20 BPolG) in Anspruch genommen werden dürfen, rekurriert die rechtliche Befugnis zur Inanspruchnahme dieser Personengruppe nach § 28 Abs. 1 S. 1 IfSG (→ Rn. 90) – und ggf. bei Standardmaßnahmen (→ Rn. 186 f.) – ersichtlich nicht auf diesen engen Voraussetzungen. Sofern neben Kranken, Krankheitsverdächtigen, Ansteckungsverdächtigen und Ausscheidern auch Nichtstörer in Anspruch genommen werden dürfen, stellt das IfSG selbst dafür keine tatbestandlich fixierte, höhere Hürde auf als für die Inanspruchnahme der genannten Störer. Im Ausgangspunkt findet dieser systematische Unterschied zum allgemeinen Gefahrenabwehrrecht darin seinen Grund, dass im Infektionsschutzrecht häufig Situationen eintreten können, in denen eine trennscharfe Abgrenzung zwischen Störern und Nichtstörern nicht möglich ist.[365]

---

362 Maßnahmen zur Sicherstellung der Krankenversorgung können daher grundsätzlich nicht auf §§ 28, 32 IfSG gestützt werden, es sei denn, sie reduzieren sich auf die Unterbrechung einer Infektionskette wie bspw. bei Maßnahmen zur Krankenhaushygiene (→ Rn. 4 f.).

363 BVerwG Urt. v. 22.3.2012 – 3 C 16/11, BVerwGE 142, 205 Rn. 32; OVG Lüneburg Beschl. v. 11.5.2020 – 13 MN 143/20, BeckRS 2020, 8099 Rn. 22; VGH Kassel Beschl. v. 7.4.2020 – 8 B 892/20.N BeckRS 2020, 5242 Rn. 43; *von Steinau-Steinrück*, Die staatliche Verhütung und Bekämpfung von Infektionskrankheiten, 2013, S. 89.

364 So ist es bei Bombendrohungen nach allgemeiner Erfahrung höchst unwahrscheinlich, dass ein Anschlag tatsächlich stattfinden soll.

365 *Merz* COVuR 2021, 14 (17).

Wenn – in Abhängigkeit von der zu bekämpfenden Infektionskrankheit – einer Person nicht anzusehen ist, ob sie krank, krankheitsverdächtig, ansteckungsverdächtig oder Ausscheider ist, kann die Differenzierung zwischen Störern und Nichtstörern auf der Ebene der praktischen Rechtsanwendung leerlaufen.

175b Dies bedeutet jedoch nicht, dass die Differenzierung zwischen Störern und Nichtstörern im IfSG unbeachtlich wäre und Bekämpfungsmaßnahmen sich wahllos gegen jede Person richten dürften. Nicht bei jeder Infektionskrankheit und bei jeder Maßnahme muss die Differenzierung zwischen Störern und Nichtstörern in bestimmten Verlaufsstadien unmöglich sein. Ferner beschränken sich teilweise bestimmte Standardmaßnahmen auf Kranke, Krankheitsverdächtige, Ansteckungsverdächtige und Ausscheider (str., → Rn. 186 f.). Dort gilt, dass die betreffenden Maßnahmen ausscheiden, wenn die Qualifizierung einer Person als Störer mangels Nachweisführungsmöglichkeit nicht begründet werden kann. Schließlich lassen sich dort, wo neben Störern auch Nichtstörer Adressaten einer Bekämpfungsmaßnahme sein können, aus dem **Verhältnismäßigkeitsgrundsatz** Maßgaben für die **Adressatenauswahl** treffen. Vorrangig sind jedenfalls Störer als Adressaten auszuwählen, sofern dies mit einer effektiven (nicht: effektivsten) Gefahrenabwehr in Einklang zu bringen ist.[366]

2. Die „notwendigen Schutzmaßnahmen" im Spannungsverhältnis zwischen epidemiologischer Fachlichkeit, rechtsstaatlicher Machtbegrenzung und demokratischer Verantwortlichkeit

176 Auf der Rechtsfolgenseite sieht § 28 Abs. 1 S. 1 IfSG vor, dass die „notwendigen Schutzmaßnahmen" zu treffen sind (ähnlich § 16 Abs. 1 S. 1 IfSG für die Verhütung übertragbarer Krankheiten: „notwendige Maßnahmen"). Aus der Erfüllung des Gefahrentatbestands folgt eine gebundene Entscheidung. Dies gilt allerdings nur für die Entschließung, dh die Frage, ob überhaupt gehandelt werden muss. Hinter den notwendigen Schutzmaßnahmen verbirgt sich jedoch ein großer Instrumentenkasten, aus dem in der Praxis nicht mit mathematischer Genauigkeit das eine richtige Instrument herausgezogen werden kann. Daher besteht **Auswahlermessen.**[367] Folglich ist die Bekämpfung von Infektionskrankheiten mit Handlungsspielräumen verbunden. Das Gleiche gilt für die Verhütung.

177 Das Ermessen ist nach § 40 VwVfG (genau genommen: nach der § 40 VwVfG entsprechenden Norm des jeweiligen Landesverwaltungsverfahrensgesetzes) entsprechend dem Zweck des Gesetzes auszuüben.[368] Hinsichtlich dieser Maßgabe ist zu untersuchen, welche **einfachgesetzliche Programmierung** das IfSG enthält:

178 In der Literatur wird darauf hingewiesen, dass die infektionsschutzrechtlichen **Handlungsoptionen** weitgehend **vom medizinischen und epidemiologischen Wissen präjudiziert** werden.[369] Demgemäß macht § 1 Abs. 2 S. 1 IfSG den „jeweiligen Stand der medizinischen und epidemiologischen Wissenschaft"[370] zur Grundlage einer Zusammenarbeit, die auch Ärzte, Tierärzte, Krankenhäuser und wissenschaftliche Einrichtungen umfasst. In vielen Normen des IfSG werden epidemiologische Erkenntnisse, Methoden[371], Analysen, Beurteilungen, Auswertungen, Lage- und Risikobewertungen erwähnt. Essen-

366 Vgl. AG Dortmund Urt. v. 2.11.2020 – 733 OWi (127 Js 75/20) 64/20, BeckRS 2020, 28759 Rn. 23.

367 Vgl. BT-Drs. 14/2530, 74 – Zu § 28 Abs. 1; VGH München Beschl. v. 1.9.2020 – 20 NE 20.1754, BeckRS 2020, 21222 Rn. 23.

368 Vgl. auch § 114 S. 1 VwGO aus dem Blickwinkel der gerichtlichen Kontrolle.

369 *Rixen* in Kloepfer Pandemien S. 67 (79). → Rn. 27 zur Surveillance.

370 „Epidemiologie ist die Lehre über die Verteilung von Gesundheit und Krankheiten in definierten Bevölkerungsgruppen und ihre Determinanten", *Hauri/Uphoff* Bundesgesundheitsbl. 2005, 1013.

371 Vgl. zu den im Rahmen einer Ausbruchsuntersuchung angewandten Methoden der Infektionsepidemiologie *Hauri/Uphoff* Bundesgesundheitsbl. 2005, 1013 (1014 ff.).

tiell für die Früherkennung von Infektionsgefahren und für die von Landesbehörden zu treffenden Verhütungs- und Bekämpfungsmaßnahmen ist (möglichst schnell generiertes) Faktenwissen, insbes. über einen Krankheitserreger, sein Auftreten, seine Übertragungswege und seine Verbreitung in der Bevölkerung sowie über die Symptome und Behandlung der von einem Krankheitserreger ausgelösten Krankheit. Auf solchen Fakten basieren Risikobewertungen und Handlungsempfehlungen, insbes. des RKI (vgl. § 4 IfSG sowie → Rn. 26 ff.). Das IfSG wird als ein „Fachgesetz angewandter Epidemiologie" charakterisiert, das „Kernforderungen moderner angewandter Epidemiologie in die Formensprache des Rechts" übersetze.[372] Daraus könnte man folgern, dass die von den zuständigen Behörden zwingend zu ergreifenden „notwendigen Schutzmaßnahmen" iSv § 28 Abs. 1 S. 1 (einschließlich § 28 a) IfSG genau diejenigen Maßnahmen sind, die Epidemiologen für fachlich geboten halten.[373]

Eine solche Betrachtungsweise stößt bereits an **innere Grenzen**. Denn es gibt oftmals nicht *die* epidemiologisch richtige Maßnahme. Es wäre geradezu unwissenschaftlich zu glauben, dass ausgerechnet die Wissenschaft der Epidemiologie die eine richtige Wahrheit kennt.[374] Der Wissenschaft ist es bereits immanent, dass dieselben Fakten unterschiedlich gedeutet und bewertet werden können. Hinzu kommt, dass die Daten, auf denen Analysen, „Richtlinien, Empfehlungen, Merkblätter und sonstige Informationen zur Vorbeugung, Erkennung und Verhinderung der Weiterverbreitung übertragbarer Krankheiten" (§ 4 Abs. 2 Nr. 1 IfSG) beruhen, spärlich, lückenhaft oder qualitativ schlecht sein können, womit das Risiko einer Fehlprognose und falschen Handlungsempfehlung steigt. Eine **große Unsicherheit** hinsichtlich der Daten und hinsichtlich der Richtigkeit der aus ihnen abgeleiteten Analysen dürfte bei neu auftretenden Krankheitserregern und von ihnen verursachten neuen Krankheiten wohl die Regel sein. Daher wäre es ein Trugschluss zu glauben, die Epidemiologie würde nur eine einzige vertretbare Antwort auf die Frage liefern, was notwendige Schutzmaßnahmen sind. 179

Die Umsetzung des epidemiologisch Gebotenen kann an **rechtliche Grenzen** stoßen. 180
Nach § 40 VwVfG[375] müssen neben einer zweckentsprechenden Anwendung des Fachgesetzes auch die gesetzlichen Grenzen des Ermessens eingehalten werden.[376] Solche Grenzen ziehen insbes. die Freiheitsgrundrechte, das Verhältnismäßigkeitsgebot und der allgemeine Gleichheitssatz (Art. 3 Abs. 1 GG).

Es wurde bereits darauf hingewiesen (→ Rn. 123), dass das **Verhältnismäßigkeitsgebot** 181
den Staat dazu zwingen kann, einen legitimen Zweck mit Mitteln zu verfolgen, die milder, aber nicht genauso wirksam sind wie das ggf. epidemiologisch gebotene Mittel. Die Verhältnismäßigkeit kann daher mit einer effektiven Gefahrenabwehr kollidieren – das ist vom Grundgesetz so gewollt, da der legitime Zweck im Rechtsstaat nicht alle Mittel heiligt. Neben ihrer Hauptfunktion als Schranken-Schranke bei Eingriffen in Freiheitsgrundrechte spielt die Verhältnismäßigkeit auch bei der sachlichen Rechtfertigung von Ungleichbehandlungen eine Rolle (→ Rn. 127 f.).

Eine weitere Grenze, die unmittelbar beeinflusst, was eine notwendige Schutzmaßnah- 182
me ist, ergibt sich aus dem **Demokratieprinzip** (Art. 20 Abs. 1, 2 GG).[377] Diese Grenze wird allerdings nur in sehr seltenen Fällen relevant sein, wenn es um Bekämpfungsmaß-

372 *Rixen* in Kloepfer Pandemien S. 67 (70). So auch *Grüner*, Biologische Katastrophen, 2017, S. 172. Vgl. zur Bedeutung medizinischer Expertise beim Katastrophenschutz *Trute* KritV 2005, 342 (350).
373 Vgl. allgemein zu Legitimationsproblemen bei Verantwortungsverlagerung auf private Sachverständige *Klafki*, Risiko und Recht, 2017, S. 91 ff.
374 Vgl. allgemein *Klafki*, Risiko und Recht, 2017, S. 101 f.
375 Genau genommen: nach der § 40 VwVfG entsprechenden Norm des jeweiligen Landesverwaltungsverfahrensgesetzes.
376 Vgl. auch § 114 S. 1 VwGO aus dem Blickwinkel der gerichtlichen Kontrolle.
377 *Kluckert* DVBl 2021, 96 (101).

nahmen geht, die Einzelne oder einen überschaubaren Personenkreis betreffen. Betreffen die Maßnahmen jedoch im Pandemiefall ein ganzes Land, kann das Demokratieprinzip sowohl die Zuständigkeitsordnung (→ Rn. 106 ff.) als auch den Inhalt notwendiger Schutzmaßnahmen als Rechtsfolge von § 28 Abs. 1 S. 1 IfSG beeinflussen. (Sogar) das (eindeutig) epidemiologisch Gebotene ist nämlich in das **Verhältnis zum gesellschaftlich und politisch Machbaren und Verantwortbaren** zu setzen. Bekämpfungsmaßnahmen während einer epidemischen Lage von nationaler Tragweite (vgl. § 5 Abs. 1 IfSG) sind von der Mitwirkung und Einsicht der Bevölkerung abhängig, um den inneren Frieden zu wahren. Erst in dieser abwägenden Gesamtschau konkretisiert sich und wird sichtbar, was eine notwendige Schutzmaßnahme iSv § 28 Abs. 1 S. 1 (einschließlich § 28 a) IfSG ist.

183 Gerade dort, wo schwerste Grundrechtseingriffe vorzunehmen sind, ist ein hohes Maß an **demokratischer Legitimation** erforderlich. Mit der gesetzestechnischen Lösung einer Generalklausel ist jedoch die sachlich-inhaltliche demokratische Legitimation im Sinne einer über die Gesetzesbindung (Art. 20 Abs. 3 GG) erzeugten Anleitung und Steuerung des Verwaltungshandelns durch das Parlament gering.[378] Dieser Mangel muss – abhängig von Art, Schwere und Ausmaß der ergriffenen Schutzmaßnahmen – durch ein höheres Maß an personeller demokratischer Legitimation ausgeglichen werden. Ggf. muss das Parlament selbst entscheiden (→ Rn. 106 ff.). Angesichts des Umstandes, dass die notwendigen Schutzmaßnahmen erst nach einer abwägenden Gesamtschau sichtbar werden (→ Rn. 182), wird das Landesparlament über §§ 32, 28 Abs. 1 S. 1 IfSG iVm Art. 80 Abs. 4 GG nicht zur gebundenen, gesetzesanwendenden Verwaltungsbehörde degradiert.

3. Verhältnis Standardmaßnahmen und Generalklausel

184 Im allgemeinen **Polizei- und Ordnungsrecht** werden wiederkehrende, typische Handlungsmuster der Gefahrenabwehrbehörden als sog. Standardmaßnahmen (zB Platzverweis, Durchsuchung) normiert.[379] Eine Standardmaßnahme entfaltet gegenüber der Generalklausel eine Sperrwirkung, soweit das Normprogramm der Standardmaßnahme reicht.[380]

185 Im **IfSG** finden sich typische Seuchenbekämpfungsmaßnahmen, die besonders normiert wurden: Informationsermittlungen und Untersuchungen (§ 25 IfSG), die Beobachtung Betroffener (§ 29 IfSG), Quarantäne bzw. Absonderung[381] in einem Krankenhaus oder in sonst geeigneter Weise (§ 30 IfSG) und das berufliche Tätigkeitsverbot für Betroffene (§ 31 IfSG). Umstritten ist hier (mit Ausnahme der Informationsermittlungen und Untersuchungen), in welchem Verhältnis die Standardmaßnahmen zur Generalklausel stehen.[382] Der **Wortlaut** des § 28 Abs. 1 S. 1 IfSG besagt, dass die Behörde die „notwendigen Schutzmaßnahmen, insbes. die in den §§ 29 bis 31 genannten," trifft. Folglich erscheinen die Standardmaßnahmen wie **Regelungsbeispiele**[383] der Rechtsfolge der Gene-

378 Vgl. *Klafki*, Risiko und Recht, 2017, S. 87 (78).

379 *Schoch* in Schoch BesVerwR Kap. 1 Rn. 225.

380 *Schoch* in Schoch BesVerwR Kap. 1 Rn. 226.

381 Die Standardmaßnahme wurde mit dem Zweiten Gesetz zum Schutz der Bevölkerung bei einer epidemischen Lage von nationaler Tragweite v. 19.5.2020 (BGBl. I 1018) von Quarantäne in Absonderung umbenannt.

382 Vgl. OVG Lüneburg Beschl. v. 11.5.2020 – 13 MN 143/20, BeckRS 2020, 8099 Rn. 30 gegen OVG Schleswig Beschl. v. 7.4.2020 – 3 MB 13/20, BeckRS 2020, 5835 Rn. 10; *Kießling* in Kießling IfSG § 28 Rn. 55 ff.

383 Der in diesem Zusammenhang oftmals verwendete Begriff des Regelbeispiels ist ungenau. Unter einem Regelbeispiel sind Umstände zu verstehen, die nach der Wertung des Gesetzgebers im Regelfall die Verwirklichung eines Tatbestandsmerkmals indizieren. Bei § 28 Abs. 1 IfSG geht es jedoch um mögliche Rechtsfolgen.

ralklausel, was noch dadurch verstärkt wird, dass für sie vielfach keine gegenüber § 28 Abs. 1 S. 1 IfSG gesteigerten tatbestandlichen Anforderungen verlangt werden (→ Rn. 186). Dieselbe Abgrenzungsproblematik stellt sich, wenn man die in § 28 Abs. 1 S. 1 letzter Hs., S. 2 IfSG geregelten Maßnahmen als echte Standardmaßnahmen und nicht nur als Regelungsbeispiele der Generalklausel betrachtet (→ Rn. 80).[384]

Das Verhältnis der infektionsschutzrechtlichen Standardmaßnahmen zur Generalklausel 186 ist unter drei Blickwinkeln zu betrachten. Der erste Blickwinkel betrifft die **tatbestandsseitige Verdrängung** der Generalklausel mit der Frage, ob die in §§ 28 bis 31 IfSG geregelten Maßnahmen nur bei Erfüllung der speziellen Tatbestandsmerkmale zulässig sind. Diese Frage stellt sich allerdings nur bei der Absonderung (§ 30 IfSG), da die anderen Standardmaßnahmen keine besonderen Tatbestandsmerkmale kennen. Der zweite Blickwinkel betrifft eine **rechtsfolgenbezogene Abschirmung** der Generalklausel. Hieraus könnte der Einwand erwachsen, dass die Generalklausel keinen Eingriff umfasst, der einer fixierten Standardmaßnahme sehr nahekommt (zB eine Ausgangssperre der Absonderung).[385] Am praktisch relevantesten ist der dritte Blickwinkel auf die Adressaten der Standardmaßnahmen. Der **Adressatenkreis** beschränkt sich auf Störer, dh Kranke, Krankheitsverdächtige, Ansteckungsverdächtige und Ausscheider. Fraglich ist deshalb, ob die in den Standardmaßnahmen fixierten Rechtsfolgen gestützt auf die Generalklausel gleichermaßen auch gegenüber Nichtstörern ergriffen werden dürfen (zB Schließung von Geschäften, Absonderung von in die Bundesrepublik Deutschland einreisenden Personen).

So hat das OVG Lüneburg bezüglich einer auf §§ 32, 28 Abs. 1 S. 1, § 30 IfSG gestütz- 187 ten Quarantänepflicht für alle aus dem Ausland Einreisenden zunächst ausgesprochen, dass ein Rückgriff auf andere Vorschriften, insbes. § 28 Abs. 1 S. 1 IfSG nicht in Betracht komme; die Erweiterung des in § 30 IfSG genannten Personenkreises, der Quarantänemaßnahmen unterworfen werden dürfe, könne nur der Gesetzgeber vornehmen.[386] Zuvor hatte dagegen das OVG Schleswig zu einer im Wege der Allgemeinverfügung erlassenen Quarantäneanordnung vertreten, dass die Generalklausel nicht durch die nachfolgenden §§ 29 bis 31 IfSG bei deren (Nicht-)Eingreifen verdrängt werde.[387] Ähnlich argumentierte wiederum auch das OVG Lüneburg, wenn es um die Untersagung beruflicher Tätigkeiten im Spannungsverhältnis zwischen § 31 und § 28 Abs. 1 S. 1 IfSG geht.[388]

Das Verhältnis von § 28 Abs. 1 S. 1 zu §§ 29 bis 31 IfSG ist von einiger **Erheblichkeit.** 188 Insbes. die an Nichtstörer gerichteten beruflichen Tätigkeitsverbote würden sich als rechtswidrig erweisen, wenn § 31 IfSG den Rückgriff auf die Generalklausel sperrte. Der rechtswidrige Eingriff dürfte dann wohl losgelöst vom Sonderopfer eine Entschädigungspflicht des Staates auslösen.[389]

384 Vgl. *Kießling* in Kießling IfSG § 28 Rn. 57.

385 So OVG Münster Beschl. v. 5.6.2020 – 13 B 776/20.NE BeckRS 2020, 11272 Rn. 16.

386 OVG Lüneburg Beschl. v. 11.5.2020 – 13 MN 143/20, BeckRS 2020, 8099 Rn. 30 f. So auch OVG Münster Beschl. v. 5.6.2020 – 13 B 776/20.NE BeckRS 2020, 11272 Rn. 15 ff.; VG Berlin Beschl. v. 10.6.2020 – VG 14 L 150/20, BeckRS 2020, 12067 Rn. 35 ff.; VG Hamburg Beschl. v. 13.5.2020 – 15 E 1967/20, BeckRS 2020, 8685 Rn. 33; *Gerhardt* IfSG § 30 Rn. 23 a; *Kießling* in Kießling IfSG § 30 Rn. 15; *Stach* NJW 2021, 10 (11 Rn. 6).

387 OVG Schleswig Beschl. v. 7.4.2020 – 3 MB 13/20, BeckRS 2020, 5835 Rn. 10. So auch *Fleischfresser* in → § 13 Rn. 41; *Lutz* IfSG § 30 Rn. 1 a; wohl auch *Bals/Kuhn* GesR 2020, 213 (219).

388 OVG Lüneburg Beschl. v. 15.10.2020 – 13 MN 371/20, COVuR 2020, 700 (705 Rn. 48); so auch OVG Berlin-Brandenburg Beschl. v. 6.11.2020 – 11 S 113/20, BeckRS 2020, 29815 Rn. 24.

389 Vgl. LG Hannover Urt. v. 11.12.2020 – 8 O 4/20, BeckRS 2020, 34842 Rn. 71 ff., das Entschädigungsansprüche aus dem Rechtsinstitut des enteignenden Eingriffs abgelehnt hat und in § 28 Abs. 1 S. 1 IfSG eine Rechtsgrundlage für Betriebsschließungen sah.

189 Zumindest hinsichtlich der beruflichen Tätigkeitsverbote dürfte allerdings die **Gesetzgebungsgeschichte der Generalklausel** dafür sprechen, dass sich derartige Maßnahmen nicht auf Kranke, Krankheitsverdächtige, Ansteckungsverdächtige und Ausscheider (Störer) beschränken (→ Rn. 91).[390] Der typische Einwand, der Wille des Gesetzgebers habe sich aber nicht im Wortlaut des Gesetzes niedergeschlagen,[391] könnte mit Blick auf die regelungsbeispielartige Erwähnung der Standardmaßnahmen in § 28 Abs. 1 S. 1 IfSG ins Leere laufen.

190 Mit Blick auf den dargelegten Normbefund und die (vor der Corona-Pandemie von vielen übersehene) Bedeutung der Normen zur Bekämpfung von übertragbaren Krankheiten besteht ein dringender **gesetzgeberischer Handlungsbedarf**, der sich nicht auf die aufgezeigte Problematik beschränkt.[392]

4. Reichweite der Handlungsform der Allgemeinverfügung

191 Zur Bekämpfung des Coronavirus SARS-CoV-2 wurden in einigen Bundesländern (insbes. Bayern, Bremen, Hamburg, Saarland, Sachsen und Sachsen-Anhalt) eine Reihe von landesweit geltenden Maßnahmen, die in den meisten Bundesländern in Rechtsverordnungen festgelegt wurden, anfänglich in Gestalt von Allgemeinverfügungen erlassen (s. Anhang). Dabei handelte es sich ua um Ausgangsbeschränkungen, Veranstaltungs- und Ansammlungsverbote, Betriebsuntersagungen sowie Besuchsregelungen für Krankenhäuser und Pflegeheime. Damit stellt sich die Frage, ob entweder diese **Allgemeinverfügungen abstrakt-generelle Regelungen** enthielten (was nach § 35 VwVfG nicht zulässig ist) oder die inhaltsgleichen **Rechtsverordnungen** überhaupt gar keine Rechtsnormen, sondern atypisch **konkret-generelle Regelungen** umfassten (was zulässig ist). Im kleineren Maßstab stellt sich dieselbe Frage, wenn Landkreise entsprechende Allgemeinverfügungen erlassen.

192 Es lässt sich der Eindruck gewinnen, dass Regelungen, die ohne Weiteres als abstrakt-generelle qualifiziert würden,[393] wenn sie in einer Rechtsverordnung stünden, regelmäßig dann als (konkret-generelle) Einzelfallregelungen eingeordnet werden, wenn sie mit gleichem Inhalt in einer Allgemeinverfügung zu finden sind[394]. Dieser Befund wirft einige Fragen hinsichtlich der Handlungsform der Allgemeinverfügung auf und richtet das Licht auf eine unbefriedigende Abgrenzungsdogmatik.

a) Materieller Allgemeinverfügungs- und formeller Rechtsverordnungsbegriff

193 Ob eine **Rechtsverordnung** vorliegt, ist nicht abhängig von ihrem Inhalt. Daher kommt es nicht darauf an, ob sie Normen, dh abstrakt-generelle Regelungen enthält. Rechtsverordnung ist jede von staatlichen Exekutivstellen als Rechtsverordnung beschlossene und als Rechtsverordnung verkündete Willensäußerung.[395]

---

390 AA *Kießling* in Kießling IfSG § 30 Rn. 58.

391 Vgl. *Würdinger* JuS 2016, 1 (4).

392 *Kingreen*, Stellungnahme v. 7.5.2020 zum Entwurf eines Zweiten Gesetzes zum Schutz der Bevölkerung bei einer epidemischen Lage von nationaler Tragweite (BT-Drs. 19/18967), Gesundheitsausschuss-Drs. 19(14)160(27), S. 6.

393 Vgl. BVerfG Kammerbeschl. v. 31.3.2020 – 1 BvR 712/20, BeckRS 2020, 4748 Rn. 15, das hinsichtlich von Regelungen des Landes Berlin von „abstrakt-generellen Verbote[n] gemäß §§ 1 und 14 SARS-CoV-2-EindmaßnV" (§ 1: Verbot von Veranstaltungen, Versammlungen, Zusammenkünften und Ansammlungen; § 14: Kontaktbeschränkungen) spricht.

394 Vgl. VG Dresden Beschl. v. 17.4.2020 – 6 L 265/20, juris Rn. 22 f. – Ausgangsbeschränkung; VG Saarlouis Beschl. v. 30.3.2020 – 6 L 340/20, BeckRS 2020, 4980 Rn. 6 – Ausgangsbeschränkung. S. a. *E. Ziekow* DVBl 2020, 732 (737), nach dem landesweite Ausgangssperren sowohl per Rechtsverordnung als auch per Allgemeinverfügung erlassen werden dürfen.

395 *Kluckert*, Zuwendung und Gesetz, 2018, S. 393 Fn. 203.

Anders verhält es sich jedoch bei der **Allgemeinverfügung** gem. § 35 S. 2 VwVfG. Sie muss nach ihrem Inhalt zunächst ein Verwaltungsakt iSv § 35 S. 1 VwVfG sein.[396] Weist eine behördliche Willenserklärung nicht alle Merkmale eines Verwaltungsakts auf, kann sie keine Allgemeinverfügung sein. Daher muss eine Willenserklärung, die als Allgemeinverfügung Geltung erlangen soll, noch eine **Einzelfallregelung** beinhalten. Abgrenzungsprobleme ergeben sich praktisch nur dann, wenn eine (vermeintliche) Allgemeinverfügung nach § 41 Abs. 3, 4 VwVfG öffentlich bekannt gegeben wurde, da sich bei individueller Bekanntgabe die Frage nach einer Allgemeingeltung unabhängig vom Inhalt überhaupt nicht stellt.[397] 194

Die in der **Praxis** zu beobachtende Tendenz, einer Regelung im Zweifel noch einen Einzelfallbezug zuzuweisen, ist in verschiedenen Umständen begründet. Ein Grund ist die oftmals wohl für problematisch erachtete Rechtsfolge, dass die abstrakt-generelle „Allgemeinverfügung" *wegen ihres Inhalts* keine Wirkungen als Verwaltungsakt hervorbringt und *wegen ihrer Form* und weiteren verfahrensrechtlichen Anforderungen ebenfalls keine Wirkungen als Rechtsverordnung hervorzubringen vermag.[398] Regelmäßige Folge ist daher die Nichtigkeit.[399] Ein weiterer Grund für die **Ausdehnung des Einzelfalls** findet sich in dem Umstand, dass für das Handeln der Behörden, insbes. auf unteren Verwaltungsebenen, zwar viele „VA-Befugnisse", aber kaum Befugnisse zum Gebrauchmachen von einer Verordnungsermächtigung existieren.[400] Das Hineinziehen von Regelungen in die Handlungsform des Verwaltungsakts trägt somit auch dem Wunsch nach Effektivität der staatlichen Aufgabenerfüllung Rechnung. 195

b) Unschärfe des Einzelfallbegriffs und Zulässigkeit von „Einzelfallfiktionen" nach § 35 S. 2 VwVfG

So kategorial wie die Unterscheidung zwischen Rechtsnorm und Einzelfallregelung auf einer theoretischen Ebene erscheint, ist sie aber in der praktischen Rechtsanwendung nicht. Die Unschärfe entsteht dadurch, dass über bestimmte Blickwinkel auf eine Regelungsmaterie bzw. Bezugspunkte oftmals ein Einzelfallbezug zu konstruieren ist. Dadurch ergeben sich **fließende Übergänge** zwischen den entgegengesetzten Polen von abstrakt-genereller und konkret-individueller Regelung.[401] 196

Mit der Regelung des **§ 35 S. 2 VwVfG** hat der Gesetzgeber „erstmals von der Möglichkeit Gebrauch gemacht, im Grenzbereich zwischen Verwaltungsakt und Rechtsnorm […] eine verbindliche Aussage über dessen Rechtsnatur zu treffen".[402] Darüber hinaus hat er der Verwaltung – zumindest faktisch – ermöglicht, über die Einnahme eines bestimmten Blickwinkels den **Einzelfallbezug** ihrer Regelung herzustellen oder bis zu einem bestimmten Ausmaß sogar zu **fingieren.**[403] Nur so kann sich erklären, wenn die Rechtsprechung wortgleiche Regelungen abhängig vom Kontext der verwendeten Handlungsform mal als Rechtsnorm, mal als Einzelfallregelung einordnet (→ Rn. 192). Dieser Befund erscheint aus rechtswissenschaftlicher Perspektive unbefriedigend, stellt aber die gängige Rechtspraxis dar. 197

396 *Stelkens* in Stelkens/Bonk/Sachs VwVfG § 35 Rn. 280.
397 *Stelkens* in Stelkens/Bonk/Sachs VwVfG § 35 Rn. 272, 280.
398 Vgl. OVG Saarlouis Beschl. v. 2.11.2010 – 3 B 164/10, NVwZ 2011, 190 (192). Unzutreffend dagegen VG Karlsruhe Beschl. v. 10.12.2020 – 2 K 5102/20, BeckRS 2020, 34648 Rn. 39, das lediglich von einer formellen Rechtswidrigkeit der „Allgemeinverfügung" ausgeht.
399 Dieses Ergebnis ist nicht aus § 44 VwVfG herzuleiten, da die Vorschrift mangels Vorliegens eines Verwaltungsakts gar nicht zur Anwendung kommt.
400 Vgl. bspw. VG Aachen Beschl. v. 23.12.2020 – 7 L 951/20, BeckRS 2020, 37236 Rn. 16 für § 28 Abs. 1 S. 1 (VA-Befugnis) und § 32 (Verordnungsermächtigung) IfSG in Nordrhein-Westfalen.
401 VG München Beschl. v. 24.3.2020 – M 26 S 20.1252, BeckRS 2020, 6126 Rn. 22. Vgl. *Siegel* NVwZ 2020, 577 (579); ferner VG Karlsruhe Beschl. v. 10.12.2020 – 2 K 5102/20, BeckRS 2020, 34648 Rn. 43.
402 *Henneke/Berger* in Knack/Henneke VwVfG § 35 Rn. 195.
403 Vgl. VG München Beschl. v. 24.3.2020 – M 26 S 20.1252, BeckRS 2020, 6126 Rn. 22.

198 Mit Blick auf die zur **Bekämpfung von Infektionskrankheiten** ergriffenen Maßnahmen bietet zunächst die Bezugnahme auf eine Sache einen anerkannten[404] Anknüpfungspunkt für einen Einzelfall.

199 § 35 S. 2 Var. 3 VwVfG zieht nämlich Regelungen, die die **Benutzung einer Sache** durch die Allgemeinheit betreffen, in die Handlungsform des Verwaltungsakts. So lassen sich die Schließung von Einrichtungen (zB Gaststätten, Hotels, Betrieben und Verkaufsstätten), Besuchsverbote in Krankenhäusern und Pflegeeinrichtungen oder die Pflicht zum Tragen einer Schutzmaske in Geschäften als derartige Benutzungsregelungen verstehen, da diese Ge- und Verbote sich auf die Nutzung eines der Allgemeinheit zugänglichen Grundstücks oder einer derartigen Einrichtung beziehen. Dass es dabei nicht um die Benutzung „einer" Sache geht, wie von § 35 S. 2 Var. 3 VwVfG verlangt, sondern viele Sachen von der Regelung erfasst werden, wird kurzerhand dadurch überwunden, dass hier angeblich nicht *eine* Allgemeinverfügung vorliegt, sondern ein Bündel von (tausendfachen) Allgemeinverfügungen.[405]

200 Bei den in § 35 S. 2 Var. 1 VwVfG genannten personenbezogenen Allgemeinverfügungen wird ein Einzelfallbezug dadurch hergestellt, dass „ein einzelnes reales Vorkommnis, die konkrete **Seuchengefahr,**" den **Anlass** zur Regelungssetzung gibt;[406] es ginge um die Beseitigung einer konkreten, zeitlich begrenzten Gefahr.

c) Grenzen der rechtlichen Fiktion von Einzelfällen

201 Die aufgrund fließender Übergänge zwischen Rechtsnorm und Einzelfallregelung im Überschneidungsbereich bestehende Wahlmöglichkeit[407] zwischen Rechtsverordnung und Allgemeinverfügung (→ Rn. 196 ff.) stößt auf Grenzen.

202 Eine Grenze ergibt sich aus dem Umstand, dass unter der Geltung des Grundgesetzes kein selbständiges Verordnungsrecht der Exekutive mehr anzuerkennen ist.[408] Dieser für die Bundesebene aus **Art. 80 Abs. 1 GG** ableitbare Grundsatz, der mit keinem anderen Inhalt über die Homogenitätsklausel (Art. 28 Abs. 1 S. 1 GG) auch in den Ländern gilt,[409] könnte **umgangen** werden, wenn im Staat-Bürger-Verhältnis (und mittelbar im Bürger-Bürger-Verhältnis) verbindliche Verhaltensregeln beliebig auch auf der Grundlage einer generalklauselartigen Ermächtigung zum Erlass eines Verwaltungsakts aufgestellt werden könnten. Die aus der vorstehend beschriebenen Unschärfe (→ Rn. 196) resultierende Weite der Allgemeinverfügung kann daher nicht beliebig hochskaliert werden. Da die Abgrenzung zwischen Rechtsnorm und Verwaltungsakt aufgrund der ver-

---

404 Vgl. zum Verbot bestimmter Verhaltensweisen in einem Wasserschutzgebiet BVerwG Urt. v. 25.10.2018 – 7 C 22/16, BVerwGE 163, 308 Rn. 17 ff.; zur Anordnung von Öffnungszeiten für Apotheken gem. § 4 Abs. 2 LadSchlG VGH München Urt. v. 27.12.1985 – 22 B 81 A.117, NJW 1986, 1564 (1565). S. aber VGH Mannheim Urt. v. 13.3.1987 – 5 S 2079/86, VBlBW 1987, 377 ff., nach dem eine Beschränkung des Windsurfens auf dem zum Land Baden-Württemberg gehörenden Teil des Bodensees durch Rechtsverordnung erfolgen müsse.

405 *Stelkens* in Stelkens/Bonk/Sachs VwVfG § 35 Rn. 315. Vgl. BVerwG Urt. v. 25.10.2018 – 7 C 22/16, BVerwGE 163, 308 Rn. 19.

406 BVerwG Urt. v. 28.2.1961 – I C 54.57, BVerwGE 12, 87 = NJW 1961, 2077 (2078) – Endiviensalat (Hervorhebung vom Verf.). Vgl. VGH München Beschl. v. 30.3.2020 – 20 CS 20.611, NJW 2020, 1240 (1241 Rn. 7). Vgl. auch VG Karlsruhe Beschl. v. 10.12.2020 – 2 K 5102/20, BeckRS 2020, 34648 Rn. 45 mit dem zutreffenden Hinweis: „Im Rahmen der Einordnung als Allgemeinverfügung ist über den Anlass [einer Pandemie] hinaus jedoch auch die Auswirkung der Regelung auf verschiedene Lebenssachverhalte zu berücksichtigen. Auch hieraus kann sich eine Abstraktheit ergeben, die einer Regelung durch Allgemeinverfügung entgegensteht".

407 Vgl. VG München Beschl. v. 24.3.2020 – M 26 S 20.1252, BeckRS 2020, 6126 Rn. 22; *Rixen* NJW 2020, 1097 (1100 f.).

408 Dies wird teilweise bestritten, vgl. die Nachw. bei *Cremer* AöR 122 (1997), 248 (250 Fn. 7); *Kluckert*, Zuwendung und Gesetz, 2018, S. 24 Fn. 118.

409 BVerfG Beschl. v. 20.10.1981 – 1 BvR 640/80, BVerfGE 58, 257 (277); Beschl. v. 22.10.1986 – 2 BvL 7/84 ua, BVerfGE 74, 388 (400).

schiedenen Blickwinkel (→ Rn. 199 f.) nicht vollständig logisch gelöst werden kann, müssen über die Merkmale abstrakt-generell und konkret-generell hinausreichende Kriterien entwickelt werden.

Die Allgemeinverfügung tritt in Bezug auf den in Art. 80 Abs. 1 GG niedergelegten Ausschluss eines selbständigen Verordnungsrechts vor allem dort in **Konflikt,** wo eine **landesweit geltende Regel** aufgestellt werden soll. So wurde auch mit Blick auf eine bayerische Allgemeinverfügung darauf abgestellt, dass das darin enthaltene Abstandsgebot sich „an jedermann, also alle Personen, die in Bayern ihren Wohnsitz haben oder sich auch nur künftig dort aufhalten", richtet, „den Alltag aller in Bayern lebender oder dort aufhältiger Personen betrifft und sich massiv auf alle Lebensbereiche auswirkt".[410] Dass Art. 80 Abs. 1 GG vor allem die Macht derjenigen begrenzen möchte, die eine landesweite, auf alle Bürger bezogene Zuständigkeit besitzen, wird daran deutlich, dass eine Art. 80 Abs. 1 GG vergleichbare Bindung für die Verleihung von Satzungsgewalt an Körperschaften und Anstalten des öffentlichen Rechts nicht existiert[411]. Aus dem Dargelegten lässt sich daher ableiten, dass eine landesweite Regelung **im Zweifelsfall** als **abstrakt-generelle** einzustufen ist.[412] Danach ist es hier nicht mehr zulässig, durch die Einnahme eines bestimmten Blickwinkels eine für eine unbestimmte Vielzahl von Sachverhalten und Personen geltende Regelung als (konkret-generelle) Einzelfallregelung zu fingieren, indem der Zweifel zugunsten der gewählten Handlungsform (Allgemeinverfügung) aufgelöst wird. Das schließt allerdings nicht aus, die Grenze bereits unterhalb einer landesweit geltenden Regelung zu ziehen.[413] Eine Gesamtschau des räumlichen Geltungsbereichs, der inhaltlichen Weite der durch eine Regelung betroffenen Lebensbereiche und Verhaltensweisen sowie der absehbaren zeitlichen Dimension der Regelung kann die Handlungsform der Allgemeinverfügung – auch im Rahmen der Seuchenbekämpfung – bereits auf Landkreisebene ausschließen.[414] 203

5. Rechtmäßigkeit von Quarantäneanordnungen

Die Quarantäne[415] bzw. Absonderung[416] von Kranken, Krankheitsverdächtigen, Ansteckungsverdächtigen und Ausscheidern ist eine der ältesten und wirksamsten Maßnahmen zur Bekämpfung von Seuchen. Ihre Rechtsgrundlage findet diese Maßnahme in § 30 IfSG. 204

Nach § 30 Abs. 1 S. 1 IfSG muss bei **Lungenpest** und **hämorrhagischem Fieber** unverzüglich eine Absonderung in einem Krankenhaus oder einer für diese Krankheiten geeigneten Einrichtung erfolgen. Bei **sonstigen übertragbaren Krankheiten** kann dagegen nach § 30 Abs. 1 S. 2 IfSG angeordnet werden, dass die genannten Störer in einem ge- 205

410 VG München Beschl. v. 24.3.2020 – M 26 S 20.1252, BeckRS 2020, 6126 Rn. 22. *Papier* DRiZ 2020, 180 (181) hält jedenfalls Kontakt- und Ausgangsbeschränkungen in Form einer Allgemeinverfügung für unzulässig, ohne nach dem Wirkungskreis zu differenzieren.

411 BVerfG Beschl. v. 22.10.1986 – 2 BvL 7/84 ua, BVerfGE 74, 388 (400).

412 So auch *Tsambikakis/Kessler* in Esser/Tsambikakis PandemieStrafR § 1 Rn. 112. Ähnlich *Gärditz/Abdulsalam* GSZ 2020, 108 (111 f.).

413 Vgl. *Siegel* NVwZ 2020, 577 (579), der schon hinsichtlich von Allgemeinverfügungen mit großem räumlichen Wirkungskreis (Stadt, Landkreis) formuliert, dass „nicht mehr von einer konkreten Regelung gesprochen werden" kann; *Papier* DRiZ 2020, 180 (181), der Kontakt- und Ausgangsbeschränkungen in Form einer Allgemeinverfügung für unzulässig erachtet, ohne nach dem Wirkungskreis zu differenzieren; VG Karlsruhe Beschl. v. 10.12.2020 – 2 K 5102/20, BeckRS 2020, 34648 Rn. 39 ff., das die Zulässigkeit der Handlungsform der Allgemeinverfügung für eine vom Landratsamt erlassene nächtliche Ausgangssperre für die Stadt Pforzheim verneint; ebenso VG Aachen Beschl. v. 23.12.2020 – 7 L 951/20, BeckRS 2020, 37236 Rn. 6 ff. für eine Ausgangsbeschränkung für den Kreis Euskirchen.

414 VG Karlsruhe Beschl. v. 10.12.2020 – 2 K 5102/20, BeckRS 2020, 34648 Rn. 43 ff.; VG Aachen Beschl. v. 23.12.2020 – 7 L 951/20, BeckRS 2020, 37236 Rn. 10.

415 Vgl. die bis zum 22.5.2020 gültige amtliche Überschrift des § 30 IfSG.

416 Vgl. die ab dem 23.5.2020 geltende amtliche Überschrift des § 30 IfSG.

eigneten Krankenhaus oder in sonst geeigneter Weise abgesondert werden. Zu den sonst geeigneten Weisen einer Absonderung gehört insbes. die **häusliche Quarantäne.**[417] Kommt ein Betroffener den seine Absonderung betreffenden Anordnungen nicht nach oder ist nicht zu erwarten, dass er ihnen Folge leisten wird, ist er nach § 30 Abs. 2 S. 1 IfSG zwangsweise in einer **abgeschlossenen Einrichtung** abzusondern.

206 Umstritten ist es, ob § 30 IfSG eine die **Generalklausel** des § 28 Abs. 1 S. 1 IfSG gänzlich **verdrängende Regelung** darstellt oder hinsichtlich anderer Personen (Nichtstörer, wie zB Reiserückkehrer) als der in § 30 IfSG genannten Adressaten oder hinsichtlich ähnlich wirkender Maßnahmen (wie zB eine Ausgangssperre) auch auf die Generalklausel zurückgegriffen werden darf (→ Rn. 184 ff.).

207 Von der häuslichen Absonderung (Quarantäne) wurde während der **Corona-Epidemie** sehr häufig Gebrauch gemacht. So wurden entsprechende Anordnungen gegenüber mit SARS-CoV-2 Infizierten bzw. an COVID-19 Erkrankten sowie gegenüber Personen, die mit Infizierten oder Erkrankten einen qualifizierten Kontakt hatten,[418] durch die Ordnungs- oder Gesundheitsämter in Gestalt eines **Verwaltungsakts** erlassen. Der Zeitraum, in dem die Adressaten ihre Wohnung nicht mehr verlassen und keinen Besuch dort empfangen durften, belief sich regelmäßig auf 14 Tage und wurde teilweise verlängert. Zudem erließen die Bundesländer gestützt auf §§ 32, 30 IfSG (teilweise zusätzlich unter Nennung von § 28 Abs. 1 S. 1 IfSG) **Einreise-Quarantäneverordnungen** (*Kluckert* in → § 3 Rn. 36 ff.). Danach mussten Personen, die nach einem nicht nur ganz kurzen Aufenthalt im Ausland in das Bundesland eingereist waren, sich auf direktem Weg in die eigene Häuslichkeit oder eine andere geeignete Unterkunft begeben und an diesem Aufenthaltsort für 14 Tage verbleiben;[419] später wurde der Absonderungszeitraum auf zehn Tage herabgesetzt und die Wohnung konnte bei einem negativen Testergebnis bereits früher verlassen werden[420]. Die Bundesländer, die keine eigene Quarantäneverordnung erlassen haben, wie zB Berlin und Niedersachsen, haben entsprechende Regelungen in die jeweilige allgemeine Bekämpfungsverordnung integriert (s. *Kluckert* in → § 3 Rn. 37).

208 Angesichts der Bedeutung der Absonderung, insbes. der häuslichen Quarantäne überrascht es, dass sich die vorstehend dargestellten Maßnahmen **regelmäßig** als **rechtswidrig** erweisen, da der Richtervorbehalt des Art. 104 Abs. 2 GG nicht eingehalten wurde und § 30 Abs. 1 IfSG dem Zitiergebot des Art. 19 Abs. 1 S. 2 GG nicht genügt.

a) Richtervorbehalt

209 Einen Richtervorbehalt für die Absonderung kennt das IfSG nur in § 30 Abs. 2 S. 4 IfSG für die Absonderung in einer abgeschlossenen Einrichtung nach § 30 Abs. 2 S. 1 IfSG. Dies gilt ebenfalls für die Benennung des Art. 2 Abs. 2 S. 2 GG (Freiheit der Person) als einschlägiges Grundrecht (§ 30 Abs. 2 S. 3 IfSG).

210 Dass beide rechtsstaatlichen Sicherungselemente bei § 30 Abs. 1 IfSG (oder ggf. bei Rückgriff auf § 28 Abs. 1 IfSG [→ Rn. 184 ff.] nur der Richtervorbehalt) im Gesetzestext fehlen, findet seinen Grund in einer abenteuerlichen **Fehlvorstellung** im Gesetzge-

---

417 *Bals/Kuhn* GesR 2020, 213 (217); *Erdle* IfSG § 30 Rn. 3.

418 *Giesberts/Gayger/Weyand* NVwZ 2020, 417 (419).

419 Vgl. § 1 Abs. 1 der bayerischen Verordnung über Quarantänemaßnahmen für Einreisende zur Bekämpfung des Coronavirus (Einreise-Quarantäneverordnung – EQV) v. 9.4.2020 (GVBl. 209); § 1 Abs. 1 der nordrhein-westfälischen Verordnung zum Schutz vor Neuinfizierungen mit dem Coronavirus SARS-CoV-2 in Bezug auf Ein- und Rückreisende (CoronaEinreiseVO) v. 9.4.2020 (GV. 218 a).

420 Vgl. § 1 Abs. 1, § 3 Abs. 1 der bayerischen Verordnung über Quarantänemaßnahmen für Einreisende zur Bekämpfung des Coronavirus (Einreise-Quarantäneverordnung – EQV) v. 5.11.2020; § 1 Abs. 1, § 2 Abs. 2 der nordrhein-westfälischen Verordnung zum Schutz vor Neuinfizierungen mit dem Coronavirus SARS-CoV-2 in Bezug auf Ein- und Rückreisende aus dem Vereinigten Königreich und Südafrika (Coronaeinreiseverordnung – CoronaEinrVK-VO) v. 20.12.2020.

bungsverfahren zum IfSG. So findet sich in der Gesetzentwurfsbegründung zum IfSG die Aussage: „Die in Absatz 1 geregelte Absonderung setzt die **Freiwilligkeit** des Betroffenen und damit seine Einsicht in das Notwendige voraus."[421] Offensichtlich soll es sich wegen der behaupteten „Freiwilligkeit" noch nicht einmal um einen Grundrechtseingriff handeln. Die offenbarte (Fehl-)Vorstellung dient wohl dazu, eine mit dem Grundrechtsverständnis der 1950er Jahre geschaffene Regelung unbeschadet in das neue Jahrtausend zu überführen.[422]

Die Annahme von Freiwilligkeit ist schon deshalb **falsch**, weil § 30 Abs. 1 IfSG mit den Formulierungen „hat anzuordnen" bzw. „kann angeordnet werden" eindeutig auf ein Handeln in Form des Verwaltungsakts (§ 35 VwVfG) verweist. Der Ausspruch der Behörde ist keine Einladung oder Empfehlung ohne Rechtsbindungswillen. Aufgrund des ihm bekanntgegebenen Verwaltungsakts ist der **Adressat verpflichtet, sich abzusondern**. Der auf eine Absonderung gerichtete Verwaltungsakt ist sogar sofort vollziehbar iSv § 6 Abs. 1 letzter Hs. VwVG (genau genommen: den entsprechenden Vorschriften der Verwaltungsvollstreckungsgesetze der Länder).[423] Dies ergibt sich aus § 28 Abs. 1 S. 1, Abs. 3 iVm § 16 Abs. 8 IfSG, wonach Widerspruch und Anfechtungsklage keine aufschiebende Wirkung haben.[424] Zutreffend wird darauf hingewiesen, dass eine Anordnung schon denklogisch nicht vollziehbar sein kann, wenn diese die Freiwilligkeit zur Voraussetzung macht.[425] 211

Obendrein wurde bis zum Inkrafttreten des Gesetzes v. 19.5.2020[426] nach § 75 Abs. 1 Nr. 1 IfSG aF schon die bloße Nichteinhaltung einer vollziehbaren (→ Rn. 211) Anordnung nach § 30 Abs. 1 S. 1 und 2 IfSG mit **Freiheitsstrafe** bis zu zwei Jahren bestraft.[427] Seit Inkrafttreten des letztgenannten Gesetzes stellt ein Verstoß gegen § 30 Abs. 1 S. 2 IfSG nur noch eine **Ordnungswidrigkeit** dar (§ 73 Abs. 1 a Nr. 6 IfSG), die mit Geldbuße bis zu 25.000 Euro geahndet werden kann (§ 73 Abs. 2 IfSG); ein Verstoß gegen § 30 Abs. 1 S. 1 IfSG bleibt weiterhin strafbar (§ 75 Abs. 1 Nr. 1 IfSG). Führt das vorsätzliche Verlassen des Absonderungsortes dazu, dass der Betroffene die Krankheit oder den Krankheitserreger verbreitet,[428] handelt es sich wiederum um eine Straftat, für die eine Freiheitsstrafe bis zu fünf Jahren oder Geldstrafe angedroht wird (§ 74 IfSG). Die Einreise-Quarantäneverordnungen machen von der Möglichkeit des § 73 Abs. 1 a Nr. 24 IfSG Gebrauch und gestalten Verstöße als Ordnungswidrigkeit aus (Geldbuße bis zu 25.000 Euro, § 73 Abs. 2 IfSG). Vor diesem Hintergrund ist die These der Gesetzentwurfsbegründung, die Absonderung erfolge freiwillig (→ Rn. 210), nicht nur falsch,[429] sondern abwegig.[430] 212

---

421 BT-Drs. 14/2530, 75 – Zu § 30 Absatz 1.

422 Vgl. BT-Drs. 14/2530, 75 – Zu § 30 Absatz 1: „Der Absatz entspricht im Wesentlichen § 37 Abs. 1 BSeuchG." Vgl. ferner BT-Drs. 8/2468, 29 – Zu Nummer 32 (§ 37), Zu Absatz 1: „In dem neuen Absatz 1 Satz 2 sind die bisherigen Sätze 2 und 3 zusammengezogen."

423 Vgl. dagegen *Johann/Gabriel* in BeckOK InfSchR IfSG § 30 Rn. 25, wonach wegen des fehlenden Richtervorbehalts ein auf § 30 Abs. 1 IfSG beruhender Verwaltungsakt nicht nach den allgemeinen Vorschriften des Verwaltungsvollstreckungsrechts vollzogen werden darf, um das Vorliegen einer Freiheitsentziehung zu vermeiden.

424 Dass von dieser prozessualen Bestimmung auch die Standardmaßnahmen (§§ 29 bis 31 IfSG) erfasst werden sollen, dürfte sich aus deren Erwähnung in § 28 Abs. 1 S. 1 IfSG ergeben.

425 *Kießling* in Kießling IfSG § 30 Rn. 7.

426 BGBl. 2020 I 1018.

427 Ein Verstoß gegen eine vollziehbare Anordnung nach § 28 Abs. 1 S. 1 IfSG war und ist weiterhin eine Ordnungswidrigkeit nach § 73 Abs. 1 a Nr. 6 IfSG.

428 Hinsichtlich des Verbreitens dürfte wohl Vorsatz zu verlangen sein, so *Weißenberger* HRRS 2020, 166 (179); *Tsambikakis* in → § 17 Rn. 5.

429 *Mers*, Infektionsschutz im liberalen Rechtsstaat, 2019, S. 232 f.

430 So auch *Kießling* in Kießling IfSG § 30 Rn. 8; *Stach* NJW 2021, 10 (12 Rn. 11).

213 Für die Anordnung einer häuslichen – bei vielen Personen wird sich das „Haus“ auf eine Ein-Zimmer-Wohnung beschränken – Absonderung gilt der **Richtervorbehalt** des Art. 104 Abs. 2 S. 1 GG.[431]

214 Bei einer mehrtägigen häuslichen Absonderung handelt es sich nicht mehr um eine bloße Freiheitsbeschränkung, sondern um eine **Freiheitsentziehung.**[432] Eine Freiheitsentziehung ist die schwerste Form der Freiheitsbeschränkung. Sie liegt vor, wenn die tatsächlich und rechtlich an sich gegebene Bewegungsfreiheit nach jeder Richtung hin aufgehoben wird; sie setzt eine besondere Eingriffsintensität und eine nicht nur kurzfristige Dauer der Maßnahme voraus.[433] Dabei muss die Aufhebung der Bewegungsfreiheit nicht unbedingt durch vis absoluta, dh durch unwiderstehlichen, körperlich wirkenden Zwang in Gestalt von Mauern, verschlossenen Türen und Fesseln erfolgen. Eine Aufhebung der Fortbewegungsfreiheit durch **vis compulsiva,** dh in Gestalt psychischen Zwangs, ist ausreichend.[434] Strafrechtliche Sanktionen (→ Rn. 212) stellen hierfür ein typisches Beispiel dar. Ebenso ist auch eine Bußgeldandrohung in Höhe von bis zu 25.000 Euro (→ Rn. 212) bei den meisten Bürgern dazu geeignet, einen psychischen Zwang herzustellen.[435] Hinzu kommt die mitschwingende „Drohung“, im Falle des Verlassens der Wohnung nach § 30 Abs. 2 IfSG einer abgeschlossenen Einrichtung zugeführt zu werden.[436]

215 Folglich muss nach Art. 104 Abs. 2 S. 1 GG bereits über die Zulässigkeit einer Absonderung grundsätzlich der Richter entscheiden. Nur bei **Gefahr im Verzug,** die bei Infektionskrankheiten keine Seltenheit sein dürfte,[437] kann ausnahmsweise die Behörde selbst die Anordnung treffen. Sie muss aber unverzüglich eine richterliche Entscheidung herbeiführen (Art. 104 Abs. 2 S. 2 GG). Die Ablehnung eines Richtervorbehalts mag zwar wegen der in Pandemiezeiten erfolgenden Absonderungen in zehn- und hunderttausenden von Fällen für die Verwaltungspraxis sehr nützlich sein. Die an der effektiven Verwaltungspraxis und den Gerichtskapazitäten orientierten Bedürfnisse können jedoch kein Grund sein, die Augen vor dem Grundgesetz zu verschließen. Ggf. muss der verfassungsändernde Gesetzgeber eine (vorübergehende) Lösung finden.

---

431 VG Hamburg Beschl. v. 13.5.2020 – 15 E 1967/20, BeckRS 2020, 8685 Rn. 34; *Kießling* in Kießling IfSG § 30 Rn. 29; *Mers*, Infektionsschutz im liberalen Rechtsstaat, 2019, S. 238; *Stach* NJW 2021, 10 (12 Rn. 10); *Schenke* DVBl 1988, 165 (169 f.). AA OVG Münster Beschl. v. 13.7.2020 – 13 B 968/20.NE BeckRS 2020, 17887 Rn. 11 f.; *Bals/Kuhn* GesR 2020, 213 (217), die jedoch die strafrechtlichen Sanktionen (einschließlich Bußgeld) mit keinem Wort erwähnen. Vgl. auch *Johann/Gabriel* in BeckOK InfSchR IfSG § 30 Rn. 25, wonach wegen des fehlenden Richtervorbehalts ein auf § 30 Abs. 1 IfSG beruhender Verwaltungsakt nicht nach den allgemeinen Vorschriften des Verwaltungsvollstreckungsrechts vollzogen werden darf, um das Vorliegen einer Freiheitsentziehung zu vermeiden.

432 So auch die bei → Rn. 213 nachgewiesenen Stimmen. Vgl. *Guckelberger* NVwZ-Extra 2020 Nr. 9 a, S. 8, die bereits bei Zurückführung der für Ausgangsbeschränkungen geltenden Ausnahmetatbestände eine Freiheitsentziehung bejaht. Ähnlich *Schmitt* NJW 2020, 1626 (1627), der ein Ausgangsverbot als freiheitsentziehende Maßnahme einordnet.

433 BVerfG Urt. v. 24.7.2018 – 2 BvR 309/15 ua, BVerfGE 149, 293 (319 Rn. 67) mwN.

434 VG Hamburg Beschl. v. 6.3.2019 – 19 E 792/19, BeckRS 2019, 9271 Rn. 22 f.; *Eibenstein* COVuR 2020, 856 (859); *Guckelberger* NVwZ-Extra 2020 Nr. 9 a, S. 8; *Degenhart* in Sachs GG Art. 104 Rn. 7; *Mehde* in Maunz/Dürig GG Art. 104 Rn. 67; *Schulze-Fielitz* in Dreier GG Art. 104 Rn. 25. *Bals/Kuhn* GesR 2020, 213 (217) verlangen „zumindest eine Vergleichbarkeit zum unmittelbaren physischen Zwang“. AA OVG Münster Beschl. v. 13.7.2020 – 13 B 968/20.NE BeckRS 2020, 17887 Rn. 12, das unterhalb physisch wirkenden Zwangs nicht einmal einen Eingriff in Art. 2 Abs. 2 S. 2 GG annimmt.

435 So auch *Kießling* in Kießling IfSG § 30 Rn. 29.

436 So finden sich in den Absonderungsanordnungen des Bezirksamtes Tempelhof-Schöneberg von Berlin folgende „Hinweise“: „Für den Fall der Zuwiderhandlung […] können Sie gemäß § 30 Absatz 2 IfSG zwangsweise durch Unterbringung in einem geschlossenen Krankenhaus, einem abgeschlossenen Teil eines Krankenhauses oder in einer anderen geeigneten abgeschlossenen Einrichtung abgesondert werden“ – Hervorhebungen weggelassen. Vgl. auch VG Hamburg Beschl. v. 6.3.2019 – 19 E 792/19, BeckRS 2019, 9271 Rn. 23 für die Androhung von Abschiebehaft.

437 *Mers*, Infektionsschutz im liberalen Rechtsstaat, 2019, S. 211 f.

Dass in § 30 Abs. 1 IfSG (oder ggf. in § 28 Abs. 1 IfSG[438]) – anders als in § 30 Abs. 2 S. 4 IfSG[439] – ein **Richtervorbehalt fehlt** und folglich auch kein Verweis auf die §§ 415 ff. FamFG zu finden ist, muss nicht unbedingt zur Verfassungswidrigkeit der Norm führen. Der Mangel könnte auf normativer Ebene ggf. durch eine unmittelbare Anwendung von Art. 104 Abs. 2 GG zu lösen sein.[440] Allerdings hat des BVerfG in seinem Urteil v. 24.7.2018 Folgendes ausgesprochen: „Zwar ist Art. 104 Abs. 2 GG unmittelbar geltendes und anzuwendendes Recht. Die Verpflichtung des Gesetzgebers zur Ausgestaltung des Richtervorbehalts gemäß Art. 104 Abs. 2 S. 4 GG wird dadurch aber nicht obsolet. [...] Nimmt der Gesetzgeber diesen verfassungsrechtlichen Auftrag nicht wahr [...], so führt dies zur Verfassungswidrigkeit der Norm“.[441] Jedoch könnte mit §§ 415 ff. FamFG eine hinreichende Ausgestaltung vorliegen, da die Vorschriften allgemein für auf Grund von Bundesrecht angeordnete Freiheitsentziehungen gelten (§ 415 Abs. 1 FamFG).[442] 216

Mit Blick auf die in **Rechtsverordnungen** enthaltenen Absonderungsanordnungen ergeben sich weitere Fragestellungen. Zunächst erlaubt Art. 2 Abs. 2 S. 3 GG nur Eingriffe in das Grundrecht der Freiheit der Person „auf Grund eines Gesetzes“ (so auch Art. 104 Abs. 1 S. 1 GG). Zwar ist hier mit „Gesetz“ ein Parlamentsgesetz gemeint, sodass auch eine abstrakt-generelle Freiheitsentziehung mittels Rechtsverordnung diese Voraussetzung formal erfüllt. Allerdings könnte dem Ausschluss einer Freiheitsbeschränkung *durch* Gesetz auch ein materieller Sinngehalt beigemessen werden, nach dem derartige Eingriffe nicht automatisch, dh ohne einen behördlichen Vollzug im Einzelfall möglich sein sollen. Zumindest wird man jedenfalls den sich auf Freiheitsentziehungen beziehenden **Richtervorbehalt** des Art. 104 Abs. 2 GG so interpretieren müssen, dass sich das Erfordernis einer richterlichen Entscheidung **auf** den jeweiligen **Einzelfall bezieht,**[443] mithin keine „an alle“ gerichteten Entscheidungen eines Gerichts in Betracht kommen.[444] 217

b) Zitiergebot

Aus dem oben beschriebenen Grund (→ Rn. 210) findet sich in § 30 Abs. 1 IfSG – anders als in § 30 Abs. 2 S. 3 IfSG[445] – kein das Zitiergebot des Art. 19 Abs. 1 S. 2 GG erfüllender Hinweis auf die Einschränkbarkeit des Grundrechts der Freiheit der Person (Art. 2 Abs. 2 S. 2 GG). Dies führt zu der widersinnigen, aber wegen des Vorrangs der Verfassung hinzunehmenden Rechtsfolge, dass § 30 Abs. 1 IfSG nicht zu Eingriffen in dieses Grundrecht ermächtigt.[446] Hier könnte nur der umstrittene Rückgriff auf § 28 Abs. 1 IfSG (→ Rn. 184 ff., insbes. 187) weiterhelfen,[447] da dort Art. 2 Abs. 2 S. 2 GG zitiert wird (§ 28 Abs. 1 S. 4 IfSG). Wird eine Absonderungspflicht durch Rechtsverordnung begründet, findet sich in § 32 S. 3 IfSG eine das Zitiergebot beachtende Formulie- 218

438 Zum Rückgriff auf § 28 Abs. 1 IfSG → Rn. 184 ff.

439 Systematik und Gesetzgebungsgeschichte sprechen dafür, dass sich der Richtervorbehalt des § 30 Abs. 2 S. 4 IfSG nicht auf § 30 Abs. 1 IfSG bezieht (vgl. *Bals/Kuhn* GesR 2020, 213 [217]; *Mers*, Infektionsschutz im liberalen Rechtsstaat, 2019, S. 234).

440 So *Mers*, Infektionsschutz im liberalen Rechtsstaat, 2019, S. 212 Fn. 667.

441 BVerfG Urt. v. 24.7.2018 – 2 BvR 309/15 ua, BVerfGE 149, 293 (333 Rn. 95).

442 Ablehnend *Kießling* in Kießling IfSG § 30 Rn. 31.

443 *Guckelberger* NVwZ-Extra 2020 Nr. 9 a, S. 8.

444 So auch *Kießling* in Kießling IfSG § 32 Rn. 5.

445 Systematik und Gesetzgebungsgeschichte sprechen dafür, dass sich das Zitat in § 30 Abs. 2 S. 3 IfSG nicht auf § 30 Abs. 1 IfSG bezieht (*Bals/Kuhn* GesR 2020, 213 [217]; *Mers*, Infektionsschutz im liberalen Rechtsstaat, 2019, S. 234).

446 S. allgemein zur Bedeutung des Zitiergebots „für die Auslegung und Anwendung von Gesetzen in Bezug auf die durch das Gesetz möglichen oder nicht möglichen Grundrechtsbeschränkungen“ *Brunner* DÖV 2020, 925 (926); ferner VG München Beschl. v. 24.3.2020 – M 26 S 20.1252, BeckRS 2020, 6126 Rn. 30.

447 Ablehnend *Kießling* in Kießling IfSG § 30 Rn. 32 mit dem beachtlichen systematischen Argument, dass dann § 30 Abs. 2 IfSG nicht selbst das eingeschränkte Grundrecht zitieren müsste.

rung, die allerdings keinen spezifischen Bezug zu Absonderungen enthält.[448] In diesem Zusammenhang ist darauf hinzuweisen, dass das Zitiergebot bereits bei Freiheitsbeschränkungen greift und keine Freiheitsentziehung iSv Art. 104 Abs. 2 GG (→ Rn. 214) voraussetzt.

448 Vgl. *Mayen* NVwZ 2020, 828 (833), der pauschale Verweise auf einen unbenannten Strauß vielfältigster Einschränkungen (bei § 5 Abs. 5 IfSG) nicht ausreichen lässt, um den Anforderungen des Art. 19 Abs. 1 S. 2 GG zu genügen.

§ 3 Die Corona-Bekämpfungsmaßnahmen der Bundesländer während der ersten Welle*

I. Ansammlungen, Veranstaltungen und Gottesdienste 5
II. Reisebeschränkungen 9
III. Kontaktbeschränkungen, Ausgangssperren und Aufenthalt im öffentlichen Raum 13
IV. Gaststätten und Hotels 19
V. Verkaufsstätten 22
VI. Versorgung in Krankenhäusern 29
VII. Besuchsregeln in Krankenhäusern und Pflegeheimen 33
VIII. Quarantänemaßnahmen (insbes. Reiserückkehrer) 36
IX. Schließung von Schulen, Hochschulen und Kindertagesstätten 40
X. Freizeitangebote 43
XI. Sonstiges 46

Nachdem das anfänglich verheimlichte Auftreten eines neuartigen Virus in der Stadt Wuhan in China bekannt wurde, wurde es außerhalb Chinas zunächst als ein lokales Ereignis wahrgenommen. Auch noch nach Ausrufung der gesundheitlichen Notlage von internationaler Tragweite durch die WHO am 30.1.2020 wurde das mittlerweile auf den Namen SARS-CoV-2 getaufte Virus von vielen Entscheidungsträgern in Deutschland, Europa und auf anderen Kontinenten hinsichtlich seines pandemischen Ausmaßes und seiner gesundheitsschädlichen Folgen unterschätzt. Vor dem Hintergrund katastrophaler Zustände in Italien reagierten ab der 11. Kalenderwoche 2020 die Landesregierungen und lokalen Behörden mit drastischen Maßnahmen, bei denen es sich um die schwersten Grundrechtseingriffe seit Bestehen der Bundesrepublik Deutschland handelte. 1

Es setze ein hektisches Regelungsgeschehen ein, welches auf Landesebene vornehmlich zu sog. Eindämmungsverordnungen führte, welche sich auf §§ 32, 28 Abs. 1 IfSG stützen. In einigen Bundesländern wurden gleichartige, landesweit gültige Regelungen zunächst in Form von Allgemeinverfügungen erlassen. Die von den Landesregierungen ergriffenen Maßnahmen umfassen ua Ausgangssperren, Kontakt-, Reise-, Gottesdienst-, Veranstaltungs-, Ansammlungs- und Versammlungsverbote, die Schließung von Kindertagesstätten, Schulen, Hochschulen, Gaststätten, Hotels, Geschäften, Sport-, Freizeit- und Kultureinrichtungen sowie Besuchsverbote in Krankenhäusern und Pflegeheimen. 2

Die nachfolgende Zusammenstellung gibt einen Überblick über die in der ersten Bekämpfungsphase auf Landesebene ergriffenen Bekämpfungsmaßnahmen. Im Schwerpunkt werden die Regelungen der Länder Berlin, Baden-Württemberg, Bayern, Nordrhein-Westfalen und Niedersachsen betrachtet. Neben den von den Landesregierungen ergriffenen Regelungen existieren zahlreiche kommunale Vorschriften,[1] auf die hier nicht weiter eingegangen werden kann. 3

Die erste Bekämpfungsphase dauerte bis zum 19.4.2020 (einschließlich). Am 15.4.2020 beschlossen die Bundeskanzlerin und die Regierungschefs der Länder, ab dem 20.4.2020 mit ersten Lockerungen zu beginnen (s. Anhang). Die nachfolgende Übersicht beruht auf der am 19.4.2020 gültigen Rechtslage. 4

I. Ansammlungen, Veranstaltungen und Gottesdienste

Die Mehrheit der Bundesländer statuiert in der jeweils (zum Stichtag am 19.4.2020; → Rn. 4) geltenden Corona-VO ein grundsätzliches **Verbot** aller **Veranstaltungen, Ver-** 5

* Der Verfasser dankt seiner ehemaligen Mitarbeiterin *Hannah Schwerdtfeger*, LL.B. für ihre akribische und tatkräftige Unterstützung bei der Erstellung dieses Beitrags.

1 Vgl. zum Verhältnis der Bekämpfungsverordnungen zu kommunalen Allgemeinverfügungen OVG Berlin-Brandenburg Beschl. v. 7.4.2020 – OVG 11 S 15/20, NJW 2020, 1454 (1455 Rn. 7 f.).

sammlungen und Ansammlungen.[2] Mehrheitlich wird dabei nicht zwischen Zusammenkünften im öffentlichen und nichtöffentlichen Raum unterschieden. Eine derartige Unterscheidung nimmt aber der baden-württembergische Verordnungsgeber vor, indem er Zusammenkünfte im nichtöffentlichen Raum von mehr als fünf Personen untersagt.[3] Teilweise normieren die Verordnungsgeber auch spezielle Verbote für private Veranstaltungen.[4]

6 Hinsichtlich der erfassten Arten von Versammlungen und Zusammenkünften unterscheiden die meisten Bundesländer grundsätzlich nicht, dh dass dort auch Zusammenkünfte zu religiösen Zwecken sowie Versammlungen erfasst sind,[5] die nach Art. 4 Abs. 1 und Art. 8 Abs. 1 GG besonderen Schutz genießen.[6] Bezüglich der Beeinträchtigungen der **Religionsfreiheit** durch das Verbot religiöser Zusammenkünfte hat das BVerfG im summarischen Verfahren des einstweiligen Rechtsschutzes die Tragweite der Einschränkungen betont,[7] geht aber davon aus, dass die Glaubensbetätigung hinter dem Lebens- und Gesundheitsschutz in einer solchen Situation zurückstehen muss, va da die Verbote befristet seien und eine über die Gottesdienstbesucher hinausgehende erhöhte Infektionsgefahr zu befürchten sei, sofern solche Zusammenkünfte stattfänden.[8]

7 Auch die Beeinträchtigungen der **Versammlungsfreiheit** durch die Corona-Verordnungen stuft das BVerfG als schwergewichtig ein. Es betont sogar, dass nicht nur der Grundrechtsschutz des Einzelnen im Falle eines unzulässigen Eingriffs betroffen sei, sondern „angesichts der Bedeutung der Versammlungsfreiheit für eine freiheitliche Staatsordnung auch im Hinblick auf das demokratische Gemeinwesen insgesamt“ die Grundrechtverletzung von enormem Gewicht wäre.[9] Das BVerfG lässt im einstweiligen Rechtsschutz ausdrücklich offen, ob eine Einschränkung der Versammlungsfreiheit durch eine Rechtsverordnung, die ein grundsätzliches Verbot mit Erlaubnisvorbehalt vorsieht, möglich ist.[10] Jedenfalls sei aber den Behörden bezüglich der Ausnahmen Ermessen einzuräumen und dieses von der Verwaltung dahin gehend auszuüben, dass keine Erwägungen, die gegen *jede* Versammlung vorgebracht werden könnten, zur Versagung der Ausnahmegenehmigung führen.

8 Nahezu alle Verordnungsgeber haben sich für die Auflistung von Ausnahmetatbeständen in den Verordnungen selbst entschieden;[11] eine andere Regelung sieht aber die bayerische Verordnung vor, in der eine Ausnahmebewilligung nur auf Antrag vorgesehen ist[12]. Die kodifizierten **Ausnahmen** betreffen in fast allen Fällen Zusammenkünfte, die der Aufrechterhaltung der öffentlichen Sicherheit und Ordnung oder der

---

2 Vgl. nur § 1 Abs. 1 SARS-CoV-2-EindmaßnV (Berlin); § 1 Abs. 1 BayIfSMV; § 11 Abs. 1, 4, § 12 Abs. 1 CoronaSchVO (Nordrhein-Westfalen).

3 Vgl. § 3 Abs. 2 CoronaVO (Baden-Württemberg).

4 ZB nach § 2 Abs. 2 HmbSARS-CoV-2-EindämmungsVO.

5 Vgl. ferner ausdrücklich auch zB § 3 Abs. 4 CoronaVO (Baden-Württemberg), § 2 Nr. 1 3. CoBeLVO (Rheinland-Pfalz) bzgl. Zusammenkünften von Glaubensgemeinschaften; anders bspw. in Bremen, wo Versammlungen, die den Schutz des Art. 8 GG genießen, von dem Verbot ausgenommen sind, wobei aber Einschränkungen bis hin zu Verboten aufgrund der Gesundheitsgefahren möglich sind (vgl. § 6 Abs. 2 Verordnung zum Schutz vor Neuinfektionen mit dem Coronavirus SARS-CoV-2 [Bremen]).

6 Wobei die stille Einkehr in religiöse Stätten gestattet bleibt, vgl. zB § 14 Abs. 3 lit. p SARS-CoV-2-EindmaßnV (Berlin).

7 BVerfG Kammerbeschl. v. 10.4.2020 – 1 BvQ 31/20, BeckRS 2020, 5584 Rn. 10.

8 Vgl. BVerfG Kammerbeschl. v. 10.4.2020 – 1 BvQ 31/20, BeckRS 2020, 5584 Rn. 15 f.

9 BVerfG Kammerbeschl. v. 9.4.2020 – 1 BvQ 29/20, BeckRS 2020, 5620 Rn. 7.

10 Vgl. BVerfG Kammerbeschl. v. 15.4.2020 – 1 BvR 828/20, BeckRS 2020, 5766 Rn. 12 ff.; Kammerbeschl. v. 17.4.2020 – 1 BvQ 37/20, BeckRS 2020, 6051 Rn. 24.

11 Vgl. § 11 Abs. 2, 3 CoronaSchVO (Nordrhein-Westfalen); § 1 Abs. 2 bis 7 SARS-CoV-2-EindmaßnV (Berlin); § 3 HmbSARS-CoV-2-EindämmungsVO.

12 Vgl. § 1 Abs. 1 S. 3 BayIfSMV.

Daseinsfür- und -vorsorge dienen.[13] Ein besonderes Augenmerk wird hier auf den Gesundheitsschutz gelegt, indem nahezu flächendeckend ausdrücklich Zusammenkünfte zum Zwecke der Blutspende aufgeführt werden.[14] Zu beachten ist allerdings, dass in Mecklenburg-Vorpommern auch bei derartigen Veranstaltungen der Daseinsfürsorge und -vorsorge Anwesenheitslisten zu führen sind.[15] Ebenfalls nahezu überall bestehen Ausnahmen für Bestattungen im engsten Familienkreis.[16] Teilweise wird gleichzeitig auch eine Ausnahme für Trauungen statuiert.[17] In Berlin sind bei den ausnahmsweise erlaubten Trauerfeiern wiederum Anwesenheitslisten zu führen.[18] Auffallend ist, dass der **Personennahverkehr** als weitere Ausnahme in vielen Corona-Verordnungen Erwähnung findet.[19] In Mecklenburg-Vorpommern besteht zudem eine Ausnahme für Zusammenkünfte von Glaubensgemeinschaften unter freiem Himmel, sofern bestimmte Hygienevorschriften beachtet werden und die Gesundheitsbehörde ihr Einvernehmen erklärt hat.[20]

II. Reisebeschränkungen

Teilweise wurden (zum Stichtag am 19.4.2020; → Rn. 4) in den Bundesländern auch Reisebeschränkungen geregelt. Das wohl prominenteste Beispiel sind die Reisebeschränkungen in **Mecklenburg-Vorpommern**, die im Vergleich streng ausfallen: So ist es grundsätzlich nicht gestattet, nach Mecklenburg-Vorpommern einzureisen, es sei denn, man hat dort seinen ersten Wohnsitz, seine Arbeitsstelle, eine wichtige Verpflichtung wie die Beisetzung eines nahen Verwandten oder eine Zeugenaussage vor Gericht. Eine Ausnahme gilt auch im Falle des privaten Besuchs naher Angehöriger.[21] Nochmals beschränkt werden diese Ausnahmen durch § 4 Abs. 7 SARS-CoV-2-BekämpfV (Mecklenburg-Vorpommern), der auch den Besuch von Verwandten und die Fahrt zur Arbeitsstelle im Falle der Rückkehr aus einem Risikogebiet für 14 Tage untersagt. 9

Einige Länder sehen ähnliche Regelungen vor: So ist eine **Einreise zu touristischen Zwecken** nach Schleswig-Holstein untersagt, ohne dass eine Ausnahmevorschrift vorgesehen ist.[22] Darüber hinaus besteht ein grundsätzliches Betretungsverbot in Schleswig-Holstein bezüglich der Inseln und Halligen an Nord- und Ostsee (ausgenommen ist die Insel Nordstrand) für Personen, die an diesen Orten nicht ihren Hauptwohnsitz haben;[23] Ausnahmen gelten aber bezüglich der Anreise aus verwandtschaftlichen, medizinischen oder beruflichen Gründen und auch zur Sicherung der Versorgung der Inselbewohner.[24] Auch in Hamburg gilt ein grundsätzliches **Betretungsverbot** für die Insel Neuwerk.[25] 10

13 Vgl. § 1 Abs. 3 SARS-CoV-2-EindmaßnV (Berlin); § 3 Abs. 3 Nr. 1 CoronaVO (Baden-Württemberg); § 11 Abs. 2 CoronaSchVO (Nordrhein-Westfalen).

14 Vgl. § 11 Abs. 2 CoronaSchVO (Nordrhein-Westfalen); § 3 Abs. 3 S. 2 CoronaVO (Baden-Württemberg).

15 Vgl. § 6 Abs. 3 SARS-CoV-2-BekämpfVO (Mecklenburg-Vorpommern).

16 Vgl. § 3 Nr. 12 der Niedersächsischen Verordnung über die Beschränkung der Kontakte zur Eindämmung der Corona-Pandemie, § 6 Abs. 7 SARS-CoV-2-BekämpfVO (Mecklenburg-Vorpommern), wobei der engste Familienkreis oft nicht definiert ist; anders aber bspw. in § 3 der Verordnung zur Bekämpfung der Corona-Pandemie des Saarlandes.

17 Vgl. § 3 Nr. 11 der Niedersächsischen Verordnung über die Beschränkung der Kontakte zur Eindämmung der Corona-Pandemie; § 6 Abs. 7 SARS-CoV-2-BekämpfVO (Mecklenburg-Vorpommern).

18 Vgl. § 1 Abs. 6 SARS-CoV-2-EindmaßnVO (Berlin).

19 Vgl. § 1 Abs. 7 SARS-CoV-2-EindmaßnV (Berlin); § 12 Abs. 1 Nr. 5 CoronaSchVO (Nordrhein-Westfalen).

20 Vgl. § 6 Abs. 4 S. 2 SARS-CoV-2-BekämpfV (Mecklenburg-Vorpommern).

21 Vgl. § 4 SARS-CoV-2-BekämpfV (Mecklenburg-Vorpommern).

22 Vgl. § 2 Abs. 1 SARS-CoV-2-BekämpfVO (Schleswig-Holstein); eine gleich lautende Vorschrift gilt auch in Sachsen-Anhalt, vgl. § 3 Abs. 2 3. SARS-CoV-2-EindV. Das OVG Schleswig hat diese Regelung im Verfahren des einstweiligen Rechtsschutzes jedenfalls nicht beanstandet, vgl. OVG Schleswig Beschl. v. 09.4.2020 – 3MR 4/20, BeckRS 2020, 5658.

23 Vgl. § 4 Abs. 1 SARS-CoV-2-BekämpfVO (Schleswig-Holstein).

24 Vgl. § 4 Abs. 2 SARS-CoV-2-BekämpfVO (Schleswig-Holstein).

25 Vgl. § 28 HmbSARS-CoV-2-EindämmungsVO mit Ausnahmen in § 29.

Laut der Begründung zur Verordnung in Schleswig-Holstein soll diese Regelung vornehmlich die medizinische Versorgung der dort lebenden Bevölkerung sicherstellen.

11 In vielen Ländern sind lediglich **Omnibusreisen** untersagt.[26] Zudem ist zB in Baden-Württemberg die Reise in das Bundesland grundsätzlich dann untersagt, wenn die Person **aus einem Risikogebiet** einreist; es sei denn, sie hat eine Verbindung zu dem Bundesland wie Wohnsitz, Arbeitsstelle etc.[27]

12 Besonderes Augenmerk verdient die **mecklenburg-vorpommerische Regel**, die **Inlandsreisen** (dh innerhalb des Bundeslandes) **über die Ostertage** insbes. auf die Ostseeinseln untersagte.[28] Die Beschränkung hat das OVG Greifswald im Verfahren des einstweiligen Rechtsschutzes nach § 47 Abs. 6 VwGO bis zur Hauptsacheentscheidung außer Vollzug gesetzt.[29] Als Grund wurde angeführt, dass die Vorschrift nicht verhältnismäßig im engeren Sinne sei, da es sich um eine einschneidende Regelung handele, die zwar das Infektionsrisiko verringere, aber nicht verhindere, dass sich Menschen auf engem Raum aufhielten bspw. in hanseatischen Großstädten. Dabei dürfte das Verhältnis von Raum und Bevölkerungszahl gerade auf den großen Ostseeinseln deutlich geeigneter sein, das Infektionsrisiko zu minimieren. Weiterhin weist der Senat die Anknüpfung an den Wohnsitz als unzureichend für den Ausschluss weiter Teile der Bevölkerung von der Erholung in diesen Gebieten aus, wenn auch der Anknüpfungspunkt verwaltungspraktisch nachvollziehbar sei.[30]

III. Kontaktbeschränkungen, Ausgangssperren und Aufenthalt im öffentlichen Raum

13 Alle Bundesländer haben (zum Stichtag am 19.4.2020; → Rn. 4) in Übereinstimmung mit dem Beschluss der Bundeskanzlerin und der Regierungschefs der Länder v. 22.3.2020 Kontaktbeschränkungen und Beschränkungen des Aufenthalts im öffentlichen Raum getroffen. Im Grundsatz setzen alle Verordnungsgeber die Vorgabe um, den **Kontakt im öffentlichen Raum** zwischen Personen, die nicht im selben Haushalt leben bzw. die keine Angehörigen sind, auf zwei Personen zu beschränken.[31]

14 Einige Bundesländer fügen dieser Kontaktbeschränkung noch Regelungen hinzu, die in die Nähe einer **Ausgangsbeschränkung** zu rücken sind, dadurch, dass sie das Verlassen der Wohnung nur aus einem „triftigen Grund“ gestatten.[32]

15 Auffallend ist außerdem, dass viele, aber nicht alle Bundesländer ein **Gebot der Kontaktreduzierung** statuieren, dh dass jeder den Kontakt mit außerhalb des Haushalts lebenden Personen so weit wie möglich reduzieren soll.[33] Die Einhaltung dieses Gebotes dürfte aber unabhängig von den anderen Maßnahmen schwer überprüfbar sein, daher ist dem wohl eher klarstellender bzw. symbolischer Charakter beizumessen.[34]

26 Vgl. § 8 CoronaSchVO (Nordrhein-Westfalen); § 11 HmbSARS-CoV-2-EindämmungsVO; nach § 8 der Verordnung zum Schutz der Neuinfektionen mit dem Coronavirus SARS-CoV-2 (Bremen) ist zusätzlich sonstiger Gelegenheitsverkehr zu touristischen Zwecken untersagt.

27 Vgl. § 3 a CoronaVO (Baden-Württemberg).

28 Vgl. § 4 a SARS-CoV-2-BekämpfV (Mecklenburg-Vorpommern).

29 Der Antragsteller macht eine Verletzung seiner Rechte aus Art. 2 Abs. 1, 2 S. 2 und Art. 11 Abs. 1 GG geltend.

30 Vgl. OVG Greifswald Beschl. v. 9.4.2020 – 2KM 268/20 OVG BeckRS 2020, 5633.

31 Vgl. nur § 3 Abs. 1 CoronaVO (Baden-Württemberg); § 12 Abs. 1 CoronaSchVO (Nordrhein-Westfalen); § 2 Abs. 3 der Verordnung über die Beschränkung sozialer Kontakte zur Eindämmung der Corona-Pandemie (Niedersachsen).

32 § 14 SARS-CoV-2-EindmaßnV (Berlin); § 4 BayIfSMV.

33 Vgl. etwa § 1 der Verordnung zur Bekämpfung der Corona-Pandemie (Saarland); § 1 Abs. 1 der Verordnung über die Beschränkung sozialer Kontakte zur Eindämmung der Corona-Pandemie (Niedersachsen); § 4 Abs. 1 S. 1 BayIfSMV.

34 In diesem Sinne VGH München Beschl. v. 30.3.2020 – 20 NE 20.632, NJW 2020, 1236 (1239 Rn. 50).

Die Regelungen beinhalten grundsätzlich **Abstandsregelungen,** jedoch in unterschiedlicher Ausgestaltung. Zunächst ist bemerkenswert, dass Mecklenburg-Vorpommern und das Saarland grundsätzlich einen Abstand zwischen Menschen aus unterschiedlichen Haushalten von zwei Metern verlangen[35], während es in anderen Bundesländern in Übereinstimmung mit dem vorgenannten Beschluss nur 1,5 Meter sind[36]. Teilweise finden sich weitere Abstandsregeln für besondere Situationen wie bspw. den Aufenthalt auf Wiesen, bei dem in Berlin ein Abstand von fünf Metern zu wahren ist.[37] Die Differenz zwischen den verschiedenen Abstandsregelungen wird noch größer, wenn man auf die Bindungswirkung der konkreten Regelung abstellt. Während der VGH München bezüglich der bayerischen Regelung feststellte, es handle sich hierbei eher um eine „Empfehlung"[38], ist bei der bremischen Regelung[39] eher ein anordnender Charakter zu vermuten. Auffallend ist, dass viele Verordnungsgeber das **Grillen und Picknicken auf öffentlichen Flächen** explizit verbieten.[40] Hierbei ist zu vermuten, dass bei derartigen Aktivitäten die Gefahr einer Gruppenbildung als besonders hoch eingeschätzt wird und somit besonders erfasst werden soll. 16

Hinsichtlich der **Ausnahmetatbestände** gelten die Kontaktbeschränkungen nicht bezüglich Angehöriger des eigenen Haushalts.[41] Oftmals ist auch der Kontakt zu Verwandten in gerader Linie und zu Lebenspartnern ausgenommen[42] sowie die Begleitung Minderjähriger oder unterstützungsbedürftiger Personen[43]. Der hamburgische Verordnungsgeber stellt ausdrücklich klar, dass Obdachlose, die sich zu einer Schutz- oder Unterstützungsgemeinschaft zusammengeschlossen haben oder gemeinsam in einem Schlaflager übernachten, als Personen gelten, die in derselben Wohnung leben.[44] 17

Auch die Ausgangsbeschränkungen sehen Ausnahmen vor, sofern **triftige Gründe** vorliegen. Als solche werden ua die berufliche Tätigkeit,[45] medizinische Gründe,[46] die Besorgung des persönlichen Bedarfes,[47] die sportliche Betätigung,[48] die Versorgung von Tieren[49] und die Prüfungsteilnahme[50] angeführt. 18

---

35 Vgl. § 1 a Abs. 1 SARS-CoV-2-BekämpfV (Mecklenburg-Vorpommern); § 1 der Verordnung zur Bekämpfung der Corona-Pandemie (Saarland).

36 Vgl. etwa § 4 Abs. 1 S. 2 BayIfSMV; § 3 Abs. 1 CoronaVO (Baden-Württemberg).

37 Vgl. § 14 Abs. 4 SARS-CoV-2-EindmaßnV (Berlin).

38 VGH München Beschl. v. 30.3.2020 – 20 NE 20.632, NJW 2020, 1236 (1239 Rn. 51).

39 Vgl. § 5 Abs. 2 der Verordnung zum Schutz vor Neuinfektionen mit dem Coronavirus SARS-CoV-2, in der es heißt, dass „ein Abstand von mindestens 1,5 Metern (...) einzuhalten" ist.

40 Siehe ua § 14 Abs. 4 S. 2 SARS-CoV-2-EindmaßnV (Berlin); § 12 Abs. 3 S. 1 CoronaSchVO (Nordrhein-Westfalen).

41 Vgl. § 3 Abs. 1 S. 1 CoronaVO (Baden-Württemberg); § 12 Abs. 1 Nr. 2 CoronaSchVO (Nordrhein-Westfalen); § 1 Abs. 1, Abs. 3 S. 1 Hs. 2 der Verordnung über die Beschränkung sozialer Kontakte zur Eindämmung der Corona-Pandemie (Niedersachsen).

42 Vgl. § 12 Abs. 1 Nr. 1 CoronaSchVO (Nordrhein-Westfalen); bzgl. Angehöriger § 1 Abs. 3 S. 1 Hs. 2 der Verordnung über die Beschränkung sozialer Kontakte zur Eindämmung der Corona-Pandemie (Niedersachsen); bzgl. Familienmitglieder und Kindern § 5 Abs. 1 Nr. 1 der Verordnung zum Schutz vor Neuinfektionen mit dem Coronavirus SARS-CoV-2 (Bremen). In Schleswig-Holstein darf aber auch die Zusammenkunft von Angehörigen, die nicht in einem Haushalt leben, zehn Personen nicht übersteigen, vgl. § 2 Abs. 3 a SARS-CoV-2-BekämpfVO (Schleswig-Holstein).

43 Vgl. § 12 Abs. 1 Nr. 3 CoronaSchVO (Nordrhein-Westfalen); ähnlich § 1 Abs. 2 S. 2 HmbSARS-CoV-2-EindämmungsVO bzgl. der Personen, zwischen denen ein familiäres Sorge- oder Umgangsrechtsverhältnis besteht.

44 Vgl. § 1 Abs. 2 S. 3 HmbSARS-CoV-2-EindämmungsVO; so auch § 4 Abs. 1 S. 3 3. CoBELVO (Rheinland-Pfalz).

45 Vgl. § 14 Abs. 3 lit. a SARS-CoV-2-EindmaßnV (Berlin); § 4 Abs. 3 Nr. 1 BayIfSMV.

46 Vgl. § 14 Abs. 3 lit. b SARS-CoV-2-EindmaßnV (Berlin); § 4 Abs. 3 Nr. 2 BayIfSMV.

47 Vgl. § 14 Abs. 3 lit. c SARS-CoV-2-EindmaßnV (Berlin); § 4 Abs. 3 Nr. 3 BayIfSMV.

48 Vgl. § 14 Abs. 3 lit. i SARS-CoV-2-EindmaßnV (Berlin); § 4 Abs. 3 Nr. 7 BayIfSMV.

49 Vgl. § 14 Abs. 3 lit. j SARS-CoV-2-EindmaßnV (Berlin); § 4 Abs. 3 Nr. 8 BayIfSMV.

50 Vgl. § 14 Abs. 3 lit. m SARS-CoV-2-EindmaßnV (Berlin).

IV. Gaststätten und Hotels

19 Die Verordnungsgeber der Länder haben (zum Stichtag am 19.4.2020; → Rn. 4) einheitlich den Betrieb und den Besuch von Stätten des Gastronomiegewerbes untersagt.[51] Reihum sind aber **Ausnahmen** für **Außer-Haus-Verkäufe** vorgesehen, sofern Mindesthygienestandards gewahrt bleiben.[52] Zusätzlich ist bspw. in Niedersachsen und in Nordrhein-Westfalen der **Verzehr der Lebensmittel** in einem Umkreis von 50 Metern um die Verkaufsstelle herum untersagt.[53] In Mecklenburg-Vorpommern gilt zusätzlich, dass sich (bei Abholung) auf 10 Quadratmetern nur ein Kunde gleichzeitig aufhalten darf.[54] Eine ebenfalls häufig auftretende Ausnahme ist die Verköstigung in **Betriebskantinen**. Diese sind regelmäßig von dem Verbot ausgenommen, zB in Nordrhein-Westfalen, Baden-Württemberg, Berlin und Niedersachsen.[55] In Bayern ist lediglich vorgesehen, dass den Kantinen eine Ausnahmeerlaubnis erteilt werden kann.[56] Hier wird also wiederum keine diesbezügliche Ausnahme durch die Verordnung selbst statuiert. Teilweise regeln die Verordnungsgeber auch kleinste Details im Zusammenhang mit dem Gaststättengewerbe; so sieht die bremische Verordnung vor, dass die „**Außenbestuhlung** zu entfernen oder gegen eine Nutzung zu sichern" ist.[57] Zweck dieser Regelung dürfte die Vermeidung von Gruppenbildungen sein.

20 Auch haben alle Bundesländer Regelungen hinsichtlich der Beherbergungen erlassen. In Nordrhein-Westfalen sind **Übernachtungsangebote zu touristischen Zwecken** untersagt.[58] In gleicher Schlichtheit statuiert die Berliner Verordnung, dass keine touristischen Übernachtungen angeboten werden dürfen.[59] Dagegen führt Baden-Württemberg positiv auf, zu welchen Zwecken Übernachtungsangebote geöffnet bleiben dürfen,[60] nämlich zu geschäftlichen, dienstlichen oder in besonderen Härtefällen zu privaten Zwecken. In Niedersachsen wird noch ausdrücklich auf das Vermieten von **Ferienwohnungen** hingewiesen,[61] womit vermutlich insbes. Angebote wie *airbnb* erfasst werden sollen. In Schleswig-Holstein werden zusätzlich nicht erlaubnispflichtige Übernachtungseinrichtungen wie Schullandheime etc aufgeführt.[62] Im Ergebnis dürften die Regelungen aber zu den gleichen Verbots- und Ausnahmetatbeständen führen, da die weniger detailreichen Vorschriften in Berlin und Nordrhein-Westfalen aufgrund des umfassenden Verbots der Beherbergung zu touristischen Zwecken auch diese Fälle erfassen dürften.

21 Eine besondere Regelung findet sich in Niedersachsen, die auch den touristischen Aufenthalt in der Zweitwohnung untersagt.[63] Ähnliche Wirkung dürfte die schleswig-hol-

---

51 Vgl. etwa § 3 Abs. 1 SARS-CoV-2-EindmaßnV (Berlin); § 2 Abs. 2 BayIfSMV; § 4 Abs. 1 Nr. 10 CoronaVO (Baden-Württemberg); § 9 Abs. 1 S. 1 CoronaSchVO (Nordrhein-Westfalen).

52 So zB in § 9 Abs. 2 CoronaSchVO (Nordrhein-Westfalen); § 6 Abs. 1 S. 3 der Verordnung über die Beschränkung sozialer Kontakte zur Eindämmung der Corona-Pandemie (Niedersachsen).

53 Vgl. § 6 Abs. 3 S. 1 der Verordnung über die Beschränkung sozialer Kontakte zur Eindämmung der Corona-Pandemie (Niedersachsen); § 9 Abs. 2 S. 2 CoronaSchVO (Nordrhein-Westfalen).

54 Vgl. § 2 Abs. 2 Nr. 3 SARS-CoV-2-BekämpfV (Mecklenburg-Vorpommern).

55 Vgl. § 3 Abs. 3 SARS-CoV-2-EindmaßnV (Berlin); § 4 Abs. 3 Nr. 4 a CoronaVO (Baden-Württemberg); § 9 Abs. 1 S. 2 CoronaSchVO (Nordrhein-Westfalen); § 6 Abs. 5 der Verordnung über die Beschränkung sozialer Kontakte zur Eindämmung der Corona-Pandemie (Niedersachsen).

56 Vgl. § 2 Abs. 2 S. 4 BayIfSMV.

57 § 9 Abs. 1 Nr. 1 Hs. 3 der Verordnung zum Schutz vor Neuinfektionen mit dem Coronavirus SARS-CoV-2 (Bremen).

58 Vgl. § 8 CoronaSchVO (Nordrhein-Westfalen).

59 Vgl. § 3 Abs. 2 SARS-CoV-2-EindmaßnV (Berlin).

60 § 4 Abs. 1 Nr. 15 Hs. 2 CoronaVO (Baden-Württemberg); vgl. auch § 3 Abs. 3 S. 2 BayIfSMV.

61 Vgl. § 1 Abs. 4 der Verordnung über die Beschränkung sozialer Kontakte zur Eindämmung der Corona-Pandemie (Niedersachsen).

62 Vgl. § 1 S. 3 SARS-CoV-2-BekämpfVO (Schleswig-Holstein).

63 Vgl. § 1 Abs. 5 Nr. 2 der Verordnung über die Beschränkung sozialer Kontakte zur Eindämmung der Corona-Pandemie (Niedersachsen).

steinische Verordnung bezüglich der Inselgebiete entfalten, da sie ein Verbot für die Reise auf die Inseln, Halligen und Warften (ausgenommen Nordstrand) für diejenigen vorsieht, die dort nicht ihren Erstwohnsitz haben.[64] Im restlichen Bundesland ist jedenfalls die Einreise zur touristischen Übernachtung in der eigenen **Zweitwohnung** untersagt.[65] Auch Mecklenburg-Vorpommern stellt hinsichtlich der Einreisebeschränkungen auf den Erstwohnsitz ab (neben anderen Ausnahmen).[66] Damit dürften aber in den letztgenannten Bundesländern die bloße Fahrt zum Zweitwohnsitz innerhalb desselben Bundeslandes möglich sein.[67] In den anderen Bundesländern spricht vieles dafür, dass die Nutzung des Zweitwohnsitzes nicht untersagt ist; jedenfalls dürfte durch das Tatbestandsmerkmal des „Übernachtungsangebots" in Nordrhein-Westfalen[68] ein solcher Fall nicht erfasst sein, da das Angebot ein bilaterales Verhältnis impliziert, das aber gerade beim eigenen Zweitwohnsitz nicht besteht.[69] In den Ländern mit Ausgangsbeschränkung wie Bayern stellt sich das Problem für diejenigen, die an ihrem Zweitwohnsitz übernachten wollen, wohl eher auf einer anderen Ebene: Es stellt sich hier die Frage, ob die Fahrt zum Zweitwohnsitz einen triftigen Grund iSd entsprechenden Verordnung darstellt (→ Rn. 14).

V. Verkaufsstätten

Flächendeckend haben die Verordnungsgeber (zum Stichtag am 19.4.2020; → Rn. 4) **Öffnungsverbote für Betriebe des Einzelhandels** ausgesprochen.[70] Berlin normiert dieses Verbot für Verkaufsstellen iSd Ladenöffnungsgesetzes des Landes, nimmt also Bezug auf diese Norm;[71] im Ergebnis führt dies aber zu gleichen Einschränkungen, da das Ladenöffnungsgesetz nahezu alle denkbaren Verkaufsstellen umfasst[72]. 22

Auch die **Ausnahmen** ähneln sich sehr. Überall werden Einrichtungen des Einzelhandels für Lebensmittel von dem Verbot ausgenommen, ebenso Apotheken, Drogerien, Tankstellen, Banken, Poststellen, Reinigungen, Kioske, Tierbedarfsmärkte und Einrichtungen des Großhandels.[73] Gleichlaufend sind auch die häufig zu findenden Regelungen bezüglich der Geschäfte, die ein **Mischsortiment** anbieten: Hier ist der gesamte Verkauf gestattet, sofern das Sortiment, welches den vorgenannten Ausnahmegruppen zugeordnet werden kann, überwiegt, andernfalls ist nur der Verkauf des von den Ausnahmegruppen erfassten Sortiments zulässig.[74] Teilweise wird auf eine Regelung der Verkaufsstätten mit Mischsortiment aber auch verzichtet (so in Bayern).[75] 23

64 Vgl. § 4 Abs. 1 SARS-CoV-2-BekämpfVO (Schleswig-Holstein).

65 § 2 Abs. 1 SARS-CoV-2-BekämpfVO (Schleswig-Holstein).

66 Vgl. § 4 Abs. 2 SARS-CoV-2-BekämpfV (Mecklenburg-Vorpommern).

67 § 4 a SARS-CoV-2-BekämpfV (Mecklenburg-Vorpommern); § 4 Abs. 1 SARS-CoV-2-BekämpfVO (Schleswig-Holstein). Dafür spricht auch, dass einige Landkreise entsprechende Verbote zur touristischen Nutzung von Nebenwohnsitzen erlassen haben wie bspw. der Kreis Nordfriesland; vgl. den Sachverhalt von OVG Schleswig-Holstein, Beschl. v. 2.4.2020 – 3 MB 8/20, NJW 2020, 1382.

68 § 8 CoronaSchVO (Nordrhein-Westfalen).

69 Der nordrhein-westfälische Verordnungsgeber hat in der Neufassung der Verordnung v. 16.4.2020 klargestellt, dass die Nutzung von im Eigentum befindlichen Immobilien keine touristische Nutzung ist, vgl. § 8 CoronaSchVO NRW.

70 Vgl. zB § 5 Abs. 4 CoronaSchVO (Nordrhein-Westfalen); § 4 Abs. 1 Nr. 12 CoronaVO (Baden-Württemberg); § 2 Abs. 4 S. 1 BayIfSMV.

71 Vgl. § 3 a Abs. 1 SARS-CoV-2-EindmaßnV (Berlin).

72 Vgl. § 2 Abs. 1 BerlLadÖffG.

73 Vgl. zB § 3 a Abs. 2 SARS-CoV-2-EindmaßnV (Berlin); § 4 Abs. 4 S. 2 BayIfSMV; § 3 Nr. 6, 7 der Verordnung über die Beschränkung sozialer Kontakte zur Eindämmung der Corona-Pandemie (Niedersachsen).

74 Vgl. dementsprechend § 4 Abs. 3 S. 2 CoronaVO (Baden-Württemberg); § 5 Abs. 5 CoronaSchVO (Nordrhein-Westfalen).

75 Vgl. § 2 Abs. 4 BayIfSMV.

24 Bezüglich der **Stätten, die eine medizinische Versorgung im weiteren Sinne anbieten,** sprich Sanitätshäuser, Optiker und Hörgeräteakustiker, sind Unterschiede zu verzeichnen. So ist in Nordrhein-Westfalen nur die Öffnung von Sanitätshäusern erfasst,[76] in Bayern dürfen aber Hörgeräteakustiker und Optiker ebenfalls öffnen[77]. In Nordrhein-Westfalen dürfen Optiker und Hörakustiker nur den Verkauf tätigen, der mit einer handwerklichen Leistung bzw. mit einer Dienstleistung verbunden ist, es sei denn, es handelt sich um den Verkauf von notwendigem Zubehör.[78]

25 Auch die Öffnung von **Blumenläden** ist teilweise von dem Verbot ausgenommen (zB in Niedersachsen),[79] wenn auch zum Teil nur unter besonderen Voraussetzungen.[80] Eine unterschiedliche Behandlung lässt sich auch im Hinblick auf die Öffnung von **Bau- und Gartenmärkten** feststellen: Während bspw. in Nordrhein-Westfalen die Öffnung für gewerbliche und private Kunden, sofern bestimmte Hygienevorkehrungen beachtet werden, zulässig ist,[81] ist die Öffnung in Mecklenburg-Vorpommern von vornherein auf gewerbliche Kunden beschränkt[82]. Viele Verordnungen sehen zudem Ausnahmen für das Lebensmittelsortiment auf **Wochenmärkten** vor.[83]

26 In **Schleswig-Holstein** wurde ein anderer Weg gewählt. Dort wurde das Gesundheitsministerium ermächtigt, eine **Positivliste** auf der Internetseite der Landesregierung zu veröffentlichen, in der erlaubte Verkaufsstellen „konkretisiert" werden.[84] Hier finden sich weitestgehend auch die Regelungen der anderen Verordnungen wieder, wobei die Positivliste in Teilen auch Kuriositäten aufweist: So erlaubt sie bspw. die Öffnung der Stätten, die Jägereibedarf veräußern, die Öffnung von Hundefriseuren[85] und den Goldankauf.

27 Bezüglich der **Öffnungszeiten** bestehen in vielen Ländern Regelungen, die eine Ausnahme vom grundsätzlichen Sonntagsöffnungsverbot erlauben.[86] Hinsichtlich der Einrichtungen, die den Ausnahmen unterfallen, dh die öffnen dürfen, ist teilweise ein ausdrücklich **angeordnetes Hygieneregime** vorgesehen (ein einzuhaltender Mindestabstand von 1,5 Metern und eine Kundenzahl von einem Kunden pro 10 Quadratmeter).[87] Auch Baden-Württemberg sieht eine entsprechende Regelung vor, wobei überrascht, dass *möglichst* zwei Meter **Abstand** eingehalten werden sollen, *mindestens* 1,5 Meter (wobei Tätigkeiten, die eine körperliche Nähe erfordern, von der Mindestabstandsregelung ausgenommen sind).[88]

---

76 Vgl. § 5 Abs. 1 Nr. 2 Var. 2 CoronaSchVO (Nordrhein-Westfalen).
77 Vgl. § 2 Abs. 4 S. 2 BayIfSMV.
78 § 7 Abs. 2 S. 1 CoronaSchVO (Nordrhein-Westfalen).
79 Vgl. § 3 Nr. 7 lit. r der Verordnung über die Beschränkung sozialer Kontakte zur Eindämmung der Corona-Pandemie (Niedersachsen).
80 Vgl. § 5 Abs. 3 S. 2 Hs. 2 CoronaSchVO (Nordrhein-Westfalen).
81 Vgl. § 5 Abs. 3 S. 2 Hs. 1 CoronaSchVO (Nordrhein-Westfalen).
82 Vgl. § 1 Abs. 2 SARS-CoV-2-BekämpfV (Mecklenburg-Vorpommern).
83 Vgl. zB § 9 der Verordnung über die Beschränkung sozialer Kontakte zur Eindämmung der Corona-Pandemie (Niedersachsen).
84 § 11 Abs. 1 SARS-CoV-2-BekämpfVO (Schleswig-Holstein).
85 Anders bspw. in Nordrhein-Westfalen, wo das VG Minden den Antrag auf Anordnung der aufschiebenden Wirkung zugunsten einer Hundesalonbetreiberin abgelehnt und darauf hingewiesen hat, es handele sich nicht um einen Teil der lebensnotwendigen Versorgung der Bevölkerung, vgl. VG Minden Beschl. v. 31.3.2020 – 7 L 257/20, BeckRS 2020, 5422 Rn. 24.
86 Vgl. etwa § 6 CoronaSchVO (Nordrhein-Westfalen); § 4 Abs. 3 CoronaVO (Baden-Württemberg) aE; § 1 Abs. 6 SARS-CoV-2-BekämpfV (Mecklenburg-Vorpommern).
87 ZB in § 5 Abs. 6 CoronaSchVO (Nordrhein-Westfalen).
88 Vgl. § 4 Abs. 5 CoronaVO (Baden-Württemberg).

Auffallend ist, dass teilweise **Einkaufszentren** grundsätzlich zu schließen sind;[89] in Nordrhein-Westfalen ist die Öffnung aber zulässig, soweit sich dort Einrichtungen finden, die nach anderen Vorschriften zulässigerweise geöffnet sein dürfen[90]. 28

VI. Versorgung in Krankenhäusern

Die **Regelungsdichte** bezüglich der Versorgung in Krankenhäusern variiert zwischen den Bundesländern sehr stark. Während bspw. in Baden-Württemberg[91] und Niedersachsen[92] – abgesehen von **Besuchsregelungen** (→ Rn. 33 ff.) – soweit ersichtlich keine anderen Anordnungen bestehen, hat Bayern eine „Allgemeinverfügung zur Bewältigung erheblicher Patientenzahlen in Krankenhäusern"[93] erlassen. Einen Mittelweg eingeschlagen haben andere Bundesländer wie Bremen, Berlin und Nordrhein-Westfalen, die in den entsprechenden Corona-Verordnungen bestimmte **krankenhausspezifische Anordnungen** vorsehen.[94] 29

In **Nordrhein-Westfalen** wird dabei lediglich geregelt, dass in Krankenhäusern und ähnlichen Einrichtungen Maßnahmen zu ergreifen sind, um den Eintrag von Coronaviren zu erschweren, sowie dass grundsätzlich die Patienten die Einrichtungen verlassen können, wobei sie sich dabei an die allgemeinen Kontaktbeschränkungen zu halten haben. Sie dürfen zudem nur von anderen Bewohnern, Patienten oder Beschäftigten der betreffenden Einrichtung begleitet werden und mit diesen intensiv Kontakt haben.[95] 30

Der Berliner Verordnungsgeber ordnet an, dass das **Personal** primär zur Bekämpfung des Coronavirus eingesetzt werden soll, dass **planbare Eingriffe, Operationen und Aufnahmen**, falls medizinisch vertretbar, ausgesetzt werden sollen, um mehr Kapazitäten für COVID-19-Patienten zu schaffen, und dass virusspezifische Schulungen vorzunehmen sind.[96] Die planbaren Eingriffe sind auch in Bremen, soweit medizinisch möglich, zu verschieben.[97] Auch in anderen Ländern soll das Personal eines Krankenhauses vorwiegend zur Behandlung von Patienten, die mit dem Virus infiziert sind, eingesetzt werden.[98] In der nordrhein-westfälischen Verordnung existiert keine entsprechende Regelung, aber das zuständige Ministerium kann nach § 12 des am 14.4.2020 vom Landtag verabschiedeten Epidemiegesetzes Anordnungen bezüglich der Versorgung und der Kapazitäten treffen.[99] Die bayerische Allgemeinverfügung (→ Rn. 29), die krankenhausspezifisch ist, sieht ebenfalls vor, dass die Kapazitäten insbes. für COVID-19-Patienten zur Verfügung gestellt werden sollen;[100] im Rahmen der Schaffung möglicher zusätzlicher Kapazitäten wird zudem eine umfassende **Kooperation von Krankenhäusern** angeordnet[101]. Ferner sollen Krankenhäuser im Eingangsbereich ein Screening einrichten, 31

89 Vgl. § 1 Abs. 1 Nr. 7 der Verordnung über die Beschränkung sozialer Kontakte zur Eindämmung der Corona-Pandemie (Niedersachsen).
90 Vgl. § 10 CoronaSchVO (Nordrhein-Westfalen).
91 Vgl. § 6 CoronaVO (Baden-Württemberg).
92 Vgl. § 5 Abs. 1 Nr. 2 der Verordnung über die Beschränkung sozialer Kontakte zur Eindämmung der Corona-Pandemie (Niedersachsen).
93 V. 1.4.2020 (MBl. Nr. 164).
94 Vgl. § 5 SARS-CoV-2-EindmaßnV (Berlin); § 2 CoronaSchVO (Nordrhein-Westfalen); § 13 der Verordnung zum Schutz vor Neuinfektionen mit dem Coronavirus SARS-CoV-2 (Bremen).
95 Vgl. § 2 CoronaSchVO (Nordrhein-Westfalen).
96 Vgl. § 5 SARS-CoV-2-EindmaßnV (Berlin).
97 Vgl. § 13 der Verordnung zum Schutz vor Neuinfektionen mit dem Coronavirus SARS-CoV-2 (Bremen).
98 Vgl. zB § 9 Abs. 4 2. ThürSARS-CoV-2-EindmaßnVO (Thüringen).
99 Vgl. § 12 Gesetz zur konsequenten und solidarischen Bewältigung der COVID-19-Pandemie in Nordrhein-Westfalen und zur Anpassung des Landesrechts im Hinblick auf die Auswirkungen einer Pandemie v. 14.4.2020 (GV. 217 b).
100 Vgl. Nr. 3.1 und 3.2 der Allgemeinverfügung v. 1.4.2020 (BayMBl. Nr. 164).
101 Vgl. Nr. 4.1 der Allgemeinverfügung v. 1.4.2020 (BayMBl. Nr. 164).

um mögliche Infizierte schnell zu erkennen.[102] Darüber hinaus sollen COVID-19-Patienten, soweit möglich, getrennt von anderen Patienten behandelt werden.[103]

32 Weitere Maßnahmen im medizinischen Bereich finden sich bspw. im Bayerischen Infektionsschutzgesetz (vgl. *Kluckert* in → § 2 Rn. 15; *Rixen* in → § 4 Rn. 30 ff.), welches Vorschriften zur **Verpflichtung von Personal** und **Beschlagnahme** des **erforderlichen Materials** vorsieht[104] sowie im Epidemiegesetz NRW, welches ebenfalls Regelungen zur Heranziehung von Personal und Material enthält.[105]

VII. Besuchsregeln in Krankenhäusern und Pflegeheimen

33 Die Bundesländer haben (zum Stichtag am 19.4.2020; → Rn. 4) Vorschriften hinsichtlich des Besuches in Krankenhäusern und Pflegeheimen vorgesehen.[106] Im Grundsatz wird zumeist das **Betreten von Krankenhäusern und Pflegeeinrichtungen** verboten.[107] Teilweise sind spezielle Regelungen für Kliniken mit bestimmten Fachrichtungen vorgesehen, so bspw. in Baden-Württemberg, wo **Fachkrankenhäuser** für Psychiatrie oÄ und entsprechende Tageskliniken selbst entscheiden können, ob der Besuch zulässig ist.[108]

34 Von den grundsätzlichen Verboten werden wiederum **Ausnahmen** zugelassen: In Nordrhein-Westfalen ist dies aus medizinischen oder sozial-ethischen Gesichtspunkten möglich;[109] letztere Ausnahme soll bspw. **Geburts- und Kinderstationen** sowie den Besuch von Palliativpatienten erfassen. In Bayern werden ebenfalls Geburtsstationen für nächste Angehörige sowie **Palliativstationen und Hospize** von dem Verbot ausgenommen.[110] Eine ähnliche Ausnahme gibt es auch in Berlin, wo vorgesehen ist, dass Kinder unter 16 Jahren und Schwerstkranke einmal täglich Besuch empfangen dürfen, sofern dieser keine Atemwegserkrankung aufweist.[111] Außerdem sind Einrichtungen der Sterbebegleitung von den Besuchsverboten ausgenommen.[112] In Baden-Württemberg ist der Besuch insbes. aus beruflichen oder familiären Gründen möglich, sofern dies von der Leitung der jeweiligen Einrichtung gestattet wird.[113] Einen derartigen Vorbehalt zugunsten der Einrichtungsleitung gibt es in den anderen Bundesländern nicht.

35 Hinsichtlich des Besuches von **Altenheimen** bestehen in Bayern keine Ausnahmen.[114] In anderen Ländern gelten die Ausnahmetatbestände jeweils für Pflegeeinrichtungen wie auch für Krankenhäuser gleichermaßen. Am liberalsten scheint bezüglich des Besuches von Pflegeheimen der Berliner Verordnungsgeber zu sein, der einmal täglich den Besuch in Pflegeheimen für zulässig erklärt, soweit der Besucher nicht unter 16 Jahre alt ist und nicht unter einer Atemwegserkrankung leidet.[115] Teilweise werden über die Einrichtungen wie Krankenhäuser und Pflegeheime etc hinaus auch noch Regelungen für **andere Betreuungs- bzw. Pflegeangebote** getroffen. Den wohl umfangreichsten Katalog

102 Vgl. Nr. 8.1 der Allgemeinverfügung v. 1.4.2020 (BayMBl. Nr. 164).
103 Vgl. Nr. 8.2 der Allgemeinverfügung v. 1.4.2020 (BayMBl. Nr. 164).
104 Vgl. Art. 2, 5, 6 BayIfSG.
105 Vgl. §§ 14, 15 Gesetz zur konsequenten und solidarischen Bewältigung der COVID-19-Pandemie in Nordrhein-Westfalen und zur Anpassung des Landesrechts im Hinblick auf die Auswirkungen einer Pandemie.
106 Die erhöhte Gefährlichkeit für Bewohner von Pflegeheimen betont auch OVG Berlin-Brandenburg Beschl. v. 3.4.2020 – OVG 11 S 14/20, BeckRS 2020, 5147 Rn. 9 f.
107 Vgl. etwa § 2 Abs. 2 CoronaSchVO (Nordrhein-Westfalen); § 6 Abs. 1, 2 CoronaVO (Baden-Württemberg); § 3 Nr. 1, 5 BayIfSMV; § 14 Abs. 1 Nr. 1, 11 der Verordnung zum Schutz vor Neuinfektionen mit dem Coronavirus SARS-CoV-2 (Bremen).
108 Vgl. § 6 Abs. 1 Nr. 1–3 CoronaVO (Baden-Württemberg).
109 Vgl. § 2 Abs. 2 S. 2 CoronaSchVO (Nordrhein-Westfalen).
110 Vgl. § 3 Abs. 1 Nr. 1 Hs. 2 BayIfSMV.
111 Vgl. § 6 Abs. 2 SARS-CoV-2-EindmaßnV (Berlin).
112 Vgl. § 6 Abs. 4 SARS-CoV-2-EindmaßnV (Berlin).
113 Vgl. § 6 Abs. 3 S. 1 CoronaVO (Baden-Württemberg).
114 Vgl. § 3 Abs. 1 Nr. 5 BayIfSMV.
115 Vgl. § 6 Abs. 3 SARS-CoV-2-EindmaßnV (Berlin).

sieht die Bremer Verordnung vor, in der für Tagespflegeeinrichtungen, Drogenhilfe und weitere Einrichtungen jeweils spezielle Regelungen getroffen werden.[116]

VIII. Quarantänemaßnahmen (insbes. Reiserückkehrer)

Vereinzelt finden sich (zum Stichtag am 19.4.2020; → Rn. 4) Vorschriften hinsichtlich der Quarantäne in den allgemeinen Verordnungen der Länder.[117] Oftmals haben die Länder aber **zusätzliche Verordnungen** erlassen, die ausdrücklich und ausschließlich die Quarantäne zum Gegenstand haben. Dies trifft bspw. auf Nordrhein-Westfalen zu, das am 9.4.2020 die CoronaEinreiseVO erlassen hat, sowie auch auf Bayern (Einreise Quarantäneverordnung – EQV) und Baden-Württemberg (CoronaVO Einreise). 36

Die dort enthaltenen **Grundsätze zur Quarantäne** sind fast wortgleich: So müssen Personen, die auf dem Land-, Luft- oder Seeweg in das jeweilige Bundesland aus dem Ausland einreisen, sich direkt nach der Einreise in die häusliche Umgebung begeben und sich dort absondern. Das gilt stets auch, sofern der Betreffende zunächst in ein anderes Bundesland eingereist sein sollte. Die betroffenen Personen müssen nach ihrer Anreise die jeweils zuständige Behörde informieren – ggf. dann auch über auftretende Symptome. Während dieser Zeit ist es untersagt, Besuch von Personen, die nicht zum eigenen Hausstand gehören, zu empfangen.[118] Auch die Bundesländer, die keine eigene Quarantäneverordnung erlassen haben, wie zB Berlin und Niedersachsen, haben wortlautgleiche Regelungen in die jeweilige allgemeine Bekämpfungsverordnung integriert,[119] so dass sich diesbezüglich keine Unterschiede ergeben. 37

Das Quarantänegebot geht stets mit Ausnahmetatbeständen einher, die sich wiederum als im Wesentlichen deckungsgleich darstellen. So sind von diesem Gebot Personen ausgenommen, die aus beruflichen Gründen grenzüberschreitend Güter oder Personen transportieren oder die für die Aufrechterhaltung der Sicherheit und Ordnung zuständig oder für die Funktionsfähigkeit des Gesundheits- oder Rechtswesens bedeutsam sind.[120] Hinzu kommen noch weitere **Ausnahmen** aus beruflichen Gründen, aber auch aus privatem Interesse wie bspw. aufgrund eines geteilten Sorgerechts. Auch für diejenigen, die sich nur auf der Durchreise befinden, gilt das Gebot nicht.[121] Auf Antrag können außerdem Ausnahmen erteilt werden.[122] Diese Ausnahmen gelten nur in Fällen, in denen die Betroffenen keine Symptome aufweisen.[123] 38

Über diese Regelungen hinaus sehen die Länder teilweise noch **Betretungsverbote** für diejenigen vor, die aus dem Ausland einreisen. So ist in Nordrhein-Westfalen bspw. untersagt, nach der Rückkehr aus einem vom Robert Koch-Institut (RKI) klassifizierten 39

116 Vgl. §§ 15 ff. Verordnung zum Schutz vor Neuinfektionen mit dem Coronavirus SARS-CoV-2 (Bremen).

117 So zB in §§ 17 f. SARS-CoV-2-EindmaßnV (Berlin); § 5 der Verordnung über die Beschränkung sozialer Kontakte zur Eindämmung der Corona-Pandemie (Niedersachsen).

118 Vgl. § 1 EQV (Bayern); § 1 CoronaVO Einreise (Baden-Württemberg); § 1 CoronaEinreiseVO (Nordrhein-Westfalen).

119 Vgl. §§ 17 f. SARS-CoV-2-EindmaßnV (Berlin); § 5 der Verordnung über die Beschränkung sozialer Kontakte zur Eindämmung der Corona-Pandemie (Niedersachsen).

120 Vgl. § 18 Abs. 1 S. 1 Nr. 1, 2 SARS-CoV-2-EindmaßnV (Berlin); § 2 Abs. 1 Nr. 1, 2 EQV (Bayern); § 3 Abs. 1 S. 1 Nr. 1, 2 CoronaVO Einreise (Baden-Württemberg); § 2 Abs. 1 Nr. 1, 2 CoronaEinreiseVO (Nordrhein-Westfalen); § 5 Abs. 4 S. 1 Nr. 1, 4 ff. der Verordnung über die Beschränkung sozialer Kontakte zur Eindämmung der Corona-Pandemie (Niedersachsen).

121 Vgl. § 18 Abs. 1 S. 1 Nr. 5 SARS-CoV-2-EindmaßnV (Berlin); § 2 Abs. 1 Nr. 5 EQV (Bayern); § 3 Abs. 1 S. 1 Nr. 5 CoronaVO (Baden-Württemberg); § 2 Abs. 1 Nr. 5, Abs. 5 CoronaEinreiseVO (Nordrhein-Westphalen); § 5 Abs. 6 der Verordnung über die Beschränkung sozialer Kontakte zur Eindämmung der Corona-Pandemie (Niedersachsen).

122 Vgl. zB § 18 Abs. 1 S. 2 SARS-CoV-2-EindmaßnV (Berlin); § 3 Abs. 1 S. 2 CoronaVO Einreise (Baden-Württemberg).

123 Vgl. etwa § 3 Abs. 5 CoronaVO Einreise (Baden-Württemberg); § 4 Abs. 4 S. 1 der Verordnung über die Beschränkung sozialer Kontakte zur Eindämmung der Corona-Pandemie (Niedersachsen).

Risikogebiet Schulen, Hochschulen und Krankenhäuser zu betreten.[124] Problematisch hieran erweist sich aber, dass das RKI am 10.4.2020 bereits verkündete, aufgrund der Verbreitung des Virus keine Risikogebiete bzw. besonders betroffenen Gebiete in Deutschland mehr auszuweisen; insofern läuft die Norm ins Leere. Das RKI wies darauf hin, dass die Verordnungsgeber, die die RKI-Klassifizierungen in Bezug genommen haben, die Verordnungen ändern müssten.[125] Eine Besonderheit ist in der Verordnung des Landes Baden-Württemberg zu finden, die ausdrücklich ein 14-tägiges **Tätigkeitsverbot** für Einreisende statuiert, sofern diese ihren Wohnsitz nicht innerhalb des Bundeslandes haben.[126]

IX. Schließung von Schulen, Hochschulen und Kindertagesstätten

40 Zwar sehen (zum Stichtag am 19.4.2020; → Rn. 4) alle Bundesländer vor, dass in Schulen kein Lehrbetrieb stattfindet, die gewählten **Regelungsinstrumente variieren** aber stark. Während Baden-Württemberg die Regelung in § 1 der allgemeinen Bekämpfungsverordnung inkorporiert hat, so wie auch Berlin,[127] hat Nordrhein-Westfalen die Coronabetreuungsverordnung[128] für die Schließung von **Schulen und Kitas** erlassen. Bayern hingegen hat das Instrument der Allgemeinverfügung gewählt,[129] wohingegen die Landesschulbehörde Niedersachen qua Rundverfügung die Einstellung des Unterrichts an Schulen angeordnet hat. Während die Regelungen insgesamt alle darauf hinauslaufen, dass Unterricht an Schulen nicht stattfindet, geht bspw. der Verordnungsgeber in Nordrhein-Westfalen so weit, von einer Schließung der Schulen zu sprechen[130].

41 **Ausnahmen** beinhalten die jeweiligen Regelungen relativ einheitlich, insbes. sofern eine **Notbetreuung** erforderlich ist.[131] Das ist der Fall bei Kindern, deren Sorgerecht von einer Person getragen wird, welche beruflich in der sog. kritischen Infrastruktur tätig ist, soweit eine anderweitige Betreuung nicht organisiert werden kann.[132] Die Zahl der Elternteile, die in infrastrukturell kritischen Berufen tätig sein müssen, damit das Kind einen Anspruch auf Notbetreuung hat, variiert aber; so genügt in Nordrhein-Westfalen, dass dies auf einen Sorgeberechtigten zutrifft,[133] in Baden-Württemberg muss das grundsätzlich auf beide Elternteile zutreffen, wobei die Gemeinde im Einzelfall auch zugunsten nur eines Elternteils, der zur kritischen Infrastruktur gehört, die Entscheidung über den Notbetreuungsanspruch treffen kann, sofern der andere Elternteil aus schwerwiegenden Gründen an der Betreuung gehindert ist[134]. Hinsichtlich der Berufe, die zur kritischen Infrastruktur gehören, enthalten die Regelungsakte positive Aufzählungen.[135] Auch sind Ausnahmen für Prüfungen vorgesehen, wie zB in Berlin bei Einhaltung eines Sicherheitsabstands von mindestens 1,5 Metern.[136]

---

124 Vgl. § 1 Abs. 1 CoronaSchVO (Nordrhein-Westfalen).

125 Siehe im Internet: https://www.rki.de/DE/Content/InfAZ/N/Neuartiges_Coronavirus/Risikogebiete.html.

126 Vgl. § 2 CoronaVO Einreise (Baden-Württemberg).

127 Vgl. § 8 Abs. 1 SARS-CoV-2-EindmaßnV (Berlin).

128 V. 2.4.2020 (GV. 212).

129 Vgl. Allgemeinverfügung v. 21.3.2020, Az. G51-G8000–2020/122–65 (BayMBl. Nr. 166).

130 Vgl. § 1 Abs. 1 CoronaBetrVO (Nordrhein-Westfalen).

131 So etwa § 8 Abs. 3 SARS-CoV-2-EindmaßnV (Berlin); § 1 Abs. 4 CoronaVO (Baden-Württemberg); § 1 Abs. 2 CoronaBetrVO (Nordrhein-Westfalen).

132 Vgl. § 1 Abs. 2 S. 1, § 3 CoronaBetrVO (Nordrhein-Westfalen); § 1 Abs. 4 CoronaVO (Baden-Württemberg); § 8 Abs. 3 SARS-CoV-2-EindmaßnV (Berlin); in Nordrhein-Westfalen kann dies auch auf Kinder zutreffen, bei denen dies nach gerichtlicher Entscheidung aufgrund einer Kindeswohlgefährdung erforderlich ist.

133 Vgl. § 1 Abs. 2 S. 1, § 3 CoronaBetrVO (Nordrhein-Westfalen).

134 Vgl. § 1 Abs. 4 S. 1, 2 CoronaVO (Baden-Württemberg).

135 Vgl. etwa § 1 Abs. 6 CoronaVO (Baden-Württemberg).

136 Vgl. § 8 Abs. 2 SARS-CoV-2-EindmaßnV (Berlin). Nach § 1 Abs. 3 CoronaVO (Baden-Württemberg) kann das Kultusministerium entsprechende Ausnahmen zulassen.

Während hinsichtlich der Schulschließungen, abgesehen von der Rechtsnatur des jeweiligen Regelungsaktes, inhaltlich weitestgehend Einheitlichkeit besteht, sind die Regelungen im Bereich der **Hochschulen** unterschiedlich. Während Baden-Württemberg[137] und Berlin[138] in ihren Verordnungen die Aussetzung des Studienbetriebes der Hochschulen anordnen,[139] besteht in Nordrhein-Westfalen keine diesbezügliche Regelung;[140] hier ist lediglich angeordnet, dass Einreisende aus Risikogebieten Hochschulen für 14 Tage nach der Einreise nicht betreten dürfen.[141] Insofern oblag es letztlich den Hochschulen, über die Weiterführung des Betriebs zu befinden. Über die Landesrektorenkonferenz wurde ein gemeinschaftliches Vorgehen besprochen. Das Ministerium für Wissenschaft und Kultur des Landes Niedersachsen hat lediglich empfohlen, den Lehrbetrieb zumindest in Präsenzform bis einschließlich 19.4.2020 auszusetzen. Einen anderen Weg geht Sachsen-Anhalt. Dort ist dem jeweiligen Ministerium die Entscheidung über die Durchführung oder Verschiebung der Studienprüfungen anheimgestellt; so obliegt bspw. diese Entscheidung hinsichtlich der juristischen Staatsprüfungen dem Justizministerium.[142] 42

X. Freizeitangebote

Alle Verordnungsgeber haben (zum Stichtag am 19.4.2020; → Rn. 4) Verbote hinsichtlich der Öffnung von Freizeit-, Kultur-, Sport- und Vergnügungsstätten erlassen. **Untersagt** ist **flächendeckend** der Betrieb von Bars, Clubs, Theatern und Museen.[143] Eine Untersagung gilt ferner für den Betrieb von Prostitutionsstätten und Spielbanken etc.[144] Relativ einheitlich werden auch Einrichtungen wie Messen, Freizeitparks inkl. Zoos, Fitness-Studios, Schwimmbäder, öffentliche Sportanlagen, Spielplätze und außerschulische Bildungseinrichtungen wie Musikschulen untersagt.[145] Hierbei fällt allerdings auf, dass durch die Verweisung auf andere Rechtsetzungsakte der Berliner Verordnungsgeber nicht gleichermaßen alle Einrichtungen in Bezug nimmt, auf die in den anderen Verordnungen verwiesen wird. So dürfte die Berliner Regelung nicht für Spielplätze gelten. 43

Offenkundig sind unterschiedliche Regelungen im Bereich der Öffnung von **Bibliotheken**: Diese sind zumeist[146] gänzlich zu schließen, in Nordrhein-Westfalen ist die Öffnung aber bei Beschränkung des Angebotes und Einhaltung bestimmter Schutzvorschriften gestattet[147]. 44

---

137 Vgl. § 2 Abs. 1 S. 1 CoronaVO (Baden-Württemberg).

138 Vgl. § 10 Abs. 1 SARS-CoV-2-EindmaßnV (Berlin), wobei Ausnahmen für Prüfungen unter Einhaltung eines Abstandes von 1,5 Metern vorgesehen sind (vgl. § 10 Abs. 2 SARS-CoV-2-EindmaßnV).

139 So auch etwa § 20 Abs. 1 HmbSARS-CoV-2-EindämmungsVO; im Grundsatz auch § 8 Nr. 1 der Verordnung zur Bekämpfung der Corona-Pandemie (Saarland).

140 So auch in Niedersachsen und Bayern.

141 Vgl. § 1 Abs. 1 Nr. 5 CoronaSchVO (Nordrhein-Westfalen).

142 Vgl. § 14 3. SARS-CoV-2-EindV (Sachsen-Anhalt).

143 Vgl. § 3 Abs. 1 CoronaSchVO (Nordrhein-Westfalen); § 4 Abs. 1 Nr. 1, 10 CoronaVO (Baden-Württemberg); § 2 Abs. 1 S. 2 BayIfSMV; § 1 Abs. 3 Nr. 1, 2 der Verordnung über die Beschränkung sozialer Kontakte zur Eindämmung der Corona-Pandemie (Niedersachsen); § 2 Abs. 2, 3 SARS-CoV-2-EindmaßnV (Berlin) – hier werden nicht alle Einrichtungen positiv aufgezählt, sondern für den Begriff der Vergnügungsstätte auf die BauNVO Bezug genommen.

144 Vgl. § 2 Abs. 1, 4 SARS-CoV-2-EindmaßnV (Berlin); § 2 Abs. 1 S. 2 BayIfSMV; § 4 Abs. 1 Nr. 8, 9 CoronaVO (Baden-Württemberg); § 3 Abs. 1 Nr. 6, 7 CoronaSchVO (Nordrhein-Westfalen); § 1 Abs. 1 Nr. 3, 4 der Verordnung über die Beschränkung sozialer Kontakte zur Eindämmung der Corona-Pandemie (Niedersachsen).

145 Vgl. § 2 Abs. 1, § 4 SARS-CoV-2-EindmaßnV (Berlin); § 2 Abs. 1 S. 2 BayIfSMV; § 4 Abs. 1 Nr. 2, 4, 5, 11, 13 CoronaVO (Baden-Württemberg); § 3 Abs. 1 Nr. 2–5 CoronaSchVO (Nordrhein-Westfalen); § 1 Abs. 1 Nr. 3, 5, 6 der Verordnung über die Beschränkung sozialer Kontakte zur Eindämmung der Corona-Pandemie (Niedersachsen).

146 Vgl. etwa § 2 Abs. 1 S. 2 BayIfSMV; § 2 Abs. 1 S. 5 CoronaVO (Baden-Württemberg) bzgl. der Landesbibliotheken.

147 Vgl. § 4 CoronaSchVO (Nordrhein-Westfalen).

45 Auch hinsichtlich der **Ausnahmetatbestände** zeigt sich ein gewisser Gleichlauf: So ist zB in vielen Verordnungen die Ausnahmenutzung von Sportanlagen durch Berufssportler vorgesehen.[148]

XI. Sonstiges

46 Teilweise bestehen (zum Stichtag am 19.4.2020; → Rn. 4) in den Bundesländern **Sonderreglungen für Dienstleistungen und das Handwerk**. In Baden-Württemberg sind diese Tätigkeiten vorbehaltlich eines Verbots nach den allgemeinen Regelungen, zB über den Betrieb von Einrichtungen (Kultureinrichtungen, Bildungseinrichtungen) etc zulässig.[149] Auch in Nordrhein-Westfalen bleiben diese Tätigkeiten bis auf **Ausnahmen** zulässig. In beiden Bundesländern sind aber Dienstleistungen, die einen Körperkontakt voraussetzen, wie Friseure, Massagestudios etc, nicht zulässig,[150] es sei denn, sie weisen einen medizinischen Bezug auf[151]. In anderen Bundesländern wie bspw. in Bayern gibt es keine gesonderten Regelungen bezüglich des Dienstleistungssektors außer einer Mindestabstandsregelung, sofern die Dienstleistung nach den sonstigen Vorschriften zulässig ist.[152]

47 In Baden-Württemberg findet sich eine besondere Regelung hinsichtlich der **zahnärztlichen Behandlungen**, die nur in Notfällen erfolgen dürfen.[153] Eine andere Vorschrift, die ein Alleinstellungsmerkmal darstellt, ist die Regelung, dass Personen, die sich in einer **Landeserstaufnahmeeinrichtung** nach § 3 FlüAG befinden, den ihnen zugewiesenen Unterbringungsbereich für 14 Tage nicht verlassen dürfen.[154]

48 In Hamburg ist der **Verzehr von Speisen** an öffentlichen Orten untersagt.[155] In der Verordnung wird auch der Fall der **Kampfmittelbeseitigung** ausdrücklich bedacht; diese ist grundsätzlich dort untersagt, wo in der Folge mit Räumungen zu rechnen wäre oder wo sich im umliegenden Bereich Krankenhäuser und andere Infrastrukturen befinden. Ausnahmen können aber zugelassen werden.[156]

49 Eine Besonderheit findet sich auch in der Bekämpfungsverordnung des Freistaates Thüringen, welche Regelungen ausdrücklich für den Fall der **Schwangerschaftskonfliktberatung** vorsieht.[157]

---

148 ZB § 3 Abs. 2 S. 2 CoronaSchVO (Nordrhein-Westfalen); § 4 Abs. 2 SARS-CoV-2-EindmaßnV (Berlin).
149 Vgl. § 4 Abs. 4 CoronaVO (Baden-Württemberg).
150 Vgl. § 4 Abs. 1 Nr. 14 iVm § 4 Abs. 4 CoronaVO (Baden-Württemberg); § 7 der Verordnung über die Beschränkung sozialer Kontakte zur Eindämmung der Corona-Pandemie (Niedersachsen).
151 Vgl. § 7 Abs. 3 CoronaSchVO (Nordrhein-Westfalen); § 7 der Verordnung über die Beschränkung sozialer Kontakte zur Eindämmung der Corona-Pandemie (Niedersachsen).
152 Vgl. § 2 Abs. 5 BayIfSMV.
153 Vgl. § 6 a CoronaVO (Baden-Württemberg).
154 § 5 Abs. 1 S. 1 CoronaVO.
155 Vgl. § 4 HmbSARS-CoV-2-EindämmungsVO.
156 Vgl. § 30 HmbSARS-CoV-2-EindämmungsVO; so auch in § 17 3. SARS-CoV-2-EindV (Sachsen-Anhalt) und § 13 der Verordnung zur Bekämpfung der Corona-Pandemie (Saarland).
157 Vgl. § 12 2. ThürSARS-CoV-2-EindmaßnVO (Thüringen).

Teil 2: Epidemische Lage von nationaler Tragweite

§ 4 Die epidemische Lage von nationaler Tragweite – einfachrechtliche Regelungen und verfassungsrechtliche Problematik

Literatur: *Austermann/Waldhoff*, Parlamentsrecht, 2020; *Barczak*, Der nervöse Staat. Ausnahmezustand und Resilienz des Rechts in der Sicherheitsgesellschaft, 2020; *Benkard*, Patengesetz – Kommentar, 11. Aufl. 2015; *Dreier* (Hrsg.), Grundgesetz – Kommentar, Bd. II, 3. Aufl. 2015; *Erdle*, IfSG – Kommentar, 7. Aufl. 2020; *Jarass/Pieroth*, Grundgesetz – Kommentar, 15. Aufl. 2018; *Greve*, Infektionsschutzrecht in der Pandemielage – Der neue § 28 a IfSG, NVwZ 2020, 1786; *Huster/Kingreen* (Hrsg.), Handbuch Infektionsschutzrecht, 2021; *Kaiser*, Ausnahmeverfassungsrecht, 2020; *Kersten*, Die Notwendigkeit der Zuspitzung. Anmerkungen zur Verfassungstheorie, 2020; *Kersten/Rixen*, Der Verfassungsstaat in der Corona-Krise, 2. Aufl. 2021; *Kießling* (Hrsg.), Infektionsschutzgesetz – Kommentar, 2020; *Maurer/Waldhoff*, Allgemeines Verwaltungsrecht, 19. Aufl. 2017; *Kluckert*, Schriftliche Stellungnahme im Rahmen der öffentlichen Anhörung des Ausschusses für Gesundheit des Deutschen Bundestages zum „Entwurf eines Zweiten Gesetzes zum Schutz der Bevölkerung bei einer epidemischen Lage von nationaler Tragweite" – BT-Drucks. 19/18967 –, Gesundheitsausschuss-Drs. 19(14)160(29) v. 11.5.2020; *Meßling*, Gesetz zum Schutz der Bevölkerung bei einer epidemischen Lage von nationaler Tragweite v. 27.3.2020 (BGBl. I Nr. 14, S. 587–592), NZS 2020, 321; *Ritgen*, Rechtsetzung im Schatten der Corona-Pandemie – Das Gesetz zum Schutz der Bevölkerung bei einer epidemischen Lage von nationaler Tragweite, Der Landkreis 2020, 137; *Ritgen*, Das Dritte Bevölkerungsschutzgesetz – Pandemiebekämpfung auf neuer (und verbesserter?) rechtlicher Grundlage, Der Landkreis 2020, 758; *Rixen*, Gesundheitsschutz in der Coronavirus-Krise – Die (Neu-)Regelungen des Infektionsschutzgesetzes, NJW 2020, 1097; *Rixen*, Grenzenloser Infektionsschutz in der Corona-Krise? Konturen eines grundrechtssensiblen Pandemie-Krisenrechts, RuP 2020, 109; *Sangs*, Das Dritte Gesetz zum Schutz der Bevölkerung bei einer epidemischen Lage von nationaler Tragweite und Gesetzgebung während der Pandemie, NVwZ 2020, 1786; *Schwerdtfeger*, Krisengesetzgebung. Funktionsgerechte Organstruktur und Funktionsfähigkeit als Maßstäbe der Gewaltenteilung, 2018; *Sodan*, Infektionsschutzrecht, in Ehlers/Fehling/Pünder (Hrsg.), Besonderes Verwaltungsrecht, Bd. 2, 4. Aufl. 2020, § 56; *Sodan/Ziekow* (Hrsg.), Verwaltungsgerichtsordnung – Kommentar, 5. Aufl. 2018; *Stelkens/Bonk/Sachs*, Verwaltungsverfahrensgesetz – Kommentar, 9. Aufl. 2018; *Wissenschaftliche Dienste (Deutscher Bundestag)*, Staatsorganisation und § 5 Infektionsschutzgesetz, Ausarbeitung v. 2.4.2020, WD 3 – 3000 – 080/20.

I. Infektionsschutz-Notstandsrecht in der Corona-Krise 1
II. Die Regelungen zum Infektionsschutz-Notstand im Bund sowie in Bayern und Nordrhein-Westfalen 6
1. Überblick über die Regelungen im Bund, insbes. § 5 IfSG 6
a) Die epidemische Lage von nationaler Tragweite – Anlehnung an die sog. wirtschaftlichen Sicherstellungsgesetze ... 6
b) Die Ermächtigungen des BMG im Überblick 8
c) Verfassungsrechtliche Problematik 17
aa) Vorrang des Parlamentsgesetzes und Art. 80 Abs. 1 S. 2 GG ... 17
bb) Verwaltungskompetenz .. 21
cc) Finanzverfassung 27
dd) Grundrechtsfragen 28
2. Überblick über die Rechtslage in Bayern und Nordrhein-Westfalen 30
a) Das außer Kraft getretene BayIfSG 30
b) IfSBG-NRW 34
c) Übergreifende Fragestellungen, insbes. verfassungsrechtliche Problematik 38

I. Infektionsschutz-Notstandsrecht in der Corona-Krise

1 Die sog. Corona-Krise, in deren Zentrum die Verhinderung der Verbreitung des zur Krankheit COVID-19[1] führenden Virus SARS-CoV-2[2] steht, hat zur Entstehung eines spezifischen, außerhalb der Verfassung geregelten **Gesundheits- bzw. Infektionsschutznotstandsrechts** geführt: hauptsächlich auf Bundesebene, aber auch – in deutlich begrenzterem Umfang – in Nordrhein-Westfalen (→ Rn. 34 ff.) und bis zum 31.12.2020 auch in Bayern (→ Rn. 30 ff.).[3] Die Bestimmungen auf Landesebene ergänz(t)en der Sache nach das Katastrophenschutzrecht, das ungeachtet der durch die Corona-Krise veranlassten Sondervorschriften anwendbar bleibt (vgl. Art. 1 Abs. 1 S. 3 des außer Kraft getretenen [→ Rn. 30] BayIfSG, → § 12 Rn. 81). Auch in den anderen Bundesländern bildet das Katastrophenschutzrecht eine Reserveordnung, die in der Corona-Krise noch aktiviert werden könnte.

2 Deutschland ist nicht das einzige Land, das mit **spezifischem Notstandsrecht** auf die Corona-Krise reagiert. Zum Teil wurden, wie in Frankreich, einfachgesetzliche Vorschriften zum „état d'urgence sanitaire" geschaffen.[4] Zum Teil wurde, wie in Spanien, auf verfassungsrechtliche Notstandsregelungen („estado de alarma") zurückgegriffen.[5] Welcher regelungstechnische Ansatz auch verfolgt wird,[6] im Ergebnis führt er regelmäßig zu zahlreichen Ermächtigungen, die Regierung und Verwaltung den Erlass untergesetzlicher Bestimmungen oder die Anordnung sonstiger Maßnahmen gestatten. In manchen Ländern hat das zu einer quantitativ kaum noch überschaubaren Produktion von Normen und anderen Hoheitsakten geführt.[7]

3 Wie in jeder Krise ist auch die Corona-Krise die **Stunde der normsetzenden und normanwendenden Exekutive**. Das gilt auch für die Länder Europas, über deren rechtsstaatlichen Charakter kein Zweifel besteht, die aber zum Teil (wie etwa in Frankreich) der Teilstaatsgewalt „Exekutive" schon unter den üblichen Bedingungen tendenziell größere Interventionsoptionen einräumen, als das in Deutschland der Fall ist.[8] Dass

---

1 Coronavirus-Krankheit-2019 (COVID-19, § 6 Abs. 1 S. 1 Nr. 1 lit. t IfSG). Hier und im Folgenden wird das IfSG einschließlich der Änderungen durch das „Dritte Gesetz zum Schutz der Bevölkerung bei einer epidemischen Lage von nationaler Tragweite" v. 18.11.2020 (BGBl. I 2397) zitiert. Berücksichtigt wurde auch das am 4.3.2021 vom Deutschen Bundestag beschlossene Gesetz zur Fortgeltung der die epidemische Lage von nationaler Tragweite betreffenden Regelungen (BT-Drs. 19/26545).

2 Severe-Acute-Respiratory-Syndrome-Coronavirus-2 (SARS-CoV-2, § 7 Abs. 1 S. 1 Nr. 44 a IfSG).

3 Die Regelungen über die epidemische Lage von landesweiter Tragweite gem. § 3 a GÖDG Niedersachsen, der einstweilen bis 30.3.2021 gilt (Art. 1 Nr. 2, Art. 19, Art. 23 Abs. 1, Abs. 2 Nr. 3 des Gesetzes zur Änderung niedersächsischer Rechtsvorschriften aus Anlass der COVID-19-Pandemie v. 15.7.2020, NdsGVBl. 244) erweitern die Befugnisse des zuständigen Fachministeriums anstelle der Landkreise und kreisfreien Städte.

4 Loi n° 2020–290 du 23 mars 2020 d'urgence pour faire face à l'épidémie de covid-19, Journal officiel de la République française (JORF) n° 72 du 24 mars 2020, www.legifrance.gouv.fr (letzter Abruf am 20.2.2021); hierzu *Gaillet/Gerhold*, État d'urgence sanitaire. Wie Frankreich den Coronavirus bekämpft, Beitrag v. 27.3.2020, https://verfassungsblog.de/etat-durgence-sanitaire/ (letzter Abruf am 20.2.2021).

5 Real Decreto 463/2020, de 14 de marzo, por el que se declara el estado de alarma para la gestión de la situación de crisis sanitaria ocasionada por el COVID-19, Boletín Oficial del Estado (BOE) núm. 67, de 14 de marzo de 2020, www.boe.es (letzter Abruf am 20.2.2021).

6 In den USA kommt ua ein ursprünglich für die Zwecke der Kriegswirtschaft gedachtes Gesetz – der „Defense Production Act of 1950" (50 U.S.C. § 4501) – zur Anwendung, das aufgrund einer weiten Auslegung des Begriffs „national defense" – vgl. 50 U.S.C. § 4552(14) – auch andere als kriegerische Katastrophen betrifft, https://uscode.house.gov/ (letzter Abruf am 20.2.2021); s. etwa die von Präsident *Biden* auch auf Basis dieses Gesetzes erlassene „Executive Order on a Sustainable Public Health Supply Chain" v. 21.1.2021, www.whitehouse.gov/briefing-room/presidential-actions/2021/01/21/executive-order-a-sustainable-public-health-supply-chain/ (letzter Abruf am 20.2.2021).

7 S. etwa die über 2.000-seitige Übersicht über die in Spanien maßgeblichen Vorschriften in der im Boletín Oficial del Estado publizierten Sammlung „COVID-19: Derecho Europeo y Estatal" (Stand: 1.2.2021), www.boe.es (zuletzt abgerufen am 5.2.2021).

8 Das lässt sich beispielhaft an dem in Frankreich gerichtlich nur zurückhaltend kontrollierten Verwaltungsermessen ablesen, das zudem deutlich häufiger vorkommt als gebundene Befugnisse, *Marsch* in Schneider (Hrsg.), Verwaltungsrecht in Europa, Bd. 2, 2009, S. 33 (191); *Pünder* Die Verwaltung 48 (2015), 405 (424).

andere europäische Länder wie Polen oder Ungarn – genaugenommen: die derzeit dort politisch Verantwortlichen – die (verfassungs-)rechtlichen Optionen des Notstands für nicht-infektionsschutzbezogene Zwecke zu missbrauchen scheinen,[9] darf nicht in einem frei flottierenden antietatistischen Affekt dazu verleiten, auch den Verfassungsstaat des Grundgesetzes und diejenigen, die ihm in der Krise zu effektiver Geltung verhelfen, unter Verdacht zu stellen.

Das geschieht, wenn – zumal unter assoziativer Anspielung auf *Carl Schmitt* –[10] insinuiert wird, die in Deutschland maßgeblichen Regelungen über den Infektionsschutznotstand würden einem **Ausnahmezustand** jenseits des Rechts den Weg bereiten.[11] Zwar sind die gesetzlichen Regelungen über den Infektionsschutznotstand nicht über jeden verfassungsrechtlichen Zweifel erhaben (→ Rn. 17 ff.). Aber solchen Zweifeln kann durch eine **restriktive, verfassungsorientierte Auslegung** (→ Rn. 18, 19, 20, 29, 40, 44) Rechnung getragen werden. Außerdem stehen unabhängige Gerichte bereit, um die auch verfassungsrechtlich korrekte Anwendung der Regelungen zu überprüfen.[12] Der rechtsstaatliche Charakter der Pandemie-Regulierung lässt sich gewiss nicht nur daran ablesen, dass es effektive gerichtliche Kontrolle gibt. *Dass* es sie in der Corona-Krise gibt, ist aber ein notwendiger – und verlässlicher – Indikator für **rechtsstaatliche Normalität.** 4

Die Fixierung auf den Ausnahmezustand mag verführerisch sein, nur führt sie geradewegs in die Irre. Das Recht, auch und gerade das Verfassungsrecht, darf die Corona-Krise nicht als pararechtliche Exzeptionalität, sondern es muss sie als regulierbare Normalität reflektieren. Moderne Gesellschaften sind konstitutiv krisenanfällig. Diese Einsicht soll selbstverständlich nicht die existenziell folgenreichen Belastungen relativieren, zu denen die Bewältigung der Corona-Krise für viele Menschen führt. Gleichwohl ist festzuhalten, dass „die moderne Gesellschaft selbst innerhalb der Krise nach ziemlich gewohnten Mustern funktioniert."[13] Das gilt auch für die unverändert maßgeblichen Ordnungsmuster, Deutungsschemata und Kontrollkriterien des Rechtsstaats. Ihnen entspricht ein **juristischer Denkstil der entdramatisierenden Differenzierung**, der sich konsequent dem Ausnahmezustand in den Köpfen verweigert und so den gebotenen *kritischen* Blick auf die Regelungen zum Infektionsschutznotstand von Einseitigkeiten und Übertreibungen frei hält. 5

9 Zur Lage in Polen und Ungarn *Drinóczi/Bień-Kacała*, Illiberal Constitutionalism at Work. The First Two Weeks of COVID-19 in Hungary and Poland, Beitrag v. 31.3.2020, https://verfassungsblog.de/illiberal-constitutionalism-at-work/ (letzter Abruf am 20.2.2021).

10 *Carl Schmitt* ist eine Art *walking dead* der Verfassungstheorie. Er hat immer dann seinen Auftritt, wenn die üblichen Vorstellungen von Normalität ins Wanken geraten (hierzu auch *Rixen* RuP 2020, 109). Wer nachliest (Politische Theologie, 7. Aufl. 1996, S. 18 f.), stellt fest, dass Schmitts Begriff des Ausnahmezustands auf eine vorrechtlich gedachte unbegrenzte Macht referiert, für die unter dem Grundgesetz generell kein Platz ist (hierzu *Kersten*, Die Notwendigkeit der Zuspitzung, 2020, S. 102, S. 117). Dieser Ansatz passt deshalb auch nicht zur Bewältigung der Corona-Krise, die sich in den schützenden Formen rechtlicher Machtbegrenzung vollzieht. Das gilt auch – bei aller Kritikwürdigkeit iE – für die Regelungen über den Infektionsschutznotstand; näher zur allg. Debatte über den Ausnahmezustand *Barczak*, Der nervöse Staat, 2020; *Kaiser*, Ausnahmeverfassungsrecht, 2020, *Schwerdtfeger*, Krisengesetzgebung, 2018.

11 Eingehend hierzu *Kersten/Rixen*, Der Verfassungsstaat in der Corona-Krise, 2. Aufl. 2021.

12 S. die Sammlung insbes. verwaltungsgerichtlicher Entscheidungen zu Rechtsfragen, die sich auf die Corona-Krise beziehen, unter https://lexcorona.de (letzter Abruf am 20.2.2021).

13 So der Soziologe *Nassehi* in einem Interview mit der Neuen Zürcher Zeitung (NZZ), Nr. 99 v. 29.4.2020, S. 5.

II. Die Regelungen zum Infektionsschutz-Notstand im Bund sowie in Bayern und Nordrhein-Westfalen

1. Überblick über die Regelungen im Bund, insbes. § 5 IfSG

a) Die epidemische Lage von nationaler Tragweite – Anlehnung an die sog. wirtschaftlichen Sicherstellungsgesetze

6 § 5 IfSG, der durch das „Gesetz zum Schutz der Bevölkerung bei einer epidemischen Lage von nationaler Tragweite“[14] eingeführt, durch das „Zweite Gesetz zum Schutz der Bevölkerung bei einer epidemischen Lage von nationaler Tragweite“[15] geändert wurde und inzwischen idF des „Dritten Gesetzes zum Schutz der Bevölkerung bei einer epidemischen Lage von nationaler Tragweite“[16] sowie des Gesetzes zur Fortgeltung der die epidemische Lage von nationaler Tragweite betreffenden Regelungen gilt,[17] gestattet der Sache nach die Ausrufung eines auf das Gesundheitswesen bezogenen **Notstands.** Das passt zum IfSG insgesamt, dessen Schutzmaßnahmen ohnehin ein notstandsähnlicher Charakter attestiert wird.[18] Die ursprünglich geplante Befristung von § 5 (und § 5 a, → Rn. 13) IfSG bis 31.3.2021 ist aufgehoben worden.[19] Der Sache nach in Anlehnung (was die Gesetzesbegründung nicht anspricht) an die auf die Gewährleistung der Versorgung mit essentiellen Gütern („Daseinsvorsorge“) bezogenen sog. **wirtschaftlichen Sicherstellungsgesetze,**[20] die Mitte der 1960er Jahre im Vorgriff auf die Änderungen des Grundgesetzes durch die sog. Notstandsverfassung[21] ergangen sind und bis in die Gegenwart aktualisiert werden (s. insbes. § 1 Ernährungssicherstellungs- und -vorsorgegesetz (ESVG)[22] zur Feststellung einer „Versorgungskrise“) stellt der Deutsche Bundestag (und nicht, wie zunächst in Anlehnung an § 1 Abs. 1 ESVG geplant,[23] die Bundesregierung) eine epidemische Lage von nationaler Tragweite fest,[24] die im Bundesgesetzblatt bekanntgemacht werden muss (§ 5 Abs. 1 S. 4 [zunächst S. 3] IfSG). In den Formulierungshilfen des Bundesministeriums für Gesundheit (BMG),[25] die dem Entwurf[26] des (Ersten) Gesetzes zum Schutz der Bevölkerung bei einer epidemischen Lage vorausgegangen waren, wurde auf die von der Weltgesundheitsorganisation (WHO) ausgerufene gesundheitliche Notlage von internationaler Tragweite (Art. 12 Internationale Gesundheitsvorschriften [IGV])[27] oder eine bundesländerübergreifende Ausbreitung schwerwiegender übertragbarer Krankheiten hingewiesen. Diese beiden Varianten wurden durch das Dritte Gesetz zum Schutz der Bevölkerung bei einer epidemischen Lage von natio-

---

14 Gesetz v. 27.3.2020 (BGBl. I 587); das Gesetz ist grds. am 28.3.2020 in Kraft getreten (vgl. Art. 7 Abs. 1 des Gesetzes) – Zum Folgenden bereits *Rixen* NJW 2020, 1097 (1102 f.); s. ferner *Meßling* NZS 2020, 321 ff.; *Ritgen* Der Landkreis 2020, 137 ff.

15 Gesetz v. 19.5.2020 (BGBl. I 1018), dazu BT-Drs. 19/18967, BT-Drs. 19/19216.

16 Gesetz v. 18.11.2020 (BGBl. I 2397); dazu BT-Drs. 19/23944, BT-Drs. 19/24334; dazu *Ritgen* Der Landkreis 2020, 758.

17 BT-Drs. 19/26545.

18 *Erdle* IfSG S. 105.

19 Art. 3 Nr. 2 lit. a iVm Art. 7 Abs. 4 des Gesetzes v. 27.3.2020 (BGBl. I 587), aufgehoben durch Art. 10 des am 4.3.2021 vom Deutschen Bundestag beschlossenen Gesetzes zur Fortgeltung der die epidemische Lage von nationaler Tragweite betreffenden Regelungen (BT-Drs. 19/26545); zur rechtspolitisch gebotenen Aufhebung der Befristung *Sangs* NVwZ 2020, 1780 (1781).

20 Überblick bei *Rittner/Dreher*, Europäisches und deutsches Wirtschaftsrecht, 3. Aufl. 2008, § 28. Das urspr. Ernährungssicherstellungsgesetz (BGBl. 1965 I 938) wurde, als sei nichts geschehen, als „Ermächtigungsgesetz“ (BT-Drs. IV/893, 9) bezeichnet.

21 Gesetz v. 24.6.1968 (BGBl. I 709); s. a. *Werbke* ZaöRV 27 (1967), 139 (218 f.).

22 ESVG v. 4.4.2017 (BGBl. I 772).

23 Formulierungshilfen des BMG für die Koalitionsfraktionen v. 20.3.2020 und v. 23.3.2020.

24 Vgl. auch – zur Feststellung und Aufhebung des Spannungsfalls durch den Bundestag – Art. 80 a GG.

25 Zur Formulierungshilfe v. 21.3.2020 ausführlich *Ritgen* Der Landkreis 2020, 137 ff.

26 BT-Drs. 19/18111 v. 24.3.2020; s. a. BT-Drs. 19/18156 (Beschlussempfehlung) v. 25.3.2020, 19/18157 (Bericht) v. 25.3.2020.

27 BGBl. 2007 II 930 (942 f.); amtliche Überschrift von Art. 12 IGV: „Feststellung einer gesundheitlichen Notlage von internationaler Tragweite“, hierzu *Hollo* in Kießling IfSG § 5 Rn. 7.

naler Tragweite[28] in § 5 Abs. 1 S. 6 (zunächst S. 4) Nr. 1, Nr. 2 IfSG übernommen. Beim Fortfall der Voraussetzungen hebt der Bundestag die Feststellung auf; sie ist ebenfalls im Bundesgesetzblatt bekannt zu machen (§ 5 Abs. 1 S. 5 [zunächst S. 3] IfSG). Soweit der Deutsche Bundestag nicht spätestens drei Monate nach der Feststellung nach § 5 Abs. 1 S. 1 IfSG das Fortbestehen der epidemischen Lage von nationaler Tragweite feststellt, gilt die Feststellung als nach § 5 Abs. 1 S. 2 IfSG aufgehoben; dies gilt entsprechend für jede weitere Feststellung über die Fortdauer der epidemischen Lage von nationaler Tragweite (so nunmehr § 5 Abs. 1 S. 3 IfSG nF); das ähnelt der Rechtslage in Nordrhein-Westfalen (→ Rn. 34). Die **epidemische Lage von nationaler Tragweite** hat der Bundestag unter der stillschweigenden Bedingung, dass das (Erste) Gesetz zum Schutz der Bevölkerung bei einer epidemischen Lage von nationaler Tragweite in Kraft tritt, im Anschluss an die Verabschiedung des Gesetzes am 25.3.2020 mit Wirkung für den Tag des Inkrafttretens am 28.3.2020 (vgl. Art. 7 Abs. 1 des Gesetzes) erstmals festgestellt;[29] die Feststellung der Fortdauer gilt als Feststellung im Sinne des Satzes 1 (§ 5 Abs. 1 S. 4 IfSG nF).

Die Feststellung der epidemischen Notlage von nationaler Tragweite ist Tatbestandsvor- 7
aussetzung zahlreicher Eingriffsnormen (s. nur § 28 a Abs. 1, § 36 Abs. 8, 10 IfSG). Es handelt sich also um einen **kraft einfachen Rechts bindenden Parlamentsbeschluss[30] mit spezifisch verwaltungsrechtlichen Folgen**. Unklar ist insbes., ob bzw. inwieweit die Verwaltung, wenn sie auf diese Normen gestützte Maßnahmen erlässt, oder die (Verwaltungs-)Gerichte, wenn sie die Rechtmäßigkeit der auf diese Normen gestützten Maßnahmen überprüfen, an die Feststellung des Bundstages gebunden sind. Denkbar ist zB, dass eine epidemische Notlage festgestellt wird, obgleich sie nicht (mehr) besteht, wofür etwa sprechen könnte, dass alle Nachbarländer Deutschlands ihr Vorliegen verneinen oder die WHO ihr Vorliegen verneint (Entsprechendes gilt für die Aufhebung der Feststellung). Zwischen Irrtum und bewusstem Absehen von der Realität ist vieles denkbar. Das soll nicht die Integrität der aktuell politisch Verantwortlichen in Frage stellen, will aber dem Umstand Rechnung tragen, dass möglicherweise einmal politisch Verantwortliche handeln könnten, denen an einem „kreativen" Umgang mit Fakten gelegen ist. Bekanntlich sind politische Konstellationen, in denen *fake news* sozusagen hoffähig werden (erinnert sei an die Amtszeit des früheren US-amerikanischen Präsidenten *Trump*) auch in westlichen Demokratien als gleichsam im Innenraum der Demokratie um sich greifende Demokratiegefahr nicht völlig auszuschließen. Ausgangspunkt der rechtlichen Einordnung ist § 5 Abs. 1 S. 6 (zunächst S. 4) IfSG, der eine materiellrechtliche Definition vorlegt,[31] die „objektive Kriterien für das Vorliegen einer solchen Lage"[32] benennt. Daran ist auch der Bundestag gebunden. Die Feststellungs- und Aufhebungskompetenz (§ 5 Abs. 1 S. 1, 2 IfSG) des Bundestages bringt dessen besondere Verantwortung für das Allgemeinwohl in einer den Gesamtstaat betreffenden Angelegenheit zum Ausdruck. Das führt zumindest punktuell zu einer erhöhten Bindungswirkung des Feststellungs- und des Aufhebungsbeschlusses zulasten der Verwaltung und der Judikative (**regelhafte punktuelle Bindungswirkung des Bundestagsbeschlusses**). Er ähnelt dem gerichtlich nur eingeschränkt kontrollierbaren Beurteilungsspielraum bei unbestimmten Rechtsbegriffen, allerdings nur, soweit die Tatbestandsmerkmale „ernsthafte Gefahr für

28 Gesetz v. 18.11.2020 (BGBl. I 2397).
29 BT-Plenarprotokoll 19/154 v. 25.3.2020, 19169 (C) iVm BT-Drs. 19/18156 (Beschlussempfehlung); nach der damaligen Rechtslage gemäß dem (Ersten) Gesetz zum Schutz der Bevölkerung bei einer epidemischen Lage von nationaler Tragweite musste die Feststellung noch nicht im Bundesgesetzblatt bekanntgemacht werden.
30 Allg. zu rechtlich bindenden Parlamentsbeschlüssen *Austermann/Waldhoff* Parlamentsrecht Rn. 477 f.
31 *Hollo* in Kießling IfSG § 5 Rn. 6.
32 *Greve* NVwZ 2020, 1786 (1789).

die öffentliche Gesundheit" betroffen sind. Bei der öffentlichen Gesundheit geht es nicht zwingend bzw. nicht nur um die gesundheitsversorgende Infrastruktur,[33] sondern es geht um „die Wahrscheinlichkeit eines Ereignisses, das die **Gesundheit von Bevölkerungsgruppen** beeinträchtigen kann" (Art. 1 IGV). Insoweit hat der Bundestag bezogen auf die korrekt ausgelegten Tatbestandsmerkmale der „ernsthaften", also dringlichen[34], ggf. auch gegenwärtigen[35] „Gefahr für die öffentliche Gesundheit" einen Einschätzungs- bzw. Prognosespielraum, der in tatsächlicher Hinsicht nicht völlig unvertretbar genutzt werden, also insbes. nicht offensichtliche medizinisch-naturwissenschaftliche Erkenntnisse ignorieren darf. Wo das doch einmal geschehen sollte, darf die Verwaltung und dürfen die Gerichte das Tatbestandsmerkmal „ernsthafte Gefahr für die öffentliche Gesundheit" in § 5 Abs. 1 S. 6 (zunächst S. 4) IfSG eigenständig auslegen und anwenden, weil die regelhafte Bindungswirkung des Feststellungs- oder des Aufhebungsbeschlusses hier ausnahmsweise fehlt. Im Übrigen sind die Tatbestandsvoraussetzungen des § 5 Abs. 1 S. 6 (zunächst S. 4) IfSG gerichtlich voll überprüfbar, wobei die Tatsachen, die diesen Tatbestandselementen subsumiert werden, das Maß der Vertretbarkeit in tatsächlicher Hinsicht, soweit es um die Merkmale „ernsthafte Gefahr für die öffentliche Gesundheit" geht, beeinflussen.

b) Die Ermächtigungen des BMG im Überblick

8 Die Feststellung der epidemischen Lage von nationaler Tragweite hat zur Folge, dass dem BMG umfängliche Ermächtigungen zum Erlass von (sofort vollziehbaren, § 5 Abs. 4 S. 5 IfSG) **Anordnungen** (= Verwaltungsakte)[36] gem. § 5 Abs. 2 S. 1 Nr. 5, 6 IfSG[37] sowie von **Rechtsverordnungen** (Erlass durchweg ohne Zustimmung des Bundesrates)[38] zuwachsen (§ 5 Abs. 2 IfSG). Wirksamkeitsvoraussetzung für den Erlass der Rechtsverordnungen sind Einvernehmens- bzw. Benehmenserfordernisse (§ 5 Abs. 3 IfSG).[39]

9 Die Rechtsverordnungen treten mit der Aufhebung der epidemischen Lage außer Kraft; Entsprechendes gilt für die Anordnungen (§ 5 Abs. 4 S. 4 IfSG), zur Entfristung des § 5 IfSG → Rn. 6. Die Regelungstechnik, per Rechtsverordnungen und (ergänzenden) Anordnungen die Krise (durch die Inpflichtnahme materiell Privater) zu steuern, folgt ebenfalls dem **Vorbild** der bereits erwähnten wirtschaftlichen Sicherstellungsgesetze.[40] Von den Ermächtigungen zum Erlass von Rechtsverordnungen hat das BMG inzwischen mehrfach Gebrauch gemacht.[41] Zwar können die Rechtsverordnungen nicht im

---

33 *Kingreen* in Huster/Kingreen InfektionsschutzR-HdB Kap. 1 Rn. 104.

34 Zur Orientierung s. etwa § 2 Nr. 4 Niedersächsisches Polizei- und Ordnungsbehördengesetz (NPOG): „eine im Hinblick auf das Ausmaß des zu erwartenden Schadens und die Wahrscheinlichkeit des Schadenseintritts erhöhte Gefahr [...] für Leib, Leben oder Freiheit einer Person [...]".

35 Zur Orientierung s. etwa § 2 Nr. 2 Niedersächsisches Polizei- und Ordnungsbehördengesetz (NPOG): „eine Gefahr, bei der die Einwirkung des schädigenden Ereignisses bereits begonnen hat oder bei der diese Einwirkung unmittelbar oder in allernächster Zeit mit einer an Sicherheit grenzenden Wahrscheinlichkeit bevorsteht".

36 Vgl. auch § 73 Abs. 1a Nr. 1 IfSG: „vollziehbare Anordnung". Bei der „Anordnung" handelt es sich also nicht um eine Rechtsnormkategorie *sui generis*.

37 Die früheren an das BMG adressierten Anordnungsbefugnisse gem. § 5 Abs. 1 S. 1 Nr. 1, 2 IfSG aF wurden durch das Dritte Gesetz zum Schutz der Bevölkerung bei einer epidemischen Lage von nationaler Tragweite v. 18.11.2020 (BGBl. I 2397) aufgehoben; an ihre Stelle sind die an die Bundesregierung gerichteten Rechtsverordnungsermächtigungen des § 36 Abs. 10 S. 1 Nr. 1, 2 IfSG getreten.

38 Vgl. Art. 80 Abs. 2 S. 1 GG: „vorbehaltlich anderweitiger bundesgesetzlicher Regelung".

39 Auch das Benehmenserfordernis (§ 5 Abs. 3 S. 2 u. 3 [zunächst S. 3 u. 4] IfSG) muss ernstgenommen werden, zur allg. Orientierung BSG Urt. v. 24.8.1994 – 6 RKa 15/93, BSGE 75, 37 (40); s. a. BSG Urt. v. 21.1.1969 – 6 RKa 27/67, BSGE 29, 111 (113).

40 S. das bereits erwähnte ESVG, aber zB auch das Wirtschaftssicherstellungsgesetz idF der Bekanntmachung v. 3.10.1968 (BGBl. I 1069), zuletzt geändert durch Art. 262 der Verordnung v. 31.8.2015 (BGBl. I 1474).

41 S. insbes. Verordnung zur Abweichung von der Approbationsordnung für Ärzte bei einer epidemischen Lage von nationaler Tragweite v. 30.3.2020 (BAnz. AT 31.3.2020 V1), Verordnung zur Beschaffung

Wege der **Normenkontrolle** gemäß § 47 VwGO angegriffen werden, weil diese Bestimmung Bundesrechtsverordnungen nicht erfasst.[42] Aber es ist damit zu rechnen, dass die Verwaltungsgerichte über den Umweg der Feststellungsklage (§ 43 VwGO) Rechtsverordnungen überprüfen werden, sofern nicht auf Basis dieser Rechtsverordnungen erlassene Verwaltungsakte direkt angegriffen werden können.[43]

Anordnungen (Einzel- oder Allgemeinverfügungen)[44] konnten etwa die infektionsspezifischen Konsequenzen des (geplanten) **Grenzübertritts** nach Deutschland betreffen. 10
Ebenso durften Informationen über die Identität sowie gesundheitsbezogene Daten der betroffenen Personen verlangt werden (§ 5 Abs. 2 S. 1 Nr. 1 lit. a IfSG aF). Diese durften auch verpflichtet werden, über ihren Gesundheitszustand Auskunft zu geben (§ 5 Abs. 2 S. 1 Nr. 1 lit. c IfSG aF) oder Impf- bzw. Prophylaxebescheinigungen über eine bedrohliche übertragbare Krankheit vorzulegen (§ 5 Abs. 2 S. 1 Nr. 1 lit. b IfSG aF). Außerdem konnten sie verpflichtet werden, sich ärztlich untersuchen zu lassen (§ 5 Abs. 2 S. 1 Nr. 1 IfSG aF), also ärztliche, also durch einen approbierten Arzt (§ 2 Abs. 1 BÄO) vorgenommene bzw. von diesem veranlasste und beaufsichtigte Untersuchungen zu dulden.[45] Diese Anordnungsbefugnisse wurden durch das Dritte Gesetz zum Schutz der Bevölkerung bei einer epidemischen Lage von nationaler Tragweite mit Wirkung ab 19.11.2020 aufgehoben;[46] an ihre Stelle sind die an die Bundesregierung gerichteten Rechtsverordnungsermächtigungen des § 36 Abs. 10 S. 1 Nr. 1 IfSG getreten;[47] zu ärztlichen Untersuchungen kraft Rechtsverordnung s. § 36 Abs. 7 S. 2 IfSG.

Zulässig waren auch Anordnungen zulasten von Unternehmen, die im weitesten Sinne mit der **grenzüberschreitenden Personenbeförderung** zu tun haben und die bei der Durchführung von Maßnahmen nach § 5 Abs. 2 S. 1 Nr. 1 IfSG aF mitwirken sollen (§ 5 Abs. 2 S. 1 Nr. 2 IfSG aF).[48] Dazu gehörten ua Verbote, Personen nach Deutschland zu befördern, „soweit eine Rückreise deutscher Staatsangehöriger weiterhin möglich ist“ (§ 5 Abs. 2 S. 1 Nr. 2 lit. a IfSG aF). Diese Anordnungsbefugnisse wurden mit Wir- 11

von Medizinprodukten und persönlicher Schutzausrüstung bei der durch das Coronavirus SARS-CoV-2 verursachten Epidemie v. 8.4.2020 (BAnz. AT 9.4.2020 V3), Verordnung zur Aufrechterhaltung und Sicherung intensivmedizinischer Krankenhauskapazitäten (DIVI IntensivRegister-Verordnung) v. 8.4.2020 (BAnz. AT 9.4.2020 V4), Verordnung über Abweichungen von den Vorschriften des Fünften Buches Sozialgesetzbuch, des Apothekengesetzes, der Apothekenbetriebsordnung, der Arzneimittelpreisverordnung, des Betäubungsmittelgesetzes und der Betäubungsmittel-Verschreibungsverordnung infolge der SARS-CoV-2-Epidemie (SARS-CoV-2-Arzneimittelversorgungsverordnung) v. 20.4.2020 (BAnz. AT 21.4.2020 V1); COVID-19-Versorgungsstrukturen-Schutzverordnung (COVID-19-VSt-SchutzV) v. 30.4.2020 (BAnz. AT 4.5.2020 V1); Verordnung zum Anspruch auf Testung in Bezug auf einen direkten Erregernachweis des Coronavirus SARS-CoV-2 (Coronavirus-Testverordnung – TestV) v. 30.11.2020 (BAnz AT 1.12.2020 V1); Verordnung zur Änderung der Medizinprodukte-Abgabeverordnung im Rahmen der epidemischen Lage von nationaler Tragweite v. 2.12.2020 (BAnz AT 3.12.2020 V1); Zweite Verordnung zur Änderung der Medizinprodukte-Abgabeverordnung im Rahmen der epidemischen Lage von nationaler Tragweite v. 15.1.2021 (BAnz AT 19.1.2021 V1); Dritte Verordnung zur Änderung der Medizinprodukte-Abgabeverordnung im Rahmen der epidemischen Lage von nationaler Tragweite v. 1.2.2021 (BAnz AT 2.2.2021 V1).

42 *Ziekow* in NK-VwGO § 47 Rn. 110.

43 Allg. hierzu *Sodan* in NK-VwGO § 43 Rn. 58 ff.; s. hierzu etwa auch BVerfG Besch. v. 17.1.2006 – 1 BvR 541 ua, BVerfGE 115, 81 (95 f.).

44 S. etwa die Anordnungen gemäß § 5 Abs. 2 S. 1 Nr. 1, 2 IfSG aF nach Feststellung einer epidemischen Lage von nationaler Tragweite durch den Deutschen Bundestag v. 8.4.2020 (BAnz. AT 9.4.2020 B7); da § 5 Abs. 2 S. 1 Nr. 1 und 2 durch das Dritte Gesetz zum Schutz der Bevölkerung bei einer epidemischen Notlage von nationaler Tragweite v. 18.11.2020 (BGBl. I 2397) gestrichen wurde, dürfen solche Anordnungen nicht mehr ergehen.

45 S. zur Beschränkung des Rechts auf körperliche Unversehrtheit (Art. 2 Abs. 2 S. 1 GG) § 5 Abs. 5 IfSG, dazu BT-Drs. 19/18111, 22.

46 Vgl. Art. 8 Abs. 1 des Gesetzes v. 18.11.2020 (BGBl. I 2397).

47 Dazu BT-Drs. 19/23944, 2, 36.

48 Zur Beschaffung von Daten von Fluggästen und Kontaktpersonen insbes. bei Fluggesellschaften s. § 12 Abs. 5 a IGV-Durchführungsgesetz v. 21.3.2013 (BGBl. I 566).

kung ab 19.11.2020 aufgehoben, nunmehr gilt § 36 Abs. 10 S. 1 Nr. 2 IfSG[49] (→ Rn. 10). Die Anordnungen nach § 5 Abs. 2 S. 1 Nr. 1 und Nr. 2 IfSG aF mussten in einer insbes. mit Art. 25, 28 **Schengener Grenzkodex**[50] vereinbaren Weise erlassen und gehandhabt werden. Das gilt auch für Rechtsverordnungen, die auf § 36 Abs. 10 S. 1 Nr. 1, 2 IfSG geschützt werden.

12 Das BMG oder eine nachgeordnete Behörde – und nicht, wie sonst, die Bundesregierung (§ 13 Abs. 1 PatG) – kann die Benutzung eines **Patents für die Zwecke der öffentlichen Wohlfahrt** (wozu auch die Seuchenbekämpfung bzw. der Infektionsschutz gehört) bzw. der öffentlichen Sicherheit des Bundes (wozu zB auch der Katastrophenschutz gehört) anordnen, was auch die Übertragung der Benutzung auf Dritte umfassen kann (→ Rn. 25; außerdem → § 8 Rn. 102 ff.).[51]

13 Die Ermächtigungen zum Erlass von Rechtsverordnungen ermöglichen zahlreiche Modifikationen und vor allem Ausnahmen praktisch im **gesamten öffentlich-rechtlichen Recht der Gesundheit**, etwa im Bereich der Ausbildung der Ärzte und Zahnärzte (§ 5 Abs. 2 S. 1 Nr. 7 lit. b, c IfSG), ferner auch für 21 weitere reglementierte Gesundheitsberufe (§ 5 Abs. 1 S. 1 Nr. 10, S. 2 IfSG). Gem. § 5 a IfSG wird Pflegefachkräften und Notfallsanitätern für die Phase der festgestellten epidemischen Lage von nationaler Tragweite kraft Gesetzes die Befugnis zur Ausübung arztgleicher[52] heilkundlicher Tätigkeiten gewährt, sofern die jeweilige Fachkraft die nötigen Kompetenzen aufweist und eine ärztliche Behandlung im konkreten Fall nicht zwingend erforderlich ist (§ 5 a Abs. 1 S. 2 IfSG; zu Dokumentationspflichten und zur Kooperation mit Ärzten § 5 a Abs. 1 S. 3, 4 IfSG). Durch Rechtsverordnung ohne Zustimmung des Bundesrates kann dies weiteren Personen, die über eine Erlaubnis zum Führen der Berufsbezeichnung eines reglementierten Gesundheitsfachberufs verfügen, für die epidemische Lage von nationaler Tragweite gestattet werden (§ 5 a Abs. 2 IfSG). Diese Gestattungen durch Rechtsverordnung erledigen sich, sobald diese Lage durch den Bundestag aufgehoben wurde.[53]

14 Rechtsverordnungen, die zahlreiche Modifikationen und vor allem **Ausnahmen von Gesetzen und untergesetzlichem Recht** ermöglichen, sind auch im Recht der gesetzlichen Krankenversicherung (§ 5 Abs. 2 S. 1 Nr. 7 lit. a IfSG), im Pflegebereich (§ 5 Abs. 2 S. 1 Nr. 8 IfSG), im gesamten Bereich der gesundheitsrelevanten Produkte einschließlich von Ausnahmen von den üblichen Regeln der Zulassung von Arzneimitteln (zu denen auch Impfstoffe gehören, vgl. § 4 Abs. 4 AMG, → § 8 Rn. 1 ff.) und Medizinprodukten (§ 5 Abs. 2 S. 1 Nr. 4 lit. a, b IfSG, → § 7 Rn. 33 ff.) zulässig. Auch die Beschaffung und die Sicherstellung von Produkten, auch Verkaufsverbote und Preisregelungen, ferner die Umstellung, Eröffnung oder Schließung von Produktions- und Betriebsstätten sind möglich (§ 5 Abs. 2 S. 1 Nr. 4 lit. c bis g IfSG). Verbunden wird dies mit der Kompetenz, die Rechtsverordnungen gem. § 5 Abs. 2 S. 1 Nr. 4 lit. a, c bis g IfSG durch Anordnungen des BMG oder nachgeordneter Behörden durchzuführen (§ 5 Abs. 2 S. 1 Nr. 6 IfSG).

49 Verordnung zum Schutz vor einreisebedingten Infektionsgefahren in Bezug auf neuartige Mutationen des Coronavirus SARS-CoV-2 nach Feststellung einer epidemischen Lage von nationaler Tragweite durch den Deutschen Bundestag (Coronavirus-Schutzverordnung – CoronaSchV) v. 29.1.2021 (BAnz AT 29.1.2021 V1); Erste Verordnung zur Änderung der Coronavirus-Schutzverordnung v. 16.2.2021 (BAnz AT 17.2.2021 V1).

50 VO (EU) 2016/399, ABl. EU L 77/1.

51 Vgl. *Scharen* in Benkard PatG § 13 Rn. 4, 6 f.

52 Das ergibt sich aus dem Zusammenhang der Norm, insbes. aus § 5 a Abs. 1 S. 2 Nr. 2 IfSG; es gibt auch nicht-ärztliche Heilkunde (vgl. § 1 HeilprG).

53 Es wäre zwar denkbar, in dieser Gestattung durch Rechtsverordnung normativ gewährte Berechtigungen, also Verwaltungsakte, zu sehen, die sich mit Erledigung der epidemischen Lage von nationaler Tragweite ebenfalls erledigen (so *Rixen* NJW 2020, 1097 [1103]). Richtiger scheint aber eine Sichtweise, die von einer ausschließlich abstrakt-generell angeordneten Befugniserweiterung ausgeht.

§ 5 Abs. 2 S. 1 Nr. 3 IfSG hatte eine umfassende Befugnis geschaffen, durch Rechtsverordnung von **jeder Bestimmung des IfSG** (und der auf das IfSG gestützten Rechtsverordnungen) abzuweichen, „um die Abläufe im Gesundheitswesen und die Versorgung der Bevölkerung aufrecht zu erhalten". Diese verfassungsrechtlich höchstbedenkliche (→ Rn. 20) Bestimmung wurde durch das Dritte Gesetz zum Schutz der Bevölkerung bei einer epidemischen Lage von nationaler Tragweite aufgehoben.[54] 15

Gemäß § 5 Abs. 2 S. 1 Nr. 9 IfSG kann das BMG für den Bund **Finanzhilfen** gemäß Art. 104 b Abs. 1 S. 2 GG (Fall der staatlich nicht kontrollierbaren Naturkatastrophe bzw. außergewöhnlichen Notlage) für Investitionen der Länder, Gemeinden und Gemeindeverbände zur technischen Modernisierung der Gesundheitsämter und zum Anschluss dieser an das elektronische Melde- und Informationssystem nach § 14 IfSG zur Verfügung zu stellen (→ Rn. 27). 16

c) Verfassungsrechtliche Problematik

aa) Vorrang des Parlamentsgesetzes und Art. 80 Abs. 1 S. 2 GG

Verfassungsrechtlich problematisch ist zunächst, dass es § 5 Abs. 2 S. 1 Nr. 4, Nr. 7, Nr. 8, Nr. 10 IfSG in vielfacher Hinsicht gestattet, durch Rechtsverordnung von Parlamentsgesetzen (und auf diese gestützte untergesetzliches Recht) abzuweichen. Hierbei geht es im Kern um den **Vorrang des (Parlaments-)Gesetzes** und damit die Verantwortung des parlamentarischen Gesetzgebers für den Inhalt des Rechts. Solche Rechtsverordnungen, die zu einer „Anwendungsbeschränkung von Gesetzen"[55] führen, sind nicht gänzlich ausgeschlossen, sie sind aber auch nicht unbeschränkt zulässig.[56] Dh, der Vorrang des parlamentarisch legitimierten Gesetzes und damit die **demokratische Verantwortung des parlamentarischen Gesetzgebers** darf nicht umgekehrt werden. Das geschieht, wenn das Parlamentsgesetz bloß eine Art Blankett ist, das substantiell von der (normsetzenden) Verwaltung ausgefüllt wird.[57] Wer den Normtext des § 5 Abs. 2 S. 1 Nr. 4, Nr. 7, Nr. 8, Nr. 10 IfSG („Ausnahmen", „abweichende Regelungen") in den Blick nimmt, wird diese Bestimmungen für zumindest „erheblich problematisch"[58] halten müssen. 17

Das **Verdikt der Verfassungswidrigkeit** lässt sich nur vermeiden, wenn die jeweiligen Ermächtigungen, Ausnahmen zu regeln bzw. abweichende Regelungen zu schaffen, **höchst restriktiv ausgelegt** werden. Dh, die Tatbestandsvoraussetzungen, die den Weg zur Ausnahme bzw. Abweichung ebnen, müssen so gehandhabt werden, dass der Regelungsplan des Gesetzes oder der Rechtsverordnung, von der abgewichen wird, weder vollständig noch in wesentlichen Teilen aufgehoben bzw. geändert wird. Je mehr der Verordnungsgeber regelt und je umfänglicher und tiefgreifender er in den Regelungsplan des jeweiligen Normenwerkes eingreift, desto eher verstößt die Verordnung gegen den Vorrang des (Parlaments-)Gesetzes. 18

---

54 Dazu die bemerkenswerte Begr., BT-Drs. 19/23944, 25: „Die im rechtswissenschaftlichen Schrifttum umstrittene Ermächtigung nach § 5 Absatz 2 Satz 1 Nummer 3 kann entfallen, weil von ihr vom BMG auch kein Gebrauch gemacht wurde."

55 BVerfG Beschl. v. 6.5.1958 – 2 BvL 37/56, 11/57, BVerfGE 8, 155 (171); s. hierzu und auch zum Folgenden *Wissenschaftliche Dienste (Deutscher Bundestag)*, Staatsorganisation und § 5 Infektionsschutzgesetz, Ausarbeitung v. 2.4.2020, WD 3 – 3000 – 080/20.

56 BVerfG Beschl. v. 6.5.1958 – 2 BvL 37/56, 11/57, BVerfGE 8, 155 (171): „Der Gesetzgeber kann den Vorrang des Gesetzes als Prinzip nicht beseitigen. Aber er kann einer einzelnen Vorschrift oder auch einer Gruppe von Vorschriften einen subsidiären Charakter geben. [...] Damit ist allerdings nicht gesagt, daß die Verwendung dieser Formen unbeschränkt möglich ist. Die Grenze liegt dort, wo der Gesetzgeber Vorschriften von solcher Bedeutung und in solchem Umfang für subsidiär erklärt, daß sich dadurch innerhalb des Staatsgefüges eine Gewichtsverschiebung zwischen gesetzgebender Gewalt und Verwaltung ergibt."

57 Hierzu allg. *Dreier* in Dreier GG Art. 20 (Demokratie) Rn. 118.

58 So die *Wissenschaftliche Dienste (Deutscher Bundestag)*, Staatsorganisation und § 5 Infektionsschutzgesetz, Ausarbeitung v. 2.4.2020, WD 3 – 3000 – 080/20, S. 6.

19 Dieses Erfordernis nähert sich im Ergebnis stark den **Vorgaben des Art. 80 Abs. 1 S. 2 GG** an, wonach Inhalt, Zweck und Ausmaß der Rechtsverordnungsermächtigung im Parlamentsgesetz selbst normiert sein müssen.[59] Danach muss durch Auslegung der parlamentsgesetzlichen Ermächtigungsnorm deutlich werden, dass der Gesetzgeber selbst (sog. Selbstentscheidungsformel) das Programm (sog. Programmformel) definiert hat, das mit der Rechtsverordnung erreicht werden soll, was voraussetzt, dass vorhersehbar ist, für welche Fälle und mit welcher Tendenz von der Ermächtigung Gebrauch werden wird (sog. Vorhersehbarkeitsformel).[60] Auch in diesem Lichte sind alle Ermächtigungen zum Erlass von Rechtsverordnungen **höchst restriktiv auszulegen**, um das Verdikt der Verfassungswidrigkeit zu vermeiden. Das gilt erst recht, wenn mit diesen Normen in Grundrechte eingegriffen wird. Dementsprechend heißt es in den wirtschaftlichen Sicherstellungsgesetzen, die unausgesprochen als Folie für § 5 Abs. 2 IfSG dienen, dass sie auf das unerlässliche Maß zu beschränken und inhaltlich so auszugestalten sind, dass insbes. in Grundrechte so wenig wie möglich eingegriffen wird.[61]

20 Was bedeutet das für die **einzelnen Rechtsverordnungsermächtigungen**? Der inzwischen aufgehobene (→ Rn. 15) § 5 Abs. 2 S. 1 Nr. 3 IfSG aF schuf, wie erwähnt, zB eine umfassende Befugnis, durch Rechtsverordnung von jeder Bestimmung des IfSG (und der auf das IfSG gestützten Rechtsverordnungen) abzuweichen, „um die Abläufe im Gesundheitswesen und die Versorgung der Bevölkerung aufrecht zu erhalten". Diese Befugnis konnte, wenn überhaupt, verfassungsrechtlich nur „gerettet" werden, wenn es um Abweichungen gegangen wäre, die im Hinblick auf die Funktionsfähigkeit des Gesundheitswesens („Abläufe") oder die infektionsschutzadäquate Versorgung der Bevölkerung mit Lebensmitteln („aufrecht zu erhalten") zwingend geboten gewesen wären. Dh, es hätte deutlich werden müssen, dass ohne die jeweilige Regelungsausnahme bzw. -abweichung „die" – also alle wesentlichen – Abläufe im Gesundheitswesen nicht mehr hätten aufrechterhalten werden können bzw. eine infektionsschutzkonforme Lebensmittelversorgung der Bevölkerung ausgeschlossen gewesen wäre. Danach hätten sich jedenfalls Änderungen der Befugnisnormen (insbes. § 16, § 17 Abs. 4, § 20 Abs. 6, §§ 28, 32 IfSG) verboten, sie hätten durch Rechtsverordnung nicht modifiziert, ersetzt oder erweitert werden dürfen. Dasselbe – **Gebot der höchst restriktiven, regelungsplanwahrenden Auslegung** – gilt indes für die weiterhin bestehenden Befugnisnormen, wo etwa von der „Aufrechterhaltung der Gesundheitsversorgung" (§ 5 Abs. 2 S. 1 Nr. 7 IfSG) oder der „Aufrechterhaltung der pflegerischen Versorgung" (§ 5 Abs. 2 S. 1 Nr. 8 IfSG) die Rede ist.

bb) Verwaltungskompetenz

21 Die Gesetzesbegründung meint, dass die Vollzugskompetenz der Länder sich nur auf den Vollzug der Anordnungen des BMG sowie der Rechtsverordnungen beziehe, nicht aber auf den direkten Vollzug des § 5 Abs. 2 IfSG durch Anordnungen; zugleich betont die Begründung, dass die Befugnisse des Bundes „unbeschadet" der Befugnisse der Länder gälten, denen im Übrigen die reguläre Vollzugskompetenz (Art. 83 GG) zustehe.[62] Die Anordnungsbefugnisse des Bundes sind ein Fall der **Gesetzesausführung durch bundeseigene Verwaltung** (vgl. Art. 86 S. 1 GG). Ihre Vereinbarkeit mit den grundgesetzlichen Vorschriften über die Verwaltungskompetenz ist fraglich.

---

59 Hierzu *Kloepfer ua*, Gutachten „Legislativer Änderungsbedarf in der Ernährungsnotfallvorsorge", 2014, S. 267 ff. u.ö. (https://service.ble.de, letzter Abruf am 20.2.2021).

60 *Pieroth* in Jarass/Pieroth GG Art. 80 Rn. 13; ferner *Wissenschaftliche Dienste (Deutscher Bundestag)*, Staatsorganisation und § 5 Infektionsschutzgesetz, Ausarbeitung v. 2.4.2020, WD 3 – 3000 – 080/20, S. 8.

61 § 2 Abs. 3 Wirtschaftssicherstellungsgesetz; § 1 Abs. 2 S. 2 Wassersicherstellungsgesetz v. 24.8.1965 (BGBl. I 1225 (1817)), zuletzt geändert durch Art. 2 Abs. 20 des Gesetzes v. 12.8.2005 (BGBl. I 2354).

62 BT-Drs. 19/18111, 20.

Nach der **Grundregel des Art. 83 GG** gilt, dass die Länder die Gesetze des Bundes, also auch das IfSG, ausführen, dh in verwaltungsmäßiger Form (etwa durch den Erlass von Verwaltungsakten) vollziehen.[63] Es fällt auf, dass die wirtschaftlichen Sicherstellungsgesetze, die als (unausgesprochenes) Vorbild für § 5 Abs. 2 IfSG dienen, zwar, wie erwähnt, den Erlass von Rechtsverordnungen durch den Bund (je nach gesetzlicher Regelung Bundesregierung[64] oder ein Bundesministerium)[65] vorsehen, aber die Kompetenz für den Vollzug des Gesetzes, auch durch Anordnungen, gemäß Art. 83 GG bei den Ländern sehen.[66] Sofern die Voraussetzungen des Art. 84 Abs. 5 GG vorliegen,[67] kann die Bundesregierung an das Land adressierte Einzelweisungen erteilen,[68] also im Innenverhältnis zum Land, aber nicht im verwaltungsverfahrensrechtlich relevanten Außenverhältnis agieren. Zum Teil handeln die Länder im Rahmen der sog. Bundesauftragsverwaltung (Art. 85 GG).[69] 22

Allerdings gibt es auch eine gesetzliche Regelung, die besagt, Rechtsverordnungen könnten vorsehen, dass sie in bundeseigener Verwaltung ausgeführt werden, wenn dies zur Erreichung des Gesetzeszwecks erforderlich sei.[70] Im Fall der Bundesauftragsverwaltung wird es für zulässig erachtet, dass Rechtsverordnungen vorsehen, dass Bundesministerien „zu ihrer Ausführung Verfügungen" erlassen, „wenn sich (...) die Auswirkungen der zu regelnden Angelegenheit auf mehr als ein Land erstrecken und der Zweck der Rechtsverordnungen mittels einer Weisung nach Art. 85 Abs. 3 GG und durch Verfügung der Landesbehörden nicht oder nicht rechtzeitig erreicht werden kann."[71] Weder hierfür noch dafür, dass Rechtsverordnungen bundeseigene Verwaltung vorsehen können, gibt es außer allgemein gehaltenen Verweisen auf die **Dringlichkeit** eine verfassungsrechtlich tragfähige Begründung.[72] 23

Vor diesem Hintergrund ist für die **Anordnungskompetenz des BMG** festzuhalten: Weder Art. 84 Abs. 5 noch Art. 85 Abs. 3 GG gewähren dem Bund ein Selbsteintrittsrecht bei Dringlichkeit.[73] Ein Fall der ausnahmsweise möglichen Bundesverwaltung (Art. 87 Abs. 1 S. 2, Art. 87 Abs. 3 GG) liegt auch nicht vor.[74] Denkbar sind aber – mit Blick auf die Formulierung in Art. 83 GG „soweit dieses Grundgesetz nichts anderes bestimmt oder zuläßt" – nach der Rechtsprechung des BVerfG **ungeschriebene Verwaltungszuständigkeiten des Bundes.**[75] „Daß das Grundgesetz den Bund stillschweigend ermächtigt, Verwaltungsakte auf Gebieten zu erlassen, die nicht zur bundeseigenen Verwaltung nach Art. 86 ff. gehören, kann nur im Ausnahmefall angenommen werden," wenn der Zweck eines Gesetzes „durch das Verwaltungshandeln eines Landes überhaupt nicht erreicht werden kann"[76] bzw. „wenn die Erreichung des angestrebten Ziels (...) durch die Länder von vornherein ausgeschlossen (...) wäre."[77] Nur dann „könnte man anneh- 24

63 *Dittmann/Winkler* in Sachs GG Art. 83 Rn. 19, 21.
64 S. etwa § 3 Wassersicherstellungsgesetz; s. ferner § 5 Wirtschaftssicherstellungsgesetz, hier allerdings kann die Bundesregierung die Ermächtigung an Bundesministerien delegieren.
65 S. etwa § 4 ESVG.
66 § 3 Abs. 1, 2 ESVG, s. a. § 6 Abs. 1 S. 1 ESVG.
67 Hierzu *Ritgen* Der Landkreis 2020, 137 (141).
68 § 5 ESVG, dazu BT-Drs. 18/10943, 24.
69 § 8 Abs. 1 S. 1 Wirtschaftssicherstellungsgesetz, § 16 Abs. 1 Wassersicherstellungsgesetz.
70 § 8 Abs. 1 S. 2 Wirtschaftssicherstellungsgesetz.
71 § 9 Wirtschaftssicherstellungsgesetz.
72 BT-Drs. IV/892, 11. – Die Vorschriften zum Spannungs- (Art. 80 a GG) oder zum Verteidigungsfall (Art. 115 a ff. GG) sehen diese Gestaltungen nicht vor.
73 Vgl. dazu *Dittmann/Winkler* in Sachs Art. 84 Rn. 42 ff., Art. 85 Rn. 23.
74 So – zu Art. 87 Abs. 1 S. 2 GG – *Wissenschaftliche Dienste (Deutscher Bundestag)*, Staatsorganisation und § 5 Infektionsschutzgesetz, Ausarbeitung v. 2.4.2020, WD 3 – 3000 – 080/20, S. 10.
75 *Dittmann/Winkler* in Sachs GG Art. 83 Rn. 16.
76 BVerfG Beschl. v. 15.3.1960 – 2 BvG 1/57, BVerfGE 11, 6 (17); im Anschluss daran BVerfG Urt. v. 18.7.1967 – 2 BvF 3/62 ua, BVerfGE 22, 180 (216 f.).
77 BVerfG Beschl. v. 10.2.1976 – 2 BvG 1/74, BVerfGE 41, 291 (312).

men, daß das Grundgesetz stillschweigend eine andere Regelung zuläßt, nämlich die, daß die Ausführung dem Bund übertragen ist. Der Umstand, daß im Einzelfall eine Ausführung durch den Bund zweckmäßiger wäre, kann nicht als Argument dafür dienen, daß das Grundgesetz stillschweigend etwas anderes zuläßt."[78] „(...) Zweckmäßigkeitserwägungen (...) sind grundsätzlich nicht geeignet, eine Verwaltungszuständigkeit des Bundes zu begründen (...)."[79]

25 Es ist nicht erkennbar, dass das Ziel des § 5 Abs. 2 IfSG, soweit es um Anordnungen geht, von vornherein überhaupt nicht durch die Länder erreicht werden kann bzw. von vornherein ausgeschlossen wäre; dass es aus Sicht des Bundes zweckmäßig sein könnte, ist irrelevant. Selbst die wirtschaftlichen Sicherstellungsgesetze, bei denen eine stillschweigende Ermächtigung des Bundes insbes. mit Blick auf die bundesweite Bedeutung des Spannungs- (Art. 80 a GG) oder des Verteidigungsfalls (Art. 115 a GG) nachvollziehbar wäre, halten für den Regelfall an der Vollzugskompetenz der Länder (Art. 83 GG) fest. Jedenfalls für den Erlass der in § 5 Abs. 2 S. 1 Nr. 6 IfSG genannten Anordnungen **fehlt** daher **dem Bund die Verwaltungskompetenz**, dh, die gesetzlichen Bestimmungen widersprechen Art. 83 GG.[80] Allenfalls mit Blick auf § 5 Abs. 2 S. 1 Nr. 5 IfSG (→ Rn. 12) könnte dies anders zu bewerten sein, um die ungeteilte Nutzbarkeit eines Patents im Geltungsbereich des PatG (s. etwa § 10 Abs. 1 PatG), also bundesweit im Falle eines Infektionsschutz-Notstands, zügig zu ermöglichen.

26 Was die Unvereinbarkeit jedenfalls von § 5 Abs. 2 S. 1 Nr. 6 IfSG mit Art. 83 GG verwaltungs(verfahrens)rechtlich bedeutet, ist nicht ganz klar, weil Uneinigkeit über die Frage herrscht, wie das Agieren einer Behörde zu bewerten ist, deren Verwaltungsträger die **Verbandskompetenz** (Verbandszuständigkeit) fehlt, etwa weil der Bund eine Zuständigkeit an sich gezogen hat, was zum Nachteil der Länder Art. 83 ff. GG widerspricht.[81] Während dies nach früherer Ansicht (unheilbar) zur sachlichen Unzuständigkeit führte, tendiert die heutige Diskussion dazu, Verwaltungsakte für anfechtbar zu halten, und zwar entweder in Anlehnung an die (heilbare) örtliche Unzuständigkeit (§ 44 Abs. 3 Nr. 1 VwVfG), was aber der grundlegenden Bedeutung der Verbandszuständigkeit nicht gerecht wird, oder wenn sich nicht ausschließen lasse, dass die Behörde unter irgendeinem Umstand mit der Sache befasst sein könne.[82] Genau daran fehlt es aber hier, denn von Verfassungswegen (Art. 83 f. GG) kann der Bund – und damit auch das BMG – unter keinem Umstand zulässigerweise mit der Sache befasst sein. Folglich sind jedenfalls Anordnungen des BMG im Vollzug des § 5 Abs. 2 IfSG wegen **absoluter sachlicher Unzuständigkeit** (§ 44 Abs. 1 VwVfG) nichtig.[83]

cc) Finanzverfassung

27 Gemäß § 5 Abs. 2 S. 1 Nr. 9 IfSG kann das BMG für den Bund **Finanzhilfen** gemäß Art. 104 b Abs. 1 S. 2 GG (Fall der staatlich nicht kontrollierbaren Naturkatastrophe bzw. außergewöhnlichen Notlage) für Investitionen der Länder, Gemeinden und Gemeindeverbände zur technischen Modernisierung der Gesundheitsämter und zum Anschluss dieser an das elektronische Melde- und Informationssystem nach § 14 IfSG zur Verfügung zu stellen (→ Rn. 16). Zwar bedarf der Bund, wie Art. 104 b Abs. 1 S. 1 GG es für den Regelfall verlangt, keiner Gesetzgebungsbefugnis (vgl. insbes. Art. 74 Abs. 1 Nr. 19 GG). Aber keine Variante des Art. 104 b Abs. 1 S. 1 GG ist einschlägig, nament-

78 BVerfG Beschl. v. 15.3.1960 – 2 BvG 1/57, BVerfGE 11, 6 (18).
79 BVerfG Beschl. v. 10.2.1976 – 2 BvG 1/74, BVerfGE 41, 291 (312).
80 So auch *Wissenschaftliche Dienste (Deutscher Bundestag)*, Staatsorganisation und § 5 Infektionsschutzgesetz, Ausarbeitung v. 2.4.2020, WD 3 – 3000 – 080/20, S. 10.
81 Vgl. *Maurer/Waldhoff* AllgVerwR § 21 Rn. 45.
82 Zur Diskussion *Sachs* in Stelkens/Bonk/Sachs VwVfG § 44 Rn. 161 ff., 170 f. mwN.
83 AA *Kingreen* in Huster/Kingreen InfektionsschutzR-HdB Kap. 1 Rn. 112.

lich nicht die Variante (Nr. 3) „Förderung des wirtschaftlichen Wachstums". Die IT-Ertüchtigung der Gesundheitsämter soll primär die Arbeitsfähigkeit der Verwaltung stärken; dass damit Wachstumsschübe mit Blick auf die allgemeine wirtschaftliche Lage intendiert sind oder mit ihr verbunden sind, ist nicht erkennbar,[84] wäre aber ohnehin nur ein bloß untergeordneter reflexartiger Nebeneffekt einer Maßnahme der Verwaltungsmodernisierung.[85] Davon abgesehen ist § 5 Abs. 2 S. 1 Nr. 9 IfSG nicht mit Art. 104 a Abs. 5 S. 1 GG vereinbar, wonach Bund und Länder die bei ihren Behörden bestehenden **Verwaltungsausgaben** tragen, also alle persönlichen oder sächlichen Aufwendungen für den Betrieb und die Unterhaltung des Verwaltungsapparats.[86] Die Gesundheitsämter in den Ländern technisch arbeitsfähig zu machen, ist keine Aufgabe des Bundes.

dd) Grundrechtsfragen

28 Wenn § 5 Abs. 5 IfSG auf Art. 2 Abs. 2 S. 1 GG als beschränktes Grundrecht verweist, dann bezog sich dies in erster Linie auf die zwischenzeitlich aufgehobenen (→ Rn. 10 f.) Regelungen des § 5 Abs. 2 S. 1 Nr. 1 lit. e, Nr. 2 lit. f. IfSG aF, dh, die **ärztlichen** (→ Rn. 10) **Untersuchungen** mussten auf das zur Zweckerfüllung nötige Mindestmaß beschränkt werden. Auch die anderen Ermächtigungsnormen müssen so gehandhabt werden, dass diese nicht zur Blankovollmacht für integritätsverletzende Absenkungen von medizinischen Qualitäts- bzw. Behandlungsstandards missverstanden werden können, wobei auch auf mittelbar-faktische Grundrechtseingriffe zu achten ist.[87] Diese Pflicht zur grundrechtsschonenden Auslegung bezieht sich auf alle Ermächtigungsnormen des § 5 IfSG.

29 Im Übrigen gilt für alle Regelungen, dass sie sowohl auf der Ebene des Normerlasses als auch auf der Ebene der Normanwendung die relevanten Grundrechte (insbes. Art. 2 Abs. 2 S. 1, Art. 12 Abs. 1, Art. 14 Abs. 1 GG) nur in **verhältnismäßiger** – und **gleichheitskonformer** (Art. 3 Abs. 1 GG) – Weise beschränken dürfen. Darauf ist insbes. zu achten, wenn Inpflichtnahmen nur bestimmte Personen oder Unternehmen betreffen, andere aber nicht. Dh insbes., dass die Ermächtigungsnormen, soweit sie Grundrechtseingriffe gestatten, äußerst restriktiv auszulegen sind. Die Inpflichtnahme von Personen ist jedenfalls dann mit Art. 12 Abs. 2, 3 GG (Verbot von **Arbeitszwang** und **Zwangsarbeit**) vereinbar, wenn Inhaber eines Gesundheitsberufs, ohne dass das ihre Menschenwürde verletzt, in die Pflicht genommen werden und diese Pflichten, gemessen an dem ausgeübten Beruf, nur (zeitlich wie sachlich) untergeordnete Pflichten darstellen; was hier noch zumutbar ist, richtet sich nach Art. 12 Abs. 1 GG.[88]

2. Überblick über die Rechtslage in Bayern und Nordrhein-Westfalen

a) Das außer Kraft getretene BayIfSG

30 Für die Zeit zwischen dem 27.3.2020 und dem 31.12.2020 gestattete das Bayerische Infektionsschutzgesetz (BayIfSG)[89] die – allerdings nicht erfolgte – ggf. auf einen Landesteil beschränkte (Art. 1 Abs. 1 S. 2 BayIfSG)[90] Feststellung des **Gesundheitsnotstands** (Art. 1 BayIfSG) durch die Staatsregierung (Art. 1 Abs. 1 S. 1 BayIfSG), was die Ausrufung des Katastrophenfalls nicht ausschloß (Art. 1 Abs. 1 S. 3 BayIfSG, → § 12 Rn. 81). Der Landtag oder die Staatsregierung hatten das Ende des Gesundheitsnotstands festzu-

84 Die Begr. zu § 5 Abs. 1 S. 1 Nr. 9 IfSG ist insoweit nicht aussagekräftig, BT-Drs. 19/18967, 53.
85 *Hollo* in Kießling IfSG § 5 Rn. 32; *Kluckert*, Gesundheitsausschuss-Drs. 19(14)160(29), 7 ff.
86 *Siekmann* in Sachs GG Art. 104 a Rn. 9.
87 Vgl. *Rixen* in Huster/Kingreen InfektionsschutzR-HdB Kap. 5 Rn. 67 ff.
88 Vgl. BVerfG Beschl. v. 13.1.1987 – 2 BvR 209/84, BVerfGE 74, 102 (119–121); *Sodan* in Ehlers/Fehling/Pünder § 56 Rn. 63; ferner *Jarass* in Jarass/Pieroth GG Art. 12 Rn. 113.
89 Gesetz v. 25.3.2020 (BayGVBl. 174).
90 Die Befugnisse konnten auch in diesem Fall landesweit genutzt werden (Art. 1 Abs. 2 S. 2 BayIfSG).

stellen (Art. 1 Abs. 1 S. 4 BayIfSG). Die Feststellungen mussten nicht formal bekanntgemacht werden.[91] Das galt auch für die Feststellung des Endes des Gesundheitsnotstands.

31 Mit der Feststellung des Gesundheitsnotstands waren den zuständigen Behörden[92] eine Reihe von **Befugnissen** zugewachsen, insbes. die Befugnis zur Beschlagnahme (also zur Überführung in behördliche Verwahrung) von Material, das zur Aufrechterhaltung der notwendigen Gesundheitsversorgung der Bevölkerung erforderlich ist (Art. 2 Abs. 1 S. 1 BayIfSG, zu Verfügungsverboten Art. 2 Abs. 1 S. 3 BayIfSG). Außerdem konnten Verbote zu schuldrechtlicher Bindung (insbes. Verkaufsverbot) hinsichtlich solcher Materialien ergehen (Art. 2 Abs. 2 BayIfSG). Bezogen auf die durch die Beschlagnahme oder die Verbote zu schuldrechtlicher Bindung gesicherten Materialien konnten ferner Gebote zum Abschluss von Kaufverträgen ausgesprochen werden (auch das ist ein privatrechtsgestaltender Verwaltungsakt, vgl. Art. 2 Abs. 3 BayIfSG). Der Preis war nach dem üblichen Verkaufspreis vor Eintritt der den Gesundheitsnotstand begründenden Infektionslage zu bemessen (Art. 2 Abs. 3 S. 2 BayIfSG). Die Anordnungen nach Art. 2 Abs. 1 bis 3 BayIfSG hätten kraft Gesetzes ihre Gültigkeit verloren, sobald der Gesundheitsnotstand aufgehoben worden wäre (vgl. zur Erledigung Art. 43 Abs. 2 BayVwVfG).

32 Auch die **Herstellung medizinischen, pflegerischen oder sanitären Materials** konnte angeordnet werden (Art. 3 BayIfSG, zu bußgeldbewehrten [Art. 9 Nr. 4 BayIfSG] Meldepflichten hinsichtlich benötigten Materials Art. 4 BayIfSG). Außerdem konnten Mitglieder von Feuerwehren und in den Rettungsdienst eingebundenen Hilfsorganisationen verpflichtet werden, Hilfe zu leisten (Art. 5 BayIfSG). Ferner konnten **Personen** an Einrichtungen der medizinischen oder pflegerischen Versorgung zur Erbringung von ausbildungstypischen Dienst-, Sach- und Werkleistungen zugewiesen werden (Art. 6 BayIfSG). Die Anordnungen wären sofort vollziehbar gewesen (Art. 8 BayIfSG).

33 Zuwiderhandlungen waren mit hohen **Bußgeldern** bedroht (Art. 9 Nr. 1 bis 4, Abs. 2 BayIfSG: bis zu 500.000 Euro). Insbes. die nicht „umgehend[e]“ Befolgung einer Anordnung nach Art. 2 Abs. 3 S. 1 BayIfSG oder die nicht „**umgehend**[e]“ Meldung nach Art. 4 BayIfSG konnte eine vorsätzlich oder fahrlässig begangene Ordnungswidrigkeit sein (Art. 9 Abs. 1 Nr. 3, 4 BayIfSG). „Umgehend“ meinte: so schnell, wie nach den konkreten Umständen für den Pflichtigen zumutbar möglich. Soweit eine Maßnahme nach dem BayIfSG „enteignende Wirkung“ gehabt hätte (→ Rn. 42), wäre der hiervon Betroffene angemessen in Geld zu entschädigen gewesen (Art. 7 BayIfSG).

b) IfSBG-NRW

34 Das Infektionsschutz- und Befugnisgesetz (IfSBG-NRW)[93] enthält in den §§ 11–19 Vorschriften zur **epidemischen Lage von landesweiter Tragweite**, die der Landtag – bezogen auf die epidemische Lage in Nordrhein-Westfalen – feststellt und aufhebt (§ 11 Abs. 1 IfSBG-NRW). Der Landtag hat mit Beschluss v. 14.4.2020 diese Lage für die Dauer von

---

91 LT-Drs. 18/6945, 6: „Es genügt, wenn sie – etwa durch Presse, Rundfunk oder andere geeignete Kommunikationsmittel – öffentlich hinreichend dokumentiert und bekannt gemacht worden ist. Es empfiehlt sich aber, Zeitpunkt und räumlichen Umfang der Ausrufung des Gesundheitsnotstands nachträglich deklaratorisch vorzugsweise im Bayerischen Ministerialblatt bekannt zu machen.“

92 Das sind gemäß § 65 ZustV regelmäßig die Kreisverwaltungsbehörden (namentlich die Landratsämter), insbes. auch die Regierungen für die Regierungsbezirke und landesweit das Staatsministerium für Gesundheit.

93 Langtitel: Gesetz zur Regelung besonderer Handlungsbefugnisse im Rahmen einer epidemischen Lage von nationaler oder landesweiter Tragweite und zur Festlegung der Zuständigkeiten nach dem Infektionsschutzgesetz = Art. 1 des Gesetzes zur konsequenten und solidarischen Bewältigung der COVID-19-Pandemie in Nordrhein-Westfalen und zur Anpassung des Landesrechts im Hinblick auf die Auswirkungen einer Pandemie v. 14.4.2020 (GV. NRW 217 b). Gem. dem ursprünglichen § 19 sollte das IfSBG-NRW am 31.3.2021 außer Kraft treten; nunmehr tritt das Gesetz am 31.12.2022 außer Kraft (LT-Drs. 17/12425 v. 21.1.2021, 17).

zwei Monaten erstmals festgestellt[94] und diese Feststellung mehrmals wiederholt,[95] denn laut Gesetz kann die Feststellung bei Fortbestehen der Voraussetzungen um jeweils zwei Monate durch den Landtag verlängert werden (§ 11 Abs. 1 S. 2 IfSBG-NRW). Mit Feststellung der epidemischen Lage wachsen insbes. dem nordrhein-westfälischen Gesundheitsministerium Befugnisse gemäß §§ 12–14 IfSBG-NRW zu. Die bei Aufhebung der epidemischem Lage auf Basis dieser Befugnisse ergangenen Anordnungen treten „unverzüglich mit Wirkung für die Zukunft außer Kraft" (§ 11 Abs. 2 S. 2 IfSBG-NRW), dh, sie erledigen sich (§ 43 Abs. 2 VwVfG). „**Unverzüglich**" bedeutet nicht „sofort" oder „umgehend", sondern so schnell, wie das mit Blick auf die bereits in Umsetzung der Anordnung erfolgten Maßnahmen objektiv möglich und für die Adressaten zumutbar ist.[96]

Zu den Befugnissen gehören ua **Befugnisse im Krankenhausbereich**, und zwar die Befugnis, durch Rechtsverordnung mit Zustimmung des Landtags insbes. (unter Beachtung der ärztlichen Entscheidungsfreiheit und der ärztlichen Berufsordnung) Pflichten dahin gehend auszusprechen, zusätzliche Behandlungskapazitäten zu schaffen oder elektive Eingriffe zu verschieben oder den Versorgungsauftrag relativ formlos zu ändern (§ 12 Abs. 1 S. 2 Nr. 1, 2 IfSBG-NRW). Dies gilt entsprechend für privat-gewerbliche Krankenhäuser (§ 30 Abs. 1 S. 1 GewO) und Reha-Kliniken (§ 12 Abs. 2 IfSBG-NRW). 35

Ferner darf das **Gesundheitsministerium** notwendige Anordnungen „generell oder im Einzelfall" (§ 13 S. 2 IfSBG-NRW) treffen, in denen es Vorgaben zu erforderlichen Untersuchungs- und Versorgungsstrukturen macht und die Beteiligten des Gesundheitswesens im Rahmen ihrer gesetzlichen Aufträge zu einer Beteiligung an diese Strukturen verpflichtet (§ 13 S. 1 IfSBG-NRW). 36

Gemäß § 14 IfSBG-NRW können auf Basis einer vom Gesundheitsministerium begründeten (§ 14 Abs. 1 S. 2 IfSBG-NRW) und mit Zustimmung des Landtags erlassenen Rechtsverordnung durch die zuständigen Behörden (§ 3 IfSBG-NRW) der medizinischen und pflegerischen Versorgung dienendes Material **beschlagnahmt** und **verwertet** werden, Verbote zu schuldrechtlicher Bindung hinsichtlich von Materialien können ausgesprochen werden,[97] außerdem kann der preisgebundene **Verkauf** und die Übereignung von Material angeordnet werden (§ 14 Abs. 1 S. 1 IfSBG-NRW). Alle Anordnungen sind sofort vollziehbar (§ 17 IfSBG-NRW). Soweit eine dieser Maßnahmen „enteignende Wirkung" hat (→ Rn. 42), kann der Betroffene eine angemessene Entschädigung verlangen (§ 14 Abs. 2, § 16 Abs. 2 IfSBG-NRW). Auch Meldepflichten hinsichtlich von Materialien können durch Rechtsverordnung geschaffen werden (§ 14 Abs. 3 IfSBG-NRW). Das Gesundheitsministerium errichtet nach Maßgabe einer mit Zustimmung des Gesundheitsausschusses des Landtags erlassenen Rechtsverordnung ein „**Freiwilligenregister**" der Personen ein, die mit entsprechender gesundheitsbezogener Qualifikation freiwillig zur Erbringung von Leistungen in der epidemischen Lage bereit sind (§ 15 IfSBG-NRW). Zuwiderhandlungen können mit Bußgeldern bis zu 500.000 Euro geahndet werden (§ 18 Abs. 2 IfSBG-NRW), ua auch der fahrlässige (!) Versuch (→ Rn. 43) der Verfügung über beschlagnahmtes Material (§ 18 Abs. 1 Nr. 2 IfSBG-NRW). 37

94 GV. NRW 2020, 218 b.
95 S. etwa die Feststellung v. 30.10.1020 (GV. NRW 2020, 1052 b), die Feststellung v. 27.11.2020 (GV. NRW 2020, 1097 a) oder die Feststellung v. 27.1.2021 (GV. NRW 2021, 36).
96 Die Gesetzesbegründung erläutert die Wortwahl nicht, vgl. LT-Drs. 17/8920, 72.
97 „Verpflichtungsverbot", so die Bußgeldnorm des § 18 Abs. 1 Nr. 3 IfSBG-NRW unter Verweis auf § 14 Abs. 1 Nr. 2 IfSBG-NRW.

c) Übergreifende Fragestellungen, insbes. verfassungsrechtliche Problematik

38 Das BayIfSG war auf die **Gesetzgebungskompetenz** des Art. 74 Abs. 1 Nr. 19 GG iVm Art. 72 Abs. 1 GG gestützt worden.[98] Das dürfte auch die Sichtweise Nordrhein-Westfalens bei Erlass des IfSBG-NRW gewesen sein.[99] § 5 IfSG wurde auf Art. 74 Abs. 1 Nr. 19 GG gestützt.[100] Damit stellt sich auf den ersten Blick die Frage, wie sich Bundesrecht zu Landesrecht verhält (Art. 31 GG) – was aber bei genauerer Betrachtung nicht stimmt, denn die Normen, die ggf. kollidieren, müssen vorgängig gültig, also auch kompetenzgemäß erlassen worden sein. Dh, die Kompetenzfrage ist der Kollisionsfrage insbes. unter dem Aspekt der Sperrwirkung (Art. 72 Abs. 1 GG) vorgeordnet; Art. 72 Abs. 1 GG ist folglich spezieller als Art. 31 GG.[101]

39 Gemessen daran ist festzustellen, dass § 5 Abs. 2 S. 1 Nr. 4 lit. c, d, e, Nr. 6 IfSG **vergleichbare Regelungen** enthält wie die außer Kraft getretenen Art. 2 Abs. 1 bis 3 und Art. 4 BayIfSG und den weiterhin in Kraft befindlichen § 14 Abs. 1 S. 1, Abs. 2 und 3 IfSBG-NRW. Das gilt letztlich auch für § 5 Abs. 2 S. 1 Nr. 4 lit. g IfSG und den außer Kraft getretenen Art. 3 BayIfSG, soweit es um die Herstellung, also die Produktion,[102] von Material geht. Die landesgesetzlichen Bestimmungen wären wegen Verstoßes gegen Art. 72 Abs. 1 GG nichtig, sofern die bundesrechtlichen als abschließende Regelungen zu verstehen sind.[103] Dabei ist bis zu einer gegenteiligen Entscheidung des BVerfG von der Verfassungsgemäßheit der bundesrechtlichen Normen auszugehen.[104]

40 Wann aber ist eine bundes(verordnungs)rechtliche Regelung als abschließend zu qualifizieren? Richtigerweise ist von den Rechtsverordnungsermächtigungen des § 5 Abs. 2 IfSG immer so Gebrauch zu machen, dass die bundes(verordnungs)rechtlichen Regelungen möglichst nicht abschließend gemeint sind. Das folgt aus der Formulierung „unbeschadet der Befugnisse der Länder" in § 5 Abs. 2 S. 1 IfSG, zu der es in der Gesetzesbegründung heißt: Die Befugnisse des Bundes „treten *neben* die Rechtsetzungs- und Verwaltungsbefugnisse der Länder, gleichgültig ob sie nach diesem Gesetz oder auf Grundlage *anderer Vorschriften* bestehen. Regelungen der Länder dürfen den Regelungen des Bundes *in diesem Rahmen* nicht widersprechen."[105]

41 Das bedeutet: Der Bund geht **aus Respekt vor den Bundesländern** und ihrer größeren Vertrautheit mit den Verhältnissen „vor Ort" von einem flexiblen regulatorischen Rahmen aus, der auch durch die „andere[n] Vorschriften", zu denen die landes(verfassungs)gesetzlichen Vorschriften gehören, gebildet wird. Bundes- und landesgesetzliche Regelungen stehen grundsätzlich nebeneinander, was der Bund auch bei der Anwendung von § 5 Abs. 2 IfSG („unbeschadet") nicht in Frage stellen will. Soweit die Länder also Regelungen schaffen, die den bundesrechtlichen Regelungen sachlich nicht widersprechen, und im Übrigen Anzeichen dafür fehlen, dass eine landesspezifische Regelung je nach Regelungsgegenstand gerade nicht gewollt ist, sind die landesrechtlichen Vorschriften vorrangig zu beachten. Dh, der Bund hat, was die Formulierung „unbeschadet der Befugnisse der Länder" zum Ausdruck bringt, von seiner Gesetzgebungskompetenz nicht abschließend, sondern der Sache nach mit einer **einzelfallabhängigen Öffnungsklausel zugunsten der Länder** Gebrauch gemacht. Wer dieser Sichtweise folgt, wird ten-

98 LT-Drs. 18/6945, 1.
99 Die Gesetzesbegründung äußert sich nicht hierzu, vgl. LT-Drs. 17/8920.
100 Vgl. BT-Drs. 19/18111, 22.
101 *Pieroth* in Jarass/Pieroth GG Art. 31 Rn. 3, Art. 72 Rn. 2.
102 BT-Drs. 19/18111, 22: „Produktion des jeweils erforderlichen Produktes".
103 Skeptisch auch *Sodan* in Ehlers/Fehling/Pünder § 56 Rn. 20 f. mwN.
104 So auch *Wißmann*, Stellungnahme 17/2458 v. 4.4.2020 (zum Gesetzentwurf LT-Drs. 17/8920), S. 6 (www.landtag.nrw.de, „Parlamentsdatenbank"); s. ferner BVerfG Urt. v. 27.10.1998 – 1 BvR 2306/97 ua, BVerfGE 98, 265 (318 ff.); *Pieroth* in Jarass/Pieroth GG Art. 72 Rn. 11 f.
105 BT-Drs. 19/18111, 20 – Hervorhebungen hinzugefügt.

denziell eher zu dem Ergebnis gelangen, dass Art. 72 Abs. 1 GG den landesgesetzlichen Regelungen nicht entgegensteht.

Das IfSBG-NRW (→ Rn. 37; zum außer Kraft getretenen BayIfSG → Rn. 33) gewährt bei „**enteignender Wirkung**" eine angemessene Entschädigung in Geld. Diese missverständliche Formulierung, die sich in anderem Kontext eindeutig auf die Enteignung gemäß Art. 14 Abs. 3 GG bezieht,[106] wird hier als Synonym für eine ausgleichspflichtige Schrankenbestimmung iSd Art. 14 Abs. 1 S. 2 GG verwendet.[107] 42

Soweit das IfSBG-NRW, wie dargelegt, den **fahrlässig begangenen Versuch einer Ordnungswidrigkeit** ahnden will (→ Rn. 37), übersieht der Landesgesetzgeber, dass der Versuch Tatvorsatz voraussetzt (§ 13 Abs. 1 OWiG). Die landesgesetzliche Regelung widerspricht (vgl. → Rn. 38) der abschließenden bundesgesetzlichen Regelung zum Vorsatz im Ordnungswidrigkeitenrecht (vgl. Art. 72 Abs. 1 GG iVm Art. 74 Abs. 1 Nr. 1 GG).[108] 43

Soweit es um die **restriktive** Auslegung der **Ermächtigungen zum Erlass von Rechtsverordnungen** im IfSBG-NRW geht, ist Art. 70 Abs. 1 S. 1 und S. 2 der **Landesverfassung Nordrhein-Westfalens** (LVerf NRW) zu beachten. Während Art. 70 Abs. 1 S. 1 LVerf NRW den Vorrang des (Parlaments-)Gesetzes adressiert, entspricht Art. 70 Abs. 1 S. 2 LVerf NRW der Vorschrift des Art. 80 Abs. 1 S. 2 GG. Die diesbezüglichen Ausführungen zu § 5 Abs. 2 IfSG gelten für das IfSBG-NRW entsprechend.[109] – Zur **grundrechtsorientierten Auslegung landesrechtlicher Regelungen** vgl. → Rn. 29. 44

106 S. etwa § 27 Abs. 5 Bayerisches Feuerwehrgesetz.

107 LT-Drs. 18/6945, 8 verweist auf BGH Urt. v. 7.7.1994 – III ZR 5/93, BGHZ 126, 379, wo ua auf BVerfG Beschl. v. 14.7.1981 – 1 BvL 24/78, BVerfGE 58, 137 („Pflichtexemplar") verwiesen wird, s. hierzu auch BVerfG Beschl. v. 2.3.1999 – 1 BvL 7/91, BVerfGE 100, 226 („Denkmalschutz"); *Maurer/Waldhoff* AllgVerwR § 27 Rn. 82 ff.

108 Unter „Strafrecht" fällt auch das Ordnungswidrigkeitenrecht, s. nur BVerfG Beschl. v. 29.6.2016 – 1 BvR 1015/15, BVerfGE 142, 268 (283 Rn. 56).

109 Auch zu weiteren verfassungsrechtlichen Kritikpunkten s. die schriftlichen Stellungnahmen von *Cremer* (Stellungnahme 17/2464), *Gusy* (Stellungnahme 17/2440), *Kreuter-Kirchhof* (Stellungnahme 17/2463) und *Wißmann* (Stellungnahme 17/2458) zur öffentlichen Anhörung im Landtag NRW am 6.4.2020 (zum Gesetzentwurf LT-Drs. 17/8920); s. ferner die schriftlichen Stellungnahmen von *Brenner* (Stellungnahme 17/3616), *Huster* (Stellungnahme 17/3636), *Kießling* (Stellungnahme 17/3641), *Kingreen* (Stellungnahme 17/3608), *Kreuter-Kirchhof* (Stellungnahme 17/3621) zur öffentlichen Anhörung im Landtag NRW am 23.2.2021 (zum Gesetzentwurf LT-Drs. 17/12425), www.landrag.nrw.de („Parlamentsdatenbank").

§ 5 Einreisen und die epidemische Lage von nationaler Tragweite

Literatur: *Berger,* Corona-App – Daten gegen Leben, Der Landkreis 2020, 211; *Boehme-Neßler*, Corona-Pass und Grundgesetz – Menschenwürde und Demokratie-Grundsatz als verfassungsrechtlicher Maßstab eines Immunitätsausweises, NVwZ 2020, 1570; *Brocker*, Exekutive versus parlamentarische Normsetzung in der Corona-Pandemie, NVwZ 2020, 1485; *Engels*, Infektionsschutzrecht als Gefahrenabwehrrecht?, DÖV 2014, 464; *Gallwas*, Gefahrenerforschung und HIV-Verdacht, NJW 1989, 1516; *Gärditz*, Die Feststellung einer epidemischen Lage von nationaler Tragweite, MedR 2020, 741; *Giesberts/Gayger/Weyand*, COVID-19 – Hoheitliche Befugnisse, Rechte Betroffener und staatliche Hilfen, NVwZ 2020, 417; *Gramm*, Rechtsfragen der staatlichen Aids-Aufklärung, NJW 1989, 2917; *Grüner*, Biologische Katastrophen – Eine Herausforderung an den Rechtsstaat, 2017; *Guckelberger*, Ausgangsbeschränkungen und Kontaktverbote anlässlich der Corona-Pandemie, NVwZ-Extra 2020/9 a; *Gusy*, Die Informationsbeziehungen zwischen Staat und Bürger, in Hoffmann-Riem/Schmidt-Aßmann/Voßkuhle (Hrsg.), Grundlagen des Verwaltungsrechts, Band II, 2. Aufl. 2012, § 23; *Heinig/Kingreen/Lepsius/Möllers/Volkmann/Wißmann*, Why Constitution Matters – Verfassungsrechtswissenschaft in Zeiten von Corona, JZ 2020, 861; *Huster/Kingreen*, Handbuch Infektionsschutzrecht, 2021; *Hofmann*, Verfassungs- und verwaltungsrechtliche Probleme der Virus-Erkrankung Aids unter besonderer Berücksichtigung des bayerischen Maßnahmenkatalogs, NJW 1988, 1486; *Ipsen*, Notstandsverfassung und Corona-Virus, RuP 2020, 118; *Kämmerer/Jischkowski*, Grundrechtsschutz in der Pandemie – Der „Corona-Lockdown" im Visier der Verfassungs- und Verwaltungsgerichtsbarkeit, GesR 2020, 341; *Kersten/Rixen*, Der Verfassungsstaat in der Corona-Krise, 2020; *Kingreen*, Stellungnahme im BT-Ausschuss für Gesundheit, Gesundheitsausschuss-Drs. 19(14)160(27) v. 7.5.2020, abrufbar unter: https://www.bundestag.de/resource/blob/ 694844/0b2af0e61b45ddbfe131%201c78557720%20ee/19_14_0160–27-_ESV-Prof-Dr-Kingreen _2-Bevoelk-schutzg--data.pdf; *Klafki,* Risiko und Recht – Risiken und Katastrophen im Spannungsfeld von Effektivität, demokratischer Legitimation und rechtsstaatlichen Grundsätzen am Beispiel von Pandemien, 2017; *Kloepfer* (Hrsg.), Pandemien als Herausforderung für die Rechtsordnung, 2011; *Kloepfer/Deye*, Pandemien als Herausforderung für die Rechtsordnung, DVBl 2009, 1208; *Leisner-Egensperger*, Impfpriorisierung und Verfassungsrecht, NJW 2021, 202; *v. Mangoldt/Klein/Starck*, Grundgesetz – Kommentar, 7. Aufl. 2018; *Maunz/Dürig* (Begr.), Grundgesetz – Kommentar (Stand: 89. EL Oktober 2019); *Mers*, Infektionsschutz im liberalen Rechtsstaat, 2019; *Mayen*, Der verordnete Ausnahmezustand, NVwZ 2020, 828; *Mayen*, Vom Wert der Verfassung in Zeiten der Pandemie, AnwBl 2020, 275; *Mayen*, Zur Verfassungsmäßigkeit der Befugnisse des Bundesministeriums für Gesundheit nach § 5 IfSG, AnwBl 2020, 349; *Meßling*, Gesetz zum Schutz der Bevölkerung bei einer epidemischen Lage von nationaler Tragweite vom 27.3.2020, NZS 2020, 321; *Meyer*, COVID-19: Verantwortung in der Krise – Zwischenruf aus der Praxis, NVwZ 2020, 609; *Pohlmann*, Rechtliche Rahmenbedingungen der Katastrophenbewältigung, 2012; *Rengeling*, Vom geduldigen Ausharren zur allumfassenden Prävention – Grippe-Pandemien im Spiegel von Wissenschaft, Politik und Öffentlichkeit, 2017; *Rixen*, Gesundheitsschutz in der Corona-Krise – Die (Neu-)Regelungen des Infektionsschutzgesetzes, NJW 2020, 1097; *Rixen*, Grenzenloser Infektionsschutz in der Corona-Krise?, RuP 2020, 109; *Sachs* (Hrsg.), Grundgesetz – Kommentar, 8. Aufl. 2017; *Schenke*, Nochmals: Seuchenbekämpfung durch Blutuntersuchung und Zwangsinformation, NJW 1989, 755; *Sangs*, Das Dritte Gesetz zum Schutz der Bevölkerung bei einer epidemischen Lage von nationaler Tragweite und Gesetzgebung während der Pandemie, NVwZ 2020, 1780; *Schenke*, Rechtsfragen der Bekämpfung von AIDS, DVBl 1988, 166; *Schmidt* (Hrsg.), COVID-19 – Rechtsfragen zur Corona-Krise, 2. Aufl. 2020; *Schmitt*, Die Verfassungswidrigkeit der landesweiten Ausgangsverbote, NJW 2020, 1626; *Schmitz/Neubert*, Praktische Konkordanz in der Covid-Krise – Vorübergehende Zulässigkeit schwerster Grundrechtseingriffe zum Schutz kollidierenden Verfassungsrechts am Beispiel von Covid-19-Schutzmaßnahmen, NVwZ 2020, 666; *Schwarz*, Infektionsschutzgesetz und die Grundrechte, JA 2020, 321; *Shirvani*, Gesundheitsnotstand und Kompetenzordnung, JZ 2021, 109; *Sodan*, Infektionsschutzrecht, in: Ehlers/Fehling/Pünder (Hrsg.), Besonderes Verwaltungsrecht, Bd. 2, 4. Aufl. 2020; *von Steinau-Steinrück*, Staatliche Verhütung und Bekämpfung von Infektionskrankheiten, 2013; *Vasold*, Grippe, Pest und Cholera. Eine Geschichte der Seuchen in Europa, 2008; *Walus*,

Pandemie und Katastrophennotstand: Zuständigkeitsverteilung und Kompetenzmängel des Bundes, DÖV 2010, 127; *Ziekow*, Die Verfassungsmäßigkeit von sog. „Ausgangssperren" nach dem Bundesinfektionsschutzgesetz, DVBl 2020, 732.

I. Gesetzliche und tatsächliche Voraussetzungen ... 1
II. Ergänzende Bundeskompetenzen ... 7
III. Krisenreaktionsmaßnahmen bei Einreise (§ 36 Abs. 8 IfSG) ... 12
1. Allgemeine Voraussetzungen ... 12
a) Zur epidemischen Lage von nationaler Tragweite führende Krankheit ... 17
b) Einreise ... 20
c) Wahrscheinlichkeit eines erhöhten Infektionsrisikos ... 23
d) Zuständige Behörden ... 28
2. Personenbezogene Angaben (§ 36 Abs. 8 S. 1 Var. 1. IfSG) ... 29
3. Datum der voraussichtlichen Einreise (§ 36 Abs. 8 S. 1 Var. 2 IfSG) ... 32
4. Aufenthaltsorte bis zu zehn Tage vor und nach der Einreise (§ 36 Abs. 8 S. 1 Var. 3 IfSG) ... 33
5. Genutzte Reisemittel (§ 36 Abs. 8 S. 1 Var. 4 IfSG) ... 36
6. Elektronisches Melde- und Informationssystem des RKI (§ 36 Abs. 8 S. 1, Abs. 9 IfSG) ... 37
IV. Datenschutzrechtliche Bestimmungen (§ 36 Abs. 9 S. 3 IfSG) ... 41
V. Ausnahmen (§ 36 Abs. 8 S. 2 IfSG) ... 44
VI. Verhältnis zu anderen Vorschriften ... 48
1. Grundrechtliche Relevanz ... 48
2. Schengen-System ... 52
3. Internationale Gesundheitsvorschriften (IGV) ... 53
VII. Zeitlich begrenzte Geltung ... 54
1. Aufhebung der epidemischen Lage ... 54
2. Ursprüngliche Ablaufzeit bis zum 31.3.2021 ... 56

I. Gesetzliche und tatsächliche Voraussetzungen

1 Im Rahmen seines generellen Zwecks sind dem Gesetz zur Verhütung und Bekämpfung von Infektionskrankheiten (IfSG) drei wesentliche Aufgaben zugewiesen: (1) Zunächst soll **Infektionskrankheiten vorgebeugt** werden, (2) im Weiteren sollen **Infektionen frühzeitig erkannt** werden und (3) es soll ihre **Weiterverbreitung verhindert** werden (§ 1 Abs. 1 IfSG). Alle drei Ziele konnten unter den deutlich verschärften Bedingungen einer **globalen Pandemie** mit dem bisherigen gesetzlichen Instrumentarium nicht mehr effektiv sichergestellt werden. Daher hat der Bundesgesetzgeber durch die Gesetzesänderungen v. 27.3.2020[1], v. 19.5.2020,[2] v. 18.11.2020[3] und v. 4.3.2021[4] das infektionsschutzrechtliche Instrumentarium um die vorher nicht geregelte Situation einer „epidemischen Lage von nationaler Tragweite" ergänzt. Im Hinblick hierauf hat er außerdem die Kompetenzen der Bundesregierung insgesamt sowie des Bundesgesundheitsministeriums (BMG), der neuen Gefahrenlage angepasst und substanziell erweitert (*Ritgen* in → § 12 Rn. 52).

2 Mit dem Gesetz v. 18.11.2020 hat der Gesetzgeber ua auf verschiedene **rechtsstaatliche Bedenken** im Hinblick auf das bisherige Vorgehen des Gesetzgebers, der Bundesregierung und der Landesregierungen reagiert.[5] Er trägt den verfassungsrechtlichen Anforderungen des **Parlamentsvorbehalts** aus Art. 80 Abs. 1 S. 1 und 2 GG nun dergestalt Rechnung, dass er auch bei den Vorschriften über Einreisen „eine gesetzliche Präzisierung im

1 BGBl. 2020 I 587.
2 BGBl. 2020 I 1018.
3 BGBl. 2020 I 2397.
4 Gesetz zur Fortgeltung der die epidemische Lage von nationaler Tragweite betreffenden Regelungen (EpiLage-Fortgeltungsgesetz) v. 4.3.2021, zurückgehend auf BT-Drs. 19/26545 v. 9.2.2021.
5 ZB *Kersten/Rixen* Verfassungsstaat Covid-19 S. 145 – „Reform der problematischen Regelungen über den Gesundheitsnotstand (§ 5 Abs. 2 IfSG)"; *Heinig/Kingreen/Lepsius/ Möllers/Volkmann/Wißmann* JZ 2020, 861; *Rixen* NJW 2020, 1097 (1102) – „Das passt zum IfSG, dessen Schutzmaßnahmen ohnehin notstandsähnlicher Charakter attestiert wird."; *Mayen* NVwZ 2020, 828 (830 ff.); *Mayen* AnwBl 2020, 275; *Mayen* AnwBl 2020, 349.

Hinblick auf Dauer, Reichweite und Intensität möglicher Maßnahmen" vorgenommen hat.[6] Die bisher noch in § 5 Abs. 2 IfSG aF vorgesehenen Regelungen zum **Reiseverkehr** mit den dazu gehörenden Befugnissen bei Einreisen wurden in § 36 IfSG zusammengeführt.[7] Dabei wurden sie ua in die neu gefassten Absätze 8 bis 13 als Verordnungsermächtigungen übertragen und weiterentwickelt.[8] Für Fragen der Einreise ist insbesondere § 36 Abs. 8 IfSG einschlägig. Soweit darüber hinaus auch Fragen von Transport und Verkehr sowie die Durchführung von reisebedingten Kontrollen berührt werden, kommt im Weiteren § 36 Abs. 10 IfSG zur Anwendung (vgl. zu den Einzelheiten *Kau* in → § 6 Rn. 10 ff.)

3 Der Gesetzgeber geht bei einer globalen Pandemie, in deren Folge eine „epidemische Lage von nationaler Tragweite" eintritt, vor allem von übertragbaren Krankheiten aus, die sich **grenzüberschreitend ausbreiten.**[9] Dabei orientiert er sich an den Ereignissen, wie sie bei der durch das Coronavirus SARS-CoV-2 verursachten Krankheit COVID-19 in Deutschland festzustellen sind. So hebt der Gesetzgeber ausdrücklich den Bezug zum Ausbruch der „gegenwärtigen Epidemie" hervor, die maßgeblich durch den „Import eines Virus' durch den **internationalen Reiseverkehr** verursacht" wurde.[10] Bei dieser Krankheit und bei ähnlichen Ausbruchsgeschehen kommt es zu einer weltweiten „dynamischen Ausbruchssituation",[11] die für die öffentliche Gesundheit in Deutschland eine erhebliche Gefährdung bedeutet. Der grenzüberschreitende Charakter der fraglichen Krankheit und ihr Bezug zum internationalen Reiseverkehr führen dazu, dass infektionsschutzrechtliche Maßnahmen einzelner Bundesländer allein nicht mehr ausreichen, um eine effektive Eindämmung und Bekämpfung der Krankheit zu ermöglichen. Insbesondere spielen **Auskunftsbegehren und Maßnahmen bei Einreisen** (→ Rn. 29 ff.) und vor allem **Einreisebeschränkungen** im Instrumentarium des Bundes eine wichtige Rolle. Nach dem Gesetz v. 18.11.2020 macht die fortschreitende Verbreitung des Coronavirus SARS-CoV-2 deutlich, dass weitere Regelungen und Maßnahmen zum Schutz der öffentlichen Gesundheit und zur Bewältigung der Auswirkungen auf das Gesundheitswesen notwendig sind. Auch aufgrund neuerer Erkenntnisse über COVID-19 und das Anlaufen von Impfprogrammen ist eine weitere Fortentwicklung der gesetzlichen Grundlagen angezeigt.[12]

4 Rechtlicher Ausgangspunkt für die in § 36 Abs. 8 bis 13 IfSG anlässlich von Einreisen vorgesehenen Befugnisse ist die **formale Feststellung** einer „epidemischen Lage von nationaler Tragweite" durch den Deutschen Bundestag nach § 5 Abs. 1 S. 1 IfSG (zu den Einzelheiten *Rixen* in → § 4 Rn. 6 ff.). Erst durch diese Feststellung und nur solange sie nicht durch einen erneuten Beschluss des Bundestages wieder aufgehoben bzw. nach drei Monaten verlängert worden ist, werden die Voraussetzungen geschaffen, die in § 36 IfSG vorgesehenen Befugnisse auszuüben.

5 Eine wesentliche Voraussetzung für die Feststellung einer epidemischen Lage besteht im **grenzüberschreitenden Charakter** einer sich ausbreitenden übertragbaren Krankheit.[13] Von „Grenzüberschreitung" ist nach der Entwurfsbegründung des Gesetzes v. 27.3.2020 zunächst bei einem Ausbruchsgeschehen auszugehen, das sich über die **Au-**

---

6 BT-Drs. 19/23944, 2 und 21.
7 BT-Drs. 19/23944, 22 und 36.
8 BT-Drs. 19/23944, 36.
9 BT-Drs. 19/18111, 1; vgl. auch *Sangs* NVwZ 2020, 1780 (1781) – „Der Reiseverkehr ... als Treiber des Infektionsgeschehens...".
10 BT-Drs. 19/18111, 20 – Zu Nummer 1.
11 BT-Drs. 19/18111, 1.
12 BT-Drs. 19/23944, 1 f.
13 BT-Drs. 19/18111, 1.

ßengrenzen der Bundesrepublik Deutschland zu einem ausländischen Staat erstreckt.[14] In solchen Fällen fehlen einem oder mehreren betroffenen Bundesländern vor dem Hintergrund der Kompetenzregeln des Art. 32 GG regelmäßig die Befugnis mit ausländischen Staaten völkerrechtlich wirksame Vereinbarungen zu treffen oder gemeinsame Maßnahmen zu veranlassen. Hinzu kommen Fragen der Vereinbarkeit mit **Vorgaben des EU-Rechts** (zu den Einzelheiten → Rn. 52).

Im Sinn des föderalen Bundesstaates erstrecken sich die Maßnahmen nach § 36 Abs. 8 6
bis 13 IfSG auch auf Fälle, in denen die dynamische Ausbreitung einer bedrohlichen übertragbaren Krankheit über die **Grenzen zwischen zwei oder mehreren Ländern der Bundesrepublik** droht oder bereits erfolgt ist (vgl. auch nach § 5 Abs. 1 S. 4 Nr. 2 IfSG). Durch § 36 IfSG (früher: § 5 Abs. 2 S. Nr. 1, 2 IfSG aF) sollen Handlungsoptionen auf der Grundlage von Rechtsverordnungen der Bundesregierung geschaffen werden, wenn einzelne Bundesländer nicht in der Lage sind, die mit einer grenzüberschreitenden übertragbaren Krankheit verbundenen Folgen alleine zu bewältigen. Außerdem legt die innerstaatliche Freizügigkeit nach Art. 11 GG und der darin enthaltene Bezug zur „Bekämpfung der Seuchengefahr" (Art. 11 Abs. 2 GG) sowie die umfassende Kompetenzvorschrift des Art. 74 Abs. 1 Nr. 19 GG für den Schutz vor Infektionskrankheiten nahe, dass ein **Ausbruchsgeschehen im Bundesgebiet** ohne bundesweite Eingriffsbefugnisse nicht beherrschbar wäre.

II. Ergänzende Bundeskompetenzen

Wie in den Gesetzesmaterialien für die Änderungen des IfSG v. 27.3.2020 hervorgeho- 7
ben wird, **führen die Länder** das IfSG „im Wesentlichen" **als eigene Angelegenheit** aus (vgl. *Ritgen* in → § 12 Rn. 4 ff., 53 ff.). Damit liegt die Anordnung von Maßnahmen der Verhütung sowie Bekämpfung übertragbarer Krankheiten grundsätzlich bei den nach Landesrecht zuständigen Behörden.[15] Diese Sicht wird auch durch § 36 Abs. 6 und 10 IfSG unterstützt. Der Bund verfügte hierbei bislang lediglich durch das Robert Koch-Institut (RKI) über eigene Zuständigkeiten. Diese Grundsätze bleiben auch mit den Änderungsgesetzen v. 27.3.2020,[16] v. 19.5.2020,[17] v. 18.11.2020[18] und v. 4.3.2021[19] „in der Normallage" erhalten. Allerdings hat sich beim Ausbruchsgeschehen um das Coronavirus SARS-CoV-2 im Frühjahr 2020 sowie im weiteren Fortgang der Entwicklung im Winter 2020/2021 und in den nachfolgenden Monaten gezeigt, dass die einzelnen Bundesländer bei einer „epidemischen Lage von nationaler Tragweite" nicht alle erforderlichen Maßnahmen zur Verhütung und Bekämpfung von Infektionskrankheiten ergreifen können. Dies gilt insbesondere für Auskunftsbegehren und Maßnahmen bei der Einreise. Im Hinblick auf die Kompetenzordnung beim Vollzug des Infektionsschutzrechts muss zwischen „Normallage" und „epidemischer Lage von nationaler Tragweite" unterschieden werden. Mit der Feststellung des Bundestages nach § 5 Abs. 1 S. 1 IfSG erwachsen den Bundesbehörden im Hinblick auf den Bereich Einreisen **umfangreiche Ausnahmekompetenzen.**

Auch nach der Zusammenfassung der entsprechenden Kompetenzen in § 36 Abs. 8 8
bis 13 IfSG (früher: § 5 Abs. 2 S. Nr. 1 und Nr. 2 IfSG aF) werden dem Bund „unbe-

14 Vgl. BT-Drs. 19/18111, 20, Zu Nummer 1, „Internationaler Reiseverkehr" und „Internationalen Gesundheitsvorschriften" (IGV).

15 BT-Drs. 19/18111, 1.

16 BGBl. 2020 I 587.

17 BGBl. 2020 I 1018.

18 BGBl. 2020 I 2397.

19 Gesetz zur Fortgeltung der die epidemische Lage von nationaler Tragweite betreffenden Regelungen (EpiLage-Fortgeltungsgesetz) v. 4.3.2021, zurückgehend auf BT-Drs. 19/26545.

schadet der Befugnisse der Länder" weiterhin eigene umfangreiche Befugnisse eingeräumt, die vor allem auf der Kompetenzvorschrift des Art. 74 Abs. 1 Nr. 19 GG beruhen.[20] Durch die Änderungsgesetze v. 27.3.2020, v. 19.5.2020, v. 18.11.2020 und v. 4.3.2021[21] hat der Bundesgesetzgeber eine „**ergänzende Zuständigkeit des Bundes** für Maßnahmen der Verhütung und insbesondere der Bekämpfung übertragbarer Krankheiten" geschaffen, wie sie zuvor „auch für den Krisenfall nicht vorgesehen" war.[22] Diese „ergänzende Zuständigkeit" tritt auf dem Gebiet des Infektionsschutzes neben die sonstigen Befugnisse der Länder, ist mit ihren konkreten Befugnissen jedoch allein der Bundesregierung vorbehalten.

9 Nach § 36 Abs. 8 IfSG wird die Bundesregierung zum Erlass von Rechtsverordnungen nach Feststellung einer „epidemischen Lage von nationaler Tragweite" ermächtigt.[23] Die zuvor noch in § 5 Abs. 2 IfSG aF vorgesehen Möglichkeit zum Erlass von (Einzel)Anordnungen durch das Bundesministerium für Gesundheit (BMG) existiert damit nicht mehr. Kritischen Stellungnahmen[24] zu diesen Befugnissen war schon vor den nun erfolgten Änderungen entgegenzuhalten, dass das BVerfG in ständiger Rspr. anerkennt, dass die Bundesregierung – dies gilt in besonderen Maße in Krisen- und Notsituationen[25] – zusammen mit den anderen Verfassungsorganen Aufgaben der Staatsleitung der inneren und äußeren Politik insgesamt wahrnimmt.[26] Dies erfolgt nicht allein durch Mittel der Gesetzgebung, sondern kann ua auch durch Informationshandeln oder sonstige Maßnahmen geschehen.[27] Vor diesem Hintergrund waren und sind keine durchgreifenden Bedenken erkennbar, weshalb die Bundesregierung auf der Grundlage eines Beschlusses des Bundestages nach § 5 Abs. 1 S. 1 IfSG neben Rechtsverordnungen nicht auch zum Erlass von Anordnungen berechtigt sein sollte, wenn eine einfachgesetzliche Kompetenzgrundlagen hierfür besteht. Der vom BVerfG konkretisierte Verfassungsbegriff der Staatsleitung findet somit in den Art. 62 ff. GG auch für Einzelmaßnahmen wie Anordnungen eine ausreichende kompetenzielle Grundlage.[28] Soweit der Gesetzgeber darauf hinweist, dass er die „verfassungsrechtlichen Anforderungen des **Parlamentsvorbehalts** angesichts der länger andauernden Pandemielage und den auch weiterhin erforderlichen eingriffsintensiven Maßnahmen entsprechen möchte",[29] steht es ihm natürlich frei, die Anordnungs-Kompetenz nicht weiter zu führen. In jedem Fall sind die Länder verpflichtet, keine Maßnahmen zu ergreifen, die den auf der Grundlage von § 36 Abs. 8

20 Art. 74 GG: „Die konkurrierende Gesetzgebung erstreckt sich auf folgende Gebiete: (...) 19. Maßnahmen gegen gemeingefährliche oder übertragbare Krankheiten bei Menschen und Tieren."

21 EpiLage-Fortgeltungsgesetz v. 4.3.2021, zurückgehend auf BT-Drs. 19/26545.

22 BT-Drs. 19/18111, 1 und 15.

23 Generell kritisch zur Verwendung von Anordnungen (= Verwaltungsakten/Allgemeinverfügungen) unter Verweis auf ein grundsätzliches Verbot „direkter Ministerialverwaltung" durch Anordnung bzw. Allgemeinverfügungen, vgl. *Kingreen*, Stellungnahme, BT-Ausschuss für Gesundheit, Gesundheitsausschuss-Drs. 19(14)160(27) v. 7.5.2020, S. 2 unter Verweis auf *Sachs* in Sachs GG Art. 87 Rn. 69.

24 ZB *Mayen* NVwZ 2020, 828 (830); aA *Sangs* NVwZ 2020, 1780 (1781).

25 BVerfG Beschl. v. 26.6.2002 – 1 BvR 558/91 u. 1428/91, BVerfGE 105, 252 (268, 270 f.) – Glykol („Von der Staatsleitung in diesem Sinne wird nicht nur die Aufgabe erfasst, durch rechtzeitige öffentliche Information die Bewältigung von Konflikten in Staat und Gesellschaft zu erleichtern, sondern auch, auf diese Weise neuen, oft kurzfristig auftretenden Herausforderungen entgegenzutreten, auf Krisen schnell und sachgerecht zu reagieren sowie den Bürgern zu Orientierungen zu verhelfen.").

26 BVerfG Beschl. v. 10.5.1960 – 2 BvL 76/58, BVerfGE 11, 77 (85); BVerfG Beschl. v. 26.6.2002 – 1 BvR 670/91, BVerfGE 105, 279 (301 ff.) – Osho; vgl. hierzu: *Huber*, Die Informationstätigkeit der öffentlichen Hand – ein grundrechtliches Sonderregime aus Karlsruhe?, JZ 2003, 290 ff.

27 BVerfG Beschl. v. 26.6.2002 – 1 BvR 670/91, BVerfGE 105, 279 (301 ff.) – Osho; BVerfG Beschl. v. 26.6.2002 – 1 BvR 558/91 u. 1428/91, BVerfGE 105, 252 (268 ff.) – Glykol; zu einer Parallele im nordrhein-westfälischen Landesverfassungsrecht, VGH Nordrhein-Westfalen Urt. v. 15.10.1991 – 12/90, NVwZ 1992, 467 ff.

28 Mit anderem Ansatz, vgl. *Sangs* NVwZ 2020, 1780 (1781) unter Verweis auf Art. 87 Abs. 3 GG; vgl. *Hermes* in Dreier GG Art. 87 Rn. 76; aA *Mayen* NVwZ 2020, 828 (832) unter Verweis auf BVerfGE 110, 33 (49).

29 BT-Drs. 19/23944, 21.

oder Abs. 10 IfSG ergriffenen Maßnahmen der Bundesregierung widersprechen oder zuwiderlaufen.[30]

Die Kompetenzen im Rahmen von § 36 Abs. 8 IfSG werden nunmehr von der **Bundesregierung** im Ganzen ausgeübt. Während in § 5 Abs. 2 S. Nr. 1, 2 IfSG aF noch ausschließlich das **Bundesgesundheitsministerium (BMG)** genannt wurde, ist gegenwärtig davon auszugehen, dass alle Bundesministerien an einer Rechtsverordnung nach § 36 IfSG mitwirken, deren Zuständigkeitsbereich davon betroffen sind. Unverändert wird es auch weiterhin das BMG sein, das an den infektionsschutzrechtlichen Maßnahmen federführend beteiligt sein wird. Denn es ist als zuständiges Fachministerium des Bundes für Fragen des Infektionsschutzes sachlich besonders geeignet ist, Maßnahmen nach § 36 Abs. 8 IfSG vorzubereiten. Dies zeigt sich unter anderem auch daran, dass das für epidemiologische Fragen zuständige RKI eine Bundesoberbehörde im Geschäftsbereich des BMG ist und das BMG zB die **Coronavirus-Schutzverordnung** (CoronaSchV) v. 21.12.2020,[31] die **Coronavirus-Einreiseverordnung** (CoronaEinreiseV) v. 13.1.2021[32] sowie die **Coronavirus-Schutzverordnung** (CoronaSchV) v. 29.1.2021[33] verantwortet hat. Da jedoch von Maßnahmen der Einreisebeschränkung regelmäßig noch **andere Ressortbereiche** betroffen sind (zB Auswärtiges Amt, BMI, BMV, BMAS, BMWi u. BMFSFJ), werden diese nach Entscheidung des Bundeskanzlers sowie den Maßgaben der Geschäftsordnung der Bundesregierung in die Ausarbeitung der jeweiligen Rechtsverordnung eingebunden. Einzelne Regelungen über konkrete Einbindungen, wie sie nach bisheriger Rechtslage noch in § 5 Abs. 3 S. 1 und 2 IfSG aF vorgesehen waren, sind dadurch überflüssig geworden. 10

Ebenfalls weggefallen ist die zuvor in § 5 Abs. 3 S. 3 IfSG aF vorgesehene Befugnis des BMG, **„bei Gefahr im Verzug"** auf das Einvernehmen anderer Bundesministerien verzichten zu können. Im Falle einer „epidemischen Lage von nationaler Tragweite" (§ 5 Abs. 1 S. 1 IfSG) liegen die Kompetenzen zum Erlass von Rechtsverordnungen dauerhaft bei der **Bundesregierung**, die ihre Kompetenzen unter vorrangiger Wahrung des Kanzlerprinzips (Art. 65 S. 1 GG) ausübt.[34] Das BMG hat seine hervorgehobene Position innerhalb der Bundesregierung bei der Bekämpfung von epidemischen Krankheiten durch das Gesetz v. 19.11.2020 **teilweise eingebüßt**. Entsprechend der verfassungsrechtlichen Bestimmungen liegen die ausschlaggebenden Entscheidungs- und Führungsbefugnisse nunmehr beim **Bundeskanzler** als hervorgehobenem Organ der politischen Führung.[35] 11

30 BT-Drs. 19/18111, 20 – Zu Absatz 2.

31 Verordnung zum Schutz vor einreisebedingten Infektionsgefahren in Bezug auf neuartige Mutationen des Coronavirus SARS-CoV-2 nach Feststellung einer epidemischen Lage von nationaler Tragweite durch den Deutschen Bundestag (Coronavirus-Schutzverordnung – CoronaSchV), BAnz AT 21.12.2020 V4.

32 Verordnung zum Schutz vor einreisebedingten Infektionsgefahren in Bezug auf das Coronavirus SARS-CoV-2 nach Feststellung einer epidemischen Lage von nationaler Tragweite durch den Deutschen Bundestag (CoronaEinreiseV), BAnz AT 13.1.2021 V1.

33 Verordnung zum Schutz vor einreisebedingten Infektionsgefahren in Bezug auf neuartige Mutationen des Coronavirus SARS-CoV-2 nach Feststellung einer epidemischen Lage von nationaler Tragweite durch den Deutschen Bundestag (Coronavirus-Schutzverordnung – CoronaSchV), BAnz AT 29.1.2021 V1.

34 Vgl. *Stern* StaatsR II § 31 II 3 u. IV 1 (S. 276 u. 298 ff.); *Schröder* in v. Mangoldt/Klein/Starck GG Art. 65 Rn. 16 ff., 28; *Herzog* in Maunz/Dürig GG Art. 65 Rn. 7 ff.

35 Vgl. eingehend *Stern* StaatsR II § 31 IV 1 (S. 299 ff.) – „moderierte monokratische Regierungsweise", mit Verweis auf Robert Lehr im Parl. Rat, Bonn 1948/1949, Hauptausschuss (HA) Sten.Ber. S. 37 sowie die Vorschriften der Art. 63 Abs. 1, 2, Art. 64, 67, 68 und 69 sowie Art. 115 b, 58 S. 1 GG.

III. Krisenreaktionsmaßnahmen bei Einreise (§ 36 Abs. 8 IfSG)

1. Allgemeine Voraussetzungen

12 Nach § 36 Abs. 8 IfSG wird die Bundesregierung im Rahmen von **Krisenreaktionsmaßnahmen**[36] zum Erlass von **Rechtsverordnungen** ermächtigt, die ohne Zustimmung des Bundesrates ergehen. Letzteres bedeutet, dass der Bundesrat, sobald der Bundestag eine „epidemische Lage von nationaler Tragweite" beschlossen hat (§ 5 Abs. 1 S. 1 IfSG), zumindest prozedural nicht mehr in die Verabschiedung von Rechtsverordnungen nach § 36 Abs. 8 IfSG eingebunden ist. Konsultationen und gemeinsame Erörterungen zwischen Bund und Ländern sind natürlich dennoch möglich. Außerhalb einer „epidemischen Lage" bleibt nach § 36 Abs. 7 das BMG mit Zustimmung des Bundesrates zum Erlass von Rechtsverordnungen ermächtigt.

13 Als Grundlage für **Auskunftsbegehren in Zusammenhang mit Einreisen** sieht § 36 Abs. 8 IfSG Rechtsverordnungen der Bundesregierung als Handlungsformen vor. Die Ermächtigung der Bundesregierung hierzu tritt nach früherer Gesetzesbegründung „neben die Rechtssetzungs- und Verwaltungsbefugnisse der Länder".[37] Für den Vollzug der Rechtsverordnungen nach § 36 Abs. 8 IfSG sind die Länder zuständig.[38] In keinem Fall dürfen die Länder aber durch eigene Maßnahmen die vom Bund nach § 36 Abs. 8 IfSG getroffenen Anordnungen abschwächen oder vereiteln.

14 Sofern ein Beschluss des Bundestages iSv § 5 Abs. 1 S. 1 IfSG vorliegt, kann die Bundesregierung bei Erfüllung weiterer Voraussetzungen durch Erlass von Rechtsverordnungen festlegen, dass Personen dazu verpflichtet werden, bestimmte unter § 36 Abs. 8 IfSG genannte **Auskünfte zu geben** oder **Maßnahmen zu ergreifen.**[39] Die in Abs. 8 genannten Maßnahmen zeichnen sich nicht mehr wie zuvor (§ 5 Abs. 2 S. 1 Nr. 1 lit. a bis e IfSG aF) durch eine **ansteigende Eingriffsintensität** aus, sondern haben ihren Schwerpunkt im informatorischen Bereich. Offenbar hatten die nach früherer Rechtslage noch möglichen Anordnungen durch das BMG keine größere praktische Relevanz, da sich herausgestellt hat, dass solche Einzelmaßnahmen in aller Regel nicht nötig bzw. von den Beförderern und den bei Grenzübertritt zuständigen Behörden übernommen werden (jetzt: § 36 Abs. 10 IfSG).[40] Daher räumt der Gesetzgeber mit der Verordnungsermächtigung nach Abs. 8 der Bundesregierung vor allem die Möglichkeit zur – ggf. frühzeitigen – Informationsbeschaffung zugunsten des vom RKI eingerichteten **elektronischen Melde- und Informationssystems** ein. Zudem waren die, wie es in der Entwurfsbegründung hieß, „eingriffsintensiven Maßnahmen"[41] eben praktisch nicht erforderlich und fielen zudem im Hinblick auf die Grundrechte der Reisenden möglicherweise auch zu weitgehend aus.[42] So muss nach der gegenwärtigen Gesetzeslage beispielsweise nicht mehr Auskunft über die vollständige Reiseroute gegeben werden (vgl. § 5 Abs. 2 S. 1 Nr. 1 lit. a IfSG aF), sondern es genügt, wenn die Aufenthaltsorte „bis zu zehn Tage vor und nach der Einreise" mitgeteilt werden (vgl. § 36 Abs. 8 S. 1 IfSG). Damit begnügen sich die Behörden nach dem IfSG mit weniger einschneidenden und grundrechtsintensiven Eingriffen.

---

36 Vgl. BT-Drs. 19/18111, 2.
37 BT-Drs. 19/18111, 20 – Zu Absatz 2.
38 BT-Drs. 19/18111, 20 – Zu Absatz 2.
39 BT-Drs. 19/18111, 20.
40 Mit Nennung einzelner Anordnungen iSv § 5 Abs. 2 IfSG aF, vgl. *Sangs* NVwZ 2020, 1780 (1782).
41 BT-Drs. 19/23944, 21.
42 Vgl. *Kersten/Rixen* Verfassungsstaat Covid-19 S. 45 ff.; *Kämmerer/Jischkowski* GesR 2020, 341; *Rixen* NJW 2020, 1097 (1098 ff.); *Schmitz/Neubert* NVwZ 2020, 666; *Schwarz* JA 2020, 321.

Die Bundesregierung hat von der Verordnungsermächtigung des § 36 Abs. 8 u. Abs. 10 IfSG in der sog. **Coronavirus-Einreiseverordnung** (CoronaEinreiseV) v. 13.1.2021[43] Gebrauch gemacht. Darin sind sowohl Verpflichtungen nach § 36 Abs. 8 S. 1 bis 3 IfSG sowie nach § 36 Abs. 10 IfSG vorgesehen. Auf sie wird im Anschluss an die einzelnen Anforderungen des § 36 Abs. 8 IfSG noch ausführlicher eingegangen. Davor hatte die Bundesregierung va auf der Grundlage von § 36 Abs. 10 IfSG noch die sog. **Coronavirus-Schutzverordnung** (CoronaSchV) v. 21.12.2020[44] für den Zeitraum v. 22.12.2020 bis zum 6.1.2021 im Hinblick auf Einreisen aus dem Vereinigten Königreich bzw. der Republik Südafrika wegen der dort aufgetretenen Virus-Mutationen erlassen. Dasselbe gilt für die **Coronavirus-Schutzverordnung** (CoronaSchV) v. 29.1.2021[45] für den Zeitraum zwischen dem 30.1.2021 und dem 17.2.2021 im Hinblick auf Risikogebiete, in denen „bestimmte Varianten des Coronavirus ... verbreitet aufgetreten sind (Virusvarianten-Gebiete...)“. Zwischenzeitlich wurde diese Coronavirus-Schutzverordnung bis zum 3.3.2021 verlängert. 15

Die **Ermächtigungen** des § 36 Abs. 8 und 10 IfSG sind im Vergleich zur früheren Vorschrift des § 5 Abs. 2 S. 1 Nr. 1, 2 IfSG aF **deutlich detaillierter ausgefallen**. Hiermit kommt der Gesetzgeber in erster Linie den Anforderungen der verfassungsrechtlichen **Wesentlichkeitstheorie** nach, wonach er die wesentlichen Entscheidungen, insbesondere die mit Grundrechtsrelevanz, durch ein Parlamentsgesetz unmittelbar selbst treffen muss.[46] Neben dem in der Entwurfsbegründung enthaltenen Hinweis auf den Parlamentsvorbehalt und die vorgenommene gesetzliche Präzisierung[47] zeigt sich dies auch daran, dass der Gesetzgeber im Hinblick auf die „betroffenen grundrechtlichen Schutzgüter“ darauf hinweist, dass nun die „wesentlichen Entscheidungen“ geregelt werden. Diese Klarstellung war auch im Schrifttum angemahnt worden, da die bislang verwendeten Grundlagen des IfSG vielfach als zu unbestimmt angesehen wurden.[48] Die **Prägekraft** der nun vorliegenden Ermächtigungsvorschriften wirkt sich unmittelbar auf die zwischenzeitlich ergangenen **Coronavirus-Verordnungen** der Bundesregierung aus, die sich stark an den präzisen Formulierungen von § 36 Abs. 8 und 10 IfSG orientieren. 16

a) Zur epidemischen Lage von nationaler Tragweite führende Krankheit

Für Maßnahmen nach § 36 Abs. 8 S. 1 IfSG wird zunächst auf die spezifische Krankheit Bezug genommen, die zu Feststellung einer „epidemischen Lage von nationaler Tragweite“ geführt hat. In der zuvor geltenden Vorschrift des § 5 Abs. 2 S. 1 Nr. 1 IfSG aF erfolgte noch ein Rückgriff auf eine „bedrohliche übertragbare Krankheit“, wie sie unverändert in § 2 Nr. 3 a IfSG definiert wird. Nach der Regelung des Abs. 8 kommt es nunmehr allein darauf an, ob wegen der betreffenden Krankheit ein **Beschluss des Deutschen Bundestages** nach § 5 Abs. 1 S. 1 IfSG über eine „epidemische Lage von nationa- 17

43 Verordnung zum Schutz vor einreisebedingten Infektionsgefahren in Bezug auf das Coronavirus SARS-CoV-2 nach Feststellung einer epidemischen Lage von nationaler Tragweite durch den Deutschen Bundestag (CoronaEinreiseV), BAnz AT v. 13.1.2021 V1.

44 Verordnung zum Schutz vor einreisebedingten Infektionsgefahren in Bezug auf neuartige Mutationen des Coronavirus SARS-CoV-2 nach Feststellung einer epidemischen Lage von nationaler Tragweite durch den Deutschen Bundestag (Coronavirus-Schutzverordnung – CoronaSchV), BAnz AT 21.12.2020 V4.

45 Verordnung zum Schutz vor einreisebedingten Infektionsgefahren in Bezug auf neuartige Mutationen des Coronavirus SARS-CoV-2 nach Feststellung einer epidemischen Lage von nationaler Tragweite durch den Deutschen Bundestag (Coronavirus-Schutzverordnung – CoronaSchV), BAnz AT 29.1.2021 V1.

46 BVerfG Urt. v. 19.12.2017 – 1 BvL 3, 4/14, BVerfGE 147, 253 (309 f.) – numerus clausus III; BVerfG Beschl. v. 14.7.1998 – 1 BvR 1640/97, BVerfGE 98, 128 (251) – Rechtschreibreform; BVerfG Beschl. v. 8.8.1978 – 2 BvL 8/78, BVerfGE 49, 89 – Kalkar I; BVerfG Beschl. v. 18.6.1975 – 1 BvL 4/74,BVerfGE 40, 121 (137) – Waisenrente II; hierzu auch *Kotzur* in v. Münch/Kunig GG Art. 20 Rn. 156 ff.; *Grzeszick* in Maunz/Dürig GG Art. 20 Rn. 105 ff.

47 BT-Drs. 19/23944, 2 und 21.

48 ZB *Rixen* NJW 2020, 1097 (1098 ff.); *Kersten/Rixen*, Verfassungsstaat Covid-19 S. 48; *Brocker* NVwZ 2020, 1485 (1486); *Leisner-Egensperger* NJW 2021, 202 (203 ff.).

ler Tragweite" getroffen wurde. Damit muss kein eigenständiges und ggf. interpretationsbedürftiges Merkmal mehr erfüllt werden, sondern der vorherige Bundestagsbeschluss führt unmittelbar zur Tatbestandserfüllung im Hinblick auf § 36 Abs. 8 IfSG. Auch einer gesonderten Prüfung des mit der Krankheit verbundenen **Gefährdungspotenzials** bedarf es nach Abs. 8 nun nicht mehr.

18 Grundsätzlich war vor der Gesetzesänderung v. 18.11.2020 davon auszugehen, dass die durch das neuartige Coronavirus SARS-CoV-2 verursachten Krankheit COVID-19, deren Auftreten zu den Änderungsgesetzen des IfSG v. 27.3.2020, v. 19.5.2020, v. 18.11.2020 und v. 4.3.2021 geführt hat, als epidemiologischer Maßstab für die Annahme einer bedrohlichen übertragbaren Krankheit anzusehen ist. Nach § 36 Abs. 8 IfSG braucht es keine gesonderte Feststellung einer **schwerwiegenden Epidemie** mehr.[49] Es genügt seit dem Gesetz v. 18.11.2020, dass die betreffende Krankheit Anlass für einen Bundestagsbeschluss nach § 5 Abs. 1 S. 1 IfSG gewesen ist.[50]

19 In formeller Hinsicht hängen die Maßnahmen nach § 36 Abs. 8 IfSG von der **förmlichen Feststellung** einer „epidemischen Lage von nationaler Tragweite" nach § 5 Abs. 1 S. 1 IfSG durch den Deutschen Bundestag ab (*Rixen* in → § 4 Rn. 6 ff.). Sofern der Bundestag einen entsprechenden Beschluss getroffen hat, ist im Sinne von § 36 Abs. 8 S. 1 IfSG **unwiderleglich vom Vorliegen** einer bedrohlichen übertragbaren Krankheit **auszugehen.** Allerdings besteht die Möglichkeit, die Voraussetzungen des Parlamentsbeschlusses (verfassungs-)gerichtlich überprüfen zu lassen, um eine missbräuchliche oder willkürliche Verwendung des im IfSG vorgesehenen Instrumentariums auszuschließen. Bei der Überprüfung, ob tatsächlich eine Krankheit von der Schwere und Gefährlichkeit der in § 2 Nr. 3 lit. a IfSG genannten Voraussetzungen vorliegt, dienen der Verweis auf die „klinisch schweren Verlaufsformen" oder ihre „Ausbreitungsweise", welche eine „schwerwiegende Gefahr für die Allgemeinheit" verursachen kann, als Indikatoren anhand derer ein Bundestagsbeschluss nach § 5 Abs. 1 S. 1 IfSG rechtlich überprüft werden kann. Zudem hat der Gesetzgeber in § 5 Abs. 1 S. 4 IfSG die Voraussetzungen einer „epidemischen Lage von nationaler Tragweite" definiert[51] und dabei vor allem auf den Vorgang der **„Einschleppung"** sowie eine **„dynamische Ausbreitung** einer bedrohlichen übertragbaren Krankheit" abgestellt (zu den Einzelheiten *Rixen* in → § 4 Rn. 6 ff.).

b) Einreise

20 Wegen des Bezugs zwischen Ausbruchsgeschehen und internationalem Reiseverkehr muss es sich im Weiteren um Personen handeln, die in die Bundesrepublik **einreisen wollen oder bereits eingereist** sind.[52] Zur Verdeutlichung fand sich zuvor in § 5 Abs. 2 S. 1 Nr. 2 IfSG aF der Begriff der „Einschleppung", der dafür steht, dass eine Krankheit aus einem anderen Gebiet – mutmaßlich aus dem Ausland – durch Personen, die als Träger dienen, häufig unbemerkt in das Bundesgebiet gebracht wird. In diesen Fällen ist es nicht erforderlich, dass sich die Krankheitsträger ihrer Erkrankung bewusst sind oder die Einschleppung gemessen an ihren äußeren Umständen erkennbar war. Auch wenn der anschauliche Begriff der „Einschleppung" in § 36 IfSG nicht wieder aufgegriffen wurde,[53] bedarf es weiterhin keiner bewussten oder bekannten Trägerschaft mit dem Krankheitserreger, der zu einem Bundestagsbeschluss nach § 5 Abs. 1 S. 1 IfSG geführt hat. Im Ergebnis hängen infektionsschutzrechtliche Maßnahmen nach Abs. 8 S. 1 von einer anstehenden oder bereits erfolgten Einreise in das Bundesgebiet ab.

---

49 Zur früheren Rechtlage, vgl. BT-Drs. 19/18111, 1 und 15.
50 AA *Gärditz* MedR 2020, 741.
51 *Sangs* NVwZ 2020, 1780 (1781).
52 Vgl. BT-Drs. 19/18111, 20 – Zu Nummer 1.
53 Vgl. aber § 5 Abs. 1 S. 4 Nr. 1 IfSG.

Unter einer Einreise in das Bundesgebiet ist in erster Linie das **Überschreiten einer Außengrenze der Bundesrepublik Deutschland** zu verstehen. Dies kann, wie sich aus § 36 Abs. 10 S. 1 Nr. 2 IfSG ergibt, gleichermaßen anhand von Land-, See- oder Luftgrenzen geschehen. Im Fall von Luftgrenzen erfolgt der Grenzübertritt typischerweise erst nach der Landung auf einem **Flughafen**, bei Seegrenzen kommt es auf das Anlanden in einem **Seehafen** an. Unerheblich für die Annahme einer Außengrenze ist hingegen, ob es an der betreffenden Grenze unmittelbare Kontrollen gibt oder ob es sich etwa um eine Schengen-Grenze handelt, an der im Regelfall keine stationären Grenzkontrollen stattfinden (vgl. Art. 1 Abs. 1 und Art. 22 Schengener Grenzkodex)[54]. 21

Da § 36 Abs. 8 S. 1 IfSG gleichrangig darauf abstellt, dass eine Person bereits eingereist ist, können die danach vorgesehenen Auskünfte auch **bei zwischenzeitlich innerstaatlichen Sachverhalten** verlangt werden. Der Zusammenhang mit dem Merkmal der Einreise liegt in diesen Fällen darin, dass im Vorfeld des aktuellen Aufenthalts im Inland eine Einreise stattgefunden hat. Es ist daher ein **zeitlicher Zusammenhang von Aufenthalt und Einreise** erforderlich, für den die Frist von „bis zu 10 Tagen vor und nach der Einreise“ Anhaltspunkte bietet. Die Einreise kann dabei ein paar Stunden zurückliegen oder – abhängig von der Inkubationszeit der betreffenden Krankheit – auch bis zu 10 Tagen. Auf Krankheiten mit einer längeren Inkubationszeit sind die Befugnisse des § 36 IfSG nicht ausgelegt. Generell sind die bekannten Eigenschaften der Krankheit zu berücksichtigen, die zum Bundestagsbeschluss nach § 5 Abs. 1 S. 1 IfSG geführt haben. Ausgeschlossen sind Auskünfte nach § 36 Abs. 8 S. 1 allerdings dann, wenn die Einreise so lange zurückliegt, dass ein epidemiologischer Zusammenhang mit der betreffenden Krankheit nach medizinischer Kenntnis und Erfahrung ausgeschlossen ist. Allerdings ist bereits eine geringe Wahrscheinlichkeit oder eine verbleibende Unsicherheit ausreichend, um den für Abs. 8 S. 1 erforderlichen zeitlichen Zusammenhang bejahen zu können. 22

c) Wahrscheinlichkeit eines erhöhten Infektionsrisikos

Das Merkmal einer Einreise in die Bundesrepublik genügt alleine nicht, um Auskunftsverlangen nach § 36 Abs. 8 S. 1 IfSG zu rechtfertigen. Zusätzlich muss durch die Umstände der Einreise noch die **Wahrscheinlichkeit begründet** sein, einem **erhöhten Infektionsrisiko** im Hinblick auf die Krankheit ausgesetzt gewesen zu sein, die zum Bundestagsbeschluss nach § 5 Abs. 1 S. 1 IfSG geführt hat. Dh dass sich bei einer bestimmten Person oder Personengruppe aus den konkreten Umständen eines **Auslandsaufenthalts** Rückschlüsse auf eine größere Gefährdung durch eine Infektion ergeben, als dies normalerweise der Fall wäre. 23

Wie sich § 36 Abs. 8 S. 1 IfSG entnehmen lässt, liegt eine solche Wahrscheinlichkeit eines erhöhten Infektionsrisikos insbesondere dann vor, wenn eine Person aus einem „Risikogebiet“ iSv § 2 Nr. 17 IfSG eingereist ist. Da von einem **„Risikogebiet“** nach der Legaldefinition des IfSG gesprochen werden kann, wenn „ein erhöhtes Risiko für eine Infektion mit einer bestimmten bedrohlichen übertragbaren Krankheit festgestellt wurde“, wirkt dieser Verweis für die Feststellung eines „erhöhten Infektionsrisikos“ zunächst etwas zirkulär. Der Begriff einer „bedrohlichen übertragbaren Krankheit“ iSv § 2 Nr. 3 a IfSG verweist darauf, dass die betreffende Krankheit „klinisch schwere Verlaufsformen“ haben muss oder ihre „Ausbreitungsweise“ eine „schwerwiegende Gefahr für die Allgemeinheit“ verursachen kann. An dieser Einschätzung wirken vor allem das **BMG** – im Einvernehmen mit **AA** und **BMI** – und das **RKI** entscheidend mit. So wird ua in § 2 Nr. 17 IfSG auf eine entsprechende Veröffentlichung auf der Web-Seite des RKI hingewiesen (www.rki.de/risikogebiete). Die von der Einstufung des RKI ausgehen- 24

54 VO (EU) 2016/399, ABl.EU 2016 L/77.

de **Indizwirkung** in Zusammenhang mit Maßnahmen nach Abs. 8 S. 1 unterstreicht neuerlich den durch die Änderungsgesetze zum IfSG v. 27.3.2020, v. 19.5.2020, v. 18.11.2020 sowie v. 4.3.2021 hervorgerufenen Bedeutungszuwachs des RKI „an der Schnittstelle zu Wissenschaft und Verwaltung“[55] (zum RKI und seiner Rolle im Einzelnen *Ritgen* in → § 12 Rn. 46 ff.).

25 In der Praxis ist eine solche **Gefährdungseinschätzung des RKI**, die sich im Begriff des **„Risikogebiets“** nach § 36 Abs. 8 S. 1 iVm § 2 Nr. 17 IfSG wiederfindet, **kaum widerleglich**. Selbst wenn andere einschlägige Forschungseinrichtungen internationaler oder nationaler Organisationen zu abweichenden Einschätzungen kommen, so führt die dem RKI im IfSG insgesamt und vor allem in § 4 IfSG sowie im Weiteren auch in § 5 Abs. 7, §§ 13, 14, 28 a und 36 IfSG zugewiesene Funktion als „nationale Behörde zur Vorbeugung übertragbarer Krankheiten“ dazu, dass vorbehaltlich gerichtlicher Überprüfungen seine Einstufungen als verbindlicher Maßstab für das Handeln von Bund und Ländern in einer „epidemischen Lage von nationaler Tragweite“ dient.

26 Wie ein Blick in die vom RKI geführte **Liste der Risikogebiete** nach § 2 Nr. 17 IfSG zeigt,[56] sind dort – Stand Februar 2021 – etwa 160 Staaten der Erde aufgeführt. Darunter sind viele Staaten, die auch Mitgliedstaaten der EU sind, und beispielsweise alle Nachbarstaaten der Bundesrepublik. Zudem wurden schon mit der **Coronavirus-Einreiseverordnung** v. 13.1.2021[57] sowie der **Coronavirus-Schutzverordnung** v. 29.1.2021[58] mit den Bezeichnungen **„Virusvarianten-Gebiet“** bzw. **„Hochinzidenzgebiet“** weitere Kategorien mit noch höheren Infektionsrisiken etabliert als die der „Risikogebiete“. Es bietet sich an, diese Begriffe und die mit ihrer Erfüllung verbundenen Konsequenzen in eine spätere Novellierung des IfSG aufzunehmen.

27 Obwohl die Einstufung als **Risikogebiet** iSv § 2 Nr. 17 IfSG durch das BMG zwar in besonderem Maße auf Erkenntnissen des RKI beruht, sind seine Einschätzungen doch nicht die einzigen Möglichkeiten, die Wahrscheinlichkeit eines erhöhten Infektionsrisikos festzustellen. Das BMG kann seine diesbezügliche Feststellung auch aufgrund der **Erkenntnisse anderer epidemiologisch oder im weitesten Sinne medizinisch ausgewiesenen Forschungseinrichtungen** treffen. Diese können von ausländischen Staaten, der Europäischen Union oder der Weltgesundheitsorganisation (WHO) eingerichtet oder unterstützt werden; dasselbe gilt für anerkannte private Forschungseinrichtungen. In der Begründung des Änderungsgesetzes v. 27.3.2020 wird das RKI ausdrücklich in den Zusammenhang mit „anderen internationalen und nationalen Behörden“ gestellt, die ebenfalls „mit der Prävention und Bekämpfung von übertragbaren Erkrankungen beschäftigt“ sind.[59] Es liegt daher nahe, auch die von solchen Einrichtungen ausgehende Einstufung einer bestimmten Region oder eines Ortes als Gefährdungsgebiet oder einer Lage mit erhöhtem Infektionsrisiko zur Grundlage von Maßnahmen nach § 36 Abs. 8 S. 1 IfSG zu nehmen. Gegebenenfalls wird das BMG gut beraten sein, diese Einschätzungen mit dem RKI abzustimmen.

d) Zuständige Behörden

28 Zuständige Behörden für Auskunftsverlangen nach § 36 Abs. 8 S. 1 sind bei **unmittelbaren Einreisen die Bundespolizei** oder bei bereits erfolgter Einreise die für den **Vollzug des IfSG verantwortlichen Landesbehörden**. Aufgrund der parallelen Anknüpfung an gerade anstehende Einreisen und bereits erfolgte Einreisen ist eine **parallele Zuständig-**

55 Vgl. BT-Drs. 19/18111, 19 – Zu Nummer 3 (Zu Buchstabe a) und 24, Zu Absatz 7.
56 Vgl. www.rki.de/DE/Content/InfAZ/N/Neuartiges_Coronavirus/Risikogebiete_neu.html.
57 BAnz AT 13.1.2021 V1 (§ 3 Abs. 1).
58 BAnz AT 29.1.2021 V1 (§ 1 Abs. 1).
59 Vgl. BT-Drs. 19/18111, 19 – Zu Nummer 3 (Zu Buchstabe a).

keit im Bereich des Infektionsschutzes begründet. Aus diesem Grund können die Länder mit dem Bund Kooperationen eingehen, wodurch auch bei inländischen Auskunftsverlangen Kräfte der Bundespolizei unterstützend eingesetzt werden können. Sofern die Landesbehörden sich nicht im Stande oder nicht Willens zeigen, die erforderlichen Maßnahmen nach einer Einreise zu ergreifen, können Kräfte der Bundespolizei die Aufgabe nach § 36 Abs. 8 S. 1 IfSG als unterstützende Behörden iSv § 36 Abs. 11 IfSG auch bei inländischen Sachverhalten wahrnehmen (vgl. zu den Einzelheiten *Kau* in → § 6 Rn. 16 ff.).

2. Personenbezogene Angaben (§ 36 Abs. 8 S. 1 Var. 1. IfSG)

29 Das erste Auskunftsverlangen nach § 36 Abs. 8 S. 1 Var. 1 IfSG richtet sich auf die Mitteilung von **„personenbezogenen Angaben"** einer Person, die einreisen möchte oder bereits eingereist ist. Das IfSG benutzt den Begriff der „personenbezogenen Angaben" an mehreren Stellen und definiert ihn in § 2 Nr. 16 IfSG. Im Sinne des IfSG geht es darum, diejenigen „personenbezogenen Angaben" zu erheben, die für den Zweck des IfSG bzw. der betreffenden Norm des IfSG erforderlich sind. Bei der informatorischen Kontrolle von Personen, die aus einem Risikogebiet in das Bundesgebiet einreisen wollen oder bereits eingereist sind, geht es va um personenbezogene Angaben, die die **sichere Identitätsbestimmung** ermöglichen und Verwechselungen soweit wie möglich ausschließen. Dabei dient die Identitätsbestimmung der ersten behördlichen Erfassung und Zuordnung aller nachfolgend mitgeteilten Informationen und ggf. später vorgenommenen Maßnahmen. Außerdem lassen sich anhand der Identität eines Reisenden Flugrouten und frühere Grenzübertritte in der Regel auch **digital zuordnen**.

30 Zu den „personenbezogenen Angaben" nach § 36 Abs. 8 S. 1 iVm § 2 Nr. 16 IfSG zählen vornehmlich diejenigen Daten, die das RKI für sein elektronisches Melde- und Informationssystem nach § 36 Abs. 9 IfSG zur Identitätsbestimmung benötigt. Dies sind **Name, Vorname, Geschlecht, Geburtsdatum, Anschrift der Hauptwohnung** bzw. des **gewöhnlichen Aufenthaltsortes** und, falls abweichend, **Anschrift des derzeitigen Aufenthaltsortes.** Außerdem fallen hierunter, soweit vorliegend, auch **Telefonnummer** und **E-Mail-Adresse.** Insbesondere die Anschrift des derzeitigen Aufenthaltsortes im Bundesgebiet ist für die ggf. notwendige „Überwachung der Absonderung" von Infizierten durch die zuständigen örtlichen Behörden erforderlich, die hierüber vom RKI informiert werden (vgl. § 36 Abs. 9 S. 3 IfSG). Die Wohn- oder Aufenthaltsadresse im Ausland sowie auf dem Reiseweg ist für die „Kontaktnachverfolgung" wesentlich (§ 36 Abs. 9 S. 3 IfSG).

31 Wie der **Coronavirus-Einreiseverordnung**[60] entnommen werden kann, müssen Personen, die aus einem Risikogebiet in die Bundesrepublik einreisen wollen, eine **digitale Einreiseanmeldung (DEA)**[61] oder – falls das technisch nicht möglich ist – eine schriftliche Ersatzmitteilung einreichen, die die „persönlichen Angaben" iSv § 2 Nr. 16 IfSG sowie auch alle anderen in § 36 Abs. 8 S. 1 IfSG aufgeführten Informationen enthält (§ 1 Abs. 1 und 2 CoronaEinreiseV).[62]

3. Datum der voraussichtlichen Einreise (§ 36 Abs. 8 S. 1 Var. 2 IfSG)

32 In zeitlicher Hinsicht kommt es nach § 36 Abs. 8 S. 1 Var. 2 IfSG vor allem auf das **Datum der Einreise** an. Dies gilt ungeachtet des Gesetzeswortlautes sowohl für Reisende, die erst in das Bundesgebiet einreisen wollen („voraussichtliche Einreise"), als auch für

60 BAnz AT 13.1.2021 V1, CoronaEinreiseV.
61 Vgl. www.einreiseanmeldung.de (digitale Einreiseanmeldung) (zuletzt: 28.1.2021).
62 *Sangs* NVwZ 2020, 1780 (1782).

Reisende, die bereits in das Bundesgebiet eingereist sind. Das Einreisedatum ist vor allem deshalb von besonderer Bedeutung, weil es abhängig von der betreffenden Krankheit für die **Berechnung der Inkubation** sowie die **Ansteckungswahrscheinlichkeit** eine belastbare Grundlage bietet. Zudem stellt das Datum der Einreise auch für das Melde- und Informationssystem des RKI (§ 36 Abs. 9 IfSG) einen konkreten Zuordnungszeitpunkt dar.

4. Aufenthaltsorte bis zu zehn Tage vor und nach der Einreise (§ 36 Abs. 8 S. 1 Var. 3 IfSG)

33 Schon nach den bisher geltenden Vorschriften des IfSG konnten Personen verpflichtet werden, gegenüber der zuständigen Behörde **Auskunft über ihre Reiseroute** zu geben (vgl. § 5 Abs. 2 S. 1 Nr. 1 lit. a IfSG aF). Für das Melde- und Informationssystem des RKI sind Reisende nach § 36 Abs. 8 S. 1 Var. 3 IfSG verpflichtet „ihre Aufenthaltsorte bis zu zehn Tage vor und nach der Einreise" mitzuteilen. Gerade in einer **global vernetzten Welt,** in der einzelne Reisende in die entlegensten Winkel der Welt gelangen und durch den Flugverkehr in wenigen Stunden tausende von Kilometern zurücklegen können, kommt es für die mit dem Vollzug des IfSG zuständigen Behörden darauf an, eine **möglichst verlässliche Datengrundlage** zur Einschätzung des Infektionsrisikos zu erhalten. Außerdem sind Informationen über die Aufenthaltsorte der letzten 20 Tage, wenn man den Zeitraum vor und nach der Einreise zusammenzählt, auch wichtig, um ein möglicherweise **globales Ausbruchsgeschehen** einschätzen und bekämpfen zu können. Dann besteht in Kooperation mit Gesundheitsbehörden im Ausland die Möglichkeit, Ausbruchsursachen, Ausbruchsherde oder Infektionswege zu identifizieren. Diese Informationen sind insbesondere für die Verhängung lokaler Quarantänen oder Ausgangssperren von großer Bedeutung, indem aufgrund internationaler sowie nationaler Daten die erforderlichen Eindämmungsmaßnahmen vor Ort ergriffen werde können. Auch im Hinblick auf **generelle Einreiseverbote** sind Informationen über Aufenthaltsorte der letzten 20 Tage von großer Bedeutung.

34 Im Weiteren ist die Begrenzung auf den relevanten Zeitraum von 20 Tagen auch im Hinblick auf die von staatlichen Maßnahmen berührten **Grundrechte** der Reisenden die schonendere Maßnahme im Vergleich dazu, dass sie über ihre Reiserouten und Aufenthaltsorte umfassend Auskunft geben müssten. Zudem wird der Zeitraum „von bis zu zehn Tagen vor und nach der Einreise" in der Praxis auch dem Bereich entsprechen, über den die Reisenden noch konkrete und daher verlässliche Angaben machen können.

35 Der Hinweis auf die Aufenthaltsorte „zehn Tage vor und die geplanten Aufenthaltsorte zehn Tage nach der Einreise" finden sich in der **Coronavirus-Einreiseverordnung**[63] wieder (vgl. § 1 Abs. 1 CoronaEinreiseV). Auch diese Informationen müssen vor einer Einreise in die Bundesrepublik im Rahmen der **digitale Einreiseanmeldung** (**DEA**)[64] mitgeteilt werden (§ 1 Abs. 1 und 2 CoronaEinreiseV).

5. Genutzte Reisemittel (§ 36 Abs. 8 S. 1 Var. 4 IfSG)

36 Zu den für die Einordnung der erbrachten Informationen wichtigen Angaben gehört nach § 36 Abs. 8 S. 1 Var. 4 IfSG schließlich auch das **für die Einreise genutzte Reisemittel**. Wie sich Abs. 10 entnehmen lässt, ist der Gesetzgeber bemüht, die Reisewege zusätzlich anhand der jeweils genutzten Beförderungs- und Reisemittel zu unterscheiden. In dieser Hinsicht ermöglicht die Zuordnung des für die Einreise genutzten Reisemittels eine **Nachverfolgung der Reisekontakte**, eine Bestimmung des Einreiseortes und der sich

63 BAnz AT 13.1.2021 V1, CoronaEinreiseV.

64 Vgl. www.einreiseanmeldung.de (digitale Einreiseanmeldung) (zuletzt: 28.1.2021).

von dort an im Inland ergebenden Aufenthaltsorte einschließlich der dabei wiederum entstandenen Personenkontakte. Auch die Mitteilung des für die Einreise genutzten Reisemittels erfolgt in erster Linie wieder im Hinblick auf das elektronische Melde- und Informationssystem des RKI.

6. Elektronisches Melde- und Informationssystem des RKI (§ 36 Abs. 8 S. 1, Abs. 9 IfSG)

Da sich im Rahmen der COVID-19-Pandemie in Deutschland die Erfassung, Verarbeitung und Speicherung von Daten sowie ihre Übertragung von den Gesundheitsämtern und sonstigen Landesbehörden zum RKI als besondere Schwachstelle der staatlichen Krisenreaktionsmaßnahmen erwiesen hat, sieht nunmehr § 36 Abs. 9 IfSG vor, dass das RKI für die Zwecke des § 36 Abs. 8 S. 1 IfSG ein **elektronisches Melde- und Informationssystem** einrichtet und unterhält. Damit soll sichergestellt werden, dass die aufgrund von Abs. 8 S. 1 erhobenen Daten nicht nur existieren, sondern auch den zuständigen Stellen – nicht zuletzt dem RKI – möglichst schnell und effektiv zur Verfügung gestellt werden. Für die Bedeutung des Melde- und Informationssystems spricht vor allem, dass das jeweilige infektionsschutzrechtliche Vorgehen sich in großem Maße auf statistische Daten sowie Testungen stützt, so dass die Bekämpfung von „epidemischen Lagen von nationaler Tragweite" zu einem großen Anteil auf **datentechnischer Grundlage** geführt wird. Je aktueller und genauer die Daten sind, desto effektiver können die gegen eine Epidemie ergriffenen Maßnahmen sein. 37

Für die Auskunftsverlangen des § 36 Abs. 8 S. 1 IfSG stellt das elektronische Melde- und Informationssystem des RKI damit den **Zielpunkt der Datensammlungen** dar, welche durch die zuständigen Behörden bzw. infolge der digitalen Einreisemeldung der Reisenden erfolgt. Aufgrund der Ermächtigung in § 36 Abs. 9 IfSG kann das RKI im Rahmen von Abs. 8 S. 1 bis 3 spezifizieren, welche konkreten Angaben es für das elektronische Melde- und Informationssystem benötigt. Da aus § 36 Abs. 8 und 9 IfSG entsprechende Spielräume verbleiben, können diese in der entsprechenden Rechtsverordnung der Bundesregierung zu Konkretisierungen genutzt werden. 38

Naheliegenderweise muss das RKI das in § 36 Abs. 9 IfSG vorgesehene elektronische Melde- und Informationssystem nicht eigenhändig aufbauen und verantworten. Es kann hierfür, wie in Abs. 9 S. 2 eigens hervorgehoben wird, einen **„IT-Dienstleister"** mit der technischen Umsetzung beauftragen. Offenbar bestand beim Gesetzgeber die Sorge, man würde die Beauftragung des RKI mit dem Aufbau eines elektronischen Melde- und Informationssystems als datenschutzrechtlich so brisant einstufen, dass in Abs. 9 S. 1 eine unmittelbare Ermächtigung ausschließlich des RKI hätte gesehen werden können. Zudem zählt das elektronische Melde- und Informationssystem des RKI zur **hochsensiblen IT-Infrastruktur** im Bereich des Infektions- und Seuchenschutzes, so dass bei der Beauftragung externer Dienstleister sehr hohe Sicherheitsanforderungen aufzustellen und einzuhalten sind. 39

Für den Fall, dass einzelne Stellen, die die Daten nach § 36 Abs. 8 S. 1 IfSG erheben sollen, nicht über ausreichende technische, insbesondere IT-Ausstattungen verfügen, kann nach § 36 Abs. 8 S. 3 IfSG in der entsprechenden Rechtsverordnung insofern eine Ausnahme von der elektronischen Übermittlung an das „Melde- und Informationssystem" des RKI statuiert werden, so dass anstelle einer Nutzung des elektronischen Melde- und Informationssystems auch eine **„schriftliche Ersatzmitteilung"** vorgenommen werden kann. Damit hat der Gesetzgeber im Gesetz v. 18.11.2021 nicht nur die Notwendigkeit unverzüglicher elektronischer Meldewege bei der Bekämpfung von Epidemien anerkannt, er hat zudem auch eingeräumt, dass der Digitalisierungsgrad der infektions- und seuchenschutzrechtlichen Infrastruktur zum Teil noch erhebliche Defizite aufweist. 40

Auch die **Coronavirus-Einreiseverordnung**[65] trägt dem Umstand Rechnung, dass nicht jeder Reisende zu einer **digitalen Einreiseanmeldung** (DEA)[66] in Lage ist oder diese aufgrund technischer Störungen nicht gelingt. Für diesen Fall kann eine im Anhang der Verordnung als Formular abgedruckte Ersatzmitteilung ausgefüllt werden (§ 1 Abs. 2 CoronaEinreiseV).

IV. Datenschutzrechtliche Bestimmungen (§ 36 Abs. 9 S. 3 IfSG)

41 Schon in Zusammenhang mit den auf der Grundlage der Gesetze v. 27.3.2020 sowie v. 19.5.2020 erhobenen Informationen über Identität, Reiseroute und Kontaktdaten wurde in den Gesetzesmaterialien klarstellt, dass die **Verwendung der erhobenen Daten** „zu anderen Zwecken" als dem Infektionsschutz ausgeschlossen ist.[67] Danach konnten schon die seit Beginn der COVID-19 Pandemie erhobenen Daten in Deutschland und – soweit von deutschen Behörden zu kontrollieren – auch im Ausland **nicht zusätzlich zu anderen Zwecken** verwendet werden (zB zur Strafverfolgung). Aufgrund der internationalen Auswirkungen epidemischer Krankheiten waren von dieser Einschränkung jedoch nicht das Teilen von Daten mit **ausländischen Behörden des Infektionsschutzes** umfasst. So galt schon seit Feststellung einer „epidemischen Lage von nationaler Tragweite", dass gerade der pandemische Verlauf der betreffenden Krankheiten die internationale Kooperation von Behörden des Infektionsschutzes dringend erforderlich macht. Daher war auch die Weitergabe von Daten iSv § 5 Abs. 2 S. 1 Nr. 1 lit. a bis e IfSG aF an Infektionsschutzbehörden im Ausland generell zulässig (vgl. zu den Einzelheiten *Kau* in → § 6 Rn. 58).

42 Wegen der Einrichtung eines elektronischen **Melde- und Informationssystems** durch das RKI (§ 36 Abs. 9 IfSG) hat der Gesetzgeber in § 36 Abs. 9 S. 3 IfSG die datenschutzrechtlichen Grundlagen des Umgangs mit den hierfür gesammelten Daten präzisiert. Danach dürfen die nach Abs. 8 S. 1 erhobenen Daten von der zuständigen Behörde „nur für Zwecke der Überwachung der Absonderung und der Kontaktnachverfolgung" verarbeitet werden. Nach Abs. 9 S. 4 gilt zudem, dass die mitgeteilten Daten der Einreise der jeweils betroffenen Person **„spätestens 14 Tage"** später zu löschen sind. Dies führt im Ergebnis dazu, dass das elektronische Melde- und Informationssystem die „personenbezogenen Angaben", „Einreisedaten", „Aufenthaltsorte" sowie Angaben über „genutzte Reisemittel" nur **vergleichsweise kurz speichert** und sie im Wesentlichen zur Weitergabe an die örtlich zuständigen Gesundheitsbehörden verwendet. Diese sind dann ihrerseits – im Sinne von § 36 Abs. 9 S. 3 IfSG – im Einzelfall zur „Überwachung der Absonderung" und zur „Kontaktnachverfolgung" zuständig.

43 Das RKI führt auf der Grundlage des § 36 Abs. 9 IfSG keine Gesamtdatei über alle eingereisten Personen und ihren jeweiligen Gesundheitsstatus, sondern fungiert – ganz so wie es der Name eines „Melde- und Informationssystems" nahelegt – als **zentrale Anlauf- und Meldestation** für die bei der Einreise erhobenen Daten. Diese leitet es schnellstmöglich an die jeweils zuständigen lokalen infektionsschutzrechtlichen Behörden weiter. Angesichts dieser **Eingangs- und Weitergabefunktion** des RKI besteht keine Notwendigkeit, die erhaltenen und verarbeiteten Daten länger als 14 Tage nach Einreise zu speichern, zumal wenn die Weitergabe automatisiert würde. Das RKI nimmt damit im Rahmen von § 36 Abs. 9 IfSG in erster Linie Aufgaben aus den Bereichen Informationssammlung, Koordination und Kommunikation wahr.

65 BAnz AT 13.1.2021 V1, CoronaEinreiseV.
66 Vgl. www.einreiseanmeldung.de (digitale Einreiseanmeldung) (zuletzt: 28.1.2021).
67 BT-Drs. 19/18111, 20 – Zu Nummer 1.

V. Ausnahmen (§ 36 Abs. 8 S. 2 IfSG)

§ 5 Abs. 2 S. 1 Nr. 3 IfSG aF wurde mit dem Gesetz v. 18.11.2020 aufgehoben. Einerseits mag die hieran geübte – zum Teil harsche – **verfassungsrechtliche Kritik** dafür verantwortlich gewesen sein.[68] Andererseits war die Vorschrift redaktionell weitgehend missglückt, so dass man nur mit Schwierigkeiten einen verfassungskonformen Anwendungsfall für sie ausmachen konnte. Der Gesetzgeber verweist in seiner Begründung darauf, die „umstrittene Ermächtigung“ könne entfallen, „weil von ihr vom BMG auch kein Gebrauch gemacht wurde“.[69] Danach wurde die Bestimmung vor allem wegen ihrer Funktionslosigkeit entbehrlich. 44

Allerdings sieht § 36 Abs. 8 S. 2 IfSG auch aus Gründen einer möglichst **schonenden und verfassungskonformen Ausgestaltung** der Ermächtigung ausdrücklich vor, dass in der zu erlassenden Rechtsverordnung auch **Ausnahmen von den Auskunftspflichten** nach Abs. 8 S. 1 vorgesehen werden sollen. Zwar versteht es sich eigentlich von selbst, dass von den eingeräumten Ermächtigungen zum Erlass von Verordnungen nicht bis zum Letzen Gebrauch gemacht werden muss und dass es schon im Hinblick auf das **Verhältnismäßigkeitsprinzip** regelmäßig geboten ist, Vorkehrungen für atypische Ausnahmefälle vorzusehen. Allerdings war der Gesetzgeber beim Gesetz v. 18.11.2020 sehr nachdrücklich bemüht nachzuweisen, dass er gerade wegen der „fortgesetzt erforderlichen eingriffsintensiven Maßnahmen“[70] die verfassungsrechtlich zu garantierende Einzelfallgerechtigkeit nicht aus den Augen verloren hat. 45

In der Konsequenz des § 36 Abs. 8 S. 2 IfSG steht es daher, dass die **Coronavirus-Einreiseverordnung**[71] eine ganze Reihe von Ausnahmen von der Anmeldepflicht vorsieht (vgl. § 2 CoronaEinreiseV). Dies sind beispielsweise Ausnahmen für Durchreisen ohne Zwischenaufenthalt im Risikogebiet oder im Bundesgebiet (§ 2 Abs. 1 Nr. 1 und 2 CoronaEinreiseV), für Aufenthalte im Rahmen des Grenzverkehrs von weniger als 24 Stunden (§ 2 Abs. 1 Nr. 3 CoronaEinreiseV) oder bei Einhaltung von Schutz- und Hygienekonzepten im Rahmen von Transporttätigkeiten auf Straße, Schiene, per Schiff oder Flugzeug (§ 2 Abs. 1 Nr. 4 CoronaEinreiseV). In allen diesen Fällen bedarf es grundsätzlich keiner **digitalen Einreiseanmeldung (DEA).**[72] 46

In ganz ähnlicher Weise sahen auch die beiden **Coronavirus-Schutzverordnungen** (CoronaSchV) v. 21.12.2020[73] sowie v. 29.1.2021[74] Ausnahmen von dem im Übrigen bestehenden Beförderungsverbot vor. 47

VI. Verhältnis zu anderen Vorschriften

1. Grundrechtliche Relevanz

Die bei Einreisen ergriffenen Maßnahmen nach § 36 Abs. 8 IfSG verfügen über eine **substanzielle Grundrechtsrelevanz,** indem Reisende in vielfältiger Hinsicht über persön- 48

68 Nachweise in Vorauflage: *Kau* § 6 Rn. 36 ff.; *Kersten/Rixen* Verfassungsstaat Covid-19 S. 107; *Mayen* AnwBl 2020, 349 (350); *Mayen* NVwZ 2020, 828 (832) – „§ 5 II Nr. 3 IfSG wiederum lässt nicht erkennen, welchen Inhalt und Zweck und welches Ausmaß die Verordnung haben soll, die an die Stelle der zu ersetzenden Bestimmungen des IfSG treten sollen.“; *Rixen* NJW 2020, 1097 (1103 ff.).

69 BT-Drs. 23944, 25 – Zu Doppelbuchstabe aa.

70 BT-Drs. 19/23944, 21.

71 BAnz AT v. 13.1.2021 V1, CoronaEinreiseV.

72 Vgl. www.einreiseanmeldung.de (digitale Einreiseanmeldung) (zuletzt: 28.1.2021).

73 Verordnung zum Schutz vor einreisebedingten Infektionsgefahren in Bezug auf neuartige Mutationen des Coronavirus SARS-CoV-2 nach Feststellung einer epidemischen Lage von nationaler Tragweite durch den Deutschen Bundestag (Coronavirus-Schutzverordnung -CoronaSchV), BAnz AT 21.12.2020 V4.

74 Verordnung zum Schutz vor einreisebedingten Infektionsgefahren in Bezug auf das Coronavirus SARS-CoV-2 nach Feststellung einer epidemischen Lage von nationaler Tragweite durch den Deutschen Bundestag (CoronaEinreiseV), BAnz AT v. 13.1.2021 V1.

liche und gesundheitliche Sachverhalte Auskunft geben oder sogar medizinische Untersuchungen über sich ergehen lassen müssen (vgl. § 36 Abs. 10 S. 2 IfSG). Indiziell lässt sich die Grundrechtsrelevanz an § 36 Abs. 13 IfSG ablesen, der dem **verfassungsrechtlichen Zitiergebot** (Art. 19 Abs. 1 S. 2 GG) Rechnung trägt und darauf hinweist, dass „durch die Absätze 4 bis 7 und 10" verschiedene Grundrechte eingeschränkt werden. Ob, wie es sich aus dem Wortlaut von § 36 Abs. 13 IfSG ergibt, tatsächlich aus § 36 Abs. 8 IfSG keine Grundrechtsbeeinträchtigung resultiert, erscheint im Hinblick auf das Grundrecht auf informationelle Selbstbestimmung fraglich (vgl. *Kluckert* in → § 2 Rn. 49 ff., 60 ff.).[75]

49 Ausweislich der Entwurfsbegründung ermöglichen Maßnahmen nach § 36 Abs. 10 IfSG „Einschränkungen in das Grundrecht der körperlichen Unversehrtheit (Art. 2 Abs. 2 S. 1 GG). Dies gilt insbesondere für die nach Abs. 10 S. 3 IfSG bei Einreisen als *ultima ratio* vorgesehene **ärztliche Untersuchung**, die einen gravierenden Eingriff in die Grundrechtssphäre darstellt. Dies gilt nicht erst, wenn Blut abgenommen oder größere Gewebeproben genommen werden, sondern auch bereits bei einer konventionellen in die körperliche Sphäre des Reisenden eingreifenden medizinischen Untersuchungen. Hierzu zählt insbesondere auch das Nehmen von Abstrichen im Mund-, Rachen- und Nasenraum (vgl. zu den Einzelheiten *Kau* in → § 6 Rn. 32 ff.).

50 Im Weiteren greifen die Maßnahmen nach § 36 Abs. 8 IfSG durch die verschiedenen Auskunftsverlangen substanziell in das **Recht auf informationelle Selbstbestimmung**[76] sowie in das **Allgemeine Persönlichkeitsrecht**[77] der Reisenden ein (jeweils Art. 2 Abs. 1 iVm Art. 1 Abs. 1 GG). Ebenso wie bei den allgegenwärtigen Eingriffen in Art. 2 Abs. 1 GG findet das Zitiergebot (Art. 19 Abs. 1 S. 2 GG) bei den auf Art. 2 Abs. 1 GG aufbauenden ungenannten Grundrechten keine Anwendung.[78]

51 Unter den Bedingungen einer durch den **internationalen Reiseverkehr befürchteten Einschleppung** einer bedrohlichen übertragbaren Krankheit (§ 3 a IfSG) sind die in § 36 Abs. 8 S. 1 IfSG aufgeführten Maßnahmen **grundsätzlich verhältnismäßig**, um das ins Auge gefasste Ziel einer Eindämmung einer epidemischen Lage zu erreichen. Es sind zwar bei konkreter Betrachtung durchaus Fälle denkbar, bei denen einzelne der in Abs. 8 S. 1 genannten Auskünfte sich als ungeeignet erweisen, da sie nicht zu den Ursachen einer Erkrankung führen. Bei den in Abs. 8 S. 1 genannten Auskunftsbegehren werden bestimmte Grundinformationen für die **digitale Einreiseanmeldung** (DEA) abverlangt, von denen anzunehmen ist, dass sie ggf. eine Nachverfolgung von Ansteckungen und, damit verbunden, eine Eindämmung der durch den Reiseverkehr eingeschleppten Krankheit ermöglichen. Außerdem können einzelne Maßnahmen auch insgesamt unangemessen sein. Dies ändert jedoch nichts an der **grundsätzlichen Verfassungskonformität** der in Zusammenhang mit Einreisen geschaffenen Ermächtigungsgrundlagen zum Erlass von Rechtsverordnungen der Bundesregierung nach § 36 Abs. 8 IfSG.

2. Schengen-System

52 Die bei bzw. vor der Einreise verlangten Auskünfte nach § 36 Abs. 8 IfSG können, sofern die Reisenden aus einem Schengen-Mitgliedstaat kommen, mit der grundsätzlichen Reisefreiheit und dem Abbau stationärer Grenzkontrollen in Konflikt stehen. Nach

75 BT-Drs. 19/18111, S. 23 – Zu Absatz 5.

76 Erstmals BVerfG Urt. v. 15.12.1983 – 1 BvR 209 ua, BVerfGE 65, 1 ff. – Volkszählung; eingehend hierzu *Murswiek/Rixen* in Sachs GG Art. 2 Rn. 121 ff.

77 Vgl. *Starck* in v. Mangoldt/Klein/Starck GG Art. 2 Rn. 177 ff. – „Integrität persönlicher Daten"; *Di Fabio* in Maunz/Dürig GG Art. 2 Abs. 1 Rn. 173 ff.

78 Vgl. *Huber* in v. Mangoldt/Klein/Starck GG Art. 19 Rn. 71; *Remmert* in Maunz/Dürig GG Art. 19 Rn. 54 f.

Art. 25 und 28 des Schengener Grenzkodex (VO 2016/399)[79] ist jedoch vorgesehen, dass Grenzkontrollen bei „ernsthaften Bedrohungen“ der öffentlichen Ordnung und Sicherheit sofort – ohne Einhaltung der im Übrigen vorgesehenen 30 Tage-Frist – eingeführt werden dürfen. Dies gilt bei Gefährdungen durch epidemische Krankheiten vor allem angesichts des primärrechtlich anerkannten Schutzes der öffentlichen Gesundheit.[80] Als mildere Maßnahmen sind bei solchen Bedrohungen auch **informatorische Auskunftsersuchen** zum Aufbau eines elektronischen Melde- und Informationssystems (§ 36 Abs. 9 IfSG) von den Befugnissen der Art. 25 und 28 des Schengener Grenzkodex umfasst. Ein Widerspruch mit dem **Schengen Informationssystem II (SIS II)**, das vor allem in der Verordnung Nr. 2006/1987/EU[81] verankert ist, besteht wegen der unterschiedlichen Ausrichtung nicht.

3. Internationale Gesundheitsvorschriften (IGV)

Wie der Entwurfsbegründung zu entnehmen ist,[82] stehen die mittlerweile der Bundesregierung eingeräumten Befugnisse nach § 36 Abs. 8 IfSG in **Übereinstimmung** mit den Internationalen Gesundheitsvorschriften (IGV). Diese wurden unter fachlicher Leitung der Weltgesundheitsorganisation (WHO) erarbeitet und als völkerrechtlicher Vertrag verabschiedet (vgl. *Gassner* in → § 1 Rn. 33 ff.).[83] 53

VII. Zeitlich begrenzte Geltung

1. Aufhebung der epidemischen Lage

Wie eingangs dargestellt (→ Rn. 3), hängt die Befugnis zum Auskunftsverlangen und zur digitalen Einreiseanmeldung bei Reisen aus Risikogebieten nach § 36 Abs. 8 IfSG von der vorherigen Feststellung einer „epidemischen Lage von nationaler Tragweite“ (§ 5 Abs. 1 S. 1 IfSG) durch einen **Beschluss des Bundestages und seine Fortdauer** ab. Sobald der **Bundestag einen gegenteiligen Beschluss** trifft, der feststellt, dass die Voraussetzungen für die Feststellung einer „epidemischen Lage von nationaler Tragweite“ nicht mehr vorliegen bzw. ihr Fortdauern innerhalb einer Drei-Monatsfrist nicht festgestellt wird, **erlischt auch die Ermächtigung des Bundes** zum Erlass von Rechtsverordnungen nach § 36 Abs. 8 IfSG. Hinzu kommt, dass bereits ergriffene und noch andauernde Maßnahmen auf der Grundlage einer nach Abs. 8 erlassenen Rechtsverordnung als „aufgehoben“ gelten und daher nicht mehr vollzogen werden dürfen. 54

Diese **zeitlich-parlamentarische Konditionalität** der Befugnisse des Bundes unterstreicht den **Ausnahme- und Notcharakter** der nun in § 36 Abs. 8 IfSG geregelten Befugnisse der Bundesregierung sowie der auf dieser Grundlage ergangenen Rechtsverordnungen im Falle von Einreisen. Ohne andauernde Feststellung einer „epidemischen Lage von nationaler Tragweite“ können aus infektionsschutzrechtlichen Gründen weder Auskunft begehrt (Abs. 8) noch der Aufbau eines elektronischen Melde- und Informationssystems (Abs. 9) betrieben werden. 55

2. Ursprüngliche Ablaufzeit bis zum 31.3.2021

Unabhängig davon, ob ein Aufhebungsbeschluss des Bundestages die „epidemische Lage von nationaler Tragweite“ formal beendet, sah § 36 Abs. 12 IfSG eine **automatische Ablaufzeit** der auf der Grundlage von § 36 Abs. 8 S. 1 IfSG erlassenen Rechtsver- 56

79 ABl.EU 2016 L/77.
80 Vgl. Art. 45 Abs. 3, Art. 36 S. 1 AEUV.
81 ABl. EU 2006 L 381/4.
82 BT-Drs. 19/18111, 20 – Zu Nummer 1.
83 BGBl. 2007 II 930 (Gesetz zu den Internationalen Gesundheitsvorschriften v. 23.5.2005) sowie BGBl. 2013 I 566 (dt. Gesetz zur Durchführung der Internationalen Gesundheitsvorschriften).

ordnungen vor. Danach sollten Rechtsverordnungen nach Abs. 8 S. 1 spätestens „mit Ablauf des **31.3.2021**“ ihre Gültigkeit verlieren.[84] Das Andauern der COVID-19-bedingten „epidemischen Lage von nationaler Tragweite“ hat jedoch den ursprünglichen zeitlichen Rahmen des IfSG gesprengt. Daher hat der Gesetzgeber die Bezugnahme auf das feste Datum des 31.3.2021 zwischenzeitlich aufgehoben.[85] Anstelle eines festen Ablaufdatums muss der Bundestag nun im **Drei-Monats-Turnus** Beschlüsse zur Fortdauer einer einmal festgestellten „epidemischen Lage von nationaler Tragweite“ iSv § 5 Abs. 1 S. 1 IfSG treffen.[86] Zur Klarstellung ist in der **Coronavirus-Einreiseverordnung** (CoronaEinreiseV) ausdrücklich vorgesehen, dass die Verordnung „mit der Aufhebung der Feststellung der epidemischen Lage von nationaler Tragweite“ außer Kraft“ tritt (§ 10 CoronaEinreiseV). Dies kann auch durch die unterbliebene Feststellung ihrer Fortdauer geschehen.

57 Es liegt zudem in der Konsequenz von § 5 Abs. 1 S. 2 IfSG, dass nach dem Ende der epidemischen Lage von nationaler Tragweite **auch keine neuen Rechtsverordnungen** auf der Grundlage von § 36 Abs. 8 S. 1 IfSG mehr verabschiedet werden dürfen. Ansonsten würden mit ihrem Ende die bisherigen Rechtsverordnungen zwar aufgehoben, sie könnten dann aber schon einige Tage später mit identischem Inhalt von der Bundesregierung erneut verabschiedet werden. Dies widerspräche jedoch dem in § 5 Abs. 1 S. 2 IfSG hervortretenden Ausnahmecharakter der in § 36 Abs. 8 und Abs. 10 IfSG verabschiedeten Regelungen.

58 Der **Drei-Monats-Turnus** für die Feststellung der Fortdauer einer epidemischen Lage von nationaler Tragweite nach § 5 Abs. 1 S. 3 IfSG unterstreicht den **Ausnahmecharakter** der mit dem Änderungsgesetz v. 27.3.2020, v. 19.5.2020, v. 18.11.2020 sowie v. 4.3.2021[87] in Kraft gesetzten Bestimmungen. Aufgrund der seit Anfang März 2020 durch das Coronavirus SARS-CoV-2 mit der Krankheit COVID-19 verursachten **Notsituation,**[88] bei der eine „Destabilisierung des gesamten Gesundheitssystems“ drohte,[89] hat der Bundesgesetzgeber die in Frage stehenden Vorschriften mit durchgreifenden Befugnissen für die Bundesregierung und das BMG **in ungewöhnlich kurzer Zeit verabschiedet.**[90] Hiermit ist die Gefahr verbunden, dass die getroffenen Regelungen entweder nicht hinreichend effektiv sind oder im Hinblick auf ihre Grundrechtsintensität zu weit in die persönliche Sphäre von Bürgern und Reisenden eingreifen. Insbesondere das Dritte Gesetz zum Schutz der Bevölkerung bei einer epidemischen Lage von nationaler Tragweite v. 18.11.2020 hat der Gesetzgeber dazu genutzt, der vor allem im verfassungsrechtlichen Schrifttum geäußerten Kritik nachzugehen und entsprechende Korrekturen bzw. Anpassungen vorzunehmen.[91] Der Drei-Monats-Turnus für die Feststellung einer epidemischen Lage von nationaler Tragweite soll zudem sicherstellen, dass die mit dem Bundestagsbeschluss nach § 5 Abs. 1 S. 1 IfSG verbundenen weitgehenden Befugnisse der Bundesregierung und des BMG zumindest einer **strengen zeitlichen Begrenzung** unterliegen, innerhalb derer sich im Bundestag eine Mehrheit für eine Verlängerung der epidemischen Lage von nationaler Tragweite finden muss.

84 BT-Drs. 19/18111, 23 – Zu Absatz 4; vgl. *Sangs* NVwZ 2020, 1780 (1781).
85 Gesetz zur Fortgeltung der die epidemische Lage von nationaler Tragweite betreffenden Regelungen (EpiLage-Fortgeltungsgesetz) v. 4.3.2021, zurückgehend auf BT-Drs. 19/26545 v. 9.2.2021.
86 BT-Drs. 19/26545, 13 u. 17.
87 EpiLage-Fortgeltungsgesetz v. 4.3.2021, zurückgehend auf BT-Drs. 19/26545 v. 9.2.2021.
88 BT-Drs. 19/18111, 15 („seuchenrechtlicher Notfall“).
89 BT-Drs. 19/18111, 1.
90 BT-Drs. 19/18111, 1 („Um einer Destabilisierung des gesamten Gesundheitssystems vorzubeugen, wird die Bundesregierung in die Lage versetzt, schnell mit schützenden Maßnahmen einzugreifen.“); so datiert der Gesetzentwurf auf den 24.3.2020 und das Inkrafttreten bereits auf den 27.3.2020.
91 BT-Drs. 19/23944, 2 und 21; vgl. umfassend *Sangs* NVwZ 2020, 1780 (1781 ff.).

Das im Gesetz v. 18.11.2020 in modifizierter Form vorgesehene infektionsschutzrechtliche Instrumentarium des § 36 Abs. 8 bis 13 IfSG[92] steht auch weiterhin unter dem **Vorbehalt der praktischen Bewährung** und **späteren Evaluation**. Insbesondere *Sangs* hat darauf hingewiesen, dass, wenn das IfSG – im Vergleich zum Frühjahr 2020 – nun auch ein wesentlich umfangreicheres und ausgewogeneres Instrumentarium vorsieht, mit dem Fortschreiten und der Entwicklung der Pandemie **„weiterhin Reformbedarf"** besteht. Insbesondere wird sich der Gesetzgeber im Austausch mit den herangewachsenen Sachverständigen nach dem Ende der im Zeichen des Coronavirus SARS-CoV-2 stehenden Epidemie um COVID-19 mit den IfSG befassen und die aus der Pandemie gezogenen Schlussfolgerungen in weiteren Novellierungen einbringen müssen. Hierzu wurde mit dem **EpiLage-Fortgeltungsgesetz v. 4.3.2021**[93] in § 5 Abs. 9 IfSG ausdrücklich eine „externe wissenschaftliche Evaluierung der Regelungsgesamtheit zur epidemischen Lage von nationaler Tragweite" bis zum 31.12.2021 angeordnet, deren Ergebnisse dem Bundestag bis zum 31.3.2022 präsentiert werden müssen.[94] Darüber hinaus geht es nach § 4 Abs. 1 a S. 2 IfSG darum, „Vorschläge zur gesetzlichen, infrastrukturellen und personellen Stärkung des Robert Koch-Instituts sowie gegebenenfalls zusätzlicher Behörden" im Hinblick auf das Ziel eines umfassenden Infektionsschutzes zu machen. Und selbst dann ist nicht davon auszugehen, dass das IfSG – allen voran die Ermächtigungsvorschriften für Rechtsverordnungen in § 36 Abs. 8 bis 13 IfSG – den durch eine spätere Pandemie oder epidemisch Lage von nationaler Tragweite entstehenden Situationen vollauf gewachsen sein werden. Immerhin hat der Gesetzgeber mit der in § 5 Abs. 1 S. 2 IfSG vorgesehenen Befristung des Bundestagsbeschlusses auf drei Monate und der **turnusmäßig innerhalb von drei Monaten** erforderlichen Feststellung ihrer Fortdauer einen Mechanismus etabliert, der gute Aussichten hat, auch in Zukunft im IfSG erhalten zu bleiben. In jedem Fall ist für den Abschluss der epidemischen Lage der Jahre 2020 und 2021 nach § 5 Abs. 9 IfSG sowie § 4 Abs. 1 a IfSG eine umfassende **Evaluierung** des IfSG und der in der Pandemie gesammelten Erfahrungen vorgesehen.[95] 59

Da die „epidemische Lage von nationaler Tragweite" auch **über das Datum des 31.3.2021** hinaus unverändert andauerte, blieben Rechtsverordnungen **auf der Grundlage von § 36 Abs. 8 bis 13 IfSG weiterhin erforderlich**. Angesichts dessen stand es dem Bundesgesetzgeber grundsätzlich frei, den Hinweis auf den zeitlichen Ablauf zum 31.3.2021 in Abs. 12 und an anderen Stellen des IfSG sowie in den Coronavirus-Verordnungen **isoliert aufzuheben** (vgl. § 10 Coronavirus-Einreiseverordnung, CoronaEinreiseV). Weder die Regelung des Abs. 12 noch die Zeitumstände der Gesetzgebung entfalteten eine Sperrwirkung, die den Gesetzgeber in seinen Handlungen eingeschränkt hätte. Nach der zwischenzeitlich erfolgten Aufhebung von § 36 Abs. 12 IfSG bleiben die bisher auf der Grundlage von § 36 Abs. 8 bis 13 IfSG verabschiedeten Rechtsverordnungen ohne weitere Gesetzgebungs- oder sonstige Verabschiedungsakte in Kraft.[96] Zudem können auf der Grundlage des § 36 Abs. 8 sowie Abs. 10 IfSG noch weitere Rechtsverordnungen verabschiedet werden. 60

92 BGBl. 2020 I 2397; BT-Drs. 19/23944, 6 ff.

93 Gesetz zur Fortgeltung der die epidemische Lage von nationaler Tragweite betreffenden Regelungen (EpiLage-Fortgeltungsgesetz) v. 4.3.2021, zurückgehend auf BT-Drs. 19/26545, 13 ff.

94 BT-Drs. 19/26545, 13 u. 17.

95 BT-Drs. 19/18111, 18 (unter VII).

96 BT-Drs. 19/26545, 13.

§ 6 Transport und Verkehr und die epidemische Lage von nationaler Tragweite

Literatur: *Berger,* Corona-App – Daten gegen Leben, Der Landkreis 2020, 211; *Boehme-Neßler*, Corona-Pass und Grundgesetz. Menschenwürde und Demokratie-Grundsatz als verfassungsrechtlicher Maßstab eines Immunitätsausweises, NVwZ 2020, 1570; *Brocker*, Exekutive versus parlamentarische Normsetzung in der Corona-Pandemie, NVwZ 2020, 1485; *Engels*, Infektionsschutzrecht als Gefahrenabwehrrecht?, DÖV 2014, 464; *Gallwas*, Gefahrenerforschung und HIV-Verdacht, NJW 1989, 1516; *Gärditz*, Die Feststellung einer epidemischen Lage von nationaler Tragweite, MedR 2020, 741; *Giesberts/Gayger/Weyand*, COVID-19 – Hoheitliche Befugnisse, Rechte Betroffener und staatliche Hilfen, NVwZ 2020, 417; *Gramm*, Rechtsfragen der staatlichen Aids-Aufklärung, NJW 1989, 2917; *Grüner*, Biologische Katastrophen – Eine Herausforderung an den Rechtsstaat, 2017; *Guckelberger*, Ausgangsbeschränkungen und Kontaktverbote anlässlich der Corona-Pandemie, NVwZ-Extra 2020/9 a; *Gusy*, Die Informationsbeziehungen zwischen Staat und Bürger, in Hoffmann-Riem/Schmidt-Aßmann/Voßkuhle (Hrsg.), Grundlagen des Verwaltungsrechts, Band II, 2. Aufl. 2012, § 23; *Heinig/Kingreen/Lepsius/Möllers/Volkmann/Wißmann*, Why Constitution Matters – Verfassungsrechtswissenschaft in Zeiten von Corona, JZ 2020, 861; *Huster/Kingreen* (Hrsg.), Handbuch Infektionsschutzrecht, 2021; *Hofmann*, Verfassungs- und verwaltungsrechtliche Probleme der Virus-Erkrankung Aids unter besonderer Berücksichtigung des bayerischen Maßnahmenkatalogs, NJW 1988, 1486; *Ipsen*, Notstandsverfassung und Corona-Virus, Recht u Politik 2020, 118; *Joder*, Die Rolle der Kulturschaffenden in Zeiten der Pandemie, DVBl 2021, 237; *Kämmerer/Jischkowski*, Grundrechtsschutz in der Pandemie – Der „Corona-Lockdown" im Visier der Verfassungs- und Verwaltungsgerichtsbarkeit, GesR 2020, 341; *Kersten/Rixen*, Der Verfassungsstaat in der Corona-Krise, 2020; *Kingreen*, Stellungnahme im BT-Ausschuss für Gesundheit, 11.5.2020, abrufbar unter: https://www.bundestag.de/resource/blob/694844/0b2af0e61b45ddbfe131%201c78557720 % 20ee/19_14_0160–27-_ESV-Prof-Dr-Kingreen _2-Bevoelk-schutzg--data.pdf; *Klafki,* Risiko und Recht – Risiken und Katastrophen im Spannungsfeld von Effektivität, demokratischer Legitimation und rechtsstaatlichen Grundsätzen am Beispiel von Pandemien, 2017; *Kloepfer* (Hrsg.), Pandemien als Herausforderung für die Rechtsordnung, 2011; *Kloepfer/Deye*, Pandemien als Herausforderung für die Rechtsordnung, DVBl 2009, 1208; *Leisner-Egensperger*, Impfpriorisierung und Verfassungsrecht, NJW 2021, 202; *v. Mangoldt/Klein/Starck*, Grundgesetz – Kommentar, 7. Aufl. 2018; *Maunz/Dürig* (Begr.), Grundgesetz – Kommentar (Stand: 92. EL, 8/2020); *Mers*, Infektionsschutz im liberalen Rechtsstaat, 2019; *Mayen*, Der verordnete Ausnahmezustand, NVwZ 2020, 828; *Mayen*, Vom Wert der Verfassung in Zeiten der Pandemie, AnwBl 2020, 275; *Mayen*, Zur Verfassungsmäßigkeit der Befugnisse des Bundesministeriums für Gesundheit nach § 5 IfSG, AnwBl 2020, 349; *Meßling*, Gesetz zum Schutz der Bevölkerung bei einer epidemischen Lage von nationaler Tragweite vom 27.3.2020, NZS 2020, 321; *Meyer*, COVID-19: Verantwortung in der Krise – Zwischenruf aus der Praxis, NVwZ 2020, 609; *Pohlmann*, Rechtliche Rahmenbedingungen der Katastrophenbewältigung, 2012; *Rengeling*, Vom geduldigen Ausharren zur allumfassenden Prävention – Grippe-Pandemien im Spiegel von Wissenschaft, Politik und Öffentlichkeit, 2017; *Rixen*, Gesundheitsschutz in der Corona-Krise – Die (Neu-)Regelungen des Infektionsschutzgesetzes, NJW 2020, 1097; *Rixen*, Gesundheitsschutz in der Coronavirus-Krise – Die (Neu-)Regelungen des Infektionsschutzgesetzes, NJW 2020, 1097; *Rixen*, Grenzenloser Infektionsschutz in der Corona-Krise?, Recht u Politik 2020, 109; *Sachs* (Hrsg.), Grundgesetz – Kommentar, 8. Aufl. 2017; *Sangs*, Das Dritte Gesetz zum Schutz der Bevölkerung bei einer epidemischen Lage von nationaler Tragweite und Gesetzgebung während der Pandemie, NVwZ 2020, 1780; *Schaefer*, Pandemieschutz im Luftverkehr, NVwZ 2020, 834; *Schenke*, Nochmals: Seuchenbekämpfung durch Blutuntersuchung und Zwangsinformation, NJW 1989, 755; *Schenke*, Rechtsfragen der Bekämpfung von AIDS, DVBl 1988, 166; *Schmidt* (Hrsg.), COVID-19, Rechtsfragen zur Corona-Krise, 2020; *Schmidt*, Das Parlament in der Pandemie zwischen Notverordnungsrecht und Notausschuss, DVBl 2021, 231; *Schmitt*, Die Verfassungswidrigkeit der landesweiten Ausgangsverbote, NJW 2020, 1626; *Schmitz/Neubert*, Praktische Konkordanz in der Covid-Krise, NVwZ 2020, 666; *Schwarz*, Infektionsschutzgesetz und die Grundrechte, JA 2020, 321; *Shirvani*, Gesundheitsnotstand und Kompetenzordnung, JZ 2021, 109; *Sodan*, Infektionsschutzrecht, in Ehlers/Fehling/Pünder (Hrsg.), Besonderes Verwaltungsrecht, Bd. 2, 4. Aufl. 2020; *von Steinau-Steinrück*,

Staatliche Verhütung und Bekämpfung von Infektionskrankheiten, 2013; *Vasold*, Grippe, Pest und Cholera. Eine Geschichte der Seuchen in Europa, 2008; *Walus*, Pandemie und Katastrophennotstand: Zuständigkeitsverteilung und Kompetenzmängel des Bundes, DÖV 2010, 127; *Ziekow*, Die Verfassungsmäßigkeit von sog. „Ausgangssperren" nach dem Bundesinfektionsschutzgesetz, DVBl 2020, 732.

I. Gesetzliche und tatsächliche Voraussetzungen ... 1
II. Ergänzende Bundeskompetenzen ... 8
III. Krisenreaktionsmaßnahmen im Bereich Transport und Verkehr (§ 36 Abs. 10 IfSG) ... 10
1. Allgemeine Voraussetzungen ... 10
a) Epidemische Krankheit nach Abs. 10 S. 1 iVm Abs. 8 S. 1 .. 12
b) Unternehmen ... 13
c) Zuständige und unterstützende Behörden ... 16
d) Vorgänge im Bereich Transport und Verkehr ... 19
e) Inpflichtnahme ... 20
2. Einreisepflichten (§ 36 Abs. 10 S. 1 Nr. 1 IfSG) ... 22
a) Digitale Einreiseanmeldung oder Ersatzmitteilung (lit. a) .. 26
b) Impfdokumentation (§ 36 Abs. 10 S. 1 Nr. 1 lit. b IfSG) 28
c) Auskunft über Anhaltspunkte für epidemische Krankheit (§ 36 Abs. 10 S. 1 Nr. 1 lit. d IfSG) ... 31
d) Ärztliche Untersuchung (§ 36 Abs. 10 S. 2 IfSG) ... 32
3. Mitwirkungspflichten (§ 36 Abs. 10 S. 1 Nr. 2 IfSG) ... 36
4. Zusatzpflichten (§ 36 Abs. 10 S. 1 Nr. 2 IfSG) ... 39
a) Beförderungsverbot aus Risikogebieten (§ 36 Abs. 10 S. 1 Nr. 2 lit. a IfSG) ... 41
b) Beförderung ausschließlich bei Einhaltung der gesetzlichen Verpflichtungen (§ 36 Abs. 10 S. 1 Nr. 2 lit. b IfSG) 46
c) Barrierefreie Information von Reisenden (§ 36 Abs. 10 S. 2 Nr. 2 lit. c IfSG) ... 51
d) Angaben zur Identifizierung und Früherkennung (§ 36 Abs. 10 S. 1 Nr. 2 lit. d IfSG) 56
e) Schutzmaßnahmen zur Verhinderung von Übertragungen (§ 36 Abs. 10 S. 1 Nr. 2 lit. e IfSG) ... 60
f) Meldung von Krankheits- und Verdachtsfällen (§ 36 Abs. 10 S. 1 Nr. 2 lit. f IfSG) .. 61
g) Passagierlisten und Sitzpläne (§ 36 Abs. 10 S. 1 Nr. 2 lit. g IfSG) ... 62
h) Transport von Krankheits- und Verdachtsfällen (§ 36 Abs. 10 S. 1 Nr. 2 lit. h IfSG) 64
i) Benennung einer Kontaktstelle für das RKI (§ 36 Abs. 10 S. 1 Nr. 2 lit. i IfSG) .. 66
5. Elektronische Nachrichten (§ 36 Abs. 10 S. 1 Nr. 3 IfSG) ... 67
IV. Ausnahmen (§ 36 Abs. 8 S. 2 IfSG) ... 69
V. Verhältnis zu anderen Vorschriften ... 72
1. Grundrechtliche Relevanz ... 72
2. Internationale Gesundheitsvorschriften (IGV) ... 75
VI. Zeitlich begrenzte Geltung ... 76

I. Gesetzliche und tatsächliche Voraussetzungen

In den Änderungsgesetzen v. 27.3.2020,[1] v. 19.5.2020,[2] v. 18.11.2020[3] und v. 1
4.3.2021[4] wurde das infektionsschutzrechtliche Instrumentarium im Hinblick auf die Feststellung einer „epidemischen Lage von nationaler Tragweite" ergänzt. Auch für Fragen von **Transport und Verkehr** wurden die Kompetenzen der neuen Gefahrenlage angepasst und substanziell erweitert (*Kau* in → § 5 Rn. 2 ff. sowie *Ritgen* in → § 12 Rn. 52). Weitere Änderungen wurden – ua mit Blick auf verfassungsrechtliche Bedenken[5] – nunmehr in § 36 Abs. 10 IfSG präzisiert, zusammengeführt und weiterentwi-

1 BGBl. 2020 I 587.
2 BGBl. 2020 I 1018.
3 BGBl. 2020 I 2397.
4 Gesetz zur Fortgeltung der die epidemische Lage von nationaler Tragweite betreffenden Regelungen (EpiLage-Fortgeltungsgesetz) v. 4.3.2021, zurückgehend auf BT-Drs. 19/26545 v. 9.2.2021.
5 ZB *Heinig/Kingreen/Lepsius/Möllers/Volkmann/Wißmann* JZ 2020, 861; *Rixen* NJW 2020, 1097 (1102); *Joder* DVBl 2021, 237; *Mayen* NVwZ 2020, 828 (830 ff.); zum Ganzen: *Kersten/Rixen* Verfassungsstaat Covid-19 S. 145.

ckelt.[6] Diese stehen in einem engen Regelungs- und Geltungszusammenhang zu den Rechtsverordnungen nach § 36 Abs. 8 S. 1 IfSG über Einreisen (vgl. *Kau* in → § 5 Rn. 12 ff.).[7]

2 Ähnlich wie die Regelungen über Einreisen hat der Gesetzgeber Fragen von Transport und Verkehr vor allem deshalb ins Auge gefasst, weil er epidemische Krankheiten eindämmen möchte, die sich **grenzüberschreitend ausbreiten.**[8] Sowohl Einreisen (§ 36 Abs. 8 S. 1 IfSG) als auch Transport und Verkehr (§ 36 Abs. 10 IfSG) werden durch die grenzüberschreitende Mobilität geprägt und können daher zur Krankheitseinschleppung beitragen. Auch bei den Bestimmungen über den Bereich Transport und Verkehr nach Abs. 10 orientiert sich der Gesetzgeber an den Ereignissen, wie sie bei der durch das Coronavirus SARS-CoV-2 verursachten Krankheit COVID-19 in Deutschland festzustellen sind. In ähnlicher Weise wie bei Einreisen besteht im Bereich Transport und Verkehr die Gefahr, dass ein Virus durch den **„internationalen Reiseverkehr“** importiert wird.[9] Der grenzüberschreitende Charakter der fraglichen Krankheit und ihr Bezug zum internationalen Transport und Reiseverkehr führen dazu, dass infektionsschutzrechtliche Maßnahmen einzelner Bundesländer allein nicht mehr als ausreichend anzusehen sind, um eine effektive Eindämmung und Bekämpfung der Krankheit zu erreichen (vgl. *Kau* in → § 5 Rn. 2 ff.).

3 Mit dem Gesetz v. 18.11.2020 ist zudem in § 36 Abs. 10 S. 1 Nr. 3 IfSG eine Verpflichtung von **Anbietern von Telekommunikationsdiensten** sowie von **Betreibern öffentlicher Mobilfunknetze** hinzugekommen,[10] Einreisende durch elektronische Nachrichten (zB SMS) über die **geltenden Einreise- und Infektionsschutzbestimmungen** barrierefrei zu informieren (vgl. → Rn. 37 ff.).

4 Wegen des normativen Bezugs zwischen § 36 Abs. 10 IfSG und § 36 Abs. 8 S. 1 IfSG können auch bei der Rechtsverordnung auf der Grundlage von Abs. 10 Ausnahmen iSv Abs. 8 S. 2 vorgesehen werden (vgl. zu den Einzelheiten: *Kau* in → § 5 Rn. 44 ff.). Die zuvor noch in § 5 Abs. 2 Nr. 3 IfSG aF vorgesehene **Ausnahmebestimmung** im Hinblick auf **Personen,** die **Umgang mit Lebensmitteln** haben, welche für die **Abläufe im Gesundheitswesen** und die **Versorgung der Bevölkerung** für notwendig erachtet wurden, besteht nicht mehr (vgl. *Kau* in → § 5 Rn. 44).

5 Wie für alle Maßnahmen nach § 36 Abs. 8 IfSG stellt die **formale Feststellung** einer „epidemischen Lage von nationaler Tragweite“ durch den Deutschen Bundestag nach § 5 Abs. 1 S. 1 IfSG den rechtlichen Ausgangspunkt auch für Maßnahmen im Bereich Transport und Verkehr nach Abs. 10 dar (zu den Einzelheiten *Rixen* in → § 4 Rn. 6 ff.).[11] Erst durch diese Feststellung und nur solange sie nicht durch einen erneuten Beschluss des Bundestages wieder aufgehoben worden ist bzw. nach drei Monaten nicht turnusmäßig ihre Fortdauer festgestellt wurde, werden die Voraussetzungen geschaffen, die in § 36 Abs. 10 IfSG vorgesehenen Befugnisse auszuüben.

6 Eine wesentliche Voraussetzung für die Feststellung einer epidemischen Lage liegt im **grenzüberschreitenden Charakter** einer sich ausbreitenden übertragbaren Krankheit.[12] Von „Grenzüberschreitung“ ist zunächst bei einem Ausbruchsgeschehen auszugehen,

6 BT-Drs. 19/23944, 2 und 36.

7 Soweit es daher zu Überschneidungen käme, wird zur Vermeidung von Doppelungen und Redundanzen auf den Bearbeitungsteil „§ 5 Einreisen und die epidemische Lage von nationaler Tragweite“ (*Kau* in → § 5 Rn. 1 ff.) verwiesen.

8 BT-Drs. 19/18111, 1.

9 BT-Drs. 19/18111, 20 – Zu Nummer 1.

10 BT-Drs. 19/23944, 37.

11 Vgl. *Gärditz* MedR 2020, 741.

12 BT-Drs. 19/23944, 22; BT-Drs. 19/18111, 1; vgl. auch *Sangs* NVwZ 2020, 1780 (1781) („Der Reiseverkehr ... als Treiber des Infektionsgeschehens ...“).

das sich über die **Außengrenzen der Bundesrepublik Deutschland** zu einem ausländischen Staat erstreckt.[13] In solchen Fällen fehlen einem oder mehreren betroffenen Bundesländern angesichts der Kompetenzregeln des Art. 32 GG regelmäßig die Befugnis mit ausländischen Staaten völkerrechtlich wirksame Vereinbarungen zu treffen oder gemeinsame Maßnahmen zu veranlassen. Hinzu kommen Fragen der Vereinbarkeit mit **Vorgaben des EU-Rechts** (zu den Einzelheiten *Kau* in → § 5 Rn. 52).

Im Sinn des föderalen Bundesstaates treten die Befugnisse nach § 36 Abs. 10 IfSG auch ein, wenn ein Ausbruchsgeschehen die **Grenzen zwischen zwei oder mehreren Ländern der Bundesrepublik** überschreitet. Dies ergibt sich aus der Änderung der in §§ 5 ff. IfSG aF vorgesehenen Bestimmungen und ihre nun erfolgte Zusammenfassung in § 36 IfSG. Dadurch wurden Handlungsoptionen der Bundesbehörden geschaffen, wenn einzelne Bundesländer – insbesondere im Bereich Transport und Verkehr – nicht in der Lage sind, die mit einer grenzüberschreitenden übertragbaren Krankheit verbundenen Folgen alleine zu bewältigen. Außerdem führt die innerstaatliche Freizügigkeit (Art. 11 GG) und der freie Warenaustausch (Art. 12, Art. 2 Abs. 1 GG) dazu, dass **Ausbruchsgeschehen im Bundesgebiet** ohne Eingriffsbefugnisse des Bundes nicht beherrschbar wären. 7

II. Ergänzende Bundeskompetenzen

Wie schon in Zusammenhang mit den einreisebezogenen Maßnahmen des § 36 Abs. 8 S. 1 IfSG dargestellt, **führen die Länder** das IfSG zwar „im Wesentlichen" **als eigene Angelegenheit** aus. Nach § 36 Abs. 8 bis 13 IfSG werden dem Bund „unbeschadet der Befugnisse der Länder" jedoch eigene **ergänzende Zuständigkeiten** eingeräumt (vgl. *Kau* in → § 5 Rn. 7 ff. sowie *Ritgen* in → § 12 Rn. 4 ff., 53 ff.). Seit dem Gesetz v. 18.11.2020 verfügt der Bund bei Einreisen und im Bereich Transport und Verkehr jedoch nur noch über die Ermächtigung zum Erlass von Rechtsverordnungen, während die Befugnis für (Einzel-)Anordnungen nicht weitergeführt wurde. Zudem treten die ergänzenden Zuständigkeiten des Bundes im Bereich Transport und Verkehr neben die sonstigen Befugnisse der Länder auf dem Gebiet des Infektionsschutzes. Allerdings sind die in Abs. 10 vorgesehenen konkreten Befugnisse allein den zuständigen Bundesbehörden vorbehalten, es sei denn, es sind noch Behörden iSv Abs. 11 „mit der Kontrolle des grenzüberschreitenden Verkehrs" beauftragt. Die Länder dürfen auch im Bereich Transport und Verkehr keine Maßnahmen ergreifen, die den auf der Grundlage von Abs. 10 erlassenen Rechtsverordnungen des Bundes widersprechen oder zuwiderlaufen.[14] 8

Auch die Kompetenzen im Rahmen von § 36 Abs. 10 IfSG werden nunmehr von der **Bundesregierung** ausgeübt. Von den Bundesministerien wird das **BMG** zwar regelmäßig die Federführung haben, muss sich aber mit anderen Ministerien – etwa bei der Bestimmung von Risikogebieten (§ 2 Nr. 17 IfSG) – ins Einvernehmen setzen. Im Hinblick auf die ansonsten bestehende Notwendigkeit des Einvernehmens mit anderen Bundesministerien ist auf die Ausführungen in Zusammenhang mit Einreisen zu verweisen (*Kau* in → § 5 Rn. 10). 9

III. Krisenreaktionsmaßnahmen im Bereich Transport und Verkehr (§ 36 Abs. 10 IfSG)

1. Allgemeine Voraussetzungen

Auch die in § 36 Abs. 10 IfSG vorgesehenen **Krisenreaktionsmaßnahmen**[15] der Bundesregierung werden – wie diejenigen auf der Grundlage von Abs. 8 – ausschließlich in 10

13 Vgl. BT-Drs. 19/18111, 20 – Zu Nummer 1, „internationaler Reiseverkehr" u. „Internationale Gesundheitsvorschriften" (IGV).
14 BT-Drs. 19/18111, 20 – Zu Absatz 2.
15 Vgl. BT-Drs. 19/18111, S. 2.

Form von **Rechtsverordnungen** getroffen. Konsultationen und gemeinsame Erörterungen zwischen Bund und Ländern sind natürlich auch bei Maßnahmen im Bereich Transport und Verkehr weiterhin möglich. Die nach Abs. 10 von der Bundesregierung zu treffenden Maßnahmen gliedern sich in **drei Kategorien**: Zunächst sollen **Einreisende** nach Abs. 10 S. 1 Nr. 1 lit. a bis d bestimmte Nachweise vorlegen bzw. Auskünfte geben, wie sie in Zusammenhang mit den Pflichten nach Abs. 8 S. 1 entstehen (**Einreisepflichten**, vgl. → Rn. 22 ff.). Weiterhin sollen die in Abs. 10 S. 1 Nr. 2 genannten Unternehmen auf der Grundlage von Rechtsverordnungen daran mitwirken, dass Reisende ihren Verpflichtungen nach Abs. 10 S. 1 Nr. 1 iVm Abs. 8 S. 1 ordnungsgemäß nachkommen (**Mitwirkungspflichten**, vgl. → Rn. 36 ff.). Hieraus ergibt sich ein enger Regelungs- und Geltungszusammenhang zwischen Rechtsverordnungen nach Abs. 8 und Abs. 10 S. 1 Nr. 1. Schließlich können durch Rechtsverordnung nach Abs. 10 S. 1 Nr. 2 lit. a bis i noch eigenständige und zusätzliche Pflichten der dort genannten Unternehmen statuiert werden (**Zusatzpflichten**, vgl. → Rn. 39 ff.).

11 Wenn ein Beschluss des Bundestages iS von § 5 Abs. 1 S. 1 IfSG vorliegt, kann die Bundesregierung bei Erfüllung weiterer Voraussetzungen **Beförderungsunternehmen** sowie **Betreiber** von Flugplätzen, Häfen, Personen- und Omnibusbahnhöfen zur „Feststellung und Verhinderung der Verbreitung der in Abs. 8 S. 1 genannten Krankheit" verpflichten, an der Einhaltung der Einreisepflichten mitzuwirken. Hierfür kann die Bundesregierung neben der Förderung der Durchführung der Maßnahmen nach Abs. 10 S. 1 Nr. 1 die genannten Unternehmen zu verschiedenen unter § 36 Abs. 10 S. 1 Nr. 2 lit. a bis i IfSG genannte Maßnahmen auf der Grundlage einer Rechtsverordnung verpflichten. Die zuvor noch in § 5 Abs. 2 Nr. 2 IfSG aF ebenfalls in die Pflicht genommenen **Reiseveranstalter** werden von den Regelungen des § 36 Abs. 10 IfSG **nicht mehr erfasst.** Dies mag seinen Grund darin haben, dass Reiseveranstalter in Zeiten globaler Pandemien typischerweise nur noch in sehr eingeschränktem Umfang Aufträge erhalten und somit auch nur in geringem Umfang Mitwirkungs- oder Zusatzpflichten nachkommen können.

a) Epidemische Krankheit nach Abs. 10 S. 1 iVm Abs. 8 S. 1

12 Wie bei den einreisebezogenen Rechtsverordnungen nach § 36 Abs. 8 S. 1 IfSG muss auch bei Rechtsverordnungen nach § 36 Abs. 10 S. 1 Nr. 1 und Nr. 2 iVm Abs. 8 S. 1 IfSG im Bereich Transport und Verkehr eine **Krankheit** vorliegen, die zu einer Feststellung nach § 5 Abs. 1 S. 1 IfSG geführt hat. Eine „bedrohliche übertragbare Krankheit" iSv § 2 Nr. 3 a IfSG ist daher nicht mehr erforderlich. Für die diesbezüglichen Feststellungen durch das Robert Koch-Institut und ggf. andere geeignete Einrichtungen ist auf die Ausführungen zu den Einreisen zu verweisen (zu den Einzelheiten *Kau* in → § 5 Rn. 17 ff., 24 ff. u. 27).

b) Unternehmen

13 Im Kern der Regelung des § 36 Abs. 10 S. 1 Nr. 2 IfSG steht die **Inpflichtnahme** vor allem **privater oder zumindest privatrechtlich organisierter Unternehmen** zur Mitwirkung an oder Durchführung von verschiedenen Maßnahmen auf der Grundlage einer Rechtsverordnung nach Abs. 8 S. 1. Der **Unternehmensbegriff** in Abs. 10 S. 1 Nr. 2 ist unabhängig von der konkreten Rechtsform gewählt, so dass es im konkreten Fall ohne Belang ist, ob es sich um Personen- oder Kapitalgesellschaften handelt, ob Einzelkaufleute oder sonstige unternehmerisch tätige Personen im Bereich Transport und Verkehr erfasst werden. Unternehmen iSv Abs. 10 S. 1 Nr. 2 sind grundsätzlich weit zu verstehen; sie umfassen in aller Regel **jede wirtschaftliche Betätigung in verfestigter Organisationsform**. Auch öffentliche Unternehmen – etwa die Deutsche Bahn AG – können nach Abs. 10 S. 1 Nr. 2 unabhängig von ihrer konkreten Organisationsform oder der Struk-

tur ihrer Anteilseigner zu Mitwirkung oder Durchführung entsprechender Maßnahmen verpflichtet werden.

Da auch die Regelungen des Abs. 10 S. 1 Nr. 2 an die **Feststellung und Verhinderung der Verbreitung** anknüpfen (zu den Einzelheiten *Kau* in → § 5 Rn. 19 ff.), geht es bei Fragen des Transports und Verkehrs schwerpunktmäßig um grenzüberschreitend tätige Unternehmen, die vor allem **an Transport- und Verkehrsvorgängen** mit Bezug zum Ausland **beteiligt sind.** Analog zum Begriff der Einreise bei Abs. 8 S. 1 muss es sich bei Abs. 10 S. 1 Nr. 1 und Nr. 2 um Vorgänge handeln, bei denen Personen in die Bundesrepublik verbracht werden sollen oder bereits dorthin verbracht worden sind.[16] 14

Wie sich aus dem Gesetzestext ergibt, müssen sich die Unternehmen aus dem Bereich Transport und Verkehr **nicht vollkommen verausgaben,** um ihren Pflichten nach Abs. 10 S. 1 Nr. 1 und Nr. 2 nachzukommen. Grundsätzlich sind sie lediglich „im Rahmen ihrer betrieblichen und technischen Möglichkeiten" zur Mitwirkung verpflichtet.[17] Zwar werden hierfür auch **typisierende Maßstäbe** angelegt, vorrangig muss aber auf die **individuelle Leistungsfähigkeit** der betreffenden Unternehmen abgestellt werden. Im Ergebnis wird man etwa von einem Beförderungsunternehmen, das gar keine Speicherung von Buchungs- oder Reservierungsdaten vornimmt, nicht verlangen können, solche Daten – nach Abs. 10 S. 1 Nr. 2 lit. d oder f – zu verarbeiten oder zu übermitteln. Die Pflichten der Unternehmen im Bereich Transport und Verkehr nach Abs. 10 S. 1 Nr. 2 richten sich daher nicht auf das Unmögliche und Unverhältnismäßige, sondern grundsätzlich auf das **Mögliche und Verfügbare.** Allerdings wird es auch von der **Schwere der epidemischen Gefahr** und dem Umfang des **gegenwärtigen Ausbruchsgeschehens** abhängig sein, welchen konkreten Aufwand und welche Mühen ein Unternehmen aus dem Bereich Transport und Verkehr auf sich nehmen muss, um im Rahmen seiner „betrieblichen und technischen Möglichkeiten" mitzuwirken. Allein der Verweis auf die Lästigkeit oder auf das Vorliegen einer Störung der normalen betrieblichen Abläufe genügt regelmäßig nicht. 15

c) Zuständige und unterstützende Behörden

Neben den Beförderern und Unternehmen aus dem Bereich Transport und Verkehr können die **Mitteilungen, Auskünfte und Vorlagen nach Abs. 8 S. 1 und Abs. 10 S. 1 Nr. 1** lit. a bis d gegenüber den zuständigen und auch gegenüber den diese unterstützenden Behörden erteilt bzw. vorgenommen werden. Die zuständigen Behörden sind regelmäßig die **Bundespolizei** bzw. die für den **Infektionsschutz zuständigen Behörden der Länder** (zB Gesundheitsämter). 16

Dem Gesetzgeber war an einer klaren **kompetenziellen Zuordnung** gelegen. Außerdem wollte er Behörden, die der Bundespolizei bzw. den zuständigen Behörden der Länder Unterstützung gewähren, nicht in einer **verwaltungsrechtlichen „Grauzone"** operieren lassen. Aus diesen Gründen hat der Gesetzgeber in § 36 Abs. 11 IfSG die Kategorie, von Behörden eingeführt, die „mit der polizeilichen Kontrolle des grenzüberschreitenden Verkehrs beauftragt werden können" (sog. unterstützende Behörden). Dies können zB Länderpolizeien oder andere an sich nicht zuständige Bundes- oder Landesbehörden sein (zB Ausländerbehörden). Diese unterstützenden Behörden können bei der Einreise „stichprobenartige" – dh nicht durchgängige oder systematische – Kontrollen von aus Risikogebieten einreisenden Personen durchführen, wenn sie damit beauftragt worden sind. 17

16 Vgl. BT-Drs. 19/18111, 20 – Zu Nummer 2.
17 Dies auch hervorhebend: BT-Drs. 19/18111, 20 – Zu Nummer 2.

18 Allerdings sind die unterstützenden Behörden bei der Aufgabenwahrnehmung den zuständigen Behörden **nicht gleichgestellt**. Dies zeigt sich zunächst an der **Notwendigkeit der Beauftragung** durch die zuständigen Behörden sowie einigen **unverzüglichen Unterrichtungspflichten** der unterstützenden Behörden (vgl. Abs. 11 S. 2 und S. 4). Denn sobald sie beispielsweise iSv Abs. 10 S. 1 Nr. 1 nicht ausreichend unterrichtet wurden oder nicht die erforderlichen Nachweise vorgelegt bekommen haben, müssen sie die zuständigen Behörden hiervon unverzüglich, dh „ohne schuldhaftes Zögern" (§ 121 BGB), unterrichten. Immer wenn ein Vorgang damit infektionsschutzrechtlich problematisch wird, sind die unterstützenden Behörden zur Unterrichtung verpflichtet. Dass sie hierbei im Hinblick auf die Angaben nach Abs. 10 S. 1 Nr. 1 lit. a bis d iVm Abs. 8 S. 1 zur **Datenübermittlung** an die zuständigen Behörden berechtigt sind, ist in dieser Situation nur sinnvoll und folgerichtig (Abs. 11 S. 3). Dasselbe gilt in den Fällen der Abs. 6 S. 1 und Abs. 7 S. 1 für die aufenthaltsrechtlich zuständigen und die unterstützenden Behörden im Hinblick auf Informationen nach Abs. 10 S. 1 Nr. 1. Auch hierbei dürfen **personenbezogene Daten** erhoben und übermittelt werden (vgl. Abs. 11 S. 4 und S. 5). Schließlich erlaubt Abs. 11 S. 6 auch noch den Abgleich der erhobenen Daten mit den **Reisedokumenten.**[18]

d) Vorgänge im Bereich Transport und Verkehr

19 Unter den relevanten Vorgängen im Bereich Transport und Verkehr sind – wie die Tätigkeitsbereiche der relevanten Unternehmen zeigen – vor allem solche zu verstehen, bei denen die **Außengrenze der Bundesrepublik Deutschland** überschritten wird. Dies kann gleichermaßen anhand von Land-, See- oder Luftgrenzen geschehen. Dies führt auch dazu, dass neben den **Beförderungsunternehmen** für Reisende im Eisenbahn-, Bus-, Schiffs- oder Flugverkehr vor allem auch die **Betreiber** von Flughäfen, Häfen, Personen- und Omnibusbahnhöfen als Verpflichtete in Abs. 10 S. 1 Nr. 2 genannt werden.

e) Inpflichtnahme

20 Die in Abs. 10 S. 1 Nr. 2 aufgrund einer Anordnung vorgesehene **Inpflichtnahme zur Mitwirkung** oder **Durchführung verschiedener Maßnahmen** erfasst die betroffenen Unternehmen aus dem Bereich Transport und Verkehr insofern, als sie verpflichtet sind, behördliche Maßnahmen in ihrem Bereich zuzulassen und im Rahmen ihrer **„betrieblichen und technischen Möglichkeiten"**[19] an diesen mitzuwirken. Die Inpflichtnahme soll in diesem Zusammenhang sicherstellen, dass ein Verkehrsunternehmen oder ein Betreiber von Infrastruktur- und Transporteinrichtungen die behördlichen Kontroll- oder Untersuchungsmaßnahmen nicht erschwert oder – etwa durch Ausübung seines Hausrechts – vollständig vereitelt. Die Inpflichtnahme des Abs. 10 S. 1 Nr. 2 reicht genau so weit, wie es für die erfolgreiche Durchführung der in Abs. 10 S. 1 Nr. 1 und Nr. 2 vorgesehenen Maßnahmen erforderlich ist.

21 Angesichts der aufgrund einer Anordnung erfolgten Inpflichtnahme können Verhinderungs- oder Blockademaßnahmen von Seiten der in Abs. 10 S. 1 Nr. 2 genannten Unternehmen durch Anwendung der **Verwaltungsvollstreckungsgesetze** – zur Not auch durch Anwendung **unmittelbarem Zwangs** – gebrochen werden, um die Durchführung der vorgesehenen Maßnahmen sicherzustellen. Die Inpflichtnahmen des Abs. 10 S. 1 Nr. 2 würde grundsätzlich auch in Zusammenhang mit den Vorschriften des IGV-Durchführungsgesetzes stehen.[20] Allerdings gehen die mit der **digitalen Einreiseanmeldung** nach § 36 Abs. 8 S. 1 IfSG verbundenen, vor der Reise zu erfüllenden Informationspflichten

18 BT-Drs. 19/23944, 37.
19 BT-Drs. 19/18111, 20 – Zu Nummer 2.
20 BGBl. 2013 I 566.

zum Teil über die ansonsten in § 12 Abs. 1 IGV-Durchführungsgesetz vorgesehene Möglichkeit des BMG hinaus. Nach § 12 Abs. 1 IGV-Durchführungsgesetz kann Reisenden vor Verlassen eines Flugzeugs lediglich ein Formular – die sog. Aussteigekarte – ausgehändigt werden, so dass Angaben zum Flug und Erreichbarkeit in den folgenden 30 Tagen gemacht werden müssen.

2. Einreisepflichten (§ 36 Abs. 10 S. 1 Nr. 1 IfSG)

Zunächst können nach § 36 Abs. 10 S. 1 Nr. 1 IfSG **Einreisende** aus einem Risikogebiet aufgrund einer Rechtsverordnung dazu verpflichtet werden, die in Abs. 8 S. 1 genannten **Auskünfte** abzugeben bzw. **Dokumente** hierzu vorzulegen.[21] Während zuvor in § 5 Abs. 2 Nr. 1 IfSG aF das BMG zur Auskunftseinholung noch selbst unmittelbare Anordnungen erteilen konnte, wird in Abs. 10 S. 1 Nr. 1 davon ausgegangen, dass die in Abs. 8 S. 1 vorgesehenen Auskunftsbegehren bzw. Vorlagepflichten nunmehr auf der Grundlage einer von der Bundesregierung erlassenen Rechtsverordnung gegenüber den Beförderern bzw. gegenüber den zuständigen oder unterstützenden Behörden erfüllt werden sollen. 22

Die **Einreisepflichten** nach § 36 Abs. 10 S. 1 Nr. 1 IfSG beziehen sich auf die Vorlage eines Nachweises über die **digitale Einreiseanmeldung** bzw. die Ersatzmitteilung nach Aufenthalt in einem Risikogebiet (lit. a), die Vorlage einer **Impfdokumentation** (lit. b), die Vorlage eines **ärztlichen Zeugnisses** oder eines **Testergebnisses** (lit. c) und **Auskünfte im Hinblick auf die Krankheit,** die zur „epidemischen Lage von nationaler Tragweite" geführt hat (lit. d) (zu den Einzelheiten → Rn. 26 f., 28 ff. und 31 ff. sowie 56 ff.). 23

Die Bundesregierung hat von der Verordnungsermächtigung des § 36 Abs. 10 IfSG bislang in der **Coronavirus-Schutzverordnung** (CoronaSchV) v. 21.12.2020,[22] in der **Coronavirus-Einreiseverordnung** (CoronaEinreiseV) v. 13.1.2021[23] sowie in der **Coronavirus-Schutzverordnung** (CoronaSchV) v. 29.1.2021[24] Gebrauch gemacht. Da die Ermächtigungsgrundlagen des § 36 IfSG unter bewusster Rücksicht auf die Anforderungen der **verfassungsrechtlichen Wesentlichkeitstheorie** (*Kau* in → § 5 Rn. 16) formuliert wurden, entsprechen viele Regelungen der Coronavirus-Verordnungen bis in den Wortlaut hinein den Bestimmungen des § 36 Abs. 8 bzw. Abs. 10 IfSG. 24

Dementsprechend sind in der **Coronavirus-Einreiseverordnung**[25] umfangreiche Bestimmungen für die Anmeldepflicht vorgesehen, die neben der **digitalen Einreiseanmeldung (DEA)** auch auf „Test- und Nachweispflichten" gerichtet sind (vgl. § 3 CoronaEinreiseV).[26] Dabei werden – analog den Anforderungen des § 36 Abs. 10 S. 1 Nr. 1 lit. a bis d IfSG – in § 3 Abs. 3 CoronaEinreiseV Nachweise über ein „ärztliches Zeugnis" oder ein „Testergebnis" hinsichtlich des „Nichtvorliegens einer Infektion mit dem Coronavirus" verlangt. Beide dürfen höchsten 48 Stunden vor der Einreise vorgenommen worden und müssen in deutscher, englischer oder französischer Sprache gehalten sein. Zudem sind 25

21 BT-Drs. 19/23944, 36.

22 Verordnung zum Schutz vor einreisebedingten Infektionsgefahren in Bezug auf neuartige Mutationen des Coronavirus SARS-CoV-2 nach Feststellung einer epidemischen Lage von nationaler Tragweite durch den Deutschen Bundestag (Coronavirus-Schutzverordnung – CoronaSchV), BAnz AT 21.12.2020 V4.

23 Verordnung zum Schutz vor einreisebedingten Infektionsgefahren in Bezug auf das Coronavirus SARS-CoV-2 nach Feststellung einer epidemischen Lage von nationaler Tragweite durch den Deutschen Bundestag (CoronaEinreiseV), BAnz AT 13.1.2021 V1.

24 Verordnung zum Schutz vor einreisebedingten Infektionsgefahren in Bezug auf neuartige Mutationen des Coronavirus SARS-CoV-2 nach Feststellung einer epidemischen Lage von nationaler Tragweite durch den Deutschen Bundestag (Coronavirus-Schutzverordnung – CoronaSchV), BAnz AT 29.1.2021 V1.

25 Verordnung zum Schutz vor einreisebedingten Infektionsgefahren in Bezug auf das Coronavirus SARS-CoV-2 nach Feststellung einer epidemischen Lage von nationaler Tragweite durch den Deutschen Bundestag (CoronaEinreiseV), BAnz AT 13.1.2021 V1.

26 Vgl. www.einreiseanmeldung.de (digitale Einreiseanmeldung).

der Internetseite des RKI die Anforderungen an (ausländische) Testergebnisse zu entnehmen.[27]

a) Digitale Einreiseanmeldung oder Ersatzmitteilung (lit. a)

26 Nach § 36 Abs. 10 S. 1 Nr. 1 lit. a IfSG müssen Einreisende und Personen, die kurz zuvor aus einem Risikogebiet eingereist sind, entsprechend ihrer Verpflichtung nach Abs. 8 Abs. 1 einen Nachweis über eine **digitale Einreiseanmeldung** (Abs. 8 S. 1) oder über eine **Ersatzmitteilung** (Abs. 8 S. 3) vorlegen,[28] mit der sie Auskunft über „personenbezogene Angaben", „Einreisedatum", „Aufenthaltsorte" und „genutzte Reisemittel" gegeben haben (zu den Einzelheiten *Kau* in → § 5 Rn. 29 ff., 32, 33 ff. u. 36). Damit obliegt die Kontrolle der aufgrund einer Rechtsverordnung der Bundesregierung bestehende Anmeldeverpflichtung nach § 36 Abs. 10 S. 1 Nr. 1 IfSG zunächst **Beförderern** sowie **zuständigen bzw. unterstützenden Behörden.**

27 Erst durch die Regelung des § 36 Abs. 10 S. 1 Nr. 1 IfSG erhalten die Auskunfts- und Vorlagebegehren des § 36 Abs. 8 S. 1 IfSG, die zur Einrichtung eines elektronischen Melde- und Informationssystems erforderlich sind, den **Nachdruck einer möglichen Vollstreckung** (vgl. *Kau* in → § 5 Rn. 37 ff.).

b) Impfdokumentation (§ 36 Abs. 10 S. 1 Nr. 1 lit. b IfSG)

28 Nach § 36 Abs. 10 S. 1 Nr. 1 lit. b IfSG müssen Einreisende und Personen, die kurz zuvor aus einem Risikogebiet eingereist sind, eine **Impfdokumentation** im Hinblick auf die epidemische Krankheit vorlegen, die zu einer Feststellung nach § 5 Abs. 1 S. 1 IfSG geführt hat.[29] Erste Voraussetzung für die Maßnahmen nach Abs. 2 Nr. 1 lit. b ist naheliegender Weise, dass überhaupt **international anerkannte Impfmöglichkeiten** existieren. Soweit dies der Fall ist, wird bei epidemischen Ausbruchsgeschehen die Mitnahme von aktuellen Impfpässen bei Reisen ebenso wichtig werden wie die von herkömmlichen Reisedokumenten.

29 Soweit in verschiedenen Staaten der Welt **seit Dezember 2020** Impfkampagnen gegen den Coronavirus SARS-CoV-2 sowie die dadurch verursachte Krankheit COVID-19 stattfinden, besteht tatsächlich die Möglichkeit zur Vorlage einer entsprechenden Impfdokumentation. Wegen des **unterschiedlichen Wirkungsgrades** und der variierenden **Anzahl von Impfungen** ist auf den Impfdokumentationen genau zu verbuchen, um welchen **Impfstoff** es sich konkret gehandelt hat und **wie viele Impfungen** damit **in welchem Zeitraum** erfolgt sind.

30 In den von der Bundesregierung bislang erlassenen **Coronavirus-Schutzverordnung** (CoronaSchV) v. 21.12.2020,[30] **Coronavirus-Einreiseverordnung** (CoronaEinreiseV) v. 13.1.2021[31] sowie in der **Coronavirus-Schutzverordnung** (CoronaSchV) v. 29.1.2021[32] sind noch **keine Hinweise auf einen abweichenden Umgang** mit geimpften Reisenden vorgesehen. Es ist aber nicht auszuschließen, dass etwa ab dem Zeitraum April/Mai

27 Vgl. www.rki.de/covid-19-tests.

28 BT-Drs. 19/23944, 36.

29 Vgl. *Sangs* NVwZ 2020, 1780 (1782).

30 Verordnung zum Schutz vor einreisebedingten Infektionsgefahren in Bezug auf neuartige Mutationen des Coronavirus SARS-CoV-2 nach Feststellung einer epidemischen Lage von nationaler Tragweite durch den Deutschen Bundestag (Coronavirus-Schutzverordnung – CoronaSchV), BAnz AT 21.12.2020 V4.

31 Verordnung zum Schutz vor einreisebedingten Infektionsgefahren in Bezug auf das Coronavirus SARS-CoV-2 nach Feststellung einer epidemischen Lage von nationaler Tragweite durch den Deutschen Bundestag (CoronaEinreiseV), BAnz AT 13.1.2021 V1.

32 Verordnung zum Schutz vor einreisebedingten Infektionsgefahren in Bezug auf neuartige Mutationen des Coronavirus SARS-CoV-2 nach Feststellung einer epidemischen Lage von nationaler Tragweite durch den Deutschen Bundestag (Coronavirus-Schutzverordnung – CoronaSchV), BAnz AT 29.1.2021 V1.

2021 für diesen Personenkreis Ausnahmen von der Test- und Nachweispflicht vorgesehen sein werden.

c) Auskunft über Anhaltspunkte für epidemische Krankheit (§ 36 Abs. 10 S. 1 Nr. 1 lit. d IfSG)

Da sich epidemische Krankheiten, die zu einer Feststellung nach § 5 Abs. 1 S. 1 IfSG 31 führen, bei den Betroffenen **durch verschiedene Symptome** bemerkbar machen, die Vorlage von ärztlichem Zeugnis oder Testergebnis aber zu Unsicherheiten führen können, ist es nach § 36 Abs. 10 S. 1 Nr. 1 lit. c IfSG den zuständigen Behörden (→ Rn. 16 ff.) bei Einreisen aus gefährdeten Gebieten oder Regionen möglich, Einreisende zu ihrem Gesundheitszustand zu befragen. Da die Rechtsverordnungen auf der Grundlage von § 36 Abs. 8 und Abs. 10 IfSG in Zusammenhang mit einer pandemischen Krankheit erlassen werden, sind nach lit. c keine allgemeinen Fragen zum Gesundheitszustand der Einreisenden zulässig, sondern **lediglich gezielte Fragen** nach Symptomen der Krankheit, die zu einer „epidemischen Lage von nationaler Tragweite" geführt hat, oder zumindest solche Fragen, die Rückschlüsse hierauf zulassen. Zur Verwendung und Weitergabe der jeweiligen Auskünfte gilt dasselbe wie für Informationen über „personenbezogene Angaben", „Einreisedatum", „Aufenthaltsorte" und „genutzte Reisemittel" bei Einreisen (vgl. *Kau* in → § 5 Rn. 29 ff.).

d) Ärztliche Untersuchung (§ 36 Abs. 10 S. 2 IfSG)

Nach § 36 Abs. 10 S. 2 IfSG ist als **weitreichendste und intensivste Maßnahme** vorgese- 32 hen, dass Reisende beim Fehlen einer Impfdokumentation (Abs. 10 S. 1 Nr. 1 lit. b), eines ärztlichen Zeugnisses oder eines aktuellen Testergebnisses (Abs. 10 S. 1 Nr. 1 lit. c) eine **ärztliche Untersuchung** im Hinblick auf die Krankheit iSv Abs. 8 S. 1 dulden müssen.[33] Zwar wird die Impfdokumentation in Abs. 10 S. 2 nicht ausdrücklich genannt. Es ist jedoch davon auszugehen, dass bei Vorliegen einer umfassenden und gültigen Impfdokumentation erst recht keine ärztliche Untersuchung durchgeführt werden darf.

Der ***ultima ratio*-Charakter** der ärztlichen Untersuchung als besonders einschneidender 33 Maßnahme ergibt sich aus ihrer systematischen Stellung im Gesetz. Die ärztliche Untersuchung wird erst in Abs. 10 S. 2 genannt, nachdem zuvor bereits die verschiedenen Einzelregelungen über die Pflichten der Reisenden (Abs. 10 S. 1 Nr. 1) sowie über die Mitwirkungs- und Zusatzpflichten der im Bereich Transport und Verkehr tätigen Unternehmen (Abs. 10 S. 1 Nr. 2) geregelt wurden. Die ärztliche Untersuchung darf Reisenden unter Berücksichtigung des **verfassungsrechtlichen Verhältnismäßigkeitsprinzips** nur abverlangt werden, wenn die übrigen Vorlage- und Auskunftsverlangen erfolglos oder unmöglich waren und auch alle anderen verfügbaren Maßnahmen ausgeschöpft wurden. Erst dann kann im Rahmen einer zu erduldenden ärztlichen Untersuchung herausgefunden werden, ob die jeweilige Person mit der in Frage stehenden Krankheit infiziert ist. Die ärztliche Untersuchung dient damit einer **Klarstellungsnotwendigkeit,** wenn eine Infizierung nicht auf andere Weise ausgeschlossen werden kann.

Zusammen mit der ärztlichen Untersuchung nach § 36 Abs. 10 S. 2 IfSG erfolgt typi- 34 scher Weise eine **Testung auf die Krankheit** iSv Abs. 8 S. 1. Dies ergibt sich aus dem Ersetzungscharakter der ärztlichen Untersuchung für die Vorlage eines ärztlichen Zeugnisses bzw. eines Testergebnisses (Abs. 10 S. 1 Nr. 1 lit. c). Außerdem wird in der Entwurfsbegründung darauf hingewiesen, dass das Ziel der ärztlichen Untersuchung im „Ausschluss der bedrohlichen übertragbaren Krankheit nach Abs. 8" liegt.[34] Ohne eine mit der ärztlichen Untersuchung verbundene Testung könnten die in dieser Phase erforderli-

33 BT-Drs. 19/23944, 37.
34 BT-Drs. 19/23944, 37.

chen Informationen über eine Erkrankung der eingereisten Person jedoch nicht erbracht werden, so dass die ärztliche Untersuchung ohne Testung weitgehend sinnlos wäre.

35 Während die Vorgängervorschriften auf der Grundlage der früheren Systematik verschiedene Anordnungsmöglichkeit des BMG vorsah (§ 5 Abs. 2 IfSG aF), stellt § 36 Abs. 10 S. 2 IfSG nun zentral auf die Personen ab, die die ärztliche Untersuchung dulden müssen, wenn kein ärztliches Zeugnis oder kein erforderliches Testergebnis (Abs. 10 S. 1 Nr. 1 lit. c) vorliegt. Aus der systematischen Stellung ergibt sich, dass die ärztliche Untersuchung – bei Erfüllung der tatbestandlichen Voraussetzungen des Abs. 10 S. 2 – im Zusammenhang mit der Beauftragung **im Rahmen von Abs. 10 S. 1 Nr. 1** von den Beförderern, der zuständigen oder der unterstützenden Behörde veranlasst werden kann. Außerdem kann die ärztliche Untersuchung **im Rahmen von Abs. 10 S. 1 Nr. 2** von den im Bereich Transport und Verkehr zuständigen Unternehmen veranlasst werden.

3. Mitwirkungspflichten (§ 36 Abs. 10 S. 1 Nr. 2 IfSG)

36 Zunächst sind die in § 36 Abs. 10 S. 1 Nr. 2 IfSG genannten Transport- und Infrastrukturunternehmen verpflichtet, aufgrund einer Rechtsverordnung der Bundesregierung bei der Durchführung der in **Abs. 10 S. 1 Nr. 1 lit. a bis d genannten Maßnahmen** mitzuwirken. Wie der Gesetzgeber hervorhebt, dienen die Mitwirkungspflichten insbesondere der Beförderer einem effektiven Schutz gegen die Ausbreitung epidemischer Krankheiten.[35] Die Mitwirkungspflichten sind zunächst auf die Vorlage eines Nachweises über die **digitale Einreiseanmeldung** oder – falls dies nicht möglich war – der Ersatzmitteilung nach Aufenthalt in einem Risikogebiet (§ 2 Nr. 17 IfSG) (lit. a) gerichtet. Außerdem sind die Unternehmen aus dem Bereich Transport und Verkehr zur Mitwirkung an der Vorlage einer **Impfdokumentation** (lit. b), eines **ärztlichen Zeugnisses** oder eines **Testergebnisses** (lit. c) sowie zur **Auskunftserteilung über Krankheitssymptome** (lit. d) verpflichtet. (zu den Einzelheiten *Kau* in → 26 ff.). Diese Verknüpfung zwischen Abs. 10 S. 1 Nr. 2 und Abs. 10 S. 1 Nr. 1 hat ihren Grund darin, dass die in Abs. 8 S. 1 vorgesehenen Maßnahmen beim Reiseverkehr regelmäßig **nicht in den Räumlichkeiten der Gesundheitsbehörden** stattfinden, sondern dort, wo der Einreisevorgang abläuft: an Flughäfen, Bahnhöfen, Busbahnhöfen oder Seehäfen und vielfach in Einrichtungen von Beförderungsunternehmen im Eisenbahn-, Bus- Schiffs- oder Flugverkehr. Allerdings verfügt die Bundespolizei an diesen Orten oder in der Nähe regelmäßig auch über eigene Räumlichkeiten.

37 Würden sich die in § 36 Abs. 10 S. 1 Nr. 2 IfSG genannten Unternehmen weigern, die in einer Rechtsverordnung der Bundesregierung vorgesehenen Verpflichtungen nach Abs. 10 S. 1 Nr. 1 durchführen zu lassen, würden diese hierdurch vielleicht nicht unmittelbar unmöglich, aber doch deutlich erschwert. In seiner Geltung geht Abs. 10 S. 1 Nr. 2 **über eine bloße Duldung hinaus** und verpflichtet die genannten Unternehmen im Falle eines Auskunftsverlangens nach Abs. 10 S. 1 Nr. 1 sowie der entsprechenden Rechtsverordnung sogar **an der Durchführung mitzuwirken**. Unter einer Mitwirkung nach Abs. 10 S. 1 Nr. 2 ist ein **aktives und positives Tun** zu verstehen; letztlich fallen darunter alle Unterstützungshandlungen, die die Durchführung der in Abs. 10 S. 1 Nr. 1 iVm Abs. 8 S. 1 genannten Pflichten ermöglichen oder erleichtern.

38 Die Unternehmen aus dem Bereich Transport und Verkehr können sich der angeordneten Mitwirkung an Auskunfts- und Vorlageverlangen nach Abs. 10 S. 1 Nr. 1 somit nicht nur nicht entziehen, sie müssen daran **unmittelbar unterstützend mitwirken**. Tun sie das nicht oder nicht im erforderlichen Umfang, haben die Behörden des Bundes und

35 BT-Drs. 23944, 36.

der Länder aufgrund von Abs. 10 S. 1 Nr. 2 die Möglichkeit, eine Mitwirkung durch Vollstreckungsmaßnahmen herbeizuführen. Abgesichert wird die Vollstreckung der Verpflichtungen nach § 36 Abs. 10 S. 1 Nr. 1 und Nr. 2 IfSG außerdem noch durch die **Bußgeldvorschrift des § 73 Abs. 1 a Nr. 19 und 24 IfSG**. Danach handelt ordnungswidrig, wer vorsätzlich oder fahrlässig einer Rechtsverordnung nach § 36 Abs. 8 und Abs. 10 IfSG oder einer darauf beruhenden vollziehbaren Anordnung zuwiderhandelt. Voraussetzung ist jedoch nach § 73 Abs. 1 a Nr. 24 IfSG, dass in der entsprechenden Rechtsverordnung für einen bestimmten Ordnungswidrigkeitentatbestand auf § 73 IfSG verwiesen wird. Verbunden mit den vollstreckungsrechtlichen Möglichkeiten einschließlich der Anwendung von unmittelbarem Zwang dürfte dadurch die Kooperationsbereitschaft der betroffenen Unternehmen sichergestellt sein.

4. Zusatzpflichten (§ 36 Abs. 10 S. 1 Nr. 2 IfSG)

Nach § 36 Abs. 10 S. 1 Nr. 2 IfSG erschöpfen sich die Pflichten der Unternehmen im Bereich Transport und Verkehr nicht darin, dass sie an der Durchführung von Vorlage- und Auskunftspflichten nach Abs. 10 S. 1 Nr. 1 mitwirken müssen. Zusätzlich sind in § 36 Abs. 10 S. 1 Nr. 2 lit. a bis i IfSG insgesamt **neun weitere Pflichten bzw. Pflichtbereiche** statuiert, die sie auf der Grundlage einer Rechtsverordnung der Bundesregierung eigenständig erfüllen müssen.[36] Gemessen an den Tätigkeiten der einzelnen Unternehmen sind sie von einigen der genannten Zusatzpflichten nicht oder nur teilweise betroffen. 39

Bei den von der Bundesregierung erlassenen **Coronavirus-Schutzverordnung** (CoronaSchV) v. 21.12.2020,[37] **Coronavirus-Einreiseverordnung** (CoronaEinreiseV) v. 13.1.2021[38] sowie **Coronavirus-Schutzverordnung** (CoronaSchV) v. 29.1.2021[39] wird unter den Ermächtigungsgrundlagen ausdrücklich auf § 36 Abs. 10 S. 1 Nr. 1 lit. c, Nr. 2 lit. a (1. CoronaSchV), auf § 36 Abs. 10 S. 1 Nr. 1 lit. a, lit. c und lit. d sowie Nr. 2 lit. a bis d, g und i (CoronaEinreiseV) sowie auf § 36 Abs. 10 S. 1 Nr. 2 lit. a (2. CoronaSchV) Bezug genommen. 40

a) Beförderungsverbot aus Risikogebieten (§ 36 Abs. 10 S. 1 Nr. 2 lit. a IfSG)

Nach § 36 Abs. 10 S. 1 Nr. 2 lit. a IfSG können Beförderungsunternehmen im Eisenbahn-, Bus-, Schiffs- und Flugverkehr auf der Grundlage einer Rechtsverordnung der Bundesregierung verpflichtet werden, Beförderungen aus bestimmten Staaten in die Bundesrepublik **zu unterlassen**. Diese Unterlassungspflicht knüpft an eine Feststellung des BMG – im Einvernehmen mit dem AA und dem BMI – an, wonach einzelne Staaten oder ganze Regionen im Hinblick auf bedrohliche übertragbare Krankheiten als **Risikogebiete iSv Abs. 2 Nr. 17 IfSG** eingestuft wurden. Daher ist mit der Beförderung von Passagieren aus diesen Staaten ein wesentlich erhöhtes Infektionsrisiko verbunden (zu den Einzelheiten *Kau* in → § 5 Rn. 23 ff.). Im Ergebnis stellt die Unterlassungspflicht der Beförderungsunternehmen ein **Beförderungsverbot mit Einschränkungen** dar. 41

---

36 *Sangs* NVwZ 2020, 1780 (1782); kritisch hierzu *Schaefer* NVwZ 2020, 834 (836 ff.).

37 Verordnung zum Schutz vor einreisebedingten Infektionsgefahren in Bezug auf neuartige Mutationen des Coronavirus SARS-CoV-2 nach Feststellung einer epidemischen Lage von nationaler Tragweite durch den Deutschen Bundestag (Coronavirus-Schutzverordnung – CoronaSchV), BAnz AT 21.12.2020 V4.

38 Verordnung zum Schutz vor einreisebedingten Infektionsgefahren in Bezug auf das Coronavirus SARS-CoV-2 nach Feststellung einer epidemischen Lage von nationaler Tragweite durch den Deutschen Bundestag (CoronaEinreiseV), BAnz AT 13.1.2021 V1.

39 Verordnung zum Schutz vor einreisebedingten Infektionsgefahren in Bezug auf neuartige Mutationen des Coronavirus SARS-CoV-2 nach Feststellung einer epidemischen Lage von nationaler Tragweite durch den Deutschen Bundestag (Coronavirus-Schutzverordnung – CoronaSchV), BAnz AT 29.1.2021 V1.

42 Die Möglichkeit zur gesetzlichen Anordnung von Beförderungsverboten besteht nach Abs. 10 S. 1 Nr. 2 lit. a grundsätzlich nur, „sofern eine **Rückreise von Personen mit Wohnsitz in Deutschland weiterhin möglich** ist". Das heißt, dass das Aussetzen der Beförderung nicht zur Folge haben darf, dass Personen mit Wohnsitz in Deutschland die Rückreise nach Deutschland versperrt wird und sie – möglicherweise gegen ihren Willen – nicht wiedereinreisen können. Im Gegensatz zu § 36 Abs. 10 S. 1 Nr. 2 lit. a IfSG knüpfte die Vorgängervorschrift des § 5 Abs. 2 lit. b IfSG aF an die „Rückreise deutscher Staatsangehöriger" an. Hintergrund dieser Bestimmung war es, dass für deutsche Staatsangehörige wahlweise aus dem Völkerrecht[40] bzw. aus dem verfassungsrechtlichen Treue- und Schutzverhältnis[41] resultierende **Recht auf jederzeitige Heimkehr und Einreise nach Deutschland**. Wie sich im Zusammenhang mit der Corona-Krise des Frühjahrs 2020 gezeigt hat, reichen unter bestimmten Umständen auch bereits von der Bundesregierung organisierte oder arrangierte Rückholmaßnahmen – ggf. unter Einsatz der Flugbereitschaft der Luftwaffe – um weiterhin davon ausgehen zu können, dass Rückreisemöglichkeiten bestehen.

43 Durch die mit dem Gesetz v. 18.11.2020 vorgenommene inhaltliche Änderung schließt der Gesetzgeber nun auch ausländische Staatsangehörige in die Rückreiseoption des Abs. 10 S. 1 Nr. 2 lit. a mit ein, sofern ihre „Einreise nicht aus aufenthaltsrechtlichen Gründen zu untersagen ist".[42] Wann eine solche Untersagung angezeigt ist, lässt sich dem AufenthG oder dem AsylG entnehmen. Die Regelung erscheint im Hinblick auf Personen mit Wohnsitz in Deutschland unabhängig von der jeweiligen Staatsangehörigkeit sachgerecht. Problematisch ist hingegen, dass **deutsche Staatsangehörige ohne aktuellen Wohnsitz** in Deutschland aufgrund von Abs. 10 S. 1 Nr. 2 lit. a jedoch nun *prima facie* nicht mehr über eine Rückreisemöglichkeit verfügen. Die Erfahrungen der Jahre 2020/2021 haben aber gezeigt, dass deutsche Staatsangehörige sich gerade in Anbetracht der Notsituation einer Pandemie **wieder auf Deutschland besinnen** und zu Verwandten oder Freunden reisen wollen.

44 Zwar hat der Gesetzgeber im Wissen um diese staatsangehörigkeitsrechtlichen Gegebenheiten den § 5 Abs. 2 Nr. 2 lit. a IfSG aF durch § 36 Abs. 10 S. 1 Nr. 2 lit. a IfSG ersetzt. Dieser steht dennoch im **Widerspruch zur staatsangehörigkeitsrechtlichen Lage**. Grundsätzlich ist es Staatsangehörigen aufgrund verfassungs- und völkerrechtlicher Bestimmungen – unabhängig vom Bestehen eines förmlichen Wohnsitzes – stets erlaubt, in das Land ihrer Staatsangehörigkeit zurückzukehren.[43] Da sich aus den Gesetzesmaterialien keine ausdrückliche Aussage zur Frage der deutschen Staatsangehörigen ergibt, ist aber wohl nicht davon auszugehen, dass der Gesetzgeber mit Abs. 10 S. 1 Nr. 2 lit. a die Möglichkeit eröffnen wollte, deutsche Staatsangehörige ohne Wohnsitz während einer „epidemischen Lage von nationaler Tragweite" an der Einreise zu hindern. Es könnte daher eine **verfassungs- und völkerrechtskonforme Auslegung** von § 36 Abs. 10 S. 1 Nr. 2 lit. a IfSG dergestalt vorgenommen werden, dass neben Personen mit Wohnsitz in Deutschland auch deutsche Staatsangehörige unabhängig von ihrem aktuellen Wohnsitz vom Beförderungsverbot ausgenommen sind. Allerdings ist die wenig gelungene Änderung von Abs. 10 S. 1 Nr. 2 lit. a vor allem deshalb misslich, weil infektionsschutzrechtliche Regelungen klar und eindeutig sein müssen. Schließlich werden sie von den im Be-

40 Vgl. *Hailbronner* in Hailbronner/Maaßen/Hecker/Kau StAngR Grundlagen D Rn. 126 ff. unter Verweis auf Art. 12 des IPbpR, Art. 2 Abs. 2 des 4. ZP zur EMRK (1963) sowie Art. 5 (e) (ii) der Internationalen Konvention über die Beseitigung aller Formen rassistischer Diskriminierung (1966).

41 ZB *Stern* StaatsR I § 8 I 4 (S. 257).

42 BT-Drs. 19/23944, 36.

43 Vgl. *Hailbronner* in Hailbronner/Maaßen/Hecker/Kau StAngR Grundlagen D Rn. 126; *Isensee VVDStRL 32 (1974), 49, 62; v. Arnauld/Martini* in v. Münch/Kunig GG Art. 16 Rn. 14 ff.; *Becker* in v. Mangoldt/Klein/Starck GG Art. 16 Rn. 23 u. 29.

reich Transport und Verkehr tätigen Unternehmen sowie den zuständigen und unterstützenden Behörden unter einer gewissen infektionsschutzrechtlichen Anspannung vollzogen. Daher wäre es dem Gesetzgeber angeraten, zukünftig das **Rückreiserecht für deutsche Staatsangehörige** zur Klarstellung wieder ausdrücklich in die Vorschrift des § 36 Abs. 10 S. 1 Nr. 2 lit. b IfSG aufzunehmen.

Besonders große Bedeutung hat das Beförderungsverbot naheliegender Weise für 45
die beiden **Coronavirus-Schutzverordnungen** (CoronaSchV) **v. 21.12.2020**[44] und **v. 29.1.2021.**[45] In der CoronaSchV v. 21.12.2020 stand im **Zeitraum 22.12.2020 bis zum 6.1.2021** ein Beförderungsverbot aus dem Vereinigten Königreich sowie aus Südafrika im Zentrum der Verordnungen. Bei der CoronaSchV v. 29.1.2021 ging es für den **Zeitraum v. 30.1. bis zum 17.2.2021, verlängert bis zum 3.3.2021,** um Einreisen aus sog. Virusvarianten-Gebiete, in den Mutationen des Coronavirus aufgetreten waren (zB Vereinigtes Königreich, Irland, Südafrika, Portugal, Brasilien, Mozambique). Es ist davon auszugehen, dass auch in den nachfolgenden Monaten wiederholt ähnliche Coronavirus-Schutzverordnungen erlassen bzw. bestehende Verordnungen verlängert werden. Zudem kann der Anwendungsbereich der entsprechenden Verordnungen dadurch flexibel gestaltet werden, dass die Liste etwa der „Virusvarianten-Gebiete" sowie der „Hochinzidenzgebiete" vom RKI eigenständig ergänzt und aktualisiert werden kann.

b) Beförderung ausschließlich bei Einhaltung der gesetzlichen Verpflichtungen (§ 36 Abs. 10 S. 1 Nr. 2 lit. b IfSG)

Als milderes Mittel zum vollständigen Beförderungsverbot nach Abs. 10 S. 1 Nr. 2 lit. a 46
hat der Gesetzgeber in Abs. 10 S. 1 Nr. 2 lit. b die Anforderung aufgestellt, dass **Beförderungen aus Risikogebieten** aufgrund einer Rechtsverordnung nur durchgeführt werden dürfen, wenn die Verpflichtungen zur **digitalen Einreiseanmeldung** bzw. zur **Ersatzmitteilung** (Nr. 1 lit. a), **zur Vorlage von Impfdokumentation, ärztlichem Zeugnis** oder **Testergebnissen** (Nr. 1 lit. b und c) und ggf. auch **Auskunft über Anhaltspunkte für das Vorliegen einer epidemischen Krankheit** (Nr. 1 lit. d) eingehalten wurden.

Neben der allgemeinen Mitwirkungspflicht nach Abs. 10 S. 1 Nr. 2 iVm Abs. 8 S. 1 soll 47
durch Abs. 10 S. 1 Nr. 2 lit. b sichergestellt werden, dass die dort genannten Unternehmen die Beförderung **ausschließlich unter Einhaltung der Voraussetzungen des Abs. 10 S. 1 Nr. 1 iVm Abs. 8 S. 1** durchführen. Hierin bestätigt sich wieder die normative Verknüpfung zwischen den auf die Einreise bezogenen Maßnahmen nach Abs. 8 und den auf den Bereich Transport und Verkehr bezogenen nach Abs. 10.

Allerdings lässt sich der Entwurfsbegründung des Gesetzes v. 18.11.2020 entnehmen, 48
dass mit der aus Abs. 10 S. 1 Nr. 2 lit. b resultierenden Pflicht zur Kontrolle der Angaben der Reisenden **lediglich eine „Plausibilitätsprüfung** im Rahmen der betrieblichen und technischen Möglichkeiten" verbunden ist.[46] Die Beförderungsunternehmen sind vor diesem Hintergrund nicht verpflichtet, eine „Validierung der vorgelegten Daten und Nachweise vorzunehmen".[47] Dies wird bei ausländischen Dokumenten die Möglichkeiten der Beförderungsunternehmen auch üblicherweise übersteigen. Im Ergebnis werden die Anforderungen des Abs. 10 S. 1 Nr. 2 lit. b damit auf ein für die betreffenden Unter-

---

44 Verordnung zum Schutz vor einreisebedingten Infektionsgefahren in Bezug auf neuartige Mutationen des Coronavirus SARS-CoV-2 nach Feststellung einer epidemischen Lage von nationaler Tragweite durch den Deutschen Bundestag (Coronavirus-Schutzverordnung – CoronaSchV), BAnz AT 21.12.2020 V4.

45 Verordnung zum Schutz vor einreisebedingten Infektionsgefahren in Bezug auf neuartige Mutationen des Coronavirus SARS-CoV-2 nach Feststellung einer epidemischen Lage von nationaler Tragweite durch den Deutschen Bundestag (Coronavirus-Schutzverordnung – CoronaSchV), BAnz AT 29.1.2021 V1.

46 BT-Drs. 19/23944, 36.

47 BT-Drs. 19/23944, 36.

nehmen zumutbares und vertretbares Maß begrenzt. Insbesondere geht aus der Entwurfsbegründung hervor, dass die Beförderungsunternehmen keine Haftung oder Garantie für die Richtigkeit der vorgelegten Dokumente übernehmen sollen. Es geht lediglich darum, Personen ohne die entsprechenden Nachweise gleich zu Beginn von der Reise auszuschließen.

49 Die konkrete Durchführung von Reisen aus Risikogebieten unter Einhaltung der Anforderungen aus § 36 Abs. 10 S. 1 Nr. 1 lit. a bis b IfSG werden vor allem in der **Coronavirus-Einreiseverordnung** (CoronaEinreiseV) v. 13.1.2021[48] behandelt. So sind in § 1 Abs. 1 bis 5 CoronaEinreiseV ausführlich die Anmeldeformalitäten einschließlich der digitalen Einreiseanmeldung (DEA) geregelt. Zudem sind dort auch verschiedene Ausnahmen vorgesehen, die – soweit zwischenzeitliche **Coronavirus-Schutzverordnungen** (CoronaSchV) nichts Abweichendes vorsehen – zB für den Fall anzuwenden sind, dass die Reisenden lediglich durch ein Risikogebiet ohne Zwischenaufenthalt durchgereist sind (§ 2 Abs. 1 Nr. 1 CoronaEinreiseV) oder ohne Zwischenaufenthalt durch das Bundesgebiet durchreisen (§ 2 Abs. 1 Nr. 2 CoronaEinreiseV).

50 Außerdem werden in § 6 CoronaEinreiseV die Pflichten der Beförderer im Zusammenhang mit der Beförderung konkretisiert, wobei der Wortlaut der dort vorgesehenen Verpflichtungen weitgehend § 36 Abs. 10 S. 1 Nr. 2 lit. b IfSG entspricht.

c) Barrierefreie Information von Reisenden (§ 36 Abs. 10 S. 2 Nr. 2 lit. c IfSG)

51 Nach § 36 Abs. 10 S. 1 Nr. 2 lit. b IfSG müssen Unternehmen im Bereich Transport und Verkehr auf der Grundlage einer Rechtsverordnung der Bundesregierung Reisende barrierefrei über (1) die **geltenden Einreise- und Infektionsschutzbestimmungen** und **-maßnahmen** in der Bundesrepublik sowie (2) über die **Gefahren der epidemischen Krankheit iSv Abs. 8 S. 1** informieren. Dabei sind sie gehalten, auf die **„Reise- und Sicherheitshinweise des Auswärtigen Amtes"** hinzuweisen.

52 Durch die Informationspflicht nach Abs. 10 S. 1 Nr. 2 lit. b werden die betreffenden Unternehmen „zum verlängerten Arm" staatlicher Gesundheitsvorsorge. Allerdings rechtfertigt sich die Informationspflicht des Abs. 10 S. 1 Nr. 2 lit. b dadurch, dass damit sichergestellt wird, dass gerade diejenigen Reisenden über Einreise- und Infektionsschutzbestimmungen und -maßnahmen informiert werden, die Gefahr laufen, mit der entsprechenden Krankheit in Kontakt zu kommen oder mit ihr auf ihrer Reise in Kontakt gekommen zu sein. Allgemeine Verpflichtung von Betreibern von Flughäfen, Häfen, Personen- und Omnibusbahnhöfen sowie von Reiseveranstaltern bestehen unabhängig von den Änderungsgesetzen zum IfSG v. 27.3.2020, v. 19.5.2020, v. 18.11.2020 sowie v. 4.3.2021 im Hinblick auf Verhaltenshinweise zur Krankheitsvorbeugung oder bei Krankheitssymptomen aufgrund von § 5 Abs. 1 IGV-Durchführungsgesetz.[49] Allerdings dürften diese regelmäßig hinter den im IfSG vorgesehenen Maßnahmen zurückbleiben.

53 Wie nicht zuletzt dem Hinweis auf die „Reise- und Sicherheitshinweise des Auswärtigen Amtes" zu entnehmen ist, müssen Unternehmen auf der Grundlage einer entsprechenden Rechtsverordnung die barrierefreien Informationen grundsätzlich **nicht selbst ermitteln oder zusammenstellen**, sondern können dabei auf **Informationsmaterialien** zurückgreifen, die ihnen von staatlicher Seite zur Verfügung gestellt wurden oder im Internet leicht abrufbar sind. Dies ist schon deshalb erforderlich, um Fehlinformationen infolge von Irrtümern der betreffenden Unternehmen auszuschließen. Wären alle Unter-

48 Verordnung zum Schutz vor einreisebedingten Infektionsgefahren in Bezug auf das Coronavirus SARS-CoV-2 nach Feststellung einer epidemischen Lage von nationaler Tragweite durch den Deutschen Bundestag (CoronaEinreiseV), BAnz AT 13.1.2021 V1.

49 BGBl. 2013 I 566.

nehmen im Bereich Transport und Verkehr verpflichtet, die Informationen selbstständig zu ermitteln oder zusammenzustellen, bestünde die große Gefahr, dass die gesammelten Informationen voneinander abweichen oder auch inhaltlich unzutreffend wären. Um eine möglichst effektive Vorbeugung und Bekämpfung von Infektionskrankheiten sicherzustellen, sind aber **einheitliche und verlässliche Informationen** an Reisende und Betroffene unerlässlich.

54 Durch das Zur-Verfügung-Stellen von Informationsmaterial durch staatliche Einrichtungen kann auch die Barrierefreiheit der Informationen sichergestellt werden. Unter **Barrierefreiheit** ist die Möglichkeit zur einfachen Kenntnisnahme zu verstehen, unabhängig von etwaigen Behinderungen und sonstigen Einschränkungen. Dadurch dass die Unternehmen im Bereich Verkehr und Transport grundsätzlich davon abhängig sind, dass staatliche Stellen der Gesundheitsvorsorge ihnen entsprechendes Informationsmaterial an die Hand geben, ist die Informationspflicht nach Abs. 10 S. 1 Nr. 2 lit. c in erster Linie als **Pflicht zur Informationsweitergabe** anzusehen.

55 Die Verpflichtung zur barrierefreien Information nach Abs. 10 S. 1 Nr. 2 lit. c findet sich auch in § 5 der **Coronavirus-Einreiseverordnung** (CoronaEinreiseV) v. 13.1.2021[50] wieder. Dabei werden die Unternehmen aus dem Bereich Transport und Verkehr auf die Internetseite des RKI verwiesen, wo sich unter www.rki.de/covid-19-bmg-merkblatt die entsprechenden Informationen finden.

d) Angaben zur Identifizierung und Früherkennung (§ 36 Abs. 10 S. 1 Nr. 2 lit. d IfSG)

56 Nach § 36 Abs. 10 S. 1 Nr. 2 lit. d IfSG können die Unternehmen im Bereich Transport und Verkehr auf der Grundlage einer Rechtsverordnung der Bundesregierung dazu verpflichtet werden, Angaben bzw. Daten zu erheben und zu verarbeiten, die zur **Identifizierung oder Früherkennung** notwendig sind. Da bei Infrastruktur- oder Transportunternehmen viele Informationen auflaufen, erlaubt ein Zugriff hierauf Feststellungen über die **Identität von Reisenden, Kranken, Krankheitsverdächtigen, Ansteckungsverdächtigten oder Ausscheidern.** Insbesondere wenn es bei epidemiologischen Eindämmungsmaßnahmen darum gehen soll, **Infektionswege, Ausbruchsherde oder Krankheitsursprünge** nachzuverfolgen, spielen die bei Unternehmen im Bereich Transport und Verkehr gesammelten Information und ihre Verarbeitung in Form von Speicherung und Weitergabe an staatliche Stellen der Gesundheitsverwaltung eine große Rolle.

57 Die angeordneten Maßnahmen nach Abs. 10 S. 1 Nr. 2 lit. d sind vor allem für **avancierte Tracing-, Tracking- und sonstige Nachverfolgungsmaßnahmen** notwendig. Insbesondere bei unübersichtlichen Krankheitsentwicklungen erlaubt erst der Zugriff auf die Daten von Unternehmen des Bereichs Transport und Verkehr **Aufschluss über die Infektionswege** und **besonders betroffene Gebiete oder Personenkreise.** Da die Gesundheitsbehörden in aller Regel nur in beschränktem Umfang in der Lage sind, entsprechende Daten zu sammeln, zu speichern und zu verarbeiten, sind sie hierbei auf die Mitwirkung der Unternehmen aus dem Bereich Transport und Verkehr angewiesen.

58 Auch bei **Daten zur Identifizierung und Früherkennung** hob die Entwurfsbegründung des Änderungsgesetzes v. 27.3.2020 hervor, dass die **Verwendung der erhobenen Daten** „zu anderen Zwecken“ als dem Infektionsschutz ausgeschlossen ist.[51] Daher können diese Daten – wie schon „personenbezogene Angaben“ sowie die Daten über „Einreisedatum“, „Aufenthaltsorte“ und „genutzte Reisemittel“ nach Abs. 8 S. 1 – in Deutschland und auch im Ausland **nicht zusätzlich zu anderen Zwecken** verwendet werden (zB

50 Verordnung zum Schutz vor einreisebedingten Infektionsgefahren in Bezug auf das Coronavirus SARS-CoV-2 nach Feststellung einer epidemischen Lage von nationaler Tragweite durch den Deutschen Bundestag (CoronaEinreiseV), BAnz AT 13.1.2021 V1.

51 BT-Drs. 19/18111, 20 – Zu Nummer 1.

zur Strafverfolgung). Aufgrund der internationalen Auswirkungen epidemischer Krankheiten ist von dieser Einschränkung jedoch nicht das Teilen von Daten mit **ausländischen Behörden des Infektionsschutzes** umfasst. Gerade beim pandemischen Verlauf von Krankheiten ist die internationale Kooperation von Behörden des Infektionsschutzes und der Weltgesundheitsorganisation (WHO) dringend notwendig.

59 Im Hinblick auf die EU-Mitgliedstaaten lässt sich eine Verpflichtung zur Kooperation und eine Befugnis zur Datenverwendung und Datenweitergabe bereits aus Art. 4 Abs. 3 EUV iVm Art. 168 AEUV ableiten. Außerdem ergibt sie sich auch aus Art. 4 Abs. 3 EUV iVm den Grundfreiheiten (zB Art. 45 ff., 49 ff., 56 ff. AEUV) sowie iVm dem Schengener Grenzkodex (VO 2016/399). Im völkerrechtlichen Rahmen eröffnet Art. 45 Abs. 2 IGV umfangreiche Möglichkeiten zur Datenverwendung und -weitergabe unter den Vertragsstaaten der Internationalen Gesundheitsvorschriften.[52] Noch weiter konkretisierte Möglichkeiten und Verpflichtungen ergeben sich aus Art. 6 und Art. 7 der IGV für die Meldung und Weitergabe von Informationen an die WHO. Im Ganzen ist daher auch die Weitergabe von Daten iSv Abs. 10 S. 1 Nr. 2 lit. a bis i, die von Unternehmen im Bereich Transport und Verkehr verarbeitet wurden, an Infektionsschutzbehörden im Ausland und an die WHO generell zulässig (*Kau* in → § 5 Rn. 27 u. 53).

e) Schutzmaßnahmen zur Verhinderung von Übertragungen (§ 36 Abs. 10 S. 1 Nr. 2 lit. e IfSG)

60 Nach § 36 Abs. 10 S. 1 Nr. 2 lit. e IfSG können Unternehmen aus dem Bereich Transport und Verkehr aufgrund einer Rechtsverordnung auch **während der Beförderung** zu „bestimmten Schutzmaßnahmen zur Verhinderung der Übertragung" verpflichtet werden. Diese können „bundeseinheitlich" angeordnet werden.[53] Nachdem die ersten Schutzvorkehrungen bereits in der Einhaltung von Beförderungsverboten (Abs. 10 S. 1 Nr. 2 lit. a) sowie der Durchführung ausschließlich bei Vorlage der in § 36 Abs. 10 S. 1 Nr. 1 lit. a bis d IfSG vorgesehenen Nachweise bzw. Auskünfte **vor dem Reiseantritt** liegen, sollen auf der Grundlage von Abs. 10 S. 1 Nr. 2 lit. e auch **während einer Reise** Maßnahmen zur Verhinderung von Ansteckungen getroffen werden. Bei den Schutzmaßnahmen kann es sich beispielsweise um die Gewährleistung von **angemessenen Abständen** zwischen Reisenden, die Verpflichtung zum **Tragen von Mund-Nase-Masken** oder von **medizinischen Masken** handeln.[54]

f) Meldung von Krankheits- und Verdachtsfällen (§ 36 Abs. 10 S. 1 Nr. 2 lit. f IfSG)

61 Nach § 36 Abs. 10 S. 1 Nr. 2 lit. f IfSG können Unternehmen aus dem Bereich Transport und Verkehr aufgrund einer Rechtsverordnung dazu verpflichtet werden, **Beförderungen von Kranken, Krankheitsverdächtigen, Ansteckungsverdächtigen und Ausscheidern zu melden** und entsprechende Daten nach Abs. 10 S. 1 Nr. 2 lit. d **zu übermitteln**. Da die betreffenden Unternehmen nur in Einzelfällen erkennen können, dass sie es mit Kranken, Krankheits- oder Ansteckungsverdächtigen und Ausscheidern zu tun haben, kommt es bei Abs. 10 S. 1 Nr. 2 lit. f in erster Linie auf **Anfragen von Seiten der Behörden** an. In diesen Fällen sind die Daten nach Abs. 10 S. 1 Nr. 2 lit. d, die bei den Unternehmen zur Abwicklung der Beförderungsvorgänge gesammelt waren, an die zuständigen Behörden zu übermitteln. Auch bei diesen Daten ist eine **Verwendung zu anderen Zwecken** ausgeschlossen (vgl. *Kau* in → § 5 Rn. 41 ff.; → Rn. 58 ff.).

52 BGBl. 2007 II 930, 960.
53 BT-Drs. 19/23944, 36.
54 Mit weiteren Hinweisen, vgl. *Schaefer* NVwZ 2020, 834 (836 ff.).

g) Passagierlisten und Sitzpläne (§ 36 Abs. 10 S. 1 Nr. 2 lit. g IfSG)

Nach § 36 Abs. 10 S. 1 Nr. 2 lit. g IfSG sind **Passagierlisten und Sitzpläne** aufgrund einer Rechtsverordnung der Bundesregierung an die zuständigen oder unterstützenden Behörden zu übermitteln. Dabei geht es vor allem darum, Aufschluss über diejenigen Reisenden zu erhalten, die sich mit einem bestimmten Beförderungsmittel – mutmaßlich aus dem Ausland – ins Bundesgebiet bewegt haben, um dadurch Infektionsketten ermitteln zu können und zur Kontaktnachverfolgung beizutragen.[55] **Passagierlisten im engeren Sinn** werden vor allem im Flug- und Schiffsverkehr geführt; allerdings können auch Buchungs- und Reservierungslisten, wie sie im Eisenbahn- und Busverkehr vorliegen werden, als **Passagierlisten im weiteren Sinn** angesehen werden. Der Begriff der „Übermittlung" bezieht sich auf Bestimmungen des Datenschutzes, die einer Zugänglichmachung entsprechender Daten für die Behörden aus infektionsschutzrechtlichen Gründen nicht im Wege stehen. Schon vorher bestand nach § 12 Abs. 5 a IGV-Durchführungsgesetz die Möglichkeit, dass wenn Luftfahrtunternehmen einem Auskunftsverlangen nach § 25 IfSG nicht, nicht rechtzeitig oder nicht vollständig nachkamen, das zuständige Gesundheitsamt unmittelbar die Fluggastdatenzentralstelle oder eine vergleichbare Stelle ersuchen konnte, die erforderlichen Daten zur Erreichbarkeit von verdächtigen oder betroffenen Reisenden zu übermitteln.[56] 62

Soweit sich auf der Grundlage einer Rechtsverordnung die Befugnis zur Datenübermittlung nach Abs. 10 S. 1 Nr. 2 lit. g außerdem auf **Sitzpläne** richtet, kommen hierfür in erster Linie die entsprechenden **Aufstellungen von Flugzeugen** in Betracht, die Aufschluss über mögliche Infektionswege geben können. Allerdings kann auch aus den **Buchungs- und Reservierungsdaten von Eisenbahn- und Busverkehr** Aufschluss darüber erreicht werden, welche Passagiere zusammen oder zumindest in der Nähe voneinander platziert waren. 63

h) Transport von Krankheits- und Verdachtsfällen (§ 36 Abs. 10 S. 1 Nr. 2 lit. h IfSG)

Während die übrigen Zusatzpflichten nach Abs. 10 S. 1 Nr. 2 vor allem auf Identifikation und Datenübermittlung gerichtet sind, sieht § 36 Abs. 10 S. 1 Nr. 2 lit. h IfSG aufgrund einer Rechtsverordnung eine **Ermöglichungspflicht im Hinblick auf den Transport** von Kranken, Krankheits- und Ansteckungsverdächtigten oder Ausscheidern durch Dritte vor (Transportermöglichungspflicht). Zwar werden diese Fälle selten vorkommen und im Regelfall die gegenteilige Pflicht zum Unterlassen der Beförderung (Abs. 10 S. 1 Nr. 2 lit. a) oder jeglicher Mitwirkung eingreifen. In spezifischen Fällen ist der Transport durch Dritte insbesondere von Personen, die lediglich unter dem Verdacht stehen, erkrankt oder ansteckend zu sein, entweder im Sinne des Infektionsschutzes – etwa zur sicheren **Nachverfolgung von Infektionswegen** – oder **aus humanitären Gründen** erforderlich. Selbstverständlich steht es Beförderungsunternehmen und anderen Unternehmen aus dem Bereich Transport und Verkehr frei, die erforderlichen Vorkehrungen für einen sicheren und ansteckungsfreien Transport zu treffen (zB Isolierung vor, während und nach der Reise sowie räumliche Abtrennung) und auf diese Weise weitere Ansteckungen in Zusammenhang mit dem Transport zu verhindern. Allgemein sind diese Vorkehrungen jetzt in Abs. 10 S. 1 Nr. 2 lit. e verpflichtend vorgesehen (→ Rn. 60). 64

Da die Beförderung von Kranken, Krankheitsverdächtigen, Ansteckungsverdächtigen und Ausscheidern iSv Abs. 10 S. 1 Nr. 2 lit. h in der Praxis offenbar nicht oder in nicht nennenswerter Anzahl vorkommt, finden sich in der **Coronavirus-Einreiseverordnung** 65

55 BT-Drs. 19/23944, 36.
56 BGBl. 2013 I 566.

(CoronaEinreiseV) v. 13.1.2021[57] hierzu keine unmittelbar konkretisierenden Bestimmungen. Lediglich die humanitär begründeten Ausnahmen vom Beförderungsverbot, die für Fälle des Abs. 10 S. 1 Nr. 2 lit. h genutzt werden könnten, sind in § 3 Nr. 4 CoronaSchV v. 21.12.2020 sowie in § 1 Abs. 2 Nr. 6 CoronaSchV v. 29.1.2021 geregelt.

i) Benennung einer Kontaktstelle für das RKI (§ 36 Abs. 10 S. 1 Nr. 2 lit. i IfSG)

66 Nach § 36 Abs. 10 S. 1 Nr. 2 lit. i IfSG können Unternehmen aus dem Bereich Transport und Verkehr aufgrund einer Rechtsverordnung dazu verpflichtet werden, gegenüber dem RKI **erreichbare Kontaktstellen zu benennen**, die den zuständigen Behörden für Rückfragen zur Verfügung stehen. Auch die Regelung des Abs. 10 S. 1 Nr. 2 lit. i steht ganz im Zeichen des Aufbaus eines Melde- und Informationssystems beim RKI (*Kau* in → § 5 Rn. 37 ff.), das damit zur zentralen Melde- und Weitergabestelle ausgebaut wird. Zwar geht es bei der erreichbaren Kontaktstelle wohl vor allem um Rückfragen von den lokal zuständigen Behörden. Dennoch zeigt sich anhand von Abs. 10 S. 1 Nr. 2 lit. i der Wille des Gesetzgebers, Möglichkeiten zu schaffen, um eine **engere informatorische Verzahnung** von Beförderungsunternehmen und Behörden einschließlich des RKI herbeizuführen.

5. Elektronische Nachrichten (§ 36 Abs. 10 S. 1 Nr. 3 IfSG)

67 In § 36 Abs. 10 S. 1 Nr. 3 IfSG wurde zudem die Verpflichtung von **Anbietern von Telekommunikationsdiensten** und von **Betreibern öffentlicher Mobilfunknetze** geregelt,[58] Einreisende durch elektronische Nachrichten (zB SMS) über die **geltenden Einreise- und Infektionsschutzbestimmungen** barrierefrei zu informieren. Mit dieser Regelung soll wegen der starken Verbreitung von entsprechenden Endgeräten eine unmittelbare Kommunikationsgrundlage genutzt werden, die gegenwärtig beim Übergang in den Bereich eines neuen Netzbetreibers geläufig zum Einsatz kommt. Wie der Gesetzgeber hervorhebt, fällt es jedoch nicht in die Verantwortung des jeweiligen Netzbetreibers, wenn das benutzte Endgerät nicht in der Lage ist, Nachrichtentexte in Sprache umzuwandeln.[59] Hieraus folgt, dass die Anbieter von Telekommunikationsdiensten und die Betreiber öffentlicher Mobilfunknetze ihren Pflichten nach § 36 Abs. 10 S. 1 Nr. 3 IfSG bereits **durch das Versenden elektronischer Nachrichten** nachkommen. Etwaige Hindernisse, die sich aus den verwendeten Endgeräten der Reisenden und anderen in ihrer Sphäre liegenden Schwierigkeiten ergeben, fallen weder Anbietern noch Betreibern entsprechender Kommunikationstechniken zur Last.

68 Konkretisiert wird die Verpflichtung aus § 36 Abs. 10 S. 1 Nr. 3 IfSG durch § 8 der **Coronavirus-Einreiseverordnung** (CoronaEinreiseV) v. 13.1.2021.[60] Danach trifft die Betreiber öffentlicher Mobilfunknetze für ihre Kunden, die Nutzer ausländischer Mobilfunknetze waren, sowie für Nutzer ausländischer Mobilfunknetze, die sich in ihr Mobilfunknetz einbuchen, **ab dem 1.3.2021** die Verpflichtung, „unverzüglich und barrierefrei" eine Kurznachricht der Bundesregierung über die aktuell geltenden Einreise- und Infektionsbestimmungen zur Verfügung zu stellen. Allerdings steht diese Verpflichtung unter der allgemein gehaltenen Bedingung, dass dies „im Rahmen des technisch Möglichen" sein muss (§ 8 S. 1 CoronaEinreiseV). Außerdem müssen „Inhalt und Ab-

57 Verordnung zum Schutz vor einreisebedingten Infektionsgefahren in Bezug auf das Coronavirus SARS-CoV-2 nach Feststellung einer epidemischen Lage von nationaler Tragweite durch den Deutschen Bundestag (CoronaEinreiseV), BAnz AT 13.1.2021 V1.

58 BT-Drs. 19/23944, 37.

59 BT-Drs. 19/23944, 37.

60 Verordnung zum Schutz vor einreisebedingten Infektionsgefahren in Bezug auf das Coronavirus SARS-CoV-2 nach Feststellung einer epidemischen Lage von nationaler Tragweite durch den Deutschen Bundestag (CoronaEinreiseV), BAnz AT 13.1.2021 V1.

senderkennung der Kurznachricht“ den Betreibern von der Bundesregierung zur Verfügung gestellt werden (§ 8 S. 2 CoronaEinreiseV).

IV. Ausnahmen (§ 36 Abs. 8 S. 2 IfSG)

Die nach alter Gesetzeslage bestehende **Ausnahmebestimmung** des § 5 Abs. 2 Nr. 3 IfSG aF wurde mit dem Gesetz v. 18.11.2020 aufgehoben, was sich sicher auch auf die hieran geübte **verfassungsrechtliche Kritik** zurückführen lässt.[61] Allerdings war die Vorschrift auch redaktionell weitgehend missglückt, so dass man nur mit Schwierigkeiten überhaupt einen verfassungskonformen Anwendungsfall für sie ausmachen konnte. Der Gesetzgeber verweist in seiner Begründung darauf, dass die „umstrittene Ermächtigung“ jedenfalls deshalb entfallen könne, „weil von ihr vom BMG auch kein Gebrauch gemacht wurde“.[62] Danach wurde die Bestimmung vor allem wegen ihrer Funktionslosigkeit entbehrlich. 69

Allerdings sieht § 36 Abs. 8 S. 2 IfSG aus Gründen einer möglichst **schonenden und verfassungskonformen Ausgestaltung** der Ermächtigung ausdrücklich vor, dass in der zu erlassenden Rechtsverordnung auch **Ausnahmen von den Auskunftspflichten** nach Abs. 8 S. 1 vorgesehen werden sollen. Obwohl Abs. 10 nicht ausdrücklich auf die Möglichkeit verweist, Ausnahmen zu statuieren, ergibt sich aus dem engen gesetzessystematischen Verhältnis von Abs. 8 und Abs. 10 die Schlussfolgerung, dass diese Möglichkeit auch bei den Regelungen im Hinblick auf die in Abs. 10 vorgesehenen Pflichten und Maßnahmen besteht. Nicht zuletzt das **Verhältnismäßigkeitsprinzip** gebietet es, wo immer möglich, Ausnahmen und Abmilderungen zu bestimmen, um sicherzustellen, dass in die Sphäre der Bürger nicht stärker eingegriffen wird als unbedingt nötig. Dies ergibt sich schließlich auch daraus, dass in der Entwurfsbegründung zum Gesetz v. 18.11.2020 sehr nachdrücklich darauf verwiesen wurde, dass gerade wegen der „fortgesetzt erforderlichen eingriffsintensiven Maßnahmen“[63] die verfassungsrechtlich gebotene Einzelfallgerechtigkeit berücksichtigt werden muss. Dies geschieht typischerweise durch Ausnahmebestimmungen und tatbestandliche Abmilderungen von ansonsten vielleicht unverhältnismäßig wirkenden Bestimmungen. 70

Von der Möglichkeit, Ausnahmen iSv § 36 Abs. 10 S. 3 IfSG zu statuieren, hat die Bundesregierung sowohl in der **Coronavirus-Schutzverordnung** (CoronaSchV) v. 21.12.2020[64] (§ 3 CoronaSchV), in der **Coronavirus-Einreiseverordnung** (CoronaEinreiseV) v. 13.1.2021[65] (§§ 2 u. 4 CoronaEinreiseVO) sowie in der **Coronavirus-Schutzverordnung** (CoronaSchV) v. 29.1.2021[66] (§ 1 Abs. 2 CoronaSchV) Gebrauch gemacht. Während bei der 1. CoronaSchV v. 21.12.2020 die Ausnahmen noch auf ein Minimum der bei internationalen Transport- und Lieferbeziehungen Notwendige begrenzt waren (reine Post-, Fracht- oder Leertransporte, Rückführung von Flugzeugen, Schiffen und Crews, humanitäre Gründe), ist die Liste möglicher Ausnahmen bei der 2. CoronaSchV 71

61 Vgl. auch *Kersten/Rixen* Verfassungsstaat Covid-19 S. 107; *Mayen* AnwBl 2020, 349 (350); *Mayen* NVwZ 2020, 828 (832); *Rixen* NJW 2020, 1097 (1103 ff.); instruktiv zum staatlichen Schutzauftrag: *Joder* DVBl 2021, 237 ff.

62 BT-Drs. 23944, 25 – Zu Doppelbuchstabe aa.

63 BT-Drs. 19/23944, 21.

64 Verordnung zum Schutz vor einreisebedingten Infektionsgefahren in Bezug auf neuartige Mutationen des Coronavirus SARS-CoV-2 nach Feststellung einer epidemischen Lage von nationaler Tragweite durch den Deutschen Bundestag (Coronavirus-Schutzverordnung – CoronaSchV), BAnz AT 21.12.2020 V4.

65 Verordnung zum Schutz vor einreisebedingten Infektionsgefahren in Bezug auf das Coronavirus SARS-CoV-2 nach Feststellung einer epidemischen Lage von nationaler Tragweite durch den Deutschen Bundestag (CoronaEinreiseV), BAnz AT 13.1.2021 V1.

66 Verordnung zum Schutz vor einreisebedingten Infektionsgefahren in Bezug auf neuartige Mutationen des Coronavirus SARS-CoV-2 nach Feststellung einer epidemischen Lage von nationaler Tragweite durch den Deutschen Bundestag (Coronavirus-Schutzverordnung – CoronaSchV), BAnz AT 29.1.2021 V1.

v. 29.1.2021 etwas umfangreicher. Sie sieht zB auch die Beförderung von Personen mit Wohnsitz und Aufenthaltsrecht in der Bundesrepublik vor (vgl. § 36 Abs. 10 S. 1 Nr. 2 lit. a IfSG).

V. Verhältnis zu anderen Vorschriften

1. Grundrechtliche Relevanz

72 Die im Hinblick auf Unternehmen des Bereichs Transport und Verkehr getroffenen Maßnahmen nach § 36 Abs. 10 S. 1 Nr. 1 und Nr. 2 sowie Abs. 10 S. 2 IfSG weisen eine **substanzielle Grundrechtsrelevanz** auf, indem Unternehmen in vielfältiger Hinsicht über berufs- und unternehmensbezogene Sachverhalte Auskunft geben müssen und ihrerseits an grundrechtseinschränkenden Maßnahmen entweder mitwirken oder diese zumindest ermöglichen sollen (vgl. *Kluckert* in → § 2 Rn. 49 ff., 60 ff.). Indiziell lässt sich die Grundrechtsrelevanz im Hinblick auf die Maßnahmen nach Abs. 10 an § 36 Abs. 13 IfSG ablesen, der dem **verfassungsrechtlichen Zitiergebot** (Art. 19 Abs. 1 S. 2 GG) Rechnung trägt und darauf hinweist, dass „durch die Absätze 4 bis 7 und Absatz 10" verschiedene Grundrechte eingeschränkt werden.[67]

73 Vor allem greifen die den Unternehmen im Bereich Transport und Verkehr auferlegten Mitwirkungs- oder Ermöglichungspflichten nach § 36 Abs. 10 S. 1 Nr. 2 lit. a bis i IfSG substanziell in das **Recht auf Berufsfreiheit** (Art. 12 GG)[68] und – soweit unternehmensbezogenen Daten betroffen sind[69] – **in das Grundrecht auf informationelle Selbstbestimmung** ein (Art. 2 Abs. 1 iVm Art. 1 Abs. 1 GG).[70] Ebenso wie bei den allgegenwärtigen Eingriffen in Art. 2 Abs. 1 GG findet das Zitiergebot (Art. 19 Abs. 1 S. 2 GG) auch bei Einschränkungen von Art. 12 GG durch berufsregelnde Vorschriften grundsätzlich keine Anwendung.[71]

74 Da die meisten Maßnahmen nach § 36 Abs. 10 S. 1 Nr. 1 IfSG ohne die Mitwirkung oder gegen den Willen von Unternehmen im Bereich Transport und Verkehr scheitern würden, sind auch die in § 36 Abs. 10 S. 1 Nr. 2 lit. a bis i IfSG aufgeführten Maßnahmen angesichts der durch den **internationalen Reise- und Transportverkehr befürchteten Einschleppung** bedrohlicher übertragbarer Krankheiten (§ 3 a IfSG) **grundsätzlich verhältnismäßig**, um das ins Auge gefasst Ziel der Eindämmung einer epidemischen Lage zu erreichen. Es sind zwar auch hierbei in der Einzelfallbetrachtung Konstellationen denkbar, bei denen einzelne der in Abs. 10 S. 1 Nr. 2 lit. a bis i genannten Maßnahmen sich als ungeeignet erweisen, da sie nicht erfolgversprechend sind. Außerdem können einzelne Maßnahmen auch insgesamt unangemessen sein. Dies ändert jedoch nichts an der **grundsätzlichen Verfassungskonformität** der in Zusammenhang mit dem Bereich Transport und Verkehr geschaffenen Ermächtigungsgrundlagen der Bundesregierung zum Erlass von Rechtsverordnungen nach § 36 Abs. 10 IfSG.

2. Internationale Gesundheitsvorschriften (IGV)

75 Wie den früheren Entwurfsbegründungen im Hinblick auf Anordnungen an Unternehmen im Bereich Transport und Verkehr zu entnehmen ist,[72] stehen die der Bundesregie-

67 BT-Drs. 19/18111, 23 – Zu Absatz 5.

68 Vgl. VGH Mannheim Beschl. v. 9.4.2020 – 1 S 925/20, juris Rn. 34 ff. u. 39 ff.; VGH Mannheim Beschl. v. 29.4.2020 – 1 S 1068/20, nv; VGH Mannheim Beschl. v. 30.4.2020 – 1 S 1101/20, juris Rn. 33 ff.; VGH München Beschl. v. 27.4.2020 – 20 NE 20.793, juris Rn. 43 (Verschiebung auf die Hauptsache); OVG Münster Beschl. v. 6.4.2020 – 13 B 398/20.NE, juris Rn. 57.

69 BVerfG Beschl. v. 13.6.2007 – 1 BvR 1550/03 ua, BVerfGE 118, 168 (202 ff.) – Kontostammdaten.

70 Erstmals BVerfG Urt. v. 15.12.1983 – 1 BvR 209 ua, BVerfGE 65, 1 ff. – Volkszählung; eingehend hierzu *Murswiek/Rixen* in Sachs GG Art. 2 Rn. 121 ff.

71 VGH Mannheim Beschl. v. 9.4.2020 – 1 S 925/20, juris Rn. 35 f.

72 BT-Drs. 19/18111, 20 – Zu Nummer 1.

rung eingeräumte Befugnis nach § 36 Abs. 10 S. 1 Nr. 2 lit. a bis i IfSG auch unabhängig von den bestehenden Befugnissen nach dem Gesetz zur Durchführung der Internationalen Gesundheitsvorschriften (IGV) zur Verfügung (vgl. *Gassner* in → § 1 Rn. 33 ff.).[73] Damit weist der Gesetzgeber darauf hin, dass eine so breite Inpflichtnahmen privater oder öffentlicher Unternehmen dem völkerrechtlichen Vertrag über die IGV bislang zwar weitgehend fremd sein mag, sich angesichts der nationalen Bemühungen zur Verhütung und Bekämpfung übertragbarer Krankheiten aber als notwendig erwiesen hat.

VI. Zeitlich begrenzte Geltung

Im Hinblick auf die zeitlich begrenzte Geltung der **Rechtsverordnungen** nach § 36 Abs. 10 S. 1 Nr. 1 und Nr. 2 IfSG und somit auch der einzelnen Verpflichtungen nach Abs. 10 S. 1 Nr. 2 lit. a bis i sowie der übrigen mit den vier Änderungsgesetzen im Zeitraum März 2020 bis März 2021 in das IfSG eingefügten gesetzlichen Regelungen gilt dasselbe wie zu Abs. 8 S. 1 ausgeführt (*Kau* in → § 5 Rn. 56 ff.). 76

73 BGBl. 2007 II 930 (Gesetz zu den Internationalen Gesundheitsvorschriften v. 23.5.2005) sowie BGBl. 2013 I 566 (dt. Gesetz zur Durchführung der Internationalen Gesundheitsvorschriften).

§ 7 Medizinprodukte und die epidemische Lage von nationaler Tragweite[*]

Literatur: *Anhalt/Dieners* (Hrsg.), Medizinprodukterecht, 2. Aufl. 2017; *Becker/Heckmann/Kempen/Manssen* (Hrsg.), Öffentliches Recht in Bayern, 7. Aufl. 2017; *Benkard* (Hrsg.), Patentgesetz – Kommentar, 11. Aufl. 2015; *Clausen/Schroeder-Printzen* (Hrsg.), Münchner Anwaltshandbuch Medizinrecht, 3. Aufl. 2020; *Engels*, Infektionsschutzrecht als Gefahrenabwehrrecht?, DÖV 2014, 464; *Epping/Hillgruber* (Hrsg.), BeckOK Grundgesetz (Stand: 45. Edition 15.11.2020) *Erbs/Kohlhaas* (Hrsg.), Strafrechtliche Nebengesetze (Stand: 233. EL Oktober 2020); *Eckart/Winkelmüller* (Hrsg.), BeckOK Infektionsschutzrecht (Stand: 2. Edition 1.12.2020); *Giesberts/Gayger/Weyand*, COVID-19 – Hoheitliche Befugnisse, Rechte Betroffener und staatliche Hilfen, NVwZ 2020, 417; *Hänlein/Schuler* (Hrsg.), Sozialgesetzbuch V – Kommentar, 5. Aufl. 2016; *Jäkel*, Rechtliche Einstufung von Desinfektionsmitteln im Gesundheitswesen – ein Update, PharmR 2013, 261; *Körner/Mutschler/Leitherer/Rolfs* (Hrsg.), Kasseler Kommentar Sozialversicherungsrecht (Stand: 107. EL Dezember 2019); *Lisken/Denninger* (Hrsg.), Handbuch des Polizeirechts, 6. Aufl. 2018; *Peters* (Hrsg.), Handbuch der Krankenversicherung Teil II – Sozialgesetzbuch V, 19. Aufl. 2019; *Rehmann* (Hrsg.), Arzneimittelgesetz – Kommentar, 5. Aufl. 2020; *Rehmann/Wagner* (Hrsg.), Medizinproduktegesetz – Kommentar, 3. Aufl. 2018; *Rixen*, Gesundheitsschutz in der Coronavirus-Krise – Die (Neu-)Regelung des Infektionsschutzgesetzes, NJW 2020, 1097; *Säcker/Rixecker/Oetker/Limperg* (Hrsg.), Münchner Kommentar zum Bürgerlichen Gesetzbuch, Bd. 6, 7. Aufl. 2017; *Schmitz*, Virales Recht in der „Corona-Krise", A&R 2020, 51; *Spickhoff* (Hrsg.), Medizinrecht – Kommentar, 3. Aufl. 2018.

I. Maßnahmen zur Sicherstellung der Versorgung: § 5 Abs. 2 S. 1 Nr. 4 IfSG 1
- 1. Nationale Rechtslage in Bezug auf Medizinprodukte, Labordiagnostik, Hilfsmittel, Gegenstände der persönlichen Schutzausrüstung und Produkte zur Desinfektion 6
  - a) Begriffsbestimmungen 6
  - b) Maßgebliche Regelungen 15
  - c) Sonderzulassung von Medizinprodukten nach § 11 Abs. 1 MPG/§ 7 Abs. 1 MPDG 22
  - d) Besondere Kompetenzen unter dem alten IfSG in Bezug auf Medizinprodukte 32
- 2. Das neue IfSG in Bezug auf Medizinprodukte 33
  - a) Sicherstellung der Versorgung als Voraussetzung aller Maßnahmen nach § 5 Abs. 2 S. 1 Nr. 4 IfSG 35
  - b) Katalogmaßnahmen des § 5 Abs. 2 S. 1 Nr. 4 IfSG: Voraussetzungen, darauf beruhende sowie mögliche Verordnungen und Rechtsfolgen 43
    - aa) Ausnahmen von ua medizinprodukterechtlichen Vorschriften, § 5 Abs. 2 S. 1 Nr. 4 lit. a IfSG 46
    - bb) Maßnahmen zu Bezug, Beschaffung, Bevorratung, Verteilung und Abgabe von Medizinprodukten durch den Bund; Melde- und Anzeigepflichten, § 5 Abs. 2 S. 1 Nr. 4 lit. c IfSG 53
    - cc) Regelungen zur Sicherstellung und Verwendung von Medizinprodukten; bei enteignender Wirkung Regelungen über eine angemessene Entschädigung, § 5 Abs. 2 S. 1 Nr. 4 lit. d IfSG 60
    - dd) Verbot, bestimmte Medizinprodukte zu verkaufen oder sich anderweitig zur Überlassung zu verpflichten, Verbot bereits eingegangene Verpflichtungen zu erfüllen; Regelungen für eine angemessene Entschädigung, § 5 Abs. 2 S. 1 Nr. 4 lit. e IfSG 65

* Die Verfasserin dankt Wiss. Mit. *Franziska von Hesler* sowie Wiss. Mit. *Yulianna Tkach* für ihre freundliche und tatkräftige Unterstützung bei der Erstellung dieses Beitrags.

ee) Regelungen zum Vertrieb, zur Abgabe, Preisbildung und -gestaltung, Erstattung, Vergütung, § 5 Abs. 2 S. 1 Nr. 4 lit. f IfSG 68
ff) Regelungen zur Aufrechterhaltung, Umstellung, Eröffnung oder Schließung von Produktionsstätten oder einzelnen Betriebsstätten von Unternehmen, die solche Produkte produzieren; Regelungen für eine angemessene Entschädigung, § 5 Abs. 2 S. 1 Nr. 4 lit. g IfSG 72
c) Durchführung der Rechtsverordnungen gem. § 5 Abs. 2 S. 1 Nr. 6 IfSG 78
d) Begrenzung des Patentschutzes im Interesse der Öffentlichkeit, § 5 Abs. 2 S. 1 Nr. 5 IfSG 80
II. Fazit und Ausblick 83

I. Maßnahmen zur Sicherstellung der Versorgung: § 5 Abs. 2 S. 1 Nr. 4 IfSG

1 Die weltweite Pandemie COVID-19 führt das deutsche Gesundheitssystem an seine Kapazitätsgrenzen. Neben einer Therapie oder Impfung gegen COVID-19 und Personal im Gesundheitssektor besteht insbesondere Bedarf auch an persönlicher Schutzausrüstung, Desinfektionsmitteln, Labordiagnostik (wie Tests) und anderen Medizinprodukten oder Hilfsmitteln.

2 Um den zu Beginn 2020 bestehenden Versorgungsengpass zu überwinden, hatte das Bundesinstitut für Arzneimittel und Medizinprodukte (BfArM) bei Herstellern insbesondere im ersten und zweiten Quartal 2020 dafür geworben, entsprechende Masken mithilfe einer Sonderzulassung schneller in Verkehr zu bringen. Später in 2020 stellt das BfArM fest, dass aktuell kein Versorgungsengpass mehr besteht und passte seine Hinweise und Informationen entsprechend an (dazu näher → Rn. 27 ff.).[1] Die Bundesregierung, insbesondere das Bundesministerium für Wirtschaft und Energie (BMWi)[2] und das Bundesministerium für Gesundheit (BMG) unter Bundesgesundheitsminister Jens Spahn unternehmen seit Monaten Schritte, um den Produktionsstandort Deutschland zu stärken und Anreize für die Produktion großer Mengen zu setzen. Dazu dienen sollen ua Förderungen wie die Richtlinie „Bundesförderung von Ausbau und Aufbau von Produktionsanlagen von Schutzausrüstung und dem Patientenschutz dienender Medizinprodukte sowie deren Vorprodukte“[3] v. 20.5.2020, novelliert am 1.6.2020 sowie die sie ersetzende „Richtlinie für die Bundesförderung von Produktionsanlagen von persönlicher Schutzausrüstung und dem Patientenschutz dienender Medizinprodukte sowie deren Vorprodukte“ v. 13.7.2020[4], die am 31.12.2020 außer Kraft trat sowie die vom BMWi und BMG erarbeitete „Richtlinie für die Bundesförderung von Produktionsanlagen für Point-of-Care-Antigentests zum Nachweis von SARS-CoV-2“ v. 10.12.2020 die laut derzeitigem Stand am 31.12.2021 außer Kraft treten wird.[5]

3 Das BMG setzte auf Rahmenverträge mit Lieferanten insbesondere persönlicher Schutzausrüstung wie Atemmasken, OP-Masken oder Schutzkitteln.[6] Doch nicht nur auf nationaler Ebene laufen die Bemühungen um eine ausreichende Kapazität persönlicher Schutzausrüstung. Auch die Europäische Kommission unterstützt die Mitgliedstaaten

1 Hinweise des BfArM, abrufbar unter https://www.bfarm.de/SharedDocs/Risikoinformationen/Medizinprodukte/DE/schutzmasken_sonderzulassung.html.
2 Am 9.4.2020 hat die Bundesregierung unter Federführung des BMWi einen Arbeitsstab zum Aufbau und Ausbau der Produktion von persönlichen Schutzausrüstungen, Testausstattungen und Wirkstoffen in Deutschland und der EU beschlossen, dazu https://www.bmwi.de/Redaktion/DE/Coronavirus/Fragmente/arbeitsstab-produktion.html.
3 BAnz AT 29.5.2020 B2.
4 BAnz AT 24.7.2020 B1.
5 BAnz AT 15.12.2020 B1.
6 Meldung auf der Website des Bundesministeriums für Gesundheit, abrufbar unter https://www.bundesgesundheitsministerium.de/ministerium/meldungen/2020/herstellung-schutzausruestung.html.

mit EU-Beschaffungsmaßnahmen, die sicherstellen sollen, dass genügend persönliche Schutzausrüstung und Laborausrüstung vorhanden ist.[7] Zudem unterstützt die Europäische Kommission mithilfe von umfassenden Rahmenverträgen für die gemeinsame Auftragsvergabe die Vorsorgemaßnahmen der Mitgliedstaaten im Zusammenhang mit Tests und medizinischer Ausrüstung für Impfungen (Impfstoffträger, Abfallbehälter, Injektionsmaterialien, Desinfektionsmittel, persönliche Schutzausrüstungen und Anästhetika).[8]

4 Wie die Beispiele zeigen, erforderten die plötzlich auftretenden und nicht vorhersehbaren Versorgungsengpässe kreative und schnelle Lösungen. Daher hatte der Gesetzgeber dem BMG mit dem durch das Gesetz zum Schutz der Bevölkerung bei einer epidemischen Lage von nationaler Tragweite v. 27.3.2020[9] **neugeschaffenen § 5 Abs. 2 S. 1 Nr. 4 IfSG** für den Fall einer nationalen Epidemie zahlreiche Befugnisse an die Hand gegeben, um ua die Versorgung mit Medizinprodukten, Labordiagnostik, Hilfsmitteln sowie mit Gegenständen der persönlichen Schutzausrüstung und Produkten zur Desinfektion im Land zu gewährleisten.

5 Die Vorschrift des § 5 Abs. 2 S. 1 Nr. 4 IfSG erfasst (ua) die in diesem Beitrag behandelten **Medizinprodukte nach medizinprodukterechtlichen Vorschriften** sowie **Hilfsmittel nach dem SGB V, Labordiagnostik,** Gegenstände der **persönlichen Schutzausrüstung** und Produkte zur **Desinfektion** und – seit der Änderung des § 5 Abs. 2 S. 1 Nr. 4 IfSG durch Art. 1 Nr. 2 lit. a aa aaa des Zweiten Gesetzes zum Schutz der Bevölkerung bei einer epidemischen Lage von nationaler Tragweite v. 19.5.2020 – in Bezug auf all diese jeweils auch „die **Wirk-, Ausgangs-** und **Hilfsstoffe, Materialien, Behältnisse** und **Verpackungsmaterialien**, die **zur Herstellung und zum Transport dieser Produkte erforderlich** sind."

1. Nationale Rechtslage in Bezug auf Medizinprodukte, Labordiagnostik, Hilfsmittel, Gegenstände der persönlichen Schutzausrüstung und Produkte zur Desinfektion

a) Begriffsbestimmungen

6 **Medizinprodukte** sind nach der Definition von § 3 Nr. 1 MPG

„alle einzeln oder miteinander verbunden verwendeten Instrumente, Apparate, Vorrichtungen, Software, Stoffe und Zubereitungen aus Stoffen oder andere Gegenstände einschließlich der vom Hersteller speziell zur Anwendung für diagnostische oder therapeutische Zwecke bestimmten und für ein einwandfreies Funktionieren des Medizinproduktes eingesetzten Software, die vom Hersteller zur Anwendung für Menschen mittels ihrer Funktionen zum Zwecke

a) der Erkennung, Verhütung, Überwachung, Behandlung oder Linderung von Krankheiten,

b) der Erkennung, Überwachung, Behandlung, Linderung oder Kompensierung von Verletzungen oder Behinderungen,

c) der Untersuchung, der Ersetzung oder der Veränderung des anatomischen Aufbaus oder eines physiologischen Vorgangs oder

d) der Empfängnisregelung

zu dienen bestimmt sind und deren bestimmungsgemäße Hauptwirkung im oder am menschlichen Körper weder durch pharmakologisch oder immunologisch wirkende Mit-

---

7 COM (2020) 318 final.

8 COM (2020) 687 final.

9 BGBl. 2020 I 587; diesem Gesetz folgten zwischenzeitlich das Zweite Gesetz zum Schutz der Bevölkerung bei einer epidemischen Lage nationaler Tragweite v. 19.5.2020 (BGBl. I 1018) sowie das Dritte Gesetz zum Schutz der Bevölkerung bei einer epidemischen Lage von nationaler Tragweite v. 18.11.2020 (BGBl. I 2397) nach.

tel noch durch Metabolismus erreicht wird, deren Wirkungsweise aber durch solche Mittel unterstützt werden kann.

Im Gegensatz zu Arzneimitteln, die ihre bestimmungsgemäße Wirkung durch pharmakologische, immunologische oder metabolische Mechanismen erreichen, wirken Medizinprodukte überwiegend aufgrund physikalischer Mechanismen.[10] Darunter fallen ua Produkte wie medizinische (Untersuchungs-)handschuhe, Operationsmasken, Material für Intensivpflege und anderes medizinisches Material und Apparate[11] wie Beatmungsgeräte. 7

Hilfsmittel nach § 33 SGB V und § 47 SGB IX sind Gegenstände, die im Einzelfall zur Vorbeugung einer drohenden oder zum Ausgleich einer bestehenden Behinderung oder für den Erfolg einer Krankenbehandlung erforderlich sind (§ 33 Abs. 1 SGB V). Ausgenommen sind Gegenstände des täglichen Lebens. Beispiele für Hilfsmittel sind Prothesen für Arme oder Beine, Sehhilfen wie Brillen oder Kontaktlinsen, orthopädische Schuhe und Rollstühle.[12] Hilfsmittel im Sinne dieser Vorschriften sind Medizinprodukte nach dem MPG.[13] 8

Labordiagnostika zählen, wenn sie zur Diagnoseerstellung bei Menschen[14] zu dienen bestimmt sind, ohne dabei primär am oder im Körper angewendet zu werden, zu den In-vitro-Diagnostika nach § 3 Abs. 1 Nr. 4 MPG und sind damit Medizinprodukte iSd MPG.[15] Erzeugnisse für den allgemeinen Laborbedarf fallen grundsätzlich nicht unter das MPG, es sei denn, sie haben eine entsprechende Zweckbestimmung zur Verwendung speziell zu In-vitro-Untersuchungen.[16] Im Zusammenhang mit den aktuellen Geschehnissen durch die COVID-19 Pandemie sind insbesondere COVID-19-Tests, die den Vorgaben für In-vitro-Diagnostika unterliegen,[17] relevant. 9

Gegenstände **persönlicher Schutzausrüstung** sind unionsrechtlich durch die Verordnung (EU) 2016/425 des Europäischen Parlaments und des Rates v. 9.3.2016 über persönliche Schutzausrüstungen (VO [EU] 2016/425),[18] die die Richtlinie 89/686/EWG des Rates v. 21.12.1989 zur Angleichung der Rechtsvorschriften der Mitgliedstaaten für persönliche Schutzausrüstungen ersetzte, geregelt. Im deutschen Recht ergänzt das Gesetz zur Durchführung der Verordnung (EU) 2016/425 des Europäischen Parlaments und des Rates v. 9.3.2016 über persönliche Schutzausrüstungen (PSA) und zur Aufhebung der Richtlinie 89/686/EWG des Rates (PSA-Durchführungsgesetz – PSA-DG)[19] diese Regelung. 10

---

10 *Waßer* in Peters KV-HdB II SGB V § 33 Rn. 72; *Nolte* in KassKomm SGB V § 31 Rn. 24; *Klügel* in MAH MedR § 17 Rn. 66.

11 Leitlinien der Europäischen Kommission mit dem Titel Konformitätsbewertungsverfahren für Schutzausrüstungen, Version 1 27.3.2020, 1.

12 *Nolte* in KassKomm SGB V § 33 Rn. 29–47.

13 Vgl. § 139 Abs. 5 S. 1 SGB V; *Waßer* in Peters KV-HdB II SGB V § 33 Rn. 73; *Clausen/Hartmann/Heil* in Anhalt/Dieners MedProdukteR-HdB § 31 Rn. 5; *Kraftberger* in LPK-SGB V SGB V § 33 Rn. 7–9.

14 *Lützeler/Franzen* in Anhalt/Dieners MedProdukteR-HdB § 7 Rn. 66; *Rehmann* in Rehmann AMG § 2 Rn. 25.

15 *Meyer-Lüerßen/Schäfer* in Anhalt/Dieners MedProdukteR-HdB § 16 Rn. 27–30; *Klügel* in MAH MedR § 17 Rn. 66; *Rehmann* in Rehmann/Wagner MPG § 3 Rn. 4; Rehmann/*Rehmann* AMG § 2 Rn. 25.

16 *Lücker* in Spickhoff MPG § 3 Rn. 9.

17 Mitteilung der Kommission, Leitlinien für In-vitro-Tests zur Diagnose von COVID-19 und deren Leistung, ABl. 2020 C 122 I, 1–7.

18 ABl. 2016 L 81, 51–98.

19 BGBl. 2020 I 473.

Art. 3 Nr. 1 VO (EU) 2016/425 enthält folgende Definition:

„Persönliche Schutzausrüstung (PSA)

a) Ausrüstung, die entworfen und hergestellt wird, um von einer Person als Schutz gegen ein oder mehrere Risiken für ihre Gesundheit oder ihre Sicherheit getragen oder gehalten zu werden,

b) austauschbare Bestandteile für Ausrüstungen gemäß Buchstabe a, die für ihre Schutzfunktion unerlässlich sind,

c) Verbindungssysteme für Ausrüstungen gemäß Buchstabe a, die nicht von einer Person gehalten oder getragen werden und so entworfen sind, dass sie diese Ausrüstung mit einer externen Vorrichtung oder einem sicheren Ankerpunkt verbinden, und die nicht so entworfen sind, dass sie ständig befestigt sein müssen, und die vor ihrer Verwendung keine Befestigungsarbeiten benötigen; (...).“

11 Derzeit interessieren insbesondere Gegenstände wie Gesichtsmasken, Schutzbrillen, Handschuhe und Schutzkleidung wie Schutzanzüge.[20]

12 Nach dem deutschen MPG, das noch die Richtlinie anführt, was als Verweis auf die Verordnung zu lesen ist,[21] gelten sie auch als Medizinprodukte iSd MPG, sofern sie auch zur entsprechenden Verwendung bestimmt sind (§ 2 Abs. 4 lit. a MPG).

13 **Desinfektionsmittel** sind abhängig von ihrem Verwendungszweck entweder Präsentationsarzneimittel, Biozid, (stoffliches) Medizinprodukt oder einfacher Bedarfsgegenstand und unterliegen je nach Einordnung jeweils unterschiedlichen nationalen und unionsrechtlichen Vorgaben. Als Medizinprodukt iSd MPG gilt ein Desinfektionsmittel, wenn es zur Desinfektion von Medizinprodukten dient.[22] Da eine Abgrenzung nicht immer einfach ist, hatte die Kommission für Handreiniger und Handdesinfektionsmittel aus gegebenem Anlass bereits Leitlinien zur Erleichterung der Anwendung der maßgeblichen Rechtsvorschriften und deren Abgrenzung erlassen.[23] Auch das BfArM hatte am 20.3.2020 eine Allgemeinverfügung zu zeitlich befristeten Abweichungen vom Inhalt der Zulassung von alkoholhaltigen Arzneimitteln zur Händedesinfektion zur Sicherstellung der Versorgung bis zum 30.9.2020 erlassen.[24] Mit Allgemeinverfügung v. 9.4.2020, die am 6.10.2020 auslief, sowie mit der nachfolgenden Allgemeinverfügung v. 16.9.2020 hat auch die Bundesanstalt für Arbeitsschutz und Arbeitsmedizin (BAuA) auf Grundlage von Art. 55 Abs. 1 VO (EU) Nr. 528/2012 des Europäischen Parlaments und des Rates v. 22.5.2012 über die Bereitstellung auf dem Markt und die Verwendung von Biozidprodukten (VO [EU] 528/2012)[25] biozidrechtliche Ausnahmegenehmigungen geschaffen, um insbesondere die Verfügbarkeit von Händedesinfektionsmitteln von öffentlichen Einrichtungen und Betrieben sowie Privatverbrauchern sicherzustellen.[26]

---

20 Leitlinien der Europäischen Kommission mit dem Titel Konformitätsbewertungsverfahren für Schutzausrüstungen, Version 1 v. 27.3.2020, 1; *Dingemann/Gausing* in BeckOK InfSchR IfSG § 5 Rn. 22. Auf Grundlage der festgestellten epidemischen Lage von nationaler Tragweite wurde die Verordnung zum Anspruch auf Schutzmasken zur Vermeidung einer Infektion mit dem Coronavirus SARS-CoV-2 (Coronavirus-Schutzmasken-Verordnung – SchutzmV) erlassen (BAnz AT 15.12.2020 V1). Die Verordnung besagt, dass Personen, die einer der Rechtsverordnung unterfallenden Risikogruppe angehören, einen Anspruch auf bestimmte Schutzmasken haben. So soll diese Personengruppen ein Anspruch auf 15 partikelfiltrierende Halbmasken zustehen.

21 Art. 46 Abs. 2 VO (EU) 2016/425.

22 *Jäkel* PharmR 2013, 261; *Rehmann* in Rehmann/Wagner MPG § 3 Rn. 4.

23 Europäische Kommission, Pressemitteilung v. 30.3.2020; Leitlinien zu den geltenden Rechtsvorschriften für auf der Haut verbleibende Handreiniger und Handdesinfektionsmittel (Gels, Lösungen usw), abrufbar unter https://ec.europa.eu/docsroom/documents/40523.

24 Shttps://www.blak.de/fileadmin/user_upload/News/News_2020/Haendedesinfektionsmittel_Allgemeinverfuegung_Abweichung_vom_Inhalt_der_Zulassung_final__002_.pdf.

25 ABl. 2012 L 167, 1–123.

26 Allgemeinverfügung zur Zulassung 2-Propanol-haltiger und Ethanol-haltiger Biozidprodukte zur hygienischen Händedesinfektion zur Abgabe an und Verwendung durch Verbraucher und berufsmäßige Verwender

Um eine einfache Lesbarkeit zu gewährleisten wird im Folgenden primär im Rahmen der neuen Rechtslage auf „Medizinprodukte“ Bezug genommen. Dies schließt die übrigen genannten Produkte grundsätzlich ein, sofern nicht eigenständige Ausführungen erfolgen. 14

b) Maßgebliche Regelungen

Medizinprodukte sind derzeit im **Medizinproduktegesetz** (**MPG**) und in der **Verordnung über Medizinprodukte** (**MP-VO**) sowie im Gesetz zur Durchführung unionsrechtlicher Vorschriften betreffend Medizinprodukte (**MPDG**) geregelt. 15

Das MPG und die MP-VO setzen die Vorgaben der Richtlinie 93/42/EWG des Rates v. 14.6.1993 über Medizinprodukte (RL 93/42/EWG)[27], der Richtlinie 90/385/EWG des Rates v. 20.6.1990 zur Angleichung der Rechtsvorschriften der Mitgliedstaaten über aktive implantierbare medizinische Geräte (RL 90/385/EWG)[28] und der Richtlinie 98/79/EG des Europäischen Parlaments und des Rates v. 27.10.1998 über In-vitro-Diagnostika (RL 98/79/EG)[29] in nationales Recht um. Die RL 93/42/EWG und die RL 90/385 EWG werden aufgrund des COVID-19-Ausbruchs nun nicht planmäßig im Mai 2020, sondern im Mai 2021[30] durch die **Verordnung (EU) 2017/745 des Europäischen Parlaments und des Rates v. 5.4.2017 über Medizinprodukte (VO [EU] 2017/745)**[31] ersetzt werden. Auch die RL 98/79/EG wird im Mai 2022 durch die Verordnung (EU) 2017/746 des Europäischen Parlaments und des Rates v. 5.4.2017 über In-vitro-Diagnostika ersetzt werden (VO [EU] 2017/746).[32] Beide Verordnungen werden in Deutschland durch das Gesetz zur Durchführung unionsrechtlicher Vorschriften betreffend Medizinprodukte (Medizinprodukterecht-Durchführungsgesetz, MPDG) ergänzt, das auch das MPG ersetzen wird.[33] Begründet wurde die Verschiebung insbesondere damit, dass es durch die Einhaltung der neuen Verordnung zu Engpässen oder Verzögerungen bei der Beschaffung der zur Bekämpfung von COVID-19 erforderlichen Medizinprodukte kommen könne – aufgrund der Verschiebung konnten Behörden und Hersteller nach dem etablierten bislang geltenden Verfahren fortfahren.[34] Eine Erstanpassung der deutschen Umsetzungsgesetze insbesondere wegen des geänderten Geltungsbeginn der VO (EU) 2017/745 erfolgte mit Art. 15 des Zweiten Gesetzes zum Schutz der Bevölkerung bei einer epidemischen Lage von nationaler Tragweite v. 19.5.2020.[35] Weitergehende Anpassungen des MPDG sind in dem Referentenentwurf eines Gesetzes zur Änderung des Medizinprodukterecht-Durchführungsgesetzes und weiterer Gesetze (MPDG-Änderungsgesetz) v. 26.10.2020 enthalten.[36] 16

aufgrund einer Gefahr für die öffentliche Gesundheit v. 16.9.2020, in Kraft seit 7.10.2020, endet am 5.4.2021.

27 ABl. 1993 L 169, 1–43.

28 ABl. 1990 L 189, 17–36.

29 ABl. 1998 L 331, 1–37.

30 Art. 1 ff. Verordnung (EU) 2020/561 des Europäischen Parlaments und des Rates v. 23.4.2020 zur Änderung der Verordnung (EU) 2017/745 über Medizinprodukte hinsichtlich des Geltungsbeginns einiger ihrer Bestimmungen, ABl. 2020 L 130, 18–22.

31 ABl. 2017 L 117, 1–175.

32 ABl. 2017 L 117, 176–332.

33 Eingeführt durch das Gesetz zur Anpassung des Medizinprodukterechts an die Verordnung (EU) 2017/745 und die Verordnung (EU) 2017/746 (Medizinprodukte-EU-Anpassungsgesetz – MPEUAnpG).

34 Pressemitteilung des Europäischen Parlaments, abrufbar unter https://www.europarl.europa.eu/news/de/press-room/20200415IPR77113/parlament-beschliesst-verschiebung-neuer-anforderungen-fur-medizinprodukte.

35 BGBl. 2020 I 1018.

36 Referentenentwurf des Bundesministeriums für Gesundheit, Entwurf eines Gesetzes zur Änderung des Medizinprodukterecht-Durchführungsgesetzes und weiterer Gesetze (MPDG-Änderungsgesetz).

17 Das Inverkehrbringen eines Medizinprodukts in Deutschland setzt nach MPG voraus, dass das Produkt mit einer **CE-Kennung** versehen ist (§ 6 Abs. 1 S. 1 MPG).[37] Die Einzelheiten der CE-Kennzeichnung sind in § 9 MPG und der MP-VO geregelt. Die Kennzeichnung erfolgt nach erfolgreichem Abschluss eines vom Hersteller durchzuführenden **Konformitätsbewertungsverfahrens** (§ 6 Abs. 2 S. 1, § 7 MPG). Wegen der Einzelheiten verweist das derzeit geltende MPG auf die Vorgaben der RL 93/42/EWG. Sobald die VO (EU) 2017/745 Geltung erlangt, regelt diese das Inverkehrbringen direkt. Das deutsche MPDG behandelt lediglich die nationale Ausführung sowie weitere Besonderheiten.

18 Für Gegenstände **persönlicher Schutzausrüstung** enthält die VO (EU) 2016/425 entsprechende Vorgaben (zum Inverkehrbringen Art. 4, zum Konformitätsbewertungsverfahren insbesondere Art. 8 Abs. 2 und Art. 19 VO [EU] 2016/425).

19 Für Erzeugnisse wie **alkoholbasierte Lösungen, Gels, Handreiniger und -desinfektionsmittel** gelten je nach Faktoren wie Zusammensetzung und Verwendungszweck entweder die VO (EG) Nr. 1223/2009 über kosmetische Mittel (VO [EU] 1223/2009)[38] oder die VO [EU] Nr. 528/2012 des Europäischen Parlaments und des Rates v. 22.5.2012 über die Bereitstellung auf dem Markt und die Verwendung von Biozidprodukten (VO [EU] 528/2012).[39]

20 Wegen der Ereignisse zu Beginn 2020 hatte die Europäische Kommission die Empfehlung (EU) 2020/403 v. 13.3.2020 über Konformitätsbewertungs- und Marktüberwachungsverfahren im Kontext der COVID-19-Bedrohung[40] insbesondere wegen des gestiegenen Bedarfs an Schutzausrüstung und Medizinprodukten erlassen.[41] Zur Ergänzung hat die Europäische Kommission eine Dokumentation mit Fragen und Antworten sowie ua Leitlinien für Medizinprodukte, Schutzausrüstung und Handdesinfektionsmittel[42] veröffentlicht, um die Steigerung der Produktion von sicherer medizinischer Ausrüstung zu unterstützen. Zweck derer ist es, Herstellern bei der oft nicht ganz einfachen Abgrenzung der maßgeblichen Rechtsvorschriften und damit für ein Produkt einzuhaltenden Vorgaben Hilfestellungen zu bieten.[43] Darüber hinaus wurden maßgebliche har-

37 Gemäß § 3 Nr. 11 S. 1 MPG ist Inverkehrbringen „jede entgeltliche oder unentgeltliche Abgabe von Medizinprodukten an andere", dagegen ist erstmaliges Inverkehrbringen gemäß § 3 Nr. 11 S. 2 MPG die „erste Abgabe von neuen oder als neu aufbereiteten Medizinprodukten an andere im Europäischen Wirtschaftsraum". Im Unionsrecht gibt es diese Unterscheidung aktuell nicht, gemäß Art. 1 Abs. 2 Buchst. h) RL 93/42/EWG ist Inverkehrbringen jede „erste entgeltliche oder unentgeltliche Überlassung eines Produkts (…) im Hinblick auf seinen Vertrieb und/oder seine Verwendung innerhalb der Gemeinschaft, ungeachtet dessen, ob es sich um ein neues oder ein als neu aufbereitetes Produkt handelt". Zukünftig wird die neue Verordnung aber zwischen dem Inverkehrbringen als der „erstmalige[n] Bereitstellung eines Produkts auf dem Unionsmarkt" (Art. 2 Nr. 28 VO [EU] 2017/745) und der Bereitstellung auf dem Markt als „entgeltliche oder unentgeltliche Abgabe eines Produkts (...) zum Vertrieb, zum Verbrauch oder zur Verwendung auf dem Unionsmarkt im Rahmen einer gewerblichen Tätigkeit" unterscheiden (Art. 2 Nr. 28 VO [EU] 2017/745). Das entspricht der Unterscheidung zwischen erstmaligem Inverkehrbringen und Inverkehrbringen im MPG.

38 ABl. 2009 L 342, 59–209.

39 ABl. 2012 L 167, 1–123.

40 ABl. 2020 L 97 I, 1–5.

41 *Dingemann/Gausing* in BeckOK InfSchR IfSG § 5 Rn. 16.

42 Leitlinien zu den geltenden Rechtsvorschriften für auf der Haut verbleibende Handreiniger und Handdesinfektionsmittel (Gels, Lösungen usw), abrufbar unter https://ec.europa.eu/docsroom/documents/40523; Leitlinien zu Konformitätsbewertungsverfahren für Schutzausrüstungen, abrufbar unter https://ec.europa.eu/docsroom/documents/40521; Konformitätsbewertungsverfahren für den 3D-Druck und für 3D-Druckerzeugnisse zur Verwendung im medizinischen Bereich im Zusammenhang mit COVID-19, abrufbar unter https://ec.europa.eu/docsroom/documents/40562; Guidance on medical devices, active implantable medical devices and in vitro diagnostic medical devices in the COVID-19 context, abrufbar unter https://ec.europa.eu/docsroom/documents/40607.

43 Europäische Kommission, Pressemitteilung v. 30.3.2020.

monisierte Standards aktualisiert.[44] Zudem können die insbesondere für medizinische Ausrüstung relevanten Standards derzeit ausnahmsweise umsonst heruntergeladen werden.[45]

Eine Haftung ist in oben genannten (→ Rn. 14 ff.) nationalen und unionsrechtlichen Vorschriften nicht geregelt. Erfüllt ein Hersteller die dort vorausgesetzten Anforderungen an die Sicherheit des Produkts nicht und kommt dadurch jemand zu schaden, kann dies bei Vorliegen weiterer Voraussetzungen grundsätzlich eine Haftung nach allgemeinem Deliktsrecht wie ua § 1 Abs. 1 Produkthaftungsgesetz (ProdHaftG) sowie § 823 Abs. 1 BGB und § 823 Abs. 2 BGB iVm einem Schutzgesetz, wie zB § 4 MPG und § 6 MPG,[46] auslösen. 21

c) Sonderzulassung von Medizinprodukten nach § 11 Abs. 1 MPG/§ 7 Abs. 1 MPDG

§ 11 Abs. 1 MPG respektive § 7 Abs. 1 MPDG[47] eröffnet die Möglichkeit, Medizinprodukte ausnahmsweise **ohne das sonst notwendig vom Hersteller durchzuführende Konformitätsbewertungsverfahren** in Deutschland erstmalig in Verkehr zu bringen. In dem Fall bedarf das Medizinprodukt keiner CE-Kennzeichnung,[48] dafür aber einer ansonsten nicht erforderlichen behördlichen Zulassung. Voraussetzung für diese besondere Zulassung ist ein begründeter Antrag durch den Hersteller. Bedingung für die Erteilung ist, dass die Anwendung des Produktes im Interesse des Gesundheitsschutzes liegt. Eine solche Zulassung nach § 11 Abs. 1 MPG ist nur befristet möglich. Eine Verlängerung der Zulassung kann erfolgen, auch diese ist zu befristen.[49] 22

Mit seinem Antrag muss der Hersteller nachweisen, dass die Produkte die einschlägigen Sicherheits- und Leistungsanforderungen – wie insbesondere die grundlegenden Anforderungen nach § 7 MPG, der dynamisch auf die Anforderungen der unionsrechtlich großteils noch maßgeblichen Richtlinien (zB RL 93/42/EWG) verweist – erfüllen.[50] 23

§ 11 Abs. 1 MPG respektive § 7 Abs. 1 MPDG ist als Ausnahmeregelung grundsätzlich **restriktiv auszulegen.**[51] Die danach gewährte Zulassung dient **allein dem Gesundheitsschutz.** Erforderlich ist eine **gesundheitliche Notstandssituation** (zB verursacht durch eine Seuche, Epidemie, Naturkatastrophe, Krieg).[52] Eine solche besteht, wenn die gesundheitlichen Gefahren für die Bevölkerung nicht durch bereits auf dem Markt befind- 24

44 Durchführungsbeschluss (EU) 2020/437 der Kommission v. 24.3.2020 über die harmonisierten Normen für Medizinprodukte zur Unterstützung der Richtlinie 93/42/EWG des Rates, ABl 2020 L 90 I, 1–24; Durchführungsbeschluss (EU) 2020/438 der Kommission v. 24.3.2020 über die harmonisierten Normen für aktive implantierbare medizinische Geräte zur Unterstützung der Richtlinie 90/385/EWG des Rates, ABl. 2020 L 90 I, 25–32; Durchführungsbeschluss (EU) 2020/439 der Kommission v. 24.3.2020 über die harmonisierten Normen für In-vitro-Diagnostika zur Unterstützung der Richtlinie 98/79/EG des Europäischen Parlaments und des Rates, ABl. 2020 L 90 I, 33–39.

45 https://www.din.de/de/service-fuer-anwender/unterstuetzung-in-der-corona-krise/kostenlose-normen.

46 *Wagner* in MüKoBGB § 823 Rn. 879, 881; *Friedrich* in MAH MedR § 17 Rn. 346 f.

47 Die Regelung beruht auf Art. 11 Abs. 13 RL 93/42/EWG, der durch Artikel 1 Nr. 4 VO (EU) 2020/561 konkretisierend ergänzt wird. Ab ihrer Anwendbarkeit sieht Art. 59 Abs. 1 VO (EU) 2017/745 iVm Artikel 1 Nr. 4 VO (EU) 2020/561 und Art. 54 der Verordnung (EU) 2017/746 über In-vitro-Diagnostik für In-vitro-Diagnostika entsprechende Ausnahmen vor. Die deutsche Ergänzung enthält § 7 MPDG.

48 *Kohlhaas* in Erbs/Kohlhaas MPG § 11 Rn. 1; *Wagner* in Rehmann/Wagner MPG § 11 Rn. 14.

49 *Wagner* in Rehmann/Wagner MPG § 11 Rn. 1.

50 *Wagner* in Rehmann/Wagner MPG § 11 Rn. 10; *Kohlhaas* in Erbs/Kohlhaas MPG § 11 Rn. 1; s. Art. 3 Abs. 1 RL 93/42/EWG.

51 *Lücker* in Spickhoff MPG § 11 Rn. 2; *Wagner* in Rehmann/Wagner MPG § 11 Rn. 9; Hinweise des BfArM, abrufbar unter https://www.bfarm.de/SharedDocs/Risikoinformationen/Medizinprodukte/DE/schutzmasken_sonderzulassung.html.

52 *Lücker* in Spickhoff MPG § 11 Rn. 2; Hinweise des BfArM, abrufbar unter https://www.bfarm.de/SharedDocs/Risikoinformationen/Medizinprodukte/DE/schutzmasken_sonderzulasung.html.

liche Medizinprodukte abgewendet werden können und das Abwarten eines Konformitätsbewertungsverfahrens nicht erlauben.[53]

25 Ist das Produkt in einer solchen Notstandssituation also alternativlos, kann das BfArM gem. § 32 Abs. 1 Nr. 5 MPG eine Zulassung – derzeit unter Verzicht auf die grundsätzlich anfallende Gebühr sofern sie sich auf Medizinprodukte beziehen, die im direkten Zusammenhang mit der Situation zu COVID-19 stehen[54] – erteilen.

26 Vor dem Hintergrund des Corona-Virus hatte die Europäische Kommission den Mitgliedstaaten in einer Empfehlung vom März 2020 nahegelegt, in Bezug auf bestimmte Medizinprodukte von dieser Ausnahme Gebrauch zu machen.[55]

27 Die VO (EU) 2016/425 sah für persönliche Schutzausrüstung, wie partikelfiltrierende Halbmasken (FFP2/FFP3-Maske, nachfolgend FFP-Masken), ausdrücklich grundsätzlich keine entsprechenden Ausnahmen vor.[56] Aufgrund der Engpässe gestattete die Europäische Kommission den Marktüberwachungsbehörden aber, die Bereitstellung von persönlicher Schutzausrüstung auf dem Markt zu genehmigen, auch wenn die Konformitätsbewertungsverfahren einschließlich der Anbringung der CE-Kennzeichnung nicht vollständig im Einklang mit der VO (EU) 2016/425 erfolgte, sofern sie im Einklang mit den dort festgelegten grundlegenden Anforderungen ein angemessenes Gesundheits- und Sicherheitsniveau gewährleisteten.[57]

28 Für bestimmte Medizinprodukte kann auch nach Ansicht des BfArM ein Bedarf im Interesse des Gesundheitsschutzes iSd § 11 Abs. 1 MPG respektive § 7 Abs. 1 MPDG bestehen. Dies können ua medizinische Atemschutzmasken (**sog. medizinischer Mund-Nasenschutz**) oder **Tests** im Zusammenhang mit COVID-19 sein. Nach aktuellem Stand besteht laut BfArM kein Versorgungsengpass mehr für medizinische Gesichtsmasken sowie FFP-Masken, so dass aktuell eine Sonderzulassung im Interesse der öffentlichen Gesundheit oder der Patientensicherheit oder -gesundheit weder gerechtfertigt noch notwendig ist. Dies zeigt, dass wegen der dynamischen Entwicklung die jeweilige Versorgungssituation zugrunde zu legen ist.[58]

29 Zur weiteren Erleichterung erlaubt an sich § 9 Abs. 1 der Verordnung zur Sicherstellung der Versorgung der Bevölkerung mit Produkten des medizinischen Bedarfs bei der durch das Coronavirus SARS-CoV-2 verursachten Epidemie („Medizinischer Bedarf Versorgungssicherstellungsverordnung – MedBVSV") v. 25.5.2020[59] anstelle des Nachweises der Anforderungen der Norm DIN EN 14683:2019 -10 „Medizinische Gesichtsmasken – Anforderungen und Prüfverfahren“ auch Masken, die in den USA, in Kanada, Australien oder Japan gültig zugelassen sind, gleichwertig in Deutschland als verkehrsfähig anzusehen, soweit es zur Bewältigung der vom Deutschen Bundestag nach § 5 Abs. 1 S. 1 IfSG festgestellten epidemischen Lage von nationaler Tragweite und der damit verbundenen Mangelsituation erforderlich ist.[60] Für persönliche Schutzausrüs-

53 *Lücker* in Spickhoff MPG § 11 Rn. 2; Hinweise des BfArM, abrufbar unter https://www.bfarm.de/SharedDocs/Risikoinformationen/Medizinprodukte/DE/schutzmasken_sonderzulassung.html.

54 Hinweise des BfArM, abrufbar unter https://www.bfarm.de/DE/Service/Presse/Themendossiers/Coronavirus/_node.html.

55 Empfehlung (EU) 2020/403 der Kommission v. 13.3.2020 über Konformitätsbewertungs- und Marktüberwachungsverfahren im Kontext der COVID-19- Bedrohung, ABl. 2020 L 79, 1–5.

56 S. dazu die Ausarbeitung „Zur Zulässigkeit der Abweichung von europarechtlichen Vorschriften durch die auf Grundlage von § 5 Abs. 2 IfSG erlassenen Medizinischer Bedarf Versorgungssicherstellungsverordnung“ des Fachbereichs Europa v. 18.6.2020.

57 Ziffer 7 der Empfehlung (EU) 2020/403 der Kommission v. 13.3.2020 über Konformitätsbewertungs- und Marktüberwachungsverfahren im Kontext der COVID-19-Bedrohung, ABl. 2020 L 79 I, 1–5.

58 Hinweise des BfArM, abrufbar unter https://www.bfarm.de/DE/Service/Presse/Themendossiers/Coronavirus/_node.html.

59 BAnz AT 26.5.2020 V1.

60 Dazu: Empfehlung des Bundesministeriums für Arbeit und Soziales (BMAS) und BMG v. 13.3.2020.

tung aus anderen als den oben genannten Staaten sieht § 9 Abs. 2 MedBVSV grundsätzlich ein Bewertungsverfahren aufgrund des von der Zentralstelle der Länder für Sicherheitstechnik (ZLS) zunächst für Sonderzulassungen nach § 11 Abs. 1 MPG respektive § 7 Abs. 1 MPDG entwickelten Prüfgrundsatz für medizinischen Mund-Nasen-Schutz vor.

Allerdings ist auch insoweit aufgrund der aktuellen Erkenntnislage des BfArM und des BMAS eine zentrale Voraussetzung des § 9 MedBVSV, das Vorliegen einer Mangelsituation, nicht mehr gegeben, so dass eine Ausnahmegenehmigung nach diesen Vorschriften im Zusammenhang mit dem erstmaligen Bereitstellen auf dem EU-Binnenmarkt seit dem 1.10.2020 nicht mehr statthaft ist.[61] 30

Ende Dezember 2020 erteilte das BfArM ua eine Sonderzulassung für einen Corona-Schnelltest, der das Erbgut des COVID Erregers direkt nachweist.[62] Ebenfalls im Dezember 2020 hat die Europäische Kommission auf Grundlage der Schlussfolgerung des Rates v. 11.12.2020[63] einen Vorschlag für eine Empfehlung des Rates über einen einheitlichen Rahmen für den Einsatz, die Validierung und die gegenseitige Anerkennung von Antigen-Schnelltests angenommen.[64] Diese Regeln bilden einen einheitlichen Rahmen für den Einsatz, die Validierung und die gegenseitige Anerkennung von Antigen-Schnelltests.[65] Weil vermehrt RT-PCR-Tests erfolgten, da diese Methode derzeit grundsätzlich das zuverlässigste Testergebnis liefert, forderte die Europäische Kommission am 18.12.2020 in bestimmten Situationen auch Antigen-Schnelltests zu verwenden, da die vermehrte Testung zu Engpässen in den Laboren führt, mit höheren Kosten und einer längere Wartezeit auf das Ergebnis verbunden ist.[66] 31

d) Besondere Kompetenzen unter dem alten IfSG in Bezug auf Medizinprodukte

Einen mit den neuen § 5 Abs. 2 S. 1 Nr. 4 IfSG vergleichbaren expliziten Maßnahmenkatalog zur Regelung in Bezug auf Medizinprodukte enthielt das IfSG aF nicht. 32

2. Das neue IfSG in Bezug auf Medizinprodukte

Im Frühjahr 2020 hat der deutsche Gesetzgeber das Infektionsschutzgesetz gleich zwei Mal novelliert. Am 27.3.2020 verabschiedeten Bundesrat und Bundestag zuerst das **Gesetz zum Schutz der Bevölkerung bei einer epidemischen Lage von nationaler Tragweite,** das am 28.3.2020 in Kraft trat.[67] Darauf folgte das **Zweite Gesetz zum Schutz der** Bevölkerung **bei einer epidemischen Lage von nationaler Tragweite v. 19.5.2020.**[68] Dieses enthält Klarstellungen in Bezug auf die durch das erste Gesetz erfolgten Änderungen des § 5 Abs. 2 S. 1 Nr. 4 IfSG.[69] Im November 2020 erfolgten mit dem **Dritten Gesetz zum Schutz der Bevölkerung bei einer epidemischen Lage von nationaler Tragweite v. 18.11.2020**[70] weitere Anpassungen des Infektionsschutzgesetzes. Es wurde präzisiert unter welchen Voraussetzungen Schutzmaßnahmen gegen die Ausbreitung von COVID 33

61 Beschluss des Arbeitsausschusses Marktüberwachung v. 11.8.2020 „FFP Masken – Rückkehr zur EU-Konformität“, https://www.zls-muenchen.de/Corona/Atemschutzmasken/201001_AAMue_FFP%20Masken.pdf.
62 https://www.aerzteblatt.de/nachrichten/119746/Bayerischer-PCR-Schnelltest-erhaelt-Sonderzulassung.
63 EUCO 22/20.
64 COM (2020) 849 final.
65 Pressemitteilung der Europäischen Kommission, abrufbar unter https://ec.europa.eu/commission/presscorner/detail/de/IP_20_2483.
66 Pressemitteilung der Europäischen Kommission, abrufbar unter https://ec.europa.eu/commission/presscorner/detail/de/IP_20_2483.
67 BGBl. 2020 I 587.
68 BGBl. 2020 I 1018.
69 *Schmitz* A&R 2020, 51 (52).
70 BGBl. 2020 I 2397.

ergriffen werden können. Zudem enthält die Änderung gesetzliche Grundlagen für weitere Maßnahmen, die der Pandemiebekämpfung zugutekommen sollen, und es wurden Regelungen für den Einsatz von Antigen-Schnelltests getroffen.[71] Schließlich enthält das **Dritte Bevölkerungsschutzgesetz** die oben angesprochene Definition für eine epidemische Lage von nationaler Tragweite.[72]

34 Das IfSG nF ermächtigt das BMG in § 5 Abs. 1 IfSG zum Erlass bestimmter **Rechtsverordnungen.** Ua kann es gem. § 5 Abs. 2 S. 1 Nr. 4 IfSG Anordnungen treffen, um die ausreichende Versorgung (ua) mit Medizinprodukten zu gewährleisten. Nachdem § 5 Abs. 2 S. 1 Nr. 4 IfSG keine eigenen Definitionen der genannten Produkte enthält, ist ein Rückgriff auf die oben angeführten Vorgaben sinnvoll (→ Rn. 5 ff.). Wünschenswert wäre insoweit gewesen, dass das Gesetz selbst Legaldefinitionen anführt oder auf die in anderen Gesetzestexten enthaltenen Vorgaben verweist.

a) Sicherstellung der Versorgung als Voraussetzung aller Maßnahmen nach § 5 Abs. 2 S. 1 Nr. 4 IfSG

35 Die Rechtsverordnungen, die sich auf § 5 Abs. 2 S. 1 Nr. 4 IfSG stützen, setzen neben einer **epidemischen Lage von nationaler Tragweite** (*Rixen* in → § 4 Rn. 6 ff.) voraus, dass sie **zur Sicherstellung der Versorgung** mit den dort genannten Produkten erfolgen.

36 Dabei gewährleisten die Maßnahmen gem. § 5 Abs. 2 S. 1 Nr. 4 IfSG in doppelter Hinsicht eine **quantitativ** und **qualitativ** ausreichende Versorgung. Sie ergänzen daher Maßnahmen auf Grundlage von § 11 Abs. 1 MPG respektive § 7 Abs. 1 MPDG, der eine beschleunigte Zulassung von Medizinprodukten im Notfall ermöglicht und damit neue Produkte überhaupt erst verfügbar macht. § 5 Abs. 2 S. 1 Nr. 4 IfSG ermöglicht ebenfalls Änderungen der für die Zulassung geltenden Maßstäbe (§ 5 Abs. 2 S. 1 Nr. 4 lit. a IfSG). Vor allem aber bietet § 5 Abs. 2 S. 1 Nr. 4 IfSG zusätzlich Möglichkeiten, um auf dem Markt bereits vorhandene Produkte in ausreichendem Maße verfügbar zu machen.

37 Wie der Wortlaut „zur Sicherstellung der Versorgung" zeigt, muss die Verordnung diesen gesetzlich bestimmten Zweck verfolgen. Indem der Gesetzgeber das Ziel der zu erlassenden Maßnahmen vorgibt, begrenzt er die Verordnungsmacht des BMG. Diese Begrenzung des Zwecks ist durch das Bestimmtheitsgebot aus Art. 80 Abs. 1 S. 2 GG verfassungsrechtlich vorgegeben (ausführlich dazu *Rixen* in → § 4 Rn. 17 ff.).[73]

38 Das verlangt nicht (nur) eine entsprechende subjektive Zielsetzung durch den Gesetzgeber, die zB anhand von Gesetzgebungsmaterialien zu ermitteln wäre. Darüber hinaus muss eine Verordnung auf Grundlage von § 5 Abs. 2 S. 1 Nr. 4 IfSG **objektiv geeignet sein, die Versorgung mit bestimmten Medizinprodukten sicherzustellen.**

39 Dies setzt voraus, dass der freie Markt die Versorgung nicht bereits sicherstellt. Im Sinne einer effektiven Gefahrenabwehr besteht Handlungsbedarf nicht erst dann, wenn ein Mangel eingetreten ist, dh wenn der akute Bedarf die Kapazität übersteigt. Laut Fachkreisen ist eine Vorratshaltung an frei verfügbaren Medizinprodukten aller Art grundsätzlich notwendig.[74] Die Versorgung ist im medizinischen Kontext nicht mehr „sichergestellt", wenn die tatsächlichen Entwicklungen einen Mangel in naher Zukunft befürchten lassen. Im Kontext der Geschehnisse um das Corona-Virus (COVID-19) betraf dies zum Beispiel Beatmungsgeräte oder ganz allgemein Betten auf Intensivstatio-

---

71 S. https://www.bundesregierung.de/breg-de/aktuelles/infektionsschutzgesetz-1816014.

72 Der Deutsche Bundestag hat mit Beschluss v. 25.3.2020 mit Wirkung zum 28.3.2020 eine epidemische Lage von nationaler Tragweite festgestellt, Deutscher Bundestag, Stenografischer Bericht, 154. Sitzung am 25.3.2020, 19169 (C), Tagesordnungspunkt 6 a).

73 *Uhle* in BeckOK GG Art. 80 Rn. 17.

74 Website der Bundeszentrale für politische Bildung, Beitrag zu Krankenhausplanung und -finanzierung, abrufbar unter https://www.bpb.de/politik/innenpolitik/gesundheitspolitik/72022/krankenhausplanung-und-finanzierung.

nen.[75] Umgekehrt heißt das, dass eine Maßnahme auch nicht weitergehen darf als zur Sicherstellung der Versorgung erforderlich. Geht sie über das Erforderliche hinaus, ist sie unverhältnismäßig und damit verfassungswidrig.

Für eine sinnvolle Beurteilung dieser tatsächlichen Voraussetzung steht dem Gesetzgeber für die Schätzung des Bedarfs ein gewisser **Beurteilungsspielraum** zu. Eine pflichtgemäße Beurteilung muss auf einer sachlichen Grundlage erfolgen. Sie erfordert daher Fachwissen, das in der Verwaltung nicht notwendig selbst vorhanden ist. Die fachliche Anleitung erfolgt im Rahmen des IfSG durch das Robert Koch-Institut, das gem. § 4 IfSG eine Bundesoberbehörde im Geschäftsbereich des Bundesministeriums für Gesundheit ist (*Ritgen* in → § 12 Rn. 46).[76] 40

Darüber hinaus verlangt die Vorschrift einen Zusammenhang zwischen dem Versorgungsengpass und der festgestellten epidemischen Lage von nationaler Tragweite: § 5 Abs. 2 S. 1 Nr. 4 IfSG ermächtigt „[d]as Bundesministerium für Gesundheit (…) **im Rahmen der** epidemischen Lage von nationaler Tragweite (…)" zu Maßnahmen. Dh der Ausgleich der Engpässe muss *für eine Verbesserung* der epidemischen Lage von nationaler Tragweite (§ 5 Abs. 1 IfSG) notwendig sein. Die von der Maßnahme betroffenen Medizinprodukte müssen also dazu geeignet sein, Gefahren abzuwehren, die in einem Zusammenhang zur Epidemie stehen. Dagegen kann das BMG einem Mangel an bestimmten Medizinprodukten ohne entscheidende Rolle für die Linderung der Epidemie nicht durch Rechtsverordnung auf Grundlage von § 5 Abs. 2 S. 1 Nr. 4 IfSG begegnen. 41

Dafür spricht auch, dass § 5 Abs. 2 S. 1 Nr. 4 IfSG ua besonders einschneidende Maßnahmen erlaubt. Um die Grundrechte der Adressaten der Maßnahme zu gewährleisten, sind die Vorschriften **restriktiv auszulegen.**[77] Die Auslegung sollte sich daher stark an dem Zweck der Ermächtigung, der effektiven Abwehr einer Gefahr – der epidemischen Lage von nationaler Tragweite – orientieren. 42

b) Katalogmaßnahmen des § 5 Abs. 2 S. 1 Nr. 4 IfSG: Voraussetzungen, darauf beruhende sowie mögliche Verordnungen und Rechtsfolgen

Die **Generalklausel des § 5 Abs. 2 S. 1 Nr. 4 Hs. 1 IfSG** berechtigt das BMG in den allgemeinen verfassungsrechtlichen Grenzen der Verhältnismäßigkeit durch Erlass einer Rechtsverordnung, die keiner Zustimmung des Bundesrates bedarf aber teils nach § 5 Abs. 3 S. 2 IfSG das Einvernehmen des BMAS[78] sowie im Benehmen mit dem BMWi zu ergehen haben,[79] jede Maßnahme zu treffen, die erforderlich ist, um die Versorgung mit Medizinprodukten sicherzustellen. 43

Wie schwerwiegend potenzielle Eingriffe auf Grundlage dieser Generalklausel sein dürfen, zeigt der Maßnahmenkatalog aus § 5 Abs. 2 S. 1 Nr. 4 Hs. 2 lit. a bis f IfSG. Da die dort aufgezählten Maßnahmen in die Grundrechte ihrer Adressaten intensiv eingreifen können,[80] ermächtigt die Generalklausel jedenfalls nicht zu weitergehenden Eingriffen. 44

75 Deutsches Ärzteblatt, Überlastung deutscher Krankenhäuser durch COVID-19 laut Experten unwahrscheinlich, 12.3.2020, abrufbar unter https://www.aerzteblatt.de/nachrichten/111029/Ueberlastung-deutscher-Krankenhaeuser-durch-COVID-19-laut-Experten-unwahrscheinlich; Fact Sheet des Science Media Center Germany, Auslastung der Intensivstationen: Zahlen aus Deutschland und Europa, abrufbar unter https://www.sciencemediacenter.de/alle-angebote/fact-sheet/details/news/auslastung-der-intensivstationen-zahlen-aus-deutschland-und-europa/; Website der Deutschen Krankenhausgesellschaft, abrufbar unter https://www.dkgev.de/dkg/coronavirus-fakten-und-infos/.

76 *Rixen* NJW 2020, 1097 (1097).

77 *Rixen* NJW 2020, 1097 (1103).

78 Gegenausnahme: Bei Gefahr in Verzug kann auf das Einvernehmen verzichtet werden, vgl. § 5 Abs. 3 S. 5 IfSG.

79 Zusatz eingefügt durch das Zweite Gesetz zum Schutz der Bevölkerung bei einer epidemischen Lage von nationaler Tragweite v. 19.5.2020 (BGBl. I 1018).

80 *Schmitz* A&R 2020, 51 (52); *Rixen* NJW 2020, 1097 (1103).

Insbesondere die Generalklausel in § 5 Abs. 2 S. 1 Nr. 4 Hs. 1 IfSG ist daher äußerst **restriktiv auszulegen.**[81]

45 Der **Maßnahmenkatalog in § 5 Abs. 2 S. 1 Nr. 4 Hs. 2 lit. a bis lit. f IfSG** ist dem Wortlaut der Vorschrift nach – „insbesondere" – **nur eine exemplarische Aufzählung** möglicher Maßnahmen. Es handelt sich dabei gerade nicht um Regelbeispiele, sondern um besondere, ausdrücklich zulässige Maßnahmen. Für weitere Maßnahmen kann und muss sich das BMG auf § 5 Abs. 2 S. 1 Nr. 4 Hs. 1 IfSG stützen. Das Gebot restriktiver Auslegung und die Systematik von Generalklausel und Maßnahmenkatalog sprechen dafür, dass das BMG für Maßnahmen, die einer Katalogmaßnahme zwar fast, aber nicht vollständig entsprechen, nicht auf die Generalklausel zurückgreifen darf.

aa) Ausnahmen von ua medizinprodukterechtlichen Vorschriften, § 5 Abs. 2 S. 1 Nr. 4 lit. a IfSG

46 § 5 Abs. 2 S. 1 Nr. 4 lit. a IfSG erlaubt dem BMG ua von medizinprodukterechtlichen Vorschriften und der die persönliche Schutzausrüstung betreffenden Vorschriften zum Arbeitsschutz **durch Rechtsverordnung** Ausnahmen (nur) in Bezug auf „die Herstellung, Kennzeichnung, Zulassung, klinische Prüfung, Anwendung, Verschreibung und Abgabe, Ein- und Ausfuhr, das Verbringen und die Haftung" zuzulassen. Insbesondere **nicht gestattet sind Ausnahmen zu den Anforderungen an die Sicherheit von Medizinprodukten** (wie zB §§ 4, 7 MPG). In Bezug auf andere Gesetze stellt die Begründung zum Gesetzesentwurf klar: „Allgemeine Vorschriften, wie diejenigen des Bürgerlichen Gesetzbuchs oder des Produkthaftungsgesetzes, bleiben unberührt."[82]

47 Das BMG muss diese Ausnahmen allerdings nicht zwingend selbst durch eine Rechtsverordnung allgemein zulassen. § 5 Abs. 2 S. 1 Nr. 4 lit. b IfSG bietet dem BMG zusätzlich die Alternative, Behörden durch Rechtsverordnung zur Gestattung von **Ausnahmen von diesen Vorschriften im Einzelfall** zu ermächtigen. Dies gibt Landesbehörden die Möglichkeit, flexibel auf die in ihrem Zuständigkeitsbereich jeweils auftretende Situation zu reagieren.[83]

48 § 5 Abs. 2 S. 1 Nr. 4 lit. a und lit. b IfSG ermöglichen insbesondere Ausnahmen zu Vorschriften des MPG und des MPDG. Weil eine solche Ausnahme auch das Konformitätsbewertungsverfahren bei Medizinprodukten und ihre CE-Kennzeichnung betreffen kann (§§ 6, 9 MPG),[84] ist durch § 5 Abs. 2 S. 1 Nr. 4 lit. a und lit. b IfSG eine parallele Regelung zur Sonderzulassung nach § 11 Abs. 1 MPG respektive § 7 Abs. 1 MPDG möglich (→ Rn. 21 ff.). Über § 11 MPG respektive § 7 Abs. 1 MPDG hinaus kann eine Ausnahme im Sinne von § 5 Abs. 2 S. 1 Nr. 4 lit. a und lit. b IfSG einen beschleunigten Marktzugang auch durch andere Mechanismen als den Verzicht auf das Konformitätsbewertungsverfahren bewirken. Beispielsweise könnte das BMG Ausnahmen zu den Vorschriften zur klinischen Prüfung (§§ 19 ff. MPG) oder Ausnahmen zur Kennzeichnungspflicht in deutscher Sprache nach § 11 Abs. 2 MPG gestatten.

49 § 5 Abs. 2 S. 1 Nr. 4 lit. a und lit. b IfSG erlauben nur, „Ausnahmen zuzulassen", nicht dagegen ausnahmsweise Verbote anzuordnen. Dafür spricht die Formulierung in der Begründung zum Gesetzesentwurf. Danach kann das BMG Ausnahmen zu den Vorschriften anordnen, „um die Herstellung, Kennzeichnung, Zulassung, klinische Prüfung, Anwendung, Verschreibung und Abgabe, Ein- und Ausfuhr, das Verbringen sowie die Haftung für diese Produkte **zu erleichtern oder zu ermöglichen**".[85] Das heißt bspw.,

81 *Rixen* NJW 2020, 1097 (1103).
82 BT-Drs. 19/18111, 21.
83 BT-Drs. 19/18111, 21.
84 So ist es in der Begründung des Gesetzesentwurfs sogar ausdrücklich vorgesehen, s. BT-Drs. 19/18111, 21. Dies ist gem. Art. 59 Abs. 1 VO (EU) 2017/745 auch ausdrücklich mit EU-Recht vereinbar.
85 BT-Drs. 19/18111, 21.

dass eine Ausnahme zu Vorschriften über die Ein- und Ausfuhr von Medizinprodukten diese zwar ausnahmsweise zulassen, nicht aber ausnahmsweise verbieten darf. Für diese Auslegung spricht auch, dass ähnliche Eingriffe ausdrücklich zB in § 5 Abs. 2 S. 1 Nr. 4 lit. e IfSG (Verkaufsverbot) vorgesehen sind. Allein in Bezug auf die Haftung kann die Ausnahme zumindest nach dem ausdrücklichen Wortlaut auch darin bestehen, dass eine Haftung ausnahmsweise begründet würde.

Hält das BMG dagegen einschränkende Maßnahmen, zB Verbote, für notwendig, muss es § 5 Abs. 2 S. 1 Nr. 4 lit. d bis lit. g IfSG oder die Generalklausel gem. § 5 Abs. 2 S. 1 Nr. 4 Hs. 1 IfSG heranziehen. 50

Eine erste Maßnahme ist auf Grundlage von § 5 Abs. 2 S. 1 Nr. 4 lit. a und lit. b IfSG bereits getroffen worden: Das BMG erließ am 8.4.2020 die „Verordnung zur Beschaffung von Medizinprodukten und persönlicher Schutzausrüstung bei der durch das Coronavirus SARS-CoV-2 verursachten Epidemie."[86] Durch diese Verordnung befreite die Bundesregierung deutsche Unternehmen, die auf internationalen Märkten tätig sind und als Vertragspartner der Bundesregierung die aktuell dringend benötigte persönliche Schutzausrüstung und Medizinprodukte beschaffen, von dem damit normalerweise verbundenen Haftungsrisiko. Zu dem Zweck legt die Verordnung fest, dass das Inverkehrbringen der im Auftrag der Bundesrepublik Deutschland beschafften Produkte durch sie als Einführer im Sinne von § 3 Nr. 26 MPG, Art. 3 Nr. 3 und 6 der VO (EU) 2016/425 stattfindet. Das heißt auch, dass der Vertragspartner die Produkte in dem Fall ausschließlich an einen vom BMG bestimmten Personenkreis abgeben darf.[87] 51

Denkbar ist außerdem eine Regelung über eine vereinfachte Einfuhr dringend benötigter Medizinprodukte, wie sie zB am 3.4.2020 die Europäische Kommission erlassen hat.[88] Sie hat die Einfuhr von Medizinprodukten und Schutzausrüstungen aus Drittländern von Zöllen und Mehrwertsteuer befreit. Die Maßnahme betrifft Masken, Schutzausrüstung, Testkits, Beatmungsgeräte und andere medizinische Ausrüstung.[89] Aktuell wurden diese Maßnahmen bis Ende April 2021 verlängert.[90] Zudem hat die Kommission zur Verbesserung der Qualitätskontrollen von importierten Masken, die Mitgliedstaaten darüber informiert, dass die Möglichkeit besteht, mithilfe von EU-Mitteln die vorhandenen Analysekapazitäten innerhalb des europäischen Netzwerkes der Zolllabore gemeinsam zu nutzen.[91] Um zusätzlich einen besseren und kostengünstigeren Zugang zu Medizinprodukten zu gewährleisten, wurde der Vorschlag der Kommission v. 28.10.2020[92] von den Mitgliedstaaten angenommen[93], diesen zu ermöglichen, die Mehrwertsteuer für Testkits, die an Krankenhäuser, Ärzte und Einzelpersonen sowie die damit verbundenen Dienstleister verkauft werden, zeitlich befristet auszusetzen.[94] 52

86 BAnz AT 9.4.2020 V3.
87 *Schmitz* A&R 2020, 51 (53).
88 C (2020) 2146 final.
89 C (2020) 2146 final.
90 COM (2020) 687 final.
91 https://ec.europa.eu/taxation_customs/news/covid-19-commission-puts-forward-taxation-and-customs-measures-support-access-more-affordable-equipment-vaccines-and-testing-kits_de.
92 COM (2020) 688 final.
93 Pressemitteilung der Europäischen Kommission v. 7.12.2020, abrufbar unter https://ec.europa.eu/commission/presscorner/detail/de/ip_20_2299 und COM (2020) 688 final, Proposal for a Council Directive amending Council Directive 2006/112/EC as regards temporary measures in relation to value added tax for COVID-19 vaccines and in vitro diagnostic medical devices in response to the COVID-19 pandemic.
94 https://ec.europa.eu/taxation_customs/news/covid-19-commission-puts-forward-taxation-and-customs-measures-support-access-more-affordable-equipment-vaccines-and-testing-kits_de.

bb) Maßnahmen zu Bezug, Beschaffung, Bevorratung, Verteilung und Abgabe von Medizinprodukten durch den Bund; Melde- und Anzeigepflichten, § 5 Abs. 2 S. 1 Nr. 4 lit. c IfSG

53 Das BMG kann den Bund gemäß § 5 Abs. 2 S. 1 Nr. 4 lit. c IfSG dazu ermächtigen, Medizinprodukte zu beschaffen, Vorräte anzulegen und zu verteilen. Originär liegt die Zuständigkeit hierfür bei den Landesbehörden. Maßnahmen auf Grundlage des § 5 Abs. 2 S. 1 Nr. 4 lit. c IfSG regeln gerade nicht die Beschaffung, Bevorratung oder Abgabe von Medizinprodukten durch andere Marktteilnehmer. Der Wortlaut der Vorschrift gestattet es dem BMG nur, „Maßnahmen zum Bezug, zur Beschaffung, Bevorratung, Verteilung und Abgabe solcher Produkte **durch den Bund** zu treffen".

54 Erachtet das BMG also Eingriffe in den Umgang mit Medizinprodukten durch andere Marktteilnehmer für notwendig, muss es auf § 5 Abs. 2 S. 1 Nr. 4 lit. d bis lit. g IfSG (zB § 5 Abs. 2 S. 1 Nr. 4 lit. f IfSG mit Regelungen zur Abgabe) oder die Generalklausel gem. § 5 Abs. 2 S. 1 Nr. 4 Hs. 1 IfSG zurückgreifen.

55 Etwa sind Regelungen, wie die der Europäischen Kommission v. 14.4.2020 zur Änderung der Vergabe öffentlicher Aufträge in den Leitlinien der Europäischen Kommission zur Nutzung des Rahmens für die Vergabe öffentlicher Aufträge in der durch die COVID-19-Krise verursachten Notsituation, möglich.[95]

56 Das BMG hat von dieser neuen Rechtsgrundlage Gebrauch zu machen. Es hat insbesondere eine Verordnung zur Sicherstellung der Versorgung der Bevölkerung mit Produkten des medizinischen Bedarfs bei der durch das Coronavirus SARS-CoV-2 verursachten Epidemie („**Medizinischer Bedarf Versorgungssicherstellungsverordnung – MedBVSV**") erlassen.[96] Auf Grundlage des § 5 Abs. 2 S. 1 Nr. 4 lit. c IfSG sind nach § 2 Abs. 1 iVm § 1 Abs. 2 der MedBVSV das **Bundesministerium** für Gesundheit und von diesem beauftragte Stellen unabhängig von einem etwaigen grundsätzlich geltenden Apothekenvertrieb[97] zur **Beschaffung, Lagerung, Herstellung und zum Inverkehrbringen** von (ua) Medizinprodukten, Labordiagnostika, Hilfsmitteln, Gegenständen der persönlichen Schutzausrüstung und Produkten zur Desinfektion ermächtigt.

57 Die in § 3 Abs. 4 der MedBVSV v. 25.5.2020 auf Grundlage des § 5 Abs. 2 S. 1 Nr. 4 lit. a IfSG (→ Rn. 41 ff.) ergänzend enthaltene **Haftungserleichterung** wurde im Verhältnis zum Referentenentwurf v. 6.4.2020 einer MedBVSV, der seinem Wortlaut nach nur für nach dieser Verordnung in Verkehr gebrachte Arzneimittel galt, zwar an sich insoweit angepasst, dass er auf alle in § 1 Abs. 2 als Produkte des medizinischen Bedarfs definierten Produkte mit dem Passus „für Auswirkungen der Anwendung der in § 1 Abs. 2 MedBVSV genannten Produkte" Bezug nimmt. Allerdings folgt aus der konkreten redaktionell gewählten Formulierung der Haftungsbefreiung, dass es dem Verordnungsgeber insbesondere um eine Abweichung von der in § 84 AMG vorgesehenen Gefährdungshaftung für pharmazeutische Unternehmer – die anderen in § 3 Abs. 4 MedBVSV Genannten wären an sich vom Wortlaut des § 84 AMG nicht umfasst – ging, wenn diese Produkte durch das BMG als Reaktion auf die vermutete oder bestätigte Verbreitung des SARSCoV- 2-Erregers in den Verkehr gebracht werden und nach den Gegebenheiten des Einzelfalls die auf Absatz 1 gestützten Abweichungen vom AMG geeignet sind, den Schaden zu verursachen.

58 Zudem ist die Anordnung von Melde- und Anzeigepflichten möglich. Denkbar wäre bspw. eine Regelung, die Hersteller dazu verpflichtet, es den zuständigen Behörden zu melden, wenn die Nachfrage ihre Produktionskapazitäten für bestimmte Medizin-

95 Mitteilung der Kommission (2020/C 108 I/01).
96 BAnz AT 26.5.2020 V1.
97 Im Referentenentwurf v. 6.4.2020 waren daneben das Bundesministerium des Inneren, für Bau und Heimat und das Bundesministerium der Verteidigung genannt.

produkte zu übersteigen droht. Umgekehrt ist auch eine Regelung denkbar, die einen Hersteller von Medizinprodukten zu einer Anzeige verpflichtet, wenn er Engpässe bei der Beschaffung von für die Herstellung des betreffenden Medizinprodukts gebrauchten Materialien hat.

Das BMG hat diese Möglichkeit bereits am 21.4.2020 genutzt und eine Verordnung über Abweichungen von den Vorschriften des SGB V, des Apothekengesetzes, der Apothekenbetriebsordnung, der Arzneimittelpreisverordnung, des Betäubungsmittelgesetzes und der Betäubungsmittel-Verschreibungsverordnung infolge der SARS-CoV-2-Epidemie (**SARS-CoV-2-Arzneimittelversorgungsverordnung – CoV-2-AMVO**) verkündet.[98] § 7 Abs. 1 CoV-2-AMVO verpflichtet Hersteller und Vertreiber von (ua) Medizinprodukten, Labordiagnostika, Hilfsmitteln, Gegenständen der persönlichen Schutzausrüstung, Produkten zur Desinfektion und deren Einzelkomponenten, dem BMG auf Verlangen Auskunft über die Bestände, den Lagerort, die Produktion, den Vertrieb und die Preise dieser Produkte zu erteilen.

Mit der Verordnung zum Anspruch auf Schutzimpfung gegen das Coronavirus SARS- 59
CoV-2 v. 18.12.2020 (**Coronavirus-Impfverordnung – CoronaImpfV**)[99] hat das BMG auf Grundlage des § 5 Abs. 2 S. 1 Nr. 4 lit. c und lit. f IfSG eine weitere Rechtsverordnung erlassen, die die Schutzimpfung gegen das Coronavirus SARS-CoV-2 regelt. Dabei wird die Verteilung der Impfansprüche sowie der COVID-19-Impfstoffe nach Risikogruppen priorisiert. Der Anspruch wird dabei durch die Verfügbarkeit der vorhandenen Impfstoffe bedingt. Das Recht auf einen bestimmten Impfstoff oder die Auswahl des Importes sollen damit explizit nicht geschaffen werden.[100] Aufgrund der CoronaImpfV steigt auch der Bedarf an medizinischer Ausrüstung, wie bspw. Spritzen und Kanülen. Um Engpässe zu vermeiden und eine ausreichende Versorgung zu gewährleisten, hat das BMG die Obersten Landesgesundheitsbehörden bereits am 14.8.2020 darauf hingewiesen, dass diese Spritzen und Kanülen in ausreichenden Mengen beschaffen sollen.[101] Zudem beteiligt sich die Bundesregierung insbesondere an einer gemeinsamen Beschaffung der Europäischen Kommission.[102]

cc) Regelungen zur Sicherstellung und Verwendung von Medizinprodukten; bei enteignender Wirkung Regelungen über eine angemessene Entschädigung, § 5 Abs. 2 S. 1 Nr. 4 lit. d IfSG

Auf Grundlage von § 5 Abs. 2 S. 1 Nr. 4 lit. d IfSG kann das BMG die Sicherstellung 60
von Medizinprodukten anordnen sowie die Art ihrer Verwendung vorgeben. Dabei ist der Adressat der Maßnahme nicht eindeutig vorgegeben. Eine Sicherstellung ist also beim Hersteller, beim Händler, aber auch zB bei einem Arzt oder Krankenhaus denkbar.

Das Infektionsschutzrecht ist wie das Polizeirecht Recht der Gefahrenabwehr.[103] Daher 61
ist der Begriff der Sicherstellung parallel zum Polizeirecht auszulegen. Im Polizeirecht meint der Begriff der Sicherstellung die Begründung der tatsächlichen Gewalt über eine Sache durch einen Hoheitsträger, dh deren Inbesitznahme (§ 854 Abs. 1 BGB).[104] Das BMG kann also anordnen, dass eine Behörde bestimmte Medizinprodukte in Besitz zu nehmen hat.

---

98 BAnz AT 21.4.2020 V1; zuletzt geändert durch die Erste Verordnung zur Änderung der SARS-CoV-2-Arzneimittelversorgungsverordnung v. 28.9.2020 (BAnz AT 30.9.2020 V1).

99 BAnz AT 21.12.2020 V3.

100 S. Begründung zu § 1 im Referentenentwurf einer Verordnung zum Anspruch auf Schutzimpfung gegen das Coronavirus SARS-CoV-2.

101 BT-Drs. 19/23443, 4.

102 BT-Drs. 19/23443, 4.

103 *Rixen* NJW 2020, 1097 (1097); differenziert dazu *Engels* DÖV 2014, 464 (465 ff.); *Giesberts/Gayger/Weyand* NVwZ 2020, 417 (421).

104 *Rachor/Graulich* in Lisken/Denninger PolR-HdB Rn. 637; *Kempen* in BHKM BayÖffR Rn. 395.

62 Dadurch kann das BMG zB eine Ausfuhr dringend benötigter Produkte verhindern.[105] Eine solche Verfügung erließ das BMWi am 4.3.2020, mit Änderung v. 12.3.2020, noch auf Grundlage des Außenwirtschaftsgesetzes.[106] Diese wurde aufgehoben,[107] weil die Europäische Kommission kurz darauf ein Exportverbot für medizinische Schutzausrüstung an Drittstaaten mit Wirkung für die Mitgliedstaaten der Europäischen Union erlassen hat.[108] Die Durchführungsverordnung (EU) 2020/568 sah vor, dass medizinische Schutzausrüstung aus dem Binnenmarkt unter Genehmigungsvorbehalt in Drittstaaten ausgeführt werden durfte.[109] Sie ist mit Ablauf der Befristung am 25.5.2020 außer Kraft getreten und wurde auch nicht verlängert.[110] Das Auslaufen der Durchgangsverordnung (EU) 2020/568 führte jedoch nicht dazu, dass das BMWi neue Beschränkungen im Außerwirtschaftsverkehr erlassen hat.

63 Außerdem kann das BMG auf Grundlage von § 5 Abs. 2 S. 1 Nr. 4 lit. d IfSG die Verwendung von Medizinprodukten regeln. Die Maßnahmen können sich an die Behörde richten, die die Medizinprodukte aufgrund einer Rechtsverordnung des BMG sichergestellt hat. Sie können sich aber auch ohne vorhergehende Sicherstellung an jeden anderen Besitzer von Medizinprodukten richten, zB Hersteller, Krankenhäuser, Ärzte oder medizintechnische Labore. Insbesondere wäre eine Regelung dazu denkbar, wer unter welchen Bedingungen mit welchem Test auf COVID-19 getestet werden darf. Diese Maßnahme kann sich also an jeden „Verwender" richten. Der Begriff ist durch das Gesetz nicht weiter eingeschränkt oder erläutert. Eine Definition des Begriffs der Verwendung zB im Rahmen der Begriffsbestimmungen nach § 3 IfSG wäre im Sinne der Rechtssicherheit wünschenswert gewesen.

64 Beide Arten von Maßnahmen können so weit gehen, dass sie enteignende Wirkung entfalten. In dem Fall steht dem Adressaten der Maßnahme allerdings ein Entschädigungsanspruch zu, wofür die Verordnung gem. § 5 Abs. 2 S. 1 Nr. 4 lit. d IfSG eine Vorgabe bieten muss.

dd) Verbot, bestimmte Medizinprodukte zu verkaufen oder sich anderweitig zur Überlassung zu verpflichten, Verbot bereits eingegangene Verpflichtungen zu erfüllen; Regelungen für eine angemessene Entschädigung, § 5 Abs. 2 S. 1 Nr. 4 lit. e IfSG

65 § 5 Abs. 2 S. 1 Nr. 4 lit. e IfSG schafft die Möglichkeit eines Verkaufs- oder Veräußerungsverbots. Der Verordnungsgeber kann sowohl **das schuldrechtliche Verpflichtungsgeschäft** („zu verkaufen oder sich anderweitig zur Überlassung zu Verpflichten") **als auch das dingliche Verfügungsgeschäft** („bereits eingegangene Verpflichtungen zu erfüllen") verbieten.

---

105 BT-Drs. 19/18111, 21.

106 Bundesministerium für Wirtschaft und Energie, Anordnung von Beschränkungen im Außenwirtschaftsverkehr mit bestimmten Gütern v. 4.3.2020, geändert am 12.3.2020, Bundesanzeiger AT 4.3.2020 B1 (Allgemeinverfügung für den Export medizinischer Schutzausrüstung).

107 Meldung auf beck-aktuell v. 20.3.2020, abrufbar unter https://rsw.beck.de/aktuell/meldung/eu-kommission-verbietet-export-von-schutzausruestung---nationale-regelung-aufgehoben; Bekanntmachung des Bundesministeriums für Wirtschaft und Energie v. 19.3.2020, Aufhebung von Beschränkungen im Außenwirtschaftsverkehr mit bestimmten Gütern, Bundesanzeiger AT 19.3.2020, B11.

108 Durchführungsverordnung (EU) 2020/568 der Kommission v. 23.4.2020 über die Einführung der Verpflichtung zur Vorlage einer Ausfuhrgenehmigung bei der Ausfuhr bestimmter Produkte, gestützt auf die Verordnung (EU) 2015/479 des Europäischen Parlaments und des Rates v. 11.3.2015 über eine gemeinsame Ausfuhrregelung (1), insbesondere auf Art. 6.

109 Durchführungsverordnung (EU) 2020/568 der Kommission v. 23.4.2020 über die Einführung der Verpflichtung zur Vorlage einer Ausfuhrgenehmigung bei der Ausfuhr bestimmter Produkte, gestützt auf die Verordnung (EU) 2015/479 des Europäischen Parlaments und des Rates v. 11.3.2015 über eine gemeinsame Ausfuhrregelung, insbesondere Art. 2.

110 https://eur-lex.europa.eu/legal-content/DE/TXT/?uri=CELEX%3A32020R0568.

Ordnet eine Rechtsverordnung ein Verpflichtungs- oder Verfügungsverbot an, ist sie als materielles Gesetz ein **Verbotsgesetz im Sinne von § 134 BGB**. In der Folge wäre das Rechtsgeschäft gemäß § 134 BGB nichtig, es sei denn, aus der Rechtsverordnung ergibt sich das Gegenteil (§ 134 Hs. 2 BGB). Das Veräußerungsverbot (das Verbot des Verfügungsgeschäfts) ist kein nur **relatives Verbot im Sinne von § 135 Abs. 1 S. 1 BGB**. Denn ein Veräußerungsverbot mit dem Zweck die Versorgung mit Medizinprodukten sicherzustellen, dient nicht nur dem Schutz bestimmter Personen, sondern dem Schutz der Allgemeinheit. Verstößt ein Markteilnehmer durch eine Veräußerung gegen eine Verordnung auf Grundlage von § 5 Abs. 2 S. 1 Nr. 4 lit. e IfSG, ist diese Veräußerung daher unwirksam. 66

Auch diese Maßnahmen können enteignende Wirkung entfalten, wobei dem Adressaten der Maßnahme erforderlichenfalls ein Entschädigungsanspruch auf Grundlage der Verordnung gemäß § 5 Abs. 2 S. 1 Nr. 4 lit. e letzter Hs. IfSG zustehen muss. 67

ee) Regelungen zum Vertrieb, zur Abgabe, Preisbildung und -gestaltung,[111] Erstattung, Vergütung, § 5 Abs. 2 S. 1 Nr. 4 lit. f IfSG

§ 5 Abs. 2 S. 1 Nr. 4 lit. f IfSG ermächtigt das BMG dazu, Abweichungen von den bestehenden Vorschriften „zu Vertrieb, Abgabe, Preisbildung und -gestaltung, Erstattung und Vergütung“ der benannten Produkte anzuordnen. Diese Begriffe sind an das Arzneimittelrecht angelehnt.[112] BT-Drs. 19/18111, 21 nannte daher nur die Sicherstellung der Arzneimittelversorgung. Wie das Zweite Gesetz zum Schutz der Bevölkerung bei einer epidemischen Lage von nationaler Tragweite v. 19.5.2020 klarstellt, erlaubt § 5 Abs. 2 S. 1 Nr. 4 lit. f IfSG Maßnahmen nicht nur in Bezug auf Arzneimittel zu treffen, sondern schließt alle Produkte ein, die generell von § 5 Abs. 2 S. 1 Nr. 4 IfSG umfasst sind.[113] 68

Beispielsweise könnte das BMG die sozialrechtlichen Vorgaben nach den §§ 126, 127 SGB V in Bezug auf Hilfsmittel modifizieren, indem es durch eine Anordnung die Vorgaben für die Versorgungsberechtigung der Leistungserbringer zeitlich aussetzt, wie zB die Vorlage eines gültigen von einer Präqualifizierungsstelle ausgestellten Zertifikats oder das Vorhandensein eines Versorgungsvertrags mit der Krankenkasse des Versicherten.[114] Auch außerhalb des Sozialrechts sind Beispiele denkbar. Das BMG könnte auf Grundlage des § 5 Abs. 2 S. 1 Nr. 4 lit. f IfSG eine Preissteigerung als volkswirtschaftliche Konsequenz eines Mangels verhindern, die sonst die Versorgung gefährden könnte. 69

Die Verordnung sollte, wenn sie Vertrieb, Abgabe, Preisbildung und -gestaltung, Erstattung und Vergütung von privatrechtlichen Marktteilnehmern reguliert, allerdings nicht das Eigentumsrecht dieser Marktteilnehmer iSd Art. 14 Abs. 1 GG aushebeln. Insbesondere eine Preisregulierung darf nicht zu weit gehen, um nicht einer Enteignung zu gleichen.[115] Grund hierfür ist, dass § 5 Abs. 2 S. 1 Nr. 4 lit. f IfSG keine Entschädigung vorsieht. Möchte der Verordnungsgeber enteignend in den Bestand von dringend benötigten Produkten bei privaten Marktteilnehmern eingreifen, bleibt ihm die Möglichkeit, nach § 5 Abs. 2 S. 1 Nr. 4 lit. d IfSG die Sicherstellung von Medizinprodukten anzuordnen oder die Art ihrer Verwendung vorzugeben sowie Verkaufsverbote und anderweite 70

111 Änderung des § 5 Abs. 2 S. 1 Nr. 4 lit. f IfSG durch Artikel 1 Nr. 2 lit. a aa bbb des Zweiten Gesetzes zum Schutz der Bevölkerung bei einer epidemischen Lage von nationaler Tragweite v. 19.5.2020 (BGBl. I 1018), der die Wörter „Regelungen zur Abgabe, Preisbildung, (...)“ durch die Wörter „zum Vertrieb, zur Abgabe, Preisbildung und -gestaltung“ ersetzt.
112 BT-Drs. 19/18967, 52.
113 BT-Drs. 19/18967, 52.
114 BT-Drs. 19/18111, 22.
115 *Schmitz* A&R 2020, 51 (52).

Überlassungsverbote nach § 5 Abs. 2 S. 1 Nr. 4 lit. e IfSG auszusprechen und den Eigentümer dafür entsprechend zu entschädigen.

71 Das BMG hat mit § 7 Abs. 2 CoV-2-AMVO[116] eine solche Regelung von Vertrieb und Preisgestaltung geschaffen. Die Überschrift des § 7 Abs. 2 lautet zwar „Verkaufs- und Verpflichtungsverbot". Diese ist ein Überbleibsel aus dem ursprünglichen Verordnungsentwurf, der Handelsbeschränkungen in Form von ua Verkaufsverboten vorsah.[117] Der nun geltende § 7 verbietet weder Verkauf noch schuldrechtliche Verpflichtung. Stattdessen verpflichtet er Hersteller und Vertreiber dazu, Medizinprodukte, Labordiagnostika, Hilfsmittel, Gegenstände der persönlichen Schutzausrüstung, Produkte zur Desinfektion und deren Einzelkomponenten im Rahmen ihrer Verantwortlichkeit und des ihnen Zumutbaren angemessen und kontinuierlich zur Deckung des Bedarfs der deutschen Bevölkerung bereitzustellen (§ 7 Abs. 2 S. 1). Dabei müssen sich die Preise für diese Produkte an den Kosten der Bereitstellung orientieren (§ 7 Abs. 2 S. 2). Da sie ihnen nicht vollständig *entsprechen* müssen, ist Gewinnerzielung dadurch nicht ausgeschlossen, sondern eingeschränkt. Dies verdeutlicht die weitere Regelung in § 7 Abs. 2 S. 3, die gegenüber Verbrauchern Aufschläge aufgrund der epidemischen Lage von nationaler Tragweite verbietet. Die Erhebung solcher Aufschläge wäre sogar bußgeldbewehrt (§ 8 Nr. 3). Die Hersteller und Vertreiber müssen bei Vertrieb und Abgabe außerdem einem erkennbaren Horten oder einer gezielten Marktverknappung im Rahmen ihrer Möglichkeiten entgegenwirken (§ 7 Abs. 2 S. 4). Trifft das BMG zur Durchführung dieser Regelungen eine Anordnung gegenüber einem Hersteller oder Vertreiber und kann dieser aufgrund der nach § 7 Abs. 2 bestehenden Verpflichtungen eine zuvor eingegangene schuldrechtliche Verpflichtung nicht erfüllen, hat er einen Anspruch auf Aufwendungsersatz (§ 7 Abs. 2 S. 5).

ff) Regelungen zur Aufrechterhaltung, Umstellung, Eröffnung oder Schließung von Produktionsstätten oder einzelnen Betriebsstätten von Unternehmen, die solche Produkte produzieren; Regelungen für eine angemessene Entschädigung, § 5 Abs. 2 S. 1 Nr. 4 lit. g IfSG

72 § 5 Abs. 2 S. 1 Nr. 4 lit. f IfSG gibt dem BMG die Möglichkeit, in die Produktionsprozesse von Medizinprodukten einzugreifen. Ziel solcher Anordnungen ist es insbesondere, die „Produktion des jeweils erforderlichen Produktes sicherstellen".[118] Denkbar wäre zB die Anordnung, eine bestimmte Produktionsstätte, deren Schließung das Unternehmen aufgrund von Einsparmaßnahmen oder aufgrund fehlender Rentabilität plante, im Sinne einer Aufrechterhaltung weiter zu betreiben. Dadurch könnte die Versorgung mit einem bestimmten Produkt unmittelbar gesteigert werden. Eine Verordnung auf Grundlage von § 5 Abs. 2 S. 1 Nr. 4 lit. f IfSG kann aber auch nur mittelbar die Versorgung mit einem benötigten Produkt sicherstellen. Denkbar ist bspw. die Anordnung, eine Produktionsstätte zu schließen, deren Betrieb die Versorgung mit einem Medizinprodukt dadurch verhindert, dass sie ein anderes Produkt aus denselben Zuliefererprodukten herstellt.

---

116 BAnz AT 21.4.2020 V, zuletzt geändert durch die Erste Verordnung zur Änderung der SARS-CoV-2-Arzneimittelversorgungsverordnung v. 28.9.2020 (BAnz AT 30.9.2020 V1).

117 § 8 des Referentenentwurfs des Bundesministeriums für Gesundheit Verordnung des Bundesministeriums für Gesundheit zu Abweichungen von den Vorschriften des Fünften Buches Sozialgesetzbuch (SGB V), des Apothekengesetzes (ApoG), der Apothekenbetriebsordnung (Ap-BetrO), der Arzneimittelpreisverordnung (AMPreisV), der Arzneimittelverschreibungsverordnung (AMVV), des Betäubungsmittelgesetzes (BtMG) und der Betäubungsmittel-Verschreibungsverordnung (BtMVV) infolge der SARS-CoV-2-Epidemie (SARS-CoV-2 Arzneimittelversorgungsverordnung) v. 8.4.2020; *Schmitz* A&R 2020, 51 (53).

118 BT-Drs. 19/18111, 22.

Dabei beziehen sich die Maßnahmen Aufrechterhaltung, Umstellung, Eröffnung oder Schließung nicht nur auf den Betrieb in Produktionsstätten, sondern sie können auch den Betrieb in Betriebsstätten regeln, in denen nicht notwendig selbst produziert wird. 73

Im Fall derartiger Maßnahmen steht dem Adressaten je nach der Schwere des Eingriffs ein Entschädigungsanspruch auf Grundlage der Verordnung gemäß § 5 Abs. 2 S. 1 Nr. 4 lit. f letzter Hs. IfSG zu, deren Vorgaben mit der Maßnahme erforderlichenfalls gleichzeitig geregelt werden muss.[119] 74

Nach der im November 2020 erfolgten Änderung des IfSG mit dem Dritten Gesetz zum Schutz der Bevölkerung bei einer epidemischen Lage von nationaler Tragweite v. 18.11.2020[120] hat das BMG auf Grundlage von § 5 Abs. 2 S. 1 Nr. 4 lit. f IfSG im Benehmen mit dem BMWi insbesondere folgende weitere Rechtsverordnungen erlassen: 75

Eine zunächst erlassene Preisverordnung für SARS-CoV-2 Antigen-Tests zur patientennahen Anwendung (AntigenPreisV) v. 7.12.2020[121] wurde mit Wirkung zum 31.12.2020 durch die Verordnung zur Aufhebung der Preisverordnung für SARS-CoV-2 Antigen-Tests zur patientennahen Anwendung wieder aufgehoben. Grund dafür war, dass das Ziel, Preise oberhalb der Sachkostenvergütung (derzeit 9 Euro pro Test) für notwendige Tests,[122] bereits durch ua die große Anzahl von Anbietern, die für einen funktionierenden Preis- und Qualitätswettbewerb und eine sichere Versorgung sorgen, erreicht wurde.[123] Eine Marktübersicht der Antigen-Tests, auf die nach der Verordnung zum Anspruch auf Testung in Bezug auf einen direkten Erregernachweis des Coronavirus SARS-CoV-2 (Coronavirus-Testverordnung – TestV) einen Anspruch besteht, stellt das BfArM unter www.bfarm.de/antigentests zur Verfügung.[124] 76

Aufgrund der Änderung durch das Dritte Gesetz zum Schutz der Bevölkerung bei einer epidemischen Lage von nationaler Tragweite v. 18.11.2020 gibt es keinen Arztvorbehalt für In-Vitro-Diagnostika für patientennahe Schnelltests bei Testung auf das Coronavirus SARS-CoV-2, wie insbesondere mit PoC-Antigentests, mehr,[125] so dass grundsätzlich jeder einen solchen Test anwenden kann, soweit die Voraussetzungen der Medizinprodukte-Betreiberverordnung erfüllt sind[126] ,wie insbesondere das Erfordernis einer Schulung des Personals. Ergänzend regelt die Verordnung zur Änderung der Medizinprodukte-Abgabeverordnung im Rahmen der epidemischen Lage von nationaler Tragweite v. 2.12.2020, dass Schnelltests seit 4.12.2020 neben den in dem neu geschaffenen § 3 Abs. 4 a Medizinprodukteabgabeverordnung (MPAV) genannten Einrichtungen und Unternehmen auch an Schulen und Kitas, als Gemeinschaftseinrichtung nach § 33 IfSG, sowie mit der Dritten Verordnung zur Änderung der MPAV an kritische Infrastrukturen, beispielsweise im Bereich Energie, Transport, Verkehr und Medien und Kultur, abgegeben werden können. Zahnarztpraxen und Apotheken sind seit 16.1.2021 zum Testen befugt.[127] Mit der Einführung von Schnelltests steigt zeitgleich auch das Bedürfnis nach gegenseitiger Anerkennung dieser Tests. Der Europäische Gesundheitsausschluss einigte sich deshalb auf eine gemeinsame Liste von SARS-CoV-2-Antigen-Schnelltests, 77

---

119 BT-Drs. 19/18111, 22.
120 BGBl. 2020 I 2397.
121 Banz AT 8.12.2020 V1.
122 BAnz AT 1.12.2020 V1.
123 Meldung der Pharmazeutischen Zeitung v. 30.12.2020, https://www.pharmazeutische-zeitung.de/freie-preise-fuer-sars-cov-2-antigentests/.
124 Mindestkriterien legt das Paul-Ehrlich-Institut in Abstimmung mit dem Robert Koch-Institut fest, BAnz AT 1.12.2020 V1, § 1 Abs. 1 TestV.
125 Insbes. Regelung des § 24 S. 2 IfSG durch Art. 1 des Dritten Gesetzes zum Schutz der Bevölkerung bei einer epidemischen Lage von nationaler Tragweite v. 18.11.2020 (BGBl. I 2397).
126 Referentenentwurf einer Verordnung zur Änderung der Medizinprodukte-Abgabeverordnung im Rahmen der epidemischen Lage von nationaler Tragweite v. 30.11.2020, S. 1.
127 Erste Verordnung zur Änderung der Coronavirus-Testverordnung v. 15.1.2021 (BAnz AT 15.1.2021 V1).

deren Ergebnisse die Mitgliedsstaaten gegenseitig anerkennen werden.[128] Dabei sollen die Schnelltests eine CE-Kennzeichnung tragen, eine Mindestleistungsanforderung von ≥ 90% Sensitivität und ≥ 97% Spezifität erfüllen sowie von mindestens einem Mitgliedstaat als geeignet für die Verwendung qualifiziert worden sein.[129] Diese bisherigen Änderungen in der MPAV betrafen nur Schnelltests. Mit der Dritten Verordnung zur Änderung der MPAV vom 1.2.2021 soll zusätzlich die Abgabe von Selbsttests an Laien ermöglicht werden. Aufgrund der Umgestaltung des § 3 Abs. 4 S. 2 MPAV iVm Anlage 3 MPAV wird die Abgabebeschränkung bei „In-vitro-Diagnostika für die Eigenanwendung, die für den direkten Erregernachweis des Coronavirus SARSCoV-2 bestimmt sind“, aufgehoben.[130] Als Vitro-Diagnostika unterliegen diese Selbsttests dem Medizinproduktegesetz (→ Rn. 9). Die Selbsttests müssen laut BMG dabei so hergestellt werden, dass diese in Bezug auf die Sicherheit und Leistungsfähigkeit hinreichend gebrauchstauglich sind und die Ergebnisqualität sichergestellt ist.[131] Jedoch regelt die Änderung der MPAV nicht, inwieweit Laien positive Testergebnisse zu melden haben. So sollten Beipackzettel den Anwender informieren, wie mit einem positiven, negativen oder unklaren Ergebnis umgegangen werden soll.[132] Insbesondere bei einem positiven Ergebnis ist eine Bestätigungsdiagnostik erforderlich. Wie diese in der Praxis tatsächlich umgesetzt wird, ist noch unklar.[133] Die allgemeinen Haftungsregeln bleiben dabei unberührt. Soweit es zu einem Schaden aufgrund eines defekten Tests kommen sollte, könnte der Hersteller nach dem Produkthaftungsgesetz und den allgemeinen Haftungsregeln Ansprüchen ausgesetzt werden.[134]

c) Durchführung der Rechtsverordnungen gem. § 5 Abs. 2 S. 1 Nr. 6 IfSG

78 Grundsätzlich wird das IfSG von den Ländern als eigene Angelegenheit ausgeführt. Das gälte grundsätzlich auch für die neuen Vorschriften des § 5 Abs. 2 S. 1 Nr. 4 IfSG: Nach der **allgemeinen Regelung der Art. 80, 30 GG** würde die Durchführung der Rechtsverordnungen des BMG durch die nach Landesrecht zuständigen Behörden erfolgen.

79 Davon abweichend überträgt § 5 Abs. 2 S. 1 Nr. 6 IfSG dem BMG die Kompetenz „die **notwendigen Anordnungen zur Durchführung der Maßnahmen nach Nummer 4** Buchstabe a und c bis g zu treffen“. Das IfSG ordnet in Bezug auf diese Maßnahmen eine **Gesetzesausführung durch bundeseigene Verwaltung** iSd Art. 86 S. 1 GG an.[135] Hintergrund dafür ist, dass im Fall einer über Landesgrenzen hinweggehende Epidemie das einheitliche Handeln im Bundesgebiet besonders erfolgsversprechend ist.[136]

---

128 EU health preparedness: A common list of COVID-19 rapid antigen tests, including those whose test results are mutually recognized, and a common standardised set of data to be included in COVID-19 test result certificates abrufbar unter, https://ec.europa.eu/health/sites/health/files/preparedness_response/docs/covid-19_rat_common-list_en.pdf.

129 EU health preparedness: A common list of COVID-19 rapid antigen tests, including those whose test results are mutually recognized, and a common standardised set of data to be included in COVID-19 test result certificates abrufbar unter, https://ec.europa.eu/health/sites/health/files/preparedness_response/docs/covid-19_rat_common-list_en.pdf.

130 Dritte Verordnung zur Änderung der Medizinprodukte-Abgabeverordnung im Rahmen der epidemischen Lage von nationaler Tragweite v. 1.1.2021.

131 FAQ zu den Änderungen der Medizinprodukte-Abgabeverordnung im Rahmen der epidemischen Lage von nationaler Tragweite, S. 5.

132 FAQ zu den Änderungen der Medizinprodukte-Abgabeverordnung im Rahmen der epidemischen Lage von nationaler Tragweite, S. 5; Meldung der Pharmazeutischen Zeitung v. 8.2.2021, https://www.pharmazeutische-zeitung.de/alles-was-apotheker-zu-den-selbsttests-wissen-muessen-123554/.

133 Meldung der Pharmazeutischen Zeitung v. 8.2.2021, https://www.pharmazeutische-zeitung.de/alles-was-apotheker-zu-den-selbsttests-wissen-muessen-123554/.

134 Meldung der Pharmazeutischen Zeitung v. 8.2.2021, https://www.pharmazeutische-zeitung.de/alles-was-apotheker-zu-den-selbsttests-wissen-muessen-123554/.

135 *Rixen* NJW 2020, 1097 (1102).

136 BT-Drs. 19/18111, 15.

d) Begrenzung des Patentschutzes im Interesse der Öffentlichkeit, § 5 Abs. 2 S. 1 Nr. 5 IfSG

§ 13 Abs. 1 des Patentgesetzes (PatG) gibt der Bundesregierung die Möglichkeit, anzuordnen, dass eine Erfindung im Interesse der öffentlichen Wohlfahrt benutzt werden soll. Sie kann den Patentschutz insoweit also außer Kraft setzen (§ 13 Abs. 1 S. 1 PatG). Dieselbe Wirkung hat es, wenn die zuständige oberste Bundesbehörde oder in deren Auftrag eine nachgeordnete Stelle anordnet, dass eine Erfindung im Interesse der Sicherheit des Bundes benutzt werden soll (§ 13 Abs. 1 S. 2 PatG). § 5 Abs. 2 S. 1 Nr. 5 IfSG ermächtigt anstelle der Bundesregierung oder anderen zuständigen obersten Bundesbehörde das BMG, eine solche Anordnung zu treffen. 80

Die Anordnung auf Grundlage des § 5 Abs. 2 S. 1 Nr. 5 IfSG soll eine ausreichende quantitative Versorgung mit Medizinprodukten gewährleisten, dh die **Herstellung von benötigten Produkten in ausreichender Zahl gewährleisten.**[137] Weil der Patentschutz – genauer: das Verbotsrecht des Patentinhabers[138] – außer Kraft gesetzt ist, soweit die Nutzung der Erfindung im Interesse der öffentlichen Wohlfahrt oder der Sicherheit des Bundes erfolgt, dürfen auch weitere Hersteller – die also nicht Inhaber des Patents sind – in diesen Grenzen die betroffenen Produkte herstellen.[139] Die Anordnung darf andere Hersteller allerdings nur dazu berechtigen, die Erfindung im Sinne des Gemeinwohls zu nutzen und nicht, sie für eigene gewerbliche Zwecke zu nutzen.[140] 81

§ 5 Abs. 2 S. 1 Nr. 5 IfSG verweist nur auf § 13 Abs. 1 PatG, indem er das BMG ermächtigt, „nach § 13 Absatz 1 des Patentgesetzes anzuordnen (…)“. In Folge einer Anordnung auf Grundlage von § 5 Abs. 2 S. 1 Nr. 5 IfSG sollen also die Rechtsfolgen des § 13 Abs. 1 PatG eintreten. Daher ist wohl auch in diesem Kontext der § 13 Abs. 3 PatG anwendbar, der dem **Patentinhaber gegen den Bund einen Anspruch auf angemessene Vergütung** verleiht. 82

II. Fazit und Ausblick

§ 5 Abs. 2 S. 1 Nr. 4 IfSG bietet dem BMG zahlreiche und inhaltlich unterschiedliche Rechtsgrundlagen für die Bekämpfung und Vorbeugung von Versorgungsengpässen im Rahmen einer epidemischen Lage von nationaler Tragweite. Dadurch kann das BMG besonders flexibel die jeweils wirksamste Anordnung treffen. Die Möglichkeit, mehrere Anordnungen gleichzeitig zu treffen, erlaubt es dem BMG außerdem, ein intelligentes regulatorisches System zur Sicherstellung der Versorgung auf- und auszubauen und dadurch die Last eines solchen auf verschiedenen Schultern zu verteilen. 83

Vielversprechend ist insbesondere das Instrument der Befreiung vom Haftungsrisiko, die der Bund auf Grundlage von § 5 Abs. 2 S. 1 Nr. 4 lit. a IfSG gegenüber privaten Wirtschaftsunternehmen für das Inverkehrbringen bestimmter, dringend benötigter Medizinprodukte am 8.4.2020 bereits genutzt hat (→ Rn. 51). Sie motiviert die Unternehmen zu einer beschleunigten Bereitstellung von derartigen Produkten. Eine entsprechende Wertung findet sich auch in § 7 der Verordnung über die Zulassung von Ausnahmen von Vorschriften des Arzneimittelgesetzes für die Bereiche des Zivil- und Katastrophenschutzes, der Bundeswehr, der Bundespolizei sowie der Bereitschaftspolizeien der Länder (AMG-Zivilschutzausnahmeverordnung), die Hersteller von der Gefährdungshaftung des § 84 AMG befreit. 84

137 BT-Drs. 19/18111, 15.
138 *Scharen* in Benkard PatG § 13 Rn. 7 f.
139 *Scharen* in Benkard PatG § 13 Rn. 7 f.
140 *Scharen* in Benkard PatG § 13 Rn. 7 f.

85 Die zweite, in § 3 Abs. 4 S. 1 MedBVSV v. 26.5.2020[141] enthaltene Haftungsbefreiung (→ Rn. 57) in Form eines grundsätzlichen Haftungsausschlusses übernimmt eben diese Wertung, ohne wie in dem Referentenentwurf v. 6.4.2020 vorgesehen einen Verweis auf die AMG-Zivilschutzausnahmeverordnung aufzunehmen, und regelt für pharmazeutische Unternehmer, Hersteller und Angehörige von Gesundheitsberufen – abweichend von § 84 AMG[142] – für Auswirkungen der Anwendung der in § 1 Abs. 2 MedBVSV genannten Produkte, wenn diese Produkte durch das Bundesministerium als Reaktion auf die vermutete oder bestätigte Verbreitung des SARS-CoV-2-Erregers in den Verkehr gebracht werden, grundsätzlich einen Ausschluss der Haftung. Konkretisierend gilt nach § 3 Abs. 4 S. 2 MedBVSV der Ausschluss für Folgen der auf § 3 Abs. 1 MedBVSV gestützten Abweichungen bei einfacher Fahrlässigkeit, es bleibt eine potentielle Haftung für grobe Fahrlässigkeit und Vorsatz. Im Übrigen besagt § 3 Abs. 4 S. 3 der MedBVSV, dass die Haftung insbesondere nach dem Produkthaftungsgesetz (ProdHaftG) unberührt bleibt. Unklar und für die Praxis mit Unsicherheit verbunden bleibt dabei, wie das Verhältnis von § 3 Abs. 4 S. 2 MedBVSV und dem ProdHaftG für das Vertretenmüssen sein soll, da das ProdHaftG eine verschuldensunabhängige Haftung normiert.

86 Aufgrund des Zeitdrucks bei der Formulierung sind die Gesetze zum Schutz der Bevölkerung bei einer epidemischen Lage von nationaler Tragweite inhaltlich nicht so eindeutig, wie es im Interesse der Rechtssicherheit grundsätzlich notwendig wäre. Der Gesetzgeber hatte diese Schwierigkeiten vorausgesehen und die in diesem Kapitel behandelten Kompetenzen zunächst für einen befristeten Zeitraum eingeführt: Das Gesetz zum Schutz der Bevölkerung bei einer epidemischen Lage von nationaler Tragweite v. 27.3.2020[143] bestimmte in Art. 3 Nr. 2 a iVm Art. 7 Abs. 4 sogleich die **Aufhebung der eingeführten Rechtsgrundlagen des § 5 Abs. 2 S. 1 Nr. 4 IfSG zum 1.4.2021** (sog. „Sunset-Klausel“). Laut des am 4.3.2021 vom Bundestag beschlossenen Gesetzes zur Fortgeltung der die epidemische Lage von nationaler Tragweite betreffenden Regelunge („EpiLage-Fortgeltungsgesetz“) ist es jedoch aufgrund der nach wie vor dynamischen Lage erforderlich, die aktuell geltenden Regelungen über den 31.3.2021 hinaus zu verlängern. Zugleich soll für künftige pandemische Lagen die geschaffenen rechtlichen Grundlagen erhalten bleiben. Zudem soll dem Bundestag nach § 5 Abs. 1 S. 2 IfSG die Kompetenz zustehen, mindestens alle drei Monate über die Fortdauer der Feststellung der epidemischen Lage nationaler Tragweite zu entscheiden. Konkret bedeutet dies, dass die pandemierelevanten Verordnungsermächtigungen und Rechtsverordnungen an eine epidemische Lage von nationaler Tragweite akzessorisch geknüpft werden und nicht automatisch nach dem 31.3.2021 außer Kraft treten.

141 BAnz AT 26.5.2020 V1, gestützt auf § 5 Abs. 2 S. 1 Nr. 4 lit. a, b und c IfSG.
142 Zur Formulierungswahl siehe Rn. 57.
143 BGBl. 2020 I 587.

§ 8 Arzneimittel und die epidemische Lage von nationaler Tragweite

Literatur: *Berchtold/Huster/Rehborn* (Hrsg.), Gesundheitsrecht – SGB V, SGB XI, 2. Aufl. 2017; *Fuhrmann/Klein/Fleischfresser* (Hrsg.), Arzneimittelrecht – Handbuch für die pharmazeutische Praxis, 3. Aufl. 2020; *Körner/Patzak/Volkmer* (Hrsg.), Betäubungsmittelgesetz – Kommentar, 9. Aufl. 2019; *Kügel/Müller/Hofmann* (Hrsg.), Arzneimittelgesetz – Kommentar, 2. Aufl. 2016; *Mes*, Patentgesetz, Gebrauchsmustergesetz – Kommentar, 5. Aufl. 2020; *Rehmann* (Hrsg.), Arzneimittelgesetz – Kommentar, 5. Aufl. 2020; *Rixen/Krämer* (Hrsg.), Apothekengesetz mit Apothekenbetriebsordnung – Kommentar, 2014; *Sander* (Hrsg.), Arzneimittelrecht – Kommentar für die juristische und pharmazeutische Praxis zum Arzneimittelgesetz (Stand: Oktober 2017).

I. Epidemische Lage von nationaler Tragweite – Versorgung mit Produkten des medizinischen Bedarfs 1
1. Produktkategorien 2
   a) Arzneimittel, Impfstoffe, Betäubungsmittel 3
   b) Medizinprodukte, Labordiagnostik, Hilfsmittel 11
   c) Gegenstände der persönlichen Schutzausrüstung, Produkte zur Desinfektion 12
   d) Wirk-, Ausgangs- und Hilfsstoffe 13
   e) Materialien, Behältnisse und Verpackungsmaterialien zur Herstellung und zum Transport 17
2. Maßnahmen zur Sicherstellung der Versorgung 18
   a) Ausnahmevorschriften von spezialgesetzlichen Regelungen 19
   b) Ermächtigung der zuständigen Behörden 20
   c) Sicherstellung der Versorgung ieS 21
   d) Sicherstellung der Verwendung 22
   e) Verkaufs- und Verpflichtungsverbote 23
   f) Abweichungen von sozialrechtlichen Vorgaben 24
   g) Maßnahmen bezogen auf Produktions- oder Betriebsstätte 25
3. Anordnungsbefugnis zur Durchführung und Erweiterung der Maßnahmen 26
4. Geltung und Rechtsschutz 27

II. SARS-CoV-2-Arzneimittelversorgungsverordnung 29
1. Überblick 30
2. Ausnahmen vom Fünften Buch Sozialgesetzbuch 32
   a) Widerspruchsfrist G-BA bei klinischen Studien im Off-Label-Use 32
   b) Entlassmanagement/Krankenhaus 34
   c) Austausch von Arzneimitteln durch Apotheker 36
   d) Beanstandung und Retaxation 39
   e) Parenterale Zubereitungen in der Onkologie 40
3. Ausnahmen vom Apothekengesetz und von der Apothekenbetriebsordnung 41
4. Ergänzung der Arzneimittelpreisverordnung 43
   a) Zusatzbeitrag Botendienst 43
   b) Förderung von Botendiensten 45
   c) Abgabe von Teilmengen 46
5. Ausnahmen vom Betäubungsmittelrecht 47
   a) Ausnahmen von der Erlaubnispflicht 47
   b) Sicherstellung der Substitutionsbehandlung von opioidabhängigen Patienten 48
6. Auskunftspflicht, Verkaufs- und Verpflichtungsverbot 52
7. Außerkrafttreten 57

III. SARS-CoV-2 Medizinischer Bedarf Versorgungssicherstellungsverordnung 58
1. Anwendungsbereich und Motive 59
2. Begriffsbestimmungen 61
3. Beschaffung und Abgabe durch Behörden des Bundes 62
   a) Beschaffung und Abgabe 62
   b) Aufwendungsersatz durch die Empfänger 63
4. Ausnahmen vom Arzneimittelgesetz und weiteren Gesetzen 64
   a) Beschaffung von zugelassenen Arzneimitteln und Wirk- Ausgangs- oder Hilfsstoffen 65
   b) Beschaffung nicht zugelassener Arzneimittel 66
   c) Haftungsausschluss und Haftungseinschränkung 68
      aa) Haftungsausschluss von § 84 AMG 69

bb) Haftungseinschränkung der Verschuldenshaftung 70
cc) Haftung für sonstige Schäden ... 71
5. Weitere Ausnahmen vom Arzneimittelgesetz und weiteren Gesetzen ... 72
a) Kennzeichnung und Packungsbeilage ... 73
b) Ablauf des Verfalldatums ... 74
c) Ausnahmen im Rahmen der Herstellung und Ein- und Ausfuhr sowie Verbringen ... 75
d) Ausnahmen vom Zulassungsrecht ... 77
e) Klinische Prüfung ... 78
aa) Fristen ... 79
bb) Zurverfügungstellung von Prüfmedikation ... 80
f) Ausnahmen von der Arzneimittel-Härteverordnung ... 81
g) Sicherstellungsauftrag nach § 52 b AMG ... 82
6. Ausnahmen vom Transfusionsgesetz ... 83
a) Abweichungen von § 5 TFG .. 84
b) Weitere abweichende Maßnahmen ... 85
c) Bekanntgabe ... 86
7. Ausnahmen von Kostenverordnungen der Bundesoberbehörden 87
a) Ausnahmen von der AMG-Kostenverordnung ... 87
b) Ausnahmen durch das PEI ... 88
8. Ausnahmen von der GCP-Verordnung ... 89
a) Kennzeichnung von Prüfpräparaten ... 89
b) Bewertung durch die Ethik-Kommission: multizentrische Prüfungen ... 90
c) Nachträgliche Änderungen ... 91
9. Verkehrsfähigkeit persönlicher Schutzausrüstung ... 92
10. Außerkrafttreten ... 93
IV. ITS-Arzneimittelbevorratungsverordnung ... 94
V. Drittes Gesetz zum Schutz der Bevölkerung bei einer epidemischen Lage von nationaler Tragweite ... 96
1. Ausnahmeermächtigungen für Krisenzeiten, § 79 AMG ... 97
2. Neue Rechtsgrundlage, § 79 Abs. 4 a AMG ... 98
3. Versorgungsmangel, § 79 Abs. 5 S. 2 Alt. 2 AMG ... 101
VI. Einschränkungen für Patentinhaber .. 102
1. Anordnungsbefugnis nach § 5 Abs. 2 S. 1 Nr. 5 IfSG ... 102
2. Einschränkungen des Patentrechts ... 104
a) Staatliche Benutzungsanordnung nach § 13 PatG ... 106
b) Zwangslizenzen nach § 24 PatG ... 109
3. Rechtsschutz ... 111

I. Epidemische Lage von nationaler Tragweite – Versorgung mit Produkten des medizinischen Bedarfs

1 Mit den Änderungen in **§ 5 Abs. 2 S. 1 Nr. 4 IfSG**[1] will der Gesetzgeber dem Bundesministerium für Gesundheit (BMG) für ausgewählte Gesundheitsprodukte – versorgungsrelevante Produkte des medizinischen Bedarfs – die rechtliche Möglichkeit eröffnen, durch **Rechtsverordnung** ohne Zustimmung des Bundesrates **Maßnahmen** zur **Sicherstellung** der **Versorgung** des Bevölkerung mit eben diesen Produkten während der epidemischen Lage von nationaler Tragweite treffen zu können.

1. Produktkategorien

2 Der Gesetzgeber verzichtet bei der Aufzählung der einschlägigen Gesundheitsprodukte auf Verweise auf Legaldefinitionen in den entsprechenden Spezialgesetzen. Vielmehr werden die **Produktkategorien enumerativ** erwähnt: Das BMG wird durch Rechtsverordnung ermächtigt, Maßnahmen zur Versorgung mit Arzneimitteln einschließlich Impfstoffen[2] und Betäubungsmitteln, Medizinprodukten, Labordiagnostik, Hilfsmitteln, Gegenständen der persönlichen Schutzausrüstung und Produkten zur Desinfektion treffen zu können. Ferner wird das BMG ermächtigt, für jede Produktkategorie jeweils **auch** in Bezug auf die **Wirk-, Ausgangs- und Hilfsstoffe** sowie für die Materialien,

1 Die Änderungen basieren auf dem Gesetz zum Schutz der Bevölkerung bei einer epidemischen Lage von nationaler Tragweite v. 27.3.2020 (BGBl. I 587).

2 Impfstoffe sind mit dem Zweiten Gesetz zum Schutz der Bevölkerung bei einer epidemischen Lage von nationaler Tragweite v. 19.5.2020 (BGBl. I 1018) eingefügt worden, BT-Drs. 19/18967, 13.

Behältnisse und Verpackungsmaterialien,[3] die zur Herstellung und Transport dieser Produkte erforderlich sind, Maßnahmen zu treffen.

a) Arzneimittel, Impfstoffe, Betäubungsmittel

Arzneimittel gem. der **Legaldefinition** des 2 Abs. 1 AMG sind 3

Stoffe oder Zubereitungen aus Stoffen,

1. *die zur Anwendung im oder am menschlichen oder tierischen Körper bestimmt sind und als Mittel mit Eigenschaften zur Heilung oder Linderung oder zur Verhütung menschlicher oder tierischer Krankheiten oder krankhafter Beschwerden bestimmt sind oder*
2. *die im oder am menschlichen oder tierischen Körper angewendet oder einem Menschen oder einem Tier verabreicht werden können, um entweder*
   a) *die physiologischen Funktionen durch eine pharmakologische, immunologische oder metabolische Wirkung wiederherzustellen, zu korrigieren oder zu beeinflussen oder*
   b) *eine medizinische Diagnose zu erstellen.*

Der duale[4] Arzneimittelbegriff des § 2 Abs. 1 AMG umfasst neben **Humanarzneimitteln** auch **Tierarzneimittel.** Darüber hinaus umfasst § 2 Abs. 1 Nr. 1 lit. b AMG auch Diagnostika. Hier handelt es sich um einen eigenständigen Tatbestand eines Funktionsarzneimittels, der ausschließlich Stoffe und Stoffzubereitungen mit diagnostischer Zweckbestimmung betrifft.[5] Erfasst werden allerdings nur **In-vivo-Diagnostika,** da die In-vitro-Diagnostika dem Anwendungsbereich des Medizinproduktegesetzes (MPG) unterfallen, vgl. § 3 Abs. 5 Nr. 1, 3 Nr. 4–6 MPG. 4

Im Hinblick auf die „offene" Verweistechnik des Gesetzgebers sind demzufolge auch die sog. fiktiven Arzneimittel[6] (**Geltungsarzneimittel**) des § 2 Abs. 2 AMG erfasst.[7] 5

Der Gesetzgeber verweist darauf, dass mit der Aufzählung klargestellt werden soll, dass auch **Impfstoffe** von dieser Vorschrift erfasst werden sollen.[8] Es ist allerdings fraglich, ob es einer spezifischen Aufzählung des Impfstoffbegriffs bedurft hätte. 6

Nach § 4 Abs. 4 AMG sind Impfstoffe 7

Arzneimittel im Sinne des § 2 Abs. 1, *die Antigene oder rekombinante Nukleinsäuren enthalten und die dazu bestimmt sind, bei Mensch oder Tier zur Erzeugung von spezifischen Abwehr- und Schutzstoffen angewendet zu werden und, soweit sie rekombinante Nukleinsäuren enthalten, ausschließlich zur Vorbeugung oder Behandlung von Infektionskrankheiten bestimmt sind.*

Die weiteren Begriffsbestimmungen besonderer Arzneimittelkategorein des § 4 AMG dienen insbesondere der Rechtssicherheit, indem die besonderen Arzneimittelkategorien in Abgrenzung zu anderen Produktkategorien herausgehoben im AMG definiert werden. Mit der „offenen" Verweistechnik besteht jedoch die Gefahr, dass unklar ist, ob 8

---

3 Auch die Produkte, die zur Herstellung und zum Transport der Produktkategorien erforderlich sind, sind mit dem in Fn. 2 zitierten Gesetz eingeführt worden, BT-Drs. 19/18967. Dies ging auf Kritik insbes. pharmazeutischer Hersteller zurück, die darauf verwiesen haben, dass zur Versorgungssicherheit auch Behältnisse und Verpackungsmaterialien und sonstige Materialien zählen.

4 Der aus dem Europarecht stammende Arzneimittelbegriff umfasst die sog. Präsentations- und Funktionsarzneimittel, *Müller* in Kügel/Müller/Hofmann AMG § 2 Rn. 19.

5 *Müller* in Kügel/Müller/Hofmann AMG § 2 Rn. 100.

6 *Rehmann* AMG § 2 Rn. 20.

7 Hierzu zählen: körperberührende Gegenstände, tierärztliche Einweginstrumente, in den tierischen Körper eingebrachte Gegenstände, Verbandsstoffe/chirurgische Nahtmaterialien, Diagnostika ohne Anwendungseigenschaft.

8 BT-Drs. 19/18967, 54.

weitere spezifische Arzneimittelkategorien, wie zB Blutzubereitungen[9] oder Sera[10], unter § 5 Abs. 2 S. 1 Nr. 4 IfSG fallen.

9 Gerade Sera könnten in der Bewältigung der Corona-Epidemie eine gewichtige Rolle spielen. Mit einem Serum wird die passive Immunisierung durch die Zufuhr von antikörperhaltigem Immunglobulin durchgeführt.[11] Sera werden aus Blut bzw. aus Blutplasma menschlicher Spender oder Plasma gewonnen.[12]

10 **Betäubungsmittel** iSd des Betäubungsmittelgesetzes (BtMG) sind die in den Anlagen I bis III aufgeführten Stoffe und Zubereitungen, § 1 Abs. 1 BtMG. Der Gesetzgeber des BtMG hat – abweichend vom AMG – den Begriff des Betäubungsmittels im Interesse der Rechtsklarheit durch ein System der **Positivliste** definiert.[13]

b) Medizinprodukte, Labordiagnostik, Hilfsmittel

11 Es wird auf die Darstellung von *Böck* in → § 7 Rn. 1 ff. (Medizinprodukte) verwiesen.

c) Gegenstände der persönlichen Schutzausrüstung, Produkte zur Desinfektion

12 Es wird auf die Darstellung von *Böck* in → § 7 Rn. 1 ff. (Medizinprodukte) verwiesen.

d) Wirk-, Ausgangs- und Hilfsstoffe

13 Der Gesetzgeber bezieht überdies in den Anwendungsbereich der Norm für jede Produktkategorie jeweils auch die Wirk-, Ausgangs- und Hilfsstoffe, die zur **Herstellung** und **Transport** dieser Produkte erforderlich sind, mit ein.

14 Eine Legaldefinition für **Ausgangsstoffe** ist im AMG nicht vorhanden. Gleichwohl wird der Begriff im AMG mehrfach verwendet, vgl. §§ 12 Abs. 1 lit. b Nr. 1, 22 Abs. 7 S. 3 AMG ua. Darüber hinaus wird er im Rahmen der EU-Leitlinien für die Gute Herstellungspraxis (GMP-Leitfaden)[14] im Teil 1 explizit – neben Wirk- und Hilfsstoffen – aufgeführt. Ausgangsstoffe sind dem **Stoffbegriff** des Arzneimittelrechts (§ 3 AMG) zuzuordnen, der als Oberbegriff für eine Vielzahl von weiteren Begriffen anzusehen ist.[15] Stoffe iSd AMG sind als Gegensatz zu Gegenständen zu sehen.[16]

15 Nach § 4 Abs. 19 AMG sind **Wirkstoffe** Stoffe, die dazu bestimmt sind, bei der Herstellung von Arzneimitteln als arzneilich wirksame Bestandteile verwendet zu werden oder bei ihrer Verwendung in der Arzneimittelherstellung zu arzneilich wirksamen Bestandteilen der Arzneimittel zu werden.

16 Ein **Hilfsstoff** iSd der Arzneimittel- und Wirkstoffherstellungsverordnung (AMWHV) ist jeder Bestandteil eines Arzneimittels, mit Ausnahmen des Wirkstoffs oder des Verpackungsmaterials, § 2 Nr. 2 AMWHV.

---

9 § 4 Abs. 2 AMG: „Blutzubereitungen sind Arzneimittel, die aus Blut gewonnene Blut-, Plasma- oder Serumkonserven, Blutbestandteile oder Zubereitungen aus Blutbestandteilen sind oder als Wirkstoffe enthalten."

10 § 4 Abs. 3 AMG: „Sera sind Arzneimittel im Sinne des § 2 Absatz 1, die Antikörper, Antikörperfragmente oder Fusionsproteine mit einem funktionellen Antikörperbestandteil als Wirkstoff enthalten und wegen dieses Wirkstoffs angewendet werden. Sera gelten nicht als Blutzubereitungen im Sinne des Absatzes 2 oder als Gewebezubereitungen im Sinne des Absatzes 30."

11 *Ruoff* in Fuhrmann/Klein/Fleischfresser ArzneimittelR-HdB § 31 Rn. 2.

12 *Ruoff* in Fuhrmann/Klein/Fleischfresser ArzneimittelR-HdB § 31 Rn. 2.

13 *Patzak* in Körner/Patzak/Volkmer BtMG § 1 Rn. 3.

14 EU-Leitlinien für die Gute Herstellungspraxis – Anlage zur Bekanntmachung des Bundesministeriums für Gesundheit zu § 3 Arzneimittel- und Wirkstoffherstellungsverordnung (AMWHV) v. 16.4.2012 (BAnz. Nummer 78 v. 10.5.2012).

15 *Müller* in Kügel/Müller/Hofmann AMG § 2 Rn. 62.

16 *Sander* ArzneimittelR AMG § 3 Rn. 2.

e) Materialien, Behältnisse und Verpackungsmaterialien zur Herstellung und zum Transport

Diese Gegenstände sind für die Herstellung und zum Transport insbesondere bei Arzneimitteln unverzichtbar. Es geht hier ua um die äußere Umhüllung von Arzneimitteln (vgl. § 10 AMG) und sonstige wesentliche Gegenstände, die im Rahmen gerade der Herstellung von Arzneimitteln grundsätzlich auch unter GMP-Anforderungen der **Qualitätskontrolle** unterliegen. Der Gesetzgeber hat diese Produkte in den Anwendungsbereich der Vorschrift mit aufgenommen. 17

2. Maßnahmen zur Sicherstellung der Versorgung

Der Gesetzgeber räumt dem BMG **umfangreiche Befugnisse** ein, per Rechtsverordnung Maßnahmen zur Sicherstellung der Versorgung der in den Anwendungsbereich fallenden Produkte treffen zu können. 18

a) Ausnahmevorschriften von spezialgesetzlichen Regelungen

Der Maßnahmenkatalog des § 5 Abs. 2 S. 1 Nr. 4 lit. a IfSG ist nahezu allumfassend. Das BMG kann ohne Zustimmung des Bundesrates **Ausnahmen** von den **spezialgesetzlichen Vorschriften** des AMG, des Betäubungsmittelgesetzes, des Apothekengesetzes, des Fünften Buches Sozialgesetzbuch (SGB V), des Transfusionsgesetzes treffen. Dies bezieht sich ferner auch auf die auf ihrer Grundlage erlassenen Rechtsverordnungen.[17] Beispielhaft aufgezählt werden ua die Herstellungs-, Zulassungs- und Kennzeichnungsvorschriften sowie Regelungen zur Abgabe, Ein- und Ausfuhr und der Haftung der im Anwendungsbereich liegenden Produkte. 19

b) Ermächtigung der zuständigen Behörden

Die zuständigen Behörden der Länder können gem. § 5 Abs. 2 S. 1 Nr. 4 lit. b IfSG im Einzelfall ermächtigt werden, Ausnahmen von den unter Buchstabe a genannten spezialgesetzlichen Vorschriften zu gestatten. Die Landesbehörden sollen demnach ermächtigt werden, **adäquat** auf die **jeweilige Situation** vor Ort reagieren zu können.[18] 20

c) Sicherstellung der Versorgung ieS

Das BMG kann zur **Sicherstellung der Versorgung** auch Maßnahmen zum Bezug, zur Beschaffung, Bevorratung, Verteilung und Abgabe der genannten Produkte durch den Bund treffen sowie Melde- und Anzeigepflichten regeln, § 5 Abs. 2 S. 1 Nr. 4 lit. c IfSG. 21

d) Sicherstellung der Verwendung

Der Gesetzgeber sieht ferner in § 5 Abs. 2 S. 1 Nr. 4 lit. d IfSG vor, dass Regelungen zur Sicherstellung der Verwendung der Produkte getroffen werden können. Die soll für den Fall erforderlich sein, bei dem eine **Ausfuhr** aus der Bundesrepublik Deutschland **verhindert** werden soll, wenn Produkte für den hiesigen Markt dringend benötigt werden.[19] Wenn Maßnahmen enteignende Wirkung haben sollten, ist eine angemessene **Entschädigung** durch den Staat zu zahlen. 22

e) Verkaufs- und Verpflichtungsverbote

Darüber hinaus soll das BMG nach § 5 Abs. 2 S. 1 Nr. 4 lit. e IfSG ermächtigt werden, Verbote zu erlassen, die die **Vertragsfreiheit** von juristischen oder natürlichen Personen 23

---

17 Arzneimittel- und Wirkstoffherstellungsverordnung, GCP-Verordnung, Apothekenbetriebsordnung, Arzneimittelpreisverordnung ua.

18 BT-Drs. 19/18111, 21.

19 Gesetz zum Schutz der Bevölkerung bei einer epidemischen Lage von nationaler Tragweite v. 27.3.2020 (BGBl. I 587), BT-Drs. 19/18111, 21.

einschränken würden. Etwaige Verbote beziehen sich auf Verkaufsverbote, Überlassungsverbote oder Verbote bereits eingegangener Verpflichtungen zur Überlassung zu erfüllen. Auch hier sollen angemessene **Entschädigungsregelungen** getroffen werden.

f) Abweichungen von sozialrechtlichen Vorgaben

24 Abweichungen von den bestehenden Vorschriften zum Vertrieb, zur Abgabe, Preisbildung und -gestaltung treffen zu können, regelt § 5 Abs. 2 S. 1 Nr. 4 lit. f IfSG. Die Ermächtigung des BMG bezieht sich demnach zB auf die **Außerkraftsetzung sozialrechtlicher Vorschriften** zur Austauschbarkeit von Arzneimitteln, Geltung von Rabattverträgen oder Änderungen in der Arzneimittelpreisverordnung ua.

g) Maßnahmen bezogen auf Produktions- oder Betriebsstätte

25 Das BMG wird in § 5 Abs. 2 S. 1 Nr. 4 lit. g IfSG ferner ermächtigt, Anordnungen zum **Betrieb von Produktionsstätten** oder einzelnen **Betriebsstätten** treffen zu können. Dies betrifft Maßnahmen zur Aufrechterhaltung, Umstellung, Eröffnung oder Schließung von Betrieben. Auch hier ist vorgesehen, angemessene **Entschädigungsregelungen** zu treffen.

3. Anordnungsbefugnis zur Durchführung und Erweiterung der Maßnahmen

26 Das BMG wird zudem nach **§ 5 Abs. 2 S. 1 Nr. 6 IfSG** ermächtigt, neben den für den Vollzug zuständigen Landesbehörden **notwendige Anordnungen** der Maßnahmen nach § 5 Abs. 2 S. 1 Nr. 4 lit. a und c bis g IfSG zu treffen. Zudem kann es seine nachgeordneten Behörden (Bundesinstitut für Arzneimittel und Medizinprodukte, Paul-Ehrlich-Institut ua) beauftragen, entsprechende Maßnahmen vorzunehmen. Etwaige Anordnungen im Sinne von § 35 VwVfG können auch zur **Ergänzung** der Regelungen der Maßnahmen nach Nr. 4 lit. c bis g getroffen werden. Hiermit soll die geregelte Versorgung mit den ausgewählten Produkten gewährleistet werden.[20]

4. Geltung und Rechtsschutz

27 Die vorgesehenen Regelungen treten mit der **Feststellung** der **Aufhebung** der epidemischen Lage von nationaler Tragweite – durch den Deutschen Bundestag – außer Kraft, § 5 Abs. 4 S. 1 IfSG.[21] Dies gilt auch für nach Abs. 2 getroffene Anordnungen (iSv § 35 VwVfG).

28 Anfechtungsklagen gegen Anordnungen nach § 5 Abs. 2 IfSG haben **keine aufschiebende Wirkung,** § 5 Abs. 4 S. 4 IfSG. Der Gesetzgeber begründet den Wegfall der aufschiebenden Wirkung mit der Dynamik einer epidemischen Lage.[22]

20 Die Ergänzung ist mit dem Zweiten Gesetz zum Schutz der Bevölkerung bei einer epidemischen Lage von nationaler Tragweite v. 19.5.2020 (BGBl. I 1018) vorgenommen worden (BT-Drs. 19/18967, 14).

21 Durch das Gesetz zum Schutz der Bevölkerung bei einer epidemischen Lage von nationaler Tragweite (BGB. 2020 I 587) war ein Außerkrafttreten der Regelungen *durch Gesetz* bis spätestens 31.3.2021 vorgesehen. Angesichts der dynamischen Entwicklung der Infektionslage, vor allem aufgrund neuer Mutationen des Coronavirus SARS-CoV-2, ist es nach dem vom Bundestag am 4.3.2021 beschlossenen Gesetz zur Fortgeltung der die epidemische Lage von nationaler Tragweite betreffenden Regelungen notwendig, die Maßnahmen über den 31.3.2021 hinaus zu verlängern. Die gesetzlich vorgesehene Frist (31.3.2021) soll gestrichen werden. Vielmehr soll die Feststellung der epidemischen Lage von nationaler Tragweite als aufgehoben gelten, sofern der Deutsche Bundestag nicht spätestens drei Monate nach der Feststellung das Fortbestehen der epidemischen Lage feststellt („3-Monatsrhythmus“, § 5 Abs. 1 Satz 3, 4 IfSG-E).

22 BT-Drs. 19/18111, 23.

II. SARS-CoV-2-Arzneimittelversorgungsverordnung

Das BMG hat aufgrund des § 5 Abs. 2 S. 1 Nr. 4 lit. a, b, c, e und f und Nr. 7 IfSG die **Verordnung** über **Abweichungen** von den Vorschriften des SGB V, des Apothekengesetzes, der Apothekenbetriebsordnung, des Betäubungsmittelgesetzes und der Betäubungsmittel-Verschreibungsverordnung infolge der SARS-CoV-2-Epidemie (**SARS-CoV-2-Arzneimittelversorgungsverordnung**) v. 20.4.2020 erlassen. Die Verordnung ist am 21.4.2020 im Bundesanzeiger veröffentlicht[23] worden und am 22.4.2020 in Kraft getreten. 29

1. Überblick

Mit der Verordnung werden die **spezifischen Voraussetzungen** zur Abweichung von den gesetzlichen Vorgaben geschaffen, um die **Sicherstellung** der **Arzneimittelversorgung** der Bevölkerung entsprechen zu können. Es werden Ausnahmen und Ergänzungen zu den bestehenden Regelungen getroffen. 30

Mit den Maßnahmen sollen die **Patientenkontakte** insbesondere im Rahmen der Abgabe von Arzneimitteln durch Apotheker **reduziert** werden. Dadurch soll das Wirtschaftlichkeitsgebot der gesetzlichen Krankenversicherung (GKV) zurücktreten und die Sicherstellung der Versorgung von Patienten im Betäubungsmittelbedarf gewährleistet werden. 31

2. Ausnahmen vom Fünften Buch Sozialgesetzbuch

a) Widerspruchsfrist G-BA bei klinischen Studien im Off-Label-Use

Nach § 35 Abs. 2 S. 1 SGB V haben Versicherte Anspruch auf Versorgung mit zugelassenen Arzneimitteln in klinischen Studien im Off-Label-Use, sofern hierdurch eine therapierelevante Verbesserung der Behandlung einer scherwiegenden Erkrankung im Vergleich zu bestehenden Behandlungsmöglichkeiten zu erwarten ist ua. Der Vergleich erfordert eine Prognose zur therapeutischen Wirksamkeit und Unbedenklichkeit der Versorgung in Relation mit anderen Therapieformen.[24] 32

Um das **Verfahren** im Rahmen der **zulassungsüberschreitenden** klinischen **Studien** von Arzneimitteln im Rahmen von Off-Label-Use-Anwendungen nach § 35 c Abs. 2 S. 3 SGB V zu **beschleunigen**, wird die achtwöchige Widerspruchsfrist des Gemeinsamen Bundesausschusses (G-BA) auf fünf Tage verkürzt. Der G-BA ist nach der gesetzlichen Regelung in § 35 c SGB V mindestens zehn Wochen vor Beginn der Arzneimittelverordnung zu informieren und kann innerhalb von acht Wochen nach Eingang der Mitteilung widersprechen. 33

b) Entlassmanagement/Krankenhaus

Den Krankenhäusern wird die Möglichkeit eröffnet, zum Schutz der Patienten die Anzahl von Arztbesuchen zu verringern. Hierzu können sie abweichend von § 39 Abs. 1 a S. 8 Hs. 1 SGB V bei Verordnung von Arzneimitteln, nicht mehr nur die kleinstmögliche Packungsgröße, sondern auch **größere Packungen verordnen**, die dem therapeutischen Bedarf der Patienten entsprechen. 34

Ferner können die Krankenhäuser für einen Zeitraum von **bis zu vierzehn Tagen** Verbandmittel, Harn- und Blutteststreifen, bilanzierte Diäten zur enteralen Ernährung und Stoffe und Zubereitungen aus Stoffen, die als Medizinprodukte nach § 3 Nr. 1 oder 35

23 BAnz AT 21.4.2020 V1.

24 *Schuler-Harms* in NK-GesundhR SGB V § 35 c Rn. 28.

Nr. 2 MPG zur Anwendung kommen, verordnen. Zudem können sie die **Arbeitsunfähigkeit** des entlassenen Patienten **feststellen.**

c) Austausch von Arzneimitteln durch Apotheker

36 Um darüber hinaus die Apotheken- und Arztbesuche von Patienten reduzieren zu können, sieht der Verordnungsgeber eine Reihe von Austauschbefugnissen für Apotheker in § 1 Abs. 3 SARS-CoV-2-AMVersV vor:

37 Zunächst werden Apotheker berechtigt, ein anderes **wirkstoffgleiches Arzneimittel** abzugeben, wenn das auf der Grundlage der Verordnung abzugebende Arzneimittel in der Apotheke nicht vorrätig ist. Ist kein wirkstoffgleiches Arzneimittel vorrätig und das abzugebende Arzneimittel nicht lieferbar, dürfen Apotheker ein lieferbares wirkstoffgleiches Arzneimittel abgeben. Ferner werden die Apotheker nach Rücksprache mit dem zu behandelnden Arzt ermächtigt, ein **pharmakologisch-therapeutisch vergleichbares** Arzneimittel abzugeben, wenn das abzugebende Arzneimittel oder ein wirkstoffgleiches Arzneimittel nicht vorrätig oder lieferbar ist. Dies gilt auch, wenn der Arzt einen Aut-idem-Ausschluss verordnet hat.

38 Überdies werden die Apotheker ohne Rücksprache mit dem verordnenden Arzt ermächtigt, zusätzlich kumulativ im Hinblick auf **Packungsgröße, Packungsanzahl,** die Entnahme von **Teilmengen** aus Fertigarzneimittelpackungen (bei Lieferunfähigkeit) sowie bei der **Wirkstärke,** wenn keine pharmazeutischen Bedenken bestehen, abzuweichen. Einschränkend darf jedoch die verordnete Gesamtmenge des Wirkstoffs nicht überschritten werden. Im Rahmen der **Substitutionstherapie opioidabhängiger Menschen** gelten allerdings die Ausnahmen im Hinblick auf die Packungsgröße, Packungsanzahl und Wirkstärke nicht, § 1 Abs. 3 S. 5 SARS-CoV-2-AMVersV. Der Verordnungsgeber begründet dies damit, dass eine ad hoc-Umstellung zu schwer abschätzbaren gesundheitlichen Folgen dieser vulnerablen Patientengruppe führen würde.[25]

d) Beanstandung und Retaxation

39 Die Apotheken sollen – abweichend vom Rahmenvertrag über die Arzneimittelversorgung, § 129 SGB V – während der Corona-Epidemie von dem Risiko einer Retaxation entlastet werden. Demzufolge findet keine Beanstandung für die nach Abs. 3 der Vorschrift vorgenommen Substitutionen statt.

e) Parenterale Zubereitungen in der Onkologie

40 Um die Versorgung mit Fertigarzneimitteln in der Onkologie für parenterale Zubereitungen auch für kurzfristige **Preissteigerungen** sicherzustellen, wird die entsprechende Geltung des § 129 Abs. 5 lit. c S. 6 bis 12 SGB V angeordnet, § 1 Abs. 5 SARS-CoV-2-AMVersV. Hiernach gelten die von der Apotheke tatsächlich vereinbarten Einkaufspreise, höchstens die Apothekeneinkaufspreise, die bei Abgabe an Verbraucher aufgrund der einschlägigen Preisvorschriften oder aufgrund der maßgeblichen Vereinbarung zwischen der Spitzenorganisation der Apotheker und dem Spitzendverband Bund der Krankenkassen nach § 129 Abs. 5 c SGB V gelten.

3. Ausnahmen vom Apothekengesetz und von der Apothekenbetriebsordnung

41 Die zuständigen Behörden werden durch § 2 SARS-CoV-2-AMVersV im Einzelfall ermächtigt, zur Sicherstellung der Versorgung der Bevölkerung mit Arzneimitteln, Betäubungsmitteln nach Anlage III BtMG, mit Medizinprodukten und weiteren apothekenüblichen Waren insbesondere ein Abweichen von einschlägigen Regelungen des Apothe-

25 RefE SARS-CoV-2-AM-VersV, S. 13.

kengesetzes und der Apothekenbetriebsordnung zu gewähren. Den Apotheken soll hiermit ein hohes Maß an **Flexibilität** eingeräumt werden, um die ordnungsgemäße Versorgung sicherstellen zu können.[26]

In § 3 SARS-CoV-2-AMVersV wird zudem im Gleichklang zu § 1 Abs. 3 SARS-CoV-2-AMVersV geregelt, dass bei der **Abgabe** von **wirkstoffgleichen Arzneimitteln** von den bestehenden Vorgaben des § 17 Abs. 5 S. 1, 2, Abs. 5 lit. a ApBetrO abgewichen werden kann. § 17 Abs. 5 ApBetrO enthält das sog. Substitutionsverbot, dh das Verbot verordnete Arzneimittel bei der Herstellung oder Abgabe durch andere zu ersetzen.[27] 42

4. Ergänzung der Arzneimittelpreisverordnung

a) Zusatzbeitrag Botendienst

Durch die Einführung eines Zuschlages sollen ergänzend zu § 3 Abs. 1 S. 1 AMPreisV Apotheken bei Abgaben von Arzneimitteln durch den **Botendienst** unterstützt werden. Der Zuschlag in Höhe von 5 EUR wird je Lieferort unabhängig von der Anzahl der ausgelieferten Arzneimittel gewährt. Der **Zusatzbeitrag** soll jedoch – abweichend von § 5 Abs. 2 S. 1 Nr. 4, Abs. 4 S. 1 IfSG – nur bis zum 30.9.2020 gewährt werden, § 9 Abs. 2 SARS-CoV-2-AMVersV. Hiermit soll das Infektionsrisiko in den Fällen ua verringert werden, in denen das Arzneimittel bei einem ersten Apothekenbesuch nicht vorrätig war, um es dann nach Hause zum Patienten liefern zu können.[28] 43

Am 30.9.2020 ist die Verordnung zur **Änderung** der SARS-CoV-2-**Arzneimittelversorgungsverordnung** im Bundesanzeiger verkündet worden.[29] Mit der Verordnung wurde die bis zum 30.9.2020 befristete Gewährung eines zusätzlichen Zuschlags für **Botendienste** der Apotheken bei der Abgabe von Arzneimitteln bis zum 31.12.2020 verlängert. Allerdings war der Zuschlag von 5 Euro auf **2,50 Euro** je geleisteten Botendienst reduziert worden, um die Ausgaben der Kostenträger zu begrenzen. 44

b) Förderung von Botendiensten

Zudem können Apotheken **einmalig** einen Beitrag zur **Förderung** von **Botendiensten** in Höhe von **250 EUR** zulasten der GKV erheben. Hiermit sollen sich Apotheker vor allem mit Schutzausrüstung und Desinfektionsmitteln im Rahmen der Durchführung des Botendienstes ausstatten.[30] 45

c) Abgabe von Teilmengen

Zudem wird in § 4 Abs. 3 SARS-CoV-2-AMVersV klargestellt, dass bei der Abgabe von **Teilmengen** aus einer Arzneimittelpackung alle in § 3 Abs. 1 S. 1. AMPreisV enthaltenen Zuschläge erhoben werden können. Bei jeder weiteren Abgabe von Teilmengen aus derselben Packung kann jeweils ein Zuschlag von 5,80 EUR erhoben werden. Es wird hiermit sichergestellt, dass die in den Apotheken zu erbringende Beratung bei jeder Abgabe vergütet wird. 46

5. Ausnahmen vom Betäubungsmittelrecht

a) Ausnahmen von der Erlaubnispflicht

Nach § 5 SARS-CoV-2-AMVersV entfällt für öffentliche Apotheken oder für Krankenhausapotheken die erforderliche Erlaubnis nach § 3 BtMG, wenn sie zur Sicherstellung 47

26 RefE SARS-CoV-2-AM-VersV, S. 14.
27 Krämer in *Rixen/Krämer* AptG mit ApBetrO § 17 Rn. 24.
28 RefE SARS-CoV-2-AMVersV, S. 15.
29 BAnz AT 30.9.2020 V1.
30 RefE SARS-CoV-2-AMVersV, S. 15.

des **nicht aufschiebbaren Betäubungsmittelbedarfs** für Patienten Betäubungsmittel der Anlage III an andere öffentliche Apotheken oder Krankenhausapotheken abgeben. Diese Apotheken werden so behandelt, wie die Berufsgruppen,[31] die unter den Voraussetzungen des § 4 BtMG keine Erlaubnispflicht gem. § 3 BtMG benötigen.[32] Mit der befristeten Suspendierung der betäubungsmittelrechtlichen Erlaubnispflicht sollen sich die Apotheken untereinander bedarfsgerecht austauschen. Hintergrund ist der höhere **Bedarf an Beatmungskapazitäten** auf Intensivstationen an Krankenhäusern. Für diesen Bedarf kommen insbesondere die Betäubungsmittel Remifentanil, Sufentanil, Fentanyl und Midzolam in Betracht.

b) Sicherstellung der Substitutionsbehandlung von opioidabhängigen Patienten

48 Ferner werden in § 6 SARS-CoV-2-AMVersV eine Reihe von Ausnahmen zur **Sicherstellung** der **Substitutionsbehandlung** von **opioidabhängigen Patienten** getroffen:

49 Der substituierende Arzt darf,

- gleichzeitig mehr als zehn Patienten mit Substitutionsmitteln behandeln,
- über die einschlägigen Zeiträume (länger als vier Wochen in einem zusammenhängenden Zeitraum oder länger als zwölf Wochen) hinaus, sich von einem suchtmedizinischen nicht qualifizierten Arzt vertreten lassen,
- Substitutionsmittel in der bis zu sieben aufeinanderfolgende Tage benötigten Menge verschreiben,
- innerhalb einer Kalenderwoche Patienten bis zu vier Verschreibungen, jedoch nicht mehr als eine am Tag, aushändigen,
- die Verschreibung auch ohne persönliche Konsultation an Patienten aushändigen,
- auch anderes Personal, das über keine medizinisch, pharmazeutisch oder pflegerische Ausbildung oder über eine Ausbildung für eine staatliche anerkannte, suchtmedizinische Einrichtung verfügt, zum Überlassen von Substitutionsmitteln zum unmittelbaren Verbrauch einsetzen, wenn ein Substitutionsarzt nicht oder nicht im erforderlichen Umfang zur Verfügung steht. Ferner wird die Möglichkeit eröffnet, dass Substitutionspatienten außerhalb der substitutionsärztlichen Praxis durch den Botendienst der Apotheken direkt am Ort des Wohnumfeldes versorgt werden können, § 6 Abs. 1 S. 2 Nr. 6 SARS-CoV-2-AMVersV.

50 Wenn der substituierende Arzt von den Ausnahmen des § 6 Abs. 1 S. 1 SARS-CoV-2-AMVersV Gebrauch macht, ist er verpflichtet, Vereinbarungen nach § 5 Betäubungsmittel-Verschreibungsverordnung (BtMVV) zu treffen. Nach § 5 Abs. 10 S. 3 BtMVV hat er sicherzustellen, dass das beauftragte Personal fachgerecht in das Überlassen des Substitutionsmittels zum unmittelbaren Verbrauch eingewiesen wird. Die **Vereinbarung** hat **schriftlich** oder **elektronisch** zu erfolgen und muss bestimmen, wie das eingesetzte Personal einer Einrichtung fachlich eingewiesen wird, sie muss mindestens eine verantwortliche Person in der jeweiligen Einrichtung benennen sowie Regelungen über die Kontrollmöglichkeiten durch den substituierenden Arzt enthalten. Wenn der substituierende Arzt entgegen dieser Maßgabe keine Vereinbarungen trifft, würde er eine **Ordnungswidrigkeit** gem. § 8 Nr. 1 SARS-CoV-2-AMVersV begehen.

51 Der substituierende Arzt darf ferner in Notfällen, unter Beschränkung der auf die zur Behandlung des Notfalls erforderliche Menge, Substitutionsmittel auf einer **Notfall-Verschreibung** ausstellen, § 6 Abs. 2 SARS-CoV-2-AMVersV. Es dürfen gem. § 6 Abs. 3 SARS-CoV-2-AMVersV überdies Betäubungsmittelrezepte auch außerhalb von Vertretungsfällen übertragen werden.

---

31 In § 4 BtMG sind die besonderen Berufsgruppen: Ärzte, Apotheker, Tierärzte, entsprechend aufgezählt, vgl. auch *Körner/Patzak/Volkmer* BtMG § 3 Rn. 22.

32 RefE SARS-CoV-2-AMVersV, S. 15.

6. Auskunftspflicht, Verkaufs- und Verpflichtungsverbot

Hersteller und Vertreiber von versorgungsrelevanten Produkten des medizinischen Bedarfs unterliegen gegenüber dem BMG oder einer von diesem benannten Stelle einer **Auskunftspflicht** im Hinblick auf Bestände, Lagerort, Produktion, Vertrieb und Preise, § 7 Abs. 1 SARS-CoV-2 AMVersV. Es handelt derjenige **ordnungswidrig**, der vorsätzlich oder fahrlässig eine Auskunft nicht, nicht richtig, nicht vollständig oder nicht rechtzeitig erteilt, § 8 Nr. 2 SARS-CoV-2-AMVersV. 52

Versorgungsrelevante Produkte des **medizinischen Bedarfs** entsprechen der enumerativen Systematik des § 5 Abs. 2 S. 1 Nr. 4 IfSG, bis auf Impfstoffe sowie Behältnisse und Verpackungsmaterialen. Das BMG wird ermächtigt, durch Feststellung, die im **Bundesanzeiger** bekannt zu machen ist, über die wesentliche Bedeutung dieser Produkte für eine bedarfsgerechte Versorgung der Bevölkerung zu entscheiden. 53

Hersteller und Vertreiber von versorgungsrelevanten Produkten erhalten einen **öffentlichen Sicherstellungsauftrag** der Versorgung der Bevölkerung mit diesen Produkten. § 7 Abs. 2 SARS-CoV-2-AMVersV sieht vor, dass sie eine angemessene und kontinuierliche Bereitstellung der **bedarfsgerechten Versorgung** gewährleisten müssen. Dieser Sicherstellungsauftrag orientiert sich an dem öffentlichen Sicherstellungsauftrag pharmazeutischer Unternehmer und Arzneimittelgroßhandlungen des **§ 52 b Abs. 1 AMG**. Hiernach haben pharmazeutische Unternehmer eine angemessene und kontinuierliche Bereitstellung von tatsächlich im Verkehr befindlichen Arzneimitteln sicherzustellen.[33] Im Rahmen des Vertriebsweges müssen pharmazeutische Unternehmer vollversorgende Arzneimittelgroßhandlungen bedarfsgerecht[34] und kontinuierlich beliefern, vgl. § 52 b Abs. 2 S. 1 AMG. 54

Ferner wird Herstellern und Vertreibern untersagt, aufgrund der epidemischen Lage Aufschläge gegenüber Verbrauchern zu erheben. Wird dennoch ein **Aufschlag** erhoben, dann wäre eine **Ordnungswidrigkeit** gem. § 8 Nr. 2 SARS-CoV-2-AMVersV gegeben. Es bleibt jedoch unklar, was der Verordnungsgeber hierunter subsumiert. Unter dem Gesichtspunkt des Bestimmtheitsgebot des Art. 103 Abs. 2 GG dürfte dies nur schwer zu rechtfertigen sein. Auch soll das **Gleichgewicht** der bedarfsgerechten Versorgung mit den versorgungsrelevanten Produkten nicht durch „Horten" oder einer gezielten Verknappung des Marktes gefährdet werden, vgl. § 7 Abs. 2 S. 4 SARS-CoV-AMVersV. 55

Ein **Aufwendungsersatzanspruch** soll den Herstellern und Vertreibern zustehen, wenn bereits eingegangene schuldrechtliche Verpflichtungen gegenüber Dritten nicht eingehalten werden können. Dies bezieht sich auf den vorgesehenen Entschädigungsanspruch, der in § 5 Abs. 2 S. 1 Nr. 4 lit. e IfSG statuiert wird. Unklar ist, warum der Verordnungsgeber vom Terminus der „angemessenen Entschädigung" zum „Ersatz von Aufwendungen" wechselt. Ferner knüpft dieser Anspruch an eine Anordnung, die das BMG oder eine nachgeordnete Behörde trifft. Demnach geht der Verordnungsgeber davon aus, dass keine Landesbehörde eine solche Anordnung treffen wird, da die Anordnungsbefugnis des § 5 Abs. 2 S. 1 Nr. 6 IfSG speziell für das BMG oder eine ihm nachgeordnete Behörde geschaffen worden ist. 56

33 Dieser Sicherstellungsauftrag ist mit dem Gesetz zur Änderung arzneimittelrechtlicher und anderer Vorschriften v. 17.7.2009 („15. AMG-Novelle"), BGBl. I 1990, eingeführt worden.

34 Der Bedarf vollversorgender Arzneimittelgroßhandlungen orientiert sich in der Regel nach den Marktdaten des entsprechenden Vorjahresmonats zuzüglich eines angemessenen Sicherheitszuschlages (BT-Drs. 16/12256, 52).

7. Außerkrafttreten

57 Die Verordnung tritt gem. § 9 Abs. 1 SARS-CoV-2-AMVersV iVm § 5 Abs. 4 S. 1 IfSG mit **Aufhebung** der **Feststellung** der epidemischen Lage von nationaler Tragweite außer Kraft.

III. SARS-CoV-2 Medizinischer Bedarf Versorgungssicherstellungsverordnung

58 Das BMG hat im Einvernehmen mit dem Bundesministerium für Arbeit und Soziales die „Verordnung zur Sicherstellung der Versorgung der Bevölkerung mit Produkten des medizinischen Bedarfs bei der durch das Coronavirus SARS-CoV-2 verursachten Epidemie (**Medizinischer Bedarf Versorgungssicherstellungsverordnung** – MedBVSV)" auf den Weg gebracht. Die Verordnung ist am 26.5.2020 im Bundesanzeiger veröffentlich worden und am 27.5.2020 in Kraft getreten[35].

1. Anwendungsbereich und Motive

59 Mit dieser Verordnung wird die **Beschaffung** von Produkten des medizinischen Bedarfs durch den Bund ermöglicht. Hierdurch soll die zentrale Verteilung und infolgedessen eine **bedarfsgerechte** und **flächendeckende Versorgung** sichergestellt werden. Überdies werden **Ausnahmen** von den **spezialgesetzlichen Vorschriften** des Arzneimittelgesetzes, der Arzneimittel- und Wirkstoffherstellungsverordnung, des Transfusionsgesetzes, der GCP-Verordnung ua geschaffen. Zudem soll ein schnellerer Zugang zu Arzneimitteln zur Bekämpfung von COVID-19 und eine Sicherstellung der Verfügbarkeit persönlicher Schutzausrüstung erreicht werden.

60 Mit der MedBVSV werden zentrale Weichenstellungen im Hinblick auf die Behandlung und Vorbeugung von COVID-19 getroffen. Es sollen vor allem **Anreize** für **Forschung und Entwicklung** – zB durch die Ermächtigung der zuständigen Bundesoberbehörden, von der Erhebung von Gebühren bei der (wissenschaftlichen) Beratung abzusehen – und **Marktzugangserleichterungen** geschaffen werden.

2. Begriffsbestimmungen

61 Die Definitionen der **Produkte** des **medizinischen Bedarfs** entsprechen im Wesentlichen der Produkte, die in § 5 Abs. 2 S. 1 Nr. 4 IfSG aufgeführt sind. Produkte des medizinischen Bedarfs im Sinne dieser Verordnung sind Arzneimittel und deren Wirk-, Ausgangs- und Hilfsstoffe. Im Hinblick auf Betäubungsmittel sind die verkehrsfähigen Produkte der Anlagen II und die verkehrs- und verschreibungsfähigen Betäubungsmittel der Anlage III Betäubungsmittelgesetz (BtMG) einbezogen. Zudem umfasst der Katalog Medizinprodukte, Labordiagnostik, Hilfsmittel, Gegenstände der persönlichen Schutzausrüstung und Produkte zur Desinfektion, vgl. § 1 Abs. 2 SARS-CoV-2-MedBVSV.

3. Beschaffung und Abgabe durch Behörden des Bundes

a) Beschaffung und Abgabe

62 Das BMG wird ermächtigt, die in § 1 Abs. 2 definierten Produkte des medizinischen Bedarfs auch für Stellen **außerhalb** der **Bundesverwaltung zentral** zu **beschaffen**, zu **lagern**, **herzustellen** oder in den **Verkehr** zu **bringen**. Zudem kann das BMG sich anderer Stellen, wie zB der Beschaffungsstellen des Bundes bedienen. Auch private Unternehmen, bspw. pharmazeutische Großhandelsbetriebe, können beauftragt werden.[36]

35 BAnz AT 26.5.2020 V1.
36 RefE SARS-CoV-2-MedBVSV v. 14.5.2020, S. 12.

b) Aufwendungsersatz durch die Empfänger

Die Empfänger der entsprechenden Produkte sollen gemäß § 2 Abs. 2 SARS-CoV-2-MedBVSV einen **angemessenen Aufwendungsersatz** zahlen. Zu den Empfängern zählen neben den Ländern, insbesondere die Kassenärztlichen Vereinigungen und die Kassenzahnärztliche Bundesvereinigung.[37] 63

4. Ausnahmen vom Arzneimittelgesetz und weiteren Gesetzen

Im Rahmen der durch den Bund gemäß § 2 SARS-CoV-2 MedBVSV zentral zu beschaffenden Arzneimittel werden **Ausnahmen** von maßgeblichen **regulatorischen Anforderungen** insbesondere des Arzneimittelgesetzes zugelassen. 64

a) Beschaffung von zugelassenen Arzneimitteln und Wirk- Ausgangs- oder Hilfsstoffen

Für die vom BMG zentral beschafften und in den Verkehr gebrachten Arzneimittel finden die **Vorschriften** des **Arzneimittelgesetzes** über die Kennzeichnung, Zulassung, die Chargenprüfung, über den Vertriebsweg, die Ein- und Ausfuhr und die Pflicht zur Deckungsvorsorge gemäß § 3 Abs. 1 SARS-CoV-2-MedBVSV keine Anwendung. Dies bezieht sich auch auf die Wirk-, Hilfs- oder Ausgangsstoffe der entsprechenden Arzneimittel. 65

b) Beschaffung nicht zugelassener Arzneimittel

Ferner werden das BMG oder die von ihm beauftragten Stellen nach § 3 Abs. 2 SARS-CoV-2-MedBVSV ermächtigt, Arzneimittel, die im Geltungsbereich des Arzneimittelgesetzes **nicht zugelassen** sind, zu beschaffen und in den Verkehr zu bringen. Hersteller der nicht zugelassenen Arzneimittel haben der zuständigen Bundesoberbehörde alle für eine nach § 22 AMG erforderlichen Unterlagen zu **Qualität, Wirksamkeit** und **Unbedenklichkeit** zur Prüfung zu übergeben. 66

Die Abgabe der nicht zugelassenen Arzneimittel ist nur zulässig, wenn die zuständige Bundesoberbehörde **festgestellt** hat, dass nach den Erkenntnissen der medizinischen Wissenschaft ein **positives Nutzen-Risiko-Verhältnis** zur Vorbeugung oder Behandlung der jeweiligen Erkrankung erwarten lässt, § 3 Abs. 3 S. 1 SARS-CoV-2-MedBVSV. Die Abgabe dieser Produkte an Patienten muss durch einen Arzt oder Apotheker erfolgen, damit die Aufklärungs- und Beratungspflichten beachtet werden. Die Patienten müssen zudem auf die fehlende Zulassung und die spezifischen Risiken hingewiesen werden.[38] 67

c) Haftungsausschluss und Haftungseinschränkung

Die Haftungsregegelungen dieser Ausnahmevorschriften richten sich gemäß § 3 Abs. 4 SARS-CoV-2 MedBVSV nicht nach § 84 AMG. Hiernach unterliegen Arzneimittel, die der Zulassungspflicht unterliegen und die im Geltungsbereich des AMG in den Verkehr gebracht werden, der speziellen **Produkthaftung** des Arzneimittelgesetzes. Pharmazeutische Unternehmer unterliegen der speziellen **verschuldensunabhängigen** Arzneimittelhaftung. Sie haften für Entwicklungs- und Herstellungsfehler, § 84 Abs. 2 AMG. 68

aa) Haftungsausschluss von § 84 AMG

Der grundsätzlich geltende **Haftungsausschluss** gilt jedoch nur für das **spezifische Risiko**, das durch das von der Behörde veranlasste Inverkehrbringen von Arzneimitteln abweichend vom Arzneimittelgesetz für diese Anwendung im Rahmen von SARS-CoV-2 beruht. 69

37 RefE SARS-CoV-2-MedBVSV v. 14.5.2020, S. 12.
38 RefE SARS-CoV-2-MedBVSV v. 14.5.2020, S. 13.

bb) Haftungseinschränkung der Verschuldenshaftung

70 Im Rahmen der **allgemeinen Verschuldenshaftung** haften pharmazeutische Unternehmer, Hersteller und Angehörige von Gesundheitsberufen nur bei grober Fahrlässigkeit und bei Vorsatz, § 3 Abs. 4 S. 2 SARS-CoV-2-MedBVSV.

cc) Haftung für sonstige Schäden

71 Für alle anderen Schäden, die nicht im Zusammenhang mit der Haftungsbefreiung für das spezifische Risiko stehen, bleiben die Vorschriften der allgemeinen Verschuldenshaftung (§§ 823 ff. BGB) und des Produkthaftungsgesetzes **unberührt**, § 3 Abs. 4 S. 3 SARS-CoV-2-MedBVSV.

5. Weitere Ausnahmen vom Arzneimittelgesetz und weiteren Gesetzen

72 Die zuständigen Bundesoberbehörden können – zum Teil in Absprache mit dem BMG – **im Einzelfall** weitere Ausnahmen von den einschlägigen regulatorischen Regelungen gestatten. Die in § 4 SARS-CoV-2-MedBVSV getroffenen Regelungen betreffen Produkte, die nicht durch das BMG gemäß § 2 zentral beschafft worden sind.

a) Kennzeichnung und Packungsbeilage

73 Die zuständige Bundesoberbehörde kann gemäß § 4 Abs. 1 SARS-CoV-2-MedBVSV im Einzelfall anordnen, dass Arzneimittel in Verkehr gebracht werden können, auch wenn sie den gesetzlichen Anforderungen der Vorschriften über die Kennzeichnung (§ 10 AMG) und der Gebrauchsinformation (§ 11 AMG) nicht entsprechen. Hiermit soll insbesondere die Versorgungslage für die Fälle gestärkt werden, in denen durch die entsprechende Umkennzeichnung **fremdsprachiger Texte** unverhältnismäßig viel Zeit verstreichen würde. Ferner ist die Fachinformation für diese Fälle nicht erforderlich.[39]

b) Ablauf des Verfalldatums

74 Die zuständige Bundesoberbehörde kann ferner im Einzelfall anordnen, dass Arzneimittel, deren Verfalldatum **abgelaufen** ist, in den Verkehr gebracht werden können, wenn dies zur Sicherstellung der Versorgung notwendig ist und die Qualität, Wirksamkeit und Unbedenklichkeit durch den Ablauf nicht wesentlich beeinträchtigt wird, § 4 Abs. 2 SARS-CoV-2-MedBVSV.

c) Ausnahmen im Rahmen der Herstellung und Ein- und Ausfuhr sowie Verbringen

75 Die zuständigen Behörden zur Überwachung des Arzneimittelgesetzes können zudem im Einzelfall das Inverkehrbringen von Arzneimitteln gestatten, die nicht nach den geltenden Anforderungen der **Herstellungsregelungen** hergestellt worden sind, wenn die zuständige Bundesoberbehörden nach einer Nutzen-Risiko-Bewertung festgestellt hat, dass die Qualität, Wirksamkeit und Unbedenklichkeit gewährleistet werden kann. Dies soll zB Importe aus Drittstaaten betreffen, wenn entsprechende GMP-Anforderungen fehlen, § 4 Abs. 3 SARS-CoV-2-MedBVSV.[40]

76 Diese Befugnis besteht auch für die Ein- und Ausfuhr von Arzneimitteln aus Drittstaaten sowie für die Verbringung aus Mitgliedstaaten der Europäischen Union. Hier sollen Abweichungen von den anerkannten Grundregeln der entsprechenden Herstellungsnachweise zulässig sein.

---

39 S. a. § 10 Abs. 1 a, § 11 Abs. 1 c AMG, wonach bei versorgungsrelevanten Lieferengpässen auf Antrag des pharmazeutischen Unternehmers Ausnahmen mit fremdsprachigen Texten zugelassen werden können.
40 RefE SARS-CoV-2-MedBVSV v. 14.5.2020, S. 14.

d) Ausnahmen vom Zulassungsrecht

Die zuständige Bundesoberbehörde kann darüber hinaus im Einzelfall Ausnahmen von den maßgeblichen Zulassungsvorschriften zulassen. Hiermit sollen Abweichungen von **Fristvorgaben** des Zulassungsrechts möglich sein. Dies soll insbesondere Änderungsanzeigen nach § 29 AMG betreffen, die nachträglich eingereicht werden können, wenn aufgrund einer Verknappung von Materialien Änderungen in den Zulassungsunterlagen vorgenommen werden müssen. 77

e) Klinische Prüfung

Die zuständige Bundesoberbehörde kann im Rahmen der klinischen Prüfung von bestehenden Regelungen im Einzelfall abweichen. 78

aa) Fristen

Die zuständige Bundesoberbehörde kann mit Zustimmung des BMG im Einzelfall Ausnahmen von den im Bereich der klinischen Prüfung vorgesehenen **Fristen** im Rahmen einer Nutzen-Risiko-Bewertung zulassen. Dies soll insbesondere vor dem Hintergrund von dringend benötigten Arzneimitteln ermöglicht werden, § 4 Abs. 6 SARS-CoV-2-MedBVSV. Die Ausnahmen gelten auch für die Fristen bezüglich der Beteiligung der Ethikkomissionen.[41] 79

bb) Zurverfügungstellung von Prüfmedikation

Zudem soll die zuständige Bundesoberbehörde nach § 4 Abs. 7 SARS-CoV-2-MedBVSV im Einzelfall pharmazeutischen Unternehmern und Großhändlern gestatten, **Prüfpräparate** an die Teilnehmer einer klinischen Prüfung – abweichend vom üblichen Vertriebsweg – abzugeben. Dafür muss der Sponsor im Einzelfall bewerten, dass die Sicherheit der Teilnehmer der klinischen Prüfung gewährleistet ist. Überdies muss ein entsprechend qualifizierter Dienstleister mit dem Transport beauftragt werden.[42] Die Pseudonymisierung der personenbezogenen Daten gegenüber dem Sponsor ist entsprechend zu gewährleisten. 80

f) Ausnahmen von der Arzneimittel-Härteverordnung

Die zuständige Bundesoberbehörde kann mit Zustimmung des BMG von den Voraussetzungen für ein Härtefallprogramm nach der Arzneimittel-Härtefallverordnung („**Compassionate Use**" ua) absehen, um entsprechende Programme möglichst schnell umsetzen zu können. 81

g) Sicherstellungsauftrag nach § 52 b AMG

Die nach § 64 AMG zuständige Behörde kann schließlich im Einzelfall **Abweichungen** von der **Bereitstellungspflicht** pharmazeutischer Unternehmer und Arzneimittelgroßhandlungen gestatten, um die Versorgung mit Arzneimitteln sicherzustellen. Nach § 52 b Abs. 2 S. 1 AMG haben pharmazeutische Unternehmer vollversorgende Arzneimittelgroßhandlungen kontinuierlich und bedarfsgerecht zu versorgen. Arzneimittelgroßhandlungen haben ihrerseits Apotheken entsprechend bedarfsgerecht gemäß § 52 b Abs. 3 AMG zu versorgen. 82

6. Ausnahmen vom Transfusionsgesetz

Der Verordnungsgeber will mit abweichenden Regelungen vom Transfusionsgesetz (TFG) die **Versorgung** der Bevölkerung mit **Blut- und Blutbestandteilen** sicherstellen. 83

41 RefE SARS-CoV-2-MedBVSV v. 14.5.2020, S. 15.
42 RefE SARS-CoV-2-MedBVSV v. 14.5.2020, S. 16.

a) Abweichungen von § 5 TFG

84 Das Paul-Ehrlich-Institut (PEI) wird im Einvernehmen mit dem Robert Koch-Institut mit Zustimmung des BMG ermächtigt, **Eignungs-, Tauglichkeits- und Rückstellungskriterien** für Vollblut, Blutbestandteile und Plasma spendende Personen abweichend von den einschlägigen Vorschriften (§ 5 TFG: Auswahl der spendenden Personen, Richtlinie Hämotherapie), festzulegen, § 5 S. 1 Nr. 1 SARS-CoV-2-MedBVSV. Hiermit soll der Gefahr einer Unterversorgung der Bevölkerung mit Blut, Blutbestandteilen und Blutprodukten entgegen gewirkt werden. Es sollen abweichend von § 5 TFG, mit dem der Stand der medizinischen Wissenschaft und Technik maßgeblich ist, spezifische Regelungen angepasst an die epidemische Lage geschaffen werden können.[43]

b) Weitere abweichende Maßnahmen

85 Das PEI wird zudem im Einvernehmen mit dem Robert Koch-Institut mit Zustimmung des BMG ermächtigt, weitere abweichende Vorgaben von den Vorschriften an die **Spendeeinrichtungen, Spendeentnahme** und **Spendefreigabe** und das **Spendeverfahren** zu treffen, § 5 S. 1 Nr. 2 SARS-CoV-2-MedBVSV.

c) Bekanntgabe

86 Die abweichenden Kriterien sind auf der Internetseite des PEI bekannt zu machen, § 5 S. 2 SARS-CoV-2-MedBVSV.

7. Ausnahmen von Kostenverordnungen der Bundesoberbehörden

a) Ausnahmen von der AMG-Kostenverordnung

87 Es kann im Einzelfall von der Erhebung von **Gebühren** nach § 1 AMG-Kostenverordnung für Beratungsgespräche, Zulassungsverfahren einschließlich Änderungs- und Verlängerungsverfahren, für das Genehmigungsverfahren für klinische Prüfungen sowie für die Sammlung und Bewertung von Arzneimittelrisiken **abgesehen werden**, wenn die Beratung mit COVID-19 in Zusammenhang steht. Hiermit sollen Anreize auch für kleine forschende Unternehmen geschaffen werden.[44]

b) Ausnahmen durch das PEI

88 Ebenso kann das PEI im Einzelfall von der Erhebung von **Gebühren** für Beratungsgespräche ua **absehen**, wenn die Beratung mit COVID-19 in Zusammenhang steht.

8. Ausnahmen von der GCP-Verordnung

a) Kennzeichnung von Prüfpräparaten

89 Die zuständige Bundesoberbehörde kann gemäß § 8 Abs. 1 SARS-CoV-2-MedBVSV im Einzelfall **Ausnahmen** der **Kennzeichnung** von Prüfpräparaten (§ 5 GCP-V) gestatten. Es können insbesondere Abweichungen von der deutschsprachigen Kennzeichnung ermöglicht werden, um den Einsatz **internationaler Prüfpräparate** zu ermöglichen.[45]

b) Bewertung durch die Ethik-Kommission: multizentrische Prüfungen

90 Durch einen Verzicht auf Beteiligung der lokalen Ethik-Kommission sollen zeitliche Verzögerungen bei der Durchführung multizentrischer klinischer Prüfungen vermieden werden. Demnach bewertet die **federführende Ethik-Kommission** die klinische Prüfung abweichend von § 8 Abs. 5 GCP-V.

---

43 RefE SARS-CoV-2-MedBVSV v. 14.5.2020, S. 14.
44 RefE SARS-CoV-2-MedBVSV v.14.5.2020, S. 16.
45 RefE SARS-CoV-2-MedBVSV v.14.5.2020, S. 17.

c) Nachträgliche Änderungen

Eine Änderung einer klinischen Prüfung gilt abweichend von § 10 Abs. 3 S. 1 GCP-V nicht als genehmigt, wenn die zuständige Bundesoberbehörde dem Sponsor innerhalb von höchstens 20 Tagen keine Einwände gegen die Änderung übermittelt. Hiermit soll verhindert werden, dass die Genehmigungsbehörde wegen der epidemischen Lage nicht in der Lage war, einen Änderungsantrag zu überprüfen.[46] 91

9. Verkehrsfähigkeit persönlicher Schutzausrüstung

Im Bereich von persönlicher Schutzausrüstung werden die grundlegenden Gesundheits- und Sicherheitsanforderungen auch durch Normen und **Standards** der **G7-Staaten** USA, Kanada, Australien oder Japan sichergestellt. Demzufolge werden im Rahmen der pandemischen Lage von nationaler Tragweite die Produkte aus diesen Staaten von den zuständigen Behörden auch für den **deutschen Markt zugelassen.** Zulässig ist ferner die Bereitstellung aus anderen Drittstaaten, wenn in einem Bewertungsverfahren durch geeignete Stellen (Zentralstelle der Länder für Sicherheitstechnik) ein vergleichbares Gesundheits- und Sicherheitsniveau feststellt werden kann. 92

Im Übrigen wird auf die Darstellung von *Böck* in → § 7 Rn. 1 ff. (Medizinprodukte) verwiesen.

10. Außerkrafttreten

Die Verordnung tritt gemäß § 10 iVm § 5 Abs. 4 S. 1 IfSG mit **Aufhebung** der **Feststellung** der epidemischen Lage von nationaler Tragweite außer Kraft. 93

IV. ITS-Arzneimittelbevorratungsverordnung

Mit der Verordnung zur Erhöhung der Bevorratung mit Arzneimitteln zur intensivmedizinischen Versorgung (**ITS-Arzneimittelbevorratungsverordnung – ITSABV**) beabsichtigt das BMG die **intensivmedizinische Versorgung** im Fall **weiterer Infektionswellen** der COVID-19-Pandemie sicherzustellen. Die ITS-Arzneimittelbevorratungsverordnung ist am 8.7.2020 im Bundesanzeiger verkündet worden[47] und am 9.7.2020 in Kraft getreten. Die Verordnung tritt mit der Aufhebung der epidemischen Lage von nationaler Tragweite (SARS-CoV-2) außer Kraft. 94

Folgende Wirkstoffe für **parenteral anzuwendende Arzneimittel** zur intensivmedizinischen Versorgung sind betroffen: 95

1. Adrenalin
2. Amiodaron
3. Argatroban
4. Clonidin
5. Esmolol
6. Heparine
7. Meropenem
8. Midazolam
9. Morphin
10. Noradrenalin
11. Novaminsulfon
12. Piperazillin/Tazobactam

46 RefE SARS-CoV-2-MedBVSV v.14.5.2020, S. 18.
47 BAnz AT 8.7.2020 V1.

13. Propofol
14. Sufentanil

Der Bedarf von Arzneimitteln zur intensivmedizinischen Versorgung in den Apotheken soll spätestens seit dem 31.10.2020 einer **Vorratsmenge** von **drei** – statt zwei – **Wochen** zur Sicherstellung der Versorgung entsprechen. Mit der Erhöhung sollen vor allem Lieferengpässe vermieden werden.

V. Drittes Gesetz zum Schutz der Bevölkerung bei einer epidemischen Lage von nationaler Tragweite

96 Mit dem Dritten Gesetz zum Schutz der Bevölkerung bei einer pandemischen Lage von nationaler Tragweite[48] wird aufgrund **neuer Erkenntnisse** über COVID-19 und entsprechender Impfprogramme eine Fortentwicklung der gesetzlichen Grundlagen vorangetrieben. In den **Ausschussberatungen** im Deutschen Bundestag[49] sind auch Änderungen im Arzneimittelgesetz im Bereich der Ausnahmeermächtigungen für Krisenzeiten vorgenommen worden, um die Versorgung der Bevölkerung sicherstellen zu können. Es wird insbesondere ein **zentraler Beschaffungsanspruch** des **Bundes** zur der Versorgung Bevölkerung mit Arzneimitteln – ***außerhalb*** der Bundesverwaltung – geschaffen.

1. Ausnahmeermächtigungen für Krisenzeiten, § 79 AMG

97 Die Vorschrift des § 79 AMG ermächtigt das BMG zum Erlass von Rechtsverordnungen für Krisenzeiten, die Versorgung der Bevölkerung mit Arzneimitteln zu regeln. Voraussetzung ist zum einen eine ernsthafte Gefährdung der Versorgung der Bevölkerung und zum anderen, dass eine unmittelbare oder mittelbare Gefährdung der Gesundheit von Menschen nicht zu befürchten ist.[50] Darüber hinaus ermächtigt § 79 Abs. 5 AMG die zuständigen Behörden der Länder, im Falle eines Versorgungsmangels zur Vorbeugung oder Behandlung lebensbedrohlicher Erkrankungen im Einzelfall ein befristetes Inverkehrbringen sowie die Einfuhr von in Deutschland nicht zugelassenen Arzneimitteln zu gestatten.

2. Neue Rechtsgrundlage, § 79 Abs. 4 a AMG

98 Mit der neuen Rechtsgrundlage des § 79 Abs. 4 a AMG wird das BMG bei Vorliegen einer epidemischen bzw. pandemischen Lage ermächtigt, Arzneimittel sowie Wirk-, Ausgangs- und Hilfsstoffe von Arzneimitteln selbst oder durch beauftragte Stellen **herzustellen,** zu **beschaffen,** zu **lagern** und in den **Verkehr** zu **bringen.** Diese Ermächtigung des Bundes soll bei bedrohlich übertragbaren Krankheiten ein schnelles und koordiniertes Vorgehen auf Bundesebene ermöglichen. Die Vorschrift soll allerdings nur ergänzend zu den Aufgaben der Länder im Bereich des Katastrophenschutzes angewendet werden (**„Kann-Vorschrift"**).

99 Zur Erleichterung der Durchführung der Herstellung, Beschaffung, Lagerung oder des Inverkehrbringens können Ausnahmen – aufgrund von § 71 Abs. 2 AMG – von den Bestimmungen des Arzneimittelgesetzes, zB Angabe des Verfalldatums, geregelt werden. Die bislang für den Bund geltenden Ausnahmevorschriften der **AMG-Zivilschutzausnahmeverordnung** (AMGZSAV) können hiermit auch auf die vom BMG für die Versorgung der allgemeinen Bevölkerung in Krisenfällen beschafften Arzneimittel übertragen werden[51].

---

48 BGBl. 2020 I 2397.
49 BT-Drs. 19/23944, 24334.
50 *Nickel* in Kügel/Müller/Hofmann AMG § 79 Rn. 1.
51 BT-Drs. 19/24334, 91.

Im Kern wird hiermit eine dem § 1 Abs. 2 MedBVSV vergleichbare **Beschaffungsvorschrift** des Bundes im allgemeinen Arzneimittelrecht eingeführt, die vor allem nicht an die zeitliche Befristung der entsprechenden Maßnahmen geknüpft ist, sondern nunmehr dauerhaft dem Bund zur Verfügung steht. Hierfür muss der Deutsche Bundestag keine epidemische Lage von nationaler Tragweite feststellen. 100

3. Versorgungsmangel, § 79 Abs. 5 S. 2 Alt. 2 AMG

Durch eine Ergänzung in § 79 Abs. 5 S. 2 wird geregelt, dass im Fall des Vorliegens eines Versorgungsmangels des Satzes 1 die zuständige **Bundesoberbehörde** feststellen kann, dass die **Qualität** eines einzuführenden Arzneimittels, das im Geltungsbereich des Arzneimittelgesetzes nicht zugelassen ist, gewährleistet ist und ihre Anwendung nach den **Erkenntnissen** der **medizinischen Wissenschaft** ein positives Nutzen-Risiko-Verhältnis zur Vorbeugung oder Behandlung der jeweiligen Erkrankung erwarten lässt. Im anderen Fall muss sich das Arzneimittel rechtmäßig im Verkehr des Ausfuhrstaates befinden, § 79 Abs. 5 S. 2 Alt. 1 AMG. 101

VI. Einschränkungen für Patentinhaber

1. Anordnungsbefugnis nach § 5 Abs. 2 S. 1 Nr. 5 IfSG

Mit dem Gesetz zum Schutz der Bevölkerung bei einer epidemischen Lage von nationaler Tragweite wird das BMG oder eine nachgeordnete Behörde nach § 5 Abs. 2 S. 1 Nr. 5 IfSG im Hinblick auf eine Erfindung der in Nr. 4 genannten Produkte ermächtigt, anzuordnen, diese im **Interesse** der **öffentlichen Wohlfahrt** oder im **Interesse** der **Sicherheit** des **Bundes** zu benutzen. Die Anordnungsbefugnis soll als rechtliche Grundlage dienen, allgemeine Beschränkungen von relevanten Patenten anzuordnen. Der Gesetzgeber nimmt Bezug auf **§ 13 Abs. 1 PatG**, der eine Ermächtigungsgrundlage für eine Enteignung einer Erfindung iSv Art. 14 GG bildet.[52] Diese Vorschrift entspricht den Vorgaben von Art. 31 TRIPS.[53] 102

Das BMG oder eine ihr nachgeordnete Behörde (BfArM, PEI ua) kann demnach selbst oder einen zu ermächtigenden Dritten beauftragen, zB eine Arzneimittelentwicklung ohne Zustimmung des Patentinhabers zu verwenden, wenn die Erfindung im Interesse der öffentlichen Wohlfahrt liegt. Eine solche Nutzung würde zB die **Herstellung**, das **Anbieten** und die **Vermarktung** betreffen. 103

2. Einschränkungen des Patentrechts

Erfindungen werden insbesondere im Pharmasektor patentrechtlich geschützt. Der patentrechtliche Schutz von Arzneimitteln kann zudem durch **ergänzende Schutzzertifikate**[54] verlängert werden. Bei Erzeugnissen, die einer staatlichen Zulassung bedürfen und der regelmäßig ein längeres Verwaltungsverfahren vorausgeht, soll somit die effektive Schutzdauer von Patenten verlängert werden.[55] 104

Das deutsche Patenrecht kennt zwei wichtige **Ausnahmen** des Rechts des Patentinhabers, jeder anderen Partei die Herstellung oder den Verkauf des patentierten Produktes zu verbieten. Zum einen kann durch eine **staatliche Benutzungsanordnung** – durch einen Verwaltungsakt (iSv § 35 VwVfG) – die Wirkung eines Patents eingeschränkt werden, indem die **Erfindung** im Interesse der **öffentlichen Wohlfahrt** benutzt werden darf. 105

52 *Mes* PatG § 13 Rn. 1.
53 Übereinkommen über handelsbezogene Aspekte der Rechte geistigen Eigentums (TRIPS) v. 15.4.1994.
54 Verordnung (EG) Nr. 469/2009 des Europäischen Parlaments und des Rates v. 6.5.2009 über das ergänzende Schutzzertifikat für Arzneimittel.
55 *Mes* PatG § 16 a Rn. 4.

Zum anderen kann das **Bundespatentgericht** auf Antrag eines konkurrierenden Unternehmens eine **Zwangslizenz** gem. § 24 PatG erteilen, wenn dies im **öffentlichen Interesse** ist.

a) Staatliche Benutzungsanordnung nach § 13 PatG

106 § 13 Abs. 1 PatG sieht vor, dass die **Wirkung** eines **Patents** nicht eintritt, wenn die Bundesregierung die Erfindung im Interesse der öffentlichen Wohlfahrt benutzt werden soll. Zudem soll sich die Wirkung auch auf die Benutzung der Erfindung erstrecken, wenn dies im Interesse der Sicherheit des Bundes ist. Der Begriff der öffentlichen Wohlfahrt ist enger als der des öffentlichen Interesses.[56] Er umfasst Fälle des Notstandes und **Seuchengefahren.**[57] Darüber hinaus regelt § 13 Abs. 1 S. 2 PatG, dass die Wirkung sich auch auf Benutzung der Erfindung erstrecken kann, wenn dies im Interesse des Bundes wäre. Dies bezieht sich auf sicherheitspolitische Aspekte.

107 Die Corona-Epidemie entspräche demzufolge klassischerweise der Konstellation des § 13 Abs. 1 S. 1 PatG.

108 Die Benutzungsanordnung kann nach § 13 Abs. 2 PatG vor dem **Bundesverwaltungsgericht** angefochten werden. Nach Abs. 3 der Vorschrift hat der Patentinhaber einen Anspruch auf **angemessene Vergütung**. Über die Höhe des Anspruchs entscheiden die ordentlichen Gerichte.

b) Zwangslizenzen nach § 24 PatG

109 Eine Zwangslizenz kann auf **zivilrechtlicher Basis** vom Bundespatentgericht bzw. Bundesgerichtshof (in zweiter Instanz) erteilt werden. Sie setzt nicht die gesamte Wirkung des Patents aus, sondern der Lizenznehmer erhält ein **nichtausschließliches Recht,** die patentierte Erfindung innerhalb der mit ihr verbundenen Einschränkungen zu nutzen, vgl. § 24 Abs. 1 PatG. Der Patentinhaber hat Anspruch auf eine **angemessene Vergütung** vom Zwangslizenznehmer, § 24 Abs. 6 S. 4 PatG. Eine Zwangslizenz muss im öffentlichen Interesse bestehen.

110 Die bedarfsgerechte medizinische Versorgung mit Arzneimitteln bzw. Impfstoffen während der Corona-Epidemie steht sicherlich auch im öffentlichen Interesse iSv § 24 PatG.[58]

3. Rechtsschutz

111 Eine Anfechtungsklage des Patentinhabers gegen eine Anordnung hätte gem. § 5 Abs. 4 S. 4 IfSG keine aufschiebende Wirkung. Gegen eine Anordnung der Beschränkung der Wirkung des Patents, die sich auf § 5 Abs. 2 S. 1 Nr. 5 IfSG stützt, wäre demnach ein Antrag auf § 80 Abs. 5 S. 1 Alt. 1 VwGO zweckmäßig. Dasselbe dürfte über den Wortlaut der Norm hinaus auch für einen Widerspruch gelten, sofern eine Anordnung einer nachgeordneten Behörde angegriffen wird und nach dem anwendbaren Recht ein Vorverfahren (§§ 68 ff. VwGO) durchgeführt werden müsste. Der Gesetzgeber ist der Auffassung, dass die **Dynamik** der **epidemischen Lage** den Sofortvollzug der Anordnungen nach § 5 Abs. 2 IfSG gebietet (→ Rn. 28).

112 Der Entschädigungsanspruch aus § 13 Abs. 3 PatG ist auch auf Anordnungen gem. § 5 Abs. 2 S. 1 Nr. 5 IfSG anwendbar. Die neue Vorschrift des Infektionsschutzgesetzes zielt nicht auf eine umfassende Änderung des § 13 PatG. Sie soll lediglich die während einer

---

56 *Mes* PatG § 13 Rn. 3.
57 *Mes* PatG § 13 Rn. 3.
58 Der BGH hat in jüngster Vergangenheit bei einem HIV-Präparat (BGH Urt. v. 11.7.2017 – X ZB 2/17, GRUR 2017, 1017 – Raltegravir) das öffentliche Interesse bejaht. Bei einem cholesterinsenkenden Arzneimittel es jedoch verneint (BGH Urt. v. 4.6.2019 – X ZB 2/19, GRUR 2019, 1038 – Alirocumab).

Epidemie nötige rasche Versorgung der Bevölkerung mit Arzneimitteln ua sicherstellen, wenn dies nur über die Einschränkungen des Patentrechts möglich wäre. Insofern hat der Patentinhaber auch einen **Entschädigungsanspruch** nach den Vorgaben des § 13 Abs. 3 PatG. Dies stünde auch im Einklang mit Art. 31 TRIPS.

§ 9 Ärzte und die epidemische Lage von nationaler Tragweite

Literatur: *Amhaouach*, Im Kampf gegen COVID-19: Neues Epidemiegesetz für NRW, JuWissBlog Nr. 46/2020 v. 1.4.2020; *Axer*, Etatierung der sozialen und gemeinsamen Selbstverwaltung, NZS 2017, 601; *Becker/Kingreen* (Hrsg.), SGB V, Gesetzliche Krankenversicherung – Kommentar, 7. Aufl. 2020; *Felix*, Konfliktlösungsinstrumente bei dreiseitigen Verträgen und Beschlüssen der Selbstverwaltung im System der gesetzlichen Krankenversicherung, 2017; *Gärditz/Abdulsalam*, Rechtsverordnungen als Instrument der Epidemie-Bekämpfung, GSZ 2020, 108; *Giesberts/Gayger/Weyand*, COVID-19 – Hoheitliche Befugnisse, Rechte Betroffener und staatliche Hilfen, NVwZ 2020, 417; *Kießling*, Infektionsschutzgesetz – Kommentar, 2020; *Grüner*, Biologische Katastrophen – Eine Herausforderung an den Rechtsstaat, 2017; *Kingreen*, Whatever it Takes? Der demokratische Rechtsstaat in Zeiten von Corona, Verfassungsblog v. 20.3.2020, abrufbar unter https://verfassungsblog.de/whatever-it-takes/; *Kloepfer* (Hrsg.), Pandemien als Herausforderung für die Rechtsordnung, 2011; *Kloepfer/Deye*, Pandemien als Herausforderung für die Rechtsordnung, DVBl 2009, 1208; *Mers*, Infektionsschutzrecht im liberalen Rechtsstaat, 2019; *Möllers*, Parlamentarische Selbstentmächtigung im Zeichen des Virus, Verfassungsblog v. 26.3.2020, abrufbar unter https://verfassungsblog.de/parlamentarische-selbstentmaechtigung-im-zeichen-des-virus/; *Pünder/Klafki*, Risiko und Katastrophe als Herausforderung für die Verwaltung, 2016; *Ritgen*, Rechtssetzung im Schatten der Corona-Pandemie – Das Gesetz zum Schutz der Bevölkerung bei einer epidemischen Lage von nationaler Tragweite, Der Landkreis 2020, 137; *Rixen*, Gesundheitsschutz in der Corona-Krise – Die Neureglungen des Infektionsschutzgesetzes, NJW 2020, 1097; *Rixen*, Befugnisse und Grenzen des staatlichen Infektionsschutzrechts, in Kloepfer (Hrsg.), Pandemien als Herausforderung für die Rechtsordnung, 2011, S. 67; *Sachs* (Hrsg.), Grundgesetz – Kommentar, 8. Aufl. 2018; *Sangs*, Das Dritte Gesetz zum Schutz der Bevölkerung bei einer epidemischen Lage von nationaler Tragweite und Gesetzgebung während der Pandemie, NVwZ 2020, 1780; *Schlegel/Voelzke* (Hrsg.), juris Praxiskommentar SGB IV, 3. Aufl. 2016; *Schlegel/Voelzke/Engelmann* (Hrsg.), juris PraxisKommentar SGB V, 3. Aufl. 2016; *Schnapp/Wigge* (Hrsg.), Handbuch des Vertragsarztrechts, 3. Aufl. 2017; *Sodan* (Hrsg.), Handbuch des Krankenversicherungsrechts, 3. Aufl. 2018; *Steinbeis*, Sancta Corona, ora pro nobis, Verfassungsblog v. 27.3.2020, abrufbar unter https://verfassungsblog.de/sancta-corona-ora-pro-nobis/; *Thielbörger/Behlert*, COVID-19 und das Grundgesetz: Neue Gedanken vor dem Hintergrund neuer Gesetze, Verfassungsblog v. 30.3.2020, abrufbar unter https://verfassungsblog.de/covid-19-und-das-grundgesetz-neue-gedanken-vor-dem-hintergrund-neuer-gesetze/; *Witte*, Recht und Gerechtigkeit im Pandemiefall, 2013, S. 147; *Wolff*, Priorisierung in der Pandemie – Zehn Thesen zur Allokation eines zukünftigen Corona-Impfstoffs, DVBl 2020, 1379.

I. Einführung 1
II. Verordnungen nach § 5 Abs. 2 S. 1 Nr. 7 IfSG 6
1. Überblick zum Regelungsinhalt und historische Entwicklung des neuen Infektionsschutzrechts 6
a) Das neue Infektionsschutzgesetz des Bundes 6
b) Die neuen Infektionsschutzgesetze der Länder – Sperrwirkung des Bundesgesetzes 7
c) Änderungen des neuen IfSG mit dem Zweiten Gesetz zum Schutz der Bevölkerung bei einer epidemischen Lage von nationaler Tragweite 13
d) Änderungen des neuen IfSG mit dem Dritten Gesetz zum Schutz der Bevölkerung bei einer epidemischen Lage von nationaler Tragweite 18
aa) § 5 Abs. 2 S. 1 Nr. 1 IfSG 19
bb) § 20 i Abs. 3 S. 2 Nr. 1 a SGB V 24
cc) § 5 Abs. 2 S. 1 Nr. 4 IfSG 25
2. Regelungsgegenstand von § 5 Abs. 2 S. 1 Nr. 7 lit. a IfSG 26
a) Aufrechterhaltung der Gesundheitsversorgung in den Praxen 28
b) Abweichung von bestehenden gesetzlichen Vorgaben 33
c) Abweichung von untergesetzlichen Richtlinien, Regelungen, Vereinbarungen und Beschlüssen der Selbstverwaltungspartner nach dem SGB V 39
d) Abweichung von Gesetzen, auf die im SGB V Bezug genommen wird 52

e) Anpassen, Ergänzen oder Aussetzen von gesetzlichen und untergesetzlichen Regelungen 53
3. Regelungsgegenstand von § 5 Abs. 2 S. 1 Nr. 7 lit. b IfSG ... 54
III. Regelungsgegenstand von § 5 a IfSG – Öffnung heilkundlicher Tätigkeiten für Angehörige von Gesundheitsfachberufen 56
IV. Geltungsdauer der Maßnahmen nach § 5 Abs. 2 und § 5 a IfSG 57
V. Schlussbemerkung und Ausblick 58

I. Einführung

1 Das **Infektionsschutzgesetz** (IfSG) des Bundes ist bereits seinem Titel nach das Gesetz zur Verhütung und Bekämpfung von **Infektionskrankheiten** beim Menschen – der Regelungsgegenstand ist demnach der Infektionsschutz. Ziel des Infektionsschutzes[1] ist es gem. § 1 Abs. 1 IfSG, „übertragbaren Krankheiten beim Menschen vorzubeugen, Infektionen frühzeitig zu erkennen und ihre Weiterverbreitung zu verhindern" – die **Verhütung und Bekämpfung** von übertragbaren Krankheiten (= Infektionskrankheiten).

2 Unter Beibehaltung dieser grundsätzlichen Ziele wurde das IfSG mit dem **Gesetz zum Schutz der Bevölkerung bei einer epidemischen Lage von nationaler Tragweite**[2] unter dem Eindruck der Corona-Pandemie dramatisch ergänzt. Ziel des neuen Gesetzes ist es, den Bund in die Lage zu versetzen, schnell mit Maßnahmen zum Schutz der öffentlichen Gesundheit zu reagieren, wenn in einer sich dynamisch entwickelnden Ausbruchssituation einer Destabilisierung des gesamten Gesundheitssystems vorgebeugt werden muss. Um dieses Ziel zu erreichen, wird insbesondere das IfSG des Bundes erweitert[3]. Mit der **Feststellung einer „epidemischen Lage von nationaler Tragweite"** wird eine ganze Reihe von Befugnissen des BMG eröffnet. Es kann bspw. durch Rechtsverordnung ohne Zustimmung des Bundesrates von bestimmten Regelungen des IfSG und zahlreichen anderen Gesetzen abweichen. Eine Ergänzung des neuen Infektionsschutzrechtes erfolgte bereits kurz nach dem Inkrafttreten des eingangs genannten Gesetzes, und zwar in Gestalt des **Zweiten Gesetzes zum Schutz der Bevölkerung bei einer epidemischen Lage von nationaler Tragweite.**[4] **Wiederum wenige Monate später beschloss der Deutsche Bundestag das Dritte Gesetz zum Schutz der Bevölkerung bei einer epidemischen Lage von nationaler Tragweite**[5]. Am 4.3.2021 beschloss der Deutsche Bundestag schließlich das **Gesetz zur Fortgeltung der die epidemische Lage von nationaler Tragweite betreffenden Regelungen (EpiLage-Fortgeltungsgesetz).**[6] Auf die maßgeblichen Neuregelungen, die von besonderer Bedeutung für Ärztinnen und Ärzte sind, wird in den einzelnen Abschnitten dieses Kapitels eingegangen.

3 Das neue Infektionsschutzgesetz bestimmt also, dass das BMG durch **Rechtsverordnung** ohne Zustimmung des Bundesrates unmittelbar auf **Einrichtungen der Gesundheitsversorgung** (Ärzte, Krankenhäuser, etc) und der pflegerischen Versorgung in ambulanten und stationären Einrichtungen einwirken und sich auch insoweit über fachgesetzliche Vorgaben hinwegsetzen kann.

1 Ausführlich zu den Zielen des IfSG: *Mers*, Infektionsschutzrecht im liberalen Rechtsstaat, 2019, S. 19 ff.; *Grüner*, Biologische Katastrophen, Eine Herausforderung an den Rechtsstaat, 2017, S. 172 ff.; *Rixen* in Kloepfer Pandemien S. 67 (70 ff.); *Giesberts/Gayger/Weyand* NVwZ 2020, 417.
2 BGBl. 2020 I 14.
3 Ausführlich zu den Zielen und zur Entwicklung des Infektionsschutzrechtes *Kießling* in Kießling IfSG § 1 Rn. 1 und 8–22.
4 Zweites Gesetz zum Schutz der Bevölkerung bei einer epidemischen Lage von nationaler Tragweite v. 19.5.2020 (BGBl. I 1018).
5 BGBl. 2020 I 2397.
6 BT-Drs. 19/27291.

4 Konkret geht es um die **Aufrechterhaltung der Gesundheitsversorgung in ambulanten Praxen,** Apotheken, Krankenhäusern, Laboren, Vorsorge- und Rehabilitationseinrichtungen und in sonstigen **Gesundheitseinrichtungen.** Auf der Grundlage des neuen § 5 Abs. 2 S. 1 Nr. 7 lit. a IfSG ist das BMG ermächtigt, von bestehenden gesetzlichen Vorgaben abzuweichen, insbesondere von **untergesetzlichen Richtlinien, Regelungen, Vereinbarungen** und **Beschlüssen der Selbstverwaltungspartner** nach dem Fünften Buch Sozialgesetzbuch (SGB V) sowie von **Gesetzen,** auf die im **SGB V** Bezug genommen wird (vgl. § 5 Abs. 7 lit. a IfSG). § 5 Abs. 4 S. 1 IfSG hat zunächst eine Befristung bis zum 31.3.2021 vorgesehen. Mit dem **Gesetz zur Fortgeltung der die epidemischen Lage von nationaler Trageweite betreffenden Regelung** soll sichergestellt werden, dass die zum Schutz der öffentlichen Gesundheit notwendigen Regelungen in einer Pandemielage über den 31.3.2021 hinaus gelten.[7] Ebenso kann das BMG abweichend von der **Approbationsordnung für Ärzte** die Zeitpunkte und die Anforderungen an die Durchführung der einzelnen Abschnitte der ärztlichen Prüfung festlegen und regeln, so dass Medizinstudierenden infolge einer notwendigen Mitwirkung an der Gesundheitsversorgung keine Nachteile für den Studienfortschritt entstehen (vgl. § 5 Abs. 2 S. 1 Nr. 7 lit. b IfSG).

5 Was die mit § 5 Abs. 2 S. 1 Nr. 7 IfSG neu geschaffenen Befugnisse des BMG für die **ambulante medizinische Versorgung** durch **Haus- und Fachärzte** (vgl. § 73 Abs. 1 S. 1 SGB V) bedeuten, soll nachfolgend untersucht werden. Hierbei ist stets die Frage im Fokus zu behalten, ob und wie die Maßnahmen nach § 5 Abs. 2 S. 1 Nr. 7 IfSG in zulässiger Weise in das Gefüge der **Selbstverwaltung** von Ärzten und Krankenkassen eingreifen,[8] vor allem aber, ob und wie Grundrechte von Ärztinnen und Ärzte betroffen sind. Hierbei steht außer Frage, dass die Gremien der **gemeinsamen Selbstverwaltung,** die nach der Konzeption des **SGB V** befugt sind, verbindliche Beschlüsse mit **Grundrechtsrelevanz** für die Leistungserbringer, aber auch für die Versicherten zu treffen, selbst nicht Träger von Grundrechten sind.[9]

II. Verordnungen nach § 5 Abs. 2 S. 1 Nr. 7 IfSG

1. Überblick zum Regelungsinhalt und historische Entwicklung des neuen Infektionsschutzrechts

a) Das neue Infektionsschutzgesetz des Bundes

6 Die für **Ärztinnen und Ärzte, Arztpraxen** (BAG[10] und MVZ)[11] maßgebliche Neureglung findet sich in § 5 Abs. 2 S. 1 Nr. 7 lit. a IfSG; für **Medizinstudierende** in § 5 Abs. 2 S. 1 Nr. 7 lit. b IfSG.

In einer ersten Formulierungshilfe[12] waren die für Ärztinnen und Ärzte maßgeblichen Neuregelungen nicht nur an anderer Stelle des neuen IfSG verortet, sondern sie waren auch weitaus einschneidender. Der dem heutigen § 5 Abs. 2 S. 1 Nr. 7 lit. a und b IfSG entsprechende § 5 Abs. 3 Nr. 5 lit. a IfSG-E sah nämlich noch vor, dass Ärztinnen und

---

7 BT-Drs. 19/27291.

8 Zugunsten der Selbstverwaltungspartner bestehen keine Rechte nach Art. 28 GG.

9 BVerfG Beschl. v. 9.6.2004 – 2 BvR 1249/03, SozR 4-2500 § 266 Nr. 7 und BVerfG Beschl. v. 15.12.1987 – 2 BvL 11/86, BVerfGE 77, 340–344 (340); *Schlegel/Voelzke* in jurisPK-SGB IV § 29 Rn. 55 ff.

10 BAG sind Berufsausübungsgemeinschaften, rechtlich verbindliche Zusammenschlüsse von Vertragsärzten oder/und Vertragspsychotherapeuten oder Vertragsärzten/Vertragspsychotherapeuten und Medizinischen Versorgungszentren oder Medizinischen Versorgungszentren untereinander zur gemeinsamen Ausübung der Tätigkeit (§ 1 a Nr. 12 BMV-Ä).

11 MVZ sind Medizinische Versorgungszentren, ärztlich geleitete Einrichtungen, in denen Ärzte, die in das Arztregister nach § 95 Abs. 2 S. 3 SGB V eingetragen sind, als Angestellte oder Vertragsärzte tätig sind (§ 95 Abs. 1 S. 2 SGB V).

12 Vgl. § 5 Abs. 3 Nr. 5 a der Formulierungshilfe für ein Gesetz zum Schutz der Bevölkerung bei einer epidemischen Lage von nationaler Tragweite, Bearbeitungsstand: 20.3.2020, 23:23 Uhr.

Ärzte, Angehörige von **Gesundheitsfachberufen** und Medizinstudierende durch Rechtsverordnung des BMG ohne Zustimmung des Bundesrates, verpflichtet werden konnten, bei der Bekämpfung übertragbarer Krankheiten mitzuwirken. Hinter dieser Regelung stand die Überlegung, dass Ärztinnen und Ärzte, aber auch Medizinstudierende sowie Angehörige von Gesundheitsfachberufen in Abhängigkeit von ihrem Ausbildungsstand einen wichtigen Beitrag zur gesundheitlichen Versorgung leisten. Infolgedessen sollten sie im Falle einer epidemischen Lage von übergeordneter Bedeutung als Maßnahme zur Aufrechterhaltung der gesundheitlichen Versorgung in **ambulanten Praxen** (gemeint waren hier offensichtlich Einzelpraxen, Gemeinschaftspraxen [BAG] und Medizinische Versorgungszentren (MVZ) nach § 95 Abs. 1 S. 2 SGB V),[13] Krankenhäusern und Vorsorge- und Rehabilitationseinrichtungen verpflichtend herangezogen werden.[14]

b) Die neuen Infektionsschutzgesetze der Länder – Sperrwirkung des Bundesgesetzes

Eine vergleichbare **Zwangsregelung** fand sich wenige Tage später in einem Gesetzentwurf der Landesregierung von Nordrhein-Westfalen.[15] Diese Regelung war zudem noch wesentlich weiter gefasst und erstreckte sich auch auf angestellte Ärztinnen und Ärzte,[16] wobei die anstellenden Ärztinnen und Ärzte, Praxen und MVZ ein Widerspruchsrecht erhalten sollten, wenn sie auf den Einsatz der angestellten Ärztin bzw. des angestellten Arztes zur Aufrechterhaltung des eigenen Praxisbetriebes angewiesen seien. Von dieser **Zwangsverpflichtung von Ärztinnen und Ärzten** wollte die Landesregierung in Nordrhein-Westfalen nur Gebrauch machen, wenn extreme Versorgungssituationen drohen und erst nach dem (erfolglosen) Bemühen um freiwillige Erbringung von ärztlichen Leistungen im Sinne einer ultima ratio-Maßnahme eine zwangsweise Verpflichtung von Ärztinnen und Ärzten unvermeidbar ist, um die medizinische Versorgung von erkrankten Menschen sicherzustellen.[17] Vergleichbar mit den bundesgesetzlichen Regelungen in § 5 Abs. 3 IfSG-E sah der Entwurf der Landesregierung vor, dass die **Grundrechte** der betroffenen Ärztinnen und Ärzte aus Art. 2 Abs. 2 S. 1 GG (Grundrecht auf **körperliche Unversehrtheit**) und Art. 2 Abs. 2 S. 2 GG (Grundrecht auf **Freiheit der Person**) eingeschränkt werden konnten. 7

In beiden Gesetzgebungsverfahren – auf Bundes- und auf Landesebene – gab es erheblichen Widerstand von Seiten der Ärzteschaft, der Politik und aus den Reihen der Rechtswissenschaft.[18] Das Ergebnis war, dass auf eine sog. Zwangsverpflichtung von 8

13 Zur Teilnahme von Ärzten, Medizinischen Versorgungszentren, ermächtigten Ärzten etc an der vertragsärztlichen Versorgung, s. *Pawlita* in jurisPK-SGB V § 95 Rn. 50 ff.; *Joussen* in Becker/Kingreen § 95 Rn. 1–19; *Boecken/Bristle* in Sodan KrankenVersR-HdB § 17 Rn. 4 ff.

14 *Ritgen* Der Landkreis 2010, 137 (140).

15 Entwurf eines Gesetzes zur konsequenten und solidarischen Bewältigung der COVID-19-Pandemie in Nordrhein-Westfalen und zur Anpassung des Landesrechts im Hinblick auf die Auswirkungen einer Pandemie, LT-Drs. 17/8920, hier: § 15 Verpflichtung zum Einsatz medizinischen und pflegerischen Personals.

16 Vgl. § 15 Abs. 3 des Entwurfs eines Gesetzes zur konsequenten und solidarischen Bewältigung der COVID-19-Pandemie in Nordrhein-Westfalen und zur Anpassung des Landesrechts im Hinblick auf die Auswirkungen einer Pandemie.

17 S. hierzu die Begründung des Entwurfs eines Gesetzes zur konsequenten und solidarischen Bewältigung der COVID-19-Pandemie in Nordrhein-Westfalen und zur Anpassung des Landesrechts im Hinblick auf die Auswirkungen einer Pandemie zu § 15 Abs. 3.

18 *Ambaouach*, Nr. 46/2020 v. 1.4.2020; *Gärditz* (Universität Bonn) und *Meinel* (Universität Würzburg), FAZ v. 26.3.2020, S. 6; *Kingreen* (Universität Regensburg), Süddeutsche Zeitung v. 26.3.2020, S. 6; *Kingreen*, Verfassungsblog v. 20.3.2020, https://verfassungsblog.de/whatever-it-takes/, s. a. *Steinbeis*, Verfassungsblog v. 27.3.2020, https://verfassungsblog.de/sancta-corona-ora-pro-nobis/: „Kompetenzen (…) die dem Verfassungsjuristen die Augen aus den Höhlen treten lassen"; *Thielbörger/Behlert* (Universität Bochum), Verfassungsblog v. 30.3.2020, https://verfassungsblog.de/covid-19-und-das-grundgesetz-neue-gedanken-vor-dem-hintergrund-neuer-gesetze/; *Möllers* (Humboldt-Universität Berlin), Verfassungsblog v. 26.3.2020, https://verfassungsblog.de/parlamentarische-selbstentmaechtigung-im-zeichen-des-virus/. Besonders hervorzuheben: *Papier*, Dann hat der liberale Rechtsstaat abgedankt, Interview in der Süddeutschen Zeitung v. 2.4.2020, S. 2, mit der Aussage: „Der Entwurf des Epidemie-Gesetzes in Nordrhein-Westfalen, wonach

Ärztinnen und Ärzten sowie anderen **Gesundheitsfachberufen** und **Medizinstudierenden** verzichtet wurde.

9 Anders als der Bund und das Land Nordrhein-Westfalen sieht das Bayerische Infektionsschutzgesetz in Art. 6 Abs. 1 BayIfSG die Möglichkeit der Verpflichtung von Personen zur Vornahme von medizinischen oder pflegerischen Leistungen vor.[19] Insbesondere aufgrund dieser für Ärztinnen und Ärzte besonders entscheidenden und einschneidenden Abweichung zum IfSG des Bundes hat sich eine Diskussion um die verfassungsrechtliche Zulässigkeit entsprechender **Landesgesetzgebung** ergeben.[20]

10 Zunächst ist in diesem Zusammenhang festzuhalten, dass in § 5 Abs. 2 Hs. 1 IfSG ausdrücklich klargestellt ist, dass die Anordnungs- bzw. Verordnungsbefugnisse des Bundes neben die Befugnisse der Länder nach dem IfSG und anderer Gesetze treten.[21] Damit bleiben also die **Vollzugskompetenzen** der Länder bei der Durchführung der vom BMG erlassenen Anordnungen und **Rechtsverordnungen** unberührt. Allerdings dürfen solche Regelungen der Länder nicht im Widerspruch zu den Regelungen des Bundes stehen. Dies folgt bereits aus dem verfassungsrechtlichen **Vorrang** des **Bundesrechts** vor dem Landesrecht.[22]

11 Die Frage ist, ob etwa durch eine Regelung wie Art. 6 Abs. 1 BayIfSG gegen diesen Grundsatz verstoßen wird. Allein der Umstand, dass der **Bundesgesetzgeber** einen bestimmten Bereich ungeregelt gelassen hat, bedeutet nicht notwendigerweise, dass daraus eine Regelungskompetenz der Länder folgt. Ein „Gebrauchmachen" von der **Gesetzgebungskompetenz** iSd Art. 72 Abs. 1 GG liegt nämlich nicht nur dann vor, wenn der Bundesgesetzgeber aktiv eine Regelung getroffen hat. Die sog. **Sperrwirkung** gegenüber der **Landesgesetzgebung** kann vielmehr auch dann eintreten, wenn der Bund eine bestimmte Materie bewusst nicht geregelt hat und damit zu erkennen gibt, dass er einer Regelung dieser Materie insgesamt ablehnend gegenübersteht.[23] Die Tatsache, dass der Bund auf die Aufnahme einer Regelung zur Verpflichtung von medizinischem oder pflegerischem Personal im IfSG verzichtet hat, kann daher auch so interpretiert werden, dass er eine solche Verpflichtung generell nicht geregelt sehen wollte.

12 Allgemein gegen eine **Gesetzgebungskompetenz** der Länder im Bereich des Infektionsschutzes kann auch die Tatsache sprechen, dass das IfSG den Ländern verschiedene Verordnungsermächtigungen erteilt (etwa in § 32 IfSG), während Vorbehalte zugunsten der Landesgesetzgebung nicht benannt sind. Solche Vorbehalte sind im Rahmen der **konkurrierenden Gesetzgebung** zwar nicht erforderlich, um die Kompetenz der Länder zu begründen. Ihr Fehlen kann aber einen Hinweis auf eine erschöpfende Regelung des Bundesgesetzgebers geben. Der **absichtsvolle Regelungsverzicht** des Bundesgesetzgebers[24] kann jedenfalls dann Sperrwirkung entfalten, wenn sich der Bundestag in dem Gesetzgebungsverfahren mit einer Frage befasst hat, diese dann aber nicht weiterverfolgt hat.[25] Das ist in Bezug auf die **Zwangsverpflichtung** von Ärztinnen und Ärzten der Fall gewesen, so dass man die bayerische Regelung nach Art. 6 Abs. 1 BayIfSG als unzulässig einschätzen muss. Dieses Ergebnis gilt selbstverständlich dann auch für alle an-

---

Ärzte und Pfleger zu bestimmten Arbeiten verpflichtet werden können, ist fragwürdig. Denn in Art. 12 des Grundgesetzes steht, niemand darf zu einer bestimmten Arbeit gezwungen werden."

19 Bayerisches Infektionsschutzgesetz (BayIfSG) v. 25.3.2020 (GVBl. S. 174).

20 Vgl. hierzu die Ausarbeitung des Wissenschaftlichen Dienstes der Deutschen Bundestages v. 9.4.2020, Gesetzgebungskompetenz für den Infektionsschutz, WD 3 – 3000 – 081/20, mwN.

21 S. hierzu iE *Degenhart* in Sachs GG Art. 72 Rn. 1 ff.

22 S. hierzu auch die Begründung zu § 5 Abs. 2 IfSG, BT-Drs. 19/18111, 20; ausführlich zum Verhältnis von Bundesrecht und Landesrecht: *Degenhart* in Sachs GG Art. 72 Rn. 24 ff.

23 BVerfG Urt. v. 27.10.1998 – 1 BvR 2306/96, BVerfGE 98, 265 (Rn. 300).

24 S. hierzu: *Degenhart* in Sachs GG Art. 72 Rn. 24 ff.

25 BVerfG Urt. v. 27.10.1998 – 1 BvR 2306/96, BVerfGE 98, 265 (Rn. 283).

deren, inhaltlich identischen Regelungen in den Infektionsschutzgesetzen der übrigen Bundesländer.

c) Änderungen des neuen IfSG mit dem Zweiten Gesetz zum Schutz der Bevölkerung bei einer epidemischen Lage von nationaler Tragweite

Am 15.5.2020 wurde schließlich das Zweite Gesetz zum Schutz der Bevölkerung bei einer epidemischen Lage von nationaler Tragweite im Deutschen Bundestag beschlossen.[26] Für Ärztinnen und Ärzte gab es mit Blick auf die Regelung in § 5 Abs. 2 S. 1 Nr. 7 lit. a IfSG keine wesentlichen Änderungen. Interessant ist allerdings, dass in Art. 4 das **SGB V** geändert wurde, hatte das BMG doch noch kurze Zeit zuvor derartige Änderungen des SGB V auf der Grundlage der **Verordnungsermächtigung** gem. § 5 Abs. 2 S. 1 Nr. 4 und 7 IfSG vorgenommen.[27] Wenn man hierzu noch das Gesetz zum Ausgleich COVID-19 bedingter finanzieller Belastungen der Krankenhäuser und anderer Gesundheitseinrichtungen v. 27.3.2020[28] in die Reihe der Neuregelungen infolge der **Corona-Epidemie** einbezieht, wird deutlich, dass es offensichtlich keine durchgängige Regelungspraxis – jedenfalls für den Bereich des SGB V – gibt: Mal werden die Bestimmungen des **SGB V** durch Bundesgesetz, mal durch Verordnung des BMG geändert; eine Systematik ist insoweit nicht zu erkennen. Vielmehr muss man wohl von einer gewissen Unsicherheit bei der Auswahl der jeweiligen Regelungstechnik ausgehen – oder aber von reinen Zweckmäßigkeitsgesichtspunkten. Zugegebenermaßen sind gerade unter dem Gesichtspunkt der Zweckbestimmung einzelner Ermächtigungsnormen, wie zB die der **Aufrechterhaltung der Gesundheitsversorgung** in § 5 Abs. 2 S. 1 Nr. 7 IfSG bestimmte Änderungen des **SGB V**, auch bei weiter Auslegung, nicht mehr darunter zu subsumieren. Umgekehrt hätten aber die nachfolgenden, beispielhaft genannten Neuregelungen aus dem **Zweiten Gesetz zum Schutz der Bevölkerung bei einer epidemischen Lage von nationaler Tragweite** durchaus als Maßnahmen zur **Aufrechterhaltung der Gesundheitsversorgung** eingeordnet werden und damit auch im Wege einer Rechtsverordnung erlassen werden können. 13

Zunächst wurde durch die (parlamentsgesetzliche) Neuregelung in § 20 i Abs. 3 SGB V[29] eine zusätzliche Verordnungsermächtigung des BMG geschaffen. Danach kann das BMG zunächst nach Anhörung der ständigen Impfkommission per **Rechtsverordnung** ohne Zustimmung des Bundestages für bestimmte **Schutzimpfungen** und **Testungen** (Maßnahmen der spezifischen Prophylaxe) festlegen, dass Versicherte in der GKV Anspruch auf diese Leistungen haben; dies unabhängig von dem Bestehen einer **epidemischen Lage von nationaler Tragweite**. Liegt eine solche vor und hat der Deutsche Bundestag diese nach § 5 Abs. 1 IfSG festgestellt, wird das BMG zudem ermächtigt, nach Anhörung des Spitzenverbandes Bund der Krankenkassen – ohne Zustimmung der Bundesrates – durch Rechtsverordnung zu bestimmen, dass insbesondere zur Umsetzung einer Teststrategie und unabhängig von einer bestehenden Symptomatik (a) bestimmte **Testungen** auf eine Infektion oder (b) geeignete **Antikörpertests** hinsichtlich des Coronavirus SARS-CoV-2 zulasten der gesetzlichen Krankassen durchgeführt werden. Damit soll sichergestellt werden, dass auch Testungen bei sog. asymptomatischen Patienten von der GKV übernommen werden. Zur Begründung bezieht sich der Gesetzge- 14

26 Zweites Gesetz zum Schutz der Bevölkerung bei einer epidemischen Lage von nationaler Tragweite v. 19.5.2020 (BGBl. I 1018), BT-Drs. 19/19217.

27 BAnz AT 4.5.2020 V 1: vgl. § 1 der Verordnung des BMG zum Ausgleich COVID-19 bedingter finanzieller Belastungen der Zahnärztinnen und Zahnärzte, der Heilmittelerbringer und der Einrichtungen des Müttergenesungswerks oder gleichartigen Einrichtungen sowie zur Pflegehilfsmittelverordnung – COVID-19-Versorgungsstrukturen-Schutzverordnung.

28 BGBl. 2020 I 580.

29 S. Art. 4 Nr. 4 des Zweiten Gesetzes zum Schutz der Bevölkerung bei einer epidemischen Lage von nationaler Tragweite v. 19.5.2020 (BGBl. I 1018), § 20 i SGB V.

ber (hier: der Ausschuss für Gesundheit – AfG) auf Empfehlungen und Forderungen aus der Wissenschaft nach repräsentativen bevölkerungsmedizinischen Testungen. Diese Ausweitung von Testungen umfasst deshalb auch sog. Antikörpertests, wobei die Aussagekraft und der Nutzen dieser Tests lange Zeit umstritten waren.[30] Insbesondere war lange Zeit unklar, wie lange eine durch Infektion mit SARS- CoV-2 erworbene Immunität vor einer erneuten Ansteckung und Übertragung schützt.[31]

Die im Wege der Rechtsverordnung iE zu bestimmenden Ansprüche auf die Testungen nach § 20 i Abs. 3 S. 2 SGB V sollen dann auch für Personen gelten, die nicht gesetzlich krankenversichert sind (§ 20 i Abs. 3 S. 2 Nr. 2 SGB V). Nachdem noch im Regierungsentwurf für ein Zweites Gesetz zum Schutz der Bevölkerung bei einer epidemischen Lage von nationaler Tragweite geregelt war, dass die Kosten für die zusätzlichen Testungen und Impfungen durch die gesetzlichen Krankenkassen getragen werden, wurde aufgrund der Empfehlungen des AfG das Nähere zur Finanzierung, Vergütung, Abrechnung und Berechtigung der Leistungserbringung ebenfalls in die Regelungskompetenz des BMG verschoben. Dies wirft erneut Fragen nach der verfassungsrechtlichen Legitimation dieser Ermächtigung auf, geht es doch um die Bereitstellung von Geldern aus den **Liquiditätsreserven** des **Gesundheitsfonds**[32] und damit um grundsätzliche Fragen der Finanzierung von Leistungen der GKV. Die parlamentsgesetzliche Regelung in § 20 i Abs. 3 S. 5 SGB V, wonach die Aufwendungen für die zusätzlichen Testungen aus der Liquiditätsreserve des Gesundheitsfonds gezahlt werden, vermag jedenfalls nicht alle Bedenken mit Blick auf das **Bestimmtheitsgebot** nach Art. 80 GG zu beseitigen (vgl. hierzu iE → Rn. 28). Wie sich die Ausweitung der Testungen auf das Versorgungsgeschehen in den ambulanten Praxen auswirken wird, hängt im Wesentlichen davon ab, bei welchen Institutionen bzw. bei welchen Leistungserbringern das BMG die Berechtigung und ggf. auch die Pflicht zur Durchführung zusätzlicher **Testungen**, aber auch neuer Schutzimpfungen, verortet. Unabhängig von der Frage der Abrechnung und Vergütung kann durch derartige zusätzliche Aufgaben in **ambulanten Praxen** die **Gesundheitsversorgung** der Patientinnen und Patienten erheblich beeinträchtigt werden, denn neben der Durchführung von ggf. massenhaften Testungen ist es vorderste Aufgabe von Ärztinnen und Ärzten, ihre Patientinnen und Patienten zu betreuen und zu behandeln; gemeint sind hier vor allem chronisch kranke, multimorbide und ältere Patientinnen und Patienten, die in der Regel sehr betreuungsintensiv sind; deren Versorgung kann den Zielen und Aufgaben der Infektionsbekämpfung nicht untergeordnet werden.

In Folge der Neuregelung in § 20 i Abs. 3 S. 2 und 3 SGB V hat das BMG als Verordnungsgeber die **Verordnung zum Anspruch auf bestimmte Testungen für den Nachweis des Vorliegens einer Infektion mit dem Coronavirus SARS-CoV-2** erlassen.[33] Diese Verordnung wurde durch die **Zweite Verordnung zum Anspruch auf bestimmte Testungen für den Nachweis des Vorliegens einer Infektion mit dem Coronavirus SARS- CoV-2** v. 11.9.2020 geändert.[34]

15 Ungeachtet der sich aus der Ausweitung von Schutzimpfungen und Testungen ergebenden Fragen im Zusammenhang mit dem Ziel der Aufrechterhaltung der Gesundheitsversorgung sind zudem folgende Neuregelungen für die ambulante medizinische Versor-

30 So ua Prof. Dr. med. *Ulrike Protzer*, Virologin, TU München, Helmholtz Zentrum München im BR Fernsehen am 6.4.2020 und in der Online-Ausgabe des MERKUR v. 14.5.2020; Virologie-Professor *Jonas Schmidt-Chanasit* vom Hamburger Institut für Tropenmedizin gegenüber n-tv am 1.5.2020.

31 So auch die Äußerungen der WHO, s. unter https://www.aerzteblatt.de/nachrichten/112322/WHO-sieht-keinen-Beweis-fuer-Immunitaet-nach-Infektion-mit-SARS-CoV-2.

32 Zur Systematik der Liquiditätsreserven, die der Gesundheitsfonds vorhalten muss, vgl. *Göpffarth* in Becker/Kingreen SGB V § 271 Rn. 10 ff.

33 BAnz AT 9.6.2020 V1.

34 BAnz AT 14.9.2020 V1.

gung von Bedeutung: die Einrichtung von testweisen und vorübergehenden Verfahren zur **elektronischen Verordnung** und Abrechnung von **digitalen Gesundheitsanwendungen** durch Kassen nach § 67 Abs. 3 SGB V. Dabei dürfen die Krankenkassen nicht in die ärztliche Therapiefreiheit eingreifen oder die Wahlfreiheit der Versicherten beschränken. Im Rahmen der Testphasen kann eine Übermittlung von Verordnungen und zahlungsbegründenden Unterlagen in Textform erfolgen. Die Verfahren der Telematik-Infrastruktur sind dann anzuwenden, wenn sie zur Verfügung stehen.

Weiterhin wurden Ausnahmen für **Zulassungsbeschränkungen** seitens der obersten Lan- 16 desbehörden der Sozialversicherung bestimmt.[35] Hintergrund ist, dass der Gesetzgeber hier flexiblere und passgenauere **Zulassungen von Ärztinnen und Ärzte** gerade in unterversorgten und strukturschwachen Regionen ermöglichen will, damit auch in diesen Gegenden die Gesundheitsversorgung der Patientinnen und Patienten gewährleistet ist. Zu diesem Zweck können nach § 103 Abs. 2 S. 4 SGB V die für die Sozialversicherung zuständigen obersten Landesbehörden ländliche oder strukturschwache Teilgebiete eines **Planungsbereiches** bestimmen, die auf ihren Antrag für einzelne Arztgruppen oder Fachrichtungen von etwaigen Zulassungsbeschränkungen auszunehmen sind. Wie sich diese Instrumente auswirken, und ob sie einen Beitrag zur flächendeckenden Versorgung von Patientinnen und Patienten – gerade in Zeiten von Epidemien und Pandemien – leisten werden, muss abgewartet werden. Erfahrungsgemäß sind solche Maßnahmen in der Umsetzung zeitaufwendig und kommen möglicherweise für die Aufrechterhaltung der Gesundheitsversorgung in Zeiten der Corona-Epidemie zu spät. Insoweit ist es zu begrüßen, dass die Kassenärztlichen Vereinigungen verpflichtet wurden, neue Niederlassungsmöglichkeiten in ländlichen oder strukturschwachen Teilgebieten aufgrund der vorgenannten Festlegungen der Landesbehörden unverzüglich auszuschreiben und eine Bewerberliste zu erstellen.

Von besonderer Bedeutung für die Ärztinnen und Ärzte sind schließlich die Erleichte- 17 rungen im Rahmen der Versorgung der Patientinnen und Patienten mit **saisonalen Grippeimpfstoffen.** Da wegen der COVID-19-Pandemie eine Abschätzung des tatsächlichen Bedarfs an Grippeimpfstoff für die Impfsaison 2020/2021 nur sehr schwer möglich war, insbesondere weil verlässliche Aussagen zur Weiterentwicklung der COVID-19-Pandemie und auch nur eine wenig belastbare Einschätzung der Impfbereitschaft der Bevölkerung in der Grippeimpfsaison 2020/2021 getroffen werden konnte, hat der Bundesgesetzgeber zur Vermeidung einer Unterversorgung der Bevölkerung mit saisonalem Grippeimpfstoff den Ärztinnen und Ärzten einen „Sicherheitszuschlag" für die Bestellung von saisonalem Grippeimpfstoff eingeräumt, um das Risiko von Regressforderungen der Krankenkassen wegen unwirtschaftlicher Verordnung zu verringern. So soll eine Überschreitung der Verordnung von saisonalen Grippeimpfstoffen im Wege des **Sprechstundenbedarfs** von bis zu 30 % gegenüber den tatsächlich erbrachten Impfungen grundsätzlich nicht als unwirtschaftlich gelten. Für die Impfungen in Zeiten von Epidemien und Pandemien eine selbstverständliche Regelung; man könnte sich hier sogar noch weitergehende Lockerungen vorstellen, so dass Ärztinnen und Ärzte im Ergebnis gänzlich von Regressrisiken befreit sind.

35 Art. 4 Nr. 8 des Zweiten Gesetzes zum Schutz der Bevölkerung bei einer epidemischen Lage von nationaler Tragweite v. 19.5.2020 (BGBl. I 1018).

d) Änderungen des neuen IfSG mit dem Dritten Gesetz zum Schutz der Bevölkerung bei einer epidemischen Lage von nationaler Tragweite

18 Am 18.11.2020 wurde schließlich das **Dritte Gesetz zum Schutz der Bevölkerung bei einer epidemischen Lage von nationaler Tragweite** (Drittes Bevölkerungsschutzgesetz) im Deutschen Bundestag beschlossen.[36]

aa) § 5 Abs. 2 S. 1 Nr. 1 IfSG

19 Von Bedeutung für die Verordnungsermächtigungen nach § 5 Abs. 2 S. 1 Nr. 7 IfSG mit dem Ziel der **Aufrechterhaltung der Gesundheitsversorgung** (vgl. hierzu iE → Rn. 20) sind zunächst die Ergänzungen in § 5 Abs. 1 IfSG. Hier erfolgt jetzt eine (Legal-)Definition der epidemischen Lage von nationaler Tragweite, deren Feststellung und Aufhebung im Bundesgesetzblatt bekanntzumachen ist. Im Gegensatz zu der ersten Kabinettsvorlage des ersten Bevölkerungsschutzgesetzes[37], die den Begriff der epidemischen Lage von nationaler Tragweite in § 5 Abs. 1 IfSG noch legaldefinierte, ging weder aus dem Zweiten Bevölkerungsschutzgesetz noch aus der Gesetzesbegründung hervor, welche Voraussetzungen für eine solche Feststellung vorliegen müssen. Dadurch stellte § 5 Abs. 1 IfSG nur noch eine rein prozedurale bzw. kompetenzielle Norm dar.[38] Aus der Formulierung des S. 2 („wenn die Voraussetzungen für ihre Feststellung nicht mehr vorliegen") folgte aber, dass die Feststellung nach S. 1 nur erfolgen durfte, wenn materiellrechtlich tatsächlich eine epidemische Lage von nationaler Tragweite vorliegt. Nach der ersten Kabinettsvorlage des ersten Bevölkerungsschutzgesetzes zu § 5 Abs. 1 IfSG war eine epidemische Lage von nationaler Tragweite dann gegeben, wenn (dort noch durch die Bundesregierung) eine ernsthafte Gefahr für die Gesundheit in der gesamten Bundesrepublik Deutschland festgestellt worden ist, weil entweder

- die WHO eine gesundheitliche Notlage von internationaler Tragweite ausgerufen hat und eine Einschleppung schwerwiegender übertragbarer Krankheiten in die Bundesrepublik Deutschland droht oder
- eine dynamische Ausbreitung einer bedrohlichen übertragbaren Krankheit über mehrere Länder in der Bundesrepublik Deutschland droht.[39]

20 Die nunmehr mit dem **Dritten Bevölkerungsschutzgesetz** eingeführte (Legal-)Definition einer epidemischen Lage von nationaler Tragweite ist nahezu identisch. Lediglich bei der Voraussetzung nach § 5 Abs. 1 S. 4 Nr. 2 IfSG wurde das Wort „stattfindet" ergänzt, um der aktuellen Situation gerecht zu werden.

Der Deutsche Bundestag kann jederzeit auf Grundlage dieser Definition die Feststellung einer epidemischen Lage von nationaler Tragweite beschließen oder bestätigen. Eine Feststellung (auch auf Grundlage des bisherigen Rechts) bleibt solange wirksam, bis sie nach S. 2 aufgehoben wird. Die auf Basis einer einmal getroffenen Feststellung erlassenen Verordnungen und Anordnungen (auch auf der Grundlage einer Feststellung nach bisherigem Recht) bleiben solange wirksam, bis nach S. 2 die Feststellung aufgehoben wird, auch wenn zwischendurch eine Bestätigung der Feststellung erfolgt (→ Rn. 50). Nach dem **Gesetz zur Fortgeltung der die epidemischen Lage von nationaler Trageweite betreffenden Regelung** treten die Rechtsverordnungen nicht mit Ablauf des 31.3.2021 außer Kraft, wie dies § 5 Abs. 4 S. 1 IfSG bislang vorsah, sondern gelten in einer Pandemielage fort. Die Feststellung einer epidemischen Lage von nationaler Tragweite soll jedoch als aufgehoben gelten, sofern der Deutsche Bundestag nicht spätestens drei Mona-

36 BGBl. 2020 I 2397.
37 Formulierungshilfe – Entwurf eines Gesetzes zum Schutz der Bevölkerung bei einer epidemischen Lage von nationaler Tragweite, Bearbeitungsstand 20.3.2020, 23:23 Uhr, S. 6.
38 *Gärditz/Abdulsalam* GSZ 2020, 108 (114).
39 Vgl. Formulierungshilfe – Entwurf eines Gesetzes zum Schutz der Bevölkerung bei einer epidemischen Lage von nationaler Tragweite, Bearbeitungsstand 20.3.2020, 23:23 Uhr, S. 6.

te nach deren Feststellung bzw. der Feststellung des Fortbestehens das Fortbestehen der epidemischen Lage von nationaler Tragweite feststellt.[40] Eine Ausnahme soll es im Rahmen von Verordnungen auf Grundlage des § 5 Abs. 2 S. 1 Nr. 10 IfSG geben. Diese sollen spätestens mit Ablauf des 31.3.2022 außer Kraft treten.[41] Nach § 5 Abs. 1 S. 5 IfSG unterrichtet die Bundesregierung den Deutschen Bundestag regelmäßig mündlich über die Entwicklung der nach S. 1 festgestellten epidemischen Lage von nationaler Tragweite.

Im Gegensatz zu vielen anderen Regelungen, die bis dahin insbesondere verfassungsrechtlich kritisiert[42] und daraufhin – wenn auch wenig überzeugend[43] – nachgebessert wurden, blieben die für Ärztinnen und Ärzte maßgeblichen Bestimmungen in § 5 Abs. 2 S. 1 Nr. 7 IfSG unverändert. Die bisher in der Literatur geäußerten verfassungsrechtlichen Bedenken bestehen demnach fort; die Neuregelungen in § 28 a IfSG haben im Ergebnis lediglich Symbolcharakter und schaffen keine verfassungsrechtlich belastbare Rechtsgrundlage für dort aufgeführten Maßnahmen zur Pandemiebekämpfung[44]. Positiv hervorzuheben ist die Regelung nach Art. 3 Nr. 2 des **Gesetzes zur Fortgeltung der die epidemischen Lage von nationaler Trageweite betreffenden Regelung**[45]. Hier hat der Gesetzgeber die sog. Schutzschirmregelung für Vertragsärztinnen und Vertragsärzte in § § 87 b Abs. 2 a SGB V verlängert und damit die Möglichkeit von (weiteren) Kompensationszahlungen für pandemiebedingte Mindereinnahmen rückwirkend ab dem 1.1.2021 in Kraft gesetzt[46]. Die Möglichkeit finanzieller Hilfen wegen pandemiebedingter Umsatzeinbußen (Fallzahlminderung) wurde erstmals mit dem **Gesetz zum Ausgleich COVID-19 bedingter finanzieller Belastungen der Krankenhäuser und weiterer Gesundheitseinrichtungen** in das SGB V aufgenommen und war zunächst bis zum 31.12.2020 befristet.[47] 21

Geändert wurden allerdings die gesetzlichen Bestimmungen in **§ 20 i Abs. 3 SGB V.** 22

Soweit der Deutsche Bundestag eine epidemische Lage von nationaler Tragweite nach § 5 Abs. 1 S. 1 IfSG festgestellt hat, ist das BMG ermächtigt, durch Rechtsverordnung ohne Zustimmung des Bundesrates zu bestimmen, dass Versicherte Anspruch haben,

a) auf bestimmte Schutzimpfungen oder auf bestimmte andere Maßnahmen der spezifischen Prophylaxe, im Fall einer Schutzimpfung gegen das Coronavirus SARS-CoV-2 insbesondere dann, wenn sie aufgrund ihres Alters oder Gesundheitszustandes ein signifikant erhöhtes Risiko für einen schweren oder tödlichen Krankheitsverlauf haben, wenn sie solche Personen behandeln, betreuen oder pflegen oder

40 BT-Drs. 19/27291

41 BT-Drs. 19/27291, Art. 2 Nr. 2.

42 Ua *Kießling* in Kießling IfSG § 28 Rn. 63 u. § 32 Rn. 6; siehe hierzu VGH München Beschl. v. 14.12.2020 – 20 NE 20.2907 mAnm *Kießling* NJW 2021, 178; Stellungnahmen der Einzelsachverständigen *Klafki* unter https://www.bundestag.de/resource/blob/805568/07051b199add717e04d7cca843c3de48/19_14_0246-9-_ESV-prof-Dr-Klafki-3-BevSchG-data.pdf, *Wollenschläger* unter https://www.bundestag.de/resource/blob/805844/09aa6cdba9932ca18a4a560e817817b1/19_14_0246-20-_ESV-Prof-Dr-Ferdinand-Wollenschlaeger-3-BevSchG-data.pdf, *Brenner* unter https://www.bundestag.de/resource/blob/805842/730992d71899fd11e76ee168d0c7fd0f/19_14_0246-19-_ESV-Dr-Michael-Brenner-3-BevSchG-data.pdf und *Wißmann* unter https://www.bundestag.de/resource/blob/805676/85c91588f224846d1779dd0ecf50c403/19_14_0246-12-_ESV-Prof-Dr-Wissmann-3-BevSchG-data.pdf; kritisch auch *Sangs* NVwZ 2020, 1780 (1784, 1785).

43 Vgl. hierzu auch die Stellungnahmen der Einzelsachverständigen *Kießling* unter https://www.bundestag.de/resource/blob/805488/949a9f10230bb6b7a445ea5d2cdad74c/19_14_0246-7-_ESV-Kiessling-3-BevSchG-data.pdf und *Klafki* unter https://www.bundestag.de/resource/blob/805568/07051b199add717e04d7cca843c3de48/19_14_0246-9-_ESV-prof-Dr-Klafki-3-BevSchG-data.pdf.

44 Vgl. hierzu insbes. *Gärditz/Abdulsalam* GSZ 2020, 108 (112, 113), die die verfassungsrechtlichen Anforderungen an grundrechtseinschränkende Maßnahmen zusammenfassen.

45 BT-Drs. 19/27291.

46 Vgl. Art. 11 Abs. 2 des Gesetzes zur Fortgeltung der die epidemischen Lage von nationaler Trageweite betreffenden Regelung, BT-Drs. 19/27291.

47 BGBl. 2020 I 580; vgl. Art. 3 und 6.

wenn sie in zentralen Bereichen der Daseinsvorsorge und für die Aufrechterhaltung zentraler staatlicher Funktionen eine Schlüsselstellung besitzen,

b) auf bestimmte Testungen für den Nachweis des Vorliegens einer Infektion mit einem bestimmten Krankheitserreger oder auf das Vorhandensein von Antikörpern gegen diesen Krankheitserreger und

c) auf bestimmte Schutzmasken, wenn sie zu einer in der Rechtsverordnung festzulegenden Risikogruppe mit einem signifikant erhöhten Risiko für einen schweren oder tödlichen Krankheitsverlauf nach einer Infektion mit dem Coronavirus SARS-CoV-2 gehören.

Das BMG hat von der Ermächtigung Gebrauch gemacht:

a) in Gestalt der **Verordnung zum Anspruch auf Schutzimpfung gegen das Coronavirus SARS-CoV-2** v. 18.12.2020[48],

b) in Gestalt der **Verordnung zum Anspruch auf Testung in Bezug auf einen direkten Erregernachweis des Coronavirus SARS-CoV-2** v. 30.11.2020[49] und schließlich

c) in Gestalt der **Verordnung zum Anspruch auf Schutzmasken zur Vermeidung einer Infektion mit dem Coronavirus SARS-CoV-2** v. 14.12.2020[50]

Sind die Verordnungen zum Anspruch auf Testungen und Schutzmasken insbesondere **versorgungspolitisch** kritisiert worden[51], stand die **Impfverordnung** in **(verfassungs-) rechtlicher** Hinsicht in der Kritik.[52]

23 Weil zu Beginn der Impfphasen[53]nicht genügend Impfstoff für die gesamte Bevölkerung zur Verfügung stand, musste bei der Verteilung des Impfstoffs gegen das Coronavirus SARS-CoV-2 priorisiert werden. Es musste also entschieden werden, welchen Bevölkerungsgruppen der vorhandene Impfstoff zu welchen Zeitpunkten zur Verfügung gestellt wird. Dabei erfolgte die **Verteilung des Impfstoffs** auf der Grundlage der Coronavirus-Impfverordnung des BMG v. 18.12.2020, die wiederum auf die Verordnungsermächtigung des § 20 i Abs. 3 S. 2 Nr. 1 a SGB V und die Verordnungsermächtigung des § 5 Abs. 2 S. 1 Nr. 4 lit. c und f IfSG gestützt wurde.

Die Festlegung der Reihenfolge der Impfungen betrifft einen besonders grundrechtssensiblen Bereich, nämlich die durch Art. 2 Abs. 2 S. 1 GG geschützten Güter Leben und körperliche Unversehrtheit, und ist letztlich relevant für die „Zuteilung von Überlebenschancen“[54]. Nach aktuellem Wissensstand verhindern die Schutzimpfungen besonders schwere Krankheitsverläufe und Todesfälle, so dass die maßgeblichen Neureglungen unmittelbar in die Grundrechte aus Art. 2 Abs. 2 S. 1 GG eingreifen. Nach der Wesent-

48 BAnz AT 21.12.2020 V3.

49 BAnz AT 1.12.2020 V1.

50 BAnz AT 15.12.2020 V1.

51 Vgl. ua die Stellungnahmen der Kassenärztlichen Bundevereinigung unter https://www.bundestag.de/resource/blob/805196/69ceab68999529f0e787bddc236815f0/19_14_0247-2-_Kassenaerztliche-Bundesvereinigung-3-BevSchG-data.pdf im Rahmen der öffentlichen Anhörung bei dem Ausschuss für Gesundheit v. 9.11.2020, Drs. 19(14)246(2).

52 Vgl. hierzu ausführlich die Stellungnahmen der Einzelsachverständigen *Kießling*, *Kingreen* und *Leisner-Egensperger* im Rahmen der öffentlichen Anhörung im Gesundheitsausschuss des Deutschen Bundestages zum Entwurf eines Gesetzes zur Priorisierung bei der Schutzimpfung gegen das Coronavirus SARS-CoV-2 der Fraktion der FDP, BT-Drs. 19/25260, nachzulesen unter https://www.bundestag.de/ausschuesse/a14/anhoerungen#url=L2F1c3NjaHVlc3NlL2ExNC9hbmhvZXJ1bmdlbi84MTUxMDgtODE1MTA4&mod=mod795762.

53 Vgl. Nationale Impfstrategie COVID-19 Strategie zur Einführung und Evaluierung einer Impfung gegen Sars-CoV-2 in Deutschland, Stand: 6.11.2020, BMG in Kooperation mit dem RKI und dem PEI.

54 *Rixen* in Huster/Kingreen InfektionsschutzR-HdB Kap. 5 Rn. 16.

lichkeitstheorie des BVerfG[55] bedürfen diese Eingriffe eines Parlamentsgesetzes,[56] das den Regelungsrahmen für die Festlegung der Impfreihenfolge schafft. Dabei ist es Aufgabe des Parlaments, in einem solchem Gesetz Verteilungsziele und mögliche Verteilungskriterien festzulegen.[57] Bei den Verteilungszielen handelt es sich um die Erwägungen, an denen sich die Verteilungskriterien ausrichten[58], sie geben somit die allgemeine Richtung der Festlegung der Impfreihenfolge in Form einer „wertungsbezogene[n] Grundentscheidung" vor.[59]

Ein Parlamentsgesetz, das den Rahmen für die Festlegung der **Impfreihenfolge** enthält, gab es (zunächst) nicht.[60] Es gibt auch keine Verordnungsermächtigung, die zur Festlegung der Impfreihenfolge durch die Exekutive ermächtigt. Vielmehr wird über die Coronavirus-Impfverordnung eine Priorisierung vorgenommen: In den §§ 2–4 werden drei Personengruppen nach bestimmten Merkmalen festlegt, die in dieser Reihenfolge geimpft werden sollen (§ 1 Abs. 2). Eine vierte Gruppe bilden alle anderen Personen, die nach § 1 Abs. 1 anspruchsberechtigt sind; diese Gruppe wird zuletzt geimpft.

Das **Gesetzes zur Fortgeltung der die epidemischen Lage von nationaler Trageweite betreffenden Regelung** sieht in § 20 Abs. 2 a IfSG die Festlegung der Impfziele vor. Empfehlungen der Ständigen Impfkommission zur Durchführung von Schutzimpfungen gegen das Coronavirus SARS-CoV-2 haben sich hiernach insbesondere an folgenden Impfzielen auszurichten:

1. Reduktion schwerer oder tödlicher Krankheitsverläufe
2. Unterbindung einer Transmission des Coronavirus SARS-CoV-2
3. Schutz von Personen mit besonders hohem Risiko für einen schweren oder tödlichen Krankheitsverlauf
4. Schutz von Personen mit besonders hohem tätigkeitsbedingtem Infektionsrisiko
5. Aufrechterhaltung zentraler staatlicher Funktionen, von Kritischen Infrastrukturen, von zentralen Bereichen der Daseinsvorsorge und des öffentlichen Lebens.[61]

Mit der Festlegung der Impfziele bezweckt der Gesetzgeber die Stärkung und verfassungsrechtliche „Absicherung" des Rahmens für Priorisierungsentscheidungen auf Grundlage der Rechtsverordnung nach § 20 i Abs. 3 S. 2 Nr. 1 a und Nr. 2 SGB V.[62] Die Reihenfolge der Normsetzung ist dabei verfassungsrechtlich ungewöhnlich und bedenklich: Zunächst wird eine Rechtsverordnung erlassen und danach folgt dann das die Rechtsverordnung legitimierende Gesetz.

Die festgelegten Impfziele ändern jedoch nichts daran, dass weder § 20 i Abs. 3 S. 2 Nr. 1 a SGB V noch § 5 Abs. 2 S. 1 Nr. 4 IfSG, die beide von der Coronavirus-Impfver-

55 BVerfGE 34, 165 (192 f.); 40, 237 (248 f.); 41, 251 (260); 45, 400 (417 f.); 47, 46 (78 f.); 61, 260 (275); 83, 130 (142); 98, 218 (251); 105, 279 (305); 108, 282 (311); 116, 24 (58); 128, 282 (317); 134, 141 (184); 141, 143 (170); 147, 253 (309 f.).

56 Vgl. nur *Kloepfer/Deye* DVBl 2009, 1208 (1218 f.); *Witte*, Recht und Gerechtigkeit im Pandemiefall, 2013, S. 147 ff.; *Klafki*, Verteilungsfragen im regulativen Umgang mit Risiken und Katastrophen am Beispiel der Impfmittelvergabe in Pandemien, in Pünder/Klafki, Risiko und Katastrophe als Herausforderung für die Verwaltung, 2016, S. 105 (120); *Wolff* DVBl 2020, 1379 (1381); ausführlich WD-BT 3 – 3000 – 271/20, Gutachten „Notwendigkeit einer gesetzlichen Regelung für die Priorisierung bestimmter Bevölkerungsgruppen bei der Verteilung eines Impfstoffs gegen COVID-19", S. 8 ff. mwN.

57 Dazu auch *Klafki*, Stellungnahme als Einzelsachverständige zum Entwurf eines Dritten Gesetzes zum Schutz der Bevölkerung bei einer epidemischen Lage von nationaler Tragweite, Ausschuss-Drs. 19(14)246(9), 10.

58 *Wolff* DVBl 2020, 1379 (1381).

59 *Klafki*, Verteilungsfragen im regulativen Umgang mit Risiken und Katastrophen am Beispiel der Impfmittelvergabe in Pandemien, in Pünder/Klafki, Risiko und Katastrophe als Herausforderung für die Verwaltung, 2016, S. 105 (120); aA *Sangs* NVwZ 2020, 1780 (1783).

60 Vgl. hierzu auch den Gesetzentwurf der Fraktion der FDP, BT-Drs. 19/25260, s. a. Fn. 54.

61 BT-Drs. 19/26545, 6.

62 Vgl. BT-Drs. 19/26545, 2.

ordnung als Rechtsgrundlagen genannt werden, zu einer Festlegung der Impfreihenfolge ermächtigen.[63]

bb) § 20 i Abs. 3 S. 2 Nr. 1 a SGB V

24 § 20 i Abs. 3 S. 2 Nr. 1 a SGB V genügt in mehrfacher Hinsicht nicht den Anforderungen des Parlamentsvorbehalts. Zunächst ist festzustellen, dass die Norm dogmatisch und ordnungspolitisch „verunglückt" ist (→ Rn. 14). In diesem Zusammenhang erscheint es bedenklich, wenn Regelungen, die den Zielen des IfSG dienen, nicht dort, sondern im Krankenversicherungsrecht geregelt werden. So kommt es dann auch zu unsystematischen Regelungen, die Infektionsschutz, das Recht der gesetzlichen und Recht der privaten Krankenversicherung im SGB V an einer Stelle regeln, obwohl dort bestenfalls Ansprüche des GKV-Versicherten auf Schutzimpfungen zu regeln sind; diese werden im 3. Kapitel des SGB V geregelt. Insoweit ergeben sich bereits ordnungspolitische Bedenken, wenn im SGB V Ansprüche der Privatversicherten und der Nichtversicherten geregelt werden (§ 20 i Abs. 3 S. 2 Nr. 2 SGB V), auch wenn die PKV an den Kosten beteiligt wird (§ 20 i Abs. 3 S. 5 SGB V). In der Folge ergeben sich daraus einige Unklarheiten: Die Festlegung einer Impfreihenfolge, die auf eine Kostenregelung gestützt wird, könnte etwa dadurch umgangen werden, dass sich jemand für eine Selbstzahlung entscheidet. Patientinnen und Patienten könnten sich bei der sonstigen gesundheitlichen Versorgung und der Leistungserbringung durch Ärztinnen und Ärzte dafür entscheiden, die Leistung selbst zu bezahlen und nicht die Kostenerstattung durch ihre Krankenversicherung (sei es die GKV oder PKV) in Anspruch zu nehmen. Zu Recht wird in diesem Zusammenhang darauf hingewiesen, dass eine Kostenregelung keine Abgabe von Impfstoffen an Personen verbietet, die von der Kostenregelung keinen Gebrauch machen wollen. Die Folge wäre, dass es Ärztinnen und Ärzten nicht verboten ist, Personen zu impfen, die nicht nach der in der Coronavirus-Impfverordnung festgelegten Reihenfolge an der Reihe wären, wenn diese Personen die Impfung selbst bezahlen möchten.[64]

Ungeachtet der systematischen und dogmatischen Bedenken ist zu beachten, dass § 20 i Abs. 3 S. 2 Nr. 1 a SGB V keine Verteilungsziele aufführt. Zudem enthält § 20 i Abs. 3 S. 2 Nr. 1 a SGB V weder eine ausdrückliche Ermächtigung zur Festlegung einer Impfreihenfolge noch lässt sich ihm eine solche Ermächtigung durch Auslegung entnehmen. Genau das verlangt aber Art. 80 Abs. 1 S. 2 GG: Inhalt, Zweck und Ausmaß einer durch Gesetz erteilten Verordnungsermächtigung müssen im Gesetz bestimmt werden.

Auch der Gesetzeswortlaut spricht zur Zeit gegen eine Priorisierungsermächtigung: In § 20 i Abs. 3 S. 2 Nr. 1 a SGB V ist nicht von **„Verteilung"**, **„Priorisierung"** oder **„Reihenfolge"** etc die Rede; auch eine begrenzte Verfügbarkeit von Impfstoffen – die letztlich eine Priorisierung notwendig macht – wird in § 20 i Abs. 3 S. 2 Nr. 1 a SGB V tatbestandlich nicht vorausgesetzt.[65]Vielmehr ist von einem **„Anspruch"** (aller) die Rede, der im Falle einer Impfung gegen SARS-CoV-2 „insbesondere" für bestimmte Personengruppen besteht. Aber auch aus der Formulierung „insbesondere" kann nicht auf eine unterschiedliche Behandlung der dort genannten Personengruppen geschlossen werden. Den Anspruch auf Schutzimpfung nach § 20 Abs. 3 S. 2 Nr. 1 a SGB V haben alle: Er gilt in gleichem Umfang – dh Art und Höhe sind identisch – und aufgrund der gleichen

63 S. hierzu Fn. 44.

64 Vgl. hierzu *Kießling*, Stellungnahme im Rahmen der öffentlichen Anhörung im Gesundheitsausschuss des Deutschen Bundestages zum Entwurf eines Gesetzes zur Priorisierung bei der Schutzimpfung gegen das Coronavirus SARS-CoV-2 der Fraktion der FDP (BT-Drs. 19/25260), Gesundheitsausschuss-Drs. 19 (14) 263 (5), 6 f.; *Klafki*, Protokoll der 115. Sitzung des Gesundheitsschusses v. 12.11.2020, S. 21.

65 Ähnlich *Wissenschaftliche Dienste (Deutscher Bundestag)*, Gutachten „Notwendigkeit einer gesetzlichen Regelung für die Priorisierung bestimmter Bevölkerungsgruppen bei der Verteilung eines Impfstoffs gegen COVID -19", WD-BT-3-3000-271/20, S. 4.

verfassungsrechtlichen Anspruchsgrundlage (Art. 2 Abs. 2 S. 1 iVm Art. 1 Abs. 1 GG)[66]. Unterschiedlich ist lediglich der Zeitpunkt, zu dem geimpft wird[67]. Gerade dieses Zeitmoment kommt aber durch den Begriff „insbesondere“ nicht in ausreichender Weise zum Ausdruck, auch nicht unter Heranziehung der Gesetzesmaterialien.[68] Vor dem dargestellten Hintergrund ist es nicht verwunderlich, dass mit dem **Gesetz zur Fortgeltung der die epidemische Lage von nationaler Tragweite betreffenden Regelungen** in § 20 i Abs. 3 SGB V eine Modifikation vorsieht: Danach kann zugleich im Fall beschränkter Verfügbarkeit von Impfstoffen eine Priorisierung der Anspruchsberechtigten nach Personengruppen festgelegt werden, sofern in der Rechtsverordnung ein Anspruch auf Schutzimpfung gegen das Coronavirus SARS-CoV-2 festgelegt wird. Die in § 20 Abs. 2 a S. 1 IfSG genannten Impfziele sind hierbei zu berücksichtigen. Als Priorisierungskriterien kommen insbesondere das Alter der Anspruchsberechtigten, ihr Gesundheitszustand, ihr tätigkeitsbedingtes SARS-CoV-2-Expositionsrisiko sowie ihre Systemrelevanz in zentralen staatlichen Funktionen, Kritischen Infrastrukturen oder zentralen Bereichen der Daseinsvorsorge in Betracht.[69] § 20 i Abs. 3 SGB V enthält als Priorisierungsermächtigung auch das Wort „Priorisierung“ und nimmt auf die in § 20 Abs. 2 a S. 1 IfSG-E genannten Impfziele Bezug (zur Normsetzungsfolge → Rn. 24).

cc) § 5 Abs. 2 S. 1 Nr. 4 IfSG

Erst recht stellt § 5 Abs. 2 S. 1 Nr. 4 IfSG keine Rechtsgrundlage für eine Festlegung der 25
Impfreihenfolge dar. Nr. 4 c spricht von „Maßnahmen zum Bezug, zur Beschaffung, Bevorratung, Verteilung und Abgabe“ von Impfstoffen durch den Bund sowie „Regelungen zu Melde- und Anzeigepflichten“. Einzig der Begriff der „Verteilung“ könnte darauf hindeuten, dass es hier auch um Priorisierungsregelungen gehen soll. Betrachtet man jedoch die gesamte Regelung des § 5 Abs. 2 S. 1 Nr. 4 IfSG, gelangt man zu dem Ergebnis, dass hiermit die **Verteilung des Impfstoffs** durch den Bund an die Länder gemeint ist, also bspw. die Festlegung der prozentualen Anteile der Länder an den jeweils verfügbaren Impfdosen, oder die Leistungserbringung in Impfzentren (vgl. § 6 Coronavirus-Impfverordnung). „Bezug, Beschaffung, Bevorratung und Abgabe“ beziehen sich auf organisatorisch-logistische Fragen, die „Melde- und Anzeigepflichten“ auf Fragen der Impf-Surveillance (vgl. § 7 CoronaImpfV). Bereits in der Begründung des Entwurfs des (Ersten) Bevölkerungsschutzgesetzes, durch das § 5 Abs. 2 in das IfSG eingefügt wurde, steht die Vorschrift allein in dem oben genannten Zusammenhang. Dagegen ist von der Festlegung einer **Impfreihenfolge** im Sinne einer Priorisierung keine Rede.[70]Auch Nr. 4 f, die „Regelungen zum Vertrieb, zur Abgabe, Preisbildung und -gestaltung, Erstattung sowie Vergütung“ von Impfstoffen aufführt, betrifft allein organisatorische Fragen der Impfstoffverteilung.

Im Ergebnis ermächtigt auch § 5 Abs. 2 S. 1 Nr. 4 lit. c IfSG nicht zur Festlegung der Impfreihenfolge, sondern kann bestenfalls nach einer solchen – gesetzlichen – Festlegung die konkrete Umsetzung der Verteilung regeln.[71]

66 *Wolff* DVBl 2020, 1379 (1382).
67 Vgl. hierzu die VG Gelsenkirchen Beschl. v. 11.1.2021 – 20 L 1812/20, BeckRS 2021, 58 wonach sowohl der einfach-gesetzliche Anspruch auf eine Schutzimpfung aus § 20 Abs. 5 S. 1 IfSG oder aus § 1 Abs. 1 CoronaImpfV als auch der verfassungsrechtliche Teilhabeanspruch aus Art. 2 Abs. 2 S. 1 und Art. 3 Abs. 1 GG nur im Rahmen der aktuell tatsächlich zur Verfügung stehenden Kapazitäten bestehen kann.
68 BT-Drs. 19/24334, 92.
69 BT-Drs. 19/27291.
70 BT-Drs. 19/18111, 21.
71 Ausführlich dazu auch *Wissenschaftliche Dienste (Deutscher Bundestag)*, Gutachten „Notwendigkeit einer gesetzlichen Regelung für die Priorisierung bestimmter Bevölkerungsgruppen bei der Verteilung eines Impfstoffs gegen COVID-19“, WD-BT 3–3000–271/20, S. 9 f.

2. Regelungsgegenstand von § 5 Abs. 2 S. 1 Nr. 7 lit. a IfSG

26 Dem Wortlaut nach ermächtigt § 5 Abs. 2 S. 1 Nr. 7 lit. a IfSG das BMG im Rahmen der epidemischen Lage von nationaler Tragweite und unbeschadet der Befugnisse der Länder, durch Rechtsverordnung ohne Zustimmung des Bundesrates Maßnahmen zur (a) **Aufrechterhaltung der Gesundheitsversorgung in ambulanten Praxen**, Apotheken, Krankenhäusern, Laboren, Vorsorge- und Rehabilitationseinrichtungen und in sonstigen Gesundheitseinrichtungen in (b) **Abweichung von bestehenden gesetzlichen Vorgaben** vorzusehen und (c) ***insbesondere*****, untergesetzliche Richtlinien, Regelungen, Vereinbarungen und Beschlüssen der Selbstverwaltungspartner nach dem SGB V** und (d) nach **Gesetzen, auf die im SGB V Bezug genommen wird,** (e) anzupassen, zu ergänzen oder auszusetzen.

27 Zunächst muss festgestellt werden, dass die Ermächtigungsnorm des § 5 Abs. 2 S. 1 Nr. 7 IfSG, die das BMG zu sehr weitreichenden Modifikationen von Gesetzen, Rechtverordnungen und zahlreichen untergesetzlichen Normen im Bereich des gesamten Gesundheitswesens befugt, ihre Berechtigung von der **Feststellung der epidemischen Lage von nationaler Tragweite durch den Deutschen Bundestag** ableitet. Auf der Grundlage von § 5 Abs. 2 S. 1 Nr. 7 IfSG erlassene Rechtsverordnungen gelten damit unbeschadet verordnungseigener Fristen nur so lange, wie die Feststellung der epidemischen Lage durch den Bundestag gilt; sie treten mit Aufhebung der epidemischen Lage von nationaler Tragweite außer Kraft.

a) Aufrechterhaltung der Gesundheitsversorgung in den Praxen

28 Wesentliche Zweckbestimmung der Verordnungsbefugnis des BMG ist die Aufrechterhaltung der Gesundheitsversorgung in ambulanten Praxen. Die Gesetzesbegründung hinsichtlich dieser Voraussetzung für verordnungsrechtliche Maßnahmen des BMG beschreibt nicht, was damit genau gemeint ist.

29 Hier heißt es lediglich: Zu den **ambulanten Praxen** gehören in erster Linie die Praxen **niedergelassener Ärztinnen und Ärzte**. Von der Regelung erfasst werden aber ua auch medizinische Versorgungszentren (MVZ) nach § 95 Abs. 1 S. 2 SGB V.[72] Das hilft kaum weiter, will man wissen, was mit der Aufrechterhaltung des Gesundheitsversorgung gemeint ist. Auch in der Literatur und Rechtsprechung wird man nicht fündig, wenn man nach einer justiziablen Definition des Begriffs Gesundheitsversorgung sucht. Wird der Begriff zwar hier und auch in gesetzlichen Regelungen verwendet,[73] so finden sich nur allgemeine Beschreibungen wie „der Begriff der Gesundheitsversorgung beinhaltet Maßnahmen zum Erhalt, zur Förderung und Wiederherstellung der Gesundheit. Hierunter fallen kurative Interventionen ebenso wie Maßnahmen der Gesundheitsförderung und Prävention bis hin zur Rehabilitation und Palliativversorgung".[74] Klar ist mit Blick auf den unmittelbaren Bezug auf das SGB V, dass der Gesetzgeber hier offensichtlich alle ärztlichen **Leistungserbringer**, die an der ambulanten medizinischen Versorgung von GKV-Versicherten teilnehmen, im Blick hatte. Die vertragsärztliche Versorgung ist der Kern der ambulanten ärztlichen Versorgung in der GKV.[75] Nach § 95 SGB V Abs. 1 SGB V nehmen an ihr **zugelassene Ärztinnen und Ärzte**, zugelassene **medizinische Versorgungszentren** (MVZ), **ermächtigte Ärztinnen und Ärzte** und **ermächtigte Einrichtungen** teil.[76]

72 Begründung zu Art. 1 zu Abs. 2 Nr. 7 des Gesetzentwurfs der Fraktionen der CDU/CSU und SPD für ein Gesetz zum Schutz der Bevölkerung bei einer Epidemie, BT-Drs. 19/18111, 22.

73 Vgl. zB Art. 9 Abs. 2 lit. I DS-GVO.

74 S. https://www.lgl.bayern.de/gesundheit/gesundheitsversorgung/index.htm.

75 *Düring* in Schnapp/Wigge VertragsarztR-HdB § 5 Kapitel B, I. Rn. 2.

76 Näheres zur Teilnahme und Zulassung an der vertragsärztlichen Versorgung findet sich ua bei *Düring* in Schnapp/Wigge VertragsarztR-HdB § 5, Kapitel B, I. Rn. 2 ff.

Wenn Ärztinnen und Ärzte zur **vertragsärztlichen Versorgung** zugelassen sind, obliegt ihnen als Ausfluss ihres Vertragsarztstatus die medizinische Versorgung von Patientinnen und Patienten. Dabei gliedert sich die vertragsärztliche Versorgung[77] in die hausärztliche und fachärztliche Versorgung (§ 73 Abs. 1 S. 1 SGB V). Die Kassenärztlichen Vereinigungen[78] und die Kassenärztliche Bundesvereinigung haben den gesetzlichen und vertraglichen[79] Auftrag sicherzustellen, dass die Vertragsärztinnen und Vertragsärzte ihrer Pflicht zur Versorgung und Behandlung der GKV-Versicherten nachkommen; man spricht hier vom **Sicherstellungsauftrag** der KVen und der KBV.[80] 30

Im Falle einer epidemischen oder pandemischen Lage rücken Ärztinnen und Ärzte, gleich ob sie in Einzelpraxen, Gemeinschaftspraxen (BAG) oder **medizinischen Versorgungszentren** tätig sind, in den Mittelpunkt des Infektionsschutzes,[81] nämlich der Verhütung und Vorbeugung (Prävention) sowie der Bekämpfung (Diagnostik und Therapie) und Eindämmung (Primär- und Sekundärprävention, Diagnostik und Therapie) von übertragbaren Krankheiten beim Menschen. Können,[82] wollen[83] oder dürfen[84] die Ärztinnen und Ärzte die damit verbunden Aufgaben nicht mehr im Sinne einer flächendeckenden Gesundheitsversorgung wahrnehmen, muss der Staat die hierdurch entstehenden Versorgunglücken schließen. Vorrangig zuständig dafür sind die **Kassenärztlichen Vereinigungen** und die **Kassenärztliche Bundesvereinigung**. Sie haben – im Zusammenwirken mit den Krankenkassen – dafür zu sorgen, dass die ambulante medizinische Versorgung durch **Haus- und Fachärzte** flächendeckend gewährleistet ist. Hierfür bieten ihnen das Gesetz (SGB V) und ihre Verträge, Richtlinien und sonstigen untergesetzlichen Normen hinreichende Möglichkeiten.[85] Verletzen sie dabei das Recht, können das BMG und die Gesundheitsministerien der Länder aufsichtsrechtlich im Wege der **Rechtsaufsicht**[86] (und nicht im Wege der Fachaufsicht) tätig werden. 31

Offensichtlich ist aber der Gesetzgeber des neuen IfSG der Meinung, dass diese Instrumente und Mechanismen nicht ausreichen und er – im Falle einer **epidemischen Lage von nationaler Tragweite** – selbst im Verordnungswege tätig werden muss, um die Gesundheitsversorgung in den Praxen aufrechtzuerhalten. 32

b) Abweichung von bestehenden gesetzlichen Vorgaben

§ 5 Abs. 2 S. 1 Nr. 7 IfSG bestimmt, dass das BMG generell im Wege der **Rechtsverordnung** ohne Zustimmung des Bundesrates von gesetzlichen Vorgaben abweichen darf. Grundsätzlich ist eine Abweichung (Ausnahme) von **Parlamentsgesetzen** durch niederrangige Regelungen in einem bestimmten Umfang zulässig,[87] jedenfalls dann, wenn die Ermächtigung zur Abweichung bzw. Ausnahme ihrerseits auf einem Parlamentsgesetz beruht. Bereits in einer frühen Entscheidung stellt das BVerfG fest: 33

„Sicherlich gilt der Grundsatz, daß ein Gesetz nicht durch eine allgemeine Verwaltungsvorschrift außer Kraft gesetzt oder abgeändert werden kann, ebenso wie es nicht durch

---

77 Vgl. iE *Huster* in Becker/Kingreen SGB V § 73 Rn. 1 ff.

78 Es gibt insgesamt 17 Kassenärztliche Vereinigungen, verteilt auf die einzelnen Bundesländer; in NRW gibt es zwei KVen (die KV Nordrhein und die KV Westfalen-Lippe).

79 Gemeint sind hier die Bundesmantelverträge für Ärzte und die sog. Gesamtverträge nach §§ 82 und 83 SGB V.

80 IE *Huster* in Becker/Kingreen SGB V § 75 Rn. 1 ff. mwN.

81 Ausführlich zum Begriff des Infektionsschutzes *Mers*, Infektionsschutzrecht im liberalen Rechtsstaat, 2019, S. 19 ff.

82 Weil sie schlichtweg überlastet sind.

83 Weil sie oder ihr Praxispersonal eigene Gesundheitsbeeinträchtigungen befürchten.

84 Weil die zuständigen Behörden nach § 28 ff. IfSG den Praxisbetrieb (vorübergehend) untersagt haben.

85 Zu den Befugnissen und Aufgaben der sog. Gemeinsamen Selbstverwaltung von Ärzten und Krankenkassen ausführlich unter → Rn. 32.

86 BSG Urt. v. 6.5.2009 – B 6 A 1/08 R, Rn. 49.

87 *Mann* in Sachs GG Art. 80 Rn. 14.

einen Verwaltungsakt durchbrochen und nicht durch eine Rechtsnorm, die im Vergleich zum Gesetz von niedrigerem Range ist, also eine Rechtsverordnung, eine Gemeindesatzung, verdrängt werden kann. Das ergibt sich unmittelbar aus dem ‚Vorrang des Gesetzes': ‚Der in der Form des Gesetzes geäußerte Staatswille geht rechtlich jeder anderen staatlichen Willensäußerung vor' (Otto Mayer, Deutsches Verwaltungsrecht, 3. Aufl. Bd. 1 S. 68). Dieser Vorrang des Gesetzes – also die dem Gesetz kraft Verfassungsrechts innewohnende Eigenschaft, staatliche Willensäußerungen niedrigeren Ranges rechtlich zu hindern oder zu zerstören – kann sich aber naturgemäß nur auswirken, wo ein Widerspruch zwischen dem Gesetz und der Willensäußerung niederen Ranges besteht. Es bedarf keiner Ausführung, daß eine staatliche Willensäußerung, die das Gesetz befolgt und in Einklang mit ihm steht, nicht am Vorrang des Gesetzes scheitern kann."[88]

Damit ist aber keineswegs gesagt, dass die hier maßgebliche Bestimmung in § 5 Abs. 2 S. 1 Nr. 7 IfSG verfassungsrechtlich unbedenklich ist.

34 Das Bundesverfassungsgericht hat nämlich für solche „anwendungsbeschränkenden Verordnungen" Grenzen festgelegt. Die Grenze liege dort, wo der Gesetzgeber Vorschriften von solcher Bedeutung und in solchem Umfang für subsidiär erklärt, dass sich dadurch innerhalb des Staatsgefüges eine Gewichtsverschiebung zwischen gesetzgebender Gewalt und Verwaltung ergibt.[89]

35 Diese Einschränkung hat das Bundesverfassungsgericht schließlich in einer späteren Entscheidung konkretisiert. Zu dem Verhältnis von Gesetz- und Verordnungsgeber führt das Gericht aus:

„Sinn der Regelung des Art. 80 Abs. 1 GG ist es, das Parlament darin zu hindern, sich seiner Verantwortung als gesetzgebende Körperschaft zu entäußern. Es soll nicht einen Teil seiner Gesetzgebungsmacht der Exekutive übertragen können, ohne die Grenzen dieser Befugnis bedacht und diese nach Tendenz und Programm so genau umrissen zu haben, daß schon aus der Ermächtigung erkennbar und vorhersehbar ist, was dem Bürger gegenüber zulässig sein soll […]. Darüber hinaus wird die Gestaltungsfreiheit des Gesetzgebers im Verhältnis zum Verordnungsgeber im Hinblick auf den Vorrang des Gesetzes dann nicht mehr gewahrt, wenn die erteilte Ermächtigung es dem Adressaten überläßt, nach Belieben von ihr Gebrauch zu machen, und erst dadurch das Gesetz anwendbar wird. In einem solchen Falle würde von einer Gesetzgebungskompetenz nur für die Art und Weise der Regelung, nicht aber für das ‚Ob überhaupt' Gebrauch gemacht; dies gehörte nicht mit zum Regelungsbereich. Eine Verordnungsermächtigung muß sich jedoch im Rahmen des vom Gesetzgeber selbst in Anspruch genommenen Regelungsbereichs halten. Die Inanspruchnahme des Art. 80 Abs. 1 GG setzt also voraus, daß überhaupt eine – wenn auch vielleicht im einzelnen unvollständige – Regelungsentscheidung des Gesetzgebers vorliegt, die es näher auszufüllen oder auszuführen gilt. Es gehört im Geltungsbereich des Gesetzesvorbehalts zum rechtsstaatlich-demokratischen Gehalt dieser Vorschrift, daß in einer Verordnung, die auf ihrer Grundlage ergeht und ihrem Grundgedanken entspricht, niemals originärer politischer Gestaltungswille der Exekutive zum Ausdruck kommen darf (vgl. auch Starck, Der Gesetzesbegriff des Grundgesetzes, 1970, S. 288). Es bedeutete aber gerade ein Stück originären politischen Gestaltungswillens, wenn der Verordnungsgeber in Bezug auf das ‚Ob' der konkreten Anwendbarkeit einer im übrigen näher bestimmten Regelung volle (politische) Entscheidungsfreiheit hätte."[90]

---

88 BVerfG Beschl. v. 6.5.1958 – 2 BvL 37/56 ua, BVerfGE 8, 155 (169 f.).
89 *Mann* in Sachs GG Art. 80 Rn. 23 ff.
90 BVerfG Kammerbeschl. v. 8.6.1988 – 2 BvL 9/85 ua, NJW 1988, 2529 (2531).

Was nicht zulässig ist, sind vor dem Hintergrund der Filterfunktion des **Bestimmtheitsgebotes** nach Art. 80 Abs. 1 S. GG sog. **Globalermächtigungen;**[91] „maßlose" Delegationen sind demnach verboten; das Ausmaß der erteilten Ermächtigung wäre in diesen Fällen nicht mehr hinreichend bestimmt.[92] Wenn man sich zudem vor Augen führt, dass „Inhalt" und „Zweck" der erteilten Ermächtigung hinreichend bestimmt sein müssen, und deshalb *Blanko- und Pauschalermächtigungen*[93] verboten sind, dann wird schnell klar, dass die Frage, ob die Ermächtigungsnorm in Gestalt des § 5 Abs. 2 S. 1 Nr. 7 IfSG all diesen Anforderungen gerecht wird oder über die vom BVerfG gesetzten Grenzen hinausgeht, mehr als schwierig zu beantworten ist.[94] Sie wird abschließend zu gegebener Zeit und an anderer Stelle zu beantworten sein.[95] 36

Vor dem Hintergrund der vorstehend beleuchteten Rechtsprechung des BVerfG ergeben sich bei erster Prüfung[96] gerade mit Blick auf die nahezu voll umfassenden, sogar generalklauselartigen Abweichungsmöglichkeiten, wie sie in § 5 Abs. 2 S. 1 Nr. 7 IfSG geregelt sind, erhebliche verfassungsrechtliche Bedenken gegen die Zulässigkeit dieser **Ermächtigungsnorm,** denn sie sind in Bezug auf die inhaltlichen Regelungsmöglichkeiten des **Verordnungsgebers** fast nicht einzugrenzen. Und dies bei massiven Eingriffen in die **Grundrechte** der Betroffenen,[97] hier der **Ärztinnen und Ärzte,** die die Gesundheitsversorgung der Bevölkerung absichern. Wenn man überhaupt noch von einer verfassungsrechtlichen Zulässigkeit ausgehen kann, dann wird es für die spätere Bewertung der Zulässigkeit einzelner **Verordnungsmaßnahmen** sehr stark darauf ankommen, ob diese „zur Aufrechterhaltung der Gesundheitsversorgung" dienen. Denn je weiter sich die Ermächtigungsnorm von den Anforderungen des Art. 80 Abs. 1 GG entfernt und je stärker der Handlungsspielraum des Verordnungsgebers ausgestaltet ist, umso strenger müssen die Anforderungen an die Einhaltung der tatbestandlichen Voraussetzungen der Ermächtigungsnorm sein. 37

Erste Beispiele aus der Verordnungspraxis des BMG auf der Grundlage von § 5 Abs. 2 S. 1 Nr. 7 IfSG lagen bereits wenige Tage nach dem Inkrafttreten des **Gesetzes zum Schutz der Bevölkerung bei einer epidemischen Lage von nationaler Tragweite** vor.[98] Aufgrund des § 5 Abs. 2 S. 1 Nr. 4 und 7 IfSG hat das Bundesministerium für Gesundheit ua verordnet, dass ergänzend zu § 85 Abs. 2 SGB V die dort geregelten **Gesamtvergütungen**[99] für die kassenzahnärztliche Versorgung für das Jahr 2020 auf 90 % der Gesamtvergütung des Jahres 2019 festgeschrieben werden, um die Finanzierung von etwaigen finanziellen Auswirkungen in Folge der **Corona-Epidemie** in Gestalt von Ausgleichszahlungen an betroffene Zahnärztinnen und Zahnärzte leisten zu können. Eine vergleichbare Regelung hatte der Gesetzgeber kurz zuvor für Vertragsärztinnen und 38

---

91 *Mann* in Sachs GG Art. 80 Rn. 25.

92 *Mann* in Sachs GG Art. 80 Rn. 25.

93 Vgl. hierzu *Mann* in Sachs GG Art. 80 Rn. 26 mwN.

94 Vgl. hierzu: *Rixen* NJW 2020, 1097 (1103).

95 Vgl. *Gärditz/Abdulsalam* GSZ 2020, 108 (114), die sehr eindeutig zu dem Ergebnis kommen, dass sich § 5 Abs. 2 IfSG „als verfassungswidrige Selbstentmächtigung des Gesetzgebers" erweist.

96 S. hierzu auch eine erste Bewertung von *Rixen* NJW 2020, 1097 (1102 f.).

97 *Rixen* NJW 2020, 1097 (1103).

98 BAnz AT 4.5.2020 V 1; s. a. die Verordnung über Abweichungen von den Vorschriften des Fünften Sozialgesetzbuch, des Apothekengesetzes, der Apothekenbetriebsordnung, der Arzneimittelpreisverordnung, des Betäubungsmittelgesetzes und der Betäubungsmittel-Verschreibungsverordnung infolge der SARS-CoV-2-Epidemie (SARS-CoV-2-Arzneimittelversorgungsverordnung) v. 20.4.2020, BAnz AT 21.4.2020 V 1, auf Grundlage von § 5 Abs. 2 S. 1 Nr. 4 lit. a, b, c, e und f und Nr. 7 IfSG.

99 Gesamtvergütung ist das Ausgabevolumen für die Gesamtheit der von einer Krankenkasse zu vergütenden vertrags(zahn)ärztlichen Leistungen und wird auf Grundlage des Gesamtvertrages nach § 83 SGB V an die Kassen(zahn)ärztlichen Vereinigungen zur Verteilung an die Ärztinnen und Ärzte bzw. Zahnärztinnen und Zahnärzte mit befreiender Wirkung ausgezahlt; vgl. im Übrigen zu der komplexen Systematik der Vereinbarung, Berechnung und Auszahlung der Gesamtvergütungen, *Scholz* in Becker/Kingreen SGB V § 85 Rn. 3 ff.

Vertragsärzte noch in einem **Parlamentsgesetz**[100] geregelt, das aufgrund verkürzten Verfahrens nur wenige Tage vom Referentenentwurf bis zur Verabschiedung im Deutschen Bundestag benötigte. Hintergrund der nunmehrigen Verordnungslösung ist, dass die Zahnärztinnen und Zahnärzte in dem zuvor genannten **Krankenhausentlastungsgesetz** schlichtweg vergessen wurden. Die Frage muss deshalb erlaubt sein, ob für solche „Korrekturen" die Ermächtigungsgrundlage nach § 5 Abs. 2 S. 1 Nr. 7 IfSG einschlägig ist. Eine Notwendigkeit im Sinne einer Notverordnung ist hier nicht erkennbar, jedenfalls bestehen sehr schwerwiegende Bedenken, dass derartige Regelungen „zur Aufrechterhaltung der Gesundheitsversorgung" notwendig sind.

c) Abweichung von untergesetzlichen Richtlinien, Regelungen, Vereinbarungen und Beschlüssen der Selbstverwaltungspartner nach dem SGB V

39 Wenn von **untergesetzlichen Regelungen** (**Normen**) des **SGB V** die Rede ist, eröffnet sich eine Vielzahl von Regelungen der sog. Selbstverwaltungspartner der GKV. Hintergrund ist, dass das **SGB V** ein klassisches **Rahmengesetz** ist und eine Konkretisierung nicht selten durch die Selbstverwaltungspartner gesetzlich gewünscht und vorgegeben wird.

40 Der Gesetzgeber hat das Recht der gesetzlichen Krankenversicherung im **SGB V** normiert und dabei selbst zahlreiche Bereiche sehr umfassend geregelt. Das beginnt bei den allgemeinen Grundsätzen der GKV,[101] denen teilweise zentrale Bedeutung zukommt, und reicht dann von Fragen des versicherten Personenkreises über das Leistungsrecht bis hin zu Fragen der Organisation und Finanzierung. Allerdings finden sich im SGB V auch viele Bereiche, wie zB die vertragsärztlichen Rechte und Pflichten bei der Versorgung von Versicherten einschließlich der ärztlichen Vergütung, die hier nicht abschließend geregelt, sondern zur näheren Ausgestaltung den **Partnern der Selbstverwaltung** (einzeln oder gemeinsam) zugewiesen sind. So finden sich im SGB V an den unterschiedlichsten Stellen Aufgabenzuweisungen an die **Krankenkassen** als die nach § 21 Abs. 2 SGB I zuständigen Leistungsträger, die insbesondere auch die Verbände der Krankenkassen betreffen. Neben den Landesverbänden, denen durch § 211 SGB V zahlreiche Aufgaben zugewiesen sind, ist häufig der in § 217 a SGB V normierte **Spitzenverband Bund der Krankenkassen** (SpiBU) als Zusammenschluss aller Krankenkassen gefordert. Dessen Aufgaben und Befugnisse reichen vom Richtlinienerlass über den Vertragsschluss bis zur Abgabe von Rahmenempfehlungen. Auf Seiten der Ärzteschaft sind die **Kassenärztlichen Vereinigungen** und die **Kassenärztliche Bundesvereinigung** die maßgeblichen Selbstverwaltungspartner. Sie haben die vertragsärztliche Versorgung sicherzustellen und den Kassen und ihren Verbänden gegenüber die Gewähr dafür zu übernehmen, dass die vertragsärztliche Versorgung den gesetzlichen und vertraglichen Erfordernissen entspricht. Vieles regeln die Kassenärztliche Bundesvereinigung und die jeweilige Kassenärztliche Vereinigung auf Landesebene durch Satzungen, **Richtlinien**, Vorgaben, **Beschlüsse**, etc aufgrund eigener Kompetenz bzw. Befugnis. Besonders bedeutsam für die Organisation und Durchführung der ambulanten ärztlichen Versorgung sind aber vor allem als Vertragspartner die Krankenkassen. Die Verträge von KBV/KV und Krankenkassen auf Bundes- und Landesebene (Bundesmantelverträge und Gesamtverträge) nach den §§ 82 und 83 SGB V regeln sehr ausführlich die ambulante ärztliche Versorgung; ihr Geltungsbereich erststreckt sich dabei auf das gesamte SGB V.[102] Gemeinsam mit den Krankenkassen und den Krankenhäusern bildet die Kassenärztliche Bundesvereinigung auch den **Gemeinsamen Bundesausschusses** (G-BA) nach § 91 SGB V. Vielfach wird der G-BA auch als „kleiner Gesetzgeber" der gesetzlichen Kran-

100 Vgl. Art. 3 des Gesetzes zum Ausgleich COVID-19 bedingter finanzieller Belastungen der Krankenhäuser und weiterer Gesundheitseinrichtungen, BGBl 2020 I 580.

101 Insbes. in den §§ 1 bis 4 a SGB V.

102 Vgl. https://www.kbv.de/media/sp/BMV_Aerzte.pdf.

kenversicherung bezeichnet, seine Regelungsmacht erweist sich als enorm.[103] Der G-BA beschließt die für die Sicherung der ärztlichen Versorgung erforderlichen Richtlinien über die Gewähr für eine ausreichende, zweckmäßige und wirtschaftliche Versorgung der Versicherten. Krankenkassen und Leistungserbringer kooperieren im Recht der gesetzlichen Krankenversicherung also insbesondere auf Verbandsebene auf vielfältige Art und Weise miteinander – und sie schaffen dabei in vielen Fällen „Recht“, das die Regelungen des formellen Gesetzes ergänzt.[104] Allen Selbstverwaltungsentscheidungen ist gemein, dass sie für Ärztinnen und Ärzte verbindlich sind[105] und dass sie, genauer die Entscheidungsträger, der Rechtsaufsicht des BMG bzw. der Länderministerien unterliegen.[106]

Die für die ambulante ärztliche Versorgung wichtigsten der zuvor allgemein beschrieben untergesetzlichen Regelungen sind mit Blick auf die **Aufrechterhaltung der Gesundheitsversorgung** iSv § 5 Abs. 2 S. 1 Nr. 7 IfSG in den Praxen zweifelsohne die **Richtlinien** und **Beschlüsse** des **Gemeinsamen Bundesausschusses** nach § 92 SGB V, die Richtlinien der Kassenärztlichen Bundesvereinigung nach § 75 Abs. 7 SGB V, die **Bundesmantelverträge** nach § 82 SGB V und die **Gesamtverträge** nach § 83 SGB V, als die wichtigsten **Normsetzungsverträge** der gemeinsamen Selbstverwaltung.[107] Hinzukommen die Satzungen der Kassenärztlichen Bundesvereinigung und die der jeweiligen Kassenärztlichen Vereinigung, nicht zu vergessen die **Zulassungsverordnung** für Ärzte gem. § 95 Abs. 2 S. 4 SGB V. 41

Allen diesen untergesetzlichen Regelungen ist gemein, dass sie die im **SGB V** beschriebenen Rechte und Pflichten von **Ärztinnen und Ärzten** weitergehend und bis ins letzte Detail regeln. Alles das, was Ärztinnen und Ärzte im Zusammenhang mit ihrer vertragsärztlichen Tätigkeit tun können, dürfen, sollen und müssen, ist in den hundertfachen **Richtlinien, Beschlüssen,** Vorgaben, etc sehr umfassend geregelt. 42

Diesen umfangreichen und vielfach abschließenden Regelungen der Selbstverwaltungspartner steht nun die Verordnungsermächtigung nach § 5 Abs. 2 S. 1 Nr. 7 IfSG des BMG gegenüber. Das BMG kann von der Gesamtheit dieser untergesetzlichen Regelungen abweichen, wenn dies **zur Aufrechterhaltung der Gesundheitsversorgung** erforderlich ist. Das BMG kann dabei Vorgaben zu Art, Ort und Umfang der vertragsärztlichen Zulassung bzw. Tätigkeit anpassen, ergänzen oder aussetzen. Es kann – in den Grenzen der **Grundrechte** der **Ärztinnen und Ärzte** – bestimmen, welche Leistungen diese, wann, wo und wie erbringen müssen, auch wenn sie bspw. hierfür keine Zulassung und keine entsprechende Aus- und Weiterbildung haben. Es kann auch die Vergütungen abweichend von den gesetzlichen und untergesetzlichen Regelungen (zB **Einheitlicher Bewertungsmaßstab**)[108] vorübergehend ändern. Mit dieser **Verordnungsermächtigung** kann das BMG also allumfassend in die vertragsärztliche Tätigkeit hineinregieren. Da, wo das BMG sonst nur die (schon sehr umfassende) Rechtsaufsicht über die Partner der 43

103 Ausführlich zur Rechtsstellung, Organisation und den Aufgaben der G-BA *Ziermann* in Sodan Kranken-VersR-HdB § 23 Rn. 15 ff.; *Axer* NZS 2017, 601 ff.; *Felix,* Konfliktlösungsinstrumente bei dreiseitigen Verträgen und Beschlüssen der Selbstverwaltung im System der gesetzlichen Krankenversicherung, 2017, S. 4.

104 *Felix*, Konfliktlösungsinstrumente bei dreiseitigen Verträgen und Beschlüssen der Selbstverwaltung im System der gesetzlichen Krankenversicherung, 2017, S. 2–6.

105 Vgl. insbes. die Verbindlichkeitsanordnungen nach § 91 Abs. 6, § 95 Abs. 3 Nr. 3 iVm § 82 Abs. 1 und § 83 SGB V u. § 135 SGB V.

106 Aufgrund von Art. 9 des GKV-Selbstverwaltungsstärkungsgesetzes v. 21.2.2017 (BGBl. I 265) wurde das Aufsichtsrecht der (gemeinsamen) Selbstverwaltung umfassend neu geregelt und die Befugnisse der Aufsichtsbehörden massiv ausgeweitet; hier kritisch: *Axer* NZS 2017, 601 ff.

107 S. hierzu die Übersicht bei *Axer* in Schnapp/Wigge VertragsarztR-HdB § 10 Rn. 8 ff.

108 Zur Definition des Einheitlichen Bewertungsmaßstabs s. § 87 Abs. 2 SGB V; der Einheitliche Bewertungsmaßstab (EBM) bestimmt den Inhalt der abrechnungsfähigen Leistungen und ihr wertmäßiges, in Punkten ausgedrücktes Verhältnis zueinander.

Selbstverwaltung hat,[109] kann es jetzt (versorgungs-)politische und fachliche Regelungen erlassen. Die Lücke zwischen **Rechtsaufsicht** und **Fachaufsicht** wird damit Übergebühr geschlossen. Die Bandbreite der neuen Befugnisse des BMG ist im Ergebnis nicht mehr zu fassen, und überträgt dem BMG nahezu unbegrenzte Befugnisse, die lediglich daran gemessen werden können, ob die im Wege der Verordnungen ergriffenen Maßnahmen der Aufrechterhaltung der Gesundheitsversorgung dienen; das Bestehen einer epidemischen Lage von nationaler Tragweite immer vorausgesetzt.

44 So oder so wird das BMG bei all seinen Verordnungsmaßnahmen erklären und begründen müssen, dass diese in jedem Einzelfall der Aufrechterhaltung der Gesundheitsversorgung dienen und dass sie hierfür erforderlich und geeignet sind, sowohl in inhaltlicher wie auch zeitlicher Hinsicht (Stichwort: Eilbedürftigkeit). Sind Maßnahmen auch außerhalb der Verordnungslösung möglich, um „die Gesundheitsversorgung in den Praxen aufrechtzuerhalten", dann wird in der Regel erst dieser Weg beschritten werden müssen. Platz für eine (Not-)Verordnung bleibt dann nicht mehr, und wenn doch, dann nur noch in sehr engen Grenzen. Dies gilt umso mehr, als die Partner der Selbstverwaltung in kürzester Zeit eine Vielzahl von befristeten Ausnahmeregelungen vereinbart und beschlossen haben, was die nachfolgenden Beispiele zeigen.

45 In zeitlich beeindruckender und inhaltlich umfassender Weise hat der **G-BA** im Zusammenhang mit der Pandemie mit SARS-COV-2 eine Vielzahl zeitlich befristeter Sonderregelungen[110] in Bezug auf seine regulären Richtlinienbestimmungen erlassen: Bei den vom G-BA bspw. am 27.3.2020 beschlossenen Sonderregelungen geht es im Kern darum, Arztpraxen und Krankenhäuser angesichts von Personalengpässen und einer erhöhten Patientenzahl die notwendige Flexibilität und Handlungsfreiheit im Ressourceneinsatz zu geben und unbeabsichtigte negative Folgen zu vermeiden. Infektionsrisiken für Patienten sowie für das ärztliche und pflegerische Personal sollen bestmöglich verringert werden.

46 Zu nennen sind an dieser Stelle bspw. der G-BA-Beschluss zur Änderung der **DMP**-Anforderungen-Richtlinie, wonach Patientinnen und Patienten nicht verpflichtend an Schulungen teilnehmen müssen, sofern dies zur Vermeidung einer Ansteckung mit COVID-19 geboten ist. Die ärztliche **Dokumentation** von Untersuchungen der in ein DMP eingeschriebenen Patientinnen und Patienten ist hiernach bis zum letzten Tag des Quartals, in dem die Feststellung des Deutschen Bundestags gemäß § 5 Abs. 1 IfSG über eine epidemische Lage von nationaler Tragweite endet, nicht erforderlich[111].

47 Von besonderer praktischer Relevanz für Vertragsärztinnen und Vertragsärzte und auch Patientinnen und Patienten stellt sich die Änderung des § 4 Abs. 1 S. 3 der **Arbeitsunfähigkeits-Richtlinie** dar, die in mehreren zeitlichen Schritten durch mehrere G-BA-Beschlüsse in Ausnahmeregelungen abgeändert wurde und es vorübergehend erlaubt, telefonische Arbeitsunfähigkeitsbescheinigungen bis zu einer Dauer von sieben Tagen (mit der Möglichkeit der Verlängerung um weitere sieben Tage) auszustellen.[112]

---

109 *Axer* NZS 2017, 601 ff.

110 Eine Übersicht zu den befristeten Sonderregelungen des G-BA findet sich jeweils aktuell unter: https://www.g-ba.de/service/sonderregelungen-corona/.

111 Beschluss des G-BA v. 17.12.2020 zur DMP-Anforderungen-Richtlinie zur Verlängerung der Ausnahmeregelungen für Schulungen und Dokumentationen aufgrund der COVID-19-Pandemie (https://www.g-ba.de/beschluesse/4614/).

112 Beschluss des G-BA v. 21.4.2020 zur Anpassung und Verlängerung der Ausnahmeregelung zur telefonischen Feststellung von Arbeitsunfähigkeit (https://www.g-ba.de/downloads/39-261-4259/2020-04-21_AU-RL_COVID-19-telefonische-AU_7-Tage-bis-04-05_2020.pdf) sowie zuletzt Beschluss des G-BA v. 3.12.2020 zur Arbeitsunfähigkeits-Richtlinie: COVID-19-Epidemie – Verlängerung der bundesweiten Sonderregelung zur telefonischen Feststellung von Arbeitsunfähigkeit (https://www.g-ba.de/beschluesse/4596/).

Durch Änderung der **Arzneimittel-Richtlinie** hat der G-BA in Bezug auf das Ausstellen von Arzneimittel-Verordnungen einige – zeitlich befristete – Lockerungen beschlossen: Hiernach ist das Ausstellen einer neuen **Verordnung** von Arzneimitteln durch Arztpraxen auch nach telefonischer Anamnese möglich, wenn der Zustand des Patienten aus der laufenden Behandlung bereits bekannt ist und der behandelnde Arzt sich nach persönlicher ärztlicher Einschätzung vom Zustand des Patienten durch eigehende Befragung überzeugen kann. Die bereits nach der **Arzneimittelverschreibungsverordnung** (AMVV) für die Abgabe von Arzneimitteln durch Apotheken erforderliche Verordnung kann postalisch oder auf andere Weise an den Patienten übermittelt werden. 48

Weitere, durch den G-BA in einem Maßnahmenbündel am 27.3.2020 beschlossene, in der Regel zeitlich befristete, Änderungen regulärer Richtlinien betreffen die **Häusliche-Krankenpflege-Richtlinie**, die **Heil- und Hilfsmittel-Richtlinien**, die **Krankentransport-Richtlinie**, die **Krebsfrüherkennungs-Richtlinie**, die Qualitätssicherung, die Regelungen zu einem gestuften System von Notfallstrukturen in Krankenhäusern, die **Soziotherapie-Richtlinie**, die **Spezialisierte-Ambulante-Palliativversorgungs-Richtlinie** (**SAPV-Richtlinie**) sowie Zentrumsregelungen. Angesichts des anhaltend dynamischen Infektionsgeschehens hat der G-BA zuletzt am 21.1.2021 die geltenden Corona-Sonderregeln für ärztlich verordnete Leistungen um weitere zwei Monate bis zum 31.3.2021 verlängert.[113] Durch das **Gesetz zur Fortgeltung der die epidemische Lage von nationaler Tragweite betreffenden Regelungen** ist klar, dass die Corona-Sonderregelungen in einer Pandemielage zumindest teilweise über den 31.3.2021 hinaus in Kraft bleiben werden.[114] 49

Weitere Beispiele für das schnelle und fachlich gute Zusammenwirken der Selbstverwaltungspartner zum Zwecke der Aufrechterhaltung der Gesundheitsversorgung in Zeiten einer epidemischen Lage zeigen sich in der aktuell unbegrenzten Möglichkeit der Durchführung von **Videosprechstunden**: Die entsprechenden Begrenzungsregelungen auf 20 % der Leistungsmenge wurden zunächst für das zweite Quartal durch den GKV-Spitzenverband und die KBV und sodann auch die Folgequartale außer Kraft gesetzt.[115] Auf eine Aufhebung für das erste Quartal wurde verzichtet. Ebenfalls durch Beschluss des GKV-Spitzenverbandes und der KBV[116] wurden die Möglichkeiten zur **ärztlichen Konsultation** per **Telefon** während der Corona-Pandemie und die hierauf bezogenen Abrechnungsmöglichkeiten umfassend erweitert. 50

Ein Blick auf die Übersicht der KBV zu den für die Gesundheitsversorgung geltenden Ausnahmebestimmungen[117] durch zugelassene Ärztinnen und Ärzte während der Corona-Epidemie lohnt sich und zeigt, warum etwaige Maßnahmen des BMG im Wege der **Rechtsverordnungen** nur in sehr seltenen Fällen notwendig werden können. 51

d) Abweichung von Gesetzen, auf die im SGB V Bezug genommen wird

Schwierigkeiten in der rechtlichen Beurteilung bereitet die Formulierung in § 5 Abs. 2 S. 1 Nr. 7 lit. a IfSG, wonach das BMG befugt ist, **„untergesetzliche Richtlinien, Regelungen, Vereinbarungen** und **Beschlüsse der Selbstverwaltungspartner** nach dem Fünften Buch Sozialgesetzbuch und **nach Gesetzen, auf die im Fünften Buch Sozialgesetzbuch Bezug genommen wird**, anzupassen, zu ergänzen oder aussetzen. Man kann die Regelung „nach Gesetzen, auf die im Fünften Buch Sozialgesetzbuch Bezug genommen 52

113 Vgl. unter https://www.g-ba.de/presse/pressemitteilungen-meldungen/928/.

114 Vgl. BT-Drs. 19/27921.

115 Vgl. zuletzt Beschluss des G-BA v. 21.1.2021, auch unter https://www.g-ba.de/presse/pressemitteilungen-meldungen/928/; s. https://www.kbv.de/html/coronavirus.php.

116 Vgl. zuletzt Beschluss des G-BA v. 21.1.2021, auch unter https://www.g-ba.de/presse/pressemitteilungen-meldungen/928/; s. https://www.kbv.de/html/coronavirus.php.

117 S. https://www.kbv.de/html/coronavirus.php.

wird", so verstehen, dass sich die **Abweichungsbefugnis** (a) immer nur auf untergesetzliche Bestimmungen nach Gesetzen, auf die im SGB V Bezug genommen wird, bezieht, oder (b) man versteht die Abweichungsbefugnis im 2. Halbsatz des Abs. 2 S. 1 Nr. 7 lit. a IfSG so, dass sie für alle Gesetze gilt, auf die im SGB V Bezug genommen wird. Für eine restriktive Auslegung spricht der (semantische) Wortlaut des § 5 Abs. 2 S. 1 Nr. 7 lit. a IfSG und des § 5 Abs. 2 S. 1 Nr. 7 Hs. 1 IfSG, denn durch die Formulierung „**insbesondere**" ist hier bereits eine generelle und umfassende **Abweichungsbefugnis** von (allen[118]) „bestehenden gesetzlichen Vorgaben" erlaubt, so dass es keinen Sinn ergibt, wenn die generelle Abweichung in dem 2. Halbsatz von Abs. 2 S. 1 Nr. 7 a IfSG bei der Abweichungsbefugnis hinsichtlich untergesetzlicher Normen wiederholt wird. Für eine weite Auslegung spricht hingegen die rahmengesetzliche Systematik des **SGB V**, denn die wesentlichen untergesetzlichen Normen der Selbstverwaltungspartner beruhen unmittelbar auf dem SGB V und nicht auf Gesetzen, auf die das SGB V Bezug nimmt.[119] In jedem Fall ist es besonders kritisch zu bewerten, dass die Abweichungsbefugnis hinsichtlich untergesetzlichen Normen nicht auf solche des SGB V beschränkt ist, sondern sich – abermals pauschal – auf sämtliche Gesetze bezieht, auf die das SGB V Bezug nimmt (vgl. hierzu die Ausführungen unter → Rn. 26 ff.). Das SGB V nimmt Bezug auf rund 80 unterschiedliche Gesetze. Die Grenzen des Art. 80 Abs. 1 S. 2 GG (Inhalt, Zweck und Ausmaß) dürften auch hier überschritten sein.[120]

e) Anpassen, Ergänzen oder Aussetzen von gesetzlichen und untergesetzlichen Regelungen

53 Die Ermächtigung nach § 5 Abs. 2 S. 1 Nr. 7 IfSG gestattet dem BMG, die oben (→ Rn. 45) iE benannten Gesetze, Verordnungen und untergesetzlichen Regelungen im Verordnungsweg **anzupassen**, zu **ergänzen** oder **auszusetzen**. Letzteres bedeutet nichts anderes als ein zeitlich befristetes Außerkraftsetzen von gesetzlichen und untergesetzlichen Regelungen. Auch hier gilt der Grundsatz, je stärker und je umfassender die Änderungen von Gesetzen und untergesetzlichen Regelungen und je stärker der Eingriff in Rechte der Betroffenen, umso höher müssen die Anforderungen an die Zweckbindung, Geeignetheit und Notwendigkeit von Verordnungen des BMG sein. Auf die oben beschriebenen Praxisbeispiele wird Bezug genommen (→ Rn. 13).

3. Regelungsgegenstand von § 5 Abs. 2 S. 1 Nr. 7 lit. b IfSG

54 Abweichend von der **Approbationsordnung für Ärzte** (ÄApprO) kann der Verordnungsgeber die Zeitpunkte und die Anforderungen an die Durchführung der einzelnen Abschnitte der ärztlichen Prüfung festlegen und regeln, dass Medizinstudierenden infolge einer notwendigen Mitwirkung an der Gesundheitsversorgung keine Nachteile für den Studienfortschritt entstehen. Auf der Grundlage dieser Ermächtigung hat das BMG am 30.3.2020 die Verordnung zur Abweichung von der Approbationsordnung für Ärzte bei einer epidemischen Lage von nationaler Tragweite[121] erlassen. Eine der Kernregelungen sieht vor, dass das Praktische Jahr (PJ) abweichend von § 3 Abs. 1 der ÄapprO nach einem Studium der Medizin von fünf Jahren und der Zulassung zum Zweiten Abschnitt der Ärztlichen Prüfung stattfindet (sog. vorzeitiges PJ). Durch das Vorziehen des Praktischen Jahres wird der Zweite Abschnitt der Ärztlichen Prüfung nach einem Studium der Medizin von vier Jahren nach Abschluss des vorzeitigen Praktischen Jahres abgelegt. Die Bundesländer haben die Möglichkeit, hiervon abzuweichen, wenn sie die

118 Anm. des Verfassers.

119 Vgl. hierzu auch die Ausarbeitung der Wissenschaftlichen Dienste des Deutschen Bundetages v. 2.4.2020, Staatsorganisation und § 5 Infektionsschutzgesetz, WD 3 – 3000 – 080/20, S. 6.

120 *Rixen* NJW 2020, 1097 (1102 f.).

121 BAnz AT 31.3.2020 V1.

ordnungsgemäße Durchführung der Prüfung unter den Bedingungen der **epidemischen Lage** sicherstellen können. Für die **Medizinstudierenden**, für die nach den Neuregelungen das Examen verschoben wurde, begann demnach schon im April 2020 ihre praktische Ausbildung (Praktisches Jahr – PJ). Folgerichtig muss das PJ von 48 auf 45 Wochen verkürzt werden. Dadurch soll gewährleistet werden, dass sich für die Medizinstudierenden die Zeit verlängert, sich auf das zweite Staatsexamen im April 2021 vorzubereiten. Beachtenswert ist auch die Regelung in § 8 der Verordnung zur Abweichung von der Approbationsordnung für Ärzte bei einer epidemischen Lage von nationaler Tragweite, wonach bei den Prüfungsfragen für das zeitlich nach hinten verschobene zweite Staatsexamen auch coronabedingte Erfahrungen und Krankheitsbilder (berufspraktische Anforderungen an den Arzt und die Krankheitsbilder im Zusammenhang mit der Bekämpfung der epidemischen Lage von nationaler Tragweite) angemessen berücksichtigt werden sollen. Die Medizinstudierenden in den Ländern, die das zweite Staatsexamen nicht verschieben, organisieren das PJ so, wie es in der ÄapprO regulär vorgesehen ist. Bei den Ausbildungsbereichen für das PJ können die Universitäten flexibel mitbestimmen, wenn dies die Krankenversorgung vor Ort erfordert. Erleichtert wird auch die Durchführung des dritten Staatsexamens, das im Mai 2020 beginnt; die Dauer der Prüfung wird um die Hälfte gekürzt. Diese Ausnahmenregelung soll gewährleisten, dass Prüferinnen und Prüfer in der Zeit einer epidemischen Lage von nationaler Tragweite für Aufgaben im Bereich der Infektionsbekämpfung gebraucht werden.

Diese Maßnahmen wurden mit dem Zweiten Gesetz zum Schutz der Bevölkerung einer 55
epidemischen Lage von nationaler Tragweite v. 19.5.2020[122] ergänzt: § 5 Abs. 2 S. 1 Nr. 7 lit. b IfSG ermöglicht es dem BMG, von der Approbationsordnung für Ärzte abweichende Regelungen zu den Anforderungen an die Durchführung der einzelnen Abschnitte der Ärztlichen Prüfung vorzusehen. Dieses hat hiervon mit der Verordnung zur Abweichung von der Approbationsordnung für Ärzte bei einer epidemischen Lage von nationaler Tragweite[123] v. 30.3.2020 Gebrauch gemacht. Laut Begründung des Gesetzgebers hatte sich in der (kurzen Zeit der) Praxis gezeigt, dass zB die Eröffnung der Möglichkeit im Rahmen der Prüfung auf Simulationspatientinnen und Simulationspatienten zurückgreifen zu können, auch bei der Kenntnisprüfung sinnvoll und erforderlich sein kann. Die bisherige Ermächtigungsgrundlage sieht aber keine Abweichungsmöglichkeiten für die Eignungs- und Kenntnisprüfungen vor. Mit der Änderung soll diese Ermächtigungsgrundlage auf Regelungen zu diesen Prüfungen erweitert werden.

Ergänzt wurden die Abweichungsmöglichkeiten zudem für die **Approbationsordnungen** für **Zahnärzte** und **Apotheker**.[124]

III. Regelungsgegenstand von § 5 a IfSG – Öffnung heilkundlicher Tätigkeiten für Angehörige von Gesundheitsfachberufen

Durch den neuen § 5 a IfSG wird für den Fall einer **epidemischen Lage von nationaler** 56
Tragweite Angehörigen von **Gesundheitsfachberufen** (Altenpflegerinnen und -pflegern, Kranken- und Kinderkrankenpflegerinnen und -pflegern, Notfallsanitäterinnen und -sanitätern und Pflegefachfrauen und -männern) die Befugnis zur **Ausübung von heilkundlichen Tätigkeiten** übertragen. Zum Zwecke der Aufrechterhaltung der Gesundheitsversorgung sollen so **Ärztinnen und Ärzte** von Behandlungen entlastet werden, die ein ärztliches Tätigwerden in der bestehenden Ausnahmesituation nicht zwingend erfordern. Voraussetzung für die vorübergehende Ausübung der jeweiligen heilkundlichen Tätig-

122 BAnz AT 31.3.2020 V1.

123 Zweites Gesetz zum Schutz der Bevölkerung bei einer epidemischen Lage von nationaler Tragweite v. 19.5.2020 (BGBl. I 1018).

124 Vgl. § 5 Abs. 2 S. 1 Nr. 7 lit. c und d IfSG.

keit ist die persönliche Kompetenz der jeweiligen Person (Angehöriger von Gesundheitsfachberufen), die sich sowohl aus der Ausbildung wie den persönlichen Fähigkeiten ergibt. Nach der Gesetzesbegründung ist dabei der Gesundheitszustand der Patienten im Einzelfall zu berücksichtigen.[125] Die Tätigkeit ist zu dokumentieren und im Anschluss der behandelnde (Haus-)Arzt zu informieren. Das BMG wird darüberhinausgehend ermächtigt, im Wege der **Rechtsverordnung** den ausnahmsweise zur heilkundlichen Behandlung zugelassenen Personenkreis zusätzlich zu vergrößern.

IV. Geltungsdauer der Maßnahmen nach § 5 Abs. 2 und § 5 a IfSG

57 Voraussetzung und Legitimation für die unter II. und III. iE dargestellten Befugnisse des BMG regelt § 5 Abs. 1 IfSG. Danach fällt es in die Kompetenz des Deutschen Bundestages, **„eine epidemische Lage von nationaler Tragweite“** festzustellen. Entsprechend kann auch nur der Bundestag diese Feststellung nach Wegfall der Voraussetzungen wieder aufheben (→ Rn. 18, hier ausführlich zur neuen Rechtlage nach dem Inkrafttreten des Dritten Bevölkerungsschutzgesetzes). § 5 Abs. 2 und § 5 a IfSG stellen auf das Vorliegen einer epidemischen Lage und damit nur auf das Vorliegen eines entsprechenden Beschlusses ab. Hebt der Deutsche Bundestag diesen Beschluss wieder auf, enden die daran anknüpfenden Maßnahmen, soweit sie sich nicht durch regelungsimmanente Fristen bereits zu einem früheren Zeitpunkt außer Kraft getreten sind.

V. Schlussbemerkung und Ausblick

58 Die generalklauselartigen Ermächtigungstatbestände des § 5 Abs. 2 S. 1 Nr. 7 IfSG begegnen einzeln und erst recht in ihrer Gesamtheit mit Blick auf Art. 80 Abs. 1 S. 2 GG (Inhalt, Zweck und Ausmaß) allerhöchsten verfassungsrechtlichen Bedenken.

59 Ihre Berechtigung leitet die Ermächtigungsnorm des § 5 Abs. 2 S. 1 Nr. 7 IfSG, die das BMG zu sehr weitreichenden Modifikationen von Gesetzen, Rechtverordnungen und zahlreichen untergesetzlichen Normen im Bereich des gesamten Gesundheitswesens befugt, von der **Feststellung der epidemischen Lage von nationaler Tragweite durch den Deutschen Bundestag** ab. Wie oben ausführlich ausgeführt (→ Rn. 50), treten auf der Grundlage von § 5 Abs. 2 S. 1 Nr. 7 IfSG erlassene Rechtsverordnungen mit Aufhebung der epidemischen Lage von nationaler Tragweite außer Kraft1.

60 Mit Blick auf die teilweise massiven Eingriffe in die **Grundrechte** von **Ärztinnen und Ärzte** und ihrer Patientinnen und Patienten (ua nach Art. 2 Abs. 2 S. 2 und 3, Art. 12 Abs. 1, Art. 14 Abs. 1 GG) muss bei fortschreitender Dauer der epidemischen Lage in zunehmend kürzeren Zeitabständen geprüft werden, ob die Voraussetzungen für die Feststellung einer epidemischen Lage von nationaler Trageweit (noch) vorliegen.[126] Zudem sind die Ermächtigungstatbestände des § 5 Abs. 2 S. 1 Nr. 7 IfSG restriktiv auszulegen und anzuwenden; **Rechtsverordnungen** und darauf beruhende Maßnahmen, die im Kern nichts mit dem Ermächtigungszweck **„Aufrechterhaltung der Gesundheitsversorgung“** zu tun haben, dürften dann unzulässig sein. Hier muss stets die Frage gestellt werden, ob bzw. inwieweit spezialgesetzliche Rechtsgrundlagen geboten sind; dies gilt auch für die Handlungsmöglichkeiten der Partner der (gemeinsamen) Selbstverwaltung; gerade diese haben in der Corona-Krise Handlungs- und Entscheidungsfähigkeit in inhaltlich und zeitlich überzeugender Manier unter Beweis gestellt und die Gesundheitsversorgung gerade im Bereich der ambulanten medizinischen Versorgung sichergestellt.

---

125 BT-Drs. 19/18111, 24 f.

126 Nach dem Gesetz zur Fortgeltung der die epidemischen Lage von nationaler Tragweite betreffenden Regelung sieht § 5 Abs. 1 S. 3 und 4 IfSG für die regelmäßige Überprüfung der Feststellung einer epidemischen Lage von nationaler Tragweite einen Zeitrahmen von jeweils drei Monaten vor

§ 10 Krankenhäuser und Pflegeeinrichtungen und die epidemische Lage von nationaler Tragweite

Literatur: *Becker/Kingreen*, SGB V, Gesetzliche Krankenversicherung – Kommentar, 6. Aufl. 2018; *Bockholdt/Lungstras/Schmidt*, Sonderregelungen im Bereich der Gesundheitsversorgung und der Pflege durch das COVID-19 Krankenhausentlastungsgesetz (COVKHEntlG), NZS 2020, 324; *Gerhardt*, Infektionsschutzgesetz – Kommentar, 5. Aufl. 2021; *Giesberts/Gayger/Weyand*, COVID-19 – Hoheitliche Befugnisse, Rechte Betroffener und staatliche Hilfen, NVwZ 2020, 417; *Grüner*, Biologische Katastrophen – Eine Herausforderung an den Rechtsstaat, 2017; *Jäckel*, Bericht aus Berlin, PharmR 2020, 435; *Kießling* (Hrsg.), Infektionsschutzgesetz – Kommentar, 2020; *Lutz*, Infektionsschutzgesetz – Kommentar, 2. Aufl. 2020; *Meßling*, Gesetz zum Schutz der Bevölkerung bei einer epidemischen Lage von nationaler Tragweite vom 27.3.2020, NZS 2020, 321; *Ritgen*, Rechtsetzung im Schatten der Corona-Pandemie – Das Gesetz zum Schutz der Bevölkerung bei einer epidemischen Lage von nationaler Tragweite, Der Landkreis 2020, 137; *Rixen*, Befugnisse und Grenzen des staatlichen Infektionsschutzrechts, in Kloepfer (Hrsg.), Pandemien als Herausforderung für die Rechtsordnung, 2011, S. 67; *Rixen*, Gesundheitsschutz in der Coronavirus-Krise – Die (Neu-)Regelungen des Infektionsschutzgesetzes, NJW 2020, 1097; *Sangs*, Das Dritte Gesetz zum Schutz der Bevölkerung bei einer epidemischen Lage von nationaler Tragweite und Gesetzgebung während der Pandemie, NVwZ 2020, 1780; *Schlegel/Meßling/Bockholdt*, COVID-19 – Corona-Gesetzgebung – Gesundheit und Soziales, 2020; *Wissenschaftliche Dienste (Deutscher Bundestag)*, Staatsorganisation und § 5 Infektionsschutzgesetz, Ausarbeitung v. 2.4.2020, WD 3 – 3000 – 080/20; *Wissenschaftliche Dienste (Deutscher Bundestag)*, Gesetzgebungskompetenz für das Infektionsschutzrecht, Ausarbeitung v. 9.4.2020, WD 3 – 3000 – 081/20.

I. Einleitung ... 1
II. Überblick zu früheren Regelungen zu Krankenhäusern und Pflegeeinrichtungen im IfSG ... 4
1. Krankenhäuser ... 5
2. Pflegeeinrichtungen ... 9
III. Bisherige Fassung des § 5 IfSG ... 13
IV. Feststellung einer epidemischen Lage von nationaler Tragweite nach § 5 Abs. 1 IfSG ... 14
1. IfSG als Fachgesetz angewandter Epidemiologie ... 15
2. Feststellung nach § 5 Abs. 1 IfSG nF ... 16
3. Ermächtigungen nach § 5 Abs. 2 IfSG nF ... 17
4. Besonderheit bei aktuellen Gesetzesänderungen ... 18
V. Neue Verordnungsermächtigungen nach § 5 Abs. 2 IfSG nF bezogen auf Krankenhäuser und Pflegeeinrichtungen ... 19
1. Aufrechterhaltung Gesundheitsversorgung (§ 5 Abs. 2 S. 1 Nr. 7 IfSG) ... 21
§ 5 Abs. 2 S. 1 Nr. 7 lit. a IfSG ... 26
b) § 5 Abs. 2 S. 1 Nr. 7 lit. b – d IfSG ... 29
c) DIVI IntensivRegister-Verordnung ... 30
aa) § 1 DIVI IntensivRegister-Verordnung ... 33
bb) § 2 DIVI IntensivRegister-Verordnung ... 37
cc) § 3 DIVI IntensivRegister-Verordnung ... 38
d) SARS-CoV-2-Arzneimittelversorgungsverordnung ... 40
2. Aufrechterhaltung pflegerische Versorgung (§ 5 Abs. 2 S. 1 Nr. 8 IfSG) ... 41
a) § 5 Abs. 2 S. 1 Nr. 8 lit. a IfSG ... 47
b) § 5 Abs. 2 S. 1 Nr. 8 lit. b IfSG ... 49
c) § 5 Abs. 2 S. 1 Nr. 8 lit. c IfSG ... 50
VI. Ländergesetzgebung ... 51
VII. Befristete Sonderregelungen des Gemeinsamen Bundesausschusses ... 56
1. Grundlagen zum Gemeinsamen Bundesausschusses ... 57
2. Neuregelungen zum Entlassmanagement ... 58
3. Aussetzung von qualitätssichernden Anforderungen ... 59
VIII. Neuregelungen außerhalb des IfSG zu Krankenhäusern und Pflegeeinrichtungen ... 60
1. Überblick zu den realisierten Gesetzes- und Verordnungsvorhaben ... 61
2. COVID-19-Krankenhausentlastungsgesetz ... 63

3. Zweites Gesetz zum Schutz der Bevölkerung bei einer epidemischen Lage von nationaler Tragweite 64
4. Drittes Gesetz zum Schutz der Bevölkerung bei einer epidemischen Lage von nationaler Tragweite 65
5. Erste und Zweite Verordnung zur Änderung der Pflegepersonaluntergrenzen-Verordnung sowie Pflegepersonaluntergrenzen-Verordnung 2021 66
6. Krankenhauszukunftsgesetz 67
7. Verordnung zur Anpassung der Voraussetzungen für die Anspruchsberechtigung der Krankenhäuser nach § 21 Abs. 1 a des Krankenhausfinanzierungsgesetzes 68
IX. Fazit 69

I. Einleitung

1 Seit den ersten Infektionen mit dem neuen Coronavirus SARS-CoV-2 und dem Aufkommen der durch diese Infektionen ausgelösten Atemwegserkrankung COVID-19 in Deutschland im ersten Halbjahr des Jahres 2020 werden die staatlichen Eindämmungsmaßnahmen insbesondere auf das Infektionsschutzgesetz (IfSG) gestützt.[1] Dessen Regelungsinstrumentarium setzt grundsätzlich auf drei sich ergänzende Steuerungsansätze:[2] Sie betreffen das Meldewesen, die Verhütung und die Bekämpfung übertragbarer Krankheiten.[3] Diese Kernregelungen sind in den §§ 6 ff., 15 a ff. und 24 ff. IfSG (*Fleischfresser* in → § 13 Rn. 4 ff.) normiert. Allerdings berechtigen und verpflichten diese Normen grundsätzlich nicht ausdrücklich speziell **Krankenhäuser und Pflegeeinrichtungen,** obschon sie Adressaten von auf diese Rechtsgrundlagen gestützten behördlichen Maßnahmen sein können.

2 Durch das (Erste) **Gesetz zum Schutz der Bevölkerung bei einer epidemischen Lage von nationaler Tragweite** und die damit verbundenen maßgeblichen Änderungen des IfSG hatte der Gesetzgeber für Krankenhäuser wie Pflegeeinrichtungen die Grundlage für ein im Vergleich zur bisherigen Rechtslage erheblich verändertes Regelungsregime mit weitreichenden Ermächtigungsgrundlagen für das Bundesministerium für Gesundheit (BMG) geschaffen. Dieses Gesetz wurde am 27.3.2020 vom Deutschen Bundestag im Eilverfahren beschlossen und trat größtenteils[4] am 28.3.2020 in Kraft.[5] Durch das **Zweite Gesetz zum Schutz der Bevölkerung bei einer epidemischen Lage von nationaler Tragweite**[6] v. 19.5.2020 sind am 23.5.2020 und durch das **Dritte Gesetz zum Schutz der Bevölkerung bei einer epidemischen Lage von nationaler Tragweite**[7] v. 18.11.2020 sind am 19.11.2020 weitere Änderungen des neuen Regelungsregimes in Kraft getreten. Im Mittelpunkt dieses neuen Regelungsregimes steht die in § 5 Abs. 1 S. 1 IfSG vorgesehene **Feststellung einer epidemischen Lage von nationaler Tragweite** durch den Deutschen Bundestag. In Bezug auf die daran anknüpfenden Ermächtigungen des BMG ist für Krankenhäuser primär der § 5 Abs. 2 S. 1 Nr. 7 lit. a IfSG (→ Rn. 26 ff.) und für Pflegeeinrichtungen der § 5 Abs. 2 S. 1 Nr. 8 IfSG (→ Rn. 41 ff.) maßgeblich.

3 In diesem Beitrag werden nachfolgend die Regelungen des Infektionsschutzgesetzes des Bundes und der bestehenden Infektionsschutzgesetze der Länder sowie die jeweils daran anknüpfenden untergesetzlichen Vorschriften dargestellt, die spezifisch Krankenhäuser und Pflegeeinrichtungen betreffen.

1 *Rixen* NJW 2020, 1097 (1097); *Giesberts/Gayger/Weyand* NVwZ 2020, 417 (417).
2 *Rixen* NJW 2020, 1097 (1097).
3 *Rixen* NJW 2020, 1097 (1097).
4 Zum Inkrafttreten iE vgl. Art. 7 des Gesetzes im BGBl. 2020 I 587.
5 BGBl. 2020 I 587.
6 BGBl. 2020 I 1018.
7 BGBl. 2020 I 2397.

II. Überblick zu früheren Regelungen zu Krankenhäusern und Pflegeeinrichtungen im IfSG

In der früheren Fassung des IfSG vor Inkrafttreten des Ersten Bevölkerungsschutzgesetzes waren kaum Regelungen enthalten, die Krankenhäuser und Pflegeeinrichtungen direkt betreffen. 4

1. Krankenhäuser

Eine **Ausnahme für Krankenhäuser** bildet der § 1 Abs. 2 S. 1 IfSG, der die Gestaltung und Unterstützung der Zusammenarbeit von Behörden und ua Krankenhäusern nach dem Stand der medizinischen und epidemiologischen Wissenschaft und Technik als einen Zweck des IfSG normiert. 5

Gemäß § 23 Abs. 3 S. 1 Nr. 1 IfSG haben die **Leiter von Krankenhäusern** sicherzustellen, dass die nach dem Stand der medizinischen Wissenschaft erforderlichen Maßnahmen getroffen werden, um nosokomiale Infektionen zu verhüten und die Weiterverbreitung von Krankheitserregern, insbesondere solcher mit Resistenzen, zu vermeiden. Ferner haben sie gemäß § 23 Abs. 5 S. 1 Nr. 1 IfSG sicherzustellen, dass innerbetriebliche Verfahrensweisen zur **Infektionshygiene** in Hygieneplänen festgelegt sind. 6

§ 8 Abs. 1 Nr. 1 IfSG benennt als zur Meldung bestimmter Erkrankungen und deren Verdacht nach § 6 IfSG verpflichtete Personen in Krankenhäusern den **feststellenden und den leitenden Arzt**. 7

Schließlich sind die Normen zur **Absonderung** in § 30 IfSG zu beachten. So kann gemäß § 30 Abs. 1 S. 2 IfSG ua bei Ansteckungsverdächtigen angeordnet werden, dass sie in einem geeigneten Krankenhaus abgesondert werden. § 30 Abs. 2 S. 1 IfSG sieht sogar die zwangsweise Unterbringung in einem abgeschlossenen Krankenhaus im Fall des Nichtbefolgens von Anordnungen vor. 8

2. Pflegeeinrichtungen

Im Hinblick auf **Pflegeeinrichtungen** betrifft der Gesetzeszweck des § 1 Abs. 2 S. 1 IfSG solche Einrichtungen als „sonstige Beteiligte" iSd Vorschrift. 9

Ambulante Pflegedienste, die **ambulante Intensivpflege** in Einrichtungen, Wohngruppen oder sonstigen gemeinschaftlichen Wohnformen erbringen, treffen gemäß § 23 Abs. 3 S. 1 Nr. 11, Abs. 5 S. 1 Nr. 8 ebenso wie Krankenhäuser die Sicherstellungspflichten hinsichtlich der Maßnahmen zur Verhütung nosokomialer Infektionen und der Weiterverbreitung von Krankheitserregern sowie der Aufstellung von Hygieneplänen. 10

Pflegeeinrichtungen als nicht unter § 23 Abs. 5 S. 1 IfSG fallende voll- oder teilstationäre Einrichtungen zur Betreuung und Unterbringung älterer, behinderter oder pflegebedürftiger Menschen[8] müssen gemäß § 36 Abs. 1 Nr. 2 IfSG ebenfalls in Hygieneplänen innerbetriebliche Verfahrensweisen zur **Infektionshygiene** festlegen und unterliegen der infektionshygienischen Überwachung durch das Gesundheitsamt. Das gilt nach § 36 Abs. 1 Nr. 7 IfSG auch für nicht unter § 23 Abs. 5 S. 1 IfSG fallende ambulante Pflegedienste und Unternehmen, die den Einrichtungen nach § 36 Abs. 1 Nr. 2 IfSG vergleichbare Dienstleistungen anbieten. 11

Der **Leiter** einer solchen Pflegeeinrichtung ist nach § 8 Abs. 1 Nr. 7 IfSG auch eine zur Meldung bestimmter Erkrankungen und deren Verdacht nach § 6 IfSG verpflichtete Person. 12

8 *Gerhardt* IfSG § 36 Rn. 5.

III. Bisherige Fassung des § 5 IfSG

13 Im Rahmen der IfSG-Novelle wurde die alte Fassung des § 5 IfSG durch das Gesetz zum Schutz der Bevölkerung bei einer epidemischen Lage von nationaler Tragweite vollständig neu gefasst. Zuvor war im § 5 IfSG aF lediglich ein sog. **Bund-Länder-Informationsverfahren** normiert. So war vorgesehen, dass die Bundesregierung in epidemisch bedeutsamen Fällen durch allgemeine Verwaltungsvorschrift mit Zustimmung des Bundesrates einen Plan zur gegenseitigen Information von Bund und Ländern erstellt, vgl. § 5 S. 1 IfSG aF. Dies hatte nach § 5 S. 1 Nr. 1–2 IfSG aF zum Ziel, die Einschleppung bedrohlicher übertragbarer Krankheiten oder ihre Ausbreitung zu verhindern und beim gehäuften Auftreten derartiger Krankheiten, bei denen eine landesübergreifende Ausbreitung zu befürchten ist, die erforderlichen Maßnahmen einzuleiten. Auf Grundlage des § 5 IfSG aF hatte die Bundesregierung im Dezember 2013 die Allgemeine Verwaltungsvorschrift über die Koordinierung des Infektionsschutzes in epidemisch bedeutsamen Fällen (Verwaltungsvorschrift-IfSG-Koordinierung – IfSGKoordinierungs-VwV)[9] erlassen. Im Hinblick auf Krankenhäuser und Pflegeeinrichtungen waren weder im § 5 IfSG aF noch in der IfSGKoordinierung-VwV konkrete Pflichten für diese normiert und auch **keine unmittelbaren Auswirkungen** des Bund-Länder-Informationsverfahrens auf diese ersichtlich.

IV. Feststellung einer epidemischen Lage von nationaler Tragweite nach § 5 Abs. 1 IfSG

14 Durch das (Erste bis Dritte) Gesetz zum Schutz der Bevölkerung bei einer epidemischen Lage von nationaler Tragweite ist der bisherige § 5 IfSG wesentlich umgestaltet worden. An die in § 5 Abs. 1 IfSG nF vorgesehene **Feststellung einer epidemischen Lage von nationaler Tragweite** knüpfen weitreichende Verordnungsermächtigungen in § 5 Abs. 2 IfSG nF an.

1. IfSG als Fachgesetz angewandter Epidemiologie

15 Das IfSG wird als „Rahmengesetz für epidemiologische Fachlichkeit" oder „Fachgesetz angewandter Epidemiologie" charakterisiert.[10] Es übersetzt Kernforderungen moderner angewandter Epidemiologie in die Formensprache des Rechts.[11] Der Wortlaut in § 5 Abs. 1 IfSG nF spricht von einer **„epidemischen Lage"**. Während unter einer **„Epidemie"** eine sowohl zeitlich als auch räumlich begrenzte Seuche verstanden wird, ist eine **„Pandemie"** eine zwar zeitlich begrenzte Seuche, die sich jedoch global ausbreitet und eine hohe Morbidität und Mortalität aufweist.[12] Die Weltgesundheitsgesundheitsorganisation (WHO) hat die Verbreitung von SARS-CoV-2 am 11.3.2020 als Pandemie eingestuft.[13] Neben der gravierendsten Folge der zahlreichen Erkrankungen und Todesfälle sind mit einer Pandemie auch negative Folgen im Bereich der – für diesen Beitrag im Mittelpunkt stehenden – kritischen Infrastrukturen wie Krankenhäusern und Pflegeeinrichtungen verbunden.[14] Der Deutsche Bundestag kann nach § 5 Abs. 1 S. 1 IfSG nF eine **epidemische Lage von nationaler Tragweite** feststellen, wenn die Voraussetzungen nach S. 4 vorliegen. Durch das Dritte Gesetz zum Schutz der Bevölkerung bei einer epidemischen Lage von nationaler Tragweite wurde mit der Regelung des § 5 Abs. 1 S. 4

---

9 BAnz AT 18.12.2013 B 3.

10 *Rixen* in Kloepfer Pandemien S. 67 (70).

11 *Rixen* in Kloepfer Pandemien S. 67 (70).

12 *Grüner*, Biologische Katastrophen, 2017, S. 74.

13 Vgl. dazu https://www.who.int/dg/speeches/detail/who-director-general-s.-opening-remarks-at-the-media-briefing-on-covid-19---11-march-2020.

14 *Grüner*, Biologische Katastrophen, 2017, S. 78.

IfSG nF der Versuch unternommen, die Voraussetzungen einer epidemischen Lage von nationaler Tragweite zu definieren.

2. Feststellung nach § 5 Abs. 1 IfSG nF

§ 5 Abs. 1 S. 1 IfSG nF stellt klar, dass eine epidemische Lage von nationaler Tragweite durch den Deutschen Bundestag **festgestellt** werden kann, sofern die Voraussetzungen nach S. 4 vorliegen. Nach § 5 Abs. 1 S. 2 IfSG nF hebt der Deutsche Bundestag die Feststellung der epidemischen Lage von nationaler Tragweite wieder auf, wenn die Voraussetzungen nach S. 4 nicht mehr vorliegen. Das vom Deutschen Bundestag am 4.3.2021 beschlossene Gesetz zur Fortgeltung der die epidemische Lage von nationaler Tragweite betreffenden Regelungen[15] sieht darüber hinaus in einem neuen § 5 Abs. 1 Satz 3 IfSG nF einen zeitlichen Automatismus zwischen der Feststellung einer epidemischen Lage von nationaler Tragweite und der Aufhebung dieser Feststellung vor: Danach gilt die Feststellung als aufgehoben , sofern der Deutsche Bundestag nicht spätestens drei Monate nach der Feststellung das Fortbestehen der epidemischen Lage von nationaler Tragweite feststellt; dies gilt entsprechend, sofern der Deutsche Bundestag nicht spätestens drei Monate nach der Feststellung des Fortbestehens der epidemischen Lage von nationaler Tragweite das Fortbestehen erneut feststellt. Die Feststellung und die Aufhebung der epidemischen Lage von nationaler Tragweite sind gemäß § 5 Abs. 1 S. 3 IfSG nF im Bundesgesetzblatt bekannt zu machen. Eine epidemische Lage von nationaler Tragweite liegt nach § 5 Abs. 1 S. 4 IfSG nF vor, wenn eine ernsthafte Gefahr für die öffentliche Gesundheit in der gesamten Bundesrepublik Deutschland besteht, weil entweder die Weltgesundheitsorganisation eine gesundheitliche Notlage von internationaler Tragweite ausgerufen hat und die Einschleppung einer bedrohlichen übertragbaren Krankheit in die Bundesrepublik Deutschland droht (Nr. 1) oder aber eine dynamische Ausbreitung einer bedrohlichen übertragbaren Krankheit über mehrere Länder in der Bundesrepublik Deutschland droht oder stattfindet (Nr. 2). Nach der Regelungssystematik des § 5 Abs. 1 S. 1 IfSG besitzt der Deutsche Bundestag bei Vorliegen der Voraussetzungen nach § 5 Abs. 1 S. 4 IfSG nF einen Entscheidungsspielraum darüber, ob er eine epidemische Lage von nationaler Tragweite feststellt („kann“), wohingegen die Aufhebung der Feststellung nach dem Wortlaut des § 5 Abs. 1 S. 2 IfSG nF zu erfolgen hat, sofern die Voraussetzungen des Satzes 4 nicht mehr vorliegen.[16] Der Deutsche Bundestag hat eine epidemische Lage von nationaler Tragweite bereits am 25.3.2020 festgestellt[17], die am 18.11.2020 als fortbestehend festgestellt wurde.[18] Entgegen der Anforderungen des § 5 Abs. 1 S. 3 IfSG nF wurde die Feststellung allerdings nicht im Bundesgesetzblatt bekannt gemacht und kann deshalb lediglich als politisch-deklaratorischer Beschluss verstanden werden.[19] 16

3. Ermächtigungen nach § 5 Abs. 2 IfSG nF

§ 5 Abs. 2 IfSG nF zufolge wird im Rahmen einer epidemischen Lage von nationaler Tragweite das BMG unbeschadet der Befugnisse der Länder **ermächtigt,** Anordnungen – dh Verwaltungsakte oder Allgemeinverfügungen – oder Rechtsverordnungen ohne Zustimmung des Bundesrates zu erlassen. Diese Anordnungsbefugnisse treten **neben die Rechtsetzungs- und Verwaltungsbefugnisse der Länder,** gleichgültig ob sie nach diesem 17

15 Vgl. Gesetzentwurf (BT-Drs. 19/26545) in der vom Gesundheitsausschuss geänderten Fassung (BT-Drs. 19/27291).
16 So auch *Sangs* NVwZ 2020, 1780 (1781).
17 BT-PlPr 19/154, 19169C.
18 BT-PlPr 19/191, 24109C sowie BT-Drs. 19/24387.
19 *Sangs* NVwZ 2020, 1780 (1781).

Gesetz oder auf Grundlage anderer Vorschriften bestehen.[20] Die Regelungen der Länder dürfen den Regelungen des Bundes in diesem Rahmen nicht widersprechen.[21] Die Vollzugskompetenz der Länder bei der Durchführung der Anordnungen und Rechtsverordnungen des Bundes bleibt unberührt.[22] Es bleibt daher im Infektionsschutzrecht bei der **Grundvermutung** der Art. 30, 83 GG, wonach die Regelzuständigkeit für die Ausführung der Bundesgesetze bei den Ländern liegt (*Kluckert* in → § 2 Rn. 18).[23] Der Infektionsschutz ist daher weiterhin Gegenstand der landeseigenen Verwaltung.[24] So werden die Aufgaben des Infektionsschutzes regelmäßig auf unterer Verwaltungsebene durch die Kreise und kreisfreien Städte ausgeführt (*Ritgen* in → § 12 Rn. 57 ff.).[25]

4. Besonderheit bei aktuellen Gesetzesänderungen

18 Hintergrund der an die epidemische Lage von nationaler Tragweite anknüpfenden Gesetzesänderungen ist die Erwägung, dass es dem Bund zuvor an einem **zentralen Steuerungsrecht** mangelte.[26] Dieses Steuerungsdefizit dürfte bei lokal begrenzten Gefahrensituationen unproblematisch oder sogar organisatorisch zweckmäßig sein.[27] Im seltenen Ausnahmefall des Eintritts einer **epidemischen Lage von nationaler Tragweite** ist eine bundesseitige zentrale Steuerungskompetenz aufgrund des länderübergreifenden Schadensausmaßes einer Pandemie indes epidemiologisch zweckmäßig und erforderlich.[28] Faktisch gestattet nun § 5 IfSG nF die Ausrufung eines auf das Gesundheitswesen bezogenen **Notstands.**[29] Zwar war schon den bisherigen Schutzmaßnahmen des IfSG ein notstandsähnlicher Charakter beizumessen.[30] Durch die Gesetzesänderungen wachsen dem BMG jedoch umfängliche Ermächtigungen zum Erlass von Anordnungen sowie von Rechtsverordnungen zu.[31] Die Rechtsverordnungen bringen zahlreiche Modifikationen und Ausnahmen praktisch im gesamten öffentlich-rechtlichen Gesundheitsrecht mit sich,[32] wobei für diesen Beitrag allein Krankenhäuser und Pflegeeinrichtungen berücksichtigt werden.

V. Neue Verordnungsermächtigungen nach § 5 Abs. 2 IfSG nF bezogen auf Krankenhäuser und Pflegeeinrichtungen

19 Schwerpunkte der nachfolgenden Darstellung sind die Ermächtigungen der § 5 Abs. 2 S. 1 Nr. 7 lit. a und Nr. 8 IfSG nF, die Krankenhäuser und Pflegeeinrichtungen betreffen.

20 Diese Normen enthalten Ermächtigungen zum Erlass von Rechtsverordnungen zur Stärkung der personellen Ressourcen im Gesundheitswesen.[33] Innerhalb des § 5 Abs. 2 IfSG nF besteht lediglich bei diesen Normen ein ausdrücklicher unmittelbarer Bezug zu Krankenhäusern und Pflegeeinrichtungen. Zu beachten ist, dass diese Einrichtungen daneben grundsätzlich auch von **auf den § 5 Abs. 2 Nr. 4 IfSG gestützten Rechtsverordnungen** betroffen sein können. Bisher sind

20 BT-Drs. 19/18111, 19.
21 BT-Drs. 19/18111, 19.
22 BT-Drs. 19/18111, 19.
23 *Grüner*, Biologische Katastrophen, 2017, S. 183.
24 *Grüner*, Biologische Katastrophen, 2017, S. 183.
25 *Grüner*, Biologische Katastrophen, 2017, S. 183.
26 *Grüner*, Biologische Katastrophen, 2017, S. 188.
27 *Grüner*, Biologische Katastrophen, 2017, S. 188.
28 *Grüner*, Biologische Katastrophen, 2017, S. 188.
29 *Rixen* NJW 2020, 1097 (1102).
30 *Rixen* NJW 2020, 1097 (1102).
31 *Rixen* NJW 2020, 1097 (1102).
32 *Rixen* NJW 2020, 1097 (1102).
33 *Meßling* NZS 2020, 321 (322); vgl. auch *Lutz* IfSG § 5 Rn. 2.

- die Verordnung zur Beschaffung von Medizinprodukten und persönlicher Schutzausrüstung bei der durch das Coronavirus SARS-CoV-2 verursachten Epidemie v. 8.4.2020[34],
- die SARS-CoV-2-Arzneimittelversorgungsverordnung v. 20.4.2020[35],
- die COVID-19-Versorgungsstrukturen-Schutzverordnung v. 30.4.2020[36],
- die Medizinischer Bedarf Versorgungssicherstellungsverordnung v. 25.5.2020[37],
- die Erste Verordnung zur Änderung der DIVI IntensivRegister-Verordnung v. 29.5.2020[38],
- die IST-Arzneimittelbevorratungsverordnung v. 7.7.2020[39],
- die Erste Verordnung zur Änderung der SARS-CoV-2-Arzneimittelversorgungsverordnung v. 28.9.2020[40],
- die Verordnung zur Änderung der COVID-19-Versorgungsstrukturen-Schutzverordnung v. 29.9.2020[41],
- die Verordnung zur Änderung der Medizinprodukte-Abgabeverordnung im Rahmen der epidemischen Lage von nationaler Reichweite v. 2.12.2020[42],
- die Verordnung zur Aussetzung der gesetzlichen Pflicht zur Erhebung, Übermittlung und Veröffentlichung von indikatorenbezogenen Daten in vollstationären Pflegeeinrichtungen v. 8.1.2021[43] und
- die Zweite Verordnung zur Änderung der COVID-19-Versorgungsstrukturen-Schutzverordnung v. 6.1.2021[44]

erlassen worden.

1. Aufrechterhaltung Gesundheitsversorgung (§ 5 Abs. 2 S. 1 Nr. 7 IfSG)

Durch das (Erste) Gesetz zum Schutz der Bevölkerung bei einer epidemischen Lage von nationaler Tragweite v. 27.3.2020 wurde § 5 Abs. 2 S. 1 Nr. 7 IfSG nF neu geschaffen. Die Norm zielt auf die für die medizinische Versorgung der Bevölkerung **maßgeblichen Infrastrukturen** wie zB Krankenhäuser ab.[45] 21

Der infektionsschutzrechtliche **Krankenhausbegriff** ist wegen der epidemiologischen Bedeutung dieser Einrichtungen weit zu verstehen. **Legaldefinitionen** für den Begriff des Krankenhauses finden sich in sozialversicherungsrechtlicher Hinsicht in § 107 Abs. 1 Fünftes Buch Sozialgesetzbuch (SGB V) und in krankenhausfinanzierungsrechtlicher Hinsicht in § 2 Nr. 1 Krankenhausfinanzierungsgesetz (KHG), ohne dass in ihrem Verhältnis zueinander wesentliche inhaltliche Unterschiede bestünden.[46] Zu den Krankenhäusern gehören neben den nach § 108 SGB V zugelassenen Krankenhäusern auch reine Privatkliniken mit einer Konzession nach § 30 GewO. 22

§ 5 Abs. 2 S. 1 Nr. 7 lit. a IfSG ermächtigt das BMG, durch Rechtsverordnung ohne Zustimmung des Bundesrates Maßnahmen zur Aufrechterhaltung der Gesundheitsversorgung in ambulanten Praxen, Apotheken, Krankenhäusern, Laboren, Vorsorge- und Rehabilitationseinrichtungen und in sonstigen Gesundheitseinrichtungen in Abweichung 23

34 BAnz AT 9.4.2020 V3.
35 BAnz AT 21.4.2020 V1.
36 BAnz AT 4.5.2020 V1.
37 BAnz AT 26.5.2020 V1.
38 BAnz AT 2.6.2020 V2.
39 BAnz AT 8.7.2020 V1.
40 BAnz AT 30.9.2020 V1.
41 BAnz AT 30.9.2020 V2.
42 BAnz AT 3.12.2020 V1.
43 BAnz AT 11.1.2021 V1.
44 BAnz AT 7.1.2021 V1.
45 *Ritgen* Der Landkreis 2020, 137 (140).
46 *Becker/Kingreen* SGB V § 107 Rn. 5.

von bestehenden gesetzlichen Vorgaben vorzusehen und untergesetzliche Richtlinien, Regelungen, Vereinbarungen und Beschlüsse der Selbstverwaltungspartner nach dem SGB V und nach Gesetzen, auf die im SGB V Bezug genommen wird, anzupassen, zu ergänzen oder auszusetzen. Der zunächst in § 5 Abs. 2 Satz 1 Nr. 7 lit. a IfSG enthaltene weite begriffliche Bezug der Anpassungs-, Ergänzungs- oder Aussetzungsbefugnis auf „insbesondere" untergesetzliche Richtlinien, Regelungen, Vereinbarungen und Beschlüsse wurde erst durch das am 4.3.2021 vom Deutschen Bundestag beschlossene Gesetz zur Fortgeltung der die epidemische Lage von nationaler Tragweite betreffenden Regelungen beschränkt, indem das Wort „insbesondere" ersatzlos gestrichen wurde.[47]

24 § 5 Abs. 2 S. 1 Nr. 7 IfSG wurde im Verlaufe des **Gesetzgebungsverfahrens** zum Ersten Bevölkerungsschutzgesetz erheblich verändert. Der ihm entsprechende § 5 Abs. 3 Nr. 5 lit. a IfSG-E hatte in einer frühen Fassung der Formulierungshilfe noch vorgesehen, dass Ärzte und Angehörige anderer Medizinalberufe verpflichtet werden können, bei der Bekämpfung übertragbarer Krankheiten mitzuwirken. Gesundheitseinrichtungen – zu denen zB auch die kommunalen Krankenhäuser gehören – hätten nach § 5 Abs. 3 Nr. 5 lit. b IfSG-E verpflichtet werden können, bestimmte Kapazitäten vorzuhalten und diese und deren Auslastung zu melden. Diese Regelungen sind schließlich fallengelassen und waren in dem schließlich in den Deutschen Bundestag eingebrachten Gesetzentwurf[48] nicht mehr enthalten.

25 Teilweise wurde vertreten, dass der Verzicht auf solche Konkretisierungen in § 5 Abs. 2 S. 1 Nr. 7 IfSG nicht bedeute, dass sie im Rahmen einer Rechtsverordnung nicht doch ermöglicht werden könnten.[49] Die Aufzählung der Maßnahmen in § 5 Abs. 2 S. 1 Nr. 7 lit. a und b IfSG sei **beispielhaft** („insbesondere") und nicht enumerativ gemeint.[50] Ferner sei der Wortlaut der Norm so weit gefasst, dass sich darunter auch die in der ursprünglichen Entwurfsfassung vorgesehenen Inanspruchnahmen von Ärzten und Krankenhäusern subsumieren ließen.[51] Gegen diese Sichtweise spricht allerdings der historisch-genetische Umstand, dass die Ermächtigung zur Mitwirkungsverpflichtung von Ärzten aufgrund der politischen Diskussion und der mit dieser Verpflichtung verbundenen erheblichen Grundrechtseingriffe gerade bewusst nicht gesetzlich statuiert wurde, obwohl letzteres ursprünglich vorgesehen war. Das spricht vielmehr dafür, dass der legislative Wille eine solche Ermächtigungsreichweite nicht mehr umfasst.[52] Jedenfalls würde das BMG wegen dieser **Entstehungsgeschichte** unter einem erheblichen Rechtfertigungsdruck stehen, wenn es solche nicht mehr ausdrücklich geregelte Maßnahmen ergreifen wollte.[53]

§ 5 Abs. 2 S. 1 Nr. 7 lit. a IfSG

26 Die Ermächtigung umfasst ausdrücklich die Möglichkeit, im Rahmen von Maßnahmen zur Aufrechterhaltung der Gesundheitsversorgung von bestehenden gesetzlichen Vorgaben durch ministerielle Rechtsverordnungen **abzuweichen**.

47 Die Beschlussempfehlung des Gesundheitsausschusses des Deutschen Bundestags führt dazu aus (BT-Drs. 19/27291, 60): „Im Übrigen wird mit der Streichung des Wortes ‚insbesondere' im Einleitungsteil der Nummer 7 die Regelungsdichte der Norm aus Gründen der Bestimmtheit erhöht, um eine hinreichende Vorhersehbarkeit der Verordnungsermächtigung zu gewährleisten."

48 BT-Drs. 19/18111.

49 *Ritgen* Der Landkreis 2020, 137 (140).

50 *Ritgen* Der Landkreis 2020, 137 (140).

51 *Ritgen* Der Landkreis 2020, 137 (140).

52 In diese Richtung geht auch die Ausarbeitung der *Wissenschaftlichen Dienste (Deutscher Bundestag)*, Gesetzgebungskompetenz für den Infektionsschutz, WD 3 – 3000 – 081/20, S. 5: „Die Tatsache, dass der Bund auf die Aufnahme einer Regelung zur Verpflichtung von medizinischem oder pflegerischem Personal im IfSG verzichtet hat, kann daher auch so interpretiert werden, dass er eine solche Verpflichtung generell nicht geregelt sehen wollte."

53 *Ritgen* Der Landkreis 2020, 137 (140).

Es ist **zweifelhaft,** ob die Reichweite dieser Ermächtigung und insbesondere die Abweichungsbefugnis von (nicht näher beschriebenen) formell-gesetzlichen Regelungen **verfassungskonform** sind (*Kluckert* in → § 2 Rn. 137 ff.). Dagegen sprechen der Grundsatz vom Vorrang des Gesetzes und die Vorgaben des Art. 80 Abs. 1 S. 2 GG, nach denen Inhalt, Zweck und Ausmaß der erteilten Ermächtigung im Gesetz selbst geregelt sein müssen. Der Vorrang des Gesetzes setzt gesetzlich geregelten Abweichungsbefugnissen durch exekutive Verordnungen insofern Grenzen, als der Gesetzgeber nicht Vorschriften von solcher Bedeutung und in solchem Umfang für subsidiär erklären darf, dass sich dadurch innerhalb des Staatsgefüges eine Gewichtsverschiebung zwischen gesetzgebender Gewalt und Verwaltung ergibt.[54] Vorliegend ist das Regelungsregime, von dem abgewichen werden darf, nicht näher bestimmt. Zu ihm gehören ua die Normen des SGB V, die wiederum in zahlreiche weitere gesetzliche Bestimmungen eingebunden und auf sie bezogen sind. Es liegt deshalb hier die Annahme nicht fern, dass Bedeutung und Umfang der Abweichungsbefugnis zu einer (verfassungswidrigen) Gewichtsverschiebung zwischen Legislative und Exekutive zugunsten letzterer führen. Vergleichbares gilt auch für die zweifelhafte Bestimmtheit der Ermächtigung hinsichtlich Inhalt, Zweck und Ausmaß.[55] 27

Die Ermächtigung des BMG umfasst zudem nicht nur die Befugnis zur Abweichung von bestehenden gesetzlichen Vorgaben, sondern schließt ein, untergesetzliche Richtlinien, Regelungen, Vereinbarungen und Beschlüsse der Selbstverwaltungspartner nach SGB V und nach Gesetzen, auf die im SGB V Bezug genommen wird, anzupassen, zu ergänzen oder auszusetzen (§ 5 Abs. 2 S. 1 Nr. 7 lit. a IfSG). Nach der Begründung des Ersten Bevölkerungsschutzgesetzes ist Hintergrund der Regelung, dass das Leistungsgeschehen in der gesetzlichen Krankenversicherung wesentlich durch die **Selbstverwaltung** der Krankenkassen und der Leistungserbringer sowie insbesondere durch den Gemeinsamen Bundesausschuss (G-BA) als Organ der gemeinsamen Selbstverwaltung konkretisiert wird.[56] Bei einer epidemischen Lage von nationaler Tragweite könne es erforderlich sein, kurzfristig von Entscheidungen der Selbstverwaltung **abzuweichen.**[57] Kernregelung des § 5 Abs. 2 S. 1 Nr. 7 lit. a IfSG ist insofern, dass das BMG dazu ermächtigt wird, von Entscheidungen der Selbstverwaltung der Krankenkassen und Leistungserbringer abzuweichen.[58] Die Ermächtigung ermöglicht mithin massive Eingriffe des BMG in das Selbstverwaltungsrecht von Krankenkassen und Leistungserbringern. 28

b) § 5 Abs. 2 S. 1 Nr. 7 lit. b – d IfSG

Ferner ist vorgesehen, abweichend von der Approbationsordnung für Ärzte (**ÄApprO**) die Zeitpunkte und die Anforderungen an die Durchführung der einzelnen Abschnitte der Ärztlichen Prüfung und der Eignungs- und Kenntnisprüfung festzulegen (§ 5 Abs. 2 S. 1 Nr. 7 lit. b IfSG). Mit diesen Abweichungen von der ÄApprO soll erreicht werden, dass Medizinstudenten an der Gesundheitsversorgung im Krisenfall mitwirken können, ohne Nachteile für ihren Studienfortschritt befürchten zu müssen.[59] Zudem wurden durch das Zweite Gesetz zum Schutz der Bevölkerung bei einer epidemischen Lage von nationaler Tragweite der § 5 Abs. 2 S. 1 Nr. 7 lit. b IfSG geringfügig geändert und in § 5 Abs. 2 S. 1 Nr. 7 lit. c IfSG Abweichungen von der Approbationsordnung für Zahnärzte 29

54 BVerfG Beschl. v. 6.5.1958 – 2 BvL 37/56, BVerfGE 8, 155 (171).

55 Die *Wissenschaftlichen Dienste (Deutscher Bundestag)*, Staatsorganisation und § 5 Infektionsschutzgesetz, WD 3 – 3000 – 080/20, S. 6, 9, halten die Ermächtigung aus den genannten Gründen ebenfalls für „erheblich problematisch"; es verblieben „gewichtige Bedenken". Ähnlich skeptisch *Hollo* in Kießling IfSG § 5 Rn. 26.

56 BT-Drs. 19/18111, 22.

57 BT-Drs. 19/18111, 22.

58 *Ritgen* Der Landkreis 2020, 137 (140).

59 *Ritgen* Der Landkreis 2020, 137 (140).

sowie in § 5 Abs. 2 S. 1 Nr. 7 lit. d IfSG Abweichungen von der Approbationsordnung für Apotheker vorgesehen. Ferner wurde die Verordnung zur Abweichung von der ÄApprO bei einer epidemischen Lage von nationaler Tragweite v. 30.3.2020 auf § 5 Abs. 2 Nr. 7 lit. b IfSG aF gestützt.[60] Zudem wurde die Verordnung über von den Approbationsordnungen für Ärzte, Zahnärzte und Apotheker abweichende Vorschriften bei Vorliegen einer epidemischen Lage von nationaler Tragweite v. 3.7.2020 auf § 5 Abs. 2 S. 1 Nr. 7 lit. b, c und d IfSG gestützt.[61] Diese Gesetzesänderungen wirken sich **nicht unmittelbar auf Krankenhäuser** aus.

c) DIVI IntensivRegister-Verordnung

30 Die Verordnung zur Aufrechterhaltung und Sicherung intensivmedizinischer Krankenhauskapazitäten (DIVI IntensivRegister-Verordnung) stellt die bis zum jetzigen Zeitpunkt **maßgebliche Neuregelung** bezogen auf Krankenhäuser im Rahmen einer vom BMG erlassenen Rechtsverordnung dar. Das BMG hat am 8.4.2020 gestützt auf § 5 Abs. 2 Nr. 7 IfSG aF die DIVI IntensivRegister-Verordnung erlassen[62] und damit erstmals von der ihm gesetzlich erteilten Ermächtigung Gebrauch gemacht. Mit der Ersten Verordnung zur Änderung der DIVI Intensivregister-Verordnung v. 29.5.2020 wurden die §§ 1 und 3 der Verordnung angepasst.[63]

31 Hintergrund der DIVI-IntensivRegister-Verordnung ist nach der Verordnungsbegründung, dass aufgrund der sich dynamisch entwickelnden Ausbreitung von SARS-CoV-2 ein **steigender Bedarf an Intensiv- und Beatmungskapazitäten** zur Behandlung von schweren Atemwegserkrankungen zu erwarten ist.[64] Ein regionales Nebeneinander von Über- und Unterauslastung intensivmedizinischer Behandlungskapazitäten ist eine mögliche weitere Folge.[65] Um die gesundheitliche Versorgung der Patienten sicherzustellen, sei es erforderlich, dass ein möglichst **aktueller Überblick** über die in den zugelassenen Krankenhäusern verfügbaren **intensivmedizinischen Behandlungskapazitäten** besteht.[66] Andernfalls bestünde die Gefahr, dass intensiv- und beatmungspflichtige Patienten nur deshalb nicht die medizinisch notwendige Versorgung erfahren, weil die in erreichbarer Nähe verfügbaren intensivmedizinischen Behandlungskapazitäten dem einweisenden Arzt oder dem Rettungsdienst nicht bekannt sind.[67] Einen solchen tagesaktuellen Überblick könne das von der Deutschen Interdisziplinären Vereinigung für Intensiv- und Notfallmedizin (DIVI), dem Robert Koch-Institut und der Deutschen Krankenhausgesellschaft am 17.3.2020 in Betrieb genommene DIVI Intensivregister liefern.[68] Über die entsprechende Website können freie Beatmungsplätze in allen Krankenhäusern Deutschlands registriert und abgefragt werden. Bisher seien die Registrierung durch die Krankenhäuser und die Aktualisierung der Meldungen jedoch auf freiwilliger Basis erfolgt.[69] Dies habe nicht zu der erforderlichen flächendeckenden Registrierung aller Krankenhäuser mit intensivmedizinischen Behandlungskapazitäten geführt.[70]

---

60 BAnz AT 31.3.2020 V1.
61 BAnz AT 3.7.2020 V1.
62 BAnz AT 9.4.2020 V4.
63 BAnz AT 2.6.2020 V2.
64 Referentenentwurf einer Verordnung zur Aufrechterhaltung und Sicherung intensivmedizinischer Krankenhauskapazitäten (DIVI Intensivregister-Verordnung), S. 4, https://www.bundesgesundheitsministerium.de/fileadmin/Dateien/3_Downloads/Gesetze_und_Verordnungen/GuV/D/DIVI_Intensivregister-Verordnung.pdf.
65 Referentenentwurf, S. 4.
66 Referentenentwurf, S. 4.
67 Referentenentwurf, S. 4.
68 Referentenentwurf, S. 4.
69 Referentenentwurf, S. 4.
70 Referentenentwurf, S. 4.

Mit der DIVI IntensivRegister-Verordnung werden die intensivbettenführenden Krankenhäuser **verpflichtet**, sich auf der Website des DIVI Intensivregisters (www.intensivregister.de) zu registrieren und ihre intensivmedizinischen Kapazitäten täglich zu aktualisieren. Die zentrale Koordination und ein Überblick über die intensivmedizinischen Behandlungskapazitäten sind nach der **Verordnungsbegründung** ein Schlüsselelement zur Bewältigung der aktuellen epidemischen Lage und für die Sicherstellung der Versorgung mit Beatmungskapazitäten in den Krankenhäusern von herausragender Bedeutung.[71] 32

aa) § 1 DIVI IntensivRegister-Verordnung

Die DIVI IntensivRegister-Verordnung betrifft nach § 1 Abs. 1 S. 1 Krankenhäuser, die im Rahmen ihres Versorgungsauftrags oder nach § 21 Abs. 5 S. 1 KHG intensivmedizinische Behandlungskapazitäten vorhalten (§ 1 Abs. 1 S. 1 der DIVI IntensivRegister-Verordnung). Sie sieht in § 1 Abs. 1 S. 2 eine **Registrierung und eine Übermittlung intensivmedizinischer Behandlungskapazitäten** durch diese Krankenhäuser vor. IE **verpflichtet** sie die og Krankenhäuser, sich bis zum 16.4.2020 in dem DIVI IntensivRegister zu registrieren und die für die Kapazitätsermittlung erforderlichen Angaben zur Anzahl der verfügbaren intensivmedizinischen Behandlungskapazitäten nach § 1 Abs. 2 und die Angaben nach § 1 Abs. 3 der Verordnung täglich bis 12:00 Uhr an das DIVI IntensivRegister zu übermitteln. 33

Adressaten dieser Verpflichtung sind ausweislich des Wortlauts von § 1 Abs. 1 S. 1 DIVI IntensivRegister-Verordnung, der auf den „Versorgungsauftrag" bzw. gemäß § 21 Abs. 5 KHG „zugelassene Krankenhäuser" verweist, ausschließlich die zur Versorgung gesetzlich Versicherter zugelassenen Krankenhäuser und damit keine reinen Privatkliniken. Letztere verfügen im Regelfall auch über keine intensivmedizinischen Behandlungskapazitäten. 34

Die Angaben sind gemäß § 1 Abs. 2 der Verordnung zu unterscheiden nach **Intensivbetten** mit nicht-invasiver Beatmungsmöglichkeit (ICU low care), mit invasiver Beatmungsmöglichkeit (ICU high care) und mit zusätzlicher extrakorporaler Membranoxygenierung (ECMO), vgl. § 1 Abs. 2 S. 1 Nr. 1–3. Hinsichtlich dieser Intensivbetten ist jeweils die Anzahl der belegten Betten und die Anzahl der belegbaren Betten zu übermitteln, vgl. § 1 Abs. 2 S. 2 Nr. 1–2. Darüber hinaus haben die Krankenhäuser eine Einschätzung der maximalen intensivmedizinischen Behandlungskapazitäten für Neuaufnahmen innerhalb eines vom Robert Koch-Institut im DIVI IntensivRegister festzulegenden Zeitraums zu übermitteln, vgl. § 1 Abs. 2 S. 3. Ferner haben die Krankenhäuser nach § 1 Abs. 2 S. 4 der Verordnung dem DIVI IntensivRegister einmalig die Zahl ihrer aufgestellten Intensivbetten zum Stand 1.1.2020 zu melden. 35

Neben der Anzahl der Intensivbetten ist auch die Übermittlung der **Anzahl der Patienten** mit einer SARS-CoV-2-Infektion geregelt. So müssen die Krankenhäuser nach § 1 Abs. 3 Nr. 1–3 der Verordnung die Anzahl solcher Patienten, die intensivmedizinisch behandelt werden, invasiv beatmet werden oder seit dem 1.1.2020 aus der intensivmedizinischen Behandlung des Krankenhauses entlassen wurden, übermitteln. 36

bb) § 2 DIVI IntensivRegister-Verordnung

§ 2 der Verordnung normiert **Nachweispflichten.** Dieser Norm zufolge weisen die Krankenhäuser mit der wöchentlichen Meldung nach § 21 Abs. 2 S. 3 KHG an die für die Krankenhausplanung zuständige Landesbehörde einmalig die Registrierung und mit jeder wöchentlichen Meldung die tägliche Übermittlung der Angaben nach § 1 Abs. 2 und 3 der Verordnung nach. 37

71 Referentenentwurf, S. 4.

cc) § 3 DIVI IntensivRegister-Verordnung

38 Schließlich ist in § 3 der Verordnung auch eine **Sanktion** vorgesehen, wenn das jeweils betroffene Krankenhaus seinen in der Verordnung statuierten Pflichten nicht nachkommt. So kürzt für jeden Tag, an dem ein Krankenhaus die Pflichten nach § 1 nicht, nicht vollständig oder nicht fristgerecht erfüllt, die für die Krankenhausplanung zuständige Landesbehörde die Höhe der tagesbezogenen Pauschale nach § 21 Abs. 3 KHG um 10 Prozent, vgl. § 3 S. 1 der Verordnung. Zudem hat nach § 3 S. 2 die für die Krankenhausplanung zuständige Landesbehörde die Erfüllung der Pflichten nach § 1 zu überprüfen und übermittelt nach § 3 S. 3 das Robert Koch-Institut einmal wöchentlich eine nach Krankenhäusern differenzierte Übersicht über die Tage, an denen die Pflichten nach § 1 vollständig und fristgerecht erfüllt wurden, an die jeweils für die Krankenhausplanung zuständige Landesbehörde.

39 Da diese Verordnung die für die Bekämpfung der Pandemie wesentlichen Maßnahmen der Übermittlung intensivmedizinischer Behandlungskapazitäten und der Anzahl der in diesem Rahmen behandelten Patienten mit einer SARS-CoV-2-Infektion vorsieht, bestehen im Hinblick auf die **Rechtmäßigkeit** und Verhältnismäßigkeit der Verordnung keine grundlegenden Bedenken.[72]

d) SARS-CoV-2-Arzneimittelversorgungsverordnung

40 Ferner wurde die Verordnung über Abweichung von den Vorschriften des Fünften Buches Sozialgesetzbuch, des Apothekengesetzes, der Apothekenbetriebsordnung, der Arzneimittelpreisverordnung, des Betäubungsmittelgesetzes und der Betäubungsmittel-Verschreibungsverordnung infolge der SARS-CoV-2-Epidemie (**SARS-CoV-2-Arzneimittelversorgungsverordnung**) v. 20.4.2020 neben § 5 Abs. 2 Nr. 4 lit. a, b, c, e und f. auch auf § 5 Abs. 2 Nr. 7 IfSG gestützt (*Böck* in → § 7 Rn. 60 ff. und *Zumdick* in → § 8 Rn. 29 ff.).[73] Allerdings bezieht sich nur § 1 Abs. 2 dieser Verordnung auf **Ausnahmen vom SGB V**, die unmittelbar Krankenhäuser betreffen: So dürfen Krankenhäuser abweichend von § 39 Abs. 1 a S. 8 Hs. 1 SGB V bei der Verordnung eines Arzneimittels eine Packung bis zum größten Packungsgrößenzeichen gemäß der Packungsgrößenverordnung verordnen. Ferner können sie abweichend von § 39 Abs. 1 a S. 8 Hs. 2 SGB V die in § 92 Abs. 1 S. 2 Nr. 6 SGB V genannten Leistungen – dh die Verordnung von Arznei-, Verband-, Heil- und Hilfsmitteln, Krankenhausbehandlung, häuslicher Krankenpflege und Soziotherapie – für die Versorgung in einem Zeitraum von bis zu vierzehn Tagen verordnen und die Arbeitsunfähigkeit feststellen. Die mit der Ersten Verordnung zur Änderung der SARS-CoV-2-Arzneimittelverordnung v. 28.9.2020[74] vorgenommenen Änderungen betreffen keine Regelungen, die sich unmittelbar auf Krankenhäuser beziehen.

2. Aufrechterhaltung pflegerische Versorgung (§ 5 Abs. 2 S. 1 Nr. 8 IfSG)

41 Das Gesetz zum Schutz der Bevölkerung bei einer epidemischen Lage von nationaler Tragweite v. 27.3.2020 hat auch § 5 Abs. 2 S. 1 Nr. 8 IfSG erstmals normiert.

42 § 5 Abs. 2 S. 1 Nr. 8 IfSG ermächtigt das BMG, durch Rechtsverordnung ohne Zustimmung des Bundesrates Maßnahmen zur Aufrechterhaltung der pflegerischen Versorgung in ambulanten und stationären **Pflegeeinrichtungen** in Abweichung von bestehen-

---

72 Anders *Jäckel* PharmR 2020, 435 (437), nach dem aus der Perspektive des Sommers 2020 mit seinen damaligen geringen Infektionszahlen der Grundsatz der Verhältnismäßigkeit zumindest eine Aussetzung der Meldepflicht erfordere, bis wieder ein stabiler Trend der Zunahme von COVID-19-Patienten auf Intensivstationen erkennbar sei.

73 BAnz AT 21.4.2020 V1.

74 BAnz AT 30.9.2020 V1.

den gesetzlichen Vorgaben vorzusehen. Die Norm enthält **ähnliche Ermächtigungen** wie § 5 Abs. 2 S. 1 Nr. 7 IfSG, jedoch bezogen auf den Bereich der pflegerischen Versorgung.[75]

Die Ermächtigung umfasst **sowohl ambulante als auch stationäre Pflegeeinrichtungen:** Ambulante Pflegeeinrichtungen (Pflegedienste) sind nach § 71 Abs. 1 SGB XI selbstständig wirtschaftende Einrichtungen, die unter ständiger Verantwortung einer ausgebildeten Pflegefachkraft Pflegebedürftige in ihrer Wohnung mit Leistungen der häuslichen Pflegehilfe versorgen. Stationäre Pflegeeinrichtungen (Pflegeheime) sind nach der Legaldefinition des § 71 Abs. 2 SGB XI selbstständig wirtschaftende Einrichtungen, in denen Pflegebedürftige unter ständiger Verantwortung einer ausgebildeten Pflegefachkraft gepflegt werden und ganztägig (vollstationär) oder tagsüber oder nachts (teilstationär) untergebracht und verpflegt werden können. 43

Die Regelungen in § 5 Abs. 2 S. 1 Nr. 8 IfSG ermöglichen es dem BMG laut Gesetzesbegründung, zielgerichtete Maßnahmen zur Aufrechterhaltung der pflegerischen Versorgung in ambulanten und stationären Pflegeeinrichtungen zu treffen.[76] Dabei kann sowohl von geltenden gesetzlichen Vorschriften des SGB XI als auch von Vereinbarungen der Selbstverwaltung in der Pflege **abgewichen** werden.[77] Auch hier ist vergleichbar wie bei § 5 Abs. 2 S. 1 Nr. 7 das Wort „insbesondere" durch das am 4.3.2021 vom Deutschen Bundestag beschlossene Gesetz zur Fortgeltung der die epidemische Lage von nationaler Tragweite betreffenden Regelungen gestrichen worden, um die Vorhersehbarkeit der Ermächtigung zu erhöhen.[78] 44

Der Wortlaut der Ermächtigung in § 5 Abs. 2 S. 1 Nr. 8 IfSG war schon zuvor im Vergleich zu einer frühen Fassung der Formulierungshilfe zum Ersten Bevölkerungsschutzgesetz ähnlich wie bei der Ermächtigung in § 5 Abs. 2 S. 1 Nr. 7 IfSG (→ Rn. 24) ebenfalls **verändert** worden. So war – vergleichbar der oben skizzierten Konstellation bei den Krankenhäusern – auch hier die Möglichkeit entfallen, Pflegefachpersonal und andere Angehörige pflegerischer Berufe zu verpflichten, bei der Bekämpfung übertragbarer Krankheiten mitzuwirken (§ 5 Abs. 3 Nr. 6 lit. e IfSG-E) sowie die Option, Pflegeeinrichtungen zur Vorhaltung von Kapazitäten zu zwingen (§ 5 Abs. 3 Nr. 6 lit. f IfSG-E). Trotz dieser Änderung wird vertreten, dass es möglich sei, solche Maßnahmen auf die unverändert gebliebene Generalermächtigung für den Pflegebereich zu stützen.[79] Ob diese Möglichkeit tatsächlich besteht, ist aus historisch-genetischer Sicht zweifelhaft. Zur Vermeidung von Wiederholungen wird auf die Darstellung der vergleichbaren Diskussion zu den Krankenhäusern (→ Rn. 25) verwiesen. 45

Bisher hat das BMG **eine Rechtsverordnung** auf Grundlage des § 5 Abs. 2 S. 1 Nr. 8 IfSG erlassen. § 5 Abs. 2 S. 1 Nr. 8 IfSG enthält die folgenden drei Verordnungsermächtigungen: 46

a) § 5 Abs. 2 S. 1 Nr. 8 lit. a IfSG

Die Ermächtigung des BMG schließt ein, bundesgesetzliche oder vertragliche Anforderungen an Pflegeeinrichtungen auszusetzen oder zu ändern (§ 5 Abs. 2 S. 1 Nr. 8 lit. a IfSG). Diese Bestimmung konkretisiert die generelle **Abweichungsbefugnis** dahin gehend, dass die Aussetzung oder **Änderung von bundesgesetzlichen gesetzlichen oder vertraglichen Anforderungen** an Pflegeeinrichtungen möglich ist.[80] 47

75 *Ritgen* Der Landkreis 2020, 137 (140).
76 BT-Drs. 19/18111, 23.
77 BT-Drs. 19/18111, 23.
78 Vgl. BT-Drs. 19/27291, 60.
79 *Ritgen* Der Landkreis 2020, 137 (140).
80 BT-Drs. 19/18111, 23.

48 Ähnlich wie schon bei der in § 5 Abs. 2 S. 1 Nr. 7 IfSG geregelten Abweichungsbefugnis von gesetzlichen Vorgaben ist auch hier zweifelhaft, ob diese Regelungen **verfassungskonform** sind und die aus dem Vorrang des Gesetzes und dem Bestimmtheitsgebot für exekutive Ermächtigungen abgeleiteten verfassungsrechtlichen Vorgaben in genügender Weise beachten.[81]

b) § 5 Abs. 2 S. 1 Nr. 8 lit. b IfSG

49 Ferner wird das BMG ermächtigt, untergesetzliche Richtlinien, Regelungen, Vereinbarungen und Beschlüsse der Selbstverwaltungspartner nach dem SGB XI und nach Gesetzen, auf die im SGB XI Bezug genommen wird, anzupassen, zu ergänzen oder auszusetzen (§ 5 Abs. 2 S. 1 Nr. 8 lit. b IfSG). Mit dieser Norm wird die Möglichkeit eröffnet, sämtliche **untergesetzliche Festlegungen** einschließlich von Vereinbarungen und Beschlüssen der Pflegeselbstverwaltung auf Bundes- und Landesebene anzupassen, zu ergänzen oder auszusetzen.[82]

c) § 5 Abs. 2 S. 1 Nr. 8 lit. c IfSG

50 Schließlich ist vorgesehen, Aufgaben, die über die Durchführung von körperbezogenen Pflegemaßnahmen, pflegerischen Betreuungsmaßnahmen und Hilfen bei der Haushaltsführung bei Pflegebedürftigen hinaus regelmäßig von Pflegeeinrichtungen, Pflegekassen und Medizinischen Diensten zu erbringen sind, auszusetzen oder einzuschränken (§ 5 Abs. 2 S. 1 Nr. 8 lit. c IfSG). Hintergrund ist laut Gesetzesbegründung, dass Pflegeeinrichtungen regelmäßig eine Vielzahl von Aufgaben erfüllen, die über die **unmittelbare Pflege und Betreuung von Pflegebedürftigen hinausgehen** (zB in den Bereichen der Dokumentation, der Beratung und Beratungsbesuche, der zusätzlichen Betreuung, des Qualitätsmanagements, der Vorbereitung und Durchführung von Qualitätsprüfungen, der häuslichen Begutachtung usw).[83] Es könne zur Sicherstellung der Versorgung erforderlich werden, solche Aufgaben grundsätzlich auszusetzen oder einzuschränken, um eine Konzentration auf die Aufgaben der körperbezogenen Pflegemaßnahmen, pflegerischen Betreuungsmaßnahmen und Hilfen bei der Haushaltsführung zu ermöglichen.[84] Insofern könnten aufgrund dieser Regelung Pflegeleistungen auf ihren **Kern zurückgeführt** und Ressourcen für andere Zwecke freigesetzt werden.[85]

50a Auf Grundlage des § 5 Abs. 2 S. 1 Nr. 8 lit. a, c IfSG hat das BMG die Verordnung zur Aussetzung der gesetzlichen Pflicht zur Erhebung, Übermittlung und Veröffentlichung von indikatorenbezogenen Daten in vollstationären Pflegeeinrichtungen erlassen. Diese sieht Ausnahmen von der Erfüllung der in § 114 b Abs. 1 S. 1, Abs. 2 SGB XI geregelten Pflichten bis zum und ab dem Stichtag – den 31.12.2020 – und die Veröffentlichung von indikatorbezogenen Daten für den Zeitraum v. 1.1.2021 bis zum 31.3.2021 vor. Die Verordnung tritt zwar aufgrund des Verweises auf § 5 Abs. 4 S. 1 IfSG mit Aufhebung der epidemiologischen Lage von nationaler Tragweite oder spätestens am 31.3.2021 außer Kraft. Der in § 114 b SGB XI geregelte Stichtag wurde durch eine Änderung von § 114 b Abs. 1 S. 1 SGB XI im Rahmen des am 4.3.2021 vom Deutschen Bundestag beschlossenen Gesetzes zur Fortgeltung der die epidemische Lage von nationaler Tragweite betreffenden Regelungen um ein Jahr auf den 31.12.2021 verschoben.[86]

---

81 Vgl. auch *Die Wissenschaftlichen Dienste (Deutscher Bundestag)*, Staatsorganisation und § 5 Infektionsschutzgesetz, WD 3 – 3000 – 080/20, S. 6 f., 9; *Hollo* in Kießling IfSG § 5 Rn. 27.
82 BT-Drs. 19/18111, 23.
83 BT-Drs. 19/18111, 23.
84 BT-Drs. 19/18111, 23.
85 *Ritgen* Der Landkreis 2020, 137 (140).
86 BT-Drs. 19/26545, 8.

VI. Ländergesetzgebung

Als Reaktion auf die Corona-Pandemie und die teilweise als unzureichend angesehenen Ermächtigungsnormen des bisherigen Infektionsschutzgesetzes des Bundes haben einzelne Bundesländer, deren Bevölkerung von der Ausbreitung der Pandemie in besonderer Weise betroffen ist, eigene (Landes)-Infektionsschutzgesetze verabschiedet. 51

Auf Landesebene sind als formelle Gesetze bisher das Bayerische Infektionsschutzgesetz (**BayIfSG**) v. 25.3.2020[87] und in Nordrhein-Westfalen das Gesetz zur Regelung besonderer Handlungsbefugnisse im Rahmen einer epidemischen Lage von nationaler oder landesweiter Tragweite und zur Festlegung der Zuständigkeiten nach dem Infektionsschutzgesetz (Infektionsschutz- und Befugnisgesetz – **IfSBG-NRW**)[88] v. 14.4.2020 in Kraft getreten. Beide Gesetze sind von Anfang zeitlich begrenzt gewesen. Das Bayerische Infektionsschutzgesetz (**BayIfSG**) ist mit Ablauf des 31.12.2020 wieder außer Kraft getreten. Die Geltung des nordrhein-westfälische Infektionsschutz- und Befugnisgesetzes – **IfSBG-NRW** ist bis zum 31.3.2021 begrenzt. § 19 Abs. 2 **IfSBG-NRW** enthält eine Evaluationsklausel zur Beurteilung der Auswirkungen und der Notwendigkeit des Fortbestandes des Gesetzes. In ihrer Evaluation empfiehlt die Landesregierung Nordrhein-Westfalens, die Befristung des Gesetzes mit geringfügigen Änderungen aufzuheben oder das Gesetz zu verlängern, da es sich im Wesentlichen bewährt habe.[89] In dem zum Zeitpunkt des Abschlusses dieses Beitrages von den Regierungsfraktionen eingebrachten, vom nordrhein-westfälischen Landtag aber noch nicht beschlossenen Entwurf eines Gesetzes zur parlamentarischen Absicherung der Rechtsetzung in der COVID-19-Pandemie[90] ist eine Verlängerung des nordrhein-westfälische Infektionsschutz- und Befugnisgesetzes bis zum 31.12.2022 enthalten. 52

Zwar enthielt das BayIfSG keine Regelungen, in denen ausdrücklich Krankenhäuser oder Pflegeeinrichtungen genannt sind. Von der dort geregelten, recht extensiven Beschlagnahmeermächtigung konnten indes beide Einrichtungsarten betroffen sein: So konnte gemäß **Art. 2 Abs. 1 S. 1 BayIfSG** die zuständige Behörde bei jedermann medizinisches, pflegerisches oder sanitäres Material **beschlagnahmen**, soweit dies zur Aufrechterhaltung der notwendigen Gesundheitsversorgung der Bevölkerung erforderlich war. Ferner sah **Art. 6 Abs. 6 S. 1 BayIfSG** die Möglichkeit der zuständigen Behörde vor, eine Zuweisung an Einrichtungen der medizinischen oder pflegerischen Versorgung zur **Erbringung von ausbildungstypischen Dienst-, Sach- und Werkleistungen** anzuordnen, soweit dies zur Bewältigung des Gesundheitsnotstands erforderlich war. Die Regelung ähnelte der ursprünglich vorgesehenen Bestimmung in § 5 Abs. 3 Nr. 5 lit. a IfSG-E in der frühen Fassung der Formulierungshilfe, die gerade nicht Bestandteil des Infektionsschutzgesetzes des Bundes geworden ist (→ Rn. 24). Ob angesichts dieses Umstands daneben noch eine **Gesetzgebungskompetenz** der Länder für vergleichbare Regelungen besteht, ist indes zweifelhaft.[91] Mit Außerkrafttreten des Gesetzes kann diese Frage dahinstehen. 53

Das IfSBG-NRW statuiert eine weitreichende **Ermächtigung**, die Krankenhäuser direkt betrifft: So kann das Ministerium für Arbeit, Gesundheit und Soziales des Landes Nordrhein-Westfalen gemäß **§ 12 Abs. 1 S. 2 Nr. 1–3 IfSBG-NRW** in einer Rechtsverordnung gegenüber den Krankenhausträgern Anordnungen über ua die Schaffung zusätzlicher Behandlungskapazitäten treffen, den Versorgungsauftrag des Krankenhauses 54

87 GVBl. 174.

88 GV. NRW 218 b.

89 Landtag Nordrhein-Westfalen, Vorlage 17/4429.

90 Landtag Nordrhein-Westfalen, LT-Drs. 17/12425.

91 S. a. *Wissenschaftliche Dienste (Deutscher Bundestag)*, Gesetzgebungskompetenz für das Infektionsschutzrecht, Ausarbeitung v. 9.4.2020, WD 3 - 3000 - 081/20, S. 4 f.

nach § 16 Abs. 1 S. 3 Krankenhausgestaltungsgesetz des Landes Nordrhein-Westfalen (KHGG NRW) ohne Bindung an die Vorgaben und Verfahren nach §§ 12 ff. KHGG NRW ändern und Verhandlungen über regionale Planungskonzepte nach § 14 KHGG NRW aussetzen.

55 Darüber hinaus sind in allen Bundesländern umfangreiche **Rechtsverordnungen** und sonstige Regelungen, oft im Rahmen von Allgemeinverfügungen, zur Eindämmung der Pandemie beschlossen worden. Diese Regelungen betreffen teilweise auch Krankenhäuser und Pflegeeinrichtungen. Dazu gehört etwa die in **Bayern** statuierte Verpflichtung der Krankenhäuser, bis auf weiteres alle planbaren Behandlungen zurückzustellen oder zu unterbrechen, um möglichst umfangreiche Kapazitäten für die Versorgung von COVID-19 Patienten freizumachen.[92] Da diese behördlichen Maßnahmen idR zeitlich befristet sind und aufgrund der dynamischen Entwicklung zeitnah an die verringerten Infektionszahlen im Sommer und die zweite Infektionswelle im Herbst/Winter 2020 angepasst wurden und auch in Zukunft zahlreiche Änderungen zu erwarten sind, wird im Folgenden auf eine ausführlichere Darstellung verzichtet.

VII. Befristete Sonderregelungen des Gemeinsamen Bundesausschusses

56 Auch der G-BA hat **befristete Sonderregelungen** erlassen, die unmittelbar Krankenhäuser betreffen. Aufgrund der essentiellen Bedeutung des G-BA für den Leistungsumfang der Gesetzlichen Krankenversicherung sind dessen Entscheidungen für alle Leistungserbringer von besonderer Relevanz. Dabei ist zu berücksichtigen, dass gemäß § 5 Abs. 2 S. 1 Nr. 7 lit. a IfSG nunmehr – wie oben dargestellt – das BMG durch Rechtsverordnungen von derartigen untergesetzlichen Regelungen **abweichen** kann (→ Rn. 28).

1. Grundlagen zum Gemeinsamen Bundesausschusses

57 Im Zusammenhang mit der Pandemie mit SARS-CoV-2 hat der G-BA zahlreiche zeitlich befristete Sonderregelungen bezüglich seiner Richtlinienbestimmungen getroffen.[93] Der G-BA ist das **höchste Beschlussgremium der gemeinsamen Selbstverwaltung** im Gesundheitswesen und bestimmt in Form von Richtlinien, welche medizinischen Leistungen die gesetzlich Versicherten beanspruchen können, und konkretisiert den Leistungsumfang der Krankenkassen. Das BMG nimmt die Rechtsaufsicht wahr.

2. Neuregelungen zum Entlassmanagement

58 Im Wege der Sonderregelungen hat der G-BA im Frühjahr 2020 insbesondere beschlossen, dass Krankenhausärzte im Rahmen des sog. **Entlassmanagements** nach § 92 Abs. 1 S. 2 Nr. 7 SGB V eine Arbeitsunfähigkeit für eine Dauer von bis zu vierzehn Kalendertagen nach Entlassung aus dem Krankenhaus bescheinigen können.[94] Ferner können Krankenhausärzte im Rahmen des Entlassmanagements nicht nur für eine Dauer von bis zu sieben Tagen, sondern bis zu vierzehn Tagen nach Entlassung aus dem Krankenhaus häusliche Krankenpflege[95], Heilmittel[96], Hilfsmittel[97], Soziotherapie[98] und spezia-

92 Allgemeinverfügung des Bayerischen Staatsministeriums für Gesundheit und Pflege v. 19.3.2020, Corona-Pandemie: Verschiebung elektiver Eingriffe und geplanter Behandlungen in Krankenhäusern, BayMBl. 2020 Nr. 151. Hinsichtlich der Rechtmäßigkeit dieser Verpflichtung bei einer Privatklinik skeptisch VG Ansbach Beschl. v. 25.4.2020 – AN 18 S 20.00739, juris Rn. 36 f.

93 Vgl. dazu *Bockholdt/Lungstras/Schmidt* NZS 2020, 324 (332).

94 Änderung der Arbeitsunfähigkeits-Richtlinie zuletzt durch Beschluss v. 21.4.2020: BAnz AT 28.4.2020 B1; zu früheren Beschlüssen vgl. BAnz AT 23.3.2020 B6, BAnz AT 3.4.2020 B4 und BAnz AT 7.4.2020 B3.

95 Änderung der Häusliche Krankenpflege-Richtlinie durch Beschluss v. 27.3.2020: BAnz AT 7.4.2020 B3.

96 Änderung der Heilmittel-Richtlinie durch Beschluss v. 27.3.2020: BAnz AT 7.4.2020 B3.

97 Änderung der Hilfsmittel-Richtlinie durch Beschluss v. 27.3.2020: BAnz AT 7.4.2020 B3.

98 Änderung der Soziotherapie-Richtlinie durch Beschluss v. 27.3.2020: BAnz AT 7.4.2020 B3.

lisierte ambulante Palliativversorgung (SAPV)[99] verordnen. Zudem werden die Verordnungsmöglichkeiten von Krankenhausärzten bei Entlassung eines Patienten flexibilisiert (*Zumdick* in → § 8 Rn. 34).[100] An diese Regelungen hat der G-BA mit seinem Grundlagenbeschluss v. 17.9.2020[101] angeknüpft, indem er die Befristung der oben genannten Ausnahmeregelungen durch eine neue Regelung ersetzt hat, nach der die Sonderregelungen durch gesonderten Beschluss des G-BA in Kraft gesetzt werden können. Von dieser Möglichkeit hat der G-BA mit Beschluss v. 30.10.2020[102] Gebrauch gemacht und die zuvor beschlossenen Sonderregelungen in Kraft gesetzt. Exemplarisch für die Befristung dieser Sonderregelungen sei hier auf § 9 Abs. 2 der Häuslichen Krankenpflege-Richtlinie verwiesen: Diese Regelung gilt, solange der Deutsche Bundestag gemäß § 5 Abs. 1 IfSG eine epidemische Lage von nationaler Tragweite festgestellt hat, höchstens jedoch bis 31.3.2021, da der neu eingeführte § 9 Abs. 2 der Häusliche Krankenpflege-Richtlinie mit Ablauf dieses Tages gemäß Art. 10 Abs. 1 des Grundlagenbeschlusses außer Kraft tritt. § 9 Abs. 1 der Häuslichen Krankenpflege-Richtlinie wurde durch einen Beschluss des G-BA vom 21.1.2021[103] ebenfalls bis zum 31.3.2021 verlängert. Eine weitere Verlängerung über den 31.3.2021 hinaus ist bis zum Zeitpunkt des Abschlusses dieses Beitrags nicht erfolgt, aber in der Sache wahrscheinlich.

3. Aussetzung von qualitätssichernden Anforderungen

Darüber hinaus hat der G-BA im März und April 2020 sowie erneut im Dezember 59
2020 Beschlüsse zur **Aussetzung von qualitätssichernden Anforderungen** zur Bewältigung der COVID-19-Pandemie getroffen: Diese Beschlüsse betreffen insbesondere Abweichungsmöglichkeiten von der Mindestausstattung mit Intensivpflegepersonal bei bestimmten komplexen Behandlungen, Aussetzungen zu Dokumentations- und Nachweispflichten sowie Änderungen der Regelungen zur Datenvalidierung, zum Strukturierten Dialog und zum Stellungnahmeverfahren.[104] Die zeitliche Vorgabe für die Aufnahme von beatmungspflichtigen Intensivpatienten auf die Intensivstation – innerhalb von 60 Minuten nach Krankenhausaufnahme – wurde ausgesetzt.[105] Krankenhäuser, die bereits vor Inkrafttreten der Regelungen zur Konkretisierung der besonderen Aufgaben von Zentren und Schwerpunkten gemäß § 136 c Abs. 5 SGB V im Krankenhausplan besondere Aufgaben wahrgenommen haben, haben weitere sechs Monate Zeit, die vorgegebenen Qualitätsanforderungen umzusetzen.[106] Zusätzlich können gemäß § 5 Abs. 5 der

99 Änderung der Spezialisierte Ambulante Palliativversorgungs-Richtlinie durch Beschluss v. 27.3.2020: BAnz AT 7.4.2020 B3.

100 Änderung der Arzneimittel-Richtlinie durch Beschluss v. 27.3.2020: BAnz AT 8.4.2020 B3.

101 Bekanntmachung eines Beschlusses des Gemeinsamen Bundesausschusses über eine Änderung der Häusliche Krankenpflege-Richtlinie, der Spezialisierte Ambulante Palliativversorgungs-Richtlinie, der Soziotherapie-Richtlinie, der Hilfsmittel-Richtlinie, der Heilmittel-Richtlinie, der Heilmittel-Richtlinie Zahnärzte, der Krankentransport-Richtlinie sowie der Arbeitsunfähigkeits-Richtlinie: COVID-19-Epidemie – Grundlagenbeschluss zur Ermöglichung befristeter regionaler Ausnahmeregelungen sowie Verlängerung und Anpassung bundesweiter Sonderregelungen zur Genehmigung von Krankentransporten und der Geltungsdauer von Heilmittelverordnungen v. 17.9.2020 (BAnz AT 30.9.2020 B2).

102 Bekanntmachung eines Beschlusses des Gemeinsamen Bundesausschusses zu Richtlinien über veranlasste Leistungen auf Basis des Grundlagenbeschlusses zu räumlich begrenzten und zeitlich befristeten Sonderregelungen: COVID-19-Epidemie – Befristete bundeseinheitliche Sonderregelungen" v. 30.10. 2020 (BAnz AT 06.11.2020 B2).

103 Bekanntmachung eines Beschlusses des Gemeinsamen Bundesausschusses zu Richtlinien über veranlasste Leistungen auf Basis des Grundlagenbeschlusses zu räumlich begrenzten und zeitlich befristeten Sonderregelungen: COVID-19-Epidemie – Verlängerung befristeter bundeseinheitlicher Sonderregelungen v. 21.1.2021 (BAnz AT 22.2.2021B3).

104 Änderungen zahlreicher Richtlinien und sonstiger Regelungen zuletzt durch Beschluss v. 16.4.2020; zu früheren Beschlüssen vgl. BAnz AT 8.4.2020 B4 und BAnz AT 23.3.2020 B7.

105 Änderung der Regelungen zu einem gestuften System von Notfallstrukturen in Krankenhäusern durch Beschluss v. 27.3.2020: BAnz AT 9.4.2020 B6.

106 Änderung der Zentrums-Regelungen durch Beschluss v. 27.3.2020: BAnz AT 9.4.2020 B5.

Zentrums-Regelungen für die Wahrnehmung besonderer Aufgaben im Jahre 2021 anstelle der Zahlen des Jahres 2020 die Zahlen von 2019 zugrunde gelegt werden.[107]

VIII. Neuregelungen außerhalb des IfSG zu Krankenhäusern und Pflegeeinrichtungen

60 Abschließend werden kursorisch die im Rahmen der jüngsten Gesetzes- und Verordnungsvorhaben zur Bewältigung der Corona-Pandemie wichtigsten Regelungen außerhalb des IfSG dargestellt, die Krankenhäuser und Pflegeeinrichtungen betreffen.

1. Überblick zu den realisierten Gesetzes- und Verordnungsvorhaben

61 Im Rahmen des ersten umfangreichen Gesetzesvorhabens zur Bewältigung der Corona-Epidemie wurde neben dem schon eingehend behandelten (ersten) „Gesetz zum Schutz der Bevölkerung bei einer epidemischen Lage von nationaler Tragweite" ebenfalls am 27.3.2020 auch das „Gesetz zum Ausgleich COVID-19 bedingter finanzieller Belastungen der Krankenhäuser und weiterer Gesundheitseinrichtungen" (**COVID-19-Krankenhausentlastungsgesetz**) beschlossen. Es trat größtenteils[108] am 28.3.2020 in Kraft.[109] Am 19.5.2020 wurde im Wege eines weiteren Gesetzesvorhabens das „**Zweite Gesetz zum Schutz der Bevölkerung bei einer epidemischen Lage von nationaler Tragweite**" verabschiedet, das überwiegend[110] am 23.5.2020 in Kraft trat.[111] Im weiteren Verlauf des Jahres 2020 trat schließlich am 19.11.2020 das Dritte Gesetz zum Schutz der Bevölkerung bei einer epidemischen Lage von nationaler Tragweite[112] v. 18.11.2020 in Kraft.

62 Im **ersten „Gesetz zum Schutz der Bevölkerung bei einer epidemischen Lage von nationaler Tragweite"** v. 27.3.2020 betrafen die Gesetzesänderungen außerhalb des IfSG weder unmittelbar Krankenhäuser noch Pflegeeinrichtungen. Während im „Zweiten Gesetz zum Schutz der Bevölkerung bei einer epidemischen Lage von nationaler Tragweite" die IfSG-Änderungen sich nicht auf Krankenhäuser und Pflegeeinrichtungen auswirkten, sind sowohl mit diesem Gesetz als auch mit dem „Dritten Gesetz zum Schutz der Bevölkerung bei einer epidemischen Lage von nationaler Tragweite"[113], dem COVID-19-Krankenhausentlastungsgesetz, der Ersten[114] und Zweiten[115] Verordnung zur Änderung der Pflegepersonaluntergrenzen-Verordnung sowie der Pflegepersonaluntergrenzen-Verordnung 2021[116], dem Krankenhauszukunftsgesetz[117] und der Verordnung zur Anpassung der Voraussetzungen für die Anspruchsberechtigung der Krankenhäuser nach § 21 Abs. 1 a des Krankenhausfinanzierungsgesetzes[118] Neuregelungen für Krankenhäuser und Pflegeeinrichtungen außerhalb des IfSG verbunden.

Das erste „Gesetz zum Schutz der Bevölkerung bei einer epidemischen Lage von nationaler Tragweite" sah in Art. 3 Nr. 2, Art. 7 Abs. 4 noch vor, dass § 5 Abs. 1-5 IfSG zum 1.4.2021 aufgehoben wird. Durch Art. 7 des am 4.3.2021 vom Deutschen Bundestag beschlossenen Gesetzes zur Fortgeltung der die epidemische Lage von nationaler Trag-

107 Änderung der Zentrums-Regelungen durch Beschluss v. 20.11.2020: BAnz AT 17.12.2020 B8.
108 Zum Inkrafttreten iE vgl. Art. 7 des Gesetzes v. 27.3.2020 (BGBl. I 580).
109 BGBl. 2020 I 580.
110 Zum Inkrafttreten iE vgl. Art. 18 des Gesetzes v. 19.5.2020 (BGBl. I 1018).
111 BGBl. 2020 I 1018.
112 BGBl. 2020 I 2397.
113 BGBl. 2020 I 2397.
114 BGBl. 2020 I 596.
115 BGBl. 2020 I 1701.
116 BGBl. 2020 I 2357.
117 BGBl. 2020 I 2208.
118 BAnz AT 24.12.2020 V1.

weite betreffenden Regelungen[119] sind diese zum 1.4.2021 in Kraft tretenden Aufhebungsregelungen ersatzlos gestrichen worden.

2. COVID-19-Krankenhausentlastungsgesetz

Durch das COVID-19-Krankenhausentlastungsgesetz sollen laut Gesetzesbegründung ua die durch Verschiebung oder Aussetzung planbarer Aufnahmen, Eingriffe oder Operationen verursachten Einnahmeausfälle von Krankenhäusern ausgeglichen werden, indem sie aus der Liquiditätsreserve des Gesundheitsfonds vorfinanzierte **Ausgleichszahlungen** als Pauschalbetrag erhalten.[120] Diese Ausgleichszahlungen sind in § 21 KHG[121] und die Überprüfung der Auswirkungen der Regelungen in den §§ 21 bis 23 KHG durch das BMG in § 24 KHG[122] normiert. Bezogen auf Pflegeeinrichtungen wurde im SGB XI ua mit den neu eingefügten §§ 147–152 SGB XI ein neuer Abschnitt zur Normierung von Maßnahmen zur Aufrechterhaltung der pflegerischen Versorgung während der Pandemie geschaffen.[123] Hierbei soll die **Kostenerstattungsregelung** in § 150 Abs. 2 SGB XI Pflegeeinrichtungen die Sicherheit geben, durch die Pandemie bedingte finanzielle Mehrausgaben oder Mindereinnahmen über die Pflegeversicherung erstattet zu bekommen.[124] Zu den Einzelheiten wird verwiesen auf die Darstellung von *Heidenreich/ Krasney/Lubrich* in → § 11 Rn. 150. 63

3. Zweites Gesetz zum Schutz der Bevölkerung bei einer epidemischen Lage von nationaler Tragweite

Durch das „Zweite Gesetz zum Schutz der Bevölkerung bei einer epidemischen Lage von nationaler Tragweite“ wird in Krankenhäusern, die infizierte Patienten behandeln, die Einhaltung bestimmter Mindestmerkmale aus dem Operationen- und Prozedurenschlüssel (OPS) vorübergehend von der Prüfung der Abrechnung ausgenommen.[125] Mit dem Gesetz wird außerdem durch eine Ergänzung des § 21 Abs. 3, § 23 Nr. 2 KHG die Möglichkeit geschaffen, von dem im Rahmen des COVID-19-Krankenhausentlastungsgesetzes statuierten **Pauschalbetrag** (→ Rn. 63) durch Rechtsverordnung für Gruppen von Krankenhäusern nach der Zahl der Krankenhausbetten oder anderen krankenhausbezogenen Kriterien **abzuweichen**. Damit soll sichergestellt werden, dass die Motivation der Krankenhäuser für eine Rückkehr zum Regelbetrieb nicht durch die Höhe der Ausgleichspauschalen gedämpft wird.[126] Das Gesetz enthält zudem Änderungen des § 6 a Krankenhausentgeltgesetzes, die das **Pflegebudget 2020** und die Berechnung des Pflegeentgeltwerts betreffen. Ferner ist im novellierten § 24 KHG eine Pflicht zur **Datenübermittlung** der Krankenhäuser vorgesehen, um die Überprüfung der Auswirkungen der mit dem COVID-19-Krankenhausentlastungsgesetz beschlossenen Maßnahmen auf die wirtschaftliche Lage der Krankenhäuser auf einer belastbaren Informationsgrundlage durchführen zu können.[127] Außerdem sieht der neu gefasste § 26 KHG die Finanzierung der Kosten, die den Krankenhäusern für Testungen auf eine Infektion mit dem Corona-Virus SARS-CoV-2 bei Patienten entstehen, die zur voll- oder teilstationären Krankenhausbehandlung in das Krankenhaus aufgenommen werden, durch ein Zusatzentgelt vor.[128] Ferner wurden bezogen auf Pflegeeinrichtungen die §§ 149 und 150 64

119 BT-Drs. 19/26545, 10.
120 BT-Drs. 19/18112, 2.
121 Zur Begründung vgl. BT-Drs. 19/18112, 27 ff.
122 Zur Begründung vgl. BT-Drs. 19/18112, 30.
123 Zur Begründung vgl. BT-Drs. 19/18112, 38 ff.
124 BT-Drs. 19/18112, 4.
125 BT-Drs. 19/18967, 3, 25, 43.
126 BT-Drs. 19/19216, 44.
127 BT-Drs. 19/18967, 3, 24 f.
128 BT-Drs. 19/19216, 105.

SGB XI geändert und der § 150 a SGB XI eingefügt.[129] So sollen ua freie Versorgungskapazitäten der Vorsorge- und Rehabilitationseinrichtungen für vollstationär versorgte Pflegebedürftige quarantänebedingt genutzt werden (§ 149 Abs. 3 SGB XI) und die Beschäftigten in Pflegeeinrichtungen eine besondere Wertschätzung durch eine sog. **Corona-Prämie** erfahren (§ 150 a SGB XI).[130]

4. Drittes Gesetz zum Schutz der Bevölkerung bei einer epidemischen Lage von nationaler Tragweite

65 Durch das „Dritte Gesetz zum Schutz der Bevölkerung bei einer epidemischen Lage von nationaler Tragweite"[131] wurden die bisherigen Regelungen der beiden im März und Mai 2020 beschlossenen Bevölkerungsschutzgesetze fortentwickelt. Das Gesetz enthält in Bezug auf Krankenhäuser einige Änderungen des Krankenhausfinanzierungsgesetzes (KHG), die insbesondere die Gewährung von finanziellen Hilfen betreffen. § 21 KHG sieht in einem neu eingefügten Abs. 1 a sogenannte „Freihalte-Pauschalen" für die Kliniken vor. Entscheidend für eine Förderung nach § 21 Abs. 1 a KHG ist, dass die Intensivkapazitäten knapp sind (weniger als 25 % frei und betreibbar) und in dem Gebiet die Sieben-Tagesinzidenz über 70 liegt.[132] Zudem sollen die Ausgleichszahlungen vornehmlich an Krankenhäuser gehen, die in besonderem Maße für die intensivmedizinische Behandlung geeignet sind. § 21 KHG sieht zudem einen neuen Abs. 2 a vor, der Vorgaben zur Berechnung der Höhe der Ausgleichszahlungen statuiert: Nach § 21 Abs. 2 a S. 1 bis 4 KHG ermitteln Krankenhäuser die Höhe der Ausgleichszahlungen, indem sie täglich, erstmals für den 18.11.2020, vom Referenzwert nach Abs. 2 S. 1 die Zahl der am jeweiligen Tag behandelten Patientinnen und Patienten abziehen. Ist das Ergebnis größer als Null, sind für die nach Abs. 1 a bestimmten Krankenhäuser 90 Prozent dieses Ergebnisses mit der sich für das Krankenhaus in der Anlage zur COVID-19-Ausgleichszahlungs-Anpassungs-Verordnung ergebenden tagesbezogenen Pauschale zu multiplizieren. Die Ermittlung nach S. 1 ist letztmalig für den 31.1.2021 durchzuführen. Zudem gilt nach § 21 Abs. 2 a S. 6 KHG, dass bei Krankenhäusern, die Ausgleichszahlungen nach Abs. 1 a erhalten, gegenüber den übrigen Vertragsparteien nach § 18 Abs. 2 KHG das Vorliegen der Voraussetzungen des § 7 S. 1 Nr. 2 der Pflegepersonaluntergrenzen-Verordnung für das Jahr 2021 als nachgewiesen gilt. Darüber hinaus sollen nach § 22 Abs. 1 S. 2 KHG Vorsorge- und Rehabilitationseinrichtungen bis zum 31.1.2021 als Ersatzkrankenhäuser genutzt werden können, um Patienten zu übernehmen und damit Intensivstationen zu entlasten.[133] Durch eine Änderung des § 25 KHG sollen die mit dem Zweiten Gesetz zum Schutz der Bevölkerung bei einer epidemischen Lage von nationaler Tragweite eingeführten Ausnahmen von Prüfungen der ordnungsgemäßen Abrechnung von Krankenhausbehandlungen für Krankenhäuser, die COVID-19-(Verdachts-) Fälle behandeln, auf den Zeitraum v. 1.11.2020 bis einschließlich 30.6.2021 erstreckt werden, um finanzielle Nachteile für die betroffenen Krankenhäuser zu vermeiden.[134]

Der durch das Gesetz neu eingefügte § 10 Abs. 4 S. 3 Krankenhausentgeltgesetz (KHEntgG) soll eine Doppelvergütung verhindern, wenn bereits gesetzliche Regelungen getroffen wurden, die dazu dienen, die bei einem Leistungsrückgang entstehende gesunkene Summe der effektiven Bewertungsrelationen finanziell auszugleichen und eine Überschreitung der Obergrenze ausschließen.[135] Ab dem 1.1.2021 sind für die Abrech-

129 BT-Drs. 19/18967, 29 ff., 71 ff.
130 BT-Drs. 19/18967, 2, 29 ff., 71 ff.
131 BGBl. 2020 I 2397.
132 Zur Begründung vgl. BT-Drs. 19/24334, 84.
133 Zur Begründung vgl. BT-Drs. 19/24334, 86.
134 Zur Begründung vgl. BT-Drs. 19/24334, 87 f.
135 Zur Begründung vgl. BT-Drs. 19/24334, 94.

nung der tagesbezogenen Pflegeentgelte nach § 7 Abs. 1 S. 1 Nr. 6 a die Bewertungsrelationen aus dem Pflegeerlöskatalog nach § 17 b Abs. 4 S. 5 KHG mit 163,09 Euro zu multiplizieren. Diese Änderung dient dazu, auch im Jahr 2021 Liquiditätsprobleme bei Krankenhäusern zu vermeiden, womit der geltende vorläufige Pflegeentgeltwert an die Entwicklung der Pflegepersonalkosten angepasst wird.[136]

5. Erste und Zweite Verordnung zur Änderung der Pflegepersonaluntergrenzen-Verordnung sowie Pflegepersonaluntergrenzen-Verordnung 2021

Um die stationären Krankenhausversorgung in der Zeit der Pandemie sicherstellen zu 66
können, hat das BMG mit der Ersten Verordnung zur Änderung der Pflegepersonaluntergrenzen-Verordnung v. 25.3.2020[137] die Geltung der verbindlichen Pflegepersonaluntergrenzen in pflegeintensiven Bereichen für die Zeit v. 1.3.2020 bis 31.12.2020 ausgesetzt. Die verbindlich festgesetzten Personaluntergrenzen dienen dazu, in pflegeintensiven Bereichen der Krankenhäuser Anreizen des DRG-Systems zur Kosteneinsparung im Bereich des Pflegepersonals entgegenzuwirken und damit die Qualität der Krankenhausbehandlung sicherzustellen.[138] Die Zweite Verordnung zur Änderung der Pflegepersonaluntergrenzen-Verordnung v. 16.7.2020[139] sieht eine Differenzierung der Aussetzung vor. §§ 1 bis 9 der Pflegepersonaluntergrenzen-Verordnung waren mit Wirkung v. 1.3.2020 bis einschließlich 31.7.2020 nicht anzuwenden, wohingegen §§ 6 bis 9 zudem für die pflegesensitiven Bereiche nach § 6 Abs. 1 Nr. 3 bis 8 v. 1.8.2020 bis einschließlich 31.12.2020 nicht anzuwenden waren. Mit der Pflegepersonaluntergrenzen-Verordnung 2021[140] wird die Festlegung von Pflegepersonaluntergrenzen in pflegesensitiven Bereichen in Krankenhäusern nach § 137 i SGB V für das Jahr 2021 geregelt.

6. Krankenhauszukunftsgesetz

Mit dem Krankenhauszukunftsgesetz[141] wurden mehrere Gesetze mit einem Bezug zu 67
Krankenhäusern geändert, um die hohe Versorgungssicherheit sicherzustellen und gleichzeitig den Mitarbeitern neue Perspektiven zu eröffnen, die sich aus der Digitalisierung im Gesundheitswesen ergeben. Aufgrund von potenziellen coronabedingten Erlösausfällen und Mehrkosten wurden gesetzgeberische Maßnahmen notwendig.[142] Neu eingeführt wurde in § 14 a Krankenhausfinanzierunggesetz (KHG) ein Krankenhauszukunftsfonds. Gefördert werden können hiermit gemäß § 14 a Abs. 2 KHG notwendige Investitionen in Krankenhäusern in

1. die technische und insbesondere die informationstechnische Ausstattung der Notaufnahmen,
2. die digitale Infrastruktur zur Förderung der internen, innersektoralen und sektorenübergreifenden Versorgung von Patientinnen und Patienten, insbesondere, um die Ablauforganisation, Dokumentation und Kommunikation zu digitalisieren, sowie zur Einführung oder Verbesserung von Telemedizin, Robotik und Hightechmedizin,
3. die Informationssicherheit und
4. die gezielte Entwicklung und die Stärkung wettbewerbsrechtlich zulässiger regionaler Versorgungsstrukturen, um die Versorgungsstrukturen sowohl im Normalbetrieb als auch in Krisenzeiten konzeptionell aufeinander abzustimmen.

136 Zur Begründung vgl. BT-Drs. 19/24334, 95.
137 BGBl. 2020 I 596.
138 *Bockholdt* in Schlegel/Meßling/Bockholdt Gesundheit und Soziales Corona § 9 Rn. 60.
139 BGBl. 2020 I 1701.
140 BGBl. 2020 I 2357.
141 BGBl. 2020 I 2208.
142 BT-Drs. 19/22126, 1 f.

Die Bedarfsanmeldung erfolgt gemäß § 14 a Abs. 4 KHG unter Angabe insbesondere des Vorhabens und der Fördersumme, unter Nutzung der vom Bundesamt für Soziale Sicherung bereitgestellten, bundeseinheitlichen Formulare bei den jeweiligen Ländern. Zusätzlich werden den Krankenhäusern, die in den ersten Monaten der Pandemie besonders viele mit dem Coronavirus infizierte Patientinnen und Patienten behandelt haben, gemäß § 26 a KHG insgesamt 100 Millionen Euro für Prämienzahlungen an Pflegekräfte, die in der unmittelbaren Versorgung von mit dem Coronavirus infizierten Patienten beschäftigt waren, zur Verfügung gestellt. Über die Zahlung einer solchen Prämie entscheiden die Krankenhäuser selbst.

7. Verordnung zur Anpassung der Voraussetzungen für die Anspruchsberechtigung der Krankenhäuser nach § 21 Abs. 1 a des Krankenhausfinanzierungsgesetzes

68 Die Verordnung zur Anpassung der Voraussetzungen für die Anspruchsberechtigung der Krankenhäuser nach § 21 Abs. 1 a des Krankenhausfinanzierungsgesetzes[143] legt abweichende Voraussetzungen für Ausgleichszahlungen für Krankenhäuser aufgrund von Sonderbelastungen durch das neuartige Coronavirus fest. Hiernach kann die für die Krankenhausplanung zuständige Landesbehörde bei einer Sieben-Tage-Inzidenz von über 200 je 100.000 Einwohner für den Zeitraum ab dem 17.12.2020 unabhängig von dem Anteil freier betreibbarer intensivmedizinischer Behandlungskapazitäten Krankenhäuser für den Erhalt von Ausgleichzahlungen bestimmen. Liegt die Sieben-Tage-Inzidenz 14 Tage in Folge unter 200 je 100.000 Einwohner, so gilt § 21 Abs. 1 a S. 2 iVm S. 6 KHG sowie § 2 dieser Verordnung. Nach § 2 dieser Verordnung können unter Umständen auch Krankenhäuser für Ausgleichszahlungen nach § 21 Abs. 1 a KHG bestimmt werden, die den Anforderungen für die Teilnahme an der Basisnotfallversorgung entsprechen.

IX. Fazit

69 Durch das neue Regelungsregime bestehen weitreichende und teilweise verfassungsrechtlich zumindest problematische **Ermächtigungen** des BMG für Sachverhalte, die Krankenhäuser und Pflegeeinrichtungen sowie deren Leistungen und Vergütungen betreffen. Das BMG hat im Hinblick auf die für Krankenhäuser und Pflegeeinrichtungen relevanten Verordnungsermächtigungen in § 5 Abs. 2 S. 1 Nr. 7 lit. a und Nr. 8 IfSG bisher mehrere Verordnungen, wie die **DIVI IntensivRegister-Verordnung** (gestützt auf § 5 Abs. 2 S. 1 Nr. 7 IfSG) und die Verordnung zur Aussetzung der gesetzlichen Pflicht zur Erhebung, Übermittlung und Veröffentlichung von indikatorenbezogenen Daten in vollstationären Pflegeeinrichtungen (gestützt auf § 5 Abs. 2 S. 1 Nr. 8 IfSG) erlassen, die aus verfassungsrechtlicher Sicht eher unproblematisch sind. Beim etwaigen Erlass weiterer Rechtsverordnungen ist im Hinblick auf deren Rechtmäßigkeit in besonderer Weise der strenge Maßstab der Verhältnismäßigkeit zu beachten. Das gilt sowohl mit Blick auf die Reichweite der Ermächtigung sowie die Selbstverwaltung der Krankenkassen und Leistungserbringer als auch bei Berücksichtigung des grundrechtlichen Schutzes der Tätigkeit letzterer. Die wesentlichen grundrechtsrelevanten Grundentscheidungen müssen ohnehin vom Gesetzgeber selbst getroffen werden. Die exzeptionellen Herausforderungen der Corona-Pandemie vermögen diese Schutzwirkungen für Krankenhäuser und Pflegeeinrichtungen nicht außer Kraft zu setzen.

143 BAnz AT 24.12.2020 V1.

Teil 3: Gesetzliche Krankenversicherung

§ 11 Aufgaben und Herausforderungen der gesetzlichen Krankenversicherung bei der Bewältigung von Pandemien

Literatur: *Becker/Kingreen* (Hrsg.), SGB V, Gesetzliche Krankenversicherung – Kommentar, 7. Aufl. 2020; *Bockholdt/Lungstras/Schmidt,* Sonderregelungen im Bereich der Gesundheitsversorgung und der Pflege durch das COVID-19 Krankenhausentlastungsgesetz (COVKHEntlG), NZS 2020, 324; *Epping/Hillgruber* (Hrsg.), BeckOK Grundgesetz (Stand: 45. Edition 15.11.2020); *Grüner*, Biologische Katastrophen – Eine Herausforderung an den Rechtsstaat, 2017; *Hase,* Versicherungsprinzip und sozialer Ausgleich – Eine Studie zu den verfassungsrechtlichen Grundalgen des deutschen Sozialversicherungsrechts, 2000; *Hauck/Noftz* (Begr.), Sozialgesetzbuch (SGB) V: Gesetzliche Krankenversicherung (Stand: 12/2020); *Kahl/Waldhoff/Walter* (Hrsg.), Bonner Kommentar zum Grundgesetz (Stand: 208. Aktualisierung 2020); *Kirchhof,* Sozialversicherungsbeitrag und Finanzverfassung, NZS 1999, 161; *Knufmann-Happe,* Pandemiebekämpfung in der deutschen Gesundheitspolitik, in Kloepfer (Hrsg.), Pandemien als Herausforderung für die Rechtsordnung, 2011, S. 21; *Kraft/Dohmen*, Rechtliche Aspekte einer Pandemie in Deutschland, PharmR 2008, 401; *Maunz/Dürig* (Begr.), Grundgesetz – Kommentar (Stand: 92. EL August 2020); *Mers,* Infektionsschutz im liberalen Rechtsstaat, 2019; *Meßling,* Gesetz zum Schutz der Bevölkerung bei einer epidemischen Lage von nationaler Tragweite v. 27.3.2020, NZS 2020, 321; *Ritgen,* Rechtsetzung im Schatten der Corona-Pandemie – Das Gesetz zum Schutz der Bevölkerung bei einer epidemischen Lage von nationaler Tragweite, Der Landkreis 2020, 137; *Rixen*, Befugnisse und Grenzen des staatlichen Infektionsschutzrechts, in Kloepfer (Hrsg.), Pandemien als Herausforderung für die Rechtsordnung, 2011, S. 67; *Ruland/Becker/Axer* (Hrsg.), Sozialrechtshandbuch, 6. Aufl. 2018; *Sachs* (Hrsg.), Grundgesetz – Kommentar, 8. Aufl. 2018; *Seby/Wolf/von der Decken*, COVID-19 – Krankenhäuser und Pflegeeinrichtungen in der Krise: Eine drohende Strukturbereinigung und eine verschobene Strukturreform, GuP 2020, 85; *Schlegel*, Die Corona-Prämie – Sonderleistung für das Personal in Pflegeeinrichtungen, NJW 2020, 1911; *Schlegel/Meßling/Bockholdt* (Hrsg.), COVID-19 Corona-Gesetzgebung – Gesundheit und Soziales, 2020; *Schlegel/Voelzke* (Hrsg.), juris PraxisKommentar (jurisPK) SGB V, 4. Aufl. 2020; *Schlegel/Voelzke* (Hrsg.), juris PraxisKommentar (jurisPK) SGB XI, 2. Aufl. 2017; *Sodan* (Hrsg.), Handbuch des Krankenversicherungsrechts, 4. Aufl. 2018; *Taupitz*, Infektionsrechtliche Triage – Wer darf überleben?, in Kloepfer (Hrsg.), Pandemien als Herausforderung für die Rechtsordnung, 2011, S. 103; *Walus*, Pandemie und Katastrophennotstand: Zuständigkeitsverteilung und Kompetenzmängel des Bundes, DÖV 2010, 127; *Wissenschaftliche Dienste (Deutscher Bundestag)*, Versicherungsfremde Leistungen in der Gesetzlichen Krankenversicherung sowie in der Sozialen Pflegeversicherung, Dokumentation v. 16.9.2016, WD 9–3000–051/16; *Wissenschaftliche Dienste (Deutscher Bundestag)*, Staatsorganisation und § 5 Infektionsschutzgesetz, Ausarbeitung v. 2.4.2020, WD 3–3000–080/20; *Zentralinstitut für die Kassenärztliche Versorgung in Deutschland*, Veränderung der vertragsärztlichen Leistungsinanspruchnahme während der COVID-Krise – Tabellarischer Trendreport für das 1. Halbjahr 2020.

I. Einbeziehung der Kranken- und Pflegeversicherung in die Pandemiebekämpfung ... 2
1. Einleitung ... 2
2. Beispiele: Gesetze und Verordnungen zur Bekämpfung der Pandemie unter Einbeziehung der gesetzlichen Kranken- und sozialen Pflegeversicherung ... 8
3. Zusammenfassung zu I. – Erforderlichkeit der korrekten Aufgabenzuweisung ... 19
II. Verfassungsrechtlicher Rahmen zur Bekämpfung einer Pandemie unter Einbeziehung der gesetzlichen Kranken- und Pflegeversicherung ... 25
1. Kompetenzbereich „Sozialversicherung" ... 28
2. Kompetenzbereich „Maßnahmen gegen gemeingefährliche Krankheiten" ... 37
3. Kompetenzbereich „Krankenhauswesen" ... 41
4. Bedeutung der Abgrenzung der Kompetenzbereiche ... 49
5. Einbeziehung der Organisationsstrukturen der Sozialversicherung zur Gefahrenabwehr ... 57

6. Zusammenfassung zu II. 65
III. Abgrenzung zwischen GKV und Gefahrenabwehr 71
1. Fokussierung auf das Infektionsschutzrecht 72
2. Mögliche Ergänzung durch das Katastrophenschutzrecht 73
3. Sozialversicherungsrecht als weiteres Steuerungsinstrument 75
4. Zusammenfassung 78
IV. Wesentliche Maßnahmen im ambulanten Bereich 79
1. Pandemiebedingte Vereinbarungen auf Selbstverwaltungsebene .. 83
a) Coronavirus-Test in der vertragsärztlichen Versorgung ... 84
b) Verteilung persönlicher Schutzausrüstung an Vertragsärztinnen und Vertragsärzte 88
c) Ausweitung der Regelungen zur Videosprechstunde und telefonischen Beratung 91
d) Ausstellung von Arbeitsunfähigkeitsbescheinigungen, Rezepten, Verordnungen und Überweisungen ohne unmittelbaren Arzt-Patienten-Kontakt 97
2. Liquiditätssicherung der vertragsärztlichen Versorgung durch Gesetz 100
3. Liquiditätssicherung der vertragszahnärztlichen Versorgung zunächst durch Verordnung 108
4. Pandemiebedingte Regelungen zur Versorgung mit Hebammenhilfe 112
5. Bereitstellung von Schutzmasken für besonders gefährdete Risikogruppen 119
6. Zusammenfassung 123
V. Wesentliche Maßnahmen im stationären Bereich 125
1. Ausgleichszahlungen 130
a) Ausgleichszahlungen nach § 21 Abs. 1 KHG 131
b) Ausgleichszahlungen nach § 21 Abs. 1 a KHG 136
c) Ausgleich für entstandenen Erlösrückgang nach § 21 Abs. 10 KHG 141
2. Kostenübernahme für Intensivbetten 146
3. Weitere coronabedingte Mehrkosten 147
4. Abrechnungs- und Strukturprüfungen 149
a) Abrechnungsprüfungen 150
b) Strukturprüfungen 155
5. Vorsorge- und Rehabilitationseinrichtungen 157
6. Fixkostendegression 161
7. Pflegeentgeltwert 162
8. Pflegepersonaluntergrenzen 163
9. Kostenübernahme für Corona-Testung nach § 26 KHG 166
10. Sonderleistung an Pflegekräfte nach § 26 a KHG 167
11. Kostenerstattung für durch den Bund beschaffte Produkte nach § 26 c KHG 170
12. Aussetzung von Qualitätssicherungsanforderungen durch den G-BA 172
13. Zusammenfassung 174
VI. Wesentliche Maßnahmen in der sozialen Pflegeversicherung 178
1. Vereinfachtes Verfahren zur Feststellung der Pflegebedürftigkeit nach § 147 SGB XI 179
2. Beratungsbesuche (§ 148 SGB XI) 184
3. Sicherstellung der pflegerischen Versorgung nach § 150 Abs. 1 SGB XI und Kostenerstattung nach § 150 Abs. 2 SGB XI 187
4. Anerkannte Angebote zur Unterstützung im Alltag 191
a) Finanzielle Hilfen (§ 150 Abs. 5 a SGB XI) 192
b) Flexibler Einsatz des Entlastungsbetrages (§ 150 Abs. 5 b SGB XI) 195
c) Zeitliche Geltung der Maßnahmen 198
5. Pflegeunterstützungsgeld (§ 150 Abs. 5 d SGB XI) 199
6. „Corona-Prämie“ in Pflegeeinrichtungen und -diensten 201
7. Aussetzung von Qualitätsprüfungen nach § 151 SGB XI 204
8. Zusammenfassung 206
VII. Finanzierungsverantwortung 207
1. Repräsentative bevölkerungsmedizinische Corona-(Antikörper-)Tests 211
2. Ausweitung des Anspruchs auf Kinderkrankengeld 218
3. Maßnahmen in der stationären Versorgung 225
4. Einbeziehung der privaten Krankenversicherung 230
5. Prämienzahlung in Pflegeeinrichtungen und -diensten 236
6. Zusammenfassung 242
VIII. Impfverordnung des BMG 246
1. Ermächtigungsgrundlage zur Impfverordnung 246
2. Anspruchsberechtigung 248
3. Priorisierung 249
4. Verfahren 254
5. Finanzierung 257
IX. Ausblick 260

Die Corona-Krise zeigt, dass in Fällen der Pandemie auch die gesetzliche Kranken- und Pflegeversicherung mit ihren selbstverwalteten Körperschaften gefordert ist. Der Gesetzgeber hat zur Bewältigung der Krise zahlreiche Gesetze verabschiedet. Aufgrund der in diesen Gesetzen enthaltenen Rechtsverordnungsermächtigungen hat zudem vor allem das Bundesministerium für Gesundheit mehrere Rechtsverordnungen erlassen und damit flexibel auf die aus seiner Sicht bestehenden Regelungsbedarfe reagiert. Die Änderungen durch das Parlament und durch die Rechtsverordnungen durch das Bundesministerium für Gesundheit betreffen insbesondere das Infektionsschutzgesetz, das gesetzliche Kranken- und Pflegeversicherungsrecht sowie die Krankenhausfinanzierungsgesetze. Dabei mussten der Gesetzgeber und die Verordnungsgeber vor allem zu Beginn der Corona-Pandemie oftmals innerhalb kürzester Zeit handeln, um Gefahren von der Bevölkerung abzuwehren. Aber auch dann sind stets die im Grundgesetz vorgegebenen Gesetzgebungskompetenzen und die sich daraus ergebenden Lastenverteilungen zu beachten (→ Rn. 25 ff.). Die Abgrenzung zwischen Gefahrenabwehr einerseits und Sozialversicherungsrecht andererseits ist allerdings nicht immer trennscharf möglich (→ Rn. 49 ff.). Ferner zeigt die Corona-Krise auch, wie wichtig es ist, der (sozialen und gemeinsamen) Selbstverwaltung Gestaltungsspielraum zu lassen. Denn sie kann den Spielraum dann zeitnah nutzen und zügig Maßnahmen ergreifen, die zur Bewältigung der Pandemie erforderlich und hilfreich sind. Dies wird insbesondere in der ambulanten Versorgung (→ Rn. 79 ff.), der stationären Versorgung (→ Rn. 125 ff.) und in der sozialen Pflegeversicherung (→ Rn. 178 ff.) deutlich. 1

I. Einbeziehung der Kranken- und Pflegeversicherung in die Pandemiebekämpfung

1. Einleitung

Das Ausbruchsgeschehen der durch das neuartige Coronavirus SARS-CoV-2 (Coronavirus) verursachten Krankheit COVID-19 hat die gesamte Bevölkerung und insbesondere die Politik, die Ministerien, die Behörden des (öffentlichen) Gesundheitsdienstes, das gesamte Gesundheitssystem sowie die Wirtschaft vor bisher in der Nachkriegszeit wohl nicht da gewesene Herausforderungen gestellt. 2

Deswegen zeigt sich auch erst in dieser durch das Coronavirus verursachten Krise, in welchen Bereichen Regelungserfordernisse bestehen, um die Ausbreitung des Virus möglichst effektiv zu bekämpfen. Dieser sich meist erst im Ernstfall zeigende gesetzgeberische Anpassungsbedarf ist gerade bei Gesetzen wie dem Infektionsschutzgesetz erforderlich, die – zum Glück – nicht umfassend der täglichen praktischen Anwendung unterliegen. Insofern kann man zu Recht die Frage stellen, ob Katastrophen auch in der Form von Pandemien durch die ihnen immanente Unvorhersehbarkeit des „Ob“ und des „Wie“ ihrer Entwicklung in Gesetzen wie dem Infektionsschutzgesetz oder den Sozialversicherungsgesetzen überhaupt generell abstrakt regelbar sind.[1] Denn auch der Verlauf von Pandemien wird höchst unterschiedlich sein. Von daher werden die für die Bewältigung der Pandemie getroffenen Maßnahmen zumindest nicht uneingeschränkt geeignet sein, um mit ihnen auch die nächste Pandemie zu bekämpfen. Insofern ist – wie nunmehr bspw. in § 5 IfSG und § 23 KHG umfassend geschehen – der Bedarf an Ermächtigungen zum Erlass von Rechtsverordnungen, mit denen die Verwaltung schnell auf die sich stets ändernden Herausforderungen reagieren kann, zumindest tatsächlich nachvollziehbar. Umso wichtiger ist es dann aber auch, dass sich das Parlament, zur 3

1 *Grüner*, Biologische Katastrophen, 2017, S. 30 ff.

Absicherung seiner verfassungsrechtlichen Stellung, einen hinreichenden gestalterischen Einfluss auf die Rechtsverordnungen wahrt.[2]

4 In der durch das Coronavirus hervorgerufenen Krise hat der Gesetzgeber in kürzester Zeit mehrere Gesetze und die Ministerien wiederum aufgrund dieser Gesetze zahlreiche Rechtsverordnungen erlassen. Ziel dieser Maßnahmen war es vor allem, die von der Pandemie ausgehenden Gefahren abzuwehren, die gesundheitliche Versorgung auf die mögliche hohe Anzahl von schwer erkrankten Menschen vorzubereiten und die (wirtschaftlichen) Folgen der zur Eindämmung des Coronavirus notwendigen Maßnahmen (insbesondere Kontaktverbote, die Anordnung von Schließungen der Gastronomie, der Hotellerie, weiten Teilen des Einzelhandels und der Freizeiteinrichtungen) zumindest abzudämpfen.

5 Zur Bekämpfung der von der Pandemie ausgehenden Gefahren steht der Verwaltung vor allem das Infektionsschutzgesetz (IfSG) zur Verfügung. Es hat den Zweck, übertragbaren Erkrankungen beim Menschen vorzubeugen, Infektionen frühzeitig zu erkennen und ihre Weiterverbreitung zu verhindern (§ 1 IfSG). Das IfSG wurde bislang von den Bundesländern als eigene Angelegenheiten ausgeführt. Damit unterlag die Anordnung von Maßnahmen der Verhütung sowie der Bekämpfung übertragbarer Krankheiten den nach dem jeweiligen Landesrecht zuständigen Behörden. Eine ergänzende Zuständigkeit des Bundes, insbesondere im Fall einer Pandemie, war bisher nicht vorgesehen.

6 Hier erkannte der Gesetzgeber Handlungsbedarf. Das Ausbruchsgeschehen der durch das Coronavirus verursachten Erkrankung COVID-19 habe gezeigt, dass im seuchenrechtlichen Notfall das Funktionieren des Gemeinwesens erheblich gefährdet sei. In einer sich dynamisch entwickelnden Ausbruchssituation kann für die öffentliche Gesundheit in der gesamten Bundesrepublik durch die grenzüberschreitende Ausbreitung des Coronavirus eine erhebliche Gefährdung eintreten. Dieser bundesweit bestehenden Gefahr könne auf Landesebene nur begrenzt begegnet werden.[3]

7 Neben dem Erfordernis zur Änderung des IfSG erkannten der Gesetz- und Verordnungsgeber jeweils frühzeitig, dass zur Bekämpfung der Corona-Pandemie die Träger der gesetzlichen Kranken- und Pflegeversicherung gefordert sind und einbezogen werden müssen. Dies zum einen in ihren originären Aufgabenbereichen der sozialen Kranken- und Pflegeversicherung. Zum anderen aber auch als Verwaltungseinheiten, die mit ihren etablierten Organisations- und Versorgungsstrukturen Aufgaben der Gefahrenabwehr effektiv und schnell wahrnehmen können, zB bei der Organisation der Corona-Prämie oder bei der Organisation des Kinderkrankengeldes. Im Folgenden einige Beispiele für die Einbeziehung der gesetzlichen Kranken- und Pflegeversicherung in die Maßnahmen zur Bekämpfung der Pandemie:

2. Beispiele: Gesetze und Verordnungen zur Bekämpfung der Pandemie unter Einbeziehung der gesetzlichen Kranken- und sozialen Pflegeversicherung

8 **Der Gesetzgeber änderte** im Laufe der „Corona-Pandemie" **mit mehreren Gesetzen das IfSG**. In diesen Gesetzen wurden neben dem IfSG **weitere Gesetze geändert** oder neue Regelungen erlassen, die zur Bekämpfung von Pandemien wesentlich sind. So wurden neben dem IfSG bspw. auch das **SGB V**, das **SGB XI** und die **Krankenhausfinanzierungsgesetze** (KHG und KHEntgG) geändert. Mit den Gesetzen räumte der Gesetzgeber dem **Bundesministerium für Gesundheit erhebliche Kompetenzen zum Erlass von Rechtsverordnungen** ein. Dabei beschränken sich diese Kompetenzen des Bundesge-

2 *Kluckert*, Stellungnahme im BT-Ausschuss für Gesundheit, Gesundheitsausschuss-Drs. 19(14)160(29) v. 11.5.2020, S. 20.
3 BT-Drs. 19/18111, 15.

sundheitsministeriums nicht nur auf den Erlass von Rechtsverordnungen, deren Inhalt, Zweck und Ausmaß in den Parlamentsgesetzen vorgegeben ist. Vielmehr ermächtigen diese Gesetze das Bundesministerium auch dazu, bestehende Parlamentsgesetze auszusetzen oder von ihnen abweichende oder entgegenstehende Regelungen zu erlassen. So kann bspw. das Bundesministerium für Gesundheit nach der Ermächtigung in § 5 Abs. 2 S. 1 Nr. 4 IfSG Regelungen erlassen, die vom Arzneimittelgesetz abweichen, nach § 5 Abs. 2 S. 1 Nr. 7 lit. a IfSG durch eine von ihm erlassene Rechtsverordnung von bestehenden gesetzlichen Regelungen im SGB V abweichen oder nach § 5 Abs. 2 S. 1 Nr. 8 lit. a IfSG bundesgesetzliche Anforderungen an Pflegeeinrichtungen aussetzen oder ändern. Vergleichbar weitgehende Ermächtigungen enthält § 23 Abs. 2 KHG. Danach kann das Bundesministerium für Gesundheit durch Rechtsverordnungen Regelungen erlassen, die von den vom Parlament im KHG erlassenen Gesetzen abweichen. Diese weitgehenden Ermächtigungen zugunsten des Bundesgesundheitsministeriums sind auf deutliche und erhebliche Kritik gestoßen. Durch die Ermächtigung zum Erlass von Rechtsverordnungen, die Parlamentsgesetze konterkarieren, sei das nicht abdingbare Demokratie- und Rechtstaatsprinzip betroffen.[4]

Mit dem (ersten) **Gesetz zum Schutz der Bevölkerung bei einer epidemischen Lage von nationaler Tragweite** v. 27.3.2020[5] änderte der Gesetzgeber erstmals im Rahmen der „Corona-Pandemie“ das IfSG. Ein Kernstück der Reform des IfSG war die Änderung des § 5 IfSG. Damit räumte der Gesetzgeber dem Bundesministerium für Gesundheit im großen Umfang die Kompetenz zum Erlass von Rechtsverordnungen ein, wenn zuvor der Deutsche Bundestag eine epidemische Lage von nationaler Tragweite festgestellt hat. Diese Ermächtigungen erfassen nicht nur die Regelungsmaterie „IfSG“, sondern darüber hinaus insbesondere auch die des SGB V. 9

Am selben Tag (27.3.2020) wie das Gesetz zum Schutz der Bevölkerung bei einer epidemischen Lage von nationaler Tragweite ist das **Gesetz zum Ausgleich COVID-19 bedingter finanzieller Belastungen der Krankenhäuser und weiterer Gesundheitseinrichtungen** (COVID-19-Krankenhausentlastungsgesetz) verkündet worden.[6] Mit diesem Gesetz hat der Gesetzgeber die gesetzliche Kranken- und Pflegeversicherung zu einem frühen Zeitpunkt in die Bekämpfung der Pandemie einbezogen. So fügte das Gesetz in das Krankenhausfinanzierungsgesetz (KHG) einen neuen § 21 KHG ein. Die Norm regelt Ausgleichszahlungen an Krankenhäuser aufgrund von Sonderbelastungen durch das Coronavirus. So ist bspw. in § 21 Abs. 1 KHG geregelt, dass zugelassene Krankenhäuser, die zur Erhöhung der Bettenkapazitäten zur Behandlung von an COVID-19 erkrankten Patientinnen und Patienten planbare Behandlungen verschieben oder aussetzen, für diesen Ausfall aus der Liquiditätsreserve des Gesundheitsfonds Ausgleichszahlungen erhalten. Dieser Ausgleichsmechanismus ist zum 30.9.2020 ausgelaufen und durch eine spätere neue Regelung ersetzt worden (→ Rn. 14). Ferner ist mit dem COVID-19-Krankenhausentlastungsgesetz bestimmt worden, dass zugelassene Krankenhäuser, die bis zum 30.9.2020 zusätzliche intensivmedizinische Behandlungskapazitäten mit maschineller Beatmungsmöglichkeit schaffen, aus der Liquiditätsreserve des Gesundheitsfonds 50.000 EUR pro neu geschaffenem Bett erhalten (§ 21 Abs. 5 KHG). Der Bund erstattet aber der Liquiditätsreserve des Gesundheitsfonds diese aus ihm gezahlten Pauschalen. In dem Gesetz wurde ebenfalls eine Regelung in das SGB V eingefügt auf dessen Grundlage die Krankenkassen den Vertragsärzten die Corona-bedingten Honorarausfälle ausgleichen müssen (§ 87 a Abs. 3 b SGB V). Vergleichbare Bestimmun- 10

4 *Kingreen*, Stellungnahme im BT-Ausschuss für Gesundheit, Gesundheitsausschuss-Drs. 19(14)160(27) v. 7.5.2020, S. 23; *Kluckert*, Stellungnahme im BT-Ausschuss für Gesundheit, Gesundheitsausschuss-Drs. 19(14)160(29) v. 11.5.2020, S. 19 f.

5 BGBl. 2020 I 587.

6 BGBl. 2020 I 580; zu den einzelnen Regelungen: *Bockholdt/Lungstras/Schmidt* NZS 2020, 324 (325 ff.).

gen – Ausgleichszahlungen für die Leistungserbringer in anderen Leistungsbereichen – sind in späteren Gesetzen und Rechtsverordnungen geregelt worden. Ferner änderte das COVID-19-Krankenhausentlastungsgesetz Bestimmungen des SGB XI, um damit die Pflegebedürftigen und die Pflegepersonen vor einer Infizierung mit dem Coronavirus zu schützen (Vermeidung von Kontakten). Diese im Pflegeversicherungsrecht getroffenen Maßnahmen waren zeitlich bis zum 30.9.2020 befristet und wurden auch in der „zweiten Welle" der Corona-Pandemie nur teilweise bis zum 31.3.2021 verlängert.

11 Mit dem **Zweiten Gesetz zum Schutz der Bevölkerung bei einer epidemischen Lage von nationaler Tragweite** v. 22.5.2020[7] (Zweites Bevölkerungsschutzgesetz) sind zur Bekämpfung der Corona-Pandemie das IfSG, die Krankenhausfinanzierungsgesetze, das SGB V und das SGB XI noch einmal geändert worden. Im KHG wurde eine Regelung aufgenommen, wonach die Kostenträger die Abrechnungen von Krankenhäusern, die Patienten mit COVID-19 behandeln oder bei denen der Verdacht einer solchen Erkrankung besteht, nur in einem ganz erheblich eingeschränkten Umfang überprüfen können. Diese Ausnahme zur Überprüfung der Abrechnung der Krankenhäuser durch die Kostenträger wurde zunächst auf den Zeitraum vom 1.4.2020 bis zum 30.6.2020 beschränkt. Mit dem Dritten Bevölkerungsschutzgesetz wurde allerdings wieder eine vergleichbare Regelung aufgenommen (→ Rn. 14). Mit dem Zweiten Bevölkerungsschutzgesetz wurden zudem die Ermächtigungen des BMG zum Erlass von Rechtsverordnungen erneut erweitert. Im SGB V hat das Zweite Bevölkerungsschutzgesetz insbesondere den § 20 i Abs. 3 SGB V geändert. Das BMG wird dort ermächtigt, durch Erlass einer Rechtsverordnung zu bestimmen, dass die Kosten für bestimmte Testungen auf eine Infektion oder Immunität im Hinblick auf bestimmte bevölkerungsmedizinisch bedeutsame übertragbare Krankheiten von den Krankenkassen zu tragen sind. Eine solche Regelung hätte man eher im IfSG erwartet.

12 Aufgrund der mit dem Zweiten Bevölkerungsschutzgesetz in § 20 i SGB V geschaffenen Verordnungsermächtigung hat das BMG am 8.6.2020[8] die **Verordnung zum Anspruch auf bestimmte Testungen für den Nachweis des Vorliegens einer Infektion mit dem Coronavirus SARS-CoV-2 (TestVO)** erlassen. Dort wird geregelt, wer und in welchem Umfang einen Anspruch auf Testung hat, ob er mit dem Coronavirus infiziert ist. Die Kosten der Testungen werden von den gesetzlichen Krankenkassen getragen. Dies unabhängig davon, ob die getestete Person gesetzlich versichert ist oder nicht. Bereits am 31.1.2020 – drei Tage nach dem Bekanntwerden der ersten nachgewiesenen Infektion in Deutschland – hatten sich die Selbstverwaltungspartner (KBV und GKV-Spitzenverbandes) darauf verständigt, die Testungen als vertragsärztliche Leistung im einheitlichen Bewertungsmaßstab aufzunehmen. In der TestVO wurde später auch die Finanzierung der Testzentren geregelt.[9] Die TestVO wurde bisher bereits fünfmal geändert[10]. Dies zeigt exemplarisch die Dynamik mit der auf die Veränderungen im Pandemieverlauf reagiert wird.

13 Am 23.10.2020 hat der Bundestag das **Gesetz für ein Zukunftsprogramm Krankenhäuser** (KHZG) beschlossen. Es ist am 28.10.2020[11] verkündet worden und am 29.10.2020 weitgehend in Kraft getreten. Ein wesentlicher Regelungsinhalt des Gesetzes ist der Corona-Ausgleich für Erlösausfälle der Krankenhäuser im Pandemiejahr 2020. Darüber hinaus wird in diesem Gesetz die Sonderleistung an Pflegekräfte auf-

7 BGBl. 2020 I 1018.
8 BAnz AT 9.6.2020 V1.
9 14.10.2020 – BAnz 14.10.2020 V1.
10 Erste Änderung am 31.7.2020 – BAnz AT 31.7.2020 V1; Zweite Änderung am 11.9.2020 – BAnz AT 14.9.2020 V1; Dritte Änderung am 14.10.2020 – BAnz 14.10.2020 V1; Vierte Änderung am 30.11.2020 – BAnz 1.12.2020 V1; Fünfte Änderung am 15.1.2021 – BAnz AT 15.1.2021 V1.
11 BGBl. 2020 I 2208.

grund von besonderen Belastungen durch die Corona-Pandemie geregelt (§ 26 a KHG). Dafür werden 93 Mio. aus der Liquiditätsreserve des Gesundheitsfonds und sieben Mio. von den privaten Krankenversicherungsunternehmen zur Verfügung gestellt (→ Rn. 167 ff.).

m 18.11.2020 ist das **Dritte Gesetz zum Schutz der Bevölkerung bei einer epidemischen Lage von nationaler Tragweite** v. 18.11.2020 verkündet worden und am 19.11.2020 weitgehend in Kraft getreten.[12] Auch dieses im Rahmen der Pandemie erlassene Gesetz enthält Änderungen des KHG und des SGB V. Mit dem Gesetz wurde ua der Mechanismus für die Ausgleichszahlungen für Krankenhäuser geändert, wenn diese zur Erhöhung der Verfügbarkeit von intensivmedizinischen Behandlungskapazitäten planbare Behandlungen verschieben oder aussetzen (→ Rn. 130 ff.). Ferner wurde erneut geregelt, dass die Kostenträger die Abrechnungen der Krankenhäuser nur in einem ganz erheblich eingeschränkten Umfang überprüfen können, sofern diese Krankenhäuser Patienten mit COVID-19 behandeln oder Patienten behandeln, bei denen der Verdacht auf eine solche Infektion besteht (→ Rn. 149 ff.). Im SGB V wurde mit dem Gesetz in § 20 i SGB V eine weitere Verordnungsermächtigung für das BMG aufgenommen. Danach kann das BMG eine Verordnung erlassen, mit dem das Verfahren und die Kosten von Impfungen gegen das Coronavirus SARS-CoV-2 geregelt wird (→ Rn. 246 ff.). Des Weiteren ist in diesem Gesetz die Ermächtigungsgrundlage für das BMG zum Erlass von Verordnungen zur Versorgung mit Schutzmasken enthalten (→ Rn. 119 ff.) 14

Auf der Grundlage des § 20 i SGB V hat das BMG erstmals am 18.12.2020[13] (mit Inkrafttreten zum 15.12.2020) **die Verordnung zum Anspruch auf Schutzimpfung gegen das Coronavirus SARS-CoV-2** (Coronavirus-Impfverordnung) erlassen). Diese Verordnung ist bereits am 7.2.2021 wieder außer Kraft getreten. An ihre Stelle ist die **neue Coronavirus-Impfverordnung vom 8.2.2021**[14] getreten. Diese bereits nach kurzer Zeit erforderliche Neufassung war notwendig, weil der Impfstoff von AstraZeneca nach der Empfehlung der STIKO nur für Personen im Alter zwischen 18 und 64 verwendet werden soll. Deswegen wurde in dieser Fassung der Coronavirus-Impfverordnung vor allem geregelt, dass innerhalb der Prioritätengruppen die Personen zwischen dem 18. und 64. Lebensjahr vorrangig mit dem Wirkstoff von AstraZeneca geimpft werden sollten (§ 2 Abs. 2 Coronavirus-Impfverordnung idF v. 8.2.2021). Diese Fassung der Coronavirus-Impfverordnung ist mit Ablauf des 7.3.2021 schon wieder außer Kraft getreten. Sie war damit gerade einmal einen Monat gültig. An ihre Stelle tritt nunmehr die **Coronavirus-Impfverordnung vom 10.3.2021**[15]. Sie ist (rückwirkend) zum 8.3.2021 in Kraft getreten (§ 16 Coronavirus-Impfverordnung). Mit dieser Änderung der Coronavirus-Impfverordnung wird vor allem die flächendeckende Impfung durch die Hinzuziehung von beauftragten Arztpraxen und beauftragten Betriebsärzten (§ 6 Abs. 1 Coronavirus-Impfverordnung) ermöglicht und geregelt. Ferner wird es den Bundesländern mit der Neufassung der Coronavirus-Impfverordnung nunmehr ermöglicht, eine schriftliche Information der Krankenkassen (§ 6 Abs. 7 Satz 1 Coronavirus-Impfverordnung) als ärztliches Zeugnis für eine priorisierte Schutzimpfung anzuerkennen (§ 6 Abs. 7 Satz 5 Coronavirus-Impfverordnung). Mit weiteren Änderungen ist insbesondere in Abhängigkeit der Versorgungslage mit Impfstoffen zu rechnen. Die Verordnung regelt – in allen ihren bisherigen Fassungen – die Reihenfolge der Impfberechtigungen (→ Rn. 246 ff.). Die von der Verordnung auf der Grundlage von fundierten wissenschaftlichen und ethischen Stellungnahmen vorgenommene zeitliche Priorisierung der impfberechtigten Per- 15

12 BGBl. 2020 I 2397.
13 BAnz AT 21.12.2020 V3.
14 BAnz AT 8.2.2021 V 1.
15 BAnZ AT 11.3.2021 V 1.

sonen ist im hohen Maße nachvollziehbar. Sie zeigt aber auch, wie weit die Verordnungsermächtigungen gehen, die der Gesetzgeber dem BMG eingeräumt hat. Denn insbesondere in Anbetracht der akuten Ansteckungsgefahr, den teilweise lebensbedrohlichen und tödlichen Krankheitsverläufen und den noch nicht abschließend einschätzbaren gesundheitlichen (Langzeit-) Folgen einer überstandenen Infektion, hat die Frage nach der Priorisierung der impfberechtigten Personen eine so starke Grundrechtsrelevanz, dass deren Beantwortung, nicht nur aus Gründen der demokratischen Legitimation, dem Parlament hätte vorbehalten sein müssen. Zur Finanzierung bestimmt die Rechtsverordnung die Höhe der Teilfinanzierung der Impfzentren und der mobilen Impfteams durch die gesetzlichen Krankenkassen – 46,5 % der notwendigen Kosten aus der Liquiditätsreserve des Gesundheitsfonds – und der privaten Krankenversicherungen – 3,5 % der notwendigen Kosten.

16 Mit dem Gesetz zur **Verbesserung der Gesundheitsversorgung und Pflege** (GPVG) v. 22.12.2020[16] sind weitere durch die Pandemie erforderliche Änderungen im SGB V, dem SGB XI und dem KHG erfolgt. Dadurch wurden bspw. die gesetzliche Grundlage für die durch die COVID-19 Pandemie bedingten Sonderregelungen (Schutzschirm) für die Vertragszahnärztinnen und Vertragszahnärzte geschaffen (§ 85 a SGB V). Diese waren zuvor in einer Verordnung des BMG geregelt (→ Rn. 108 ff.). Ferner wurden die Prüfquoten der Krankenkassen für die ihnen in Rechnung gestellten Krankenhausrechnungen neu geregelt (§ 275 c Abs. 2 SGB V, → Rn. 149 ff.). Des Weiteren änderte das GPVG ua Regelungen zum Gesundheitsfonds (Sonderregelungen für den Gesundheitsfonds im Jahr 2021, § 272 SGB V).

17 Ebenfalls am 22.12.2020[17] hat das BMG die Verordnung zur **Anpassung der Voraussetzungen für die Anspruchsberechtigung der Krankenhäuser nach § 21 Abs. 1 a des Krankenhausfinanzierungsgesetzes** erlassen. Sie ist am 25.12.2020 in Kraft getreten. Danach können die für die Krankenhausplanung jeweils zuständigen Behörden der Länder weitere Krankenhäuser bestimmen, die Ausgleichszahlungen nach § 21 Abs. 1 a KHG (Verschieben oder Aussetzen von planbaren Krankenhausbehandlungen) erhalten, sofern die in der Verordnung festgesetzten Voraussetzungen vorliegen (→ Rn. 130 ff.).

18 Am 14.1.2021 wurde das Gesetz zur **Änderung des Gesetzes gegen Wettbewerbsbeschränkungen für ein fokussiertes, proaktives und digitales Wettbewerbsrecht 4.0 und anderer wettbewerbsrechtlicher Bestimmungen**[18] (GWB-Digitalisierungsgesetz) beschlossen. In dem Gesetz ist auch die **Ausweitung des Anspruchs auf Kinderkrankengeld** vor dem Hintergrund der Corona-Pandemie geregelt (§ 45 Abs. 2 a und 2 b SGB V (→ Rn. 218 ff.). Der Anspruch auf das erweiterte Kinderkrankengeld soll auch für die Fälle gelten, in denen eine Betreuung des Kindes zu Hause erforderlich wird, weil der Schul- oder Kindergartenbesuch des Kindes pandemiebedingt nicht möglich ist (§ 45 Abs. 2 a SGB V). Der Anspruch besteht für Versicherte jeweils für maximal 45 Arbeitstage. Für Alleinerziehende ist der Anspruch auf maximal 90 Arbeitstage beschränkt. Die Regelungen zum Anspruch des erweiterten Kinderkrankengeldes sind rückwirkend zum 5.1.2021 in Kraft getreten. Sie sind zeitlich auf das Jahr 2021 begrenzt. In § 45 Abs. 2 b SGB V ist bestimmt, dass während des Bezugs des Kinderkrankengeldes der Anspruch der Eltern nach § 56 Abs. 1 a IfSG (Entschädigungsleistungen) ruht. Die Regelungen sind ein gutes Beispiel dafür, wie der Gesetzgeber die Krankenkassen in Zeiten der Pandemie beauftragten kann, um mit ihren Organisations- und Versorgungsstrukturen Aufgaben der Gefahrenabwehr (IfSG) zu übernehmen.

16 BGBl. 2020 I 3299.
17 BAnz AT 24.12.2020 V1.
18 BGBl. 2021 I 2.

3. Zusammenfassung zu I. – Erforderlichkeit der korrekten Aufgabenzuweisung

Bereits die in → Rn. 8 ff. aufgeführten Beispiele aus der Gesetzgebungs- und Verordnungspraxis zeigen, dass der Gesetz- und Verordnungsgeber die gesetzliche Kranken- und Pflegeversicherung zu Recht stark in die Bekämpfung der „Corona-Pandemie“ einbezogen hat. Damit sind das IfSG, das SGB V, das SGB XI und die zur Umsetzung erforderlichen Finanzierungsgesetze wesentliche (Rechts-)Grundlagen für die Bekämpfung von Pandemien. Insofern sind sie zumindest bei einer epidemischen Lage von nationaler Tragweite Teile eines im weiten – nicht im verfassungsrechtlichen – Sinne zu verstehenden öffentlichen Gesundheitsrechts.[19] 19

Die im unmittelbaren Zusammenhang mit der Corona-Pandemie erlassenen Gesetze und Verordnungen zeigen ferner, dass sich die Ziele einer gesetzlichen Regelung oder einer verordnungsrechtlichen Bestimmung oftmals vermischen und sich nicht mehr klar trennen und nicht eindeutig einem Bereich zuordnen lassen (Gefahrenabwehr, Sozialversicherungsrecht, Belohnungen für besondere Leistungen, Ausgleiche für Erlösminderungen usw). Dem Gesetzgeber steht es frei, im Rahmen einer Gesetzgebung zur Bekämpfung einer (bestehenden) Pandemie auch die gesetzliche Krankenversicherung als Sozialversicherung einzubeziehen. Dies wird regelmäßig sogar erforderlich sein, um erfolgreich gegen die Pandemie vorzugehen. Hat sich die Gefahr der massenhaften Infektionen realisiert, kommt man alleine mit dem Gefahrenabwehrrecht (insbesondere dem IfSG)[20] nicht weiter. Die Versorgung der erkrankten Menschen ist dann vielmehr ein Hauptaufgabenbereich des Krisenmanagements und der Krankenversicherung. 20

Insofern kann und muss der Gesetzgeber die bestehenden sozialversicherungsrechtlichen Regelungen an den durch die Pandemie verursachten geänderten Lebenssachverhalt anpassen. Dabei kann er vor allem sowohl die Art und Weise der Leistungserbringung ändern (zB Vermeidung von Face to Face-Kontakten) als auch der gesetzlichen Krankenversicherung neue Aufgaben und die damit verbundenen Finanzierungslasten übertragen. 21

Aber auch bei der Bekämpfung der Pandemien und der erforderlichen Suche nach schnellen und effektiven Lösungen gilt, dass sich das Recht nur innerhalb der Grenzen der rechtstaatlichen Verfasstheit bewegen darf. Das Recht darf nicht im Sinne einer effektiven Bekämpfung der Pandemie beliebig modifiziert werden. Insofern kann der Gesetzgeber der Sozialversicherung auch im Falle einer Pandemie nur solche als eigene von ihr zu finanzierende Aufgaben übertragen, die auch tatsächlich unter die Sozialversicherung fallen. Eine Regelung, eine Aufgabe oder eine Finanzierungslast wird nicht alleine deswegen zu einer sozialversicherungsrechtlichen Materie, weil der Gesetzgeber oder der Verordnungsgeber sie in den Mantel der Sozialversicherung kleidet und in einem Buch des SGB oder in einem Finanzierungsgesetz regelt. Unter die Sozialversicherung fallen im Sinne des Grundgesetzes nur solche Maßnahmen, die die Strukturelemente der Sozialversicherung erfüllen. Bei einigen – der Sache nach berechtigten und erfolgreichen – Regelungen, die der Gesetz- oder Verordnungsgeber zur Bekämpfung der Corona-Pandemie der gesetzlichen Kranken- und Pflegeversicherung auferlegt hat, ist es sehr fraglich, ob sie tatsächlich der Regelungskompetenz „Sozialversicherung“ zuzuordnen sind (→ Rn. 207 ff.). 22

Von den originären und von der Sozialversicherung zu finanzierenden (pandemiebedingten) Aufgaben sind die Maßnahmen zu trennen, mit denen den Trägern der Sozialversicherung (zB den Kranken- und Pflegekassen) lediglich organisatorische Aufgaben zur Bekämpfung der Pandemie übertragen werden, weil sie über die erforderlichen ge- 23

19 *Rixen* in Kloepfer Pandemien S. 67 (74 ff.).
20 Dazu ausführlich *Grüner*, Biologische Katastrophen, 2017, S. 180 ff.

festigten und bewährten Organisations- und Versorgungsstrukturen verfügen. Die ihnen dabei entstehenden Kosten sind durch entsprechende Bundeszuschüsse auszugleichen.

24 Bei den **jeweiligen Maßnahmen** haben der Gesetz- und der Verordnungsgeber somit die im Grundgesetz festgelegten **kompetenzrechtlichen Vorgaben zu beachten** und zu prüfen, ob es sich um eine Maßnahme im Bereich der Sozialversicherung handelt oder ob deren Träger nur mit der Abwicklung von Maßnahmen des Gefahrenabwehrrechts beauftragt werden.[21] Für das Sozialversicherungsrecht geben die Art. 74 Abs. 1 Nr. 12 GG, Art. 87 Abs. 2 GG und Art. 120 Abs. 1 S. 4 GG den verfassungsrechtlichen Rahmen vor, innerhalb dessen sich der Gesetzgeber auch bei der Bewältigung von Pandemien bewegen muss (→ Rn. 25 ff.).

II. Verfassungsrechtlicher Rahmen zur Bekämpfung einer Pandemie unter Einbeziehung der gesetzlichen Kranken- und Pflegeversicherung

25 Der Gesetzgeber kann die Sozialversicherung zur Bewältigung der Pandemie heranziehen und dafür neue sozialversicherungsrechtliche Regelungen schaffen oder bestehende sozialversicherungsrechtliche Gesetze ändern oder aufheben.

26 Dabei muss er aber den **verfassungsrechtlichen Rahmen** beachten. Dieser wird für das Sozialversicherungsrecht durch die **Art. 74 Abs. 1 Nr. 12 GG, Art. 87 Abs. 2 GG und Art. 120 Abs. 1 S. 4 GG** gebildet. Diese verfassungsrechtlichen Normen bilden ein in sich geschlossenes Regelungssystem für die Sozialversicherung und deren Finanzierung. Die Bestimmungen gehen als speziellere Normen den allgemeinen, steuerzentrierten Vorschriften des X. Abschnitts des Grundgesetzes vor.[22]

27 Stützt der Gesetzgeber eine Norm auf **Art. 74 Abs. 1 Nr. 12 GG** muss es ein Gesetz auf dem Gebiet der **„Sozialversicherung"** sein. Dabei darf der Gesetzgeber auch zur Bewältigung einer Pandemie nicht den kompetenzrechtlich vorgegebenen Typus „Sozialversicherung" antasten. Das Grundgesetz setzt mit der Kompetenznorm in Art. 74 Abs. 1 Nr. 12 GG dem Gesetzgeber Grenzen.[23] Eine Norm, die lediglich im Mantel des Sozialversicherungsrechts einen Sachverhalt der allgemeinen Gefahrenabwehr regelt, kann damit nicht auf die Kompetenz- und Finanzierungsnorm des Art. 74 Abs. 1 Nr. 12 GG „Sozialversicherungsrecht" gestützt werden (→ Rn. 28 ff.). Vielmehr müssen **Maßnahmen zur Gefahrenabwehr auf der Grundlage von Art. 74 Abs. 1 Nr. 19 GG** „Maßnahmen gegen gemeingefährliche oder übertragbare Krankheiten" ergehen (→ Rn. 37 ff.) oder sich (eingeschränkter) aus dem Kompetenztitel „Krankenhauswesen" nach Art. 74 Abs. 1 Nr. 19 a GG ergeben (→ Rn. 41 ff.). Die Abgrenzung der Kompetenzbereiche ist vor allem wegen der daraus folgenden Finanzierungslast von Bedeutung (→ Rn. 49 ff.). Die Folgen einer im Krisenfall nachvollziehbar vorgenommenen, aber nicht widerspruchsfreien Zuordnung können zumindest im Verhältnis zu den Sozialversicherungsträgern durch die Zahlung eines Bundeszuschusses abgemildert werden (→ Rn. 57 ff.).

1. Kompetenzbereich „Sozialversicherung"

28 Die Gesetzgebungskompetenz des Bundes für die Sozialversicherung nach Art. 74 Abs. 1 Nr. 12 GG ist weit auszulegen.

29 Der **Begriff „Sozialversicherung"** in Art. 74 Abs. 1 Nr. 12 GG ist als ein **weitgefasster „verfassungsrechtlicher Gattungsbegriff"** zu verstehen. Er umfasst alles, was sich der Sache nach als Sozialversicherung darstellt. Neue Lebenssachverhalte können in das Ge-

21 *Grüner*, Biologische Katastrophen, 2017, S. 287.

22 BVerfG Beschl. v. 18.7.2005 – 2 BvF 2/01, juris Rn. 93; *Ibler* in Maunz/Dürig GG Art. 87 Rn. 165; *Rixen/Kluckert* in Sodan KrankenVersR-HdB § 37 Rn. 14.

23 *Axer* in BK GG Art. 74 Abs. 1 Nr. 12 Rn. 39.

samtsystem „Sozialversicherung" einbezogen werden, wenn die neuen Sozialleistungen in ihren wesentlichen Strukturelementen, insbesondere in der organisatorischen Durchführung und hinsichtlich der abzudeckenden Risiken, dem Bild entsprechen, das durch die „klassische" Sozialversicherung geprägt ist. Zum Strukturelement „Sozialversicherung" gehört jedenfalls die gemeinsame Deckung eines möglichen, in seiner Gesamtheit schätzbaren Bedarfs durch Verteilung auf eine organisierte Vielheit. Außer dem sozialen Bedürfnis nach Ausgleich besonderer Lasten ist für die Sozialversicherung ferner die Art und Weise kennzeichnend, wie die Aufgabe organisatorisch bewältigt wird. Träger der Sozialversicherung sind selbstständige Anstalten oder Körperschaften des öffentlichen Rechts, die ihre Mittel durch Beiträge der „Beteiligten" aufbringen.[24] Die Beschränkung auf Arbeitnehmer und auf eine Notlage gehört hingegen nicht zum Wesen der Sozialversicherung. Sie hat lediglich indizielle Bedeutung.[25]

Danach gehören zu den die Identität der Kompetenzmaterie **„Sozialversicherung"** ausmachenden, **konstitutiven und unverzichtbaren Merkmalen vier Punkte**: Erstens, die gemeinsame Deckung eines möglichen, in seiner Gesamtheit schätzbaren Bedarfes zur Absicherung eines der klassischen abgedeckten Risiken Krankheit, Alter, Unfall oder vergleichbarer Risiken (Versicherungsprinzip); zweitens, der soziale Ausgleich innerhalb der Solidargemeinschaft der Versicherten; drittens, die organisatorische Durchführung durch selbstständige Anstalten oder Körperschaften des öffentlichen Rechts; viertens, die Finanzierung durch Beiträge.[26] 30

Im Rahmen dessen ist der Kompetenztitel „Sozialversicherung" aber neuen Entwicklungen gegenüber nicht verschlossen.[27] Insofern ist er auch entwicklungsoffen für neu zu regelnde Sachverhalte, die sich im Rahmen einer Pandemie ergeben. Um dann unter den Kompetenztitel „Sozialversicherung" zu fallen, muss die gesetzgeberische Maßnahme aber die Strukturelemente der Sozialversicherung enthalten. Erfüllt die Regelung zur Bekämpfung der Pandemie oder zur Milderung ihrer Folgen nicht die Strukturelemente, die die Sozialversicherung prägen, kann die Regelung nicht auf Art. 74 Abs. 1 Nr. 12 GG gestützt werden. Bei der Abgrenzung „Sozialversicherung" zur Kompetenz des Bundes bei der infektionsschutzrechtlichen Gefahrenabwehr sind vor allem die Strukturelemente „Versicherung"[28] und „Finanzierung durch Beiträge"[29] von Bedeutung. 31

Charakteristikum einer **Versicherung** ist es, auf eine große Risikogemeinschaft einen zu versichernden Bedarf zu verteilen, dessen Eintritt im Einzelfall zufällig, in seiner Gesamtheit aber abschätzbar ist.[30] Sozialversicherung im kompetenzrechtlichen Sinne bedeutet ferner, dass die Absicherung durch Vorsorge in Form von Beiträgen der Versicherten und der Arbeitgeber alleine oder gemeinsam finanziert wird.[31] 32

Im Umkehrschluss bedeutet das, dass unter **„Sozialversicherung"** iSd Art. 74 Abs. 1 Nr. 12 GG **nicht der (Versicherungs-)Schutz** fallen kann, der nicht nur den Mitgliedern der Solidargemeinschaft zu Gute kommt, die ihn finanzieren, sondern vielmehr der Allgemeinheit und damit auch Personen, die außerhalb der den Schutz finanzierenden Solidargemeinschaft stehen. Damit sind Regelungen, die zielgerichtet oder in größerem Um- 33

24 BVerfG Beschl. v. 22.5.2018 – 1 BvR 1728/12, juris Rn. 79; BVerfG Beschl. v. 13.9.2005 – 2 BvF 2/03, juris Rn. 153; Beschl. v. 8.4.1987 – 2 BvR 909/82, juris Rn. 95.
25 BVerfG Beschl. v. 22.5.2018 – 1 BvR 1728/12, juris Rn. 79; *Axer* in BK GG Art. 74 Abs. 1 Nr. 12 Rn. 40.
26 *Butzer* in Maunz/Dürig GG Art. 120 Rn. 189; *Degenhart* in Sachs GG Art. 74 Rn. 57; *Rixen/Kluckert* in Sodan KrankenVersR-HdB § 37 Rn. 15.
27 BVerfG Urt. v. 3.4.2001 – 1 BvR 2014/95, juris Rn. 67.
28 Zur verfassungsnormativen Dimension des Versicherungsprinzips: *Hase*, Versicherungsprinzip und sozialer Ausgleich, 2000, S. 145 ff.
29 *Rixen/Kluckert* in Sodan KrankenVersR-HdB § 37 Rn. 16.
30 *Butzer* in Maunz/Dürig GG Art. 120 Rn. 194.
31 *Butzer* in Maunz/Dürig GG Art. 120 Rn. 195.

fange, etwa weil sie insoweit mit spürbaren zusätzlichen Ausgaben für die Sozialversicherung verbunden sind, Personen zugutekommen, die außerhalb des Kreises der jeweils im einzelnen Sozialversicherungszweig Versicherten stehen, nicht mehr von der Kompetenz „Sozialversicherung" gedeckt.[32] Dies dürfte bspw. der Fall sein, wenn Krankenhäusern Pauschalen zur vorsorglichen Bereitstellung oder Freihaltung von Intensivbetten gewährt werden. Denn für die Inanspruchnahme der Kompetenznorm des Art. 74 Abs. 1 Nr. 12 GG und der damit verbundenen Finanzierungslast für die Beitragszahler reicht es nicht aus, dass die Regelung in irgendeiner Weise der sozialen (gesundheitlichen) Sicherheit zugeordnet werden kann.[33]

34 Allerdings ist die **Abgrenzung** zwischen „Sozialversicherung – beitragsfinanziert" einerseits und „allgemeine Staatsaufgaben – steuerfinanziert" andererseits oftmals bereits deswegen **schwierig**, weil der Begriff „Sozialversicherung" eben weit zu verstehen ist[34] und das Bundesverfassungsgericht (BVerfG) dem Gesetzgeber in sozialpolitischen Fragen einen weiten Spielraum einräumt. Das Gericht erkennt sozialpolitische Entscheidungen des Gesetzgebers an, solange seine Erwägungen weder offensichtlich fehlsam noch mit der Wertordnung des Grundgesetzes unvereinbar sind.[35] Im Rahmen dessen kann der Gesetzgeber die Sozialversicherung mit Elementen staatlicher Fürsorge verbinden.[36]

35 Wegen dieser Abgrenzungsschwierigkeiten zwischen den durch Beiträge zu finanzierenden Aufgaben der Sozialversicherung einerseits und den durch Steuern zu finanzierenden allgemeinen Staatsaufgaben andererseits verlagert sich die Diskussion oftmals weg von der kompetenzrechtlichen Frage hin zu der Problematik, ob der Bund, wenn er der Sozialversicherung **„versicherungsfremde Aufgaben"** (nicht versicherungsspezifische Aufgaben)[37] überträgt, die dadurch entstehenden Aufwendungen durch Bundeszuschüsse (Art. 120 Abs. 1 S. 4 GG) ausgleichen muss (→ Rn. 57 ff.).[38] Dabei ist es dann wieder schwierig zu bestimmen, was „versicherungsfremde Leistungen" der Sozialversicherung sind. Insofern verlagert sich die Abgrenzungsproblematik lediglich.[39] Als **„versicherungsfremd"** wird man aber sicher die Aufgaben qualifizieren können, die mit einem sozialen Ausgleich nichts mehr zu tun haben, sondern der Allgemeinheit und damit „jedem" zukommen, unabhängig von seiner wirtschaftlichen, gesundheitlichen, beschäftigungsrechtlichen und familiären Situation.

36 Diese sozialversicherungsrechtliche Fremdheit liegt bei Maßnahmen der Gefahrenabwehr regelmäßig vor. Sie können deswegen nicht auf Art. 74 Abs. 1 Nr. 12 GG gestützt werden. Insofern ist auch bei Maßnahmen zur Bekämpfung von Pandemien stets zu prüfen, ob sie die die Sozialversicherung prägenden Strukturelemente erfüllen. Nur wenn das zu bejahen ist, kann die Kompetenz zur Rechtsetzung und die sich daraus ergebenden Finanzierungslasten auf Art. 74 Abs. 1 Nr. 12 GG gestützt werden.

2. Kompetenzbereich „Maßnahmen gegen gemeingefährliche Krankheiten"

37 Zur Bekämpfung einer Pandemie wird der Bundesgesetzgeber seine gesetzgeberischen Maßnahmen in erster Linie auf den Kompetenztitel des **Art. 74 Abs. 1 Nr. 19 GG** stützen.

32 *Axer* in BK GG Art. 74 Nr. 12 Rn. 51.
33 BVerfG Beschl. v. 22.5.2018 – 1 BvR 1728/12, juris Rn. 79.
34 BVerfG Beschl. v. 8.4.1987 – 2 BvR 909/82, juris Rn. 95.
35 BVerfG Beschl. v. 18.7.2005 – BvF 2/01, juris Rn. 129.
36 *Axer* in BK GG Art. 74 Abs. 1 Nr. 12 Rn. 51.
37 *Butzer* in Maunz/Dürig GG Art. 120 Rn. 155.
38 Dazu umfassend: *Hase*, Versicherungsprinzip und sozialer Ausgleich, 2000.
39 Zu den „versicherungsfremden Leistungen" *Rixen/Kluckert* in Sodan KrankenVersR-HdB § 37 Rn. 10 ff.

Nach Art. 74 Abs. 1 Nr. 19 GG steht dem Bundesgesetzgeber auf dem Gebiet „Maßnahmen gegen gemeingefährliche oder übertragbare Krankheiten" die konkurrierende Gesetzgebungskompetenz zu. 38

Gemeingefährlich sind verbreitet auftretende Krankheiten, die zu schweren Gesundheitsschäden oder gar zum Tod führen können. Übertragbar sind nicht nur unmittelbar ansteckende Krankheiten, sondern alle Infektionskrankheiten. Auch die Vorbeugung gegen solche Krankheiten (bspw. Impfungen, Vorsorgeuntersuchungen und obligatorische Tests) fällt unter diese Kompetenzvorschrift.[40] 39

Eine Pandemie ist eine länder- und kontinentübergreifende Ausbreitung einer Infektionskrankheit.[41] Deren Bekämpfung erfolgt im Interesse aller Bürgerinnen und Bürger und kommt der gesamten Bevölkerung zugute. Sie ist damit eine Aufgabe, die aus den allgemeinen Finanzmitteln des Staates zu finanzieren ist. 40

3. Kompetenzbereich „Krankenhauswesen"

Im Falle einer Pandemie ist das Krankenhauswesen ebenfalls im besonderen Maße gefordert. Dort findet die Versorgung der schwer erkrankten Patienten statt. Zur Sicherstellung der stationären Versorgung wurden deswegen in der Corona-Krise Maßnahmen getroffenen, um die Bettenkapazitäten für die Behandlung von COVID-19 Erkrankten zu ermöglichen. Es wurden bspw. planbare Eingriffe verschoben und Anreize zur Schaffung zusätzlicher intensivmedizinischer Behandlungskapazitäten gesetzt (→ Rn. 125 ff.).[42] 41

Für das Krankenhauswesen ist die konkurrierende Gesetzgebungskompetenz des Bundes in **Art. 74 Abs. 1 Nr. 19 a GG** festgelegt. 42

Von der Kompetenznorm ist (nur) die wirtschaftliche Sicherung der Krankenhäuser erfasst.[43] Sie umfasst die Finanzhilfen und die Entgelte für teilstationäre und stationäre Krankenbehandlung.[44] Die Regelungen über Entgelte für die Leistungen der Krankenhäuser gelten für alle Patienten unabhängig von ihrem jeweiligen Versicherungsstatus (§ 2 Nr. 4 KHG, § 17 Abs. 1 S. 1 KHG). Insofern betreffen die Regelungen nicht nur die Träger der gesetzlichen Krankenversicherung, sondern vor allem auch die privaten Krankenversicherungen, den Bund und die Länder über die entsprechenden Beihilferegelungen sowie die Selbstzahler. 43

Regelungen zu den Entgelten, die die Sozialversicherungsträger zu leisten haben, sind aber ebenfalls von der Kompetenznorm des Art. 74 Abs. 1 Nr. 12 GG erfasst (Angelegenheiten der Sozialversicherung). Da für den Begriff der Sozialversicherung Beitrags- und Leistungsaspekte bestimmend sind, erfasst der Kompetenztitel nach Art. 74 Abs. 1 Nr. 12 GG auch Regelungen zur Finanzierung der zu erledigenden Aufgaben.[45] 44

Wenn der Gesetzgeber somit Regelungen zu den von den Sozialversicherungsträgern zu zahlenden Krankenhausentgelten auch auf Art. 74 Abs. 1 Nr. 12 GG stützen kann, muss er dabei dennoch insbesondere das „Versicherungsprinzip" und die „Finanzierung durch Beiträge" als Strukturprinzipien der Sozialversicherung beachten. Insofern kann er sich nicht auf die Kompetenznorm des Art. 74 Abs. 1 Nr. 12 GG stützen, wenn er eine Regelung treffen will, mit der er Entgelte von Sozialversicherungsträgern für Krankenhausleistungen festlegen möchte, mit denen aber Leistungen finanziert werden, die über den Kreis der Sozialversicherten hinausgehen. In diesem Fall wird eher die Kompe- 45

40 *Seiler* in BeckOK GG Art. 74 Rn. 70.
41 *Taupitz* in Kloepfer Pandemien S. 103 (111).
42 BT-Drs. 19/18112, 2.
43 *Seiler* in BeckOK GG Art. 74 Rn. 73.
44 BVerfG Beschl. v. 13.9.2005 – 2 BvF 2/03, juris Rn. 156.
45 BVerfG Beschl. v. 13.9.2005 – 2 BvF 2/03, juris Rn. 154; *Degenhart* in Sachs GG Art. 74 Rn. 59.

tenznorm „Krankenhauswesen“ (Art. 74 Abs. 1 Nr. 19 a GG) eingreifen, weil damit die Entgelte für alle Benutzer von Krankenhäusern geregelt werden können. Die Finanzierung der vom Krankenhaus erbrachten Leistungen wird dann gleichermaßen von den Sozialversicherungsträgern und allen anderen Benutzern der Krankenhäuser getragen.

46 Ebenso kommt es zwischen den Kompetenznormen des Art. 74 Abs. 1 Nr. 19 a GG (Krankenhauswesen) und Art. 74 Abs. 1 Nr. 19 GG (gemeingefährliche Krankheiten) zu **Abgrenzungsfragen** zwischen den Krankenhausentgelten einerseits und der Gefahrenabwehr andererseits.

47 Abgrenzungsschwierigkeiten bestehen bspw. bei der Finanzierung der **Vorhaltekosten für Isolierstationen.** Die Gebietskörperschaften haben nach § 30 IfSG dafür zu sorgen, dass hinreichend Räume zur Verfügung stehen, in denen Ansteckungsverdächtige und Ausscheider isoliert werden können. Solche Räume können in den Krankenhäusern bereitgehalten werden (Isolierstationen). Die Isolation dient damit in erster Linie der Gefahrenabwehr. Insofern stellt sich die Frage, ob die Vorhaltung von Isolierräumen pflegsatzfähig und somit mit den Krankenhausentgelten zu finanzieren ist oder ob sie nicht eher von den für die Gefahrenabwehr zuständigen Körperschaften zu bezahlen ist.[46] Für beide Ansätze gibt es sicherlich gute Argumente. Wobei nun gerade im Bereich des Krankenhauswesens die Krankenhausplanung und die Bereitstellung von Investitionsmitteln ebenso in den Aufgabenbereich der Länder fallen, wie zahlreiche Kompetenzen nach dem Infektionsschutzrecht.

48 Auf der Grundlage des § 17 b Abs. 1 S. 10 KHG haben zumindest die Selbstverwaltungspartner für besondere Einrichtungen aber Finanzierungsvereinbarungen getroffen, die auch die Finanzierung von Vorhaltekosten durch Krankenhausentgelte regeln. Damit übernehmen sie ein „Stück Gefahrenabwehr“.

4. Bedeutung der Abgrenzung der Kompetenzbereiche

49 Die **Abgrenzung zwischen den Gesetzgebungskompetenzen** auf dem Gebiet der „Sozialversicherung“ (Art. 74 Abs. 1 Nr. 12 GG) von den Gesetzgebungskompetenzen auf dem Gebiet der „gemeingefährlichen Krankheiten“ (Art. 74 Abs. 1 Nr. 19 GG) und für das Krankenhauswesen (Art. 74 Abs. 1 Nr. 19 a GG) ist von **erheblicher Bedeutung,** obwohl der Bund in allen drei Bereichen die konkurrierende Gesetzgebungskompetenz hat.

50 Die Bedeutung der Abgrenzung liegt in der Tragung der mit den Maßnahmen verbundenen **finanziellen Lasten.**

51 **Sozialversicherungsbeiträge** zeichnen sich durch eine **strenge** grundrechtlich und kompetenzrechtlich begründete **Zweckbindung** aus. Die unter Eingriff in das Grundrecht der allgemeinen Handlungsfreiheit zustande gekommene Zwangsmitgliedschaft in der gesetzlichen Krankenversicherung vermag die Auferlegung (nur) solcher Geldleistungspflichten zu rechtfertigen, die ihren Grund und ihre Grenze in den Aufgaben der Sozialversicherung finden. Die Kompetenzvorschrift des Art. 74 Abs. 1 Nr. 12 GG lässt nur solche Finanzierungsregelungen zu, die einen sachlich-gegenständlichen Bezug zur Sozialversicherung aufweisen. Die erhobenen Geldmittel dürfen daher allein zur Finanzierung der Aufgaben der Sozialversicherung eingesetzt werden. Zur Befriedigung des allgemeinen Finanzbedarfs des Staates und seiner Glieder stehen sie nicht zur Verfügung.[47]

52 Daraus folgt, dass die **Finanzverfassung der Sozialversicherung ein eigenständiges Finanzierungssystem** ist. Dieses steht neben dem in die Finanzverfassung eingebundenen

46 Für die Pflegesatzfähigkeit: VGH Mannheim Urt. v. 17.11.2009 – 9 S 323/07, juris Rn. 36.

47 BVerfG Beschl. v. 18.7.2005 – 2 BvF 2/01, juris Rn. 98; Beschl. v. 8.4.1987 – 2 BvR 909/82, juris Rn. 99; *Axer* in SRH § 14 Rn. 59.

Steuersystem.[48] Die Finanzmasse der Sozialversicherung ist damit tatsächlich und rechtlich von den allgemeinen Staatsfinanzen getrennt, so dass ein Einsatz von Sozialversicherungsbeiträgen zur Befriedigung des allgemeinen Finanzbedarfs des Staats unzulässig ist.[49]

Aus der konkurrierenden Gesetzgebungskompetenz des Bundes nach Art. 74 Abs. 1 Nr. 12 GG folgt somit die Kompetenz, mit den Sozialversicherungsbeiträgen die Aufgaben zu finanzieren.[50] Die Mittelverwendung folgt der Kompetenz. Somit folgt unmittelbar aus der Kompetenznorm des Art. 74 Abs. 1 Nr. 12 GG gleichzeitig das Verbot, mit den Finanzen der Sozialversicherung andere staatliche Aufgaben zu finanzieren. 53

Für die Maßnahmen im Falle einer Pandemie gilt damit: Der Gesetzgeber kann eine gesetzgeberische Maßnahme zur Bekämpfung der Pandemie nur auf Art. 74 Abs. 1 Nr. 12 GG stützen und damit die Sozialversicherung zur Finanzierung der Aufgabe heranziehen, wenn die zu regelnde Materie auf dem Gebiet der Sozialversicherung liegt. Dafür müssen die eine Sozialversicherung prägenden Kriterien erfüllt sein (Versicherungsprinzip, Ausgleich innerhalb der Solidargemeinschaft, Finanzierung durch Beiträge und Durchführung durch selbstständige Körperschaften des öffentlichen Rechts). 54

Dient die Maßnahme insbesondere dem Schutz der Allgemeinheit und nicht nur der Versichertengemeinschaft, kann sie der Gesetzgeber nicht auf Art. 74 Abs. 1 Nr. 12 GG, sondern muss sie auf die Kompetenznorm des Art. 74 Abs. 1 Nr. 19 GG stützen. 55

Diese Grundsätze sind bei den verfassungsrechtlichen Bewertungen der gesetzgeberischen Maßnahmen im Rahmen der Corona-Pandemie zu beachten (→ Rn. 79 ff., → Rn. 125 ff. und → Rn. 178 ff.). 56

5. Einbeziehung der Organisationsstrukturen der Sozialversicherung zur Gefahrenabwehr

Wie oben dargelegt, können insbesondere die Kompetenzbereiche Gefahrenabwehr einerseits und Sozialversicherungsrecht andererseits nicht immer eindeutig voneinander abgegrenzt werden. 57

Das gilt vor allem in Krisenzeiten, in denen der Gesetzgeber innerhalb kürzester Zeit Entscheidungen treffen muss, um Gefahren von der Bevölkerung abzuwehren. 58

Insofern ist es nachvollziehbar, dass in solchen Zeiten der Gesetzgeber über die formellen Gesetze und die Ministerien über Rechtsverordnungen den gesetzlichen Kranken- und Pflegeversicherungen Aufgaben übertragen. 59

Dies kann auch deswegen angezeigt sein, weil die Krankenkassen über die bei ihnen vorhandenen Infrastrukturen im Fall einer Pandemie die Versorgung vor Ort mitorganisieren können. Ferner können die Partner der Selbstverwaltung auch im Falle einer Krise zeitnah Lösungen finden, die bei der Bewältigung der Pandemie helfen können. 60

Sofern sich herausstellt, dass den **Trägern der Kranken- und Pflegeversicherung** Aufgaben übertragen wurden, die nicht vom Kompetenztitel des Art. 74 Abs. 1 Nr. 12 GG getragen werden, dienten sie insoweit lediglich als **organisatorischer Rahmen – als Auftragnehmer** – für die Wahrnehmung allgemeiner Staatsaufgaben.[51] 61

Die den Sozialversicherungsträgern dabei entstehenden Kosten müssen dann über den **Bundeszuschuss** nach Art. 120 Abs. 1 S. 4 GG wieder **ausgeglichen** werden. Dabei ist aber zu beachten, dass nach der Rechtsprechung des BVerfG Art. 120 Abs. 1 S. 4 GG 62

48 BVerfG Beschl. v. 18.7.2005 – 2 BvF 2/01, juris Rn. 96.
49 BVerfG Beschl. v. 18.7.2005 – 2 BvF 2/01, juris Rn. 101.
50 *Degenhart* in Sachs GG Art. 74 Rn. 59; *Axer* in SRH § 14 Rn. 59.
51 *Axer* in BK GG Art. 120 Rn. 25; *Kaltenborn/Barczak* in BeckOK GG Art. 120 Rn. 8; *Butzer* in Maunz/Dürig GG Art. 120 Rn. 155.

als Kompetenznorm weder Ansprüche bestimmter Rechtsträger auf Zuschusszahlungen noch Pflichten des Bundes zur Zuschussgewährung an einzelne Sozialversicherungsträger begründet.[52] Art. 120 Abs. 1 S. 4 GG ist damit keine Anspruchsnorm der Sozialversicherungsträger gegenüber dem Bund auf Zahlung von Zuschüssen für von ihnen erbrachte versicherungsfremde Leistungen. Der Sinn des Art. 120 Abs. 1 S. 4 GG erschöpft sich darin, eine bundesstaatliche Regelung über die finanziellen Verhältnisse von Bund und Ländern zu treffen und damit eine reine Kompetenzfrage zu entscheiden. Ansprüche auf Zuschüsse können nur aus den Gesetzen über die Sozialversicherung hergeleitet werden.[53]

63 Aber selbst wenn Art. 120 Abs. 1 S. 4 GG zwar keine Pflicht des Bundes begründet, verlangt die Regelung für die Gewährung von Bundeszuschüssen aus Steuermitteln aber auch keine besondere Rechtfertigung. Der Bundeszuschuss erweist sich grundsätzlich als verfassungsrechtlich unproblematische Budgetentscheidung des Haushaltsgesetzgebers.[54]

64 Allerdings ist zu überlegen, ob sich die Regelung in Art. 120 Abs. 1 S. 4 GG nicht zumindest dann zu einer Verpflichtung des Bundes zur Gewährung von Zuschüssen verdichtet, wenn der Gesetzgeber bspw. im Falle einer Pandemie oder einer anderen vergleichbaren Gefahrenlage schnell handeln muss und dabei auf vorhandene Organisationsstrukturen zurückgreift. Damit wäre einerseits sichergestellt, dass in der Krise schnell und effektiv gehandelt werden kann. Andererseits wäre auch gewährleistet, dass nach dem Sturm die endgültige Tragung der finanziellen Lasten kompetenzrechtlich sachgerecht bewertet und sofern erforderlich über Bundeszuschüsse ausgeglichen wird. Bei der Frage, ob sich das Recht zur Zahlung eines Bundeszuschusses auch zu einer Pflicht verdichten kann, ist insbesondere zu beachten, dass hinter der Sozialversicherung als Pflichtversicherung Grundrechtsträger stehen (Versicherte und Arbeitgeber), die zu Recht vorbringen können, dass der Eingriff in ihre Grundrechte dann nicht mehr zulässig ist, wenn sie mit ihren Beiträgen zur Finanzierung von allgemeinen Staatsaufgaben herangezogen werden. Einen entsprechenden Weg ist man bspw. beim Kinderkrankengeld (→ Rn. 218 ff.) und im Pflegeversicherungsrecht gegangen (→ Rn. 178 ff.). Dort hat man die Strukturen der Kranken- und Pflegekassen genutzt, um nicht-sozialversicherungsrechtliche Aufgaben zu erfüllen. Die den Kranken- und Pflegekassen dabei entstehenden Kosten werden durch entsprechende Bundeszuschüsse ausgeglichen.

6. Zusammenfassung zu II.

65 Auch bei der Bekämpfung von Pandemien und anderen Maßnahmen zur Gefahrenabwehr muss sich die Krisengesetzgebung innerhalb der Grenzen der rechtstaatlichen Verfasstheit bewegen. Das Recht darf nicht im Sinne einer effektiven Bekämpfung der Gefahr beliebig modifiziert werden. Dabei sind insbesondere auch die im Grundgesetz festgelegten kompetenzrechtlichen Vorgaben zu beachten.

66 Auf Art. 74 Abs. 1 Nr. 12 GG können nur Maßnahmen auf dem Gebiet des Sozialversicherungsrechts gestützt werden. Eine Materie des Sozialversicherungsrechts ist betroffen, wenn deren Strukturmerkmale erfüllt sind. In Abgrenzung insbesondere zu Maßnahmen der Gefahrenabwehr sind vor allem die Strukturprinzipien „Versicherung" und „Finanzierung durch Beiträge" von Bedeutung. Eine Maßnahme, die die Allgemeinheit und nicht nur die Versichertengemeinschaft vor einem Risiko schützt, ist keine Maßnahme auf dem Gebiet „Sozialversicherung".

---

52 BVerfG Beschl. v. 18.7.2005 – 2 BvF 2/01, juris Rn. 106.
53 BVerfG Beschl. v. 18.7.2005 – 2 BvF 2/01, juris Rn. 117.
54 *Axer* in SRH § 14 Rn. 44.

Sozialversicherungsbeiträge zeichnen sich durch eine strenge grundrechtlich und kompetenzrechtlich begründete Zweckbindung aus. Allgemeine Aufgaben des Staates können nicht über die Sozialversicherung finanziert werden. 67

Bei der Bekämpfung einer Pandemie oder einer vergleichbaren Gefahrenlage sind gesetzgeberische Maßnahmen zur Abwehr der Gefahren kompetenzrechtlich in erster Linie auf Art. 74 Abs. 1 Nr. 19 GG zu stützen. 68

Regelungen über die Entgelte für Krankenhausleistungen sind von der Kompetenznorm des Art. 74 Abs. 1 Nr. 19 a GG erfasst. Die Entgelte gelten für alle Benutzer von Krankenhausleistungen und sind somit nicht nur auf eine bestimmte Versichertengemeinschaft bezogen. 69

Zu Bewältigung einer Pandemie oder vergleichbaren Gefahr kann der Gesetzgeber in der Krise auf die Organisationsstrukturen der Sozialversicherungsträger zurückgreifen. Sofern sie dann Aufgaben erfüllen, die nicht zur „Sozialversicherung" gehören, sind die dabei entstehenden Kosten über einen Bundeszuschuss nach Art. 120 GG auszugleichen. Dies ist ein Weg, den man in einer Pandemie oder vergleichbaren Krisenlagen gehen kann, um einerseits in einem ersten Schritt ein schnelles Handeln unter Rückgriff auf bestehende und funktionierende Organisationseinheiten zu ermöglichen und andererseits in einem zweiten Schritt die Lasten sachgerecht zu verteilen. 70

III. Abgrenzung zwischen GKV und Gefahrenabwehr

Im Pandemiefall kann die Abgrenzung zwischen Aufgaben der Gefahrenabwehr einerseits und solchen der GKV andererseits Fragen aufwerfen. Von der Zuständigkeit der GKV abzugrenzende Aufgaben der Gefahrenabwehr können sich dabei insbesondere aus dem Infektionsschutzrecht (des Bundes) und dem Katastrophenschutzrecht (der Länder) ergeben. 71

1. Fokussierung auf das Infektionsschutzrecht

Im Zentrum der Aufmerksamkeit steht während einer Pandemielage (wie der durch COVID-19 verursachten) sicherlich das Infektionsschutzrecht. Das Infektionsschutzgesetz des Bundes (IfSG; zur Gesetzgebungskompetenz → Rn. 37 ff.) verfolgt dabei den Zweck, übertragbaren Krankheiten beim Menschen vorzubeugen, Infektionen frühzeitig zu erkennen und ihre Weiterverbreitung zu verhindern (§ 1 Abs. 1 IfSG). Über die Prävention hinaus regelt das IfSG die nach dem Auftreten einer übertragbaren Krankheit einzuleitenden Maßnahmen. Neben Einzelmaßnahmen sind gemäß § 32 IfSG die Landesregierungen (oder andere von ihnen bestimmte Stellen) ermächtigt, unter den Voraussetzungen, die für Einzelmaßnahmen nach den §§ 28 bis 31 IfSG maßgebend sind, auch durch Rechtsverordnungen entsprechende Gebote und Verbote zur Bekämpfung übertragbarer Krankheiten zu erlassen. So stützte bereits zu Beginn der Pandemie etwa Berlin seine SARS-CoV-2-Eindämmungsverordnung[55] ebenso auf die Ermächtigungsgrundlage des § 32 IfSG wie Bayern seine Infektionsschutzmaßnahmenverordnung[56] (zu den Corona-Bekämpfungsmaßnahmen der Bundesländer *Kluckert* in → § 3 Rn. 1 ff.). 72

55 Verordnung über erforderliche Maßnahmen zur Eindämmung der Ausbreitung des neuartigen Coronavirus SARS-CoV-2 in Berlin (SARS-CoV-2-Eindämmungsmaßnahmenverordnung) v. 22.3.2020, GVBl. I 220 (mit späteren Änderungen).

56 Bayerische Verordnung über Infektionsschutzmaßnahmen anlässlich der Corona-Pandemie (Bayerische Infektionsschutzmaßnahmenverordnung) v. 27.3.2020, BayMBl. 2020 Nr. 158 v. 27.3.2020 (mit späteren Änderungen).

2. Mögliche Ergänzung durch das Katastrophenschutzrecht

73 Neben dem Infektionsschutzrecht zählt ebenso das Katastrophenschutzrecht zum Gefahrenabwehrrecht.[57] Auch dieses kann in einer Pandemielage als mögliche Rechtsgrundlage relevant werden. Die (in die Gesetzgebungskompetenz der Länder fallenden) Katastrophenschutzgesetze verfolgen das Ziel, Katastrophen abzuwehren und die dafür notwendigen Vorbereitungsmaßnahmen zu treffen. Eine Katastrophe ist insbesondere ein Geschehen, bei dem Leben oder Gesundheit einer Vielzahl von Menschen gefährdet oder geschädigt werden kann.[58] Eine **Pandemie kann von dieser Definition umfasst sein** (*Ritgen* in → § 12 Rn. 81 ff.). Das ist dann der Fall, wenn die Pandemie von den zuständigen Stellen nicht mehr mit den ihr regulär zur Verfügung stehenden Mitteln zu bewältigen ist.[59] Überschreitet eine Pandemielage also die Schwelle zur Katastrophe, kommt es neben dem Infektionsschutzgesetz zu einer ergänzenden Anwendung des Katastrophenschutzrechts.[60]

74 Ein maßgeblicher Unterschied zwischen Katastrophenschutzrecht und IfSG besteht darin, dass Maßnahmen des Katastrophenschutzes nicht auf spezielle Infektionsschutzmaßnahmen beschränkt sind; sie können vielmehr breiter auf die Sicherstellung kritischer Infrastruktur und die Versorgung der Bevölkerung gerichtet sein.[61] Insbesondere in den Bereichen der Pandemievor- und -nachsorge entfaltet das IfSG insofern keine Sperrwirkung gegenüber den Katastrophenschutzgesetzen der Länder, da das IfSG hierzu keine eigenen Vorgaben enthält.[62] Dass die Anwendung des Katastrophenschutzrechts neben dem IfSG im Pandemiefall keinesfalls eine hypothetische Überlegung darstellt, zeigt sich am Vorgehen des Freistaats Bayern in der Corona-Pandemie: Dieser rief bereits zu Beginn der Pandemie am 16.3.2020 erstmals überhaupt den landesweiten Katastrophenfall aus, welcher erst drei Monate später am 16.6.2020 endete.[63] Nach einem erneuten Anstieg der Infektionszahlen im Zuge der „zweiten Welle" wurde in Bayern auch für die Zeit ab dem 9.12.2020 erneut der Katastrophenfall festgestellt.[64] Der Freistaat stützt dabei Maßnahmen wie seinen Notfallplan Corona-Pandemie[65] explizit auf die katastrophenschutzrechtliche Ermächtigungsgrundlage des Art. 9 Abs. 1 S. 1 iVm Art. 2 Abs. 1 S. 1 BayKSG.

3. Sozialversicherungsrecht als weiteres Steuerungsinstrument

75 Nach alledem zählen Maßnahmen zum Schutz der Bevölkerung gegen Auswirkungen einer Pandemie zwar primär zu den öffentlichen Aufgaben.[66] Ein weiteres Steuerungsinstrument stellt jedoch auch das **Recht der GKV** dar.[67] Wie das Infektionsschutz- und Katastrophenschutzrecht dient dabei im Sozialstaat auch die GKV dem Schutz von Leben und körperlicher Unversehrtheit iSv Art. 2 Abs. 2 S. 1 GG. Das BVerfG betont:

57 Zur Qualifizierung des Infektionsschutzrechts als (besonderes) Katastrophenschutzrecht ausführlich: *Grüner*, Biologische Katastrophen, 2017, S. 181 f.; *Mers*, Infektionsschutz im liberalen Rechtsstaat, 2019, S. 26 ff.

58 ZB § 1 Bayerisches Katastrophenschutzgesetz – BayKSG.

59 *Taupitz* in Kloepfer Pandemien S. 103 (112); *Grüner*, Biologische Katastrophen, 2017, S. 193 mwN.

60 *Grüner*, Biologische Katastrophen, 2017, S. 195.

61 *Walus* DÖV 2010, 127 (128).

62 *Taupitz* in Kloepfer Pandemien S. 103 (113).

63 Vgl. Broschüre des Bayerischen Staatsministeriums des Innern, für Sport und Integration, 92 Tage Katastrophenfall – Coronapandemie in Bayern, abrufbar auf der Homepage des Ministeriums unter www.innenministerium.bayern.de.

64 S. https://www.bayern.de/herrmann-stellt-katastrophenfall-fest-2/.

65 Notfallplan Corona-Pandemie: Allgemeinverfügung zur Bewältigung erheblicher Patientenzahlen in Krankenhäusern v. 24.3.2020 (BayMBl. 2020 Nr. 164 v. 1.4.2020); zuletzt ersetzt durch gleichnamige Allgemeinverfügung v. 28.1.2021 (BayMBl. 2021 Nr. 78 v. 28.1.2021).

66 *Kraft/Dohmen* PharmR 2008, 401 (406).

67 *Rixen* in Kloepfer Pandemien S. 67 (81).

„Der Schutz in Fällen von Krankheit ist in der sozialstaatlichen Ordnung des Grundgesetzes eine der Grundaufgaben des Staates. Ihr ist der Gesetzgeber nachgekommen, indem er durch Einführung der gesetzlichen Krankenversicherung als öffentlichrechtlicher Pflichtversicherung für den Krankenschutz eines Großteils der Bevölkerung Sorge getragen und die Art und Weise der Durchführung dieses Schutzes geregelt hat.“[68]

Diese Aufgabe der GKV zeigt sich an ihrer im SGB V normierten Zweckbestimmung: 76
Anders als der Name suggeriert, ist **Bezugspunkt der GKV** die **Gesundheit**, nicht etwa die Krankheit.[69] Nach Maßgabe von § 1 S. 1 SGB V ist es Aufgabe der GKV, „die Gesundheit der Versicherten zu erhalten, wiederherzustellen oder ihren Gesundheitszustand zu verbessern.“ Dabei geht es laut Bundessozialgericht „um die Bereitstellung der für diese Zwecke benötigten medizinischen Versorgung“[70], also um die Absicherung einer durch Krankheit eintretenden Behandlungsbedürftigkeit.[71]

Bereits diese Zweckbestimmung deutet in gewissen Bereichen Überschneidungen zu den 77
beiden vorgenannten Rechtsgebieten an: Die GKV dient der Absicherung des Krankheitsrisikos ihrer Versicherten – auch gegenüber Infektionskrankheiten wie COVID-19 und auch in Pandemiefällen, die zur Anwendung des Katastrophenschutzrechts führen können. Mit ihren im SGB V angelegten Instrumentarien sind die Selbstverwaltungspartner in der GKV dabei an zahlreichen Stellen zur untergesetzlichen Ausgestaltung der Versorgung der Versicherten berufen. Diese Gestaltungsmöglichkeiten können im Pandemiefall genutzt werden, um auch unter den besonderen Umständen einer sich rasch ausbreitenden Infektionskrankheit kurzfristig angemessen zu reagieren und die Versorgung der Versicherten unter den so veränderten Rahmenbedingungen der Pandemie sicherzustellen. Das Recht der GKV ermöglicht damit letztlich komplementär zu den Maßnahmen nach dem Infektions- und Katastrophenschutzrecht eine pandemieadäquate Gestaltung der Krankenversorgung.

4. Zusammenfassung

Dass die Abgrenzung der Aufgaben nach dem Infektions-, Katastrophenschutzrecht und 78
Krankenversicherungsrecht gerade im Pandemiefall nicht einfach ist, zeigt sich auch in der Corona-Pandemie an praktischen Fragen: Wie kann die Beschaffung und Verteilung von persönlicher Schutzausrüstung für Leistungserbringer bei einem gleichzeitig weltweiten Nachfrageanstieg organisiert werden? Bei wem liegt die Finanzierungsverantwortung für die Freihaltung von Krankenhausbetten und die Schaffung neuer Intensivkapazitäten? Wie kann den von der Politik vorgegebenen Kontaktbeschränkungen auch im Rahmen der ambulanten Krankenbehandlung angemessen Rechnung getragen werden? Wer ist für die Gewährung von Liquiditätshilfen an Arztpraxen verantwortlich, wenn Patientinnen und Patienten diese aus Sorge vor möglichen Infektionen nicht mehr im gewohnten Umfang in Anspruch nehmen? All diese Fragen beschäftigen in der Pandemiesituation nicht nur Gefahrenabwehrbehörden, sondern (wie die nachfolgenden Ausführungen illustrieren, → Rn. 79 ff. zum ambulanten Bereich, → Rn. 125 ff. zum stationären Bereich und → Rn. 178 ff. zur sozialen Pflegeversicherung) auch die Selbstverwaltungsakteure der GKV.

68 BVerfG Beschl. v. 31.10.1984 – 1 BvR 35/82, juris Rn. 43; später auch BVerfG Beschl. v. 6.12.2005 – 1 BvR 347/98, juris Rn. 52.
69 *Becker/Kingreen* in Becker/Kingreen SGB V § 1 Rn. 3.
70 BSG Urt. v. 17.11.2015 – B 1 KR 18/15 R, juris Rn. 12.
71 *Schlegel/Knispel* in jurisPK SGB V § 1 Rn. 22, 24.

IV. Wesentliche Maßnahmen im ambulanten Bereich

79 In der Corona-Pandemie steht angesichts eines drohenden Engpasses an (Intensiv-)Behandlungskapazitäten mit den Krankenhäusern vor allem der stationäre Bereich im Zentrum der medialen Aufmerksamkeit (→ Rn. 125 ff.). Dabei ist allerdings nicht zu übersehen, dass der ambulante Sektor speziell mit den niedergelassenen Vertragsärztinnen und Vertragsärzten gerade bei Atemwegsinfekten regelmäßig als **erste Anlaufstelle der Patienten** fungiert. So ging auch der Gesetzgeber bereits früh in der „ersten Welle" ausdrücklich davon aus, dass im Zuge der Corona-Pandemie der „überwiegende Teil der Verdachts- und Erkrankungsfälle im ambulanten Bereich versorgt werden muss."[72]

80 Die Versorgung von an COVID-19 erkrankten Personen geht mit einigen Besonderheiten einher, denen auch in der vertragsärztlichen Versorgung Rechnung getragen werden muss. Diese Besonderheiten ergeben sich insbesondere aus dem Umstand, dass es sich bei COVID-19 um eine Infektionskrankheit handelt, deren Übertragungswege zu Beginn ihrer weltweiten Ausbreitung noch nicht abschließend geklärt waren. Im Fokus der Bemühungen im ambulanten Bereich standen daher gerade Maßnahmen, die eine mögliche Ansteckung von Patientinnen und Patienten wie Beschäftigten in Arztpraxen verhindern sollten, um letztlich einer weiteren Verbreitung der Krankheit entgegenzutreten.

81 Um die Versorgung im ambulanten Bereich an die Besonderheiten der Corona-Pandemie anzupassen und die von der Politik vorgegebenen Kontaktbeschränkungen (soweit medizinisch sinnvoll) in der vertragsärztlichen Versorgung zu ermöglichen, haben gerade die Selbstverwaltungspartner **kurzfristig zahlreiche Regelungen** getroffen (→ Rn. 83 ff.). Allerdings zeichnete sich früh ab, dass einige Versicherte aus Angst vor Ansteckung mit dem Coronavirus Termine in Arztpraxen verschoben und die vertragsärztliche Versorgung damit weniger häufig in Anspruch nahmen (→ Rn. 101). In Reaktion hierauf sorgte der Gesetzgeber mit einer Änderung des SGB V für die Liquiditätssicherung der Vertragsärztinnen und Vertragsärzte in der Corona-Pandemie (→ Rn. 100 ff.).

82 Bezogen auf die Vertragszahnärztinnen und Vertragszahnärzte stellte sich ebenfalls eine verringerte Inanspruchnahme durch Versicherte heraus. Deren „Rettungsschirm" wurde im Unterschied zu den Vertragsärztinnen und Vertragsärzten allerdings zunächst im Verordnungsweg geschaffen und erst später durch eine Gesetzesänderung bestätigt (→ Rn. 108 ff.). Da der ambulante Sektor neben der ärztlichen und zahnärztlichen Versorgung auch zahlreiche weitere Leistungsbereiche umfasst, in denen sich vergleichbarer pandemiebedingter Anpassungsbedarf ergibt, soll exemplarisch auf die Versorgung mit Hebammenhilfe eingegangen werden (→ Rn. 112 ff.). Auch hier konnten die Selbstverwaltungspartner schnell einvernehmliche Anpassungen der vertraglichen Regelungen zur Leistungserbringung und Vergütung in Pandemiezeiten umsetzen.

1. Pandemiebedingte Vereinbarungen auf Selbstverwaltungsebene

83 In Reaktion auf die Corona-Pandemie wurden innerhalb kürzester Zeit auf untergesetzlicher Ebene zahlreiche Regelungen getroffen, um die Versorgung der Versicherten unter den **veränderten Rahmenbedingungen der Pandemielage** sicherzustellen. Gegenstand dieser vielfältigen Regelungen war neben der unmittelbaren Sicherstellung der Krankenbehandlung von Infizierten (Coronavirus-Test, → Rn. 84 ff.) ebenso die Ausstattung der Arztpraxen mit persönlicher Schutzausrüstung (→ Rn. 88 ff.) wie die Umsetzung von Möglichkeiten von Kontaktreduzierungen (→ Rn. 91 ff.). Die entsprechenden Vereinbarungen des Gemeinsamen Bundesausschusses (G-BA), der Partner des Bundesmantelver-

72 BT-Drs. 19/18112, 32; ebenso *Bockholdt/Lungstras/Schmidt* NZS 2020, 324.

trags (BMV) und des Bewertungsausschusses (BewA) mit unmittelbarer Versorgungsrelevanz sollen nachfolgend dargestellt werden.

a) Coronavirus-Test in der vertragsärztlichen Versorgung

Bereits drei Tage nachdem am 28.1.2020 die erste nachgewiesene Infektion mit dem Coronavirus in Deutschland[73] bekannt wurde, fasste der BewA am 31.1.2020 seinen ersten Beschluss[74] im unmittelbaren Zusammenhang mit dem Coronavirus. Dabei ging es um die Aufnahme der entsprechenden **labormedizinischen Testleistung** in die vertragsärztliche Versorgung. Der Bewertungsausschuss besteht gemäß § 87 Abs. 3 S. 1 SGB V aus jeweils drei von Kassenärztlicher Bundesvereinigung und GKV-Spitzenverband bestellten Vertretern. Er bestimmt nach § 87 Abs. 2 S. 1 SGB V im einheitlichen Bewertungsmaßstab (EBM) insbesondere den Inhalt der abrechnungsfähigen Leistungen in der vertragsärztlichen Versorgung und ihr wertmäßiges, in Punkten ausgedrücktes Verhältnis zueinander. 84

Durch Aufnahme der neuen Gebührenordnungsposition (GOP) 32816 in den EBM ermöglichte der Bewertungsausschuss mit Wirkung zum 1.2.2020 die Erbringung und Abrechnung des Coronavirus-Tests[75] im Rahmen der vertragsärztlichen Versorgung. Die entsprechende Laborleistung ist für gesetzlich Krankenversicherte seither im **Sachleistungsprinzip** zulasten aller gesetzlichen Krankenkassen erbringbar. Sie wurde den Vertragsärzten anfänglich mit 59 EUR (zur späteren Absenkung → Rn. 86) extrabudgetär vergütet. Im Rahmen einer Protokollnotiz einigte man sich bereits in dieser frühen Phase darauf, klinische Verdachtsfälle sowie nachgewiesene Infektionen auf dem Behandlungsausweis entsprechend zu kennzeichnen. 85

Auf eine später erfolgte Änderung der Indikationskriterien für den Coronavirus-Test reagierte der BewA wiederum kurzfristig mit einer Anpassung dieser GOP sowie der Protokollnotiz.[76] Angesichts der zu diesem Zeitpunkt weltweiten Knappheit bei Reagenzien und Verbrauchsmaterialien zur Durchführung des Coronavirus-Tests gestaltete der BewA in der Folge die ursprüngliche Pflicht zur Befundmitteilung innerhalb von 24 Stunden nach Materialeinsendung rückwirkend in eine Sollregelung um und nahm weitere Anpassungen an den Stand der diagnostischen Entwicklungen vor.[77] Dabei verständigte man sich im Rahmen einer Protokollnotiz darauf, „basierend auf verfügbaren Kosteninformationen einschließlich der Mengenentwicklung der durchgeführten Tests" die Bewertung des Coronavirus-Tests spätestens bis zum 31.5.2020 zu überprüfen und ggf. abzusenken. Tatsächlich beschloss der Erweiterte Bewertungsausschuss später mit Wirkung zum 1.7.2020 (neben Anpassungen der Leistungslegende) eine Absenkung der Vergütung auf 39,40 EUR.[78] Mit Wirkung zum Quartal 4/2020 wurde sodann neben dem PCR-Test auch die Untersuchung auf SARS-Cov-2 mittels Antigentest in den EBM aufgenommen.[79] 86

73 S. https://sz.de/1.4774589.

74 Beschluss des Bewertungsausschusses nach § 87 Abs. 1 S. 1 SGB V in seiner 468. Sitzung (schriftliche Beschlussfassung) v. 31.1.2020.

75 Ursprüngliche Fassung der GOP 32816 EBM: Nukleinsäurenachweis des neuartigen Coronavirus (2019-nCoV) mittels RT-PCR einschließlich eines Bestätigungstestes bei Reaktivität im Suchtest (Befundmitteilung innerhalb von 24 Stunden nach Materialeinsendung); vgl. zu späteren Änderungen sogleich.

76 Beschluss des Bewertungsausschusses nach § 87 Abs. 1 S. 1 SGB V in seiner 472. Sitzung (schriftliche Beschlussfassung) v. 28.2.2020; Beschluss des Bewertungsausschusses nach § 87 Abs. 1 S. 1 SGB V in seiner 473. Sitzung (schriftliche Beschlussfassung) v. 10.3.2020.

77 Beschluss des Bewertungsausschusses nach § 87 Abs. 1 S. 1 SGB V in seiner 494. Sitzung (schriftliche Beschlussfassung) v. 12.5.2020.

78 Beschluss des Erweiterten Bewertungsausschusses nach § 87 Abs. 4 SGB V in seiner 65. Sitzung v. 10.6.2020.

79 Beschluss des Bewertungsausschusses nach § 87 Abs. 1 S. 1 SGB V in seiner 525. Sitzung (schriftliche Beschlussfassung) v. 1.10.2020.

87 Eine weitere Anpassung des EBM erfolgte nach Einführung der offiziellen **Corona-Warn-App** im Juni 2020: Um bei Vorliegen eines Warnhinweises in der App einen Test auf das Vorliegen einer Infektion mit dem Coronavirus nicht nur durch den öffentlichen Gesundheitsdienst, sondern auch durch einen Vertragsarzt zu ermöglichen, reagierte der BewA in enger Abstimmung mit dem BMG durch Schaffung entsprechender Gebührenordnungspositionen.[80] Flankierend folgten Anpassungen des Bundesmantelvertrags, um für Testungen auf das Coronavirus spezielle Vordrucke mit individuellen QR-Codes einzuführen, welche den Versicherten einen Zugriff auf das Testergebnis in der Corona-Warn-App ermöglichen.[81]

b) Verteilung persönlicher Schutzausrüstung an Vertragsärztinnen und Vertragsärzte

88 Bereits zu Beginn der Corona-Pandemie zeichnete sich eine **zunehmende Knappheit** an persönlicher Schutzausrüstung auch in Arztpraxen ab. Vertragsärztinnen und Vertragsärzte hatten Schwierigkeiten, sich noch selbst am Markt mit der für die Behandlung von Infizierten erforderlichen Schutzausrüstung zu versorgen.[82]

89 Auf den im Zuge der Corona-Pandemie gestiegenen Bedarf an persönlicher Schutzausrüstung reagierte die Selbstverwaltung zeitnah. Die Bundesmantelvertragspartner vereinbarten in Abstimmung mit dem BMG eine von den Krankenkassen finanzierte[83] **zentrale Beschaffung** durch das Beschaffungsamt des Bundesministeriums des Inneren.[84] Hierdurch sollte den an der vertragsärztlichen Versorgung teilnehmenden Leistungserbringern (§ 95 Abs. 1 S. 1 SGB V) der für die Aufrechterhaltung der Versorgung im ambulanten Bereich essentielle Zugriff auf Schutzausrüstung (Mund-Nasen-Schutz, FFP2/3-Masken, Einmalschutzkittel und Schutzbrillen) sichergestellt werden.

90 Die Verteilung der auf diese Weise beschafften Schutzausrüstung vor Ort erfolgt durch die jeweilige Kassenärztliche Vereinigung an die Vertragsärztinnen und Vertragsärzte und damit unter **Rückgriff auf in der vertragsärztlichen Versorgung etablierte Strukturen.**

c) Ausweitung der Regelungen zur Videosprechstunde und telefonischen Beratung

91 Veränderte Rahmenbedingung für die Leistungserbringung im ambulanten Bereich wurden gerade durch die von der Politik vorgegebenen **weitreichenden Kontaktreduzierungen** zur Einschränkung einer weiteren Ausbreitung des neuartigen Coronavirus geschaffen. Zwar stellten die Bundeskanzlerin und die Regierungschefinnen und Regierungschefs der Länder in ihren Beschlüssen v. 22.3.2020, 28.10.2020 und 13.12.2020 jeweils ausdrücklich klar, dass medizinisch notwendige Behandlungen weiterhin möglich bleiben. Doch werden Bürgerinnen und Bürger dazu angehalten, Kontakte zu anderen

80 Beschluss des Bewertungsausschusses nach § 87 Abs. 1 S. 1 SGB V in seiner 500. Sitzung (schriftliche Beschlussfassung) v. 15.6.2020; später geändert durch Beschlüsse des Bewertungsausschusses nach § 87 Abs. 1 S. 1 SGB V in seiner 525. Sitzung (schriftliche Beschlussfassung) v. 1.10.2020 und – als Reaktion auf das Inkrafttreten der Coronavirus-Testverordnung – erneut in seiner 535. Sitzung (schriftliche Beschlussfassung) v. 19.11.2020.

81 56. Änderung der Vereinbarung über Vordrucke für die vertragsärztliche Versorgung v. 1.4.1995 (Anlage 2 BMV-Ä) v. 24.6.2020 und 18. Änderung der Vereinbarung über den Einsatz des Blankoformularbedruckungs-Verfahrens zur Herstellung und Bedruckung von Vordrucken für die vertragsärztliche Versorgung v. 1.10.2014 (Anlage 2 a BMV-Ä) v. 24.6.2020.

82 S. https://sz.de/1.4824909.

83 Eine Beteiligung der privaten Krankenversicherungsunternehmen iHv 10 % der entstehenden Kosten wurde ermöglicht, → Rn. 235.

84 Befristete Vereinbarung über die Ausstattung der Vertragsärzte mit zentral beschaffter Schutzausrüstung im Zusammenhang mit dem Coronavirus v. 9.3.2020. Für den vertragszahnärztlichen Bereich wurde (mit einigen Abweichungen im Detail) eine ähnliche Regelung getroffen: befristete Vereinbarung über die Ausstattung der Vertragszahnärzte mit zentral beschaffter Schutzausrüstung im Zusammenhang mit dem Coronavirus (SARS-CoV-2) v. 8./15.4.2020, später verlängert durch Vereinbarungen v. 27.7.2020, 30.11.2020 und 15.12.2020.

Menschen außerhalb der Angehörigen des eigenen Hausstands auf ein absolut nötiges Minimum zu reduzieren.[85]

Um auch in der ambulanten Versorgung sowohl den Leistungserbringerinnen und Leistungserbringern als auch den Versicherten derartige Kontaktreduzierungen weitgehend zu ermöglichen, wurden insbesondere die Vorgaben zur Erbringung von Leistungen im Rahmen von Videosprechstunden vorübergehend flexibilisiert. Mit ihrer Vereinbarung v. 23.3.2020[86] weiteten die Bundesmantelvertragspartner[87] zunächst befristet bis zum 30.6.2020 die Möglichkeiten zur Durchführung **psychotherapeutischer Leistungen** per Videosprechstunde erheblich aus. So können insbesondere psychotherapeutische Sprechstunden als auch probatorische Sitzungen übergangsweise per Videosprechstunde erbracht und Gruppenbehandlungen ohne gesonderte Genehmigung der Krankenkasse als Einzelbehandlungen durchgeführt werden. Die Regelungen wurden später verlängert, zuletzt bis 31.3.2021.[88] Vergleichbare Regelungen wurden auch zur Ersetzung von unmittelbar persönlichen Kontakten nichtärztlicher Leistungserbringer gefasst.[89] 92

Begleitend schuf der BewA Regelungen zur Abrechnung der so erbrachten psychotherapeutischen Leistungen.[90] Ebenso wurde die GOP 30708 (Beratung und Erörterung und/oder Abklärung im Rahmen der **Schmerztherapie**) durch Beschluss des Bewertungsausschusses v. 1.4.2020[91] zeitlich unbefristet für die Erbringung per Videosprechstunde geöffnet. Ergänzend zu den genannten Regelungen zur Videosprechstunde hat der Bewertungsausschuss auch zwei neue Zuschläge für **telefonische Beratungen** durch Vertragsärztinnen und Vertragsärzte geschaffen.[92] 93

Der BewA eröffnete ferner im Bereich der **substitutionsgestützten Behandlung Opiatabhängiger** weitere Möglichkeiten zur Kontaktreduzierung. So bildete er mit Beschluss v. 23.4.2020[93] die substitutionsgestützte Behandlung mit einem Depotpräparat (Buvidal®), welches seltener verabreicht werden muss, neu im EBM ab. Ergänzend wurde der Zuschlag für das therapeutische Gespräch im Zusammenhang mit der substitutionsgestützten Behandlung Opiatabhängiger (GOP 01952 EBM) vom BewA sowohl für den telefonischen Arzt-Patienten-Kontakt als auch für die Erbringung im Rahmen der 94

85 Vgl. exemplarisch: Presse- und Informationsamt der Bundesregierung, Pressemitteilung Nr. 104 v. 22.3.2020.

86 Sonderregelungen zur Anwendung von Psychotherapie in der vertragsärztlichen Versorgung aufgrund von SARS-CoV-2 v. 23.3.2020.

87 GKV-Spitzenverband und Kassenärztliche Bundesvereinigung.

88 Vereinbarung der Bundesmantelvertragspartner zu Sonderregelungen zur Anwendung von Psychotherapie in der vertragsärztlichen Versorgung aufgrund von SARS-CoV-2 v. 15.11.2020.

89 Im Rahmen der sozialpsychiatrischen Versorgung von Kindern und Jugendlichen durch einen qualifizierten nicht-ärztlichen Mitarbeiter des Praxisteams: Beschluss des Bewertungsausschusses nach § 87 Abs. 1 S. 1 SGB V in seiner 496. Sitzung (schriftliche Beschlussfassung) v. 15.5.2020; später verlängert durch Beschlüsse des Bewertungsausschusses nach § 87 Abs. 1 S. 1 SGB V in seiner 502. Sitzung (schriftliche Beschlussfassung) v. 18.6.2020, in seiner 513. Sitzung v. 15.9.2020 und in seiner 545. Sitzung (schriftliche Beschlussfassung) v. 16.12.2020 – zuletzt ebenfalls verlängert bis 31.3.2021.

90 Beschluss des Bewertungsausschusses nach § 87 Abs. 1 S. 1 SGB V in seiner 485. Sitzung (schriftliche Beschlussfassung) v. 24.3.2020; später verlängert durch Beschlüsse des Bewertungsausschusses nach § 87 Abs. 1 S. 1 SGB V in seiner 502. Sitzung (schriftliche Beschlussfassung) v. 18.6.2020, in seiner 513. Sitzung v. 15.9.2020 und in seiner 545. Sitzung (schriftliche Beschlussfassung) v. 16.12.2020.

91 Beschluss des Bewertungsausschusses nach § 87 Abs. 1 S. 1 SGB V in seiner 486. Sitzung (schriftliche Beschlussfassung) v. 1.4.2020.

92 Beschluss des Bewertungsausschusses nach § 87 Abs. 1 S. 1 SGB V in seiner 491. Sitzung (schriftliche Beschlussfassung) v. 6.4.2020; ergänzt durch Beschluss des Bewertungsausschusses nach § 87 Abs. 1 S. 1 SGB V in seiner 492. Sitzung (schriftliche Beschlussfassung) v. 8.4.2020.

93 Beschluss des Bewertungsausschusses nach § 87 Abs. 1 S. 1 SGB V in seiner 493. Sitzung (schriftliche Beschlussfassung) v. 23.4.2020 nebst Entscheidungserheblicher Gründe; später verlängert durch Beschlüsse des Bewertungsausschusses nach § 87 Abs. 1 S. 1 SGB V in seiner 502. Sitzung (schriftliche Beschlussfassung) v. 18.6.2020, in seiner 513. Sitzung v. 15.9.2020 und in seiner 545. Sitzung (schriftliche Beschlussfassung) v. 16.12.2020.

einer Videosprechstunde geöffnet. Der entsprechende Zuschlag für das therapeutische Gespräch ist nunmehr acht (statt bisher vier) Mal im Behandlungsfall abrechenbar.

95 Ferner wurden allgemeine **Mengenbeschränkungen** für die Erbringung von Videosprechstunden durch Vertragsärztinnen und Vertragsärzte zeitlich befristet aufgehoben. Dazu beschloss der BewA am 24.3.2020[94] eine Aussetzung der bisherigen Begrenzung für Behandlungsfälle mit ausschließlichem Arzt-Patienten-Kontakt im Rahmen einer Videosprechstunde auf 20 % der Behandlungsfälle je Vertragsärztin oder Vertragsarzt. Angesichts der Corona-Pandemie wurde diese Begrenzung zunächst für das Quartal 2/2020 ausgesetzt. Die entsprechende Regelung wurde bislang insgesamt drei Mal für die Quartale 3/2020 bis 1/2021 verlängert.[95]

96 Das Zentralinstitut für die Kassenärztliche Versorgung in Deutschland (ZI) hat in seinem Trendreport für das erste Halbjahr 2020 die Leistungshäufigkeit der Videosprechstunde mit dem Vorjahreszeitraum verglichen: Demnach wurden in den 16 ausgewerteten KV-Bezirken[96] im Zeitraum 4.3.2020 bis 30.6.2020 insgesamt 1.239.734 Videosprechstunden abgerechnet. Im Vorjahreszeitraum (4.3.2019 bis 30.6.2019) wurden dagegen nur 593 Videosprechstunden abgerechnet.[97] Während der Pandemiezeit fand also tatsächlich eine erhebliche Leistungsausweitung der Videosprechstunde statt.

d) Ausstellung von Arbeitsunfähigkeitsbescheinigungen, Rezepten, Verordnungen und Überweisungen ohne unmittelbaren Arzt-Patienten-Kontakt

97 Weitere Kontaktreduzierungen im Arzt-Patienten-Verhältnis wurden durch Änderungsvereinbarungen der Bundesmantelvertragspartner zur Ausstellung von **Arbeitsunfähigkeitsbescheinigungen** ermöglicht: Demnach dürfen AU-Bescheinigungen bei Erkrankungen der oberen Atemwege unter bestimmten Voraussetzungen auch nach telefonischer Anamnese ausgestellt werden.[98] Diese bereits erstmals am 9.3.2020 von den Bundesmantelvertragspartnern beschlossene Regelung wurde später durch mehrere Änderungen der Arbeitsunfähigkeits-Richtlinie des G-BA gestützt.[99] Die Gültigkeit der Regelung wurde – nachdem die Bundesregierung und die Landesregierungen am 6.5.2020 die aktuelle Gefährdungslage erneut bewertet und weitgehende Lockerungen der Maßnahmen zur Eindämmung der COVID19-Epidemie beschlossen haben – zunächst letztmalig bundesweit bis zum 31.5.2020 verlängert.[100] Aufgrund des regionalen Infektionsgeschehens erfolgte später eine lokal auf die Landkreise Gütersloh und Warendorf beschränk-

94 Beschluss des Bewertungsausschusses nach § 87 Abs. 1 S. 1 SGB V in seiner 478. Sitzung (schriftliche Beschlussfassung) v. 24.3.2020.

95 Beschlüsse des Bewertungsausschusses nach § 87 Abs. 1 S. 1 SGB V in seiner 502. Sitzung (schriftliche Beschlussfassung) v. 18.6.2020, in seiner 513. Sitzung v. 15.9.2020 und in seiner 545. Sitzung (schriftliche Beschlussfassung) v. 16.12.2020.

96 Die Daten der KV Bremen flossen nicht ein.

97 *Zentralinstitut für die Kassenärztliche Versorgung in Deutschland*, Veränderung der vertragsärztlichen Leistungsinanspruchnahme während der COVID-Krise – Tabellarischer Trendreport für das 1. Halbjahr 2020, S. 50.

98 Änderungsvereinbarung zum BMV-Ä zur Entlastung der Vertragsarztpraxen sowie zur Verhinderung der Ausbreitung des COVID-19-Virus über die Wartezimmer der Arztpraxen zur Bewältigung der gegenwärtigen COVID-19-Krise v. 9.3.2020; Änderungsvereinbarung zum BMV-Ä zur Aktualisierung der Regelung zur telefonischen Ausstellung einer Arbeitsunfähigkeitsbescheinigung im Zusammenhang mit der Ausbreitung des COVID-19-Virus v. 23.3.2020; Zusatz zur Vereinbarung zur Ausstellung einer Arbeitsunfähigkeitsbescheinigung gemäß § 31 S. 3 bis 9 BMV-Ä v. 25.3.2020; Vereinbarung zur Aufhebung von Sonderregelungen zur telefonischen Ausstellung einer Arbeitsunfähigkeitsbescheinigung im Zusammenhang mit der Ausbreitung des COVID-19-Virus v. 17.4.2020; Befristete Ausführungsvereinbarung zur Ausstellung einer Arbeitsunfähigkeitsbescheinigung durch eingehende telefonische Befragung gemäß § 4 Abs. 1 S. 3 der Arbeitsunfähigkeits-Richtlinie (AU-Richtlinie) des Gemeinsamen Bundesauschusses v. 21.4.2020.

99 Beschlüsse des Gemeinsamen Bundesausschusses v. 20.3.2020, 27.3.2020, 17.4.2020, 21.4.2020, 29.4.2020 und 14.5.2020; abrufbar unter https://www.g-ba.de/richtlinien/2/beschluesse/.

100 Tragende Gründe zum Beschluss des Gemeinsamen Bundesausschusses v. 14.5.2020, S. 2, in denen sich der G-BA allerdings ausdrücklich vorbehält, „im Falle einer wiederholten Verschärfung der Krisensituation

te Verlängerung für den Zeitraum 23.6.2020 bis 14.7.2020.[101] Wegen des später erneut bundesweiten Anstiegs der Infektionszahlen im Zuge einer „zweiten Welle“ beschloss der G-BA schließlich auch für den Zeitraum v. 19.10.2020 bis zunächst 31.12.2020 und anschließend 31.3.2021 die bundesweite Zulässigkeit der Feststellung von AU aufgrund telefonischer Anamnese.[102]

Der G-BA schuf angesichts der Corona-Pandemie die Voraussetzungen dafür, Arzneimittel ohne direkten Arzt-Patienten-Kontakt verordnen zu können.[103] Zahlreiche weitere Erleichterungen wurden vom G-BA für **Verordnungen** anderer Leistungen geschaffen. Konkret betraf dies die Verordnung von häuslicher Krankenpflege, spezialisierter ambulanter Palliativversorgung, Soziotherapie, Hilfsmitteln, Heilmitteln und Krankentransporten.[104] Bspw. wurden Vorgaben zur Zulässigkeit rückwirkender Verordnungen liberalisiert, Höchstverordnungszeiträume erhöht, Vorgaben zur Genehmigung durch Krankenkassen angepasst und Gültigkeitszeiträume der Verordnungen verlängert. 98

Flankierend beschloss der Bewertungsausschuss, dass zunächst befristet bis zum 30.6.2020 für die **postalische Zustellung** bestimmter Verordnungen, Überweisungen und Wiederholungsrezepten an in der Arztpraxis bekannte Versicherte die GOP 40122 des EBM berechnungsfähig ist.[105] Eine entsprechende Empfehlung wiederholte er beim erneuten Anstieg der Infektionszahlen für den Zeitraum v. 2.11.2020 bis 31.3.2021.[106] Auch wurde eine befristete Regelung geschaffen, welche es ermöglicht, bei bekannten Versicherten unbürokratisch auf ein **Einlesen der elektronischen Gesundheitskarte (eGK)** zu verzichten, wenn diese telefonische Beratungen oder Videosprechstunden in Anspruch nehmen.[107] 99

2. Liquiditätssicherung der vertragsärztlichen Versorgung durch Gesetz

Obwohl gerade der ambulante Bereich mit der vertragsärztlichen Versorgung die Hauptsäule der Behandlung akuter Atemwegserkrankungen wie COVID-19 darstellt, wird durch die Corona-Pandemie mit wirtschaftlichen Einbußen auch bei den Vertragsärztinnen und Vertragsärzten gerechnet. Diese resultieren dabei primär aus einem **veränderten Inanspruchnahmeverhalten der Versicherten,** die während der Corona-Pandemie (etwa aus Angst vor einer Infektion in den Praxisräumen) ärztliche Konsultationen verschieben. In der Folge wurden bereits früh in der Pandemie (teilweise existenzbedrohende) Honorarminderungen erwartet.[108] 100

---

durch erneut einsetzende Infektionsdynamik“ erneut kurzfristig mit einer Anpassung der AU-Richtlinie zu reagieren.

101 Beschluss des Gemeinsamen Bundesausschusses über eine Änderung der Arbeitsunfähigkeits-Richtlinie: Regionale Ausnahmeregelung zur telefonischen Feststellung von Arbeitsunfähigkeit in den Landkreisen Gütersloh und Warendorf v. 26.6.2020.

102 Beschluss des Gemeinsamen Bundesausschusses über eine Änderung der Arbeitsunfähigkeits-Richtlinie: COVID-19-Epidemie – Bundesweite Sonderregelung zur telefonischen Feststellung von Arbeitsunfähigkeit v. 15.10.2020 sowie Verlängerung dieses Beschlusses v. 3.12.2020.

103 Beschluss des Gemeinsamen Bundesausschusses über eine Änderung der Arzneimittel-Richtlinie (AM-RL): Sonderregelungen im Zusammenhang mit der COVID-19-Pandemie betreffend die §§ 8, 9 und 11 AM-RL v. 27.3.2020.

104 Beschlüsse des Gemeinsamen Bundesausschusses v. 27.3.2020, 28.5.2020, 17.9.2020, 30.10.2020 und 21.1.2021.

105 Beschluss des Bewertungsausschusses nach § 87 Abs. 1 S. 1 SGB V in seiner 483. Sitzung (schriftliche Beschlussfassung) v. 24.3.2020; später erweitert durch Teil C des Beschlusses des Bewertungsausschusses nach § 87 Abs. 1 S. 1 SGB V in seiner 491. Sitzung (schriftliche Beschlussfassung) v. 6.4.2020.

106 Beschluss des Bewertungsausschusses nach § 87 Abs. 1 S. 1 SGB V in seiner 529. Sitzung (schriftliche Beschlussfassung) v. 2.11.2020 und in seiner 545. Sitzung (schriftliche Beschlussfassung) v. 16.12.2020.

107 Befristete Vereinbarung zur Verwendung der eGK bei telefonischen Kontakten und Kontakten im Rahmen einer Videosprechstunde während der COVID-19-Pandemie v. 6.4.2020; geändert durch Vereinbarung v. 10.11.2020 mit Wirkung zum 2.11.2020 und zuletzt bis zum 31.3.2021 verlängert durch Vereinbarung v. 14.12.2020.

108 *Bockholdt/Lungstras/Schmidt* NZS 2020, 324 (325).

101 Eine erste Auswertung des Zentralinstituts für die Kassenärztliche Versorgung in Deutschland (ZI) bestätigt die Prognose einer geringeren Inanspruchnahme der vertragsärztlichen Leistungserbringer während der ersten Pandemiephase: In seinem Trendreport für das erste Halbjahr 2020 attestiert das ZI gegenüber dem Vorjahreszeitraum eine Abnahme der Gesamtfallzahlen von 23 % (bezogen auf den Zeitraum 1.4.2020 bis 28.4.2020) bzw. 15 % (29.4.2020 bis 26.5.2020). Eine Normalisierung der Versorgung über alle Fachgruppen hinweg sei erst ab Ende Mai 2020 zu beobachten gewesen (leichter Anstieg der Fallzahlen um 3 % gegenüber dem Vorjahreszeitraum im Zeitraum 27.5.2020 bis 30.6.2020).[109]

102 Diese wirtschaftlichen Auswirkungen der Corona-Pandemie auf den vertragsärztlichen Bereich wurden früh in der Pandemielage vom Gesetzgeber gesehen. Durch das COVID-19-Krankenhausentlastungsgesetz wurde in § 105 SGB V (Förderung der vertragsärztlichen Versorgung) ein neuer Absatz 3 eingefügt. Dieser bestimmt, dass die Krankenkassen den Kassenärztlichen Vereinigungen (KV) grundsätzlich die zusätzlichen Kosten für außerordentliche Maßnahmen, die zur Sicherstellung der medizinischen Versorgung während des Bestehens einer epidemischen Lage von nationaler Tragweite nach § 5 Abs. 1 IfSG erforderlich sind, zu erstatten haben. Die Gesetzesbegründung nennt hierzu beispielhaft die Kosten für **Schwerpunktambulanzen** (zur Trennung von Patientinnen und Patienten mit Atemwegserkrankungen von den übrigen), Dienste zur vermehrten Erbringung von Besuchsleistungen sowie den personellen Ausbau der Terminservicestellen (angesichts einer hohen Inanspruchnahme der Servicenummer 116 117).[110]

103 Bezogen auf die Liquiditätssicherung der einzelnen Vertragsärztin und des einzelnen Vertragsarztes in Folge von Pandemien, Epidemien, Endemien, Naturkatstrophen oder anderen Großschadensereignissen sieht das COVID-19-Krankenhausentlastungsgesetz zwei Regelungen vor. Mindert sich das Gesamthonorar eines vertragsärztlichen Leistungserbringers in Folge eines solchen Ereignisses um mehr als 10 % gegenüber dem Vorjahresquartal, kann die KV gemäß § 87 a Abs. 3 b SGB V an sie oder ihn seitdem eine **befristete Ausgleichszahlung** für bestimmte (außerhalb der morbiditätsbedingten Gesamtvergütung vergütete) Leistungen zahlen. Erklärtes gesetzgeberisches Ziel dieser Regelung ist es, „Leistungserbringer vor einer zu hohen Umsatzminderung bei der Abrechnung extrabudgetärer vertragsärztlicher Leistungen zu schützen."[111] Die Aufwendungen sind von den Krankenkassen zeitnah an die KV zu erstatten.[112]

104 Zurecht wurde im Zusammenhang mit der Regelung in § 87 a Abs. 3 b SGB V darauf hingewiesen, dass unklar bleibt, ob von den mit dieser Regelung beabsichtigten Liquiditätshilfen auch Vertragsärztinnen und Vertragsärzte profitieren werden, die im Vorjahr noch nicht vertragsärztlich tätig waren.[113] Der Wortlaut der Norm scheint mit seiner **Vorjahresanknüpfung** eindeutig. Eine Sonderreglung für neu in die vertragsärztliche Versorgung eingetretene Ärztinnen und Ärzte, für die ein solcher Referenzwert nicht existiert, ist gesetzlich nicht vorgesehen.

105 Außerdem hat die KV nach § 87 b Abs. 2 a SGB V im Verteilungsmaßstab zeitnah geeignete Regelungen zur **Fortführung der vertragsärztlichen Tätigkeit** einer Leistungserbrin-

109 *Zentralinstitut für die Kassenärztliche Versorgung in Deutschland*, Veränderung der vertragsärztlichen Leistungsinanspruchnahme während der COVID-Krise – Tabellarischer Trendreport für das 1. Halbjahr 2020, S. 8.

110 BT-Drs. 19/18112, 32.

111 BT-Drs. 19/18112, 32.

112 Hierzu haben die Bundesmantelvertragspartner am 27.8.2020 eine Vereinbarung über die Aufteilung der Erstattungen auf die Krankenkassen gemäß § 87 a Abs. 3 b iVm § 82 Abs. 1 SGB V sowie zur Übermittlung der zur Erstattung notwendigen Daten gemäß § 87 a Abs. 3 b S. 4 iVm § 295 Abs. 3 SGB V geschlossen.

113 *Bockholdt/Lungstras/Schmidt* NZS 2020, 324 (329).

gerin oder eines Leistungserbringers vorzusehen, wenn sich in den eingangs genannten Situationen die Fallzahl in einem die Fortführung der Arztpraxis gefährdenden Umfang mindert. Diese Regelung zielt darauf ab, „trotz der gefährdend rückläufigen Fallzahl aufgrund einer reduzierten Patienteninanspruchnahme Kalkulationssicherheit hinsichtlich der Höhe des zu erwartenden Honorars und des Fortbestands seiner vertragsärztlichen Tätigkeit“[114] für die Vertragsärztin oder den Vertragsarzt zu schaffen.

Bemerkenswert an den in § 87 a Abs. 3 b, § 87 b Abs. 2 a und § 105 Abs. 3 SGB V getroffenen Neuregelungen ist, dass sie nicht speziell an die aktuelle Corona-Pandemie anknüpfen, sondern vermeintlich **allgemeine Regelungen zu Epidemielagen** enthalten. Allerdings hat der Gesetzgeber bereits zeitgleich mit ihrer Einführung durch das COVID-19-Krankenhausentlastungsgesetz schon ihre Aufhebung mit Wirkung zum 1.1.2021 beschlossen.[115] Tatsächlich zeigt diese bereits im Gesetz angelegte automatische Aufhebung der Regelungen nicht einmal ein Jahr nach Inkrafttreten, dass diese Regelungen wohl vom Gesetzgeber zunächst weniger als allgemeine Vorgaben für Epidemien, denn vielmehr als unmittelbare Reaktionen auf die Corona-Pandemie gedacht waren. 106

Tatsächlich wurde später jedoch zumindest eine teilweise Fortgeltung dieser Schutzschirmregelungen beschlossen: Zunächst wurde die in § 105 Abs. 3 SGB V enthaltene Regelung in leicht modifizierter Form über den 1.1.2021 hinaus verlängert.[116] Im Anschluss hat der Gesetzgeber auch eine Fortführung des § 87 b Abs. 2 a SGB V beschlossen.[117] Dabei wurde § 87 b Abs. 2 a SGB V von einer Muss- in eine Soll-Regelung überführt und zugleich ergänzt. So knüpft das Gesetz die Zahlung entsprechender Kompensationszahlungen seither grundsätzlich an die Voraussetzung, dass der vertragsärztliche Leistungserbringer die in § 19 a Abs. 1 Ärzte-ZV festgelegten Mindestsprechstunden einhält. Dies ist sinnvoll, um sicherzustellen, dass nur Leistungserbringer, welche auch während der Pandemie im gebotenen Umfang ihre Leistungen anbieten, von den Kompensationszahlungen profitieren. 106a

Insgesamt wird an diesen Regelungen deutlich, dass die GKV in beachtlichem Umfang zur Sicherstellung der ambulanten ärztlichen Versorgung und dem **wirtschaftlichen Fortbestand der Arztpraxen** während der Corona-Pandemie beiträgt. Mit Blick darauf, dass die wenigsten an der vertragsärztlichen Versorgung teilnehmenden Ärztinnen und Ärzte ausschließlich GKV-Versicherte behandeln, kommt die so von der GKV getragene Sicherstellung letztlich der gesamten Gesellschaft zugute. Insbesondere auch Privatversicherte profitieren faktisch von der GKV-finanzierten Liquiditätssicherung der Arztpraxen. Kritisierte die Ärzteschaft in der Vergangenheit oftmals die vermeintlich zu niedrigen Vergütungen im System der vertragsärztlichen Versorgung, so zeigt sich in der Corona-Pandemie die Verlässlichkeit der GKV. 107

3. Liquiditätssicherung der vertragszahnärztlichen Versorgung zunächst durch Verordnung

Während die Liquiditätssicherung der Vertragsärztinnen und Vertragsärzte damit durch Gesetzesänderung erfolgte (→ Rn. 100 ff.), wählte man für den erst später beschlossenen Schutzschirm für Vertragszahnärztinnen und Vertragszahnärzte eine andere Regelungstechnik. Das BMG machte insofern zunächst von seiner neu geschaffenen Verordnungsermächtigung in § 5 Abs. 2 S. 1 Nr. 7 lit. a IfSG (→ Rn. 8) Gebrauch, die es ihm 108

114 BT-Drs. 19/18112, 32.
115 *Bockholdt/Lungstras/Schmidt* NZS 2020, 324 (329).
116 Art. 1 Nr. 2 a lit. b des GPVG v. 22.12.2020 (BGBl. I 3299).
117 Art. 3 Nr. 2 des am 4.3.2021 vom Bundestag beschlossenen Gesetzes zur Fortgeltung der die epidemische Lage von nationaler Tragweite betreffenden Regelungen (EpiLage-Fortgeltungsgesetz).

ermöglicht, im Rahmen einer epidemischen Lage von nationaler Tragweite durch **Rechtsverordnung** ohne Zustimmung des Bundesrates Maßnahmen zur Aufrechterhaltung der Gesundheitsversorgung in ambulanten Praxen und sonstigen Gesundheitseinrichtungen in Abweichung von bestehenden gesetzlichen Vorgaben vorzusehen.[118]

109 Mit § 1 Abs. 1 S. 1 der COVID-19-Versorgungsstrukturen-Schutzverordnung[119] v. 30.4.2020 schrieb das BMG zur Überbrückung der finanziellen Auswirkungen der in Folge der Corona-Epidemie verminderten Inanspruchnahme zahnärztlicher Leistungen die Gesamtvergütung vertragszahnärztlicher Leistungen abweichend von § 85 Abs. 2 S. 1 SGB V für das Jahr 2020 auf **90 Prozent der gezahlten Gesamtvergütung des Jahres 2019** als Abschlagszahlung fest. Übersteigt die von den Krankenkassen an eine Kassenzahnärztliche Vereinigung (KZV) gezahlte Gesamtvergütung die im Jahr 2020 erbrachten vertragszahnärztlichen Leistungen, so hat die KZV die dadurch entstandene Überzahlung gemäß § 1 Abs. 2 der Verordnung in den Jahren 2021 und 2022 vollständig auszugleichen. Um regional unterschiedlichen Vereinbarungen zur Gesamtvergütung Rechnung zu tragen, eröffnete die Verordnung dabei der einzelnen KZV ein „opt out"-Recht, welches sie bis spätestens 2.6.2020 auszuüben hatte.

110 Letztlich handelte es sich bei dem Schutzschirm für die vertragszahnärztliche Versorgung damit ursprünglich um eine **auf Ebene der Gesamtvergütung gewährte Liquiditätshilfe** für das Jahr 2020, welche in den beiden Folgejahren in voller Höhe auszugleichen ist. Der Verordnungsgeber begründete diese Regelung damit, dass „nach dem Ende der COVID-19-Epidemie im vertragszahnärztlichen Bereich erhebliche Nachholeffekte"[120] erwartet werden, die eine vollständige Rückerstattung in den beiden Folgejahren ermöglichen.

111 Da auf Grundlage des § 5 Abs. 2 IfSG erlassene Rechtsverordnungen gemäß § 5 Abs. 4 IfSG mit Aufhebung der Feststellung der epidemischen Lage von nationaler Tragweite außer Kraft treten, ansonsten ursprünglich spätestens mit Ablauf des 31.3.2021[121], war die **Schaffung einer gesetzlichen Grundlage** zum Schutzschirm für die vertragszahnärztliche Versorgung angezeigt. Ansonsten drohte das Fehlen einer Rechtsgrundlage für den Ausgleich der Abschlagszahlung in den Jahren 2021 und 2022. Um ein rechtssicheres Handeln der beteiligten Kassenzahnärztlichen Vereinigungen und Krankenkassen über ein Außerkrafttreten der Verordnung hinaus zu gewährleisten[122], wurde durch das **Gesundheitsversorgungs- und Pflegeverbesserungsgesetz**[123] in § 85 a SGB V eine entsprechende gesetzliche Grundlage geschaffen. Dabei wurde (im Unterschied zur vorangegangenen Verordnung) festgelegt, dass die Abschlagszahlung auch für das Jahr 2021 gewährt wird und sich der Ausgleichszeitraum dafür spiegelbildlich um ein weiteres Jahr bis 2023 verlängert. Die in § 1 COVID-19-Versorgungsstrukturen-Schutzverordnung enthaltene Schutzschirmregelung wurde konsequenterweise zeitgleich aufgehoben (Art. 4 GPVG). Flankierend wurde es den Kassenzahnärztlichen Vereinigungen durch Schaffung des § 105 Abs. 1 a SGB V ermöglicht, in den Jahren 2021 und 2022 aus Mit-

118 Zu den grundlegenden Bedenken an dieser Ermächtigungsnorm: *Meßling* NZS 2020, 321 (323 f.).

119 Verordnung zum Ausgleich COVID-19 bedingter finanzieller Belastungen der Zahnärztinnen und Zahnärzte, der Heilmittelerbringer und der Einrichtungen des Müttergenesungswerks oder gleichartigen Einrichtungen sowie zur Pflegehilfsmittelversorgung (COVID-19-Versorgungsstrukturen-Schutzverordnung – COVID-19-VSt-SchutzVO) v. 30.4.2020.

120 Referentenentwurf des Bundesministeriums für Gesundheit zur SARS-CoV-2-Versorgungsstrukturen-Schutzverordnung, S. 12.

121 Die starre zeitliche Befristung auf den 31.3.2021 wurde durch Art. 1 Nr. 1 lit. d des am 4.3.2021 vom Deutschen Bundestag beschlossene Gesetzes zur Fortgeltung der die epidemische Lage von nationaler Tragweite betreffenden Regelungen (EpiLage-Fortgeltungsgesetz) gestrichen.

122 So die Begründung in BT-Drs. 19/23483, 29.

123 Gesetz zur Verbesserung der Gesundheitsversorgung und Pflege (Gesundheitsversorgungs- und Pflegeverbesserungsgesetz – GPVG) v. 22.12.2020 (BGBl. 2020 I 3299).

teln des Strukturfonds eine Förderung von in den Jahren 2019 bis 2021 neu niedergelassenen Praxen vorzusehen.

4. Pandemiebedingte Regelungen zur Versorgung mit Hebammenhilfe

Neben dem ärztlichen und zahnärztlichen Bereich stellt eine **Vielzahl weiterer Leistungserbringerinnen und Leistungserbringer** die ambulante Versorgung der Versicherten sicher. Auch diese weiteren Leistungserbringerinnen und Leistungserbringer sind angesichts der Corona-Pandemie mit Herausforderungen bei der Fortführung der Versorgung konfrontiert. Exemplarisch sollen nachfolgend die in Reaktion auf die Corona-Pandemie getroffenen Regelungen im Bereich der Versorgung mit Hebammenhilfe dargestellt werden. 112

Eine **Besonderheit** dieses Leistungsbereichs besteht darin, dass die überwiegende Anzahl der von Hebammen erbrachten Leistungen im häuslichen Umfeld der Versicherten erbracht werden (sog. **aufsuchende Betreuung**; etwa bei Schwangerschaftsbeschwerden oder im frühen Wochenbett). Bereits dieser Umstand zeigt, warum auch bei der Versorgung mit Hebammenhilfe die Umsetzung der politisch vorgegebenen Kontaktreduzierungsmaßnahmen mit Herausforderungen bei der Leistungserbringung einhergeht. Aufgrund des engen Kontakts zwischen Hebammen und Versicherten ist dabei auch die Ausstattung der Hebammen mit persönlicher Schutzausrüstung in einer Pandemielage unerlässlich. Anpassungen der untergesetzlichen Regelungen in diesen Punkten wurden daher kurzfristig auf den Weg gebracht. 113

Nach Maßgabe von § 24 d SGB V haben Versicherte während der Schwangerschaft sowie bei und nach der Entbindung einen Anspruch auf Versorgung mit Hebammenhilfe. Dies schließt die Wochenbettbetreuung bis zum Ablauf von zwölf Wochen nach der Geburt ein. 114

Gemäß § 134 a Abs. 1 S. 1 SGB V hat der GKV-Spitzenverband gemeinsam mit den maßgeblichen Hebammenverbänden ua die abrechnungsfähigen Leistungen sowie die Höhe der Vergütung zu regeln. Unter den vereinbarten Leistungen finden sich bereits „regulär" einige Beratungsleistungen, die auch mittels Kommunikationsmedium erbracht werden können.[124] 115

In der Corona-Pandemie haben sich der GKV-Spitzenverband und die Hebammenverbände kurzfristig und einvernehmlich auf alternative Möglichkeiten zur Leistungserbringung verständigt, um zunächst übergangsweise in der Zeit v. 19.3.2020 bis 19.6.2020 eine Flexibilisierung der Versorgung mit Hebammenhilfe zu ermöglichen und so Kontaktbeschränkungen in der Versorgung zuzulassen, wo dies sinnvoll und medizinisch vertretbar ist. Mit einer **befristeten Vereinbarung v. 19.3.2020**[125] wurden insbesondere zahlreiche weitere Leistungen, darunter die Vorgespräche und Betreuungsleistungen in Schwangerschaft, Wochenbett und Stillphase sowie Geburtsvorbereitungs- und Rückbildungskurse, in telefonischer bzw. videotelefonischer Weise ermöglicht. Mit einer kurze Zeit später getroffenen **Änderungsvereinbarung**[126] wurden neben einigen Konkretisierungen der vorangegangenen Vereinbarung auch Fristen im Rahmen der Qualitätsvereinbarung nach Anlage 3 zum Hebammenhilfevertrag pauschal bis sechs 116

124 Beratung der Schwangeren, Beratung der Wöchnerin, Beratung bei Still- und Ernährungsschwierigkeiten des Kindes; Anlage 1.2 (Leistungsbeschreibung) und Anlage 1.3 (Vergütungsverzeichnis) zum Vertrag nach § 134 a Abs. 1 SGB V, abrufbar unter https://www.gkv-spitzenverband.de/krankenversicherung/ambulante_leistungen/hebammen_geburtshaeuser/hebammenhilfevertrag/hebammenhilfevertrag.jsp.

125 Befristete Vereinbarung über alternative Möglichkeiten zur Leistungserbringung von freiberuflich tätigen Hebammen nach dem Vertrag über die Versorgung mit Hebammenhilfe gemäß § 134 a SGB V im Zusammenhang mit dem Coronavirus v. 19.3.2020.

126 Änderungsvereinbarung der Vertragsparteien nach § 134 a SGB V v. 25.3.2020.

Wochen nach Aufhebung der Gefährdungseinschätzung „hoch" des RKI zur Corona-Pandemie verlängert, um den Hebammen in der Pandemiesituation eine Fokussierung auf die Leistungserbringung zu ermöglichen und sie vorübergehend von Bürokratiepflichten zu entlasten.

117 Da (wie im ärztlichen Bereich, → Rn. 88 ff.) für die Sicherstellung der Versorgung mit Hebammenhilfe ein pandemiebedingt erhöhter Bedarf an persönlicher Schutzausrüstung besteht, haben sich GKV-Spitzenverband und Hebammenverbände mit einer **weiteren Vereinbarung v. 28.4.2020**[127] auf die Gewährung befristeter Zuschläge zu bestimmten Materialpauschalen verständigt. Durch diese Zuschläge sollen die pandemiebedingten Materialmehrkosten für persönliche Schutzausrüstung der freiberuflichen Hebammen abgegolten werden. Die Vereinbarung differenziert dabei zwischen Zuschlägen, die zunächst für alle im Zeitraum 19.3.2020 bis 19.6.2020 erbrachten Leistungen abgerechnet werden können und solchen bei nachgewiesener Coronavirus-Infektion bzw. bei Vorliegen eines begründeten Verdachts hierauf.

118 Alle vorgenannten Vereinbarungen zur Sicherstellung der Versorgung im Hebammenbereich während der Corona-Pandemie wurden zunächst auf im Zeitraum bis zum 19.6.2020 erbrachte Leistungen befristet. Die Vertragspartner haben sich jedoch verbindlich zu einer **Überprüfung** der Regelungen rechtzeitig vor ihrem Ablauf verpflichtet. So konnte angesichts der dynamischen Entwicklung der Corona-Pandemie angemessen reagiert werden. Die Vereinbarungen sind von den Vertragspartnern in mehreren Schritten bezogen auf ihre bisherigen Wirkungen evaluiert, in der Folge angepasst und verlängert worden: Mit der **befristeten Verlängerungsvereinbarung** v. 28.5.2020 erfolgte zunächst eine Verlängerung bis 30.9.2020, wobei bestimmte Regelungen nicht verlängert wurden (generelle Aussetzung der Regelung 1:2 Geburtsbetreuungen von Dienst-Beleghebammen in den Kliniken, QS-Fristen). Auf Grundlage einer **weiteren Vereinbarung** v. 8.9.2020 kam es zu einer erneuten Verlängerung bis zum 31.12.2020; dabei erfolgte eine Zusammenführung der beiden vormals getrennten Vereinbarungen. Zuletzt wurde durch die **Verlängerungsvereinbarung** v. 18.11.2020 eine Verlängerung bis 31.3.2021 beschlossen, wobei die Regelungen zur Durchführung von Kursen per Videotelefonie aus Gründen der Planungssicherheit direkt bis 30.6.2021 verlängert wurden. Sämtliche Vereinbarungstexte sind auf der Homepage des GKV-Spitzenverbands im Volltext abrufbar.[128]

5. Bereitstellung von Schutzmasken für besonders gefährdete Risikogruppen

119 Durch das Dritte Bevölkerungsschutzgesetz v. 18.11.2020[129] wurde mit § 20 i Abs. 3 S. 2 Nr. 1 lit. c SGB V eine neue Ermächtigungsgrundlage geschaffen, welche es dem BMG gestattet, durch Rechtsverordnung für Versicherte mit einem signifikant erhöhten Risiko für einen schweren oder tödlichen Krankheitsverlauf nach einer Infektion mit dem Coronavirus den Anspruch auf bestimmte Schutzmasken zu regeln. Von dieser Ermächtigung machte das BMG durch Erlass der Verordnung zum Anspruch auf Schutzmasken zur Vermeidung einer Infektion mit dem Coronavirus SARS-CoV-2 (**Coronavirus-Schutzmasken-Verordnung** – SchutzmV) v. 14.12.2020[130] Gebrauch.

---

127 Befristete Vereinbarung zum COVID-19-bedingten Materialmehraufwand freiberuflich tätiger Hebammen für persönliche Schutzausrüstung nach dem Vertrag über die Versorgung mit Hebammenhilfe gemäß § 134 a SGB V (COVID19-PSA-Vereinbarung) v. 28.4.2020.

128 S. https://www.gkv-spitzenverband.de/krankenversicherung/ambulante_leistungen/hebammen_geburtshaeuser/hebammenhilfevertrag/hebammenhilfevertrag.jsp.

129 Drittes Gesetz zum Schutz der Bevölkerung bei einer epidemischen Lage von nationaler Tragweite v. 18.11.2020 (BGBl. 2020 I 2397).

130 BAnz AT 15.12.2020 V1.

Anspruchsberechtigt waren gemäß § 1 SchutzmV zunächst Personen, die das 60. Lebensjahr vollendet haben oder bestimmte Krankheiten bzw. Risikofaktoren[131] aufweisen (zur späteren Ausweitung des Kreises der Anspruchsberechtigten → Rn. 121 a). Jede dieser anspruchsberechtigten Personen kann nach Maßgabe von § 2 SchutzmV in drei vordefinierten Teilzeiträumen bis 15.4.2021 maximal 15 Schutzmasken erhalten: 3 Schutzmasken im Zeitraum 15.12.2020 bis 6.1.2021, weitere 6 Schutzmasken im Zeitraum 1.1.2021 bis 28.2.2021 sowie weitere 6 Schutzmasken im Zeitraum 16.2.2021 bis 15.4.2021. Die Abgabe der Schutzmasken erfolgt gemäß § 4 SchutzmV durch Apotheken. 120

Während für die Abgabe der ersten Tranche von 3 Schutzmasken die Vorlage des Personalausweises bzw. einer Eigenauskunft genügt (§ 4 Abs. 1 SchutzmV), werden die zweite und dritte Tranche (insgesamt 12 Schutzmasken) nur gegen Vorlage von **Berechtigungsscheinen** abgegeben (§ 4 Abs. 2 SchutzmV): Hierzu ermitteln die Krankenkassen und privaten Krankenversicherungsunternehmen anhand der ihnen vorliegenden Daten die bei ihnen versicherten Anspruchsberechtigten, informieren diese über ihre Anspruchsberechtigung und übersenden ihnen die fälschungssicheren Berechtigungsscheine (§ 3 Abs. 1 SchutzmV). Dafür erhalten sie einen Verwaltungskostenersatz in Höhe von 0,60 EUR je versendetem Brief (§ 8 SchutzmV). 121

Mit **Änderungsverordnung** vom 4.2.2021[132] wurde der Kreis der anspruchsberechtigten Personen auf Bezieher von Arbeitslosengeld II sowie mit diesen in einer Bedarfsgemeinschaft lebende Personen (§ 7 Abs. 3 SGB II) ausgeweitet. Sie haben bis 6.3.2021 Anspruch auf einmalig zehn Schutzmasken. Die hiernach anspruchsberechtigten Personen wurden ebenfalls durch die Krankenkassen und private Krankenversicherungsunternehmen anhand der ihnen vorliegenden Daten ermittelt und erhielten von diesen ein Informationsschreiben zum Nachweis ihrer Anspruchsberechtigung (§ 3 Abs. 5 SchutzmV). Der Erstattungspreis je Schutzmaske an die Apotheken wurde dabei von 6,00 Euro auf 3,90 Euro abgesenkt (§ 5 Abs. 2 und 3 SchutzmV). 122

Das in der SchutzmV vorgesehene Verfahren zur Identifizierung der anspruchsberechtigten Personen und zur Verteilung der Berechtigungsscheine und Informationsschreiben an diese zeigt, dass in der Pandemie der **Rückgriff auf etablierte Versorgungsstrukturen** eine kurzfristige, zielgenaue Ansprache der betroffenen Risikogruppen ermöglichen kann. Die Krankenkassen und privaten Krankenversicherungsunternehmen verfügen über die erforderlichen Daten, um ihre anspruchsberechtigten Versicherten treffsicher mit den Berechtigungsscheinen und Informationsschreiben für den Bezug der Schutzmasken ausstatten zu können. 122a

6. Zusammenfassung

Die genannten Reaktionen auf die Corona-Pandemie zeigen, dass im Bereich der ambulanten Versorgung sowohl Gesetz- als auch Verordnungsgeber und Selbstverwaltungspartner zügig Regelungen zur Anpassung der Versorgung auf die geänderten Herausforderungen der Pandemie getroffen haben. Gerade die untergesetzlich geschaffenen Regelungen machen deutlich, dass die Selbstverwaltungspartner innerhalb kurzer Zeit die Leistungserbringung in vielfältiger Weise flexibilisiert haben, um dem von der Politik vorgegebenen Ziel einer weitgehenden Kontaktreduzierung auch in der ambulanten 123

131 Chronisch obstruktive Lungenerkrankung oder Asthma bronchiale; chronische Herzinsuffizienz; chronische Niereninsuffizienz Stadium ≥ 4; Demenz oder Schlaganfall; Diabetes mellitus Typ 2; aktive fortschreitende oder metastasierte Krebserkrankung oder stattfindende Chemo- oder Radiotherapie, welche die Immunabwehr beeinträchtigen kann; stattgefundene Organ- oder Stammzellentransplantation; Trisomie 21; Risikoschwangerschaft.

132 BAnz AT 5.2.2021 V1.

Versorgung dort Rechnung tragen zu können, wo dies sinnvoll erscheint. Abhängig vom Infektionsgeschehen wurden dabei Regelungen mehrfach verlängert und flexibel an die sich ändernden Erfordernisse und Rahmenbedingungen angepasst.

124 Die so getroffenen Regelungen zeichnen sich durch eine unmittelbare Versorgungsrelevanz aus. Weiter ist ihnen allen gemein, dass sie gewissermaßen „aus der Not heraus geboren" sind. Diese Kombination bietet Chancen. So wird sich im Nachgang der Corona-Pandemie die Gelegenheit bieten, die getroffenen Corona-Maßnahmen einer kritischen Würdigung zu unterziehen und aus ihnen mögliche Lehren für die Zukunft abzuleiten. Gerade bezogen auf die von der Gesetzgebung in jüngster Vergangenheit vorangetriebene Digitalisierung im Gesundheitswesen, die in der Versorgungspraxis bislang in weiten Teilen ein Nischendasein führte, könnten sich aus den oben genannten Corona-Regelungen fruchtreiche Schlüsse für die Gestaltung der Versorgung auch in „regulären Zeiten" ziehen lassen. In diese Richtung kann die dargestellte starke Ausweitung der Inanspruchnahme von Videosprechstunden während der frühen Pandemiephase interpretiert werden (→ Rn. 96).

V. Wesentliche Maßnahmen im stationären Bereich

125 Während einer Pandemie beansprucht ein größerer Anteil der mit einer hochansteckenden Infektionskrankheit infizierten Patientinnen und Patienten eine vollstationäre Krankenhausbehandlung nach § 39 SGB V. Die konkrete Anzahl der krankenhausbehandlungsbedürftigen Patientinnen und Patienten hängt von der Art und der Schwere der Infektionserkrankung ab. Durch die rasante und flächendeckende Verbreitung des Coronavirus und die ausgelöste Erkrankung COVID-19 wird deutlich, wie wichtig eine **funktionsfähige Versorgung im stationären Bereich** ist.

126 Vor der sich in Deutschland erstmals im Jahr 2020 ausbreitenden Corona-Pandemie gab es für Pandemien keine gesetzlichen Regelungen des Bundes, die primär darauf ausgerichtet waren, die stationäre Versorgung durch Finanz- oder Sachmittel zu unterstützen bzw. den Schutz der Patientinnen und Patienten sowie des Krankenhauspersonals zu gewährleisten. Zur Bekämpfung der Pandemie existierte zunächst nur das 1961 erlassene Bundes-Seuchengesetz (BSeuchG)[133], das durch das am 20.7.2000 in Kraft getretene IfSG[134] abgelöst wurde (→ Rn. 5). Sie sahen jedoch keine speziellen und für den Ernstfall einer Pandemie verwendbaren praktischen Vorgaben für die Organisation der stationären Versorgung vor. Das Krankenhaus war lediglich als mitwirkungspflichtig iSd § 1 Abs. 2 IfSG adressiert (ausführlich *Schüffner* in → § 10 Rn. 4 ff.).

127 Vor dem Hintergrund der aktuellen Corona-Pandemie hat der Gesetzgeber eine Vielzahl von **neuen Maßnahmen** in der stationären Versorgung vorgesehen, die zu einer Eindämmung der Infektion und einer Versorgung der mit COVID-19 infizierten Personen führen sollten und weiterhin sollen. Denn die zentrale Aufgabe der Gesundheitspolitik in einer Pandemie ist der Schutz der Gesundheit der Bevölkerung.[135] Diese Maßnahmen sowie daraus folgende erforderliche „finanzielle Rettungsschirme" wurden seit März 2020 insbesondere auf das COVID-19-Krankenhausentlastungsgesetz v. 27.3.2020[136] (→ Rn. 10), auf das Zweite Gesetz zum Schutz der Bevölkerung bei einer epidemischen

133 Gesetz zur Verhütung und Bekämpfung übertragbarer Krankheiten beim Menschen v. 18.7.1961 (BGBl. I 1012).
134 BGBl. 2020 I 1045, zuletzt geändert durch Gesetz v. 27.3.2020 (BGBl. I 587).
135 *Knufmann-Happe* in Kloepfer Pandemien S. 1 (24).
136 Gesetz zum Ausgleich COVID-19 bedingter finanzieller Belastungen der Krankenhäuser und weiterer Gesundheitseinrichtungen (COVID-19-Krankenhausentlastungsgesetz) v. 27.3.2020 (BGBl. I 580).

Lage von nationaler Tragweite[137] (→ Rn. 11), auf das Gesetz für ein Zukunftsprogramm Krankenhäuser (Krankenhauszukunftsgesetz – KHZG) v. 23.10.2020[138] (→ Rn. 13) und auf das Dritte Gesetz zum Schutz der Bevölkerung bei einer epidemischen Lage von nationaler Tragweite v. 18.11.2020[139] (→ Rn. 14) gestützt. Darüber hinaus wurden verschiedene Verordnungen durch das BMG zB auf der Grundlage des § 5 IfSG und des § 23 KHG wie auch weiterer Kompetenznormen erlassen. Konkretisiert wurden die einzelnen Vorgaben durch Vereinbarungen zwischen den Selbstverwaltungspartnern GKV-Spitzenverband, Deutsche Krankenhausgesellschaft (DKG) und dem Verband der privaten Krankenversicherung (PKV) sowie Beschlüsse des G-BA (→ Rn. 172 ff.).

Die überwiegend zeitlich befristeten Regelungen der unterschiedlichen Gesetze dienen insbesondere der **Sicherstellung der stationären Versorgung** anlässlich der Corona-Pandemie.[140] Dazu sollen Krankenhäuser zB die Bettenkapazität für mit dem Coronavirus infizierte Patientinnen und Patienten erhöhen, indem planbare Aufnahmen, Eingriffe und Operationen verschoben oder ausgesetzt und zusätzliche Intensivbetten geschaffen werden (→ Rn. 131).[141] 128

Da die Corona-Pandemie bereits mehrere Monate andauert, die Infektionszahlen in diesem Zeitraum stark variierten und die wirtschaftliche Leistungsfähigkeit und Liquidität der Krankenhäuser wiederholt kurzfristig gesichert werden sollte, mussten Gesetz- und Verordnungsgeber auf die jeweilige Situation durch neue Regelungen reagieren. Aus diesem Grund gelten einige gesetzliche Regelungen nicht mehr (wie zB die Ausgleichszahlungen nach § 21 Abs. 1 KHG → Rn. 131 ff.), andere Regelungen, die zeitweise ausgesetzt waren, sind nun wieder anwendbar (wie die Pflegepersonaluntergrenzenverordnung → Rn. 163 ff.) und wiederum andere wurden durch neue Regelungen erweitert (wie zB die Regelungen zu Abrechnungs- und Strukturprüfungen → Rn. 149 ff.). Darüber hinaus gibt es Maßnahmen, die erstmals als notwendig erachtet wurden, um die stationäre Versorgung sicherzustellen. Letzteres trifft zB auf die Ausgleichszahlungen nach § 21 Abs. 1 a KHG (→ Rn. 136 ff.) zu. 129

Die folgenden Ausführungen beschränken sich auf die wesentlichen Änderungen und Entwicklungen vor dem Hintergrund der Corona-Pandemie.

1. Ausgleichszahlungen

Die gesetzliche Krankenversicherung ist im Rahmen der Corona-Pandemie verpflichtet worden, die Krankenhäuser bei der Wahrung ihrer Liquidität durch unterschiedliche Ausgleichszahlungen zu unterstützen. Die Zahlung erfolgt aus der Liquiditätsreserve des Gesundheitsfonds (→ Rn. 10). 130

a) Ausgleichszahlungen nach § 21 Abs. 1 KHG

Durch das COVID-19-Krankenhausentlastungsgesetz v. 27.3.2020 wurden in § 21 Abs. 1 KHG Ausgleichszahlungen für zugelassene Krankenhäuser für die Ausfälle der 131

137 Zweites Gesetz zum Schutz der Bevölkerung bei einer epidemischen Lage von nationaler Tragweite, vgl. BT-Drs. 19/18967.

138 Gesetz für ein Zukunftsprogramm Krankenhäuser (Krankenhauszukunftsgesetz – KHZG) v. 23.10.2020 (BGBl. I 2208).

139 Drittes Gesetz zum Schutz der Bevölkerung bei einer epidemischen Lage von nationaler Tragweite v. 18.11.2020 (BGBl. I 2397).

140 Ausführlich zu den Zielen *Bockholdt/Lungstras/Schmidt* NZS 2020, 324.

141 Beschluss der Bundeskanzlerin und der Regierungschefinnen und Regierungschefs der Länder v. 12.3.2020; so auch BT-Drs. 19/18112, 1; vgl. auch Anordnung der Länder, so für das Land Berlin § 8 Abs. 1 der Vierten Verordnung zur Änderung der SARS-CoV-2-Eindämmungsmaßnahmenverordnung v. 21.4.2020, GVBl. 2020, 263.

Einnahmen vorgesehen, die zwischen dem 16.3. und 30.9.2020 dadurch entstehen, dass Betten nicht wie vor dem Auftreten der Corona-Pandemie geplant belegt werden können. Die Ausgleichszahlungen erfolgten in Form eines Pauschalbetrags aus der Liquiditätsreserve des Gesundheitsfonds (→ Rn. 10). Dadurch sollte die Liquidität von Krankenhäusern gesichert werden, die planbare Aufnahmen, Eingriffe und Operationen verschoben und somit zur Erhöhung der Bettenkapazität beitrugen.[142]

132 Die Höhe der Ausgleichsforderung des einzelnen Krankenhauses wurde nach § 21 Abs. 2 KHG in einem **zweistufigen Verfahren** ermittelt: In einem ersten Schritt subtrahierten die Krankenhäuser für den Zeitraum v. 16.3.2020 bis zum 30.9.2020 tagesbezogen die Anzahl teil- oder vollstationär behandelter Patientinnen und Patienten von der Zahl der im Jahresdurchschnitt 2019 pro Tag stationär behandelter Patientinnen und Patienten. Daraus ergab sich der sogenannte Referenzwert. War der ermittelte Wert größer als Null, wurde er im zweiten Schritt mit der in § 21 Abs. 3 KHG festgelegten tagesbezogenen Pauschale in Höhe von 560 EUR multipliziert solange sie nicht nach § 23 Nr. 2 KHG durch Rechtsverordnung anders bestimmt wurde.[143] Die Ausgleichszahlungen werden nicht im Gesamtbetrag oder dem Erlösausgleich nach dem Krankenhausentgeltgesetz (KHEntgG) oder der Bundespflegesatzverordnung (BPflV) berücksichtigt.[144]

133 Das BMG hat im Rahmen seiner Befugnis nach § 21 Abs. 3 KHG die **COVID-19-Ausgleichs-Anpassungs-Verordnung v. 3.7.2020** erlassen , um durch unterschiedliche Höhen der Pauschale die verschiedenen Kostenstrukturen der Krankenhäuser zu berücksichtigen.[145] Danach wird zwischen somatischen und psychiatrischen und psychosomatischen Krankenhäusern differenziert und somatische Krankenhäuser ausgehend von der Schwere der vollstationären Patientenfälle und deren jahresdurchschnittlicher Verweildauer im Jahr 2019 in fünf unterschiedliche Kategorien der Pauschalen zur Berechnung der Ausgleichszahlung eingeordnet.[146]

134 Gemäß § 21 Abs. 7 KHG idF v. 23.3.2020 wurden die Vertragsparteien nach § 17 b Abs. 2 KHG beauftragt, bis zum 10.4.2020 **das Nähere zum Nachweisverfahren** der Zahl der täglich voll- oder teilstationär behandelten Patientinnen und Patienten im Vergleich zum Referenzwert für die Ermittlung und Meldung nach § 21 Abs. 2 KHG zu vereinbaren. Sie sind diesem gesetzlichen Auftrag zunächst fristgerecht durch die „Vereinbarung nach § 21 Abs. 7 KHG (Ausgleichszahlungsvereinbarung) v. 2.4.2020“[147] nachgekommen. Notwendige Anpassungen an die Berechnung der Ausgleichszahlungen sind durch die 2. Ausgleichszahlungsvereinbarung v. 13.7.2020 erfolgt.

135 Zum Stand 2.6.2020 wurden nach Auskunft des Bundesamtes für Soziale Sicherung über **4,7 Mrd. EUR Freihaltepauschalen** an die Krankenhäuser gezahlt.[148] Die Regelung in § 21 Abs. 1 KHG wurde nicht über den 30.9.2020 hinaus verlängert. Nach den Gesetzesmaterialien zum Krankenhauszukunftsgesetz wurde zunächst davon ausgegangen, dass die Vielzahl der seit März 2020 ergriffenen Maßnahmen – wie zB die Verfügbar-

142 Gesetz zum Ausgleich COVID-19 bedingter finanzieller Belastungen der Krankenhäuser und weiterer Gesundheitseinrichtungen (COVID-19-Krankenhausentlastungsgesetz) v. 27.3.2020 (BGBl. I 580).

143 BT-Drs. 19/18112, 27 f.; *Bockholdt* in Schlegel/Meßling/Bockholdt, Gesundheit und Soziales Corona § 9 Rn. 15.

144 BT-Drs. 19/18112, 28; *Seby/Wolf/von der Decken* GuP 2020, 85 (86).

145 BR-Drs. 348/20, 1; *Bockholdt* in Schlegel/Meßling/Bockholdt Gesundheit und Soziales Corona § 9 Rn. 9 f.

146 Verordnung zur Anpassung der Ausgleichszahlungen an Krankenhäuser aufgrund von Sonderbelastungen durch das Coronavirus SARS-CoV-2 (COVID-19-Ausgleichszahlungs-Anpassungs-Verordnung – AusglZAV) v. 3.7.2020 (BGBl. I 1556); BR-Drs. 348/20, 2.

147 RS 2020/261 v. 2.4.2020; abrufbar unter https://www.gkv-spitzenverband.de/media/dokumente/krankenversicherung_1/krankenhaeuser/20200402_KH_Vereinbarung_Ausgleichszahlung_Corona.pdf.

148 *Augurzky/Busse et al.*, Analysen zum Leistungsgeschehen, zur Erlössituation von Krankenhäusern und zu betroffenen Patienten und ihrer Versorgung in der Corona-Krise, 17.8.2020, S. 3.

keit von Materialien der persönlichen Schutzausrüstung, DIVI Intensivregister, Zusatzentgelt für Testungen im Krankenhaus und verbreitete Nutzung des Mund-Nasen-Schutzes – eine Verlängerung der pauschalen finanziellen Regelungen entbehrlich machen und ein Erlösrückgang durch krankenhausindividuelle Verhandlungen der Vertragsparteien vor Ort (→ Rn. 145) ausgeglichen werden könne.[149] Dass diese Einschätzung nur teilweise richtig gewesen sein kann oder durch Verschärfung der Pandemie revidiert werden musste, zeigt die kurz darauf erfolgte Aufnahme neuer und spezifizierter pauschaler Ausgleichsregelungen in § 21 Abs. 1 a KHG (→ Rn. 136 ff.).

b) Ausgleichszahlungen nach § 21 Abs. 1 a KHG

Durch das Dritte Gesetz zum Schutz der Bevölkerung bei einer epidemischen Lage von nationaler Tragweite werden im Rahmen eines neuen „Klinik-Rettungsschirmes" **neue Ausgleichszahlungen** aus der Liquiditätsreserve des Gesundheitsfonds vorgesehen. Durch diese sollen Ausfälle ausgeglichen werden, die sich dadurch ergeben, dass planbare Aufnahmen, Operationen und Eingriffe zugunsten der Verfügbarkeit von Intensivbetten verschoben werden.[150] Dabei soll insbesondere **regional sichergestellt** werden, dass die stationäre intensivmedizinische Versorgung von infizierten Patientinnen und Patienten gewährleistet werden kann. Aus diesen Gründen erfolgt eine Differenzierung zwischen Krankenhäusern, die aufgrund ihrer vorzuhaltenden Versorgungsstrukturen zur intensivmedizinischen Behandlung mit Beatmungsmöglichkeit geeignet sind und solchen, die die Regelbehandlung übernehmen.[151] Die Regelung war zunächst für den Zeitraum v. 18.11.2020 bis zum 31.1.2021 befristet. Durch die Erste Verordnung zur Änderung der Verordnung zur Anpassung der Voraussetzungen für die Anspruchsberechtigung der Krankenhäuser nach § 21 Abs. 1 a des Krankenhausfinanzierungsgesetzes v. 22.12.2020 v. 26.1.2021 wurde sie zunächst bis zum 28.2.2021 und anschließend durch eine weitere Änderung der Verordnung v. 24.2.2021[152] bis zum 11.4.2021 verlängert. 136

Anders als bei den Freihaltepauschalen nach § 21 Abs. 1 KHG müssen die Krankenhäuser daher weitere Voraussetzungen erfüllen, um eine Ausgleichszahlung nach § 21 Abs. 1 a KHG zu erhalten. Ein Krankenhaus qualifiziert sich für die Ausgleichszahlungen nach § 21 Abs. 1 a S. 2 Nr. 1 KHG, wenn 137

- es in einem Landkreis oder einer kreisfreien Stadt liegt, in der die 7-Tage-Inzidenz der Infektionen je 100.000 Einwohner über 70 liegt,
- der Anteil freier betreibbarer intensivmedizinischer Behandlungskapazitäten in dem Landkreis oder der kreisfreien Stadt in einem ununterbrochenen Zeitraum von sieben Tagen durchschnittlich unter 25 % liegt,
- die für die Krankenhausplanung zuständige Landesbehörde das Krankenhaus für den Erhalt der Freihaltepauschale benennt,
- das Krankenhaus einen Zuschlag für die Teilnahme an der umfassenden oder erweiterten Notfallversorgung (Stufe 2 oder 3) gemäß § 9 Abs. 1 a Nr. 5 KHEntgG für das Jahr 2019 oder 2020 vereinbart hat oder noch keine Zu- oder Abschläge für die Teilnahme oder Nichtteilnahme an der Notfallversorgung gem. § 9 Abs. 1 a Nr. 5 des Krankenhausentgeltgesetzes vereinbart haben und eine Versorgungsstruktur dieser Art aufweist.

---

149 BT-Drs. 19/22126, 42.
150 BT-Drs. 19/24334, 83 f.
151 BT-Drs. 19/24334, 84.
152 Zweite Verordnung zur Änderung der Verordnung zur Anpassung der Voraussetzungen für die Anspruchsberechtigung der Krankenhäuser nach § 21 Absatz 1 a des Krankenhausfinanzierungsgesetzes v. 24.2.2021, BAnZ AT 25.2.2021, V1.

Zudem kann es nach § 21 Abs. 1 a S. 2 Nr. 2 KHG Ausgleichszahlungen erhalten, wenn

- es in einem Landkreis oder einer kreisfreien Stadt liegt, in der die 7-Tage-Inzidenz der Infektionen je 100.000 Einwohner über 70 liegt
- der Anteil freier betreibbarer intensivmedizinischer Behandlungskapazitäten in dem Landkreis oder der kreisfreien Stadt in einem ununterbrochenen Zeitraum von sieben Tagen durchschnittlich unter 15 % liegt
- die für die Krankenhausplanung zuständige Landesbehörde nachrangig zu den Krankenhäusern nach Nr. 1 das Krankenhaus für den Erhalt der Freihaltepauschale benennt
- und dieses einen Zuschlag nach § 9 Abs. 1 a Nr. 5 KHEntgG für die Teilnahme an der Basisnotfallversorgung für das Jahr 2019 oder 2020 vereinbart haben.

138 Die Höhe der Ausgleichszahlung bestimmt sich **krankenhausindividuell** nach dem in § 21 Abs. 2 a KHG dargestellten Berechnungsmodell. Sind die Voraussetzungen nach § 21 Abs. 1 a S. 2 KHG in dem Landkreis oder in der kreisfreien Stadt 14 Tage in Folge nicht mehr erfüllt, hat die für die Krankenhausplanung zuständige Landesbehörde die Bestimmung der zuvor ausgleichsberechtigten Krankenhäuser nach den S. 2 und 4 am 15. Tag aufzuheben. Am 14. Tag nach der Aufhebung endet der Anspruch auf Ausgleichszahlung (§ 21 Abs. 1 a S. 7 KHG).

139 Das BMG hat in der Verordnung zur Anpassung der Voraussetzungen für die Anspruchsberechtigung der Krankenhäuser nach § 21 Abs. 1 a des Krankenhausfinanzierungsgesetzes v. 22.12.2020 **Sonderregelungen** bei besonders hoher 7-Tage-Inzidenz der Coronavirusfälle je 100.000 Einwohner über 200 für den Zeitraum vom 17.12.1020 bis zum 14.1.2021 geschaffen.[153] In diesen Fällen konnte die Landesbehörde unabhängig von dem Anteil freier betreibbare intensivmedizinischer Behandlungskapazitäten in dem Landkreis oder der kreisfreien Stadt Krankenhäuer nach § 21 Abs. 1 a S. 2 Nr. 1 und 2 bestimmen, die Ausgleichszahlungen erhalten. Zudem werden die Bestimmungsmöglichkeiten nach § 21 Abs. 1 a S. 2 Nr. 2 KHG erweitert. Durch eine **Änderungsverordnung v. 26.1.2021**[154] wurden ab dem 15.1.2021 Regelungen für eine besonders hohe 7-Tage-Inzidenz der Coronavirusfälle je 100.000 Einwohner über 150 geschaffen. Zusätzlich wird für Krankenhäuser mit einer bestimmten Expertise – wie zB der Vorhaltung des pflegesensitiven Bereichs Kardiologie oder Herzchirurgie – der Kreis der Anspruchsberechtigten erweitert. Dafür erstellte das Institut für das Entgeltsystem im Krankenhaus eine Übersicht der in Betracht kommenden Krankenhausstandorte.

140 Der GKV-Spitzenverband hat eine **Liste zur Identifizierung der Notfallkrankenhäuser** mit intensivmedizinischen Behandlungskapazitäten veröffentlicht, um die Landesbehörden zu unterstützen.[155] Zudem haben der GKV-Spitzenverband und der Verband der privaten Krankenversicherung gemeinsam mit der DKG eine Vereinbarung nach § 21 Abs. 7 KHG zum Verfahren des Nachweises für die Ausgleichszahlungen nach § 21 Abs. 1 a KHG (Ausgleichszahlungsvereinbarung für vom Land bestimmte Krankenhäuser) v. 14.12.2020 und eine Änderungsvereinbarung v. 8.2.2021[156] beschlossen. Darin wird das Nähere zum Verfahren des Nachweises der täglich voll- oder teilstationär be-

153 Verordnung zur Anpassung der Voraussetzungen für die Anspruchsberechtigung der Krankenhäuser nach § 21 Absatz 1 a des Krankenhausfinanzierungsgesetzes v. 22.12.2020.

154 Erste Verordnung zur Änderung der Verordnung zur Anpassung der Voraussetzungen für die Anspruchsberechtigung der Krankenhäuser nach § 21 Absatz 1 a des Krankenhausfinanzierungsgesetzes v. 22.12.2020 v. 26.1.2021, BAnz AT 27.1.2021.

155 Https://www.gkv-spitzenverband.de/media/dokumente/krankenversicherung_1/krankenhaeuser/KH_Corona_Prognose_der_Notfallstufen_Stand_05.02.2021.pdf.

156 Änderungsvereinbarung zur Vereinbarung nach § 21 Abs. 7 KHG zum Verfahren des Nachweises für die Ausgleichszahlungen nach § 21 Abs. 1 a KH (Ausgleichszahlungsvereinbarung für vom Land bestimmte Krankenhäuser) v. 8.2.2021.

handelten Patientinnen oder Patienten im Vergleich zum Referenzwert für die Ermittlung und Meldung nach § 21 Abs. 2 a KHG vereinbart.

c) Ausgleich für entstandenen Erlösrückgang nach § 21 Abs. 10 KHG

Nach Einschätzung des Beirats nach § 24 KHG werden die Fallzahlen im voll- und teil- 141
stationären Bereich im Verlauf des Jahres 2020 nicht in allen Krankenhäusern denen des Regelbetriebs aus den Jahren vor der Corona-Pandemie entsprechen bzw. diese erreichen. Da dies zB eine Folge der gesetzlichen Vorgaben zur Einschränkung der Behandlungskapazitäten zum Schutz vor Infektionen mit dem Coronavirus ist, werden durch das Krankenhauszukunftsgesetz Ausgleichsregelungen getroffen, um **potenzielle coronabedingte Erlösausfälle** abzumindern.[157] Es ist zu erwarten, dass die Gegenüberstellung der Erlöse für das Jahr 2019 und Jahr 2020 zum Ausgleich eines coronabedingten Erlösrückgangs zu Mehrausgaben für die Kostenträger führt, wobei die tatsächlichen Mehrausgaben individuell von den vom Krankenhaus abgerechneten Leistungen und der erhaltenen Ausgleichszahlungen nach § 21 Abs. 1 KHG abhängen.[158]

Nach § 21 Abs. 10 KHG vereinbaren die Vertragsparteien nach § 17 b Abs. 2 KHG das 142
Nähere über den Ausgleich eines aufgrund des Coronavirus entstandenen Erlösrückgangs. Insbesondere sollen Einzelheiten für die Ermittlung der Erlöse für allgemeine stationäre und teilstationäre Krankenhausleistungen für die Jahre 2019 und 2020 (Nr. 1), Kriterien, anhand derer ein im Jahr 2020 gegenüber dem Jahr 2019 aufgrund des Coronavirus SARS-CoV-2 entstandener Erlösrückgang festgestellt wird (Nr. 2), Einzelheiten zum Nachweis der Erfüllung der nach Nr. 2 vereinbarten Kriterien (3.) und die Höhe des Ausgleichssatzes für einen im Jahr 2020 gegenüber dem Jahr 2019 aufgrund des Coronavirus entstandenen Erlösrückgangs (Nr. 4) vereinbart werden. Diese Auflistung ist nicht abschließend, so dass die Vertragsparteien auf Bundeebene weitere Sachverhalte regeln können.[159]

Nach § 21 Abs. 10 S. 2 KHG sind für die Ermittlung der Erlöse aus den Jahren 2019 143
und 2020 alle Erlöse aus den voll- und teilstationären Krankenhausleistungen sowie die im Jahr 2020 erhaltenen Ausgleichzahlungen zugrunde zu legen. Hingegen sind die Beträge nach § 21 Abs. 5 S. 1, die Zuschläge nach § 21 Abs. 6 S. 1 und die Zusatzentgelte nach § 26 Abs. 1 S. 1 sowie auch tagesbezogene Pflegeentgelte nach § 7 Abs. 1 S. 1 Nr. 6 a KHEntgG nicht zu berücksichtigen. Eine **Doppelfinanzierung** durch den Erlösausgleich ist auszuschließen.[160]

Die Vertragsparteien auf Bundesebene haben sich auf eine „Vereinbarung nach § 21 144
Abs. 10 KHG über den Ausgleich eines aufgrund des Coronavirus SARS-CoV-2 entstandenen Erlösrückgangs (**Corona-Ausgleichsvereinbarung 2020**)" verständigt, nach der die Höhe des Ausgleichssatzes für einen im Jahr 2020 gegenüber dem Jahr 2019 aufgrund des Coronavirus entstandenen Erlösrückgang 85 % beträgt.[161]

In Ergänzung zu § 21 Abs. 10 KHG wurde in § 21 Abs. 11 KHG ein Anspruch der 145
Krankenhäuser aufgenommen, mit den Vertragsparteien vor Ort auf der Grundlage der Corona-Ausgleichsvereinbarung 2020 die Erlöse für die Jahre 2019 und 2020 zu ermitteln und einen entsprechenden Ausgleich zu vereinbaren.[162] Beide Regelungen sollen die Möglichkeit schaffen, einen aufgrund des Coronavirus entstandenen und nicht ander-

157 BT-Drs. 19/22126, 28.
158 BT-Drs. 19/22126, 32.
159 BT-Drs. 19/22126, 43.
160 BT-Drs. 19/22126, 43.
161 Https://www.gkv-spitzenverband.de/media/dokumente/krankenversicherung_1/krankenhaeuser/KH_Corona-Ausgleichsvereinbarung_2020_18.12.2020.pdf.
162 BT-Drs. 19/22126, 43 f.

weitig finanzierten Erlösrückgang **krankenhausindividuell durch die Vertragsparteien vor Ort** auszugleichen.[163]

2. Kostenübernahme für Intensivbetten

146 Durch das COVID-19-Krankenhausentlastungsgesetz wurde in § 21 Abs. 5 KHG zudem die Schaffung oder Vorhaltung zusätzlicher intensivmedizinischer Behandlungskapazitäten mit maschineller Beatmungsmöglichkeit bis zum 30.9.2020 mit Genehmigung der für die Krankenhausplanung zuständigen Landesbehörden berücksichtigt.[164] Für diesen Fall wurde eine Einmalzahlung von 50.000 EUR pro aufgestelltem oder vorgehaltenem Intensivbett vorgesehen. Die geförderten Betten sollten nach der Gesetzesbegründung über ein Monitoring mit gleichzeitiger Anzeige von Elektrokardiogramm, Sauerstoffsättigung und invasiven Drücken sowie Zugriffsmöglichkeiten auf Blutgasanalysegeräte verfügen.[165] Dies ist aber keine Finanzierungsvoraussetzung. Die Kostenübernahme diente insbesondere der **Schaffung von Intensivbetten** angesichts der erwarteten Patientenzahlen bei gleichzeitiger Sicherstellung der Liquidität der Krankenhäuser. Die geförderten Intensivbetten konnten zusätzlich, sollten aber vornehmlich aus dem Bestand anderer Stationen geschaffen werden.[166] Diese Ausgleichsregelung wurde nicht durch eines der nachfolgenden Gesetze verlängert.

3. Weitere coronabedingte Mehrkosten

147 Zur Sicherstellung der Finanzierung der Mehraufwendungen der Krankenhäuser wurde durch das COVID-19-Krankenhausentlastungsgesetz in § 21 Abs. 6 KHG ein Zuschlag für Schutzausrüstung in Höhe von 50 EUR für jeden Patienten vorgesehen, der zwischen dem 1.4.2020 und dem 30.6.2020 zur voll- oder teilstationären Behandlung in ein Krankenhaus aufgenommen wurde. Dieser Zuschlag diente der **pauschalen Abgeltung von Preis- und Mengensteigerungen** infolge des Coronavirus, insbesondere für persönliche Schutzausrüstungen. Da nicht für die Behandlung eines jeden aufgenommenen Patienten eine Schutzausrüstung notwendig ist, wurden in der Höhe der Pauschale auch bereits vor dem 1.4.2020 oder nach dem 30.6.2020 aufgenommene Patienten berücksichtigt.[167] Mit der COVID-19-Ausgleichszahlungs-Änderungsverordnung wurde diese Regelung nur bis zum 30.9.2020 verlängert.[168]

148 Neben der Vorhaltung von Schutzausrüstung sind den Krankenhäusern auch weitere pandemiebedingte Mehrkosten entstanden. Der GKV-Spitzenverband, der Verband der Privaten Krankenversicherung und die DKG waren daher verpflichtet, bis zum 31.12.2020 Zuschläge zur Finanzierung von nicht anderweitig finanzierten Mehrkosten zu vereinbaren, die den Krankenhäusern aufgrund des Coronavirus bei der stationären und teilstationären Behandlung der Patientinnen und Patienten entstehen. Die Vertragsparteien haben am 12.10.2020 zunächst die **Corona-Mehrkostenzuschlagsvereinbarung 2020** geschlossen, die bis zum 31.12.2020 galt.[169] Darin wurde den Krankenhäusern und Krankenkassen empfohlen, die zuvor gesetzlich geregelten Zuschläge für das vierte Quartal 2020 weiterhin zu gewähren. Die Vertragsparteien empfahlen eine Fortgeltung

163 BT-Drs. 19/22126, 42.

164 Ausführlich zur Genehmigung durch die Landesbehörden in den unterschiedlichen Bundesländern: *Seby/Wolf/von der Decken* GuP 2020, 85 (86).

165 BT-Drs. 19/18112, 28.

166 BT-Drs. 19/18112, 28.

167 BT-Drs. 19/18112, 28.

168 § 2 Abs. 1 Verordnung zur Anpassung der Ausgleichszahlungen an Krankenhäuser aufgrund von Sonderbelastungen durch das Coronavirus SARS-CoV-2 (COVID-19-Ausgleichszahlungs-Anpassungs-Verordnung – AusglZAV) v. 3.7.2020 (BGBl. I 1556).

169 Vereinbarung nach § 9 Absatz 1 a Nr. 9 KHEntgG über Vorgaben für Zuschläge nach § 5 Absatz 3 i KHEntgG für 2020 (Corona-Mehrkostenzuschlagsvereinbarung 2020) v. 12.10.2020.

der Zuschläge auch für die Vertragsparteien nach § 11 BPflV und erweiterten daher den Geltungsbereich der Corona-Mehrkostenzuschlagsvereinbarung 2020 anders als durch § 9 Abs. 1 a Nr. 9 iVm § 5 Abs. 3 i KHEntgG vorgegeben auch auf psychiatrische Krankenhäuser.

Für das erste Quartal 2021 wird die Höhe der vorläufigen Zuschlagszahlung nun durch die **2. Corona-Mehrkostenzuschlagsvereinbarung** bestimmt.[170] Danach wird für jede Patientin und jeden Patienten, der zur voll- oder teilstationären Behandlung in das Krankenhaus aufgenommen wird, ein Zuschlag von 40 EUR, bei Nachweis einer Infektion mit dem Corona-Virus von 80 EUR gezahlt. Im Bereich der BPflV umfasst der Zuschlag 20 EUR.

4. Abrechnungs- und Strukturprüfungen

Die Abrechnungs- und Strukturprüfungen in Krankenhäusern haben während der 149 Corona-Pandemie wiederholt Änderungen erfahren. Ziel dieser Neuregelungen ist es insbesondere, das Infektionsrisiko der Patientinnen und Patienten, des Pflegepersonals und der Prüfer zu reduzieren und die Krankenhäuser dadurch zu entlasten.[171]

a) Abrechnungsprüfungen

In einem ersten Schritt wurden durch das COVID-19-Krankenhausentlastungsgesetz die 150 Abrechnungsprüfungen nach §§ 275 b ff. SGB V an die Vorgaben der Corona-Pandemie angepasst. So wurde in § 275 b Abs. 4 SGB V bestimmt, dass die **Regelprüfungen** durch den Medizinischen Dienst (MD) nach § 275 Abs. 1 SGB V vorübergehend bis zum 30.9.2020 ausgesetzt wurden. Dies betraf ausdrücklich jedoch nicht Anlassprüfungen.[172]

Ebenfalls durch das COVID-19-Krankenhausentlastungsgesetz wurden die erst durch das MDK-Reformgesetz[173] eingeführten quartalsbezogenen **Prüfquoten** der bei den Krankenkassen je Quartal eingegangenen Schlussrechnungen für die vollstationäre Krankenhausbehandlung eines Krankenhauses durch die MD für das Jahr 2020 von 12,5 % auf 5 % **vermindert** (§ 275 c Abs. 2 SGB V). Diese Regelung galt bereits rückwirkend für das erste Quartal 2020 und sollte der Entlastung der Krankenhäuser bei den Prüfungen dienen, die von den Krankenkassen eingeleitet und vom Medizinischen Dienst durchgeführt wurden.[174] Der in § 275 c Abs. 3 SGB V vorgesehene Aufschlag auf die beanstandete Abrechnung eines Krankenhauses in Höhe von 10 % des Differenzbetrages, mindestens jedoch 300 EUR ist erst ab dem Jahr 2022 zu zahlen, um Krankenhäuser nicht mit weiteren Kosten zu belasten.[175]

Durch die Regelungen im Zweiten Gesetz zum Schutz der Bevölkerung bei einer epide- 151 mischen Lage von nationaler Tragweite wurden diese Regelungen ergänzt: Für Krankenhäuser, die Patientinnen und Patienten mit einer Infektion mit dem Coronavirus oder mit dem Verdacht auf eine entsprechende Infektion behandeln, wurden in § 25 KHG **Lockerungen bei den Abrechnungsprüfungen** vorgesehen. Der zuständige Kostenträger darf die ordnungsgemäße Abrechnung der von einem Krankenhaus zwi-

170 Vereinbarung nach § 9 Absatz 1 a Nr. 9 KHEntgG über vorläufige Zahlungen für die Zuschläge nach § 5 Absatz 3 i KHEntgG sowie nach § 9 Absatz 1 Nummer 3 BPflV (2. Corona-Mehrkostenzuschlagsvereinbarung) v. 18.12.2020.

171 ZB BT-Drs. 19/18112, 35 f.

172 BT-Drs. 19/18112, 35.

173 Gesetz für bessere und unabhängigere Prüfungen (MDK-Reformgesetz) v. 14.12.2019 (BGBl. I 587).

174 BT-Drs. 19/18112, 35 f.; krit. zur Notwendigkeit, die Prüfquoten zu vermindern *Sehy/Wolf/von der Decken* GuP 2020, 85 (90).

175 *Sehy/Wolf/von der Decken* GuP 2020, 85 (91); krit. *Bockholdt* in Schlegel/Meßling/Bockholdt Gesundheit und Soziales Corona § 9 Rn. 94.

schen dem 1.4.2020 und dem 30.6.2020 erbrachten Leistungen nicht daraufhin prüfen, ob die nach § 25 Abs. 2 KHG gelisteten Mindestmerkmale erfüllt sind. Dies geschieht vor dem Hintergrund, dass es den Krankenhäusern zB aufgrund der organisatorischen Umstrukturierungen sowie den damit verbundenen Personalverlagerungen auf die Intensivstationen nicht möglich ist, die in Codes des Operationen- und Prozedurenschlüssels nach § 301 Abs. 2 S. 2 SGB V bestimmten Mindestanforderungen zu erfüllen. Damit den Krankenhäusern durch diese Maßnahmen keine finanziellen Nachteile entstehen, wurde das DIMDI[176] beauftragt, eine Liste der Mindestmerkmale bestimmter OPS-Codes festzulegen, die von der Prüfung der Abrechnungen ausgenommen werden.[177] Diese Liste wurde mit Stand 20.5.2020 im Internet veröffentlicht.[178]

152 Diese Ausnahmen von den Prüfungen bei Krankenhausbehandlung wurde durch das Dritte Bevölkerungsschutzgesetz nun auf den Zeitraum v. 1.11.2020 bis 30.6.2021 erstreckt.[179]

153 Ergänzend wurde nach § 275 c Abs. 2 SGB V die Einführung des Prüfquotensystems um ein Jahr auf das **Jahr 2022** verschoben, da es nicht sachgerecht erscheint, ein Prüfquotensystem auf der Basis des Jahres 2020 aufzubauen.[180]

154 Aufgrund der gesetzlichen Neuerungen waren auch Anpassungen an der Prüfverfahrensvereinbarung durch den GKV-Spitzenverband und die DKG notwendig. Ziel der Ergänzungsvereinbarung zur Übergangsvereinbarung zur Prüfverfahrensvereinbarung mit Wirkung zum 1.1.2020[181] ist insbesondere die Entlastung der Krankenhäuser durch **Verlängerung der Unterlagenübermittlungsfrist** auf 28 Wochen und eine entsprechende Anpassung der Frist für die Leistungsentscheidung der Krankenkassen. Zudem wurden Regelungen für solche Abrechnungsprüfungen getroffen, die bereits bis zum 31.3.2020 gegenüber den Krankenhäusern eingeleitet wurden und noch nicht abgeschlossen sind. In diesen Fällen kann eine Wandlung von einer Vor-Ort-Begehung in eine Prüfung nach Aktenlage erfolgen. Des Weiteren waren Regelungen für eine nachträgliche Reduzierung der Prüfquote für das erste Quartal 2020 zu treffen, da die Prüfquote nach § 275 c Abs. 2 SGB V nach dem COVID-19-Krankenhausentlastungsgesetz bereits für das erste Quartal 2020 auf 5 % reduziert wurde. In Fällen der Stornierung aus diesen Gründen soll § 275 c Abs. 1 S. 2 SGB V keine Anwendung finden und keine Aufwandspauschale anfallen.[182] Diese Regelungen wurden für Abrechnungsprüfungen, die bis zum 31.3.2021 eingeleitet werden, verlängert.[183]

---

176 Die bisher vom Deutschen Institut für Medizinische Dokumentation und Information (DIMDI) wahrgenommenen Aufgaben gehen zum 26.5.2020 auf das Bundesinstitut für Arzneimittel und Medizinprodukte (BfArM) über.

177 BT-Drs. 19/18967, 52, 65 f.

178 S. https://www.dimdi.de/dynamic/.downloads/klassifikationen/ops/version2020/ops2020syst-aussetzung-pruefung-mindestmerkmale-20200520.pdf.

179 BT-Drs. 19/24334, 88.

180 BT-Drs. 19/18967, 72; *Bockholdt* in Schlegel/Meßling/Bockholdt Gesundheit und Soziales Corona § 9 Rn. 82.

181 Ergänzungsvereinbarung v. 2.4.2020 zur Übergangsvereinbarung v. 10.12.2019 zur Vereinbarung über das Nähere zum Prüfverfahren nach § 275 c Abs. 1 c SGB V (Prüfverfahrensvereinbarung – PrüfvV) gemäß § 17 c Abs. 2 KHG v. 3.2.2016; abrufbar unter https://www.gkv-spitzenverband.de/media/dokumente/krankenversicherung_1/krankenhaeuser/abrechnung/abrechnungspruefung/KH_Ergaenzungs-Vb_zur_Uebergangs-Vb_zur_PruefvV_2020_04_02.pdf.

182 Weitere Erläuterungen ergeben sich aus den „Gemeinsamen Hinweisen von Deutscher Krankenhausgesellschaft und GKV-Spitzenverband zur Ergänzungsvereinbarung zur Übergangsvereinbarung zur Prüfverfahrensvereinbarung" v. 2.4.2020; abrufbar auf der Homepage des GKV-Spitzenverbandes.

183 Fortschreibung v. 17.11.2020 der Ergänzungsvereinbarung v. 2.4.2020 zur Übergangsvereinbarung v. 10.12.2020 zur Prüfverfahrensvereinbarung v. 3.2.2016.

b) Strukturprüfungen

Durch das COVID-19-Krankenhausentlastungsgesetz wurde festgelegt, dass die Einführung von **Strukturprüfungen** nach § 275 d SGB V zur Entlastung der mit der Versorgung der infizierten Patientinnen und Patienten befassten Krankenhäuser um ein Jahr verschoben wird.[184] 155

Im Rahmen des Dritten Bevölkerungsschutzgesetzes wurden nun auch die Ausnahmeregelungen des § 25 KHG auf Strukturprüfungen erweitert.[185] So kann die **Liste der Mindestmerkmale der vom DIMDI bestimmten Kodes des Operationen- und Prozedurenschlüssels** nach § 301 Abs. 2 S. 2 SGB V ab dem 1.1.2021 auch Strukturmerkmale enthalten. Nach § 25 Abs. 4 KHG müssen die Krankenhäuser im Zeitraum v. 1.4. bis 30.6.2020 und 1.11.2020 bis 30.6.2021 keinen Nachweis der Strukturmerkmale erbringen, die das DIMDI auf seine Liste nach § 25 Abs. 2 KHG aufgenommen hat. Denn es wird davon ausgegangen, dass Krankenhäuser, die mit der Behandlung von infizierten Patientinnen und Patienten befasst sind, keine aussagekräftigen Nachweise über die Einhaltung von Strukturmerkmalen vorweisen können. Als Folge dessen soll auch der MDK die Einhaltung der Strukturmerkmale nicht prüfen.[186] 156

5. Vorsorge- und Rehabilitationseinrichtungen

Nach § 22 Abs. 1 KHG wird ermöglicht, Patientinnen und Patienten auch vollstationär in von den Ländern bestimmten Vorsorge- und Rehabilitationseinrichtungen zu behandeln. Voraussetzung ist, dass die Einrichtung über einen Versorgungsvertrag mit den Krankenkassen nach § 111 Abs. 2 SGB V oder über entsprechende Verträge mit der gesetzlichen Renten- oder Unfallversicherung verfügt oder dass sie von der gesetzlichen Rentenversicherung selbst betrieben wird. Diese Regelung galt zunächst bis zum 31.1.2021 und wurde durch die Erste Verordnung zur Änderung der Verordnung zur Anpassung der Voraussetzungen für die Anspruchsberechtigung der Krankenhäuser nach § 21 Abs. 1 a KHG vom 26.1.2021 zunächst bis zum 28.2.2021 und durch die Zweite Verordnung zur Änderung der Verordnung zur Anpassung der Voraussetzungen für die Anspruchsberechtigung der Krankenhäuser nach § 21 Abs. 1 a des Krankenhausfinanzierungsgesetzes v. 24.2.2021 bis zum 11.4.2021 verlängert. 157

Durch das COVID-19-Krankenhausentlastungsgesetz wurde vorgesehen, dass die Liquidität der Vorsorge- und Rehabilitationseinrichtungen durch Ausgleichszahlungen aus der Liquiditätsreserve des Gesundheitsfonds **sichergestellt wird.** Und zwar für Ausfälle der Einkommen, die seit dem 16.3.2020 entstanden, weil Betten nicht wie vor der Corona-Pandemie geplant belegt werden konnten. Das Verfahren zur Ermittlung des Ausgleichsbetrags richtet sich nach § 111 d Abs. 2 bis 4 SGB V. Die Regelungen gelten nicht für Privatkliniken nach § 30 GewO.[187] 158

Mit Inkrafttreten des Dritten Gesetzes zum Schutz der Bevölkerung bei einer epidemischen Lage von nationaler Tragweite wurde die Regelung zur Ausgleichszahlung für den Zeitraum v. 18.11.2020 bis zum 31.1.2021 wiedereingesetzt und zunächst durch die Erste Verordnung zur Änderung der Verordnung zur Anpassung der Voraussetzungen für die Anspruchsberechtigung der Krankenhäuser nach § 21 Abs. 1 a des Krankenhausfinanzierungsgesetzes v. 22.12.2020 v. 26.1.2021 auch bis zum 28.2.2021 und zwischenzeitlich durch die Zweite Verordnung zur Änderung der Verordnung zur Anpassung der Voraussetzungen für die Anspruchsberechtigung der Krankenhäuser nach § 21 Abs. 1 a des Krankenhausfinanzierungsgesetzes v. 24.2.2021 bis zum 11.4.2021 verlän- 159

184 BT-Drs. 19/18112, 36.
185 BT-Drs. 19/24334, 87.
186 BT-Drs. 19/24334, 88.
187 *Sehy/Wolf/von der Decken* GuP 2020, 85 (88).

gert. Nach § 111 d Abs. 3 S. 2 SGB V beträgt der Anspruch auf Zahlung jedoch nur noch 50 % und nicht wie bis zum 30.9.2020 60 % des mit den Krankenkassen vereinbarten durchschnittlichen Vergütungssatzes der Einrichtung.

160 Der GKV-Spitzenverband und die für die Erbringer von Leistungen zur medizinischen Rehabilitation maßgeblichen Verbände auf Bundesebene haben gemäß § 111 d Abs. 5 SGB V das Nähere zum Verfahren des Nachweises der Zahl der täglich stationär behandelten oder aufgenommenen Patientinnen und Patienten im Vergleich zum Referenzwert und zur Ermittlung des durchschnittlichen Vergütungssatzes zu vereinbaren. Diesem Auftrag sind sie durch die „Ausgleichszahlungsvereinbarung Vorsorge und Rehabilitation nach § 111 d Abs. 5 SGB V“[188] nachgekommen. Die Umsetzung obliegt nach § 111 d SGB V der für die Krankenhausplanung zuständigen Landesbehörde oder einer von dieser Landesbehörde benannten Krankenkasse.

6. Fixkostendegression

161 Der **Fixkostendegressionsabschlag** für die Vereinbarung des Erlösbudgets für das Jahr 2020 wird nach § 4 Abs. 2 a S. 7 KHEntgG ausgesetzt. Nach § 4 Abs. 2 a S. 2 Nr. 1 f KHEntgG werden Leistungen zur Behandlung von Patientinnen und Patienten mit einer SARS-CoV-2-Infektion oder Verdacht auf eine SARS-CoV-2-Infektion von der Erhebung des Fixkostendegressionsabschlags ausgenommen. Dies hat zur Folge, dass die Krankenhäuser die vollständige Vergütung erhalten, auch wenn sie mehr Leistungen vereinbaren als für das vorangegangene Jahr.[189] Zudem können die Vertragsparteien vor Ort durch Vereinbarung weitere Leistungen vom Fixkostendegressionsabschlag ausnehmen.[190]

7. Pflegeentgeltwert

162 Der **Pflegeentgeltwert** nach § 6 a Abs. 4 KHEntgG wird gemäß § 15 Abs. 2 a S. 1 KHEntgG für den Zeitraum ab dem 1.4.2020 abweichend hergeleitet, wenn er aufgrund einer fehlenden Vereinbarung des Pflegebudgets für das Jahr 2020 noch nicht berechnet werden kann. Der § 15 Abs. 2 a S. 1 KHEntgG in der Fassung des Krankenhausentlastungsgesetzes vom 27.3.2020 sah zunächst vor, dass für die Abrechnung der tagesbezogenen Pflegeentgelte nach § 7 Abs. 1 S. 1 Nr. 6 a KHEntgG die Bewertungsrelationen aus dem Pflegeerlöskatalog nach § 17 b Abs. 4 S. 5 KHG bis zum 31.3.2020 mit 146,55 EUR und ab dem 1.4.2020 mit 185 EUR multipliziert werden sollten,[191] um notwendiges Pflegepersonal bei steigender Anzahl der Patientinnen und Patienten durch das Coronavirus entsprechend finanzieren zu können. Nach Vereinbarung des Pflegebudgets erfolgt eine „Spitzabrechnung“ im Falle der Unterdeckung der Pflegepersonalkosten.[192] Bei Überdeckung der Pflegepersonalkosten bleiben diese Mittel aus dem Pflegeentgeltwert dem Krankenhaus.[193] Ab dem 1.1.2021 erfolgt eine Multiplikation mit 163,09 EUR, um auch ab dem Jahr 2021 Liquiditätsprobleme zu vermeiden und den Pflegeentgeltwert an die Pflegepersonalkosten anzupassen.[194]

---

188 RS 2020/303 v. 10.4.2020.

189 BT-Drs. 19/18112, 30; *Sehy/Wolf/von der Decken* GuP 2020, 85 (92); *Bockholdt* in Schlegel/Meßling/Bockholdt Gesundheit und Soziales Corona § 9 Rn. 32 ff.

190 *Bockholdt/Lungstras/Schmidt* NZS 2020, 324 (327); *Bockholdt* in Schlegel/Meßling/Bockholdt Gesundheit und Soziales Corona § 9 Rn. 36.

191 Durch das Zweite Gesetz zum Schutz der Bevölkerung bei einer epidemischen Lage von nationaler Tragweite v. 19.5.2020 wurden zum Pflegeentgeltwert weitere Ergänzungen geregelt; vgl. BT-Drs. 19/19216, 106; → Rn. 122.

192 *Bockholdt/Lungstras/Schmidt* NZS 2020, 324 (326).

193 *Sehy/Wolf/von der Decken* GuP 2020, 85 (91); krit. *Bockholdt* in Schlegel/Meßling/Bockholdt Gesundheit und Soziales Corona § 9 Rn. 43.

194 BT-Drs. 19/24334, 95.

8. Pflegepersonaluntergrenzen

Bereits zu Beginn der Corona-Pandemie wurde die Verpflichtung zur Einhaltung der Pflegepersonaluntergrenzen in pflegesensitiven Bereichen nach § 137i SGB V vor dem Hintergrund steigender Patientenzahlen kritisiert. Durch die **erste Verordnung zur Änderung der Pflegepersonaluntergrenzenverordnung (1. PpUG-VÄndV) v. 25.3.2020**[195] legte das BMG fest, dass die §§ 1 bis 9 der PpUGV für einen Zeitraum bis zum 31.12.2020 ausgesetzt werden. Dies bedeutete, dass ab dem 1.3.2020 die in § 6 PpUGV festgelegten Pflegepersonaluntergrenzen in den pflegesensitiven Bereichen durch die Krankenhäuser vorübergehend nicht eingehalten werden mussten. Ziel war es, einen standort- und stationsunabhängigen und damit variablen Einsatz des Pflegepersonals zu ermöglichen und die durch die Dokumentationspflichten entstehenden Belastungen der Krankenhäuser zu verringern. 163

Durch die **Zweite Änderung der Pflegepersonaluntergrenzenverordnung v. 16.7.2020**[196] wurden die Pflegepersonaluntergrenzen für die Bereiche Intensivmedizin und Geriatrie **wiedereingesetzt**, da die Krankenhäuser überwiegend schrittweise wieder zum Regelbetrieb zurückgekehrt waren. Für die anderen pflegesensitiven Bereiche wurden die Pflegepersonaluntergrenzen weiterhin bis zum 31.12.2020 ausgesetzt.[197] Durch eine **neue Verordnung**[198] werden die Pflegepersonaluntergrenzen auf weitere pflegesensitive Bereiche erweitert und für die bereits normierten Bereiche neue Grenzwerte ab dem 1.2.2021 bestimmt. Die Verordnung vom 28.10.2019, zuletzt geändert am 16.7.2020, tritt außer Kraft. Damit wird klargestellt, dass die Regelungen zur Einhaltung der Pflegepersonaluntergrenzen als Instrument des Patientenschutzes nicht mehr bedingungslos ausgesetzt werden sollen. Ausnahmen, insbesondere aufgrund starker Erhöhungen von Patientenzahlen – wie zB bei Pandemien – bleiben aber nach § 7 Nr. 2 PpUGV möglich, wenn das Krankenhaus den Ausnahmetatbestand nachweist. 164

Die Änderungen zur Geltung der Pflegepersonaluntergrenzen durch die verschiedenen Verordnungen musste zwangsläufig auch bei den Melde- und Nachweispflichten berücksichtigt werden, die der GKV-Spitzenverband, der Verband der privaten Krankenversicherung und die DKG vereinbaren. Durch die Aussetzung der Pflegepersonaluntergrenzen durch die 1. PpUG-VÄndV v. 1.3.2020 bis zum 31.12.2020 entfielen zB zahlreiche **Melde- und Nachweispflichten** für die Einhaltung der Pflegepersonaluntergrenzen. Der Tatbestand der Nichteinhaltung der Pflegepersonaluntergrenzen war daher für den genannten Zeitraum **nicht sanktionierbar**. Infolgedessen haben auch der GKV-Spitzenverband und die DKG die Nachweispflichten angepasst.[199] 165

9. Kostenübernahme für Corona-Testung nach § 26 KHG

Durch das Zweite Gesetz zum Schutz der Bevölkerung bei einer epidemischen Lage von nationaler Tragweite wurden Regelungen zur Übernahme der Kosten durch die Krankenkassen für Corona-Testungen im Krankenhaus in das KHG aufgenommen.[200] Nach § 26 Abs. 1 KHG werden Kosten, die Krankenhäusern für Testungen auf eine Corona- 166

195 Erste Verordnung zur Änderung der Pflegepersonaluntergrenzenverordnung v. 25.3.2020 (BGBl. I 596).

196 Zweite Änderung der Pflegepersonaluntergrenzenverordnung v. 16.7.2020 (BGBl. I 1701).

197 Krit. hierzu Pressemitteilung des GKV-Spitzenverbandes v. 21.7.2020; abrufbar unter https://www.gkv-spitzenverband.de/gkv_spitzenverband/presse/pressemitteilungen_und_statements/pressemitteilung_1064320.jsp.

198 Verordnung zur Festlegung von Pflegepersonaluntergrenzen in pflegesensitiven Bereichen in Krankenhäusern für das Jahr 2021 (Pflegepersonaluntergrenzen-Verordnung – PpUGV) v. 9.11.2020, BGBl. I 2357.

199 Zweite PpUG-Ergänzungs-Nachweis-Vereinbarung 2020 v. 27.8.2020; Änderungsvereinbarung v. 15.9.2020 zur PpUG-Nachweis-Vereinbarung 2020 v. 12.11.2019.

200 Ausführlich hierzu auch *Bockholdt* in Schlegel/Meßling/Bockholdt Gesundheit und Soziales Corona § 9 Rn. 22 ff.

Virus-Infektion bei seit dem 14.5.2020 stationär oder teilstationär behandlungsbedürftigen Patientinnen und Patienten entstehen, durch ein Zusatzentgelt finanziert. Die **Höhe des Zusatzentgelts** war von den Vertragsparteien nach § 17 b Abs. 2 KHG bis Ende Mai 2020 zu vereinbaren. Die Vertragsparteien nach § 17 b Abs. 2 KHG konnten im Rahmen der „Vereinbarung nach § 26 Abs. 2 KHG über ein Zusatzentgelt für Testungen auf das Coronavirus SARS-Cov-2 im Krankenhaus" keine Einigung über die Höhe des Zusatzentgelts erzielen, so dass sie durch die Schiedsstelle nach § 18 a Abs. 6 KHG ergänzt wurde.[201] Danach betrug das Zusatzentgelt für den Labortest im Zeitraum v. 14.5.2020 bis zum 15.6.2020 63,00 EUR, ab dem 16.6.2020 52,50 EUR. Durch die „1. Änderungsvereinbarung zu der Vereinbarung nach § 26 Abs. 2 KHG über ein Zusatzentgelt für Testungen auf das Coronavirus SARS-CoV-2 im Krankenhaus v. 29.10.2020" werden Antigentests seit dem 15.10.2020 über ein Zusatzentgelt in Höhe von 19,00 EUR abgerechnet.

10. Sonderleistung an Pflegekräfte nach § 26 a KHG

167 Durch das Krankenhauszukunftsgesetz wurde der Einsatz von Pflegekräften in Krankenhäusern während der Corona-Pandemie honoriert, die durch die Versorgung von infizierten Patientinnen und Patienten einer **erhöhten Arbeitsbelastung** ausgesetzt waren. Durch § 26 a KHG sollen Pflegekräfte in Krankenhäusern vergleichbar wie Pflegekräfte in der Pflege und Altenversorgung nach § 150 a Abs. 7 SGB XI (→ Rn. 201 ff.) wertgeschätzt werden. Daher erhalten Pflegekräfte, die im Zeitraum v. 1.1.2020 bis zum 31.5.2020 in einem Krankenhaus mit der Behandlung infizierter Patientinnen und Patienten belastet waren, eine Prämie als einmalige Sonderzahlung.[202] Adressiert sind primär Pflegekräfte in der unmittelbaren Patientenversorgung auf bettenführenden Stationen. Nach § 26 a Abs. 2 S. 2 KHG sollen die Prämien jedoch darüber hinaus auch an andere Beschäftigte ausgezahlt werden, die im genannten Zeitraum aufgrund der Corona-Pandemie besonders belastet waren. Dazu können nach der Gesetzesbegründung auch Beschäftigte in der Notaufnahme oder Putzkräfte gehören.[203] Voraussetzung ist lediglich, dass diese einer „Belastung" ausgesetzt waren. Diese resultiert aus dem unmittelbaren Kontakt mit infizierten Patientinnen und Patienten und dadurch erschwerter Arbeitsbedingungen aufgrund zB der Einhaltung bestimmter Hygienemaßnahmen, dem Tragen von Schutzkleidung etc und dem dadurch schwer zu kalkulierenden physischen und psychischen Risiken.[204]

168 In § 26 a Abs. 1 S. 2 KHG ist definiert, wann Krankenhäuser als besonders belastet gelten. Als belastet gelten Krankenhäuser mit weniger als 500 Betten, wenn sie mindestens 20 mit Corona infizierte Personen behandelt und Krankenhäuser mit mehr als 500 Betten, wenn sie mindestens 50 mit Corona infizierte Patientinnen oder Patienten behandelt haben. § 26 a Abs. 1 S. 3 und 4 KHG bestimmt wie die Verteilung der Gelder aus der Liquiditätsreserve des Gesundheitsfonds (93 Mio. EUR) und den Mitteln der privaten Krankenversicherung (7 Mio. EUR[205]) zwischen den Krankenhäusern verteilt werden. Die endgültige Verteilung der Prämien an die Pflegekräfte erfolgt individuell durch den jeweiligen Krankenhausträger im Einvernehmen mit der Arbeitnehmervertretung (Abs. 2). Die individuelle Höhe der Prämie darf bis 1.000 EUR betragen.[206]

---

201 Beschluss der Schiedsstelle v. 5.6.2020 zur Vereinbarung nach § 26 Abs. 2 KHG über ein Zusatzentgelt für Testungen auf das Coronavirus SARS-CoV-2 im Krankenhaus.

202 BT-Drs. 19/22609, 54.

203 BT-Drs. 19/22609, 55.

204 BT-Drs. 19/22609, 55.

205 Der von der privaten Krankenversicherung finanzierte Teil entspricht sieben Prozent des für die Finanzierung der Prämien notwendigen Mittelbedarf, s. a. BT-Drs. 19/22609, 55.

206 BT-Drs. 19/22609, 55.

Der GKV-Spitzenverband ist nach § 26 a Abs. 3 S. 3 KHG in diesem Zusammenhang verpflichtet, die Summen entsprechend der Berechnung des InEKs an die jeweiligen Krankenhausträger auszuzahlen und dem BMG eine krankenhausbezogene Aufstellung der ausgezahlten Mittel bis Ende März 2021 zur Verfügung zu stellen. Diese Verpflichtung dient der Transparenz hinsichtlich der Verteilung der an die Krankenhäuser gezahlten Mittel.[207] 169

11. Kostenerstattung für durch den Bund beschaffte Produkte nach § 26 c KHG

Die Neuregelung des § 26 c KHG wurde durch das Dritte Gesetz zum Schutz der Bevölkerung bei einer epidemischen Lage von nationaler Tragweite in das Krankenhausfinanzierungsgesetz integriert. Danach sollen Krankenhäusern **nicht anderweitig finanzierte Kosten** erstattet werden, die für Produkte entstehen, die während einer Pandemie zentral durch den Bund beschafft, vorfinanziert und kostenpflichtig an die Krankenhäuser abgegeben werden. Dabei sind Produkte insbesondere vom Bund eingekaufte Arzneimittel.[208] Die Krankenhäuser berechnen in diesem Fall **Zusatzentgelte** gegenüber den Kostenträger, sofern das Produkt noch nicht anderweitig innerhalb der stationären Entgeltsysteme vergütet wird. Die Zusatzentgelte sind nur solange abzurechnen, bis die Menge der zentral beschafften Produkte aufgebracht oder das Produkt anderweitig im Entgeltsystem berücksichtigt ist.[209] Ausdrücklich ausgeschlossen aus der Regelung des § 26 c KHG ist nach der Gesetzesbegründung die zentrale Beschaffung der persönlichen Schutzausrüstung, die bereits über den Zuschlag nach § 5 Abs. 3 i KHG abgegolten sein soll.[210] 170

Der GKV-Spitzenverband, der Verband der privaten Krankenversicherung und die DKG haben nach § 26 c Abs. 2 KHG innerhalb von zwei Wochen nach Mitteilung des BMG über die Beschaffung des Produktes die Höhe und nähere Einzelheiten des Zusatzentgeltes zu vereinbaren. Um eine einheitliche Abrechnung sicherzustellen, ist insbesondere die Höhe des Zusatzentgeltes festzulegen. Diese entspricht dem Preis, zu dem die abgebenden Stellen das Produkt an das Krankenhaus abgeben.[211] 171

12. Aussetzung von Qualitätssicherungsanforderungen durch den G-BA

Der G-BA hat aufgrund der steigenden Infektionszahlen während der Corona-Pandemie und der damit verbundenen Fokussierung auf die Entlastung der Leistungserbringer[212] zahlreiche zeitlich befristete Sonderregelungen getroffen. So hat er mit Beschlüssen v. 27.3.2020, 14.5.2020, 16.7.2020, 20.11.2020 und 3.12.2020 **vorübergehende Ausnahmen** zu in Richtlinien bestimmten Qualitätssicherungsanforderungen sowie Mindestanforderungen an die Struktur-, Prozess- und Ergebnisqualität festgelegt.[213] 172

207 BT-Drs. 19/22609, 56.
208 BT-Drs. 19/24334, 89.
209 BT-Drs. 19/24334, 89.
210 BT-Drs. 19/24334, 89.
211 BT-Drs. 19/24334, 90.
212 Tragende Gründe zum Beschluss v. 27.3.2020, S. 2.
213 Eine Übersicht dazu befindet sich auf der Homepage des G-BA: https://www.g-ba.de/service/sonderregelungen-corona/#qualitatssicherung.

173 Dabei handelt es sich bspw. um folgende Änderungen der Richtlinien:

- DeQS-RL[214], QFR-RL[215], plan. QI-RL[216], PPP-RL[217], Qb-R[218]: Es werden Regelungen zur Datenvalidierung, zum Strukturierten Dialog, zum Stellungnahmeverfahren, Dokumentations- und Nachweisepflichten sowie Berichtspflichten ausgesetzt.[219]
- MDK-QK-RL[220]: In den Krankenhäusern finden bis zum 31.3.2021 keine Qualitätskontrollen des MDK statt.
- Mm-RL[221]: Von der Verschiebung der planbaren Operationen, Aufnahmen und Eingriffe auf unbestimmte Zeit sind auch mindestmengenrelevante Leistungen nach § 136 b Abs. 1 S. 1 Nr. 2 SGB V betroffen. Dadurch könnten Prognosen für die Jahre 2021 und 2022 negativ ausfallen. Der G-BA bewertet die Corona-Pandemie daher als weiteren Umstand iSv § 4 Abs. 2 S. 3 Mm-RL.
- QSFFx-RL[222]: Das Inkrafttreten der QSFFx-RL wurde auf den 1.1.2021 verschoben.

13. Zusammenfassung

174 Der Gesetzgeber hat die Tragweite der Corona-Pandemie für krankenhausbehandlungsbedürftige Patientinnen und Patienten, für Krankenhäuser und für Vorsorge- und Rehabilitationseinrichtungen frühzeitig erkannt und dementsprechend einen umfangreichen „Rettungsschirm“ an Maßnahmen getroffen. Sie umfassen für die Krankenhäuser finanzielle Sicherungsmechanismen, Lockerungen bei Abrechnungsprüfungen, Dokumentationsentlastungen im Bereich der Qualitätssicherung, Zuständigkeitserweiterungen für die Vorsorge- und Rehabilitationseinrichtungen und Maßnahmen zur Sicherstellung der gesundheitlichen Versorgung von Patientinnen und Patienten. Dazu bedient sich der Gesetzgeber **unterschiedlicher Regelungsinstrumente**, indem er kontinuierlich formelle Gesetze (COVID-19-Krankenhausentlastungsgesetz, Gesetz zum Schutz der Bevölkerung bei einer epidemischen Lage von nationaler Tragweite, Zweites Gesetz zum Schutz der Bevölkerung bei einer epidemischen Lage von nationaler Tragweite, Krankenhauszukunftsgesetz, Drittes Gesetz zum Schutz der Bevölkerung bei einer epidemischen Lage von nationaler Tragweite) erlässt, Rechtsverordnungen durch das BMG ermöglicht und die Selbstverwaltung einbindet. Aufgrund seiner Verordnungsermächtigung in § 23

---

214 Richtlinie des Gemeinsamen Bundesausschusses zur datengestützten einrichtungsübergreifenden Qualitätssicherung, in der Fassung v. 19.7.2018, zuletzt geändert am 20.11.2020.

215 Richtlinie des Gemeinsamen Bundesausschusses über Maßnahmen zur Qualitätssicherung der Versorgung von Früh- und Reifgeborenen gemäß § 136 Abs. 1 Nr. 2 SGB V in Verbindung mit § 92 Abs. 1 S. 2 Nr. 13 – QFR-RL, in der Fassung v. 20.9.2005, zuletzt geändert am 20.11.2020.

216 Richtlinie des Gemeinsamen Bundesausschusses zu planungsrelevanten Qualitätsindikatoren gemäß § 136 Abs. 1 SGB V iVm § 136 c Abs. 1 und Abs. 2 SGB V – plan – QI-RL, in der Fassung v. 15.12.2016, zuletzt geändert am 14.5.2020.

217 Richtlinie des Gemeinsamen Bundesausschusses über die Ausstattung der stationären Einrichtungen der Psychiatrie und Psychosomatik mit dem für die Behandlung erforderlichen therapeutischen Personal gemäß § 136 a Abs. 2 S. 1 SGB V – PPP-RL, in der Fassung v. 19.9.2019, zuletzt geändert am 15.10.2020.

218 Regelungen des Gemeinsamen Bundesausschusses gemäß § 136 b Abs. 1 S. 1 Nr. 3 SGB V über Inhalt, Umfang und Datenformat eines strukturierten Qualitätsberichts für nach § 108 SGB V zugelassene Krankenhäuser – Qb-R, in der Neufassung v. 16.5.2013, zuletzt geändert am 20.11.2020.

219 Tragende Gründe zum Beschluss v. 27.3.2020, S. 2 m. w. Ausführungen zu den Einzelheiten der Änderungen in den jeweiligen Richtlinien.

220 Richtlinie des Gemeinsamen Bundesausschusses nach § 137 Abs. 3 SGB V zu Kontrollen des Medizinischen Dienstes der Krankenversicherung nach § 275 a SGB V – MDK-QK-RL, in der Fassung v. 21.12.2017, zuletzt geändert am 3.12.2020.

221 Mindestmengenregelungen des Gemeinsamen Bundesausschusses gemäß § 136 b Abs. 1 S. 1 Nr. 2 SGB V für nach § 108 SGB V zugelassene Krankenhäuser – MmR -, in der Fassung v. 20.12.2005, in der 1. Neufassung v. 21.3.2006, zuletzt geändert am 16.7.2020.

222 Richtlinie des Gemeinsamen Bundesausschusses über Maßnahmen zur Qualitätssicherung zur Versorgung von Patienten mit einer hüftgelenknahen Femurfraktur gemäß § 136 Abs. 1 S. 1 Nr. 2 für nach § 108 SGB V zugelassene Krankenhäuser (Richtlinie zur Versorgung der hüftgelenknahen Femurfraktur/QSFFx-RL), letzter Beschluss v. 16.4.2020.

KHG kann das BMG mit Zustimmung des Bundesrates die Geltungsdauer einzelner Maßnahmen abhängig von den Ausmaßen der Corona-Pandemie über den derzeit geregelten Zeitraum hinaus verlängern. Von dieser Kompetenz hat es bereits mehrfach Gebrauch gemacht.

Offen bleibt auch knapp ein Jahr nach dem erstmaligen Auftreten des Coronavirus weiterhin, ob die **Aussetzung der Vielzahl von Qualitätssicherungsmaßnahmen** wie zB die Anforderungen an die Personalausstattung und Nachweispflichten notwendig und unter Berücksichtigung des Patientenschutzgedankens auch wirklich sinnvoll sind. Dies belegt zB die Entscheidung, die Pflegepersonaluntergrenzen in den Bereichen Intensivmedizin und Geriatrie zwischenzeitlich wiedereinzusetzen bzw. im Jahr 2021 um weitere pflegesensitive Bereiche zu erweitern und damit eine im Frühjahr getroffene Entscheidung zu revidieren bzw. an die Entwicklungen anzupassen.[223] Vermehrt stellen sich diese Fragen auch für Bereiche, die nicht von der Corona-Pandemie betroffen sind. Die entsprechenden Maßnahmen lassen sich jedoch naturgemäß abschließend erst in einer ex-post-Betrachtung nach Ende der Pandemie bewerten. Diese zwingend vorzunehmenden Auswertungen können dann zukünftig im Fall einer erneuten epidemischen Lage von nationaler Tragweite herangezogen werden. 175

Erste **Überprüfungen der Auswirkungen** der mit dem COVID-19-Krankenhausentlastungsgesetz und dem Zweiten Gesetz zum Schutz der Bevölkerung bei einer epidemischen Lage von nationaler Tragweite beschlossenen Maßnahmen auf die wirtschaftliche Lage der Krankenhäuser sind bereits durch einen Beirat aus Fachkreisen nach § 24 Abs. 1 KHG erfolgt.[224] Von Interesse waren und sind zB Nachholeffekte der während der Corona-Pandemie verschobenen planbaren Eingriffe, der Anteil der akut notwendigen Dialysen[225] und die Kontrolle der Höhe der Einmalzahlung für die Vorhaltung von Intensivbetten.[226] Auf Grundlage der Empfehlung des Beirats nach § 24 KHG hat das BMG zB die COVID-19-Ausgleichszahlungs-Anpassungs-Verordnung (AusglZAV) v. 9.7.2020 erlassen, in der veränderte Regelungen zu den Ausgleichspauschalen vorgesehen waren (→ Rn. 133). Auch die Entscheidung für die Fortgeltung der Regelungen zur Zahlung der Pauschale für Schutzausrüstung basiert auf der Beratung des Beirats nach § 24 KHG.[227] 176

Insgesamt betont der Beirat nach § 24 Abs. 1 KHG wiederholt, dass nicht zu erwarten sei, dass die Fallzahlen im voll- und teilstationären Bereich im weiteren Verlauf des Jahres 2020 das vorherige Niveau erreichen.[228] Daher sollen die Auswirkungen der Regelungen in den §§ 21 bis 23 KHG auf die wirtschaftliche Lage der Krankenhäuser **fortlaufend** überprüft und weiterer Regelungsbedarf aufgedeckt werden.[229] Um eine empirische Datengrundlage zu erhalten, übermitteln die Krankenhäuser nach § 24 Abs. 2 KHG weiterhin Daten über Entlassungen der Patienten an das InEK, das diese Daten dem BMG zur Auswertung zur Verfügung stellt.[230] 177

223 Zweite Verordnung zur Änderung der Pflegepersonaluntergrenzenverordnung v. 16.7.2020 (BGBl. I 1701).
224 Abschlussbericht zur Überprüfung der Auswirkungen der Regelungen in den §§ 21 bis 23 auf die wirtschaftliche Lage der Krankenhäuser durch den Beirat gemäß § 24 Krankenhausfinanzierungsgesetz, August 2020.
225 BT-Drs. 19/18967, 64.
226 *Bockholdt/Lungstras/Schmidt* NZS 2020, 324.
227 Abschlussbericht zur Überprüfung der Auswirkungen der Regelungen in den §§ 21 bis 23 auf die wirtschaftliche Lage der Krankenhäuser durch den Beirat gemäß § 24 Krankenhausfinanzierungsgesetz, August 2020, S. 3.
228 ZB BT-Drs. 19/22126, 42.
229 BT-Drs. 19/24334, 87.
230 BT-Drs. 19/18967, 64 f.; BT-Drs. 19/24334, 87.

VI. Wesentliche Maßnahmen in der sozialen Pflegeversicherung

178 Der Bereich der Pflegeversicherung ist zwangsläufig ein Bereich, der im Falle einer Pandemie im besonderen Maße betroffen ist und für den daher schützende und regulierende Maßnahmen eingeführt werden müssen. Die im Rahmen der sozialen Pflegeversicherung versorgten pflegebedürftigen Personen gehören insbesondere aufgrund ihres Alters, ihrer Erkrankung, Behinderung und Einschränkung der Mobilität regelmäßig zu einer besonders vulnerablen Risikogruppe. Dies belegt für die aktuelle Corona-Pandemie auch die Einordnung der Pflegebedürftigen als Personen mit höchster Priorität nach § 2 Nr. 2 der Coronavirus-Impfverordnung (→ Rn. 250).[231] Die gesetzlichen Maßnahmen aus dem COVID-19-Krankenhausentlastungsgesetz, dem Zweiten Gesetz zum Schutz der Bevölkerung bei einer epidemischen Lage von nationaler Tragweite, dem Krankenhauszukunftsgesetz sowie den Festlegungen des GKV-Spitzenverbandes sollen die pflegerische Versorgung weiterhin bestmöglich sicherstellen. Zudem dienen die Regelungen dem Schutz der Mitarbeiterinnen und Mitarbeiter der Pflege- und Betreuungseinrichtungen sowie der MD, indem persönliche Kontakte mit Pflegebedürftigen soweit wie möglich eingeschränkt werden.[232] Ergänzend sollen mögliche finanzielle Risiken für die Einrichtungen ausgeglichen werden.[233]

Die folgenden Ausführungen beschränken sich auf die wesentlichen Änderungen vor dem Hintergrund der Corona-Pandemie.

1. Vereinfachtes Verfahren zur Feststellung der Pflegebedürftigkeit nach § 147 SGB XI

179 Durch das COVID-19-Krankenhausentastungsgesetz wurde erstmals ein vereinfachtes Verfahren zur Feststellung der Pflegebedürftigkeit in § 147 SGB XI vorgesehen. Ziel dieses Verfahrens ist es, den Kontakt zwischen Gutachtern und Pflegebedürftigen zum Schutz der vulnerablen Personengruppe der Pflegebedürftigen zu reduzieren und daher die Begutachtungen zur **Feststellung der Pflegebedürftigkeit** nicht mehr durch eine umfassende persönliche Befunderhebung im Wohnbereich der antragstellenden Person zu erstellen. Stattdessen sollten die Begutachtungen zunächst auf Basis der zur Verfügung stehenden Unterlagen oder anhand von Telefoninterviews mit dem Pflegebedürftigen, den Bevollmächtigten, Betreuern, Angehörigen und Ärzten erfolgen.[234] Diese Ausnahmeregelung war bis zum 30.9.2020 befristet.

180 Durch das Krankenhauszukunftsgesetz sind die Möglichkeiten des Verzichts auf eine Begutachtung im Wohnbereich bis zum 31.3.2021 unter Einschränkungen verlängert worden.[235] Durch das Gesetz zur Fortgeltung der die epidemische Lage von nationaler Tragweite betreffenden Regelungen (EpiLage-Fortgeltungsgesetz) wird diese Regelung noch einmal bis zum 30.6.2021 verlängert.[236] Danach ist die Möglichkeit des Verzichts auf eine Begutachtung nur noch vorgesehen, wenn dies für die Verhinderung des Risikos einer Ansteckung des Versicherten oder des Gutachters mit dem Corona-Virus **zwingend erforderlich** ist. Das ist zB bei bestimmten Vorerkrankungen oder einer vorherigen Organtransplantation gegeben.[237] Nicht umfasst ist der Fall, wenn der Gutachter

231 Verordnung zum Anspruch auf Schutzimpfung gegen das Coronavirus SARS-CoV-2 (Coronavirus-Impfverordnung – CoronaImpfV) v. 15.12.2020.
232 BT-Drs. 19/18112, 3.
233 BT-Drs. 19/18112, 1 f.
234 *Schlegel* in Schlegel/Meßling/Bockholdt Gesundheit und Soziales Corona § 15 Rn. 144.
235 Gesetz für ein Zukunftsprogramm Krankenhäuser (Krankenhauszukunftsgesetz – KHZG) v. 23.10.2020 (BGBl. I 2208).
236 Das EpiLage-Fortgeltungsgesetz ist bei Drucklegung noch nicht in Kraft getreten, wurde aber am 4.3.2021 vom Deutschen Bundestag beschlossen.
237 BT-Drs. 19/22609, 58.

selbst an dem Coronavirus erkrankt und daher nicht vor Ort begutachten kann.[238] Die Regelung gilt nach § 147 Abs. 6 SGB XI für Anträge, die zwischen dem 1.10.2020 und 30.6.2021 gestellt werden.

Nach § 147 Abs. 1 S. 3 SGB XI hat der MDS im Benehmen mit dem GKV-Spitzenverband bis zum 31.10.2020 bundesweit einheitliche Maßgaben dafür zu treffen, unter welchen Schutz- und Hygieneanforderungen eine Begutachtung durch eine Untersuchung des Versicherten in seinem Wohnbereich stattfindet und in welchen Fällen, insbesondere bei welchen Personengruppen, eine Begutachtung ohne Untersuchung des Versicherten in seinem Wohnbereich zwingend erforderlich ist. Diesem Auftrag ist er durch die Vereinbarung v. 30.11.2020 nachgekommen.[239] 181

Nach § 147 Abs. 2 SGB XI finden **Wiederholungsbegutachtungen** bis zum 31.3.2021 nicht statt. In der Formulierungshilfe zum EpiLage-Fortgeltungsgesetz war auch für diese Begutachtungen zunächst eine Verlängerung bis zum 30.6.2021 vorgesehen.[240] Im Gesetzgebungsprozess wurde diese Änderung jedoch nicht weiter verfolgt.[241] 182

Die zunächst durch das COVID-19-Krankenhausentlastungsgesetz in § 147 Abs. 3 SGB XI vorgesehene Suspendierung der 25-Tage-Frist[242], innerhalb derer die Pflegekasse nach Antragseingang ihre Entscheidung mitzuteilen hat, solange es sich nicht um einen „besonders dringlichen Entscheidungsbedarf"[243] handelte, wurde durch das Krankenhauszukunftsgesetz nicht verlängert. Damit gilt diese Ausnahmeregelung nur bis einschließlich 30.9.2020. Anschließend ist dem Antragsteller wieder spätestens 25 Arbeitstage nach Eingang des Antrags bei der zuständigen Pflegekasse die Entscheidung der zuständigen Pflegekasse schriftlich mitzuteilen (§ 18 Abs. 3 S. 2 SGB XI). 183

2. Beratungsbesuche (§ 148 SGB XI)

Der GKV-Spitzenverband hat bereits zu Beginn der Pandemie empfohlen, Beratungsbesuche in der eigenen Häuslichkeit nach § 37 SGB XI vorläufig bis Ende Mai 2020 auszusetzen und in diesen Fällen abweichend von § 37 Abs. 6 SGB XI keine Kürzungen oder Streichungen des Pflegegeldes vorzunehmen. 184

Der Gesetzgeber hat zunächst durch das COVID-19-Krankenhausentlastungsgesetz in § 148 SGB XI eine vergleichbare Regelung getroffen: Danach konnte das Pflegegeld in dem Zeitraum v. 1.1.2020 bis zum 30.9.2020 abweichend von § 37 Abs. 6 SGB XI auch bezogen werden, wenn in dem genannten Zeitraum **kein Beratungseinsatz** durchgeführt wurde. Diese Regelung sollte Pflegebedürftige und ihre Angehörigen vor der Gefahr der Ansteckung durch das Coronavirus schützen und gleichzeitig einen die Versorgung sicherstellenden Personaleinsatz der Pflegekräfte ermöglichen.[244] Die Möglichkeit eines 185

238 *Roller* in Schlegel/Voelzke jurisPK-SGB XI § 147 Rn. 7.1.

239 Krit. zur Umkehrung des Regel-Ausnahme-Verhältnisses in der Vereinbarung: *Roller* in Schlegel/Voelzke jurisPK-SGB XI § 147 Rn. 7.1.

240 Entwurf einer Formulierungshilfe für die Fraktionen der CDU/CSU und SPD für einen aus der Mitte des Deutschen Bundestages einzubringenden Entwurf eines Gesetzes zur Fortgeltung der die epidemische Lage von nationaler Tragweite betreffenden Regelungen (EpiLage-Fortgeltungsgesetz), S. 21; zur vorherigen Ausnahme bis zum 31.3.2021: BT-Drs. 19/22609, 58; zur vorherigen Ausnahme bis zum 30.9.2020 nach dem COVID-19-Krankenhausentlastungsgesetz: BT-Drs. 19/18112, 38; *Bockholdt/Lungstras/Schmidt* NZS 2020, 324 (330).

241 BT-Drs. 19/26545, 22; BT-Drs. 19/27291, 30.

242 *Schlegel* in Schlegel/Meßling/Bockholdt Gesundheit und Soziales Corona § 15 Rn. 147 ff.

243 Nach § 147 Abs. 3 S. 3 SGB XI hat der GKV-Spitzenverband einheitliche Kriterien für das Vorliegen, die Gewichtung und die Feststellung eines besonders dringlichen Entscheidungsbedarfs festgelegt; vgl. „Bundesweit einheitliche Kriterien des GKV-Spitzenverbandes für das Vorliegen eines besonders dringlichen Entscheidungsbedarfs nach § 147 Abs. 3 SGB XI vom 27.3.2020".

244 BT-Drs. 19/18112, 39.

Beratungsbesuches nach § 37 SGB XI war jedoch bei Bedarf des Pflegegeldbeziehers nicht ausgeschlossen.

186 Diese Regelung wurde nicht verlängert. Durch das Gesundheitsversorgungs- und Pflegeverbesserungsgesetz[245] hat die Sondervorschrift in § 148 SGB XI eine wesentliche Änderung erfahren: Beratungsbesuche in der eigenen Häuslichkeit müssen in dem in § 37 SGB XI genannten Zeitraum erfolgen. Nach den Gesetzesmaterialien haben die letzten Monate einen gesteigerten Bedarf der Pflegebedürftigen an Beratungen aufgrund der erschwerten Pflegebedingungen während einer Pandemie gezeigt.[246] Da gleichzeitig jedoch Ansteckungen vermieden werden sollen, können die Beratungseinsätze nun abweichend von § 37 Abs. 3 S. 1 SGB XI **telefonisch, digital oder per Videokonferenz** durchgeführt werden, sofern der Pflegebedürftige dies wünscht. Diese Regelung galt zunächst v. 1.10.2020 bis zum 31.3.2021. Durch das Gesetz zur Fortgeltung der die epidemische Lage von nationaler Tragweite betreffenden Regelungen (EpiLage-Fortgeltungsgesetz) wird sie bis zum 30.6.2021 verlängert.[247]

3. Sicherstellung der pflegerischen Versorgung nach § 150 Abs. 1 SGB XI und Kostenerstattung nach § 150 Abs. 2 SGB XI

187 Zentraler Bestandteil der pandemiebedingten Neuregelung im Pflegeversicherungsrecht ist die Sicherstellung der pflegerischen Versorgung nach § 150 SGB XI. Eine Pflegeeinrichtung wird durch den Versorgungsvertrag zur pflegerischen Versorgung der Versicherten verpflichtet. Während einer Pandemie kann diese Verpflichtung beeinträchtigt werden, sofern Pflegepersonal in den Einrichtungen aufgrund von krankheits- oder quarantänebedingten Ausfällen etc nicht zur Verfügung steht oder ein übermäßig hoher Betreuungs- und Pflegebedarf zB aufgrund infizierter Angehöriger besteht.[248]

188 Aus diesem Grund hat der Gesetzgeber in § 150 Abs. 1 SGB XI ambulante und stationäre Pflegeeinrichtungen verpflichtet, den Pflegekassen eine **wesentliche Beeinträchtigung ihrer Leistungserbringung** aufgrund des Coronavirus anzuzeigen. Ziel dieser Anzeigepflicht ist die Möglichkeit, die Sicherstellung der pflegerischen Versorgung zu überprüfen und notwendige Maßnahmen zu ergreifen, die im Einzelfall zwischen Pflegekassen und Pflegeeinrichtungen festgelegt werden. Dies können zB eine Einschränkung der zulassungsrechtlichen Voraussetzungen und der Vorgaben aus den Landesrahmenverträgen nach § 75 SGB X oder Personalüberlassungen zwischen Trägern sein.[249]

189 Der in § 150 Abs. 2 SGB XI vorgesehene **Kostenerstattungsanspruch** ergänzt diese Regelung iSe „Rettungsschirmes" und gibt den Pflegeeinrichtungen die Sicherheit, durch die Pandemie entstandenen Mehrkosten wie zB durch erhöhte Ausgaben für Schutzausrüstungen aus Mitteln des Ausgleichsfonds der Pflegeversicherung erstattet zu bekommen. Sofern Maßnahmen bereits anderweitig durch Entschädigungen nach dem IfSG finanziert werden, ist eine Doppelfinanzierung auszuschließen. Das Verfahren zur Geltendmachung des Anspruchs ist ebenfalls in § 150 Abs. 2 SGB XI geregelt.[250] Im Sinne der finanziellen Unterstützung der Pflegeeinrichtungen dürfen Pflegekassen zudem kein Ver-

---

245 Gesetz zur Verbesserung der Gesundheitsversorgung und Pflege (Gesundheitsversorgungs- und Pflegeverbesserungsgesetz – GPVG) v. 22.12.2020 (BGBl. I 3299).

246 BT-Drs. 19/24727, 69.

247 BT-Drs. 19/26545, 22.

248 Ausführlich *Schlegel* in Schlegel/Meßling/Bockholdt Gesundheit und Soziales Corona § 15 Rn. 71 ff.

249 BT-Drs. 19/18112, 40; iE *Schlegel* in Schlegel/Meßling/Bockholdt Gesundheit und Soziales Corona § 15 Rn. 79 ff.; Formular zur Meldung von wesentlichen Beeinträchtigungen zur Sicherstellung der pflegerischen Versorgung nach § 150 Abs. 1 SGB XI abrufbar unter: https://www.gkv-spitzenverband.de/media/dokumente/pflegeversicherung/richtlinien__vereinbarungen__formulare/2020_04_08_Pflege_Corona_Formular_Meldung_150Abs. 1SGBXI.pdf.

250 BT-Drs. 19/18112, 40; *Bockholdt/Lungstras/Schmidt* NZS 2020, 324 (331).

gütungskürzungsverfahren nach § 115 Abs. 1 S. 3 SGB XI durchführen, wenn Pflegeeinrichtungen die vereinbarte Pflegepersonalausstattung nicht einhalten.[251] Durch das Gesetz zur Fortgeltung der die epidemische Lage von nationaler Tragweite betreffenden Regelungen (EpiLage-Fortgeltungsgesetz) werden diese Regelungen bis zum 30.6.2021 fortgeführt.[252]

Der GKV-Spitzenverband hat gemäß § 150 Abs. 3 SGB XI Festlegungen zum Ausgleich 190
der COVID-19 bedingten finanziellen Belastungen der Pflegeeinrichtungen getroffen.[253] Darin werden das Nähere für das Erstattungsverfahren und die entsprechenden Nachweispflichten bestimmt.

4. Anerkannte Angebote zur Unterstützung im Alltag

Durch die Regelung in § 150 Abs. 5 a bis 5 d SGB XI soll die pflegerische Versorgung 191
während der Corona-Pandemie auch bei der **Wahrnehmung anerkannter Angebote zur Unterstützung im Alltag** sichergestellt werden. Nach § 45 a SGB XI tragen Angebote zur Unterstützung im Alltag dazu bei, Pflegepersonen zu entlasten, und helfen Pflegebedürftigen dabei, möglichst lange in ihrer häuslichen Umgebung zu bleiben, soziale Kontakte aufrechtzuerhalten und ihren Alltag möglichst selbstständig bewältigen zu können. Daher sind Angebote zur Unterstützung im Alltag Betreuungsangebote (§ 45 a Abs. 1 S. 2 Nr. 1 SGB XI), Angebote zur Entlastung von Pflegenden (§ 45 a Abs. 1 S. 2 Nr. 2 SGB XI) und Angebote zur Entlastung im Alltag (§ 45 a Abs. 1 S. 2 Nr. 3 SGB XI).

a) Finanzielle Hilfen (§ 150 Abs. 5 a SGB XI)

Durch das Zweite Gesetz zum Schutz der Bevölkerung bei einer epidemischen Lage von 192
nationaler Tragweite wurden in § 150 Abs. 5 a SGB XI Regelungen zur finanziellen Hilfe der anerkannten Angebote zur Unterstützung im Alltag nach § 45 a SGB XI aufgenommen.

Wenn für nach Landesrecht anerkannte Angebote zur Unterstützung im Alltag nach 193
§ 45 a SGB XI nachgewiesen wird, dass coronabedingte Mindereinnahmen im Vergleich zur Anzahl der im Januar 2020 betreuten Pflegebedürftigen anfallen, erfolgt eine (zumindest teilweise) **finanzielle Kompensation** dieser Ausfälle. Mindereinnahmen können insbesondere durch Personalausfall oder durch geringere Inanspruchnahme der Angebote im Alltag durch die Pflegebedürftigen entstehen.[254] Die Berechnung des Ausgleichs bestimmt sich nach § 150 Abs. 5 a S. 2 SGB XI. Nach den Gesetzesmaterialien zum Krankenhauszukunftsgesetz ist durch die Verlängerung der Erstattung von Mindereinnahmen im Zusammenhang mit anerkannten Angeboten zur Unterstützung im Alltag von Mehrausgaben in Höhe von 3,5 Mio. EUR auszugehen.[255]

Der GKV-Spitzenverband hat gemäß § 150 Abs. 5 a S. 4 SGB XI Festlegungen zum Aus- 194
gleich der COVID-19 bedingten finanziellen Belastungen der nach Landesrecht anerkannten Angeboten zur Unterstützung im Alltag bestimmt.[256] Darin wird das Nähere zum Erstattungsverfahren festgelegt.

---

251 BT-Drs. 19/18112, 41; *Bockholdt/Lungstras/Schmidt* NZS 2020, 324 (331).

252 BT-Drs. 19/27291, 69.

253 Festlegungen des GKV-Spitzenverbandes nach § 150 Abs. 3 SGB XI zum Ausgleich der COVID-19 bedingten finanziellen Belastungen der Pflegeeinrichtungen (Kostenerstattungsfestlegungen) v. 27.3.2020 mit Änderung v. 11.1.2021.

254 BT-Drs. 19/18967, 75; *Klein* in jurisPK SGB XI § 150 Rn. 40.

255 BT-Drs. 19/22126, 33.

256 Festlegungen des GKV-Spitzenverbandes nach § 150 Abs. 5 a S. 4 SGB XI zum Ausgleich der COVID-19 bedingten finanziellen Belastungen der nach Landesrecht anerkannten Angeboten zur Unterstützung im Alltag (Kostenerstattungs-Festlegungen für Angebote zur Unterstützung im Alltag) v. 29.5.2020 mit Änderung v. 11.1.2021.

b) Flexibler Einsatz des Entlastungsbetrages (§ 150 Abs. 5 b SGB XI)

195 Durch eine weitere Neuregelung des § 150 Abs. 5 b SGB XI soll den Pflegebedürftigen des Pflegegrades 1 der Einsatz des Entlastungsbetrags nach § 45 b Abs. 1 SGB XI flexibel ermöglicht werden, um auf coronabedingte Einschränkungen reagieren zu können. Dh dass über die in § 45 b Abs. 1 SGB XI genannten Fallgruppen zur Inanspruchnahme des Entlastungsbetrages eine **Erstattung auch im Falle „anderer Hilfen"**, die der Sicherstellung der Versorgung der Pflegebedürftigen dienen, erfolgt. Bei weiter Auslegung des Begriffes „sonstige Hilfen" fallen nach den Gesetzesmaterialien darunter sogar nachbarschaftliche Hilfen.[257]

196 Der GKV-Spitzenverband hat nach § 150 Abs. 5 b S. 3 SGB XI Empfehlungen zum Einsatz des Entlastungsbetrages für Pflegebedürftige des Pflegegrades 1 zur Überwindung von infolge der durch das Coronavirus SARS-CoV-2 verursachten Versorgungsengpässen in der häuslichen Pflege erlassen.[258] Danach kann der Entlastungsbetrag **für professionelle Angebote bis zur Nachbarschaftshilfe** eingesetzt werden, die zB von Personen mit Qualifikationen aus dem Gesundheits- und Sozialbereich (zB pflegerisches und medizinisches Fachpersonal aus Reha-Einrichtungen, Ergotherapeuten, Physiotherapeuten, Logopäden, Heilerzieher, Beratungspersonen iSd § 37 Abs. 3, 7 und 8 SGB XI, qualifizierte Betreuungskräfte nach § 53 b SGB XI, Sozialarbeiter) oder bspw. auch von Angehörigen, vergleichbar Nahestehenden oder mit nachbarschaftlicher Unterstützung erbracht werden können. Ausgeschlossen sind Hilfen von Personen aus dem eigenen Haushalt.

197 Nach § 150 Abs. 5 c SGB XI dürfen die Pflegebedürftigen der Pflegegrade 2 bis 5 den Entlastungsbetrag nach § 45 b Abs. 1 SGB XI auch über den in § 45 b Abs. 1 S. 5 SGB XI genannten Zeitraum in Anspruch nehmen. Die aus dem Jahr 2019 übertragenen Leistungsbeträge können infolge einer gesetzlichen Änderung durch das Gesetz zur Fortgeltung der die epidemische Lage von nationaler Tragweite betreffenden Regelungen (EpiLage-Fortgeltungsgesetz) bis zum 30.9.2021 übertragen werden.

c) Zeitliche Geltung der Maßnahmen

198 Die Maßnahmen nach § 150 Abs. 5 a–c SGB XI waren ursprünglich bis zum 30.9.2020 beschränkt. Durch das Gesundheitsversorgungs- und Pflegeverbesserungsgesetz[259] wurden sie bis zum 31.3.2021 verlängert, da die Gefährdungslage gerade für Personen im vulnerablen Bereich der Langzeitpflege weiterhin hoch sei.[260] Im Rahmen des Gesetzes zur Fortgeltung der die epidemische Lage von nationaler Tragweite betreffenden Regelungen (EpiLage-Fortgeltungsgesetz) werden die Regelungen bis zum 30.6.2021 verlängert.

5. Pflegeunterstützungsgeld (§ 150 Abs. 5 d SGB XI)

199 Durch das Zweite Gesetz zum Schutz der Bevölkerung bei einer epidemischen Lage von nationaler Tragweite wurde in § 150 Abs. 5 d SGB XI eine Regelung zum Anspruch auf Pflegeunterstützungsgeld aufgenommen, die die Inanspruchnahme von Pflegezeit erleichtern und die Versorgung der Pflegebedürftigen sicherstellen sollte.[261] Danach haben Beschäftigte iSd § 7 Abs. 1 PflZG abweichend von § 44 a Abs. 3 S. 1 **Anspruch auf Pfle-**

257 BT-Drs. 19/18967, 75.

258 Empfehlungen des GKV-Spitzenverbandes zum Einsatz des Entlastungsbetrages für Pflegebedürftige des Pflegegrades 1 zur Überwindung von infolge der durch das Coronavirus SARS-CoV-2 verursachten Versorgungsengpässen in der häuslichen Pflege nach § 150 Abs. 5 b S. 3 SGB XI v. 29.5.2020 idF v.11.1.2021.

259 Gesetz zur Verbesserung der Gesundheitsversorgung und Pflege (Gesundheitsversorgungs- und Pflegeverbesserungsgesetz – GPVG) v. 22.12.2020 (BGBl. I 3299).

260 BT-Drs. 19/24727, 69.

261 BT-Drs. 19/18967, 75 f.; BT-Drs. 19/19216, 108.

geunterstützungsgeld für bis zu insgesamt zwanzig Tage, um die Pflege eines pflegebedürftigen nahen Angehörigen sicherzustellen oder zu organisieren, ohne dass eine akute Arbeitsverhinderung iSd § 2 PflZG vorliegen muss. Voraussetzung dafür ist, dass die Beschäftigten glaubhaft darlegen, dass sie die Pflege oder die Organisation der Pflege aufgrund der Corona-Pandemie übernehmen, sie keinen Anspruch auf Entgeltfortzahlung vom Arbeitgeber, Kranken- oder Verletztengeld bei Erkrankung oder Unfall eines Kindes nach § 45 SGB V oder nach § 45 Abs. 4 SGB VII haben und die häusliche Pflege nicht anders sichergestellt werden kann. Diese Regelung galt ursprünglich v. 23.5.2020 bis zum 30.9.2020. Sie wurde durch das Gesundheitsversorgungs- und Pflegeverbesserungsgesetz[262] bis zum 31.3.2021 verlängert.[263]

Durch das Krankenhauszukunftsgesetz wird als **Anschlussregelung** in § 150 b SGB XI 200 bestimmt, dass Arbeitstage, für die Pflegeunterstützungsgeld nach § 150 Abs. 5 d S. 1 SGB XI, Betriebshilfe nach § 150 Abs. 5 d S. 2 SGB XI oder Kostenerstattung nach § 150 Abs. 5 d S. 3 SGB XI genommen wurde, auf Arbeitstage, für die Pflegeunterstützungsgeld nach § 44 Abs. 3 SGB XI, Betriebshilfe nach § 44 a Abs. 6 S. 1 SGB XI oder Kostenerstattung gemäß § 44 a Abs. 6 S. 3 SGB XI in Anspruch genommen wird, nicht angerechnet werden. Diese Regelung dient der Vereinbarkeit von Pflege und Beruf.[264]

6. „Corona-Prämie" in Pflegeeinrichtungen und -diensten

Neben der Sicherstellung der pflegerischen Versorgung der Pflegebedürftigen in den 201 Pflegeeinrichtungen, in der Häuslichkeit und im Rahmen anerkannter Angebote zur Unterstützung im Alltag hat der Gesetzgeber durch das Zweite Gesetz zum Schutz der Bevölkerung bei einer epidemischen Lage von nationaler Tragweite in § 150 a SGB XI eine Sonderleistung für Beschäftigte in zugelassenen Pflegeeinrichtungen im Jahr 2020 vorgesehen.[265] Diese sogenannten **Corona-Prämien** sollen zum Zweck der Wertschätzung für die besonderen Anforderungen während der Corona-Pandemie ergehen (§ 150 a Abs. 1 SGB XI). Sie dienen damit nicht der Gesundheitsvorsorge in Zeiten der Pandemie, sondern sind vielmehr eine Leistungsprämie pro Kopf.

Die Höhe der Auszahlung richtet sich gemäß § 150 a Abs. 2 bis 6 SGB XI nach der Art 202 und dem Umfang der Tätigkeit.[266] Die Finanzierung erfolgt nach § 150 a Abs. 7 SGB XI zunächst durch eine **einmalige Vorauszahlung der Pflegekassen bzw. gesetzlichen Krankenkassen.**[267] Nach den Gesetzesmaterialien sollte im weiteren Jahresverlauf über einen Bundeszuschuss oder eine Refinanzierung entschieden werden. Die Pflegeversicherung hat im Jahr 2020 einen Steuerzuschuss in Höhe von 1,8 Mrd. EUR erhalten, die auch die Belastungen der Pflege- bzw. Krankenkassen zu den Corona-Prämien umfasst. Hervorzuheben ist, dass diese Sonderzahlungen ausdrücklich nicht zur Belastung der Pflegebedürftigen durch höhere Pflegevergütungen oder Änderungen des Kostenerstattungsverfahrens nach § 150 SGB XI führen dürfen.[268]

Der GKV-Spitzenverband hat nach § 150 Abs. 7 SGB XI Festlegungen über die Finan- 203 zierung von Sonderleistungen während der Coronavirus-Pandemie für Beschäftigte in

262 Gesetz zur Verbesserung der Gesundheitsversorgung und Pflege (Gesundheitsversorgungs- und Pflegeverbesserungsgesetz – GPVG) v. 22.12.2020 (BGBl. I 3299).
263 BT-Drs. 19/24727, 69.
264 BT-Drs. 19/22126, 2; *Klein* in JurisPK-SGB XI § 150 b Rn. 7.
265 Zum anspruchsberechtigten Personenkreis: *Schlegel* NJW 2020, 1911 (1912); ausführlich *Bockholdt* in Schlegel/Meßling/Bockholdt Gesundheit und Soziales Corona § 15 Rn. 1 ff.
266 BT-Drs. 19/18967, 76 f.; *Schlegel* NJW 2020, 1911 (1913).
267 Krit. auch *Schlegel* NJW 2020, 1911 (1915).
268 BT-Drs. 19/18967, 76.

Pflegeeinrichtungen[269] und für Arbeitnehmer- und Arbeitnehmerinnen, die im Rahmen einer Arbeitnehmerüberlassung oder eines Werk- und Dienstvertrags in einer Pflegeeinrichtung eingesetzt werden[270], bestimmt. Dazu gehören insbesondere das Nähere für das Meldeverfahren, das Auszahlungsverfahren und die Information der Beschäftigten.

7. Aussetzung von Qualitätsprüfungen nach § 151 SGB XI

204 § 151 SGB XI bestimmt, dass bis einschließlich 30.9.2020 keine Qualitätsprüfungen nach § 114 Abs. 2 S. 1 und 2 SGB XI in Form von **Regelprüfungen** in den Pflegeeinrichtungen stattfinden sollten. Dies bedeutet, dass bis zum 30.9.2020 die Verpflichtung der Landesverbände der Pflegekassen entfiel, für jede zugelassene Pflegeeinrichtung Prüfungen regelmäßig im Abstand von höchstens einem Jahr zu veranlassen (§ 114 Abs. 2 S. 1 SGB XI). Zudem fiel auch die in § 114 Abs. 2 S. 2 SGB XI geregelte Verpflichtung weg, für alle vollstationären Einrichtungen mindestens einmal zwischen dem 1.11.2019 und dem 31.12.2020 eine Prüfung zu veranlassen.[271] Die Regelung diente dem Schutz der vulnerablen Gruppe der Pflegebedürftigen und entlastet sowohl das Pflegepersonal als auch die Prüfer und Prüferinnen der Medizinischen Dienste.[272] Ausdrücklich von dieser Regelung ausgenommen waren jedoch Anlass- und Wiederholungsprüfungen.

205 Durch das Krankenhauszukunftsgesetz wurde zunächst vorgesehen, dass Regelprüfungen ab dem 1.10.2020 wieder durchgeführt werden sollten. Allerdings war es für die Pflegeeinrichtungen wie auch die Prüfdienste nicht zumutbar, die Prüfungen unter Einhaltung der strengen Hygienevorgaben wie durch § 114 Abs. 2 S. 1 SGB XI bestimmt regelhaft innerhalb eines Jahres durchzuführen. Aus diesem Grund wurde der Zeitraum für die Regelprüfung durch das Krankenhauszukunftsgesetz in § 114 Abs. 2 S. 2 SGB XI einmalig auf 15 Monate verlängert.[273] Regelprüfungen sollten nun in allen zugelassenen Pflegeeinrichtungen mindestens einmal im Zeitraum v. 1.10.2020 bis zum 31.12.2021 durchgeführt werden.

205a Diese Regelung wird durch das Gesetz zur Fortgeltung der die epidemische Lage von nationaler Tragweite betreffenden Regelungen erneut geändert und damit flexibler ausgestaltet. Nach § 114 Abs. 2 a SGB XI ist in dem Zeitraum v. 1.10.2020 bis zum 31.12.2021 eine Regelprüfung in Pflegeeinrichtungen durchzuführen, wenn die Situation vor Ort es aufgrund der Corona-Pandemie zulässt. Der GKV-Spitzenverband wird beauftragt, im Benehmen mit dem MDS und dem Prüfdienst des Verbandes der privaten Krankenversicherung und im Einvernehmen mit dem BMG das Nähere zur Durchführung der Prüfungen zu beschließen. Nach dem Wortlaut der Norm gehören dazu insbesondere auch die Festlegung der Voraussetzungen, unter denen Prüfaufträge angesichts der Infektionslage durchgeführt werden können. Diese Neuregelung soll erfolgen, da davon auszugehen sei, dass die durch die Corona-Pandemie verursachten Bedingungen in Pflegeeinrichtungen und Belastungen für Pflegekräfte die Mitwirkung an Qualitätsprüfungen erschweren. Zudem können Qualitätsprüfungen eine zusätzliche Infektions-

---

269 Festlegungen des GKV-Spitzenverbandes nach § 150 a Abs. 7 SGB XI über die Finanzierung von Sonderleistungen während der Coronavirus SARS-CoV-2-Pandemie für Beschäftigte in Pflegeeinrichtungen (Prämien-Festlegungen Teil 1) v. 29.5.2020.

270 Festlegungen des GKV-Spitzenverbandes nach § 150 a Abs. 7 SGB XI über die Finanzierung von Sonderleistungen während der Coronavirus SARS-CoV-2-Pandemie für Arbeitnehmerinnen und Arbeitnehmer, die im Rahmen einer Arbeitnehmerüberlassung oder eines Werk- oder Dienstleistungsvertrags in Pflegeeinrichtungen eingesetzt werden (Prämien-Festlegungen Teil 2) v. 15.6.2020.

271 *Altmiks* in Schlegel/Voelzke JurisPK-SGB XI § 151 Rn. 5.

272 BT-Drs. 19/18112, 42; BT-Drs. 19/22609, 60.

273 BT-Drs. 19/22609, 60 f.

gefahr für alle Beteiligten darstellen.[274] Anlassprüfungen sind weiterhin von der Regelung ausgenommen.[275]

8. Zusammenfassung

Auch in der Pflegeversicherung hat der Gesetzgeber zahlreiche Maßnahmen getroffen, 206
die in erster Linie die pflegerische Versorgung sicherstellen sollen. Auffällig ist, dass diese Maßnahmen zum jetzigen Zeitpunkt nahezu ausschließlich durch formelle Gesetze oder durch Festlegungen der Selbstverwaltung geregelt wurden. Anders als im Bereich der stationären Versorgung hat das BMG für die Pflegeversicherung bisher nur einmal[276] Gebrauch von seiner Verordnungsermächtigung nach § 5 Abs. 2 S. 1 Nr. 8 IfSG gemacht hat (*Schüffner* in → § 10 Rn. 46, 41 ff.).[277]

VII. Finanzierungsverantwortung

Selbstverständlich ist, dass die GKV in Pandemielagen besonders gefordert ist, damit 207
ihre Versicherten die benötigten Leistungen erhalten. Dabei können gerade im Fall einer Pandemie Leistungen notwendig sein, die noch nicht im Leistungskatalog oder in den (normen-) vertraglichen Regelungen abgebildet sind, aber nach § 2 Abs. 1 a SGB V und den dahinterstehenden verfassungsrechtlichen Gründen zu erbringen sind. Dass die GKV solche Leistungen im Bedarfsfall auch binnen weniger Tage in die Versorgung im Sachleistungsprinzip erbringen kann, hat sie während der Corona-Pandemie nunmehr mehrfach bewiesen.

Die Finanzierung einiger Maßnahmen im ambulanten und stationären Bereich der ge- 208
setzlichen Krankenversicherung als auch in der sozialen Pflegeversicherung kann allerdings durchaus zu Abgrenzungsschwierigkeiten zwischen den durch Beiträge zu finanzierenden Aufgaben der Sozialversicherung und durch Steuern zu finanzierenden allgemeinen Staatsaufgaben führen (zB solche der Gefahrenabwehr). Diese Abgrenzung ist zumindest nach der Beherrschung der Pandemie sorgfältig vorzunehmen (→ Rn. 22, 25 ff., 57 f.). Der Gesundheitsfonds hat 2020 für pandemiebedingte Maßnahmen über zwölf Milliarden Euro ausgezahlt. Der Großteil dieser Ausgaben wurde aber durch entsprechende Bundeszuschüsse wieder ausgeglichen. Der größte Einzelposten der pandemiebedingten Auszahlungen ist der „Einnahmeausfälle Krankenhäuser nach § 21 Abs. 4 und 4 a KHG" in Höhe von über neun Milliarden Euro. Auch dieser Posten wurde durch einen entsprechenden Bundeszuschuss ausgeglichen. Im „Pandemiejahr 2020" betrugen die Leistungsausgaben der Krankenkassen insgesamt etwas über 248 Milliarden Euro. Damit stiegen die Ausgaben im Vergleich zu 2019 um 4%. Die höchsten Steigerungen – im Vergleich zu 2019 – entfallen auf die Ausgaben für die vertragsärztliche Versorgung (plus über 7 %), die Versorgung mit Arzneimitteln, das Krankengeld (plus über 19 %) und die Schutzimpfungen. Lediglich in einzelnen Leistungsbereichen sind die Ausgaben zurückgegangen. So bspw. sehr stark bei den Vorsorge- und Rehabilitationsmaßnahmen (minus 15 %), dem Zahnersatz und bei den Früherkennungsmaßnahmen. Hinsichtlich der Kosten für die Krankenhausbehandlung der Versicherten ist es interessant, dass die Kosten im ersten Halbjahr des Jahres 2020 im Vergleich zum Vorjahr zwar gesunken sind. Im Vergleich der ersten drei Quartale des Jahres 2019 sind die

274 BT-Drs. 19/26545, 20.

275 BT-Drs. 19/26545, 20.

276 Verordnung zur Aussetzung der gesetzlichen Pflicht zur Erhebung, Übermittlung und Veröffentlichung von indikatorenbezogenen Daten in vollstationären Pflegeeinrichtungen v. 8.1.2021, BAnz AT 11.1.2021 V1.

277 Lediglich für den Bereich der zum Verbrauch bestimmten Pflegehilfsmittel wurde durch die COVID-19-Versorgungsstrukturen-Schutzverordnung eine Regelung im SGB XI eingeführt, wobei diese Verordnung auf der Grundlage des § 5 Abs. 2 S. 1 Nr. 4 und 7 IfSG erging.

Kosten für die Krankenhausbehandlung im Vergleich zu den ersten drei Quartalen im Jahr 2019 aber wieder leicht gestiegen. Das könnte darauf zurückzuführen sein, dass die in der ersten Welle verschobenen oder von den Versicherten aufgeschobenen Maßnahmen nach dem Abebben der ersten Welle tatsächlich nachgeholt wurden.[278]

209 Wie dargelegt ist die Finanzierung allgemeiner Staatsaufgaben aus Sozialversicherungsbeiträgen unzulässig (→ Rn. 28 ff.). Aus verfassungsrechtlichen Gründen dürfen Sozialversicherungsbeiträge nur für die Finanzierung von Aufgaben aus der Sozialversicherung verwendet werden.[279] Daher hat das BVerfG auch bereits frühzeitig entschieden, dass Sozialversicherungsbeiträge nicht der allgemeinen Mittelbeschaffung des Staates dienen, sondern ihre Grenzen in der Finanzierung der Sozialversicherung finden.[280]

210 Im Rahmen der Gesetzgebung in der Corona-Krise haben sich diese Abgrenzungsschwierigkeiten bei der Finanzierungszuweisung durch den Gesetzgeber insbesondere im Zusammenhang mit folgenden Regelungen gestellt:

1. Repräsentative bevölkerungsmedizinische Corona-(Antikörper-)Tests

211 Durch das Zweite Gesetz zum Schutz der Bevölkerung bei einer epidemischen Lage von nationaler Tragweite v. 19.5.2020 wurde eine **neue Verordnungsermächtigung in § 20 i SGB V** zugunsten des BMG geschaffen. Die Regelung wurde später durch das Dritte Gesetz zum Schutz der Bevölkerung bei einer epidemischen Lage von nationaler Tragweite v. 18.11.2020 geändert. Das Ministerium wird, sofern der Deutsche Bundestag eine epidemische Lage von nationaler Tragweite festgestellt hat, gemäß § 20 i Abs. 3 S. 2 SGB V ermächtigt, nach Anhörung des GKV-Spitzenverbandes und der Kassenärztlichen Bundesvereinigung[281]

„durch Rechtsverordnung ohne Zustimmung des Bundesrates zu bestimmen, dass

1. *Versicherte Anspruch auf [...] bestimmte Testungen für den Nachweis des Vorliegens einer Infektion mit einem bestimmten Krankheitserreger oder auf das Vorhandensein von Antikörpern gegen diesen Krankheitserreger haben [... und]*
2. *Personen, die nicht in der gesetzlichen Krankenversicherung versichert sind, Anspruch auf Leistungen nach Nummer 1 haben."*

Das Nähere zur Finanzierung dieser Testungen kann dabei in der Rechtsverordnung geregelt werden. Als eine Option eröffnet § 20 i Abs. 3 S. 11 Nr. 4 SGB V dabei eine vollständige oder anteilige Finanzierung aus der Liquiditätsreserve des Gesundheitsfonds.

212 In der Begründung des Zweiten Gesetzes zum Schutz der Bevölkerung bei einer epidemischen Lage von nationaler Tragweite vom 19.5.2020 heißt es dazu wie folgt:

„Die Testung von symptomfreien Personen entspricht der verbreiteten Forderung der Wissenschaft nach repräsentativen bevölkerungsmedizinischen Tests. Auch könnten regelmäßig Tests im Umfeld besonders gefährdeter Personen durchgeführt werden. Entsprechendes gilt für mögliche Antikörpertests zur Bestätigung einer abgeklungenen Infektion oder zum Nachweis einer erworbenen Immunität."[282]

213 Die Höhe der Kostenbelastung für den Fall, dass das BMG anlässlich der Corona-Pandemie von dieser Verordnungsermächtigung Gebrauch macht, wurde dabei vom Gesetz-

278 Www.gkv-spitzenverband.de/service/zahlen_und_grafiken/gkv_kennzahlen/gkv_kennzahlen.jsp; die Kennzahlen sind dort auch als PDF-Datei abrufbar.

279 *Ibler* in Maunz/Dürig GG Art. 87 Rn. 177 f.

280 BVerfG Beschl. v. 8.4.1987 – 2 BvR 909/82, juris Rn. 98; *Kirchhof* NZS 1999, 161 (163).

281 Sofern die Rechtsverordnung Regelungen für Personen enthält, die privat krankenversichert sind, ist nach Maßgabe von § 20 i Abs. 3 S. 10 SGB V vor ihrem Erlass auch der Verband der Privaten Krankenversicherung anzuhören.

282 BT-Drs. 19/19216, 107.

geber auf ca. 60 Mio. EUR je einer Million zusätzlicher ungebündelter Tests geschätzt.[283]

Gestützt auf die Ermächtigungsgrundlage des § 20 i Abs. 3 S. 2 SGB V hat das BMG erstmalig am 8.6.2020 eine Verordnung zum Anspruch auf bestimmte Testungen für den Nachweis des Vorliegens einer Infektion mit dem Coronavirus SARS-CoV-2[284] erlassen. Die Testverordnung wurde seitdem mehrfach geändert und neugefasst: Sie wurde mit Wirkung zum 15.10.2020 durch eine neue Coronavirus-Testverordnung[285] abgelöst, welche nach Neufassung[286] am 30.11.2020 mit Wirkung zum 2.12.2020 am 15.1.2021 geändert[287] wurde. Die bei Druckschluss aktuelle Coronavirus-Testverordnung stammt vom 27.1.2021.[288] Durch die Verordnung wird ein Anspruch auf Testungen für zahlreiche Fallkonstellationen außerhalb der Krankenbehandlung iSd § 27 SGB V geschaffen. 214

Ob die Finanzierung repräsentativer bevölkerungsmedizinischer Tests ohne das Vorliegen eines konkreten Krankheitsverdachts tatsächlich in die Finanzierungsverantwortung der GKV fällt, ist zumindest diskussionswürdig. Dies gerade dann, wenn die Testung von nicht in der GKV versicherten Personen betroffen ist. Ein Krankheitszustand besitzt für die GKV nur dann Relevanz, wenn seine Veränderung mit medizinischen Mitteln infrage kommt.[289] Bei COVID-19 ist dies fraglich, weil die Feststellung des Virus in Ermangelung einer kausalen Therapie zunächst keine unmittelbare therapeutische Konsequenz nach sich zieht, solange der Patient asymptomatisch ist. Die Konsequenz eines positiven Testergebnisses ist in solchen Fällen vielmehr eine epidemiologische, nämlich die Anordnung von Quarantäne nach Maßgabe des IfSG. Angesichts der fehlenden therapeutischen Relevanz des Virennachweises bei asymptomatischen Patientinnen und Patienten und der vielmehr in den Bereich der Gefahrenabwehr fallenden Konsequenzen eines solchen Ergebnisses ist es daher naheliegend, derartige Testungen aufgrund ihrer primär epidemiologischen Zielsetzung dem **Gefahrenabwehrrecht** und nicht dem Sozialversicherungsrecht zuzuordnen. 215

Soweit der GKV im Rahmen der Pandemiebewältigung die Finanzierung von allgemeinen Staatsaufgaben übertragen wird, ist dies kritisch zu sehen. Aus Sicht einer effektiven Gefahrenabwehr erscheint der „Rückgriff auf die flächendeckenden Versorgungsstrukturen der gesetzlichen Krankenversicherung"[290], welche der Gesetzgeber in seiner Begründung anführt, zwar verständlich, da sie eine zügige Gewährung von Sach- und Dienstleistungen ermöglichen. Da es sich bei Testungen symptomfreier Personen außerhalb der Krankenbehandlung und Leistungen für nicht GKV-Versicherte – wie der Gesetzgeber selbst erkannt hat[291] – der Sache nach jedoch um **versicherungsfremde Leistungen**[292] handelt, sind die der gesetzlichen Krankenversicherung dabei entstehenden Kosten über einen Bundeszuschuss nach Art. 120 Abs. S. 4 GG auszugleichen. 216

283 BT-Drs. 19/19216, 12; dabei wird allerdings darauf hingewiesen, dass angesichts einer verbesserten Ansteckungsverhütung Krankenbehandlungskosten in nicht quantifizierbarer Höhe vermieden werden.

284 BAnz AT 9.6.2020 V1; geändert durch Änderungsverordnungen v. 31.7.2020 (BAnz AT 31.7.2020 V1) und 11.9.2020 (BAnz AT 14.9.2020 V1).

285 Verordnung zum Anspruch auf Testung in Bezug auf einen direkten Erregernachweis des Coronavirus SARS-CoV-2 (Coronavirus-Testverordnung – TestV) v. 14.10.2020 (BAnz AT 14.10.2020 V1).

286 BAnz AT 1.12.2020 V1.

287 BAnz AT 15.1.2021 V1.

288 BAnz AT 27.1.2021 V2.

289 *Noftz* in Hauck/Noftz SGB V § 1 Rn. 59.

290 BT-Drs. 19/19216, 107.

291 BT-Drs. 19/19216, 107.

292 Der Begriff der versicherungsfremden Leistungen findet sich in § 221 Abs. 1 SGB V; eine anerkannte Definition dieses Begriffs existiert allerdings nicht: Wissenschaftliche Dienste des Deutschen Bundestages, Versicherungsfremde Leistungen in der Gesetzlichen Krankenversicherung sowie in der Sozialen Pflegeversicherung, Dokumentation WD 9–3000–051/16 v. 16.9.2016, S. 4 mwN.

217 Insofern weist die Gesetzesbegründung darauf hin, dass in der zweiten Jahreshälfte 2020 BMG und BMF gemeinsam festlegen werden, „in welchem Umfang die gesetzliche Krankenversicherung zusätzliche Zuschüsse des Bundes zur Stabilisierung des Beitragssatzes, mithin auch zur Refinanzierung der og versicherungsfremden Ausgaben, erhalten sollte.“[293] Daraufhin hat der Bund zur Verbesserung der Liquiditätssituation des Gesundheitsfonds zunächst im Rahmen des Nachtragshaushalts für die zweite Jahreshälfte 2020 zum 15.7.2020 einen ergänzenden Bundeszuschuss in Höhe von 3,5 Mrd. EUR an den Gesundheitsfonds überwiesen.[294] Später wurde durch Art. 1 Nr. 7 des GPVG[295] ein neuer § 221 a SGB V eingefügt, welcher zur Stabilisierung des durchschnittlichen Zusatzbeitragssatzes im Jahr 2021 (§ 242 a SGB V) einen weiteren ergänzenden Bundeszuschuss in Höhe von 5 Mrd. EUR zugunsten des Gesundheitsfonds vorsieht. Diese Erhöhung des Bundeszuschusses wurde vom GKV-Spitzenverband als nicht ausreichend eingeschätzt: Angesichts einer für 2021 erwarteten Finanzierungslücke von rund 16,6 Mrd. EUR wäre die Konsequenz, dass ein Großteil der finanziellen Last von den Beitragszahlenden der GKV zu schultern wäre.[296]

2. Ausweitung des Anspruchs auf Kinderkrankengeld

218 Nach Maßgabe des § 45 SGB V besteht in der GKV ein Anspruch auf Krankengeld bei Erkrankung eines Kindes (sog. Kinderkrankengeld). Der Anspruch setzt im Allgemeinen voraus, dass es nach ärztlichem Zeugnis erforderlich ist, dass Versicherte zur Beaufsichtigung, Betreuung oder Pflege ihres erkrankten und versicherten Kindes der Arbeit fernbleiben, eine andere in ihrem Haushalt lebende Person das Kind nicht beaufsichtigen, betreuen oder pflegen kann und das Kind das zwölfte Lebensjahr noch nicht vollendet hat oder behindert und auf Hilfe angewiesen ist. Kinderkrankengeld kann gemäß § 45 Abs. 2 S. 1 SGB V für jedes Kind pro Kalenderjahr längstens für zehn Arbeitstage, für alleinerziehende Versicherte längstens für 20 Arbeitstage beansprucht werden.[297]

219 Der Anspruch auf Kinderkrankengeld ist vor dem Hintergrund der „zweiten Welle“ und dem damit verbundenen längeren Lockdown (inklusive Schulen und Kindertagesstätten) mit dem **GWB-Digitalisierungsgesetz**[298] v. 18.1.2021 für das Jahr 2021 erweitert worden (§ 45 Abs. 2 a und 2 b SGB V).

220 Damit wird ein Beschluss der Bundeskanzlerin und der Ministerpräsidentinnen und Ministerpräsidenten v. 5.1.2021 umgesetzt. Dort wurde beschlossen (nur) für das Kalenderjahr 2021 zehn zusätzliche Arbeitstage pro Elternteil und Kind (20 zusätzliche Arbeitstage für Alleinerziehende pro Kind) zu gewähren. Der Anspruch auf das erweiterte Kinderkrankengeld soll danach ausdrücklich auch für die Fälle gelten, in denen eine Betreuung des Kindes zu Hause erforderlich wird, weil der Schul- oder Kindergartenbesuch des Kindes pandemiebedingt nicht möglich ist.

221 Dementsprechend wird in § 45 Abs. 2 a SGB V zunächst bestimmt, dass abweichend von § 45 Abs. 2 S. 1 SGB V der **Anspruch auf Kinderkrankengeld verlängert** wird. Danach hat jeder Versicherte für jedes Kind im Kalenderjahr 2021 einen Anspruch auf Kinderkrankengeld für 20 Arbeitstage. Sind beide Elternteile gesetzlich versichert, können sie als Eltern für jedes Kind 40 Kinderkrankengeldtage beanspruchen. Dies aber

293 BT-Drs. 19/19216, 107.

294 Vgl. Darstellung in BT-Drs. 19/23483, 35.

295 Gesetz zur Verbesserung der Gesundheitsversorgung und Pflege (Gesundheitsversorgungs- und Pflegeverbesserungsgesetz – GPVG) v. 22.12.2020 (BGBl. I 3299); zur Begründung: BT-Drs. 19/23483, 35.

296 S. https://www.gkv-spitzenverband.de/gkv_spitzenverband/presse/pressemitteilungen_und_statements/pressemitteilung_1094080.jsp.

297 Bei mehreren Kindern sieht § 45 Abs. 2 S. 2 SGB V eine Deckelung auf 25 Arbeitstage, für alleinerziehende Versicherte auf 50 Arbeitstage je Kalenderjahr vor.

298 BGBl. 2021 I 2.

längstens und damit unabhängig von der Kinderzahl für insgesamt maximal 45 Tage (§ 45 Abs. 2 a S. 2 SGB V). Für Alleinerziehende wird der Anspruch auf Kinderkrankengeld verdoppelt. Sie haben für jedes Kind einen Anspruch auf Kinderkrankengeld für 40 Arbeitstage. Der Anspruch für Alleinerziehende besteht höchstens und somit wiederum unabhängig von der Kinderzahl für 90 Arbeitstage. Damit werden die Alleinerziehenden hinsichtlich des Anspruches auf Kinderkrankengeld den Familien mit zwei betreuenden Elternteilen gleichgestellt.

Der Anspruch auf Kinderkrankengeld besteht nach § 45 Abs. 2 a S. 3 SGB V im Jahr 2021 auch für die Fälle, in denen das **Kind aufgrund von Maßnahmen zur Bekämpfung der Pandemie den Kindergarten, die Schule oder die Einrichtung für Menschen mit Behinderung nicht besuchen kann.** Auf die Erkrankung des Kindes kommt es somit nicht an. Damit ist das Kinderkrankengeld für das Jahr 2021 eine Maßnahme der Gefahrenabwehr. Deswegen wird in § 45 Abs. 2 b SGB V auch geregelt, dass während des Bezugs des Kinderkrankengeldes der Entschädigungsanspruch nach dem IfSG (§ 56 Abs. 1 a IfSG) ruht. Damit soll eine Doppelleistung (einmal nach § 45 Abs. 2 a SGB V und einmal nach § 56 Abs. 1 a IfSG) ausgeschlossen werden. Dementsprechend ist in der Gesetzesbegründung ausgeführt, dass die Eltern zusätzlich zum Bezug von Kinderkrankengeld eine Entschädigung nach dem IfSG nicht beanspruchen können.[299] 222

Die Regelung ist **rückwirkend** zum 5.1.2021 in Kraft getreten. Sie gilt nur für das Jahr 2021. Sie wird demgemäß zum 1.1.2022 aufgehoben (Art. 9, Art. 13 GWB-Digitalisierungsgesetz). 223

Da das Kinderkrankengeld für den Fall, dass das Kind nicht in der Schule oder einer vergleichbaren Einrichtung betreut werden kann, nichts mit dem Krankenversicherungsrecht zu tun hat, sondern eine Folge einer Maßnahme aus dem Gefahrenabwehrrecht ist, werden die dadurch entstehenden Kosten durch einen **Bundeszuschuss in die Liquiditätsreserve des Gesundheitsfonds** vollständig ausgeglichen (§ 221 a Abs. 2 SGB V). Dies ist insofern bemerkenswert, weil die Kosten für Kinderkrankengeld nicht aus der Liquiditätsreserve des Gesundheitsfonds gezahlt werden, sondern von der jeweils einzelnen Krankenkasse entsprechend der Ansprüche ihrer Versicherten. Insofern wäre es sachgerecht gewesen, Regelungen aufzunehmen, die bestimmen, dass die Krankenkassen dann jeweils Zahlungen aus der Liquiditätsreserve des Gesundheitsfonds erhalten, die der Höhe nach ihren Aufwendungen für das (erweiterte) Kinderkrankengeld entsprechen. Die Regelungen sind insgesamt ein gutes Beispiel dafür, wie der Gesetzgeber die Krankenkassen in Zeiten der Pandemie beauftragten kann, um mit ihren gut funktionierenden und etablierten Organisations- und Versorgungsstrukturen, Aufgaben der Gefahrenabwehr (IfSG) zu übernehmen. 224

3. Maßnahmen in der stationären Versorgung

Die durch das COVID-19-Krankenhausentlastungsgesetz vorgesehenen Maßnahmen zur Sicherstellung der stationären Versorgung werden zu noch nicht exakt bezifferbaren Mehrausgaben für den Bund und die gesetzliche Krankenversicherung führen. Nach der Gesetzesbegründung ergeben sich bei einer angenommenen Unterschreitung der Patientenzahl von 10 % für 100 Tage Mehrausgaben von 2,8 Mrd. EUR für die Freihaltung von Betten und bei einer Verdoppelung der Intensivkapazitäten Mehrausgaben in Höhe von weiteren 1,5 Mrd. EUR.[300] 225

299 BT-Drs. 19/25868, 124; generell zum Ruhen eines Sozialleistungsanspruchs: BSG Beschl. v. 21.12.1971 – GS 6/71, BSGE 33, 280 (286); zur Bedeutung des Ruhens des Krankengeldes nach § 49 SGB V: *Brinkhoff* in jurisPK SGB V § 49 Rn. 18, *Krasney* in Krasney/Knorr Entgeltfortzahlung/Krankengeld/Mutterschaftsgeld SGB V § 49 Rn. 2.

300 BT-Drs. 19/18112, 4.

226 Der Gesetzgeber hat die Finanzierung der mit dem COVID-19-Krankenhausentlastungsgesetz vorgesehenen **Freihaltung von Krankenhausbetten** nach § 21 Abs. 1 bis 4 KHG und durch das Dritte Bevölkerungsschutzgesetz vorgesehenen Freihaltepauschalen nach § 21 Abs. 1 a KHG als gesamtgesellschaftliche Aufgabe zum Schutz der Bevölkerung gegen die Auswirkungen der Corona-Pandemie und damit als öffentliche Aufgabe angesehen. Denn diese Mittel werden über die Liquiditätsreserve des Gesundheitsfonds nach § 271 SGB V vorfinanziert und nachträglich aus Steuermitteln des Bundes refinanziert.[301]

227 Die **Finanzierung zusätzlicher Intensivbetten** nach § 21 Abs. 5 KHG erfolgt demgegenüber ausschließlich aus der Liquiditätsreserve des Gesundheitsfonds nach § 271 SGB V und damit aus Beitragsmitteln der Gesetzlichen Krankenversicherung.[302] Eine anschließende Refinanzierung durch den Bund findet nicht statt. Damit wird die dauerhafte Erweiterung der Versorgungsmöglichkeiten als reine Aufgabe der gesetzlichen Krankenversicherung angesehen.

228 Die Differenzierung des Gesetzgebers, der mit dem in § 21 KHG vorgesehenen Finanzierungsmodell die Freihaltung der Betten als gesamtgesellschaftliche und öffentliche Aufgabe und die Schaffung und Vorhaltung von Intensivbetten als reine Aufgabe der gesetzlichen Krankenversicherung qualifiziert, kann durchaus hinterfragt werden. Denn der Sinn und Zweck ist bei beiden Normen in erster Linie die Gefahrenabwehr. Deswegen ist für die Schaffung neuer Intensivbetten das Abstellen auf die Kompetenznorm des Art. 74 Abs. 1 Nr. 12 GG (Angelegenheiten der Krankenversicherung) schwierig. Sofern hingegen die Kompetenznorm des Art. 74 Abs. 1 Nr. 19 a GG (wirtschaftliche Sicherung der Krankenhäuser)[303] erfasst sein soll, müsste die Finanzierung zumindest auch von der privaten Krankenversicherung getragen werden (→ Rn. 230 f.).

229 Insbesondere im Vergleich mit den in § 21 Abs. 1 bis 4 KHG vorgesehen Pauschalen zur Freihaltung der Betten erscheint es sachlogisch, dass die Erweiterung der Versorgungsmöglichkeiten durch neue Intensivbetten auch als **gesamtgesellschaftliche Aufgabe** qualifiziert werden kann. Denn die Vorhaltung von Intensivkapazitäten dient der Allgemeinheit und nicht nur der Versichertengemeinschaft. Dies hat die Folge, dass sie nicht der Finanzierungsverantwortung der Sozialversicherung unterlägen, sondern aus Bundesmitteln zu finanzieren sind.

4. Einbeziehung der privaten Krankenversicherung

230 Auch die variable Einbeziehung der privaten Krankenversicherung in die Finanzierungsverantwortung für die Maßnahmen zur Eindämmung der Coronavirus-Pandemie ist inkonsequent und nicht nachvollziehbar. Denn die Verantwortung für die Finanzierung trifft nicht nur die gesetzliche Krankenversicherung, sondern eben auch die private Krankenversicherung dort, wo sich die Gesetzgebungskompetenz des Bundes aus Art. 74 Abs. 1 Nr. 19 a GG ergibt. Sobald folglich nicht nur Angelegenheiten der Sozialversicherungsträger, sondern auch der privaten Krankenversicherung betroffen sind, müsste die Finanzierungsverantwortung erweitert werden. Dies ist immer dann der Fall, wenn Leistungen für alle Benutzerinnen und Benutzer erbracht und Entgelte für alle Benutzerinnen und Benutzer geregelt werden müssen (→ Rn. 43).

231 Im COVID-19-Krankenhausentlastungsgesetz ist im Bereich der stationären Versorgung, insbesondere für die Vorhaltung der Intensivbetten, keine Finanzierungsbeteili-

301 BT-Drs. 19/18112, 27; BT-Drs. 19/24334, 94.
302 BT-Drs. 19/18112, 23.
303 *Seiler* in BeckOK GG Art. 74 Rn. 73.

gung der privaten Krankenversicherung vorgesehen.[304] Andere Aufgaben im SGB V, KHG und SGB XI eröffnen durchaus die Möglichkeit einer finanziellen Beteiligung der privaten Krankenversicherung oder verpflichten sogar dazu.[305] Dies ist auch hier naheliegend, da die neuen Maßnahmen nach § 21 ff. KHG in der stationären Versorgung auch Patientinnen und Patienten der privaten Krankenversicherung zu Gute kommen. Der PKV-Verband hat sich gegen entsprechende Vorwürfe stark gewehrt und auf den überproportionalen jährlichen Finanzierungsbeitrag der privaten Krankenversicherung zugunsten der Krankenhäuser verwiesen. Angesichts der höheren Überweisung trage die private Krankenversicherung mehr zur Klinikfinanzierung bei als ihrem Patientenanteil entspreche.[306] Dies ist aus mehreren Gründen wenig überzeugend. Es erklärt insbesondere nicht, wie der Gesetzgeber die fehlende Berücksichtigung der privaten Krankenversicherung bei der Finanzierung nach § 21 KHG begründet. Dies wäre aber auch dann zwingend erforderlich, wenn die Norm auf Art. 74 Abs. 1 Nr. 19 a GG gestützt wird.

Auch im Bereich der Pflegeversicherung ist für die Kosten der sogenannten Corona-Prämie für Pflegepersonal keine Beteiligung des PKV-Verbandes vorgesehen (→ Rn. 201 f.). Dies ist fragwürdig, da das Personal zugelassener Pflegeeinrichtungen sowohl Versicherte der gesetzlichen als auch der privaten Pflegeversicherung versorgt.[307] Daher müsste die Finanzierungsverantwortung erweitert werden. Sowohl die gesetzliche Regelung selbst als auch die Gesetzesmaterialien enthalten hierzu jedoch keine Ausführungen. 232

Im Gegensatz dazu erfolgt die Finanzierung der Corona-Prämien für Pflegepersonal im Krankenhaus nach § 26 a Abs. 3 KHG aus der Liquiditätsreserve des Gesundheitsfonds und damit der gesetzlichen Krankenversicherung (93 Mio. EUR) und durch die privaten Krankenversicherungsunternehmen (7 Mio. EUR).[308] Es ist nicht ersichtlich, auf welchen Gründen hier eine unterschiedliche Bewertung der Finanzierungsverantwortlichkeiten bei Corona-Prämien basiert. 233

Auch die Finanzierung der Maßnahmen nach der neuen Coronavirus-Impfverordnung erfolgt in Teilen durch den PKV-Verband: Nach § 10 ImpfV werden die Kosten für die Errichtung, Vorhaltung und den laufenden Betrieb der Impfzentren zu 46,5 % von der gesetzlichen Krankenkasse und zu 3,5 % von den privaten Krankenversicherungsunternehmen getragen (→ Rn. 257). Eine gemeinsame Finanzierung in diesem Bereich ist auch zwingend und notwendig, da sowohl gesetzlich als auch privat versicherte Bürger Anspruchsberechtigte einer Impfung gegen das Coronavirus sind. 234

In der ambulanten Versorgung haben sich die Bundesmantelvertragspartner in ihrer Vereinbarung über die **Ausstattung von Vertragsärzten mit Schutzausrüstung** (→ Rn. 75 ff.) auf ein „Opt in“-Recht der privaten Krankenversicherungsunternehmen verständigt. Nach § 1 Abs. 2 der Vereinbarung umfasst die Vereinbarung auch die notwendige Schutzausrüstung für die Behandlung von nicht GKV-Versicherten, wenn die PKV-Unternehmen sich an den aufgrund der Vereinbarung entstehenden Kosten pauschal in Höhe von 10 % beteiligen. Eine solche Regelung dürfte der Versorgungsrealität entsprechen, als gerade in Zeiten einer Verknappung dieser Schutzausrüstung eine Unterscheidung nach dem Versicherungsstatus der Patientinnen und Patienten wenig praktikabel sein dürfte. 235

---

304 Nur im Rahmen der Begründung der Ausgaben für den Zuschlag für persönliche Schutzausrüstung wird dargelegt, dass auf die private Krankenversicherung 24 Mio. EUR entfallen; vgl. BT-Drs. 19/18112, 24.

305 ZB § 64 b Abs. 4, § 65 d Abs. 4 SGB V, §§ 12, 12 a, 15, 18 KHG, § 8 Abs. 9, § 45 c Abs. 1 S. 2, § 114 a Abs. 5 SGB XI.

306 FAZ v. 9.4.2020, S. 20.

307 *Schlegel* NJW 2020, 1911 (1915).

308 BT-Drs. 19/22609, 54: Der Betrag von 7 Mio. EUR entspricht sieben Prozent des für die Finanzierung der Prämien notwendigen Mittelbedarfs.

5. Prämienzahlung in Pflegeeinrichtungen und -diensten

236 Im Zweiten Gesetz zum Schutz der Bevölkerung bei einer epidemischen Lage von nationaler Tragweite ist eine einmalige Prämienzahlung für Beschäftigte angelegt, die im Wege eines Werk- oder Dienstleistungsvertrags oder einer Arbeitnehmerüberlassung für die Pflege und Betreuung in den nach dem SGB XI zugelassenen teil- oder vollstationären Pflegeeinrichtungen und für ambulante Pflegedienste einschließlich Betreuungsdienste nach § 71 Abs. 1 a SGB XI tätig sind. Es ist eine Prämie in Höhe von bis zu 1.500 EUR vorgesehen, um die besondere Wertschätzung gegenüber den in diesen Einrichtungen Beschäftigten auszudrücken, die in Zeiten der Corona-Krise besonderen Anforderungen und Belastungen ausgesetzt sind (→ Rn. 201 f.).[309]

237 Nach § 150 a Abs. 7 SGB XI erhalten die Pflegeeinrichtungen den Betrag für die sogenannte Corona-Prämien ihrer Beschäftigten im Wege der Vorauszahlung von der sozialen Pflegeversicherung. Die Prämien können durch die Länder, die Pflegeeinrichtungen oder die Arbeitgeber erhöht werden. Die gesetzliche Krankenversicherung beteiligt sich anteilig an der Vorauszahlung, da ambulante Pflegedienste teilweise Leistungen nach dem SGB V und nach dem SGB XI erbringen. So sind bezogen auf alle Pflegeeinrichtungen etwa 13 % der Beschäftigten und Arbeitnehmerinnen und Arbeitnehmer nach § 150 a Abs. 1 S. 2 SGB XI im Bereich der häuslichen Krankenpflege nach dem SGB V tätig.[310]

238 Auch bei dieser Leistungsprämie drängt sich die Frage auf, ob sie tatsächlich von der Finanzierungsverpflichtung der sozialen Pflegeversicherung bzw. der gesetzlichen Krankenversicherung und damit der Bundeskompetenz aus Art. 74 Abs. 1 Nr. 12 GG umfasst ist.[311] Indem der Gesetzgeber nach dem Wortlaut des § 150 a Abs. 7 SGB XI zunächst einmal die Finanzierungsverantwortung an die Sozialversicherungsträger übertragen hat, scheint er diese Kompetenz anzunehmen.

239 Tatsächlich ist es dem Sozialversicherungsrecht auch nicht fremd, auch Regelungen mit zumindest mittelbarer Relevanz für die Vergütung von Pflegekräften zu schaffen. So geben § 132 a Abs. 4 S. 7 SGB V (Häusliche Krankenpflege) und § 84 Abs. 2 S. 5 SGB XI (Pflegesätze) vor, dass die „Bezahlung von Gehältern bis zur Höhe tarifvertraglich vereinbarter Vergütungen sowie entsprechender Vergütungen nach kirchlichen Arbeitsrechtsregelungen (...) nicht als unwirtschaftlich abgelehnt werden" darf.

240 Aus der Gesetzesbegründung zum Zweiten Gesetz zum Schutz der Bevölkerung bei einer epidemischen Lage von nationaler Tragweite ergibt sich jedoch, dass die verfassungsrechtliche Einordnung dieser Corona-Prämien und die damit verbundene Finanzierungsverantwortung doch nicht so eindeutig ist: So biete sich aus Sicht der Kommissionsvertreter eine alleinige Finanzierung aus Mitteln der Pflegeversicherung vor dem Hintergrund der gesamtgesellschaftlichen Aufgabe nicht an.[312] Ergänzend ergibt sich aus der Gesetzesbegründung, dass das BMG und das BMF in der zweiten Hälfte des Jahres 2020 festlegen wollen, in welchem Umfang die Gesetzliche Kranken- und Pflegeversicherung Zuschüsse des Bundes zur Stabilisierung der jeweiligen Beitragssätze erhalten. Dies solle auch die Frage der Refinanzierung dieser einmaligen Prämie umfassen.[313] Die Bundesregierung hat im zweiten Halbjahr über einen Steuerzuschuss für die Pflegeversicherung in Höhe von 1,8 Mrd. EUR entschieden. Die im EpiLage-Fortgeltungsgesetz gesetzlich vorgesehenen finanziellen Beteiligungen des Bundes umfassen hingegen

309 BT-Drs. 19/18967, 74.
310 BT-Drs. 19/18967, 76.
311 Krit. auch *Schlegel* NJW 2020, 1911 (1915).
312 BT-Drs. 19/18967, 75.
313 BT-Drs. 19/18967, 4, 76.

nicht die Corona-Prämien, sondern nur die Mehrausgaben für den Pflegeschutzschirm und die Testverordnung im Bereich der Pflegeeinrichtungen.[314]

Wenn jedoch die Refinanzierung der Leistungsprämie und somit die Mittelverwendung aus dem Bundeszuschuss in Betracht gezogen werden, bedeutet dies im Umkehrschluss, dass es sich um eine durch Steuern zu finanzierende allgemeine Staatsaufgabe handelt. Diese könnte dann nicht mehr unter dem Kompetenztitel „Sozialversicherung" gefasst werden. Zumindest scheint es sich jedoch um „versicherungsfremde Leistungen" zu handeln, die nicht im Zusammenhang mit einem sozialen Ausgleich stehen, sondern der Allgemeinheit, hier den Beschäftigten, zu Gute kommen.[315] 241

6. Zusammenfassung

Bei den in der Corona-Pandemie vorgesehenen unterschiedlichen Maßnahmen ergeben sich Abgrenzungsschwierigkeiten zwischen Aufgaben der Sozialversicherung und allgemeinen Aufgaben des Staates und den entsprechenden Finanzierungsverpflichtungen. 242

Die Beispiele der bevölkerungsmedizinischen Coronatests, die Vorhaltung von Intensivbetten, die Beschränkung der Finanzierung auf die gesetzliche Krankenversicherung und die Prämienzahlungen in der Altenpflege sind prägnante Beispiele für diese Abgrenzungsschwierigkeiten. 243

Auch wenn es bei der Bekämpfung von Pandemien in erster Linie um die Eindämmung des Virus und den Schutz der Gesundheit der Bevölkerung geht, muss der Gesetzgeber sich bei den Entscheidungen zur Finanzierung der Maßnahmen innerhalb der rechtsstaatlichen Verfasstheit bewegen. 244

Insofern muss nach dem erforderlichen und im Interesse aller gebotenem schnellen Handeln noch einmal geprüft werden, ob die Finanzierungslasten richtig verteilt wurden. Bei dieser Prüfung kann sich das Recht zum Bundeszuschuss zu einer Pflicht verdichten (→ Rn. 64). 245

VIII. Impfverordnung des BMG

1. Ermächtigungsgrundlage zur Impfverordnung

Das BMG hat erstmals am 15.12.2020 die Coronavirus-Impfverordnung erlassen.[316] Auf ihrer Grundlage startete in Deutschland die Impfung gegen das Coronavirus. Diese Verordnung ist mit Ablauf des 7.2.2021 bereits wieder außer Kraft getreten. Sie wurde durch die Coronavirus-Impfverordnung vom 8.2.2021 ersetzt, die am 8.2.2021 sogleich in Kraft getreten ist. Der Grund für diese erste Neufassung war der, dass die STIKO zunächst empfohlen hatte, den Impfstoff von AstraZeneca nur zur Impfung von Personen zwischen dem 18. und 64. Lebensjahr zu verwenden. Insofern regelte die Coronavirus-Impfverordnung in der Fassung vom 8.2.2021, dass die Impfstoffe, die die STIKO nur für bestimmte Personengruppen empfohlen hat, vorrangig auch an diese Personengruppen abgegeben werden sollten. Am 3.3.2021 hat die STIKO ihre Impfempfehlung für den Impfstoff von AstraZeneca geändert und ihn nunmehr für alle Altersgruppen freigegeben. **Am 10.3.2021 hat das BMG eine neue Impfverordnung erlassen.**[317] Sie ist rückwirkend zum 8.3.2021 in Kraft getreten (§ 16 Coronavirus-Impfverordnung). Rechtsgrundlage für die Coronavirus-Impfverordnung ist § 20i Abs. 3 S. 2 Nr. 1 lit. a 246

314 BT-Drs. 19/26545, 3, 24.

315 Krit. zu dem Vorhaben, erst in der zweiten Hälfte des Jahres über den Bundeszuschuss oder die Refinanzierung zu entscheiden, äußerte sich auch bereits der GKV-Spitzenverband; vgl. dpa-Meldung v. 28.4.2020: „Kassen fordern rasche Klarheit über Bundeszuschuss für Pflegebonus".

316 BAnz AT 21.12.2020 V3.

317 BAnz AT 11.3.2021 V1.

SGB V. Diese bundesgesetzliche Ermächtigungsnorm räumt dem Verordnungsgeber einen weiten Gestaltungsspielraum ein. Das ist vor dem Hintergrund des in Art. 80 Abs. 1 GG festgelegten Bestimmtheitsgrundsatzes und der Grundrechtsrelevanz der Verordnungsregelungen zwar problematisch.[318] Allerdings enthält § 20 i Abs. 3 S. 2 Nr. 1 lit. a SGB V durch die „insbesondere Aufzählung" (Alter, Krankheit, Betreuung und Daseinsvorsorge) gerade für den wichtigen Punkt der Prioritätensetzung eine Regelung, aus der man die Wertentscheidungen des Parlamentes hinsichtlich der vorrangig mit dem Impfstoff zu versorgenden Bevölkerungsgruppen ableiten kann. Diese Entscheidung hat das BMG in der Coronavirus-Impfverordnung nachvollzogen (§§ 2 bis 4 Coronavirus-Impfverordnung).

246a In der Coronavirus-Impfverordnung ist nunmehr auch geregelt, dass die Länder den vorhandenen Impfstoff entsprechend der Prioritätenreihenfolge zu verwenden *haben* (§ 1 Abs. 2 Coronavirus-Impfverordnung). In der ersten Coronavirus-Impfverordnung vom 15.12.2020 war dies für die Länder noch lediglich eine *Sollregelung*. Auch in anderen Punkten hat der Verordnungsgeber auf die ersten Erfahrungen mit den Schutzimpfungen reagiert. So ist in § 1 Abs. 3 Coronavirus-Impfverordnung nunmehr geregelt, dass von der Impfreihenfolge (Prioritätengruppen) in Einzelfällen abgewichen werden kann, wenn dies für eine effiziente Organisation und eine zeitnahe Verwendung vorhandener Impfstoffe notwendig ist. Als Beispiel wird die Vermeidung von Verwurf von Impfstoff genannt. Gerade für die Vermeidung von Verwurf sollten aber klare Regelungen bestehen. Die Entscheidung über die Verwendung von übrig gebliebenen Impfstoffen kann nicht in das Ermessen des Impfpersonals gestellt werden. Weiterhin kann nach § 1 Abs. 3 Satz 2 Coronavirus-Impfverordnung von der vorgegebenen Priorisierung abgewichen werden, um eine dynamische Ausbreitung aus Grenzregionen (Ringimpfung) oder aus innerdeutschen Gebieten mit hohen Inzidenten (Riegelimpfung) zu vermeiden.

247 Es ist bereits fraglich, ob die Ermächtigungsnorm (§ 20 i SGB V) hinreichend bestimmt ist. Dieses verfassungsrechtliche Problem wird größer, wenn dann auch noch die Rechtsverordnung in entscheidenden Punkten keine klaren Regelungen trifft, sondern im Unbestimmten bleibt (§ 1 Abs. 3 Satz 1 Coronavirus-Impfverordnung „effiziente Organisation" „Vermeidung von Verwurf") oder – wie in § 1 Abs. 2 Satz 2 Cornavirus-Impfverordnung geregelt – innerhalb einer Prioritätengruppe bestimmte Personengruppen vorgezogen werden können (zB berufliche Gefährdung vor Lebensalter). Insofern wird auch der Gesetzgeber die Diskussion zur Impfreihenfolge (zB Vorziehen einzelner Berufsgruppen der Daseinsvorsorge) genau beobachten müssen, um gegebenenfalls die Ermächtigungsgrundlage zu konkretisieren, zu modifizieren oder gänzlich zu ändern, damit den verfassungsrechtlichen Anforderungen an die Bestimmtheit der Ermächtigungsnorm für eine Rechtsverordnung wieder hinreichend Rechnung getragen wird. Die Beantwortung der Fragen in Gesellschaft und Politik, die nach Erlass der Ermächtigungsnorm und der darauf beruhenden Rechtsverordnung aufkommen, muss der Gesetzgeber selbst beantworten. Das kann er nicht dem Verordnungseber überlassen. Dies auch dann nicht, wenn die Diskussion um die richtige Impfreihenfolge eine hohe tatsächliche (zB Verfügbarkeit des Impfstoffes, Dynamik der Ausbreitung, Situation in Grenzgebieten) und wissenschaftliche (zB Risiko-Nutzen-Abwägung zum Herausschieben der Zweitimpfung) Dynamik hat. Über die Festlegung der Impfstrategie hat das Parlament zu entscheiden. In einem formellen Gesetz sind die Grundsätze der Impfstrategie (insbesondere zur Priorisierung) hinreichend bestimmt zu regeln. Gerade die Impfreihenfolge sollte nicht vom Verordnungsgeber angepasst oder geändert werden können oder gar die Festlegung der konkreten Impfreihenfolge innerhalb einer Prioritätengrup-

318 Zu den Ermächtigungsnormen im IfSG *Kluckert*, Stellungnahme im BT-Ausschuss für Gesundheit, Gesundheitsausschuss-Drs. 19(14)160(29) v. 11.5.2020, S. 19 f.

pe den Ländern oder Landesbehörden überlassen werden. Dafür hat die Frage nach der Verteilung des Impfstoffes und der damit erreichte Lebens- und Gesundheitsschutz der Bevölkerung eine zu starke Grundrechtsrelevanz. Lediglich die Konkretisierungen und dabei insbesondere die erforderlichen Regelungen zur Organisation kann dann dem Verordnungsgeber überlassen werden.

2. Anspruchsberechtigung

§ 1 Coronavirus-Impfverordnung gibt j**eder Person, die ihren Wohnsitz oder gewöhnlichen Aufenthaltsort in der Bundesrepublik Deutschland** hat, einen Anspruch auf die Schutzimpfung gegen das Coronavirus (§ 1 Abs. 1 Nr. 2 Coronavirus-Impfverordnung). Dies unabhängig von ihrem Versichertenstatus. Insofern haben auch die Personen einen Anspruch auf die Schutzimpfung, die nicht gegen Krankheit versichert sind. Einen Anspruch haben ferner auch Personen, die in einer stationären Einrichtung gepflegt, betreut oder tätig sind. Ob diese Personen in Deutschland ihren Wohnsitz haben oder dort ihren ständigen Aufenthaltsort haben, spielt keine Rolle. Diese umfassende Anspruchsberechtigung ist richtig, weil es darum geht, die Verbreitung des Virus zu beenden und Schutz vor dem Virus zu geben. Insofern kann es nur darauf ankommen, dass die Personen ihren gewöhnlichen Aufenthaltsort in Deutschland haben. Nur so kann ein umfassender Schutz vor dem Virus erreicht werden. 248

3. Priorisierung

Zwar haben alle Personen einen Anspruch auf die Schutzimpfung. Angesichts der zumindest anfänglich begrenzten Verfügbarkeit der Impfstoffe gegen das Coronavirus bestimmt die Coronavirus-Impfverordnung eine Reihenfolge der Anspruchsberechtigten. Insofern haben zwar alle Personen, die in Deutschland leben, einen Anspruch auf Impfung, dies allerdings nur in der in der Verordnung vorgegebenen Reihenfolge (Prioritätensetzung). Diese Reihenfolge legen die §§ 2 bis 4 Coronavirus-Impfverordnung fest. 249

§ 2 Coronavirus-Impfverordnung bestimmt die Personen, die die Schutzimpfungen mit höchster Priorität erhalten. Zu dieser Personengruppe mit der höchsten Priorität gehören bspw. Personen, die das 80. Lebensjahr vollendet haben (§ 2 Nr. 1 Corona-Impfverordnung), und unabhängig von ihrem jeweiligen Alter Personen, die in stationären Einrichtungen behandelt, betreut oder gepflegt werden (§ 2 Nr. 2 Corona-Impfverordnung). Zu der Gruppe mit der höchsten Priorität gehören ferner Personen, die aufgrund ihrer beruflichen (pflegerischen) Tätigkeit einem hohen Infektionsrisiko ausgesetzt sind (§ 2 Nr. 4 Corona-Impfverordnung). Dazu zählen auch Personen, die in den Impfzentren tätig sind. Ferner sind auch die Personen mit höchster Priorität zu impfen, die Personen behandeln, betreuen oder pflegen, die einem besonderen Risiko bei einer Infizierung mit dem Coronavirus ausgesetzt sind. Innerhalb der Gruppe mit der höchsten Priorität für den Erhalt einer Schutzimpfung kann erneut priorisiert werden (§ 1 Abs. 2 Satz 2 Coronavirus-Impfverordnung). Das gilt für alle Prioritätsgruppen (→ Rn. 251 f.). Dies ist verfassungsrechtlich bedenklich (→ Rn. 247). 250

§ 3 der Corona-Impfverordnung regelt, welche Personen die Schutzimpfungen mit hoher Priorität erhalten. Dazu zählen vor allem Personen, die das 70. Lebensjahr vollendet haben (§ 3 Nr. 1 Coronavirus-Impfverordnung). Des Weiteren gehören die Personen zu der Gruppe mit hoher Priorität, die selbst einem besonderen Risiko für einen schweren Verlauf der Erkrankung im Falle eine Infektion mit dem Coronavirus haben (§ 3 Nr. 2 Corona-Impfverordnung). Dies ist praktisch der „Spiegel" zu den Personen mit höchster Priorität nach § 2 Nr. 5 Corona-Impfverordnung. Während dort die Behandler erfasst werden, werden von der Gruppe nach § 3 Nr. 2 Corona-Impfverordnung die Patienten mit einem hohen Risiko für einen schweren Krankheitsverlauf im Falle der Infek- 251 tion erfasst. Ferner fallen unter die Gruppe „hoher Priorität" bspw. Polizei- und Ordnungskräfte und Personen, die im öffentlichen Gesundheitsdienst oder in relevanten Positionen zur Aufrechterhaltung der Krankenhausinfrastruktur sowie in Kinderbetreuungseinrichtungen, Kindertagespflege, Grundschulen, Sonderschulen oder Förderschulen tätig sind (§ 3 Nr. 6, 9 und 10 Coronavirus-Impfverordnung).

252 In § 4 der Coronavirus-Impfverordnung werden schließlich die Personengruppen genannt, die Schutzimpfungen mit erhöhter Priorität erhalten.

253 Alle anderen, nicht in den §§ 2 bis 4 Coronavirus-Impfverordnung genannten Personengruppen erhalten die Schutzimpfung, wenn die Personen mit höchster, hoher und erhöhter Priorität die Impfungen erhalten konnten.

4. Verfahren

254 Die Schutzimpfungen werden in Impfzentren, durch dort angegliederte mobile Impfteams sowie durch beauftragte Arztpraxen und beauftragte Betriebsärzte erbracht (§ 6 Abs. 1 Coronavirus-Impfverordnung). Die Impfzentren werden von den Ländern oder in deren Auftrag betrieben (§ 6 Abs. 1 Coronavirus-Impfverordnung). Dazu bestimmen die obersten Landesgesundheitsbehörden und die von ihnen bestimmten Stellen das Nähere zur Organisation der Schutzimpfungen (§ 6 Abs. 2 S. 1 Coronavirus-Impfverordnung). Der Bund kann für die Schutzimpfungen der Beschäftigten des Bundes eigene Impfzentren betreiben (§ 6 Abs. 1 S. 3 Coronavirus-Impfverordnung). Die für die Organisation zuständigen Stellen können mit geeigneten Dritten zusammenarbeiten. Dabei sind die Kassenärztlichen Vereinigungen zur Mitwirkung verpflichtet, sofern das Land dies bestimmt (§ 6 Abs. 3 S. 2 Coronavirus-Impfverordnung). Die Mitwirkungspflicht gilt ausdrücklich nicht für die Organisation der Terminvergabe. Die Arztpraxen und die Betriebsärzte gelten als beauftragt, sobald ihnen vom Bund oder dem Land Impfstoff zur Verfügung gestellt wird (§ 6 Abs. 1 Satz 5 Coronavirus-Impfverordnung).

255 In der Coronavirus-Impfverordnung ist geregelt, welche **Unterlagen** die Impfberechtigten zum Nachweis ihrer Anspruchsberechtigung vorlegen müssen (§ 6 Abs. 4 Coronavirus-Impfverordnung). Dabei ist insbesondere geregelt, dass Personen, die krankheitsbedingt einer bestimmten Prioritätsgruppe angehören, dies durch ein ärztliches Zeugnis darlegen müssen (§ 6 Abs. 4 Satz 1 Nr. 3 und 4 Coronavirus-Impfverordnung). Auf ein solches Zeugnis haben sie nach § 6 Abs. 5 Coronavirus-Impfverordnung einen Anspruch. Die Länder können wiederum bestimmten, dass das Informationsschreiben der Krankenkasse nach § 6 Abs. 7 Satz 1 Coronavirus-Impfverordnung als ärztliches Zeugnis gilt, was zum Nachweis des Anspruchs auf eine priorisierte Schutzimpfung vorzulegen ist (§ 6 Abs. 7 Satz 5 Coronavirus-Impfverordnung). Mit dem Informationsschreiben schreiben die Krankenkassen die Versicherten an, die nach den Daten der Krankenkassen (Abrechnungsdiagnosen), einen möglichen Anspruch auf eine priorisierte Schutzimpfung haben.

256 Auch die Organisation der **Terminvergabe** obliegt den Ländern. Dafür hat die Kassenärztliche Bundesvereinigung ein standardisiertes Modul zur telefonischen und digitalen Terminvereinbarung zu entwickeln und bereitzustellen. Dabei können die Länder auch die bundeseinheitliche Rufnummer „116117" zur telefonischen Vereinbarung von Terminen nutzen (§ 8 Coronavirus-Testverordnung).

5. Finanzierung

257 Die Coronavirus-Impfverordnung regelt in § 10 die Finanzierung der Schutzimpfungen. Die notwendigen Kosten für die Errichtung, Vorhaltung und den laufenden Betrieb der Impfzentren einschließlich der mobilen Impfteams werden zu 46,5 % von den gesetzli-

chen Krankenkassen und zu 3,5 % von den privaten Krankenversicherungsunternehmen getragen. Zu den von diesen Kostenträgern zu 50 % zu tragenden Kosten gehören auch die Personal- und Sachkosten zur Errichtung, Vorhaltung und zum Betrieb der Impfzentren und der mobilen Impfteams. Die 46,5-prozentige Kostenbeteiligung der gesetzlichen Krankenversicherung erfolgt aus der Liquiditätsreserve des Gesundheitsfonds.

Die Kosten für den Betrieb der Impfzentren und der mobilen Impfteams werden dem- 258 nach zwischen den Ländern und den Kostenträgern geteilt. Zu berücksichtigen ist dabei aber noch, dass die staatlichen Stellen insbesondere durch die zentrale Bestellung des Impfstoffes einen weiteren wesentlichen Anteil der Aufwendungen für die Schutzimpfungen tragen.

Die Quantifizierung der Kosten ist seriös derzeit nicht möglich. Die Höhe der Kosten 259 hängt vor allem von dem benötigten Personalbedarf und den nicht einheitlichen Infrastrukturkosten sowie der Impfbereitschaft der Bevölkerung ab.

IX. Ausblick

Pandemien und andere Katastrophen sind rechtlich nicht kalkulierbar. Insofern sind 260 Maßnahmen zu ihrer Bewältigung auch nur schwer in generell-abstrakte Normen zu fassen.

Im Falle einer Pandemie oder vergleichbaren Krise wird es auch künftig einen Bedarf an 261 sehr zeitnahen gesetzgeberischen Maßnahmen geben. Ebenso wird die Verwaltung im Krisenfall entsprechende Kompetenzen benötigen, um die Pandemie oder eine andere Krise zeitnah und zielgenau zu bekämpfen. Dabei sind neben den „klassischen" Gefahrenabwehrbehörden letztlich alle staatlichen Stellen gefordert.

Auch in Zukunft werden die GKV und die soziale Pflegeversicherung mit ihren in „re- 262 gulären" Zeiten etablierten Strukturen der Versorgungssicherung in organisatorischer Hinsicht zur Bewältigung der Krise ihren Beitrag leisten. Die soziale und gemeinsame Selbstverwaltung hat gezeigt, dass sie in der Krisensituation schnell und auf den Punkt Entscheidungen und Maßnahmen trifft, die zur Bewältigung der Krise beitragen. Bei der Ausgestaltung des Selbstverwaltungsrechts wird man künftig vielleicht auch diesen Aspekt stärker im Blick haben.

Die ohnehin schon schweren verfassungsrechtlichen Kompetenzzuweisungen lassen sich 263 im Krisenfall nicht leichter beantworten. Deswegen wird auch künftig die ex-post-Betrachtung in den Mittelpunkt rücken. Dies auch hinsichtlich der endgültigen Lastenverteilung. Dabei wird im Sozialversicherungsrecht der Bundeszuschuss nach Art. 120 Abs. 1 S. 4 GG eine entscheidende Rolle spielen.

Teil 4: Behördliche Zuständigkeiten und Aufgaben

§ 12 Behördliche Zuständigkeiten und Aufgaben

Literatur: *Berger*, Corona-App – Daten gegen Leben, Der Landkreis 2020, 211; *Böckenförde*, Der verdrängte Ausnahmezustand – Zum Handeln der Staatsgewalt in außergewöhnlicher Lage, NJW 1978, 1882; *Brocker*, Exekutive versus parlamentarische Normsetzung in der Corona-Pandemie – Sind verordnungsvertretende Gesetze nach Art. 80 IV GG geeignet, den Parlamentsvorbehalt in der Krise zu gewährleisten?, NVwZ 2020, 1485; *Deutscher Ethikrat*, Immunitätsbescheinigungen in der Covid-19-Pandemie, 2020; *Dombrowsky*, Die gesellschaftlichen, infrastrukturellen und ökonomischen Folgen einer Pandemie, in Kloepfer (Hrsg.), Pandemien als Herausforderung für die Rechtsordnung, 2011, S. 33; *Eckart/Winkelmüller* (Hrsg.), BeckOK Infektionsschutzrecht (Stand: 3. Edition 1.1.2021); *Eibenstein*, Die (vertane) Chance des § 28 a IfSG, COVuR 2020, 856; *Engels*, Infektionsschutzrecht als Gefahrenabwehrrecht?, DÖV 2014, 464; *Epping/Hillgruber* (Hrsg.), BeckOK Grundgesetz (Stand: 45. Edition 15.11.2020); *Gallwas*, Gefahrenerforschung und HIV-Verdacht, NJW 1989, 1516; *Giesberts/Gayger/Weyand*, COVID-19 – Hoheitliche Befugnisse, Rechte Betroffener und staatliche Hilfen, NVwZ 2020, 417; *Gräditz/Abdulsalam*, Rechtsverordnungen als Instrument der Epidemie-Bekämpfung, GSZ 2020, 108; *Gramm*, Rechtsfragen der staatlichen Aids-Aufklärung, NJW 1989, 2917; *Grüner*, Biologische Katastrophen – Eine Herausforderung an den Rechtsstaat, 2017; *Guckelberger*, Ausgangsbeschränkungen und Kontaktverbote anlässlich der Corona-Pandemie, NVwZ-Extra 2020/9 a; *Guckelberger*, Flexiblere Abänderung von Rechtsvorschriften aufgrund der Corona-Pandemie?, DVBl 2020, 1441; *Gusy*, Die Informationsbeziehungen zwischen Staat und Bürger, in Hoffmann-Riem/Schmidt-Aßmann/Voßkuhle (Hrsg.), Grundlagen des Verwaltungsrechts, Band II, 2. Aufl. 2012, § 23; *Gusy*, Katastrophenrecht, GSZ 2020, 101; *Hofmann*, Verfassungs- und verwaltungsrechtliche Probleme der Virus-Erkrankung Aids unter besonderer Berücksichtigung des bayerischen Maßnahmenkatalogs, NJW 1988, 1486; *Hufen*, Rechtsformen, Möglichkeiten und Grenzen der sanften Beeinflussung des Menschen durch den Staat, JuS 2020, 193; *Kießling* (Hrsg.), Infektionsschutzgesetz – Kommentar, 2020; *Ipsen*, Deutschland im Ausnahmezustand, DVBl 2020, 1037; *Kingreen*, Grundlagen des deutschen Infektionsschutzrechts, in Huster/Kingreen (Hrsg.), Handbuch Infektionsschutzrecht, 2021, Kap. 1; *Klafki*, Mehr Parlament wagen? – Die Entdeckung des Art. 80 IV GG in der Corona-Pandemie, NVwZ 2020, 1718; *Kloepfer*, Einleitung, in Kloepfer (Hrsg.), Pandemien als Herausforderung für die Rechtsordnung, 2011, S. 9; *Kloepfer*, Handbuch des Katastrophenschutzrechts, 2015; *Kloepfer/Deye*, Pandemien als Herausforderung für die Rechtsordnung, DVBl 2009, 1208; *Kluckert*, Die Generalklausel des § 28 Abs. 1 Satz 1 IfSG im Spannungsverhältnis zwischen epidemiologischer Fachlichkeit, rechtsstaatlicher Machtbegrenzung und demokratischer Verantwortlichkeit, DVBl 2021, 96; *Knack/Henneke* (Hrsg.), VwVfG – Kommentar, 11. Aufl. 2020; *Knufmann-Happe*, Pandemiebekämpfung in der deutschen Gesundheitspolitik, in Kloepfer (Hrsg.), Pandemien als Herausforderung für die Rechtsordnung, 2011, S. 21; *Kühling/Schildbach*, Corona-Apps – Daten- und Grundrechtsschutz in Krisenzeiten, NJW 2020, 1545; *Kuhlmann*, Tracing-Apps zur Eindämmung der Covid-19-Pandemie, GSZ 2020, 115; *Lisken/Denniger* (Hrsg.), Handbuch des Polizeirechts, 6. Aufl. 2018; *Mayen*, Der verordnete Ausnahmezustand, NVwZ 2020, 828; *Mers*, Infektionsschutz im liberalen Rechtsstaat, 2019; *Meßling*, Gesetz zum Schutz der Bevölkerung bei einer epidemischen Lage von nationaler Tragweite vom 27.3.2020, NZS 2020, 321; *Meyer*, COVID-19: Verantwortung in der Krise – Zwischenruf aus der Praxis, NVwZ 2020, 609; *Meyer*, Der Wert einer Einheitsverwaltung in der Krise – Die Landkreise und ihr Öffentlicher Gesundheitsdienst, Der Landkreis 2021, 45; *Meyer*, Die Corona-Krise als rechtliche Herausforderung und Managementaufgabe für Niedersachsen und seine Kommunen, in Koop/Bantle (Hrsg.), Zukunft der Verwaltung – Verwaltung der Zukunft, Festschrift für Holger Weidemann, 2020, S. 125; *Meyer/Henke*, Gesundheitsfinanzierung durch Kommunen, NdsVBl. 2020, 36; *Müller, D.*, AIDS-Verhütung und -Bekämpfung: Handlungsmöglichkeiten der Gesundheitsbehörden nach dem Bundesseuchengesetz (BSeuchG), DVBl 1991, 143; *Müller, J.*, Nutzung von Mobildaten zur Eindämmung der Pandemie, MMR 2020, 355; *Pohlmann*, Rechtliche Rahmenbedingungen der Katastrophenbewältigung, 2012; *Poscher*, Das Infektionsschutzgesetz als Gefahrenabwehrrecht, in Huster/Kingreen (Hrsg.),

Handbuch des Infektionsschutzrechts, 2021, Kap. 4; *Rengeling*, Vom geduldigen Ausharren zur allumfassenden Prävention – Grippe-Pandemien im Spiegel von Wissenschaft, Politik und Öffentlichkeit, 2017; *Ritgen*, Verwaltungsrecht und Politik, in Kahl/Mager (Hrsg.), Verwaltungsrechtswissenschaft und Verwaltungsrechtspraxis, 2019, S. 309; *Ritgen*, Die Rolle der Landkreise in der Corona-Pandemie, Der Landkreis 2020, 127; *Ritgen*, Rechtsetzung im Schatten der Corona-Pandemie – Das Gesetz zum Schutz der Bevölkerung bei einer epidemischen Lage von nationaler Tragweite, Der Landkreis 2020, 137; *Ritgen*, Passgenaue Vielfalt oder Flickenteppich? – Die Corona-Pandemie und der Föderalismus, Der Landkreis 2020, 203; *Ritgen*, Gesetzgebung in Krisenzeiten – die Entwicklung des Infektionsschutzrechts während der Corona-Pandemie, ZG 2021, 1; *Rixen*, Befugnisse und Grenzen des staatlichen Infektionsschutzrechts, in Kloepfer (Hrsg.), Pandemien als Herausforderung für die Rechtsordnung, 2011, S. 67; *Rixen*, Gesundheitsschutz in der Corona-Krise – Die (Neu-)Regelungen des Infektionsschutzgesetzes, NJW 2020, 1097; *Rixen*, Impfschutzrecht, in Huster/Kingreen (Hrsg.), Handbuch Infektionsschutzrecht, 2021, Kap. 5; *Rixen/Kersten*, Der Verfassungsstaat in der Corona-Krise, 2020; *Sangs*, Das Dritte Gesetz zum Schutz der Bevölkerung bei einer epidemischen Lage von nationaler Tragweite und Gesetzgebung während der Pandemie, NVwZ 2020, 1780; *Schenke*, Rechtsfragen der Bekämpfung von AIDS, DVBl 1988, 166; *Schenke*, Nochmals: Seuchenbekämpfung durch Blutuntersuchung und Zwangsinformation, NJW 1989, 755; *Schmidt* (Hrsg.), COVID-19, Rechtsfragen zur Corona-Krise, 2. Aufl. 2020; *Schmidt-Bleibtreu/Hofmann/Henneke* (Hrsg.), Grundgesetz – Kommentar, 14. Aufl. 2018; *Seewald*, Zur Verantwortlichkeit des Bürgers nach dem Bundes-Seuchengesetz, NJW 1987, 2265; *Seewald*, Zu den Voraussetzungen der Seuchenbekämpfung durch Blutuntersuchung und Zwangsinformation, NJW 1988, 2921; *Sodan*, Infektionsschutzrecht, in Ehlers/Fehling/Pünder (Hrsg.), Besonderes Verwaltungsrecht, Band 2, 4. Aufl. 2020; *Schäferling/Tonti*, Corona-Impfstoff: Wunderwaffe oder neuer verfassungsrechtlicher Zankapfel, COVuR 2021, 73; *Schwind*, Aufbau der Impfzentren: Land löst das neue außergewöhnliche Ereignis von landesweiter Tragweite nach Katastrophenschutzrecht aus, NLT-Information 6/2020, 185; *Schwind*, Verwaltungsrechtliche Aspekte der Corona-Krise in Niedersachsen, NdsVBl. 2020, 293; *Thais*, Bewährte Partnerin für den ÖGD auch in Zeiten der Pandemie, Der Landkreis 2021, 59; *Vasold*, Grippe, Pest und Cholera. Eine Geschichte der Seuchen in Europa, 2008; *Walus*, Pandemie und Katastrophennotstand: Zuständigkeitsverteilung und Kompetenzmängel des Bundes, DÖV 2010, 127; *Wolff/Zimmermann*, Impfförder- und Impffolgenrecht in der COVID-19-Pandemie – Gesetzgeberische Handlungsoptionen und verfassungsrechtliche Vorgaben, NVwZ 2021, 182; *Ziekow*, Die Verfassungsmäßigkeit von sog. „Ausgangssperren" nach dem Bundesinfektionsschutzgesetz, DVBl 2020, 732.

I. Infektionsschutz als staatliche Aufgabe 1
II. Aufgaben und Zuständigkeiten im Infektionsschutzrecht 5
1. Infektionsschutzrechtliche Handlungsfelder 6
a) Internationales und nationales Meldewesen 7
b) Prävention 10
aa) Prävention durch Aufklärung 11
bb) Einreise- und Verkehrsbeschränkungen 16
cc) Verhütung übertragbarer Krankheiten 17
dd) Weitere Aufgaben präventiven Charakters 20
c) Bekämpfung von Infektionskrankheiten 21
aa) Ermittlungsmaßnahmen 23
bb) Bekämpfung übertragbarer Krankheiten 33
d) Ausnahmen von den Befugnisnormen des IfSG nach § 5 Abs. 2 S. 1 Nr. 3 IfSG aF? 41
e) Verordnungsermächtigungen 44
f) Koordinierung und Empfehlung 45
aa) Das Robert Koch-Institut 46
bb) Bundesgesundheitsministerium 52
2. Die Verwaltungskompetenzen der Länder beim Vollzug des IfSG 53
a) Die Verteilung der Zuständigkeiten nach dem IfSG in Baden-Württemberg, Nordrhein-Westfalen und dem Saarland 58
b) Zuständigkeitsordnung der übrigen Flächenländer 62
c) Landesweite Maßnahmen und deren Durchsetzung 73
aa) Weitergehende Regelungen der örtlich zuständigen Behörden; Ausnahmeerlaubnisse 76

bb) Zuständigkeitsfragen im Zusammenhang mit der Durchsetzung infektionsschutzrechtlicher Verordnungen ... 78
3. Vollzugskompetenzen des Bundes ... 80a
a) Vollzugskompetenzen des BMG ... 80b
b) Vollzugskompetenzen der Bundeswehr ... 80c
c) Vollzugskompetenzen des Eisenbahn-Bundesamts ... 80g
III. Pandemien als Katastrophen im Sinne des Katastrophenschutzrechts ... 81
IV. Bedarf die aktuelle Zuständigkeitsverteilung der Reform? ... 85

I. Infektionsschutz als staatliche Aufgabe

1 Hochansteckende Infektionskrankheiten begleiten seit jeher die Menschheit. Entwickeln sie sich zur Epidemie oder gar zur Pandemie,[1] können sie **verheerende gesellschaftliche und wirtschaftliche Folgen** haben.[2] Das ist nicht nur für zurückliegende Ausbruchsgeschehen gut dokumentiert[3] und lässt sich aktuell an den weltweiten Auswirkungen der rasanten Verbreitung des Corona-Virus (SARS-CoV-2) und der von ihm ausgelösten Krankheit COVID-19 beobachten. Vielmehr liegen für ein durch das Auftreten eines solchen neuartigen Krankheitserregers ausgelösten, außergewöhnlichen Seuchenverlaufs auch Risikoszenarien vor, die vor allem deshalb erschreckend sind, weil sie einerseits das tatsächliche Geschehen sehr präzise vorwegnehmen, andererseits Verluste an Menschenleben und Schäden – materiellen wie immateriellen – in einem Ausmaß prognostizieren, das noch weit über das hinausgeht, mit dem wir uns aktuell in Deutschland konfrontiert sehen.[4]

2 Angesichts solcher, (potenziell) gesamtgesellschaftlicher Auswirkungen hochansteckender Infektionskrankheiten ist ihre Bekämpfung und Eindämmung schon immer als **staatliche Aufgabe** verstanden worden, für die es im sich entfaltenden Rechtsstaat spätestens seit Beginn des 19. Jahrhunderts spezialgesetzliche Regelungen gibt.[5] Auch das Grundgesetz lässt keinen Zweifel daran, dass die Bekämpfung von Gefahren, wie sie von Infektionskrankheiten ausgehen können, Sache des Staates ist. So stellt es in Art. 11 Abs. 2 und Art. 13 Abs. 7 GG ausdrücklich klar, dass „zur Bekämpfung von Seuchengefahr" in die Grundrechte auf Freizügigkeit und Unverletzlichkeit der Wohnung eingegriffen werden kann. Vor allem aber überträgt es dem Bund mit Art. 74 Abs. 1 Nr. 19 GG die konkurrierende Gesetzgebungskompetenz für Maßnahmen gegen gemeingefährliche und übertragbare Krankheiten bei Menschen (*Kluckert* in → § 2 Rn. 1 ff.).

3 Von dieser Kompetenz hat der Bundesgesetzgeber erstmals 1961 durch Erlass des **Bundes-Seuchengesetzes (BSeuchG)** Gebrauch gemacht, an dessen Stelle das bis heute geltende, zwischenzeitlich mehrfach novellierte Gesetz zur Verhütung und Bekämpfung

1 Als Pandemien werden Infektionskrankheiten bezeichnet, die sich zeitlich begrenzt, aber weltweit verbreiten. Der Begriff der Epidemie steht dagegen für einen sowohl räumlich wie zeitlich begrenzten Ausbruch einer Infektionskrankheit, so *Kloepfer* in Kloepfer Pandemien S. 9 (10); *Pohlmann* Rechtliche Rahmenbedingungen der Katastrophenbewältigung, 2012, S. 257.

2 *Dombrovsky* in Kloepfer Pandemien S. 33 ff.; *Kloepfer/Deye* DVBl 2009, 1208 (1210 ff.).

3 Für die verschiedenen Influenza-Pandemien des 20. Jahrhunderts *Rengeling*, Vom geduldigen Ausharren zur allumfassenden Prävention, 2017, S. 48 ff.; zur Seuchengeschichte allgemein *Vasold* Grippe, Pest und Cholera, 2008.

4 Vgl. dazu die im Jahr 2012 unter Federführung des RKI erarbeitete Risikoanalyse „Pandemie durch Virus Modi-SARS", abgedruckt auf BT-Drs. 17/12051, 5 f., 55 ff.

5 Die Entwicklung des Seuchenrechts bis zum Erlass des Bundes-Seuchengesetzes v. 18.7.1961 (BGBl. I 1012) ist nachgezeichnet in BT-Drs. 3/1888, 18 ff.; ferner *Kießling* in Kießling IfSG Einführung Rn. 8 f.; *Kingreen* in Huster/Kingreen InfektionsschutzR-HdB Kap. 1 Rn. 12.

von Infektionskrankheiten beim Menschen (**Infektionsschutzgesetz – IfSG**) v. 20.7.2000 getreten ist.[6]

4 Flankiert und ergänzt wird diese bundesrechtliche Regelung durch **Landesrecht**. Spezifische Landesgesetze zum Infektionsschutz hat es allerdings bis vor Kurzem nicht gegeben. Erst vor dem Hintergrund der aktuellen Corona-Krise haben zunächst Bayern[7] und in der Folge dann auch Nordrhein-Westfalen[8] eigene Infektionsschutzgesetze erlassen – was naturgemäß die Frage aufwirft, ob die Länder insoweit überhaupt gesetzgebungsbefugt sind (*Kluckert* in → § 2 Rn. 14 ff.; *Rixen* in → § 4 Rn. 38 ff.).[9] Von diesen Ausnahmen abgesehen, beschränken sich die Länder vor allem auf Normen, aus denen sich ergibt, welchen Behörden der Vollzug des IfSG und die Wahrnehmung weiterer im Zusammenhang mit dem Infektionsschutz stehender Aufgaben obliegt. Denn wie der größere Teil des Bundesrechts wird auch das IfSG im Wesentlichen von den Ländern als eigene Angelegenheit vollzogen (Art. 30, 83 GG; *Kluckert* in → § 2 Rn. 17 ff.). Damit rücken neben expliziten Zuständigkeitsverordnungen, wie sie § 54 IfSG ausdrücklich vorsieht, bzw. entsprechenden Gesetzen[10] insbesondere die **Landesgesetze über den öffentlichen Gesundheitsdienst** in das Blickfeld.[11] Darüber hinaus haben die Länder in der ak-

6 BGBl. 2000 I 1045 idF des Dritten Gesetzes zum Schutz der Bevölkerung bei einer epidemischen Lage von nationaler Tragweite v. 18.11.2020, BGBl. I 2397, zuletzt geändert durch Art. 4 a des Gesetzes v. 21.12.2020, BGBl. I 3136.

7 Bayerisches Infektionsschutzgesetz v. 25.3.2020, BayGVBl. 2020, 174. Das Gesetz war bis zum 31.12.2020 befristet und ist mittlerweile außer Kraft getreten.

8 Infektionsschutz- und Befugnisgesetz des Landes Nordrhein-Westfalen v. 14.4.2020, GV. NRW 2020, 217 b. Dieses Gesetz tritt nach seinem § 19 Abs. 1 zum 31.3.2021 außer Kraft, sofern es nicht verlängert wird. Der nach § 19 Abs. 2 des Gesetzes erstellte Evaluationsbericht (Landtag NRW, Vorlage 17/4429) empfiehlt die Verlängerung der Geltungsdauer mit geringfügigen Modifikationen. Ein entsprechender Gesetzentwurf liegt vor (LT-Drs. 17/12425 v. 21.1.2021); das Gesetz soll danach zum 31.12.2022 außer Kraft treten.

9 *Grüner*, Biologische Katastrophen, 2017, S. 172 verweist darauf, dass der Bund mit dem IfSG abschließend von der Gesetzgebungskompetenz Gebrauch gemacht hat; ähnlich *Sodan* in Ehlers/Fehling/Pünder § 56 Rn. 20 f. Auch die Wissenschaftlichen Dienste des Bundestags zweifeln, ob den Ländern die Kompetenz zum Erlass ergänzender Regelungen geblieben ist; vgl. dazu https://www.bundestag.de/resource/blob/691276/d7b39e76d5cd2649a5ffe3e6596df907/WD-3-081-20-pdf-data.pdf. Differenzierter *Lindner* in Schmidt COVID 19 § 17 Rn. 5 ff. sowie *Kingreen* in Huster/Kingreenr HdbIfsR Kap. 1 Rn. 84 ff.

10 **Baden-Württemberg**: Verordnung über Zuständigkeiten nach dem Infektionsschutzgesetz (IfSGZustV BW) v. 19.7.2007, GBl. 2007, 361; **Bayern**: §§ 65 ff. Zuständigkeitsverordnung (ZuStV) v. 16.6.2015, GVBl. 2015, 184; **Berlin**: Allgemeines Zuständigkeitsgesetz v. 22.6.1996, GVBl. 1996, 302; **Brandenburg**: Verordnung zur Regelung von Zuständigkeiten und zur Ermächtigung zum Erlass von Rechtsverordnungen nach dem IfSG (BbgIfSZV) v. 27.11.2007, GVBl 2007 II 488; **Bremen**: Verordnung über die zuständigen Behörden nach dem IfSG (BremIfSZVO) v. 11.9.2018, GBl. 2018, 425; **Hamburg**: Anordnung über Zuständigkeiten im Infektionsschutzrecht (HmbInfektSchZustAnO) v. 27.3.2001, Amtl. Anz. 2001, 1113; **Niedersachsen**: Verordnung über Zuständigkeiten auf den Gebieten Gesundheit und Soziales (ZustVO-GuS) v. 9.10.2018, GVBl. 2018, 207. **Nordrhein-Westfalen**: Infektionsschutz- und Befugnisgesetz (IfsBG-NRW) v. 14.4.2020, GV. 2020, 217 b; **Mecklenburg-Vorpommern**: Gesetz zur Ausführung des IfSG (IfSAG M-V) v. 3.7.2006, GVOBl. 2006, 524; **Rheinland-Pfalz**: Landesverordnung zur Durchführung des IfSG (IfSGDV RhPf) v. 10.3.2010, GVBl. 2010, 55; **Saarland**: Verordnung über die Zuständigkeiten nach dem IfSG (InfSchGZustV SL) v. 12.9.2016, Amtsbl. 2016 I 856; **Sachsen**: Verordnung zur Regelung der Zuständigkeiten nach dem IfSG und für die Kostenerstattung für Impfungen und anderen Maßnahmen der Prophylaxe (SächsIfSGZuVO) v. 9.1.2019, GVBl. 2019, 5; **Sachsen-Anhalt**: Verordnung über die Zuständigkeiten nach dem IfSG (ZustVOIfSG LSA) v. 1.3.2017, GVBl. 2017, 37; **Schleswig-Holstein**: Landesverordnung über die Zuständigkeiten des Landesamtes für soziale Dienste des Landes Schleswig-Holstein und der örtlichen Ordnungsbehörden nach dem IfSG (LAsozDZustVO) v. 22.2.2001 (GVOBl. 2001, 35); **Thüringen**: Verordnung zur Regelung von Zuständigkeiten und zur Übertragung von Ermächtigungen nach dem IfSG (ThürIfSGZustVO) v. 2.3.2016, GVBl. 2016, 155.

11 **Baden-Württemberg**: Gesundheitsdienstgesetz (ÖGDG BW) v. 17.12.2015, GBl. 2015, 1210; **Bayern**: Gesundheitsdienst- und Verbraucherschutzgesetz (BayGDVG) v. 24.7.2003, GVBl. 2003, 452; **Berlin**: Gesetz über den öffentlichen Gesundheitsdienst (BlnGDG) v. 25.5.2006, GVBl. 2006, 450; **Brandenburg**: Gesetz über den öffentlichen Gesundheitsdienst (BbgGDG) v. 23.4.2008, GVBl. 2008 I 95; **Bremen**: Gesetz über den Öffentlichen Gesundheitsdienst im Lande Bremen (BremÖGDG) v. 27.3.1995, GBl. 1995, 175; **Hamburg**: Gesetz über den öffentlichen Gesundheitsdienst in Hamburg (HmbGDG) v. 18.7.2001, GVBl. 2001, S. 201; **Hessen**: Gesetz über den öffentlichen Gesundheitsdienst (HGöGD) v. 28.9.2007, GVBl. 2007 I 82; **Mecklenburg-Vorpommern**: Gesetz über den Öffentlichen Gesundheitsdienst im Land Mecklenburg-Vor-

tuellen Krise gestützt auf § 32 IfSG Verordnungen zur Bekämpfung und Eindämmung von SARS-CoV-2 bzw. COVID-19 erlassen (zu deren Regelungsgehalten *Kluckert* in → § 3 Rn. 1 ff.). Art. 80 Abs. 4 GG gibt den Ländern die Möglichkeit, an Stelle solcher Verordnungen Landesgesetze zu erlassen. Davon wurde bislang kein Gebrauch gemacht.[12] Käme es dazu, würde es sich im Übrigen – wie bei den Rechtsverordnungen – nicht um originäres Infektionsschutzrecht der Länder, sondern um Maßnahmen zum Vollzug des Bundes-Infektionsschutzrechts handeln. Von solchen verordnungsvertretenden Gesetzen zu unterscheiden ist das baden-württembergische Gesetz über den Erlass infektionsschützender Maßnahmen (ErlIfSMG).[13] Dieses umreißt die Befugnisse der Landesregierung beim Erlass von Rechtsverordnungen nach § 32 IfSG (§ 2 ErlIfSMG) und statuiert Mitwirkungs- bzw. Beteiligungsrechte des Parlaments an der Verordnungsgebung (§§ 2 Abs. 5, 3 ErlIfSMG), enthält aber keine inhaltlichen Regelungen zum Vollzug des IfSG, die an die Stelle einer Rechtsverordnung treten. Auch der Entwurf für ein novelliertes IfSBG-NRW sieht vergleichbare Bestimmungen vor.

Da Pandemien fraglos auch die Schwelle überschreiten können, jenseits derer von einer Katastrophe im Rechtssinne auszugehen ist,[14] können auch die **Katastrophenschutzgesetze** der Länder eine Rolle spielen. Das Land Niedersachsen hat vor dem Hintergrund der aktuellen Pandemie sein Katastrophenschutzgesetz (NdsKatSG) geändert und dabei insbesondere die Kategorien des **Katastrophenvoralarms** und des „**außergewöhnlichen Ereignisses**“ eingeführt, um auch unterhalb der Schwelle eines Katastrophenfalls auf die Mechanismen des Katastrophenschutzes zurückgreifen zu können.[15] 4a

Schließlich kommt im Pandemiefall auch der Rückgriff auf das allgemeine **Polizei- und Ordnungsrecht** in Betracht. Beim IfSG handelt es sich um besonderes Ordnungsrecht des Bundes.[16] Wenn und soweit es Lücken aufweist, können diese durch Regelungen des allgemeinen Gefahrenabwehrrechts der Länder ausgefüllt werden,[17] das auf eine solche lückenfüllende Funktion angelegt ist.[18] 4b

---

pommern (ÖGDG M-V) v. 19.7.1994, GVOBl. 1994, 747; **Niedersachsen**: Niedersächsisches Gesetz über den öffentlichen Gesundheitsdienst (NdsGöGD) v. 24.3.2006, GVBl. 2006, 178; **Nordrhein-Westfalen**: Gesetz über den öffentlichen Gesundheitsdienst (ÖGDG NRW) v. 25.11.1997, GV. 1997, 30; **Rheinland-Pfalz**: Landesgesetz über den Öffentlichen Gesundheitsdienst (ÖGdG RLP) v. 17.11.1995, GVBl. 1995, 485; **Saarland**: Gesundheitsdienstgesetz (ÖGDG SL) v. 19.5.1999, Amtsbl. 1999 I 844; **Sachsen**: Gesetz über den öffentlichen Gesundheitsdienst (SächsGDG) v. 11.12.1991, GVBl. 1991, 413; **Sachsen-Anhalt**: Gesetz über den Öffentlichen Gesundheitsdienst und die Berufsausübung im Gesundheitswesen (GDG LSA) v. 21.11.1997, GVBl. 1997, 1023; **Schleswig-Holstein**: Gesundheitsdienst-Gesetz (GDG SH) v. 14.12.2001, GVOBl 2001, 398; **Thüringen**: Verordnung über den öffentlichen Gesundheitsdienst und die Aufgaben der Gesundheitsämter in den Landkreisen und kreisfreien Städten (GesDV TH) v. 8.8.1990, GVBl. 1990, 337.

12 Näher dazu *Klafki* NVwZ 2020, 1718 ff.; *Brocker* NVwZ 2020, 1485 ff.

13 V. 23.7.2020, GBl. 2020, 649.

14 *Kloepfer/Deye* DVBl 2009, 1208 (1217); *Pohlmann* Rechtliche Rahmenbedingungen der Katastrophenbewältigung, 2012, S. 252; vgl. auch *Gusy* GSZ 2020, 101 ff.; zu den kompetenzrechtlichen Implikationen *Sodan* in Ehlers/Fehling/Pünder § 56 Rn. 19; *Kingreen* in Huster/Kingreen InfektionsschutzR-HdB Kap. 1 Rn. 89.

15 Art. 9 des Gesetzes zur Änderung niedersächsischer Rechtsvorschriften aus Anlass der COVID-19-Pandemie, GVBl. 2020, 244 ff.; vgl. dazu *Schwind*NLT-Information 6/2020, 185 ff.; *Schwind* NdsVBl. 2020, 293 (298).

16 *Kießling* in Kießling IfSG Einführung Rn. 23; *Kniesel* in Lisken/Denniger PolR-HdB J Teil II Rn. 2.

17 In diesem Sinne auch BVerwG Beschl. v. 6.9.2004 – 3 B 129/04, BeckRS 2005, 27868 mit Blick auf die Störerauswahl; ferner BVerwG Urt. v. 22. 3. 2012 – – 3 C 16/11, NJW 2012, 2823; *Sodan* in Ehlers/Fehling/Pünder § 56 Rn. 27; *Seewald* NJW 1987, 2265 (2266); *Grüner*, Biologische Katastrophen, 2017, S. 180 ff.; *Mers*, Infektionsschutz im liberalen Rechtsstaat, 2019, S. 26 ff.; *Müller* DVBl 1991, 143 f.; *Schenke* DVBl 1988, 166 (167); anders wohl *Engels* DÖV 2014, 464 (469 f.).

18 Vgl. bspw. § 4 Abs. 1 S. 3 SOG LSA; § 1 Abs. 2 S. 2 OBG NRW.

II. Aufgaben und Zuständigkeiten im Infektionsschutzrecht

5 Anliegen dieses Beitrags ist es nicht, jede einzelne der zahlreichen staatlichen Aufgaben, die im Zusammenhang mit dem **Schutz vor übertragbaren Krankheiten** stehen, darzustellen. Die folgenden Ausführungen beschränken sich vielmehr im Wesentlichen auf diejenigen Aufgaben und Befugnisse, die vor dem Hintergrund der aktuellen Corona-Pandemie eine besondere Relevanz haben, und orientieren sich zunächst am IfSG (zu weiteren, insbesondere katastrophenschutzrechtlichen Befugnissen → Rn. 81 ff.).

1. Infektionsschutzrechtliche Handlungsfelder

6 Zweck des IfSG ist es, übertragbaren Krankheiten beim Menschen vorzubeugen, Infektionen frühzeitig zu erkennen und ihre Weiterverbreitung zu verhindern (§ 1 Abs. 1 IfSG). Dieser **Zieltrias** lassen sich die unterschiedlichen Aufgaben- und Befugnisnormen des IfSG jedenfalls schwerpunktmäßig zuordnen, auch wenn eine Abgrenzung nicht immer trennscharf möglich ist.[19] Das gilt auch für einen Teil der erst im Zuge der Corona-Pandemie neu in das Gesetz aufgenommenen Vollzugskompetenzen des Bundesministeriums für Gesundheit (BMG) im Falle einer **epidemischen Lage von nationaler Tragweite**. Das BMG sowie insbesondere auch das **Robert Koch-Institut** (RKI) nehmen darüber hinaus koordinierende und empfehlende Aufgaben wahr, die gesondert zu betrachten sind. IE ergibt sich damit folgendes Bild.

a) Internationales und nationales Meldewesen

7 Ohne ein frühzeitiges Erkennen des Auftretens und der Ausbreitung übertragbarer Krankheiten können Maßnahmen der Vorbeugung nicht gezielt geplant und die Weiterverbreitung der Krankheitserreger nicht wirksam verhindert werden.[20] Das **Erkennen** erschöpft sich dabei nicht in der ärztlichen bzw. labormedizinischen Diagnose einer bereits bekannten Infektionskrankheit oder der Identifizierung eines neuartigen Krankheitserregers. Ebenso wichtig ist vielmehr die Übermittlung solcher Erkenntnisse an koordinierende Stellen sowie die Analyse und Bewertung dieser Meldungen im Sinne einer **infektionsepidemiologische Surveillance.**[21] Das gilt sowohl auf internationaler wie auf nationaler Ebene.

8 Auf internationaler Ebene spielt insoweit die in den **Internationalen Gesundheitsvorschriften** enthaltene Verpflichtung aller WHO-Vertragsstaaten eine entscheidende Rolle, Ereignisse mit einer Gefahr für die öffentliche Gesundheit innerhalb von 24 Stunden an die WHO zu melden, die auf der Grundlage dieser Meldungen ggf. Pandemie-Warnungen ausspricht (iE *Gassner* in → § 1 Rn. 39 ff.).[22]

9 Für das **nationale Meldewesen** sehen dagegen die §§ 6 ff. IfSG detaillierte Regelungen vor. § 6 IfSG enthält einen Katalog von meldepflichtigen Krankheiten, § 7 IfSG einen Katalog meldepflichtiger Krankheitserreger. Beide Vorschriften unterscheiden zwischen nichtnamentlicher und namentlicher Meldung, wobei die Zuordnung der Krankheiten bzw. des Erregers zu einer dieser beiden Gruppen davon abhängt, ob das Gesundheitsamt nachfolgend weitere Maßnahmen ergreifen muss und dabei auf die Personalien des Betroffenen angewiesen ist.[23] Auch ungewöhnliche **Impfreaktionen** sind meldepflichtig (§ 6 Abs. 1 Nr. 3 IfSG). Wer Meldepflichtiger ist, ergibt sich iE aus § 8 IfSG. Zu den dort genannten Berufsträgern und Institutionen zählen nicht nur Labore und Ärzte, sondern bspw. auch die Leiter von in § 36 IfSG genannten Einrichtungen. Nach Inkraft-

---

19 *Sodan* in Ehlers/Fehling/Pünder § 56 Rn. 40.
20 BT-Drs. 14/2530, 43.
21 BT-Drs. 14/2530, 43; *Kießling* in Kießling IfSG Einführung Rn. 17 ff.
22 *Kloepfer* in Kloepfer Pandemien S. 9 (11 f.).
23 *Kießling* in Kießling IfSG Vor §§ 6 ff. Rn. 3; vgl. auch *Thiery* in BeckOK InfSchR IfSG § 6 Rn. 1.

treten des vom Bundestag am 4.3.2021 verabschiedeten EpiLage-Fortgeltungsgesetzes (→ Rn. 51) sollen auch Personen der Meldepflicht unterworfen sein, die, ohne Arzt zu sein, nach § 24 S. 2 IfSG oder aufgrund einer Rechtsverordnung nach § 24 S. 3 Nr. 1 IfSG befugt sind, **patientennahe Schnelltests** anzuwenden (zur Meldung von Testergebnissen auch noch → Rn. 9 b). Das soll nicht für Personen gelten, die solche Tests an sich selbst anwenden. Das neuartige SARS-CoV-2 und die von ihm ausgelöste Krankheit COVID-19 gehörten naturgemäß zunächst nicht zu den in den genannten Vorschriften enumerativ aufgezählten Erregern und Krankheiten. Durch eine auf § 15 IfSG gestützte Verordnung des BMG v. 30.1.2020 wurden die Meldebestimmungen aber entsprechend erweitert,[24] bevor COVID-19 als meldepflichtige Erkrankung bzw. die SARS-Coronarviren als meldepflichtige Krankheitserreger mit dem Zweiten Gesetz zum Schutz der Bevölkerung bei einer epidemischen Lage von nationaler Tragweite Mitte Mai 2020 in das IfSG (§ 6 Abs. 1 S. 1 Nr. 1 lit. t, § 7 Abs. 1 Nr. 44 a IfSG) aufgenommen wurden. Durch solche Meldungen erhalten die Gesundheitsämter diejenigen Informationen, die sie zur Erfüllung ihrer Ermittlungs- und Bekämpfungsaufgaben nach §§ 25 ff. IfSG (→ Rn. 21 ff.) benötigen.[25] Das allein rechtfertigt die nicht nur, aber vor allem mit der namentlichen Meldung verbundenen Grundrechtseingriffe.[26] Die Gesundheitsämter sind darüber hinaus nach § 11 IfSG verpflichtet, ihre Erkenntnisse auf der Grundlage sog. Falldefinitionen über die zuständigen Landesbehörden an das RKI zu melden. Die Meldungen an die Landesbehörden müssen spätestens am nächsten Arbeitstag erfolgen. Auch die Landesbehörden müssen ihrerseits spätestens am nächsten Arbeitstag an das RKI melden.

§ 14 IfSG sieht insoweit die Errichtung eines **elektronischen Melde- und Informationssystems** („DEMIS") vor, dessen Realisierung zu Beginn der Corona-Pandemie noch nicht abgeschlossen war.[27] Deshalb erfolgten – primär aus Gründen des Datenschutzes – Meldungen von den meldepflichtigen Ärzten und Laboren an die Gesundheitsämter und von diesen über die Landesbehörden an das RKI vielfach durch Fax. Seit Juni 2020 haben die Labore aber die Möglichkeit, Erregernachweise von SARS-CoV-2 über DEMIS elektronisch an die zuständigen Gesundheitsämter zu melden. § 14 Abs. 8 IfSG, der durch das Dritte Bevölkerungsschutzgesetz in das Gesetz aufgenommen wurde, verpflichtet die Meldepflichtigen und die Gesundheitsämter ab dem 1.1.2021 zur Nutzung von DEMIS. Durch die Benutzung von DEMIS entfallen direkte Meldungen der Meldepflichtigen an das jeweils zuständige Gesundheitsamt. Nach Meldung an DEMIS bestimmt das System vielmehr automatisiert, an welches Gesundheitsamt die Meldung zugestellt werden soll. Das Gesundheitsamt kann mit seiner Meldesoftware die für es bestimmten Meldungen abrufen, prüfen und weiter bearbeiten.[28] Für die Beurteilung des Infektionsgeschehens vor Ort sind die Gesundheitsämter mithin darauf angewiesen, dass die Funktionalitäten von DEMIS jederzeit uneingeschränkt zur Verfügung stehen. Praktisch problematisch ist dabei, dass bisher **keine standardisierten Schnittstellen** zwischen DEMIS und den verschiedenen in den Gesundheitsämtern seit langem eingesetzten digitalen Fachverfahren bestehen, die regelmäßig alle auch über den Infektions- 9a

24 BAnz AT 31.1.2020 V 1. Anders als im Falle des Human Immun deficiency Virus („HIV") war die Erweiterung der Pflicht zur namentlichen Meldung des SARS-CoV-2 nicht umstritten. Zu entsprechenden Diskussionen im Zusammenhang mit AIDS bspw. *Müller* DVBl 1991, 143 (146); *Schenke* DVBl 1988, 165 (174 f.); zu den Verfassungsfragen einer namentlichen Meldung *Mers*, Infektionsschutz im liberalen Rechtsstaat, 2019, S. 101 ff.

25 BT-Drs. 14/2530, 66; *Müller* DVBl 1991, 143 (146); *Kloepfer/Deye* DVBl 2009, 1208 (1214); *Mers*, Infektionsschutz im liberalen Rechtsstaat, 2019, S. 97 ff.

26 Zu den grundrechtlichen und datenschutzrechtlichen Aspekten etwa *Kießling* in Kießling IfSG Vor §§ 6 ff. Rn. 7 ff., § 6 Rn. 2.

27 Zum Sachstand BT-Drs. 19/18831.

28 S. https://www.rki.de/DE/Content/Infekt/IfSG/DEMIS/DEMIS_inhalt.html.

schutz hinausgehenden Aufgaben der Gesundheitsämter abbilden. Mit **SurvNet** stellt das RKI den Gesundheitsämtern allerdings auch eine eigene Software zur Verfügung, die zur Erfassung, Auswertung und Weiterleitung der Meldedaten an DEMIS dient. Bund und Länder haben sich des Weiteren darauf verständigt, dass alle Gesundheitsämter zeitnah mit der vom Helmholtz-Zentrum für Infektionsforschung ursprünglich zur Bewältigung eines Ebola-Ausbruchs in afrikanischen Ländern erstellten, zwischenzeitlich fortentwickelten Software **SORMAS** (Surveillance Outbreak Response Management and Analysis System) ausgestattet werden sollen. Diese Software kann insbesondere zur Kontaktnachverfolgung (→ Rn. 28 ff.) und zur Sammlung von Daten eingesetzt werden, die als Grundlage der Meldungen an das RKI dienen können. Auch insoweit handelt es sich allerdings um eine Lösung, die die in den Gesundheitsämtern verbreiteten Fachverfahren nicht vollständig ersetzen, sondern nur additiv zu diesen zum Einsatz gebracht werden kann. Nicht zuletzt aus diesem Grunde und weil die Umstellung auf eine neue Software während einer aktuellen Krise kaum zu bewältigen ist, hat bislang der überwiegende Teil der Ämter auf die Einführung von SORMAS verzichtet.[29]

9b Welche Aussagekraft die bspw. vom RKI regelmäßig veröffentlichten **Fallzahlen** im Hinblick auf den tatsächlichen Verlauf einer Pandemie haben, hängt entscheidend davon ab, wie intensiv die Bevölkerung getestet wird. Hohe Fallzahlen bei einer hohen Zahl von Tests haben eine andere Bedeutung als hohe Fallzahlen, denen – deutschlandweit oder in bestimmten Gebieten – eine geringe Zahl von Tests gegenübersteht. Das wird insbesondere dann relevant, wenn die Zulässigkeit bestimmter behördlicher Maßnahmen vom Über- bzw. Unterschreiten bestimmter Fallzahlen abhängig sein soll. Das galt schon für den am 6.5.2020 zwischen dem Bund und den Ländern verabredeten **„Notfallmechanismus"**, wonach die Landkreise und kreisfreien Städte auf ihrem Gebiet zu schärferen Eindämmungsmaßnahmen zurückkehren sollen, wenn die 7-Tages-Inzidenz vor Ort den Wert von 50 Neuinfektionen pro 100.000 Einwohner überschreitet. Die sog. **„Notbremse"**, auf die sich der Bund und die Länder am 3.3.2021 verständigt haben, sieht ebenfalls vor, dass Lockerungen bei Überschreiten einer Inzidenz von 100 wieder rückgängig gemacht werden (→ Rn. 77 a). Auch § 28 a Abs. 3 IfSG macht die Inzidenz zum Maßstab für die Intensität der zu ergreifenden Schutzmaßnahmen (→ Rn. 37 c f. und *Fleischfresser* in → § 13 Rn. 29 a ff.) Um insoweit zu tragfähigeren Aussagen zu gelangen, wurde mit § 7 Abs. 4 IfSG durch das Zweite Bevölkerungsschutzgesetz eine **nichtnamentliche Meldepflicht für alle Testergebnisse** (also auch der negativen) von Laboruntersuchungen zum direkten oder indirekten Nachweis (also auch **Antikörpertests**) von SARS-CoV und SARS-CoV-2 eingeführt. Durch die **Erfassung der Testhäufigkeit** und sowohl positiver wie negativer Testergebnisse kann besser beurteilt werden, ob ein Anstieg von Fallzahlen einen tatsächlichen Anstieg abbildet oder zB auf vermehrtes Testen bzw. auf die unterschiedliche regionale Verfügbarkeit von Tests zurückgeführt werden kann. Umgekehrt kann auf diese Weise auch deutlich werden, dass geringe Zahlen vor allem auf die fehlende Durchführung von labordiagnostischen Untersuchungen zurückzuführen sind. Erst durch die Erfassung aller Untersuchungen und der Anzahl der dabei ermittelten positiven Ergebnisse sind zuverlässige Rückschlüsse auf einen tatsächlichen Anstieg der Erkrankungen und die **Viruszirkulation** möglich.[30] Mit dem Dritten Bevölkerungsschutzgesetz wurde diese Regelung wieder gestrichen, um – wie es in der Begründung heißt – die Meldepflichtigen zu entlasten.[31] Das mag ein nachvollziehbares Motiv sein; die Beurteilung des tatsächlichen Infektionsgeschehens wird dadurch aber erschwert.

29 Deutliche Kritik auch bei *Meyer* Der Landkreis 2021, 45 (47).
30 Vgl. dazu auch die amtliche Begründung in der BT-Drs. 19/18967. Ferner *Müllmann* in Kießling IfSG § 7 Rn. 14.
31 BT-Drs. 19/23944, 22.

Vor dem Hintergrund der aktuellen COVID-19-Pandemie erweitert wurde ferner auch der Kreis der auf dem Meldewege zu übermittelnden Informationen. In die namentliche Meldung nach § 9 Abs. 1 Nr. 1 lit. h IfSG einzubeziehen ist nunmehr der Aufenthalt in sämtlichen der in § 36 Abs. 1 und 2 IfSG genannten Einrichtungen und Unternehmen einschließlich der Bezeichnung der Art der Einrichtung. Zu den nach § 9 Abs. 1 Nr. 1 lit. k IfSG namentlich zu meldenden Daten gehörten bislang schon die wahrscheinliche **Infektionsquelle** sowie die der Infektion zugrunde liegenden Tatsachen. In seiner aktuellen Fassung erstreckt sich diese Vorschrift auf den wahrscheinlichen **Infektionsweg** und das Umfeld, in dem die Übertragung wahrscheinlich stattgefunden hat. Dazu gehören auch Name, Anschrift und weitere Kontaktdaten der Infektionsquelle und Angaben zum wahrscheinlichen **Infektionsrisiko**. Auf diese Weise erhalten die Behörden vor allem auch Informationen für ein gezieltes Vorgehen nach § 28 IfSG. Der Wortlaut des § 10 Abs. 1 S. 2 Nr. 2 lit. f IfSG, der für nichtnamentliche Meldungen gilt, ist entsprechend gefasst worden. Der neue § 9 Abs. 1 Nr. 1 lit. n IfSG sieht ferner vor, dass – sofern solche Informationen vorliegen sollten –, auch das Behandlungsergebnis (**Genesung**) sowie der **Serostatus** übermittelt werden. Einen großen Teil der an sie gemeldeten Daten müssen die Gesundheitsämter – nach § 11 Abs. 1 S. 1 IfSG ggf. vervollständigt und konsolidiert – auf der Grundlage des neu gefassten § 11 Abs. 1 S. 1 Nr. 1 lit. e IfSG und des neuen § 11 Abs. 1 S. 1 Nr. 1 lit. j IfSG an die zuständigen Landesbehörden weiterleiten, die ihrerseits für eine Weitergabe an das RKI zu sorgen haben. 9c

b) Prävention

Dem Ziel der Prävention, das in der Begründung zum IfSG zu Recht als die wirksamste, kostengünstigste und damit wichtigste Maßnahme zum Schutz vor übertragbaren Krankheiten charakterisiert wird,[32] dient zunächst die von § 3 IfSG zur öffentlichen Aufgabe erklärte Information und Aufklärung der Allgemeinheit über die Gefahren übertragbarer Krankheiten und die Möglichkeiten zu deren Verhütung. 10

aa) Prävention durch Aufklärung

Die **Aufklärung über Infektionsgefahren** und die individuellen Möglichkeiten zu deren Verhütung spielen eine überragende Rolle beim Schutz vor Infektionen.[33] Die Begründung des IfSG verweist beispielhaft auf die Informationskampagnen zur Nutzung der Schluckimpfung gegen Kinderlähmung oder die effektiven Aufklärungsanstrengungen bei der Eindämmung von AIDS. Schon diese beiden Beispiele machen deutlich, dass insoweit zwischen einer kontinuierlichen, allgemeinen Informationsarbeit und der Vermittlung von Informationen mit Blick auf besondere Krisensituationen unterschieden werden muss. Auch im Zusammenhang mit den verschiedenen Influenza-Pandemien der letzten Jahre sowie dem aktuellen SARS-CoV-2 Ausbruchsgeschehen hat sich gezeigt, dass die Verbreitung von Informationen zu den Übertragungswegen eines Virus und dazu, wie jedermann durch vergleichsweise einfache Maßnahmen (häufiges und gründliches Händewaschen, „Nies- und Husten-Etikette“, Wahrung eines Abstandes von mind. 1,5 m) einen **wirksamen Beitrag zur Unterbrechung von Infektionsketten** leisten kann, bei der Eindämmung einer Infektionskrankheit hilft. Auf ein entsprechendes, präventives Verhalten der Einzelnen ist der Staat vor allem in Bereichen angewiesen, in denen aus Sach- oder Rechtsgründen die Normierung spezifischer Verhaltenspflichten 11

32 BT-Drs. 14/2530, 43.
33 BT-Drs. 14/2530, 44.

nicht in Betracht kommt bzw. in denen eine effektive Durchsetzung solcher Pflichten von vornherein zum Scheitern verurteilt ist.[34]

12 Nach § 3 S. 2 IfSG haben insbesondere die nach Landesrecht zuständigen Stellen über Möglichkeiten des allgemeinen und individuellen Infektionsschutzes sowie über Beratungs-, Betreuungs- und Versorgungsangebote zu informieren. Adressiert sind damit in erster Linie die **Behörden des öffentlichen Gesundheitsdienstes**, aber auch andere Stellen wie das Schulamt oder das Jugendamt.[35] Daneben tragen Einrichtungen des Bundes zur Information der Bevölkerung bei. Zu nennen sind insoweit vor allem die **Bundeszentrale für gesundheitliche Aufklärung (BZgA)**,[36] die ihre vielfältigen, Corona-bezogenen Informationsangebote auf einer eigenen Internetseite (www.infektionsschutz.de) gebündelt hat, aber natürlich auch das **RKI** sowie das **BMG**.[37] Regelungen über die Zusammenarbeit dieser Behörden (auch) auf dem Gebiet der Kommunikation im Falle einer epidemisch bedeutsamen Lage enthalten die §§ 10 ff. der auf § 5 IfSG aF gestützten IfSGKoordinierungs-Verwaltungsvorschrift (→ Rn. 50). Darin ist insbesondere auch die Rollenverteilung zwischen den verschiedenen föderalen Ebenen geregelt und dem Bund die Zuständigkeit für eine aktive Information der Öffentlichkeit über wissenschaftliche Fragestellungen, die länderübergreifende Gesamtentwicklung der Lage und internationale Bezüge zugewiesen. Länder und Kommunen sind dagegen aufgerufen, die Informationen des Bundes durch eine Darstellung der jeweiligen landesspezifischen oder regionalen Situation zu ergänzen (§ 11 Abs. 1 IfSGKoordinierungs-VwV). Insgesamt zeigen die in der Corona-Pandemie gemachten Erfahrungen allerdings, dass auf dem Gebiet der **Krisenkommunikation** erheblicher Nachholbedarf besteht.[38]

13 Ergänzt und spezifiziert wird § 3 durch § 20 Abs. 1 IfSG, wonach die zuständige obere Bundesbehörde, die obersten Landesgesundheitsbehörden und die von ihnen beauftragten Stellen sowie die Gesundheitsämter über die Bedeutung von **Schutzimpfungen** und andere Maßnahmen der spezifischen Prophylaxe übertragbarer Krankheiten informieren. Noch einen Schritt weiter gehen die § 20 Abs. 2 und 3 IfSG. Nach § 20 Abs. 2 IfSG wird beim RKI eine **ständige Impfkommission** (STIKO) eingerichtet, die Empfehlungen zur Durchführung von Schutzimpfungen und zur Durchführung anderer Maßnahmen der spezifischen Prophylaxe übertragbarer Krankheiten abzugeben hat, was im Falle von COVID-19 auch geschehen ist.[39] Auf der Grundlage dieser Empfehlungen sollen die obersten Gesundheitsbehörden der Länder ihrerseits Empfehlungen für Schutzimpfungen und andere Maßnahmen zur Prophylaxe abgeben (iE *Schaks* in → § 14 Rn. 11 ff.).

14 Hilfreich sind Informationen allerdings nur, wenn sie **aktuell und fachlich gesichert** sind. Deshalb spielen gerade in einer Zeit, in der praktisch jedermann und ohne jede Form der Qualitätssicherung Informationen ins Internet stellen und darauf hoffen darf, dass sie sich dort verbreiten, staatliche Informationsangebote eine herausragende Rolle. Das Vertrauen, das in solche Informationsangebote gesetzt wird und von dem es im hohen Maße abhängt, ob die von den Behörden empfohlenen Maßnahmen in der Bevölkerung auf **Akzeptanz** stoßen und befolgt werden, kann allerdings auch verspielt werden – eine Gefahr, die insbesondere dann besteht, wenn unterschiedliche staatliche Stellen In-

34 Dazu auch *Kießling* in Kießling IfSG § 3 Rn. 2; eingehend zum Verhältnis staatlicher Aufklärungs- und Informationstätigkeit zu infektionsschutzrechtlichen Ge- und Verboten *Putzer* in BeckOK InfSchR IfSG § 3 Rn. 7, 19 ff.

35 BT-Drs. 14/2530, 44; *Kießling* in Kießling IfSG § 3 Rn. 6 f.

36 Zu deren Rolle in der Pandemie *Thaiss* Der Landkreis 2021, 59 ff.

37 Dazu auch *Knufmann-Happe* in Kloepfer Pandemien S. 21 (27 f.) mit Blick auf frühere Pandemien.

38 So auch *Schwind* NdsVBl. 2020, 293 (299); ferner *Meyer* in Koop/Blanke S. 125 (136).

39 Epidemiologisches Bulletin 2/2021 v. 14.1.2021, vorab veröffentlicht auf https://www.rki.de/DE/Content/Infekt/EpidBull/Archiv/2021/Ausgaben/02_21.pdf?__blob=publicationFile.

formationen verbreiten, die sich tatsächlich oder vielleicht auch nur scheinbar widersprechen, oder wenn inkonsistente Verhaltensempfehlungen ausgesprochen werden, was in der Corona-Krise bspw. im Hinblick auf das Für und Wider des Tragens eines **Mund-Nasen-Schutzes („Maske")** in der Öffentlichkeit zu beobachten war.[40] Die IfSG-Koordinierungs-VwV sieht deshalb auch vor, dass medizinische Verhaltensempfehlungen und allgemein erforderliche Schutzmaßnahmen abgestimmt werden sollen. Beabsichtigt eine Behörde eines Landes oder einer Kommune eine Information an die Öffentlichkeit zu geben, die von den bundesweit kommunizierten Tatsachen wesentlich abweicht oder wesentliche Neuerungen enthält, so soll sie dem RKI vorher die Möglichkeit zu einer Bewertung geben (§ 11).

Maßnahmen der Information und Aufklärung im Sinne von § 3 IfSG setzen auch dann 15 darauf, dass die Bevölkerung ihr Verhalten freiwillig in der gewünschten Weise anpasst, wenn konkrete Handlungsempfehlungen ausgesprochen werden. Auch wenn es nicht um Ge- und Verbote geht, steht außer Frage, dass **staatliches Informationshandeln** nicht in einem rechtsfreien Raum stattfindet, sondern im Grundsatz denselben rechtsstaatlichen Anforderungen unterliegt, wie sie auch für die klassische Eingriffsverwaltung gelten.[41] Dazu gehört insbesondere die Beachtung der Zuständigkeitsordnung. Vor allem dann, wenn durch staatliche Informationen das Verhalten der Bürger gelenkt werden soll („Nudging")[42], ist des Weiteren erforderlich, dass die entsprechenden Informationen **inhaltlich zutreffen** und unter Beachtung des **Gebots der Sachlichkeit** formuliert worden sind. Diese mit Blick auf staatliche Warnungen vor gefährlichen Produkten („Glykol")[43] oder Verhaltensweisen („Osho")[44] entwickelten Grundsätze, lassen sich prinzipiell auch auf staatliches Informationshandeln im Zusammenhang mit der Verhütung und Bekämpfung von Infektionskrankheiten übertragen.[45] Da konkrete staatliche Verhaltensempfehlungen in ihrer praktischen Wirksamkeit entsprechenden Ge- oder Verboten nicht nachstehen müssen, ist schließlich auch der Verhältnismäßigkeitsgrundsatz zu beachten.[46]

bb) Einreise- und Verkehrsbeschränkungen

Erst vor dem Hintergrund des Corona-Ausbruchsgeschehens in das IfSG eingefügt wurden die § 5 Abs. 2 S. 1 Nr. 1 und 2, die das BMG ermächtigten, im Wege der Anordnung Beschränkungen der Einreise und des Transports bzw. Verkehrs zu verfügen. Diese Bestimmungen sind durch das Dritte Bevölkerungsschutzgesetz aufgehoben und in modifizierter Form als Verordnungsermächtigungen in § 36 Abs. 8 und 10 IfSG überführt worden (*Kau* in → § 5 Rn. 7 ff., → § 6 Rn. 8 ff.). Solche Maßnahmen dienen der Prävention, weil durch sie eine **Einschleppung und Weiterverbreitung** eines anderenorts bereits grassierenden Virus nach Deutschland verhindert bzw. verlangsamt werden soll.[47] 16

cc) Verhütung übertragbarer Krankheiten

Das IfSG begnügt sich nicht mit den unter → Rn. 11 ff. vorgestellten Maßnahmen der 17 indirekten Verhaltenssteuerung durch staatliches Informationshandeln, sondern setzt

40 Das RKI bspw. hatte sich zunächst ablehnend zum Tragen eines Mund-Nasen-Schutzes bzw. einer Mund-Nasen-Bedeckung in der Öffentlichkeit geäußert, empfiehlt dies aber seit Mitte April 2020 ausdrücklich und begründet dies mit neueren Erkenntnissen. Vgl. dazu Epidemiologisches Bulletin 19/2020, S. 3 f.

41 Dazu statt aller nur *Gusy* in Hoffmann-Riem/Schmidt-Aßmann/Voßkuhle VerwR II § 23 Rn. 95 ff.; ferner – bezogen auf die staatliche AIDS-Aufklärung – *Gramm* NJW 1989, 2917 (2920 ff.).

42 *Hufen* JuS 2020, 193 ff.

43 BVerfG Beschl. v. 26.6.2002 – 1 BvR 558/91 ua, BVerfGE 105, 252 ff.

44 BVerfG Beschl. v. 26.5.2002 – 1 BvR 670/91, BVerfGE 105, 279 ff.

45 Ebenso *Putzer* in BeckOK InfSchR IfSG § 3 Rn. 14.

46 *Putzer* in BeckOK InfSchR IfSG § 3 Rn. 15 ff.

47 BT-Drs. 19/18111, 20.

ebenso und vor allem auf ein breites Repertoire klassisch **eingriffsrechtlicher Befugnisse**, und zwar nicht erst, wenn es um die Bekämpfung solcher Krankheiten geht. Vielmehr kommt das Ordnungsrecht auch bereits bei deren Verhütung zum Einsatz. Während die soeben erwähnten, nach § 36 Abs. 8 und 10 IfSG im Wege der Rechtsverordnung möglichen Einreise- und Verkehrsbeschränkungen nur angeordnet werden dürfen, wenn der Bundestag zuvor nach § 5 Abs. 1 IfSG eine epidemische Lage von nationaler Tragweite festgestellt hat, sind die in den §§ 15 a ff. IfSG geregelten Überwachungs- und Ordnungsmaßnahmen jederzeit anwendbar. Im Folgenden geht es nicht um eine ausführliche Darstellung der sich für die jeweils zuständigen Behörden aus diesen Vorschriften ergebenden Befugnisse (dazu *Fleischfresser* in → § 13 Rn. 4 ff.), sondern nur um einen Überblick über die Strukturen der einschlägigen Bestimmungen.

18 **Verhütung** meint dabei dem Wortsinn nach die Verhinderung der Entstehung übertragbarer Krankheiten, nicht aber die Verhinderung der Verbreitung bereits aufgetretener Krankheiten.[48] Ein so enges Begriffsverständnis kann aber allenfalls dem § 16 Abs. 1 IfSG zugrunde gelegt werden, wonach die zuständige Behörde die notwendigen Maßnahmen zur Abwendung der dem Einzelnen oder der Allgemeinheit drohenden Gefahren trifft, wenn Tatsachen festgestellt werden, die zum Auftreten einer übertragbaren Krankheit führen, oder anzunehmen ist, dass solche Tatsachen vorliegen. Ziel dieser Regelung ist es, die Seuchenbekämpfung bereits im **Vorfeld**, dh bevor eine übertragbare Krankheit zum Ausbruch gekommen ist, zu ermöglichen.[49] Auf diese Generalklausel und auf die in § 16 Abs. 2 und 3 IfSG geregelten Befugnisse, zu denen insbesondere **Auskunfts- und Betretungsrechte** gehören, können sich die zuständigen Behörden – bzw. im Falle des § 16 Abs. 2 IfSG auch das Gesundheitsamt (zur Unterscheidung zwischen „zuständiger Behörde“ und „Gesundheitsamt“ → Rn. 53 ff.) – mithin nur stützen, wenn und solange sich eine übertragbare Krankheit noch nicht oder jedenfalls noch nicht in ihrem Zuständigkeitsbereich manifestiert hat.[50] Ist diese Gefahr allerdings gegeben oder besteht zumindest der Verdacht einer solchen Gefahr,[51] ist die Behörde zum Handeln verpflichtet. Ein **Entschließungsermessen** existiert mithin nicht; nur im Hinblick auf die Auswahl der zu treffenden Maßnahmen hat die Behörde einen Ermessensspielraum.[52]

19 Neben der Generalklausel in § 16 Abs. 1 IfSG und den Befugnissen nach § 16 Abs. 2 und 3 IfSG sehen die 17 ff. IfSG eine Reihe **spezifischer Maßnahmen** vor, die schon ihrem Wortlaut nach nicht mehr nur auf die Verhinderung der Entstehung einer übertragbaren Krankheit zielen, sondern auch deren Weiterverbreitung unterbinden sollen. So kann bspw. nach § 17 Abs. 1 S. 1 IfSG die **Vernichtung von Gegenständen** angeordnet werden, die mit Krankheitserregern behaftet sind, wenn anzunehmen ist, dass diese Gegenstände zur Weiterverbreitung einer Krankheit beitragen können. Und auch die Vorschriften über **Schutzimpfungen** (§§ 20 ff. IfSG; dazu *Schaks* in → § 14 Rn. 5 ff.) können dazu dienen, die weitere Verbreitung einer bereits aufgetretenen Krankheit zu verhindern. Dies spielt insbesondere im Zusammenhang mit der von SARS-CoV-2 ausgelösten Pandemie eine Rolle, zumal nun verschiedene Impfstoffe zur Verfügung stehen

---

48 So zum BSeuchG bereits BT-Drs. 3/1888, 21 f.

49 *Rixen* NJW 2020, 1097; so auch schon OVG Koblenz Urt. v. 22.5.2001 – 6 A 12111/00, NVwZ-RR 2002, 351.

50 BVerwG Urt. v. 16.12.1971 – I C 60.67, NJW 1972, 458 (459 f.); OVG Lüneburg Beschl. v. 27.4.2020 – 13 MN 98/20, BeckRS 2020, 6651 Rn. 36.

51 Dazu, dass bereits ein Gefahrenverdacht ausreicht BVerwG Urt. v. 16.12.1971 – I C 60.67, NJW 1972, 458 (459 f.); *Sodan* in Ehlers/Fehling/Püttner § 56 Rn. 41; ferner *Hofmann* NJW 1988, 1486 (1490); *Rixen* NJW 2020, 1097.

52 OVG Koblenz Urt. v. 22.5.2001 – 6 A 12111/00, NVwZ-RR 2002, 351 (352); *Giesberts/Gayger/Weyand* NVwZ 2020, 417 (418 f.); *Mers* in Kießling IfSG § 16 Rn. 15 ff.; *Zwanziger* in BeckOK InfSchR IfSG § 16 Rn. 27 ff.

und Maßnahmen der Krankheitsbekämpfung bis hin zu einem „Lockdown" sich nur als begrenzt wirksam erwiesen haben. Dabei stellt sich auch die Frage, ob nach § 20 Abs. 6 oder 7 IfSG Schutzimpfungen angeordnet werden sollten bzw. müssen. Dass insoweit auf die Einsicht der Bevölkerung gesetzt und auf **Zwangsmaßnahmen** verzichtet werden kann, erscheint angesichts einer ohnehin verbreiteten **Impfskepsis** keineswegs selbstverständlich. Das gilt ungeachtet der erheblichen gesundheitlichen Beeinträchtigungen, die mit einer Erkrankung an COVID-19 verbunden sein können, zumal die Infektionen in der überwiegenden Zahl der Fälle milde oder sogar symptomfrei verläuft.[53] Deshalb ist davon auszugehen, dass die Impfverweigerung in dem Maße zunehmen wird, in dem die Zahl der Infizierten und der Todesfälle zurückgeht, und besonders befeuert werden wird, sobald Zweifel an der Sicherheit eines Impfstoffs auftauchen sollten.[54] Die Impfungen gegen COVID-19 haben Ende Dezember 2020 begonnen. Die **Coronavirus-Impfverordnung** des BMG[55] statuiert keine **Impflicht,**[56]gewährt aber einen Anspruch auf Impfung (§ 1) und sieht eine Priorisierung vor allem in Abhängigkeit von der Vulnerabilität der Personengruppen vor (§ 2 ff.).

dd) Weitere Aufgaben präventiven Charakters

Auch die Regelungen des IfSG über besondere Maßnahmen im **Lebensmittel- und anderen Bereichen** einschließlich der **Gemeinschaftseinrichtungen** (§§ 33 ff., 37 ff., 42 ff. und 44 ff.) haben vor allem präventiven Charakter. Insoweit geht es bspw. um **Tätigkeitsverbote** für Personen, die unter bestimmten Krankheiten leiden könnten, in bestimmten Einrichtungen (§ 34 Abs. 1 IfSG) sowie um die Statuierung **gesundheitlicher Anforderungen,** denen das Personal beim Umgang mit Lebensmitteln genügen muss. Außerhalb besonderer Krisenszenarien bildet die Umsetzung dieser Bestimmungen ein wesentliches Tätigkeitsfeld der Gesundheitsämter.[57] 20

c) Bekämpfung von Infektionskrankheiten

Die im fünften Abschnitt des IfSG unter der Überschrift „Bekämpfung übertragbarer Krankheiten" zusammengefassten Regelungen lassen sich zwei Komplexen zuordnen. Zum einen geht es um spezifische Ermittlungsmaßnahmen, für die das Gesundheitsamt zuständig ist (§§ 25 ff. IfSG → Rn. 23 ff.) und die eine Konkretisierung des Untersuchungsgrundsatzes nach § 24 Abs. 1 VwVfG darstellen. Zum anderen wird die zuständige Behörde mit ordnungsrechtlichen Befugnissen zur Bekämpfung von Infektionskrankheiten ausgestattet (§§ 28 ff. IfSG → Rn. 33 ff.). 21

Im weiteren Sinne der Bekämpfung von Infektionskrankheiten dienen auch die durch die Gesetze zum Schutz der Bevölkerung bei einer **epidemischen Lage von nationaler Tragweite** als § 5 Abs. 2 S. 1 Nr. 4 bis 8, 10 neu in das IfSG eingefügten Bestimmungen zur Aufrechterhaltung der Versorgung in Krankenhäusern und Pflegeeinrichtungen sowie der Sicherstellung der Versorgung mit Arznei- und Hilfsmitteln. Diese Bestimmungen sollen die **Leistungsfähigkeit des gesamten Gesundheitssystems** auch im Pandemiefall gewährleisten. Anders als die im Folgenden dargestellten Ermittlungs- und Bekämpfungsmaßnahmen stehen sie allerdings nur zur Verfügung, wenn der Bundestag eine epidemische Notlage festgestellt hat. 22

53 Eine eingehende Schilderung des Krankheitsbildes findet sich in OVG Lüneburg Beschl. v. 11.5.2020 – 13 MN 143/20, BeckRS 2020, 8099 Rn. 25 ff.

54 Dass eine Diskussion über die Sicherheit von Impfstoffen zu einer rückläufigen Impfbereitschaft führt, ist ein bekanntes Phänomen, s. etwa *Knufmann-Happe* in Kloepfer Pandemien S. 21 (28).

55 Das gilt sowohl für die erste CoronaImpfV v. 18.12.2020 (BAnz AT 21.12.2020 V 3) sowie für die derzeit geltende CoronaImpfV v. 8.2.2021 (BAnz AT 8.2.2021 V 1) idF v. 24.2.2021 (BAnz AT 24.2.2021 V 1).

56 Zu deren verfassungsrechtlicher Problematik nur *Rixen* in Huster/Kingreen InfektionsschutzR-HdB Kap. 5 Rn. 57 ff.; *Wolff/Zimmermann* NVwZ 2021, 182 (182 ff.).

57 Zu den Aufgaben des ÖGD *Meyer/Henke* NdsVBl. 2020, 36 (41 f.).

aa) Ermittlungsmaßnahmen

23 Voraussetzung für behördliche Ermittlungsmaßnahmen ist stets, dass Kranke, Krankheitsverdächtige, Ansteckungsverdächtige oder Ausscheider[58] festgestellt werden oder es sich ergibt, dass ein Verstorbener krank, krankheitsverdächtigt oder Ausscheider war (§ 25 Abs. 1 IfSG). Im Sinne der **Gefahrerforschung** reicht es allerdings im Hinblick auf die Ermittlungsmaßnahmen – anders als im Falle der Bekämpfungsmaßnahmen nach §§ 28 ff. IfSG – auch bereits aus, wenn lediglich anzunehmen ist, dass jemand krank etc ist.

24 Sind diese Tatbestandsvoraussetzungen erfüllt, so stellt das Gesundheitsamt die **erforderlichen Ermittlungen** an, insbesondere über Art, Ursache, Ansteckungsquelle und Ausbreitung der Krankheit. Diese Ermittlungstätigkeit dient nicht allein der Abklärung der Frage, ob in einem bestimmten Fall und gegenüber einer bestimmten Person Maßnahmen zur Bekämpfung einer Infektionskrankheit nach §§ 28 ff. IfSG in Betracht kommen. Vielmehr geht es um die Gewinnung von Erkenntnissen, an denen die Gesundheitsverwaltung die erforderlichen allgemeinen und Einzelmaßnahmen ausrichten kann.[59]

(1) Allgemeines

25 Wie schon bei der Verhütungsgeneralklausel in § 16 Abs. 1 S. 1 IfSG besteht mithin auch hier kein **Entschließungs-**, sondern nur ein **Auswahlermessen** hinsichtlich der in Betracht kommenden Ermittlungsmaßnahmen.[60] Diese ergeben sich zum Teil als Standardmaßnahmen aus § 25 Abs. 2 bis 4 IfSG sowie aus den durch § 25 Abs. 2 S. 1 IfSG in Bezug genommenen Regelungen in § 16 Abs. 2 und 3 IfSG. Darüber hinaus kann das Gesundheitsamt aber auch weitere Ermittlungen durchführen, soweit es diese für erforderlich halten darf.

26 Diese Vorschriften lassen weitgehende Eingriffe ua in die Grundrechte der körperlichen Unversehrtheit, der Freiheit der Person und der Unverletzlichkeit der Wohnung zu (§ 25 Abs. 5 IfSG). Zulässig sind danach insbesondere **äußerliche körperliche Untersuchungen** einschließlich der Entnahme von Blut und von Abstrichen von Haut und Schleimhäuten (§ 25 Abs. 3 S. 2 Nr. 2 IfSG). Von dieser Ermächtigungsgrundlage gedeckt ist daher prinzipiell auch die Anordnung von **Zwangstests**; ob eine solche Anordnung – etwa zur Klärung des Verdachts einer Infektion mit SARS-CoV-2 – dagegen im Einzelfall zulässig ist, hängt insbesondere von der Beachtung des Verhältnismäßigkeitsgrundsatzes ab.[61] Dass die Verhältnismäßigkeit gewahrt ist, wird angesichts des mit einem solchen Test verbundenen nur geringfügigen Eingriffs in die körperliche Unversehrtheit, der – anders als seinerzeit im Falle des HIV – bei SARS-CoV-2 (noch) fehlenden gesellschaftlichen Stigmatisierung eines positiven Testergebnisses und der Schutzpflicht des Staates für Leben und Gesundheit der Bürger im Allgemeinen anzunehmen sein. Die Corona-Schutzverordnungen der Länder sehen mittlerweile **Testpflichten** zB für Mitarbeiter in Alten- und Pflegeheimen vor. Durch das EpiLage-Fortgeltungsgesetz (→ Rn. 51) soll vor diesem Hintergrund in § 32 S. 3 IfSG klargestellt werden, dass ggf. auch in das Grundrecht des Art. 2 Abs. 2 S. 1 GG eingegriffen werden kann. Insoweit ist allerdings zu beachten, dass § 25 Abs. 3 IfSG nur zu Maßnahmen gegen Störer im weiteren Sinne des IfSG, also gegen Kranke, Krankheitsverdächtige, Ansteckungsverdächtige oder Ausscheidern, ermächtigt. Das gilt auch, soweit auf Maßnahmen nach § 25 Abs. 3 IfSG im Rahmen

58 Zu diesen Begrifflichkeiten vgl. die Legaldefinitionen in § 2 Nr. 4 bis 7 IfSG sowie BVerwG Urt. v. 22. 3. 2012 – 3 C 16/11, NJW 2012, 2823 Rn. 25.

59 VGH München Beschl. v. 19.5.1988 – 25 CS 8800312, NJW 1988, 2318 (2319); *Gallwas* NJW 1989, 1516 (1517); *Schenke* NJW 1989, 755; anders *Seewald* NJW 1988, 2921 (2924).

60 *Kießling* in Kießling IfSG § 25 Rn. 5; *Gabriel* in BeckOK InfSchR IfSG § 25 Rn. 16.

61 Eingehend *Mers*, Infektionsschutz im liberalen Rechtsstaat, 2019, S. 182 ff.

einer gegenüber diesem Personenkreis angeordneten **Beobachtung** nach § 29 IfSG (dazu Fleischfresser → § 13 Rn. 37) zurückgegriffen wird (§ 29 Abs. 2 S. 2 IfSG). Vor diesem Hintergrund hat der VGH München eine Regelung der Bayerischen Infektionsschutzmaßnahmenverordnung vorläufig außer Vollzug gesetzt, wonach sich die Beschäftigten von Einrichtungen wie Altenheimen mindestens an drei Tagen pro Woche einem Corona-Test unterziehen müssen. Nach Auffassung des VGH München ist es nicht möglich, die Beschäftigten solcher Einrichtungen pauschal als ansteckungsverdächtig anzusehen.[62] Soweit die Bayerische Verordnung dagegen von Besuchern entsprechender Einrichtungen einen Test verlangt, ist sie nach Auffassung des VGH München voraussichtlich rechtmäßig. Das Gericht betrachtet diese Vorschrift ersichtlich nicht als Regelung zur Durchsetzung einer Testpflicht, sondern als Bestimmung, die den Zugang zu Einrichtungen limitiert und daher unter § 28 a Abs. 1 Nr. 15 IfSG gefasst werden kann.[63]

Nicht auf § 25 Abs. 3 S. 2 Nr. 2 IfSG gestützt werden können dagegen **Reihenuntersuchungen,**[64] mit denen bspw. ermittelt werden soll, wie viele Personen tatsächlich bereits mit SARS-CoV-2 infiziert waren oder sind. Denn in solche Studien, wie dem vom RKI durchgeführten „CORONA MONITORING lokal",[65] sollen insbesondere auch Personen einbezogen werden, die nicht als „Störer" im infektionsrechtlichen Sinne anzusehen sind, von denen also weder feststeht noch anzunehmen ist, dass sie krank, krankheitsverdächtig, ansteckungsverdächtig oder Ausscheider sind. Solche Erhebungen, die in § 13 IfSG auch ausdrücklich vorgesehen sind, setzen daher ein freiwilliges Mitwirken der Probanden voraus. Der durch das Zweite Gesetz zum Schutz der Bevölkerung bei einer epidemischen Tragweite von nationaler Bedeutung neu gefasste § 13 Abs. 4 IfSG ermächtigt das BMG, bestimmte Einrichtungen zur Durchführung einer **laborbasierten Surveillance** zu verpflichten. Auf diese Ermächtigungsgrundlage wurde die **Coronavirus-Surveillanceverordnung (CorSurV)** v. 18.1.2021[66] gestützt. Diese Verordnung verpflichtet Laboratorien und Einrichtungen nach § 23 Abs. 3 S. 1 IfSG, die Untersuchungsmaterial und Isolate von Krankheitserregern in Bezug auf SARS-CoV-2 untersuchen und dabei eine **Vollgenomsequenzierung** dieses Erregers vornehmen, die erhobenen Genomsequenzdaten an das RKI zum Zwecke der Krankheitserregersurveillance zu übermitteln. Auf diese Weise sollen mögliche Mutationen des Virus möglichst frühzeitig entdeckt werden. 27

(2) Contact-Tracing: analog und digital

Im Zusammenhang mit der aktuellen Corona-Pandemie spielt vor allem das sog. „Contact-Tracing" eine Rolle, also die **Ermittlung von Kontaktpersonen** zur Offenlegung von Infektionsketten.[67] Eine solche Kontaktverfolgung ist ua erforderlich, damit bei jedem festgestellten Infektionsfall alle Kontaktpersonen gezielt unter Quarantäne gestellt werden können, um eine weitere Verbreitung zu vermeiden. Der 2017 in das Gesetz eingefügte § 25 Abs. 2 S. 2 IfSG geht insoweit davon aus, dass dazu grundsätzlich die betroffenen Personen befragt werden, lässt aber ggf. auch die Befragung Dritter zu.[68] Im Übrigen ergeben sich die Auskunftspflichten aus § 25 Abs. 2 S. 1 iVm § 16 Abs. 2 S. 3 IfSG.[69] Die Ermittlung von Kontaktpersonen ist während einer Epidemie eine der **zentralen Aufgaben der Gesundheitsämter**, die vergleichsweise personalintensiv ist. Die 28

62 VGH München Beschl. v. 2.3.2021 – 20 NE 21.353

63 VGH München Beschl. v. 2.3.2021 – 20 NE 21.369.

64 Ebenso *Kießling* in Kießling IfSG § 25 Rn. 16.

65 S. https://www.rki.de/DE/Content/Gesundheitsmonitoring/Studien/cml-studie/cml-studie_node.html.

66 BAnz AT 19.1.2021 V 2.

67 Zu dieser Vorgehensweise auch schon *Müller* DVBl 1991, 143 (146).

68 Dazu BT-Drs. 18/10938, 66.

69 Zu den sich insoweit ergebenden verfassungsrechtlichen Fragen *Mers*, Infektionsschutz im liberalen Rechtsstaat, 2019, S. 130 ff.

Bundesregierung nimmt insoweit an, dass je 20.000 Einwohnern der Einsatz von fünf Personen zur Nachverfolgung notwendig ist. Dabei kann es sich selbstverständlich nur um einen Näherungswert handeln. Wie viele Personen tatsächlich benötigt werden, hängt entscheidend von den konkreten Umständen vor Ort ab.[70] Die Landkreise und kreisfreien Städte haben den zusätzlichen Personalbedarf in ihren Gesundheitsämtern während der Corona-Pandemie in erster Linie durch die Heranziehung von geeignetem Personal aus anderen Bereichen gedeckt.[71] Daneben stellt das RKI im Wege der Amtshilfe eigens dafür angestelltes Personal („**Containment Scouts**") zur Verfügung;[72] auch Personal der Länder sowie der **Bundeswehr** kommt in den Gesundheitsämtern zum Einsatz.

29 Internationale Erfahrungen etwa im Rahmen der südkoreanischen Maßnahmen zur Eindämmung von COVID-19 haben gezeigt, dass die **Nachverfolgung der von Mobilfunkgeräten gespeicherten Standortdaten** einen Beitrag zur Ermittlung von Kontaktpersonen leisten kann.[73] Vor diesem Hintergrund hatte der Entwurf der Formulierungshilfe des BMG für das (Erste) Gesetz zum Schutz der Bevölkerung bei einer epidemischen Lage von nationaler Tragweite folgende Regelung vorgesehen:

„Für den Fall einer epidemischen Lage von nationaler Tragweite kann die zuständige Behörde zum Zwecke der Nachverfolgung von Kontaktpersonen technische Mittel einsetzen, um Kontaktpersonen von erkrankten Personen zu ermitteln, sofern aufgrund epidemiologischer Erkenntnisse gesichert ist, dass dies zum Schutz der Bevölkerung vor einer Gefährdung durch schwerwiegende übertragbare Krankheiten erforderlich ist. Unter den Voraussetzungen nach Satz 1 kann die zuständige Behörde von jedem, der geschäftsmäßig Telekommunikationsdienste erbringt oder daran mitwirkt (Diensteanbieter) die Herausgabe der vorhandenen Telekommunikationsverkehrsdaten, der für die Ermittlung des Standortes eines Mobilfunkgerätes erforderlichen spezifischen Kennungen und die zur Durchführung von Maßnahmen nach Satz 4 erforderlichen Daten der möglichen Kontaktpersonen von erkrankten Personen verlangen. Erforderlichkeit und Zweck der Maßnahme sind durch die zuständige Behörde zu dokumentieren. Die zuständige Behörde kann die nach Satz 1 und 2 ermittelten Kontaktpersonen von dem Verdacht einer Erkrankung informieren. Die zuständige Behörde darf zu diesem Zweck personenbezogene Daten verarbeiten. Nach Beendigung der Maßnahmen ist die Löschung der Daten zu dokumentieren."

30 Diese Vorschrift, die als § 5 Abs. 10 in das IfSG hätte eingefügt werden sollen, ist schon in der Kabinettsfassung der Formulierungshilfe entfallen. Mit ihrer Umsetzung hätten sich nicht unerhebliche, aber lösbare **(verfassungs-)rechtliche Herausforderungen** verbunden,[74] wie sie sich in ähnlicher Form auch im Hinblick auf eine Pflicht zur Nutzung einer **Tracing-App** stellen.[75]

31 Gleichwohl ist in der Folge nur noch über den **Einsatz freiwilliger digitaler Maßnahmen** diskutiert worden, wobei insbesondere streitig war, ob zentrale oder dezentrale Lösungen realisiert werden sollten.[76] In Deutschland hat sich die Bundesregierung letztlich für die Einführung einer Tracing-Lösung auf Basis einer **dezentralen Software-Architektur**

---

70 *Meyer* Der Landkreis 2021, 45 (46).

71 *Meyer* NVwZ 2020, 609 (611).

72 Zu den daraus resultierenden verfassungsrechtlichen Fragen *Ritgen* Der Landkreis 2020, 203 (208).

73 Zum Potenzial der Nutzung von Mobilfunkdaten und Tracing-Apps *Müller* MMR 2020, 355; *Kuhlmann* GSZ 2020, 115 f.

74 Zu diesen *Berger* Der Landkreis 2020, 211 (212 f.); ferner *Kühling/Schildbach* NJW 2020, 1545 (1549 f.).

75 Für die Verfassungswidrigkeit einer solchen Pflicht *Kühling/Schildbach* NJW 2020, 1545 (1550); weniger kritisch *Kuhlmann* GSZ 2020, 115 (119 ff.).

76 Zum Verlauf der Diskussion und den verschiedenen Lösungsansätzen *Berger*, Der Landkreis 2020, 211 (211 f.); zu den Unterschieden auch *Kuhlmann* GSZ 2020, 115 (116).

entschieden. Nach der (freiwilligen) Installation der sog. **Corona-Warn-App** messen die entsprechenden Mobilfunkgeräte unter Nutzung der Bluetooth-Technologie den Abstand untereinander und tauschen dabei temporäre verschlüsselte Identitäten aus, die (nur) in den jeweiligen Geräten gespeichert werden, wenn der Kontakt zwischen diesen die vom RKI festgelegten Kriterien im Hinblick auf Nähe und Zeit erfüllt hat. Werden Nutzer der App positiv auf SARS-CoV-2 getestet, können sie auf freiwilliger Basis ihre auf diese Weise gespeicherten Kontakte durch die App informieren lassen, wobei weder der Infizierte erfährt, wer die Personen sind, zu denen er Kontakt hatte, noch die Kontaktierten davon Kenntnis erhalten, wer die infizierte Person war, mit der sie in relevanter Weise in Berührung gekommen sind.[77] Selbstverständlich sind auch im Rahmen solcher freiwilligen Instrumente die Belange des Datenschutzes zu berücksichtigen.[78] Rechtliche Grundlage der Datenverarbeitung ist hier die nach Art. 9 Abs. 2 lit. a VO (EU) 2016/679 (Datenschutz-Grundverordnung) erteilte Einwilligung des Nutzers.[79] Ob die Corona-Warn-App für die Gesundheitsämter den erwünschten Nutzen bringt, ist allerdings fraglich, weil eine reale Nachverfolgung ohne personenbezogene Standort- und Bewegungsdaten nicht möglich ist.[80]

Von solchen Tracing-Apps zu unterscheiden ist die „**Corona Datenspende App**" des RKI, über die Daten von Fitnesstrackern und Smartwatches anonymisiert Hinweise auf Corona-Symptome liefern, die helfen sollen, die Dunkelziffern der Infizierten zu minimieren und bessere Maßnahmen treffen zu können.[81] 32

bb) Bekämpfung übertragbarer Krankheiten

Welche Maßnahmen den zuständigen Behörden zur Bekämpfung übertragbarer Krankheiten zur Verfügung stehen, ergibt sich iE aus §§ 28 ff. IfSG (ausführlich dazu *Fleischfresser* in → § 13 Rn. 1 ff.). Die Struktur dieser Befugnisnormen entspricht derjenigen der Normen für die Verhütung solcher Krankheiten (→ Rn. 17 ff.). Auch hier gibt es also neben einer Generalklausel eine Reihe von Standardmaßnahmen. Ferner verfügt die Behörde auch bei der Bekämpfung übertragbarer Krankheiten nicht über ein **Entschließungsermessen**, wenn die Tatbestandsvoraussetzungen der Generalklausel erfüllt sind, wohl aber über ein **Auswahlermessen**, in dessen Rahmen sie insbesondere dem **Verhältnismäßigkeitsgrundsatz** Rechnung zu tragen hat.[82] 33

(1) Die Generalklausel des § 28 IfSG

Die Generalklausel findet sich in § 28 Abs. 1 S. 1 Hs. 1 IfSG. Danach trifft die zuständige Behörde die **notwendigen Schutzmaßnahmen**, soweit und solange das zur Verhinderung der Verbreitung übertragbarer Krankheiten erforderlich ist. Voraussetzung für ein solches behördliches Eingreifen ist, dass Kranke, Krankheitsverdächtige, Ansteckungsverdächtige oder Ausscheider[83] festgestellt werden oder es sich ergibt, dass ein Verstorbener krank, krankheitsverdächtigt oder Ausscheider war. Der Begriff der „Schutzmaßnahme" ist dabei denkbar weit zu verstehen. Er soll der Infektionsschutzbehörde ein möglichst breites Spektrum an geeigneten Maßnahmen zur Bekämpfung von Infektions- 34

---

77 Pressemitteilung des BMG, des BMI und des Bundeskanzleramts zum Projekt „Corona-App" der Bundesregierung v. 28.4.2020; ferner *Kühling/Schildbach* NJW 2020, 1545 (1546).

78 Dazu hat des eHealth Network der EU am 15.4.2020 ein Konzept vorgelegt, auf das hier für weitere Einzelheiten verwiesen wird: https://ec.europa.eu/health/sites/health/files/ehealth/docs/covid-19_apps_en.pdf. Vgl. auch *Müller* MMR 2020, 355 (356 ff.).

79 *Kühling/Schildbach* NJW 2020, 1545 (1549); *Kuhlmann* GSZ 2020, 115 (118).

80 Kritisch daher auch *Berger*, Der Landkreis 2020, 211 (213 f.). Zur Nutzung der durch Tracing-Apps gewonnenen Daten in den Gesundheitsämtern *Kuhlmann* GSZ 2020, 115 (122 f.).

81 Abrufbar unter www.corona-datenspende.de; dazu *Kühling/Schildbach* NJW 2020, 1545 (1546).

82 Dazu nur *Kießling* in Kießling IfSG § 28 Rn. 17 f.

83 Zu diesen Begrifflichkeiten vgl. die Legaldefinitionen in § 2 Nr. 4–7 IfSG sowie BVerwG Urt. v. 22. 3. 2012 – 3 C 16/11, NJW 2012, 2823 Rn. 25.

krankheiten zur Verfügung stellen, welches allerdings durch die Notwendigkeit der Maßnahme im Einzelfall begrenzt wird.[84]

34a Die Existenz einer solchen **Generalklausel** ist ein kennzeichnendes und unverzichtbares Element des Infektionsschutzrechts. Die Gefahren, die von Viren und anderen Erregern sowie die von ihnen im menschlichen Körper verursachten Krankheiten ausgehen können, richten sich nicht nur gegen höchstwertige Schutzgüter, nämlich Gesundheit und Leben. Sie sind vielmehr auch in ihren konkreten Erscheinungsformen kaum vorhersehbar. Zwar ist es möglich, die zB von Viren möglicherweise ausgehende Gefahren in bestimmten Grenzen abstrakt zu beschreiben, bis hin zu sog. „Worst Case Szenarien“, denen bspw. bestimmte Mortalitätsraten zugrunde gelegt werden.[85] Alle Erfahrung zeigt aber, dass sich die Realität von solchen Szenarien unterscheidet und sich in ihr Risiken verwirklichen können, die niemand bedacht hat. Situationen, die nicht vorab berechenbar sind, können auch nicht normativ antizipiert werden (dazu auch *Kluckert* in → § 2 Rn. 96 ff.).[86] Die Fülle der Schutzmaßnahmen, die bei einem Ausbruch einer bis dahin unbekannten, übertragbaren Krankheit in Frage kommen, lassen sich nicht von vornherein übersehen.[87] Davon ist der Gesetzgeber schon bei der Reform des Bundesseuchengesetzes ausgegangen und hat daran im Infektionsschutzgesetz festgehalten.[88] Vor diesem Hintergrund würde es auch nicht weiterhelfen, den infektionsschutzrechtlichen „Instrumentenkasten“ von vornherein auch auf besonders weitreichende Maßnahmen auszudehnen, wie das mitunter vorgeschlagen wird.[89] Selbst dies wäre keine Garantie, dass für jedes künftige Infektionsgeschehen das „passende“ Instrument bereits im Gesetz angelegt wäre. Das würde einen Wissenstand voraussetzen, der zum Zeitpunkt der Gesetzgebung schlicht noch nicht vorliegen kann, sondern erst wachsen muss.[90] Im Infektionsschutzrecht führt daher im Ergebnis an einer Generalklausel kein Weg vorbei.[91]

35 Eine Reihe von Schutzmaßnahmen sind gleichwohl in § 28 IfSG näher präzisiert:

36 So ermächtigt der im Zusammenhang mit der COVID-19-Pandemie in das Gesetz eingefügte § 28 Abs. 1 S. 1 Hs. 2 IfSG die Behörde dazu, Personen zu verpflichten, den Ort, an dem sie sich befinden, nicht oder nur unter bestimmten Bedingungen zu verlassen oder von ihr bestimmte Orte oder öffentliche Orte nicht oder nur unter bestimmten Bedingungen zu betreten. Seither verfügt das IfSG über eine ausdrückliche (und den verfassungsrechtlichen Bestimmtheitsanforderungen genügende) Grundlage für **Ausgangssperren, Ausgangsbeschränkungen** und andere **kontaktreduzierende Maßnahmen**,[92] wie sie zur Verhinderung einer weiteren Ausbreitung des SARS-CoV-2 flächendeckend ergriffen worden sind. Damit ist es nicht mehr erforderlich, solche Maßnahmen unter den Begriff der nach der Generalklausel zulässigen „notwendigen Schutzmaßnahmen“ zu subsumieren.[93]

---

84 BVerwG Urt. v. 22. 3. 2012 – 3 C 16/11, NJW 2012, 2823 Rn. 24; VGH München Beschl. v. 30.3.2020 – 20 NE 20.632, NJW 2020, 1236 Rn. 11; OVG Schleswig Beschl. v. 7.4.2020 – 3 MB 13/20, BeckRS 2020, 5835 Rn. 10.

85 So zB die 2012 unter Federführung des Robert Koch-Instituts erarbeitete Risikoanalyse „Pandemie durch Virus Modi-SARS“, abgedruckt auf BT-Drs. 17/12051.

86 *Böckenförde* NJW 1978, 1881 (1885), mit Blick auf den Ausnahmezustand.

87 OVG Münster Beschl. v. 6.4.2020 – 13 B 398/20.NE, COVuR 2020, 423 Rn. 33.

88 Vgl. BT-Drs. 8/2468, 27 und BT-Drs. 14/2530, 74 f.; zum Ganzen auch *Rixen* NJW 2020, 1097 (1099).

89 Dafür aber offenbar *Gräditz/Abdulsalam* GSZ 2020, 108 (110).

90 *Rixen* NJW 2020, 1097 (1099); vgl. auch *Gusy* GSZ 2020, 101 (105 f.), mit Bezug auf das Katastrophenrecht im Allgemeinen.

91 *Kluckert* DVBl 2021, 96 (98).

92 VGH München Beschl. v. 30.3.2020 – 20 NE 20.632, NJW 2020, 1236 (1238); OVG Münster Beschl. v. 6.4.2020 – 13 B 398/20.NE BeckRS 2020, 5138 Rn. 27 ff. = COVuR 2020, 425; *Rixen* NJW 2020, 1097 (1099); iE wohl auch *Guckelberger* NVwZ-Extra 9a/2020, 5 ff.

93 Zur vor der Gesetzesänderung notwendigen Heranziehung der Generalklausel als Ermächtigungsgrundlage für solche Maßnahmen *Ritgen* Der Landkreis 2020, 127 (129); eingehend *Ziekow* DVBl 2020, 732 ff.

§ 28 Abs. 1 S. 2 IfSG sieht vor, dass die zuständige Behörde **Veranstaltungen** oder sonstige **Ansammlungen** von Menschen beschränken oder verbieten und Badeanstalten oder sonstige Gemeinschaftseinrichtungen wie Schulen und Kindertageseinrichtungen ganz oder teilweise schließen kann, wenn die Tatbestandsvoraussetzungen des § 28 Abs. 1 S. 1 IfSG vorliegen. Diese Regelung ist weit und in dem Sinne zu verstehen, dass alle Zusammenkünfte von Menschen, die eine Verbreitung von Krankheitserregern begünstigen, erfasst werden.[94] 37

Seit Beginn der Pandemie ist mit wachsender Vehemenz die Frage diskutiert worden, ob § 28 Abs. 1 IfSG den Anforderungen genügt, die das Grundgesetz an eine **Ermächtigungsgrundlage** stellt, auf die in den letzten Monaten nach Häufigkeit und Intensität bislang wohl beispiellose Grundrechtseingriffe gestützt wurden (dazu eingehend *Kluckert* in → § 2 Rn. 80 ff.). Vor diesem Hintergrund hat der Gesetzgeber des Dritten Bevölkerungsschutzgesetzes das IfSG mit § 28 a um eine **„Lex Corona"** ergänzt, deren Anwendungsbereich in zeitlicher Hinsicht auf die Dauer einer vom Bundestag nach § 5 Abs. 1 S. 1 IfSG festgestellten epidemischen Lage von nationaler Tragweite und in sachlicher Hinsicht auf die Verhinderung der Verbreitung von COVID-19 beschränkt ist. Damit werden für die Bekämpfung des Coronavirus SARS-CoV-2 und der von ihm ausgelösten Krankheit spezifische Rechtsgrundlagen geschaffen, die neben die unverändert fortgeltende Generalklausel und die weiteren Ermächtigungsgrundlagen des IfSG treten. 37a

Die Norm knüpft tatbestandlich an § 28 Abs. 1 S. 1 und 2 IfSG an. Es handelt sich mithin **nicht um eine eigenständige Ermächtigungsgrundlage.**[95] Vielmehr werden in § 28 a Abs. 1 IfSG im Sinne von Regelbeispielen sämtliche bislang im Zusammenhang mit dem aktuellen Ausbruchsgeschehen ergriffene Maßnahmen aufgeführt, wobei in Abs. 2 die Subsidiarität besonders schwerwiegender Grundrechtseingriffe (zB Beschränkungen der Versammlungsfreiheit, Ausgangsbeschränkungen, Betretensverbote) angeordnet wird. § 28 a Abs. 3 S. 1 IfSG benennt ausdrücklich das Ziel der auf Grundlage von § 28 a IfSG und weiterer Vorschriften des IfSG im Hinblick auf COVID-19 zu treffenden Maßnahmen: Es geht um den Schutz von Leben und Gesundheit und um die Funktionsfähigkeit des Gesundheitssystems. § 28 a Abs. 6 S. 1 IfSG knüpft daran an und stellt klar, dass Schutzmaßnahmen, auf welcher Grundlage des IfSG sie auch beruhen mögen, kumulativ angeordnet werden können, soweit dies für eine wirksame Verhinderung der weiteren Ausbreitung von COVID-19 erforderlich ist. Dass dabei die sozialen, gesellschaftlichen und wirtschaftlichen Auswirkungen solcher Maßnahmen auf den Einzelnen und die Allgemeinheit zu berücksichtigen sind, versteht sich im Lichte der Grundrechte und des Verhältnismäßigkeitsgrundsatzes von selbst, wird in § 28 a Abs. 6 S. 2 IfSG aber nochmals ausdrücklich betont. Rechtsverordnungen, die nach § 32 IfSG in Verbindung mit §§ 28 Abs. 1 und § 28 a Abs. 1 IfSG erlassen werden (→ Rn. 44, 73 ff.), sind mit einer allgemeinen Begründung zu versehen und zeitlich zu befristen, wobei ihre Geltungsdauer regelmäßig nicht länger als vier Wochen sein soll (§ 28 a Abs. 5 IfSG). 37b

Eigentliches Herzstück der neuen Vorschrift sind aber § 28 a Abs. 3 S. 2 ff. IfSG. Diese Regelungen benennen verschiedene **Stufen der Inzidenz** als den Maßstab, an dem sich entscheiden soll, ob die Behörden zu einfachen, schwerwiegenden oder stark einschränkenden Maßnahmen greifen. Andere Kriterien, wie etwa die Situation in den Krankenhäusern, werden damit nicht ausgeblendet und für irrelevant erklärt. Die Schutzmaßnahmen müssen sich grundsätzlich regional am Infektionsgeschehen bezogen auf die Ebene der Landkreise, Bezirke und kreisfreien Städte ausrichten (S. 2). Darin liegt **keine Übertragung einer neuen Aufgabe** auf die Kommunen, die nach Art. 84 Abs. 1 S. 7 GG auch unzulässig wäre. Die Vorschrift begründet keine (neue) Zuständigkeit der Land- 37c

94 BT-Drs. 14/2530, 74; iE *Ritgen* Der Landkreis 2020, 127 (129); ferner *Fleischfresser* in → § 13 Rn. 22 f.
95 Vgl. auch *Sangs* NVwZ 2020, 1780 (1784).

kreise, Bezirke und kreisfreien Städte für den Vollzug des IfSG, sondern stellt lediglich klar, dass sich der Infektionsschutz grundsätzlich an den Verhältnissen vor Ort auszurichten hat,[96] und trägt damit dem Umstand Rechnung, dass Maßnahmen, die bspw. in besonders betroffenen Landkreisen gerechtfertigt sind, in Landkreisen mit einem weniger intensiven Infektionsgeschehen unangemessen wären.

37d Werden bestimmte Inzidenzen überschritten, wird das **Auswahlermessen** in eine bestimmte Richtung gelenkt. Bei mehr als 50 Neuinfektionen je 100.000 Einwohner innerhalb von sieben Tagen „sind umfassende Schutzmaßnahmen zu ergreifen, die eine effektive Eindämmung des Infektionsgeschehens erwarten lassen" (S. 5). Bei einer Inzidenz von mehr als 35 geht es „um breit angelegte Schutzmaßnahmen, die eine schnelle Abschwächung des Infektionsgeschehens erwarten lassen" und ebenfalls zu ergreifen sind (S. 6). Unterhalb einer Inzidenz von 35 kommen nach S. 7 Maßnahmen „in Betracht", die die Kontrolle des Infektionsgeschehens unterstützen. Steht das Überschreiten eines der genannten Schwellenwerte zu erwarten, dann sollen die jeweiligen Schutzmaßnahmen „angezeigt" sein (S. 8). Auch dies ist als ermessensleitende Aufforderung zu verstehen, mit dem Ergreifen schärfere Maßnahmen nicht so lange zu warten, bis es tatsächlich zu einem Überschreiten der Schwellenwerte kommt. Einen solchen Charakter hat auch S. 11, der für den Fall des Unterschreitens vorsieht, dass Schutzmaßnahmen aufrechterhalten werden können. Aus beiden Bestimmungen folgt auch, dass das Ergreifen bzw. Beibehalten bestimmter Maßnahmen nicht allein deshalb rechtswidrig ist, weil Inzidenzwerte über- oder unterschritten werden. Das ist dem Umstand geschuldet, dass es hinsichtlich der Erforderlichkeit und Angemessenheit von Maßnahmen eben nicht nur auf die Inzidenz ankommt bzw. dass die Inzidenz, bspw. bei örtlich begrenzten Ausbruchsgeschehen in einzelnen Einrichtungen, die als solche gut beherrschbar sind, ein verzerrtes Bild von der tatsächlichen Lage liefern kann. Was mit „umfassenden" bzw. „breit angelegten" oder „unterstützenden" Schutzmaßnahmen iE gemeint ist, lässt sich im Übrigen weder dem Wortlaut des Gesetzes noch der dazu vorliegenden Begründung entnehmen. Auch die in der Ursprungsfassung verwendeten Attribute („schwerwiegend", „stark einschränkend", „einfache") sind wenig erhellend, so dass davon auszugehen ist, dass mit diesen Wendungen das Auswahlermessen der Behörden bzw. Verordnungsgeber kaum oder gar nicht über das Maß hinaus beschränkt wird, das sich zuvor bereits aus dem Verhältnismäßigkeitsgrundsatz ergibt.

37e Hinzuweisen ist schließlich noch auf die S. 9 und 10, nach denen bei einem bundes- bzw. landesweiten Überschreiten einer Inzidenz von 50 **bundes- bzw. landesweit abgestimmte Schutzmaßnahmen** anzustreben sind. Soweit damit ein bundeseinheitliches Vorgehen als Ziel ausgegeben wird, handelt es sich von vornherein nur um einen unverbindlichen Programmsatz, da sich der Bund zwar nach Maßgabe von Art. 84 Abs. 5 GG durch zustimmungspflichtiges Bundesgesetz die Befugnis zur Erteilung von Einzelweisungen einräumen lassen kann, aber keine Möglichkeit hat, die Länder zu einem abgestimmten Verhalten auf freiwilliger Grundlage zu zwingen. Und auch zur Durchsetzung des landeseinheitlichen Vollzugs eines Bundesgesetzes fehlt dem Bund jede Handhabe. Insbesondere sieht des IfSG keine Pflicht der Länder vor, von der Verordnungsermächtigung in § 32 IfSG Gebrauch zu machen. Daran ändert auch § 28 a Abs. 3 S. 10 IfSG nichts.

38 Sämtliche der in § 28 Abs. 1 IfSG (ggf. auch iVm § 28 a IfSG) geregelten Maßnahmen stimmen darin überein, dass sie nicht nur gegen „Störer" im Sinne des Infektionsschutzrechts, also gegen den in § 28 Abs. 1 S. 1 IfSG genannten Personenkreis (Kranke, Krankheitsverdächtige etc) gerichtet, sondern auch an **„Nichtstörer"** adressiert werden

96 Das übersieht *Eibenstein* COVuR 2020, 856 (861 f.), der deshalb zu Unrecht von einer Aufgabenübertragung ausgeht.

können[97] und – wie in der aktuellen Krisensituation – typischerweise adressiert werden.[98] Das brachte das BSeuchG dadurch zum Ausdruck, dass es insoweit von „**Maßnahmen gegenüber der Allgemeinheit**" sprach.[99] Bereits der Verhältnismäßigkeitsgrundsatz könnte es allerdings nahelegen, solche „Nichtstörer" jedenfalls dann von Schutzmaßnahmen auszunehmen, wenn feststeht, dass sie wegen eines bestehenden **Impfschutzes** oder aufgrund von **Immunität** nicht (mehr) zur Weiterverbreitung einer Krankheit beitragen können. Eine entsprechende klarstellende Regelung sollte mit dem Zweiten Gesetz zum Schutz der Bevölkerung bei einer epidemischen Lage von nationaler Tragweite in § 28 Abs. 1 IfSG aufgenommen werden. Dieser Vorschlag ist allerdings im Verlauf des Gesetzgebungsverfahrens zurückgezogen und zunächst dem **Ethikrat** zur Beurteilung vorgelegt worden. Dieser hat mittlerweile eine entsprechende Stellungnahme veröffentlicht, die eine Reihe gemeinsamer Empfehlungen, aber auch unterschiedliche Positionen umfasst.[100] Nach Beginn der Corona-Schutzimpfungen hat sich diese Diskussion erneut belebt.[101]

(2) Weitere Befugnisnormen

Demgegenüber sehen die in den §§ 29 ff. IfSG normierten **Standardmaßnahmen** 39
(*Fleischfresser* in → § 13 Rn. 37 ff.) jeweils ausdrücklich vor, dass sie nur gegenüber Kranken, Krankheitsverdächtigen, Ansteckungsverdächtigen und Ausscheidern zur Anwendung gebracht werden können.

IE können nach § 29 IfSG Personen unter **Beobachtung** gestellt werden. § 30 IfSG regelt 40
die **Quarantäne** (**Absonderung**), die für bestimmte Krankheiten verpflichtend vorgesehen ist, ansonsten – wie im Falle des Coronavirus – angeordnet werden kann. Auch das Gebot, sich zu Hause in Quarantäne zu begeben, kann – was schon ein Blick auf § 30 Abs. 7 IfSG nahe legt[102] – eine Absonderung im Sinne von § 30 IfSG[103] darstellen. Eine Anwendung des § 30 IfSG ist allerdings nur möglich, wenn die betreffende Person krank, krankheits- oder ansteckungsverdächtig ist. Keine (rechtmäßige) Maßnahme in diesem Sinne kann deshalb vorliegen, wenn häusliche Quarantäne gegen Personen verfügt wird, die diese Voraussetzungen nicht erfüllen, also nicht „Störer" im infektionsschutzrechtlichen Sinne sind.[104] Als Rechtsgrundlage für eine Absonderungs-Verfügung gegen einen Nichtstörer kommt vielmehr nur die Generalklausel des § 28 Abs. 1 S. 1 IfSG in Betracht, wobei umstritten ist, ob der Rückgriff auf § 28 Abs. 1 IfSG nicht deshalb ausgeschlossen ist, weil mit § 30 IfSG eine (nach ihren tatbestandlichen Merkmalen voraussetzungsvollere) Ermächtigungsgrundlage für die Quarantäne bzw. Absonde-

---

97 BVerwG Urt. v. 22.3.2012 – 3 C 16/11, NJW 2012, 2823 Rn. 26; OVG Berlin-Brandenburg Beschl. v. 23.3.2020 – OVG 11 S 12/20, BeckRS 2020, 4408 Rn. 6; OVG Lüneburg Beschl. v. 27.4.2020 – 13 MN 98/20, BeckRS 2020, 6651 Rn. 38; OVG Saarlouis Beschl. v. 13.5.2020 – 2 B 175/20, BeckRS 2020, 8498 Rn. 18; *Rixen* NJW 2020, 1097 (1100); *Lindner* in Schmidt COVID-19 § 17 Rn. 61 ff.

98 Wobei *Rixen* NJW 2020, 1097 (1101) zu Recht darauf hinweist, dass angesichts der hohen Dunkelziffern an möglicherweise Infizierten gar nicht klar ist, ob sich unter den vermeintlichen „Nichtstörern" nicht in Wahrheit zahlreiche „Störer" befinden.

99 Vgl. die Überschrift vor § 43 BSeuchG idF v. 18.7.1961, BGBl. I 1012.

100 *Deutscher Ethikrat*, Immunitätsbescheinigungen in der Covid-19-Pandemie, Stellungnahme v. 22.9.2020.

101 Dazu etwa *Rixen* in Huster/Kühling InfektionsschutzR-HdB Kap. 5 Rn. 106 ff.; *Schäferling/Tonti* COVuR 2021, 73 (75 f.); *Wolff/Zimmermann* NVwZ 2021, 182 (185 f.).

102 Diese Bestimmung spricht von Absonderungsmaßnahmen außerhalb der Wohnung, woraus folgt, dass eine Absonderung auch innerhalb einer Wohnung möglich ist.

103 AA wohl *Lindner* in Schmidt COVID-19 § 17 Rn. 79.

104 *Rixen* NJW 2020, 1097 (1098). Aus diesem Grunde hat das OVG Lüneburg mit Beschl. v. 11.5.2020 (13 MN 143/20, BeckRS 2020, 8099) eine Regelung im Wege des einstweiligen Rechtsschutzes vorläufig außer Vollzug gesetzt, wonach aus dem Ausland einreisende Personen sich grundsätzlich für eine Dauer von 14 Tagen in häusliche Quarantäne zu begeben haben. Vergleichbare Bestimmungen gelten in allen Ländern (dazu *Kluckert* in → § 3 Rn. 36).

rung zur Verfügung steht (dazu auch *Kluckert* in → § 2 Rn. 184 ff.).[105] In jedem Fall kommt bei einer gestützt auf § 28 Abs. 1 S. 1 IfSG angeordneten „häuslichen" Quarantäne eine zwangsweise Unterbringung nach § 30 Abs. 2 IfSG nicht in Betracht; Adressaten einer solchen Verfügung können nur „Störer" sein, die sich nicht freiwillig absondern. Insoweit handelt es sich bislang um eine Frage, die insbesondere im Hinblick darauf virulent wurde, ob Reiserückkehrer allein aufgrund ihres Aufenthalts in einem **Risikogebiet** im Sinne von § 2 Nr. 17 IfSG als ansteckungsverdächtig gelten können.[106] Durch das EpiLage-Fortgeltungsgesetz (→ Rn. 51) soll § 36 Abs. 8 IfSG dahingehend ergänzt werden, dass im Falle einer epidemischen Lage von nationaler Tragweite die Bundesregierung ermächtigt ist, durch Rechtsverordnung zu regeln, dass Personen, die sich in einem **Risikogebiet** aufgehalten haben, auch dann zur Absonderung verpflichtet sind, wenn die Voraussetzungen des § 30 Abs. 1 S. 2 IfSG nicht vorliegen. § 31 IfSG enthält eine Ermächtigungsgrundlage für **berufliche Tätigkeitsverbote.**[107]

d) Ausnahmen von den Befugnisnormen des IfSG nach § 5 Abs. 2 S. 1 Nr. 3 IfSG aF?

41 Zu den durch das (Erste) Gesetz zum Schutz der Bevölkerung bei einer epidemischen Lage von nationaler Tragweite[108] neu in das IfSG aufgenommenen Vorschriften zählte auch der § 5 Abs. 2 S. 1 Nr. 3 IfSG. Danach konnte das BMG durch Rechtsverordnung ohne Zustimmung des Bundesrates Ausnahmen von den Vorschriften des IfSG und den auf seiner Grundlage erlassenen Rechtsverordnungen ua in Bezug auf die Verhütung und Bekämpfung übertragbarer Krankheiten zulassen. In Bezug genommen waren damit auch die §§ 16 ff. IfSG, die die Befugnisse der zuständigen Behörden bei der Verhütung übertragbarer Krankheiten betreffen, sowie die §§ 24 ff. IfSG, also die Befugnisnormen für die Bekämpfung solcher Krankheiten.

42 Die Verfassungsmäßigkeit dieser Vorschrift ist zu Recht bezweifelt worden. Anknüpfungspunkt dieser Kritik war nicht nur ihre Unbestimmtheit, also die Frage, ob den Anforderungen des Art. 80 Abs. 1 S. 2 GG im Hinblick auf Inhalt, Zweck und Ausmaß der gesetzlichen Ermächtigungsgrundlage Genüge getan worden war.[109] Unklar war vielmehr auch, ob der Gesetzgeber befugt war, sich selbst im vorgesehenen Umfang durch die Zulassung gesetzesändernden Verordnungsrechts zu entmachten.[110]

43 Vor diesem Hintergrund ist es nur zu begrüßen, dass die Regelung mit dem Dritten Bevölkerungsschutzgesetz aufgehoben wurde, wobei sich die Frage der Verfassungsmäßigkeit gesetzesändernder Verordnungen auch weiterhin mit Blick auf § 5 Abs. 2 S. 1 Nr. 4, 7 und 8 IfSG stellt.

e) Verordnungsermächtigungen

44 Sowohl Maßnahmen zur Verhütung nach §§ 16, 17 Abs. 1 IfSG wie auch Maßnahmen nach den §§ 28 bis 32 IfSG können nicht nur Gegenstand behördlicher Einzel- und Allgemeinverfügungen sein, sondern auch zum Inhalt von **Rechtsverordnungen** der Länder gemacht werden (§ 17 Abs. 4, § 32 IfSG). Zur Bekämpfung der COVID-19 Pandemie haben alle Länder entsprechende, zwischenzeitlich mehrfach geänderte Verordnungen erlassen, nach dem sie in der ersten Phase des Ausbruchsgeschehens noch auf das Ins-

---

105 Dies verneinend OVG Schleswig Beschl. v. 7.4.2020 – 3 MB 13/20, BeckRS 2020, 5835 Rn. 10; aA OVG Lüneburg Beschl. v. 11.5.2020 – 13 MN 143/20, BeckRS 2020, 8099 Rn. 30.

106 Dazu VGH München Beschl. v. 3.12.2020 – 20 NE 20.2749, BeckRS 2020, 33531 Rn. 32 ff.

107 Vgl. auch *Rixen* NJW 2020, 1097 (1097 f.); eingehend zu den genannten Bestimmungen *Mers*, Infektionsschutz im liberalen Rechtsstaat, 2019, S. 218 ff.

108 BGBl. 2020 I 587.

109 Vgl. *Rixen* NJW 2020, 1097 (1103); ferner *Meßling* NZS 2020, 321 (323); *Lindner* in Schmidt COVID-19 § 17 Rn. 46.

110 *Guckelberger* DVBl 2020, 1441 ff.; *Mayen* NVwZ 2020, 828 (831 ff.); *Ritgen* ZG 2021, 1 ff. (im Erscheinen).

trument aufsichtlicher Weisungen zurückgegriffen oder Allgemeinverfügungen erlassen hatten,[111] um ein landesweit einheitliches Vorgehen sicherzustellen (dazu umfassend *Kluckert* in → § 3 Rn. 1 ff.). Neben generelle Eindämmungsverordnungen treten dabei Verordnungen mit einem spezifischeren Inhalt. Insoweit zu nennen sind etwa die **Quarantäne-Verordnungen** für Einreisende (*Kluckert* in → § 3 Rn. 36). In Baden-Württemberg und künftig auch in Nordrhein-Westfalen sind beim Erlass entsprechender Verordnungen bestimmte, landesgesetzliche Vorgaben zu beachten (→ Rn. 4).

f) Koordinierung und Empfehlung

Neben die bislang dargestellten Aufgaben- und Befugnisnormen treten Regelungen, 45
die Einrichtungen des Bundes eine koordinierende bzw. empfehlende Rolle übertragen. Solche Bestimmungen gehören seit jeher zum Bestand des Infektionsschutzrechts; sie wurden aber vor dem Hintergrund der jüngsten Krise nochmals erweitert.

aa) Das Robert Koch-Institut

Eine besondere Rolle spielt insoweit nicht nur in der öffentlichen Wahrnehmung das 46
RKI. Dieses wurde durch das Gesetz über Nachfolgeeinrichtungen des Bundesgesundheitsamtes (BGA-NachfG) v. 24.6.1994[112] in der Rechtsform einer **selbstständigen Bundesoberbehörde** im Geschäftsbereich des BMG errichtet. Als „**Bundesinstitut für Infektionskrankheiten und nicht übertragbare Krankheiten**" (§ 2 Abs. 1 BGA-NachfG) gehören zu seinen Aufgaben insbesondere die Erkennung, Verhütung und Bekämpfung von übertragbaren und nicht übertragbaren Krankheiten sowie die Durchführung von epidemiologischen Untersuchungen auf diesem Gebiet (§ 2 Abs. 3 Nr. 1 und 2 BGA-NachfG). § 4 IfSG erweitert und konkretisiert diesen Aufgabenkatalog. IE hat das Institut als Maßnahmen des vorbeugenden Gesundheitsschutzes Richtlinien, Empfehlungen, Merkblätter und sonstige Informationen zur Vorbeugung, Erkennung und Verhinderung der Weiterverbreitung übertragbarer Krankheiten zu erstellen (§ 4 Abs. 2 Nr. 1 IfSG), Erhebungen durchzuführen (§ 4 Abs. 2 Nr. 5 IfSG) sowie Informationen zu sammeln und weiterzuverbreiten (§ 4 Abs. 2 Nr. 2 bis 4 IfSG). Vor diesem Hintergrund ist das RKI zu Recht als „**Bundesagentur für Wissensvermittlung im infektionsrelevanten Gesundheitswesen**" bezeichnet worden.[113]

Nicht erst seit Ausbruch der Corona-Pandemie ist allerdings festzustellen, dass es Be- 47
strebungen gibt, die aufgrund seiner **fachlichen Expertise** ohnehin schon **starke Stellung des RKI** im Gefüge des nationalen Gesundheitswesens auch durch einen Ausbau seiner Befugnisse zu untermauern.[114]

Ein erster Schritt in diese Richtung wurde bereits mit dem **Masernschutzgesetz**[115] unter- 48
nommen. Bis dahin hatte das Institut nur die Aufgabe, auf Ersuchen einer obersten Landesgesundheitsbehörde die zuständigen Stellen bei Maßnahmen zur Vorbeugung, Erkennung und Verhinderung der Weiterverbreitung von schwerwiegenden übertragbaren Krankheiten **zu beraten** (§ 4 Abs. 1 S. 4 IfSG aF). Seit Inkrafttreten des Masernschutzgesetzes zum 1.3.2020 kann das Institut auf Ersuchen einer oder mehrerer oberster Landesgesundheitsbehörden ausdrücklich auch **Amtshilfe** leisten, ist also nicht mehr auf Be-

111 *Ritgen* Der Landkreis 2020, 127 (132 f.); für Niedersachsen *Schwind* NdsVBl. 2020, 293 (294 f.); *Meyer* in Koop/Bantle S. 125 (129 f.).

112 BGBl. 1994 I 1416.

113 *Rixen* in Kloepfer Pandemien S. 67 (77); *Poscher* in Huster/Kingreen InfektionsschutzR-HdB Kap 4 Rn. 20.

114 Wie beherrschend die Stellung des RKI insoweit ist, zeigt sich nicht zuletzt daran, dass zahlreiche Gerichte sich im Rahmen ihrer im einstweiligen Rechtsschutz vielfach notwendigen Folgeabwägungen auf seine Expertise stützten, vgl. bspw. BayVerfGH, Ent. v. 26.3.2020 – Vf.6-VII-20, NVwZ 2020, 624 Rn. 16.

115 Gesetz für den Schutz vor Masern und zur Stärkung der Impfprävention v. 10.2.2020, BGBl. I 148.

ratung beschränkt, sondern kann die Länder auch auf andere Weise unterstützen.[116] Solche Formen der Amtshilfe können, wie es im Bericht des Gesundheitsausschusses zum Entwurf des Masernschutzgesetzes heißt, „insbesondere zum Ziel haben, den öffentlichen Gesundheitsdienst vor Ort in der Weise zu unterstützen, dass ein schnelles Handeln und eine unverzügliche Einleitung von Maßnahmen zur Eindämmung von Infektionsgeschehen erfolgen können".[117] Zugleich und zu Recht wird deutlich gemacht, dass dem RKI auf diese Weise **keine neuen Befugnisse** zugewachsen sind. Tatsächlich ergibt sich bereits aus § 7 Abs. 1 VwVfG, dass die Durchführung der Amtshilfe nach dem für die ersuchte Behörden geltendem Recht erfolgt. Das Ersuchen um Amtshilfe bewirkt auch nach Art. 35 GG keine Erweiterung der Zuständigkeiten und Befugnisse der ersuchten Behörde.[118] Dem RKI ist es daher nicht gestattet, Aufgaben und Befugnisse der um Amtshilfe ersuchenden obersten Landesgesundheitsbehörden oder gar der Gesundheitsämter vor Ort zu übernehmen (vgl. auch *Kluckert* in → § 2 Rn. 46 b).[119] Vielmehr muss sich das RKI darauf beschränken, die zuständigen Behörden bei der Wahrnehmung ihrer Aufgaben zu unterstützen. Unproblematisch ist solche Amtshilfe daher vor allem dann, wenn die besonderen Fähigkeiten des RKI nutzbar gemacht werden sollen, namentlich seine **epidemiologische Expertise**. Dagegen wird die grundgesetzliche Zuständigkeitsordnung herausgefordert, wenn der Bund das RKI gezielt mit Mitarbeitern ausstattet, die dieses nicht zur Erfüllung eigener Aufgaben benötigt, sondern die als „mobile Einsatzreserve" im Falle einer Überforderung der Gesundheitsämter vor Ort zur Verfügung stehen sollen.[120]

49 Zu weiteren Änderungen ist es durch das (Erste) Gesetz zum Schutz der Bevölkerung bei einer epidemischen Lage von nationaler Tragweite gekommen. Seither ist das RKI die „**nationale Behörde zur Vorbeugung übertragbarer Krankheiten** sowie zur frühzeitigen Erkennung und Verhinderung der Weiterverbreitung von Infektionen" (§ 4 Abs. 1 S. 1 IfSG). § 4 Abs. 1 S. 1 IfSG aF hatte dem Institut dagegen nur die Aufgabe übertragen, „Konzeptionen zur Vorbeugung übertragbarer Krankheiten sowie zur frühzeitigen Erkennung und Verhinderung der Weiterverbreitung von Infektionen zu entwickeln". Die neue Formulierung vermittelt jedenfalls – und zwar deutlich stärker als der bisherige Gesetzeswortlaut – den Eindruck, als verfüge das RKI über weitreichende, operative Befugnisse im Hinblick auf die Verhütung und Bekämpfung von Infektionen, obwohl diese im Wesentlichen bei den Ländern liegen. Das muss freilich nicht unbedingt so bleiben, denn § 4 Abs. 1 a IfSG verlangt vom BMG die Vorlage eines Berichtes, der auch Vorschläge zur „gesetzlichen, infrastrukturellen und personellen Stärkung des Robert Koch-Instituts" umfassen soll. Dieser Bericht muss bis zum 31.3.2021 vorliegen und die Erkenntnisse aus der aktuellen Epidemie verarbeiten.

50 Schon das erste Bevölkerungsschutzgesetz selbst hat allerdings die Rolle des RKI nicht unwesentlich gestärkt: Nach § 5 Abs. 7 IfSG koordiniert es nunmehr im Rahmen seiner gesetzlichen Aufgaben die Zusammenarbeit zwischen den Ländern und zwischen den Ländern und dem Bund sowie weiteren beteiligten Stellen und tauscht Informationen aus. Was genau mit dem schwammigen Begriff der „**Koordinierung**" gemeint ist, wird sich iE erst aus der Verwaltungsvorschrift ergeben, die die Bundesregierung mit Zustim-

116 BT-Drs. 19/15164, 50.

117 BT-Drs. 19/15164, 50 f.

118 *Schliesky* in Knack/Henneke VwVfG § 7 Rn. 7; *Epping* in BeckOK GG Art. 35 Rn. 10.

119 BT-Drs. 19/15164, 51.

120 Vor diesem Hintergrund ist es kritisch zu sehen, wenn beim RKI durch das Zweite Gesetz zum Schutz der Bevölkerung bei einer epidemischen Lage von nationaler Tragweite eine Kontaktstelle für den öffentlichen Gesundheitsdienst eingerichtet wird (§ 4 Abs. 1 S. 7 IfSG), an die die Gesundheitsbehörden der Länder es nach § 5 Abs. 7 S. 3 IfSG zu melden haben, wenn ihnen im Rahmen einer epidemischen Lage von nationaler Tragweite die Durchführung notwendiger Maßnahmen zur Bekämpfung übertragbarer Krankheiten nicht mehr möglich ist. Eingehend dazu *Ritgen* Der Landkreis 2020, 203 (207 f.).

mung des Bundesrates nach § 5 Abs. 7 S. 2 IfSG erlassen kann. Gestrichen worden ist das bisher in § 5 IfSG (aF) vorgesehene **Bund-Länder-Informationsverfahren,** zu dem es ebenfalls eine konkretisierende Verwaltungsvorschrift gibt.[121] In dem darin geregelten Koordinierungsverfahren kommt dem Institut eine führende Rolle zu. Gemeinsam haben die beteiligten Behörden von Bund und Ländern zu beraten, welche infektionsepidemiologischen Ermittlungen und Maßnahmen in der jeweiligen Lage konkret erforderlich sind. Auch eine Abstimmung über die Inhalte der erforderlichen **Krisenkommunikation** (→ Rn. 12) ist vorgesehen. Es ist anzunehmen, dass sich das künftige Koordinierungsverfahren an diesen Regelungen orientiert.

Im Unterschied zu dem weit überwiegenden Teil der Regelungen des § 5 IfSG, die aktuell noch bis zum 31.3.2021 befristet sind, war stets vorgesehen, dass § 5 Abs. 7 IfSG (dann als § 5 Abs. 2 IfSG) als **Dauerrecht** auch über diesen Zeitpunkt hinaus in Kraft bleibt.[122] Mit dem am 4.3.2021 vom Bundestag verabschiedeten Gesetz zur Fortgeltung der die epidemische Lagen von nationaler Tragweite betreffenden Regelungen (**EpiLage-Fortgeltungsgesetz**)[123] soll der gesamte § 5 IfSG (in modifizierter Form) zu Dauerrecht werden. Art. 3 Nr. 2 lit. a des (Ersten) Bevölkerungsschutzgesetzes, der iVm Art. 7 Abs. 4 das Außerkrafttreten von § 5 Abs. 1 bis 5 IfSG anordnete, soll durch Art. 7 des EpiLage-Fortgeltungsgesetzes aufgehoben werden. 51

bb) Bundesgesundheitsministerium

Auch das BMG hat durch die jüngsten Rechtsänderungen eine deutliche Stärkung erfahren. Hinzuweisen ist insoweit insbesondere auf die zahlreichen **Anordnungs- und Verordnungsbefugnisse**, die ihm nach Feststellung einer epidemischen Notlage durch den Bundestag zuwachsen (zB §§ 5 Abs. 2, 36 Abs. 8 und 10 IfSG; zu den Einzelheiten *Rixen*, *Kau*, *Böck*, *Zumdick*, *Schütz* und *Schüffner* in den §§ 4–10) und die ohnehin schon weitreichenden Verordnungsbefugnisse des BMG (zB in § 15 IfSG) ergänzen (dazu auch noch → Rn. 80 b). 52

Hinzuweisen ist ferner auf § 5 Abs. 6 IfSG, der aufgrund von Art. 3 Nr. 2 lit. b des (Ersten) Bevölkerungsschutzgesetzes nach dem 31.3.2021 als § 5 Abs. 1 IfSG fortgelten sollte, nach Maßgabe des EpiLage-Fortgeltungsgesetzes (vgl. → Rn. 51) aber in bisheriger Gestalt in Kraft bleibt. Danach kann das BMG unter Heranziehung der Empfehlungen des RKI im Falle einer epidemischen Lage von nationaler Tragweite seinerseits **Empfehlungen** abgeben, um ein koordiniertes Verfahren innerhalb Deutschlands zu ermöglichen. Mögen „Empfehlung" und „Koordination" auch Maßnahmen sein, die dem Bund keine unmittelbaren Durchgriffsrechte auf die Länder einräumen, darf ihre Bedeutung doch nicht unterschätzt werden. Zu Recht stellt die Begründung zu § 5 Abs. 6 IfSG selbst klar, dass damit der Bundesregierung „die Befugnis eingeräumt [wird], ein koordiniertes Vorgehen innerhalb der Bundesrepublik Deutschland einzuleiten und zu begleiten."[124] Anders als ein **Weisungsrecht** nach Art. 87 Abs. 5 S. 1 GG, dessen Einführung in das IfSG nach dem Wunsch des BMG zunächst geplant war,[125] bindet eine Empfehlung des Bundes die Länder zwar nicht unmittelbar. Der faktische Druck jedweder Äußerung des BMG – das zeigte sich schon in der aktuellen Krise – ist aber enorm

121 Allgemeine Verwaltungsvorschrift über die Koordinierung des Infektionsschutzes in epidemisch bedeutsamen Fällen (Verwaltungsvorschrift-IfSG-Koordinierung – IfSGKoordinierungs-VwV) v. 12.12.2013, BAnz AT 18.12.2013 B3.

122 Art. 3 des Gesetzes zum Schutz der Bevölkerung bei einer epidemischen Lage von nationaler Tragweite BGBl. 2020 I 587.

123 BT-Drs.19/26545 v. 9.2.2021 idF der Beschlussempfehlung des Ausschusses für Gesundheit vom 3.3.2021, BT-Drs. 19/27291.

124 BT-Drs. 19/18111, 24.

125 Dazu *Ritgen* Der Landkreis 2020, 137 (141).

und wird fraglos nochmals verstärkt, wenn dem BMG im IfSG ausdrücklich die Befugnis eingeräumt wird, solche Empfehlungen auszusprechen.

2. Die Verwaltungskompetenzen der Länder beim Vollzug des IfSG

53 Wie die Länder den Vollzug des IfSG, für den sie nach Art. 30, 83 GG zuständig sind, ausgestalten, bleibt grundsätzlich ihnen überlassen. Bemerkenswert ist allerdings, dass das IfSG dadurch in die Organisationsfreiheit der Länder bei seinem Vollzug eingreift, als es nicht nur die Existenz von **Gesundheitsämtern** voraussetzt, sondern auch verlangt, dass es sich insoweit um eine mit einem **Amtsarzt** besetzte Behörde handeln muss (§ 2 Nr. 14 IfSG).[126] Damit wird nicht nur an die historisch gewachsene Institution des „Gesundheitsamtes" als des (kommunalen) Trägers eines öffentlichen Gesundheitsdienstes angeknüpft.[127] Vielmehr wird auch dem Umstand Rechnung getragen, dass sich zahlreiche der Aufgaben einer solchen Behörde nicht ohne **medizinischen Sachverstand** bewältigen lassen. Immer dann, wenn der Gesetzgeber glaubt, dass es diesen Sachverstandes für die Aufgabenwahrnehmung bedarf, beziehen sich die Regelungen des IfSG deshalb gezielt auf das Gesundheitsamt. Das gilt bspw. für die Entgegennahme und Weiterleitung von Meldungen nach §§ 6, 7 IfSG (→ Rn. 9) und für die Durchführung der Ermittlungen nach § 25 IfSG (→ Rn. 23 ff.). Dort, wo dagegen eher das Aussprechen von Geboten und Verboten im Mittelpunkt steht, verweist das IfSG auf die **„zuständige Behörde"**.

54 Diese Regelungstechnik ermöglicht es den Landesgesetzgebern, die Aufgaben des IfSG auf verschiedene Behörden bzw. auf unterschiedliche Träger zu verteilen. Von dieser Option haben die Länder Baden-Württemberg und Nordrhein-Westfalen sowie das Saarland Gebrauch gemacht (→ Rn. 58 ff.).

55 Um gleichwohl in jedem Fall das enge und notwendige **Miteinander von medizinisch-epidemiologischem Fachwissen und dem Einsatz der ordnungsrechtlichen Befugnisse** sicherzustellen, sieht § 16 Abs. 6 bis 7 IfSG ein spezifisches Verfahren des Zusammenwirkens von Gesundheitsamt und „zuständiger Behörde" vor: Danach schlägt das Gesundheitsamt – ggf. auf Anfrage – der zuständigen Behörde eine Maßnahme vor, welche diese dann anordnet (§ 16 Abs. 6 S. 1 IfSG). Kann die zuständige Behörde einen Vorschlag des Gesundheitsamtes nicht rechtzeitig einholen, so hat sie das Gesundheitsamt über die getroffene Maßnahme zu unterrichten (§ 16 Abs. 6 S. 2 IfSG). (Nur) bei Gefahr im Verzuge kann das Gesundheitsamt die erforderlichen Maßnahmen selbst anordnen (§ 16 Abs. 7 S. 1 IfSG), muss dann aber die zuständige Behörde unverzüglich unterrichten (§ 16 Abs. 7 S. 2 IfSG). Die zuständige Behörde kann die Verfügung des Gesundheitsamtes ändern oder aufheben (§ 16 Abs. 7 S. 3 IfSG). Sieht sie davon ab, so gilt die Maßnahme als von ihr erlassen (§ 16 Abs. 7 S. 4 IfSG). Dieser Mechanismus greift nicht nur mit Blick auf die von § 16 Abs. 1 IfSG geregelten Maßnahmen zur Verhütung übertragbarer Krankheiten, sondern über entsprechende Verweisnormen immer dann, wenn es um die Anwendung ordnungsrechtlicher Befugnisse im Rahmen des Infektionsschutzes geht.[128]

56 Auf diese Weise sorgt das IfSG schon institutionell für die nötige **rechtsstaatliche Distanz** und stellt sicher, dass einerseits medizinisch-epidemiologisches Expertenwissen umfassend bei allen relevanten Entscheidungen berücksichtigt wird, andererseits aber

126 Solche Eingriffe in die den Ländern grundgesetzlich gewährleistete Organisationsfreiheit waren nach der bei Erlass des IfSG noch gültigen Fassung des Art. 84 Abs. 1 GG zulässig, hatten allerdings die Zustimmungsbedürftigkeit des Gesetzes zur Folge.

127 Vgl. BT-Drs. 14/3194, 79, zu § 2 Nr. 14 IfSG; vgl. auch *Kingreen* in Huster/Kingreen InfektionsschutzR-HdB Kap. 1 Rn. 92.

128 Vgl. § 17 Abs. 6, § 28 Abs. 3 IfSG.

auch gewährleistet ist, dass bei der Anwendung der zu weitreichenden Grundrechtseingriffen ermächtigenden Befugnisnormen des Infektionsschutzrechtes andere Aspekte wie insbesondere der Grundsatz der Verhältnismäßigkeit seine volle Wirksamkeit entfalten können.[129]

Die folgende Darstellung beschränkt sich auf die Zuständigkeit für den Vollzug der 57
§§ 16 ff. und §§ 24 ff. IfSG. Auf die von den Ländern mitunter sehr unterschiedlich geregelten Zuständigkeiten für den Vollzug weiterer Vorschriften des IfSG, zB der Entschädigungsbestimmungen, wird dagegen nicht iE eingegangen; insoweit wird auf das jeweilige Landesrecht[130] verwiesen. Hinzuweisen ist schließlich noch auf § 64 Abs. 1 IfSG, der regelt, dass die Durchführung der Bestimmungen des IfSG, die die **Versorgung bei Impfschäden und bei Gesundheitsschäden** durch andere Maßnahmen der spezifischen Prophylaxe betreffen (§§ 60 ff. IfSG), der für die Durchführung des Bundesversorgungsgesetzes zuständigen Behörden obliegt. Nach § 2 S. 1 des Gesetzes über das Verwaltungsverfahren der Kriegsopferversorgung (KOVVfG) sind dies grundsätzlich die **Versorgungsämter**. Von dieser Regelung des Bundes können die Länder nach Art. 84 Abs. 2 S. 2, Art. 125 b Abs. 2 GG abweichen, was zum Teil auch geschehen ist.[131] Im Übrigen ist festzuhalten, dass auf der kommunalen Ebene nicht nur die Gesundheitsämter bzw. Ordnungsbehörden in die Pandemiebekämpfung einbezogen sind. Die Landkreise und kreisfreien Städte sind vielmehr mit einer großen Anzahl ihrer Behörden und Einrichtungen betroffen, darunter bspw. auch die Jugendämter hinsichtlich der Schließung der Kitas, die Heimaufsichten, soweit es um das Geschehen in den Alten- und Pflegeheimen geht, oder die Schulen (einschl. der Volkshochschulen und Musikschulen), für die die Landkreise und kreisfreien Städte vielfach als Träger zuständig sind. Zu nennen sind weiter die kommunalen Krankenhäuser und Unternehmen des ÖPNV.[132]

a) Die Verteilung der Zuständigkeiten nach dem IfSG in Baden-Württemberg, Nordrhein-Westfalen und dem Saarland

In Baden-Württemberg, Nordrhein-Westfalen und dem Saarland sind die Zuständigkei- 58
ten für den Vollzug des IfSG zwischen den Landkreisen und kreisangehörigen Gemeinden aufgeteilt worden. Lediglich die kreisfreien Städte sind umfassend zuständig.

So erklärt § 1 Abs. 1 IfSBG-NRW für **Nordrhein-Westfalen** in seiner derzeit geltenden 59
Fassung,[133] dass die Gesundheitsämter im Sinne des § 2 Nr. 14 IfSG die Kreise und kreisfreien Städte als untere Gesundheitsbehörde sind. Die Kreise und kreisfreien Städte sind damit für alle Aufgaben zuständig, die durch das IfSG den Gesundheitsämtern übertragen werden. Ihnen obliegt, wie sich aus dem Verweis auf § 5 Abs. 2 ÖGDG NRW ergibt, auch die aus § 3 IfSG folgende Aufgabe der Aufklärung der Bevölkerung; insoweit treten sie neben die Bezirksregierungen und weitere Behörden des Landes (§ 1 Abs. 2 IfSBG-NRW). Zuständige Behörde im Sinne der Vorschriften über die Verhütung übertragbarer Krankheiten sowie deren Bekämpfung sind dagegen die (kreisfreien und kreisangehörigen) Städte und Gemeinden als örtliche Ordnungsbehörden (§§ 2, 3 IfSBG-NRW). In Nordrhein-Westfalen (und in Baden-Württemberg sowie dem Saarland) kommt es damit zu einer Separierung des auf Kreisebene beim Gesundheitsamt angesiedelten medizin- bzw. infektionsfachlichen und der bei den Gemeinden verorteten ord-

129 Vgl. dazu auch *Rixen* in Kloepfer Pandemien S. 67 (77 f.); *Engels* DÖV 2014, 464 (473); *Kingreen* in Huster/Kingreen InfektionsschutzR-HdB Kap. 1 Rn. 9.

130 Einschlägig sind jeweils die Landesgesetze über den öffentlichen Gesundheitsdienst und/oder spezifische IfSG-Zuständigkeitsregelungen. Vgl. dazu die Nachweise in Fn. 10 und 11.

131 *Kümper* in Kießling IfSG § 64 Rn. 2.

132 *Meyer* in Koop/Bantle S. 125 (130).

133 Nach Inkrafttreten der geplanten Neufassung des IfSG-NRW (→ Rn. 4) wird es sich voraussichtlich um § 4 IfSG-NRW handeln.

nungsrechtlichen Befugnissen. Ob eine solche Aufgabenteilung auch angesichts des in § 16 Abs. 6 und 7 IfSG vorgeschriebenen Mechanismus des Zusammenwirkens sinnvoll ist, mag hier ebenso dahinstehen wie die Frage, ob ggf. drohende Dysfunktionalitäten dadurch beseitigt werden könnten, dass der Landrat (in Nordrhein-Westfalen nach § 7 Abs. 1 OBG) die Aufsicht über die örtlichen Ordnungsbehörden führt. Immerhin sieht § 3 Abs. 2 Nr. 1 IfSBG-NRW nunmehr vor, dass innerhalb eines Kreises der Kreis als untere Gesundheitsbehörde Anordnungen für den Bereich mehrerer Ordnungsbehörden erlassen kann. Diese Regelung könnte nicht zuletzt im Zusammenhang der zwischen Bund und Ländern am 3.3.2021 vereinbarten „**Notbremse**" (→ Rn. 9 b, 77 a) sowie des § 28 a Abs. 3 IfSG eine Rolle spielen, deren räumliche Bezugsebene jeweils vor allem die Landkreise (bzw. kreisfreien Städte) sind. § 3 Abs. 2 Nr. 2 IfSBG-NRW gewährt darüber hinaus auch dem für das Gesundheitswesen zuständigen Ministerium ein **Selbsteintrittsrecht**. Über eine solche Befugnis verfügen höherer Gesundheitsbehörden etwa auch in Bayern, Niedersachsen und Sachsen (→ Rn. 63, 67 und 69).

60 Gesundheitsämter sind auch in **Baden-Württemberg** die unteren Verwaltungsbehörden in den Land- und (einigen) Stadtkreisen (§ 2 Abs. 1 Nr. 3 ÖGDG BW). Diese sind für den Vollzug des IfSG zuständig, soweit darin das Gesundheitsamt adressiert wird (§ 3 Abs. 1 S. 2 ÖGDG BW) und nehmen die im IfSG vorgesehenen Aufgaben wahr (§ 9 Abs. 1 S. 2 ÖGDG BW). Für die nach dem IfSG nicht ausdrücklich den Gesundheitsämtern übertragenen Aufgaben sind dagegen in Baden-Württemberg wie in Nordrhein-Westfalen die Städte und Gemeinden als Ortspolizeibehörden zuständig (§ 1 Abs. 6 IfSGZustV BW iVm § 62 Abs. 4 PolG). Auch in diesem Bundesland kommt es mithin im kreisangehörigen Raum grundsätzlich zu einer Aufspaltung der Zuständigkeiten. Aus Anlass der Corona-Pandemie ist die IfSGZustV BW allerdings um eine bis zum 31.5.2021 befristete **Sonderregelung** ergänzt worden, wonach das Gesundheitsamt (und nicht mehr die Ortspolizeibehörde) für Maßnahmen nach den §§ 16, 17, 28 und 31 IfSG zuständig ist. Zu diesem Zuständigkeitswechsel kommt es, wenn der Bundestag nach § 5 Abs. 1 IfSG eine epidemische Lage von nationaler Tragweite festgestellt hat und die 7-Tage-Inzidenz innerhalb eines Stadt- oder Landkreises den Schwellenwert von 50 neu gemeldeter SARS-CoV-2 Fälle pro 100.000 Einwohner überschritten hat. Die Ortspolizeibehörden der betroffenen Gemeinden und Städte sind vorher rechtzeitig durch das Gesundheitsamt zu beteiligen und über getroffene Maßnahmen zu unterrichten. Hat der Stadtkreis kein eigenes Gesundheitsamt, trifft das zuständige Gesundheitsamt die Maßnahmen im Einvernehmen mit der Ortspolizeibehörde. Ist das Infektionsgeschehen, das die Zuständigkeitsverlagerung bewirkt, innerhalb des Zuständigkeitsbereichs des Gesundheitsamts auf eine Gemeinde oder Stadt begrenzt, trifft die zuständige Ortspolizeibehörde die notwendigen Maßnahmen im Benehmen mit dem Gesundheitsamt. Die Zuständigkeitsverlagerung gilt nicht für Maßnahmen aufgrund von Verstößen gegen die baden-württembergische Corona-Verordnung oder gegen aufgrund der Corona-Verordnung erlassenen Rechtsverordnungen. Insoweit bleiben also die örtlichen Ordnungsbehörden zuständig.

61 Die beschriebene Aufgabenspaltung gilt mit Einschränkungen auch im **Saarland**. Hier sind die Landkreise und der Regionalverband Saarbrücken zwar Träger der Gesundheitsämter und damit auch für die Verhütung und Bekämpfung übertragbarer Krankheiten zuständig.[134] Zuständige Behörde für die gefahrenabwehrrechtlichen Maßnahmen nach dem IfSG ist jedoch gem. § 1 Abs. 1 InfSchGZustV SL die Ortspolizeibehörde. Allerdings kann die Kreispolizeibehörde die Zuständigkeit nach § 28 Abs. 1 S. 1 und 2 IfSG an sich ziehen, wenn die der Allgemeinheit drohenden Gefahren überörtliche Maßnahmen erfordern (§ 1 Abs. 2 InfSchGZustV SL).

134 Vgl. § 1 Abs. 1 Nr. 4, § 2 Abs. 1 Nr. 4, 3, § 11 Abs. 1 ÖGDG SL.

b) Zuständigkeitsordnung der übrigen Flächenländer

In allen übrigen Flächenländern sind die Landkreise und (überwiegend auch die) kreisfreien Städte dagegen sowohl Gesundheitsamt im Sinne von § 2 Nr. 14 IfSG als auch zuständige Behörde, soweit es um die ordnungsrechtlichen Befugnisse des IfSG geht. 62

Für **Bayern** ergibt sich dies aus Art. 1 Abs. 2 Nr. 1, Art. 3 Abs. 1 Nr. 3 BayGDVG. Danach nehmen die Gesundheitsämter – insoweit handelt es sich um die Landratsämter (Kreisverwaltungsbehörden) als staatliche Behörden – die ihnen durch Rechtsvorschriften wie das IfSG übertragenen Aufgaben wahr.[135] Für den Vollzug der übrigen Aufgaben nach dem IfSG folgt die Zuständigkeit der Kreisverwaltungsbehörden aus § 65 S. 1 ZustV. § 65 S. 2 ZustV sieht vor, dass Anordnungen für den Bereich mehrerer Kreisverwaltungsbehörden durch die Bezirksregierung oder durch das zuständige Ministerium erlassen werden können. In **Eilfällen** können die Bezirksregierung bzw. das Ministerium die den Kreisverwaltungsbehörden (bzw. den Bezirksregierungen) zustehenden Befugnisse selbst wahrnehmen (§ 65 S. 3 ZustV). 63

Brandenburg erklärt den Infektionsschutz in § 1 Abs. 2 Nr. 1 BbgGDG ausdrücklich zur Aufgabe des Öffentlichen Gesundheitsdienstes und bestimmt die Landkreise und kreisfreien Städte zu dessen Trägern (§ 2 Abs. 1 BbgGDG). Die ordnungsrechtlichen Befugnisse sind den Landkreisen und kreisfreien Städten durch § 1 BbgIfSZV übertragen. 64

Nach § § 2 Abs. 2 Nr. 1 HGöGD sind die Kreisausschüsse der Landkreise bzw. die Magistrate der kreisfreien Städte in **Hessen** untere Gesundheitsbehörde (Gesundheitsämter). Als solche nehmen sie die Aufgaben wahr, die in Gesetzen wie dem IfSG den Gesundheitsämtern übertragen worden sind (§ 3 Abs. 1 S. 2 HGöGD). § 5 Abs. 1 HGöGD erklärt die Gesundheitsämter darüber hinaus auch zu „zuständigen Behörden“ im Sinne des IfSG und überträgt ihnen damit auch diejenigen Vollzugsaufgaben des IfSG, die nicht ausdrücklich an die Gesundheitsämter adressiert sind. 65

In **Mecklenburg-Vorpommern** nehmen die Landkreise und kreisfreien Städte die Aufgaben des Gesundheitsamtes nach dem IfSG aufgrund von § 3 Abs. 1 Nr. 1 IfSAG M-V wahr. Die Landkreise und kreisfreien Städte sind überdies zuständige Behörde für die Aufgaben der Verhütung und Bekämpfung übertragbarer Krankheiten (§ 2 Abs. 2 Nr. 1 IfSAG M-V). 66

Niedersachsen hat den Landkreisen und kreisfreien Städten die Aufgaben des Gesundheitsamtes, der zuständigen Behörde oder der zuständigen Stelle nach dem IfSG durch § 3 Abs. S. 1 Nr. 1 NdsGöGD übertragen. Durch das Gesetz zur Änderung niedersächsischer Rechtsvorschriften aus Anlass der COVID-19-Pandemie[136] ist das NdsGöGD um einen § 3 a ergänzt worden, der das zuständige Fachministerium im Sinne eines **Selbsteintrittsrechts** ermächtigt, im Falle einer vom Bundestag nach § 5 Abs. 1 IfSG festgestellten epidemischen Lage von nationaler Tragweite oder einer vom Landtag nach § 3 a Abs. 1 NdsGöGD festgestellten epidemischen Lage von landesweiter Tragweite anstelle der Landkreise und kreisfreien Städte deren Aufgaben nach § 3 Abs. 1 S. 1 Nr. 1 NdsGöGD zu übernehmen (§ 3 a Abs. 2 NdsGöGD). Das gilt allerdings nur, soweit Maßnahmen erforderlich sind, die über das Gebiet eines Landkreises oder einer kreisfreien Stadt hinausreichen. 67

Für **Rheinland-Pfalz** ergibt sich die Zuständigkeit der Landkreise und kreisfreien Städte aus § 2 IfSGDV RLP. Die Kreis- bzw. die Stadtverwaltungen der kreisfreien Städte sind danach als Kreisordnungsbehörden zuständige Behörden nach dem IfSG. Nach § 2 Abs. 1 Nr. 3 ÖGdG RLP sind die Kreisverwaltungen (regelmäßig auch für das Gebiet 68

135 Auch kreisfreien Städten kann diese Aufgabe übertragen sein, vgl. Art. 4 Abs. 1 S. 4 BayGDVG.
136 V. 15.7.2020, GVBl. 244.

der kreisfreien Städte) untere Gesundheitsbehörde und unterhalten nach § 4 Abs. 1 ÖGdG RLP ein Gesundheitsamt.

69 In **Sachsen** sind die Landkreise und kreisfreien Städte aufgrund des § 1 Abs. 1 S. 1 SächsIfSGZuVO zuständige Behörden im Sinne des IfSG. Zugleich sind die Landkreise und kreisfreien Städte auch Gesundheitsämter (§ 2 Abs. 1 Nr. 3 SächsGDG). In **Eilfällen** kann auch die oberste Landesgesundheitsbehörde die Aufgaben und Befugnisse der Landkreise und kreisfreien Städte nach § 1 Abs. 1 S. 1 SächsIfSGZuVO wahrnehmen (§ 1 Abs. 1 S. 3 SächsIfSGZuVO). Liegen die Voraussetzungen für Schutzmaßnahmen zur Verhinderung der Verbreitung übertragbarer Krankheiten nach § 28 Abs. 1 IfSG im Gebiet mehrerer Landkreise oder kreisfreier Städte vor, kann die oberste Landesgesundheitsbehörde für diese Gebiete die notwendigen Maßnahmen treffen (**Selbsteintrittsrecht**).

70 Nach § 4 Abs. 1 GDG LSA führt in **Sachsen-Anhalt** der öffentliche Gesundheitsdienst Maßnahmen zur Verhütung und Bekämpfung übertragbarer Krankheiten nach Maßgabe ua der bundesrechtlichen Bestimmungen, insbesondere also des IfSG durch. Kommunale Träger des Öffentlichen Gesundheitsdienstes bzw. der Gesundheitsämter und damit zuständig für den Vollzug des IfSG sind die Landkreise und kreisfreien Städte nach § 19 Abs. 2 GDG LSA.

71 Für **Schleswig-Holstein** ergibt sich die Zuständigkeit der Landkreise und kreisfreien Städte zur Wahrnehmung der Aufgaben des IfSG aus § 10 GDG SH.

72 In **Thüringen** sind die Landkreise bzw. die kreisfreien Städte nach § 2 IfSGZustVO zuständig für die in den hier relevanten Bestimmungen des IfSG den zuständigen Behörden zugewiesenen Verhütungs- und Bekämpfungsaufgaben. Zugleich sind die Landkreise Träger der Gesundheitsämter (§ 2 Abs. 1 GesDV TH). Auch die Thür IfSGZustVO ist vor dem Hintergrund der Corona-Pandemie ergänzt worden: Bis zum Ablauf des 31.7.2021 ist nach § 5 a IfSGZustVO das für Schulwesen, Kindertageseinrichtungen, Jugend und Sport zuständige Ministerium zuständige Behörde nach § 28 Abs. 1 S. 1 IfSG, soweit in Einrichtungen und bei Angeboten seines Geschäftsbereichs, insoweit in Ergänzung zu den Entscheidungen der örtlich zuständigen Gesundheitsbehörden, einrichtungs- oder betriebsbezogene Maßnahmen und Anordnungen nach auf das IfSG gestützten Rechtsverordnungen ergehen; nicht erfasst sind Maßnahmen und Anordnungen nach den §§ 29 bis 31 IfSG. Die Zuständigkeiten der Gesundheitsbehörden bleiben unberührt.

c) Landesweite Maßnahmen und deren Durchsetzung

73 In der ersten Phase der Ausbreitung des Coronavirus in Deutschland waren es entsprechend der dargestellten Zuständigkeitsverteilung in erster Linie kommunale, regelmäßig bei den Landkreisen bzw. kreisfreien Städten angesiedelte Behörden, die mit auf das IfSG gestützten Maßnahmen versucht haben, das örtliche Ausbruchsgeschehen in den Griff zu bekommen und insbesondere die Infektionsketten zu unterbrechen. Je länger die Krise anhielt, umso stärker sind solche Maßnahmen vor Ort durch landesweite Anordnungen ersetzt worden, zumal sich der Bund und die Länder erstmals am 16.3.2020 im Rahmen einer Besprechung der Bundeskanzlerin mit den Regierungschefinnen und -chefs der Länder auf einen **Katalog gemeinsamer Maßnahmen zur Eindämmung** des Ausbruchsgeschehens verständigt haben. Erst seit den vom Bund und den Ländern am 6.5.2020 gefassten Beschlüssen lag die Verantwortung, die rechtlich immer dort verankert war, auch faktisch wieder ganz überwiegend bei den Ländern. Mit Beginn der „Zweiten Welle“ ist es dagegen wieder zu Bund-Länder-Absprachen gekommen.

Um landesweit gültige Ver- und Gebote zur Bekämpfung übertragbarer Krankheiten wie COVID-19 zu realisieren, stehen den Ländern verschiedene Wege offen.[137] Sie können zum einen von der bereits erwähnten Möglichkeit des § 32 IfSG Gebrauch machen, also durch **Rechtsverordnung** entsprechende Gebote und Verbote erlassen. Zum anderen können die jeweils zuständigen Landesministerien (**fach-**)**aufsichtliche Weisungen** erlassen und damit den zuständigen kommunalen Behörden entsprechende Maßnahmen aufgeben. Drittens schließlich kommt in Betracht, dass das Landesrecht eine Landesbehörde unmittelbar zu landesweiten, auf das IfSG gestützten Maßnahmen ermächtigt. Dies ist etwa nach § 65 Abs. 1 S. 2 Nr. 2 der Zuständigkeitsverordnung von Bayern der Fall. 74

Auch solche aufsichtlichen Weisungen bzw. landesweite Allgemeinverfügungen hat es in den ersten Wochen der Corona-Pandemie gegeben; zwischenzeitlich waren aber alle Länder dazu übergegangen, auf § 32 IfSG gestützte Rechtsverordnungen zu erlassen. Nach den Beschlüssen v. 6.5.2020 (→ Rn. 73) ist es angesichts lokal begrenzter Ausbruchsgeschehen von besonderer Intensität wie etwa im Kreis Gütersloh neben solchen landesweiten auch wieder zu punktuelleren Maßnahmen einzelner Kommunen oder auch Länder gekommen. Auch in der zweiten Welle spielen kommunale Allgemeinverfügungen, die von landesweit gültigen Regelungen der Landesverordnungen abweichen, eine große Rolle. Das gilt vor allem, nach dem sich der Bund und die Länder am 3.3.2021 auf ein System verständigt haben, das weitergehende Öffnungsschritte bzw. die Rücknahme solcher Lockerungen vom Unter- bzw. Überschreiten bestimmter Inzidenzwerte in einer Region abhängig macht. 75

aa) Weitergehende Regelungen der örtlich zuständigen Behörden; Ausnahmeerlaubnisse

Soweit Verordnungen oder landesweite Allgemeinverfügungen existieren, stellt sich allerdings die Frage, ob daneben Raum für weitergehende oder sonst abweichende Bestimmungen der Gesundheitsämter oder Ordnungsbehörden bleibt, um einer besonderen Lage vor Ort angemessen Rechnung tragen zu können. Insoweit sind zwei Regelungsansätze zu unterscheiden. So verpflichten einige Länder die örtlich zuständigen Behörden zu Maßnahmen, wenn bestimmte Inzidenzen über- oder unterschritten werden (→ Rn. 77 a f.). Darüber hinaus enthalten zahlreiche Landesverordnungen **ausdrückliche Öffnungsklauseln** für weitergehende Verfügungen der örtlich zuständigen Behörden, bei denen es nicht auf bestimmte Inzidenzwerte ankommt. So sieht bspw. § 18 der Niedersächsischen Verordnung über Maßnahmen zur Eindämmung des Corona-Virus SARS-CoV-2 (NdsCoronaVO) v. 30.10.2020[138] vor, dass die örtlich zuständigen Behörden weitergehende Anordnungen treffen können, „soweit es im Interesse des Gesundheitsschutzes zwingend erforderlich ist" und diese den Regelungen der Verordnung nicht widersprechen. Sie können insbesondere für bestimmte öffentliche Plätze, Parkanlagen und ähnliche Orte in ihrem Zuständigkeitsbereich generelle Betretungsverbote anordnen oder zum Tragen einer Mund-Nasen-Bedeckung verpflichten. Die entsprechende bayerische Verordnung[139] bestimmt in § 28 Abs. 1, „weiter gehende Anordnungen der örtlich für den Vollzug des Infektionsschutzgesetzes zuständigen Behörden bleiben unberührt", und eröffnet den Kreisverwaltungsbehörden in § 28 Abs. 2 die Befugnis, von Verboten der Verordnung abzuweichen. § 23 der 17. Corona-Bekämpfungsverordnung Rheinland-Pfalz v. 5.3.2021[140] ordnet an, dass Allgemeinverfügungen der zuständigen kommunalen Behörden zur Bekämpfung von SARS-CoV-2 auf der Grundlage des IfSG, 76

137 *Meyer* NVwZ 2020, 609 (610).
138 GVBl. 2020, 368 idF v. 7.3.2021, GVBl. 2021, 110.
139 Zwölfte Bayerische Infektionsschutzmaßnahmenverordnung (12. BayIfSMV) v. 5.3.2021, BayMBl. 2021 Nr. 171.
140 GVBl. 2021, 133.

die nicht die Maskenpflicht betreffen, nur im Einvernehmen mit dem für gesundheitliche Angelegenheiten zuständigen Ministerium erlassen werden dürfen. Inzidenzunabhängige Öffnungsklauseln gibt es ferner in Baden-Württemberg, Brandenburg, Mecklenburg-Vorpommern, Schleswig-Holstein – hier gilt, dass abweichende Verfügungen vor Bekanntmachung anzuzeigen sind – und Thüringen.

77 In den Ländern, die keine ausdrücklichen Öffnungsklauseln für weitergehende Anordnungen der örtlich zuständigen Behörden kraft eigener Initiative vorsehen – dazu gehören aktuell noch das Saarland und Sachsen-Anhalt –, kommt es nach allgemeinen Grundsätzen darauf an, ob die Regelungen der jeweiligen Verordnung **abschließenden Charakter** haben. Davon ist etwa das OVG Berlin-Brandenburg ausgegangen, das unter Hinweis darauf, dass die einschlägige Verordnung Brandenburgs die Anreise zu und die Nutzung von Zweitwohnungen gerade nicht beschränken wolle, eine Allgemeinverfügung des Landkreises Ostprignitz-Ruppin mit diesem Inhalt in zwei Fällen im Wege des einstweiligen Rechtsschutzes außer Kraft gesetzt hat.[141]

77a Von den vorstehend dargestellten Öffnungsklausen zu unterscheiden sind solche Bestimmungen in den Verordnungen der Länder, die die örtlich zuständigen Behörden dazu anhalten, bei Über- oder Unterschreitung bestimmter Inzidenzen Maßnahmen zu ergreifen. Bereits am 6.5.2020 hatten sich der Bund und die Länder auf weitere Lockerungen der bis dahin vereinbarten Beschränkungen verständigt und in diesem Zusammenhang auch einen **„Notfallmechanismus“** vorgesehen. Immer dann, wenn es in einem Landkreis oder einer kreisfreien Stadt kumulativ **mehr als 50 Neuinfektionen pro 100.000 Einwohner innerhalb der letzten sieben Tage** gibt, soll dort ein konsequentes Beschränkungskonzept unter Einbeziehung der zuständigen Landesbehörden umgesetzt werden, zu dem auch Einschränkungen der Mobilität gehören können. In Anknüpfung daran sieht **§ 28 a Abs. 3 IfSG** seit Inkrafttreten des Dritten Bevölkerungsschutzgesetzes ausdrücklich vor, dass Schutzmaßnahmen unter Berücksichtigung des jeweiligen Infektionsgeschehens grundsätzlich **regional bezogen auf die Ebene der Landkreise, Bezirke oder kreisfreien Städte** ausgerichtet sein sollen (S. 2) und erklärt in S. 4 die **Inzidenz** zu einem wichtigen Maßstab für die zu ergreifenden Maßnahmen. Am 3.3.2021 haben der Bund und die Länder vereinbart, die Zulässigkeit bzw. die Rücknahme weiterer Öffnungsschritte davon abhängig zu machen, ob regional bestimmte Inzidenzwerte (50 bzw. 100) unter- oder überschritten werden.

77b Die Landesverordnungen greifen diese bundesrechtlichen Vorgaben bzw. gemeinsam vom Bund und den Ländern getroffenen Absprachen in sehr unterschiedlicher Weise auf, was im Folgenden nur beispielhaft dargestellt werden kann. Einige Länder – wie **Baden-Württemberg** und **Niedersachsen** – regeln bereits in ihren Verordnungen, welche Öffnungsschritte vorzunehmen bzw. rückgängig zu machen sind, wenn bestimmte Inzidenzwerte über- bzw. unterschritten werden. In diesen Ländern sind die betroffenen Kommunen verpflichtet, durch Allgemeinverfügung oder sonst in geeigneter Weise das Unter- bzw. Überschreiten festzustellen. **Brandenburg** hat sich insoweit dafür entschieden, von dem vereinbarten Inzidenzwert 100 abzuweichen und einen Wert von 200 vorzusehen, ab dem wieder schärfere Maßnahmen gelten sollen. In **Bayern** sind die Kreisverwaltungsbehörden generell verpflichtet, im Einvernehmen mit der Bezirksregierung weitergehende Anordnungen zu treffen, wenn in einem Landkreis bzw. einer kreisfreien Stadt eine gegenüber dem Landesdurchschnitt deutlich erhöhte Inzidenz besteht (§ 25 12. BayIfSMV). Wenn die nach den Bund-Länder-Beschlüssen maßgeblichen Inzidenzwerte von 100 bzw. 50 unterschritten werden, sind nach § 27 12. BayIfSMV weitere Öffnungsschritte möglich. **Mecklenburg-Vorpommern** und **Sachsen** geben vor, welche

141 OVG Berlin-Brandenburg Beschl. v. 7.4.2020 – OVG 11 S 15. 20, NJW 2020, 1454. Der Landkreis hat die entsprechende Allgemeinverfügung daraufhin aufgehoben.

Maßnahmen die Landkreise und kreisfreien Städte bei Über- bzw. Unterschreiten der Werte durch Allgemeinverfügung anordnen können. Andere Länder, wie bspw. **Rheinland-Pfalz,** eröffnen den Landkreisen und kreisfreien Städten insoweit größere Spielräume. Für einen im bundesweiten Vergleich ungewöhnlichen Weg hat sich **Sachsen-Anhalt** entschieden. § 13 der Zehnten SARS-CoV-2-Eindämmungsverordnung[142] macht von der Möglichkeit der Subdelegation nach § 32 S. 2 IfSG Gebrauch und ermächtigt die Landkreise und kreisfreien Städte, für ihren Zuständigkeitsbereich (oder von Teilen davon) durch Rechtsverordnung weitergehende Einschränkungen oder Lockerungen vorzusehen

bb) Zuständigkeitsfragen im Zusammenhang mit der Durchsetzung infektionsschutzrechtlicher Verordnungen

Für den Vollzug der in Verordnungen nach § 32 IfSG (oder auch nach § 17 Abs. 4 IfSG) 78 enthaltenen Regelungen örtlich zuständig sind die Behörden, die nach Maßgabe des Landesrechts auch für den Vollzug des IfSG zuständig sind. Dies ordnet § 2 Abs. 2 Nr. 8 lit. b IfSAG MV an und wird in § 17 Abs. 1 der nordrhein-westfälischen Corona-Verordnung[143] ausdrücklich bekräftigt, gilt aber auch ohne solche expliziten Bestimmungen.

Insbesondere in den Ländern, die diese Zuständigkeit bei den auf der Ebene der Land- 79 kreise (und kreisfreien Städte) angesiedelten Gesundheitsämter konzentriert haben, stellt sich damit die Frage, ob neben den Landkreisen auch die kreisangehörigen Städte und Gemeinden als **örtliche Ordnungsbehörden** zuständig sein könnten. Da ein Verstoß gegen eine solche Verordnung eine Störung der öffentlichen Sicherheit im Sinne des allgemeinen Ordnungsrechts bedeutet, zu deren Abwehr die örtlichen Ordnungsbehörden grundsätzlich zuständig sind, kommt es insoweit entscheidend darauf an, ob die infektionsschutzrechtlichen Zuständigkeitsbestimmungen als abschließend anzusehen sind. Eine solche Betrachtungsweise würde einerseits zu einer Zuständigkeitskonzentration bei erfahrenen Behörden beitragen, könnte andererseits aber auch die effektive Durchsetzung der entsprechenden Normen in einer besonderen Krisenlage erschweren. Anhaltspunkte dafür, dass dies gewollt sein könnte, gibt es nicht; die Zuständigkeit der örtlichen Ordnungsbehörden ist also gegeben.[144] Nach Maßgabe des jeweiligen Polizeirechts können auch die **Polizeien der Länder sowie des Bundes** Maßnahmen zur Durchsetzung von auf das IfSG gestützten Ge- und Verbote erlassen.[145] § 17 Abs. 1 CoronaSchVO des Landes Nordrhein-Westfalens stellt dies ausdrücklich klar.

In jedem Fall können nach Maßgabe des jeweiligen Landesrechts auch **sachlich nicht** 80 **zuständige Ordnungsbehörden (bzw. die Polizei)** bei Gefahr im Verzug einzelne Maßnahmen zur Abwehr einer gegenwärtigen erheblichen Gefahr anstelle und ggf. auf Kosten der zuständigen Sicherheitsbehörde treffen.[146] Schließlich sind die Landesregierungen nicht gehindert, in ihren Verordnungen auch (ggf. nur klarstellende) Zuständigkeitsbestimmungen zu erlassen, die von den im Übrigen für den Vollzug des IfSG geltenden abweichen. § 9 der Corona-Verordnung des Landes Mecklenburg-Vorpommern v. 28.11.2020[147] bestimmt, dass neben den nach dem IfSG zuständigen Behörden auch die örtlichen Ordnungsbehörden für die Durchführung der Verordnung zuständig sind. Nach § 11 Abs. 1 S. SächsCoronaSchVO[148] können die für den Vollzug des IfSG zustän-

142 V. 7.3.2021, GVBl. 2021, 68.
143 V. 5.3.2021, GV. 2021, 216.
144 Ebenso *Poscher* in Huster/Kingreen InfektionsschutzR-HdB Kap. 4 Rn. 47.
145 *Lindner* in Schmidt COVID-19 § 17 Rn. 100 ff.
146 Vgl. etwa § 102 Abs. 1 NdsPOG; § 6 OBG NRW.
147 GVBl. 2020, 1158.
148 V. 5.3.2021, GVBl. 2021, 287.

digen Behörden **Vollstreckungshilfe** der Ortspolizeibehörden in Anspruch nehmen. § 15 der 10. SARS-CoV-2-EindV des Landes Sachsen-Anhalt regelt, dass für den Vollzug der Verordnung neben den Gesundheitsbehörden der Landkreise die gemeindlichen Ordnungsbehörden zuständig sind, wenn die Gesundheitsbehörden nicht rechtzeitig erreicht oder tätig werden können.

3. Vollzugskompetenzen des Bundes

80a Die Bundesländer sind nach Art. 30, 83 GG nur insoweit für den Vollzug des IfSG zuständig, wie das Gesetz auf eine eigene Zuständigkeitsregelung zugunsten von Stellen des Bundes verzichtet. Auf die Rolle des RKI beim Vollzug des IfSG wurde schon hingewiesen (→ Rn. 46 ff.). Das Gesetz weist aber noch weiteren Stellen des Bundes unmittelbare Vollzugsaufgaben zu, und zwar der **Bundeswehr** (§ 54 a IfSG) sowie dem **Eisenbahnbundesamt** (§ 54 b IfSG). Auch dem BMG sind Vollzugskompetenzen eingeräumt.

a) Vollzugskompetenzen des BMG

80b § 5 Abs. 2 IfSG stattet das BMG nicht nur mit weitreichenden Verordnungsermächtigungen aus, sondern verleiht ihm auch die Befugnis zum Erlass von „**Anordnungen**", also zum Erlass von Verwaltungsakten (*Rixen* in → § 4 Rn. 8) und überträgt ihm damit Vollzugsaufgaben. Nach einer ausdrücklichen verfassungsrechtlichen Grundlage für solche Anordnungsbefugnisse einer obersten Bundesbehörde, mit der vom Grundsatz des Ländervollzugs nach Art. 30, 83 GG abgewichen wird, sucht man vergeblich, so dass allenfalls eine **ungeschriebene Bundesverwaltungskompetenz** vorliegen könnte. Dass solche ungeschriebenen Kompetenzen möglich sind, ist in Rechtsprechung und Literatur ebenso anerkannt, wie außer Zweifel steht, dass sie nur in seltenen Ausnahmefällen in Betracht kommen.[149] Es entspricht zu Recht allgemeiner Auffassung, dass diese Voraussetzungen für den größeren Teil der hier in Rede stehenden Anordnungsbefugnisse nicht vorliegen.[150] Auch der Hinweis auf die der Regierung obliegenden Aufgabe der Staatsleitung (*Kau* in → § 5 Rn. 9) hilft nicht weiter, weil sich daraus keine Befugnis zur Ausführung von Gesetzen durch administrative Maßnahmen herleiten lässt.[151] Vor diesem Hintergrund ist es nur zu begrüßen, dass durch das Dritte Bevölkerungsschutzgesetz zumindest die den Reiseverkehr betreffenden Anordnungsbefugnisse nach § 5 Abs. 2 S. 1 Nr. 1 und 2 IfSG aufgehoben und zu Verordnungsermächtigungen (§ 36 Abs. 8 und 10 IfSG) umgeformt wurden. Die übrigen Anordnungsbefugnisse sind dagegen weiterhin in Kraft. Das BMG ist dementsprechend nach wie vor befugt, Anordnungen nach § 13 Abs. 1 PatG zu erlassen (§ 5 Abs. 2 S. 1 Nr. 5 IfSG). Ferner kann es Anordnungen zur Durchführung von ihm selbst erlassener Rechtsverordnungen treffen (§ 5 Abs. 2 S. 1 Nr. 6 IfSG).

b) Vollzugskompetenzen der Bundeswehr

80c Während die Vollzugskompetenzen des BMG erst vor dem Hintergrund der Corona-Pandemie in das IfSG eingefügt wurden und nur zur Anwendung kommen, sofern der Bundestag eine epidemische Lage von nationaler Tragweite festgestellt hat, gehören die in § 54 a IfSG geregelten Vollzugskompetenzen der **Bundeswehr** gleichsam zum klassischen Rechtsbestand des Infektions- bzw. Seuchenschutzrechts. Bereits das Reichsseuchengesetz kannte – ebenso wie das BSG – eine vergleichbare Bestimmung.[152] § 54 a IfSG überträgt den Vollzug des IfSG weitgehend den zuständigen Stellen der Bundes-

149 Vgl. etwa *Maiwald* in SHH Art. 86 Rn. 9; *Suerbaum* in BeckOK GG Art. 83 Rn. 29 ff.
150 *Mayen* NJW 2020, 828 (832 f.); *Dingemann/Gausing* in BeckOK InfSchR IfSG § 5 Rn. 8 ff.; *Kießling* in Kießling IfSG § 5 Rn. 17 f.; *Poscher* in Huster/Kingreen InfektionsschutzR-HdB Kap. 4 Rn. 33 ff.
151 So ausdrücklich BVerfG Beschl. v. 26.6.2002 – 1 BvR 558, 1428/91, BVerfGE 105, 252 (271).
152 *Winkelmüller* in BeckOK InfSchR IfSG § 54 a Rn. 1 a.

wehr und entzieht damit diese Aufgabe zugleich den nach Landesrecht zuständigen Behörden.

IE zuständig ist die Bundeswehr zunächst für sämtliche Angehörige des Geschäftsbereichs des **Bundesministeriums der Verteidigung** (BMVg) – also sowohl für Soldaten wie für zivile Mitarbeiter – während ihrer Dienstausübung (§ 54 a Abs. 1 Nr. 1 IfSG). Für Soldaten ist die Bundeswehr auch außerhalb ihrer Dienstausübung zuständig (Nr. 2). Zuständig ist die Bundeswehr aber auch, soweit es um Personen geht, die sich in Liegenschaften der Bundeswehr oder in ortsfesten oder mobilen Einrichtungen aufhalten, die von der Bundeswehr oder im Auftrag der Bundeswehr betrieben werden (§ 54 a Abs. 1 Nr. 3 IfSG). In den Kasernen, aber auch in den **Bundeswehrkrankenhäusern** sowie etwa auch in Test- oder Impfzentren, sofern sie von der Bundeswehr errichtet und betrieben werden würden, verfügen damit die von den Ländern für zuständig erklärten Behörden über keine Kompetenz zur Durchsetzung der Verhütungs- oder Bekämpfungsbefugnisse des IfSG. Sofern einzelne Bundeswehrangehörige im Wege der **Amtshilfe** die zuständigen Landesbehörden bei der Wahrnehmung ihrer Aufgaben unterstützen, tritt eine derartige Zuständigkeitsverlagerung dagegen nicht ein. In die Zuständigkeit der Bundeswehr fallen ferner die Angehörigen ausländischer Streitkräfte (§ 54 a Abs. 1 Nr. 4 und 5 IfSG). Das IfSG begründet aber nicht nur für bestimmte Personengruppen, sondern auch für bestimmte Gegenstände und Tätigkeiten eine Zuständigkeit der Bundeswehr. Diese ist zuständig, soweit es um bundeswehreigene Grundstücke, Einrichtungen, Ausrüstungs- und Gebrauchsgegenstände geht (§ 54 a Abs. 1 Nr. 6 IfSG) und soweit Tätigkeiten mit Krankheitserregern im Bereich der Bundeswehr in Rede stehen (§ 54 a Abs. 1 Nr. 7 IfSG). 80d

Die Zuständigkeitsübertragungen nach § 54 a Abs. 1 IfSG werden durch die folgenden Absätze der Norm in ihrer sachlichen Reichweite beschränkt bzw. an Benehmenserfordernisse geknüpft. Vollständig unberührt bleiben die Aufgaben der „zivilen Stellen" – damit sind insbesondere die Gesundheitsämter gemeint[153] – aber lediglich im Hinblick auf den Vollzug der §§ 6 ff. IfSG, die vor allem die Meldepflichten regeln (§ 54 a Abs. 2 S. 1 IfSG). Allerdings haben die zivilen Stellen auch insoweit die Stellen der Bundeswehr zu unterstützen (§ 54 a Abs. 2 S. 2 IfSG). Soweit es um Maßnahmen der Infektionsbekämpfung nach §§ 24 ff. IfSG geht, die Angehörige des Geschäftsbereichs des BMVg, die sich während ihrer Dienstausübung nicht dauerhaft in Einrichtungen der Bundeswehr im Sinne von § 54 a Abs. 3 IfSG aufhalten, sowie Soldaten außerhalb ihrer Dienstausübung betreffen, sollen die Stellen der Bundewehr im Benehmen mit den zivilen Stellen agieren. Dabei verfügt die **Bundeswehr** im Konfliktfall über ein **Letztentscheidungsrecht** (§ 54 a Abs. 3 IfSG). Diese Bestimmung geht auf das Dritte Bevölkerungsschutzgesetz zurück. Auf diese Weise sollen, wie es in der Begründung heißt, durch den Abstimmungsprozess bedingte Verzögerungen im Interesse der Aufrechterhaltung der Einsatzbereitschaft der Bundeswehr vermieden werden.[154] Umgekehrt sollen die zivilen Stellen ihre Befugnisse im Benehmen mit der Bundeswehr ausüben, soweit es um die Anwendung der § 24 ff. IfSG gegenüber zivilen Angehörigen im Geschäftsbereich des BMVg geht (§ 54 a Abs. 4 IfSG). 80e

§ 54 a IfSG stellt eine Durchbrechung des Grundsatzes dar, wonach die Länder Bundesrecht als eigene Angelegenheit ausführen. Als **verfassungsrechtliche Grundlage** dafür kommt nur Art. 87 b Abs. 1 GG in Betracht. Allerdings lässt sich der Infektionsschutz wohl unter keinen der dort der Bundeswehrverwaltung obligatorisch (Personalwesen und Deckung des Sachbedarfs) bzw. fakultativ (Bauwesen und Beschädigtenversorgung) zugewiesenen Sachmaterien subsumieren. Deshalb dürfte eine Verwaltungskompetenz 80f

153 *Ostermann* in Kießling IfSG § 54 Rn. 2.
154 BT-Drs. 19/23944, 33.

des Bundes nur **kraft Sachzusammenhangs** in Betracht kommen. Dass dies eine umfassende Vollzugskompetenz der Bundeswehrverwaltung für das IfSG bspw. auch gegenüber den zivilen Angehörigen oder/und gegenüber Soldaten auch außerhalb ihrer Dienstausübung zu tragen vermag, ist aber mindestens zweifelhaft (zu den verfassungsrechtlichen Fragen iE *Kluckert* → in § 2 Rn. 39 b f.).[155]

c) Vollzugskompetenzen des Eisenbahn-Bundesamts

80g Neben der Bundeswehr ist auch das **Eisenbahn-Bundesamt** bereits traditionell für den Vollzug des IfSG zuständig.[156] Im Unterschied zur Bundeswehr ist die Zuständigkeit des Eisenbahn-Bundesamts thematisch eng begrenzt, und zwar auf den Vollzug der Aufgaben nach §§ 37–39 und 41 IfSG – die Vorschriften betreffen die Überwachung im Bereich von Trink- und Abwasser – soweit es um Schienenfahrzeuge und ortsfeste Anlagen zur Befüllung von Schienenfahrzeuge der Eisenbahnen des Bundes geht. Der Vollzug insbesondere der infektionsschutzrechtlichen Bekämpfungsmaßnahmen nach §§ 28, 28 a IfSG – etwa die Durchsetzung der Maskenpflicht in den Zügen der Deutschen Bahn – ist mithin von dieser Zuständigkeitsbestimmung nicht erfasst. Insoweit bleibt es bei den allgemeinen Regelungen.

III. Pandemien als Katastrophen im Sinne des Katastrophenschutzrechts

81 Pandemien können nicht nur im allgemeinen Wortsinn katastrophale Folgen haben, es kann sich bei ihnen vielmehr auch um eine Katastrophe im Rechtssinn handeln. Nach den insoweit einschlägigen Landesgesetzen ist die Katastrophe „ein Schadensereignis, welches das Leben, die Gesundheit oder die lebensnotwendige Versorgung zahlreicher Menschen, Tiere, natürliche Lebensgrundlagen oder erhebliche Sachwerte in so ungewöhnlichem Ausmaß gefährdet oder wesentlich beeinträchtigt, dass der sich hieraus ergebenden Gefährdung der öffentlichen Sicherheit nur wirksam begegnet werden kann, wenn die zuständigen Behörden und Dienststellen, Organisationen und eingesetzten Kräfte unter einer einheitlichen Gesamtleitung der zuständigen Katastrophenschutzbehörde zusammenwirken."[157] Dass sich eine Pandemie zu einer Katastrophe in diesem Sinne entwickeln kann, steht außer Frage.[158] Hinsichtlich der Corona-Pandemie hat in Deutschland als erstes (und bislang einziges) Bundesland Bayern für die Zeit vom 16.3.2020 bis zum 16.6.2020 und wieder ab dem 9.12.2020 den **Katastrophenfall** festgestellt. Der thüringische **Landkreis Sonneberg** hat am 29.12.2020 den Katastrophenfall ausgerufen. Dieser Schritt wurde mit der höchst angespannten Lage in mehreren Pflege- und Betreuungseinrichtungen, dem Rettungswesen sowie den örtlichen Krankenhäusern, die sich aus Pandemie-bedingten Personalengpässen ergibt, sowie dem daraus resultierenden erhöhten Risiko der Gefährdung der Gesundheit bzw. des Lebens einer hohen Anzahl von betroffenen Menschen begründet. **Niedersachsen** hat von der vor dem Hintergrund der Corona-Pandemie neu geschaffenen Möglichkeit des Ausrufens eines „außergewöhnlichen Ereignisses" (→ Rn. 4) am 2.12.2020 mit Blick auf den Aufbau und Betrieb von **Impfzentren** Gebrauch gemacht.

82 Mit Eintritt des Katastrophenfalls bzw. mit dessen förmlicher Feststellung, die allerdings im Recht der Länder Nordrhein-Westfalen und Rheinland-Pfalz nicht vorgesehen ist,[159] wachsen den Katstrophenschutzbehörden Befugnisse zu, die zum Teil noch über

155 Vgl. dazu BVerwG Urt. v. 10.12.1996 – 1 C 33.94, DVBl 1996, 954 für den Fall des Brandschutzes auf Bundeswehrgeländen.

156 Zur Normgeschichte *Winkelmüller* in BeckOK InSchR IfSG § 54 b Rn. 1.

157 So bspw. § 1 Abs. 2 Nr. 2 des nordrhein-westfälischen Gesetzes über den Brandschutz, die Hilfeleistung und den Katastrophenschutz v. 17.12.2015 (GV. 886).

158 *Kloepfer/Deye* DVBl 2009, 1208 (1217).

159 Dazu *Kloepfer*, Handbuch des Katastrophenschutzrechts, 2015, § 10 Rn. 74.

das hinausgehen, was auf der Grundlage des IfSG möglich ist. Wie das IfSG enthalten auch die Katastrophenschutzgesetze der meisten Länder eine **Generalklausel.** Gestützt auf diese Klauseln können alle Maßnahmen getroffen werden, die nach pflichtgemäßem Ermessen erforderlich erscheinen, um eine Katastrophe zu bekämpfen, wie es bspw. in § 1 Abs. 1 des baden-württembergischen Gesetzes über den Katastrophenschutz[160] heißt. Darüber hinaus enthalten die einschlägigen Gesetze aber auch **Standardmaßnahmen.** Deren Anwendung sowie der Rückgriff auf die Generalklausel dürften allerdings aus kompetenzrechtlichen Gründen gesperrt sein, wenn und soweit das IfSG als besonderes Katastrophenschutzrecht des Bundes (dazu *Kluckert* in → in § 2 Rn. 12 f.) vergleichbare Befugnisnormen enthält.[161] Ob auf Grundlage der Katastrophenschutzgesetze bspw. auch Medikamente oder sonstige Vorräte im Wege der Inanspruchnahme von Sachen zum Zwecke der Katastrophenabwehr bzw. zur Milderung ihrer Folgen beschlagnahmt werden könnten[162], bedarf daher näherer Klärung. Insoweit könnte sich eine Sperrwirkung insbesondere aus den Regelungen in § 5 Abs. 2 S. 1 Nr. 4 IfSG herleiten lassen. Zu den katastrophenschutzrechtlichen Befugnissen, die im IfSG keine Parallele finden, gehört dagegen die Inanspruchnahme von Personen – zB die Heranziehung gesunder Menschen zu Hilfeleistung, etwa in Krankenhäusern. Ferner ist auch im pandemiebedingten Katastrophenfall der behördlicherseits angeordnete Einsatz des Katastrophenschutzdienstes – dazu gehören insbesondere die privaten Hilfsorganisationen mit ihren ehrenamtlichen Helferinnen und Helfern – möglich, und zwar auch zu Maßnahmen zur Aufrechterhaltung bzw. Wiederherstellung bspw. der Nahrungsmittel- oder Energieversorgung.[163] Vergleichbare, allerdings auf den Gesundheitsbereich beschränkte Notstandsbefugnisse hatte auch das BayIfSG nach Feststellung eines **Gesundheitsnotstandes** vorgesehen (*Rixen* → § 4 Rn. 31). Wie bereits erwähnt (→ Rn. 4, 81) kennt das Katastrophenschutzrecht des Landes Niedersachsen neben dem Katastrophenfall nunmehr auch die Kategorien des Katastrophenvoralarms sowie des **außergewöhnlichen Ereignisses.**[164] Letzteres wird in § 1 Abs. 3 NdsKatSG definiert als „eine Gefahr für Leben, Gesundheit, die lebenswichtige Versorgung der Bevölkerung, die Umwelt oder erhebliche Sachwerte, die mit den Mitteln der örtlichen Gefahrenabwehr nicht mehr zu bewältigen ist, einen Katastrophenfall nach sie ziehen kann und deren Bekämpfung eine zentrale Unterstützung durch die zuständigen Behörden und die notwendigen Einsatzkräfte und -mittel des Katastrophenschutzes erfordert." Mit der Feststellung des Eintritts eines außergewöhnlichen Ereignisses ist mithin der Einsatz von Einheiten des Katastrophenschutzes und die Bereitstellung seiner Einsatzmittel bereits unterhalb der Schwelle des Katastrophenfalls möglich. Ist ein solches Ereignis nach § 20 Nr. 2 NdsKatSG festgestellt, müssen die ehrenamtlichen Helferinnen und Helfer im Katastrophenschutz von ihren Arbeitgebern freigestellt werden. Die zuständigen Behörden erhalten damit Zugriff auf umfangreiche personelle Ressourcen. Neu ist ferner, dass ein Katastrophenfall, ein Katastrophenvoralarm sowie ein außergewöhnliches Ereignis nicht mehr nur durch den Hauptverwaltungsbeamten einer der unteren Katastrophenschutzbehörden – das sind in Niedersachen die kreisfreien Städte sowie die Landkreise –, sondern auch durch das für Inneres zuständige Ministerium festgestellt werden kann, wenn es sich um ein landesweites Geschehen handelt (§ 27 a NdsKatSG). Das hat nicht zuletzt zur Folge, dass das Land die Kosten für die Bekämpfung dieser Ereignisse zu tragen hat (§ 31 S. 4 NdsKatSG). Die erwähnten Befugnisse stehen unter dem Vorbehalt der Fest-

160 V. 22.11.1999, GBl. 1999, 625.

161 *Kingreen* in Huster/Kingreen InfektionsschutzR-HdB Kap. 1 Rn. 89; *Poscher* in Huster/Kingreen InfektionsschutzR-HdB Kap. 4 Rn. 15.

162 So *Kloepfer/Deye* DVBl 2009, 1208 (1217).

163 *Walus* DÖV 2010, 127 (130 f.).

164 Näher dazu *Schwind* NLT-Information 6/2020, 185 ff.; *Schwind* NdsVBl. 2020, 293 (298).

stellung einer epidemischen Lage von nationaler Tragweite nach § 5 Abs. 1 IfSG oder einer epidemischen Lage von landesweiter Tragweite nach § 3 a Abs. 1 S. 1 NdsGöGD. Im Übrigen haben sich auch diejenigen Kommunen der Kreisebene, die auf die Ausrufung des Katastrophenfalls verzichtet haben, der bewährten Strukturen der im Katastrophenschutzrecht vorgesehenen **Krisenstäbe** bedient, um das Geschehen zu koordinieren.[165]

83 Die Verteilung der **Zuständigkeiten** nach den Katastrophenschutzgesetzen entspricht im Übrigen weitgehend den Zuständigkeiten, die für den Vollzug des IfSG gelten. Untere Katastrophenschutzbehörden sind daher regelmäßig die Landkreise und kreisfreien Städte. Oberste Katastrophenschutzbehörde sind grundsätzlich die Landesinnenministerien.

84 Der Bund verfügt mit Blick auf den Katastrophenschutz sogar über noch weniger Kompetenzen als im Bereich des Infektionsschutzes. So fehlt es bereits an einer umfassenden Gesetzgebungskompetenz. Insoweit ist der Bund lediglich für den **Zivilschutz**, dh für den Bevölkerungsschutz bei kriegsbedingten Gefahrenlagen zuständig (Art. 73 Abs. 1 Nr. 1 GG).[166] Das BVerfG leitet darüber hinaus aus Art. 35 Abs. 2 und Abs. 3 GG, die die amtshilfemäßige Katastrophenhilfe des Bundes zugunsten der Länder betreffen, eine Gesetzgebungskompetenz her.[167] Operative Befugnisse wachsen dem Bund aber auch in diesem Bereich nicht zu. Die Katastrophenabwehr bleibt auch dann Sache der Länder, wenn sich der Bund daran beteiligt.[168] Auch unterhalb der Schwelle des Art. 35 Abs. 2 und 3 GG kann die **Bundeswehr** Amtshilfe im Sinne von Art. 35 Abs. 1 GG leisten, wozu es auch aus Anlass der aktuellen Corona-Pandemie gekommen ist.

84a Vor diesem Hintergrund ist überraschend, dass der Bund sich mit dem Dritten Bevölkerungsschutzgesetz Zugriff auf die **anerkannten Hilfsorganisationen** (Arbeiter-Samariter-Bund, die Deutsche Lebensrettungsgesellschaft, das Deutsche Rote Kreuz, die Johanniter-Unfall-Hilfe und der Malteser-Hilfsdienst) gesichert hat. Aufgrund des neuen § 5 Abs. 8 IfSG kann das BMG nach Feststellung einer epidemischen Lage von nationaler Tragweite die genannten Organisationen gegen Auslagenerstattung beauftragen, bei der Bewältigung dieser Lage Hilfe zu leisten. Das gilt allerdings nur „im Rahmen der Aufgaben des Bundes". Um welche Aufgaben es sich dabei angesichts der fehlenden Vollzugskompetenz des Bundes handeln könnte, ist nicht ersichtlich und wird auch in der Begründung zu § 5 Abs. 8 IfSG nicht erläutert. Sollte der Bund gleichwohl die Hilfsorganisationen in Anspruch nehmen, wäre dabei stets zu bedenken, dass auch die Länder im Rahmen des Katastrophenschutzes oder (in Niedersachsen) nach Feststellung eines außergewöhnlichen Ereignisses auf deren personelle und sächlichen Ressourcen angewiesen sind (→ Rn. 82). Eine Stärkung der Handlungsfähigkeit des Bundes könnte also eine Schwächung der Abwehrfähigkeit der Länder und der in diesen für den Katastrophenschutz zuständigen Landkreise und kreisfreien Städte zur Folge haben. Das muss in jedem Fall vermieden werden.

IV. Bedarf die aktuelle Zuständigkeitsverteilung der Reform?

85 Die unbestreitbare **kompetenzmäßige Dominanz der Länder und Kommunen** im Infektions- und Katstrophenschutz ist schon aus Anlass ähnlicher Vorfälle auf Kritik

---

165 *Meyer* in Koop/Bantle S. 125 (130).

166 Dass sich die Kompetenzvorschrift auf Maßnahmen im Rahmen der Verteidigung beschränkt und nicht erweiternd auf den Katastrophenschutz ausgelegt werden kann, ist allgemein anerkannt. Dazu nur *Sannwald* in SHH GG Art. 73 Rn. 21.

167 BVerfG Urt. v. 15.2.2006 – 1 BvR 357/05, BVerfGE 115, 118 (141).

168 *Walus* DÖV 2010, 127 (131); vgl. auch *Lindner* in Schmidt COVID-19 § 17 Rn. 20 ff.

gestoßen[169] und hat auch während der Corona-Pandemie den Ruf nach einer besseren Kompetenzausstattung des Bundes laut werden lassen.[170] Solche Kritik speist sich zum Teil fraglos aus Erwägungen, die sich ganz grundsätzlich gegen das das nationale Verfassungsrecht prägende System des (Exekutiv-)Föderalismus wenden, dessen entscheidendes Merkmal es ist, dass beim Vollzug selbst von Bundesrecht nicht auf Einheitlichkeit, sondern auf Vielfalt gesetzt wird, die es ermöglicht, passgenaue Lösungen vor Ort zu entwickeln. Sich mit solchen, die verfassungsrechtliche Grundordnung betreffenden Einwänden auseinanderzusetzen, kann im Rahmen des vorliegenden Beitrags nicht geleistet werden.[171]

Dazu besteht umso weniger Anlass, als gerade das aktuelle Ausbruchsgeschehen einen eindrucksvollen Beweis für die **Leistungsfähigkeit des öffentlichen Gesundheitsdienstes** im Besonderen und des deutschen Gesundheitssystems im Allgemeinen geboten hat. 86

Die **dezentrale Organisation des Gesundheitsdienstes** hat es in der Frühphase der Krise erlaubt, in den ersten Hotspots – wie zB im Kreis Heinsberg – sehr schnell und mit Maßnahmen zu reagieren, deren Intensität in anderen Teilen Deutschland zu diesem Zeitpunkt mit Sicherheit eine lähmende Diskussion über ihre Verhältnismäßigkeit ausgelöst hätten. 87

In dem Maße, in dem die Krise sich von lokalen Ausbruchsherden weg zu einem landes- bzw. bundesweiten Szenario mit flächendeckend vergleichbaren Belastungssituationen entwickelt hat, ist es im Übrigen unproblematisch gelungen, zu **landesweit einheitlichen bzw. zu bundesweit abgestimmten Lösungen** zu kommen. Für ersteres sieht schon das IfSG selbst entsprechende Möglichkeiten vor (→ Rn. 44), für letzteres konnte auf die etablierten bundesstaatlichen Koordinierungsgremien (→ Rn. 73) zurückgegriffen werden. Das darf freilich nicht den Blick dafür verstellen, dass auch solche landes- oder bundesweit beschlossenen Maßnahmen vor Ort umgesetzt werden müssen – eine Aufgabe, mit der eine Bundesbehörde und selbst eine Landesbehörde heillos überfordert wäre, während die kommunalen Behörden flexibel reagieren und bspw. Personal aus anderen Teilen ihrer Verwaltung zur Bewältigung der vielfältigen Herausforderungen heranziehen konnten.[172] 88

Und auch in Phasen, in denen es um die Rückführung der zur Bekämpfung von SARS-CoV-2 ergriffenen Maßnahmen geht, wird es sich als vorteilhaft erweisen, dass Länder flexibel auf die Lage reagieren können, wie das – einschließlich des erwähnten „Notfallmechanismus“ (→ Rn. 77 a) – von Bund und Ländern am 6.5.2020 vereinbart wurde und nun auch in § 28 a Abs. 3 IfSG eingeflossen ist. Was sollte bspw. dagegensprechen, wenn etwa Mecklenburg-Vorpommern, in dem der Anteil der Infizierten zu keinem Zeitpunkt so hoch gewesen ist wie bspw. in Bayern, seine Schulen oder Kindertageseinrichtungen etwas früher öffnet als jenes Bundesland. Bundeseinheitliche Regelungen sind nicht zwingend geboten, wenn die Gefahrennähe oder -wahrscheinlichkeit in einzelnen Regionen unterschiedlich ist.[173] Vor diesem Hintergrund ist es auch zweifelhaft, ob ein **Weisungsrecht der Bundesregierung** nach Art. 84 Abs. 5 GG, wie es immer wieder vorgeschlagen wird,[174] zielführend wäre. 89

169 Vgl. insbes. *Walus* DÖV 2010, 127 ff.; *Grüner*, Biologische Katastrophen, 2017, S. 208 ff.

170 *Giesberts/Gayger/Weyand* NVwZ 2020, 417 (418).

171 Dazu mwN *Ritgen* in Kahl/Mager (Hrsg.), Verwaltungsrechtswissenschaft und Verwaltungsrechtspraxis, 2019, S. 309 (315 ff.).

172 Eindrucksvoll die entsprechende Schilderung von *Meyer* NVwZ 2020, 609 (611).

173 So treffend *Gusy* GSZ 2020, 101 (107). Vgl. auch *Ipsen* DVBl 2020, 1037 (1038); *Rixen/Kersten*, Der Verfassungsstaat in der Corona-Krise, 2020, S. 113 ff.

174 *Wallus* DÖV 2010, 127 (131); *Grüner*, Biologische Katastrophen, 2017, S. 188 ff.; zu insoweit zu beachtenden verfassungsrechtlichen Vorgaben eingehend *Ritgen* ZG 2021, 1 ff. (im Erscheinen).

90 Damit ist nicht gesagt, dass eine partielle Stärkung bestimmter Kompetenzen des Bundes zB auf dem Felde der zentralen Beschaffung von Schutzausrüstungen oder Arzneimitteln nicht sinnvoll sein kann; für eine generelle Reform der Zuständigkeitsordnung im Infektionsschutz besteht aber kein Anlass.[175] Insoweit hat sich die **föderale Vielfalt** vielmehr als Stärke, nicht als Schwäche erwiesen. Deshalb vermag es auch nicht zu überzeugen, wenn das am 4.3.2021 vom Bundestag verabschiedete **EpiLage-Fortgeltungsgesetz** (→ Rn. 51) die Entfristung der in vieler Hinsicht gerade unter föderalen Gesichtspunkten problematischen pandemiebedingten Sonderregelungen in § 5 IfSG und ihre Überführung in Dauerrecht statuiert, ohne die Ergebnisse einer Evaluierung des gesamten Regelungskomplexes, die in den nächsten Monaten durchgeführt werden soll, abzuwarten.

175 *Ritgen* Der Landkreis 2020, 203 ff.

Teil 5: Verhütungs- und Bekämpfungsmaßnahmen

§ 13 Ordnungsrecht – §§ 16 ff., §§ 24 ff. IfSG

Literatur: *Boeddinghaus/Hahn/Schulte*, Bauordnung für das Land Nordrhein-Westfalen (Stand: 58. Update Oktober 2020); *Eibenstein*, Die (vertane) Chance des § 28 a IfSG, COVuR 2020, 856; *Engels*, Infektionsschutzrecht als Gefahrenabwehrrecht? DÖV 2014, 464; *Erdle*, Infektionsschutzgesetz – Kommentar, 7. Aufl. 2020; *Frenz*, Harter Lockdown – grundrechtlich geboten und subjektiv einforderbar, COVuR 2021, 2; *Giesberts/Gayger/Weyand*, COVID-19 – Hoheitliche Befugnisse, Rechte Betroffener und staatliche Hilfen, NVwZ 2020, 417; *Greve*, Infektionsschutz in der Pandemielage, NVwZ 2020, 1786; *Grüner*, Biologische Katstrophen – Eine Herausforderung an den Rechtsstaat, 2017; *Höhl/Siewerin/Feil*, Ausbruchsmanagement von Masern, Bundesgesundheitsblatt 2013, 1287; *Katzenmeier*, Anmerkung zu BVerfG, Beschluss vom 7.4.2020 – 1 BvR 755/20, MedR 2020, 461; *Kießling*, Infektionsschutzgesetz – Kommentar, 2020; *Kloepfer*, Pandemien als Herausforderung für die Rechtsordnung, 2011; *Lisken/Denninger*, Handbuch des Polizeirechts, 6. Aufl. 2018; *Maunz/Dürig*, Grundgesetz – Kommentar, Loseblatt (Stand: 92. EL August 2020); *Mers*, Infektionsschutz im liberalen Rechtsstaat, 2019; *Papier*, Freiheitsrechte in Zeiten der Pandemie, DRiZ 2020, 180; *Pflug*, Pandemievorsorge – Informationelle und kognitive Regelungsstrukturen, 2013; *Rixen*, Befugnisse und Grenzen des staatlichen Infektionsschutzrechts, in Kloepfer, Pandemien als Herausforderung für die Rechtsordnung, 2011, S. 67; Rixen, Gesundheitsschutz in der Corona-Virus-Krise – Die (Neu-)Regelungen des Infektionsschutzgesetzes, NJW 2020, 1097; *W.-R. Schenke* in *Schenke/Graulich/Ruthig*, Sicherheitsrecht des Bundes, 2. Aufl. 2019; *Schönke*/Schröder, Strafgesetzbuch – Kommentar, 30. Auflage 2019; von *Steinau-Steinrück*, Die staatliche Verhütung und Bekämpfung von Infektionskrankheiten, 2013; *Thüsing*, Impfpflicht des Arbeitnehmers?, COVuR 2021, 66; *Volkmann*, Staatliche Schutzpflichten und Eingriffe in die Freiheitsrechte – Gestaltungsfreiheit des Staates und richterliche Kontrolle, Referat, Dokumentation zum 16. Deutschen Verwaltungsgerichtstag, hrsg. vom Verein Deutscher Verwaltungsgerichtstag e.V., Freiburg 2010, Dokumentation, S. 301; *Volkmann*, Heraus aus dem Verordnungsregime, NJW 2020, 3153; *Walus*, Pandemie und Katastrophennotstand: Zuständigkeitsverteilung und Kompetenzmängel des Bundes, DÖV 2010, 127.

I. Struktur und Umfang der Eingriffsbefugnisse nach dem IfSG 1
1. Verhütung und Bekämpfung 1
2. § 16 und § 28 IfSG als zentrale Befugnisnormen 4
a) § 16 Abs. 1 S. 1 IfSG 5
aa) Erste Generalklausel 6
bb) Annahme einer Infektionsgefahr 8
cc) Rechtsprechung bis zur Corona-Pandemie 9
dd) Rechtsprechung in Corona-Zeiten 10
ee) Handlungsgebot an die Behörde 14
ff) Verhältnismäßigkeit 15
b) § 28 Abs. 1 S. 1, § 28 a IfSG .. 18
aa) Handlungsgebot 19
bb) Bestimmtheit und Verhältnismäßigkeit der Befugnis 20
cc) Risikosteuerung und Grundrechte 26
3. Infektionsschutzrechtliche Standardmaßnahmen 30
a) Maßnahmen gegen Sachen ... 31
b) Personenbezogene Maßnahmen 34
aa) Bekämpfungsmaßnahmen am Menschen 34
bb) Schutzimpfungen 35
cc) Beobachtung 37
dd) Berufliche Tätigkeitsverbote 38
ee) Absonderung 40
II. Rechtsschutz 43
1. Sachliche Zuständigkeit der Verwaltungsgerichte 43
2. Instanzielle Zuständigkeit 45
3. Einstweiliger Rechtsschutz 47

I. Struktur und Umfang der Eingriffsbefugnisse nach dem IfSG

1. Verhütung und Bekämpfung

1 Das IfSG trennt bereits in seiner Langbezeichnung „Gesetz zur Verhütung und Bekämpfung von Infektionskrankheiten beim Menschen“ deutlich zwischen Maßnahmen im Vorfeld des Auftretens einer Infektionskrankheit (**Verhütung**) auf der einen und Eingriffen zur Gefahrenabwehr nach ihrem Auftreten (**Bekämpfung**) auf der anderen Seite. Diese begriffliche wie rechtliche Trennung setzt sich in der Gliederung des Gesetzes fort: Der vierte Abschnitt mit den §§ 16–23 a IfSG regelt Eingriffe zur Abwehr, der fünfte Abschnitt mit den §§ 24–32 IfSG solche zur Bekämpfung übertragbarer Krankheiten. Beide Abschnitte regeln die ordnungsrechtliche Seite des öffentlichen Infektionsschutzes und begründen Befugnisse der nach Landesrecht zuständigen Ordnungsbehörden. Durch das Gesetz zum Schutz der Bevölkerung bei einer epidemischen Lage von nationaler Tragweite v. 27.3.2020[1] wurden die amtlichen Überschriften der §§ 16 und 17 IfSG geändert. Nunmehr werden hier Allgemeine und Besondere Verhütungsmaßnahmen unterschieden, was die Zweckbestimmung der Maßnahmen des vierten Abschnitts betont. Besondere Rechtsfolgen sind mit dieser Änderung jedoch nicht verbunden.

2 So einfach und nachvollziehbar die Unterscheidung zwischen Verhütung und Bekämpfung auf den ersten Blick scheint, ist die Grenzziehung doch mit vielerlei Problemen in der Rechtspraxis verbunden. Insbesondere im Pandemiefall, der mit einer Entgrenzung des Krankheitserregers einhergeht, dient die Bekämpfungsmaßnahme im Umfeld einer konkreten Gefahrenquelle stets auch der Verhütung des Auftretens weiterer potenzieller Gefahrenquellen anderenorts. Umgekehrt können Vorfeldmaßnahmen, etwa das Verbot von Großveranstaltungen bei einer drohenden Pandemie,[2] auch deren Bekämpfung dienen. Denn aus der maßgeblichen ex-ante Sicht[3] der Entscheidungsträger ist es in der Regel keineswegs klar, ob sich im Kreis der Veranstaltungsteilnehmer Ansteckungsverdächtige oder Ausscheider befinden. Gefahr und Gefahrverdacht verschwimmen. Dies hat in der Anfangsphase der Corona-Pandemie zahlreiche Behörden dazu gebracht, ihre Verfügungen unterschiedslos auf § 16 *und* auf § 28 IfSG gleichermaßen zu stützen. Mit dem Fortschreiten des epidemischen Geschehens ist § 28 IfSG in das Zentrum gerückt.

3 Trotz bestehender Überschneidungen in der Rechtspraxis verlangt das IfSG nach einer klaren **tatbestandlichen Grenzziehung**. Denn die Frage nach der anwendbaren Ermächtigungsnorm ist keinesfalls nur von akademischem Interesse. Voraussetzungen und Rechtsfolgen sind bei Vorfeldmaßnahmen und Maßnahmen zur Bekämpfung einer bereits bestehenden Infektionsgefahr durchaus unterschiedlich. So lässt § 16 IfSG mit der bloßen *Annahme* von Tatsachen – anders als § 28 IfSG – einen denkbar weiten Grad des Verdachts genügen. Damit trägt die Norm dem Umstand Rechnung, dass Vorfeldmaßnahmen in Bezug auf die Tatsachenfeststellung naturgemäß größeren Unsicherheiten ausgesetzt sind als Maßnahmen im Fall einer ausgebrochenen Seuche. § 28 IfSG erfordert deshalb festgestellte Tatsachen. Zwar reicht auch dort ein Ansteckungsverdacht. Er muss jedoch tatsachenbasiert sein. Auch sind die Entschädigungsvoraussetzungen im 12. Abschnitt des Gesetzes durchaus unterschiedlich geregelt. So enthält etwa § 65 Abs. 1 IfSG eine weitgehende Entschädigungsregelung zugunsten des Nichtstörers nur für Vermögensnachteile aufgrund einer Maßnahme nach den §§ 16 und 17 IfSG. Dem liegt der allgemeine polizei- und ordnungsrechtliche Gedanke zugrunde, dass grundsätz-

---

1 BGBl. 2020 I 587.
2 Vgl. *Erdle* IfSG § 16 Erl. 1.
3 Vgl. *Buchberge* in *Lisken/Denninger* PolR-HdB L Rn. 119; *W.-R. Schenke* in Schenke/Graulich/Ruthig BPolG § 14 Rn. 25.

lich nur der Nichtstörer zu entschädigen ist.[4] Ansprüche sind hier im ordentlichen Rechtsweg zu verfolgen (§ 68 Abs. 1 S. 2 IfSG). Entschädigungsansprüche der als Ausscheider, Ansteckungsverdächtige, Krankheitsverdächtige oder Träger von Krankheitserregern in Anspruch Genommenen[5] bestehen in Bezug auf den Verdienstausfall (§ 56 IfSG). Die Entschädigung für diese Maßnahmen nach §§ 28, 28 a IfSG werden nunmehr[6] durch § 68 Abs. 1 S. 1 IfSG dem Verwaltungsrechtsweg zugewiesen. Ob diese Aufsplitterung der Rechtswege – für Impfschäden tritt noch der Rechtsweg zu den Sozialgerichten hinzu (§ 68 Abs. 2 S. 1 IfSG) – sachgerecht ist, kann bezweifelt werden.[7] Eine nachvollziehbare Begründung für die Rechtswegänderung liefern weder die Begründung des Gesetzentwurfs[8] noch der Bericht des Gesundheitsausschusses zum Entwurf des Dritten Gesetzes zum Schutz der Bevölkerung bei einer epidemischen Lage von nationaler Tragweite[9].

2. § 16 und § 28 IfSG als zentrale Befugnisnormen

4 Die erforderliche Grenzziehung zwischen den Normen lässt sich nur nach einem genaueren Blick auf die Systematik der Eingriffsbefugnisse des IfSG und ihre Funktion im System der Infektionsbekämpfung vornehmen.

a) § 16 Abs. 1 S. 1 IfSG

5 Nach **§ 16 Abs. 1 S. 1 IfSG** trifft die zuständige Behörde (*Ritgen* in → § 12 Rn. 4) die notwendigen Maßnahmen zur Abwendung der dem Einzelnen oder der Allgemeinheit (hierdurch) drohenden Gefahren, wenn Tatsachen festgestellt werden, die zum Auftreten einer übertragbaren Krankheit führen *können*, oder anzunehmen ist, dass solche Tatsachen vorliegen. Mit dem Begriff der „notwendigen Maßnahmen" greift das Infektionsschutzrecht eine allgemeine polizei- und ordnungsbehördliche Wendung auf und verweist auf den vollen Umfang des behördlichen Instrumentariums. In den Abs. 2 und 3 finden sich Präzisierungen für besondere Grundrechtseingriffe, die diese nicht einschränken. § 16 Abs. 1 S. 2 IfSG enthält eine Klarstellung datenschutzrechtlicher Natur. Die bei Maßnahmen nach S. 1 erhobenen personenbezogenen Daten dürfen durch nur von den zuständigen Behörden für die Zwecke des IfSG verarbeitet werden.

aa) Erste Generalklausel

6 Bezüglich ihrer tatbestandlichen Weite kann § 16 Abs. 1 S. 1 IfSG mit Seitenblick auf § 28 Abs. 1 IfSG als die **Erste Generalklausel des IfSG** angesprochen werden.[10] Indem sie die *Annahme* von Tatsachen genügen lässt, geht sie über die bekannten polizeilichen und ordnungsbehördlichen Generalklauseln der einschlägigen **Landes- und Bundesgesetze** hinaus. Dort steht der Begriff der *Gefahr* für die öffentliche Sicherheit im Mittelpunkt. Den zuständigen Behörden obliegt es, die notwendigen Maßnahmen zu treffen, um die im Einzelfall bestehende Gefahr für das Schutzgut abzuwehren.[11] Von Tatsachen oder der Annahme von Tatsachen ist hier zunächst nicht die Rede. Das erschwert eine Einordnung infektionsschutzrechtlicher Eingriffe in die Schemata des Polizei- und Ord-

4 So bereits die Begründung zum Gesetzentwurf der Bundesregierung zum Dritten Gesetz zur Änderung des Bundes-Seuchengesetzes, BT-Drs. VI/1568.
5 Vgl. § 56 Abs. 1 IfSG.
6 Art. 1 des Gesetzes v. 18.11.2020 (BGBl. I 2397).
7 Zum Entschädigungsrecht vgl. § 15.
8 Begr. des Gesetzentwurfs eines Dritten Gesetzes zum Schutz der Bevölkerung bei einer epidemischen Lage von nationaler Tragweite, BT-Drs. 19/23944.
9 Beschlussempfehlung und Bericht des Gesundheitsausschusses, BT-Drs. 19/24334.
10 Vgl. *Erdle* IfSG § 16 Erl. 1, der von einer Verhütungs-Generalklausel im Gegensatz zur Bekämpfungs-Generalklausel des § 28 Abs. 1 IfSG spricht.
11 Vgl. etwa § 14 Abs. 1 OBG NRW oder Art. 2 Abs. 1 BayPAG.

nungsrechts. Mittelbar ergibt sich aber doch ein vergleichbares Bild. Denn auch der klassische ordnungs- und polizeirechtliche Gefahrbegriff war schon zu Zeiten des preußischen Oberverwaltungsgerichts dadurch umschrieben, dass „aus gewissen gegenwärtigen Zuständen nach dem Gesetz der Kausalität gewisse andere Schaden bringende Zustände und Ereignisse erwachsen werden."[12] In heutiger Diktion wird damit iSe **konkreten Gefahr** eine Sachlage angesprochen, die im jeweiligen Einzelfall mit hinreichender Wahrscheinlichkeit zu einer Verletzung des Schutzgutes führen wird. Miterfasst sind selbstverständlich auch Sachlagen, in denen der Schaden bereits eingetreten ist und fortdauert.[13] Mit der Definition sind indes unsichere Sachlagen, bei denen der Behörde eine verlässliche Risikoabschätzung (noch) nicht möglich ist, nicht von vornherein ausgeschlossen. Die Problematik verlagert sich in diesem Fall auf die Ebene der Mittelauswahl. Besteht nur ein **Gefahrverdacht**, rechtfertigt dies regelmäßig lediglich Maßnahmen der Gefahrerforschung. Eine Zwischenstellung nimmt die **abstrakte Gefahr** ein. Führt eine generell-abstrakte Betrachtung bestimmter Verhaltensweisen oder Zuständen zu dem Ergebnis, dass mit hinreichender Wahrscheinlichkeit im Einzelfall ein Schaden einzutreten pflegt, kann dies Anlass zu einem Einschreiten mit ebenfalls generell-abstrakten Mitteln sein, namentlich einer polizeilichen oder ordnungsbehördlichen Verordnung.[14] Dem Gefahrverdacht kommt die *Annahme* von Tatsachen in § 16 Abs. 1 S. 1 IfSG[15] sehr nahe. Denn auch hier fehlt die letzte absichernde Erkenntnis. Infektionsschutzrechtlich beschränkt das aber nicht zwingend auf bloße Gefahrerforschungsmaßnahmen. Denn die Eingriffsvoraussetzungen des IfSG sind mit Blick auf das gesetzgeberische Ziel eines vorbeugenden Gesundheitsschutzes bewusst weit gefasst. Sie gehen auch im Hinblick auf die Art der zu ergreifenden Maßnahme deutlich über das allgemeine Polizei- und Ordnungsrecht hinaus. Das Ziel der Aufdeckung und Unterbrechung von Infektionsketten zum Schutz nicht infizierter Personen im Fall einer Epidemie oder Pandemie erfordert eine **Vorverlagerung des Gefahrbegriffs.**[16] Behördliches Einschreiten dient in diesem Fall weniger der Bekämpfung einer im Einzelfall bestehenden Gefahr als der allgemeinen **Risikovorsorge**. Denn der Übertragung von Krankheiten wohnt naturgemäß stets ein Element der Unsicherheit inne. Ausbruch, Verlauf und Folgen einer Epidemie lassen sich nicht sicher, insbesondere nicht einzelfallbezogen, prognostizieren. Erkenntnisse kann die Behörde in dieser Lage nur sukzessive gewinnen, zumal § 16 IfSG Vorfeldmaßnahmen anspricht. Damit ist behördliches Handeln im Fall einer Epidemie oder Pandemie oftmals ein Handeln im Ungewissen.[17]

7 Ein limitierendes Element ergibt sich hier wie auch im Fall des § 28 IfSG aus dem Gebot der **Verhältnismäßigkeit** (→ Rn. 15). Erlaubt sind nur die jeweils zur Abwendung der Gefahr *notwendigen* Maßnahmen. Entfernt liegende Möglichkeiten oder Theorien werden damit für die Annahme einer infektionsschutzrechtlich relevanten Tatsache nicht ausreichen. Besteht jedoch die berechtigte Annahme infektionsschutzrechtlich relevanter Tatsachen, müssen die Maßnahmen der Wahrscheinlichkeit dieser Tatsachen entsprechen. Sie können sich durchaus auf reine Gefahrerforschungsmaßnahmen beschränken,

---

12 PrOVG Urt. v. 15.10.1894, PrVBl. 16, 125 (126), zitiert nach *Boeddinghaus/Hahn/Schulte,* Bauordnung für das Land Nordrhein-Westfalen 1. Allgemeines.

13 *W.-R. Schenke* in Schenke/Graulich/Ruthig BPolG § 14 Rn. 19.

14 *W.-R. Schenke* in Schenke/Graulich/Ruthig BPolG § 14 Rn. 20.

15 Die Wendung einer „Annahme von Tatsachen" findet sich in zahlreichen speziellen Befugnisnormen des Polizeirechts, vgl. zB § 39 Abs. 1 Nr. 2, § 40 Abs. 1 Nr. 2 oder § 41 Abs. 1 S. 2 Nr. 1 und 2 PolG NRW. Dort geht man jedoch einen anderen Weg. Nicht die Annahme einer Tatsache reicht aus; erforderlich sind vielmehr Tatsachen, die eine Annahme rechtfertigen.

16 Vgl. *Engels* DÖV 2014, 464 (467).

17 *Engels* DÖV 2014, 464 (469) unter Hinweis auf *Pflug*, Pandemievorsorge – Informationelle und kognitive Regelungsstrukturen, 2013, S. 17 f., 44; *Rixen* in *Kloepfer* Pandemien S. 67 (74 ff.); ferner: VG Köln Beschl. v. 20.3.2020 – 7 L 510/20, juris Rn. 15, BeckRS 2020, 4208 Rn. 13.

etwa die Entnahme von Proben oder die Begehung von Räumlichkeiten, wie sie in § 16 Abs. 2 und 3 IfSG geregelt sind. Möglich sind aber auch Eingriffe, die bei einem positiven Nachweis des Infektionstatbestandes in Betracht kämen.

bb) Annahme einer Infektionsgefahr

Erforderlich ist stets ein nachvollziehbarer Anknüpfungspunkt für die bestehende Annahme. Dieser ist im IfSG naturwissenschaftlicher Art. Denn § 16 Abs. 1 S. 1 IfSG lässt nur solche Tatsachen genügen, die zum Auftreten einer übertragbaren Krankheit führen können. Dies schließt an die Begriffsbestimmung des § 2 Nr. 3 IfSG an, der als übertragbare Krankheit eine durch Krankheitserreger oder deren toxische Produkte verursachte Krankheit umschreibt, die unmittelbar oder mittelbar auf den Menschen übertragen wird. Ob die Annahme begründet oder eine festgestellte Tatsache infektionsschutzrechtlich relevant ist, kann mit juristischen Mitteln allein nicht bewertet werden. Im Vordergrund stehen vielmehr medizinische Erkenntnisse und die Erkenntnisse von Epidemiologie und Virologie[18]. Lassen diese den Schluss auf eine konkrete Gefährdungslage zu, rechtfertigt dies die Vorfeldmaßnahme. 8

cc) Rechtsprechung bis zur Corona-Pandemie

Es überrascht nicht, dass in der Praxis behördliche Maßnahmen nach § 16 Abs. 1 S. 1 IfSG bislang in aller Regel räumlich eng begrenzte Sachverhalte betrafen. Dies spiegelt sich in der hierzu verfügbaren **Rechtsprechung**. So betreffen die veröffentlichten gerichtlichen Entscheidungen Fütterungsverbote für Tauben[19] oder Katzen,[20] das Einschreiten gegen einzelne Arztpraxen wegen relevanter Hygienemängel[21] oder die Räumung und Desinfizierung vermüllter „Messie-Wohnungen“[22] bzw. die Kostentragung für derartige Maßnahmen. Es handelt sich um nicht verallgemeinerungsfähige Einzelfälle. Die gerichtlichen Entscheidungen ergingen oft in Verfahren des einstweiligen Rechtsschutzes und waren zumeist recht knapp begründet.[23] Gemein ist ihnen, dass Fallgestaltungen zugrunde liegen, in denen es noch nicht zum Auftreten einer übertragbaren Erkrankung gekommen war. So ist das Füttern von Tauben oder Katzen nicht für sich genommen schon infektionsschutzrechtlich relevant, sofern man nicht in den gefütterten Tieren die Infektionsquelle sieht.[24] Erst durch die Lockwirkung verbliebenen Futters auf Ratten ändert sich dies. Vergleichbares gilt für vermüllte Wohnungen oder Häuser. Ein allgemeines Verbot, seine Räumlichkeiten verkommen zu lassen, existiert nicht. Der Bezug zur infektionsschutzrechtlichen Gefahr ist hier ein mittelbarer; erst durch das Hinzutreten weiterer Umstände verdichtet er sich. So ist die Annahme naheliegend, dass eine „Messie-Wohnung“ Ungeziefer aller Art anzieht, dies aber auch nicht allgemein und in jedem Falle, sondern nur, wenn zB verdorbene Lebensmittel gelagert werden.[25] § 16 Abs. 1 IfSG kommt gerade in solchen Fällen Bedeutung zu. Die Vorfeldmaßnahme greift schon dann, wenn die Gesamtumstände aus der ex-ante Sicht des Entscheidungsträgers den Schluss auf die Möglichkeit des Auftretens übertragbarer Krankheiten zulassen, wobei es nicht erforderlich ist, dass solche Tatsachen sicher vorliegen. Es genügt die hinreichend wahrscheinliche Annahme. Diese ist insbesondere auch dann gerechtfertigt, 9

18 Zu den hiermit verbundenen Unsicherheiten, gerade bei bislang unbekannten Krankheitserregern, vgl. *Kluckert* in → § 2 Rn. 179.
19 VGH Mannheim Urt. v. 27.9.2005 – 1 S 261/05, BeckRS 2005, 30342 (dort § 17 Abs. 2 IfSG).
20 OVG Koblenz Urt. v. 22.5.2001 – 6 A 12111/00, BeckRS 2001, 31541.
21 VG Würzburg Beschl. v. 17.10.2016 – W 6 S 16.993, BeckRS 2016, 53734.
22 VG Köln Beschl. v. 10.7.2017 – 7 L 2889/17, BeckRS 2017, 117313.
23 Bereits *Rixen* in *Kloepfer* Pandemien S. 67 (68 f.) konstatiert eine überschaubare Rechtsprechung. Hieran hatte sich bis zum Ausbruch der Corona-Pandemie nichts Entscheidendes geändert.
24 So VGH München Beschl. v. 20.1.1997 – 24 NE 96.3632, juris Rn. 22.
25 Vgl. VG Köln Beschl. v. 11.7.2012 – 7 L 712/12, juris Rn. 9–16.

wenn bestimmte Grenzwerte, wie sie etwa für die Wasserqualität festgelegt sind, überschritten werden. Für das Trinkwasser gelten indes besondere Regelungen, namentlich § 9 der Trinkwasserverordnung.[26] Grenzwerte dienen in diesen Fällen als vorgezogene Sachverständigengutachten und definieren das Risiko entsprechend dem jeweils aktuellen Erkenntnisstand. Ein Einschreiten ist jedoch auch dann gerechtfertigt, wenn der aktuelle Stand der wissenschaftlichen Erkenntnisse nicht durch Grenzwerte erfasst ist, jedoch Medizin, Virologie, Bakteriologie oder Epidemiologie den Schluss auf die in § 16 Abs. 1 S. 1 IfSG genannten Tatsachen zulassen. Dabei entspricht es der Natur der Sache, dass kaum ein Stand der Wissenschaft jemals unumstritten sein wird. Maßgebend kann deshalb nur die überwiegende Auffassung der Fachwelt sein.

dd) Rechtsprechung in Corona-Zeiten

10 Dieser Rechtsprechungsbefund hat sich im Gefolge der Ausbreitung des SARS-CoV-2-Virus in Deutschland seit den ersten Monaten des Jahres 2020 grundlegend gewandelt. Die landesweit scharfen und ausnahmslos grundrechtsrelevanten Einschränkungen im Gefolge der **Corona-Krise** haben zu einer deutlichen Zunahme verwaltungsgerichtlicher Entscheidungen auch in Bezug auf § 16 IfSG geführt. Allerdings liegt der Schwerpunkt inzwischen auf Maßnahmen nach dem 5. Abschnitt des IfSG. Mancherorts wird aber auch nicht streng zwischen § 16 Abs. 1 S. 1 und § 28 Abs. 1 S. 1 IfSG unterschieden. Dies ist, da es sich um Beschlüsse des einstweiligen Rechtsschutzes handelt, durchaus nachvollziehbar.

11 Gleichwohl ist die die Anwendung des § 16 Abs. 1 S. 1 IfSG im Fall der **Pandemie** nicht unproblematisch. Denn die Norm ist auf **Vorfeldmaßnahmen** hin konzipiert. Verhindert werden soll der Ausbruch einer Seuche.[27] Liegt der Pandemiefall vor, ist dieser Bereich verlassen. Behördliche Maßnahmen dienen dann der Bekämpfung der Seuche, insbesondere der Verlangsamung ihrer Ausbreitung durch Unterbrechung von Infektionsketten. Mit Gesetz v. 27.3.2020 (BGBl. I 587) wurde das IfSG ua um die neuen §§ 5 und 5 a ergänzt, die weitgehende Befugnisse des Bundes zu Einzel-Anordnungen oder zum Erlass vom Rechtsverordnungen mit dem Ziel der Bekämpfung der epidemischen Ausbreitung des Krankheitserregers und zur Stützung des Gesundheitssystems begründen (*Rixen* in → § 4 Rn. 6–16). Diese setzen sämtlich die Feststellung einer epidemischen Lage von nationaler Tragweite durch den Deutschen Bundestag voraus. Es handelt sich folglich um Maßnahmen nach Ausbruch der Epidemie. Soweit Maßnahmen der zuständigen (Landes-)Behörden in Rede stehen, sind diese dann dem 5. Abschnitt des IfSG, insbesondere § 28 zuzuordnen, da sie der Bekämpfung einer bereits bestehenden Infektionsgefahr dienen. Dies gilt selbstverständlich auch dann, wenn der Bundestag die genannte Feststellung (noch) nicht getroffen hat, die wissenschaftlichen Erkenntnisse aber eine bereits ausgebrochene landesweite Epidemie belegen. Anders verhält es sich mit dem Zustand einer *drohenden* Pandemie oder Epidemie. Hier kommt die Generalklausel als Vorfeldmaßnahme zum Tragen. So kann es zB im Einzelfall geboten sein, ein Rockkonzert oder eine Versammlung gleich welcher Art unter Hinweis auf § 16 Abs. 1 S. 1 IfSG zu untersagen, obwohl es im Bereich dieser Veranstaltung bislang zu keinem Auftreten einer übertragbaren Erkrankung gekommen ist. Das Eingreifen rechtfertigt sich hier schon dann, wenn aufgrund tragfähiger Erfahrungssätze mit ihrem Auftreten gerechnet werden muss, weil es zB in einem Nachbarland bereits zu einem Ausbruch gekommen und zu erwarten ist, dass auch von dort Menschen die Veranstaltung besu-

---

26 Vgl. für das Trinkwasser jedoch die Trinkwasserverordnung idF der Bekanntmachung v. 10.3.2016 (BGBl. I 459), zuletzt geändert durch VO v. 20.12.2019 (BGBl. I 2934), die mit ihrem § 9 eine speziellere Ermächtigungsgrundlage bereithält.

27 Vgl. BVerwG Urt. v. 16.12.1971 – I C 60.67, juris Rn. 24, zur wortlautgleichen Vorgängervorschrift des § 10 Abs. 1 S. 1 BSeuchG.

chen. Dieses Beispiel zeigt aber auch die Schwierigkeiten einer Abgrenzung. Jede Bekämpfungsmaßnahme dient zugleich der Verhütung weiterer Ausbreitung, insbesondere der Unterbrechung bestehender erkannter oder unbekannter Infektionsketten. Das Bewusstsein um die Bedeutung von Vorfeldmaßnahmen wird indes im Zuge der Erfahrungen mit der Bekämpfung des Corona-Virus gewachsen sein. Den Landesregierungen steht hier gemäß § 17 Abs. 4 IfSG das Instrument der Rechtsverordnung ebenso zur Verfügung wie bei späteren Bekämpfungsmaßnahmen (vgl. dort § 32 und → Rn. 22). Gleichwohl entspricht es der Natur der Sache, dass bei Vorfeldmaßnahmen die Verhältnismäßigkeit des Eingriffs noch sorgfältigerer Begründung bedarf.

In gerichtlichen Verfahren um Verbotsverfügungen im Gefolge der Corona-Krise wurde 12 seitens der Betroffenen eingewandt, im Bereich *ihrer* Veranstaltung seien weder Kranke noch Krankheitsverdächtige, Ansteckungsverdächtige oder Ausscheider festgestellt worden; eine Verbotsverfügung könne folglich nicht auf § 28 Abs. 1 S. 1 IfSG gestützt werden. Das ist an sich richtig; der Eingriff kann aber auch in diesen Fällen als Vorfeldmaßnahme durchaus Bestand haben. Dessen ungeachtet sind auch die Voraussetzungen des § 28 Abs. 1 S. 1 IfSG recht weit gefasst. Es genügt, dass Krankheits- und Ansteckungs*verdächtige* festgestellt werden können.

Für die räumliche Abgrenzung der Lagebeurteilung gibt das IfSG keine Kriterien vor. 13 Allerdings deutet der mit dem Änderungsgesetz v. 27.3.2020[28] aus Gründen der Normenklarheit[29] geänderten Wortlaut des § 28 Abs. 1 S. 1 IfSG auf einen gewissen **Ortsbezug** des Auftretens einer Infektionsquelle hin. Die Bekämpfung muss am Ort des Eingreifens erforderlich sein, weil dort eine Infektionsquelle festgestellt wurde. Das ist bei einer so weit reichenden Ausbreitung der Infektion wie der Corona-Pandemie nicht problematisch, da Infektionsträger praktisch überall festgestellt werden können. Anders verhält es sich bei einem lokal begrenzten Ausbruchsgeschehen. Kann hier kein belastbarer Bezug zum Ort des Eingreifens festgestellt werden, dient die Maßnahme der Verhütung von Infektionen. Sie findet ihre Grundlage dann in § 16 Abs. 1 S. 1 IfSG.

ee) Handlungsgebot an die Behörde

Besteht eine Lage, die zum Auftreten übertragbarer Krankheiten führen kann, oder ist 14 dies auch nur zu vermuten, sind die zuständigen Behörden zum Handeln von Amts wegen verpflichtet.[30] § 16 Abs. 1 S. 1 IfSG gestattet es nicht, eine erkannte Gefährdungslage zu ignorieren. Dieses infektionsschutzrechtliche **Handlungsgebot** setzt allerdings eine Wertung festgestellter oder befürchteter Tatsachen durch die Behörde voraus, die sich wiederum am wissenschaftlichen Erkenntnisstand orientiert. Hier und insbesondere bei der Frage, ob Tatsachen „anzunehmen" sind, eröffnen sich Wertungsspielräume. Auch ist die Frage, ob die zuständige Behörde zum Handeln verpflichtet gewesen wäre, in der Rückschau oft anders zu beantworten als aus der maßgeblichen Sicht der Behörde im Zeitpunkt der Entscheidung.

ff) Verhältnismäßigkeit

Die Eingriffsbefugnis ist auf die **notwendigen Maßnahmen** beschränkt. Damit greift das 15 IfSG einen Terminus auf, der sich in zahlreichen Befugnisnormen des Bundes und der Länder findet. Er verweist auf den allgemeinen **Verhältnismäßigkeitsgrundsatz**. Es ist nicht nur ein zur Abwehr der Infektionsgefahr geeignetes Mittel zu ergreifen, sondern dasjenige, was ohne Effizienzverlust den einzelnen und die Allgemeinheit voraussichtlich am wenigsten beeinträchtigt und nicht zu einem Nachteil führt, der zu dem erstreb-

28 Gesetz v. 27.3.2020 (BGBl. I 587).
29 Begründung zum Gesetzentwurf der Fraktionen der CDU/CSU und SPD v. 24.3.2020, BT-Drs. 19/18111, 25.
30 *Rixen* in *Kloepfer* Pandemien S. 67 (72).

ten Erfolg erkennbar außer Verhältnis steht.[31] Mögen sich diese Voraussetzungen bei einem Vorgehen gegen einzelne potenzielle Infektionsquellen noch ohne besondere Schwierigkeiten bestimmen lassen, so ändert sich das Bild im Falle einer Epidemie oder Pandemie. Schon im Fall eines drohenden epidemischen, mithin räumlich einzugrenzenden Infektionsgeschehens, stellt sich das Problem, dass nicht eine bestimmte Gefahrenquelle zu Maßstab der Maßnahme gemacht werden kann. Vielmehr erstarkt ein mathematisch bezifferbares Risiko zum Maßstab der Mittelauswahl. Dies gilt umso mehr im Fall einer drohenden Pandemie, mithin eines räumlich gänzlich entgrenzten Ausbruchgeschehens. Der aus Polizei- und Ordnungsrecht bekannte Satz, dass umso weiter in individuelle Rechte eingegriffen werden darf, je größer die Gefahr und je wertvoller das gefährdete Rechtsgut, hilft hier nicht unbedingt weiter. Denn für die Betroffenen ist die Gefährdungslage bei Maßnahmen im Vorfeld einer Epidemie oder Pandemie abstrakt. Staatliche Eingriffe bedürfen hier in Bezug auf die **Mittelauswahl** besonderer Rechtfertigung. Dies gilt umso mehr, als auch präventive Verbote nach § 16 Abs. 1 S. 1 IfSG durchaus weitreichende Maßnahmen gegenüber der Allgemeinheit umfassen können, etwa das Verbot bestimmter Veranstaltungen, Ausgehverbote oder die Anordnung allgemeiner Schutzmaßnahmen.[32] Diese gehen über bloße Einzelmaßnahmen deutlich hinaus, können aber gleichwohl auf § 16 Abs. 1 S. 1 IfSG gestützt werden, sofern Tatsachen vorliegen, die mit genügender Wahrscheinlichkeit auf den drohenden Beginn eines solchen Ausbruchsgeschehens deuten. Die in diesem Zusammenhang zur Gefahrenabwehr tauglichen Mittel beinhalten fast zwingend Maßnahmen allgemeiner Art,[33] die eine Vielzahl von Bürgern gleichermaßen betreffen. Die Bekämpfung der Ausbreitung weltumspannender Epidemien bereits im Vorfeld wird nach der Corona-Pandemie umso dringlicher sein. Angesichts der erheblichen Ausbreitungsgeschwindigkeit moderner Seuchen kann nur ein schnelles behördliches Handeln im Vorfeld helfen, gravierendere spätere Bekämpfungsmaßnahmen zu vermeiden.

16 Bei Vorfeldmaßnahmen, in gesteigertem Maße bei Bekämpfungsmaßnahmen nach § 28 Abs. 1 S. 1 IfSG, geht die Behörde weit über die Einzelfallentscheidung hinaus, die einen Verwaltungsakt üblicherweise kennzeichnet. Die rechtliche Bewertung des gewählten Mittels sieht sich hier vor das Problem gestellt, dass sich zwar jederzeit ein anderes, nicht aber auch stets ein besseres, weniger belastendes Mittel feststellen lässt. Denn die Mittelauswahl basiert stets auf einer **Gefahrprognose**. Prognostisch geprägt ist auch die Mittelauswahl. Es ist schon mangels vorliegender Erfahrungswerte nicht mit statistischer Sicherheit begründbar, weshalb es im Fall einer (drohenden) Pandemie zwingend geboten ist, Kaufhäuser zu schließen, kleine Ladengeschäfte aber offen zu halten. Ebenso wenig ist es juristisch „wasserdicht" zu begründen, Baumärkte geöffnet zu halten, nicht aber Autohäuser. In die zu treffenden behördlichen Entscheidungen – einerlei ob in Gestalt einer Einzelverfügung, einer Allgemeinverfügung oder einer ordnungsbehördlichen Verordnung – mischen sich Einschätzungen allgemeiner Art, zB in Bezug auf den Erhalt von Arbeitsplätzen oder die wirtschaftliche Situation bestimmter Branchen. Unter Verhältnismäßigkeitsgesichtspunkten mag dies sogar geboten sein; eine Richtigkeitsgewähr besteht für derartige Differenzierungskriterien jedoch nicht. Bei Maßnahmen nach § 16 Abs. 1 IfSG kommt hinzu, dass statistische Daten zu einem Infektionsverlauf in der Bevölkerung fehlen. Die Prognose richtet sich bei Vorfeldmaßnahmen zwangsläufig ins Ungewisse, was die Akzeptanz grundrechtseinschränkender Maßnahmen mit der

31 In dieser oder ähnlicher Form findet sich der Verhältnismäßigkeitsgrundsatz in zahlreichen Ordnungsgesetzen des Bundes und der Länder, vgl. zB § 15 BPolG, § 15 OBG NRW oder § 2 PolG NRW.

32 Für den Fall von Bekämpfungsmaßnahmen nach § 28 Abs. 1 S. 1 IfSG vgl. OVG Münster Beschl. v. 6.4.2020 – 13 B 398/20.NE, juris Rn. 59–61 = BeckRS 2020, 5158 Rn. 40–42 und VGH München Beschl. v. 30.3.2020 – 20 CS 20.611, juris Rn. 21 f.

33 Vgl. OVG Münster Beschl. v. 6.4.2020 – 13 B 398/20.NE, juris Rn. 46–48 = BeckRS 2020, 5158 Rn. 32–34.

gleichen Zwangsläufigkeit verringert. Die zuständigen Organe der Exekutive sehen sich in einem derartigen Fall vor eine Situation gestellt, wie sie sonst für den Gesetzgeber typisch ist. Es müssen ein in sich hinreichend schlüssiges Gesamtkonzept zur Gefahrbekämpfung entwickelt und die angeordneten Einschränkungen in ein nachvollziehbares Verhältnis gesetzt werden, ohne dass ein abschließendes Urteil über die Effektivität des Konzepts und der einzelnen Maßnahmen möglich ist. Mehr als eine „Systemgerechtigkeit" ist kaum erreichbar. Stets bleibt die Möglichkeit anderer Maßnahmen mit möglicherweise größerer Effizienz. Solange diese aber nicht tragfähig wissenschaftlich abgesichert sind, bleibt im Interesse effektiver Gefahrenabwehr nur, das prognostische Element der behördlichen Entscheidung zu betonen. Die Gefahrprognose bestimmt nicht nur die Frage über das „Ob" des behördlichen Eingreifens, sondern prägt auch die Mittelauswahl. Ohne den an sich für die Arbeit des Gesetzgebers vorbehaltenen Begriff der **Einschätzungsprärogative** (Gestaltungsspielraum) zu bemühen, bleibt bei naturwissenschaftlich nicht sicher zu klärenden Annahmen nur die Prüfung der Nachvollziehbarkeit der Mittelauswahl.[34] Ohne Verstoß gegen Art. 19 Abs. 4 S. 1 GG kann ein Verwaltungsgericht die Einschätzung der Behörde zu der fachlichen Frage zugrunde legen, wenn die von der Behörde verwendeten fachlichen Maßstäbe und Methoden vertretbar sind und die Behörde insofern zu einer plausiblen Einschätzung gelangt ist. Raum für die verwaltungsgerichtliche Kontrolle bleibt auch dann in Bezug auf die Richtigkeit der Sachverhaltsermittlung, die Berücksichtigung allgemeingültiger Bewertungsmaßstäbe oder etwaiger sachfremder Erwägungen.[35] Dem entspricht es, dass sich die Verwaltungsgerichte in den bisher vorliegenden Entscheidungen des einstweiligen Rechtsschutzes oft Zurückhaltung bei der Wertung der Maßnahmen unter Verhältnismäßigkeitsgesichtspunkten auferlegt haben.

Ein nicht nur tatbestandlich, sondern auch in Bezug auf die Mittelauswahl limitierendes 17
Element einer behördlichen Entscheidung zum Infektionsschutz stellt deren **zeitliche Begrenzung** (Befristung) dar. Ordnet die Behörde eine Maßnahme mit Dauerwirkung, zB das Verbot von Großveranstaltungen an, so folgt eine Beschränkung in dieser Hinsicht schon aus dem Tatbestand der Norm, hier § 16 Abs. 1 S. 1 IfSG. Maßnahmen zur Gefahrenabwehr dürfen nur solange aufrechterhalten werden, wie die Gefahr andauert. In das IfSG gewendet bedeutet dies, dass sie nur gerechtfertigt sind, wenn weiterhin Tatsachen bestehen, die zum Auftreten einer übertragbaren Krankheit führen können oder zumindest anzunehmen ist, dass solche Tatsachen bestehen. Andernfalls ist die Maßnahme aufzuheben. Dies gilt für § 16 Abs. 1 S. 1 IfSG und § 28 Abs. 1 S. 1 IfSG gleichermaßen. Die Polizei- und Ordnungsgesetze des Bundes und der Länder drücken dies in der Weise aus, dass eine Maßnahme nur solange zulässig ist, bis ihr Zweck erreicht ist oder sich zeigt, dass er nicht mehr erreicht werden kann.[36] Im IfSG gilt nichts anderes. Die **Befristung** der Maßnahmen hat auch das Bundesverfassungsgericht zu einem wesentlichen Element seiner Güterabwägung bei der Entscheidung über Anträge gegen Ausgangsbeschränkungen im Pandemiefall erhoben.[37] Dieser Gedanke ist auch für Vorfeldmaßnahmen nach § 16 Abs. 1 S. 1 IfSG tragfähig. Im IfSG kommt der zeitlichen Komponente auch auf der Ebene der Mittelauswahl, dem „Wie" der Maßnahme, eine besondere Bedeutung zu. Denn ein Infektionsgeschehen entwickelt sich nicht mit linearer Zwangsläufigkeit. Die weitere Entwicklung ist für die Behörde regelmäßig bei Erlass einer freiheitsbeschränkenden Regelung nicht sicher vorhersehbar. Hieraus folgt, will man dem Gebot der Verhältnismäßigkeit gerecht werden, die Verpflichtung der Behörde zu fortlaufender Überwachung des Sachverhalts. Dem entspricht nicht allein eine Befris-

34 Zum Umfang der hiernach eröffneten Spielräume vgl. *Kluckert* in → § 2 Rn. 117–120.
35 BVerfG Beschl. v. 23.10.2018 – 1 BvR 2523/13 ua, juris Rn. 17–32 = BeckRS 2018, 29840 Rn. 17–32.
36 Vgl. zB § 15 Abs. 3 BPolG, § 2 Abs. 3 PolG NRW oder § 15 Abs. 3 OBG NRW.
37 Vgl. BVerfG Beschl. v. 7.4.2020 – 1 BvR 755/20, juris Rn. 11 = BeckRS 2020, 5317 Rn. 11.

tung der Maßnahme. Schon vor Fristablauf ist es an der Behörde zu überprüfen, ob an bestimmten Einschränkungen festgehalten werden muss. Erweisen sich einzelne Maßnahmen schon früher als nicht mehr erforderlich oder weitgehend nutzlos, müssen sie umgehend aufgehoben oder modifiziert werden.[38] Nur hierdurch kann der besonderen Grundrechtsrelevanz infektionsschutzrechtlicher Maßnahmen Rechnung getragen werden. Im umgekehrten Fall ist natürlich bei entsprechenden Erkenntnissen eine Verschärfung bestehender Maßnahmen möglich. Ein schützenswertes Vertrauen in den bestehenden Umfang bereits gewährter Ausnahmen besteht bspw. nicht. Denn infektionsschutzrechtliche Einschränkungen erfolgen im vorrangigen öffentlichen Interesse.

b) § 28 Abs. 1 S. 1, § 28 a IfSG

18 **§ 28 Abs. 1 S. 1 IfSG** verlängert die behördlichen Eingriffsbefugnisse in den Zeitraum nach der Feststellung übertragbarer Krankheiten. Werden Kranke, Krankheitsverdächtige, Ansteckungsverdächtige oder Ausscheider[39] festgestellt oder ergibt sich, dass ein Verstorbener krank, krankheitsverdächtig oder Ausscheider war, trifft die Behörde die notwendigen Schutzmaßnahmen, soweit und solange es zur Verhinderung der Verbreitung übertragbarer Krankheiten erforderlich ist. Strukturell ist die Norm § 16 Abs. 1 S. 1 IfSG ähnlich. Sie unterscheidet sich durch die Zielrichtung der Maßnahmen. Geht es bei § 16 Abs. 1 S. 1 IfSG um die Verhütung eines infektiösen Geschehens, hat § 28 Abs. 1 S. 1 IfSG die Bekämpfung eines bestehenden Infektionsherdes im Blick. Es wurde bereits darauf hingewiesen, dass die Abgrenzung zwischen beiden Bereichen nicht stets trennscharf möglich ist. Letztlich ergänzen sich beide Vorschriften. Dies rechtfertigt es, § 28 Abs. 1 S. 1 IfSG als **Zweite Generalklausel des IfSG** anzusprechen. Wie § 16 Abs. 1 S. 1 IfSG ist die Norm in Bezug auf die Mittelauswahl offen gestaltet. Mit dem Dritten Gesetz zum Schutz der Bevölkerung bei einer epidemischen Lage von nationaler Tragweite wird nunmehr bereits im Tatbestand der Norm § 28 a Abs. 1 IfSG in Bezug auf die Mittelauswahl hervorgehoben („insbesondere") und neben die Standardmaßnahmen nach §§ 29 bis 31 IfSG gestellt. § 28 a Abs. 1 IfSG ist allerdings, anders als diese, eine Sondervorschrift, die sich ausschließlich auf die Mittelauswahl zur Verhinderung der Verbreitung der COVID-19-Erkrankung bezieht.

aa) Handlungsgebot

19 Auch im Fall des § 28 IfSG besteht ein **Handlungsgebot** (→ Rn. 14). Die zuständige Behörde „trifft" wie in den Fällen des § 16 Abs. 1 S. 1 IfSG die notwendigen Maßnahmen, sofern die tatbestandlichen Voraussetzungen vorliegen und soweit und solange es zur Verhinderung der Verbreitung festgestellter übertragbarer Erkrankungen erforderlich ist. Die Norm ist nicht bloße Aufgabenzuweisung, sondern vermittelt ordnungsbehördliche Befugnisse. Dies schließt wie im Fall des § 16 Abs. 1 S. 1 IfSG die Befugnis ein, durch belastende Verwaltungsakte – sei es durch Einzel- oder durch Allgemeinverfügung – auf das Infektionsgeschehen zu reagieren. Die Befugnis der Landesregierungen, durch Rechtsverordnung zu handeln, tritt auch hier ergänzend hinzu (vgl. § 32 IfSG und → Rn. 45).

bb) Bestimmtheit und Verhältnismäßigkeit der Befugnis

20 In Bezug auf die **Mittelauswahl** äußert sich das IfSG hier bereits im Tatbestand der Eingriffsnorm konkret. Als Regelbeispiele („insbesondere") wurden auch schon vor der neuen Bestimmung des § 28 a IfSG die Maßnahmen nach §§ 29 bis 31 IfSG angesprochen, also die Beobachtung, die Quarantäne und das berufliche Tätigkeitsverbot. Andere Maßnahmen gleicher Zielsetzung waren auch vor der Neuregelung keineswegs aus-

38 OVG Münster Beschl. v. 6.4.2020 – 13 B 398/20.NE, juris Rn. 99 = BeckRS 2020, 5158 Rn. 63.
39 Zu den Begriffsbestimmungen vgl. § 2 IfSG.

geschlossen. In einem zweiten Halbsatz wird zudem die Befugnis der Behörde angesprochen, Personen zu verpflichten, den Ort, an dem sie sich befinden, nicht oder nur unter bestimmten Bedingungen zu verlassen oder von ihr bestimmte Orte nicht oder nur unter bestimmten Bedingungen zu betreten. In dieser Gestalt beruht die Regelung auf einer Änderung durch das Gesetz zum Schutz der Bevölkerung bei einer epidemischen Lage von nationaler Tragweite v. 27.3.2020 (BGBl. I 587). Zuvor fand sich die Befugnis als zweiter Halbsatz des S. 2 der Norm, mithin in Zusammenhang mit dem Verbot von Veranstaltungen, sonstigen Ansammlungen oder der Schließung von Badeanstalten. Die Begründung des Gesetzentwurfs spricht von einer Änderung aus Gründen der Normenklarheit.[40] Dem lag offenbar die im Zuge der Corona-Krise aufkeimende Befürchtung zugrunde, die Befugnis könne nur auf Maßnahmen in räumlich-sachlichem Zusammenhang mit diesen Veranstaltungen bezogen werden. Durch die veränderte systematische Stellung ergibt sich nunmehr unproblematisch ein weiter Anwendungsbereich. Betretungsverbote sind nun in allen Fällen der Generalklausel möglich. Ebenso möglich sind Aufenthaltsverbote und Aufenthaltsbeschränkungen. Die Frage, ob derart weitgehende Grundrechtseingriffe auf die Generalklausel gestützt werden können oder diese, weil zu unbestimmt, dem Gesetzesvorbehalt nicht genügt, war damit nicht mehr wie zuvor virulent. Das OVG Münster[41] hatte hierzu ausgeführt:

„Die angegriffene Vorschrift genügt (...) den Anforderungen des Bestimmtheitsgebots aus Art. 80 Abs. 1 Satz 2 GG. § 28 Abs. 1 Satz 1 Halbsatz 1 IfSG enthält keine danach unzulässige Globalermächtigung für den Verordnungsgeber. Zwar ist die Regelung als offene Generalklausel ausgestaltet, um den Infektionsschutzbehörden bzw. über den Verweis in § 32 Abs. 1 IfSG dem Verordnungsgeber ein möglichst breites Spektrum an geeigneten Schutzmaßnahmen zu eröffnen.

Vgl. dazu BVerwG, Urteil vom 22. März 2012 – 3 C 16.11 –, juris Rn. 24.

Denn der Gesetzgeber ist bei Erlass der (Vorgänger-)Regelung davon ausgegangen, dass sich die Fülle der Schutzmaßnahmen, die bei einem Ausbruch einer übertragbaren Krankheit in Frage kommen können, nicht von vornherein übersehen lässt. Allerdings hat er unter anderem bereits mit der beispielhaften Aufzählung in § 28 Abs. 1 Satz 2 IfSG, wonach unter den Voraussetzungen von Satz 1 Veranstaltungen und sonstige Ansammlungen von Menschen beschränkt oder verboten und Badeanstalten oder in § 33 genannten Gemeinschaftseinrichtungen oder Teile davon geschlossen werden können, deutlich gemacht, dass in Konkretisierung der mit der Generalklausel eröffneten Handlungsmöglichkeiten auch weitreichende Maßnahmen gegenüber der Allgemeinheit in Betracht kommen. Denn § 28 Abs. 1 Satz 1 Halbsatz 1 und Satz 2 IfSG stehen nach dem Willen des Gesetzgebers nicht in einem Spezialitätsverhältnis; vielmehr können alle notwendigen Schutzmaßnahmen auf die Generalklausel des § 28 Abs. 1 Satz 1 Halbsatz 1 IfSG gestützt werden. Die in Satz 2 beispielhaft genannten Schutzmaßnahmen werden lediglich gesondert erwähnt, um einerseits ihre erhebliche Bedeutung hervorzuheben und andererseits Verstöße gegen vollziehbare Anordnungen insoweit strafrechtlich ahnden zu können (vgl. § 75 Abs. 1 Nr. 1 IfSG).

Vgl. zum Ganzen BT-Drs. 8/2468, S. 11, 27 f. zur Vorgängerregelung des § 34 BSeuchG, und BT-Drs. 14/2530; Bay.VGH, Beschluss vom 30. März 2020 – 20 CS 20-611 –, juris Rn. 11 ff., 16.

Dass nach Inhalt und Zweck der Ermächtigung in § 28 Abs. 1 Satz 1 Halbsatz 1 IfSG grundsätzlich auch Geschäftsschließungen als mögliche Schutzmaßnahme verordnet werden können, ist vor diesem Hintergrund unzweifelhaft. Dafür spricht, dass (Einzel-

40 BT-Drs. 19/18111, 25.

41 OVG Münster Beschl. v. 6.4.2020 – 13 B 398/20.NE, juris Rn. 44–56 = BeckRS 2020, 5158 Rn. 32–38.

handels-)Betriebe mit Publikumsverkehr den in Satz 2 der Vorschrift ausdrücklich genannten Veranstaltungen und sonstigen Zusammenkünften insoweit ähneln, als dass sie ebenso wie diese Anziehungspunkte für Menschen an einem begrenzten Ort sind und damit ein besonderes Risiko für die Weiterverbreitung einer von Mensch zu Mensch übertragbaren Krankheit darstellen.

Vgl. auch nochmals Bay.VGH, Beschluss vom 30. März 2020 – 20 CS 20–611 –, juris Rn 11 ff.

Es bestehen unter dem Gesichtspunkt der Bestimmtheit keine durchgreifenden Bedenken gegen die Annahme, dass § 28 Abs. 1 Satz 1 Halbsatz 1 IfSG zum Erlass von Maßnahmen allgemeiner Art, die als solche auch besonders eingriffsintensiv sein können, befugt. Der Gesetzgeber hat mit der Neufassung des § 28 Abs. 1 IfSG zum 28. März 2020 den Satz 1 um den zweiten Halbsatz, sie kann insbesondere Personen verpflichten, den Ort, an dem sie sich befinden, nicht oder nur unter bestimmten Bedingungen zu verlassen oder von ihr bestimmte Orte oder öffentliche Orte nicht oder nur unter bestimmten Bedingungen zu betreten' ergänzt und gleichzeitig Satz 2 Halbsatz 2 gestrichen. Unabhängig von der Frage, ob es sich bei dieser Änderung um eine bloße Anpassung aus Gründen der Normenklarheit handelt,

so die Begründung des Gesetzentwurfs, BT-Drs. 19/18111, 25,

besteht kein Zweifel, dass damit über punktuell wirkende Maßnahmen hinaus allgemeine oder gleichsam flächendeckende Verbote erlassen werden können. Dafür spricht nicht nur der Wortlaut von § 28 Abs. 1 Satz 1 Halbsatz 2 IfSG. Auch der Umstand, dass es sich bei der Gesetzesänderung um eine Reaktion auf das aktuelle Bedürfnis zum Erlass von landesweit geltenden Schutzmaßnahmen handelt, trägt dieses Auslegungsergebnis, zumal der Gesetzgeber in Kenntnis der bereits erlassenen Länderverordnungen bei gleichzeitig bestehender Kritik an der ursprünglichen Gesetzesfassung gehandelt hat.

So im Ergebnis auch Bay.VGH, Beschluss vom 30. März 2020 – 20 CS 20–611 –, juris Rn. 17; siehe zudem Bay.VGH, Beschluss vom 30. März 2020 – 20 NE 20.632 –, juris Rn. 46, zu allgemeinen Ausgangs- und Betretungsverboten.

Schließlich hat der Parlamentsgesetzgeber auch das Ausmaß der dem Verordnungsgeber erteilten Rechtsmacht bestimmt. Diese beschränkt sich auf ‚notwenige Schutzmaßnahmen'. Innerhalb des dem Verordnungsgeber hierdurch zuwachsenden Regelungsermessens ist damit eine Normierung zulässig, soweit und solange diese zur Verhinderung der (Weiter-)Verbreitung einer übertragbaren Krankheit geboten ist und gegenüber den davon Betroffenen nicht unverhältnismäßig wirkt.

Vgl. BVerwG, Urteil vom 22. März 2012 – 3 C 16.11 –, juris Rn. 24, zu behördlichen Maßnahmen.

Inhalt, Zweck und Ausmaß der vom Gesetzgeber erteilten Ermächtigung erscheinen damit im vorliegenden Zusammenhang hinreichend deutlich vorgegeben."

21 Allerdings hat die Neufassung nicht nur zu einer bloßen Übernahme des vorherigen Wortlauts geführt. In der alten Fassung bestand die Möglichkeit in das Recht auf Ortsveränderung einzugreifen nur „bis die notwendigen Schutzmaßnahmen durchgeführt worden sind." Eine inhaltliche Änderung oder Verschärfung der Eingriffsbefugnis ist hiermit jedoch nicht verbunden. Denn wie der alte enthält auch der neue S. 1 die Wendung, „soweit und solange es zur Verhinderung der Verbreitung übertragbarer Krankheiten erforderlich ist". Damit wird weiterhin die zeitliche Komponente des Eingriffs betont, dessen Intensität und Dauer von der aktuellen Lage abhängig sind. Einer Übernahme des alten Wortlauts bedurfte es in diesem Punkt nicht.[42]

42 Anders wohl *Rixen* NJW 2020, 1097 (1099).

In der geänderten Gestalt wurde § 28 Abs. 1 S. 1 IfSG, auch in Verbindung mit S. 2 der Norm und § 32 IfSG, der die Landesregierungen zum Erlass infektionsschutzrechtlicher Ge- und Verbote im Wege der Rechtsverordnung ermächtigt, im Verlauf der Corona-Pandemie zur entscheidenden Ermächtigungsgrundlage für Rechtsverordnungen auf Länderebene zur **Steuerung des „Herunterfahrens" des öffentlichen Lebens.**. Auf die Vorschrift werden ua die folgenden Regelungen gestützt (s. a. *Kluckert* in → § 3 Rn. 1–26): 22

- Aufenthaltsbeschränkungen im Freien
- Abstandsgebote („Social Distancing")
- Beherbergungsverbote
- Gebot des Tragens von Schutzmasken
- Betriebsschließungen für Einzelhandelsbetriebe, ggf. nach Größe und Art des Betriebes gestaffelt
- Schließung von Freizeit, Kultur- und Vergnügungsstätten
- Prostitutionsverbot
- Alkoholverbot in der Öffentlichkeit
- Schließung von Sportstätten
- Schließung von Hotels und Gaststätten
- Verbot der Nutzung von Zweit- und Ferienwohnungen
- Schließung von Campingplätzen
- Versammlungsverbote
- Gottesdienstverbote
- „Einreiseverbote" für bestimmte Landesteile.

Damit ist die Vielfalt möglicher Grundrechtseinschränkungen angedeutet. Die Aufzählung ist keineswegs abschließend. Es ging und geht um nicht weniger als eine bislang beispiellose **Steuerung des gesamten gesellschaftlichen Lebens**. Diese ist mit den aus dem Polizei- und Ordnungsrecht bekannten Kategorien, etwa dem Vorgehen gegen einen Störer bei konkreter Gefahr, nicht zu erfassen. Denn eine Schutzmaske muss im Fall eines entsprechenden Gebots auch der Nicht-Infizierte tragen. Dieser ist im klassischen Sinne kein Störer. Ähnliches mag für einen Einzelhandels- oder Hotelbetrieb gelten, der maximale Sicherheitsstandards gewährleistet. § 28 Abs. 1 S. 1 IfSG hat dem Wortlaut nach Kranke, Krankheitsverdächtige, Ansteckungsverdächtige und Ausscheider im Blick. Dies sind auch die Gewebetreibenden in der Regel nicht. 23

Mit der gewählten personellen Eingrenzung trifft die Vorschrift indes keine Regelung der **Störerauswahl**. Die Feststellung entsprechender Personen ist vielmehr Voraussetzung des behördlichen Eingriffs. Dieser kann durchaus Regelungen abstrakt-genereller Natur beinhalten. Dies hat auch dazu geführt, dass die Maßnahmen in der ersten Phase der Corona-Krise in Gestalt von Allgemeinverfügungen, später durch Verordnungen angeordnet wurden. Durch seinen generell-abstrakten Ansatz unterscheidet sich Abs. 1 S. 1 gerade von den infektionsschutzrechtlichen Standardmaßnahmen (→ Rn. 30–41). die einen bestimmbaren Personenkreis oder Einzelpersonen adressieren. 24

Die zu den infektionsschutzrechtlichen Verboten und Geboten bislang vorliegende **Rechtsprechung** ist binnen Kurzem unüberschaubar geworden. Dies ist auch dem Umstand geschuldet, dass sie fast ausnahmslos landesrechtliche Ge- und Verbote betrifft, zu deren Überprüfung jeweils die zuständigen Verwaltungs- und Oberverwaltungsgerichte (Verwaltungsgerichtshöfe) der Bundesländer berufen sind. Zudem finden sich trotz aller Harmonisierungsversuche auf politischer Ebene weiterhin vielfältige Unterschiede in den Regelungen der einzelnen Bundesländer. Soweit auf regionaler Ebene durch die örtlichen Ordnungsbehörden gehandelt wird, treten Regelungen durch Allgemeinverfügungen oder Einzel-Verwaltungsakte hinzu. Der verwaltungsgerichtliche 25

Rechtsschutz erfasst daher mehrere Regelungsebenen, die es auch hinsichtlich ihres Konkurrenzverhältnisses abzuklären gilt. So lässt beispielsweise die Coronaschutzverordnung des Landes Nordrhein-Westfalen Allgemeinverfügungen der Kreise und kreisfreien Städte nur unter besonderen Voraussetzungen zu.[43] Die Coronaschutzverordnung ihrerseits muss mit höherrangigem Recht vereinbar sein, namentlich mit dem IfSG und dem GG. Die gerichtliche Prüfung lotet die hiermit verbundenen rechtlichen Fragen derzeit nicht vollständig aus. Das ist dem Umstand geschuldet, dass sie derzeit fast ausnahmslos auf dem Gebiet des einstweiligen Rechtsschutzes ergehen. Die rechtliche Prüfung erfolgt hier aufgrund der Eilbedürftigkeit regelmäßig nur summarisch. Das gilt auch für Normenkontrollverfahren nach § 47 Abs. 1 Nr. 2 VwGO. Diese haben, sofern Landesrecht dies bestimmt, die Gültigkeit von Rechtsvorschriften zum Gegenstand, die im Rang unter dem Landesgesetz stehen. Sie sind inzwischen zum zentralen Instrument zur zeitnahen Klärung der Rechtmäßigkeit der zahlreichen Corona-Schutzverordnungen der Länder avanciert. Auch hier handelte es sich bislang um Verfahren des einstweiligen Rechtsschutzes. Die Vielfalt der erfassten Lebensbereiche illustriert ein Blick in die Entscheidungspraxis des OVG NRW aus jüngster Zeit, das hier nur stellvertretend für die Oberverwaltungsgerichte und Verwaltungsgerichtshöfe der anderen Bundesländer steht:

- OVG NRW Beschl. v. 9.3.2021 – 13 B 226/21.NE und 13 B 267/21.NE: „Maskenpflicht" schon in der Grundschule
- OVG NRW Beschl. v. 15.1.2021 – 13 B 1899/20.NE: Kontaktbeschränkungen im öffentlichen Raum
- OVG NRW Beschl. v. 23.12.2020 – 13 B 1707/20.NE: Beherbergungsverbote und Gastronomie
- OVG NRW Beschl. v. 23.12.2020 – 13 B 1983/20.NE: Verbot des Freizeit- und Amateursports
- OVG NRW Beschl. v. 22.12.2020 – 13 B 1606/20.NE: Gebot zum Tragen einer Alltagsmaske bei Schülern
- OVG NRW Beschl. v. 21.12.2020 – 13 B 1917/20.NE: Beschränkung der Kundenzahl im großflächigen Einzelhandel
- OVG NRW Beschl. v. 15.12.2020 – 13 B 1731/20.NE: Schließung von Fitness-Studios.

25a Tendenziell neigten die Verwaltungsgerichte in allen bisherigen Phasen der Corona-Pandemie zu einer eher behördenfreundlichen Sicht. Dem liegt letztlich auch die Überlegung zugrunde, Präzedenzfälle zu vermeiden. Die Coronamaßnahmen des Bundes und der Länder werden dabei auch als ein System gesehen, das dem einheitlichen Ziel der Kontakt- und Infektionsvermeidung gewidmet ist. Die Aufhebung einer Maßnahme kann in dieser Situation dazu angetan sein, das gesamte System oder wenigstens maßgebliche Elemente dieses Systems zu gefährden. Angesichts der bestehenden Unsicherheiten und Meinungsverschiedenheiten über das Infektionsgeschehen, auch auf fachwissenschaftlichem Gebiet, wird dem Verordnungsgeber und ggf. auch der örtlichen Behörde bei der Frage nach der Geeignetheit und Erforderlichkeit einer Maßnahme ein **Beurteilungs- und Prognosespielraum** zuerkannt. Dieser ist nicht schon dadurch verletzt, dass bei mehreren vertretbaren Auffassungen einer der Vorzug eingeräumt wird, solange dabei nicht gesicherte Tatsachen ignoriert werden.[44] Eine effektive Gefahrenabwehr und Gefahrensteuerung im Pandemiefall ist anders kaum denkbar.

25b Nicht weniger konfliktträchtig als das „Herunterfahren" des öffentlichen Lebens gestaltet sich sein „Herauffahren" bei rückläufigen Infektionszahlen oder bei einem Abklingen der Pandemie. Ein vorsichtiges und stufenweises Vorgehen ist hier im Interesse eines

43 § 16 Abs. 1 und 2 der Coronaschutzverordnung NRW; hier in der ab dem 22.02.2021 geltenden Fassung.
44 Vgl. OVG NRW Beschl. v. 22.12.2020 – 13 B 1606/20.NE, juris Rn. 67.

wirksamen Infektionsschutzes geboten. Es wird jedoch stets mit Blick auf den allgemeinen Gleichheitssatz kritisch begleitet. Jede Öffnungsmaßnahme ist dann potenzielle Grundlage der Annahme gleichheitswidriger Behandlung derer, die nicht zum Kreis der Begünstigten zählen. Ebenso wie bei dem Herunterfahren des öffentlichen Lebens sind hier sachgerechte Lösungen nur mit der Annahme eines Beurteilungsspielraums zu erzielen. Die gerichtliche Überprüfung verengt sich damit letztlich auf eine Willkürkontrolle.

cc) Risikosteuerung und Grundrechte

Die Frage, ob § 28 Abs. 1 IfSG allein derart weitgehende Verbote der Grundrechtsausübung zu tragen vermag, war auch vor dem Änderungsgesetz v. 18.11.2020 durchaus nicht unumstritten. Es erschließt sich ohne Weiteres, dass den zuständigen Behörden im Pandemiefall weitgehende Handlungsmöglichkeiten eröffnet werden müssen. Nur so ist es überhaupt möglich, flexibel auf die jeweilige Infektionslage zu reagieren. Die Effektivität der Gefahrenabwehr wird hier zum zentralen Rechtfertigungselement. Bekämpft wird regelmäßig nicht eine konkrete Gefahrenquelle im Einzelnen. Ziel der Maßnahmen ist vielmehr die Steuerung einer **Risikolage,** welche die gesamte Gesellschaft trifft. Die hiermit verbundene Abkehr von den klassischen ordnungsrechtlichen Kategorien und ihre Ersetzung durch eine als diffus apostrophierte Kategorie des Risikos ist schon vor längerer Zeit ebenso kritisiert worden wie die Zurückdrängung des Störerbegriffs.[45] 26

Die Bekämpfung übertragbarer Krankheiten bewegt sich stets im Spannungsfeld zwischen der Effektivität von Bekämpfungsmaßnahmen und Grundrechtsschutz. Im Pandemiefall spitzt sich dies ganz erheblich zu. Die Entwicklungen um die Corona-Pandemie 2020 haben zu beispiellosen flächendeckenden **Grundrechtseinschränkungen** geführt („Lockdown“, „Massenquarantäne“). Hierbei ist der Begriff der Grundrechtseinschränkung durchaus euphemistisch gewählt, handelte es sich in weiten Teilen um vollständige Verbote, denen nur durch ihre Befristung und durch staatliche Hilfen finanzieller Art eine gewisse Milderung zuteilwurde. Die hiermit verbundenen Rechtsprobleme können nicht mit der Formel „Not kennt kein Gebot“ relativiert werden. Denn im Rechtsstaat bedarf jeder staatliche Eingriff gesetzlicher Legitimation. 27

§ 28 Abs. 1 IfSG liegt die Erwägung zugrunde, dass sich die volle Bandbreite der erforderlichen Schutzmaßnahmen nicht schon im Vorfeld bestimmen lässt. Schon der Gesetzgeber des Bundes-Seuchengesetzes ging deshalb von der Notwendigkeit einer Generalklausel und einem umfassenden Begriff der Schutzmaßnahmen aus.[46] Auf den ersten Blick erschloss es sich allerdings nicht, dass zB die Polizeigesetze verschiedenste Maßnahmen en détail regeln – so ist ein wenig intensiver Grundrechtseingriff wie die polizeiliche Identitätsfeststellung akribisch in Gesetzesform gegossen[47] – infektionsschutzrechtliche Verbote, die bis zum vollständigen Gewerbe- oder Versammlungsverbot reichten, aber auf eine **Generalklausel** gestützt werden mussten. Es entspricht gängiger verfassungsrechtlicher Rechtsprechung, dass Eingriffe in Freiheit und Eigentum der Bürger der hinreichend bestimmten gesetzlichen Grundlage bedürfen. So unbestritten dieser Grundsatz ist, so vage bleiben aber die Anforderungen an die **Bestimmtheit** der gesetzlichen Grundlage. Allgemein sind Generalklauseln, die von einer Umschreibung der zu ergreifenden Mittel absehen, im Ordnungsrecht unverzichtbar, da die Erfassung aller denkbaren Lebenssachverhalte naturgemäß an praktische Grenzen stößt. Andererseits 28

45 *Volkmann*, Dokumentation zum 16. Deutschen Verwaltungsgerichtstag 2010, S. 301–323.

46 OVG Lüneburg Beschl. v. 17.4.2020 – 13 MN 82/20, juris Rn. 50 = BeckRS 2020, 6165 Rn. 24; OVG Schleswig Beschl. v. 2.4.2020 – 3 MB 8/20, juris Rn. 23 = BeckRS 2020, 4961 Rn. 28; vgl. auch Begründung des Gesetzentwurfs der Bundesregierung zum Entwurf eines 4. Gesetzes zur Änderung des Bundes-Seuchengesetzes, BT-Drs. 8/2468, 27 f.

47 Vgl. § 12 PolG NRW; Art. 13 BayPAG.

verpflichtet die sog. **Wesentlichkeitstheorie** des Bundesverfassungsgerichts den parlamentarischen Gesetzgeber, wesentliche, für die Grundrechtsverwirklichung maßgebliche Regelungen selbst zu treffen und nicht anderen Normgebern oder der Exekutive zu überlassen.[48] Dies betrifft in gleicher Weise die Ermächtigung der Exekutive zum Erlass von Rechtsverordnungen, die im Infektionsschutz in § 32 IfSG ausgesprochen ist. **Art. 80 Abs. 1 S. 2 GG** gebietet, dass „Inhalt, Zweck und Ausmaß" der erteilten Ermächtigung im Gesetz bestimmt werden. Jenseits der hiermit verbundenen schwierigen verfassungsrechtlichen Fragestellungen[49] fiel auf, dass dem IfSG auch nach den Änderungen durch das Gesetz v. 27.3.2020[50] weiterhin nur die Ermächtigung zu „notwendigen" Schutzmaßnahmen, insbesondere Beobachtung, Quarantäne und berufliches Tätigkeitsverbot Erkrankter, zu entnehmen war. Auch die Verordnungsermächtigung des § 32 IfSG erschöpfte sich in dem Hinweis auf „entsprechende Verbote zur Bekämpfung übertragbarer Krankheiten". Die in der Begründung des Gesetzentwurfs als Klarstellung[51] bezeichnete Umplatzierung und Anpassung der Aufenthalts- und Betretungsverbote, die nunmehr beispielhaft als zweiter Halbsatz zur Generalklausel erscheinen, erfasste hier nur einen Teilbereich. Auch wirkt bis heute der an die vorherige Gesetzesfassung angelehnte Wortlaut „(...) den Ort, an dem sie sich befinden, nicht oder nur unter bestimmten Bedingungen zu verlassen oder von ihr [der Behörde] bestimmte Orte oder öffentliche Orte nicht oder nur unter bestimmten Bedingungen zu betreten" mit Blick auf die aktuellen Maßnahmen antiquiert, gemahnt er doch eher an lokale Entseuchungsmaßnahmen.

29 Zwar hat das Bundesverwaltungsgericht noch 2012 unter Hinweis auf die Bandbreite der Schutzmaßnahmen, die bei dem Auftreten einer übertragbaren Krankheit in Frage kommen und sich nicht im Vorfeld bestimmen ließen, die Regelung in einer Generalklausel nicht beanstandet. Das Gericht verwies auf das Korrektiv des Verhältnismäßigkeitsgrundsatzes („notwendige Schutzmaßnahmen").[52] Seinerzeit stand aber nicht eine in der jüngeren Geschichte beispiellose Bedrohung durch ein potenziell tödliches und medizinisch (noch) nicht beherrschbares Virus in Frage, sondern das Schulbetretungsverbot an einen einzelnen Schüler bei einem Masernausbruch. Gleichwohl sind auch schon vor Ausbruch der Corona-Pandemie die tatsächlichen Gefahren für das Gesundheitssystem und die gesamte Öffentlichkeit erkannt und beschrieben worden. Auch wurde die Weite und partielle Unschärfe der Ermächtigungen problematisiert.[53] Umso mehr überraschte es, dass der Gesetzgeber bei aller gebotenen Eile zwar den Bundestag zur Feststellung einer epidemischen Lage von nationaler Tragweise ermächtigte und im Gefolge das Bundesministerium für Gesundheit mit weit reichenden Anordnungsbefugnissen und Befugnissen zum Erlass von Rechtsverordnungen ausstattete, die Formulierung der auf die ausführenden Landesbehörden zugeschnittenen Befugnisse aber im Wesentlichen unangetastet ließ. Auch das Zweite Gesetz zum Schutz der Bevölkerung bei einer epidemischen Lage von nationaler Tragweite[54] brachte hier keine Veränderung. Dies zwang die Gerichte im Interesse des Gesetzeszwecks, übertragbaren Krankheiten beim Menschen vorzubeugen, Infektionen frühzeitig zu erkennen und ihre Weiterverbreitung zu verhindern, zu erheblichem Auslegungsaufwand. So hat das OVG Münster

48 StRspr vgl. bereits BVerfG Beschl. v. 9.5.1972 – 1 BvR 518/62 ua, BVerfGE 33, 125–171.

49 Vgl. etwa *Remmert* in Maunz/Dürig GG Art. 80 Rn. 69–73, die Art. 80 Abs. 1 S. 2 GG nicht als Ausprägung des Gesetzesvorbehalts für Rechtsverordnungen ansieht und der Norm nur Bedeutung im Hinblick auf das Gebot an den Gesetzgeber zumisst, klare Ermächtigungsnormen zu schaffen.

50 BGBl. 2020 I 587.

51 BT-Drs. 19/18111, 25.

52 BVerwG Urt. v. 22.3.2012 – 3 C 16.11, juris Rn. 24–34 = BeckRS 2012, 51345 Rn. 24–33.

53 *Engels* DÖV 2014, 464–474; *Grüner*, Biologische Katstrophen, 2017, S. 177 ff.; *Mers*, Infektionsschutz im liberalen Rechtsstaat, 2019, S. 187 ff.; *Rixen* in: *Kloepfer* Pandemien S. 67 (76); *Walus* DÖV 2010, 127.

54 G. v. 19.5.2020 (BGBl. I 1018).

flächendeckende Verbote des Einzelhandels im Pandemiefall damit gerechtfertigt, der Gesetzgeber habe mit der angesprochenen Klarstellung in § 28 Abs. 1 S. 1 Hs. 2 IfSG zum Ausdruck gebracht, dass nunmehr auch über punktuelle Maßnahmen hinaus auch allgemeine Verbote möglich seien. Auch glichen Einzelhandelsbetriebe mit Publikumsverkehr den in Abs. 2 genannten Veranstaltungen oder sonstigen Ansammlungen von Menschen insoweit, als sie ebenso wie diese Anziehungspunkte für Menschen an einem begrenzten Ort und damit ein besonderes Risiko für die Weiterverbreitung einer von Mensch zu Mensch übertragbaren Krankheit darstellten.[55] Das ist gewiss richtig, konnte aber juristisch nicht zufrieden stellen.

Erst mit dem Dritten Gesetz zum Schutz der Bevölkerung bei einer epidemischen Lage 29a
von nationaler Tragweite v. 18.11.2020[56] hat der Bundesgesetzgeber mit **§ 28 a IfSG** eine Konkretisierung der Eingriffsbefugnisse in das IfSG eingefügt. Die Norm begründet in insgesamt 17 Unterpunkten ein **System von Regelbeispielen**, das wesentliche Einschränkungen persönlicher Freiheiten und des öffentlichen Lebens unter Pandemiebedingungen beschreibt.[57] Die Spannbreite reicht dabei von allgemeinen Abstandsgeboten oder der Maskenpflicht bis zur Schließung von Gewerbebetrieben oder Hochschulen. Hierbei handelt es sich um eine Zusammenfassung derjenigen Einschränkungen, die im Zuge der Corona-Pandemie praxiserprobt sind. Auch ist zu beachten, dass es sich bei § 28 a IfSG um eine Sondervorschrift zur Verhinderung der Verbreitung des Coronavirus und der durch das Virus verursachten Erkrankung handelt. Auf andere Infektionsfälle ist die Norm nicht übertragbar. Vorgegeben ist damit ein Raster typischer Entscheidungen, das andere Eingriffe nicht ausschließt. Die Maßnahmen nach den Regelbeispielen sind **zeitlich begrenzt** für die Dauer der Feststellung einer epidemischen Lage von nationaler Tragweite nach § 5 Abs. 1 S. 1 IfSG durch den Deutschen Bundestag. Trotz der insoweit wenig geglückten Formulierung der Neuregelung ist damit keine Einschränkung dahin gehend verbunden, dass die aufgezählten Maßnahmen nur unter dieser Voraussetzung zulässig sind. Denn auch jenseits einer festgestellten epidemischen Lage bleibt die Möglichkeit der Anordnung von Schutzmaßnahmen iSd § 28 Abs. 1 IfSG. Die Anforderungen an die Begründung einer Maßnahme sind in diesem Fall allerdings unter dem Gesichtspunkt der Verhältnismäßigkeit ungleich höher.[58]

Die Neuregelung wurde binnen kürzester Zeit verabschiedet und war von einer intensi- 29b
ven und in Teilen schrillen öffentlichen Diskussion begleitet, die aus juristischer Sicht der Bedeutung der Norm nicht entsprach. Insbesondere handelt es sich nicht um ein „Ermächtigungsgesetz". § 28 a IfSG stellt schon keine eigenständige Ermächtigungsgrundlage dar. Die Vorschrift bildet vielmehr die im Verlauf der Pandemie bereits eingesetzten Instrumente ab und knüpft an den überkommenen Begriff der „notwendigen Schutzmaßnahmen" aus § 28 Abs. 1 IfSG an. Deren Konkretisierung in Form eines Katalogs ist eine Reaktion des Bundesgesetzgebers auf die verschiedentlich auch in der Rechtsprechung geübte Kritik an der Generalklausel. Diese bezog sich in erster Linie auf die Rechtverordnungen der Länder nach § 32 IfSG, deren rechtliche Legitimation unter Hinweis auf den Parlamentsvorbehalt und das Bestimmtheitsgebot aus Art. 80 Abs. 1 S. 1 und 2 GG mit zunehmender Dauer und Intensität in Frage gestellt wurde. Es wurde auf die **Wesentlichkeitslehre** des Bundesverfassungsgerichts verwiesen. Hiernach gebieten Rechtsstaatsprinzip und Demokratiegebot, dass der Gesetzgeber die wesentlichen Regelungen der Grundrechtsverwirklichung selbst trifft und nicht der Exekutive überlässt. Dies gilt namentlich in Fällen komplexer Grundrechtskollisionen, wie sie

55 OVG Münster Beschl. v. 6.4.2020 – 13 B 398/20.NE.
56 BGBl. 2020 I 2397.
57 Dieses System wurde bereits in der 1. Aufl. des Beitrags gefordert, vgl. dort Rn. 29.
58 Vgl. OVG NRW Beschl. v. 30.11.2020 – 13 B 1675/20, juris Rn. 22.

auch für die Pandemielage kennzeichnend sind.[59] Anträge im einstweiligen Rechtsschutz gegen Coronaschutzverordnungen der Länder hatten teils nur deswegen keinen Erfolg, weil die hiermit befassten Oberverwaltungsgerichte in einer Folgenabschätzung die Konsequenzen für eine effektive Bekämpfung des Virus als zu gravierend erachteten. Die Zweifel an der Tragfähigkeit der Eingriffsnorm waren vielen Entscheidungen deutlich zu entnehmen[60] Die Neuregelung ist außerordentlich komplex ausgefallen und in den Details weiterhin der Kritik ausgesetzt.[61] Gleichwohl stellt sie eine hinreichende gesetzliche Grundlage für das erneute weitgehende „Herunterfahren" des öffentlichen Lebens wie der Beschränkungen im privaten Bereich ab dem 16.12.2020 dar. Ob sie weiterer Überarbeitung bedarf, wird die Zukunft zeigen.[62]

29c Die Regelbeispiele betreffen allgemeine Regelungen; sie sind weniger auf Eingriffe im Einzelfall hin ausgelegt. Behördliche Handlungsformen sind die Allgemeinverfügung oder – unter den Voraussetzungen des § 32 IfSG – die Rechtsverordnung. Die nicht abschließende Aufzählung („insbesondere") erfasst

- Abstandsgebote
- Maskenpflicht
- Ausgangs- und Kontaktbeschränkungen
- Hygienekonzepte
- Freizeitveranstaltungen
- Betrieb von Freizeiteinrichtungen
- Kulturveranstaltungen
- Kultureinrichtungen
- Sport
- Alkoholabgabe und -konsum
- Versammlungen aller Art
- Reisen
- Übernachtungsangebote
- Gastronomie
- Gewerbe
- Zugang zu Gesundheits- und Sozialeinrichtungen
- Gemeinschaftseinrichtungen iSd § 33 IfSG
- Bildungsstätten aller Art
- Verarbeitung von Kontaktdaten.

29d Damit sind die wesentlichen Bekämpfungsmaßnahmen angesprochen. Der Raum für darüber hinausgehende Eingriffe ist zwar gesetzlich eröffnet, dürfte aber angesichts der Breite der Aufzählung eine untergeordnete Rolle spielen. § 28 a Abs. 6 IfSG stellt zudem fest, dass die genannten Maßnahmen auch kumulativ und insbesondere gemeinsam mit den Standardmaßnahmen wie Quarantäne verfügt werden können. Hierbei handelt es sich jedoch um eine rein deklaratorische Aussage. Denn dieser Umstand folgt bereits aus der Tatsache, dass es sich um Regelbeispiele handelt, die typisierend diejenigen Eingriffe aufzählen, die nach der Praxis des Jahres 2020 im Vordergrund stehen. Mit § 28 a Abs. 6 IfSG ist indes klar, dass – in den durch den Verhältnismäßigkeitsgrundsatz gezogenen Grenzen – auch das weitgehende Herunterfahren des öffentlichen wie privaten Lebens durch ein Bündel geeigneter Maßnahmen möglich ist.[63]

---

59 Vgl. BVerfG Beschl. v. 21.4.2015 – 2 BvR 1322/12 ua, BVerfGE 139, 19 (45, 46), juris Rn. 52 f.

60 Vgl. etwa VGH München Beschl. v. 29.10.2020 – 20 NE 20.2360, BeckRS 2020, 28521 Rn. 28, juris Rn. 28; *Papier* DRiZ 2020, 180–183; *Volkmann* NJW 2020, 3153–3160.

61 Hierzu *Greve* NVwZ 2020, 1786–1792.

62 Eine Zusammenfassung der verfassungsrechtlichen Kritikpunkte bietet *Eibenstein* COVuR 2020, 857–864.

63 Beschlussempfehlung und Bericht des Gesundheitsausschusses, BT-Drs. 19/24334, 82.

Die Abs. 2 und 3 des § 28 a IfSG konkretisieren den **Verhältnismäßigkeitsgrundsatz**, bezogen auf die Regelspiele des Abs. 1. Nach Abs. 2 sind die Untersagung von Versammlungen, Aufzügen und religiösen oder weltanschaulichen Zusammenkünften, Ausgangsbeschränkungen und Zugangsbeschränkungen, insbesondere zu Alten- und Pflegeheimen für enge Angehörige nur zulässig, wenn eine wirksame Eindämmung des Virus auch bei Berücksichtigung aller bisher getroffener Maßnahmen **erheblich gefährdet** wäre. Es handelt sich damit um Mittel der letzten Wahl, die erst eingesetzt werden dürfen, wenn andere nicht gleichermaßen erfolgversprechend sind. § 28 a Abs. 2 S. 2 IfSG garantiert zudem ein gewisses Mindestmaß an sozialen Kontakten der Heimbewohner. Eine vollständige Isolation ist unzulässig (**Isolationsverbot**). Der Gesetzgeber zog damit die Konsequenzen aus den Erfahrungen im Verlauf der ersten Welle von Corona-Infektionen im Frühjahr 2020. 29e

Abs. 3 S. 1 richtet alle Corona-bezogenen Schutzmaßnahmen am Ziel des Lebens- und Gesundheitsschutzes und an der **Funktionsfähigkeit des Gesundheitssystems** aus. Während sich das erstgenannte Ziel schon aus der Zwecksetzung des § 1 IfSG gewinnen lässt, fußt der Blick auf die Funktionsfähigkeit des Gesundheitswesens auf den bisherigen Erfahrungen mit der Corona-Pandemie. Abs. 3 S. 2 schließt in räumlicher Hinsicht das Gebot der **Regionalität** an. Örtlicher Bezugspunkt für die Wahl der Bekämpfungsmaßnahmen ist das Infektionsgeschehen in den Landkreisen, Bezirken und kreisfreien Städten, sofern dieses nicht innerhalb eines Bundeslandes gleichgelagert ist. Bei einem bundesweit überschrittenen Grenzwert von 50 appelliert Abs. 3 S. 9 an die Entscheidungsträger: Bundesweit abgestimmte umfassende und auf eine effektive Eindämmung des Infektionsgeschehens abzielende Schutzmaßnahmen sind in einem solchen Fall „anzustreben". Vergleichbares ergänzt Abs. 3 S. 10 für den Fall eines innerhalb eines Bundeslandes bestehenden Infektionsgeschehens. 29f

In Bezug auf die Intensität des Infektionsgeschehens versucht die Neureglung in Abs. 3 S. 4 bis 12 eine Schematisierung anhand der vom Robert Koch-Institut festgestellten **Inzidenzwerte**, also der Neuinfektionen je 100.000 Einwohner innerhalb von sieben Tagen. Überschreitet der Inzidenzwert 35 Neuinfektionen sind breit angelegte Schutzmaßnahmen zur Abschwächung des Infektionsgeschehens, ab 50 Neuinfektionen[64] umfassende Schutzmaßnahmen zu dessen Eindämmung geboten. Liegt der Wert unter 35, treten Kontrollmaßnahmen in den Vordergrund (S. 5–7). Die Inzidenzwerte sind dabei nicht als starres System zu verstehen, das erst nach Überschreitung eines Wertes bestimmte Maßnahmen gebietet. Vielmehr sind auch schon vor Erreichen eines Schwellenwerts die jeweiligen Maßnahmen „angezeigt", wenn die Infektionsdynamik eine Überschreitung des Wertes wahrscheinlich macht (§ 28 a Abs. 3 S. 8). Umgekehrt erlaubt § 28 a auch, soweit erforderlich, die Fortdauer ergriffener Maßnahmen bei einem Abflauen der Pandemie (Abs. 3 S. 11). Es besteht damit ein flexibles Eingriffssystem, in dem die Inzidenzwerte, die in den ersten Monaten Jahres 2021 ohnehin bundesweit deutlich überschritten wurden, nur erste Anhaltspunkte für die Bewertung der Verhältnismäßigkeit einer Maßnahme bieten. Zwar sind die Inzidenzwerte als rechtliche Kategorie nicht über jeden Zweifel erhaben. So ergeben sich vielfach Unsicherheiten in Bezug auf die Datengrundlage. Auch lässt die Zahl positiv Getesteter keinen verlässlichen Schluss auf die Belastung des Gesundheitssystems zu, zumal bei einem steigenden Anteil 29g

64 Mit dem Fortschreiten der zweiten Welle der Pandemie um die Jahreswende 2020/2021 haben sich die Grenzwerte von 35 und 50 bereits als wenig realitätsnah erwiesen. Aufgrund der Beschlüsse der Bundeskanzlerin mit den Regierungschefinnen und Regierungschefs der Länder hatte ein Schwellenwert von 200 Eingang in die Coronaschutzverordnungen der Länder gefunden, von dem ab regionale Maßnahmen, insbes. Bewegungseinschränkungen in einem Radius von 15 km, ergriffen werden sollen. Dieser wurde im März 2021 durch einen Schwellenwert von 100 für regionale Maßnahmen abgelöst. Eine Anbindung im IfSG besteht hier nicht.

geimpfter älterer Menschen. Aussagekräftig ist hier nur die Anzahl stationär behandelter Menschen. Immerhin bilden Inzidenzwerte in ihrer zeitlichen Entwicklung Veränderungen des Infektionsgeschehens ab. Damit bietet § 28 a IfSG trotz aller Kritik ein hinreichend strukturiertes System objektiver Kriterien, das die Voraussetzungen der Schutzmaßnahmen konkretisiert.[65]

3. Infektionsschutzrechtliche Standardmaßnahmen

30 Beide Generalklauseln des IfSG werden flankiert durch eine Anzahl detaillierterer Ermächtigungen, die typische Eingriffsbefugnisse beschreiben. Sie knüpfen an die Voraussetzungen der jeweiligen Generalklausel an und präzisieren die Eingriffsvoraussetzungen. Sie sind weniger auf die flächendeckende Regelung im Pandemiefall als auf Einzelfallmaßnahmen bezogen. Der Eingriff der Behörde erfolgt hier nicht generell, sondern speziell. In Anlehnung an die übliche polizeirechtliche Diktion können sie als infektionsschutzrechtliche **Standardmaßnahmen** bezeichnet werden (*Ritgen* in → § 12 Rn. 39). Ihrem Eingriffsziel nach lassen sich differenzieren:

a) Maßnahmen gegen Sachen

31 Nach **§ 17 Abs. 1 S. 1 IfSG** hat die zuständige Behörde die notwendigen Maßnahmen zur Abwendung der hierdurch drohenden Gefahren zu treffen, wenn **Gegenstände** mit meldepflichtigen Krankheitserregern behaftet sind oder dies anzunehmen und eine Verbreitung der Krankheit zu befürchten ist. Angesprochen sind damit die klassischen **Entseuchungsmaßnahmen**, die durch ausgebildete Fachkräfte durchgeführt werden.[66] Der Begriff „Gegenstände“ (Sachen) ist hierbei dem Ziel des IfSG entsprechend in einem weiten Sinne zu verstehen. Es zählen insbesondere Grundstücke, Häuser und Wohnungen dazu. Gerade hier ergibt sich in der Praxis das Erfordernis der **Flächendesinfektion**. Eine Vernichtung (beweglicher) Sachen ist nur unter Verhältnismäßigkeitsgesichtspunkten und nur im Ausnahmefall erlaubt (§ 17 Abs. 1 S. 2 und 3 IfSG). S. 4 erweitert die Eingriffsbefugnis um ein Benutzungsverbot bis zur Durchführung der Maßnahmen.

32 Nach § 17 Abs. 1 IfSG hat die zuständige Behörde die notwendigen Maßnahmen „zu treffen“. Hiermit ist nicht ausgesagt, dass die Behörde die Maßnahme selbst durchführt oder in Auftrag gibt. Zum Handeln verpflichtet ist vielmehr der Verantwortliche, in der Regel der **Zustandsstörer**. Er ist Adressat der Anordnung, die nötigenfalls mit Zwangsmitteln (Zwangsgeld, Ersatzvornahme) durchzusetzen und von Gesetzes wegen sofort vollziehbar ist (§ 17 Abs. 6 iVm § 16 Abs. 8 IfSG). Ein Anspruch des Einzelnen auf ein behördliches Einschreiten besteht im Grundsatz nicht.[67]

33 Ergänzend treten **Verordnungsermächtigungen** allgemeiner (Abs. 4) und besonderer Art (Abs. 5) hinzu. Hierbei scheint die Terminologie des Abs. 5 auf den ersten Blick nicht ganz folgerichtig, ist dort doch von Bekämpfungsmaßnahmen die Rede. Bekämpfung ist hier aber im Kontext der Entseuchung zu verstehen. Bekämpft werden hier Gesundheitsschädlinge, also Tiere, durch die Krankheitserreger auf Menschen übertragen werden *können*, vgl. § 2 Nr. 12 IfSG. Es handelt sich aber auch hierbei um Vorfeldmaßnahmen, so dass die Regelung im 4. Abschnitt des Gesetzes zutrifft. Ähnliche Verordnungsermächtigungen zugunsten der Länder finden sich in § 15 Abs. 3 IfSG hinsichtlich der Meldepflicht und in § 32 IfSG bei Bekämpfungsmaßnahmen des 5. Abschnitts.[68]

---

65 *Greve* NVwZ 2020, 1786 (1790).

66 Vgl. hierzu *Erdle* IfSG § 17 Erl. 6.

67 OVG Münster Beschl. v. 16.7.2013 – 13 A 1379, juris Rn. 5–7 = BeckRS 2013, 53467; Beschl. v. 16.7.2013 – 1380/13, juris Rn. 5–7 = BeckRS 2013, 53393 (zum Verlangen der Nachbarn auf Einschreiten gegen Rattenbefall).

68 Die Verordnungsermächtigungen sind zB in NRW auf das für Gesundheit zuständige Ministerium übertragen, § 10 des Infektionsschutz- und Befugnisgesetz v. 14.4.2020 (GV NRW 223 a).

b) Personenbezogene Maßnahmen

aa) Bekämpfungsmaßnahmen am Menschen

Aufgrund der speziellen Verordnungsermächtigung des § 17 Abs. 5 IfSG können die Landesregierungen zur Verhütung und Bekämpfung von **Gesundheitsschädlingen, Krätzmilben und Kopfläusen** erlassen. Die Ermächtigung erfasst naturgemäß auch deren Feststellung, und Bekämpfung am Menschen. Dem Zitiergebot des Art. 19 Abs. 1 S. 2 GG folgend ist in § 17 Abs. 7 IfSG die hiermit einhergehende Einschränkung der betroffenen Grundrechte besonders genannt. Wie auch bei der Desinfektion dürfen bei behördlich angeordneten Bekämpfungsmaßnahmen in diesen Fällen nur Mittel und Verfahren verwendet werden, die von der zuständigen Bundesoberbehörde anerkannt worden sind (§ 18 Abs. 1 S. 1 Nr. 2 IfSG). Verfahren, Voraussetzungen und Bestand dieser Anerkennung sind in den Abs. 2 bis 10 der Norm detailliert geregelt. 34

bb) Schutzimpfungen

Schutzimpfungen stellen den praktisch bedeutsamsten Teil personenbezogener Verhütungsmaßnahmen dar. Zu Recht wird ihnen in der Gesundheitsvorsorge eine überragende Bedeutung zugesprochen.[69] Dem entsprechen die eingehenden Regelungen in §§ 20–22 IfSG (*Schaks* in → § 14 Rn. 19–28). Hierbei geht das Gesetz vom Leitbild eines mündigen Bürgers aus, der über die Bedeutung von Schutzimpfungen zu informieren ist (§ 20 Abs. 1 S. 1 IfSG). Da jede Impfung mit einem Eingriff in die körperliche Integrität verbunden ist[70], bedarf sie grundsätzlich der Einwilligung des Betroffenen. Eine **Impfpflicht** iSe mit Mitteln des Verwaltungszwangs durchsetzbaren Verpflichtung ist folglich die Ausnahme. Sie ist aber keineswegs generell verfassungswidrig. Das Bundesverwaltungsgericht hat sie im Fall der Impfung von Soldaten gegen Tetanus nicht beanstandet.[71] In § 20 Abs. 6 und 7 IfSG finden sich entsprechende Verordnungsermächtigungen (*Schaks* in → § 14 Rn. 15 f.). Mit dem Fortschreiten der Corona-Pandemie und der Zulassung von Impfstoffen hat die Diskussion um eine Impfpflicht für bestimmte Berufsgruppen im Gesundheits- und Pflegebereich an Aktualität gewonnen (**berufsbezogene Impfpflicht**). Die Verhältnismäßigkeit einer derartigen Verpflichtung wird in der derzeitigen Diskussion mit dem Argument bezweifelt, es sei medizinisch nicht hinreichend gesichert, dass die Impfung nicht nur eine Infektion des Impflings, sondern auch eine Weitergabe des Virus an andere, insbesondere die betreuten Personen, verhindert. Die Bundesregierung lehnt eine allgemeine Impfpflicht gegen SARS-CoV-2 ab, was allerdings eine spezielle berufsbezogene Impfpflicht nicht gänzlich ausschließt. Die Debatte ist hier noch sehr im Fluss.[72] 35

Durch das Gesetz für den Schutz vor Masern und zur Stärkung der Impfprävention v. 10.2.2020 (**Masernschutzgesetz**)[73] wurden dem § 20 IfSG die Abs. 8 bis 14 angefügt. Die zum 1.3.2020 in Kraft getretenen Bestimmungen begründen für den betroffenen Personenkreis – namentlich nach dem 31.12.1970 Geborene, die in einer Gemeinschaftseinrichtung untergebracht sind – eine **mittelbare Impfpflicht**. Die Verpflichtung zur Immunisierung gegen Masern ist hier nicht im Verwaltungszwang durchsetzbar. Vielmehr werden an den fehlenden Nachweis der Immunisierung negative Rechtsfolgen geknüpft (*Schaks* in → § 14 Rn. 27–43). 36

---

69 *Erdle* IfSG § 20 Erl. 1.

70 Zur strafrechtlichen Einordnung vgl. *Sternberg-Lieben* in: Schönke/Schröder StGB § 223 Rn. 50 c.

71 Vgl. BVerwG Beschl. v. 24.9.1969 – I WBD 11.68, BVerwGE 33, 339–344 und Beschl. v. 14.7.1959 – I C 170.56, BVerwGE 9, 78–83.

72 Vgl. aerzteblatt.de v. 8.1.2021.

73 BGBl. 2020 I 148.

cc) Beobachtung

37 Beobachtung iSd **§ 29 IfSG** bedeutet behördliche Sachverhaltsermittlung am Menschen. § 29 Abs. 2 IfSG statuiert eine entsprechende Duldungspflicht des Betroffenen. Zuständig ist nicht die Ordnungsbehörde, sondern das Gesundheitsamt, da medizinischer Sachverstand gefordert ist. § 29 IfSG ist die speziellere personenbezogene Norm gegenüber **§ 25 IfSG**, der die allgemeine Ermittlungstätigkeit der Gesundheitsämter regelt. Die Befugnis ist auf die reine Sachverhaltsermittlung beschränkt. Ein zwangsweiser Heileingriff ist unzulässig, vgl. § 28 Abs. 1 S. 3 IfSG. Derjenige, der einer Beobachtung unterworfen ist, hat aber die erforderlichen Untersuchungen zu dulden, erforderlichenfalls den Zutritt zur Wohnung zu gestatten und über seinen Gesundheitszustand Auskunft zu erteilen.

dd) Berufliche Tätigkeitsverbote

38 § 31 IfSG ermächtigt die zuständige Behörde dazu, Kranken, Krankheitsverdächtigen, Ansteckungsverdächtigen, Ausscheidern und sonstigen Personen, die Krankheitserreger so in oder an sich tragen, dass im Einzelfall die Gefahr der Weiterverbreitung besteht, die Ausübung bestimmter beruflicher Tätigkeiten ganz oder teilweise zu untersagen. Praktisch bedeutsam wurde die Vorschrift vor allem in Bezug auf infektiöse oder infektionsverdächtige Angehörige der **Gesundheitsberufe** und von Beschäftigten im lebensmittelverarbeitenden Gewerbe. Das Tätigkeitsverbot muss sich, wie andere Standardmaßnahmen auch, streng am Verhältnismäßigkeitsgrundsatz messen lassen. So ist das Verbot bestimmter infektionsgefährlicher beruflicher Tätigkeiten stets vorzuziehen, wenn der Beruf im Übrigen gefahrlos ausgeübt werden kann.[74] Auch haben geeignete Schutzmaßnahmen am Menschen Vorrang. Im Zuge der Corona-Pandemie ist angesichts der Personalknappheit die Weiterbeschäftigung infektionsverdächtigen Pflege- und Krankenhauspersonals in den Fokus gerückt.[75]

39 Eine **Sperrwirkung** gegenüber Eingriffen aufgrund der Generalklausel entfaltet § 31 IfSG nicht. Das bedeutet, dass ein Verbot, eine berufliche Tätigkeit auszuüben, auch auf der Grundlage des § 28 Abs. 1 S. 1 IfSG oder einer entsprechenden Rechtsverordnung nach § 32 IfSG ausgesprochen werden kann. Die Frage ist im Zuge der umfassenden Betriebsschließungen im Zuge der Corona-Pandemie virulent geworden. Die Betroffenen fassen sie teils als – temporäre – Berufsverbote auf und weisen in gerichtlichen Verfahren darauf hin, sie könnten nur nach § 31 IfSG verfügt werden.[76] Hiermit konnten sie aber schon deshalb nicht durchdringen, weil § 28 Abs. 1 S. 1 IfSG unter die notwenigen Schutzmaßnahmen ausdrücklich die in den §§ 29–31 genannten fasst. „Schutzmaßnahmen" in diesem Sinne konnten daher auch Untersagungen oder Beschränkungen unternehmerischer Tätigkeiten in den Bereichen Industrie, Gewerbe, Handel und Dienstleistung sein.[77]Diese sind nunmehr für die Corona-Pandemie in den Regelbeispielen des § 28 a Abs. 1 IfSG zusammengefasst. § 31 IfSG behält daneben Bedeutung für personenbezogene Verbote und für andere Gefahrenlagen jenseits der Corona-Pandemie. Dies gilt namentlich für besonders infektionssensible berufliche Tätigkeiten, etwa pflegerischer oder ärztlicher Art. Stets muss sich die Untersagung auf eine bestimmte Tätigkeit beziehen, die im Untersagungsbescheid genau zu bezeichnen ist. Besondere Bestimmun-

---

74 Vgl. VG München Beschl. v. 18.9.2017 – M 18 S 17.3676, juris Rn. 25; *v. Steinau-Steinrück*, Die staatliche Verhütung und Bekämpfung von Infektionskrankheiten, 2013, S. 219.

75 Vgl. Empfehlungen des Robert Koch-Instituts für Alten- und Pflegeeinrichtungen und Einrichtungen für Menschen mit Beeinträchtigungen und Behinderungen und für den öffentlichen Gesundheitsdienst v. 7.1.2021, www.rki.de.

76 Vgl. VerfGH Bayern Beschl. v. 16.11.2020 – Vf.90-VII 20, juris Rn. 17–18 = BeckRS 2020, 31088 Rn. 17–18. In diesem Sinne wohl auch *Kießling* IfSG § 31 Rn. 8.

77 Vgl. OVG Lüneburg Beschl. v. 17.4.2020 – 13 MN 82/20, juris Rn. 50 = BeckRS 2020, 6165 Rn. 24; VGH München Beschl. v. 30.3.2020 – 20 CS 20.611, juris Rn. 16 = BeckRS 2020, 4616 Rn. 15.

gen bestehen gemäß § 34 Abs. 1 S. 1 und § 42 IfSG für die Beschäftigten in Gemeinschaftseinrichtungen und in der Lebensmittelwirtschaft. Dem liegt die gesetzgeberische Überlegung zugrunde, dass bei der Gefährlichkeit der aufgezählten Erkrankungen die Beschäftigung in den sensiblen Bereichen zwingend zu verbieten ist. Beschäftigungsverbote nach § 31 IfSG gegen dieselbe Personengruppe schließt dies jedoch nicht aus.[78]

ee) Absonderung

Die **Quarantäne**[79] kommt als eingriffsintensivste Maßnahme nur unter engen Voraus- 40
setzungen in Betracht. Nach § 30 Abs. 1 IfSG *muss* sie bei Personen angeordnet werden, die an Lungenpest[80] oder an von Mensch zu Mensch übertragbarem Hämorrhagischem Fieber erkrankt oder dessen verdächtig sind. Bei anderen Kranken und Krankheitsverdächtigen, Ansteckungsverdächtigen und Ausscheidern *kann* sie nach pflichtgemäßem Ermessen der zuständigen Behörde angeordnet werden. In beiden Fällen handelt es sich um eine Maßnahme, die bei fehlender Freiwilligkeit durch Unterbringung in einem Krankenhaus, in einem abgeschlossenen Teil eines Krankenhauses oder – soweit nicht die ausdrücklich genannten Erkrankungen in Frage stehen – in einer anderen abgeschlossenen Einrichtung vorzunehmen ist. In Abs. 2 S. 4 der Norm verweist das Gesetz auf das 7. Buch des Gesetzes über das Verfahren in Familiensachen und in Angelegenheiten der freiwilligen Gerichtsbarkeit (FamFG). Die Absonderung ist eine Freiheitsentziehung iSd § 415 Abs. 2 FamFG. Das hat zur Folge, dass sie auf Antrag der zuständigen Verwaltungsbehörde, hier der nach § 30 IfSG zuständigen Behörde, durch das Amtsgericht angeordnet werden muss, § 417 FamFG. Dies gilt indes nur für die echten Freiheitsentziehungen iSd § 415 Abs. 2 FamFG. Einzelheiten der praktischen Durchführung der Absonderung in einer Einrichtung regeln die Abs. 3 bis 7 IfSG. Zwangsweise **Heileingriffe** sind auch in den Fällen des § 30 Abs. 1 IfSG nicht gestattet, § 28 Abs. 1 S. 3 IfSG.

Die Absonderung hat im Zuge der **Corona-Pandemie** an Aktualität gewonnen. In vielen 41
Fällen haben es die zuständigen Behörden, bei der Aufforderung an Infektionsverdächtige belassen, sich ohne Umschweife in häusliche Quarantäne zu begeben. Die Schwelle für behördliche Regelungen, sei es durch Einzelverfügungen, sei es durch Allgemeinverfügungen oder Rechtsverordnungen, liegt aber hier nicht allzu hoch. Hierbei handelt es sich nicht um zwangsweise Unterbringungsmaßnahmen iSd § 30 Abs. 2 IfSG, die der richterlichen Anordnung bedürften. Das Gebot, die häusliche Umgebung nicht zu verlassen, ist vielmehr eine Absonderung „in sonst geeigneter Weise“ iSd § 30 Abs. 1 S. 2 IfSG. Ansteckungsverdächtig ist nach § 2 Nr. 7 IfSG eine Person, von der anzunehmen ist, dass sie Krankheitserreger aufgenommen hat, ohne krank, krankheitsverdächtig oder Ausscheider zu sein. Hiernach reicht es nach der Einschätzung des Robert Koch-Instituts im Zuge der Corona-Pandemie aus, aus einem internationalen **Risikogebiet** (Land oder Landesteil) eingereist zu sein. Die besondere Gefährdung der Öffentlichkeit rechtfertigt hier den Eingriff in die persönliche Freiheit, da das SARS-CoV-2-Virus sich nach allen vorliegenden Erkenntnissen auch über unentdeckt infizierte Personen verbreiten kann. Die Anordnung einer zeitlich beschränkten häuslichen Absonderung ist angesichts dessen regelmäßig nicht unverhältnismäßig. Nicht geklärt ist allerdings die Frage, ob eine Absonderung auch auf die Generalklausel des § 28 Abs. 1 IfSG gestützt werden kann. Das Verhältnis von genereller zu speziellerer Norm scheint dem zu wider-

78 *Kießling* IfSG § 31 Rn. 13.

79 So der Begriff bis zur Änderung der Überschrift durch das Zweite Gesetz zum Schutz der Bevölkerung bei einer epidemischen Lage von nationaler Tragweite v. 19.5.2020 (BGBl. I 1018).

80 Vgl. hierzu Hinweise zur Therapie der Lungenpest des Ständigen Arbeitskreises der Kompetenz- und Behandlungszentren für Krankheiten durch hochpathogene Erreger (STAKOB) beim Robert Koch-Institut (Stand: Dezember 2017), www.stakob.rki.de.

sprechen. Jedoch nimmt § 28 Abs. 1 S. 1 IfSG die §§ 29–31 auf der Rechtsfolgenseite in Bezug. Auch findet sich nunmehr in § 28 a Abs. 1 Nr. 2 die Ausgangs- und Kontaktbeschränkung im privaten Raum als Regel-Schutzmaßnahme. Dies spricht dafür, eine Absonderung als Schutzmaßnahme iSd § 28 Abs. 1 IfSG zu verfügen.[81] Damit kann der Einwand entschärft werden, § 30 Abs. 1 IfSG sei mit dem verfassungsrechtlichen **Zitiergebot** des Art. 19 Abs. 1 S. 2 GG unvereinbar, weil – anders als in Abs. 2 S. 3 – das eingeschränkte Grundrecht nicht genannt werde.[82] Dieser Einwand ist durchaus berechtigt. Es liegt kein sachlicher Grund für die Annahme vor, Maßnahmen nach § 30 Abs. 1 IfSG wirkten nicht freiheitseinschränkend. Dieser Auffassung war jedoch offenbar der Gesetzgeber des IfSG, der insoweit von einer Maßnahme ausging, der sich der Betroffene freiwillig unterwerfe. Angesichts des klaren Wortlauts der Regelung, der ganz auf die Anordnung belastender Verwaltungsakte durch die zuständige Behörde zugeschnitten ist, besteht für diese Relativierung jedoch kein tragfähiger Ansatz (*Kluckert* in → § 2 Rn. 210–211). In vergleichbarer Weise ist problematisch, dass § 30 Abs. 1 IfSG im Gegensatz zu Abs. 2 keinen **Richtervorbehalt** kennt (*Kluckert* in → § 2 Rn. 213–216). Angesichts dieser verfassungsrechtlichen Unsicherheiten und ihrer Bedeutung für die Praxis ist die Norm dringend überarbeitungsbedürftig.

42 Nicht von § 30 IfSG erfasst ist die **freiwillige Quarantäne.** Diese hat insbesondere in der ersten Zeit der Corona-Pandemie für Rückkehrer aus Risikogebieten Bedeutung erlangt. Das Bundesgesundheitsministerium empfahl Betroffenen, sich freiwillig in eine 14-tägige häusliche Quarantäne zu begeben. Es fehlt hier an einer regelnden Anordnung, wenngleich auch behördliche Empfehlungen einen hohen faktischen Druck auf die Adressaten ausüben können, sich entsprechend der Empfehlung zu verhalten.[83]

II. Rechtsschutz

1. Sachliche Zuständigkeit der Verwaltungsgerichte

43 Der primäre Rechtsschutz gegen Maßnahmen der zuständigen Behörden nach dem 4. und 5. Abschnitt des IfSG wird regelmäßig durch die Verwaltungsgerichte gewährt.

44 Ausnahmen von deren **sachlicher Zuständigkeit** finden sich bei der zwangsweisen Absonderung nach § 30 Abs. 2 IfSG. Diese trifft typischerweise Personen, die an einer hochansteckenden Krankheit, bspw. Tuberkulose, leiden, eine Heilbehandlung aber, aus welchen Gründen auch immer, ablehnen. In Betracht kommen auch Personen, deren Heilbehandlung in einem Krankenhaus aus disziplinarischen Gründen vorzeitig abgebrochen werden muss.[84] Die zwangsweise Unterbringung ist eine **Freiheitsentziehung** iSd Art. 104 GG[85]. Gemäß Art. 104 Abs. 2 S. 1 GG hat über die Zulässigkeit und Fortdauer einer Freiheitsentziehung nur der Richter zu entscheiden. § 30 Abs. 2 S. 4 IfSG weist der zwangsweisen Unterbringung die Bestimmungen des 7. Buches des FamFG zu. Sachlich zuständig sind deshalb nach §§ 415, 417 FamFG iVm § 23 a Abs. 2 Nr. 6 GVG die **Amtsgerichte.** Diese können in dringenden Fällen die vorläufige Freiheitsentziehung im Wege der einstweiligen Anordnung verfügen, § 427 FamFG. Zuständiges Beschwerdegericht ist nach § 72 Abs. 1 S. 2 GVG das Landgericht.

2. Instanzielle Zuständigkeit

45 **Erster Instanz zuständig** ist das örtliche Verwaltungsgericht, soweit die Maßnahme von der zuständigen Ordnungsbehörde getroffen wurde. In einer ersten Phase der **Corona-**

81 So OVG Schleswig Beschl. v. 7.4.2020 – 3 MB 13/20, juris Rn. 9 = BeckRS 2020, 5835 Rn. 9.
82 *Kießling* IfSG § 30 Rn. 3.
83 *Giesberts/Gayger/Weyand* NVwZ 2020, 417 (419).
84 *Erdle* IfSG § 30 Erl. 4.
85 Zur rechtlichen Einordnung der Quarantäneanordnung nach Abs. 1 → Rn. 41.

Krise im März 2020 wurde das rechtliche Geschehen im Wesentlichen durch **Allgemeinverfügungen** der örtlichen Behörden gesteuert. Die diesbezüglichen Entscheidungen ergingen folgerichtig durch die Verwaltungsgerichte erster Instanz. Inzwischen sind aber alle Länder dazu übergegangen, Gebote und Verbote in **Rechtsverordnungen** nach § 32 IfSG zu normieren (*Ritgen* in → § 12 Rn. 73–75). Diese sind als solche einer gesonderten verwaltungsgerichtlichen Überprüfung nur zugänglich, wenn Landesrecht dies ausdrücklich bestimmt, § 47 Abs. 1 Nr. 2 VwGO. Dies ist inzwischen in den meisten Bundesländern der Fall. So ist in Nordrhein-Westfalen durch den zum 1.1.2019 neu in das Justizgesetz eingefügten § 109 a[86] die Möglichkeit einer **Normenkontrolle** im Rang unter dem Landesgesetz stehender Rechtsvorschriften auch über die Fälle des § 47 Abs. 1 Nr. 1 VwGO hinaus eröffnet. Streitigkeiten um die Verpflichtungen aus der jeweils aktuellen Corona-Schutzverordnung des Landes sind folglich regelmäßig vor dem **Oberverwaltungsgericht** bzw. dem Verwaltungsgerichtshof des jeweiligen Landes auszutragen. Allerdings bleibt zu beachten, dass hierbei über die Gültigkeit der anzuwendenden Norm entschieden wird. Die Entscheidung wirkt über die Streitparteien hinaus *inter omnes*. Die Möglichkeit der Normenkontrolle schließt verwaltungsgerichtliche Streitigkeiten um die Frage, ob eine (als solche nicht bestrittene) Norm einer Rechtsverordnung auf den konkreten Einzelfall anzuwenden ist, nicht aus. Auf Seiten des Beklagten involviert ist dann nicht das Bundesland als Rechtsträger der verordnenden Behörde (idR das Gesundheitsministerium), sondern der Rechtsträger der zuständigen Ordnungsbehörde. Streitgegenstand ist dann deren Eingriffsakt, idR eine Ordnungsverfügung. Das Verfahren ist dann vor dem Verwaltungsgericht zu führen. Die Prüfung der ermächtigenden Norm und die Überprüfung ihrer Reichweite erfolgt nur in Zusammenhang mit der Überprüfung dieses Eingriffsaktes („Inzident-Prüfung"). Die gerichtliche Entscheidung hat dann nur Rechtswirkungen zwischen den Parteien (*inter partes*). Dies gilt auch, wenn eine Allgemeinverfügung Streitgegenstand ist. Auch sie ist ein Verwaltungsakt und unterscheidet sich nur durch den Adressatenkreis (§ 35 S. 2 VwVfG).

Wegen der weiterhin dynamischen Entwicklung im Gefolge der Corona-Pandemie hat 46
der verwaltungsgerichtliche Rechtsschutz im Klageverfahren bislang noch keine größere Bedeutung erlangt. Da sich infektionsschutzrechtliche Eingriffsakte regelmäßig relativ kurzfristig erledigen, wird in erster Instanz in Zukunft die **Fortsetzungsfeststellungsklage** im Vordergrund stehen. Sie bedarf einer besonderen prozessualen Rechtfertigung in Gestalt eines Fortsetzungsfeststellungsinteresses.

3. Einstweiliger Rechtsschutz

Im Mittelpunkt des Rechtsschutzes in der Corona-Pandemie steht trotz zahlreicher be- 47
reits anhängiger Klagen weiterhin der einstweilige Rechtsschutz. Auch das Oberverwaltungsgericht kann gemäß § 47 Abs. 6 VwGO auf Antrag eine einstweilige Anordnung erlassen, wenn dies zur Abwehr schwerer Nachteile oder aus anderen wichtigen Gründen dringend geboten ist. Die Voraussetzungen sind § 32 Abs. 1 BVerfGG entlehnt. Sie sind enger als diejenigen erstinstanzlicher Entscheidungen nach § 80 Abs. 5 oder § 123 VwGO. Verfahren nach § 47 Abs. 6 VwGO tragen gegenwärtig ganz wesentlich zur Auslegung der einzelnen Bestimmungen der Coronaschutzverordnungen der Länder bei. Oftmals wird hierbei die Vorläufigkeit der Entscheidung betont.

Vergleichbares gilt für Verfahren vor den örtlichen Verwaltungsgerichten. Infektions- 48
rechtliche Eingriffe sind in der Regel von Gesetzes wegen sofort vollziehbar, § 16 Abs. 8 und § 28 Abs. 3 IfSG. Widerspruch und Anfechtungsklage haben keine aufschiebende Wirkung. Die Maßnahmen betreffen aktuelle und zeitlich begrenzte Eingriffe. Sie zu verhindern ist im Wege der Klage nicht möglich. Eine verwaltungsgerichtliche Klage

86 Gesetz v. 18.12.2018 (GV NRW 770).

kann hier nur nachgelagerten Rechtsschutz gewähren. Will der Betroffene den Vollzug einer infektionsschutzrechtlichen Verfügung verhindern, ist er auf einen Antrag auf Anordnung der aufschiebenden Wirkung verwiesen (§ 80 Abs. 5 S. 1 Hs. 1 VwGO). Die Entscheidung des Verwaltungsgerichts beruht hier auf einer Interessenabwägung. Hierbei ist auch die gesetzliche Wertung des § 16 Abs. 8 IfSG zu berücksichtigen. In Fällen, in denen der Gesetzgeber die sofortige Vollziehung vorsieht, kommt eine aufschiebende Entscheidung regelmäßig nur in Betracht, wenn ernstliche Zweifel an der Rechtmäßigkeit des Verwaltungsakts bestehen.

49 Auch Entscheidungen des **Bundesverfassungsgerichts** im Gefolge der Corona-Pandemie liegen derzeit nur aus dem einstweiligen Rechtsschutz vor. Im Vordergrund steht hier zumeist eine Folgenabwägung.[87] Zu beachten bleibt, dass die Anrufung des Bundesverfassungsgerichts regelmäßig die Erschöpfung des Rechtswegs vor den Verwaltungsgerichten voraussetzt (§ 90 Abs. 2 BVerfGG).

50 Begehrt der Betroffene hingegen eine **Ausnahmegenehmigung,** die nach den Corona-Schutzverordnungen der Länder insbesondere bei Veranstaltungen und Versammlungen vorgesehen ist, bestimmt sich der einstweilige Rechtsschutz nach den Voraussetzungen des § 123 VwGO. Der Antragsteller muss glaubhaft machen, dass er ein subjektiv-öffentliches Recht auf deren Durchführung hat (Anordnungsanspruch) und es der Anordnung zu dessen Durchsetzung bedarf (Anordnungsgrund).

87 Vgl. zB Beschl. v. 10.4.2020 – 1 BvQ 28/20, Beschl. v. 28.4.2020 – 1 BvR 899/20, Beschl. v. 13.5.2020 – 1 BvR 1021/20, Beschl. v. 30.8.2020 – 1 BvQ 94/20, Beschl. v. 11.11.2020 – 1 BvR 2530/20; *Katzenmeier* MedR 2020, 461 (463).

§ 14 Verhütung übertragbarer Krankheiten: Schutzimpfungen

Literatur: *Aligbe*, Das neue Masernschutzgesetz, ARP 2020, 227; *Amhaouach/Kießling*, Die Steigerung der Masernimpfraten von Kindern – Möglichkeiten und Grenzen des Rechts, MedR 2019, 853; *Axer*, Gesundheitswesen, in Isensee/Kirchhof (Hrsg.), Handbuch des Staatsrechts der Bundesrepublik Deutschland, Bd. IV, 3. Aufl. 2006, § 95; *Bäumler/Terhechte*, Handelsbeschränkungen und Patentschutz für Impfstoffe, NJW 2020, 3481, *Berchtold/Huster/Rehborn* (Hrsg.), Gesundheitsrecht, 2. Aufl. 2018; *Bretschneider/Peter*, Die beamtenrechtliche Gesunderhaltungspflicht im Kontext der „Corona-Pandemie", NVwZ 2020, 1462; *Bumke/Voßkuhle*, Casebook Verfassungsrecht, 8. Aufl. 2020; *Deutsch*, Die Pflicht des Arztes, den Patienten auf eine Impfung hinzuweisen, VersR 2003, 801; *Deutscher Ethikrat*, Impfen als Pflicht? Stellungnahme vom 27.6.2019, abrufbar unter https://www.ethikrat.org/themen/aktuelle-ethikratthemen/impfen-als-pflicht/; *Dieners/Reese* (Hrsg.), Handbuch des Pharmarechts, 2010; *Dreier* (Hrsg.), Grundgesetz – Kommentar, Bd. I, 3. Aufl. 2013, Bd. II, 3. Aufl. 2015; *Eckart/Winkelmüller* (Hrsg.), BeckOK Infektionsschutzrecht (Stand: 3. Edition 1.1.2021); *Epping/Hillgruber* (Hrsg.), BeckOK GG (Stand: 45. Edition 15.11.2020); *Erdle*, Infektionsschutzgesetz – Kommentar, 7. Aufl. 2020; *Fuhrmann/Klein/Fleischfresser* (Hrsg.), Arzneimittelrecht, Handbuch für die pharmazeutische Rechtspraxis, 3. Aufl. 2020; *Gassner*, Impfzwang und Verfassung: Mit Macht gegen Masern?, Legal Tribune Online v. 10.7.2013, abrufbar unter http://www.lto.de/recht/hintergruende/h/masern-impfzwang-bahr/; *Gerhardt*, Infektionsschutzgesetz – Kommentar, 5. Aufl. 2021; *Grabski/Hildt/Wagner*, Zulassungsverfahren für Humanimpfstoffe in Deutschland und Europa und das Präqualifizierungsprogramm der WHO, Bundesgesundheitsbl. 2020, 4; *Grüner*, Biologische Katastrophen – Eine Herausforderung für den Rechtsstaat, 2017; *Henseler*, Masernimpfpflicht, Maskenpflicht und unrichtige Gesundheitszeugnisse, MedR 2020, 1000; *Hillgruber*, Grundrechtsschranken, in Isensee/Kirchhof (Hrsg.), Handbuch des Staatsrechts der Bundesrepublik Deutschland, Bd. IX, 3. Aufl. 2011, § 201; *Höfling*, Vom präventiven Selbst zum immunisierten Volkskörper?, JZ 2019, 776; *Höfling/Stöckle*, Elternrecht, Kindeswohl und staatliche Impfverantwortung – eine Problemskizze, RdJB 2018, 284; *Isensee*, Das Grundrecht als Abwehrrecht und als staatliche Schutzpflicht, in Isensee/Kirchhof (Hrsg.), Handbuch des Staatsrechts der Bundesrepublik Deutschland, Bd. IX, 3. Aufl. 2011, § 191; *Jarass/Pieroth* (Hrsg.), Grundgesetz – Kommentar, 16. Aufl. 2020; *Katzenmeier*, Grundrechte in Zeiten von Corona, MedR 2020, 461; *Kersten/Rixen*, Der Verfassungsstaat in der Corona-Krise, 2020; *Kießling*, Infektionsschutzgesetz – Kommentar, 2020; *Klafki*, Risiko und Recht – Risiken und Katastrophen im Spannungsfeld von Effektivität, demokratischer Legitimation und rechtsstaatlichen Grundsätzen am Beispiel von Pandemien, 2017; *Kraft/Dohmen*, Rechtliche Aspekte einer Pandemie in Deutschland, PharmR 2008, 401; *Kügel/Müller/Hofmann* (Hrsg.), Arzneimittelgesetz – Kommentar, 2. Aufl. 2016; *Laufs/Kern/Rehborn* (Hrsg.), Handbuch des Arztrechts, 5. Aufl. 2019; *Lindner*, Die „Triage" im Lichte der Drittwirkung der Grundrechte, MedR 2020, 723; *Makoski*, Rechtsfragen zum Impfen, GuP 2017, 220; *v. Mangoldt/Klein/Starck* (Hrsg.), Kommentar zum Grundgesetz, Bd. I, 7. Aufl. 2018; *Maunz/Dürig* (Begr.), Grundgesetz – Kommentar (Stand: 91. EL April 2020); *Mentzer/Meyer/Keller-Stanislawski*, Sicherheit und Verträglichkeit von monovalenten Masern- und kombinierten Masern-, Mumps-, Röteln- und Varizellenimpfstoffen, Bundesgesundheitsbl. 2013, 1253; *Mers*, Infektionsschutz im liberalen Rechtsstaat, 2019; *Meßling*, Gesetz zum Schutz der Bevölkerung bei einer epidemischen Lage von nationaler Tragweite vom 27.3.2020, NZS 2020, 321; *Müller-Terpitz*, Recht auf Leben und körperliche Unversehrtheit, in Isensee/Kirchhof (Hrsg.), Handbuch des Staatsrechts der Bundesrepublik Deutschland, Bd. VII, 3. Aufl. 2009, § 147; *Pfleiderer/Wichmann*, Von der Zulassung von Impfstoffen zur Empfehlung durch die Ständige Impfkommission in Deutschland, Bundesgesundheitsbl. 2015, 263; *Gemeinsame Arbeitsgruppe aus Mitgliedern der Ständigen Impfkommission, des Deutschen Ethikrates und der Nationalen Akademie der Wissenschaften Leopoldina,* Positionspapier v. 9.11.2020, Wie soll der Zugang zu einem COVID-19-Impfstoff geregelt werden?, abrufbar unter https://www.leopoldina.org/publikationen/detailansicht/publication/wie-soll-der-zugang-zu-einem-covid-19-impfstoff-geregelt-werden-2020/; *Quaas/Zuck/Clemens* (Hrsg.), Medizinrecht, 4. Aufl. 2018; *Ratzel*, Der Entwurf für ein neues Masernschutzgesetz, GesR 2019, 560; *Ratzel/Luxenburger* (Hrsg.), Handbuch Medizinrecht, 4. Aufl. 2021; *Ritgen*, Die Rolle der Landkreise in der Corona-Pandemie, Der Landkreis 2020, 127; *Rixen*, Verfassungsfragen der Masernimpfpflicht: Ist die Impfpflicht nach dem geplanten Masernschutzgesetz verfassungswidrig? Rechtsgutachten vom 11.10.2019 erstellt für Ärzte für individuelle Impfentscheidung e.V., abrufbar unter https://www.individuelle-impfentscheidung.de/impfpflicht/verfassungsgutachten-ver%C3%B6ffentlicht-das-masernschutzgesetz-w%C3%A4re-verfassungswidrig.html; *Rixen*, Die Impfpflicht nach dem Masernschutzgesetz, NJW 2020, 647; *Rixen*, Gesundheitsschutz in der Coronavirus-Krise – Die (Neu-)Regelungen des Infektionsschutzgesetzes, NJW 2020, 1097; *Roos*, Der Impfschadensprozess – Risiken und Nebenwirkungen, ZFSH/SGB 2020, 210; *Sachs* (Hrsg.), Grundgesetz – Kommentar, 8. Aufl. 2018; *Samhat*, Gesundheitsgerechtes Verhalten: Pflichten und Obliegenheiten, 2019; *Schäferling/Tonti*, Corona-Impfstoff: Wunderwaffe oder neuer verfassungsrechtlicher Zankapfel?, CoVuR 2021, 73; *Schaks*, Die Pflicht zur Verwendung von Kombinationsimpfstoffen gegen Masern. Zur Verfassungsmäßigkeit des § 20 Abs. 8 S. 3 IfSG, MedR 2020, 201; *Schaks/Krahnert*, Die Einführung einer Impfpflicht zur Bekämpfung der Masern. Eine zulässige staatliche Handlungsoption, MedR 2015, 860; *Schmidt am Busch*, Die Gesundheitssicherung im Mehrebenensystem, 2007; *Schneider*, Das Gesetz zur Stärkung der Gesundheitsförderung und der Prävention, SGb 2015, 599; *Schrappe et al.*, Thesenpapier zur Pandemie durch SARS-CoV-2/Covid-19 „Datenbasis verbessern – Prävention gezielt weiterentwickeln – Bürgerrechte wahren“ v. 5.4.2020, abrufbar unter https://www.springerpflege.de/sars-cov-2/thesenpapier-zur-pandemie-durch-sars-cov-2-covid-19/17868956; *Schwarz*, Das Infektionsschutzgesetz und die Grundrechte – ein Lehrstück zum verfassungsrechtlichen Freiheitsverständnis bei drohenden Gefahren, JA 2020, 321; *Schwarz/Sairinger*, Metamorphosen des Föderalismus in Krisenzeiten, NVwZ 2021, 265; *Shirvani*, Gesundheitsnotstand und Kompetenzordnung, JZ 2021, 109; *Sodan* (Hrsg.), Handbuch des Krankenversicherungsrechts, 3. Aufl. 2018; *Sodan*, Infektionsschutzrecht, in: Ehlers/Fehling/Pünder (Hrsg.), Besonderes Verwaltungsrecht, Bd. II, 4. Aufl. 2020, § 56; *Spree/Kozak*, Arbeitsrechtliche Folgen der Einführung des Masernschutzgesetzes, ZTR 2020, 383; *Stebner/Bothe*, Impfzwang der Bevölkerung wegen Pockengefahr?, MedR 2003, 287; *von Steinau-Steinrück*, Die staatliche Verhütung und Bekämpfung von Infektionskrankheiten, 2013; *Sternberg-Lieben*, Corona-Pandemie, Triage und Grenzen rechtfertigender Pflichtenkollision, MedR 2020, 627; *Taupitz*, Verteilung medizinischer Ressourcen in der Corona-Krise: Wer darf überleben?, MedR 2020, 440; *Thüsing/Bleckmann/Rombey*, Impfpflicht des Arbeitnehmers?, COVuR 2021, 66; *Volkmann*, Heraus aus dem Verordnungsregime, NJW 2020, 3153; *Welti*, Das Gesetz zur Stärkung der Gesundheitsförderung und der Prävention – was bringt dieses Präventionsgesetz?, GuP 2015, 211; *Wolff/Zimmermann*, Impfförder- und Impffolgenrecht in der COVID-19-Pandemie, NVwZ 2021, 182; *Zuck*, Gesetzlicher Masern-Impfzwang, ZRP 2017, 118; *Zuck*, Öffentliche Empfehlungen zur Masernimpfung, MedR 2017, 85; *Zuck*, Impfrecht. Impfempfehlungen. Impfentscheidung., MedR 2008, 410.

I. Einleitung 1
II. Rechtssystematische Einordnung 4
1. Regelungen zu den Schutzimpfungen und Begriffe 5
2. Rechtliches Instrumentarium 10
a) Impfempfehlungen 11
b) Verordnungsermächtigungen 15
III. Prävention im Falle der SARS-CoV-2-Pandemie 17
1. Ärztliche Durchführung von Schutzimpfungen 19
2. Öffentliche Empfehlungen der obersten Landesbehörden 21
3. Impfpflichten durch Rechtsverordnungen nach § 20 Abs. 6 und 7 IfSG 23
IV. Masernimpfpflicht 27
1. Überblick über das Regelungsregime 28
2. Verfassungsmäßigkeit der Impfpflicht per se 30
3. Verfassungsmäßigkeit der Pflicht zur Verwendung von Kombinationsimpfstoffen 40
V. Fazit 44

I. Einleitung

1 „Die Prävention einer Infektion ist die wirksamste, kostengünstigste und damit wichtigste Maßnahme zum Schutz vor übertragbaren Krankheiten.“[1] Schutzimpfungen haben bei der Krankheitsverhütung eine überragende Bedeutung und „stellen den **praktisch bedeutsamsten Teil personenbezogener Verhütungsmaßnahmen** dar“ (*Fleischfres-*

1 BT-Drs. 14/2530, 43. So auch *Erdle* IfSG § 20 Rn. 1.

ser in → § 13 Rn. 35). Dies wird mit der SARS-CoV-2-Pandemie[2] mehr als deutlich. Der Präsident des für die Zulassung von Impfstoffen in Deutschland zuständigen Paul Ehrlich-Instituts (PEI, *Kluckert* in → § 2 Rn. 30) war deshalb früh der Auffassung, dass erst mit einem Impfstoff gegen SARS-CoV-2 die Pandemie beendet werden könne.[3] Bestünde eine hinreichende Immunität oder wäre diese zumindest rasch erreichbar,[4] bedürfte es der zahlreichen Beschränkungen grundrechtlicher Freiheiten mit allen ihren sozialen, wirtschaftlichen und sonstigen Folgen nicht mehr im bisherigen Ausmaße.[5] Die besorgten Spekulationen, wann ein Impfstoff zur Verfügung stehen wird, wie dieser in ausreichender Menge produziert und gerecht verteilt[6] werden kann und wie hoch die Durchimpfungsrate sein muss, um einen Herdenschutz zu erreichen, wichen zunächst optimistischeren Erwägungen, während seit einiger Zeit die Sorge vor ansteckenderen und gesundheitsschädigenderen Mutationen des Virus wächst. Besonderen Anlass zur Besorgnis bereiten derzeit eine brasilianische, englische und südafrikanische Variante von SARS-CoV-2.[7] Nachdem das PEI im Frühjahr 2020 eine erste Genehmigung für die Durchführung einer klinischen Studie mit einem SARS-CoV-2-Impfstoff in Deutschland erteilt hatte,[8] sind gegen Jahresende die ersten Impfstoffe ua in der EU, den USA, Großbritannien und China zugelassen worden (→ Rn. 18). Die Befürchtung, dass mit einem Impfstoff erst in drei Jahren zu rechnen sei,[9] hat sich glücklicherweise nicht bewahrheitet. Jedoch sind die bisher zugelassenen Impfstoffe gegen die neuen Varianten von SARS-CoV-2 nicht in gleicher Weise wirksam. Nunmehr muss jedoch die Verteilung[10] der zunächst knappen Impfstoffe organisiert werden, von denen zudem einige äußerst aufwendig gekühlt werden müssen (*Krasney/Heidenreich/Lubrich* in → § 11 Rn. 246–259). Das ist logistisch herausfordernd und setzt rechtliche zulässige Priorisierungskriterien und -mechanismen voraus (→ Rn. 4, 6 a, 22 a).[11] Überdies ist Streit entbrannt, wann und wie die Schutzmaßnahmen gegenüber geimpften Personen aufgehoben werden dürfen oder müssen (→ Rn. 6 a). Schließlich darf nicht übersehen werden, dass der Impfstoff in vielen Staaten der Erde erst in Monaten oder Jahren flächendeckend zur Verfügung stehen wird.[12]

Gerade weil **Prävention** so effektiv sein kann, ist sie bereits vor Auftreten der SARS-CoV-2-Pandemie in den letzten Jahren stärker in den medizinrechtlichen Fokus gerückt.[13] Prävention ist auch eines der Ziele des IfSG. So benennt § 1 Abs. 1 IfSG es als 2

---

2 SARS-CoV-2 ist die Virus-Bezeichnung (anfangs auch als „2019-nCoV" bezeichnet), COVID-19 der Name der Erkrankung, vgl. https://www.rki.de/SharedDocs/FAQ/NCOV2019/FAQ_Liste.html.

3 Zitiert nach SZ v. 20./21.5.2020, Nr. 116, S. 1: „Die große Hoffnung".

4 Bei SARS-CoV-2 wird von einer erforderlichen Durchimpfungsrate von 60–80 % ausgegangen, damit ein Herdenschutz vorliegt, *Kersten/Rixen* Verfassungsstaat Covid-19 S. 87 f.

5 *Wolff/Zimmermann* NVwZ 2021, 182 (182).

6 Hierzu *Klafki*, Risiko und Recht, 2017, S. 259–261. Zur Verteilung knapper medizinischer Ressourcen allgemein *Taupitz* MedR 2020, 440 ff.

7 Vgl. FAZ v. 21.1.2021, Nr. 17, S. 2: „Schlupflöcher für Mutanten".

8 FAZ v. 23.4.2020, Nr. 95, S. 22: „Biontech startet klinische Studie". S. zu klinischen Studien bei Humanimpfstoffen *Grabski/Hildt/Wagner* Bundesgesundheitsbl. 2020, 4 (8–10); *Pfleiderer/Wichmann* Bundesgesundheitsbl. 2015, 263 (264–268).

9 Vgl. FAZ v. 20.5.2020, Nr. 117, S. 18: „Die Wette auf die schnelle Impfung".

10 S. aus völkerrechtlicher Sicht *v. Bogdandy/Villareal* FAZ v. 17.12.2020, Nr. 294, S. 7: „Den Impfstoff fair verteilen".

11 Siehe hierzu BVerfG Beschl. v. 16.7.2020 - 1 BvR 1541/20, NVwZ 2020, 1353 f.; OVG Münster Beschl. v. 22.1.2021 – 13 B 58/21, BeckRS 2021, 468; VG Berlin Beschl. v. 29.1.2021 – VG 14 L 33/21, BeckRS 2021, 877; VG Gelsenkirchen Beschl. v. 25.1.2021 – 20 L 65/21, BeckRS 2021, 1378; VG Gelsenkirchen Beschl. v. 25.1.2021 – 20 L 79/21, BeckRS 2021, 682; anders VG Frankfurt Beschl. 12.2.2021 – 5 L 219/21.F, juris. Aus der Literatur *Schäferling/Tonti* COVuR 2021, 73 ff. Zur „Triage" *Lindner* MedR 2020, 723 ff.; aus strafrechtlicher Sicht *Sternberg-Lieben* MedR 2020, 627 ff.

12 SZ v. 28.12.2020, Nr. 299, S. 7: „Ungeschützt bis 2024".

13 S. zB das Gesetz zur Stärkung der Gesundheitsförderung und der Prävention (Präventionsgesetz – PrävG) v. 17.7.2015 (BGBl. I 1368). Hierzu *Schneider* SGb 2015, 599 ff., insbes. 605 f.; *Welti* GuP 2015, 211 ff. Es sei

Zweck des Gesetzes[14], „übertragbaren Krankheiten beim Menschen vorzubeugen" und § 3 S. 1 IfSG erklärt die „Information und Aufklärung der Allgemeinheit über die Gefahren übertragbarer Krankheiten und die Möglichkeiten zu deren Verhütung" zur „öffentliche[n] Aufgabe". Diese Aufgabe wird in § 20 Abs. 1 S. 1 IfSG aufgegriffen und dahin gehend spezifiziert, dass die Bundeszentrale für gesundheitliche Aufklärung, die obersten Landesgesundheitsbehörden und die von ihnen beauftragten Stellen sowie die Gesundheitsämter die Bevölkerung zielgruppenspezifisch über die Bedeutung von Schutzimpfungen und andere Maßnahmen der spezifischen Prophylaxe übertragbarer Krankheiten informieren.[15] Das IfSG betont damit stärker den **Verhütungsgedanken** als die Vorgängerregelungen im BSeuchG.[16] Gegenwärtig beschäftigen hinsichtlich der Verhütung von Krankheiten im Wesentlichen zwei Punkte die Diskussion: die SARS-CoV-2-Pandemie und die im März 2020 in Kraft getretene Impfpflicht gegen Masern, gegen welche bereits die ersten Verfassungsbeschwerden anhängig sind.[17]

3 Dieser Beitrag gibt in seinem ersten Teil einen Überblick über die Regelungen des IfSG zu Schutzimpfungen (→ Rn. 4–16). Sodann wird der Frage nachgegangen, wie dieses Instrumentarium im Falle der SARS-CoV-2-Pandemie Bedeutung erlangen könnte (→ Rn. 17–26). Schließlich erfolgt in einem dritten Teil eine Auseinandersetzung mit der Masernimpfpflicht, insbesondere mit ihrer Verfassungsmäßigkeit (→ Rn. 27–43), bevor ein abschließendes Fazit (→ Rn. 44 f.) gezogen wird.

II. Rechtssystematische Einordnung

4 Die Grundrechte stellen nicht nur Abwehrrechte des Einzelnen gegen den Staat dar, sondern sie verpflichten den Staat auch, sich schützend und fördernd vor die Grundrechte zu stellen, auch vor die **Grundrechte auf Leben und körperliche Unversehrtheit** aus Art. 2 Abs. 2 S. 1 GG (*Kluckert* in → § 2 Rn. 49–59).[18] Diese **Schutzpflicht** trifft den Staat schon bei bloßen Gesundheitsgefährdungen,[19] worunter auch der Schutz des Menschen vor Infektionskrankheiten fällt.[20] Die staatliche Schutzpflicht vor den Gefahren übertragbarer Krankheiten wird bestätigt durch Art. 11 Abs. 2, 13 Abs. 7, 74 Abs. 1 Nr. 19 GG. Einfachgesetzlich dient im Wesentlichen das IfSG des Bundes, insbesondere sein Vierter Abschnitt, dem Schutz vor auf den Menschen übertragbaren Krankheiten (zur Gesetzgebungskompetenz *Kluckert* in → § 2 Rn. 1–5; *Krasney/Heidenreich/Lubrich* in → § 11 Rn. 37–40). Der **Vierte Abschnitt des IfSG (§§ 16–23 a)** enthält die Vorschriften zur **Verhütung übertragbarer Krankheiten** im Unterschied zu den Regelungen über die Bekämpfung übertragbarer Krankheiten (*Ritgen* in → § 12 Rn. 17–22).[21] Durch das

---

jedoch darauf hingewiesen, dass nicht stets entsprechend dieser Erkenntnis gehandelt wurde, was sich zB an den Kürzungen im Öffentlichen Gesundheitsdienst vor der COVID-19-Pandemie zeigt.

14 Zur Gesetzeshistorie *Sodan* in Ehlers/Fehling/Pünder BesVerwR § 56 Rn. 3–15.

15 *Gebhard* in Kießling IfSG § 20 Rn. 4.

16 *Axer* in Isensee/Kirchhof StaatsR-HdB § 95 Rn. 44; *Schmidt am Busch*, Die Gesundheitssicherung im Mehrebenensystem, 2007, S. 76 f.

17 BVerfG Beschl. v. 11.5.2020 – 1 BvR 469/20 ua, NJW 2020, 1946 f. hat die Anträge auf Erlass einer einstweiligen Anordnung abgelehnt.

18 BVerfG Urt. v. 25.2.1975 – 1 BvF 1/74 ua, BVerfGE 39, 1 (41); Urt. v. 16.10.1977 – 1 BvQ 5/77, BVerfGE 46, 160 (164); Beschl. v. 29.10.1987 – 2 BvR 624/83 ua, BVerfGE 77, 170 (214); Urt. v. 28.5.1993 – 2 BvF 2/90 ua, BVerfGE 88, 203 (251). Hierzu *Fielitz* in Dreier GG Art. 2 Abs. 2 Rn. 76–90; *Müller-Terpitz* in Isensee/Kirchhof StaatsR-HdB § 147 Rn. 71–79; *Sodan* in Ehlers/Fehling/Pünder BesVerwR § 56 Rn. 24 f.

19 *Lang* in BeckOK GG Art. 2 Rn. 73, 82 a; *Schaks* MedR 2020, 201 (203).

20 Vgl. nur BVerfG Beschl. v. 28. 7.1987 – 1 BvR 842/87, NJW 1987, 2287; Beschl. v. 11.5.2020 – 1 BvR 469/20 ua, NJW 2020, 1946 (1947); *Isensee* in Isensee/Kirchhof StaatsR-HdB § 191 Rn. 207 aE; *Schaks* MedR 2020, 201 (203).

21 Zur Abgrenzung der Verhütung von der Bekämpfung übertragbarer Krankheiten *Ritgen* Der Landkreis 2020, 127 (128); *Sodan* in Ehlers/Fehling/Pünder BesVerwR § 56 Rn. 40. S. a. *Grüner*, Biologische Katastrophen, 2017, S. 176 f.; *Mers*, Infektionsschutz im liberalen Rechtsstaat, 2019, S. 107–125; *Rixen* NJW 2020, 1097 ff.

Dritte Gesetz zum Schutz der Bevölkerung bei einer epidemischen Lage von nationaler Tragweite[22] wurden wichtige impfrelevante Regelungen aber auch in **§ 20 i SGB V** verankert. Der neue § 20 i Abs. 3 S. 2 Nr. 1 lit. a und Nr. 2, S. 3, 7 und 8 sowie 10 bis 11 SGB V sowie § 5 Abs. 2 S. 1 Nr. 4 lit. c und f IfSG dienten zunächst als Rechtsgrundlage für die „Verordnung zum Anspruch auf Schutzimpfung gegen das Coronavirus SARS-CoV-2 (Coronavirus-Impfverordnung – **CoronaImpfV**)",[23] welche in ihren §§ 1–4 den Impfanspruch und die Reihenfolge der Impfungen nach Personengruppen regelte und nun durch die Fassung vom 8.2.2021[24] präziser und differenzierter als zuvor gefasst wurde (*Krasney/Heidenreich/Lubrich* in → § 11 Rn. 246–259). Der Schwerpunkt dieser Darstellung liegt jedoch zur Vermeidung von Doppelungen auf den Regelungen der Schutzimpfungen in den §§ 20–22 IfSG.

1. Regelungen zu den Schutzimpfungen und Begriffe

Ein klassisches Instrument der Krankheitsprävention sind die in den **§§ 20–22 IfSG** an- 5
gesprochenen **Schutzimpfungen.**[25] Die umfangreichste und auch inhaltlich bedeutsamste Vorschrift ist § 20 IfSG, weshalb sich die weitere Darstellung überwiegend auf dessen Inhalt konzentrieren wird. Zuvor sei jedoch kurz auch auf §§ 21 f. IfSG eingegangen.

§ 21 S. 1 IfSG gestattet, dass bei einer aufgrund des IfSG angeordneten oder einer von 6
der obersten Landesgesundheitsbehörde öffentlich empfohlenen Schutzimpfung oder einer Impfung nach § 17 a Abs. 2 SG „Impfstoffe verwendet werden, die Mikroorganismen enthalten, welche von den Geimpften ausgeschieden und von anderen Personen aufgenommen werden können." Überdies wird wegen Art. 19 Abs. 1 S. 2 GG das Grundrecht der körperlichen Unversehrtheit als eingeschränktes Grundrecht zitiert (§ 21 S. 2 IfSG). § 21 S. 1 IfSG ist verfassungsgemäß,[26] aber die Vorschrift hat, soweit sie die Gefährdungen Dritter betrifft, ohnehin kaum noch praktische Relevanz.[27] § 22 IfSG, geändert durch Art. 2 a lit. a des am 4.3.2021 vom Bundestag beschlossenen Gesetzes zur Fortgeltung der die epidemische Lage von nationaler Tragweite betreffenden Regelungen, regelt in seinem Abs. 1 die Verpflichtung der zur Durchführung von Schutzimpfungen berechtigten Person, jede Schutzimpfung unverzüglich zu dokumentieren sind. Die Änderung erfolgte, um den Adressaten der Verpflichtung zu benennen.[28] Eingefügt wurde durch Art. 2 a lit. b des am 4.3.2021 vom Bundestag beschlossenen Gesetzes zur Fortgeltung der die epidemische Lage von nationaler Tragweite betreffenden Regelungen zudem eine Verordnungsermächtigung im neuen § 20 Abs. 2 S. 2 IfSG. Die Neuregelung soll eine höhere Flexibilität bei der Einführung digitaler Impfdokumentationen ermöglichen.[29] Im Gesetzgebungsverfahren vor Erlass des **Zweiten Gesetzes zum Schutz der Bevölkerung bei einer epidemischen Lage von nationaler Tragweite**[30] wurde zeitweise erwogen, einen neuen Abs. 5 in § 22 IfSG einzufügen. Danach sollte der Immunstatus einer Person in Bezug auf eine bestimmte übertragbare Krankheit durch eine Ärztin oder einen Arzt dokumentiert werden können (**Immunstatusdokumentation**), § 22 Abs. 5 S. 1 IfSG. § 22 Abs. 5 S. 2 IfSG sollte die hierbei erforderlichen Angaben benennen (1. Name der Krankheit, gegen die Immunität nachgewiesen ist,

22 Gesetz v. 18.11.2020 (BGBl. I 2397). S. hierzu auch BT-Drs. 19/23944 sowie BT-Drs. 19/24334.
23 Verordnung v. 18.12.2020 (BAnz AT 21.12.2020 V3).
24 BAnz AT 8.2.2021 V1.
25 Ausführlich hierzu *Mers*, Infektionsschutz im liberalen Rechtsstaat, 2019, S. 135–161.
26 *Mers*, Infektionsschutz im liberalen Rechtsstaat, 2019, S. 157–161.
27 *Erdle* IfSG § 21; *Gerhardt* IfSG § 21 Rn. 2; *Zuck* MedR 2008, 410 (412) mwN.
28 BT-Drs. 19/27291, 62 (elektronische Vorabfassung).
29 BT-Drs. 19/27291, 62 (elektronische Vorabfassung).
30 G. v. 19.5.2020 (BGBl. I 1018). S. zum (Ersten) Gesetz zum Schutz der Bevölkerung bei einer epidemischen Lage von nationaler Tragweite v. 27.3.2020 (BGBl. I 587) *Meßling* NZS 2020, 321 ff.; *Rixen* NJW 2020, 1097 (1102 f.).

2. Datum der Feststellung der Immunität, 3. Grundlage der Feststellung der Immunität, 4. Name und Anschrift der für die Feststellung der Immunität verantwortlichen Person, 5. Bestätigung in Schriftform oder in elektronischer Form mit einer qualifizierten elektronischen Signatur oder einem qualifizierten elektronischen Siegel durch die für die Feststellung der Immunität verantwortliche Person). Zusätzlich zu diesen Angaben sollte gem. § 22 Abs. 5 S. 3 IfSG die Feststellung aufgenommen werden können, dass eine Ansteckungsfähigkeit in Bezug auf eine bestimmte übertragbare Krankheit ausgeschlossen ist. Mit der Kenntnis und Dokumentation des Immunstatus sollte das Gesetz bezwecken, bei Vorliegen wissenschaftlicher Beweise für den Aufbau einer Immunität nach einer Infektion mit SARS-CoV-2, insbesondere bei gleichzeitiger Feststellung fehlender Ansteckungsfähigkeit, „weitreichende Schlüsse für den weiteren Umgang mit Schutzmaßnahmen und vulnerablen Personengruppen" ziehen zu können. Diese Überlegungen erlangten jedoch keine Gesetzeskraft. Sie wurden im Gesetzgebungsverfahren nicht weiter verfolgt, weil die Immunstatusdokumentation in medizinischer Hinsicht als nicht aussagekräftig eingestuft wurde[31] und in der Bevölkerung Sorge vor einer Bevorzugung der immunen Personen entstand.[32] Überdies befürchtete man „Corona-Partys", also die bewusste Herbeiführung einer Infektion.[33]

6a Mit den gerade anlaufenden Impfungen wird diese Frage aber erneut relevant und noch dringlicher als zuvor. Zu den Personen, die bereits eine COVID-19-Erkrankung ausgestanden haben, kommen nun zunehmend geimpfte Personen hinzu. Diese Personengruppen werfen die Frage auf, inwieweit sie weiterhin Einschränkungen unterworfen sein können, wenn und soweit sie keinen Beitrag mehr zur Weiterverbreitung von COVID-19 leisten können. Wäre es nicht milder, zumindest für die Personen, die nachweislich keinen Beitrag zum Infektionsgeschehen (mehr) leisten können, die Beschränkungen aufzuheben, anstatt sie Beschränkungen zu unterwerfen bis das Infektionsgeschehen für die Gesamtbevölkerung beherrschbar geworden ist? Wäre dies so, dann könnte auch das wirtschaftliche, soziale und kulturelle Leben kontinuierlich für einen immer größer werdenden Personenkreis hochgefahren werden. So geschieht es derzeit in Israel, wo ein Impfzertifikat des Gesundheitsministeriums ausgestellt wird, welches zum Besuch bestimmter Einrichtungen berechtigt.[34] Gleichwohl dürfte dieses Szenario in Deutschland in absehbarer Zeit nicht realistisch sein. Erstens fehlt es in rein tatsächlicher Hinsicht noch an hinreichenden Daten über den durch die Impfung oder die durchgestandene Erkrankung bewirkten Schutz und seine Dauer.[35] Zweitens wird das Verschwimmen von „vorgeblicher Freiwilligkeit und verkappter Fremdsteuerung" kritisiert,[36] was insbesondere dann eine Rolle spielt, wenn die Impfung „eigentlich" abgelehnt wird und nur wegen der schnelleren Rückkehr zur Normalität hingenommen wird. Neben der freiheitsrechtlichen Dimension spielt drittens aber auch der Gleichheitsgedanke eine Rolle. Denn die Impfungen stehen zunächst nicht allen Personen gleichermaßen offen, vielmehr muss wegen der Knappheit des Impfstoffs priorisiert werden (§§ 1–4 CoronaImpfV, → Rn. 4; *Krasney/Heidenreich/Lubrich* in → § 11 Rn. 246–259). Entscheidend sind zumeist Kriterien, die der Beeinflussung durch den Einzelnen entzogen sind wie etwa das Alter, Vorerkrankungen oder die genetische Disposition. Es wird deshalb erwogen, **„Privilegien" oder „Sonderrechte" für geimpfte Personen** gesetzlich zu verbie-

31 Ua von der BÄK, vgl. Stellungnahme der Bundesärztekammer zu der Formulierungshilfe für die Fraktionen der CDU/CSU und SPD für einen aus der Mitte des Deutschen Bundestages einzubringen Entwurf eines Zweiten Gesetzes zum Schutz der Bevölkerung bei einer epidemischen Lage von nationaler Tragweite v. 22.4.2020, S. 9, abrufbar unter https://www.bundesaerztekammer.de/politik/stellungnahmengesetzgebung/.

32 FAZ v. 6.5.2020, Nr. 105, S. 2: „Der Schein trügt". S. a. *Kersten/Rixen* Verfassungsstaat Covid-19 S. 88–94.

33 *Kersten/Rixen* Verfassungsstaat Covid-19 S. 91.

34 FAZ v. 24.2.2021, Nr. 46, S. 16: „Israels ‚Seufzer der Erleichterung'".

35 Hierzu SZ v. 17.12.2020, Nr. 292, S. 14: „Geschützt ja, aber auch immun?".

36 *Kersten/Rixen* Verfassungsstaat Covid-19 S. 93.

ten.[37] Es sei dem gesellschaftlichen Frieden zuträglicher, den Nutzen der frühen Impfung nicht durch weitergehende „Privilegierungen“ im Vergleich zu ungeimpften Personen in einem Zwei-Klassen-System im öffentlichen Leben zu prämieren (zB Eintritt zum Konzert nur mit Immunitätsnachweis) und es wird an die Solidarität der geimpften Personen appelliert.[38] Hierbei besteht aber die Gefahr, von der begründungsbedürftigen Ausnahme her zu argumentieren und den zutreffenden rechtlichen Ausgangspunkt zu verfehlen: Staatliche Grundrechtsbeschränkungen – wie die angeordneten Schutzmaßnahmen gegen SAS-CoV-2 – sind nur zulässig, wenn und soweit sie einen legitimen Zweck verfolgen, hierfür geeignet, erforderlich und angemessen sind. Den Normgeber trifft eine Beobachtungs- und Anpassungspflicht. Auf veränderte Rahmenbedingungen muss differenziert reagiert werden. Wenn und sobald feststeht, dass geimpfte Personen das Virus nicht weiterverbreiten können, entfällt ihnen gegenüber die Berechtigung zu grundrechtsbeschränkenden Maßnahmen. Weder liegt ein legitimer Zweck vor noch sind die weiteren Verhältnismäßigkeitsanforderungen gewahrt. Es geht deshalb weder um Privilegien oder Sonderrechte für geimpfte Personen, sondern um die Rückkehr zur grundrechtlichen „Normallage“. Diese Normalität geimpften Personen grundlos[39] vorzuenthalten, kann nicht allein mit dem Sentiment der Nichtgeimpften begründet werden. Da die Rückerlangung von Freiheit Folge der Impfungen sein kann, sollten die Priorisierungskriterien und -mechanismen auch aus diesem Grund parlamentarisch[40] beraten und beschlossen werden (*Krasney/Heidenreich/Lubrich* in → § 11 Rn. 246 f.), wie es nun auch durch das am 4.3.2021 vom Deutschen Bundestag beschlossenen Gesetz zur Fortgeltung der die epidemische Lage von nationaler Tragweite betreffenden Regelungen[41] erfolgt ist (→ Rn. 22 a). Je länger die Impfkampagnen andauern und je größer der geimpfte Personenkreis wird, desto näher kommt man auch der Herdenimmunität (→ Rn. 1). Ihr (nahes) Erreichen rechtfertigt die Aufhebung der Schutzmaßnahmen für die ganze Bevölkerung insgesamt, da eine Überlastung des Gesundheitswesens mit fatalen Folgen dann nicht mehr zu besorgen wäre. Hierbei handelt es sich weder um eine faktische Impfpflicht[42] noch um „Erpressung“, sondern um die konsequente Anwendung des Verhältnismäßigkeitsgrundsatzes im Hinblick auf die Rücknahme von beschränkenden Schutzmaßnahmen zum Wohle der Gesundheit der Bevölkerung.

Der in den §§ 20–22 IfSG verwendete Begriff **„Schutzimpfung“ ist in § 2 Nr. 9 IfSG definiert** als „die Gabe eines Impfstoffes mit dem Ziel, vor einer übertragbaren Krankheit zu schützen“.[43] Eine **übertragbare Krankheit** ist eine durch Krankheitserreger oder deren toxische Produkte, die unmittelbar oder mittelbar auf den Menschen übertragen werden, verursachte Krankheit (§ 2 Nr. 3 IfSG).[44] 7

37 Vgl. FAZ v. 29.12.2020, Nr. 302, S. 2: „Erst das Impfen, dann die Moral?“; FAZ v. 30.12.2020, Nr. 303, S. 2: „Privilegien der Geimpften?“; SZ v. 30.12.2020, Nr. 301, S. 1: „Justizministerin gegen Impf-Privilegien“. Siehe auch Deutscher Ethikrat, Ad-hoc-Empfehlung v. 4.2.2021 „Besondere Regeln für Geimpfte?“, abrufbar unter https://www.ethikrat.org/mitteilungen/2021/besondere-regeln-fuer-geimpfte/.

38 S. hierzu FAZ v. 29.12.2020, Nr. 302, S. 2: „Erst das Impfen, dann die Moral?“; FAZ v. 30.12.2020, Nr. 303, S. 2: „Privilegien der Geimpften?“; SZ v. 30.12.2020, Nr. 301, S. 1: „Justizministerin gegen Impf-Privilegien“.

39 Stets unter der Prämisse, dass die geimpften Personen nachweislich keinen Beitrag zur Weiterverbreitung von SARS-CoV-2 leisten.

40 Vgl. auch *Volkmann* NJW 2020, 3153 ff.

41 Vgl. BT-Drs 19/26545.

42 S. a. FAZ v. 30.12.2020, Nr. 303, S. 2: „Hat da jemand „Impfpflicht“ gesagt?“; *Augsberg*, „Natürlich kann man Kreuzfahrten nur für Geimpfte anbieten“, in: Legal Tribune Online, 29.12.2020, https://www.lto.de/persistent/a_id/43849/.

43 Vgl. *Zuck* MedR 2008, 410 ff.

44 Vgl. BVerwG Beschl. v. 24.9.1969 – I WDB 11/68, BVerwGE 33, 339 (343).

8 **Impfstoffe sind Arzneimittel**[45] iSd § 4 Abs. 4 iVm § 2 Abs. 1 AMG (*Zumdick* in → § 8 Rn. 3, 6 f.; *Rixen* in → § 4 Rn. 14),[46] nämlich solche, „die Antigene oder rekombinante Nukleinsäuren enthalten und die dazu bestimmt sind, bei Mensch oder Tier zur Erzeugung von spezifischen Abwehr- und Schutzstoffen angewendet zu werden und, soweit sie rekombinante Nukleinsäuren enthalten, ausschließlich zur Vorbeugung oder Behandlung von Infektionskrankheiten bestimmt sind". Da es der Zweck des IfSG ist, übertragbaren Krankheiten beim Menschen vorzubeugen (§ 1 Abs. 1 IfSG) und mit übertragbaren Krankheiten nur auf den Menschen übertragbare Krankheiten gemeint sind, sind vorliegend allein Humanarzneimittel relevant.[47]

9 Impfstoffe dürfen als Fertigarzneimittel grundsätzlich nur dann in den Verkehr gebracht werden, wenn sie über die erforderliche **Zulassung** verfügen (§ 21 Abs. 1 S. 1 AMG).[48] Dies setzt in allen Zulassungsverfahren die Qualität, Wirksamkeit und Sicherheit des Arzneimittels voraus.[49] Zuständig für Impfstoffe ist in Deutschland nach § 25 Abs. 8 S. 1 iVm § 77 Abs. 2 AMG das Paul-Ehrlich-Institut (PEI).[50] Inzwischen werden jedoch fast alle neuen Impfstoffe nicht national, sondern über das zentralisierte Verfahren auf der Grundlage der europäischen Verordnung VO (EG) Nr. 726/2004 zugelassen.[51]

2. Rechtliches Instrumentarium

10 In der Bundesrepublik Deutschland besteht kein genereller[52] Impfzwang (zu möglichen Impfpflichten gegen COVID-19 → Rn. 23–26, zur sog. Impfpflicht gegen Masern → Rn. 27–43). Gegenwärtig setzt der Gesetzgeber **grundsätzlich** auf **Aufklärung und Freiwilligkeit,** vgl. § 20 Abs. 1 IfSG sowie *Ritgen* in → § 12 Rn. 11–15. Das bedeutet indes nicht, dass Impfpflichten per se unzulässig sind, *Fleischfresser* in → § 13 Rn. 35 mwN.

a) Impfempfehlungen

11 Die **beim RKI** (*Kluckert* in → §§ 2 Rn. 25–29; *Ritgen* in → § 12 Rn. 46–51) **eingerichtete Ständige Impfkommission (STIKO)**[53] erarbeitet Impf-Empfehlungen,[54] welche Grundlage öffentlicher Empfehlungen der obersten Landesgesundheitsbehörden[55] sind (§ 20 Abs. 2 und 3 IfSG). Diese Empfehlungen der STIKO sind selbst nicht unmittelbar rechtsverbindlich.[56] Sie werden aber ua dadurch rechtlich bedeutsam, dass der Gemeinsame Bundesausschuss (G-BA) bei der Bestimmung des Leistungsinhalts des § 20 i

45 *Roos* ZFSH/SGB 2020, 210 (211). S. a. *Erdle* IfSG Allgemeines zu §§ 20 bis 22 Rn. 3.

46 Dies entspricht der Gesetzesbegründung zum IfSG, BT-Drs. 14/2530, 44.

47 Für Tiere gibt es das Gesetz zur Vorbeugung vor und Bekämpfung von Tierseuchen (Tiergesundheitsgesetz – TierGesG) idF der Bekanntmachung v. 21.11.2018 (BGBl. I 1938), das zuletzt durch Artikel 100 des Gesetzes v. 20.11.2019 (BGBl. I 1626) geändert worden ist.

48 S. zu den verschieden nationalen und europäischen Zulassungsverfahren von Impfstoffen *Grabski/Hildt/Wagner* Bundesgesundheitsbl. 2020, 4 ff. Zum Zulassungsregime für Arzneimittel allgemein s. *Fleischfresser* in Fuhrmann/Klein/Fleischfresser ArzneimittelR-HdB § 6; *Zuck* in Quaas/Zuck/Clemens MedR § 52.

49 *Grabski/Hildt/Wagner* Bundesgesundheitsbl. 2020, 4; *Pfleiderer/Wichmann* Bundesgesundheitsbl. 2015, 263.

50 *Pfleiderer/Wichmann* Bundesgesundheitsbl. 2015 (58), 263 (263). Vgl. *Fleischfresser* in Fuhrmann/Klein/Fleischfresser ArzneimittelR-HdB § 5 Rn. 30. S. zu Fragen der Impfstoffzulassung speziell im Falle einer Pandemie *Kraft/Dohmen* PharmR 2008, 401 (403).

51 *Roos* ZFSH/SGB 2020, 210 (211).

52 Nach § 17 a Abs. 2 S. 1 Nr. 1 SG kann ein Soldat oder eine Soldatin im Einzelfall zu einer Schutzimpfung verpflichtet werden, s. zur Vorgängervorschrift BVerwG Beschl. v. 23.10.1979 – 1 WB 149/78, BeckRS 1979, 31325878, Ziffer II. 2. b).

53 Hierzu *Pfleiderer/Wichmann* Bundesgesundheitsbl. 2015, 263 (269–271). S. a. *Aligbe* in BeckOK InfSchR IfSG § 20 Rn. 17–19.1, 29–32; *Gebhard* in Kießling IfSG § 20 Rn. 6–15; *Mers*, Infektionsschutz im liberalen Rechtsstaat, 2019, S. 137 ff.

54 Hierzu *Erdle* IfSG § 20 Rn. 3; *Pfleiderer/Wichmann* Bundesgesundheitsbl. 2015, 263 (269–271).

55 Hierzu *Erdle* IfSG § 20 Rn. 4.

56 S. hierzu *Gebhard* in Kießling IfSG § 20 Rn. 17; *Zuck* MedR 2017, 85 (87 f.).

Abs. 1 S. 1 SGB V (Schutzimpfungen) für gesetzliche krankenversicherte Personen (zur GKV *Krasney/Heidenreich/Lubrich* in → § 11) auf der Grundlage der Empfehlungen der STIKO zu entscheiden und hierbei Abweichungen besonders zu begründen hat (§ 20 i Abs. 1 S. 4 SGB V).[57] Da gegenwärtig ca. 90 % der Bevölkerung gesetzlich krankenversichert sind,[58] haben die Empfehlungen als Grundlage der G-BA-Richtlinien eine große personelle Reichweite.

Zweitens besteht ua dann ein **Anspruch auf Entschädigung wegen eines Impfschadens**,[59] wenn die Impfung von einer zuständigen Landesbehörde öffentlich empfohlen und in ihrem Bereich vorgenommen wurde (§ 60 Abs. 1 S. 1 Nr. 1 IfSG, *Bachmann/Rung* in → § 15 Rn. 60, 64). 12

Drittens entsprechen die Empfehlungen der STIKO arzthaftungsrechtlich dem gebotenen **medizinischen Standard** nach § 630 a Abs. 2 BGB.[60] Deshalb haftet ein Arzt grundsätzlich für Schäden, wenn er sich nicht an diese Empfehlungen hält. 13

Dadurch, dass **jeder Arzt** – unabhängig von den Grenzen der Ausübung der fachärztlichen Tätigkeit – **zur Impfung berechtigt** ist (§ 20 Abs. 4 S. 1 und 2 IfSG),[61] soll eine möglichst hohe Impfquote erreicht werden. Insbesondere Betriebsärzte, die nicht an der vertragsärztlichen Versorgung teilnehmen, können über Verträge nach § 132 e Abs. 1 S. 3 Nr. 2 SGB V in die Versorgung einbezogen werden.[62] Da die Betriebsärzte auch solche Personen erreichen, die sich gesund fühlen oder aus anderen Gründen keinen Arzt aufsuchen, können die Betriebsärzte einen bedeutsamen Beitrag bei der Impfprävention leisten. 14

b) Verordnungsermächtigungen

§ 20 Abs. 6 und 7 IfSG sieht unter näher bezeichneten Voraussetzungen die Möglichkeit vor, **verpflichtende Schutzimpfungen durch Rechtsverordnung** anzuordnen. Diese Kompetenz steht dem **Bund** zu (§ 20 Abs. 6 S. 1 IfSG) und – solange dieser von seiner Kompetenz noch nicht Gebrauch gemacht hat – auch den **Ländern** (§ 20 Abs. 7 IfSG). Zwar wird schon länger kritisiert, dass aufgrund des Vollzugs des IfSG als eigene Angelegenheit durch die Länder[63] (Art. 83, 84 GG, *Kluckert* in → § 2 Rn. 17–21) die Effektivität des Gesundheitsschutzes[64] beeinträchtigt werde,[65] weshalb auch im IfSG erhebliche kompetenzielle Modifikationen im Bund-Länder-Gefüge[66] vorgenommen wurden. Jedoch dürfte der Föderalismus besser als sein Ruf sein. Er gestattet ua eine schnelle Reaktion aufgrund der Kenntnisse der lokalen Gegebenheiten (*Ritgen* in → § 12 Rn. 85–90). Interessanterweise wies gerade die ausländische Presse in der ersten Pandemie-Welle im Frühjahr 2020 darauf hin, dass die föderale Struktur eine Erklärung für den da- 15

57 Vgl. *Aligbe* in BeckOK InfSchR IfSG § 20 Rn. 38 f.; *Huster/Kießling* in NK-GesundhR SGB V § 20 i Rn. 5; *Peick* in Sodan KrankenVersR-HdB § 10 Rn. 46.

58 *Zimmermann* in Sodan KrankenVersR-HdB § 4 Rn. 3.

59 Definiert in § 2 Nr. 11 IfSG als „die gesundheitliche und wirtschaftliche Folge einer über das übliche Ausmaß einer Impfreaktion hinausgehenden gesundheitlichen Schädigung durch die Schutzimpfung“, wobei ein Impfschaden auch vorliegt, „wenn mit vermehrungsfähigen Erregern geimpft wurde und eine andere als die geimpfte Person geschädigt wurde“. Umfassend hierzu *Roos* ZFSH/SGB 2020, 210 ff.

60 BGH Beschl. v. 3.5.2017 – XII ZB 157/16, NJW 2017, 2826 (2827) mwN; *Makoski* GuP 2017, 220 (224 f.); *Zuck* MedR 2008, 410 (414).

61 Deshalb kritisch im Hinblick auf die Gesetzgebungskompetenz des Bundes *Aligbe* in BeckOK InfSchR IfSG § 20 Rn. 48; *Rixen* in Huster/Kingreen InfektionsschutzR-HdB Kap. 5 Rn. 97–100.

62 *Schaks* in Sodan KrankenVersR-HdB § 28 Rn. 55.

63 *Katzenmeier* MedR 2020, 461 (462).

64 Zu diesem Kriterium umfassend *Klafki*, Risiko und Recht, 2017, S. 50–56, passim.

65 Vgl. *Giesberts/Gayger/Weyand* NVwZ 2020, 417 (418); *Walus* DÖV 2010, 127 (131–133). AA *Ritgen* Der Landkreis 2020, 127 (134).

66 Kritisch hierzu *Sodan* in Ehlers/Fehling/Pünder BesVerwR § 56 Rn. 7–15, 22. Siehe auch *Shirvani* JZ 2021, 109 (112–116).

mals vergleichsweise glimpflicheren Verlauf der SARS-CoV-2-Pandemie in Deutschland gewesen sein kann.

16 Inhaltlich stimmen die Voraussetzungen von § 20 Abs. 6 S. 1 und Abs. 7 S. 1 IfSG überein, da Abs. 7 S. 1 auf Abs. 6 verweist. § 20 Abs. 6 S. 1 IfSG ermächtigt das Bundesministerium für Gesundheit (*Ritgen* in → § 12 Rn. 52), durch Rechtsverordnung mit Zustimmung des Bundesrates anzuordnen, „dass **bedrohte Teile der Bevölkerung** an Schutzimpfungen oder anderen Maßnahmen der spezifischen Prophylaxe teilzunehmen haben, wenn eine **übertragbare Krankheit mit klinisch schweren Verlaufsformen** auftritt und mit ihrer **epidemischen Verbreitung zu rechnen** ist." In dringenden Fällen kann zum Schutz der Bevölkerung die Rechtsverordnung ohne Zustimmung des Bundesrates erlassen werden, wobei eine solche Rechtsverordnung ein Jahr nach ihrem Inkrafttreten außer Kraft tritt; ihre Geltungsdauer kann aber mit Zustimmung des Bundesrates verlängert werden (§ 20 Abs. 6 S. 3 iVm § 15 Abs. 2 S. 1–3 IfSG). Stets gilt, dass Personen, die aufgrund einer **medizinischen Kontraindikation** nicht an Schutzimpfungen teilnehmen können, nicht zu solchen verpflichtet werden dürfen (§ 20 Abs. 6 S. 2 IfSG).

III. Prävention im Falle der SARS-CoV-2-Pandemie

17 SARS-CoV-2 stellt eine auf den Menschen übertragbare Krankheit iSd § 2 Nr. 3 IfSG dar, so dass der Anwendungsbereich des IfSG eröffnet ist. Problematisch für die Anwendung des § 20 IfSG war zunächst, dass kein Impfstoff gegen COVID-19 zugelassen war und die medizinischen Erkenntnisse viel zu lückenhaft waren.[67] Ohne einen zugelassenen Impfstoff griff das rechtliche Instrumentarium im Hinblick auf Impfungen aber ins Leere. Zwar kann es auch rechtlich zulässig sein, zugelassene Arzneimittel für andere Indikationen außerhalb des zugelassenen Anwendungsgebiets oder noch nicht zugelassene Arzneimittel unter gewissen Voraussetzungen einzusetzen.[68] Indes bestanden im Falle der Verhütung von COVID-19 hierfür keinerlei Anhaltspunkte. Inzwischen hat sich die tatsächliche Lage jedoch nachhaltig verändert (→ Rn. 1, 18).

18 Die weltweiten Bemühungen, einen Impfstoff gegen SARS-CoV-2 zu entwickeln und zuzulassen (→ Rn. 1; zu etwaigen Zwangslizenzen[69] gem. § 24 PatG *Zumdick* in → § 8 Rn. 109 f.), waren erfolgreich. Derzeit (Stand 12.3.2021) sind in der EU vier Impfstoffe (der Unternehmen Biontech und Pfizer, Moderna, AstraZeneca sowie Johnson & Johnson) zugelassen, weitere Impfstoffe könnten jedoch noch folgen. Die Volksrepublik China hat am 31.12.2020 einen Impfstoff des Staatsunternehmens Sinopharm zur regulären Verwendung zugelassen, nachdem dieser Impfstoff bereits zuvor notfallmäßig eingesetzt worden war.[70] In Russland ist der Impfstoff „Sputnik V" zugelassen.[71] Auch wenn damit das IfSG mit seinem impfbezogenen Instrumentarium grundsätzlich zum Einsatz kommen kann, ist jedoch weiterhin Vorsicht bei den Schlussfolgerungen angeraten. Nicht zu allen Fragen liegen hinreichende wissenschaftliche Erkenntnisse für eine ab-

---

67 *Schrappe et al.*, Thesenpapier zur Pandemie durch SARS-CoV-2/COVID-19 „Datenbasis verbessern – Prävention gezielt weiterentwickeln – Bürgerrechte wahren" v. 5.4.2020. So war zunächst ungeklärt, ob die Verbreitung von SARS-CoV-2 über Aerosole erfolgt, hierzu FAZ v. 20.5.2020, Nr. 117, S. N2: „Etwas liegt in der Luft". Nunmehr: *RKI*, Epidemiologischer Steckbrief zu SARS-CoV-2 und COVID-19, Ziffer 2 (Stand: 11.12.2020), abrufbar unter https://www.rki.de/DE/Content/InfAZ/N/Neuartiges_Coronavirus/Steckbrief.html;jsessionid=A4F5F9C04E87A99F3ABA458AC520A0BB.internet122?nn=13490888#doc13776792bodyText2.

68 Vieles ist iE streitig. S. zum sog. off-label-use und compassionate use *Dierks/Finn* in Dieners/Reese PharmaR-HdB § 7; *Kortland* in Kügel/Müller/Hofmann Vor § 21 Rn. 21, 22 und 25; *Ulsenheimer* in Laufs/Kern/Rehborn ArztR-HdB § 158 Rn. 45–49.

69 Vgl. auch *Bäumler/Terhechte* NJW 2020, 3481 ff.; FAZ v. 20.5.2020, Nr. 117, S. 8 „Wer macht das Impfstoffrennen?".

70 FAZ v. 2.1.2021, Nr. 1, S. 2: „China lässt eigenen Impfstoff zur Verwendung zu".

71 Vgl. FAZ v. 18.1.2021, Nr. 14, S. 4: „Langsam kreist der Sputnik".

schließende rechtliche Bewertung vor.[72] Relevante Kriterien zB für die Prüfung der Verhältnismäßigkeit einer Impfpflicht sind insbesondere die Ansteckungsgefahr, die Gefährlichkeit der zu bekämpfenden Krankheit[73] sowie die möglichen Nebenwirkungen der Impfung.[74] In Betracht ziehen muss man auch die Dauer eines etwaigen Impfschutzes und Fragen der Herdenimmunität. Im Hinblick auf COVID-19 **fehlt es noch an gesichertem Wissen** hierüber, auch wenn sich gewisse Wissenslücken bereits geschlossen haben. So heißt es im Positionspapier der gemeinsamen Arbeitsgruppe aus Mitgliedern der STIKO, des Deutschen Ethikrates und der Nationalen Akademie der Wissenschaften Leopoldina:

„Auch zu einzelnen Aspekten des Erregers und der durch ihn vermittelten Immunität bestehen weiterhin viele offene Fragen. So ist nach wie vor unklar, wie ausgeprägt und wie lange anhaltend eine Immunität nach überstandener Erkrankung ist, welche Faktoren sie begünstigen oder verhindern, und ob sich die durch Infektion erworbene Immunität von einer Immunität nach Impfung unterscheidet. Ebenso ist noch ungeklärt, welche Rolle bestimmte Bevölkerungsgruppen (z. B. Kinder) bei der Übertragung des Erregers spielen. Es wird ferner auch zum Zeitpunkt der Zulassung erster Impfstoffe nur begrenzte Daten geben in Bezug auf die Wirksamkeit in bestimmten Gruppen (z. B. alte Menschen, Personen mit schwerwiegenden Krankheiten und Kinder) und zur Frage, ob der Impfstoff neben der Erkrankung bei infizierten Menschen auch eine Virus-Übertragung verhindert. Schließlich werden auch weiterhin kontinuierlich neue Impfstoffe in den Zulassungsprozess eintreten, so dass zwar im Laufe von 2021 mit einer zunehmenden Impfstoffverfügbarkeit, aber auch mit neuen Herausforderungen beim Einsatz der Produkte (z. B. Austauschbarkeit, präferenzielle Nutzung) zu rechnen ist.“[75]

1. Ärztliche Durchführung von Schutzimpfungen

Sobald ein Impfstoff zur Verfügung steht, ist nach § 20 Abs. 1 S. 1 IfSG hierüber zu **informieren**. Die in § 20 Abs. 1 S. 2 IfSG erwähnten Impflücken sind naturgemäß groß. Ebenso liegen erst wenige praktische Erfahrungen und Erkenntnisse über den Impfstoff vor, so dass auch aus diesem Grund das Informationsbedürfnis der Bevölkerung hoch ist. Schließlich wurde die Impfstoffentwicklung und -zulassung unter Hochdruck vorangetrieben und deutlich schneller abgeschlossen als dies gewöhnlich der Fall ist. Deshalb bestehen Bedenken im Hinblick auf die Sicherheit des Impfstoffs. 19

Zur Impfung wäre dann grundsätzlich **jeder Arzt berechtigt** (§ 20 Abs. 4 S. 1 und 2 IfSG), wobei eine Aufklärung über die Risiken vorzunehmen ist.[76] Diese sind abhängig vom Impfstoff und der Konstitution des Impflings, so dass hier nur allgemein auf die Anforderungen an die **ärztliche Aufklärungspflicht** verwiesen werden kann.[77] Jedoch werden die Impfungen zunächst allein in speziellen Impfzentren vorgenommen, da die in der EU zugelassenen Impfstoffe von Biontech und Pfizer sowie von Moderna auf- 20

---

72 S. hierzu *Schwarz* JA 2020, 321 (326); *Katzenmeier* MedR 2020, 461 ff.

73 BGH Gutachten v. 25.1.1952 – VRG 5/51, BGHSt 4, 375 (377); *Schulze-Fielitz* in Dreier GG Art. 2 Abs. 2 Rn. 73; *Starck* in v. Mangoldt/Klein/Starck GG Art. 2 Abs. 2 Rn. 222; *v. Steinau-Steinrück*, Die staatliche Verhütung von Infektionskrankheiten, 2013, S. 193.

74 *V. Steinau-Steinrück*, Die staatliche Verhütung von Infektionskrankheiten, 2013, S. 193.

75 Positionspapier der gemeinsamen Arbeitsgruppe aus Mitgliedern der Ständigen Impfkommission, des Deutschen Ethikrates und der Nationalen Akademie der Wissenschaften Leopoldina, Wie soll der Zugang zu einem COVID-19-Impfstoff geregelt werden? v. 9.11.2020, S. 1 f., abrufbar unter https://www.leopoldina.org/publikationen/detailansicht/publication/wie-soll-der-zugang-zu-einem-covid-19-impfstoff-geregelt-werden-2020/.

76 Hierzu *Deutsch* VersR 2003, 801 ff.; *Makoski* GuP 2017, 220 (222 f.); *Zuck* MedR 2008, 410 (411 f.). S. a. *Erdle* IfSG Allgemeines zu §§ 20 bis 22 Rn. 4.

77 S. hierzu *Makoski* GuP 2017, 220 ff.

wändig gekühlt, transportiert und gelagert werden müssen und zu Beginn ohnehin zu knapp ist, als dass man ihn auf Arztpraxen verteilen könnte. Bis Impfungen zB beim Hausarzt möglich sind, wird noch einige Zeit vergehen. Selbst wenn dies der Fall sein sollte, dürften dort wohl va Impfstoffe zum Einsatz gelangen, die keine extreme Kühlung benötigen.

2. Öffentliche Empfehlungen der obersten Landesbehörden

21 Außerdem wird die STIKO gem. § 20 Abs. 2 S. 3 IfSG speziell für COVID-19 „Empfehlungen zur Durchführung von Schutzimpfungen und zur Durchführung anderer Maßnahmen der spezifischen Prophylaxe übertragbarer Krankheiten" geben und „Kriterien zur Abgrenzung einer üblichen Impfreaktion und einer über das übliche Ausmaß einer Impfreaktion hinausgehenden gesundheitlichen Schädigung" entwickeln, sofern sich anhand der medizinischen Daten solche Empfehlungen aussprechen lassen. Angesichts des fehlenden Impfstoffs und der noch dünnen Datenlage steht dies nicht mit Gewissheit fest.

22 Unterstellt, solche Empfehlungen ließen sich aus medizinischer Sicht aussprechen, dann könnten die obersten Landesgesundheitsbehörden öffentliche Impfempfehlungen mit den oben skizzierten Rechtswirkungen aussprechen (ua Entschädigungspflicht gem. § 60 Abs. 1 S. 1 Nr. 1 IfSG, *Bachmann/Rung* in → § 15 Rn. 60, 64). Nicht nur wäre jeder Arzt zu Schutzimpfungen berechtigt, auch die **Gesundheitsämter dürften kostenlose Schutzimpfungen anbieten** (§ 20 Abs. 5 S. 1 IfSG) oder **Dritte hiermit beauftragen** (§ 20 Abs. 5 S. 2 IfSG). Sofern die Kapazitäten der Gesundheitsämter ausreichen, was angesichts der derzeitigen Arbeitsbelastung und der Einsparungen in den letzten Jahrzehnten nicht als sicher gelten kann, könnten zB Impfungen in Schulen oder anderen Einrichtungen angeboten werden. Derzeit erfolgen die Impfungen gegen SARS-CoV-2 in den Impfzentren der Länder.

22a Durch Art. 1 Nr. 2 des am 4.3.2021 vom Deutschen Bundestag beschlossenen Gesetzes zur Fortgeltung der die epidemische Lage von nationaler Tragweite betreffenden Regelungen wurde nach § 20 Abs. 2 IfSG ein neuer Absatz 2 a eingefügt. Dieser enthält Vorgaben für etwaige Corona-Impfempfehlungen der STIKO, sich sich insbesondere an den Impfzielen

1. Reduktion schwerer oder tödlicher Krankheitsverläufe
2. Unterbindung einer Transmission des Coronavirus SARS-CoV-2
3. Schutz von Personen, mit besonders hohem Risiko für einen schweren oder tödlichen Krankheitsverlauf
4. Schutz von Personen mit besonders hohem behinderungs-, tätigkeits- oder aufenthaltsbedingtem Infektionsrisiko
5. Aufrechterhaltung zentraler staatlicher Funktionen, von Kritischen Infrastrukturen, von zentralen Bereichen der Daseinsvorsorge und des öffentlichen Lebens

auszurichten haben.[78] Es handelt sich damit um eine gegenüber § 20 Abs. 2 IfSG speziellere Regelung. Gem. § 20 Abs. 2 a S. 2 IfSG nF haben sich die „auf Grund des § 5 Absatz 2 Satz 1 Nummer 4 Buchstabe f sowie des § 20 i Absatz 3 Satz 2 Nummer 1 Buchstabe a, auch in Verbindung mit Nummer 2, des Fünften Buches Sozialgesetzbuch erlassenen Rechtsverordnungen [...] [an den] in Satz 1 genannten Impfziele[n] im Falle beschränkter Verfüg-barkeit von Impfstoffen bei notwendigen Priorisierungen" auszurichten." Zur Begründung des Entwurfs hieß es, dass damit „der Gesetzgeber insbesondere den Rahmen für Prioriersierungsentscheidungen auf Grundlage der Rechtsverordnung

78 BT-Drs. 19/26545, 6 (elektronische Vorabfassung).

nach § 20 i Absatz 3 Satz 2 Nummer 1 Buchstabe a und Nummer 2 SGB V" verstärke.[79] Überdies wurden die Regelungen in § 20 i Abs. 3 SGB V geändert.[80] Der Sache nach wird hierdurch die lange geforderte gesetzliche Priorisierungsentscheidung für die Reihenfolge bei den Corona-Impfungen nachgeschoben.[81] Dennoch muss die Regelungstechnik der Verknüpfung von IfSG und SGB V als weniger gelungen angesehen werden.[82]

3. Impfpflichten durch Rechtsverordnungen nach § 20 Abs. 6 und 7 IfSG

In Anbetracht der derzeitigen Situation ist davon auszugehen, dass viele Menschen sich freiwillig impfen lassen werden (kritischer *Ritgen* in → § 12 Rn. 19). Sollte bereits aufgrund freiwilliger Impfungen die erforderliche Impfquote für die Herdenimmunität sicher überschritten werden, dürfte eine Impfpflicht nicht mehr erforderlich sein. Die politischen Parteien und staatlichen Organe haben sich bislang ganz entschieden gegen eine Impfpflicht ausgesprochen,[83] zumal zunächst ohnehin zu wenig Impfstoff verfügbar ist. Wegen der kurzen Entwicklungs- und Zulassungsspanne bestehen teilweise auch nicht völlig unbegründete Vorbehalte gegen eine Impfpflicht in der Bevölkerung. Gleichwohl soll an dieser Stelle auch auf die **Zulässigkeit von etwaigen Impfpflichten** aufgrund von **Rechtsverordnungen nach § 20 Abs. 6 S. 1 und Abs. 7 S. 1 IfSG** eingegangen werden. Anders als etliche der gegen die COVID-19-Maßnahmen Protestierenden[84] meinen, wird keine Impfpflicht gegen COVID-19 neu in das IfSG aufgenommen. Vielmehr sind die Verordnungsermächtigungen zum Erlass von Impfpflichten stets im IfSG enthalten gewesen.[85] Bereits zuvor war eine Ermächtigung zum Erlass einer Impfpflicht gegen bestimmte Krankheiten in § 15 Abs. 1 S. 1 BSeuchG[86] enthalten. Allerdings dürfte 23

79 Vgl. BT-Drs. 19/26545, 14 (elektronische Vorabfassung). Die Gesetz gewordene Änderung der Formulierung durch den Ausschuss für Gesundheit erfolgte „aus Vereinfachungsgründen", BT-Drs. 19/27291, 62 (elektronische Vorabfassung).

80 BT-Drs. 19/26545, 7, 18 f. (elektronische Vorabfassung). Siehe den Vergleich der alten und neuen Fassung bei *Wollenschläger*, Stellungnahme „Öffentliche Anhörung des Ausschusses für Gesundheit am 22.1.2021 – Entwurf eines Gesetzes zur Fortgeltung der die epidemische Lage von nationaler Tragweite betreffenden Regelungen, BT-Drucksache 19/26545" v. 21.2.2021, Deutscher Bundestag, Ausschuss für Gesundheit, Ausschussdrs. 19(14)288(18), S. 15–19.

81 *Kingreen*, Stellungnahme als geladener Einzelsachverständiger zum Entwurf eines Gesetzes zur Fortgeltung der die epidemische Lage von nationaler Tragweite betreffenden Regelungen Priorisierung (BT-Drs. 19/26545) v. 17.2.2021, Deutscher Bundestag, Ausschuss für Gesundheit, Ausschussdrs. 19(14)288(3), S. 6 f.; *Leisner-Egensberger*, Schriftliche Stellungnahme – Öffentliche Anhörung des Ausschusses für Gesundheit des Deutschen Bundestages zum Gesetzentwurf der Fraktionen der CDU/CSU und SPD: Entwurf eines Gesetzes zur Fortgeltung der die epidemische Lage von nationaler Tragweite betreffenden Regelungen BT-Drs. 19/26545 für die Anhörung am 22.2.2021 v. 18.2.2021, Deutscher Bundestag, Ausschuss für Gesundheit, Ausschussdrucks. 19(14)288(9), S. 27.

82 So zur Entwurfsfassung vor den Änderungen durch den Ausschuss für Gesundheit *Kingreen*, Stellungnahme als geladener Einzelsachverständiger zum Entwurf eines Gesetzes zur Fortgeltung der die epidemische Lage von nationaler Tragweite betreffenden Regelungen Priorisierung (BT-Drs. 19/26545) v. 17.2.2021, Deutscher Bundestag, Ausschuss für Gesundheit, Ausschussdrs. 19(14)288(3), S. 7: „regelungstechnisch unnötig kompliziert", siehe auch die weitere Kritik auf den S. 7–11 einschließlich Formulierungsvorschlag; *Leisner-Egensberger*, Schriftliche Stellungnahme – Öffentliche Anhörung des Ausschusses für Gesundheit des Deutschen Bundestages zum Gesetzentwurf der Fraktionen der CDU/CSU und SPD: Entwurf eines Gesetzes zur Fortgeltung der die epidemische Lage von nationaler Tragweite betreffenden Regelungen BT-Drucksache 19/26545 für die Anhörung am 22.2.2021 v. 18.2.2021, Deutscher Bundestag, Ausschuss für Gesundheit, Ausschussdrs. 19(14)288(9), S. 27: „kompliziert". Weitergehende Reformvorschläge bei *Wollenschläger*, Stellungnahme „Öffentliche Anhörung des Ausschusses für Gesundheit am 22.1.2021 – Entwurf eines Gesetzes zur Fortgeltung der die epidemische Lage von nationaler Tragweite betreffenden Regelungen, BT-Drs. 19/26545" v. 21.2.2021, Deutscher Bundestag, Ausschuss für Gesundheit, Ausschussdrs. 19(14)288(18), S. 34–37.

83 Vgl. *Wolff/Zimmermann* NVwZ 2021, 182 (182).

84 Hierzu SZ v. 14.5.2020, Nr. 111, S. 19: „Prof. Dr. Verschwörung."

85 IfSG idF v. 20.7.2000 (BGBl. I 1045).

86 Gesetz zur Verhütung und Bekämpfung übertragbarer Krankheiten beim Menschen (Bundes-Seuchengesetz) v. 18.7.1961 (BGBl. I 1012).

die Einführung einer etwaigen Impfpflicht – unabhängig von ihrer Zulässigkeit – politisch nicht opportun sein. Überdies wurde von § 20 Abs. 6 und 7 IfSG bislang kein Gebrauch gemacht.[87] Vielmehr waren und sind die Impfpflichten (früher gegen die Pocken, jetzt gegen die Masern → Rn. 27 ff.) gesetzlich geregelt. Aufgrund der umstrittenen Frage, ob Impfpflichten wegen des Wesentlichkeitsgedankens nur durch Gesetz geregelt werden dürfen (→ Rn. 24), ist die gesetzliche Regelung der Weg der größeren Rechtssicherheit. Hieran dürften die staatlichen Organe vermutlich auch zukünftig festhalten. Spezialregelungen, etwa aufgrund soldaten-, beamten- oder arbeitsrechtlicher weitergehenden Einschränkungsmöglichkeiten wie etwa in § 17 a Abs. 2 S. 1 Nr. 1 SG oder § 23 S. 1 IfSG,[88] bleiben im Folgenden ausgeklammert.

24 Auch wenn Zweifel geäußert werden, ob diese Regelungen den verfassungsrechtlichen Vorgaben an den Verordnungserlass genügen,[89] so ist doch mit einer verbreiteten Ansicht im Schrifttum davon auszugehen, dass der **Wesentlichkeitsgrundsatz** (*Kluckert* in → § 2 Rn. 102–111 d) **und der Bestimmtheitsgrundsatz** gem. Art. 80 Abs. 1 S. 2 GG gewahrt sind.[90]

25 Ebenfalls streitig diskutiert wird die Frage, ob die **bedrohten Teile der Bevölkerung**, von denen § 20 Abs. 6 S. 1 IfSG spricht, auch die Gesamtheit der Bevölkerung sein können.[91] Eine Verneinung hätte jedoch zur Folge, dass bei neuartigen Krankheitserregern, gegen die niemand immun ist und bei denen rasches Handeln besonders wichtig ist, das aufwendigere Gesetzgebungsverfahren durchlaufen werden muss. Dies scheint auf den ersten Blick weniger sinnvoll, da bei einer zahlenmäßig größeren Betroffenheit weniger rasch gehandelt werden könnte. Das ist allerdings nicht zwingend ein Widerspruch, zB weil bei größerer personeller Betroffenheit das Gesetz als die Handlungsform mit der höheren demokratischen Legitimation gewählt werden soll. Liegt ein Impfstoff zunächst gar nicht vor, zB weil der Erreger neu ist wie im Falle von SARS-CoV-2, kann das Zeitargument auch keine Rolle spielen, aber dann wäre auch eine Impfpflicht sinnlos. Wegen der erhöhten Schnelligkeit (zumindest bei vorhandenem Impfstoff) und damit größeren Effektivität wird jedoch zu Recht mehrheitlich vertreten, dass die Rechtsverordnung die gesamte Bevölkerung erfassen kann, sofern auch tatsächlich **die gesamte Bevölkerung** bedroht ist.[92] Das Wortlautargument, dass Teile der Bevölkerung gerade nicht die Gesamtheit der Bevölkerung darstellen,[93] ist so nicht zwingend. Erstens setzt sich eine Gesamtheit aus einer Vielzahl von Teilen zusammen. Zweitens dürfen nach § 20 Abs. 6 S. 2 IfSG „Personen, die auf Grund einer medizinischen Kontraindikation nicht an Schutzimpfungen oder an anderen Maßnahmen der spezifischen Prophylaxe teilnehmen können" ohnehin nicht zur Impfung verpflichtet werden. Damit ist aber stets ein (kleiner) Teil der Bevölkerung von der Impfpflicht ausgenommen und die erfassten Teile der Bevölkerung sind nicht mit der Gesamtheit der Bevölkerung identisch.

87 *Gebhard* in Kießling IfSG § 20 Rn. 24.

88 S. hierzu *Bretschneider/Peter* NVwZ 2020, 1462 (1465 f.); *Rixen* in Huster/Kingreen Handbuch InfektionsschutzR-HdB Kap. 5 Rn. 22 f., 26–28; *Thüsing/Bleckmann/Rombey* COVuR 2021, 66 ff. Aus der jüngeren Rechtsprechung BVerwG Beschl. v. 22.12.2020 – 2 WNB 8.20, COVuR 2021, 96 ff.

89 *Gassner*, Impfzwang und Verfassung: Mit Macht gegen Masern?, Legal Tribune Online v. 10.7.2013; *Gebhard* in Kießling IfSG § 20 Rn. 31, 34; *Klafki*, Risiko und Recht, 2017, S. 347–350; *Schäferling/Tonti* COVuR 2021, 73 (74 f.).

90 So *Grüner*, Biologische Katastrophen, 2017, S. 214–218; *Mers*, Infektionsschutz im liberalen Rechtsstaat, 2019, S. 141–143; *Samhat*, Gesundheitsgerechtes Verhalten, 2019, S. 199 f.; *Schaks/Krahnert* MedR 2015, 860 (863 f.); *Zuck* ZRP 2017, 118 (119 f.).

91 Ablehnend *Höfling* JZ 2019, 776 (777); *Kersten/Rixen* Verfassungsstaat Covid-19 S. 86; *Rixen* in Huster/Kingreen InfektionsschutzR-HdB Kap. 5 Rn. 25.

92 *Aligbe* in BeckOK InfSchR IfSG § 20 Rn. 83; *Gebhard* in Kießling IfSG § 20 Rn. 29; *Gerhardt* IfSG § 20 Rn. 28; *Grüner*, Biologische Katastrophen, 2017, S. 217 f., 233; *Stebner/Bothe* MedR 2003, 287 (287); *Zuck* ZRP 2017, 118 (119).

93 *Rixen* in Huster/Kingreen InfektionsschutzR-HdB Kap. 5 Rn. 25.

Damit könnte eine Rechtsverordnung auch zur Verhinderung von COVID-19 allgemein eingesetzt werden. Möglicherweise wäre aber auch eine Beschränkung auf die besonders gefährdeten Personengruppen (zB Vorerkrankte, ältere Menschen, im Gesundheitswesen tätige Personen) ausreichend.

Fraglich ist, ob COVID-19 mit **klinisch schweren Verlaufsformen** iSv § 20 Abs. 6 S. 1 IfSG auftritt (von der **epidemischen Verbreitung** kann derzeit ausgegangen werden)[94]. 26
Dies ist dann der Fall, wenn ein hoher Grad an medizinischer Betreuung erforderlich wird, viele Komplikationen auftreten, eine hohe Mortalitätsrate besteht, schwere Krankheitsfolgen drohen oder erkrankte Personen nur unzureichend auf therapeutische Maßnahmen ansprechen.[95] Gegen einen klinisch schweren Verlauf scheint bei COVID-19 zu sprechen, dass die Krankheit gänzlich unbemerkt und symptomlos verlaufen kann. Allerdings darf nicht allein die mildeste Verlaufsform in den Blick genommen werden. Es muss vielmehr berücksichtigt werden, dass COVID-19 zu schweren Pneumonien mit Lungenversagen und zum Tod führen kann.[96] Es gibt auch vermehrt Berichte, dass andere Organe (Herz, Nieren) bei COVID-19 in Mitleidenschaft gezogen werden. Wegen der teilweise unbemerkt bleibenden Infektionen ist die Mortalität noch nicht abschließend abschätzbar.[97] Diese wird aber ein Kriterium bei der Beantwortung der Frage sein, ob COVID-19 eine Erkrankung mit klinisch schwerer Verlaufsform ist. Fest steht aber, dass COVID-19 tödlich verlaufen kann. Dies spricht für die Annahme einer klinisch schweren Verlaufsform. Ein Indiz für die Gefährlichkeit ist außerdem, dass § 6 Abs. 1 S. 1 Nr. 1 lit. t IfSG die „Coronavirus-Krankheit-2019 (COVID-19)" nun zur meldepflichtigen Krankheit erklärt. Nach derzeitigem Kenntnisstand kann man im Falle von COVID-19 von „klinisch schweren Verlaufsformen" iSd § 20 Abs. 6 S. 1 IfSG ausgehen.[98] Sollte ein gut verträglicher Impfstoff zur Verfügung stehen, ist es nicht a priori ausgeschlossen, dass eine Impfpflicht nach § 20 Abs. 6 S. 1 und Abs. 7 S. 1 IfSG rechtmäßig ist.[99] Die rechtliche Zulässigkeit bedeutet aber nicht, dass diese Maßnahme politisch klug oder empfehlenswert wäre.

IV. Masernimpfpflicht

Zum 1.3.2020 führte § 20 Abs. 8 IfSG erstmalig eine Impfpflicht gegen Masern zumin- 27
dest für Teile der Bevölkerung ein.[100] Es handelt sich um die einzige generelle „Impfpflicht" in Deutschland (→ Rn. 10) seit Aufhebung der Impfpflicht gegen die Pocken.[101] Das Gesetz verlangt den Nachweis eines Impfschutzes gegen Masern in bestimmten Kontexten (Gemeinschaftseinrichtungen), ordnet aber keine zwangsweise Durchsetzung an (kein Impfzwang). Deshalb ist der Begriff Impfpflicht umstritten.[102] Er wird aber aus Gründen der Üblichkeit auch im Folgenden verwendet. Da die Impfpflicht gesetzlich

94 *Kersten/Rixen* Verfassungsstaat Covid-19 S. 86; *Schwarz* JA 2020, 321 (324).

95 *Gerhardt* IfSG § 20 Rn. 25.

96 S. https://www.rki.de/DE/Content/InfAZ/N/Neuartiges_Coronavirus/Steckbrief.html#doc13776792bodyText2.

97 *Schwarz* JA 2020, 321 (324) formuliert indes: „In Ansehung der gegenwärtigen Situation um das Virus Sars-CoV-2 kann die Gefährdungslage aufgrund der Eigenheiten der Pandemie (hohe Infektionsfähigkeit, exponentieller Anstieg der Erkrankungen und der Todesfälle, Schwere des Krankheitsverlaufs) oder anderer epidemiologischer Erkenntnisse als hoch bewertet werden." Dies lässt sich als die Annahme schwerer Verlaufsformen verstehen.

98 So *Kersten/Rixen* Verfassungsstaat Covid-19 S. 86; *Wolff/Zimmermann* NVwZ 2021, 182 (183).

99 Ähnlich im Hinblick auf die Verhältnismäßigkeit, aber mit Bedenken im Hinblick auf die Einführung durch Rechtsverordnung, *Wolff/Zimmermann* NVwZ 2021, 182 (182–184).

100 Gesetz für den Schutz vor Masern und zur Stärkung der Impfprävention (Masernschutzgesetz) v. 10.2.2020 (BGBl. I 148). S. hierzu BT-Drs. 19/13452 sowie BT-Drs. 19/15164.

101 Gesetz über die Aufhebung des Gesetzes über die Pockenschutzimpfung v. 24.11.1982 (BGBl. I 1529). S. hierzu auch *Höfling* JZ 2019, 776 ff.; *Schaks/Krahnert* MedR 2015, 860 (862 f.).

102 Ablehnend zB *Aligbe* ARP 2020, 227 (229 f.).

angeordnet ist (nicht durch eine Rechtsverordnung), bestehen keine verfassungsrechtlichen Bedenken wegen mangelnder Wahrung des Parlamentsvorbehalts. Gleichwohl wird die Grundrechtskonformität angezweifelt.[103] Bevor auf die besonders umstrittene verfassungsrechtliche Zulässigkeit einer Impfpflicht gegen die Masern (→ Rn. 30–39) und die bedingte Pflicht zur Verwendung von Kombinationsimpfstoffen (→ Rn. 40–43) eingegangen wird, sei zunächst das Regelungskonzept des § 20 Abs. 8–14 IfSG in groben Zügen dargestellt (→ Rn. 28–29 a).

1. Überblick über das Regelungsregime

28 § 20 Abs. 8 S. 1 IfSG verpflichtet **alle nach dem 31.12.1970 geboren Personen**, die in bestimmten Einrichtungen[104] betreut werden, untergebracht oder tätig sind, dazu, entweder einen **ausreichenden Impfschutz gegen Masern** zu haben oder ab der Vollendung des ersten Lebensjahres eine **Immunität gegen Masern aufzuweisen**. Wegen des Adressatenkreises hat die Regelung weitreichende Auswirkungen ua auch auf Kinderbetreuungs-, Schul- und Arbeitsverhältnisse.[105] Nach § 20 Abs. 8 S. 2 IfSG ist der Impfschutz dann ausreichend, „wenn ab der Vollendung des ersten Lebensjahres mindestens eine Schutzimpfung und ab der Vollendung des zweiten Lebensjahres mindestens zwei Schutzimpfungen gegen Masern bei der betroffenen Person durchgeführt wurden." Dies bedeutet, dass sich alle betroffenen Personen gegen Masern gemäß den derzeit geltenden Impfempfehlungen der STIKO impfen lassen müssen, wenn sie nicht aufgrund einer überstandenen Masernerkrankung immun sind. Durch Art. 1 Nr. 14 des Dritten Bevölkerungsschutzgesetzes[106] wurde die Beschränkung allein auf gesetzliche Unterbringungspflichten gestrichen, um auch Personen zu erfassen, „die einer Unterbringungspflicht auf Grund richterlicher Anordnung (zum Beispiel in Abschiebehaft) unterliegen".[107] Die Pflicht gilt nach § 20 Abs. 8 S. 4 IfSG nicht „für Personen, die auf Grund einer medizinischen Kontraindikation nicht geimpft werden können." In einem Verfahren des einstweiligen Rechtsschutzes hat das VG Meiningen entschieden, dass es für § 20 Abs. 8 S. 4 IfSG nicht ausreiche, dass ein Arzt lediglich den Gesetzeswortlaut wiedergebe, ohne zu konkretisieren, weshalb eine Kontraindikation vorliege.[108] Dem Gesundheitsamt müsse es vielmehr möglich sein, die ärztliche Bescheinigung auf ihre Plausibilität zu überprüfen.[109] Die Pflicht ist rechtsverbindlich, wird aber nicht durch unmittelbaren Zwang umgesetzt,[110] vielmehr ergeben sich die Sanktionsmöglichkeiten aus den weiteren Vorschriften in § 20 Abs. 8–14 IfSG (*Fleischfresser* in → § 13 Rn. 36: „mittelbare Impfpflicht").[111] Bei Schulpflicht darf die Betreuung in der Schule trotz feh-

103 BVerfG Beschl. v. 11.5.2020 – 1 BvR 469/20 ua, NJW 2020, 1946 f. hat die Anträge auf Erlass einstweiliger Anordnungen abgelehnt. Umfassend *Rixen*, Verfassungsfragen der Masernimpfpflicht.

104 Vgl. *Aligbe* ARP 2020, 227 (227 f.). S. hierzu und etwaigen Zweifelsfällen auch *Rixen* NJW 2020, 647 (647 f.).

105 Speziell zu den arbeitsrechtlichen Folgen s. *Spree/Kozak* ZTR 2020, 383 ff. und zu den betroffenen Beschäftigten *Aligbe* ARP 2020, 227 (228).

106 G. v. 18.11.2020 (BGBl. I 2397).

107 BT-Drs. 19/23944, 30.

108 VG Meiningen Beschl. v. 10.11.2020 – 2 E 1144/20 Me, BeckRS 2020, 34192 Rn. 21. Zur Strafbarkeit nach § 278 StGB s. *Henseler* MedR 2020, 1000 ff.

109 VG Meiningen Beschl. v. 10.11.2020 – 2 E 1144/20 Me, BeckRS 2020, 34192 Rn. 21. In der fraglichen Bescheinigung eines Arztes, der nicht der behandelnde Kinderarzt war, hieß es: „Fr. /Hr. S wurde heute von mir eingehend untersucht. Die Risiko-Nutzen-Abwägung am heutigen Tage hat ergeben, dass o.g. Patient/-in ohne Gefahr für seine/ihre Gesundheit oder sein/ihr Leben nicht geimpft werden kann und ist auf Grund medizinischer Kontraindikation von der Impfpflicht freizustellen. Die Freistellung von Impfung gilt auf Grund medizinischer Kontraindikation für o.g. Person ab sofort und zeitlich unbegrenzt für jede Art von Impfstoff."

110 BT-Drs. 19/13452, 2, 27; *Gebhard* in Kießling IfSG § 20 Rn. 38; *Gerhardt* IfSG § 20 Rn. 34.

111 BVerfG Beschl. v. 11.5.2020 – 1 BvR 469/20 ua, NJW 2020, 1946 (1947) stellt bei seiner Folgenabwägung darauf ab, dass die Eltern der zu impfenden Kinder sich eine anderweitige Betreuungsmöglichkeit suchen müssten, wobei ergänzend darauf hingewiesen wird, dass dies zum Entscheidungszeitpunkt wegen der

lenden Nachweises weiter erfolgen, § 20 Abs. 9 S. 9, Abs. 12 S. 4 IfSG.[112] Im Falle einer aufgetretenen Masernerkrankung enthält § 28 Abs. 2 IfSG Spezialregelungen zusätzlich zu den allgemeinen Vorschriften zur Bekämpfung von übertragbaren Krankheiten.

Verkürzt[113] dargestellt, sind die betroffenen Personen nach § 20 Abs. 9–12 IfSG in zeitlich gestaffelter Form zur Vorlage der erforderlichen Dokumente grundsätzlich gegenüber der Leitung der jeweiligen Einrichtung verpflichtet. Wird dieser Pflicht nicht nachgekommen, ist das Gesundheitsamt zu informieren und es bestehen differenzierte Betreuungs- und Tätigkeitsverbote.[114] Das Gesundheitsamt kann zu Beratungen vorladen und zur Impfung auffordern. Schließlich bestehen in § 73 Abs. 1 a Nr. 7a-7 d IfSG Ordnungswidrigkeitenvorschriften; Verstöße können nach § 73 Abs. 2 IfSG mit einer Geldbuße bis zu 2.500 Euro geahndet werden.[115] Durch das am 4.3.2021 vom Deutschen Bundestag beschlossene Gesetz zur Fortgeltung der die epidemische Lage von nationaler Tragweite betreffenden Regelungen (Art. 1 Nr. 2 lt. b und c) wurden die Fristen nach § 20 Abs. 10 S 1 und 2 sowie § 20 Abs. 11 S 1 Nr. 2 IfSG jeweils v. 31.7.2021 bis zum 31.12.2021 verlängert, um dem Umstand Rechnung zu tragen, dass die Organisation der Prüfung der Nachweispflicht wegen der andauernden COVID-19-Pandemie erschwert sein kann.[116] 29

Bislang existiert wenig Rechtsprechung zu der neuen Impfpflicht. Deutlicher Schwerpunkt in der Entscheidungspraxis der Gerichte im Zusammenhang mit dem Masernschutzgesetz war die Frage, wie § 20 Abs. 10 S. 1 IfSG zu verstehen sei. Diese Vorschrift sah bislang vor, dass Personen, die am 1.3.2020 bereits in Gemeinschaftseinrichtungen nach § 33 Nr. 1–3 IfSG betreut werden oder in Einrichtungen nach § 23 Abs. 3 S. 1, § 33 Nr. 14 oder § 36 Abs. 1 Nr. 4 IfSG tätig sind, der Leitung der jeweiligen Einrichtung einen Nachweis nach § 20 Abs. 9 S. 1 IfSG bis zum Ablauf des 31.7.2021 vorzulegen haben. Der Unterschied zu § 20 Abs. 9 S. 1 IfSG besteht also darin, dass eine Person, die zum Stichtag 1.3.2020 bereits in einer der genannten Einrichtungen betreut wird bzw. tätig ist, den Nachweis über die Immunität erst einige Monate später erbringen muss. Auch wenn eine höchstrichterliche Klärung noch aussteht, ist die Tendenz in der Rechtsprechung recht eindeutig: Erfasst von § 20 Abs. 10 S. 1 IfSG werden nur solche Personen, die zum Stichtag 1.3.2020 in einer bestimmten Einrichtung betreut wurden bzw. tätig waren und der zeitliche Aufschub gilt nur gegenüber der Leitung genau dieser Einrichtung.[117] Wegen der Belastungen durch die COVID-19-Pandemie wurde die Frist durch das am 4.3.2021 vom Deutschen Bundestag beschlossene Gesetz zur Fortgeltung der die epidemische Lage von nationaler Tragweite betreffenden Regelungen bis zum 31.12.2021 verlängert (→ Rn. 29). 29a

---

Maßnahmen zur Eindämmung von SARS-CoV-2 ohnehin teilweise der Fall sei. Im Ergebnis kann die Impfung – wenn auch unter Inkaufnahme anderweitiger Nachteile – vermieden werden. S. a. die Abwägung bei OVG Lüneburg Beschl. v. 9.10.2020 – 10 ME 207/20, juris Rn. 10.

112 *Gebhard* in Kießling IfSG § 20 Rn. 70.

113 Ausf. *Erdle* IfSG § 20 Rn. 8–13; *Gerhardt* IfSG § 20 Rn. 49–151.

114 Bei Schulpflicht darf die Betreuung weiter erfolgen (§ 20 Abs. 9 S. 9, Abs. 12 S. 4 IfSG), *Gebhard* in Kießling IfSG § 20 Rn. 70.

115 Hierzu *Rixen* NJW 2020, 647 (649–651).

116 BT-Drs.19/27291, 62 (elektronische Vorabfassung).

117 OVG Bautzen Beschl. v. 20.8.2020 – 3 B 233/20, juris Rn. 11–15; VG Magdeburg Beschl. v. 30.7.2020 – 6 B 251/20, juris Rn. 21–37; VG Schleswig Beschl. v. 10.8.2020 – 9 B 16/20, juris Rn. 10 f.; VG Kassel Beschl. v. 12.8.2020 – 3 L 1302/20.KS, juris Rn. 20–22. AA VG Chemnitz Beschl. v. 29.5.2020 – 6 L 268/20, BeckRS 2020, 20020 Rn. 3.

2. Verfassungsmäßigkeit der Impfpflicht per se

30 Nach hier vertretener Auffassung[118] ist die in § 20 Abs. 8 S. 1 IfSG angeordnete Impfpflicht verfassungsgemäß, insbesondere ist auch der Grundsatz der Verhältnismäßigkeit gewahrt.[119] Dabei ist Kritikern zuzugestehen, dass es sich bei dem Gesetz um einen **nicht unerheblichen Grundrechtseingriff**[120] und nicht um die politisch klügste Lösung[121] handelt. Dies allein führt aber angesichts des **Spielraums des Gesetzgebers** bei sozialpolitischen Maßnahmen und der eingeschränkten Überprüfbarkeit von Legislativakten durch das BVerfG nicht zur Verfassungswidrigkeit der Impfpflicht.[122]

31 Der **legitime Zweck**, der mit dem Masernschutzgesetz verfolgt wird, ist der Gesundheitsschutz der Bevölkerung durch die **Verhinderung speziell der Masernerkrankung** und ihrer etwaigen Folgeerkrankungen als Teil des Gesundheitsschutzes der Bevölkerung.[123] Über die jeweilige Immunisierung des einzelnen Impflings hinaus führt eine hinreichende Durchimpfungsquote (95 %) zur sog. **Herdenimmunität.**[124] Das bedeutet, dass auch solche Personen, die nicht selbst geimpft wurden, geschützt werden können. Dies betrifft vor allem Kleinstkinder, die noch zu jung für eine Impfung sind, aber auch erwachsene Personen, die aus gesundheitlichen Gründen nicht geimpft werden können.[125] Sowohl bei Säuglingen, die zu jung für eine Impfung sind, als auch bei Personen, die an schwerwiegenden Erkrankungen leiden, handelt es sich um besonders vulnerable Personengruppen. Somit kommt zum Gesundheitsschutz zusätzlich auch das **Sozialstaatsprinzip** gem. Art. 20 Abs. 1 GG als rechtfertigender Belang hinzu.

32 Die Masernimpfung mit zwei Impfungen führt bei bis zu 99 % aller geimpften Personen nach derzeitigem Stand der wissenschaftlichen Erkenntnis zu einer **lebenslangen Immunität**[126] gegen die Masern. Eine Impfpflicht kann deshalb dazu beitragen, die benötigte Durchimpfungsrate von 95 % zu erreichen, ab welcher sich die Masern nicht weiter ausbreiten können. Damit werden auch die **vulnerablen Personengruppen** geschützt, die sich nicht selbst gegen Masern impfen lassen können. Darüber hinaus sichert die Impfpflicht auch den bisherigen Impferfolg, da sie auch das Absinken der Impfquote verhindert. Die **Eignung** der Maßnahme ist somit gegeben.

33 Gegen die **Erforderlichkeit** der Impfpflicht wird im Wesentlichen vorgebracht, dass die Beibehaltung der bisherigen Rechtslage (Freiwilligkeit der Impfentscheidung) milder und gleich effektiv sei, da die bislang erreichten Impfquoten ausweislich der Schulein-

---

118 Dieser Abschnitt beruht auf der „Schriftlichen Stellungnahme zum Gesetzentwurf der Bundesregierung ‚Entwurf eines Gesetzes für den Schutz vor Masern und zur Stärkung der Impfprävention (Masernschutzgesetz)' v. 23.9.2019 [BT-Drs. 19/13452]" v. 22.10.2019 für den Ausschuss für Gesundheit des Deutschen Bundestags, Ausschussdrucksache 19(14)112(14).

119 So auch *Amhaouach/Kießling* MedR 2019, 853 (858–861); *Komp/Thrun* JA 2020, 195 (197–201); *Ratzel* GesR 2019, 560 ff.; *Ratzel* in Ratzel/Luxenburger MedR-HdB 5. Kap. Rn. 26; *Schaks* MedR 2020, 201 ff.; bereits zuvor *Samhat*, Gesundheitsgerechtes Verhalten, 2019, S. 200–206; *Schaks/Krahnert* MedR 2015, 860 ff. AA *Rixen* NJW 2020, 647 (648 f.); *Zuck* ZRP 2017, 118 (121). Differenzierend *Aligbe* ARP 2020, 227 (230), der es für möglich hält, dass der Adressatenkreis im Hinblick auf in den erfassten Einrichtungen tätigen Personenkreis zu weit gefasst ist. Ähnlich *Gebhard* in Kießling IfSG § 20 Rn. 40, 42, 73 f.

120 In den Verfahren auf Erlass einstweiliger Anordnungen rügten die Antragsteller die Verletzung von Art. 2 Abs. 2 S. 1, Art. 6 Abs. 2, Art. 3 Abs. 1 GG, BVerfG Beschl. v. 11.5.2020 – 1 BvR 469/20 ua, NJW 2020, 1946 (1946). Da der Eingriff in Art. 2 Abs. 2 S. 1 GG am schwersten wiegt, konzentriert sich die Darstellung auf dieses Grundrecht.

121 So auch die Einschätzung von *Henseler* MedR 2020, 1000 (1000).

122 Vgl. BVerfG Beschl. v. 18.7.2005 – 2 BvF 2/01, BVerfGE 113, 167 (252 f.). S. a. *Katzenmeier* MedR 2020, 461 ff.

123 BT-Drs. 19/13452, 1 f. Vgl. BVerfG Beschl. v. 11.5.2020 – 1 BvR 469/20 ua, NJW 2020, 1946 (1947).

124 *RKI*, Epidemiologisches Bulletin, Nr. 10/2015 v. 9.3.2019, S. 69. Vgl. *Deutscher Ethikrat*, Impfen als Pflicht?, S. 20–22, 23 f.; *Amhaouach/Kießling* MedR 2019, 853 (854 f.).

125 *Deutscher Ethikrat*, Impfen als Pflicht?, S. 21. Vgl. BVerfG Beschl. v. 11.5.2020 – 1 BvR 469/20 ua, NJW 2020, 1946 (1947).

126 *Deutscher Ethikrat*, Impfen als Pflicht?, S. 18 mwN.

gangsuntersuchungen sehr hoch seien und zumindest bei der ersten Impfung gegen die Masern 95 % überschritten.[127] Eine Betrachtung der Ursachen, weshalb Personen sich selbst oder ihre minderjährigen Kinder nicht impfen lassen, zeigt indes, dass Bequemlichkeit oder Vergesslichkeit wichtige Gründe sind, weshalb die Impfquoten nicht noch höher sind.[128] Diese Ursachen greifen aber nur bei **Freiwilligkeit**, im Falle einer Impfpflicht scheiden diese Erklärungsmuster für unterlassene Schutzimpfungen aus. Damit ist aber eine Impfpflicht in ihrer Wirkung effektiver als die Freiwilligkeit der Impfentscheidung.[129]

Soweit die Sorge geäußert wird, dass die Impfpflicht dazu führe, dass andere Impfungen 34 unbewusst oder bewusst vernachlässigt würden, mag dies zutreffen. Dies ist aber für die Beurteilung der Verfassungsmäßigkeit dann nicht beachtlich, wenn man streng auf den Gesetzeszweck abstellt. Denn der Zweck des Gesetzes ist – leider sehr beschränkt – lediglich der Schutz der Bevölkerung vor Masern und ihren Folgeerkrankungen.[130] Andere Erkrankungen werden nicht primär in den Blick genommen, auch wenn dies einseitig und kurzsichtig sein mag.

Ein Gesetz ist dann **angemessen**, wenn bei einer Gesamtabwägung zwischen der Ein- 35 griffsintensität für den Betroffenen und dem Gewicht sowie der Dringlichkeit der für den Eingriff sprechenden Gründe die Grenze der Zumutbarkeit noch gewahrt ist.[131]

Die Verpflichtung zu Impfung stellt einen **nicht unerheblichen Eingriff in die körperliche** 36 **Unversehrtheit** dar. Zur exakten Erfassung der Intensität des Grundrechtseingriffs muss allerdings auch berücksichtigt werden, dass erstens **keine zwangsweise Durchsetzung** erfolgt[132] und **Ausnahmen im Falle der Schulpflicht** gemacht werden[133] (§ 20 Abs. 9 S. 9, Abs. 12 S. 4 IfSG). Für Personen, für welche die Impfung eine **Gesundheitsgefahr** darstellt, besteht ohnehin **keine Impfpflicht**, vgl. § 20 Abs. 8 S. 4 IfSG. Weiterhin ist zu beachten, dass – ausweislich der Schuleingangsuntersuchungen – über 90 % der Eltern ihre Kinder impfen lassen.[134] Das, was das Gesetz verbindlich einfordert, wird derzeit ohnehin schon freiwillig praktiziert. Hieraus folgt zwar nicht, dass kein Eingriff wegen eines Grundrechtsverzichts[135] vorliegt, aber es liegt immerhin nur ein Zwang zu einem für sinnvoll erachteten und ohnehin praktizierten Verhalten vor.

Da das Gesetz dem Schutz vor den Masern und damit der Gesundheit dient,[136] ist eben- 37 falls das **Grundrecht auf körperliche Unversehrtheit** betroffen. Somit stehen sich zwei gleichrangige Verfassungspositionen gegenüber, wobei zusätzlich das **Sozialstaatsprinzip** aus Art. 20 Abs. 1 GG für die Impfpflicht streitet. Es geht um den **Schutz einer Vielzahl von Personen gegen eine der ansteckendsten Krankheiten** überhaupt.[137] Masern sind überdies **nicht therapierbar**, führen oft zu **Hospitalisierungen** und können **tödlich** ver-

127 Vgl. *Trapp* DVBl 2015, 11 (13).
128 *Betsch et al.* Bundesgesundheitsbl. 2019, 400 ff.
129 *Schaks/Krahnert* MedR 2015, 860 (865).
130 BT-Drs. 19/13452, 1 f. Vgl. auch BVerfG Beschl. v. 11.5.2020 – 1 BvR 469/20 ua, NJW 2020, 1946 (1947).
131 BVerfG Urt. v. 3.11.1982 – 1 BvL 4/78, BVerfGE 61, 291 (312) mwN. Vgl. auch BVerfG Beschl. v. 9.3.1994 – 2 BvL 43/92 ua, BVerfGE 90, 145 (185); Beschl. v. 19.7.2000 – 1 BvR 539/96, BVerfGE 102, 197 (220).
132 BT-Drs. 19/13452, 27.
133 *Gebhard* in Kießling IfSG § 20 Rn. 70.
134 *RKI*, Epidemiologisches Bulletin, Nr. 18/2019 v. 2.5.2019, S. 147 ff. Nach einer repräsentativen Umfrage sind 77 % der Bevölkerung als Impfbefürwortende zu bezeichnen, zitiert nach *Deutscher Ethikrat*, Impfen als Pflicht?, S. 28.
135 Hierzu *Sachs* in Sachs GG Vorbem zu Abschnitt I Rn. 52–57.
136 BT-Drs. 19/13452, 1 f. Vgl. BVerfG Beschl. v. 11.5.2020 – 1 BvR 469/20 ua, NJW 2020, 1946 (1947).
137 *Deutscher Ethikrat*, Impfen als Pflicht?, S. 13 mwN; *RKI*, Epidemiologisches Bulletin, Nr. 32/2010 v. 16.8.2010, S. 316.

laufen.[138] Ihre Gefährlichkeit kommt auch dadurch zum Ausdruck, dass sie eine Krankheit sind, bei welcher der Verdacht einer Erkrankung, die Erkrankung selbst sowie der Tod gem. § 6 Abs. 1 Nr. 1 lit. i IfSG namentlich gemeldet werden müssen.[139] Denn für die Aufnahme in die Liste der namentlich zu meldenden Krankheiten war ua deren Gefährlichkeit entscheidend.[140] Gewicht und Dringlichkeit der Maßnahme sind also als äußerst hoch einzustufen.

38 Bei der Abwägung der Eingriffsintensität mit dem Gewicht und der Dringlichkeit der für den Eingriff sprechenden Gründe ist die **Grenze der Zumutbarkeit noch gewahrt,** auch wenn in Einzelfällen mit gravierenden Nebenwirkungen (im äußersten Fall tödliche Auswirkungen) zu rechnen ist. Allerdings sind Todesfolgen und andere schwerwiegende Gesundheitsbeeinträchtigungen extrem selten. Sie sind um ein Vielfaches seltener als die durch die Masernerkrankungen verursachten Folgen.[141] Aus diesem Grund wird die Masernschutzimpfung von den Fachkreisen auch empfohlen und es wird ihr insgesamt ein **sehr günstiges Nutzen-Risiko-Profil** bescheinigt.[142]

39 Schließlich bedarf es einer Betrachtung in zeitlicher Hinsicht. Da die Masern nur im Menschen überleben können und kein natürliches Reservoir außerhalb des menschlichen Körpers haben, kommt eine Eliminierung der Masern – ebenso wie bei den Pocken – in Betracht. Es geht nicht nur um die Erhöhung der Durchimpfungsrate um etwa 2 %, wofür nunmehr die Impfpflicht eingeführt werden soll. Es geht auch um die **Sicherung der bisherigen Erfolge in der Masernprävention,**[143] also die Beibehaltung der hohen Impfquoten und die Eliminierung der Masern für die Zukunft, so dass niemand mehr – weder freiwillig noch verpflichtend – gegen die Krankheit geimpft werden muss. Je früher die Herdenimmunität erreicht wird, desto schneller können die Masern eliminiert werden und desto rascher ist die Impfung dauerhaft verzichtbar.[144]

3. Verfassungsmäßigkeit der Pflicht zur Verwendung von Kombinationsimpfstoffen

40 Ebenfalls umstritten war und ist die Verpflichtung in § 20 Abs. 8 S. 3 IfSG, wonach die Impfpflicht auch dann gilt, „wenn zur Erlangung von Impfschutz gegen Masern ausschließlich Kombinationsimpfstoffe zur Verfügung stehen, die auch Impfstoffkomponenten gegen andere Krankheiten enthalten." Literatur oder Rechtsprechung zu der Frage, ob lediglich der Einsatz von Monoimpfstoffen verpflichtend angeordnet werden darf oder auch der von Kombinationsimpfstoffen, existiert bislang kaum.[145] Im Folgenden wird der Begriff Monoimpfstoff für solche Impfstoffe verwendet, die ausschließlich gegen die Masern immunisieren sollen, während Kombinationsimpfstoffe solche sind, die zusätzlich vor weiteren Krankheiten schützen sollen. Die Kombinationsimpfungen sind mittlerweile der medizinische Standard und werden auch von der STIKO empfohlen.[146] Ihr Vorteil ist, dass mit weniger Arztbesuchen und weniger Injektionen in kürzerer Zeit gegen mehr Krankheiten geimpft werden kann.[147] Soweit sich überhaupt mit

138 Vgl. *RKI*, Epidemiologisches Bulletin, Nr. 32/2010 v. 16.8.2010, S. 316.

139 *Deutscher Ethikrat*, Impfen als Pflicht?, S. 13. Nach § 6 Abs. 2 S. 1 IfSG ist es dem Gesundheitsamt auch zu melden, „wenn Personen an einer subakuten sklerosierenden Panenzephalitis infolge einer Maserninfektion erkranken oder versterben".

140 BT-Drs. 14/2530, 48.

141 S. die Zahlen bei *Mentzer/Meyer/Keller-Stanislawski* Bundesgesundheitsbl. 2013, 1253 ff.

142 *Deutscher Ethikrat*, Impfen als Pflicht?, S. 15. S. zu dieser Voraussetzung bei der Zulassung und Anwendung von Humanimpfstoffen *Grabski/Hildt/Wagner* Bundesgesundheitsbl. 2020, 4 (11).

143 Vgl. *Schaks/Krahnert* MedR 2015, 860 (865); *Höfling/Stöckle* RdJB 2018, 284 (297).

144 Auf diesen Aspekt weist bereits BGH Gutachten v. 25.1.1952 – VRG 5/51, BGHSt 4, 375 (378) hin.

145 S. aber *Schaks* MedR 2020, 201 ff. Auf den dortigen Ausführungen baut der folgende Abschnitt auf.

146 *RKI*, Epidemiologisches Bulletin, Nr. 34/2019 v. 22.8.2019, S. 327.

147 Typischerweise erfolgt die Schutzimpfung gegen Masern in Form einer Dreifach-Impfung auch gegen Mumps und Röteln (sog. MMR-Impfstoff) oder in Form einer Vierfach-Impfung zusätzlich noch gegen Windpocken (sog. MMRV-Impfstoff), wobei das „V" für Varizellen steht.

der Frage der Zulässigkeit der „**Kombinationsimpfstoffpflicht**" auseinandergesetzt wird, wird ua eingewandt, dass die Voraussetzungen für eine verpflichtende Mumps- oder Rötelnimpfung nicht gegeben seien.[148] Aus diesem Grund fehle es der Regelung in § 20 Abs. 8 S. 3 IfSG schon an einem legitimen Zweck.[149] Es wird ebenfalls kritisiert, dass eine Abhängigkeit von der pharmazeutischen Industrie entstünde.[150] Beide Bedenken dürften im Ergebnis nicht durchgreifen. Zweck des Masernschutzgesetzes und auch von § 20 Abs. 8 S. 3 IfSG ist der Schutz vor Masern (→ Rn. 34).[151] Dies sieht auch das BVerfG so.[152] Die Verfolgung des Masernschutzes als grundsätzlich legitimer Zweck wird auch von Personen anerkannt, die der „Kombinationsimpfstoffpflicht" kritisch gegenüberstehen.[153] Nach hier vertretener Ansicht entfällt der legitime Zweck nicht dadurch, dass weitere Nebenfolgen bewirkt werden, wie hier der Schutz vor Röteln und Mumps.[154] Der Impfschutz gegen diese Krankheiten ist nicht primär bezweckt, denn er muss zB nicht gegenüber Gemeinschaftseinrichtungen oder Gesundheitsämtern nachgewiesen oder gemeldet werden. Der Zweck „Masernschutz" wäre zwar dann nicht mehr maßgeblich, wenn er lediglich vorgeschoben wäre oder missbräuchlich verfolgt würde, aber hierfür gibt es keine Anhaltspunkte. Der Hinweis auf die Produktentwicklung der pharmazeutischen Industrie geht nicht darauf ein, dass Impfstoffe einer Zulassung bedürfen und hierfür ihr Nutzen nachgewiesen sein muss. Hierunter fällt auch die Frage, ob die Kombination der Komponenten bei Kombinationsimpfstoffen nützlich ist. Einer willkürlichen, medizinisch nicht begründbaren Impfstoffkombination durch die Industrie steht der Staat also nicht machtlos gegenüber. Es wird schlicht keine Zulassung erteilt. Überdies ist das Argument auch deshalb zweifelhaft, weil die derzeit fehlende Vermarktung des Monoimpfstoffs zur Verhinderung der Impfpflicht genutzt werden könnte. Setzte die Zulässigkeit einer Impfpflicht die Verfügbarkeit eines Monoimpfstoffs voraus, hätte es die pharmazeutische Industrie in der Hand, durch die Einstellung von Produktion und Vermarktung bestimmter Impfstoffe die Impfpflicht zu verhindern. Auch dies mag man als Abhängigkeit von der pharmazeutischen Industrie kritisieren. Die Bedeutung der pharmazeutischen Industrie bei der Impfstoffentwicklung lässt sich somit je nach Grundhaltung zur Impfpflicht in die eine oder andere Richtung deuten. Dieser Aspekt kann deshalb für die verfassungsrechtliche Beurteilung nicht die entscheidende Rolle spielen. Der im Vergleich zur grundsätzlichen Impfpflicht strittigste Punkt dürfte die **Erforderlichkeit im Rahmen der Verhältnismäßigkeit** darstellen, weshalb auf diesen hier besonders eingegangen wird.[155] Zuzustimmen ist zwar darin, dass eine ausschließliche (!) Kombinationsimpfstoffpflicht nicht statuiert werden dürfte, wenn ein Monoimpfstoff verfügbar ist und gegen die miterfassten Krankheiten isoliert keine Impfpflicht festgesetzt werden dürfte. Aber so stellt sich die Lage nicht dar.

Die Verwendung des Monoimpfstoffs wäre jedenfalls dann milder, wenn er zu weniger 41
oder weniger schwerwiegenden Nebenwirkungen führen würde als der Kombinationsimpfstoff. Dies ist aber nicht der Fall. Nach den Informationen des Paul Ehrlich-Insti-

148 *Gebhard* in Kießling IfSG § 20 Rn. 47. Ähnlich *Aligbe* in BeckOK InfSchR IfSG § 20 Rn. 206.

149 *Gebhard* in Kießling IfSG § 20 Rn. 47.

150 *Rixen* NJW 2020, 647 (648); *Rixen* in Huster/Kingreen InfektionsschutzR-HdB Kap. 5 Rn. 38. Dem folgend *Aligbe* in BeckOK InfSchR IfSG § 20 Rn. 207; *Gebhard* in Kießling IfSG § 20 Rn. 47.

151 BT-Drs. 19/13452, 1 f.; *Schaks* MedR 2020, 201 (203).

152 BVerfG Beschl. v. 11.5.2020 – 1 BvR 469/20 ua, NJW 2020, 1946 (1947).

153 *Gebhard* in Kießling IfSG § 20 Rn. 73.

154 *Schaks* MedR 2020, 201 (203 f.) formuliert lediglich, dass eine *Mit*bekämpfung von Mumps und Röteln nicht von Verfassungs wegen verboten ist, trifft aber keine allgemeine befürwortende Aussage hinsichtlich einer Impfpflicht speziell gegen Mumps oder Röteln *allein*.

155 Nach hier vertretener Ansicht ist auch die Pflicht zur Verwendung von Kombinationsimpfstoffen insgesamt verfassungsgemäß. S. zu den einzelnen Punkten *Schaks* MedR 2020, 201 (203–206). AA *Rixen* NJW 2020, 647 (648 f.).

tuts (PEI) sind die MMR-Kombinationsimpfstoffe[156] „Priorix"[157] und „M-M-RVAX-PRO"[158] in Deutschland zugelassen und werden hier vermarktet.[159] Das Nebenwirkungsprofil dieser Präparate ist nach den behördlich genehmigten Fachinformationen dieser Impfstoffe mit dem Nebenwirkungsprofil des Monoimpfstoffs „Masern-Impfstoff Mérieux"[160] vergleichbar, der bis vor Kurzem noch verfügbar war. Zwar sind die Nebenwirkungen nicht ganz identisch aufgeschlüsselt, aber aus den verfügbaren Informationen lässt sich kein relevanter Unterschied bei den Nebenwirkungen ermitteln. Es heißt ausdrücklich in der Fachinformation zu „Priorix" unter Ziffer 4.8., dass die Nebenwirkungen von Mono- und Kombinationsimpfstoffen vergleichbar seien. Die **Nebenwirkungen von Mono- und Kombinationsimpfstoffen sind somit vergleichbar.** Unterschiedliche Wirksamkeiten oder Nebenwirkungsprofile können deshalb die fehlende Erforderlichkeit von § 20 Abs. 8 S. 3 IfSG nicht begründen.

42 Selbst wenn der Kombinationsimpfstoff in seinem Nutzen-Risiko-Profil schlechter zu beurteilen wäre als der Monoimpfstoff, würde es auch nicht an der Erforderlichkeit fehlen. Denn § 20 Abs. 8 S. 3 IfSG verlangt nicht, dass stets der Kombinationsimpfstoff anzuwenden ist, sondern **nur dann, wenn kein Monoimpfstoff verfügbar ist.** Ist ein Monoimpfstoff aber nicht verfügbar, so ist er auch nicht zur Zielerreichung geeignet, so dass sich das Problem des Vergleichs der Nebenwirkungen nicht stellt. Es ist allerdings einzuräumen, dass die Gesetzesfassung falsche Vorstellungen hervorrufen kann. Denn entgegen der Gesetzesformulierung dürfte die Pflicht zur Verwendung der Kombinationsimpfstoffe derzeit und auch auf absehbare Zeit den Regelfall darstellen und nicht einen seltenen Ausnahmefall.

43 Teilweise wird in Bezug auf die Impfpflicht argumentiert, dass der **Staat** bei der Einführung einer Impfpflicht zur Not selbst den **Monoimpfstoff zur Verfügung stellen** muss.[161] Dies wäre milder für den Einzelnen als die Pflicht zur Verwendung des Kombinationsimpfstoffs. Allerdings verkennt dieser Einwand die Handhabung des Erforderlichkeitsgrundsatzes durch das BVerfG. Denn das Gericht bejaht die Erforderlichkeit auch dann, wenn zwar der Adressat der Regelung weniger, aber **Dritte oder die Allgemeinheit stärker belastet** werden. Dies gilt insbesondere auch für die Fälle, in denen den Staat eine höhere Belastung trifft.[162] Legt man dieses Verständnis von Erforderlichkeit zugrunde, dann kann die Erforderlichkeit vorliegend nicht verneint werden. Denn der Staat müsste höhere Anstrengungen unternehmen, um den Monoimpfstoff zur Verfügung stellen zu können.

---

156 Auf MMR-Impfstoffe konzentriert sich die Darstellung im Folgenden. Denn es wird davon ausgegangen, dass Personen, welche Mehrfachimpfungen ablehnen, im Zweifel sich oder ihre Kinder mit dem Kombinationsimpfstoff impfen lassen, der gegen die wenigsten Krankheiten impft. Der MMRV-Impfstoff bleibt deshalb außer Betracht.

157 Zulassungsnummer gem. Fachinformation: 86a/97 (Stand: November 2018).

158 Zulassungsnummern gem. Fachinformation: EU/1/06/337/003 – EU/1/06/337/013 (Stand: April 2019).

159 S. https://www.pei.de/DE/arzneimittel/impfstoffe/masern/masern-node.html.

160 Zulassungsnummer gem. Fachinformation: 93a/84 (Stand: Juni 2010).

161 *Amhaouach/Kießling* MedR 2019, 853 (861) verlangen, dass der Monoimpfstoff im Falle einer Impfpflicht verfügbar sein muss.

162 Hierzu BVerfG Beschl. v. 6.10.1987 – 1 BvR 1086/82 ua, BVerfGE 77, 84 (109–111); Beschl. v. 14.11.1989 – 1 BvL 14/85 ua, BVerfGE 81, 70 (90–92); Beschl. v. 30.3.1993 – 1 BvR 1045/89 ua, BVerfGE 88, 145 (164); Beschl. v. 18.7.2005 – 2 BvF 2/01, BVerfGE 113, 167 (259 mwN); *Bumke/Voßkuhle* VerfassungsR Rn. 130; *Grzeszick* in Maunz/Dürig GG Art. 20 Abs. VII Rn. 107–120, insbes. 114 mwN; *Hillgruber* in Isensee/Kirchhof StaatsR-HdB § 201 Rn. 64; *Jarass* in Jarass/Pieroth GG Art. 20 Rn. 119; *Schulze-Fielitz* in Dreier GG Art. 20 (Rechtsstaat) Rn. 183.

V. Fazit

Das IfSG enthält generell – zum Teil einschneidende – Maßnahmen zur Verhütung von auf den Menschen übertragbaren Krankheiten. Auch wenn speziell im Hinblick auf Schutzimpfungen die Aufklärung der Bevölkerung und die Freiwilligkeit der Betroffenen grundsätzlich vorrangig angestrebt werden, gestattet § 20 Abs. 6 und 7 IfSG auch Rechtsverordnungen, die künftig zu Schutzimpfungen verpflichten können. Auch wenn dieses Instrumentarium noch verfassungsgemäß ist, erscheint die Praxistauglichkeit zweifelhaft. Denn bei neu auftretenden Krankheiten dürfte es regelmäßig an einem einsatzbereiten Impfstoff mangeln, weshalb eine Impfpflicht zunächst sinnlos ist. Sodann stellen sich aber zahlreiche weitere rechtliche Fragen, die alle Bereiche des gesellschaftlichen und wirtschaftlichen Lebens betreffen, so dass § 20 Abs. 6 und 7 IfSG lediglich einen sehr kleinen Ausschnitt der Probleme einer Pandemie erfassen und dies nicht in besonders spezifischer Weise. Die drei Bundes-Gesetze zum Schutz der Bevölkerung bei einer epidemischen Lage von nationaler Tragweite, welche zahlreiche Einzelgesetze ändern, sowie die umfangreichen Maßnahmen in den Ländern[163] führen das deutlich vor Augen. Schließlich wird es – wie im Falle von SARS-CoV-2 – zumeist auch an einer hinreichend klaren Datenlage fehlen, um die Sinnhaftigkeit und auch die rechtliche Zulässigkeit der Maßnahmen nach § 20 Abs. 6 und 7 IfSG verlässlich einschätzen zu können, wobei die Skepsis in der Bevölkerung vor einem rasch entwickelten Impfstoff und erst recht vor einer Impfpflicht hinzutritt. 44

In dieser Hinsicht ist man bei der Impfpflicht gegen die Masern weiter. Der gegenwärtige Stand der medizinischen Wissenschaft lässt es zu, eine Impfpflicht gegen die Masern zu statuieren. Die zum 1.3.2020 in Kraft getretene Verpflichtung nach § 20 Abs. 8 S. 1 IfSG, einen hinreichenden Impfschutz in bestimmten Konstellationen aufzuweisen, ist sowohl dem Grunde nach als auch hinsichtlich der etwaigen Pflicht zur Verwendung von Kombinationsimpfstoffen verfassungsgemäß. 45

163 S. den Überblick im Anhang.

Teil 6: Entschädigung

§ 15 Entschädigungsrecht und IfSG

Literatur: *Bales/Baumann/Schnitzler*, Infektionsschutzgesetz – Kommentar, 2. Aufl. 2003; *Cornils*, Corona, entschädigungsrechtlich betrachtet, Verfassungsblog v. 13.3.2020, abrufbar unter https://verfassungsblog.de/corona-entschaedigungsrechtlich-betrachtet/; *Eibenstein*, Zur Entschädigung von durch Schließungsanordnungen betroffenen Gewerbetreibenden, NVwZ 2020, 930; *Epping/Hillgruber* (Hrsg.), BeckOK Grundgesetz (Stand: 45. Edition 15.11.2020); *Erdle*, Infektionsschutzgesetz – Kommentar, 7. Aufl. 2020; *Eusani*, Staatshaftungsrechtliche Ansprüche des Gewerbetreibenden bei Covid-19-bedingten Ertragsausfällen, MDR 2020, 963; *Gerhardt*, Infektionsschutzgesetz – Kommentar, 5. Aufl. 2021; *Giesberts/Gayger/Weyand*, COVID-19 – Hoheitliche Befugnisse, Rechte Betroffener und staatliche Hilfen, NVwZ 2020, 417; *Gsell/Krüger/Lorenz/Reymann/Henssler* (Hrsg.), BeckOGK BGB (Stand: 1.10.2020) ; *Habersack* (Hrsg.), Münchener Kommentar zum Bürgerlichen Gesetzbuch, Bd. 7, 8. Aufl. 2020; *Hohenstatt/Krois*, Arbeitsrecht in Zeiten von Corona – Ein Leitfaden für Betriebe und Beschäftigte, 2020; *Kießling* (Hrsg.), Infektionsschutzgesetz – Kommentar, 2020; *Klafki*, Risiko und Recht – Risiken und Katastrophen im Spannungsfeld von Effektivität, demokratischer Legitimation und rechtsstaatlichen Grundsätzen am Beispiel von Pandemien, 2017; *Knickrehm* (Hrsg.), Gesamtes Soziales Entschädigungsrecht, Handkommentar, 2012; *Maunz/Dürig* (Begr.), Grundgesetz – Kommentar (Stand: 92. EL August 2020); *Maurer/Waldhoff*, Allgemeines Verwaltungsrecht, 20. Aufl. 2020 ; *Ossenbühl/Cornils*, Staatshaftungsrecht, 6. Aufl. 2013; *Quarch/Geissler/Plottek/Epe* (Hrsg.), Staatshaftung in der Coronakrise, 2021; *Reinhard*, Neuregelung des Sozialen Entschädigungsrechts im SGB XIV, ZRP 2019, 221; *Reschke*, Entschädigungsansprüche für rechtmäßige infektionsschutzrechtliche Maßnahmen im Zuge der COVID-19-Pandemie, DÖV 2020, 423; *Rixen*, Die Impfpflicht nach dem Masernschutzgesetz, NJW 2020, 647; *Schmidt* (Hrsg.), COVID-19, Rechtsfragen zur Corona-Krise, 2. Aufl. 2020; *Schmitz/Neubert*, Praktische Konkordanz in der Covid-Krise, NVwZ 2020, 666; *Shirvani*, Defizitäres Infektionsschutz-Entschädigungsrecht, NVwZ 2020, 1457; *Siegel*, Verwaltungsrecht im Krisenmodus, NVwZ 2020, 577; *Stöß/Putzer*, Entschädigung von Verdienstausfall während der Corona-Pandemie, NJW 2020, 1465.

I. Einführung 1
II. Entschädigungsansprüche (insbes.) bei rechtmäßigen Maßnahmen 3
1. Entschädigungsansprüche des IfSG 3
a) Übersicht 3
b) Entschädigung nach § 56 IfSG 4
aa) Der Anspruch aus § 56 Abs. 1 IfSG 4
bb) Schließung von Betreuungseinrichtungen und Schulen – § 56 Abs. 1 a IfSG 35
cc) Verfahren im Fall des § 56 Abs. 1 und Abs. 1 a IfSG 44
c) Entschädigung nach § 65 IfSG 48
aa) Tatbestand 49
bb) Rechtsfolge: Entschädigung in Geld 56
cc) Mitverschulden 58
dd) Verfahren 59
d) Versorgung bei Impfschäden, §§ 60 ff. IfSG 60
e) Allgemeine Fragen: Erlöschen und Verjährung, Rechtsweg und Pfändung 61
aa) Erlöschen 61
bb) Verjährung 62
cc) Rechtsweg 63
dd) Pfändung 65
2. Entschädigungsansprüche außerhalb des IfSG 66
a) Grundsatz: Abschließende Normierung von Entschädigungen durch §§ 56 ff. IfSG 66
b) Verhältnis zu den Entschädigungsregelungen des allgemeinen Sicherheitsrechts 67
c) Allgemeiner Aufopferungsanspruch und Anspruch aus enteignendem Eingriff 68
aa) Enteignender Eingriff 71
bb) Allgemeiner Aufopferungsanspruch 76
3. Sonderregelungen abseits der Entschädigungsansprüche 77
III. Exkurs: Ansprüche bei rechtswidrigen Maßnahmen – Amtshaftung 78

I. Einführung

1 Die Normen des Infektionsschutzgesetzes ermächtigen zu Maßnahmen, die mit teils ganz erheblichen Eingriffen verbunden sind, wie gerade die Maßnahmen im Zuge der COVID-19-Pandemie seit dem Jahr 2020 mit Nachdruck belegen. Die damit verbundenen Beeinträchtigungen rufen im Nachgang der staatlichen Intervention das Recht der Staatshaftung – iSd „Einstehenmüssens für einen bestimmten Handlungserfolg"[1] – auf den Plan. Das Polizei- und Sicherheitsrecht kennt in der Regel nur eingeschränkte Entschädigungsansprüche.[2] Das ist für rechtmäßige staatliche Maßnahmen gerade mit Blick auf den sicherheitsrechtlichen Störer auch plausibel; für rechtswidrige Maßnahmen stehen insbes. Ansprüche aus Amtshaftung im Raum.

2 Dieser Linie folgt auch das IfSG als Teil des besonderen Sicherheitsrechts, das in den §§ 56 ff. IfSG spezifische Entschädigungsansprüche normiert und bereits in der Überschrift jenes 12. Abschnitts deutlich macht, dass „Entschädigung [nur] in besonderen Fällen" gewährt werden soll. Vor diesem Hintergrund werden im Folgenden die Regelungen des 12. Abschnitts analysiert (→ Rn. 3 ff.) und erörtert, ob daneben auch andere Ansprüche außerhalb des IfSG in Betracht kommen (→ Rn. 66 ff.). Im Anschluss werden überblicksartig die Voraussetzungen und Grenzen amtshaftungsrechtlicher Ansprüche im Zusammenhang mit infektionsschutzrechtlichen Maßnahmen beleuchtet (→ Rn. 78 ff.).

II. Entschädigungsansprüche (insbes.) bei rechtmäßigen Maßnahmen

1. Entschädigungsansprüche des IfSG

a) Übersicht

3 Unter der Überschrift des 12. Abschnitts „Entschädigung in besonderen Fällen" hat der Gesetzgeber einige wenige Ansprüche normiert; die entsprechenden Normen lassen sich grob wie folgt strukturieren: Im Ausgangspunkt betrifft § 56 IfSG Ansprüche des Störers, wenngleich der neue § 56 Abs. 1 a IfSG sich insoweit systematisch nur bedingt einfügt; auf § 56 IfSG bezogen sind die §§ 57–59 IfSG (→ Rn. 4 ff.). Demgegenüber erfasst § 65 IfSG Ansprüche des Nichtstörers, die insbes. auf Beeinträchtigungen des Eigentums beruhen (→ Rn. 48 ff.). Dazwischen stehen in §§ 60–64 IfSG Ansprüche für Impfschäden und andere Maßnahmen der spezifischen Prophylaxe, die auf dem Gedanken der Aufopferung beruhen[3] und die hier nicht näher behandelt werden (→ Rn. 60). Antworten auf allgemeine Fragen zu all jenen Ansprüchen geben §§ 66–68 IfSG (→ Rn. 61 ff.).

b) Entschädigung nach § 56 IfSG

aa) Der Anspruch aus § 56 Abs. 1 IfSG

4 § 56 Abs. 1 IfSG gewährt einen Entschädigungsanspruch, wenn eine Person als Störer von bestimmten Maßnahmen nach dem IfSG betroffen ist. Eine Erweiterung dieses Anspruchs sieht § 56 Abs. 4 IfSG für Fälle der Existenzgefährdung vor. Das vom Bundestag am 4.3.2021 beschlossene, aber noch nicht in Kraft getretene EpiLage-Fortgeltungsgesetz sieht darüber hinaus auch die Möglichkeit einer (aber keinen Anspruch auf) Entschädigung vor, wenn sich eine Person bereits vor einer Maßnahme im Sinne des § 56

---

1 Der Begriff der Staatshaftung wird unterschiedlich interpretiert. Für den vorliegenden Beitrag wird von einem umfassenden Begriffsverständnis ausgegangen, das die Haftung für rechtmäßige und rechtswidrige Maßnahmen einschließt; vgl. für ein solches Verständnis *Ossenbühl/Cornils* StaatsHaftR S. 1 f.

2 S. in Bayern etwa Art. 87 PAG sowie Art. 11 LStVG.

3 Vgl. zu §§ 60–64 IfSG BVerfG (K) Beschl. v. 26.2.2010 – 1 BvR 1541/09 ua, NJW 2010, 1943 Rn. 41; *Meßling* in HK-SozEntschR IfSG § 60 Rn. 1.

Abs. 1 IfSG vorsorglich entsprechend einer rechtlich bereits möglichen Maßnahme verhält.[4]

Die Vorschrift stellt nach der Rspr. des BGH zur Vorgängerregelung des § 49 Abs. 1 BSeuchG (lediglich) eine Billigkeitsregelung dar, „durch die den Betroffenen – die an sich Störer im polizeirechtlichen Sinne sind – eine gewisse Sicherung vor materieller Not gewährt werden soll".[5] 5

(1) Tatbestand

(a) Erfasste Maßnahmen und erfasste Personen

Die Reichweite des Anspruchs aus § 56 Abs. 1 IfSG wird auf Tatbestandsebene vor allem durch den Kreis der erfassten Personen sowie – damit verknüpft – die getroffenen Maßnahmen eingeschränkt. 6

Während die Rechtsgrundlagen des IfSG teilweise pragmatisch Maßnahmen zulassen, ohne den Adressatenkreis einzuschränken (zB § 28 Abs. 1 IfSG)[6], wird eine Entschädigung nach § 56 Abs. 1 IfSG nur bestimmten Personen gewährt, die man zusammenfassend als Störer[7] bezeichnen kann. Während das Gesetz früher zwischen den getroffenen Maßnahmen recht stark differenziert hat, sind mittlerweile sowohl bei der Absonderung als auch bei den Berufsverboten Ausscheider, Ansteckungsverdächtige und Krankheitsverdächtige erfasst. Bei Berufsverboten kommen lediglich sonstige Träger von Krankheitserregern iSv § 31 S. 2 IfSG hinzu (§ 56 Abs. 1 S. 1 IfSG). Zur Definition dieser Begriffe s. § 2 Nr. 5–7 IfSG. 7

Die **Reichweite** des Entschädigungsanspruchs hängt mithin zentral von der Auslegung jener Definitionen ab. Für eine umfassende Aufarbeitung sei auf die entsprechenden Kommentierungen zu § 2 IfSG verwiesen.[8] Einzelne zentrale Konstellationen werden im Folgenden erörtert; Bedeutung erlangt zudem die Frage, auf welchen Zeitpunkt bei der Beurteilung abzustellen ist. 8

Vorab sei darauf hingewiesen, dass § 56 Abs. 1 selbstverständlich nur verbindliche Maßnahmen betrifft. Deshalb ist § 56 Abs. 1 etwa nicht einschlägig, wenn sich aus allgemeinem Antrieb freiwillig in Absonderung begeben wird.[9] Der Kreis der von § 56 Abs. 1 IfSG erfassten staatlichen Rechtsakte ist aber hinsichtlich ihrer Handlungsform zunächst nicht weiter eingeschränkt; ausweislich des eindeutigen Wortlauts muss die tatbestandsmäßige Beeinträchtigung lediglich aufgrund des IfSG entstehen, so dass bspw. sowohl unmittelbare Verbote auf Grundlage des IfSG (etwa § 34 IfSG) als auch Verwaltungsakte oder Verordnungen als im Ausgangspunkt tatbestandsmäßige Maßnahme in Betracht kommen.[10] 8a

---

4 Näher s. Art. 1 Nr. 4 lit. a aa des am 4.3.2021 vom Bundestag beschlossenen Gesetzes zur Fortgeltung der die epidemische Lage von nationaler Tragweite betreffenden Regelungen, BR-Drs. 197/21.

5 BGH Urt. v. 30.11.1978 – III ZR 43/77, NJW 1979, 422 (424); vgl. auch BGH Urt. v. 31.1.1972 – III ZR 209/67, NJW 1972, 632.

6 S. a. BVerwG Urt. v. 22.3.2012 – 3 C 16/11, NJW 2012, 2823 Rn. 26.

7 Vgl. zu dieser Einordnung etwa BVerwG Urt. v. 22.3.2012 – 3 C 16/11, NJW 2012, 2823 Rn. 25.

8 S. etwa *Gerhardt* IfSG § 2; *Bales/Baumann/Schnitzler* IfSG § 2 Rn. 10–14.

9 Zutreffend *Gerhardt* IfSG § 56 Rn. 3 a.

10 Anders wohl (zumindest missverständlich) *Gerhardt* IfSG § 56 Rn. 3 a.

(aa) Entschädigung bei Verboten in der Ausübung der Erwerbstätigkeit, § 56 Abs. 1 S. 1 IfSG

(i) Verbote in der Ausübung der Erwerbstätigkeit

9 Der Anspruchsteller muss Verboten in der Ausübung seiner bisherigen, rechtmäßigen[11] Erwerbstätigkeit unterliegen oder unterworfen werden.

10 § 56 Abs. 1 S. 1 IfSG bezieht sich auf die **„bisherige" Erwerbstätigkeit**, so dass ein Anspruch für Personen, die zum Zeitpunkt des Verbots keine Tätigkeit ausüben, grundsätzlich ausscheidet. Wer also aufgrund des Verbots gehindert wird, erstmalig eine Berufstätigkeit oder seine neue Berufstätigkeit (Berufswechsel) aufzunehmen, wird nicht entschädigt.[12] Das kann zu unbilligen Ergebnissen führen, wird aber angesichts des klaren Wortlauts hinzunehmen sein.

11 Ein berufliches Tätigkeitsverbot kann sich grundsätzlich insbesondere aus einer individuellen behördlichen Maßnahme nach § 31 IfSG, einer Verordnung nach §§ 32, 31 IfSG oder kraft Gesetzes zB aus §§ 34, 42 IfSG ergeben. Da § 56 Abs. 1 S. 1 IfSG im Plural von „Verboten" spricht, sind hiermit aber nicht lediglich umfassende Tätigkeitsverbot angesprochen; es sind vielmehr insoweit auch Fälle erfasst, in denen dem Betroffenen bestimmte Aspekte seiner beruflichen Tätigkeit untersagt werden,[13] etwa wenn Restaurants nur mehr Speisen zum Mitnehmen anbieten dürfen.[14] Dafür spricht auch, dass nicht spezifisch etwa auf § 31 IfSG verwiesen wird, zumal auch kein Unterschied in der Schutzbedürftigkeit erkennbar ist. Entsprechend dürfte der Tatbestand im Grundsatz auch Maßnahmen erfassen, die nicht individuell einer bestimmten Person eine Tätigkeit verbieten, sondern kollektiv die Ausübung bestimmter Tätigkeiten beschränken, etwa bei einer **landesweiten Untersagung des Restaurantbetriebs** – hier fungiert freilich die Einschränkung des Anspruchs auf den Störer als wesentliche Schranke (dazu sogleich → Rn. 14 ff.).[15]

12 Fraglich ist, ob auch Maßnahmen, die nicht unmittelbar die berufliche Tätigkeit beschränken, aber doch mittelbar diesen Effekt aufweisen, ebenfalls erfasst sind. Damit sind etwa Tätigkeitsverbote für andere Personen angesprochen, die faktisch dazu führen, dass der Anspruchsteller keiner beruflichen Tätigkeit mehr nachgehen kann; ebenfalls denkbar sind allgemeine Beschränkungen im Umgang mit Personen, die die Ausübung der Tätigkeit faktisch unmöglich machen. All diese Maßnahmen dürften keinen Anspruch auf Entschädigung nach § 56 Abs. 1 IfSG auslösen. Denn die Vorschrift ist nur auf denjenigen zugeschnitten, der „Verboten (...) unterliegt", zumal die Entschädigungsvorschrift auch eher eng auszulegen ist, weil sie lediglich eine Billigkeitsentschädigung gewähren soll.[16]

13 Von S. 1 **nicht** erfasst sind **Maßnahmen der Absonderung**, weil der Gesetzgeber die Entschädigung hier spezifisch und unter Einschränkungen in S. 2 geregelt hat.

---

11 *Gerhardt* IfSG § 56 Rn. 9.

12 Vgl. *Gerhardt* IfSG § 56 Rn. 8; *Erdle* IfSG § 56 Rn. 3.

13 So nun auch *Quarch/Geissler* in Quarch/Geissler/Plottek/Epe Staatshaftung in der Coronakrise § 3 Rn. 16.

14 S. insoweit etwa die Maßnahmen der Länder im Zusammenhang mit der COVID-19-Pandemie ab März 2020, in Bayern etwa der damalige § 2 Abs. 2 der Zweiten Bayerischen Infektionsschutzmaßnahmenverordnung v. 16.4.2020 (BayMBl. 2020, Nr. 205).

15 Anders *Stöß/Putzer* NJW 2020, 1465 (1465), allerdings ohne nähere Begründung.

16 Dazu (zur Vorgängervorschrift des § 49 BSeuchG) BGH Urt. v. 30.11.1978 – III ZR 43/77, NJW 1979, 422 (424); vgl. auch BGH Urt. v. 31.1.1972 – III ZR 209/67, NJW 1972, 632. IE wie hier auch *Kümper* in Kießling IfSG § 56 Rn. 19.

(ii) Erfasster Personenkreis

14 Entschädigung nach § 56 Abs. 1 S. 1 IfSG können nur Ausscheider, Ansteckungsverdächtige, Krankheitsverdächtige[17] oder sonstige Träger von Krankheitserregern iSv § 31 S. 2 IfSG erhalten. Zu Abgrenzungsproblemen wird insbes. die Definition des Ansteckungsverdächtigen führen, weil hier bereits die Annahme genügt, dass die Person Krankheitserreger aufgenommen hat, § 2 Nr. 7 IfSG.[18] Im Ausgangspunkt wird das regelmäßig dann anzunehmen sein, wenn Personen aufgrund des **Kontakts mit anderen (ansteckenden) Personen, Tieren oder Objekten** vorsorglich mit Maßnahmen belegt werden, weil sie dann als ansteckungsverdächtig eingestuft wurden.[19]

15 Die Abgrenzung zwischen Ansteckungsverdächtigen und sonstigen betroffenen Personen wird umso heikler, je weniger konkret die potenzielle Ansteckungsquelle ist, auf die eine Maßnahme gestützt wird. Eine Person ist nicht schon deshalb iSd § 2 Nr. 7 IfSG mit dem Verdacht belegt, Krankheitserreger aufgenommen zu haben, weil ihr gegenüber eine Infektionsschutzmaßnahme angeordnet wurde; denn das IfSG – insbes. §§ 16, 28 IfSG – lässt Maßnahmen gerade auch gegen den Nichtstörer zu. Zutreffend hat deshalb das BVerwG befunden, dass die Vermutung, der Betroffene habe Krankheitserreger aufgenommen, zumindest naheliegen muss;[20] erforderlich, aber auch ausreichend soll die überwiegende Wahrscheinlichkeit der Aufnahme von Krankheitserregern sein.[21] Es ist deshalb eine Abgrenzung im Einzelfall geboten, für die sich aber gewisse Kriterien bilden lassen: In einer Tendenz lässt sich sagen, dass **je konkreter** die Maßnahme auf das Individuum abzielt und/oder je konkreter der Anlass einer Maßnahme ist, **umso eher** die betroffenen Personen als ansteckungsverdächtig einzuordnen sein werden und umgekehrt. Im Hinblick auf die Wahrscheinlichkeit gilt ebenfalls ein gradueller Maßstab: An die Anforderungen zur Wahrscheinlichkeit sind umso geringere Anforderungen zu stellen, je größer der befürchtete Schaden ist.[22]

16 Spezifische Abgrenzungsfragen stellen sich etwa, wenn Maßnahmen mit Blick auf den **Aufenthalt in bestimmten Gebieten** angeordnet werden. Wer sich in Gebieten aufgehalten hat, in denen ein erhöhtes Risiko der Ansteckung bestand (**Risikogebiete** iSv § 2 Nr. 17 IfSG), und deshalb mit Maßnahmen belegt wurde, dürfte tendenziell als Ansteckungsverdächtiger einzuordnen sein, weil die Maßnahmen dann an recht konkreten Indizien für eine Ansteckung anknüpfen und so der Verdacht der Aufnahme von Krankheitserregern iSd § 2 Nr. 7 IfSG begründet wird.[23] Schwer einzuordnen ist demgegenüber eine Maßnahme, die etwa allein am Auslandsaufenthalt selbst anknüpft und ihm eine zwingende Maßnahme nachfolgen lässt – wie etwa eine Absonderung (dazu sogleich → Rn. 22 ff.) im Zuge der COVID-19-Pandemie.[24] Hierbei handelte es sich um

---

17 S. noch einmal die Definitionen in § 2 Nr. 5–7 IfSG.

18 Vgl. auch zutreffend BVerwG Urt. v. 22.3.2012 – 3 C 16/11, NJW 2012, 2823 Rn. 25: „Hierbei stellt der Ansteckungsverdacht iS von § 2 Nr. 7 IfSG die geringsten Anforderungen an den Gefahrensachverhalt".

19 Vgl. BVerwG Urt. v. 22.3.2012 – 3 C 16/11, NJW 2012, 2823 Rn. 25, 31, sowie *Bales/Baumann/Schnitzler* IfSG § 2 Rn. 13, zur Bedeutung des Kontakts mit infizierten Personen oder Gegenständen für die Einordnung als ansteckungsverdächtig.

20 BVerwG Urt. v. 22.3.2012 – 3 C 16/11, NJW 2012, 2823 Rn. 31, das hinzufügt: „Eine bloß entfernte Wahrscheinlichkeit genügt nicht" – das Urteil betraf allerdings die Voraussetzungen der Rechtsgrundlagen für Maßnahmen nach dem IfSG; für die Entschädigungsvorschriften wird daher auch die Frage relevant, zu welchem Zeitpunkt der Verdacht vorliegen musste; s. dazu → Rn. 18.

21 BVerwG Urt. v. 22.3.2012 – 3 C 16/11, NJW 2012, 2823 Rn. 31; s. jüngst auch OVG Lüneburg Beschl. v. 11.5.2020 – 13 MN 143/20, juris Rn. 24.

22 S. zum letztgenannten Kriterium BVerwG Urt. v. 22.3.2012 – 3 C 16/11, NJW 2012, 2823 Rn. 32, und jüngst wieder OVG Lüneburg Beschl. v. 11.5.2020 – 13 MN 143/20, juris Rn. 25.

23 Vgl. *Bales/Baumann/Schnitzler* IfSG § 2 Rn. 13; jüngst auch OVG Lüneburg Beschl. v. 11.5.2020 – 13 MN 143/20, juris Rn. 26.

24 S. im Zusammenhang mit der SARS-CoV-2-Pandemie etwa die damalige Bayerische Verordnung über Quarantänemaßnahmen für Einreisende zur Bekämpfung des Coronavirus v. 9.4.2020 (BayGVBl. 2020, 209); entsprechende Maßnahmen sind auch in anderen Ländern getroffen worden.

eine Vorsichtsmaßnahme, die letztlich jede Person mit dem Verdacht potenzieller Ansteckung belegt. Der genannten generellen Anordnung anhand einer generellen Anknüpfung am Auslandsaufenthalt wird im Regelfall kein hinreichender Ansteckungsverdacht zugrunde liegen.[25]

17 Entsprechend schwierig zu beurteilen sind Fälle, in denen ein **Ladengeschäft, Restaurant, sonstiger Betrieb etc geschlossen** wird. Auch dies ist in jedem Einzelfall mittels der genannten Kriterien zu lösen. Wird der Betrieb etwa aufgrund eines bestätigten Krankheitsfalls geschlossen, so sind jedenfalls die mit der erkrankten Person vermutlich in Kontakt getretenen Betriebsangehörigen regelmäßig als ansteckungsverdächtig einzustufen. Bei generellen – etwa landesweiten – Maßnahmen ist dies tendenziell nicht der Fall,[26] wobei bei dieser Beurteilung stets auch das konkrete Ansteckungsrisiko einfließen muss.

(iii) Anscheinsstörer – Zeitpunkt der Einordnung des Maßnahmeadressaten

18 § 56 IfSG erfasst nur Personen, die wegen ihrer Eigenschaft als Störer von einer IfSG-Maßnahme betroffen sind. Für die Entschädigung kommt es – wie regelmäßig im Sicherheitsrecht – im Grundsatz darauf an, ob die Person bei einer Betrachtung ex post als Störer einzuordnen ist. Allerdings kann das nicht gelten, wenn eine Person aufgrund einer Betrachtung ex ante zwar rechtmäßig von einer Maßnahme betroffen ist, die nur Störern auferlegt werden kann – wie insbes. die Absonderung nach § 30 IfSG –, es sich im Nachhinein aber herausstellt, dass die Störereigenschaft fälschlich beurteilt wurde. Denn es wäre unbillig, wenn nur der tatsächliche Störer, nicht aber der Anscheinsstörer, eine Entschädigung erhält, obwohl beide von der gleichen Maßnahme betroffen sind.

(iv) Ausschluss kranker Personen – Erweiterte Auslegung?

19 Während bspw. § 31 IfSG für die Anordnung eines Berufsverbots auch am „Kranken" (§ 2 Nr. 4 IfSG) anknüpft, gewährt § 56 Abs. 1 IfSG keine Entschädigung für den zum Zeitpunkt des Eintritts des Verbots Kranken. Dabei dürfte es sich auch um kein Versehen handeln, weil der Gesetzgeber bereits in § 49 BSeuchG Kranke von einer Entschädigung ausgeschlossen und in § 56 Abs. 1 S. 1 IfSG lediglich zusätzlich den Krankheitsverdächtigen aufgenommen hat.

20 Der Ausschluss des Kranken ist dann einleuchtend, wenn die Krankheit *vor* Beginn des Tätigkeitsverbots ohnehin zur Arbeitsunfähigkeit geführt hat, weil dann der Verdienstausfall auf anderen Gründen beruht und auch idR Leistungen der Krankenversicherung in Anspruch genommen werden können;[27] den Fall, dass eine Person *nach* Beginn des Tätigkeitsverbots krank – und deshalb arbeitsunfähig – wird, regelt Abs. 7.[28] Ein Kranker iSd § 2 Nr. 4 IfSG ist aber nicht zwingend auch arbeitsunfähig (vgl. ausdrücklich § 44 Abs. 1 SGB V).[29] Der Unterschied zum – von § 56 Abs. 1 IfSG – erfassten Krankheitsverdächtigen liegt vielmehr allein darin, dass die aufgetretenen Symptome beim Kranken nachweislich bereits der übertragbaren Krankheit zugeordnet wurden, während beim Krankheitsverdächtigen zwar ebenfalls Symptome vorliegen, die konkrete Krankheit aber bislang nur vermutet wurde.[30]

---

25 So auch in Bezug auf das SARS-CoV-2-Virus OVG Lüneburg Beschl. v. 11.5.2020 – 13 MN 143/20, juris Rn. 26 ff.; OVG Schleswig Beschl. v. 7.4.2020 – 3 MB 13/20, juris Rn. 7. Zur Frage, ob eine Absonderung, die allein am Auslandsaufenthalt anknüpft, überhaupt zulässig ist, s. bei Fn. 36.

26 Vgl. für solche Fälle etwa LG Hannover Urt. v. 11.12.2020 – 8 O 4/20, BeckRS 2020, 34842 Rn. 31; LG Stuttgart Urt. v. 5.11.2020 – 7 O 109/20, BeckRS 2020, 31215 Rn. 23 ff.

27 Vgl. auch BGH Urt. v. 31.1.1972 – III ZR 209/67, NJW 1972, 632 (632).

28 Vgl. *Gerhardt* IfSG § 56 Rn. 4.

29 Anders offenbar *Bales/Baumann/Schnitzler* IfSG § 56 Rn. 6.

30 Vgl. auch BVerwG Urt. v. 22.3.2012 – 3 C 16/11, NJW 2012, 2823 Rn. 25.

Das kann zur kaum nachvollziehbaren Situation führen, dass eine Entschädigung von der Zufälligkeit der zweifelsfreien Feststellung einer bestimmten Krankheit abhängt. Gerade mit Blick auf die COVID-19-Pandemie lassen sich Fälle feststellen, in denen die Krankheit nur von milden Symptomen begleitet war, aber gerade an den Nachweis der Krankheit Maßnahmen nach §§ 28 ff. IfSG geknüpft werden.[31] Denkbar wäre es daher, den Anwendungsbereich des § 56 Abs. 1 IfSG teleologisch auch auf Fälle von Kranken zu erweitern, bei denen die Krankheit nicht zur Arbeitsunfähigkeit führt (und deshalb möglicherweise auch kein Anspruch auf Krankengeld bzw. Entgeltfortzahlung besteht); vorstellbar ist im Grundsatz der Rückgriff auf den allgemeinen Aufopferungsanspruch,[32] wobei dessen Anwendungsbereich angesichts seiner Beschränkung auf nichtvermögenswerte Rechte stark eingeschränkt ist (→ Rn. 68 ff.). 21

(bb) Entschädigung bei Absonderung

Bei Maßnahmen der Absonderung (→ Rn. 23 ff.) gewährt § 56 Abs. 1 S. 2 IfSG (inzwischen) für Ansteckungsverdächtige, Ausscheider und Krankheitsverdächtige (→ Rn. 25 ff.) eine Entschädigung. Zur vorgeschlagenen Präzisierung des § 56 Abs. 1 S. 2 IfSG siehe das am 4.3.2021 vom Bundestag beschlossene, aber noch nicht in Kraft getretene EpiLage-Fortgeltungsgesetz.[33] Wer also krank ist (= Kranker, § 2 Nr. 4 IfSG), ist auch bei einer Absonderungsmaßnahme von vornherein nicht vom Tatbestand erfasst. Auch im Rahmen des § 56 Abs. 1 S. 2 IfSG ist vor allem die **Abgrenzung zwischen Ansteckungsverdächtigen und sonstigen Personen** mit Unsicherheiten behaftet, weil hier bereits die Annahme genügt, dass Krankheitserreger aufgenommen wurden (§ 2 Nr. 7 IfSG). 22

(i) Begriff der Absonderung iSd § 56 Abs. 1 IfSG

Mit dem Begriff der Absonderung bezieht sich § 56 Abs. 1 S. 2 IfSG auf Maßnahmen nach § 30 (ggf. iVm § 32) IfSG. Ungeklärt ist, ob auch Maßnahmen auf Basis der § 28, § 28 a IfSG erfasst sein können, wenn sie sich faktisch bzw. in der Eingriffsintensität als Absonderung darstellen. Dieses Problem wird insbes. mit der Neufassung des § 28 Abs. 1 S. 1 Hs. 2 IfSG relevant, auf den nunmehr ausdrücklich auch das Verbot, einen bestimmten Ort zu verlassen, gestützt werden kann und der gerade eingeführt wurde, um die Ausgangs- und Kontaktbeschränkungen im Zuge der COVID-19-Pandemie im Jahr 2020 abzusichern.[34] Wenn aber ein umfassendes Verbot, einen bestimmten Ort (insbes. die eigene Wohnung) zu verlassen, auf § 28 IfSG basieren kann, stellt sich die Frage der Abgrenzung zu Absonderungsmaßnahmen nach § 30 IfSG. Bei der Anordnung unterscheiden sich solche Maßnahmen dadurch, dass § 30 IfSG sich nur an den Störer richtet und ein Verstoß zur zwangsweisen Unterbringung führen kann. Weil nur § 30 IfSG von einer Absonderung spricht, mag es auf den ersten Blick nahelegen, auch lediglich Maßnahmen auf Grundlage des § 30 IfSG zu erfassen.[35] 23

Das kann allerdings nicht überzeugen: Hinter der ausdrücklichen Erwähnung der Absonderung in § 56 Abs. 1 S. 2 IfSG steht der Gedanke, dass abgesonderte Personen aufgrund der mit einer Absonderung verbundenen besonders erheblichen Grundrechtseingriffe eine Entschädigung erhalten sollen. Deshalb bietet es sich für die Zwecke des § 56 Abs. 1 S. 2 IfSG an, eine Absonderung im Sinne jener Vorschrift schon (aber auch nur) 24

31 *Gerhardt* IfSG § 56 Rn. 5 erwähnt als weiteres Beispiel den an HIV erkrankten invasiv tätigen Chirurgen, der eine so hohe Viruslast aufweist, dass nur ein berufliches Tätigkeitsverbot in Betracht kommt.

32 Vgl. auch *Gerhardt* IfSG § 56 Rn. 5.

33 Siehe Art. 1 Nr. 4 des am 4.3.2021 vom Bundestag beschlossenen Gesetzes zur Fortgeltung der die epidemische Lage von nationaler Tragweite betreffenden Regelungen, BR-Drs. 197/21.

34 Die Begründung des Gesetzentwurfs (BT-Drs. 19/18111, 25) spricht freilich nur von einer Anpassung „aus Gründen der Normenklarheit".

35 So iE *Kümper* in Kießling IfSG § 56 Rn. 22.

dann anzunehmen, wenn die Eingriffsintensität der Maßnahme der einer Absonderung iSd § 30 Abs. 1 IfSG entspricht. Maßnahmen, die auf §§ 28 f. IfSG gestützt werden, sind also nur dann als Absonderung einzuordnen, wenn eine – soweit dies überhaupt zulässig ist[36] – völlige Isolation angeordnet wird. Das ist bspw. dann nicht der Fall, wenn der Betroffene seine Wohnung etwa zum Zwecke des Einkaufs verlassen darf.[37] Für die hier vertretene Auslegung spricht zudem, dass es nicht von der formalen und ggf. eher willkürlichen Einordnung der Behörden abhängen soll, auf welche Rechtsgrundlage ihre Maßnahme zu stützen ist, sondern auf die damit verbundenen Beschränkungen.

(ii) Erfasster Personenkreis

25 Für den Fall der so umrissenen Maßnahme der Absonderung sah § 56 Abs. 1 S. 2 IfSG eine Entschädigung nur für **Ausscheider und Ansteckungsverdächtige** vor; seit dem Zweiten Gesetz zum Schutz der Bevölkerung bei einer epidemischen Lage von nationaler Tragweite v. 19.5.2020 werden auch **Krankheitsverdächtige** erfasst.[38] Für Ausscheider gilt das aber nur, wenn sie **andere Schutzmaßnahmen** nicht befolgen können. Diese Einengung greift die Einschränkung des Tatbestands in § 30 Abs. 1 S. 2 IfSG auf, demnach eine Absonderung gegenüber Ausscheidern nur angeordnet werden darf, „wenn sie andere Schutzmaßnahmen nicht befolgen, befolgen können oder befolgen würden". Von diesen Personen sollen nur diejenigen eine Billigkeitsentschädigung erhalten, welche die Absonderung schlicht nicht abwenden können.

26 Unter Berücksichtigung dieser Einschränkung kann im Ausgangspunkt festgestellt werden: Wird eine Person einer **Absonderungsmaßnahme (Quarantäne) nach § 30 IfSG** unterworfen, **ohne krank zu sein**, so ist stets auch § 56 Abs. 1 S. 2 IfSG einschlägig, weil die §§ 30 und 56 IfSG tatbestandlich im Grundsatz am gleichen Personenkreis anknüpfen. Es wurde aber bereits geklärt, dass einzelne Maßnahmen nach § 28 IfSG als Absonderung iSd § 56 Abs. 1 S. 2 IfSG eingeordnet werden können (→ Rn. 23 f.). Deshalb ist auch an dieser Stelle die Abgrenzung insbes. zwischen Ansteckungsverdächtigen und sonstigen Personen von Bedeutung.

27 Die Abgrenzung zwischen Ansteckungsverdächtigen und sonstigen betroffenen Personen wird – auch hier – umso heikler, je weniger konkret die potenzielle Ansteckungsquelle ist, auf die eine Maßnahme gestützt wird. Verkompliziert wird die Situation dadurch, dass spätestens mit der Änderung des § 28 Abs. 1 S. 1 Hs. 2 IfSG geklärt sein dürfte, dass §§ 30 und 28 IfSG nicht im Verhältnis der Spezialität zueinander stehen. Deshalb wird in jedem Einzelfall zu ermitteln sein, ob der Anspruchsteller als Ansteckungsverdächtiger etc von einer Maßnahme betroffen ist. Der Nennung der Rechtsgrundlage im eingreifenden Rechtsakt wird dabei zumindest indizielle Bedeutung zukommen. Im Übrigen sei auf die obigen Ausführungen entsprechend verwiesen (insbes. zu Kontakt mit Personen, Sachen, Aufenthalt in Risikogebieten etc → Rn. 14 ff.).

---

36 Ob eine solche Maßnahme überhaupt auf den (neuen) § 28 Abs. 1 S. 1 IfSG gestützt werden kann, ist in der jüngeren (Eil-)Rechtsprechung umstritten. Für eine abschließende Regelung des § 30 IfSG die wohl hM etwa VGH München Beschl. v. 3.12.2020 – 20 NE 20.2749, juris Rn. 32 ff.; OVG Weimar Beschl. v. 15.6.2020 – 3 EN 375/20, BeckRS 2020, 15897 Rn. 43; OVG Lüneburg Beschl. v. 11.5.2020 – 13 MN 143/20, juris Rn. 33; *Stach* NJW 2021, 10 Rn. 6; anders OVG Schleswig Beschl. v. 7.4.2020 – 3 MB 13/20, juris Rn. 10.

37 So in der COVID-19-Pandemie etwa § 5 Abs. 2 und Abs. 3 Nr. 3 der Zweiten Bayerischen Infektionsschutzmaßnahmenverordnung v. 16.4.2020 (BayMBl. 2020, Nr. 205). Selbst bei den sog. „Ausgangssperren" des § 3 der 11. Bayerischen Infektionsschutzmaßnahmenverordnung v. 15.12.2020 (BayMBl. 2020, Nr. 737) waren noch relativ umfangreiche Ausnahmen vorgesehen.

38 Gesetz v. 19.5.2020 (BGBl. I 1018).

(b) Verdienstausfall

28 Durch das Verbot muss ein Verdienstausfall entstanden sein. Das ist etwa dann nicht der Fall, wenn dem Betroffene wegen anderer gesetzlicher (zB § 616 BGB)[39] oder vertraglicher Regelungen (fraglich ist hier etwa die Einordnung einer Verdienstausfallversicherung) ein Anspruch auf Fortzahlung seines Verdienstes zusteht; das Nichtbestehen solcher Ansprüche ist mithin negative Tatbestandsvoraussetzung[40] (näher vgl. *Temming* in → § 16 Rn. 11 ff.).

29 Hinsichtlich Ansprüchen aus Arbeitslosengeld und Kurzarbeit s. § 56 Abs. 9 IfSG.

(c) Tatbestandsausschluss, § 56 Abs. 1 S. 3 IfSG

30 § 56 Abs. 1 S. 3 IfSG ist ursprünglich mit dem Gesetz für den Schutz vor Masern und zur Stärkung der Impfprävention (Masernschutzgesetz) v. 10.2.2020 eingefügt und im Zuge der COVID-19-Pandemie durch das Gesetz zum Schutz der Bevölkerung bei einer epidemischen Lage von nationaler Tragweite erweitert worden.[41] Die Vorschrift verwirklicht gleichsam den Gedanken der Mitschuld; „wer das schädigende Ereignis (...) in vorwerfbarer Weise verursacht hat, sollte nicht auf Kosten der Allgemeinheit Entschädigung erhalten".[42]

(aa) Spezifische Prophylaxe

31 Entschädigt wird erstens danach nicht, wer der zum Verdienstausfall führenden Beeinträchtigung hätte entgehen können und zwar durch eine Maßnahme der spezifischen Prophylaxe – zu der insbes. Schutzimpfungen zählen – (zu den Begriffen s. § 2 Nr. 9 und 10 IfSG), die gesetzlich vorgeschrieben ist oder im Bereich des gewöhnlichen Aufenthaltsorts des Betroffenen (von den **obersten Landesgesundheitsbehörden,** § 20 Abs. 3 IfSG) öffentlich empfohlen wurde.[43] Die gesetzliche Verpflichtung kann aus einer **Verordnung auf Basis des § 20 Abs. 6 oder 7 IfSG** folgen. Für die **Masernimpfung** sieht § 20 Abs. 8 IfSG eine Impfpflicht[44] für Personen in bestimmten Gemeinschaftseinrichtungen vor (näher *Schaks* in → § 14 Rn. 10 ff. und 27 ff.). In allen Fällen ist zu untersuchen, ob für die Person des Anspruchsstellers eine solche Pflicht bestand; das ist zB bei der Masernimpfung dann nicht der Fall, wenn die tatbestandlichen Voraussetzungen des § 20 Abs. 8 IfSG nicht vorliegen. Zu beachten ist, dass der Entschädigungsausschluss ausschließlich die rechtlich vorgeschriebenen Schutzmaßnahmen betrifft: So besteht derzeit[45] etwa keine Impfpflicht für Mumps und Röteln – auch wenn die verfügbaren Impfstoffe gegen Masern in aller Regel auch gegen diese Krankheiten immunisieren (Kombinationsimpfstoff).[46]

32 Besondere Probleme wirft die Formulierung auf, dass der Anspruchsteller „durch" die Schutzmaßnahme das Tätigkeitsverbot bzw. die Absonderung „hätte vermeiden kön-

39 Dazu bspw. BGH Urt. v. 30.11.1978 – III ZR 43/77, NJW 1979, 422 (zu § 49 BSeuchG).

40 S. BGH Urt. v. 30.11.1978 – III ZR 43/77, NJW 1979, 422 (424), in Bezug auf Arbeitnehmer.

41 S. das Gesetz v. 18.11.2020 (BGBl. I 2397).

42 So ausdrücklich die Begründung des Entwurfs im Gesetzgebungsverfahren, BT-Drs. 19/15164, 58.

43 S. beispielhaft für öffentlichen Empfehlungen in Bayern die Bekanntmachung des Bayerischen Staatsministeriums für Umwelt und Gesundheit v. 24.9.2013, AllMBl. 425: Danach sind derzeit folgende Schutzimpfungen empfohlen: Cholera, Diphtherie FSME (Frühsommer-Meningoenzephalitis), Gelbfieber, Haemophilus influenzae Typ B, Hepatitis A, Hepatitis B, Humane Papillomviren (HPV), Influenza, Masern, Meningokokken-Infektionen, Mumps, Pertussis (Keuchhusten), Pneumokokken-Krankheiten, Poliomyelitis, Röteln, Rotaviren, Tetanus, Tollwut, Typhus und Varizellen (Windpocken).

44 So jedenfalls BT-Drs. 19/13452, 2, 27, 31; tatsächlich besteht eine Pflicht zum „Aufweisen" einer Masernimpfung; § 56 Abs. 1 S. 3 IfSG soll nach dem klaren gesetzgeberischen Willen aber auch hier Anwendung finden. Näher zum Masernschutzgesetz *Rixen* NJW 2020, 647.

45 Stand: 24.2.2021.

46 Vgl. https://www.rki.de/DE/Content/Infekt/NRZ/MMR/mmr_node.html. Dazu auch *Schaks* MedR 2020, 201.

nen". Die Gesetzesmaterialien sind insoweit wenig ergiebig: Aus ihnen folgt lediglich, dass die Vorschrift zunächst auf die Masernimpfung begrenzt war und die problematische Formulierung einer „Vermeidbarkeit" noch nicht enthielt.[47]

33 Offenbar soll die bloße, ungenutzte Möglichkeit zur Impfung noch nicht zum Anspruchsausschluss führen, denn sonst hätte es die Formulierung „hätte vermeiden können" nicht bedurft. Entscheidend ist, welcher Maßstab bei der hier angesprochenen Ermittlung der (Quasi-)Kausalität angelegt wird. Eine mit an Sicherheit grenzende Wahrscheinlichkeit kann kaum angesetzt werden, weil bspw. Impfungen eine solche Sicherheit regelmäßig nicht erreichen können.[48] Jedenfalls wird man aber zumindest eine hohe Wahrscheinlichkeit verlangen müssen, wobei die Rspr. hier eine nähere Konkretisierung im Einzelfall wird vornehmen müssen.

(bb) Spezifischer Ausschluss für Reiserückkehrer

33a Im Zuge der COVID-19-Pandemie hat der Staat vermehrt auf den Einsatz von Absonderungsmaßnahmen gesetzt, die nicht an einem konkret-individuellen Verdacht der Ansteckung, sondern am Aufenthalt in bestimmten, besonders vom SARS-CoV-2-Virus betroffenen Gebieten (sog. Risikogebieten iSd § 2 Nr. 17 IfSG) anknüpfen. Der abgesonderten Person kann auch in dieser Konstellation grundsätzlich ein Anspruch nach § 56 Abs. 1 IfSG zustehen. Im Zuge dessen stellte sich die politische Frage der Rechtfertigung eines solchen Anspruchs, wenn der Betroffene die Absonderungssituation zumindest fahrlässig selbst herbeigeführt hat. Der Gesetzgeber hat diese Frage nun so gelöst, dass ein Anspruch ausscheidet, wenn die Absonderung (oder das Tätigkeitsverbot) durch den „Nichtantritt einer vermeidbaren Reise in ein bereits zum Zeitpunkt der Abreise eingestuftes Risikogebiet" hätte vermieden werden können.

33b Entscheidend ist mithin der Zeitpunkt der Abreise. Dabei ist freilich zu beachten, dass gemäß § 2 Nr. 17 IfSG der Status als Risikogebiet erst mit Ablauf des ersten Tages nach Veröffentlichung dieser Feststellung durch das RKI besteht.

33c Wird ein Gebiet erst nach der Abreise zum Risikogebiet erklärt, bleibt der Anspruch bestehen. Neben dieser Fallgruppe muss das aber auch für Fälle gelten, in denen die Einstufung als Risikogebiet zwar sowohl zum Zeitpunkt der Abreise als auch der Rückreise bestand, sie aber zwischenzeitlich aufgehoben wurde. Denn mit der – wenn auch kurzfristigen – Aufhebung dieser Einstufung wird gewissermaßen der Zurechnungszusammenhang unterbrochen; es ist nicht ersichtlich, weshalb derjenige, der später einreist, besser gestellt werden soll. Diese Auslegung ist auch mit dem Wortlaut der Vorschrift vereinbar, der von der Einstufung als Risikogebiet „bereits" zum Abreisezeitpunkt spricht und damit so verstanden werden kann, dass die Einstufung seit dem Abreisezeitpunkt dauerhaft bestanden haben muss.

33d Ebenfalls auf den Abreisezeitpunkt bezieht sich der Begriff der „vermeidbaren" Reise, den das Gesetz näher in § 56 Abs. 1 S. 4 IfSG beschreibt. Danach kommt es darauf an, ob **zwingende und unaufschiebbare Gründe** für die Reise vorlagen. Das soll sich ausweislich der Begründung des Gesetzentwurfs aus der Perspektive eines verständigen Dritten ermitteln lassen und bspw. die Geburt eines Kindes oder den Tod eines nahen Angehörigen ein-, sonstige private oder dienstliche Feierlichkeiten, Urlaubsreisen oder verschiebbare Dienstreisen ausschließen.[49] Abschließend ist diese Aufzählung freilich nicht. Es ist vielmehr zu erwarten, dass sich im Laufe der Zeit eine umfangreiche Kasu-

---

47 S. den ursprünglichen Entwurf BT-Drs. 19/13452, 50.

48 Bspw. erreicht die Masernimpfung zwar eine sehr hohe Impfeffektivität von über 90 % (vgl. RKI, Epidemiologisches Bulletin 2/2020, S. 10 f.), eine an Sicherheit grenzende Wahrscheinlichkeit wird dies aber kaum darstellen.

49 BT-Drs. 19/23944, 38.

istik entwickeln wird. Bspw. sind selbstverständlich auch zwingende und unaufschiebbare berufliche oder dienstliche Tätigkeiten erfasst, wobei diese häufig bereits von der Absonderungspflicht befreien und sich deshalb die Frage nach § 56 Abs. 1 IfSG gar nicht stellen wird. Entsprechendes gilt etwa für medizinische Leistungen, die Wahrnehmung des Sorgerechts etc.

(2) Rechtsfolge: Entschädigung

Es ist eine Entschädigung in Geld zu gewähren, § 56 Abs. 1 S. 1 IfSG, die sich **nach dem Verdienstausfall bemisst,** § 56 Abs. 2 S. 1 IfSG. Sonstige Vermögenseinbußen werden nicht erstattet.[50] Dabei wird nur für sechs Wochen der volle Verdienstausfall ersetzt. Ab der siebten Woche wird nur noch Entschädigung in Höhe des Krankengeldes nach § 47 Abs. 1 SGB V ersetzt; nach dem vom Bundestag am 4.3.2021 beschlossenen, aber noch nicht in Kraft getretenen EpiLage-Fortgeltungsgesetz soll die Entschädigung ab der siebten Woche stets 67 % des Verdienstausfalls, maximal 2016 EUR monatlich, betragen.[51] Die Berechnung des Verdienstausfalls ergibt sich aus § 56 Abs. 3 IfSG abzüglich der in Abs. 8 geregelten Beträge. Die **Fälligkeit** des Anspruchs regelt Abs. 6. Zu allgemeinen Verfahrensfragen → Rn. 44 ff. 34

bb) Schließung von Betreuungseinrichtungen und Schulen – § 56 Abs. 1 a IfSG

Die Entschädigungsvorschrift des § 56 Abs. 1 a IfSG wurde mit dem – in Windeseile beschlossenen (Datierung des Gesetzesentwurfs auf den 24.3.2020) – Gesetz zum Schutz der Bevölkerung bei einer epidemischen Lage von nationaler Tragweite v. 27.3.2020 in das IfSG eingefügt (s. zum Ganzen auch *Temming* in → § 16 Rn. 31 ff.). Sie soll ausweislich der Begründung des Gesetzesentwurfs Verdienstausfälle abmildern, die erwerbstätige Sorgeberechtigte von Kindern erleiden, die ihre Kinder aufgrund der behördlichen Schließung von Betreuungseinrichtungen selbst betreuen müssen.[52] Dass der Gesetzgeber letztlich allein die Corona-Pandemie 2020 im Sinne hatte, zeigt auch die Geltungsdauer der Vorschrift: Nach derzeitigem Stand soll **§ 56 Abs. 1 a IfSG zum 1.4.2021 wieder aufgehoben** werden, s. Art. 8 Abs. 3 iVm Art. 2 des Dritten Gesetzes zum Schutz der Bevölkerung bei einer epidemischen Lage von nationaler Tragweite;[53] das am 4.3.2021 vom Bundestag beschlossene, aber noch nicht in Kraft getretene Epi-Lage-Fortgeltungsgesetz sieht aber eine Entfristung und Koppelung an die Feststellung einer epidemischen Lage von nationaler Tragweite vor.[54] Da § 56 Abs. 1 a IfSG tatbestandlich aber nicht auf die COVID-19-Pandemie Bezug nimmt, sind auch Entschädigungen infolge anderer Infektionen bzw. Krankheiten theoretisch denkbar. 35

Der Anspruch fügt sich nur insoweit in § 56 IfSG ein als es sowohl bei Abs. 1 als auch Abs. 1 a um eine Entschädigung für einen Verdienstausfall geht. Während im Fall des Abs. 1 aber der Anspruchsinhaber selbst als Störer mit Maßnahmen belegt wird, **bezieht sich Abs. 1 a (auch) auf den Nichtstörer,** der (nur) mittelbar von einer infektionsschutzrechtlichen Maßnahme betroffen ist. 36

(1) Tatbestand

Es muss zunächst eine Einrichtung zur Betreuung von Kindern, eine Schule oder eine Einrichtung für Menschen mit Behinderungen vorliegen, die „zur Verhinderung der Verbreitung von Infektionen oder übertragbaren Krankheiten“ von einer Behörde vorüber- 37

---

50 *Gerhardt* IfSG § 56 Rn. 16.

51 Siehe Art. 1 Nr. 4 lit b bb des am 4.3.2021 vom Bundestag beschlossenen Gesetzes zur Fortgeltung der die epidemische Lage von nationaler Tragweite betreffenden Regelungen, BR-Drs. 197/21.

52 BT-Drs. 19/18111, 25.

53 BGBl. 2020 I 2397.

54 Siehe Art. 1 Nr. 4 des am 4.3.2021 vom Bundestag beschlossenen Gesetzes zur Fortgeltung der die epidemische Lage von nationaler Tragweite betreffenden Regelungen, BR-Drs. 197/21.

gehend geschlossen oder deren Betreten, etwa aufgrund Absonderung, untersagt wurde. Ebenso sind Fälle erfasst, in denen zusätzliche Schul- oder Betriebsferien angeordnet oder verlängert werden oder die Präsenzpflicht in einer Schule aufgehoben wird;[55] in Abgrenzung hierzu sollen regelmäßige Schul- oder Betriebsferien[56] hingegen keinen Anspruch begründen, § 56 Abs. 1 a S. 3 IfSG. Der Begriff der Betriebsferien bezieht sich dabei insbesondere auf Einrichtungen für Menschen mit Behinderungen. Bei rein präventiven Maßnahmen nach § 16 IfSG dürfte die Vorschrift nicht greifen, weil die Norm nur die Verhinderung der (weiteren) Verbreitung erfasst.

38 Eine Entschädigung kann jede erwerbstätige (dazu auch → Rn. 10) Person erhalten, die ihr Kind – dies bezieht sich auf ein Verwandtschaftsverhältnis iSd § 1589 BGB – selbst beaufsichtigt, betreut oder pflegt; anders als in der ursprüngliche Fassung des Abs. 1 a kommt es auf die Sorgeberechtigung (Personensorge nach §§ 1626 ff., 1631 BGB) also nicht mehr an.[57] Wenn ein Fall des § 33 SGB XIII vorliegt (§ 56 Abs. 1 a S. 4 IfSG), steht der Anspruch den Pflegeeltern zu.

Darüber hinaus besteht der Anspruch nur für Kinder, die das **zwölfte Lebensjahr** noch nicht vollendet haben **oder** behindert und **auf Hilfe angewiesen** sind. Der Gesetzgeber hat mittlerweile klargestellt, dass für Kinder mit Behinderungen keine Altersgrenze mehr existiert; denn anders als in der ersten Fassung des Abs. 1 a erstreckt § 52 Abs. 1 a S. 1 Nr. 1 IfSG seinen Anwendungsbereich nunmehr nicht nur auf Betreuungseinrichtungen für „Kinder", sondern zusätzlich auch auf Einrichtungen für Menschen mit Behinderungen.

39 Aufgrund der Schließung muss der Anspruchsberechtigte das Kind selbst beaufsichtigen, betreuen oder pflegen, weil er keine **anderweitige „zumutbare" Betreuungsmöglichkeit** sicherstellen kann. Weil der Gesetzgeber nicht etwa eine äquivalente, sondern eine bloß zumutbare Betreuungsmöglichkeit verlangt, wird es nur darum gehen, ob eine für den Erwerbstätigen, das Kind und auch den Betreuenden noch tragbare Betreuungsmöglichkeit besteht. Das ist in einer Gesamtschau aller Umstände im Einzelfall zu ermitteln.[58]

40 Immerhin hat der Gesetzgeber in der Begründung des Gesetzesentwurfs angedeutet, was er jedenfalls als zumutbar ansieht: Zumutbar soll etwa die Nutzung eines Anspruchs auf eine **Notbetreuung** in der Tagesstätte oder der Schule sein. Dabei bleibt offen, ob auch eine andere Einrichtung als diejenige, die das Kind gewöhnlich besucht, erfasst sein kann. Das wird man im Regelfall bejahen müssen, weil eben gerade keine äquivalente Betreuungsmöglichkeit verlangt wird und auch hier von den Bedürfnissen des Kindes (zB besondere Pflegebedürftigkeit) und den Möglichkeiten des Erwerbstätigen (etwa die Möglichkeit, das Kind mit dem eigenen Pkw zu einer nicht fußläufig erreichbaren Einrichtung zu bringen) abhängen. Weiter kann es zumutbar sein, „auf den anderen Elternteil" oder „andere hierzu bereite Familienmitglieder/Verwandte" zurückzugreifen.[59] Dabei kann freilich nicht verlangt werden, dass die genannten anderen Personen selbst einen Verdienstausfall erleiden; problematisch ist in diesem Zusammenhang, dass einer

55 So die Ergänzung durch das Gesetz zur Umsetzung steuerlicher Hilfsmaßnahmen zur Bewältigung der Corona-Krise v. 19.7.2020 (BGBl. I 1385). Zu möglichen weiteren Änderungen siehe Art. 1 Nr. 4 lit. b bb des am 4.3.2021 vom Bundestag beschlossenen Gesetzes zur Fortgeltung der die epidemische Lage von nationaler Tragweite betreffenden Regelungen, BR-Drs. 197/21.

56 Der Ferienbegriff bezieht sich freilich auf die individuelle Einrichtung. Hätte etwa ein Hort auch innerhalb der Schulferien geöffnet, schließt dieser allein aufgrund zusätzlicher behördlicher Anordnung und wäre ein Anspruch demnach nicht ausgeschlossen, vgl. dazu *Stöß/Putzer* NJW 2020, 1465 (1468 f.).

57 S. die Änderung des Abs. 1 a durch das Gesetz v. 19.7.2020 (BGBl. I 1385), und dazu die Begründung des Gesetzentwurfs BT-Drs. 19/19601, 34; zur ursprünglichen Fassung des Abs. 1 a s. BT-Drs. 19/18111, 25.

58 So nun auch *Quarch/Geissler* in Quarch/Geissler/Plottek/Epe Staatshaftung in der Coronakrise § 3 Rn. 74.

59 BT-Drs. 19/18111, 25.

anderen Person, die die Betreuung (freiwillig) übernimmt und deshalb einen Verdienstausfall erleidet, kein Anspruch zustehen soll.

Auch hat der Gesetzgeber erkannt, dass der Rückgriff auf andere Personen nicht möglich ist, wenn diese – wie es die Begründung formuliert – „einer **Risikogruppe** in Bezug auf die Infektion oder übertragbaren Krankheiten angehören“[60]. Das trägt dem Gedanken Rechnung, dass die Betreuungseinrichtung aufgrund denkbarer Infektionen geschlossen wurde und das Risiko, dass bereits eine Übertragung auf das zu betreuende Kind stattgefunden hat, der betreuenden Person nicht ohne Weiteres aufgebürdet werden kann. Weil der Begriff der Risikogruppe ein offener ist – häufig ist dies auch medizinisch unklar –, wird man hier keinen zu strengen Maßstab anlegen können. Deshalb ist allgemein zu erwarten, dass eine individuelle Betreuung durch eine Person außerhalb des eigenen Hausstandes nur selten als zumutbar einzuordnen sein wird. 41

Die erwerbstätige Person muss aufgrund der infolge der Schließung notwendigen Betreuung des Kindes einen **Verdienstausfall** erleiden. Das ist bspw. dann nicht der Fall, wenn auf anderen (gesetzlich, tariflich) Grundlagen ein Anspruch auf Entgeltfortzahlung besteht. Nach Ansicht des Gesetzgebers soll dies auch den Fall erfassen, dass dem Erwerbstätigen noch Zeitguthaben zusteht; dieses sei vorrangig abzubauen.[61] Es ist äußerst zweifelhaft, ob diese Einschränkung hinreichend Niederschlag im Gesetzeswortlaut gefunden hat. Wenn das Gesetz lediglich verlangt, dass die erwerbstätige Person (allein) aufgrund der Schließung einen Verdienstausfall erleidet („dadurch“), ist nicht klar, wie hier ein Bezug zu einem etwaigen Zeitguthaben hergestellt werden soll; mit gleicher Berechtigung ließe sich behaupten, dass die Person vorrangig ihren (bezahlten) Urlaub nehmen müsse. 42

(2) Rechtsfolge

Es ist eine Entschädigung in Geld zu gewähren (§ 56 Abs. 1 a S. 1 IfSG), deren Höhe in § 56 Abs. 2 IfSG geregelt wird. Diese bemisst sich (nur) im Grundsatz nach dem Verdienstausfall, § 56 Abs. 2 S. 1 IfSG. Anders als bei § 56 Abs. 1 IfSG wird die Entschädigung aber niemals in vollem Umfang gewährt. Der einschlägige § 56 Abs. 2 S. 4 IfSG differenziert zwischen mehreren betreuenden und allein betreuenden Personen: Eine Entschädigung in Höhe von 67 % des Verdienstausfalls bis maximal 2016 EUR monatlich wird im ersten Fall für jede erwerbstätige Person längstens zehn Wochen lang und bei einer allein betreuenden Person längstens zwanzig Wochen lang gewährt, § 56 Abs. 2 S. 4 IfSG.[62] 43

cc) Verfahren im Fall des § 56 Abs. 1 und Abs. 1 a IfSG

Grundsätzlich werden alle Entschädigungsleistungen aus § 56 IfSG **nur auf Antrag** gewährt, § 56 Abs. 5 S. 3 IfSG. 44

Steht einem **Arbeitnehmer** ein Anspruch auf Entschädigung zu, so erfolgt die Auszahlung in den ersten sechs Wochen, solange ein Arbeitsverhältnis besteht, durch den Arbeitgeber (§ 56 Abs. 5 S. 1 IfSG), der von der zuständigen Behörde auf Antrag Erstattung verlangen kann (§ 56 Abs. 5 S. 2 IfSG); danach erhält der Arbeitnehmer eine Entschädigung auf Antrag direkt von der zuständigen Behörde.[63] Da sich § 56 Abs. 5 S. 1 45

60 BT-Drs. 19/18111, 25.

61 BT-Drs. 19/18111, 24; dazu auch *Stöß/Putzer* NJW 2020, 1465 (1469).

62 Zur Anknüpfung dieser Frist an eine epidemische Lage von nationaler Tragweite siehe Art. 1 Nr. 4 lit. c sowie lit. e des am 4.3.2021 vom Bundestag beschlossenen, aber noch nicht in Kraft getretenen Gesetzes zur Fortgeltung der die epidemische Lage von nationaler Tragweite betreffenden Regelungen, BR-Drs. 197/21.

63 *Gerhardt* IfSG § 56 Rn. 25. Für § 56 Abs. 1 a soll in Zukunft eine Anknüpfung an die Feststellung einer epidemischen Lage von nationaler Tragweite erfolgen, siehe Art. 1 Nr. 4 lit. e des am 4.3.2021 vom Bundestag beschlossenen Gesetzes zur Fortgeltung der die epidemische Lage von nationaler Tragweite betreffenden Regelungen, BR-Drs. 197/21.

IfSG nur auf die zutreffende Höhe der Entschädigung bezieht, kann ein Arbeitgeber Überzahlungen nicht von der Behörde, sondern nur vom Arbeitnehmer zurückverlangen.[64] Der Arbeitgeber kann – nach Antrag – von der Behörde gemäß § 56 Abs. 12 IfSG einen Vorschuss verlangen. **Selbstständige und Heimarbeiter** haben einen Anspruch auf Vorschussgewährung der voraussichtlichen Höhe der Entschädigung nach § 56 Abs. 12 IfSG.

46 Die Anträge nach Abs. 5 sind seit der Gesetzesänderung v. 19.5.2020 innerhalb einer **Frist von zwölf Monaten** nach Einstellung der verbotenen Tätigkeit oder dem Ende der Absonderung oder der Maßnahmen nach Abs. 1 a zu stellen, § 56 Abs. 11 S. 1 IfSG; nach dem vom Bundestag am 4.3.2021 beschlossenen, aber noch nicht in Kraft getretenen EpiLage-Fortgeltungsgesetz soll die Frist auf zwei Jahre ausgedehnt werden.[65] Die Änderung dürfte auch bereits laufende Fristen verlängern, weil sich das Gesetz gerade auch auf die Bewältigung der bereits entstandenen COVID-19-bedingten Verdienstausfälle bezieht.[66]

Ohnehin wird diese Frist von der wohl herrschenden Literatur nicht als Ausschlussfrist, sondern als **Ordnungsfrist** interpretiert;[67] mangels Rspr. in diesem Bereich ist aber eine rechtzeitige Antragstellung empfehlenswert. Den Anträgen sind die Informationen aus § 56 Abs. 11 S. 2 IfSG beizufügen, wobei die Behörde gemäß S. 3 nachfassen kann. Zum gerichtlichen Verfahren im Falle der Ablehnung eines Antrags → Rn. 63.

47 Der Anspruch auf Entschädigung geht insoweit, als dem Entschädigungsberechtigten Arbeitslosengeld oder Kurzarbeitergeld für die gleiche Zeit zu gewähren ist, auf die Bundesagentur für Arbeit über, § 56 Abs. 9 IfSG; zu einer ähnlichen Regelung, die andere Formen eines gesetzlich begründeten Verdienstausfalls erfasst, s. § 56 Abs. 10 IfSG.

c) Entschädigung nach § 65 IfSG

48 § 65 IfSG regelt einen Anspruch auf Entschädigung (grundsätzlich nur) für den Nichtstörer[68] und begrenzt seinen Anwendungsbereich auf Maßnahmen der Prävention nach §§ 16 f. IfSG. Das kann auf den ersten Blick zu erheblichen Ungleichbehandlungen je nach Zielrichtung der Maßnahme führen, die die Frage nach einer erweiterten bzw. analogen Anwendung des § 65 IfSG ins Zentrum rücken.

aa) Tatbestand

49 Der Entschädigungsanspruch aus § 65 IfSG hat folgende Voraussetzungen:

(1) Maßnahmen auf Basis der §§ 16 f. IfSG (Verhütung übertragbarer Krankheiten)

50 Bei der zugrunde liegenden Maßnahme muss es sich um eine auf Basis der §§ 16 f. IfSG handeln. Es soll also nur eine Entschädigung für Maßnahmen gewährt werden, die im Rahmen der (präventiven) Verhütung übertragbarer Krankheiten nach dem vierten Abschnitt des IfSG und nicht nach den Vorschriften zur Bekämpfung übertragbarer Krankheiten nach dem fünften Abschnitt des IfSG getroffen werden.[69] § 17 IfSG betrifft dabei Maßnahmen zur Bekämpfung von Krankheitserregern an Gegenständen sowie zur Bekämpfung von Gesundheitsschädlingen (= Tiere, die einen Erreger auf den Menschen übertragen können, § 2 Nr. 12 IfSG). § 16 IfSG greift für präventive Maßnahmen im

64 Vgl. *Gerhardt* IfSG § 56 Rn. 25.

65 Siehe Art. 1 Nr. 4 lit. g des am 4.3.2021 vom Bundestag beschlossenen Gesetzes zur Fortgeltung der die epidemische Lage von nationaler Tragweite betreffenden Regelungen, BR-Drs. 197/21.

66 Vgl. die Begründung des Gesetzentwurfs, BT-Drs. 19/18967, 60.

67 *Erdle* IfSG § 56 Rn. 21; *Quarch/Geissler* in Quarch/Geissler/Plottek/Epe Staatshaftung in der Coronakrise § 3 Rn. 55; anders jetzt *Gerhardt* IfSG § 56 Rn. 39.

68 S. die Begründung des Gesetzentwurfs, BT-Drs. 14/2530, 89; so auch *Gerhardt* IfSG § 65 Rn. 1.

69 Vgl. im Zusammenhang mit der COVID-19-Pandemie etwa auch LG Hannover Urt. v. 11.12.2020 – 8 O 4/20, BeckRS 2020, 34842 Rn. 36 ff.

Vorfeld des Auftretens einer Krankheit ein, während §§ 28 ff. IfSG eher Maßnahmen zur Eindämmung einer bereits aufgetretenen Krankheit erfasst. In der Rspr. wurde hierzu festgestellt, dass diese Vorschriften im Verhältnis der Exklusivität zueinander stehen;[70] ob man diese Abgrenzung wirklich immer trennscharf vornehmen kann, ist aber zweifelhaft.

Grundsätzlich kommt es bei der Entschädigung nach § 65 IfSG auf die von der Behörde zutreffend herangezogene Rechtsgrundlage an. Unklar ist, ob behördliche Maßnahmen, die etwa pauschal §§ 16 und 28 IfSG als Rechtsgrundlage angeben, auch dann den Anspruch aus § 65 IfSG auslösen, wenn die eigentliche zutreffende Rechtsgrundlage § 28 IfSG gewesen wäre.[71] 51

(2) Analoge Anwendung auf Maßnahmen zur Bekämpfung übertragbarer Krankheiten?

Die Begrenzung auf Maßnahmen der Krankheitsverhütung offenbart eine auf den ersten Blick schwer zu erklärende Ungleichbehandlung der sich in vergleichbaren Situationen befindenden Betroffenen je nach herangezogener Rechtsgrundlage, die die Frage nach einer erweiterten oder analogen Anwendung auf den Plan ruft.[72] 52

Dagegen mag zunächst angeführt werden, dass § 65 Abs. 1 IfSG spezifisch auf §§ 16 f. IfSG verweist und dieser Verweis mehrere IfSG-Revisionen überdauert hat. Der BGH hat zur Vorgängernorm des § 57 BSeuchG zudem angenommen, dass diese, jedenfalls soweit sie für verseuchte Gegenstände eine Entschädigung vorsieht, nicht erweiternd ausgelegt werden könne, weil sie Ausnahmecharakter habe[73] – die Entscheidung erging aber insgesamt unter anderem Vorzeichen.[74]

§ 65 IfSG geht auf § 57 BSeuchG zurück, der ursprünglich auf die zur Bekämpfung übertragbarer Krankheiten zugeordneten Vorschrift des § 39 BSeuchG verwies.[75] Mit dem 2. BSeuchG-Änderungsgesetz[76] wurde ein Verweis zum (präventiven) § 10 BSeuchG ergänzt; das 4. BSeuchG-Änderungsgesetz hat schließlich den Bezug zu §§ 10, 39 BSeuchG umfassend durch einen Verweis auf die §§ 10–10 c BSeuchG ersetzt, nachdem § 39 BSeuchG gestrichen und in § 10 a BSeuchG überführt wurde[77] – der Gesetzgeber hat hier die Maßnahmen auf Grundlage des bisherigen § 39 BSeuchG nunmehr den Maßnahmen der Krankheitsverhütung zugeordnet.[78] Diese Systematik ist auch im IfSG beibehalten worden.

All das scheint gegen eine analoge Anwendung des § 65 IfSG zu sprechen. Allerdings hat der Gesetzgeber die Verschiebung des § 39 BSeuchG auch damit begründet, dass es zweckmäßig erscheine, „in dem Abschnitt über die Verhütung übertragbarer Krankheiten alle Maßnahmen aufzunehmen, die neben der Bekämpfung auch der Verhütung übertragbarer Krankheiten dienen“[79], ohne zu erkennen zu geben, dass damit auch ein Entschädigungsausschluss für Maßnahmen der Krankheitsbekämpfung bezweckt wer-

70 OVG Lüneburg 3.2.2011 – 13 LC 198/08, juris Rn. 40; zu den entsprechenden Vorschriften des BSeuchG BVerwG Urt. v. 16.12.1971 – I C 60/67, NJW 1972, 458 (459).

71 Vgl. bspw. einige der städtischen Allgemeinverfügungen im Zuge der COVID-19-Pandemie 2020, etwa die Allgemeinverfügung der Stadt Bielefeld v. 18.3.2020 zu weiteren kontaktreduzierenden Maßnahmen zur Bekämpfung von übertragbaren Krankheiten nach dem [IfSG], abrufbar unter https://www.bielefeld.de/ftp/offbekanntmachungen/Allgemeinvfg_Coronavirus4_Kontaktred_190320.pdf.

72 S. dazu befürwortend etwa *Winter/Thürk* in Schmidt COVID-19 § 18 Rn. 30 ff.; *Eusani* MDR 2020, 963 Rn. 13. Eine ausführliche, eine Analogie ablehnende, Erörterung findet sich etwa bei *Gerhardt* IfSG § 56 Rn. 46 ff.

73 BGH Urt. v. 1.3.1971 – III ZR 29/68, NJW 1971, 1080 (1081).

74 Darauf weisen *Winter/Thürk* in Schmidt COVID-19 § 18 Rn. 37 nicht unzutreffend hin.

75 S. das BSeuchG v. 18.7.1961 (BGBl. I 1012).

76 S. das Zweite Gesetz zur Änderung des Bundes-Seuchengesetzes v. 25.8.1971 (BGBl. I 1401).

77 S. das Vierte Gesetz zur Änderung des Bundes-Seuchengesetzes v. 18.12.1979 (BGBl. I 2248).

78 S. ausdrücklich die Begründung zum Gesetzentwurf, BT-Drs. 8/2468, 20.

79 BT-Drs. 8/2468, 19.

de. Insofern erscheint eine analoge Anwendung des § 65 Abs. 1 IfSG auf Maßnahmen nach §§ 28 ff. IfSG zumindest bedenkenswert, mag die Instanz-Rechtsprechung eine Analogie bislang abgelehnt haben.[80]

(3) Vermögensnachteil

53 Im Rahmen des § 65 IfSG soll aber nur in den Fällen eine Entschädigung gewährt werden, in denen entweder „Gegenstände vernichtet, beschädigt oder in sonstiger Weise in ihrem Wert gemindert" worden sind oder „ein anderer nicht nur unwesentlichen Vermögensnachteil" verursacht wurde.

54 Ganz erhebliche Probleme ergeben sich mit Blick auf die letzte Variante, weil sie – auf den ersten Blick – einen umfassenden Ersatz aller nicht nur unwesentlichen Vermögensnachteile nahelegt. Gegen eine zu weite Auslegung spricht indes, dass § 65 IfSG als Folgenorm des § 57 BSeuchG zumindest im Ausgangspunkt als verfassungsrechtlich gebotene Entschädigung für Eigentumsbeeinträchtigungen konzipiert ist.[81] Die Erfassung des „anderen nicht nur unwesentlichen Vermögensnachteil[s.]" wurde erst mit dem Dritten Gesetz zur Änderung des BSeuchG in § 57 BSeuchG eingefügt; der Gesetzentwurf führte hierzu aus, dass neben den „konkret bezeichneten Enteignungstatbeständen" die Aufnahme dieses Passus notwendig war, da „weitere entschädigungspflichtige Fälle" denkbar seien.[82] Das legt es nahe, dass die Vorschrift gerade keine umfassende Einstandspflicht des Staates für Vermögensschäden regeln soll. Ob allerdings tatsächlich allein ein Bezug zu entschädigungspflichtigen Eigentumsbeeinträchtigungen gemeint war, geht hieraus nicht hervor. Deshalb ist es denkbar, von § 65 Abs. 1 IfSG auch Fälle einer intensiven Beeinträchtigung anderer Grundrechtsgewährleistungen zu erfassen.

55 Ungeklärt ist zudem, ob auf diese Variante auch die Eingrenzung des § 65 Abs. 1 S. 1 Hs. 2 IfSG (analog) Anwendung findet. Andernfalls könnte § 65 IfSG insoweit auch einen Anspruch des Störers begründen.[83]

bb) Rechtsfolge: Entschädigung in Geld

56 Die Rechtsfolge des § 65 Abs. 1 S. 1 IfSG ist (nur) im Ausgangspunkt klar: Es ist eine Entschädigung in Geld zu gewähren, deren Höhe sich nach § 65 Abs. 2 IfSG richtet. Hinsichtlich des „gemeinen Werts" hat der BGH zur Vorgängerregelung des § 57 BSeuchG entschieden, dass dieser sich nach dem Wiederbeschaffungspreis einwandfreier Ware der vernichteten Art richtet.[84]

57 Für die Höhe der Entschädigung bei „anderen nicht nur unwesentlichen Vermögensnachteilen" stellt § 65 Abs. 2 S. 5 IfSG fest, dass die Entschädigung „den Betroffenen nicht besser stellen [darf], als er ohne die Maßnahme gestellt sein würde"; die Regelung gibt also lediglich eine absolute Obergrenze an.

---

80 Vgl. etwa LG Hannover Urt. v. 11.12.2020 – 8 O 4/20, BeckRS 2020, 34842 Rn. 44 ff.; das LG Heilbronn Urt. v. 29.4.2020 – I 4 O 82/20, NVwZ 2020, 975 Rn. 20, verweist darauf, dass ein zwingendes Erfordernis zur Schließung einer Regelungslücke aufgrund der Soforthilfemaßnahmen fehle; das erscheint problematisch, weil so aus punktuellen Unterstützungsmaßnahmen auf die generelle Analogieunfähigkeit des § 56 IfSG geschlossen wird. Gegen eine Analogie auch *Rinze/Schwab* NJW 2020, 1905 Rn. 7 ff., allerdings mit dem wenig überzeugenden Verweis auf die jüngsten Änderungen des § 56 IfSG.

81 Vgl. BT-Drs. VI/1568, 9 f. Vgl. dazu auch *Cornils*, Verfassungsblog v. 13.3.2020, https://verfassungsblog.de/corona-entschaedigungsrechtlich-betrachtet/.

82 S. BT-Drs. VI/1568, 10.

83 Vgl. dazu *Cornils*, Verfassungsblog v. 13.3.2020, https://verfassungsblog.de/corona-entschaedigungsrechtlich-betrachtet/.

84 BGH Urt. v. 3.3.1969 – III ZR 104/67, NJW 1969, 2282.

cc) Mitverschulden

§ 65 Abs. 1 S. 2 IfSG erklärt § 254 BGB für entsprechend anwendbar, so dass der Entschädigungsanspruch entsprechend dem Mitverschulden zu kürzen ist; insoweit sei auf die Kommentierungen zu § 254 BGB Bezug genommen. 58

dd) Verfahren

Anträge oder Fristen sind im Rahmen des § 65 IfSG nicht vorgesehen. Gleichwohl bietet es sich an, bei der je nach Landesrecht zuständigen Behörde zunächst einen Antrag zu stellen.[85] Zahlungsverpflichtet ist das jeweilige Land, § 66 Abs. 1 IfSG, das im Falle eines Gerichtsprozesses – auf dem ordentlichen Rechtsweg, § 68 Abs. 1 IfSG – auch richtiger Klagegegner ist. 59

d) Versorgung bei Impfschäden, §§ 60 ff. IfSG

Die Regelungen zur Versorgung bei Impfschäden nach §§ 60 ff. IfSG werden mit Wirkung zum 1.1.2024 in ein neues SGB XIV überführt.[86] Sie sollen an dieser Stelle nicht näher behandelt werden. 60

e) Allgemeine Fragen: Erlöschen und Verjährung, Rechtsweg und Pfändung

aa) Erlöschen

Sowohl für das Erlöschen der Ansprüche auf Grundlage des IfSG als auch für ihre Verjährung trifft das IfSG keine eigene Regelung. Ein Erlöschen solcher Ansprüche kommt insbes. aufgrund landesrechtlicher Regelungen in Betracht: So bestimmt etwa Art. 71 Abs. 1 S. 1 Nr. 2 des Bayerischen AGBGB,[87] dass auf Geldzahlung gerichtete öffentlich-rechtliche Ansprüche gegen den Freistaat, eine bayerische Gemeinde oder einen Gemeindeverband in drei Jahren erlöschen.[88] 61

bb) Verjährung

Mangels Verjährungsregelungen im IfSG ist nach der zutreffenden Rspr. des BVerwG für die Verjährung öffentlich-rechtlicher Ansprüche auf die Vorschriften des BGB zurückzugreifen.[89] Um eine Parallelität zu anderen staatshaftungsrechtlichen Ansprüchen[90] sowie bspw. zum allgemeinen öffentlich-rechtlichen Erstattungsanspruch herzustellen,[91] bietet es sich an, auf § 195 BGB analog zurückzugreifen, der mittlerweile eine dreijährige Verjährungsfrist vorsieht.[92] 62

cc) Rechtsweg

Für die Entschädigungsansprüche nach §§ 56 und 65 IfSG (sowie die Erstattungsansprüche nach § 56 Abs. 4 S. 2, § 57 Abs. 1 S. 3 und Abs. 3 S. 3, § 58 S. 1 IfSG) ist jeweils der ordentliche Rechtsweg gegeben, § 68 Abs. 1 IfSG; gleiches gilt für die Rückforderung einer gezahlten Entschädigung.[93] Das bedeutet für das Verfahren im Rahmen des 63

---

85 So auch *Quarch/Geissler* in Quarch/Geissler/Plottek/Epe Staatshaftung in der Coronakrise § 3 Rn. 95.
86 Vgl. zur Gesetzgebungsgeschichte *Reinhard* ZRP 2019, 221.
87 Gesetz zur Ausführung des Bürgerlichen Gesetzbuchs v. 20.9.1982.
88 S. zur Berechnung der Frist Art. 71 Abs. 1 S. 2 AGBGB; zur Zehnjahresfrist Art. 71 Abs. 1 S. 4 AGBGB.
89 BVerwG Urt. v. 15.6.2006 – 2 C 10/05, NJW 2006, 3225 Rn. 19.
90 So gilt für den Amtshaftungsanspruch aus § 839 BGB, Art. 34 GG ebenfalls die dreijährige Verjährungsfrist des § 195 BGB (dazu *Papier/Shirvani* in MüKoBGB § 839 Rn. 413); für den Anspruch aus enteignungsgleichem Eingriff wird § 195 BGB von der Rspr. zutreffend analog angewendet (BGH Urt. v. 11.1.2007 – III ZR 302/05, NJW 2007, 830 Rn. 37). Zum Gedanken des Gleichlaufs zum Amtshaftungsanspruch vgl. etwa *Papier/Shirvani* in MüKoBGB, 7. Aufl. 2017, § 839 Rn. 53 a.
91 S. für eine analoge Anwendung des § 195 BGB in diesem Fall BVerwG Urt. v. 15.6.2006 – 2 C 10/05, NJW 2006, 3225 Rn. 19 f.
92 Denkbar wäre im Übrigen auch eine analoge Anwendung der alten Fassung des § 195 BGB (30 Jahre) oder des § 54 BPolG.
93 Vgl. zu § 61 BSeuchG BGH Urt. v. 27.1.1983 – III ZR 113/81, NJW 1983, 2029.

§ 56 IfSG insbesondere, dass nach Ablehnung des auf Entschädigung gerichteten Antrags nicht etwa eine hiergegen gerichtete Verpflichtungsklage, sondern eine auf dem ordentlichen Rechtsweg zu erhebende Leistungsklage einschlägig ist.[94]

64 Impfschadensansprüche sind gemäß § 68 Abs. 2 IfSG den Sozialgerichten zugewiesen, soweit nicht Abs. 3 eingreift.

dd) Pfändung

65 Die Möglichkeit der **Pfändung** der Ansprüche erfasst § 67 Abs. 1 IfSG.

2. Entschädigungsansprüche außerhalb des IfSG

a) Grundsatz: Abschließende Normierung von Entschädigungen durch §§ 56 ff. IfSG

66 Ob bei rechtmäßigen Maßnahmen nach dem IfSG weitere Entschädigungsansprüche in Betracht kommen, erscheint zunächst zweifelhaft. Einen Hinweis gibt die Begründung des Gesetzesentwurfs: Danach sollen die Regelungen des 12. Abschnitts „umfassend den von der Rechtsprechung entwickelten allgemeinen Aufopferungsanspruch [ersetzen], dem damit insoweit keine lückenschließende Funktion mehr zukommt".[95] Dies spricht im Grundsatz dafür, dass der Gesetzgeber von einer abschließenden Regelung der §§ 56 ff. IfSG ausgeht.[96] Vollständig ist das Bild mit der Bezugnahme auf den allgemeinen Aufopferungsanspruch freilich nicht, weil dieser nach stRspr[97] nur die Beeinträchtigung nichtvermögenswerter Rechte abdeckt. Es erscheint daher geboten, im Einzelfall zu entscheiden – insbes. anhand verfassungsrechtlicher Kriterien (va Art. 3 Abs. 1 GG) –, ob neben den §§ 56 ff. IfSG noch weitere Ansprüche in Betracht kommen.

b) Verhältnis zu den Entschädigungsregelungen des allgemeinen Sicherheitsrechts

67 Soweit teilweise eine Anwendung der allgemein polizei- oder sicherheitsrechtlichen Ansprüche befürwortet wird,[98] kann das kaum überzeugen. Wie soeben dargelegt, sollen die Ansprüche des IfSG grundsätzlich abschließend sein. Wenn zudem die Regelungen des besonderen Sicherheitsrechts ausdrücklich spezifische Entschädigungsklauseln mit spezifischen Voraussetzungen und – vor allem – Grenzen vorsehen,[99] dann spricht wenig dafür, dass daneben die Entschädigungsregeln des allgemeinen Sicherheitsrechts Anwendung finden sollen.[100]

c) Allgemeiner Aufopferungsanspruch und Anspruch aus enteignendem Eingriff

68 Wie dargelegt, sollen die Vorschriften des IfSG den allgemeinen Aufopferungsanspruch umfassend ersetzen; ob das auch für eigentumsbezogene Ansprüche zu gelten hat (hier: enteignender Eingriff), ist fraglich und dürfte nur im Ausgangspunkt zu bejahen sein. Gerade, aber nicht nur, wenn eine Entschädigung verfassungsrechtlich geboten erscheint, ist eine Anwendung dieser Ansprüche zu erwägen.

---

94 Vgl. BGH Beschl. v. 17.9.2008 – III ZR 326/07, NJW-RR 2009, 165 Rn. 9.

95 BT-Drs. 14/2530, 87.

96 Anders etwa *Hohenstatt/Krois*, Arbeitsrecht in Zeiten von Corona, 2020, S. 11, allerdings unter zweifelhafter Bezugnahme auf *Klafki*, Risiko und Recht, 2017, S. 307.

97 Zur Kritikwürdigkeit dieser Auffassung s. noch u. bei und in Fn. 104.

98 *Giesberts/Gayger/Weyand* NVwZ 2020, 417 (421 f.); *Eibenstein* NVwZ 2020, 930 (932 f.). Die von diesen zitierten Erwägungen zum BSeuchG in BT-Drs. III/1888, 27 sind insoweit überholt.

99 Vgl. insoweit auch *Siegel* NVwZ 2020, 577 (583), der davon spricht, dass andernfalls die „spezifischen Wertungen des Gesetzgebers in §§ 56 ff. IfSG (...) nivelliert" werden. Vgl. iE wie hier auch LG Hannover Urt. v. 11.12.2020 – 8 O 4/20, BeckRS 2020, 34842 Rn. 64 ff.; *Reschke* DÖV 2020, 423 (426 f.).

100 Bspw. für Bayern kommt eine Anwendung des Art. 11 LStVG ohnehin nicht in Betracht, weil dieser nur auf „Maßnahmen aufgrund dieses Gesetzes", also des LStVG, anwendbar ist.

69 Gemeinhin werden vom allgemeinen Aufopferungsanspruch nur Eingriffe[101] in nichtvermögenswerte Rechte abgedeckt,[102] während Beeinträchtigungen des Eigentums von den Instituten des enteignenden und des enteignungsgleichen Eingriffs erfasst werden.[103] Die dadurch entstehende Schutzlücke für Beeinträchtigungen namentlich der Berufsfreiheit hat in der Literatur zur Ansicht der entsprechenden Erweiterung des Aufopferungsanspruchs geführt,[104] die aber bislang vom BGH – vom BVerfG nicht in Frage gestellt[105] – stets abgelehnt wurde.[106] Dies ist äußerst bedenklich, gerade weil Unterschiede in der Eingriffsqualität kaum erkennbar sind. Der praktische Rechtsanwender wird diese Maßgabe aber zumindest derzeit hinnehmen müssen.

70 Vor diesem Hintergrund erlangen der Aufopferungsanspruch sowie das Institut des enteignenden Eingriffs zentrale Bedeutung. Für beide Ansprüche steht das Tatbestandsmerkmal des **Sonderopfers** im Mittelpunkt, das als „den einzelnen ungleich belastenden Eingriff von hoher Hand" definiert werden kann.[107]

aa) Enteignender Eingriff

(1) Eigentumsbeeinträchtigung

71 Beim Rechtsinstitut des enteignenden Eingriffs muss – wie gesagt – eine unmittelbare[108] **Eigentumsbeeinträchtigung** vorliegen. Da Maßnahmen auf Basis des IfSG häufig die berufliche Tätigkeit berühren, stellen sich auch hier besondere Abgrenzungsprobleme zur Berufsfreiheit des Art. 12 GG. (Nur) Im Grundsatz gilt, dass die Berufsfreiheit eher bei Beeinträchtigungen der individuellen Erwerbstätigkeit einschlägig ist, während die Eigentumsgarantie das Innehaben und die Verwendung der eigenen Vermögensgüter abdeckt.[109]

72 Die Abgrenzung ist indes weniger eindeutig als dies häufig unter der Reduzierung auf die bekannte Formel angenommen wird. In diese Richtung geht schon die Rspr. des BGH, demnach der eingerichtete und ausgeübte Gewerbebetrieb dem Eigentum zuzuordnen sei.[110] Das wird weiter durch eine Entscheidung des BVerfG zum BSeuchG belegt, in der angedeutet wird, dass Tätigkeitsverbote jedenfalls „bei längerfristigen und existenzgefährdenden Maßnahmen" möglicherweise auch Art. 14 Abs. 1 GG berühren.[111] Gerade in jüngerer Rspr. hat das BVerfG zudem klargestellt, dass Art. 12 und Art. 14 GG nicht strikt als alternativ zu betrachten sind, sondern auch nebeneinander

101 Während die Rspr. sowohl rechtmäßige als auch rechtswidrige Eingriffe vom Aufopferungsanspruch als abgedeckt ansieht (s. etwa BGH Urt. v. 31.1.1966 – III ZR 118/64, NJW 1966, 1021 [1026]), wird in der Literatur zum Teil – in Anlehnung an die Unterscheidung zwischen enteignendem und enteignungsgleichem Eingriff – zwischen Aufopferung und aufopferungsgleichem Eingriffen differenziert, s. näher *Papier/Shirvani* in Maunz/Dürig GG Art. 14 Rn. 779.

102 *Dörr* in BeckOGK BGB § 839 Rn. 1132; *Ossenbühl/Cornils* StaatsHaftR S. 131. Vgl. zur Rspr. in jüngerer Zeit etwa OLG Frankfurt Beschl. v. 4.5.2009 – 1 W 10/09, BeckRS 2009, 13811.

103 Vgl. etwa *Ossenbühl/Cornils* StaatsHaftR S. 134.

104 Dazu *Ossenbühl/Cornils* StaatsHaftR S. 134; *Papier/Shirvani* in Maunz/Dürig GG Art. 14 Rn. 778; *Maurer/Waldhoff* AllgVerwR § 27 Rn. 106; *Schenke* NJW 1991, 1777 (1780 ff.).

105 Vgl. BVerfG (K) Beschl. v. 20.11.1997 – 1 BvR 2068/93, NVwZ 1998, 271.

106 S. etwa BGH Urt. v. 14.3.1996 – III ZR 224/94, WM 1996, 1109 (1111 f.); Beschl. v. 21.10.1993 – III ZR 14/93, NJW 1994, 2229 (2229 f.); Beschl. v. 27.5.1993 – III ZR 142/92, NJW 1994, 1468; Urt. v. 7.6.1990 – III ZR 74/88, NJW 1990, 3260.

107 *Ossenbühl/Cornils* StaatsHaftR S. 142; vgl. auch BGH Urt. v. 31.1.1966 – III ZR 118/64, NJW 1966, 1021.

108 Dazu *Dörr* in BeckOGK BGB § 839 Rn. 1221.

109 S. etwa BGH Urt. v. 14.3.1996 – III ZR 224/94, NJW 1996, 2422 (2423); *Dörr* in BeckOGK BGB § 839 Rn. 1132. S. zur Kurzformel nur BVerfG Beschl. v. 8.6.2010 – 1 BvR 2011, 2959/07, NVwZ 2010, 1212 Rn. 84.

110 Vgl. BGH Urt. v. 14.3.1996 – III ZR 224/94, NJW 1996, 2422 (2423, 2425).

111 BVerfG Beschl. v. 29.4.1981 – 1 BvL 11/78, BeckRS 1981, 5506 Rn. 37.

Anwendung finden können,[112] wenn die Beschränkungen sowohl erwerbs- als auch objektbezogen sind.[113]

73 Im Einzelfall mag daher auch bspw. ein Berufsverbot oder eine Betriebsschließung eine Eigentumsbeeinträchtigung unmittelbar zur Folge haben,[114] so dass sich der Anspruch auf die Frage nach dem Vorliegen eines Sonderopfers verlagert.

(2) Sonderopfer

74 Während beim enteignungsgleichen Eingriff das Merkmal des Sonderopfers regelmäßig durch die Rechtswidrigkeit der Maßnahme begründet wird, bedarf es im Rahmen des enteignenden Eingriffs einer näheren Begründung.[115] Eingrenzender Ausgangspunkt ist die aus Art. 14 Abs. 2 S. 2 GG abgeleitete Sozialbindung des Eigentums – diese Schwelle der Sozialbindung muss überschritten worden sein, um ein Sonderopfer zu begründen.[116] Das ist nach der Rspr. des BGH der Fall, wenn die Einwirkungen „im Verhältnis zu anderen ebenfalls betroffenen Personen eine besondere ‚Schwere' aufweisen oder im Verhältnis zu anderen nicht betroffenen Personen einen Gleichheitsverstoß bewirken".[117] Regelmäßig geht es darum, ob alle betroffenen Bürger einer Maßnahme im Interesse der Allgemeinheit in gleicher Weise unterworfen sein könnten oder nicht.[118] Das kann nur aufgrund einer Gesamtbetrachtung aller Umstände des Einzelfalls entschieden werden.[119] Gewisse Leitlinien lassen sich aber ausmachen: So kann nicht von einem Sonderopfer gesprochen werden, wenn der Betroffene sich freiwillig in eine gefährliche Situation begeben hat.[120] Auf das Infektionsschutzrecht übertragen kann das – auch hier nach einer Bewertung des Einzelfalls – insbes. beim Aufenthalt in der Nähe einer kranken Person oder ggf. auch in einem Risikogebiet der Fall sein; auch mag allgemein unvorsichtiges Verhalten gegen die Annahme eines Sonderopfers sprechen.

75 Nach den genannten allgemeinen Maßstäben ist im Einzelfall zu entscheiden, ob ein ausgleichspflichtiges Sonderopfer vorliegt. Das dürfte etwa dann eher nicht der Fall sein, wenn umfassende staatliche Maßnahmen angeordnet werden, wenn und weil hier letztlich große Teile der Wirtschaft gleichermaßen betroffen sind;[121] je spezifischer die Maßnahmen, umso eher wird ein Sonderopfer anzunehmen sein. Was zu gelten hat, wenn etwa nur ein spezifischer Wirtschaftssektor von umfassenden Maßnahmen betroffen ist,[122] wird eine Frage des Einzelfalls bleiben müssen, die anhand des Vergleichs der

---

112 Vgl. etwa BVerfG Urt. v. 6.12.2016 – 1 BvR 2821/11 ua, NJW 2017, 217 Rn. 390 – Atomausstieg; weiter BVerfG Beschl. v. 7.3.2017 – 1 BvR 1694/13 ua, NVwZ 2017, 1111 Rn. 129, 169; Urt. v. 16.3.2004 – 1 BvR 1778/01, NVwZ 2004, 597 (602); zu alldem s. *Papier/Shirvani* in Maunz/Dürig GG Art. 14 Rn. 353.

113 S. *Papier/Shirvani* in Maunz/Dürig GG Art. 14 Rn. 353.

114 Dieser Ansicht zuneigend etwa für den Fall genereller Betriebsschließungen LG Hannover Urt. v. 11.12.2020 – 8 O 4/20, BeckRS 2020, 34842 Rn. 73. Ebenso *Eibenstein* NVwZ 2020, 930 (933 f.).

115 BGH Urt. v. 14.3.2013 – III ZR 253/12, NJW 2013, 1736 Rn. 8.

116 BGH Urt. v. 13.9.2018 – III ZR 339/17, NJW 2019, 227 Rn. 26; Urt. v. 14.3.2013 – III ZR 253/12, NJW 2013, 1736 Rn. 8.

117 BGH Urt. v. 13.9.2018 – III ZR 339/17, NJW 2019, 227 Rn. 26; Urt. v. 14.3.2013 – III ZR 253/12, NJW 2013, 1736 Rn. 8; s. zu alldem jüngst auch *Schmitz/Neubert* NVwZ 2020, 666 (670).

118 BGH Urt. v. 13.9.2018 – III ZR 339/17, NJW 2019, 227 Rn. 26.

119 BGH Urt. v. 13.9.2018 – III ZR 339/17, NJW 2019, 227 Rn. 26; Urt. v. 14.3.2013 – III ZR 253/12, NJW 2013, 1736 Rn. 8 – Der BGH fügt hinzu, dass letztlich maßgebend sei „wo nach dem vernünftigen Urteil aller billig und gerecht Denkenden die Opfergrenze liegt (…) bzw. wo die Grenze dessen liegt, was eine Gemeinschaft, die ihre verfassungsmäßige Ordnung in einem sozialen Rechtsstaat gefunden hat, dem Einzelnen entschädigungslos zumuten kann und will".

120 BGH Urt. v. 14.3.2013 – III ZR 253/12, NJW 2013, 1736, Rn. 11; Urt. v. 13.1.1976, NJW 1976, 1204 (1205).

121 Zutreffend *Schmitz/Neubert* NVwZ 2020, 666 (670); iE auch LG Hannover Urt. v. 11.12.2020 – 8 O 4/20, BeckRS 2020, 34842 Rn. 76; LG Stuttgart Urt. v. 5.11.2020 – 7 O 109/20, BeckRS 2020, 31215 Rn. 41.

122 S. insoweit *Schmitz/Neubert* NVwZ 2020, 666 (670); eher ablehnend *Reschke* DÖV 2020, 423 (429).

Schwere der Einwirkungen auf diesen Sektor zu ähnlichen Sektoren zu lösen ist. Das kann durchaus dazu führen, dass für bestimmte Unternehmensgruppen ein Sonderopfer bejaht werden muss.

bb) Allgemeiner Aufopferungsanspruch

Der Aufopferungsanspruch wird vom BGH gewohnheitsrechtlich aus § 75 EinlALR abgeleitet.[123] Letztlich fußt er aber auch auf dem (grundrechtlich begründeten) Prinzip der Lastengleichheit.[124] Nach der bereits dargestellten, bedenklichen Rechtsprechung des BGH werden vom allgemeinen Aufopferungsanspruch nur Eingriffe in nichtvermögenswerte Rechte (also: Leben, Gesundheit, körperliche Unversehrtheit, Freiheit, Ehre) abgedeckt (→ Rn. 66). Die Grundsätze zum Begriff des Sonderopfers entsprechen sich. Rechtsfolge ist die Leistung eines angemessenen Ausgleichs für den Betroffenen.[125] Im Bereich des Infektionsschutzes kann in besonderen Einzelfällen eine Anwendung jenes Anspruchs in Betracht kommen, wobei gerade die Impfschadensregelungen weite Teile des Anwendungsbereichs abdecken dürften.[126] 76

3. Sonderregelungen abseits der Entschädigungsansprüche

Im Zuge von Pandemien begrenzen sich die staatlichen Ersatzleistungen und sonstigen Hilfen häufig nicht auf die Entschädigungen auf Grundlage des IfSG. Gerade die COVID-19-Pandemie seit 2020 hat zu einer vielfältigen Ausgleichsgesetzgebung geführt, die hier nicht in ihrer ganzen Breite dargestellt, aber kurz angerissen werden soll. So haben die staatlichen Institutionen bspw. umfassende Soforthilfen zur Verfügung gestellt,[127] Steuerstundungen gewährt[128] oder spezielle Kündigungsschutzregeln für Mieter und Zahlungsaufschübe für Verbraucher und Kleinstgewerbetreibende mit dem Gesetz zur Abmilderung der Folgen der COVID-19-Pandemie im Zivil-, Insolvenz- und Strafverfahrensrecht, beschlossen.[129] Für die von Leerstand betroffenen Krankenhäuser wurde das COVID-19-Krankenhausentlastungsgesetz verabschiedet,[130] das in das Krankenhausfinanzierungsgesetz eine Ausgleichsregelung einfügt;[131] es soll Krankenhäusern einen Ausgleich mit Blick darauf gewähren, dass diese bewusst die Aufnahme von Patienten verschieben, um Platz für SARS-CoV-2-Patienten zu schaffen und dadurch Einnahmen ausfallen (zum Krankenhausentlastungsgesetz s. a. *Krasney/Heidenreich/Lubrich* in → § 11 Rn. 102 ff., 127 ff. und *Schüffner* in → § 10 Rn. 61 ff.). 77

123 BGH Urt. v. 7.9.2017 – III ZR 71/17, NJW 2017, 3384 Rn. 16.
124 Näher *Ossenbühl/Cornils* StaatsHaftR S. 130 f.
125 BGH Urt. v. 7.9.2017 – III ZR 71/17, NJW 2017, 3384 Rn. 17.
126 Vgl. zur Subsidiarität des Aufopferungsanspruchs auch *Ossenbühl/Cornils* StaatsHaftR S. 149.
127 S. für einen Überblick auf den Seiten des BMWI https://www.bmwi.de/Redaktion/DE/Pressemitteilungen/2020/20200329-weg-fuer-gewaehrung-corona-bundes-soforthilfen-ist-frei.html; zu den „November- und Dezemberhilfen" s. die Darstellung des BMF: https://www.bundesfinanzministerium.de/Content/DE/Pressemitteilungen/Finanzpolitik/2020/11/2020-11-12-PM-novemberhilfe-verfahren-der-abschlagszahlungen-steht.html.
128 Dazu auf den Seiten des BMF: https://www.bundesfinanzministerium.de/Content/DE/Downloads/BMF_Schreiben/Weitere_Steuerthemen/Abgabenordnung/2020-03-19-steuerliche-massnahmen-zur-beruecksichtigung-der-auswirkungen-des-coronavirus.pdf?__blob=publicationFile&v.=1.
129 BGBl. 2020 I 569.
130 Gesetz zum Ausgleich COVID-19 bedingter finanzieller Belastungen der Krankenhäuser und weiterer Gesundheitseinrichtungen v. 27.3.2020 (BGBl. I 580).
131 Diese wurde inzwischen mehrfach modifiziert, s. für die letzte Änderung Art. 2 a des Dritten Gesetzes zum Schutz der Bevölkerung bei einer epidemischen Lage von nationaler Tragweite v. 18.11.2020 (BGBl. I 2397).

III. Exkurs: Ansprüche bei rechtswidrigen Maßnahmen – Amtshaftung

78 Nur kursorisch sollen an dieser Stelle auch mögliche Ansprüche aus Amtshaftung nach Art. 34 GG, § 839 BGB behandelt werden, weil diese zwar mit den Entschädigungsansprüchen insoweit im Zusammenhang stehen als sie einen Ersatz für staatliche Intervention gewähren – während die bisher erörterten Ansprüche aber va im Falle rechtmäßiger Maßnahmen eingreifen, statuiert die Amtshaftung einen Anspruch bei rechtswidrigen Maßnahmen.[132]

79 Im Rahmen des Infektionsschutzes wird sich häufig bereits die Verletzung einer drittbezogenen Amtspflicht[133] als problematisch erweisen. So hat etwa das LG Köln in einer jüngeren Entscheidung festgestellt, dass sich aus dem IfSG keine drittbezogenen Amtspflichten ableiten ließen – allerdings bezogen auf das Vermögen des konkreten Klägers und mit Blick auf §§ 6, 8 IfSG.[134] Tatsächlich bezwecken bspw. die umfangreichen Ermächtigungsgrundlagen der §§ 16 ff. und 28 ff. IfSG auf den ersten Blick den Schutz der Allgemeinheit vor Infektionen und Krankheiten. Das gilt zumal dann, wenn sie auf eine abstrakt-generelle Rechtsverordnung nach § 32 IfSG gestützt werden.[135] Etwas anderes kann gelten, wenn Verordnungen in ihrem Regelungsgehalt „Maßnahme- oder Einzelfallgesetzen entsprechen".[136] Auch dies bleibt im Ergebnis eine Frage des Einzelfalls; es ist durchaus denkbar, dass ein Drittbezug durch den Schutz des Betroffenen vor Infektionen hergestellt wird, mithin die verletzte Amtspflicht auch im Interesse des Geschädigten liegt.

80 Eine weitere wesentliche Stellschraube liegt im Erfordernis des Verschuldens (s. § 839 Abs. 1 BGB), das sich gerade auch in der gegenwärtigen COVID-19-Pandemie als problematisch erweisen wird. Denn bei der Beurteilung der regelmäßig problematischen Fahrlässigkeit wird zu berücksichtigen sein, ob die staatlichen Maßnahmen in einer außergewöhnlichen und zeitkritischen Situation geschaffen worden sind, in der ohne Einschreiten des Staates bspw. eine deutliche Überlastung des Gesundheitswesens mit einer Vielzahl an Todesfällen zu befürchten gewesen wäre und daher ein Einschreiten gerade auch zügig und effektiv geboten erschien. Je mehr Zeit verstreicht, umso niedriger wird aber der Fahrlässigkeitsmaßstab anzusetzen sein; der ohnehin für die Rechtmäßigkeit einer Maßnahme geltende Befund, dass diese laufend zu überprüfen sind und im Zeitverlauf regelmäßig angepasst werden müssen,[137] muss insoweit auch Auswirkungen auf den Maßstab der Fahrlässigkeit haben.

132 Vgl. jüngst zur möglichen Rechtswidrigkeit infektionsschutzrechtlicher Eingriffe mangels hinreichender Entschädigungsregelungen *Shirvani* NVwZ 2020, 1457; ablehnend hierzu LG Hannover Urt. v. 11.12.2020 – 8 O 4/20, BeckRS 2020, 34842 Rn. 111 ff.

133 Vgl. allgemein hierzu etwa *Grzeszick* in BeckOK GG Art. 34 Rn. 9 ff.

134 LG Köln Urt. v. 18.12.2018 – 5 O 286/18, BeckRS 2018, 34949 Rn. 37 ff., 47 ff.

135 Vgl. aus der Rspr. etwa OLG Frankfurt Urt. v. 13.2.2020 – 1 U 69/19, NZM 2020, 238 Rn. 22; BGH Beschl. v. 11.3.1993 – III ZR 110/92, NVwZ-RR 1993, 450 (450); vgl. jüngst auch *Siegel* NVwZ 2020, 577 (583).

136 BGH Beschl. v. 11.3.1993 – III ZR 110/92, NVwZ-RR 1993, 450 (450).

137 Vgl. hierzu BVerfG Beschl. v. 10.4.2020 – 1 BvQ 28/20, BeckRS 2020, 5589 Rn. 14; VGH München Beschl. v. 30.3.2020 – 20 NE 20.632, NJW 2020, 1236 Rn. 63, spricht von einer „fortlaufenden Evaluierungspflicht".

Teil 7: Arbeitsrecht

§ 16 Infektionsschutzrechtliche Implikationen auf das Arbeitsrecht*

Literatur: *Ascheid/Preis/I. Schmidt* (Hrsg.), Kündigungsrecht, 6. Aufl. 2021; *Bales/Baumann/Schnitzler* (Hrsg.), Infektionsschutzgesetz – Kommentar, 2. Aufl. 2003; *Bonanni*, Die Folgen von Corona für Arbeitnehmer und Arbeitgeber, ArbRB 2020, 110; *Brose*, Das erkrankte Kind des Arbeitnehmers im Arbeits- und Sozialrecht, NZA 2011, 719; *Däubler/Hjort/Schubert/Wolmerath* (Hrsg.), Arbeitsrecht – Handkommentar, 4. Aufl. 2017; *Dehmel/Hartmann*, Das Coronavirus (COVID-19) auf dem Vormarsch – Die wichtigsten arbeitsrechtlichen Themen, BB 2020, 885; *Eckhardt/Winkelmüller* (Hrsg.), BeckOK Infektionsschutzrecht (Stand: 3. Edition 1.1.2021); *Erdle* (Hrsg.), Infektionsschutzgesetz – Kommentar, 7. Aufl. 2020; *G. Falter*, Die Arbeitsleistung in der Pandemie, BB 2009, 1974; *Fehling/Kastner/Störmer* (Hrsg.), Verwaltungsrecht – Handkommentar, 5. Aufl. 2020; *Fischinger/Hengstberger*, Lohnanspruch bei pandemiebedingten behördlichen Betriebsschließungen?!, NZA 2020, 559; *Fuhlrott/Fischer*, Corona: Virale Anpassungen des Arbeitsrechts, NZA 2020, 345; *Gerhardt* (Hrsg.), Infektionsschutzgesetz – Kommentar, 4. Aufl. 2020; *Giesberts/Gayger/Weyand*, COVID-19 – Hoheitliche Befugnisse, Rechte Betroffener und staatliche Hilfen, NVwZ 2020, 417; *Greiner*, Ideelle Unzumutbarkeit – Dogmatik und Praxis der Leistungsverweigerung bei Rechtsgüter- und Pflichtenkollisionen im Zivilrecht, 2004; *Greiner*, Familienfreundliches Arbeitsrecht? – Die Erkrankung des Kindes als Gegenstand widersprüchlicher Regelungen, NZA 2007, 490; *Greiner*, Änderung des Arbeitszeitgesetzes, Erlass einer COVID-19-Arbeitszeitverordnung, NZS 2020, 338; *Greve*, Infektionsschutzrecht in der Pandemielage – Der neue § 28 a IfSG, NVwZ 2020, 1786; *Grimm/Göbel*, Corona, Quarantäne, Kinderbetreuung – Welche Entschädigungen gibt es wofür?, ArbRB 2021, 47; *Henssler/Willemsen/Kalb* (Hrsg.), Arbeitsrecht – Kommentar, 9. Aufl. 2020; *Hohenstatt/Krois*, Lohnrisiko und Entgeltfortzahlung während der Corona-Pandemie, NZA 2020, 413; *Hromadka/Maschmann*, Arbeitsrecht, Bd. I, 7. Aufl. 2018; *Hohenstatt/Sittard*, Arbeitsrecht in Zeiten von Corona, 2020; *Kellner*, Auswirkungen der Schuldrechtsreform auf die Verjährung im Staatshaftungsrecht, NVwZ 2002, 395; *Huster/Kingreen* (Hrsg.), Handbuch Infektionsschutzrecht, 2021; *Kersten/Rixen*, Der Verfassungsstaat in der Corona-Krise, 2020; *Kiel/Lunk/Oetker* (Hrsg.), Münchener Handbuch zum Arbeitsrecht, Band 1 und 2, 4. Aufl. 2018; *Kiesche/Kohte*, Arbeits- und Gesundheitsschutz in Zeiten von Corona, 2020; *Kießling* (Hrsg.), Infektionsschutzgesetz – Kommentar, 2020; *Kolbe*, Kindergartenstreik und Konsequenzen, BB 2009, 1414; *Klein*, Arbeitsrechtliche Problem- und Fragestellungen der Corona-Pandemie, NJ 2020, 377; *Kraayvanger/Schrader*, Erstattungsanspruch des Arbeitgebers nach § 56 V 2 IfSG bei COVID-19?, NZA-RR 2020, 623; *Krieger/Rudnik/Povedano Peramato*, Homeoffice und Mobile Office in der Corona-Krise, NZA 2020, 473; *Lutz* (Hrsg.), Infektionsschutzgesetz – Kommentar, 2. Aufl. 2020; *Kroiß* (Hrsg.), Rechtsprobleme durch Covid-19 in der anwaltlichen Praxis, 2020; *Mansel*, Die Neuregelung des Verjährungsrechts, NJW 2002, 89; *Mers*, Infektionsschutz im liberalen Rechtsstaat, 2019; *Meßling*, Gesetz zum Schutz der Bevölkerung bei einer epidemischen Lage von nationaler Tragweite vom 27.3.2020, NZS 2020, 321; *Müller*, Arbeitsvertragliche Pflichten und pandemiebedingte Kinderbetreuung, FA 2010, 2; *Müller-Glöge/Preis/I. Schmidt* (Hrsg.), Erfurter Kommentar zum Arbeitsrecht, 21. Aufl. 2021; *Naber/Schulte*, Können Arbeitnehmer zu einer Corona-Impfung oder einem Impfnachweis verpflichtet werden?, NZA 2021, 81; *Palandt* (Begr.), Bürgerliches Gesetzbuch – Kommentar, 80. Aufl. 2021; *Pepping/Günther*, Corona: Rechtliche Auswirkungen auf die Berufsausbildung, NJOZ 2020, 1569; *Preis/Mazurek/Schmid*, Rechtsfragen der Entgeltfortzahlung in der Pandemie, NZA 2020, 1137; *Preis/Temming*, Individualarbeitsrecht, 6. Aufl. 2020; *Rixen*, Befugnisse und Grenzen des staatlichen Infektionsschutzrechts, in Kloepfer (Hrsg.), Pandemien als Herausforderung für die Rechtsordnung, 2011, S. 67; *Rixen*, Gesundheitsschutz in der Coronavirus-Krise – Die (Neu-)Regelungen des Infektionsschutzgesetzes, NJW 2020, 1097; *Rolfs/Giesen/Kreikebohm/Meßling/Udsching* (Hrsg.), BeckOK Arbeitsrecht

* Der Verfasser dankt Wiss. Mit. *Daniel Mazurek* für seine freundliche und tatkräftige Unterstützung.

(Stand: 58. Edition 1.12.2020); *Roth/Altmeppen*, Gesetz betreffend die Gesellschaften mit beschränkter Haftung – Kommentar, 10. Aufl. 2021; *Säcker/Rixecker/Oetker/Limperg* (Hrsg.), Münchener Kommentar zum Bürgerlichen Gesetzbuch, 8. Aufl., Bd. 2 (2019), Bd. 5 (2020); *Sagan/Brockfeld*, Arbeitsrecht in Zeiten der Corona-Pandemie, NJW 2020, 1112; *Sanders/Hilberg/Bings*, Arbeitsschutzrechtliche Fürsorge- und Schutzpflichten sowie Haftungsrisiken für Arbeitgeber im Zusammenhang mit COVID-19, CoVuR 2020, 347; *Sangs*, Das Dritte Gesetz zum Schutz der Bevölkerung bei einer epidemischen Lage von nationaler Tragweite und Gesetzgebung während der Pandemie, NVwZ 2020, 1780; *Schaub* (Begr.), Arbeitsrechts-Handbuch, 18. Aufl. 2019; *Schliemann*, COVID-Arbeitszeitrecht – eine Hilfe?, NZA 2020, 565; *K. Schmidt/Novara*, Arbeitsrechtliche Aspekte der Pandemievorsorge und -bekämpfung, DB 2009, 1817; *Seiwerth*, Schluss mit Ausschlussfristen?, ZfA 2020, 100; *Seiwerth/Witschen*, Die Dreifachwirkung des Arbeitsschutzrechts gegen Risiken der Corona-Pandemie, NZA 2020, 825; *Sievers*, Infiziertes Arbeitsrecht? Wie ein Virus auf das Arbeitsrecht einwirkt, jM 2020, 189; *Stach*, Die häusliche Quarantäne nach Ein- oder Rückreise aus dem Ausland, NJW 2021, 10; *Staudinger* (Begr.), Kommentar zum Bürgerlichen Gesetzbuch, Buch 2: Recht der Schuldverhältnisse: §§ 611–613, Neubearbeitung 2020 und Buch 2: Recht der Schuldverhältnisse: §§ 613a-619 a, Neubearbeitung 2019; *von Steinau-Steinrück/Jöris*, Corona – Das Spannungsverhältnis zwischen Arbeitsschutz und Lohnrisiko, NZA 2020, 1368; *von Steinau-Steinrück/Mosch*, Arbeitsrechtliche Maßnahmen bei ausgebrochener Pandemie, NJW-Spezial 2009, 578; *Stöß/Putzer*, Entschädigung von Verdienstausfall während der Corona-Pandemie, NJW 2020, 1465; *Sydow* (Hrsg.), Bundesdatenschutzgesetz – Handkommentar, 2020; *Thüsing/Bleckmann/Rombey*, Impfpflicht des Arbeitnehmers?, COVuR 2021, 66; *Weller/Lieberknecht/Habrich*, Virulente Leistungsstörungen – Auswirkungen der Corona-Krise auf die Vertragsdurchführung, NJW 2020, 1017.

I. Einleitung ... 1
II. Arbeitsrechtliche Regelungen auf Grundlage von Verordnungen ... 3
1. IfSG-Verordnungen mit arbeitsrechtlichem Bezug ... 3
a) Verordnungen aufgrund von § 5 Abs. 2 IfSG ... 4
b) Verordnungen aufgrund von § 5 a Abs. 2 IfSG ... 6
2. Sonstige Verordnungen in Folge der Corona-Pandemie ... 7
a) COVID-19-Arbeitszeitverordnung ... 8
b) Kurzarbeitergeld-VO ... 10
c) SARS-CoV-2-Arbeitsschutz-VO – Verpflichtung zur Tätigkeit im Home Office? ... 10c
III. Leistungsstörung und Entgeltfortzahlung bei infektionsschutzrechtlichen Maßnahmen ... 11
1. Überblick ... 11
2. Quarantäne (§ 30 IfSG) oder berufliches Tätigkeitsverbot (§ 31 IfSG) ... 12
a) Arbeitspflicht bei Quarantäne und beruflichem Tätigkeitsverbot ... 12
b) Lohnfortzahlung insbes. gem. § 616 BGB bei Maßnahmen nach §§ 30 und 31 IfSG ... 13
c) Sondernorm des § 56 Abs. 1 IfSG ... 16
3. Infektion des Arbeitnehmers mit dem Corona-Virus ... 17
a) Arbeitspflicht und Lohnfortzahlung bei infektionsbedingter Arbeitsunfähigkeit ... 18
b) Erleichterung der Nachweispflicht aus § 5 Abs. 1 EFZG ... 19
c) Das Verhältnis von EFZG und IfSG ... 20
4. Leistungshindernis wegen Kinderbetreuung ... 25
a) Befreiung von der Arbeitspflicht bei notwendiger Kinderbetreuung ... 26
b) Lohnfortzahlung gem. § 616 BGB bei Betreuungsbedarf von Kindern ... 28
c) Entschädigung bei Betreuungsbedarf von Kindern nach § 56 Abs. 1 a IfSG ... 31
d) Kinderkrankengeld für das Kalenderjahr 2021 nach § 45 SGB V ... 33b
5. Sonstige arbeitnehmerseitige Arbeitsverweigerung ... 34
a) Fernbleiben wegen allgemeiner Ansteckungsgefahr ... 35
b) Fernbleiben mangels Schutzmaßnahmen am Arbeitsplatz ... 36
6. Geltendmachung der Vergütungsansprüche und Entschädigungsansprüche des IfSG ... 37
a) Abwicklung der arbeitsrechtlichen Vergütungsansprüche ... 38
aa) Ausschlussfristen ... 39
bb) Verjährung ... 40
cc) Rechtsweg ... 41

b) Abwicklung der Entschädigungsansprüche des IfSG 42
aa) Antrag und Antragsfrist 43
bb) Verjährung 44
cc) Zahlungsfluss bei Ansprüchen aus dem IfSG 45
dd) Verteilung der Abwicklungsrisiken bei staatlichen Entschädigungsansprüchen 47
ee) Rechtsweg 48
IV. Pandemiebedingte Informationsbedürfnisse im Arbeitsverhältnis 49
1. Überblick 49
2. Fragerecht des Arbeitgebers 50
a) Zulässigkeit nach § 26 Abs. 1 BDSG 52
b) Fragen nach Aufenthalt und Kontakt zu infizierten Personen 55
c) Fragen nach dem Gesundheitszustand 57
d) Das Fragerecht im Gesundheitssektor, § 23 a IfSG 59
e) Zulässigkeit aufgrund arbeitnehmerseitiger Einwilligung .. 62
3. Offenbarungspflicht des Arbeitnehmers 65
a) Offenbarungspflicht zu Aufenthalt und Kontakt zu infizierten Personen 66
b) Offenbarung des Gesundheitszustands 69
c) Mitteilung von durch andere Arbeitnehmer verursachte Risiken 70
4. Mitteilungs- bzw. Bekanntmachungspflicht des Arbeitgebers ... 71
V. Zukünftiger Regelungsbedarf im Verlauf der Pandemie 73

I. Einleitung

Das Corona-Virus hält seit spätestens Januar 2020 die Welt in Atem und ist mit seinen vollen Auswirkungen in Deutschland angekommen. Nicht nur das normale gesellschaftliche Leben ist dadurch massiv eingeschränkt. Auch Arbeitnehmer und Arbeitgeber stehen vor gewaltigen Herausforderungen, um der Krise Herr zu werden. Die Herausforderungen sind um ein Vielfaches größer, breitflächiger und präsenter als im Vergleich zur Schweinegrippe, die im Jahre 2009 auftrat.[1] Viele Arbeitgeber können aus wirtschaftlichen Gründen keine Arbeit mehr anbieten. Viele Arbeitnehmer hingegen sind wegen behördlicher Maßnahmen oder Erkrankung nicht fähig, die geschuldete Arbeit zu leisten. Die Infrastruktur von Schulen, Kitas und Kindergärten ist bis auf einen Notbetrieb wochenlang weggebrochen. Arbeitnehmer hängen davon ab, wenn deren Kinder (während der Arbeitszeit) zu betreuen sind und familiäre Unterstützung ausfällt, bspw. weil die Großeltern einer Risikogruppe angehören. Anzuführen sind ebenso die von der Regierung des Bundes und der Länder angeordneten Lockdowns im Laufe des Jahres 2020, wobei zuletzt der Lockdown v. 2.11.2020[2] – nun bis zum 7.3.2021 verlängert[3] – den Einzelhandel, aber auch Schulen und Kindergärten durch Schließungen stilllegt und erneut vor Probleme stellt. Es kommt zu zahlreichen Arbeitsausfällen und wirtschaftlichen Schieflagen für Arbeitgeber und Arbeitnehmer. Zudem sind die Arbeitnehmer auf einen wirksamen Arbeits- und Infektionsschutz durch den Arbeitgeber angewiesen, um der Verbreitung des Virus entgegenzuwirken. Bei allem Arbeitseinbruch ist aber auch klar, dass die Versorgung der Bevölkerung weiterhin gewährleistet bleiben muss. Das gilt vor allem in systemrelevanten Bereichen, wo die Erbringung der Arbeitsleistung unabdingbar ist. Arbeitgeber und Arbeitnehmer sind gefordert wie nie zuvor, wobei das 1

1 Hierzu *G. Falter* BB 2009, 1974; *G. Falter* BB 2009, 1693; *K. Schmidt/Novara* DB 2009, 1817; *von Stein-au-Steinrück/Mosch* NJW-Spezial 2009, 578; *Klimpe-Auerbach* AiB 2010, 10; *Felser/Winkel* AiB 2010, 14; *Schuster* AiB 2010, 23; *Kiesche/Rudoph* AiB 2010, 26; zu möglichen Muster-Betriebsvereinbarungen im Falle von Pandemien *Maschke* AiB 2010, 34; *Schrader* AiB 2010, 37.

2 Mit Beschluss durch die „Videokonferenz der Bundeskanzlerin mit den Regierungschefinnen und Regierungschefs der Länder am 28.10.2020“; zur Verlängerung der Maßnahmen sowie Verschärfungen in Form der Schließungen des Einzelhandels und der Schulen sowie Kindergärten vorläufig bis zum 10.1.2021, s. „Telefonkonferenz der Bundeskanzlerin mit den Regierungschefinnen und Regierungschefs der Länder am 13.12.2020“.

3 Vgl. „Videoschaltkonferenz der Bundeskanzlerin mit den Regierungschefinnen und Regierungschefs der Länder am 10.2.2021“.

gesamte Ausmaß der noch andauernden Krise nicht absehbar ist. Die gemeinsame Konstante aller taktischen und strategischen Maßnahmen ist weiterhin die – wohl bald erfüllte[4] – Hoffnung auf einen Impfstoff gegen ein Virus, das sich wegen seiner weltweiten Ausbreitung wahrscheinlich nicht mehr ausrotten lässt. In solchen Krisenzeiten ist auch das Arbeitsrecht gefragt. Es stellt erneut unter Beweis, dass es kein Schönwetterrecht, sondern Grundlage harter Entscheidungen ist, die möglichst sozial abzufedern sind.[5] Mit Augenmaß versuchen die beteiligten Akteure daher, einen Mittelweg zwischen Eindämmung der Infektionsrisiken, Schutz des Arbeitnehmers sowie Aufrechterhaltung des Arbeitsmarktes und der Wirtschaft zu finden. In den Blick nehmen müssen sie dabei auch das während der Pandemie mannigfach angepasste Infektionsschutzgesetz (IfSG)[6]. Besonders zu berücksichtigen ist das jüngste „Dritte Gesetz zum Schutz der Bevölkerung bei einer epidemischen Lage von nationaler Tragweite“[7] v. 18.11.2020, welches zahlreiche neue Vorschriften und Befugnisse einführt, die das Arbeitsrecht beeinflussen können. Hinzuweisen ist hier vor allem auf die verfassungsfeste Legitimation von Schutzmaßnamen durch § 28 a IfSG (hierzu genauer *Kluckert* in → § 2 Rn. 111 e ff.; *Ritgen* in → § 12 Rn. 37 a ff.).[8] Arbeitnehmer können danach nicht nur unmittelbar durch zahlreiche behördliche Anordnungen betroffen werden. Auch mittelbar spüren sie die Folgen dieses Gesetzes, wenn sie deswegen in Betreuungsnotstand geraten, weil – wie weiter oben angerissen – Gemeinschaftseinrichtungen, wie insbesondere Schulen und Kindertagesstätten, geschlossen werden. Der dann eintretende Konflikt mit ihrer Arbeitspflicht aus § 611 a Abs. 1 BGB ist manifest und muss aufgelöst werden. Als mögliche Abmilderung erwartet die Arbeitnehmer ein fragmentarisches Sicherheitsnetz, dass die wirtschaftlichen Einbußen finanziell nur zum Teil kompensiert. Dieses System, das aus zahlreichen staatlichen Entschädigungsansprüchen besteht, ist in das System der Entgeltfortzahlungspflichten des Arbeitgebers einzuordnen.

2 Dieser Beitrag möchte einen spezifischen Überblick über die wichtigsten arbeitsrechtlichen Probleme geben, die gerade das Infektionsschutzrecht in Zeiten der Corona-Pandemie hervorruft. Um auf diese verständige Antworten zu geben, soll daher, ohne Anspruch auf Vollständigkeit, zunächst auf die Verordnungsermächtigungen des IfSG und ihre möglichen Auswirkungen auf Arbeitnehmer und Arbeitgeber eingegangen werden (→ Rn. 3 ff.), ehe die Auswirkung von behördlichen Maßnahmen auf das Verhältnis von Arbeitsleistung und Entgeltzahlung analysiert werden (→ Rn. 11 ff.). Sodann soll das gesteigerte Informationsbedürfnis sowie der einzuhaltende Datenschutz – vor allem mit Blick auf § 23 a IfSG – im Arbeitsverhältnis während der Corona-Pandemie vorgestellt werden (→ Rn. 49 ff.). Der Beitrag endet mit einem Ausblick (→ Rn. 73 f.).

4 Zum Impfstart in Deutschland: Mitteilung der Bundesregierung v. 5.1.2021, https://www.bundesregierung.de/breg-de/aktuelles/corona-impfung-zulassung-1830894. Stand 25.1.2021 wurden 1.554.335 Menschen mindestens einmal, 228.763 Menschen mindestens zweimal geimpft, vgl. RKI, https://www.rki.de/DE/Content/InfAZ/N/Neuartiges_Coronavirus/Situationsberichte/Jan_2021/2021-01-04-de.pdf?__blob=publicationFile.

5 *Hanau*, zitiert bei Temming SR 2018, 161 (165, re. Sp.).

6 „Infektionsschutzgesetz“ v. 20.7.2000 (BGBl. I 1045); im Laufe von 2020 bereits durch das erste „Gesetz zum Schutz der Bevölkerung bei einer epidemischen Lage von nationaler Tragweite“ v. 27.3.2020 (BGBl. I 587) und das „Zweite Gesetz zum Schutz der Bevölkerung bei einer epidemischen Lage von nationaler Tragweite“ v. 19.5.2020 (BGBl. I 1018) pandemiebedingt geändert.

7 BGBl. 2020 I 2397; ausführlich zu den Gesetzesänderungen *Sangs* NVwZ 2020, 1780.

8 Vgl. zu § 28 a IfSG auch BVerfG 28.12.2020 – 1 BvR 2692/20, BeckRS 2020, 38044; *Greve* NVwZ 2020, 1786; *Sangs* NVwZ 2020, 1780 (1783 ff.).

II. Arbeitsrechtliche Regelungen auf Grundlage von Verordnungen

1. IfSG-Verordnungen mit arbeitsrechtlichem Bezug

Durch Erlass des ersten „Gesetzes zum Schutz der Bevölkerung bei einer epidemischen Lage von nationaler Tragweite" wird das Bundesministerium für Gesundheit (BMG) in seiner Funktion sowie seinen Befugnissen gestärkt. Ihm wird der Status als **Regulator des Gesundheitsnotstands**[9] während der Corona-Krise zugewiesen. Mit Feststellung einer epidemischen Lage von nationaler Tragweite durch den Bundestag (Legaldefinition in § 5 Abs. 1 S. 4 IfSG; vgl. hierzu genauer *Rixen* in → § 4 Rn. 6 f.) stehen dem BMG mehrere vorübergehende[10] Ermächtigungen zum Erlass von Rechtsverordnungen auf Grundlage der §§ 5 und 5 a IfSG zu. Dem Grunde nach handelt es sich dabei um gesundheitsrechtliche Maßnahmen zur Bekämpfung der Corona-Pandemie.[11] Das BMG hat sogar die Kompetenz, Rechtsverordnungen autonom und eigenmächtig zu erlassen, da der Erlass durchweg **ohne Zustimmung des Bundesrates** möglich ist.[12] Einzelne Verordnungen kann es jedoch – unter Vorbehalt der Gefahr im Verzug – nur im Einvernehmen mit anderen Bundesministerien erlassen, vgl. § 5 Abs. 3 IfSG. Die für die Ermächtigung notwendige Feststellung der epidemischen Lage von nationaler Tragweite iSd § 5 Abs. 1 S. 1 und 4 IfSG hat der Bundestag unter der stillschweigenden Bedingung, dass das Gesetz in Kraft tritt, für die jetzige Corona-Pandemie bereits am 27.3.2020 beschlossen.[13] Diesen Beschluss hat der Bundestag am 18.11.2020 untermauert, indem er in einer namentlichen Abstimmung aufgrund der bestehenden, sogar gesteigerten Gefahrenlage das weiterhin unbefristete Fortbestehen einer epidemischen Lage von nationaler Tragweite festgestellt hat.[14] Zukünftig wird der Bundestag jedoch gesetzlich angehalten sein, eine epidemische Lage von nationaler Tragweite oder deren Fortdauer spätestens alle drei Monate nach der ersten bzw. vorherigen Feststellung erneut festzustellen.[15] 3

a) Verordnungen aufgrund von § 5 Abs. 2 IfSG

Obwohl die Verordnungen grundsätzlich gesundheits- und infektionsschutzrechtlicher Charakter aufweisen, besitzen sie auch einen **arbeitsrechtlichen Einschlag.** Das hat seinen Grund darin, dass das **Bundesministerium für Arbeit und Soziales** (BMAS) zumindest für Verordnungen nach § 5 Abs. 2 S. 1 Nr. 3, 4, 7 und 8 IfSG über die Voraussetzung des **Einvernehmens** mit in die Entscheidung einzubeziehen ist, soweit sich diese Rechtsakte auf das Arbeitsrecht und den Arbeitsschutz beziehen, vgl. § 5 Abs. 3 S. 2 IfSG. 4

Eher geringeren Bezug zum Arbeitsrecht wird man den Verordnungen zur Stärkung der personellen Ressourcen im Gesundheitswesen (§ 5 Abs. 2 S. 1 Nr. 7 IfSG) und im pflegerischen Bereich (§ 5 Abs. 2 S. 1 Nr. 8 IfSG) zusprechen dürfen. Im Gegensatz dazu konnte in der Vergangenheit auf Grundlage des § 5 Abs. 2 S. 1 Nr. 3 IfSG mittels Verordnung von bestimmten **gesundheitlichen Anforderungen** an das Personal des IfSG vor allem beim Umgang mit Lebensmitteln **abgesehen** werden, um dadurch eine Versorgung 5

---

9 Mit der gleichen Begrifflichkeit *Rixen* NJW 2020, 1097 (1102).

10 Zunächst waren die Ermächtigungen der §§ 5 Abs. 2 und 3, 5 a IfSG bis zum 31.3.2021 befristet und sollten danach außer Kraft treten, vgl. Art. 3 iVm Art. 7 Abs. 4 des „Gesetzes zum Schutz der Bevölkerung bei einer epidemischen Lage von nationaler Tragweite" v. 27.3.2020 (BGBl. I 587). Mit Art. 10 des „Gesetzes zur Fortgeltung der die epidemische Lage von nationaler Tragweite betreffenden Regelungen" sollen die Ermächtigungen in Zukunft jedoch nicht automatisch auslaufen.

11 *Meßling* NZS 2020, 321 (321 f.).

12 BT-Drs. 19/18111, 20.

13 BT-Plenarprotokoll 19/154, 19169 (C).

14 Vgl. BT-Plenarprotokoll 19/1919, 24109 (C); BT-Drs. 19/24387, 1 ff.

15 Durch § 5 Abs. 2 S. 3 IfSG nF, vgl. Art. 1 des „Gesetzes zur Fortgeltung der die epidemische Lage von nationaler Tragweite betreffenden Regelungen"; s. a. BT-Drs. 19/26545, 5 f.

der Bevölkerung aufrecht zu erhalten. Damit untrennbar verbunden waren für Arbeitnehmer und Arbeitgeber andere Vorgaben für die Einhaltung und Anordnung von Arbeitsschutzmaßnahmen. Diese Ermächtigung hat der Gesetzgeber jedoch im Zuge des „Dritten Gesetzes zum Schutz der Bevölkerung bei einer epidemischen Lage" aufgehoben, da diese in der rechtswissenschaftlichen Literatur umstritten war und das BMG auch keinen Gebrauch von ihr gemacht hatte.[16] Auch können sich Regelungen gem. § 5 Abs. 2 S. 1 Nr. 4 lit. g IfSG auf das Arbeitsrecht auswirken, wenn das BMG die **Eröffnung oder Schließung von Produktions- und Betriebsstätten** von Arzneimitteln und anderen gesundheitsrelevanten Produkten regelt. Werden Produktions- oder Betriebsstätten geschlossen, zeitigt dies arbeitsrechtliche Konsequenzen auf dem Gebiet des Leistungsstörungsrechts, die so intensiv sein können, dass der Arbeitgeber nur noch mit dem Abbau von Personal reagieren kann. Allerdings stellen diese bloß schemenhaft angerissenen Auswirkungen im Moment nur **Eventualitäten** dar. Denn bislang **wirkt** sich **keine** der bisher vom BMG aufgrund dieser Ermächtigungen erlassenen Verordnungen[17] **auf das Arbeitsrecht aus.**

b) Verordnungen aufgrund von § 5 a Abs. 2 IfSG

6 Durch den neuen § 5 a Abs. 1 IfSG wird den Angehörigen der Gesundheitsfachberufe die Ausübung von heilkundlichen Tätigkeiten übertragen, um Ärzte von Behandlungen zu entlasten, die nicht zwingend notwendig sind.[18] Weiterhin kann das BMG gem. § 5 a Abs. 2 IfSG vorübergehend[19] Verordnungen erlassen, um den genannten Personenkreis des § 5 a Abs. 1 IfSG zu erweitern.[20] Damit soll es die **heilkundliche Versorgung flexibel** und **kurzfristig** an die jeweilige Lage anpassen können.[21] Arbeitsrechtlich kann sich sowohl für Arbeitnehmer in diesem Berufssektor die Art der Arbeitsleistung als auch für Arbeitgeber die Reichweite des Weisungsrechts erheblich verändern, wenn Arbeitnehmer nun zur Vornahme vorher nicht erlaubter heilkundlicher Tätigkeiten befugt sind. Verordnungen nach § 5 a Abs. 2 IfSG lassen sich als eine gesetzliche Erweiterung des arbeitgeberseitigen Direktionsrechts gem. § 611 a Abs. 2 BGB iVm § 106 GewO begreifen. Sie hat zur Folge, dass entsprechende Weisungen des Arbeitgebers rechtmäßig sind. Soweit ersichtlich, hat das BMG von der Verordnungsermächtigung des § 5 a Abs. 2 IfSG bislang **noch keinen Gebrauch gemacht**, so dass keinerlei Änderungen und Auswirkungen zu beachten sind.

2. Sonstige Verordnungen in Folge der Corona-Pandemie

7 Der Gesetzgeber hat auf die Corona-Pandemie im IfSG freilich nicht nur mit dem Instrument der Verordnungsermächtigungen reagiert, sondern auch andere Organe außerhalb des Infektionsschutzrechts ermächtigt, Vorschriften zur Bewältigung der aktuellen Lage zu erlassen. Auch wenn diese Verordnungen nicht unmittelbar auf dem IfSG beruhen, lässt sich eine thematische Verbindung zum Infektionsschutzrecht nicht verhehlen, dienen diese doch ebenso der Bekämpfung des Corona-Virus und seiner Folgen.

---

16 BT-Drs. 19/23944, 25; vgl. auch Art. 1 Nr. 4 lit. b sublit. aa (BGBl. 2020 I 2397).

17 Bisher erlassene Verordnungen zB: BAnz AT 9.4.2020 V3; BAnz AT 9.4.2020 V4; BAnz AT 21.4.2020 V1; BAnz AT 3.7.2020 V1; BAnz AT 30.9.2020 V1; BAnz AT 3.12.2020 V1; BAnz AT 21.12.2020 V3; uvw.

18 BT-Drs. 19/18111, 24; *Lutz* IfSG § 5 a Rn. 2.

19 Zunächst waren die Ermächtigungen der §§ 5 Abs. 2 und 3, 5 a IfSG bis zum 31.3.2021 befristet und sollten danach außer Kraft treten, vgl. Art. 3 iVm Art. 7 Abs. 4 des „Gesetzes zum Schutz der Bevölkerung bei einer epidemischen Lage von nationaler Tragweite" v. 27.3.2020 (BGBl. I 587). Mit Art. 7 des „Gesetzes zur Fortgeltung der die epidemische Lage von nationaler Tragweite betreffenden Regelungen" sollen die Ermächtigungen in Zukunft jedoch nicht automatisch auslaufen. S. a. BT-Drs. 19/26545, 10 und 25.

20 Vgl. *Eckart* in BeckOK InfSchR IfSG § 5 a Rn. 12 f.

21 BT-Drs. 19/18111, 24.

Beispielhaft sollen daher zumindest drei äußerst praxisrelevante Rechtsverordnungen mit arbeitsrechtlichem Bezug dargestellt werden.

a) COVID-19-Arbeitszeitverordnung

Das BMAS hat bereits am Anfang der Pandemie im vergangenen Jahr auf Grundlage des neugeschaffenen § 14 Abs. 4 ArbZG[22] die „Verordnung zu Abweichungen vom Arbeitszeitgesetz infolge der COVID-19-Epidemie" (COVID-19-ArbZV) erlassen.[23] Nach § 14 Abs. 4 ArbZG kann das BMAS in Einvernehmen mit dem BMG eine Verordnung erlassen, die dem Bedürfnis der Mehrarbeit in den systemrelevanten Bereichen zur Versorgung der Bevölkerung nachkommt und für diese Sektoren befristete Erleichterungen vom ArbZG einführen. Voraussetzung für die Ermächtigung ist das Vorliegen eines außergewöhnlichen Notfalles mit bundesweiten Auswirkungen. Die enge Verbindung dieser Ermächtigung zum Infektionsschutzrecht wird durch die Erwähnung der epidemischen Lage von nationaler Tragweiter iSd § 5 Abs. 1 IfSG als Regelbeispiel nochmals deutlich gemacht. 8

Durch die COVID-19-ArbZV ist insbesondere die zulässige werktägliche Arbeitszeit im klassischen Bereich der Daseinsvorsorge temporär von den bisher im Grundsatz möglichen zehn Stunden auf bis zu zwölf Stunden verlängert worden. Auch verkürzte die COVID-19-ArbZV die Mindestruhezeit von elf auf neun Stunden und regelt mit Einschränkungen die Ausnahme vom Verbot der Beschäftigung an Sonn- und Feiertagen.[24] Arbeitnehmer in sog. systemrelevanten Bereichen[25] waren damit bis zum 31.7.2020 – vgl. § 7 COVID-19-ArbZV – mit der arbeitszeitrechtlich zulässigen Anordnung von längeren und intensiveren Arbeitstagen noch mehr belastet, als dies schon durch die allgemein herrschende Situation aufgrund des Corona-Virus der Fall ist. Nach Außerkrafttreten der COVID-19-ArbZV ist das BMAS nicht nochmals tätig geworden, so dass seit dem 1.8.2020 wieder der allgemeine gesetzliche Rahmen des ArbZG gilt. Grds. konnte das BMAS nur bis zum 31.12.2020 eine weitere Verordnung erlassen, da ab dem 1.1.2021 die Verordnungsermächtigung nach § 14 Abs. 4 ArbZG entfallen ist.[26] Eine erneute Einführung einer derartigen Ermächtigung im ArbZG hält der Gesetzgeber bislang nicht für angezeigt, so dass auf diesem Gebiet zunächst nicht mit weiteren relevanten Verordnungen zu rechnen ist. 9

b) Kurzarbeitergeld-VO

Ein weiteres relevantes Beispiel stellt die **Kurzarbeitergeld-VO (KugV)**[27] dar, welche aufgrund der im Eilverfahren beschlossenen Ermächtigung in § 109 Abs. 5 SGB III von der Bundesregierung erlassen wurde. Die Bundesregierung ist gem. § 109 Abs. 5 SGB III bis zum 31.12.2021[28] ermächtigt, mittels Verordnungserlass die **Voraussetzungen für den Bezug von Kurzarbeitergeld zu senken.** Bezweckte Folge soll die vermehrte Einführung von Kurzarbeit sein, um die Folgen der Pandemie auf dem Arbeitsmarkt möglichst effektiv abzufedern; die Zielsetzung ist dieselbe wie mit Blick auf Folgen der weltweiten Finanzkrise von 2007. So gilt durch die KugV für die Voraussetzungen des § 96 SGB III bspw., dass eine Arbeitszeitverkürzung durch die Corona-Pandemie oder ihre Folgen stets auf einem unabwendbaren Ereignis beruhen soll oder etwa statt des vorherigen 10

22 Durch das „Gesetz für den erleichterten Zugang zu sozialer Sicherung und zum Einsatz und zur Absicherung sozialer Dienstleister aufgrund des Coronavirus SARS-CoV-2", BGBl. 2020 I 575.

23 BAnz AT 9.4.2020 V2.

24 Ausführlicher zu den Regelungen der COVID-19-ArbZV *Greiner* NZS 2020, 338 (339); *Löwisch* BB 2020, 948; *Fuhlrott/Fischer* NZA 2020, 409 (411 f.); *Schliemann* NZA 2020, 565.

25 BT-Drs. 19/18107, 33 f.; vgl. auch *Gäntgen* in HWK ArbZG § 14 Rn. 19 b.

26 Vgl. Art. 11 Abs. 2 S. 2 (BGBl. 2020 I 575).

27 BGBl. 2020 I 595.

28 Vgl. § 109 Abs. 5 S. 3 SGB III.

Quorums von einem Drittel nur noch bei rund 10 % der Belegschaft mindestens 10 % ihres Bruttoentgelts entfallen muss.[29] Relevant für den Antrag auf Kurzarbeitergeld ist auch der Umstand, dass die KugV auf den **1.3.2020** zurückwirkt, um schon die anfänglichen Folgen der Corona-Pandemie aufzufangen. Grds. galten die Verringerungen der Voraussetzungen durch die „erste" KugV lediglich bis zum 31.12.2020[30], da zum Erlasszeitpunkt noch nicht absehbar war, wie lange die Corona-Pandemie herrschen wird. Im heutigen Wissen, dass die Pandemie uns weit über vorher anberaumte Zeiträume beeinträchtigen wird, hat die Bundesregierung mit einer weiteren Verordnung[31] auf Grundlage des § 109 Abs. 5 SGB III die Erleichterungen für Betriebe bis zum 31.12.2021 verlängert, soweit diese bis zum 31.3.2021 Kurzarbeit eingeführt haben. Weitere Absenkungen der Voraussetzungen für den Bezug von Kurzarbeitergeld enthält die Änderung jedoch nicht.

10a Zusätzlich hat der Gesetzgeber mit § 109 Abs. 1 a SGB III[32] eine weitere Ermächtigung zum Verordnungserlass in Bezug auf das Recht der Kurzarbeit geschaffen. Damit kommt der Bundesregierung ebenso wie dem BMAS nach § 109 Abs. 1 SGB III nun die eigenständige Kompetenz zu, die Bezugsdauer für Kurzarbeitergeld aufgrund einer Verordnung auf bis zu 24 Monate zu verlängern. Eine solche Verordnung soll Unternehmen und Arbeitnehmer, die besonders langanhaltend durch die Corona-Pandemie beeinträchtigt sind, bei der Bewältigung von wirtschaftlichen Schieflagen dienen, indem Kurzarbeitergeld länger als die gesetzlich vorgesehenen 12 Monate gewährt wird. Von dieser neuen Ermächtigungsgrundlage hat die Bundesregierung selbst noch keinen Gebrauch gemacht, jedoch hat das BMAS die vorherige Verlängerung der Bezugsdauer von bis zu 21 Monaten, längstens bis zum 31.12.2020,[33] durch die „Zweite Verordnung über die Bezugsdauer für das Kurzarbeitergeld" auf bis zu 24 Monate, längstens bis zum 31.12.2021 verlängert[34].

10b Entscheidend sind die Vorschriften der KugV für die Beantragung und Einführung von Kurzarbeit als Instrument zur Bewältigung der Folgen der Pandemie auf den Arbeitsmarkt. Sie ist sowohl für Arbeitgeber als auch für Arbeitnehmer von existentieller Bedeutung. Ende April 2020 hatten 751.000 Betriebe in Deutschland für ca. zehn Millionen (!) Arbeitnehmer Kurzarbeit beantragt.[35] Zwar hat in Folge von Schutzmaßnahmen der Regierung über das Jahr 2020 hinweg die Inanspruchnahme von Kurzarbeitergeld nach dem Hoch im April bis auf knapp sechs Millionen sukzessive abgenommen, wobei anzumerken ist, dass seit November und Dezember vergangenen Jahres wegen des erneuten Teil-Lockdowns ein deutlicher Anstieg im Vergleich zum Vormonat zu verzeichnen war.[36] Es ist damit zu rechnen, dass sich diese ansteigende Tendenz aufgrund des mindestens bis zum 7.3.2021 anhaltenden Lockdowns in den Folgemonaten fortsetzen wird.

---

29 Überblick zu den vereinfachten Voraussetzungen *Sagan/Brockfeld* NJW 2020, 1112 (1115 f.); *Fuhlrott/Fischer* NZA 2020, 409.

30 Vgl. § 1 KugV aF bis 31.12.2020 (BGBl. 2020 I 595).

31 „Erste Verordnung zur Änderung der Kurzarbeitergeldverordnung" (BGBl. 2020 I 2259).

32 Eingeführt durch Art. 1 des „Gesetzes zur Förderung der beruflichen Weiterbildung im Strukturwandel und zur Weiterentwicklung der Ausbildungsförderung" (BGBl. 2020 I 1044).

33 Vgl. § 1 KuGBeV aF (BGBl. 2020 I 801).

34 Vgl. § 1 KuGBeV nF (BGBl. 2020 I 2165).

35 S. https://www.arbeitsagentur.de/presse/2020-27-der-arbeitsmarkt-im-april-2020. Zum Vergleich: Im zweiten Jahr der Finanzkrise in Deutschland (2009) waren es insgesamt knapp über drei Millionen Anträge auf Kurzarbeit gewesen, vgl. FAZ v. 2.5.2020, Nr. 102, S. 19: „Ein Land in Kurzarbeit".

36 Zum November, vgl. https://www.arbeitsagentur.de/presse/2020-51-der-arbeitsmarkt-im-november-2020. Für Dezember, vgl. https://www.arbeitsagentur.de/presse/2021-01-der-arbeitsmarkt-im-dezember-2020.

c) SARS-CoV-2-Arbeitsschutz-VO – Verpflichtung zur Tätigkeit im Home Office?

In der Video-Schaltkonferenz vom 19.1.2021[37] wurde von der Bundeskanzlerin und den Regierungschefinnen und -chefs nach langen Diskussionen beschlossen, dass das BMAS eine Verordnung erlassen soll, um die epidemiologisch relevanten Kontakte im beruflichen Kontext auf das Erforderliche zu beschränken. Ergebnis der folgenden Diskussionen um den Inhalt angemessener Schutzmaßnahmen ist die SARS-CoV-2-Arbeitsschutz-VO (Corona-ArbSch-VO).[38] Für den Erlass der Verordnung hat sich das BMAS auf § 18 Abs. 3 ArbSchG[39] gestützt, welcher eine besondere Ermächtigungsgrundlage für epidemische Lagen von nationaler Tragweite iSd § 5 IfSG darstellt. Die Corona-ArbSch-VO gilt seit dem 27.1.2021 und ist vorerst bis zum 15.3.2021 befristet. Ziel dieser Verordnung ist zum einen der Gesundheitsschutz der Arbeitnehmer am Arbeitsplatz als Teil des Arbeitsschutzrechts, vgl. § 1 Abs. 1 Corona-ArbSch-VO, und zum anderen die Eindämmung der hohen Infektionszahlen und somit der Schutz der Gesamtbevölkerung.[40] Damit dient die Corona-ArbSch-VO auch als Instrument der Pandemiebekämpfung – ein Aspekt, der eher nicht zum klassischen Arbeitsschutzrecht zählt. Kern der Corona-ArbSch-VO ist ihr § 2, die dem Arbeitgeber Maßnahmen zur Kontaktreduktion im Betrieb aufgibt, ua die grundsätzliche Verpflichtung zum häuslichen Arbeiten (dazu sogleich). Mit dieser Anordnung, wie der Arbeitgeber seine Betriebsabläufe zu gestalten hat, geht ein erheblicher Eingriff in die betriebliche Organisationshoheit und damit in das Grundrecht aus Art. 12 Abs. 1 GG des Arbeitgebers einher. Fraglich ist, ob der Eingriff formell vom Gesetzesvorbehalt des § 18 Abs. 3 ArbSchG überhaupt gedeckt ist. Der die Maßnahmen enumerativ aufzählende § 18 Abs. 2 ArbSchG enthält die Anordnung des Home-Office nicht explizit. Auch wenn diese Aufzählung wegen des Wortlautes („insbesondere") nicht abschließend ist, kann den weiteren Regelbeispielen nicht eine annähernd eingriffsintensive Maßnahme entnommen werden. Andererseits handelt sich beim Home-Office, wie § 18 Abs. 2 ArbSchG verlangt, um eine auf den Betrieb bezogene Maßnahme, so dass der Wortlaut des § 18 Abs. 2 ArbSchG nicht unbedingt entgegensteht. Für die Zulässigkeit der Corona-ArbSch-VO spricht entscheidend, dass in systematischer Hinsicht § 18 Abs. 3 ArbSchG nicht an dessen Abs. 2, sondern nur an § 18 Abs. 1 ArbSchG gekoppelt ist und mit jener Norm das legitime Ziel des Gesundheitsschutzes und der Pandemiebekämpfung verfolgt wird. Geschützt werden damit auch die Rechtsgüter des Lebens und der Gesundheit der Arbeitnehmer (Art. 2 Abs. 2 S. 1 GG), deren Erhalt gleichermaßen im Arbeitgeberinteresse liegen. Für die materielle Verhältnismäßigkeit der Corona-ArbSch-VO spricht, dass die Einschränkungen nur befristet gelten und Ausnahmetatbestände zugunsten des Arbeitgebers bestehen. Sollte sich die angespannte Situation um die Infektionszahlen jedoch beruhigen, sollten diese Regelungen wieder außer Kraft gesetzt werden. 10c

Zentraler Baustein, um mit der Corona-ArbSch-VO das Ziel der Pandemiebekämpfung mit Hilfe der Reduzierung von Kontakten zu verfolgen, ist in ihrem § 2 Abs. 4 die Verpflichtung des Arbeitgebers, seinen **Arbeitnehmern im Falle von Büroarbeit oder vergleichbaren Tätigkeiten** eine Tätigkeit im **Home-Office** anzubieten, **falls keine zwingenden betriebsbedingten Gründe entgegenstehen**. Hervorzuheben ist, dass die Corona-ArbSch-VO – anders als im Arbeitsschutzrecht üblich – kein subjektives Recht des Ar- 10d

37 Vgl. „Beschluss der Videoschaltkonferenz der Bundeskanzlerin mit den Regierungschefinnen und Regierungschefs der Länder am 19.1.2021", S. 5.
38 BAnz AT 22.1.2021 V1.
39 Eingeführt durch das „Gesetz zur Verbesserung des Vollzugs im Arbeitsschutz" (BGBl. 2020 I 3334).
40 Vgl. RefE Corona-ArbSch-VO, S. 1 und 6, abrufbar unter: https://www.bmas.de/SharedDocs/Downloads/DE/PDF-Gesetze/Regierungsentwuerfe/reg-sars-cov-2arbeitsschutzverordnung.pdf?__blob=publicationFile&v.=4.

beitnehmers auf Home-Office enthält.[41] Ebenso sind die Beschäftigten auch nicht verpflichtet, das Angebot auf Tätigkeit im Home-Office anzunehmen und umzusetzen. Stattdessen verpflichtet § 2 Abs. 4 Corona-ArbSch-VO den Arbeitgeber lediglich einseitig – vorbehaltlich des Vorliegens zwingender betriebsbedingter Gründe. Deshalb erfordert die Tätigkeit im Home-Office weiterhin eine entsprechende – zumindest konkludente – Vereinbarung, bspw. durch arbeitsvertragliche Regelung oder Betriebsvereinbarung.[42] Wie bereits angedeutet ist der Arbeitgeber nicht verpflichtet, die Möglichkeit des Home-Office anzubieten, wenn gegen die Erbringung der fraglichen Büroarbeit oder vergleichbaren Tätigkeit im Home-Office „zwingende betriebliche Gründe" sprechen. Eine Definition oder beispielhafte Aufzählung, wann derartige „zwingende betriebsbedingte Gründe" vorliegen, findet sich weder in der Verordnung selbst noch in der Begründung zu derselben. Legt man diesen unbestimmten Rechtsbegriff aus, so ist zunächst zu bemerken, dass eine derartige Formulierung dem Arbeitsrecht bis dahin fremd war. Es handelt sich um zusammengesetzten Begriff, der seine Wertungen iE aus § 1 Abs. 2 S. 1 KSchG und § 626 BGB speist. Die Betriebsbedingtheit des Grundes lässt sich in Parallele zur Formulierung des § 1 Abs. 2 S. 1 Var. 3 KSchG ermitteln. Es reicht nicht jeder Grund, sondern es muss vielmehr ein durch die Eigenart des Betriebes geschaffenes betriebstechnisches Erfordernis bestehen. Ob ein zwingender Grund vorliegt, wird auf Grundlage des Verhältnismäßigkeitsgrundsatzes mithilfe einer Interessenabwägung zu ermitteln sein. Als abstrakte Leitlinie dafür kann die Gewichtigkeit des wichtigen Grundes iRd § 626 Abs. 1 BGB dienen, da diese Formulierung mit ihren Anforderungen an den „wichtigen Grund" der zwingenden Eigenschaft „betriebsbedingter Gründe" entspricht. Laut Auffassung des BMAS können zwingende betriebsbedingte Gründe zB die fehlende Einhaltung von Datenschutzbestimmungen im häuslichen Bereich oder betriebsnotwendige Tätigkeiten sein, ohne die der Betrieb nicht aufrechterhalten werden kann (Postbearbeitung, Bearbeitung von Wareneingang und -ausgang, etc).[43] Diese Aussagen können zwar nicht als unmittelbare Auslegungshilfe dienen, aber zumindest als Leitlinien herangezogen werden. Wie das erste Beispiel selbst zeigt, wird man keine zwingenden betriebsbedingten Gründe bejahen können, wenn das häusliche Arbeiten auf rechtliche Hürden stößt, die nicht zu überwinden sind. Der Arbeitgeber kann nicht zum Gesetzes- oder Vertragsbruch verpflichtet werden (bspw. mit Blick auf die Einhaltung des Datenschutzes, Arbeitsschutzes o.ä.). Die Anordnung häuslicher Tätigkeit muss folglich rechtlich möglich sein. Pragmatisch ließe sich zumindest andenken, das Entscheidungs- und Auswahlermessen der Arbeitsschutzbehörden iRd § 22 ArbSchG einzuschränken, wenn spezifische Regelungen des Arbeitsschutzes mit Blick auf Home-Office nicht eingehalten werden können, diese Verstöße als wenig gravierend zu qualifizieren sind und daher relativ gegenüber der Bedeutung der Kontaktreduzierung als Mittel der Pandemiebekämpfung zurückzustehen haben. Mit Blick auf das zweite Beispiel gibt es Büroarbeiten oder vergleichbare Tätigkeiten, die im Betrieb oder Unternehmen ausgeführt werden müssen bzw. bei denen Präsenz aufgrund der Ortsgebundenheit schlicht notwendig ist. Letztlich wird es auf eine Abwägung im Einzelfall ankommen. Hat der Arbeitgeber angezeigt, Home-Office einzuführen oder Home-Office wegen entgegenstehender „zwingender betrieblicher Gründe" nicht einzuführen, hat er seine Gründe und zusätzliche Auskünfte auf Verlagen der Ämter für Arbeitsschutz darzulegen, vgl. § 22 Abs. 1 ArbSchG. Bei Verstößen gegen diese Regelung kann

41 Vgl. RefE Corona-ArbSch-VO, S. 9, abrufbar unter: https://www.bmas.de/SharedDocs/Downloads/DE/PDF-Gesetze/Regierungsentwuerfe/reg-sars-cov-2arbeitsschutzverordnung.pdf?__blob=publicationFile&v.=4.

42 Vgl. RefE Corona-ArbSch-VO, S. 9, abrufbar unter: https://www.bmas.de/SharedDocs/Downloads/DE/PDF-Gesetze/Regierungsentwuerfe/reg-sars-cov-2arbeitsschutzverordnung.pdf?__blob=publicationFile&v.=4.

43 S. das FAQ des BMAS zur Corona-ArbSch-VO, https://www.bmas.de/DE/Schwerpunkte/Informationen-Corona/Fragen-und-Antworten/Fragen-und-Antworten-ASVO/faq-corona-asvo.html.

im Zweifel sogar die Tätigkeit im Betrieb untersagt werden.[44] Neben dem Home-Office enthält die Corona-ArbSch-VO auch weitere Schutzregeln, wie zB Abstandsregeln und andere Maßnahmen zur Kontaktreduktion am Arbeitsplatz (§ 2 Corona-ArbSch-VO), die grundsätzliche Tragepflicht eines Mund-Nasen-Schutzes und die Kostentragungspflicht des Arbeitgebers für die Beschaffung des Mund-Nasen-Schutzes (§ 3 Corona-ArbSch-VO).Insgesamt scheint die Corona-ArbSch-VO ihren Zweck zu erfüllen. Laut einer Umfrage der Hans-Böckler-Stiftung haben bis Ende Januar dieses Jahres rund ein Viertel der Erwerbstätigen ihre Tätigkeit ausschließlich im Home-Office erbracht. Von dieser Gruppe soll zumindest ein Drittel unmittelbar auf die Corona-ArbSch-VO zurückzuführen sein.[45] Dies zeigt, dass der entsprechende Nachfragebedarf „home-office-williger" Arbeitnehmer noch nicht vollständig ausgeschöpft war.

III. Leistungsstörung und Entgeltfortzahlung bei infektionsschutzrechtlichen Maßnahmen

1. Überblick

Besonders bemerkbar machen sich die Folgen der COVID-19-Pandemie samt den infektionsschutzrechtlichen Maßnahmen für die Arbeitswelt durch **zahlreiche Arbeitsausfälle**. Einerseits können Arbeitnehmer ihrer Arbeit aufgrund von Quarantäne (§ 30 IfSG), eines beruflichen Tätigkeitsverbotes (§ 31 IfSG) oder gar mangels Betreuungsmöglichkeit für ihre Kinder, verursacht durch Schließung von Kindertagesstätten und Schulen (§ 28 a Abs. 1 Nr. 16, § 33 IfSG) sowie Kontaktbeschränkungen (§ 28 a Abs. 1 Nr. 3 IfSG), nicht nachkommen. Andererseits können Arbeitgeber die Arbeitsleistungen der Arbeitnehmer durch (behördlich angeordnete) Betriebsschließungen oder eine schwache Auftragslage nicht annehmen oder wirtschaftlich verwerten. Ob eine Arbeitspflicht besteht und wer die resultierenden wirtschaftlichen Risiken der Nichtleistung im Einzelfall trägt, ist daher eines der relevantesten Probleme für die Praxis. Davon hängt das **wirtschaftliche Schicksal** der Arbeitnehmer als auch der Arbeitgeber ab. Allgemein gilt es, diese Konstellationen in das allgemeine und besondere Leistungsstörungsrecht einzuordnen. Im hier interessierenden Kontext geht es dabei insbesondere um Schlüsselnormen zur Entgeltfortzahlung. Dazu zählen auch die vor kurzem novellierten Entschädigungsansprüche in § 56 Abs. 1 und 1 a IfSG (→ Rn. 16 ff., 31 ff.).[46] Aufgeworfen ist nicht nur die Frage nach den Voraussetzungen, sondern auch nach dem Konkurrenzverhältnis der Regelung zueinander. Eng damit zusammen hängt die weitere Frage, wer letztendlich das Risiko der Gegenleistung tragen soll (iSe wirtschaftlichen „risk of loss"): der Arbeitnehmer, der Arbeitgeber oder der Staat. Da der hier zu behandelnde § 56 IfSG auf das IfSG zurückführbare Rechtsakte und damit auch an behördliche Maßnahmen auf der primären Ebene anknüpft ("aufgrund dieses Gesetzes"), die in der Sphäre des Arbeitnehmers zu verorten sind (Quarantäne, Tätigkeitsverbot, Betreuungsnotstand), sollen Fragen des Betriebsrisikos nach § 615 S. 3 BGB im Folgenden außen vor bleiben.[47] 11

44 Vgl. RefE Corona-ArbSch-VO, S. 9, abrufbar unter: https://www.bmas.de/SharedDocs/Downloads/DE/PDF-Gesetze/Regierungsentwuerfe/reg-sars-cov-2arbeitsschutzverordnung.pdf?__blob=publicationFile&v.=4.

45 FAZ v. 16.2.2021, Nr. 39, S. 17: „Jeder Vierte im Homeoffice".

46 Zuletzt durch das „Dritte Gesetz zum Schutz der Bevölkerung bei einer epidemischen Lage von nationaler Tragweite" v. 18.11.2020 (BGBl. I 2397).

47 Vertieft hierzu *Preis* in ErfK BGB § 615 Rn. 132 a ff., 120 ff.; *Preis/Mazurek/Schmid* NZA 2020, 1137 (1141 ff.); *Fischinger/Hengstberger* NZA 2020, 559. S. a. *Bauer* NZA Editorial 5/2020; *Hohenstatt/Krois* NZA 2020, 413; *Bonanni* ArbRB 2020, 110 (114 f.); *Weller/Lieberknecht/Habrich* NJW 2020, 1017 (1019); *Sagan/Brockfeld* NJW 2020, 1112 (1116); allgemein *Henssler* in MüKoBGB § 615 Rn. 96 ff.

2. Quarantäne (§ 30 IfSG) oder berufliches Tätigkeitsverbot (§ 31 IfSG)

a) Arbeitspflicht bei Quarantäne und beruflichem Tätigkeitsverbot

12 Besteht ein Verdacht der Infizierung mit dem Corona-Virus, können die zuständigen Gesundheitsbehörden den Ansteckungs- bzw. Krankheitsverdächtigen gem. § 30 Abs. 1 IfSG hoheitlich unter **Quarantäne** stellen.[48] Wird ein Arbeitnehmer unter Quarantäne gestellt und scheidet die Möglichkeit von häuslicher Arbeit (Telearbeit oder Home Office iwS)[49] aus, so ist davon auszugehen, dass er seine Arbeitsleistung nicht von zu Hause erbringen kann. Grundsätzlich wird die Arbeitsleistung bei Nichterbringung und Zeitablauf wegen ihres grundsätzlichen Charakters als **absolute Fixschuld** tatsächlich unmöglich, § 275 Abs. 1 BGB. Zugleich ist es dem Arbeitnehmer ebenfalls gem. § 275 Abs. 1 BGB auch **rechtlich unmöglich**, die Arbeitsleistung zu erbringen, da die behördliche Maßnahme ihm die zwingende Pflicht auflegt, sein Zuhause nicht zu verlassen.[50] **Rechtlich unmöglich** kann die Arbeitsleistung darüber hinaus auch deshalb werden, wenn der Arbeitnehmer einem nach § 31 IfSG erlassenen **beruflichen Tätigkeitsverbot** unterliegt, da ihm dort ebenso eine zwingende Pflicht auferlegt wird, den Beruf nicht mehr auszuüben.[51] Entfällt die Arbeitsleistung als Hauptleistungspflicht wegen Unmöglichkeit, entfällt gem. § 326 Abs. 1 S. 1 BGB grundsätzlich auch der Gegenleistungsanspruch auf Vergütung des Arbeitnehmers nach § 611 a Abs. 2 BGB („Ohne Arbeit kein Lohn“).[52]

b) Lohnfortzahlung insbes. gem. § 616 BGB bei Maßnahmen nach §§ 30 und 31 IfSG

13 Ob der Arbeitgeber ausnahmsweise doch verpflichtet ist, ohne Arbeit den Lohn zu zahlen, hängt davon ab, inwiefern möglicherweise Vorschriften zugunsten des Arbeitnehmers eingreifen, die seinen Gegenleistungsanspruch nach § 611 a Abs. 2 BGB aufrechterhalten oder einen solchen originär begründen. Man könnte zunächst an das EFZG denken. Wird ein Arbeitnehmer durch Arbeitsunfähigkeit infolge Krankheit an seiner Arbeitsleistung verhindert, ohne dass ihn ein Verschulden trifft, so hat er gem. § 3 Abs. 1 S. 1 EFZG grundsätzlich Anspruch auf Entgeltfortzahlung im Krankheitsfall durch den Arbeitgeber für die Zeit der Arbeitsunfähigkeit bis zur Dauer von sechs Wochen. Freilich scheidet ein solcher Anspruch mangels Vorliegens einer Krankheit aus, solange lediglich ein Verdacht auf eine solche besteht und kein durch die Infektion bedingter regelwidriger Körper- und Geisteszustand[53] und hierdurch Arbeitsunfähigkeit eingetreten ist.[54]

14 Ein Anspruch auf das Entgelt kann sich jedoch aus **§ 616 BGB** ergeben. Nach § 616 S. 1 BGB wird der zur Dienstleistung Verpflichtete seines Anspruchs auf die Vergütung nicht dadurch verlustig, dass er für eine **verhältnismäßig nicht erhebliche Zeit** durch einen **in seiner Person liegenden Grund** ohne sein Verschulden an der Dienstleistung verhindert wird. Nach hM **entfällt** der **Anspruch** aus § 616 BGB **insgesamt**, sofern die

---

48 *Johann/Gabriel* in BeckOK InfSchR IfSG § 30 Rn. 15; *Lutz* IfSG § 30 Rn. 1 a; *Mers*, Infektionsschutz im liberalen Rechtsstaat, 2019, S. 227 ff.; zur Quarantäne nach Ein- oder Rückreise aus dem Ausland *Stach* NJW 2021, 10.

49 Zur Einführung von Home-Office in der Corona-Krise *Krieger/Rudnik/Povedano Peramato* NZA 2020, 473; *Müller*, Home Office in der arbeitsrechtlichen Praxis, 2. Aufl. 2020, Rn. 652 ff., 692 f.

50 *Preis* in ErfK BGB § 611 a Rn. 690 a, 690 c; *Preis/Mazurek/Schmid* NZA 2020, 1137 (1137 f.); *Sagan/Brockfeld* NJW 2020, 1112 (1113).

51 BGH Urt. v. 30.11.1978 – III ZR 43/77, BGHZ 73, 16 = NJW 1979, 422 (424); *Henssler* in MüKoBGB § 616 Rn. 25; *Preis* in ErfK BGB § 611 a Rn. 690 a, 690 c; *Preis/Mazurek/Schmid* NZA 2020, 1137 (1137 f.).

52 S. nur *Preis* in ErfK BGB § 611 a Rn. 680.

53 BAG Urt. v. 9.1.1985 – 5 AZR 415/82, BAGE 48, 1 = NZA 1985, 562; Urt. v. 7.8.1991 – 5 AZR 410/90, NZA 1992, 69.

54 Ebenso *Preis* in ErfK BGB § 611 a Rn. 690 b; *Preis/Mazurek/Schmid* NZA 2020, 1137 (1139); *Klein* NJ 2020, 377 (379).

Verhinderung länger als verhältnismäßig andauert. Mit anderen Worten kommt es also nicht zu einem zeitanteiligen Entfallen des Anspruchs bezüglich des nur unverhältnismäßigen Teils.[55] Zu beachten ist, dass § 616 BGB dispositiv ist und somit uU kollektiv- oder einzelvertraglich **abbedungen** oder auf bestimmte Fälle beschränkt werden kann, vgl. auch § 619 BGB. Das ist im Einzelfall zu prüfen, im Individualarbeitsvertrag auf jeden Fall am Maßstab der § 305 ff. BGB.[56] Damit der Arbeitnehmer über § 616 BGB seinen Lohn erhält, ist also zunächst Voraussetzung, dass er durch ein **persönliches Leistungshindernis** verhindert ist. Bei der Anordnung von Quarantäne verwirklicht sich ein in der Person des Arbeitnehmers begründeter **Gefahrenverdacht.** Die mögliche Gefahr geht von ihm aus und ist ursächlich dafür, dass er nicht arbeiten darf. Somit besteht ein personenbedingtes, subjektives Leistungshindernis.[57] Dem steht auch nicht entgegen, dass bei einer Pandemie eine Vielzahl von Personen betroffen ist und die Anordnung der Quarantäne dem Schutz der Allgemeinheit dient.[58] Neben dem persönlichen Leistungshindernis müsste der betroffene Arbeitnehmer ferner für eine verhältnismäßig bloß **unerhebliche Zeit** an der Dienstleistung verhindert sein. Welche Zeitspanne genau unter diesen unbestimmten Begriff zu subsumieren ist, darüber herrscht kein Konsens.[59] Die Diskussion betrifft zum einen die zu verwendenden Parameter. Eine Ansicht betrachtet grundsätzlich nur das Verhältnis von Dauer des Arbeits- oder Dienstverhältnisses zur Dauer der Verhinderungszeit. In diesem Zusammenhang wird auch teilweise (zu schematisch) mit Richtwerten gearbeitet. Die Gegenansicht will indes sämtliche Umstände des Einzelfalls heranziehen und plädiert diesbezüglich für eine ereignisbezogene Betrachtung. Wenig überraschend variieren zum anderen daher auch die Zeitspannen, die in konkreten Entscheidungen ausgeurteilt wurden. Bei allen Unterschieden im Detail hat sich allerdings herauskristallisiert, dass als eine verhältnismäßig nicht erhebliche Zeit iSd § 616 S. 1 BGB auch **bei schwerwiegenden Ereignissen regelmäßig nur eine Dauer von einigen Tagen** in Betracht kommt. Das betrifft namentlich die Pflege erkrankter Kinder oder erkrankter naher Angehöriger.[60] Längere Zeitspannen sind die große Ausnahme.[61] Hauptsächlich werden sie im Falle eines erkrankten Dienstnehmers iSd § 611 BGB diskutiert. Sofern keine andere Zeit (vertraglich) bestimmt ist, soll dann **in Anlehnung an § 3 Abs. 1 EFZG ein Zeitraum von bis zu sechs Wochen** im Grundsatz

55 Grdl. BAG Urt. v. 18.12.1959 – GS 8/58, BAGE 8, 314 = NJW 1960, 741; *Preis* in ErfK BGB § 616 Rn. 10; *Krause* in HWK BGB § 616 Rn. 37.

56 Zu den Grenzen der Abdingbarkeit des § 616 BGB in AGB vgl. BAG Urt. v. 7.2.2007 – 5 AZR 270/06, AP Nr. 118 zu § 611 BGB Abhängigkeit; *Preis* in ErfK BGB § 616 Rn. 13 und § 310 Rn. 82; *Tillmanns* in MHdB-ArbR § 77 Rn. 13 mwN; *Henssler* in MüKoBGB § 616 Rn. 75. Danach dürfte der nachträgliche spezifische Ausschluss *ex nunc* des § 616 BGB anlässlich der Corona-Pandemie in Fällen der Quarantäne unter Berücksichtigung der Existenz § 56 IfSG als kompensatorische Norm zulässig sein, sofern die Klausel transparent formuliert ist. Die Rspr. des BAG scheint etwas großzügiger zu sein als die Lit.; ein einschlägiges Präjudiz zu den §§ 305 ff. und § 616 BGB fehlt gleichwohl.

57 Schon zum BSeuchG BGH Urt. v. 30.11.1978 – III ZR 43/77, BGHZ 73, 16 = NJW 1979, 422 (424); LAG Düsseldorf Urt. v. 18.5.1966 – 11 b S 43/66, RdA 1966, 440; **hM** *Henssler* in MüKoBGB § 616 Rn. 25; *Oetker* in Staudinger BGB § 616 Rn. 75; *Eckart/Kruse* in BeckOK InfSchR IfSG § 56 Rn. 37.1; *Joussen* in BeckOK ArbR BGB § 616 Rn. 33 a; *Riesenhuber* in Erman BGB § 616 Rn. 26; *Preis/Mazurek/Schmid* NZA 2020, 1137 (1139 f.); *Hohenstatt/Krois* NZA 2020, 413 (415); **aA** *Klein* NJ 2020, 377 (378); *Weller/Lieberknecht/Habrich* NJW 2020, 1017 (1019), mit dem deutlichen Impetus, grds. den Staat über § 56 IfSG, ggf. in entsprechender Anwendung, an den Kosten der Corona-Krise zu beteiligen. Überzeugender, aber iE mit derselben Kostenfolge, ist es, § 616 BGB abzulehnen, weil der Zeitraum nicht unerheblich ist; dazu sogleich im Text; gegen Analogien iRd § 56 IfSG *Becker* in Huster/Kingreen InfektionsschutzR-HdB Kap. 9 Rn. 116.

58 Die Anzahl der Betroffenen stellt nur ein erstes Indiz dar; vgl. BAG Urt. v. 8.9.1982 – 5 AZR 283/80, NJW 1983, 1078 (1079); *Krause* in HWK BGB § 616 Rn. 18.

59 *Joussen* in BeckOK ArbR BGB § 616 Rn. 46–48 mwN.

60 BAG Urt. v. 19.4.1978 – NJW 1978, 2316 (fünf Tage); Urt. v. 5.8.2014, NZA-RR 2014, 672 (fünf Tage, unter interpretatorischer Berücksichtigung des § 45 Abs. 2 SGB V); für zehn Tage spricht sich bspw. *Linck* in Schaub ArbR-HdB § 97 Rn. 18, für sechs Wochen bspw. *Preis* in ErfK BGB § 616 Rn. 10 a mwN aus.

61 BGH Urt. v. 6.4.1995 – NJW 1995, 2629 (18 Tage); nicht mehr als sechs Wochen: BAG Urt. v. 11.8.1988 – NJW 1989, 316 und BAG Urt. v. 20.7.1977 – DB 1977, 2332.

als nicht erheblich iSd § 616 BGB gelten.[62] Für diese Auslegung des § 616 BGB im Lichte des § 3 Abs. 1 EFZG muss der Dienstverpflichtete aber tatsächlich krank sein. Im Arbeitsrecht würde dann § 3 Abs. 1 EFZG direkt einschlägig sein. Selbst im Falle, dass bei besonders nahen Angehörigen ebenfalls analog zu § 3 Abs. 1 EFZG sechs Wochen als verhältnismäßig unerheblich anzusehen sind,[63] müssen der oder die betreffende Angehörige tatsächlich krank sein. Vor diesem Hintergrund überzeugt die im infektionsschutzrechtlichen Zusammenhang einschlägige Leitentscheidung des BGH aus dem Jahre 1979 nicht,[64] wonach ein seuchenpolizeiliches Tätigkeitsverbot aufgrund der Hygieneauflagen einer Krankheitssituation gleichkomme und daher die Zeitdauer von sechs Wochen als verhältnismäßig unerheblich anzusehen sei.[65] Folgte man dieser Ansicht, würde nicht nur im Arbeitsrecht der Unterschied zwischen § 3 Abs. 1 EFZG und dem allgemeinen § 616 BGB nivelliert werden, sondern der polizeirechtlich agierende Staat würde auch eine arbeitssozialpolitische Entscheidung usurpieren (§ 3 Abs. 1 EFZG) und sich so von einem Großteil seiner Kostenlast iRd § 56 IfSG zulasten der Arbeitgeber lossagen können.[66] Es würde unzulässigerweise ausgeblendet werden, dass die bspw. eine Quarantäne anordnende Behörde ebenfalls eine Ursache im Hinblick auf das persönliche Leistungshindernis des Arbeitnehmers mitgesetzt hat.[67] Weiterhin bestehen keine gesetzlichen Wertungen, die das Lohnrisiko infektionsschutzrechtlicher Maßnahmen dem Arbeitgeber zuweisen. Vielmehr fügt sich die Wertung als erheblicher Zeitraum in das vom Gesetzgeber intendierte System ein. Die Entschädigungsnorm des § 56 IfSG soll Ausscheider und Ansteckungsverdächtige erkrankten Menschen lohnfortzahlungstechnisch gleichstellen.[68] Hätte der Gesetzgeber diese Zeiträume von § 616 als erfasst angesehen, wäre die Einführung des § 56 IfSG nicht nötig gewesen.[69] Da die Quarantäne für Corona-Verdächtige wegen der Inkubationszeit von bis zu zwei Wochen[70] auch grundsätzlich für diesen Zeitraum ausgesprochen wird, wird man nach alledem die Voraussetzung der Leistungsverhinderung für eine unerhebliche Zeit verneinen müssen.[71]

14a Anders wäre zu entscheiden, wenn die Quarantäne ausnahmsweise einen Zeitraum betrifft, der nur bis zu fünf Tage umfasst. Als nicht erheblich sind auch Sachverhalte einzustufen, die trotz längerer Quarantäne zu einer **Arbeitsverhinderung von nur zwei bis fünf** Tagen führen. Das kann bspw. der Fall sein, wenn der Arbeitnehmer am vierten Tag der Quarantäne eine Tätigkeit im Homeoffice aufnimmt oder falls die Quarantäne-

62 *Linck* in Schaub ArbR-HdB § 97 Rn. 18; *Preis* in ErfK BGB § 616 Rn. 10 a mwN; *Altmeppen* in Roth/Altmeppen GmbHG § 6 Rn. 123; krit. *Haase* GmbHR 2005, 1260 (1266 f.).

63 *Preis* in ErfK BGB § 616 Rn. 10 a mwN.

64 Ebenso *Preis/Mazurek/Schmid* NZA 2020, 1137 (1140); *Hohenstatt/Krois* NZA 2020, 413 (416); **aA** *Stoß/Putzer* NJW 2020, 1465 (1468).

65 BGH Urt. v. 30.11.1978 – III ZR 43/77, BGHZ 73, 16 = NJW 1979, 422 (425). Diese Ansicht mag für die Frage, ob während dieses Zeitraums der Erholungszweck eines bewilligten Urlaubs überhaupt erreicht werden kann, durchaus zutreffen (umso mehr im Falle der Quarantäne); das ist für § 9 BurlG von Bedeutung, vgl. BGH aaO auf S. 423.

66 Vordergründig argumentiert BGH Urt. v. 30.11.1978 – III ZR 43/77, BGHZ 73, 16 = NJW 1979, 422 (424) genau anders herum und will verhindern, die Kosten auf die Allgemeinheit abzuwälzen. Das gelingt verständlicherweise nur, wenn der Anspruch nach § 616 BGB aufrechterhalten und die Ausgaben für eine staatliche Entschädigungsleistung aus Billigkeitsgründen minimiert wird.

67 Hier besteht eine rechtspolitische Überschneidung mit der Auffassung von *Weller/Lieberknecht/Habrich* NJW 2020, 1017 (1019).

68 BT-Drs. 3/1888, 27 zur Vorgängernorm § 48 BSeuchG; BT-Drs. 14/2530, 88.

69 So auch *Preis* in ErfK BGB § 616 Rn. 10 b; *Preis/Mazurek/Schmid* NZA 2020, 1137 (1140 f.).

70 RKI, SARS-CoV-2-Steckbrief, abrufbar unter https://www.rki.de/DE/Content/InfAZ/N/Neuartiges_Coronavirus/Steckbrief.html#doc13776792bodyTebo14.

71 *Preis* in ErfK BGB § 616 Rn. 10 b; *Preis/Mazurek/Schmid* NZA 2020, 1137 (1141); *Kraayvanger/Schrader* NZA-RR 2020, 623 (626 f.); *Hohenstatt/Sittard* ArbR Corona S. 10; ähnlich *Hohenstatt/Krois* NZA 2020, 413 (416), die zwar die Anwendbarkeit von § 616 BGB diskutieren, letztlich jedoch ablehnen. **AA** für die Fälle der Quarantäne *Joussen* in BeckOK ArbR BGB § 616 Rn. 48; *Oehme* in Kroiß Rechtsprobleme Covid-19 § 1 Rn. 5.

Anordnung durch einen vorzeitigen negativen Test durch die Gesundheitsbehörden aufgehoben wird. Für die drei Tage der Verhinderung trägt der Arbeitgeber dann das Lohnrisiko aus § 616 BGB. Bei **langjährig Beschäftigten** (15 Jahre in Anlehnung an die Staffelung in § 622 Abs. 2 S. 1 Nr. 6 BGB) kann im Einzelfall auch ein Zeitraum von 14 Tagen nicht erheblich sein.[72]

Vergleichbares muss auch im Falle von beruflichen Tätigkeitsverboten nach § 31 IfSG 15 gelten. Auch bei ihnen nimmt man an, dass sie zwar viele Personen betreffen und dem Schutz der Allgemeinheit dienen, indes eine staatliche Reaktion auf einen in der **Person des Betroffenen entstandenen und festgestellten Tatbestand** der konkreten Gefahr darstellen und somit als **personenbedingt** zu charakterisieren sind.[73] Wegen der hohen Infektionsgefahr dürfte ein berufliches Beschäftigungsverbot in der Regel für einen ähnlichen, wenn nicht sogar längeren und somit nicht nur unerheblichen Zeitraum erlassen werden. Folglich entfällt auch in diesem Fall der Anspruch auf Entgeltfortzahlung gem. § 616 BGB für den kompletten Zeitraum vollständig.[74] Für die weiteren Grundsätze des § 616 BGB wird auf die vorherige Randnummer verwiesen.

c) Sondernorm des § 56 Abs. 1 IfSG

Scheidet ein Anspruch aus § 616 S. 1 BGB aus, kann der Arbeitnehmer möglicherweise 16 gem. § 56 Abs. 1 IfSG eine Entschädigung vom Arbeitgeber verlangen. Das ist grundsätzlich dann der Fall, wenn er einer behördlich angeordneten Quarantäne oder einem beruflichen Beschäftigungsverbot unterliegt und dadurch einen Verdienstausfall erleidet (ausf. *Bachmann/Rung* in → § 15 Rn. 3 ff.).[75] Ebenso wie im Verhältnis zur Vorgängervorschrift des § 49 BSeuchG[76] resultiert der Vorrang von § 616 BGB mit Blick auf § 56 IfSG aus dem **Erfordernis eines Verdienstausfalles**, da der Arbeitnehmer einen solchen nicht erleidet, wenn andere Normen seinen Entgeltanspruch aufrechterhalten.[77] Mit § 56 IfSG ist nämlich gerade keine Entlastung des Arbeitgebers, sondern der Arbeitnehmer in Fällen des Verdienstausfalles bezweckt. Die Höhe der Entschädigung bemisst sich in den ersten sechs Wochen nach dem Verdienstausfall, welcher gem. § 56 Abs. 2 S. 1, Abs. 3 S. 1 IfSG dem **Netto-Arbeitsentgelt** entspricht. Für diese Zeit zahlt der Arbeitgeber die Entschädigung im Namen der zuständigen Behörde aus, hat jedoch seinerseits einen **Anspruch auf Vorschuss** (§ 56 Abs. 12 IfSG) sowie auf **Erstattung der gezahlten Beiträge** (§ 56 Abs. 5 S. 2 IfSG, → Rn. 45). Nach Ablauf der sechs Wochen wird auf Antrag bei der zuständigen Behörde nur noch eine Entschädigung in der Höhe des Krankengeldes nach § 47 Abs. 1 SGB V[78] an den Arbeitnehmer ausgezahlt, vgl. § 56 Abs. 2 S. 3, Abs. 5 S. 3 IfSG.

---

72 *Preis* in ErfK BGB § 616 Rn. 10 b; *Preis/Mazurek/Schmid* NZA 2020, 1137 (1141); bspw. *Hromadka/Maschmann*, Arbeitsrecht, Bd. I, 7. Aufl. 2018, § 8 Rn. 119 (S. 357) – ab einer Beschäftigungsdauer von einem Jahr.

73 **HM** BGH Urt. v. 30.11.1978 – III ZR 43/77, BGHZ 73, 16 = NJW 1979, 422 (424); LAG Düsseldorf Urt. v. 18.5.1966 – 11 b S 43/66, RdA 1966, 440; *Henssler* in MüKoBGB § 616 Rn. 25; *Oetker* in Staudinger BGB § 616 Rn. 75; vgl. die Ausführungen in → Rn. 14.

74 *Joussen* in BeckOK ArbR BGB § 616 Rn. 46–48 mwN.

75 *Giesberts/Gayger/Weyand* NVwZ 2020, 417 (420); ausführlich auch *Gerhardt* IfSG § 56 Rn. 4 ff.; *Eckart/Kruse* in BeckOK InfSchR IfSG § 56 Rn. 21 ff.

76 Vgl. BT-Drs. 14/2530, 88, wonach § 56 IfSG dem § 49 BSeuchG im Wesentlichen entspricht.

77 So schon BGH Urt. v. 30.11.1978 – III ZR 43/77, BGHZ 73, 16 = NJW 1979, 422 (424 f.) zur Vorgängerregelung des BSeuchG; für einen Vorrang des § 616 BGB ebenso *Bales/Baumann/Schnitzler* IfSG § 56 Rn. 5; *Eckart/Kruse* in BeckOK InfSchR IfSG § 56 Rn. 37; *Preis* in ErfK BGB § 611 a Rn. 690 d; *Preis/Mazurek/Schmid* NZA 2020, 1137 (1139); *Stöß/Putzer* NJW 2020, 1465 (1467).

78 Zur Berechnung der Höhe des Krankengeldes *Burkart* in HK-ArbR §§ 44–51 SGB V Rn. 17 ff.

3. Infektion des Arbeitnehmers mit dem Corona-Virus

17 Eine der praktisch häufigsten Situationen wird die Arbeitsunfähigkeit des Arbeitnehmers wegen der Infektion mit dem Corona-Virus darstellen. Besonders relevant ist, wie zwischen einer Erkrankung, die zur Arbeitsunfähigkeit führt, und einer reinen Infektion mit dem Corona-Virus zu unterscheiden ist und wie sich vor allem im Zusammenspiel mit den behördlichen Maßnahmen nach dem IfSG das Konkurrenzverhältnis der Ansprüche aus Entgeltfortzahlung gegen den Arbeitgeber und auf Entschädigung gem. § 56 Abs. 1 IfSG gegen den Staat verhält.

a) Arbeitspflicht und Lohnfortzahlung bei infektionsbedingter Arbeitsunfähigkeit

18 Infiziert sich der Arbeitnehmer mit dem Corona-Virus und erkrankt arbeitsunfähig, so dass ihn die körperlichen und gesundheitlichen Auswirkungen an der Ausübung der vertraglich geschuldeten Tätigkeit hindern, so ist er von der Arbeitsleistung gem. § 275 Abs. 1 oder Abs. 3 BGB befreit.[79] Damit geht der synallagmatische Anspruch des Arbeitnehmers auf Entgelt nach § 611 a Abs. 2 BGB unter, vgl. § 326 Abs. 1 S. 1 BGB. Bei krankheitsbedingter Arbeitsunfähigkeit kann dem Arbeitnehmer gegen den Arbeitgeber jedoch gem. § 3 Abs. 1 S. 1 EFZG ein Entgeltfortzahlungsanspruch in voller Höhe für bis zu sechs Wochen zustehen. Ausgeschlossen ist dieser Anspruch, wenn der Arbeitnehmer die Erkrankung verschuldet hat, dh nach hM durch ein gegen die eigenen Interessen eines verständigen Menschen verstoßendes Verhalten herbeiführt (sog. Verschulden gegen sich selbst).[80] Auf die Fälle der epidemischen Lage von nationaler Tragweite konkret bezogen stellen Verstöße gegen innerbetriebliche Schutzmaßnahmen oder Reisen in ein Risikogebiet[81] (§ 2 Nr. 17 IfSG) ohne triftigen Grund beruflicher oder familiärer Art – jedenfalls wenn entgegen einer Warnung des Auswärtigen Amtes in ein Risikogebiet gereist wird – ein Verschulden gegen sich selbst dar.[82] Begründen lässt sich diese Auffassung mit der Wertung des § 56 Abs. 1 S. 3 und 4 IfSG (dazu näher *Bachmann/Rung* in → § 15 Rn. 30 ff.).[83] Nach diesen Normen entfällt der infektionsschutzrechtliche Entschädigungsanspruch, wenn die Quarantäne-Anordnung aufgrund einer Infektion oder eines Gefahrenverdachtes ergeht, die durch eine vermeidbare Reise in ein Risikogebiet begründet wurden.[84] Vermeidbar ist eine solche Reise, wenn keine zwingenden oder unaufschiebbaren Gründe bestehen. Zu diesen zählen vor allem familiäre Gründe, wie zum Beispiel die Geburt des eigenen Kindes oder der Tod eines nahen Angehörigen.[85] Diese Grundsätze können auf die Auslegung des Tatbestandsmerkmals „Verschuldens gegen sich selbst" im Rahmen des EFZG übertragen werden. Für diese Auslegung spricht, dass mit § 56 IfSG Nicht-Kranke den in der gesetzlichen Krankenversicherung sozialversicherten Kranken gleichgestellt werden sollen[86] und ein Anreiz zur Mitwirkung ebenso wie im EFZG gesetzt wird[87]. Mithilfe dieser kohärenten Problemlösung kann ein einheitliches System von Fortzahlungs- und Entschädigungsansprüchen während einer Pandemie geschaffen werden, um die Kontrolle über das Infektionsgeschehen wieder zu erlangen.

79 Differenzierend *Ernst* in MüKoBGB § 275 Rn. 40; so auch *Sagan/Brockfeld* NJW 2020, 1112 (1113).

80 S. zB nur BAG Urt. v. 18.3.2015 – 10 AZR 99/14, NZA 2015, 801 (802); *Reinhard* in ErfK EFZG § 3 Rn. 23.

81 Mittlerweile werden die Risikogebiete zusätzlich bei besonders hoher Inzidenz auch in Hochinzidenzgebiete oder bei verbreiteten Auftreten bestimmter SARS-CoV-2 Virusvarianten in Virusvarianten-Gebiete eingeteilt, vgl. https://www.rki.de/DE/Content/InfAZ/N/Neuartiges_Coronavirus/Risikogebiete_neu.html.

82 *Bonanni* ArbRB 2020, 110 (113); *Sagan/Brockfeld* NJW 2020, 1112 (1113).

83 *Becker* in Huster/Kingreen InfektionsschutzR-HdB Kap. 9 Rn. 117.

84 Mit dieser Regelung wollte der Gesetzgeber lediglich klarstellen, was schon vor Inkrafttreten der neuen Regelung über die allgemeinen Grundsätze galt (vgl. BT-Drs. 19/23944, 37; BR-Drs. 19/24232, 49).

85 BT-Drs. 19/23944, 38.

86 BT-Drs. 3/1888, 27.

87 *Eckart/Kruse* in BeckOK InfSchR IfSG § 56 Rn. 1.

b) Erleichterung der Nachweispflicht aus § 5 Abs. 1 EFZG

Eine weitere Besonderheit für die Zeit der Corona-Pandemie ergibt sich für die Nachweispflicht des Arbeitnehmers gem. § 5 Abs. 1 EFZG. Danach hat der Arbeitnehmer dem Arbeitgeber eine Arbeitsunfähigkeitsbescheinigung (AU-Bescheinigung) zum Nachweis seiner Arbeitsunfähigkeit zu übergeben. Normalerweise muss der Arbeitnehmer sich dafür in eine Arztpraxis begeben, um sich dort untersuchen zu lassen und die Arbeitsunfähigkeit attestiert zu bekommen. Nach einer Sondervereinbarung zwischen der Kassenärztlichen Bundesvereinigung und dem GKV-Spitzenverband konnten Arbeitnehmer gem. § 31 S. 3 und 8 BMV-Ä[88] bis zum 23.6.2020 befristet bei leichten Erkrankungen der oberen Atemwege nach **telefonischer Rücksprache** mit ihrem Arzt eine Bescheinigung über die AU bis maximal 14 Tage ausgestellt bekommen.[89] Nach einer Aussetzung dieser Sonderregelung aufgrund rückgängiger Infektionszahlen während des Sommers 2020 besteht gem. § 8 AU-RL nF[90] seit dem 19.10.2020 wieder die – zunächst bis zum 31.3.2021 befristete, vgl. § 8 Abs. 1 a AU-RL – Möglichkeit der telefonischen Bescheinigung der AU. So ist gewährleistet, dass Arbeitnehmer ohne Risiko der Ansteckung bei Arztbesuchen eine AU-Bescheinigung erhalten und sich nicht der Gefahr des Verweigerungsrechts des Arbeitgebers aus § 7 Abs. 1 Nr. 1 EFZG aussetzen. Im Übrigen gelten die allgemeinen Grundsätze des EFZG weiter, auf die an dieser Stelle verwiesen wird. 19

c) Das Verhältnis von EFZG und IfSG

Dieses an sich reibungslos funktionierende System zwischen § 611 a Abs. 2 und dem EFZG wird in Zeiten von Corona durch infektionsrechtliche Maßnahmen wie die behördliche Anordnung von Quarantäne oder eines beruflichen Tätigkeitsverbots überlagert. Wie bereits beschrieben, können sich Arbeitnehmer im Grundsatz nämlich auch auf § 56 Abs. 1 IfSG berufen (→ Rn. 43 f.). In diesen Fällen stellt sich die Frage nach dem Konkurrenzverhältnis der Ansprüche zueinander. Bereits der Wortlaut des § 56 Abs. 1 IfSG mit seiner Voraussetzung eines **Verdienstausfalles** könnte vermuten lassen, dass § 3 Abs. 1 EFZG im Falle krankheitsbedingter Arbeitsunfähigkeit vorrangig ist, da ansonsten § 56 Abs. 1 IfSG bereits tatbestandlich nicht verwirklich wäre.[91] Eine methodisch befriedigende Antwort kann indes nur gegeben werden, wenn die hieraus folgende Risiko- und Interessenverteilung vor dem Hintergrund des Sinn und Zwecks des IfSG-Entschädigungssystems als angemessen angesehen werden kann. Dafür sind nur die Interessen des Arbeitgebers und des Staates in den Blick zu nehmen und zu bewerten. Der Arbeitnehmer ist nach beiden Ansprüchen abgesichert und somit bloßes „Objekt" der Risikoverteilung. Seine Interessen können an dieser Stelle außen vor bleiben. 20

Sinn und Zweck des § 3 Abs. 1 EFZG ist es, den Arbeitnehmer ohne Inanspruchnahme der gesetzlichen Krankenversicherung finanziell abzusichern und der Entlastung der Krankenkassen und der Solidargemeinschaft zu dienen.[92] Der Arbeitgeber hat dafür weiterhin seiner arbeitsvertraglichen Lohnzahlungspflicht nachzukommen.[93] Insofern wird er für den Risikobereich der Arbeitsunfähigkeit infolge einer Erkrankung des Ar- 21

88 Bundesmantelvertrag – Ärzte v. 1.4.2020 zwischen der Kassenärztlichen Bundesvereinigung und dem GKV-Spitzenverband.

89 Hierzu auch *Düwell* jurisPR-ArbR 11/2020 Anm. 1; *Fuhlrott/Fischer* NZA 2020, 345 (346).

90 „Arbeitsunfähigkeits-Richtlinie" v. 14.11.2013 (BAnz AT 27.1.2014 B4), zuletzt am 3.12.2020 geändert (BAnz AT 17.12.2020 B9).

91 Zur Vorgängerregelung BGH Urt. v. 1.2.1979 – III ZR 88/77, NJW 1979, 1460 f.; *Bales/Baumann/Schnitzler* IfSG § 56 Rn. 5 f.; *Lutz* IfSG § 56 Rn. 5; *Preis* in ErfK BGB § 611 a Rn. 690 d; *Preis/Mazurek/Schmid* NZA 2020, 1137(1139).

92 *Reinhard* in ErfK EFZG § 3 Rn. 1.

93 *Müller-Glöge* in MüKoBGB EFZG § 3 Rn. 1; *Spengler* in: HK-ArbR EFZG § 3 Rn. 1.

beitnehmers **sozialpolitisch in Pflicht genommen.**[94] Beim Infektionsschutzrecht handelt es sich hingegen um öffentlich-rechtliches besonderes **Gefahrenabwehrrecht.** Dessen Sinn und Zweck ist nach § 1 IfSG vor allem die Verhinderung der Weiterverbreitung einer Infektion; es geht um den Schutz der Allgemeinheit.[95] Genau diesem Zweck dienen auch Maßnahmen nach §§ 30 und 31 IfSG.[96] Sie stellen Vorfeldmaßnahen aufgrund eines Gefahrenverdachts einer Infektion dar.[97] Auf diesen Gedanken gestützt, soll § 56 Abs. 1 IfSG von seinem Sinn und Zweck her nur das Risiko der Maßnahmen zum präventiven Schutz und der daraus resultierenden Arbeitsunfähigkeit umfassen und ausgleichen. Die Zahlung nach § 56 IfSG stellt also lediglich eine **Billigkeitsentschädigung der Allgemeinheit für Notfälle** dar.[98] Sie ist keine Lohnfortzahlung im engeren Sinne. Das hat seinen Grund darin, dass der Arbeitnehmer für den Verdienstausfall aufgrund einer präventiven Maßnahme – und in Abwesenheit anderer Ansprüche – schadlos gehalten werden soll.[99] Bricht die Krankheit letztendlich aus und wird der Arbeitnehmer ihretwegen arbeitsunfähig, realisiert sich nicht mehr das spezifische Risiko öffentlich-rechtlicher Gefahrenabwehr, sondern lediglich das allgemeine Risiko einer krankheitsbedingten Arbeitsunfähigkeit, welches das EFZG im Grundsatz dem Arbeitgeber aufbürdet. Im Rahmen von § 56 IfSG ist es deshalb nicht angezeigt, den Arbeitgeber von der arbeitsrechtsspezifischen und sozialpolitischen Risikoverteilung zu entlasten. Folglich bleibt er bei krankheitsbedingter Arbeitsunfähigkeit seinem Arbeitnehmer weiterhin aus § 3 Abs. 1 EFZG zur Entgeltfortzahlung verpflichtet.

22 Diese Auffassung wird systematisch durch § 56 Abs. 7 S. 1 IfSG bestärkt, nach welchem der Anspruch bestehen bleibt, wenn der Arbeitnehmer während der Quarantäne arbeitsunfähig erkrankt.[100] Würde § 56 Abs. 1 IfSG auch das Risiko der zum Erlass der Quarantäne gleichzeitig bestehenden Erkrankung mit umfassen, hätte dies nicht extra festgelegt werden müssen. Konsequent zu Ende gedacht wird dieses System der Entschädigung durch die in **§ 56 Abs. 7 S. 2 IfSG** angeordnete **Legalzession,** nach welcher die Ansprüche des Arbeitnehmers zum Ausgleich des Verdienstausfalls wegen der Arbeitsunfähigkeit auf das entschädigungspflichtige Bundesland übergehen.[101] Gemeint sein können in dem Zusammenhang nur die Ansprüche gem. § 3 Abs. 1 EFZG gegen den Arbeitgeber. Damit wird durch § 56 Abs. 7 S. 2 IfSG sichergestellt, dass bei krankheitsbedingter Arbeitsunfähigkeit das Gegenleistungsrisiko mithilfe des angeordneten Regresses auch in dieser Konstellation beim Arbeitgeber verbleibt.[102]

23 Die befürwortete Subsidiarität des § 56 Abs. 1 IfSG im Verhältnis zu § 3 Abs. 1 EFZG lässt sich auch beispielhaft mit der rechtlichen Behandlung einer HIV-Infektion begründen, wo zwischen der bloßen Infektion und der ausgebrochenen Krankheit unterschieden wird. § 56 IfSG verlangt eine parallele Lösung dieses Problems. Dass Kranke – nach § 2 Nr. 4 IfSG Personen, die an einer übertragbaren Krankheit wie COVID-19 erkrankt sind – in § 56 Abs. 1 IfSG nicht aufgeführt sind, ist ausweislich der Gesetzesbegründung eine bewusste Entscheidung.[103] Die aufgezählten Personengruppen sollten lediglich den

---

94 Zur Gewährleistung des Sozialstaats auf Kosten Privater *Müller-Glöge* in MüKoBGB EFZG § 3 Rn. 1.

95 BT-Drs. 14/2530, 43; *Rixen* in Kloepfer Pandemien, S. 67 ff.; *Rixen* NJW 2020, 1097 (1097); *Poscher* in Huster/Kingreen InfektionsschutzR-HdB Kap. 4.

96 Vgl. *Bales/Baumann/Schnitzler* IfSG § 30 Rn. 1 und § 31 Rn. 1; *Kießling* in Kießling IfSG § 30 Rn. 2.

97 *Rixen* NJW 2020, 1097 (1097 f.).

98 BT-Drs. 3/1888, 27; BGH Urt. v. 30.11.1978 – III ZR 43/77, BGHZ 73, 16 = NJW 1979, 422 (424) zur Vorgängerregelung; *Eckart/Kruse* in BeckOK InfSchR IfSG § 56 Rn. 2; *Hohenstatt/Krois* NZA 2020, 413 (418); ähnlich *Stöß/Putzer* NJW 2020, 1465 (1466).

99 *Bales/Baumann/Schnitzler* IfSG § 56 Rn. 5.

100 *Eckart/Kruse* in BeckOK InfSchR IfSG § 56 Rn. 89; *Kümper* in Kießling IfSG § 56 Rn. 51.

101 Zur cessio legis *Eckart/Kruse* in BeckOK InfSchR IfSG § 56 Rn. 91.

102 S. a. *Preis* in ErfK BGB § 611 a Rn. 690 d; *Eckart/Kruse* in BeckOK InfSchR IfSG § 56 Rn. 91 a.

103 BT-Drs. 3/1888, 27 zur Vorgängernorm § 48 BSeuchG, entspricht im Wesentlichen § 56 IfSG (s. BT-Drs. 14/2530, 88).

Kranken gleichgestellt werden. Denn an diese werden als Versicherte in der gesetzlichen Krankenversicherung im Krankheitsfalle Leistungen ausgezahlt. Folglich werden Kranke von § 56 IfSG bewusst nicht erfasst, da für sie schon gesetzliche Mechanismen in Gestalt von Entgeltfortzahlung und Krankengeld bestehen, die einen Verdienstausfall kompensieren.[104] An AIDS erkrankte Personen werden daher nicht erfasst, infizierte Personen ohne Krankheitsanzeichen als sonstige Träger hingegen schon.[105] Es ist somit deutlich zwischen einem Infizierten einerseits und einem Erkrankten andererseits zu unterscheiden. Bei der Infizierung mit SARS-CoV-2 und der Erkrankung an COVID-19 anders zu verfahren, lässt sich am Maßstab des allgemeinen Gleichheitssatzes nicht überzeugend begründen. Sachliche Gesichtspunkte für eine Unterscheidung sind für diese Zwecke nicht erkennbar.

Aufgrund der hier vertretenen Risikoverteilung zwischen Arbeitgeber und Staat ist daher wie folgt zu **differenzieren**: Ist ein bloß infizierter, aber arbeitsfähiger Arbeitnehmer unter Quarantäne gestellt, ist § 56 Abs. 1 IfSG heranzuziehen. Erkrankt der infizierte Arbeitnehmer nun während der Quarantäne und wird infolge dessen arbeitsunfähig, so wird nach § 56 Abs. 7 S. 1 IfSG der Anspruch aus § 56 Abs. 1 IfSG aufrechterhalten. Ist der Arbeitnehmer jedoch zuvor oder zumindest gleichzeitig zur erfolgten gefahrenabwehrrechtlichen Maßnahme arbeitsunfähig erkrankt, ist § 56 IfSG nicht einschlägig. Es ist vorrangig § 3 Abs. 1 EFZG heranzuziehen; der gesetzlichen Wertung ist nach hM zu entnehmen, dass allein die Krankheit die Arbeitsunfähigkeit des Arbeitnehmers zu bedingen hat.[106] 24

4. Leistungshindernis wegen Kinderbetreuung

Um einer Verbreitung des Corona-Virus durch Kinder untereinander und an andere Personen zu vermeiden, sind gem. §§ 28 a Abs. 1 Nr. 16, 33 Nr. 1 und Nr. 3 IfSG deutschlandweit alle **Schulen** sowie **Kindertagesstätten** mehrfach während der Pandemie **geschlossen** worden (*Kluckert* in → § 3 Rn. 40 ff.; *Bachmann/Rung* in → § 15 Rn. 35 ff.).[107] Zugleich besteht auch die Möglichkeit, dass sich Kinder selbst mit dem Corona-Virus infizieren und dadurch pflegebedürftig erkranken. Dann stellt sich die Frage, wie die Kollision zwischen der Arbeitspflicht einerseits und der notwendigen Kinderbetreuung durch die sorgeberechtigten Arbeitnehmer andererseits aufzulösen ist.[108] 25

a) Befreiung von der Arbeitspflicht bei notwendiger Kinderbetreuung

Gem. § 275 Abs. 3 BGB kann der Schuldner die Leistung verweigern, wenn er die Leistung persönlich zu erbringen hat und sie ihm unter Abwägung des seiner Leistung entgegenstehenden Hindernisses mit dem Leistungsinteresse des Gläubigers nicht zugemutet werden kann.[109] Es ist anerkannt, dass den Arbeitnehmern in den in → Rn. 25 beschriebenen Fällen das Leistungsverweigerungsrecht des § 275 Abs. 3 BGB zusteht, soweit es für ihn unzumutbar ist, die Arbeitsleistung vor die Betreuung des Kindes zu stel- 26

104 So auch *Preis/Mazurek/Schmid* NZA 2020, 1137 (1139).
105 *Bales/Baumann/Schnitzler* IfSG § 56 Rn. 8.
106 IE auch *Bales/Baumann/Schnitzler* IfSG § 56 Rn. 5; *Preis* in ErfK BGB § 611 a Rn. 690 d; *Preis/Mazurek/Schmid* NZA 2020, 1337 (1139); *Hohenstatt/Krois* NZA 2020, 413 (418); *Stöß/Putzer* NJW 2020, 1465 (1466); *Düwell* BB 2020, 891 (893), **aA** mit beachtlichen Argumenten *Greiner* in MHdB-ArbR § 80 Rn. 41; *Müller-Glöge* in MüKoBGB EFZG § 3 Rn. 10.
107 Zuletzt ab dem 16.12.2020 mit Beschluss der Bundeskanzlerin mit den Regierungschefinnen und Regierungschefs der Länder v. 13.12.2020; vor kurzem verlängert bis zunächst 31.1.2021; vgl. Videoschaltkonferenz der Bundeskanzlerin mit den Regierungschefinnen und Regierungschefs der Länder v. 5.1.2021.
108 Ausführlich für Fälle des Betreuungsbedarfs bei erkrankten Kindern *Brose* NZA 2011, 719.
109 Ausf. *Greiner*, Ideelle Unzumutbarkeit – Dogmatik und Praxis der Leistungsverweigerung bei Rechtsgüter- und Pflichtenkollisionen im Zivilrecht, 2007, S. 38 ff., 206 ff., 290 ff.

len. Bei Krankheit ist es wegen der persönlichen Fürsorgeplicht den Eltern unzumutbar, die Arbeitsleistung zu erbringen.[110] Bei Schließung von Schulen oder Kindertagesstätten liegt indes eine **Unzumutbarkeit** nur dann vor, wenn die Personensorge durch den anderen Elternteil oder Dritte nicht wahrgenommen werden kann.[111] Angesichts der Kontaktbeschränkungen nach § 28 a Abs. 1 Nr. 3 IfSG (*Kluckert* in → § 3 Rn. 13 ff.) sowie der Zugehörigkeit von üblichen Betreuungspersonen, wie zB Großeltern, zu Risikogruppen wird man in den häufigsten Fällen dennoch eine Unzumutbarkeit bejahen können.[112] Freilich wird hierbei auf den Einzelfall abzustellen sein.

27 Fraglich könnte sein, ab welchem **Alter** ein **Betreuungsbedarf** trotz behördlicher Schließung von Schulen und Kindertagesstätten entfällt und es zumutbar ist, Kinder alleine zu Hause zu lassen. Ein eindeutiges Ergebnis lässt sich aus der Generalklausel des § 275 Abs. 3 BGB nicht ableiten. Jedoch wird man, wenn auch nicht verbindlich, die Altersgrenze von zwölf Jahren bei erkrankten Kindern iSd § 45 Abs. 1 S. 1, Abs. 4 S. 1 SGB V heranziehen können.[113] Diese Auffassung unterstreicht in diesen Zeiten vor allem auch die Wertung des § 56 Abs. 1 a S. 1 Nr. 2 IfSG, welche ebenfalls auf ein Höchstalter von zwölf Jahren abstellt.[114] Soweit nicht gravierende Umstände des Einzelfalls, wie bspw. Behinderung oder besondere Angewiesenheit auf Hilfe, eine Unzumutbarkeit begründen, wird der Arbeitnehmer keinem Leistungshindernis unterliegen und daher nicht von seiner Arbeitspflicht frei, sobald das Kind zumindest das **zwölfte Lebensjahr** vollendet hat.[115]

b) Lohnfortzahlung gem. § 616 BGB bei Betreuungsbedarf von Kindern

28 Die Frage der Entgeltfortzahlungspflicht des Arbeitgebers bemisst sich erneut zunächst nach § 616 S. 1 BGB. Danach muss das Leistungshindernis des Arbeitnehmers persönlicher Art sein. Im Falle der Erkrankung des Kindes leitet sich der persönliche Charakter des Leistungshindernisses unmittelbar aus der Betreuungspflicht ab; sie ist an die Person des Sorgeberechtigten gebunden.[116] Problematisch könnte sein, ob behördlich angeordnete Schließungen von Schulen und Kindertagesstätten und die daraus resultierende Betreuungsnotwendigkeit persönliche Leistungshindernisse darstellen.[117] Teilweise wird gegen eine solche Sichtweise angeführt, es liegt bloß ein objektives Hindernis vor, da sich in der Schließung lediglich das allgemeine Lebensrisiko verwirklicht, welches eine Vielzahl von Personen trifft. Dermaßen zu argumentieren, verkennt jedoch, dass die infektionsrechtlichen Maßnahmen lediglich objektive Ursachen für den Betreuungsaufwand sind, hingegen der Grund der Unzumutbarkeit weiterhin aus der **persönlichen Sorgepflicht** resultiert.[118] Auch in diesem Fall ist § 616 BGB folglich anwendbar.

29 Weiteres Kriterium für eine Entgeltfortzahlung nach § 616 S. 1 BGB ist die Verhinderung für eine verhältnismäßig nicht unerhebliche Zeit. Von einer Konkretisierung hat der Gesetzgeber wegen der flexiblen Anwendung für den Einzelfall abgesehen, wobei

110 Vgl. nur BAG Urt. v. 19. 4.1978 – 5 AZR 834/76, NJW 1978, 2316 (2317); *Henssler* in MüKoBGB § 616 Rn. 27 ff.; *Brose* NZA 2011, 719 (720).
111 *Kolbe* BB 2009, 1414 (1415); *Greiner* NZA 2007, 490 (491); zur Problematik auch *Kohte* jurisPR-ArbR 11/2020 Anm. 2.
112 So auch *Hohenstatt/Krois* NZA 2020, 413 (414).
113 So zumindest auch *Krause* in HWK BGB § 616 Rn. 24; *Sagan/Brockfeld* NJW 2020, 1112 (1114).
114 Ähnlich *Hohenstatt/Krois* NZA 2020, 413 (414).
115 Bei Betreuung gesunder Kinder mit strengerem Maßstab *Henssler* in MüKoBGB § 616 Rn. 35.
116 *Henssler* in MüKoBGB § 616 Rn. 35; *Linck* in Schaub ArbR-HdB § 97 Rn. 6.
117 Zweifelnd *Sagan/Brockfeld* NJW 2020, 1112 (1114).
118 So auch *Henssler* in MüKoBGB § 616 Rn. 42; *Bonanni* ArbRB 2020, 110 (112); *Hohenstatt/Krois* NZA 2020, 413 (415).

teilweise Zeitspannen von **bis zu fünf Tagen**[119] oder **von bis zu zehn Tagen**[120] für die Angehörigenpflege angeführt werden (→ Rn. 14).[121] Entscheidend soll letztendlich der Einzelfall sein.[122] Angesichts der durchschnittlichen ambulanten Behandlung von lediglich zehn Tagen – selbst bei schweren Krankheitsverläufen – ist wohl stets vom Vorliegen einer nicht unerheblichen Zeit auszugehen.[123] Überschreitet die Betreuung des kranken Kindes die unerhebliche Zeitschwelle trotzdem, wird der Entgeltanspruch des § 611 a Abs. 2 BGB zwar nicht über § 616 S. 1 BGB aufrechterhalten. Indes kann dem Arbeitnehmer ein Anspruch nach § 45 SGB V auf **Krankengeld** gegen die Krankenversicherungsträger sowie **unentgeltliche Freistellung** von der Arbeitspflicht zustehen.[124]

Eine Übertragung der diskutierten Zeiträume dürfte auch bei der pandemiebedingten **Betreuung gesunder Kinder** angezeigt sein.[125] Als unerheblich lässt sich zumindest ein solcher Zeitraum definieren, der typischerweise zur anderweitigen Organisation der Kinderbetreuung benötigt wird. Da die Schließung von Schulen und Kindertagesstätten länger andauert als alle Zeiträume, die in diesem Zusammenhang diskutiert werden, scheidet eine Entgeltfortzahlung auf Grundlage von § 616 S. 1 BGB aus.[126] Einschlägige Rechtsprechung existiert zu dieser Konstellation indes noch nicht. 30

c) Entschädigung bei Betreuungsbedarf von Kindern nach § 56 Abs. 1 a IfSG

Um dieser soeben skizzierten **Problematik** entgegenzuwirken, hat der Gesetzgeber den neuen § 56 Abs. 1 a IfSG erlassen, welcher vorübergehend seit dem 30.3.2020[127] ohne Rückwirkung gelten soll (*Bachmann/Rung* in → § 15 Rn. 35 ff.).[128] Dem sorgeberechtigen Arbeitnehmern – im Fall der Vollzeitpflege nach § 33 SGB VIII den erwerbstätigen Pflegeeltern – soll im Betreuungsfall ein Entschädigungsanspruch bei erlittenem Verdienstausfall zustehen. Dieser ist allerdings aufgrund der Voraussetzung eines Dienstausfalles als subsidiär zur Lohnfortzahlungspflicht des Arbeitgebers zu verstehen; darauf weist auch die Gesetzesbegründung hin.[129] Vorrangig greifen daher im Einzelfall § 3 Abs. 1 EZFG bei Erkrankung, § 1 BUrlG bei bereits festgelegtem Urlaub oder § 616 S. 1 BGB. Ein Anspruch gem. § 56 Abs. 1 a IfSG wird vor allem dann in Betracht kommen, wenn der Betreuungsbedarf einen erheblich langen Zeitraum umfasst – § 616 BGB also nicht vorliegt – oder diese Vorschrift kollektiv- oder arbeitsvertraglich abbedungen worden ist. 31

Was die Leistungshöhe betrifft, umfasst § 56 Abs. 1 a IfSG im Unterschied zu den sonstigen Lohnfortzahlungsvorschriften monatlich lediglich 67 % des Netto-Verdienstausfalles (→ Rn. 16), **höchstens jedoch 2.016 EUR monatlich** (*Bachmann/Rung* in → § 15 Rn. 43).[130] Da viele Eltern angesichts des Notbetriebs der Kindertagesstätten und des 32

---

119 BAG Urt. v. 19.4.1978 – 5 AZR 834/76, BAGE 30, 240 = NJW 1978, 2316 (2317); *Krause* in HWK BGB § 616 Rn. 42; *Oetker* in Staudinger BGB § 616 Rn. 104.

120 *Linck* in Schaub ArbR-HdB § 97 Rn. 18.

121 *Joussen* in BeckOK ArbR BGB § 616 Rn. 48 mwN.

122 *Preis* in ErfK BGB § 616 Rn. 10 a; *Henssler* in MüKoBGB § 616 Rn. 32, 59 ff.

123 Vgl. *Sagan/Brockfeld* NJW 2020, 1112 (1114); s. a. RKI, SARS-CoV-2-Steckbrief, abrufbar unter https://www.rki.de/DE/Content/InfAZ/N/Neuartiges_Coronavirus/Steckbrief.html#doc13776792bodyTebo14.

124 *Henssler* in MüKoBGB § 616 Rn. 28; ausführlicher *Rolfs* in ErfK SGB V § 45 Rn. 2 ff.

125 So auch *Hohenstatt/Krois* NZA 2020, 413 (415); *Müller* FA 2010, 2 (4); mit strengerem Maßstab bei gesunden Kindern *Henssler* in MüKoBGB § 616 Rn. 42.

126 S. a. *Hohenstatt/Sittard* ArbR Corona S. 11.

127 Durch das (erste) „Gesetz zum Schutz der Bevölkerung bei einer epidemischen Lage von nationaler Tragweite“ (BGBl. 2020 I 587) eingefügt.

128 Vgl. Art. 1 und Art. 8 des „Gesetzes zur Fortgeltung der die epidemische Lage von nationaler Tragweite betreffenden Regelungen“; s. a. BT-Drs. 19/26545, 6 und 18. Danach wird die Befristung des § 56 Abs. 1 a IfSG zum 31.3.2021 aufgehoben und an die Feststellung einer epidemischen Lage von nationaler Tragweite geknüpft.

129 BT-Drs. 19/18111, 25; so auch *Lutz* IfSG § 56 Rn. 13.

130 *Becker* in Huster/Kingreen InfektionsschutzR-HdB Kap. 9 Rn. 129.

eingeschränkten Schulbetriebs für längere Zeiträume nicht arbeiten konnten oder in Zukunft können, hat der Gesetzgeber mit einer Anschlussregelung den vorherigen Zeitraum von **sechs Wochen** nachträglich auf bis zu zehn bzw. für alleinerziehende Personen auf bis zu 20 Wochen verlängert.[131] Den durch den Arbeitgeber für die Behörde ausgezahlten Betrag kann sich der Arbeitgeber auf Antrag erstatten lassen. Nach Ablauf der zehn bzw. 20 Wochen wird die Entschädigung auf die Höhe des Krankengeldes nach § 47 Abs. 1 SGB V begrenzt und nur noch auf Antrag bei der Behörde von dieser ausgezahlt.

33 Voraussetzung für den Anspruch ist, dass das betreuungsbedürftige Kind das zwölfte Lebensjahr noch nicht vollendet hat oder aufgrund von Behinderung auf Pflege angewiesen ist und die **behördliche Schließung bzw. das Betretungsverbot** aufgrund einer gegen das Kind ergangenen Quarantäne-Anordnung **ursächlich für den Betreuungsbedarf sowie den Verdienstausfall** ist (*Bachmann/Rung* in → § 15 Rn. 37 ff.).[132] Zusätzlich wurde der Katalog für entschädigungspflichtige Verdienstausfälle um den Betreuungsbedarf durch Anordnung oder Verlängerung der Schulferien und die Aufhebung der Präsenzpflicht erweitert (§ 56 Abs. 1 a S. 1 Nr. 1 Var. 3 IfSG).[133] Gesetzlich verneint wird der **Kausalzusammenhang** bei Schulferien, vgl. § 56 Abs. 1 a S. 3 IfSG. In diesem Zusammenhang ist jedoch zu überlegen, wie sich dieser Ausschluss zu dem Tatbestand des Betreuungsbedarfs durch Anordnung oder Verlängerung der Schulferien in § 56 Abs. 1 a S. 1 Nr. 1 IfSG verhält. Zuletzt wurde von den Länderregierungen eine Verschiebung oder Verlängerung diskutiert.[134] Konsequent zu Ende gedacht, würde zunächst bei der Anordnung, Verschiebung oder Verlängerung von Schulferien aus infektionsschutzrechtlichen Gründen der Tatbestand des § 56 Abs. 1 a S. 1 Nr. 1 IfSG erfüllt sein, der Anspruch wegen § 56 Abs. 1 a S. 3 IfSG jedoch sofort mangels Kausalität für den Betreuungsbedarf entfallen. Damit würde der Entschädigungsanspruch für Auswirkungen von infektionsschutzrechtlichen Maßnahmen nach § 56 Abs. 1 a IfSG durch weitere infektionsschutzrechtliche Maßnahmen – hier die Bekämpfung der Pandemie durch ferienbedingte Schulschließungen – ausgehebelt. Dieses systematisch widersprüchliche Ergebnis offenbart, dass der Ausschluss nach § 56 Abs. 1 a S. 3 IfSG nicht auf die Anordnung, Verschiebung oder Verlängerung von Schulferien nach § 56 Abs. 1 a Nr. 1 Var. 3 IfSG anzuwenden ist. Richtigerweise ist für die Zwecke des § 56 Abs. 1 a S. 3 IfSG auf die regulären Öffnungszeiten und damit reguläre Schulferienzeiten abzustellen.[135] Damit fallen unter den Ausschlusstatbestand des § 56 Abs. 1 a S. 3 IfSG nicht die zusätzliche Anordnung, die Verschiebung oder Verlängerung von Schulferien aufgrund von Maßnahmen des Infektionsschutzes. Nur so wird man auch das Vertrauen der berufstätigen Erziehungsberechtigten schützen können, die ihre berufliche Tätigkeit im Vorhinein grds. nur auf die regulären Schulferien abstimmen konnten. Vorher bereits beantragter Urlaub kann auch nicht ohne Weiteres einfach zurückgenommen oder geändert werden. Es wäre auch unzumutbar und unbillig, den Eltern wegen kurzfristiger – pandemiebedingter – Änderungen der Schulferien die Möglichkeiten zu nehmen, ihre Arbeitspflicht auf den Betreuungsbedarf abzustimmen, gleichzeitig aber für diese Notsituation keinen Ausgleich zu bieten. Denn mit Verweis auf die zahlreichen Kontaktbeschränkungen ist eine anderweitige Betreuung selbst innerfamiliär schwierig zu organi-

---

131 Verlängerung der Anspruchsdauer durch das „Gesetz zur Umsetzung steuerlicher Hilfsmaßnahmen zur Bewältigung der Corona-Krise" (BGBl. 2020 I 1385). Vgl. zu den vorherigen Problemen der Sechs-Wochen-Frist *Stöß/Putzer* NJW 2020, 1465 (1469 f.).

132 BT-Drs. 19/18111, 25.

133 Eingeführt durch Art. 4 a des „Gesetzes über eine einmalige Sonderzahlung aus Anlass der COVID-19-Pandemie an Besoldungs- und Wehrsoldempfänger" (BGBl. 2020 I 3136).

134 So zB in Thüringen, wo die Winterferien v. 8.1.2021 bis 13.2.2021 auf den 25.1.2021 bis 30.1.2021 vorgezogen wurden.

135 *Eckart/Kruse* in BeckOK InfSchR IfSG § 56 Rn. 55; *Stöß/Putzer* NJW 2020, 1465 (1468 f.).

sieren. Letztlich sollten entweder der Gesetzgeber oder die Landesregierungen der Rechtssicherheit wegen für diese Fälle Klarheit schaffen.

Ein Kausalzusammenhang kann auch dann fehlen, wenn Kurzarbeit angeordnet wird. 33a
Dann beruht der Verdienstausfall insoweit nicht auf dem Betreuungsbedarf, sondern ist durch die Kurzarbeit bedingt. Nebenbei soll auch eine Betreuung des Kindes zumutbar sein.[136] Ausgeschlossen ist der Anspruch, wenn der Arbeitnehmer keine zumutbare Alternative zur Betreuung ergriffen hat. Grundsätzlich wird man in diesem Zusammenhang auf die Grundsätze des Leistungsverweigerungsrechts aus § 275 Abs. 3 BGB zugreifen können. Die anderweitige Betreuung durch Verwandte oder Dritte wird zumeist wegen Kontaktbeschränkungen und der potenziellen Gefährdung von Risikopersonen ausgeschlossen sein, so dass eine Betreuungsalternative zurzeit nur erschwert und in Ausnahmefällen organisiert werden kann.[137] Keine überzeugende Alternative zur Betreuung wäre es, den Arbeitnehmer zu verpflichten, vorrangig nicht festgelegte Urlaubstage einzusetzen. Dies würde zum einen dem Erholungszweck des Arbeitnehmers widersprechen. Zum anderen würde der Zweck der neuen Entschädigungsregel praktisch unterlaufen werden, weil auf diese Art und Weise wahrscheinlich eine vollständige Auszahlung der hierfür vorgesehenen Finanzvolumina iHv 3,19 Mrd. EUR verhindert werden würde.[138]

d) Kinderkrankengeld für das Kalenderjahr 2021 nach § 45 SGB V

Im Zuge der Schulschließungen und der Aufhebung der Präsenzpflicht haben die Bun- 33b
desregierung und die Regierungschefinnen und Regierungschefs der Länder zudem beschlossen, für das Kalenderjahr 2021 die Bezugsdauer für das Kinderkrankengeld um zehn zusätzliche Tage pro Elternteil bzw. um 20 zusätzliche Tage für Alleinerziehende zu verdoppeln, vgl. § 45 Abs. 2 a S. 1 SGB V; gleichzeitig wurde die strikte Höchstgrenze auf 45 bzw. 90 Tage verlängert, § 45 Abs. 2 a S. 1 SGB V.[139] Die Ausweitung der Anspruchsdauer wird damit begründet, dass für die andauernde COVID-19-Pandemie und die in diesem Zusammenhang häufigere Inanspruchnahme des Kinderkrankengeldes die Grundregel des § 45 Abs. 2 SGB V hinsichtlich des Leistungszeitraums nicht ausreichend sei. Mit der zeitlich auf das Jahr 2021 begrenzten Ausdehnung des Leistungszeitraums solle der Pandemiesituation insoweit Rechnung getragen werden, als dass die Betreuung, Beaufsichtigung oder Pflege eines erkrankten Kindes im Zusammenhang mit dem Infektionsgeschehen häufiger erforderlich sein kann.[140] Darüber hinaus wurde der Anspruch auf Kinderkrankengeld auch über seinen regulären Anwendungsbereich hinaus ausgedehnt. Soweit die übrigen Anspruchsvoraussetzungen nach § 45 Abs. 1 SGB V mit Ausnahme der Erkrankung des Kindes vorliegen, besteht der Anspruch gem. des neuen § 45 Abs. 2 a S. 3 iVm Abs. 3, 5 SGB V auch in den Fällen, in denen eine **Betreuung des gesunden Kindes** zu Hause erforderlich wird, weil die Schule, die Einrichtung zur Betreuung von Kindern (Kindertageseinrichtung, Horte, Kindertagespflegestelle) oder die Einrichtung für Menschen mit Behinderungen geschlossen ist bzw. für die Klasse oder Gruppe pandemiebedingt ein Betretungsverbot ausgesprochen wurde oder die Präsenzpflicht im Unterricht ausgesetzt ist bzw. der Zugang zum Kinderbetreuungsangebot eingeschränkt wird oder das Kind aufgrund einer behördlichen Empfehlung die Einrichtung nicht besucht. Nach Maßgabe von § 45 Abs. 2 a S. 4 SGB V sind diese Tat-

---

136 Vgl. BT-Drs. 19/18111, 17 und 25.

137 Dies erkennt auch schon die Gesetzesbegründung, BT-Drs. 19/18111, 25.

138 Vgl. BT-Drs. 19/18111, 25, wo nicht von einer Einsetzung ausstehender Urlaubstage als zumutbare Alternative gesprochen wird, bei Überstunden hingegen schon; *Hohenstatt/Krois* NZA 2020, 413 (417).

139 „Gesetz gegen Wettbewerbsbeschränkungen für ein fokussiertes, proaktives und digitales Wettbewerbsrecht 4.0 und anderer Bestimmungen (GWB-Digitalisierungsgesetz)“ v. 18.1.2021 (BGBl. I 2); s. a. BT-Drs. 19/25868, 124 f.

140 BT-Drs. 19/25868, 124.

bestandsvoraussetzungen[141] der zuständigen Krankenkasse auf geeignete Weise nachzuweisen. Die Krankenkasse kann die Vorlage einer Bescheinigung der Einrichtung oder der Schule verlangen. Nach der Gesetzesbegründung besteht der Anspruch unabhängig davon, ob die geschuldete Arbeitsleistung nicht auch grundsätzlich in häuslicher Tätigkeit erbracht werden kann (bspw. im Home Office).[142] Das **Konkurrenzverhältnis** dieser Leistung **zu § 56 Abs. 1 a IfSG** regelt § 45 Abs. 2 b SGB V: Für die Zeit des Bezugs von Krankengeld nach § 45 Abs. 2 a S. 3 SGB V ruht für beide Elternteile der Anspruch nach § 56 Abs. 1 a IfSG, so dass für denselben Zeitraum zusätzlich zum Bezug von Krankengeld nach jener Norm weder für das dem Kinderkrankengeldbezug zugrundeliegende Kind noch für ein anderes aus den in § 45 Abs. 2 a S. 3 SGB V genannten Gründen betreuungsbedürftiges Kind eine Entschädigungsleistung nach § 56 Abs. 1 a IfSG beansprucht werden kann. Damit ist lediglich die Konkurrenz der beiden Zahlungsansprüche geklärt, wenn das Krankengeld bereits beantragt ist. Wie die Ansprüche zueinanderstehen, wenn für beide Ansprüche bloß die Voraussetzungen bestehen, aber der Antrag noch fehlt, ist nicht ausdrücklich in § 45 Abs. 2 b SGB V geregelt. Der Wortlaut stellt nur auf die Zeit des Bezugs des Krankengeldes ab. Hätte auch der Vorrang bei bloßem Vorliegen der Voraussetzungen der beiden Ansprüche geregelt werden sollen, so hätte der Gesetzgeber dies im Wortlaut klarstellen können. Für einen **generellen Vorrang des § 45 Abs. 2 a SGB V** sprechen der Sinn und Zweck der beiden Ansprüche. Bei § 56 IfSG handelt es sich um eine Billigkeitsentschädigung[143], welche grds. subsidiär herangezogen werden soll. § 45 Abs. 2 a SGB V wurde vom Gesetzgeber hingegen als vorrangige Maßnahme zur Bewältigung der gegenwärtigen Situation erlassen, um Arbeitnehmer mit betreuungsbedürftigen Kindern zu entlasten.[144] Weiterhin stellt das **Kinderkrankengeld** auch die **günstigere Entschädigungsregel** dar. Der Anspruch auf Kinderkrankengeld nach § 45 Abs. 2 a SGB V besteht im Gegensatz zum Anspruch nach § 56 Abs. 1 a IfSG gerade auch dann, wenn die Einrichtung nicht geschlossen ist, sondern lediglich von ihrem Besuch abgeraten wird und eine Art eingeschränkter Zugang besteht.[145] Darüber hinaus ist der neu geschaffene Anspruch insofern günstiger, als er unabhängig davon besteht, ob die geschuldete Arbeitsleistung nicht auch grundsätzlich im Home-Office erbracht werden kann.[146] Zudem muss sich iRd § 45 Abs. 2 a SGB V lediglich um eine Betreuung durch andere im Haushalt lebende Personen bemüht werden. Da es sich lediglich um modifizierte Ansprüche nach § 45 Abs. 1 SGB V handelt, gelten auch die Ausschlussgründe des § 45 SGB V.[147] Hingegen ist der Anspruch nach § 56 Abs. 1 a IfSG bereits ausgeschlossen, wenn jegliche andere zumutbare Betreuungsmöglichkeit besteht – und damit auch Möglichkeiten außerhalb des eigenen Haushaltes (→ Rn. 33 a). § 45 Abs. 2 a SGB V schließt damit eine Lücke des § 56 Abs. 1 a IfSG.[148] Ein deutlicher Unterschied liegt in der Leistungshöhe. So beträgt die Entschädigung nach § 45 Abs. 2 a SGB V bis zu 90 % des Nettoarbeitsentgelts und maximal 3.386,40 EUR pro Monat (Tageshöchstsatz 112,88 EUR), die Entschädigung nach § 56 Abs. 1 a IfSG dagegen nur 67 % des Nettoarbeitsentgelts und maximal 2.016 EUR pro Monat (Tageshöchstsatz 67,20 EUR). Die aufgrund der Neufassung des § 45 SGB V entstehenden Mehraufwen-

141 Die Schließung der Schule, der Einrichtung zur Betreuung von Kindern oder der Einrichtung für Menschen mit Behinderung, das Betretungsverbot, die Verlängerung der Schul- oder Betriebsferien, die Aussetzung der Präsenzpflicht in einer Schule, die Einschränkung des Zugangs zum Kinderbetreuungsangebot oder das Vorliegen einer behördlichen Empfehlung, vom Besuch der Einrichtung abzusehen.

142 BT-Drs. 19/25868, 124.

143 BT-Drs. 3/1888, 27; BGH Urt. v. 30.11.1978 – III ZR 43/77, BGHZ 73, 16 = NJW 1979, 422 (424) zur Vorgängerregelung.

144 BT-Drs. 19/25868, 124.

145 BT-Drs. 19/25868, 124.

146 BT-Drs. 19/25868, 124; *Grimm/Göbel* ArbRB 2021, 47 (51).

147 BT-Drs. 19/25868, 124; zu den Ausschlussgründen *Rolfs* in ErfK SGB V § 45 Rn. 5.

148 *Grimm/Göbel* ArbRB 2021, 47 (50).

dungen iHv geschätzten 300 Millionen Euro trägt der Bund im Wege eines ergänzenden Bundeszuschusses an den Gesundheitsfonds, vgl. § 221 a Abs. 2 SGB V. Darin ist auch eine Entlastung der Länder zu sehen, die nach dem IfSG erstattungspflichtig sind und die Entschädigungszahlungen tragen (→ Rn. 45). Insgesamt lässt sich daraus ein Vorrang des Anspruches aus § 45 Abs. 2 a SGB V ziehen.[149] Zugleich ist der finanzielle Anreiz gesetzt, diesen Anspruch zuerst zu verfolgen.

So begrüßenswert diese neue Entschädigungsreglung in § 45 Abs. 2 a SGB V im Ansatz 33c
ist, ist doch der persönliche Anwendungsbereich im Lichte des allgemeinen Gleichheitssatzes gem. Art. 3 Abs. 1 GG kritisch zu sehen, insbesondere wenn man die vergleichbare Vorschrift des § 56 Abs. 1 a IfSG mit in den Blick nimmt. Die Relevanz dieses Problems resultiert aus dem Umstand, dass einige Tatbestandsvoraussetzungen und der Leistungsumfang günstiger sind als die entsprechenden Vorgaben in § 56 IfSG (vgl. die Gegenüberstellung in → Rn. 33 b). Grds. müssen für die Zwecke des § 45 SGB V sowohl der das Kinderkrankengeld beziehende Erziehungsberechtigte als auch das Kind gesetzlich krankenversichert sein.[150] Dabei kann das Kund auch in der Familienversicherung über einen Elternteil versichert sein, vgl. § 10 SGB V.[151] Von dieser Regelung ausgeschlossen bleiben damit Personen, die nicht gesetzlich versichert sind oder dessen Kind nicht in der gesetzlichen Krankenversicherung ist – also in den meisten Fällen Beamte als Beihilfeberechtigte oder privatversicherte Selbstständige. Die Ungleichbehandlung dieser Personenkreise zu den gesetzlichen Krankenversicherten ist grds. durch das System und die Ausgestaltung der Krankenversicherungen in die soziale und private Krankenversicherung bedingt. Für die Zwecke der Organisation des Gesundheitswesens mag dies eine sachliche Differenzierung sein. Anders verhält es sich jedoch bei dem neugeschaffenen § 45 Abs. 2 a SGB V, der keine typische oder nicht einmal vergleichbare Leistung der sozialen Krankenversicherung darstellt, sondern eine krankheitsunabhängige Entschädigung für zusätzlichen Betreuungsbedarf durch Maßnahmen des Infektionsschutzes darstellt. Dem Grunde nach unterfällt sie vom Zweck der Zahlung gar nicht der gesetzlichen Krankenversicherung. Es handelt sich vielmehr um eine Entschädigungsregelung für infektionsbedingten Betreuungsaufwand, der wohl zur Vereinfachung des verwaltungstechnischen Verfahrens mit dem bewährten System des Kinderkrankengeldes im SGB V verbunden wurde. Sachliche Gründe, weshalb dieser Betreuungszuschuss nur gesetzlich Versicherten mit gesetzlich versicherten Kindern zustehen soll, sind nicht ersichtlich. Die internen Zahlungsströme zwischen Bund und Ländern können nicht als Rechtfertigung herangezogen werden. Privatversicherte sind durch die Schulschließungen ebenso betroffen und können ihrer Arbeit nicht ungehindert nachkommen. Diese Pflichtenkollision betrifft alle Erziehungsberechtigte und nicht bloß gesetzlich Krankenversicherte. Die Neuregelung des § 45 Abs. 2 a SGB V ist daher wegen der sachlich ungerechtfertigten Ungleichbehandlung kritisch zu betrachten. Die pragmatische Lösung dieser nicht zu rechtfertigenden Ungleichbehandlung wäre ein Anspruch auf „Anpassung nach oben“, dh die Begünstigung wird auf die bisher gleichheitswidrig ausgeschlossenen ausgeweitet. Beamte wurden bis zu einer Lösung dieses Problem auf den Sonderurlaub unter Fortzahlung der Besoldung zur Betreuung erkrankter Kinder verwiesen. Zumindest bis zum 31.12.2020 bestand bspw. für Bundesbeamte die Möglichkeit der bezahlten Freistellung bei nicht krankheitsbedingtem Betreuungsbedarf von Kindern durch Schließung von Schulen und Kindertagesstätten, vgl. § 21 Abs. 2 a bis 2 c

149 Ebenso *Grimm/Göbel* ArbRB 2021, 47 (50).
150 *Rolfs* in ErfK SGB V § 45 Rn. 2 f.
151 BT-Drs. 11/2237, 22 und 181.

SUrlV[152]. Diese Tatbestände sind jedoch wieder zum 1.1.2021 außer Kraft getreten,[153] so dass sich die Frage stellen wird, ob der Urlaub auch bei nicht krankheitsbedingtem Betreuungsbedarf gewährt werden kann oder muss. Letztlich bleibt den nicht gesetzlich Krankenversicherten in diesen Fällen noch ein Anspruch nach § 56 Abs. 1 a IfSG.[154]

5. Sonstige arbeitnehmerseitige Arbeitsverweigerung

34 Denkbar ist auch, dass sich Arbeitnehmer unabhängig von infektionsrechtlichen Maßnahmen aus Angst oder zur Prävention einer Ansteckung dazu entschließen, der Arbeit und dem Arbeitsplatz fernzubleiben. In diesen Fällen hängt es vom Grund des Fernbleibens ab, inwieweit der Arbeitnehmer sich berechtigterweise auf ein Leistungsverweigerungsrecht berufen kann und ob der Arbeitgeber den Lohn fortzahlen muss.[155] Dabei trägt der Arbeitnehmer das Risiko der Beweislast und damit auch der Rechtsfolgen. Bei unberechtigter Arbeitsverweigerung kann der Arbeitgeber das Verhalten mit einer Abmahnung sanktionieren und im Wiederholungsfalle uU eine ordentliche Kündigung – in schweren Fällen auch eine außerordentliche Kündigung – aussprechen.[156]

a) Fernbleiben wegen allgemeiner Ansteckungsgefahr

35 Ein Leistungsverweigerungsrecht besteht grundsätzlich nur dann, wenn die Erbringung der Arbeitsleistung eine **erhebliche Gefahr** für Leben oder Gesundheit des Arbeitnehmers darstellt und das normale Ansteckungsrisiko übersteigt.[157] Bei der Ansteckungsgefahr auf dem Weg zur Arbeit, nach Hause oder bei Kontakt mit Kollegen realisiert sich lediglich das allgemeine Lebensrisiko. Zudem hat der Arbeitnehmer auch das **Wegerisiko** zu tragen.[158] Der Weg zur Arbeit bzw. die Arbeit am Arbeitsplatz ist den meisten Arbeitnehmern weiterhin zumutbar, so dass dem Arbeitnehmer auch bei Angst vor einer Ansteckung kein Leistungsverweigerungsrecht zusteht. Bleibt er der Arbeit trotzdem fern, hat der Arbeitnehmer keinen Anspruch auf Vergütung, vgl. § 326 Abs. 1 BGB. Zudem liegt eine Pflichtverletzung vor. Gehört der Arbeitnehmer hingegen einer besonders **anfälligen Risikogruppe** an, bei der ein schwerwiegender oder sogar lebensbedrohlicher Verlauf zu erwarten ist, ist die Erbringung der Arbeitsleistung am Arbeitsplatz unzumutbar und kann gem. § 275 Abs. 3 BGB verweigert werden.[159] Freilich entfällt dann auch der Entgeltanspruch gem. § 326 Abs. 1 BGB.

b) Fernbleiben mangels Schutzmaßnahmen am Arbeitsplatz

36 Anders stellt sich die rechtliche Lage dar, wenn der Arbeitnehmer wegen mangelnder Präventionsmaßnahmen am Arbeitsplatz der Arbeit fernbleibt. Grundsätzlich hat der Arbeitgeber gem. § 618 Abs. 1 BGB die Pflicht, den Arbeitnehmer vorsorglich vor arbeitsbedingten Gefahren für Gesundheit und Leben zu schützen. Insbesondere muss der Arbeitgeber zumutbare Maßnahmen treffen, die dem Arbeitnehmer größtmöglichen Schutz vor einer Corona-Infektion bieten.[160] Hat der Arbeitgeber solche Maßnahmen nicht getroffen, ist der Arbeitnehmer berechtigt, seine Arbeitsleistung nach § 273 Abs. 1

---

152 „Sonderurlaubsverordnung" v. 1.6.2016 (BGBl. I 1284).

153 Art. 4 iVm Art. 5 „Verordnung zur Weiterentwicklung dienstrechtlicher Regelungen zu Arbeitszeit und Sonderurlaub" v. 17.12.2020 (BGBl. I 3011).

154 Ebenso *Grimm/Göbel* ArbRB 2021, 47 (51).

155 Ausf. zum Recht des Auszubildenden, von der Arbeit fernzubleiben, *Pepping/Günther* NJOZ 2020, 1569 (1569 f.).

156 Zur Kündigung bei Arbeitsverweigerung *Vossen* in APS KSchG § 1 Rn. 282 ff.

157 *Preis* in ErfK BGB § 611 a Rn. 686; *Thüsing* in HWK BGB § 611 a Rn. 550.

158 *Preis* in ErfK BGB § 615 Rn. 133.

159 So auch *Sagan/Brockfeld* NJW 2020, 1112 (1114); *Dehmel/Hartmann* BB 2020, 885 (886).

160 Ausf. zum Arbeitsschutz und Risiken während der Corona-Pandemie *Seiwerth/Witschen* NZA 2020, 825; *G. Falter* BB 2009, 1974 (1976 ff.); mit einer Aufzählung denkbarer gebotener Maßnahmen *Sagan/Brockfeld* NJW 2020, 1112 (1113); allgemein *Henssler* in MüKoBGB § 618 Rn. 50.

BGB zu verweigern.[161] Wirtschaftlich ist der Arbeitnehmer weiterhin abgesichert, da der Arbeitgeber dann in Annahmeverzug gerät und gem. § 615 S. 1 BGB verpflichtet ist, das Entgelt zu zahlen.[162]

6. Geltendmachung der Vergütungsansprüche und Entschädigungsansprüche des IfSG

Da bereits jetzt das Konkurrenzverhältnis der einzelnen Ansprüche untereinander kontrovers diskutiert wird und zahlreiche divergierende Handlungsempfehlungen ausgesprochen werden, sind gerichtliche Auseinandersetzungen nicht unwahrscheinlich.[163] Von Bedeutung ist in diesem Zusammenhang nicht nur der einschlägige Rechtsweg. Auch ist zu bedenken, ob Ansprüche wegen Ausschlussfristen, Verjährung oder verstrichener Antragsfristen noch geltend gemacht werden können. Daher soll an dieser Stelle erläutert werden, wie sich die Durchsetzung dieser Ansprüche gestaltet. Systematisch wird dabei zwischen arbeitsrechtlichen Vergütungsansprüchen auf der einen Seite und öffentlich-rechtlichen Entschädigungsansprüchen auf der anderen Seite unterschieden. 37

a) Abwicklung der arbeitsrechtlichen Vergütungsansprüche

Bei den Vergütungs- und Entgeltfortzahlungsansprüchen handelt es sich um Zahlungsverpflichtungen des Arbeitgebers, die im Arbeitsvertrag gründen. Für diese hat der Arbeitgeber primär selbst einzustehen.[164] Gerade während wirtschaftlich fordernder Situationen wie einer landes- oder gar weltweiten Pandemie stellt sich Arbeitgebern die Frage, ab wann Vergütungsansprüche nicht mehr erfüllt werden müssen oder bis wann der Arbeitnehmer Zahlungsansprüche beim Arbeitgeber geltend zu machen hat. Vorbehaltlich anlassbezogener Regulierung gelten auch in einer Pandemie-Situation dafür weiterhin zuvörderst die allgemeinen zivilrechtlichen Grundsätze. Zu beachten sind also namentlich Ausschluss- und Verjährungsfristen.[165] 38

aa) Ausschlussfristen

In der arbeitsvertraglichen Kautelarpraxis ist es üblich, einzelvertragliche oder tarifvertragliche Ausschlussfristen für bestimmte Ansprüche aus dem Arbeitsverhältnis zu vereinbaren.[166] Dabei handelt es sich um eine ab Fälligkeit des Anspruches laufende Frist, innerhalb welcher der Arbeitnehmer seine Ansprüche beim Arbeitgeber geltend machen muss.[167] Hält er diese Frist nicht ein, so **erlöschen** die Ansprüche **endgültig**.[168] Ausschlussfristen stellen eine rechtsvernichtende Einwendung dar und sind daher von Amts wegen zu prüfen. Jedoch wird man in Zeiten der Corona-Pandemie wohl kaum davon ausgehen können, dass solche Ausschlussfristen verstreichen, da wegen der angespannten wirtschaftlichen Lage einzelne Arbeitnehmer ihre Ansprüche schnellstmöglich geltend machen werden. Freilich sei an dieser Stelle auf dieses scharfe Instrument hingewiesen. 39

---

161 Zur Leistungsverweigerung bei Fürsorgepflichtverletzung BAG Urt. v. 8.5.1996 – 5 AZR 315/95, NZA 1997, 86 (88 f.); Urt. v. 19.2.1997 – 5 AZR 982/94, NZA 1997, 821 (822 f.); Urt. v. 14.2.1978 – 1 AZR 76/76, NJW 1979, 236 (237).

162 *Kohte* in MHdB-ArbR § 175 Rn. 27; *Henssler* in MüKoBGB § 618 Rn. 93; die Verpflichtung über § 326 Abs. 2 S. 1 BGB herleitend *von Steinau-Steinrück/Jöris* 2020, 1368 (1369 f.).

163 Zum Zeitpunkt dieser Kommentierung sind noch keine Entscheidungen zu dieser Materie bekannt.

164 Abweichendes mag bspw. in Konzernsituationen bestehen.

165 Zu den Auswirkungen der Corona-Pandemie auf Verfahrensfristen im arbeitsgerichtlichen Urteilsverfahren s. *Düwell* NZA-RR 2020, 225.

166 Zur Wirksamkeit von Ausschlussfristen jüngst *Seiwerth* ZfA 2020, 100.

167 *Richardi/Fischinger* in Staudinger BGB § 611 a Rn. 1723 f.

168 *Preis* in ErfK BGB § 218 Rn. 33.

bb) Verjährung

40 Vergütungsansprüche aus Arbeitsverträgen unterliegen zudem der regelmäßigen Verjährungsfrist von drei Jahren, vgl. §§ 195, 199 BGB iVm § 214 Abs. 1 BGB.[169] Danach beginnt die Regelfrist gem. § 199 Abs. 1 BGB mit Entstehen des Anspruches und Kenntniserlangung der Anspruch begründeten Umstände. Kenntnis liegt dann vor, wenn dem Arbeitnehmer Tatsachen bekannt sind, mittels derer es ihm zumutbar ist gegen eine bestimmte Person eine Klage zu erheben.[170] Für den Beginn der Verjährungsfrist ist jedoch nicht die Kenntnis der rechtlichen Voraussetzungen nötig, sondern verlangt bloß die **Kenntnis der tatsächlichen Umständen**, welcher den Anspruch begründen.[171] Deshalb ist es für den Arbeitnehmer auch nicht entscheidend, in welchem Verhältnis die Ansprüche zueinander stehen. Die Frist fängt mit Kenntnis der Arbeitsverhinderung aufgrund von Krankheit, Kinderbetreuung oder behördlicher Anordnung nach dem IfSG an zu laufen. Ist die Verjährungsfrist abgelaufen, sind die Ansprüche gem. § 214 BGB dauerhaft gehemmt und nicht mehr durchsetzbar, sofern der Arbeitgeber die Einrede der Verjährung erhebt.

cc) Rechtsweg

41 Für die gerichtliche Geltendmachung ist zwischen den einzelnen Anspruchsgrundlagen genau zu differenzieren. Ist der Arbeitgeber trotz Nichtleistung weiterhin zur Entgeltfortzahlung verpflichtet, gelten die allgemeinen Grundsätze der Zuständigkeit der **Arbeitsgerichtsbarkeit** gem. § 2 Abs. 1 Nr. 3 lit. a ArbGG.[172] Daran ändert sich aufgrund der tatsächlichen Umstände der Corona-Pandemie nichts.

b) Abwicklung der Entschädigungsansprüche des IfSG

42 Bei der Geltendmachung der Ansprüche des Arbeitnehmers und des Arbeitgebers gegen die zuständigen Gesundheitsbehörden handelt es sich um besondere Entschädigungsansprüche des öffentlich-rechtlichen Gefahrenabwehrrechts.[173] Dadurch ergeben sich Unterschiede bei der Geltendmachung, der Verjährung und der Abwicklung im Vergleich zu den arbeitsrechtlichen Ansprüchen.

aa) Antrag und Antragsfrist

43 Damit der Arbeitnehmer in den Genuss der Entschädigungsansprüche des IfSG gelangt, hat er diese durch fristgerechten und inhaltlich korrekten Antrag nach § 56 Abs. 11 S. 1 IfSG gegenüber der zuständigen Behörde geltend zu machen. Der **Antrag** muss nach der Neufassung der Vorschrift innerhalb von **zwölf Monaten bei der zuständigen Behörde** gestellt werden. Maßgeblicher Zeitpunkt für den Fristbeginn ist die Einstellung der verbotenen Tätigkeit, das Ende der Absonderung, das Ende der vorübergehenden Schließung oder der Untersagung des Betretens nach § 56 Abs. 1 a S. 1 IfSG. Zusätzlich ist dem Antrag eine Bescheinigung über Höhe sowie Dauer der Arbeitsentgeltzahlung des Arbeitgebers beizufügen, vgl. § 56 Abs. 11 S. 2 IfSG. Geschieht dies nicht, verliert er seinen Anspruch nicht unbedingt. Die Frist des § 56 Abs. 11 stellt keine Ausschlussfrist dar, sondern lediglich eine **Ordnungsfrist**.[174] Es liegt letztendlich im pflichtgemäßen Er-

169 *Richardi/Fischinger* in Staudinger BGB § 611 a Rn. 1704 ff.

170 BGH Urt. v. 18. 6. 2009 – VII ZR 167/08, NJW 2010, 61 (61); *Spinner* in MüKoBGB § 611 a Rn. 776.

171 BAG Urt. v. 13.3.2013 – 5 AZR 424/12, BAGE 144, 322 = NZA 2013, 785 (786); Urt. v. 17.12.2014 – 5 AZR 8/13, NZA 2015, 479 (480).

172 Vgl. nur *Koch* in ErfK ArbGG § 2 Rn. 13, wonach alle Ansprüche auf Vergütung umfasst sind.

173 *Gerhardt* IfSG § 56 Rn. 1; *Becker* in Huster/Kingreen InfektionsschutzR-HdB Kap. 9 Rn. 109 ff.; *Lutz* IfSG § 56 Rn. 1; als „Aufopferungsanspruch sui generis" bezeichnet bei *Eckart/Kruse* in BeckOK InfSchR IfSG § 56 Rn. 10; BT-Drs. 14/2530, 87.

174 So zur vorherigen dreimonatigen Frist *Erdle* IfSG § 56 Anm. 21; *Gerhardt* IfSG § 56 Rn. 39; zurückhaltender zur zwölfmonatigen Frist *Kümper* in Kießling IfSG § 56 Rn. 48.

messen der Behörde, ob sie auch verfristete Anträge anzunehmen gedenkt.[175] Allerdings sind insoweit uU landesrechtliche Vorschriften über das Erlöschen von Ansprüchen gegen den Staat zu berücksichtigen (*Bachmann/Rung* in → § 15 Rn. 61).[176] Anzumerken ist, dass der Gesetzgeber erkannt hat, dass die ursprüngliche Frist von drei Monaten in § 56 Abs. 11 IfSG aF während der Corona-Pandemie zu kurz gewählt und nicht praktikabel war, so dass die Verlängerung der Frist auf jetzt zwölf Monate aus Gründen des Schutzes der Arbeitnehmer vor Verfristung ihres Antrags und zur Entlastung der Behörden zu begrüßen ist.[177]

bb) Verjährung

44 Schließlich ist für eine Geltendmachung der Entschädigungsansprüche auch entscheidend, ob diese durchsetzbar sind. Für Rechtsstreitigkeiten wird sich die Frage stellen, ob und wie die Ansprüche des IfSG verjähren. Das IfSG enthält in seinen Vorschriften selbst keine Regelung zur **Verjährung seiner Ansprüche**. Nach der Schuldrechtsreform wurde stark diskutiert, ob die §§ 194 ff. BGB auf Ansprüche des öffentlichen Rechts entsprechend anwendbar sind oder die vorherige Rechtslage bestehen bleiben soll, so dass einige Ansprüche unter einer dreijährigen, andere unter einer dreißigjährigen Verjährungsfrist stehen.[178] Dem Grundsatz nach sollen die Regeln des BGB jedoch nur anwendbar sein, soweit neben Spezialvorschriften auch keine anderweitigen öffentlichrechtlichen Vorschriften entsprechend anwendbar sind.[179] Bei den Ansprüchen aus § 56 IfSG handelt es sich um Billigkeitsentschädigungen des Arbeitnehmer und Erstattungsansprüche des Arbeitgebers wegen vorheriger **gefahrenabwehrrechtlicher Inanspruchnahme**.[180] Für derartige enteignende und enteignungsgleiche Ansprüche hat sich die entsprechende Anwendung des § 195 BGB mit seiner dreijährigen Verjährungsfrist mangels anderweitiger entsprechend öffentlich-rechtlicher Vorschriften in der Rechtsprechung durchgesetzt (*Bachmann/Rung* in → § 15 Rn. 62).[181] Gem. § 214 Abs. 1 BGB analog ist der Anspruch wegen der rechthemmenden Einrede der Verjährung nach Ablauf der Verjährungsfrist dauerhaft nicht mehr durchsetzbar, sofern die zuständige Behörde diese Einrede erhebt.[182]

cc) Zahlungsfluss bei Ansprüchen aus dem IfSG

45 Im Rahmen der staatlichen Entschädigungsansprüche gem. § 56 Abs. 1 und Abs. 1 a IfSG fungiert der Arbeitgeber als Zahlungsstelle der zuständigen Gesundheitsbehörden (§ 54 IfSG), indem er für die ersten sechs Wochen die Entschädigung **für und im Namen der Behörde** auszahlt, vgl. § 56 Abs. 5 S. 1 IfSG. Diese Auszahlungspflicht des Arbeitgebers soll eine schnelle Hilfe für den betroffenen Arbeitnehmer gewährleisten.[183] Bei berechtigten Ansprüchen der Arbeitnehmer hat der Arbeitgeber gem. § 56 Abs. 5 S. 2 IfSG

175 *Gerhardt* IfSG § 56 Rn. 39. Mangels einschlägiger Rechtsprechung empfiehlt sich jedoch, die Anträge fristgerecht einzureichen, s. *Bachmann/Rung* in → § 15 Rn. 46; *Kümper* in Kießling IfSG § 56 Rn. 48.

176 Art. 71 Abs. 1 S. 1 Nr. 2 des Bayerischen AGBGB; *Erdle* IfSG § 56 Anm. 21; *Gerhardt* IfSG § 56 Rn. 39.

177 „Zweites Gesetz zum Schutz der Bevölkerung bei einer epidemischen Lage von nationaler Tragweite" v. 19.5.2020 (BGBl. I 1018); s. a. BT-Drs. 19/18967, 22, 60.

178 Vgl. zur Differenzierung zwischen den Ansprüchen *Terhechte* in HK-VerwR VwVfG § 53 Rn. 7; ausführlich hierzu *Kellner* NVwZ 2002, 395.

179 *Ellenberger* in Palandt BGB § 194 Rn. 2; *Ellenberger* in Palandt BGB § 195 Rn. 20.

180 *Gerhardt* IfSG § 56 Rn. 1; *Becker* in Huster/Kingreen InfektionsschutzR-HdB Kap. 9 Rn. 109; *Lutz* IfSG § 56 Rn. 1; als „Aufopferungsanspruch sui generis" bezeichnet bei *Eckart/Kruse* in BeckOK InfSchR IfSG § 56 Rn. 10; BT-Drs. 14/2530, 87.

181 BGH Urt. v. 11.1.2007 – III ZR 302/05, BGHZ 170, 260 = NJW 2006, 830 (834); ebenso auf die allgemeine Verjährungsfrist nach §§ 195, 199 BGB abstellend *Eckart/Kruse* in BeckOK InfSchR IfSG § 56 Rn. 104; **aA** für eine analoge Anwendung des § 54 BPolG *Terhechte* in HK-VerwR VwVfG § 53 Rn. 7; *Kellner* NVwZ 2002, 395 (399 f.); für 30 Jahre nach § 195 BGB aF bspw. *Mansel* NJW 2002, 89 (91).

182 BGH Urt. v. 28.3.2006 – XI ZR 425/04, NJW-RR 2006, 1227 (1280).

183 *Gerhardt* IfSG § 56 Rn. 25; *Kümper* in Kießling IfSG § 56 Rn. 48; *Stöß/Putzer* NJW 2020, 1465 (1468).

einen Antrag bei der zuständigen Gesundheitsbehörde zu stellen, um sich den vollen Betrag der geleisteten Zahlungen an den Arbeitnehmer erstatten zu lassen.[184] Für diese Entschädigungsansprüche des Arbeitgebers gilt bezüglich der fristgerechten Antragstellung und der Verjährung dasselbe wie für den Anspruch des Arbeitnehmers gegen die Behörde (→ Rn. 43 f.). Kostenträger ist dabei das Land, in dem die infektionsschutzrechtlichen Maßnahmen erlassen worden sind, vgl. § 66 Abs. 1 IfSG.[185]

46 Um für die Zahlung nach § 56 Abs. 1 a IfSG sicherzustellen, dass der Arbeitgeber nur leistet, wenn ein Betreuungsbedarf ohne zumutbare Alternative besteht, spricht § 56 Abs. 1 a S. 2 IfSG dem Arbeitgeber einen **Auskunftsanspruch über die Betreuungssituation** zu.[186] Danach hat der Arbeitnehmer darzulegen, dass keine weitere zumutbare Alternative besteht. Für den Fall der finanziellen Überbelastung durch die Vorauszahlung des Arbeitgebers für die Behörden steht es dem Arbeitgeber zudem nach § 56 Abs. 12 IfSG zu, auf Antrag bei der zuständigen Behörde einen Vorschuss in Höhe der voraussichtlich zu zahlenden Erstattungsbeträge zu erhalten.

dd) Verteilung der Abwicklungsrisiken bei staatlichen Entschädigungsansprüchen

47 Bezüglich des Abwicklungsrisikos bei Zahlungen durch den Arbeitgeber aufgrund einer Fehleinschätzung oder gar einer Falschauskunft durch den Arbeitnehmer trifft die Gesetzesbegründung zum IfSG keine Aussage. Grundsätzlich müsste der Arbeitgeber hier wegen Leistung ohne Rechtsgrund gem. § 812 Abs. 1 S. 1 Var. 1 BGB gegen den Arbeitnehmer vorgehen. Dabei würde er sich dem **Risiko der Entreicherung** gem. § 818 Abs. 3 BGB aussetzen. Dem steht jedoch entgegen, dass nicht der Lohnanspruch erfüllt wird, sondern für die Behörde gezahlt wird, um schnelle Hilfe zu leisten. Der Arbeitgeber fungiert lediglich als „Zahlstelle" der Behörde. Darin ist eine Parallele zur alten Rechtslage und dem damaligen Entschädigungsanspruch aus § 49 Abs. 4 BSeuchG zu sehen, wonach Arbeitgeber als Nicht-Störer in Anspruch genommen wurden.[187] Übt der Arbeitgeber seinen Ankunftsanspruch gem. § 56 Abs. 1 a IfSG ordnungsgemäß aus oder verwertet er die Auskünfte der Arbeitnehmer sonst ordnungsgemäß, wird er nicht auf ein bereicherungsrechtliches Vorgehen gegen den Arbeitnehmer verwiesen sein. Vielmehr stellt § 56 Abs. 5 S. 2 IfSG aufgrund seines weiten Wortlauts, der lediglich auf ausgezahlte Beträge abstellt, einen speziellen öffentlich-rechtlichen Erstattungsanspruch dar.[188] Somit trägt die Behörde das Prognose-, Informations- und Kostenrisiko und muss die an die Arbeitnehmer unrechtmäßig gezahlten Entschädigungen unmittelbar von diesen zurückverlangen. Der Arbeitgeber bleibt aufgrund dieser Risikoverteilung außen vor. Hat die Behörde ihm die Zahlungen bereits erstattet, muss er diese nicht zurückzahlen. Sind sie dem Arbeitgeber noch nicht erstattet worden, behält er den Anspruch hierauf.

ee) Rechtsweg

48 Bestehen Streitigkeiten bezüglich der Entschädigungen gem. § 56 Abs. 1 und Abs. 1 a IfSG oder wegen der Rückerstattung zwischen Arbeitgeber und zuständiger Behörde gem. § 56 Abs. 5 S. 2 IfSG, sind seit dem 19.11.2020 gem. dem neuen § 68 Abs. 1 S. 1 IfSG die **Verwaltungsgerichte** für Streitigkeiten über die Ansprüche nach § 56 Abs. 1, 1 a und 5 IfSG zuständig.[189] Grund für diese Verschiebung der Zuständigkeit war der Gedanke, Entscheidungen über Entschädigungsanträge schneller bestandskräftig werden

184 Zum Erstattungsanspruch des Arbeitgebers *Kraayvanger/Schrader* NZA-RR 2020, 623.
185 *Kruse* in BeckOK InfSchR IfSG § 66 Rn. 6 ff.
186 *Eckart/Kruse* in BeckOK InfSchR IfSG § 56 Rn. 52.
187 BT-Drs. IV/2176, 2 zur parallelen Vorgängervorschrift § 49 Abs. 4 BSeuchG.
188 So auch *Hohenstatt/Krois* NZA 2020, 413 (417); *Eckart/Kruse* in BeckOK InfSchR IfSG § 56 Rn. 76.
189 Änderung durch Art. 1 des „Dritten Gesetz zum Schutz der Bevölkerung bei einer epidemischen Lage von nationaler Tragweite" v. 18.11.2020 (BGBl. I 2397).

zu lassen.[190] Für die bis zum 19.11.2020 bei den zuvor zuständigen **ordentlichen Gerichten** rechtshängigen Klagen bleiben diese weiterhin zuständig.[191]

IV. Pandemiebedingte Informationsbedürfnisse im Arbeitsverhältnis

1. Überblick

In Zeiten der Corona-Pandemie ist das Informationsbedürfnis des Arbeitgebers so groß wie selten zuvor, da er ständig und schnell mit Schutzmaßnahmen im Betrieb auf eine weitere Verbreitung des Corona-Virus reagieren muss. Besonders wichtig für ihn sind Auskünfte über mögliche Kontakte zu Personen mit begründetem Verdacht einer Infektion oder über das Bestehen von grippeähnlichen Symptomen. Zu nennen sind auch Auskünfte über vergangene Aufenthaltsorte von Arbeitnehmern, da das RKI seine **Liste der Risikogebiete**[192] mehrfach erweitert hat. Ebenfalls wird es mit der langsam, aber stetig fortschreitenden Impfung der systemrelevanten Personen gegen das Corona-Virus für Arbeitgeber im Gesundheitssektor wichtig sein, über den Impf- und Serostatus des Arbeitnehmers Informationen zu erhalten, um Infektionsrisiken zu vermeiden. Im Folgenden soll dargestellt werden, ob dem Arbeitgeber korrespondierend zu den aufgezählten Informationsbedürfnissen ein **Fragerecht** zusteht (→ Rn. 50 ff.). Des Weiteren ist zu erörtern, inwieweit der Arbeitnehmer **ohne Frage** des Arbeitgebers von sich aus Informationen preisgeben muss, ihn mit anderen Worten eine **Offenbarungspflicht** trifft (→ Rn. 65 ff.). Schließlich ist zu erörtern, ob und in welchem Umfang der Arbeitgeber mit Blick auf die hier interessierenden Informationen einer **Mitteilungs- oder Bekanntmachungspflicht** unterliegt (→ Rn. 71 ff.). 49

2. Fragerecht des Arbeitgebers

Für die Erfüllung seiner arbeitsrechtlichen Pflichten ist es für den Arbeitgeber unerlässlich zu wissen, ob Arbeitnehmer Kontakt mit einem Corona-Verdachtsfall hatten, sich in einem Risikogebiet aufgehalten haben, selbst Krankheitssymptome aufweisen oder gar mit diesem Virus infiziert sind. Mittels dieser Informationen kann der Arbeitgeber nämlich einschätzen oder feststellen, ob die Arbeitnehmer eine Gefahr für die Gesundheit anderer darstellen und ob er dementsprechend Maßnahmen zum Schutz der Belegschaft oder Dritter anordnen muss. Um dieses Bedürfnis an Informationen zu befriedigen, muss er diese bei seinen Arbeitnehmern erfragen dürfen. Zulässigerweise dürfen im Arbeitsrecht Fragen nur gestellt werden, an deren wahrheitsgemäßer Beantwortung der Arbeitgeber ein **berechtigtes, billigenswertes und schutzwürdiges Interesse** hat, aufgrund dessen die Belange des Arbeitnehmers zurücktreten müssen.[193] Fragen, die diesem Maßstab genügen, sind legitim und Arbeitnehmer haben diese auch wahrheitsgemäß zu beantworten. Gleichzeitig ist zu berücksichtigen, dass es sich bei der Befragung eines Arbeitnehmers im weit überwiegenden Regelfall um eine Erhebung von personenbezogenen Daten handeln wird, stellen die hier relevanten Daten doch Informationen dar, die sich auf eine identifizierte oder identifizierbare natürliche Person beziehen. Die im Rahmen des Fragerechts des Arbeitgebers **virulenten Probleme** sind insofern immer auch **datenschutzrechtlicher Natur**. Aus diesem Grund muss der Arbeitgeber auch die **Vorgaben des Beschäftigtendatenschutzes** einhalten.[194] 50

---

190 Vgl. BT-Drs. 19/24334, 83; *Kruse* in BeckOK InfSchR IfSG § 68 Rn. 1 b.

191 Vgl. *Kruse* in BeckOK InfSchR IfSG § 56 Rn. 105, § 68 Rn. 1 a.

192 Derzeit gelten weit mehr als 150 Länder als Risiko-, Hochinzidenz- oder Virusvarianten-Gebiete, vgl. RKI, https://www.rki.de/DE/Content/InfAZ/N/Neuartiges_Coronavirus/Risikogebiete_neu.html.

193 BAG Urt. v. 5.10.1995 – 2 AZR 923/94, NZA 1996, 696.

194 BT-Drs. 18/11325, 97. Die nach bisherigen arbeitsrechtlichen Maßstäben zulässige Datenerhebung kann als erforderlich iSd § 26 Abs. 1 BDSG angesehen werden. Umgekehrt kann eine nach arbeitsrechtlichen

51 Die Schlüsselnorm des Beschäftigtendatenschutzes stellt § 26 BDSG dar. Sie ist eine Ausführungsvorschrift iSd Art. 88 Abs. 1 DS-GVO.[195] Gerechtfertigt werden kann eine Frage des Arbeitgebers und damit auch eine Verarbeitung von Daten insbesondere nach der gesetzlichen Erlaubnisnorm § 26 Abs. 1 BDSG, aufgrund einer Einwilligung des Arbeitnehmers gem. § 26 Abs. 2 BDSG oder aufgrund einer Kollektivvereinbarung (§ 26 Abs. 4 BDSG). Wer als Beschäftigter unter den Schutz des § 26 BDSG fällt, regelt § 26 Abs. 8 BDSG mit einem eigenständigen **persönlichen Anwendungsbereich**, der in verschiedene Personengruppen eingeteilt ist.[196] Dazu gehören neben den Arbeitnehmern auch die Leiharbeitnehmer des Betriebs. Verantwortlicher für den Datenschutz ist der Vertragspartner des Beschäftigten – im Arbeitsverhältnis also der Arbeitgeber.[197]

a) Zulässigkeit nach § 26 Abs. 1 BDSG

52 Die Zulässigkeit der Datenverarbeitung bzw. die Zulässigkeit einer Frage des Arbeitgebers ist iRd § 26 Abs. 1 BDSG anhand einer klassischen Verhältnismäßigkeit zu strukturieren. Sie leistet die notwendige **Abwägung** des allgemeinen Persönlichkeitsrechts des Arbeitnehmers auf der einen Seite und den berechtigten, billigenswerten und schutzwürdigen Interessen des Arbeitgebers auf der anderen Seite.[198] § 26 Abs. 1 BDSG definiert hierfür den **zulässigen Zweck** der Datenverarbeitung. Personenbezogene Arbeitnehmerdaten dürfen nur für Zwecke des Beschäftigungsverhältnisses verarbeitet werden. **Legitime Beschäftigungszwecke** sind danach die Entscheidung über die Begründung, Durchführung oder Beendigung des Beschäftigungsverhältnisses. Die Erhebung der Corona-relevanten Daten in Form einer Frage des Arbeitgebers als legitimes Mittel muss also eine Nutzung zum Zwecke des Beschäftigungsverhältnisses darstellen. Indem der Arbeitgeber mittels der Daten geeignete Maßnahmen zum Infektions- und Gesundheitsschutz treffen oder auch über mögliche Gesundheitsrisiken im Betrieb bspw. über bestätigte Corona-Fälle informieren kann, kommt er seiner vertraglichen Rücksichtnahmepflicht gegenüber seinen Arbeitnehmern nach. Insoweit dient die Befragung und nachfolgende Verarbeitung von Corona-relevanten Daten auch der Durchführung des Beschäftigungsverhältnisses.

53 Die personenbezogene Verarbeitung von Arbeitnehmerdaten muss des Weiteren auch für das Arbeitsverhältnis **erforderlich** iSd **§ 26 Abs. 1 S. 1 BDSG** sein. Nach hM verbergen sich hinter diesem Tatbestandsmerkmal die drei Stufen des Grundsatzes der Verhältnismäßigkeit; die Kontrollintensität ist streng, da es um das allgemeine Persönlichkeitsrecht des Arbeitnehmers geht. Das Mittel muss also geeignet bzw. notwendig sein. Es muss zudem erforderlich sein, dh das mildeste unter gleich geeigneten Mitteln darstellen (*ultima ratio*). Schließlich muss es angemessen bzw. verhältnismäßig ieS sein.[199] Auf dieser Stufe der Angemessenheit ist das Spannungsverhältnis zwischen den konfligierenden Rechten so aufzulösen, dass die **geschützten Rechtspositionen von Arbeitgeber und Arbeitnehmer möglichst weitgehend wirksam** werden. Dies erfolgt mithilfe des **Grundsatzes der praktischen Konkordanz** unter Berücksichtigung des konkreten Einzelfalls.

54 Für diese Zwecke lassen sich konkretisierende **abstrakt-generelle Leitlinien** aufstellen, die diese Abwägung vorstrukturieren können. Zu berücksichtigen sind ua die Intensität der umstrittenen Freiheitsbeschränkung, der Umstand, ob und inwieweit die Vertrags-

Maßstäben unzulässige Datenerhebung nie als erforderlich iSd § 26 Abs. 1 BDSG angesehen werden, s. a. *Preis/Temming* ArbR Rn. 1747.

195 *Franzen* in ErfK BDSG § 26 Rn. 2.

196 *Franzen* in ErfK BDSG § 26 Rn. 8; ausführlich zum Katalog *Tiedemann* in HK-BDSG § 26 Rn. 5 ff.

197 *Tiedemann* in HK-BDSG § 26 Rn. 16.

198 *Spinner* in MüKoBGB § 611 a Rn. 1030.

199 BT-Drs. 18/11325, 97.

parteien durch den Abschluss des Vertrags selbst ihre grundrechtlichen Freiheiten beschränkt haben, der Rang und das Gewicht des mit dem Eingriff verfolgten Ziels sowie die spezifische Bedeutung und der spezielle Gehalt des betroffenen Grundrechts bzw. der kollidierenden Grundrechtspositionen in Bezug auf den umstrittenen Regelungskonflikt. Das bedeutet für den hier interessierenden Konflikt: Stellt der Arbeitgeber eine Frage und erhebt damit Daten zur Gesundheit und privaten Kontakten, so wird in die Privatsphäre seines allgemeinen Persönlichkeitsrechts eingegriffen. Zwar sind die Interessen der Arbeitnehmer, diese Informationen nicht preiszugeben, gewichtig. Sie wiegen jedoch nicht schwer genug, um einen weitgehenden Gesundheits- und Lebensschutz zu unterbinden,[200] zumal die Dauer der erheblichen Gefährdung für Gesundheit und Leben an das Bestehen eines Impfstoffes gegen COVID-19 gebunden ist und der damit verbundene grundrechtliche Eingriff von vornherein befristet ist. Auch wird die grundrechtliche Freiheit generell nicht zu stark eingeschränkt, wenn eine schonende und anonyme Informationsübermittlung angewendet wird. Gegenüber den Gefahren für Leib und Leben wiegen die **temporären Einschränkungen** der persönlichen Freiheiten zu Zeiten von Corona daher grds. weniger schwer, womit dem **Gesundheitsschutz** der **Vorrang einzuräumen** ist.[201]

b) Fragen nach Aufenthalt und Kontakt zu infizierten Personen

Von entscheidender Bedeutung für den Arbeitgeber ist, ob der Arbeitnehmer kürzlich mit einer erkrankten Person in Kontakt getreten ist oder sich in einem vom RKI ausgewiesenen Risikogebiet aufgehalten hat, da auch in diesen Fällen die Möglichkeit der Infektion oder Berührung mit dem Corona-Virus besteht. Eine Verpflichtung des Arbeitnehmers, auf Fragen über Umstände des privaten Lebens zu antworten, wie allgemeine Reiseaktivitäten oder Kontakt zu Personen in der Freizeit, besteht im Grundsatz nicht.[202] Dem Arbeitnehmer muss ein **unantastbarer Bereich privater Lebensgestaltung** erhalten bleiben.[203] Ohne besondere Gründe oder Umstände besteht daher kein berechtigtes Interesse des Arbeitgebers an diesen Daten, da sie im Normalfall nicht zur Aufrechterhaltung des Arbeitsbetriebs nötig sind. Entsprechende Fragen müssen nicht beantwortet werden, da sie grundsätzlich einen unzulässigen Eingriff in das Persönlichkeitsrecht darstellen würden.[204] Damit wäre eine Datenverarbeitung nach § 26 Abs. 1 BDSG nicht erforderlich. 55

Eine andere Sichtweise muss jedoch in Zeiten der Corona-Pandemie gelten. Berechtigtes Interesse des Arbeitgebers ist in diesen Fällen der Gesundheitsschutz im Betrieb, zu welchem er gegenüber seinen Arbeitnehmern gem. § 618 BGB, § 3 Abs. 1 ArbSchG verpflichtet ist. Ohne Kenntnis über mögliche Reisen in Risikogebiete oder Kontakt zu infizierten Personen kann der Arbeitgeber nicht wissen, ob und wie er präventive Maßnahmen im Betrieb zu treffen hat.[205] Die Verarbeitung der personenbezogenen Daten zu Aufenthalten in Risikogebieten sowie Kontakten mit infizierten oder ansteckungsverdächtigen Personen dient damit dem Schutz der gesamten Belegschaft vor Ansteckung und Verbreitung des Corona-Virus. Mittelbar können auch wirtschaftliche Schäden bspw. infolge von Betriebsschließungen vermieden werden.[206] Das sind legitime Ziele iRd Durchführung eines Arbeitsverhältnisses. Die entsprechende Datenerhebung und 56

200 Vgl. auch BVerfG Beschl. v. 7.4.2020 – 1 BvR 755/20, NJW 2020, 1429 (1430 Rn. 11) mAnm *Katzenmeier* MedR 2020, 475.
201 Vgl. auch BVerfG Beschl. v. 7.4.2020 – 1 BvR 755/20, NJW 2020, 1429 (1430 Rn. 11) mAnm *Katzenmeier* MedR 2020, 475.
202 *Kiesche/Kohte* ArbSchutz Corona S. 27.
203 BAG Urt. v. 7.9.1995 – 8 AZR 828/93, NZA 1996, 637 (638); *Spinner* in MüKoBGB § 611 a Rn. 1031.
204 *I. Schmidt* in ErfK GG Art. 2 Rn. 76.
205 Ebenso *Sander/Hilberg/Bings* CoVuR 2020, 347 (352).
206 So auch *Dehmel/Hartmann* BB 2020, 885 (887).

Datenverarbeitung ist auch geeignet und erforderlich. Es ist keine gleich wirksame Alternative ersichtlich, die dem Arbeitgeber ohne Verarbeitung dieser personenbezogenen Daten der Arbeitnehmer einen **effektiven gesundheitlichen Schutz** vor Infektionen durch präventive Maßnahmen oder Informationshandeln in seinem Betrieb ermöglicht. IRd Erforderlichkeit wäre zu beachten, dass keine genauen Aufenthaltsorte oder Namen zu Kontaktpersonen verlangt und verarbeitet werden sollten, da die reine Mitteilung eines Verdachtsfalles zur Umsetzung von Maßnahmen genügt. Weitere Informationen sind nicht erforderlich. Somit stellen sich die berechtigten Interessen des Arbeitnehmers und das allgemeine Persönlichkeitsrecht auch in diesen Fällen nicht völlig hinten an. Wird die Datenverarbeitung dergestalt durchgeführt, überwiegt angesichts der betroffenen **Rechtsgüter Leben** und **Gesundheit** das objektive Interesse des Arbeitgebers, seine Arbeitnehmer nicht einem gesundheitlichen Risiko auszusetzen, das Interesse des Arbeitnehmers, seine persönlichen Lebensumstände nicht zu offenbaren, und setzt sich somit relativ durch. Es ist damit auch angemessen bzw. verhältnismäßig ieS.[207]

c) Fragen nach dem Gesundheitszustand

57 Die wohl wichtigste Auskunft für den Arbeitgeber ist die Information über den Gesundheitsstand des Arbeitnehmers, um entsprechende Maßnahmen gegen den Arbeitnehmer und im Betrieb zum Schutze anderer Arbeitnehmer vorzunehmen. Fragen des Arbeitgebers nach dem Gesundheitszustand, wie zB die Frage nach Erkrankungssymptomen, stellt eine Verarbeitung **gesundheitlicher Daten** des Arbeitnehmers dar, die als **sensible Daten** über § 26 Abs. 3 BDSG besonders geschützt sind.[208] § 26 Abs. 3 BDSG setzt das Verbot aus Art. 9 Abs. 1 DS-GVO nahezu wörtlich um und normiert gem. Art. 9 Abs. 2 lit. b DS-GVO die ausnahmsweise Zulässigkeit der Datenverarbeitung, so dass diese deckungsgleich auszulegen sind.[209] Bezüglich der **sensiblen Daten zum Gesundheitszustand** ist die Verarbeitung der Daten nur zulässig, soweit dies ua zur Ausübung von Rechten oder zur Erfüllung rechtlicher Pflichten aus dem Arbeitsrecht erforderlich ist und das **Verarbeitungsinteresse** des Arbeitgebers das **Ausschlussinteresse** des Arbeitnehmers überwiegt.[210] Grundlage für die Zulässigkeit soll aufgrund des Wortlauts des § 26 Abs. 3 BDSG das Arbeitsrecht mit seinen gesetzlich normierten Rechten und Pflichten zur Datenverarbeitung sein.[211] Umstritten ist in diesem Zusammenhang, ob das sich aus der arbeitsrechtlichen Beziehung ergebende Fragerecht des Arbeitgebers ebenfalls von § 26 Abs. 3 BDSG umfasst ist.[212] Letztlich kann diese Diskussion aber dahinstehen, da im hier interessierenden Kontext die Verpflichtung des Arbeitgebers aus § 618 BGB und § 3 ArbSchG einen gesetzlicher Erlaubnistatbestand zur Erfragung von personenbezogenen Daten darstellt. Um seiner Schutzpflicht gegenüber seinen Arbeitnehmern nachzukommen, muss der Arbeitgeber wissen, wer als mögliche Quelle von Gesundheitsgefahren in Frage kommt, um die anderen Arbeitnehmer mittels geeigneter Maßnahmen zu schützen und seiner Schutzpflicht nachzukommen.

58 Die Verarbeitung von Gesundheitsdaten, die auf eine Erkrankung am Corona-Virus schließen lassen, wie zB grippeähnliche Symptome, dient dem **Schutz der restlichen Belegschaft**. Nur mittels dieser Daten kann der Arbeitgeber seiner Rücksichtnahmepflicht und Verpflichtung zur Information über Infektionen im Betrieb nachkommen oder die nötigen Sicherheitsstandards im Betrieb einführen. Zusätzlich sind die vertraglichen Nebenpflichten des Arbeitgebers gegenüber seinen Dienstleistungsnehmern aus § 241

207 *Dehmel/Hartmann* BB 2020, 885 (887); kritisch *Bonanni* ArbRB 2020, 110 (117).
208 *Tiedemann* in HK-BDSG § 26 Rn. 47.
209 *Gola* in Gola/Heckmann BDSG § 26 Rn. 141.
210 *Tiedemann* in HK-BDSG § 26 Rn. 50.
211 *Gola* in Gola/Heckmann BDSG § 26 Rn. 143.
212 Vgl. *Gola* in Gola/Heckmann BDSG § 26 Rn. 144 mwN.

Abs. 2 BGB zu berücksichtigen. Dessen Schutzpflichten gegenüber den Dienstleistungsnehmern stellen regelmäßig einen Teil der Durchführung des Beschäftigungsverhältnisses dar, soweit die Beschäftigung einen Kontakt in jeglicher Weise zum Dienstleistungsnehmer innehat. Hier besteht der legitime Beschäftigungszweck darin, seine Arbeitnehmer entsprechend ihres gesundheitlichen und damit infektionsrelevanten Zustands im Kundenverkehr einsetzen zu können, ohne seine vertraglichen Nebenpflichten zu Dritten zu verletzen. Insoweit ist bei der Abwägung auch zu berücksichtigen, ob die Gesundheit der Kunden und damit auch die Verbreitung der Krankheit in der Bevölkerung bevorstehen könnte. Ebenso wie bei der Frage nach Kontakten zu anderen Personen oder nach dem Aufenthaltsort sind keine anderen Maßnahmen ersichtlich, die den gesundheitlichen Schutz der Belegschaft vor infizierten Kollegen gewährt: Die Befragung nach dem Gesundheitszustand stellt gerade die Grundlage für jegliche in Frage kommende Schutzmaßnahme des Arbeitgebers dar, die gezielt gegen das Infektionsrisiko getroffen werden können. Angesichts der von dem Corona-Virus ausgehenden extrem hohen Gefahr für Gesundheit und Leben und wegen der bloß bis zur Entwicklung eines Impfstoffes **befristeten anhaltenden Einschränkung des Arbeitnehmerinteresses**, keine Daten preiszugeben, wird man das Ausschlussinteresse weniger gewichten müssen. Von daher **überwiegt** das **Verarbeitungsinteresse** des Arbeitgebers.[213]

d) Das Fragerecht im Gesundheitssektor, § 23 a IfSG

Eine besondere Vorschrift des Beschäftigtendatenschutzes gilt es, im Gesundheitssektor im Blick zu haben. Mit **§ 23 a IfSG** hat der Gesetzgeber bereits zum 17.7.2015[214] einen **Sondertatbestand** für Arbeitgeber geschaffen, der den Datenschutz von Beschäftigten im medizinischen Bereich nach § 23 Abs. 3 IfSG einschränkt. § 23 a IfSG wurde durch das „Zweite Gesetz zum Schutz der Bevölkerung bei einer epidemischen Lage von nationaler Tragweite" reformiert. Soweit es zur Erfüllung von Verpflichtungen aus § 23 Abs. 3 IfSG in Bezug auf übertragbare Krankheiten erforderlich ist, darf der Arbeitgeber gem. § 23 a IfSG personenbezogene Daten eines Beschäftigten über dessen Impf- und Serostatus verarbeiten, um über die Begründung eines Beschäftigungsverhältnisses oder über die Art und Weise einer Beschäftigung zu entscheiden.[215] Sinn und Zweck der Vorschrift ist es, dem Arbeitgeber im **medizinischen Sektor iSd § 23 Abs. 3 IfSG**[216] zum einen die Verarbeitung von Informationen zum Impf- und Serostatus in Bezug auf impfpräventable Erkrankungen der Arbeitnehmers zu erleichtern, um einem vermeidbaren Infektionsrisiko der Arbeitnehmer als auch der Patienten vorzubeugen.[217] Zum anderen ermöglicht die Neufassung von § 23 a IfSG darüber hinaus, dass Daten über den Serostatus auch dann verarbeitet werden dürfen, wenn es sich – wie bei COVID-19 – nicht um eine Erkrankung handelt, die mithilfe einer Impfung präventiv verhütet werden kann (sog. impfpräventable Erkrankung). Eine solche Datenverarbeitung kommt allerdings nach dem neuen § 23 a S. 2 IfSG in Bezug auf solche übertragbare Krankheiten nicht in Betracht, die im Rahmen einer leitliniengerechten Behandlung nach dem Stand der medizinischen Wissenschaft nicht mehr übertragen werden können.[218] Die Vorschrift des § 23 a IfSG konkretisiert die allgemeinen Datenschutzrechtsbestimmungen 59

213 IE auch *Sander/Hilberg/Bings* CoVuR 2020, 347 (351).
214 BGBl. 2015 I 1368; idF von Art. 1 Nr. 15 des „Zweiten Gesetzes zum Schutz der Bevölkerung bei einer epidemischen Lage von nationaler Tragweite" v. 19.5.2020 (BGBl. I 1018); s. a. BT-Drs. 19/18967, 59.
215 So auch *Kersten/Rixen* Verfassungsstaat Covid-19 S. 88 f., die im Einzelfall auch die Pflicht des Arbeitnehmers zur Vorlage eines Nachweises über seinen Impf- und Serostatus aus § 23 a IfSG herleiten; *Rixen* in Huster/Kingreen InfektionsschutzR-HdB Kap. 5 Rn. 103 f.; allgemein zum Infektionsdatenschutzrecht *Kühling/Schildbach* in Huster/Kingreen InfektionsschutzR-HdB Kap. 6.
216 Bspw. Leiter von Krankenhäusern, Arztpraxen, Rettungsdiensten oä.
217 BT-Drs. 18/5261, 63.
218 *Aligbe* in BeckOK InfSchR IfSG § 23 a Rn. 9.

und ist somit als **lex specialis** zu § 26 BDSG vorrangig anzuwenden.[219] Sie kann als Sondererlaubnistatbestand im Verhältnis zu § 26 Abs. 3 BDSG begriffen werden. Gleichzeitig soll § 23 a IfSG auch keine abschließende Sondernorm darstellen, so dass auch Daten über Impf- und Immunschutz außerhalb des Anwendungsbereichs des § 23 a IfSG nach allgemeinem Datenschutzrecht erhoben werden können.[220] Über § 23 a S. 3 IfSG gelten ergänzend die allgemeinen Grundsätze des BDSG,[221] weswegen für den persönlichen Anwendungsbereich[222], die Verantwortlichkeit und den Erlaubnistatbestand der Einwilligung die Grundsätze des § 26 BDSG gelten (→ Rn. 50 ff., 62 ff.).

60 **Zulässig** ist die Datenerhebung nach § 23 a S. 1 IfSG, wenn sie **erforderlich** ist, um der Verpflichtung aus § 23 Abs. 3 IfSG nachzukommen, eine nosokomiale Infektion (Krankenhausinfektion) und die Weiterverbreitung von Krankheitserregern zu verhindern. Das Bestehen eines Impf- und Immunschutzes ist für den Personaleinsatz in Einrichtungen iSd § 23 Abs. 3 IfSG von wesentlicher Bedeutung.[223] Jedoch ist für die **Erforderlichkeit** auch auf den konkreten Einzelfall zu schauen und an **Art** und **Umfang des Patientenkontaktes** zu messen.[224] Der Grundsatz der Verhältnismäßigkeit ist ebenso streng zu prüfen wie iRd § 26 Abs. 1 BDSG.

61 Die Erforderlichkeit der Datenverarbeitung wird abzulehnen sein, soweit mithilfe von Basishygiene das Infektionsrisiko sicher beherrscht werden kann.[225] Anders ist hingegen laut Gesetzesbegründung zu verfahren, wenn die Krankheit leicht übertragbar ist, eine nicht immer eindeutige Symptomatik aufweist oder die Krankheit schon vor Ausbruch von Symptomen infektiös ist.[226] Nahezu hellseherisch hat der Gesetzgeber damit schon in der Gesetzesbegründung von 2015 das Corona-Virus mit seinen typischen Merkmalen erfasst. Freilich hatte der Gesetzeswortlaut von § 23 a S. 1 IfSG aF („... Krankheiten, die durch Schutzimpfung verhütet werden können, ...") dabei nicht berücksichtigt bzw. der Gesetzgeber wohl fairerweise nicht bedenken können, dass es nicht impfpräventable Erkrankungen pandemischen Ausmaßes gibt, wie es bei COVID-19 momentan noch der Fall ist. Diese vertretbar planwidrige Lücke, die mithilfe von § 26 Abs. 3 BDSG hätte geschlossen werden können (vgl. § 23 a S. 2 IfSG aF), hat der Gesetzgeber erkannt und das Problem iRd § 23 a S. 1, 2 IfSG nF selbst behoben. Er hat die Norm nun weit genug gefasst, um die durch die Corona-Krise hervorgerufenen datenschutzrechtlichen Aufgaben mit Blick auf § 23 Abs. 3 IfSG in § 23 a IfSG zu bündeln. Die Norm spiegelt nun wider, dass vor allem zum Schutz vulnerabler Patienten eine Datenerhebung bei der Infektion mit dem Corona-Virus bezüglich eines Impf- und Immunschutzes erforderlich ist. Wichtig wird diese Erleichterung der Datenerhebung vor allem in der **Zukunft der Bekämpfung der Corona-Pandemie** sein, wenn die nun zugelassenen Impfstoffe verabreicht werden können. So werden es Arbeitgeber dann einfacher haben, auf Grundlage der nach § 23 a Abs. 3 IfSG erhobenen Daten geimpfte und nicht geimpfte Arbeitnehmer zu trennen und so das Infektions- und Gesundheitsrisiko bei der Einsatzplanung der Arbeitnehmer bestmöglich zu minimieren. Damit kann die Weiterverbreitung des Virus wirksamer eingedämmt werden. Die Datenerhebung dient damit nicht nur dem Individuum selbst, sondern auch gleichzeitig der Verhinderung der Weiterverbreitung der Krankheit in der Bevölkerung. So kann man auch Personen schützen, die aus medi-

---

219 BT-Drs. 18/5261, 63; *Gerhardt* IfSG § 23 a Rn. 1.
220 BT-Drs. 18/10938, 65.
221 BT-Drs. 18/5261, 63; BT-Drs. 18/10938, 65 f.
222 Zum Verweis in das BDSG für den personellen Anwendungsbereich auch *Aligbe* in BeckOK InfSchR IfSG § 23 a Rn. 11.
223 BT-Drs. 18/5261, 63.
224 BT-Drs. 18/5261, 63.
225 Ebenso *Aligbe* in BeckOK InfSchR IfSG § 23 a Rn. 8.
226 BT-Drs. 18/5261, 63.

zinischen Gründen nicht selbst geimpft werden können, aber bei denen schwere Verläufe der Infektion drohen.[227] Eine derartige Datenverarbeitung durch den Arbeitgeber ist somit angemessen. Folglich ist die Frage des Arbeitgebers zum Impf- und Serostatus auch als zulässig anzusehen und muss durch den Arbeitnehmer wahrheitsgemäß beantwortet werden.

e) Zulässigkeit aufgrund arbeitnehmerseitiger Einwilligung

Auch wenn man in Ausnahmezeiten wie der Corona-Pandemie und mit Blick auf die betroffenen Rechtsgüter Leben und Gesundheit davon ausgehen kann, dass die Erforderlichkeit iSd § 26 Abs. 1 und 3 BDSG bzw. § 23 a IfSG regelmäßig gegeben sein wird, so dass eine zulässige Frage vorliegt, wird Arbeitgebern **in der Praxis** aus Gründen der **Rechtssicherheit** empfohlen, zusätzlich eine wirksame **Einwilligung** der betroffenen Arbeitnehmer einzuholen.[228] Es sollte indes berücksichtigt werden, dass der Arbeitnehmer die Einwilligung widerrufen kann. Die Bedeutung des § 26 Abs. 1 BDSG oder § 23 a IfSG sollte daher nicht unterschätzt werden. 62

Die Einwilligung des Arbeitnehmers gem. § 26 Abs. 2 BDSG stellt neben § 26 Abs. 1 BDSG einen weiteren rechtfertigenden Erlaubnistatbestand für die Verarbeitung personenbezogener Daten dar. Diese soll gem. § 26 Abs. 3 S. 2 BDSG entsprechend auch die Verarbeitung eben genannter sensibler Daten rechtfertigen, soweit sich die Einwilligung ausdrücklich auf diese bezieht. **Wirksamkeitsvoraussetzung** für eine Einwilligung zur Datenverarbeitung ist zunächst ihre **Freiwilligkeit**, vgl. § 26 Abs. 2 S. 1 BDSG. Für die Beurteilung der Freiwilligkeit sind die Umstände der Erklärung im Einzelfall maßgeblich. Von einer freiwilligen Einwilligung geht das Gesetz gem. § 26 Abs. 2 S. 2 BDSG dann aus, wenn der Beschäftigte infolge der Datenverarbeitung einen rechtlichen oder wirtschaftlichen Vorteil erlangt oder Arbeitgeber und Arbeitnehmer gleichgerichtete Interessen verfolgen. Der Gesetzesbegründung zu Folge soll eine Freiwilligkeit dann gegeben sein, wenn die Information der Einführung zur Gesundheitsförderung dient.[229] Dieser Gedanke der Gesundheitsförderung der Arbeitnehmer ist auf die jetzigen Maßnahmen und Pläne zum Schutz vor dem ansteckenden Corona-Virus entsprechend übertragbar. Denn ihr zentrales Anliegen ist das jeweilige Interesse der Arbeitnehmer und des Arbeitgebers, eine **Gesundheitsgefahr im Betrieb zu verhindern.** Wenngleich im Allgemeinen das Institut der Einwilligung für die Zwecke des Arbeitnehmerdatenschutzes wegen der in § 26 Abs. 2 BDSG normierten hohen Tatbestandsvoraussetzungen nicht den vorrangigen Rechtfertigungsgrund darstellt und die Praxis dementsprechend (zu Recht) zögerlich ist, wird man dieses während der Corona-Pandemie aufgrund der überragenden Bedeutung der Rechtsgüter Gesundheit und Leben häufiger heranziehen können, soweit keine besonderen Umstände vorliegen. 63

Damit eine freiwillige Einwilligung wirksam ist, muss der Arbeitnehmer diese auch formgemäß nach § 26 Abs. 2 S. 3 BDSG idF v. 20.11.2019[230] erteilen. Danach kann die Einwilligung nunmehr nicht nur **schriftlich**, sondern auch **elektronisch** erfolgen, soweit nicht wegen besonderer Umstände eine andere Form angemessen ist. Mit Schriftlichkeit ist **§ 126 BGB** gemeint; die elektronische Form bezieht sich auf **§ 126 a BGB,** was sich systematisch mit § 26 Abs. 2 S. 4 BDSG erklären lässt, der lediglich die Textform für arbeitgeberseitige Aufklärung über das Widerrufsrecht anordnet. Passend zur aktuellen 64

227 Zu dieser Schutzpflicht vgl. allgemein BVerfG Beschl. v. 11.5.2020 – 1 BvR 469/20, NJW 2020, 1946 (1947). Diese Grundsätze zur Masernschutzimpfung sind angesichts der schweren gesundheitlichen Folgen und der schnellen Verbreitung des Corona-Virus entsprechend zu übertragen.

228 Vgl. *Bonanni* ArbRB 2020, 110 (117).

229 BT-Drs. 18/11325, 97.

230 Vgl. Art. 12 des „Zweiten Datenschutz-Anpassungs- und Umsetzungsgesetz EU“ v. 25.11.2019 (BGBl. I 1626); *Däubler* CuA 2020, Heft 2, 23 f.

Lage kann der – bspw. im Homeoffice tätige – Arbeitnehmer auch mithilfe der elektronischen Form wirksam einwilligen. Dadurch kann das **Infektionsrisiko** durch menschliche Kontakte **reduziert** werden, ohne dass Nachteile für die Wirksamkeit der Einwilligung erwachsen. Der Arbeitgeber hat den Arbeitnehmer schließlich auch über den Zweck der Datenverarbeitung und über sein **Widerrufsrecht** nach Art. 7 Abs. 3 DS-GVO in Textform **aufzuklären.**

3. Offenbarungspflicht des Arbeitnehmers

65 Entscheidend für die Eindämmung von Infektions- und Gesundheitsrisiken am Arbeitsplatz sind auch vom Arbeitnehmer mitgeteilte Informationen über Gesundheitszustand, Aufenthalt in Risikogebieten oder auch Kontakt zu infizierten Personen. Dies kann natürlich freiwillig geschehen. Aus arbeitsrechtlicher Sicht ist indes die Frage viel relevanter, inwieweit den Arbeitnehmer auch bei sich verdichtenden Umständen eine Pflicht trifft, dem Arbeitgeber diese Information mitzuteilen. Grundsätzlich trifft den Arbeitnehmer keine allgemeine **Offenbarungspflicht,** nach welcher er von sich aus den Arbeitgeber **ungefragt** über seine persönlichen Umstände oder sogar seinen Gesundheitszustand unterrichten muss. Solche allgemeinen Offenbarungspflichten würden den Arbeitnehmer in seinem allgemeinen Persönlichkeitsrecht aus Art. 2 Abs. 1 iVm Art. 1 Abs. 1 GG unzulässig beschränken.[231] Im Einzelfall kann sich eine Offenbarungspflicht des Arbeitnehmers ausnahmsweise als arbeitsvertragliche Nebenpflicht aus §§ 242, 241 Abs. 2 BGB ergeben. Der Arbeitgeber kann nach Treu und Glauben eine freiwillige Auskunft des Arbeitnehmers dann erwarten, soweit die ansonsten verschwiegenen Umstände von ausschlaggebender Bedeutung für das Arbeitsverhältnis sind.[232] Eine solche Pflicht soll gerade bestehen, wenn diese der Sicherung der **Leistungserbringung** sowie zur **Schadensabwendung** dient.[233] Allgemein ist bspw. anerkannt, dass den Arbeitnehmer unter bestimmten Voraussetzungen Offenbarungspflichten über seinen Gesundheitszustand bei der Begründung eines Arbeitsverhältnisses treffen können.[234] Ob in der hier interessierenden Situation eine derartige Pflicht im laufenden Arbeitsverhältnis besteht, ist erneut unter **Abwägung** des allgemeinen Persönlichkeitsrechts des Arbeitnehmers auf der einen Seite und den berechtigten, billigenswerten und schutzwürdigen Interessen des Arbeitgebers auf der anderen Seite zu ermitteln.[235] Dabei zeigt sich, dass der normalerweise bestehende deutliche Abstand zwischen der größeren Reichweite des Fragerechts des Arbeitgebers und der viel enger zu ziehenden Offenbarungspflicht des Arbeitnehmers bei den hier interessierenden Informationen wegen der Bedeutung der beteiligten Rechtsgüter auf nahezu Null schmilzt.

a) Offenbarungspflicht zu Aufenthalt und Kontakt zu infizierten Personen

66 Spiegelbildlich zum Fragerecht des Arbeitgebers ist zu klären, ob Arbeitnehmer eine Offenbarungspflicht über kürzlichen Kontakt mit einer erkrankten Person oder über einen Aufenthalt in einem vom RKI ausgewiesenen Risikogebiet treffen. Eine Verpflichtung

231 Vgl. *I. Schmidt* in ErfK GG Art. 2 Rn. 76, 88.

232 BAG Urt. v. 21.2.1991 – 2 AZR 449/90, NZA 1991, 719.

233 Allgemein *Preis* in ErfK BGB § 611 a Rn. 741.

234 *Preis* in ErfK BGB § 611 a Rn. 288 f.

235 *Spinner* in MüKoBGB § 611 a Rn. 1030. Zu beachten ist, dass eine Offenbarungspflicht auf jeden Fall ausgeschlossen ist, soweit eine Frage des Arbeitgebers unzulässig ist. Die Offenbarungspflicht des Arbeitnehmers kann nicht weitergehen als das Fragerecht des Arbeitgebers. Besteht eine Offenbarungspflicht, muss die entsprechende Frage des Arbeitgebers als zulässig zu bewerten sein. Sie hält dann konsequenterweise auch die Vorgaben des § 26 Abs. 1 BDSG ein, → Rn. 52 ff. Auf das Institut der Einwilligung ist nicht zurückzugreifen; sie dürfte in dieser Situation aufgrund der gesetzlichen Verpflichtung, eine Information zu offenbaren, auch nicht als freiwillig anzusehen sein. Vgl. auch *Preis/Temming* ArbR Rn. 1747.

des Arbeitnehmers über Umstände des privaten Lebens, wie allgemeine Reiseaktivitäten oder Kontakt zu Personen in der Freizeit, besteht im Grundsatz nicht.[236]

67 Wie bereits ausgeführt, ist eine Frage des Arbeitgebers diesbezüglich in der Corona-Krise für einen effektiven gesundheitlichen Schutz erforderlich und in Anbetracht der betroffenen Rechtsgüter Leben und Gesundheit der anderen Arbeitnehmer zulässig (→ Rn. 57 ff.). Korrespondierend zum Fragerecht besteht daher wegen der überwiegenden objektiven Interessen des Arbeitgebers auch eine entsprechende Offenbarungspflicht des Arbeitnehmers. Ebenso lässt sich eine Offenbarungspflicht des Arbeitnehmers aus der **Einstufung als Person iSd § 2 Nr. 4, 5, 6 oder 7 IfSG** herleiten, welche bei Kontakt zu einer infizierten Person oder bei einem Aufenthalt in einem Risikogebiet vorliegt.[237] Genau in diesen Fällen konkretisiert sich die beschriebene Infektions- und Gesundheitsgefahr bereits in Form der gesetzlichen Wertung des IfSG. Gerade dann wird man eine konkretere Gefährdung Dritter annehmen können und ein Überwiegen der betroffenen Rechtsgüter der anderen Arbeitnehmer und damit der objektiven Interessen des Arbeitgebers feststellen müssen.

68 Entsprechend der **Reichweite** des Fragerechts des Arbeitgebers (→ Rn. 56) muss der Arbeitnehmer jedoch nicht den genauen Namen der Kontaktperson nennen oder exakt mitteilen, wo er sich zB im Urlaub befand.[238] Um dem berechtigten Informationsinteresse des Arbeitgebers zu genügen, ist die bloße Information, ob ein solcher Corona-bedingter Vorfall vorlag, ausreichend. Bereits auf dieser Grundlage können nötige Schutzmaßnahmen getroffen werden, so dass eine weitergehende Offenbarungspflicht, auch **Details mitzuteilen, nicht** erforderlich und gerechtfertigt ist.

b) Offenbarung des Gesundheitszustands

69 Die wohl wichtigste Auskunft für den Arbeitgeber ist die Information über den Gesundheitsstand des Arbeitnehmers, um entsprechende Maßnahmen gegen den Arbeitnehmer und im Betrieb zum Schutze anderer Arbeitnehmer vorzunehmen. Im Falle einer Erkrankung ist der Arbeitnehmer im Normalfall eigentlich nicht dazu verpflichtet, dem Arbeitgeber mitzuteilen, an welcher Krankheit er leidet.[239] Fraglich ist, ob dieser Grundsatz während der Corona-Pandemie unbesehen zu übernehmen ist. Belässt man es dabei, so würde man es dem Arbeitgeber nahezu unmöglich machen, einen wirksamen Schutz der anderen Arbeitnehmer am Arbeitsplatz zu gewähren. Wie schon im Rahmen des Fragerechts des Arbeitgebers geklärt, überwieget das Interesse des Arbeitgebers, Informationen über den Gesundheitszustand zu erhalten, um Sicherheitsmaßnahmen anzuordnen (→ Rn. 57 ff.). In Fällen einer diagnostizierten Corona-Erkrankung ergibt sich schon aus der Rücksichtnahmepflicht des Arbeitnehmers aus §§ 242, 241 Abs. 2 BGB und § 15 Abs. 1, § 16 Abs. 1 ArbSchG sowie aus Gründen des **Gesundheitsschutzes gegenüber Dritten** im Falle des **Verdachts ansteckender Krankheiten** – hier die anderen Arbeitnehmer im Betrieb – eine Offenbarungspflicht des Arbeitnehmers über die Art der Krankheit.[240] Um nicht in unverhältnismäßiger Weise in das allgemeine Persönlichkeitsrecht des Arbeitnehmers einzugreifen, wird man ihm keine Auskunftspflicht dahin gehend auferlegen können, wenn für die Dauer der maximalen Inkubati-

236 *Kiesche/Kohte* ArbSchutz Corona S. 27.

237 So auch *Kiesche/Kohte* ArbSchutz Corona S. 27 f.; *Bonanni* ArbRB 2020, 110 (117); ebenso für die Pflicht Auszubildender *Pepping/Günther* NJOZ 2020, 1569 (1570).

238 Bzgl. der Nennung eines konkreten Ortes ebenso *Sagan/Brockfeld* NJW 2020, 1112 (1112); bzgl. der Nennung des Namens des Erkrankten *Pepping/Günther* NJOZ 2020, 1569 (1570 f.).

239 *Müller-Glöge* in MüKoBGB EFZG § 5 Rn. 8.

240 *Müller-Glöge* in MüKoBGB EFZG § 5 Rn. 8; *K. Schmidt/Novara* DB 2009, 1817 (1818 f.); aA *Kiesche/Kohte* ArbSchutz Corona S. 27.

onszeit[241] von vierzehn Tagen oder darüber hinaus kein persönlichen Kontakt mit anderen Arbeitnehmern oder dem Betrieb bestand.[242] In diesen Fällen besteht eine geringere bzw. keine gesetzlich relevante Gesundheitsgefährdung von anderen Arbeitnehmern. Leidet der Arbeitnehmer hingegen lediglich an Krankheitsanzeichen, ohne dass eine Corona-Infektion bestätigt ist, wird man eine Gefährdung anderer Arbeitnehmer und eine Auskunftspflicht wohl nur dann annehmen können, soweit ein **meldepflichtiger Verdachtsfall** iSd § 6 Abs. 1 Nr. 1 lit. t IfSG[243] besteht.[244] Zumindest dürfte der Arbeitnehmer verpflichtet sein, über behördliche Anordnungen und die behördliche Zuordnung zur Personengruppen des § 2 IfSG dem Arbeitgeber Auskunft zu erteilen.[245]

c) Mitteilung von durch andere Arbeitnehmer verursachte Risiken

70 Die Rücksichtnahmepflicht des Arbeitnehmers könnte auch von ihm verlangen, **Gesundheitsgefahren** anzuzeigen, die **von anderen Arbeitnehmern** ausgehen.[246] Mit Rücksicht auf deren Persönlichkeitsrechte wird man eine Pflicht des betroffenen Arbeitnehmers wohl nur in Ausnahmefällen und nicht schon bei kleineren Bagatellen annehmen. Zugespitzt formuliert gilt es, eine Blockwartmentalität zu vermeiden. Bspw. stellt ein leichtes Husten zwar ein Symptom der Corona-Infektion dar, kann allerdings auch bloße Ursache einer normalen Grippe oder grippalen Infekts sein. In diesen Fällen wird man in Parallele zum Whistleblowing erst den betroffenen Arbeitnehmer kollegial befragen bzw. sich über den tatsächlichen Stand bei ihm informieren müssen, ehe man als außenstehende Person die Information an den Arbeitgeber weiterträgt. Besteht jedoch ein **akuter** und **begründeter Verdacht**, dass andere Arbeitnehmer mit dem Corona-Virus infiziert oder in Kontakt getreten sein könnten, wird man, um eine Ansteckung unmittelbar bedrohter Kollegen zu verhindern, eine sofortige Benachrichtigungspflicht des Arbeitnehmers annehmen müssen.[247]

4. Mitteilungs- bzw. Bekanntmachungspflicht des Arbeitgebers

71 Spiegelbildlich zur Offenbarungspflicht der Arbeitnehmer entsteht unter den gleichen Voraussetzungen auch eine entsprechende Pflicht für den Arbeitgeber, soweit ein berechtigtes, billigenswertes und schutzwürdiges Interesse des Arbeitnehmers oder der Belegschaft an der Kenntnisnahme einer bestimmten Information besteht.[248] Ähnlich wie bei der Offenbarungspflicht des Arbeitnehmers wird man dem Arbeitgeber keine arbeitsrechtliche Pflicht zur Mitteilung der arbeitnehmerbezogenen Daten auferlegen können, wenn diese datenschutzrechtlich nicht zulässig ist (→ Rn. 65 ff.). Die Mitteilung der Informationen stellt ebenfalls eine Verarbeitung von personenbezogenen Daten in Form der Verwertung dar. Insofern ist auch hier eine am Maßstab des Beschäftigtendatenschutzes kanalisierte Prüfung nach § 26 Abs. 1 BDSG vorzunehmen.

72 Gerade bei Fragen des Gesundheitsschutzes der Arbeitnehmer wird der Arbeitgeber über Infektions- und Erkrankungsrisiken im Betrieb informationspflichtig sein. Dies resultiert auch schon aus seiner allgemeinen Rücksichtnahmepflicht gegenüber seinen Arbeitnehmern. Gerade bei Kenntnis von einer Erkrankung eines Arbeitnehmers an dem

---

241 RKI, SARS-CoV-2-Steckbrief, abrufbar unter https://www.rki.de/DE/Content/InfAZ/N/Neuartiges_Coronavirus/Steckbrief.html#doc13776792bodyTebo14.

242 Unter gleicher Einschränkung auch *Sagan/Brockfeld* NJW 2020, 1112 (1112).

243 Zu den Umständen, die einen Verdachtsfall begründen, vgl. *Thiery* in BeckOK InfSchR IfSG § 6 Rn. 4.2 f.; *Lutz* IfSG § 6 Rn. 5. Grds. hat sich der Gesetzgeber dabei an den Inhalt des zuvor geltenden § 1 Corona-MeldeV (BAnz AT 31.1.2020 V1) gehalten, vgl. BT-Drs. 19/18967, 54.

244 Ebenso *Sagan/Brockfeld* NJW 2020, 1112 (1112); *Sievers* jM 2020, 189 (200).

245 *Kiesche/Kohte* ArbSchutz Corona S. 27.

246 *Preis* in ErfK BGB § 611 a Rn. 742.

247 *K. Schmidt/Novara* DB 2009, 1817 (1819).

248 *Spinner* in MüKoBGB § 611 a Rn. 906.

höchst ansteckenden Corona-Virus oder **konkreten Hinweisen auf Infektionsrisiken** am Arbeitsplatz ist von einer erheblichen Gefährdung der Gesundheit der Arbeitnehmer auszugehen. Über bekannte Verdachtsfälle, bestätigte Infektionen im Betrieb sowie seine darauf folgenden Schutzmaßnahmen hat der Arbeitgeber seine Belegschaft daher zu informieren.[249] Dabei sind den Arbeitnehmern die erforderlichen Grundlagen zu vermitteln, die eine Eigen- oder Fremdinfektion vorbeugen.[250] Andere Maßnahmen zur Beschränkung der Infektionsgefahr und zum Schutz der Belegschaft, die gleich effektiv sind, bestehen nicht. Für den Arbeitgeber ist zu beachten, dass er die **Identität des erkrankten Arbeitnehmers** im Unternehmen grundsätzlich nicht bekannt geben darf. Insgesamt ist daher eine Verarbeitung von **anonymisierten Gesundheitsdaten** gem. § 26 Abs. 3 BDSG im weit überwiegenden Regelfall als zulässig zu bewerten.[251] Etwas anderes lässt sich ausnahmsweise für den Fall vertreten, wenn dies für ihn unerlässlich zur Bekämpfung der Infektionsverbreitung ist.[252] Entsprechend dem Recht des Arbeitnehmers, anlässlich der Rückkehr aus einem Risikogebiet den genauen Aufenthaltsort nicht zu nennen, steht es dem Arbeitgeber im Falle der Kenntnis des genauen Orts nicht zu, diesen bei der Informierung über Verdachtsfälle im Betrieb mitzuteilen. Eine Mitteilungspflicht wird man auch für alle Fälle annehmen können, in denen die Arbeitnehmer zuvor in die Erhebung bzw. Verarbeitung der personenbezogenen Daten iSd § 26 Abs. 2 BDSG eingewilligt (→ Rn. 62 ff.) haben. Inwieweit der Arbeitgeber in diesen Fällen auch personalisierte Daten mitteilen darf, hängt von der Reichweite der Einwilligung ab. Zumindest wird auch in diesen Fällen eine anonymisierte Verarbeitung und Mitteilung durch den Arbeitgeber zulässig sein.

V. Zukünftiger Regelungsbedarf im Verlauf der Pandemie

Abschließend ist festzuhalten, dass sich zahlreiche Auswirkungen der Corona-Pandemie 73
– seien es bspw. wirtschaftliche und tatsächliche Hindernisse oder auch behördliche Verfügungen – in das Leistungsstörungsrecht des Arbeitsrechts einordnen und verständig lösen lassen. Dasselbe gilt für die arbeitsrechtlichen Folgen des IfSG. Auch wenn man zu Beginn der Corona-Pandemie Rechtsunsicherheiten hinsichtlich der Systematik der Fortzahlungsansprüche und der Wirkung des reformierten Infektionsschutzrechtes vergegenwärtigen musste, wird man feststellen dürfen, dass eine Großzahl dieser Problematiken durch die in der Rechtspraxis Beteiligten vernünftigen Ergebnissen zugeführt werden konnten. So haben sich als herrschende Tendenzen in der Literatur herausgestellt, dass zum einen die Voraussetzungen des § 616 BGB für den üblichen Zeitraum einer Quarantäne nicht vorliegen (→ Rn. 13 ff.) oder zum anderen der Entgeltfortzahlungsanspruch des § 3 EFZG grds. der Entschädigungsvorschrift des § 56 IfSG vorgeht (→ Rn. 20 ff.). In der Gesamtschau hat sich die These der Vorauflage[253] bewahrheitet: Das Leistungsstörungsrecht des BGB funktioniert auch in Krisensituationen. Beweis dafür ist auch die – soweit ersichtlich – geringe Anzahl an einschlägigen arbeitsgerichtlichen Entscheidungen in der Eingangsinstanz.

Man wird bei der dynamischen Entwicklung der Corona-Pandemie nicht vorhersehen 74
können, vor welche weiteren rechtlichen und tatsächlichen Probleme die Arbeitswelt und damit verbunden das Arbeitsrecht mit seinen infektionsschutzrechtlichen Einschnit-

249 *Sievers* jM 2020, 189 (200); *von Steinau-Steinrück/Mosch* NJW-Spezial 2009, 578 (578); *Klein* NJ 2020, 377 (385).
250 *K. Schmidt/Novara* DB 2009, 1817 (1818).
251 IE auch *Sagan/Brockfeld* NJW 2020, 1112 (1112).
252 *Bonanni* ArbRB 2020, 110 (116); *Sagan/Brockfeld* NJW 2020, 1112 (1112).
253 S. *Temming* in der Vorauflage in § 16 Rn. 73; **aA:** *Bauer* NZA Editorial 5/2020 fordert eine risikogerechte gesetzliche Lösung.

ten noch gestellt werden. Die fortschreitende Entwicklung hat den Gesetzgeber zu zahlreichen weiteren gesetzlichen Maßnahmen veranlasst, unter welchen das „Dritte Gesetz zum Schutz der Bevölkerung bei einer epidemischen Lage von nationaler Tragweite" v. November 2020 mit seinen weitreichenden Änderungen und der kuriosen schnellen Beschlussfassung hervorzuheben ist.[254] Auch sind in Politik und Wirtschaft zahlreiche Diskussionen entfacht, die sich im Laufe der Corona-Pandemie ständig veränderten und verändern. So wurden in der weniger brisanten Phase der Pandemie – im Sommer 2020 – noch ganz andere Fragen diskutiert, wie zum Beispiel die Einführung eines Rechts auf Home-Office[255]; entsprechende Gesetzesvorhaben wurden indes kurz danach auf Eis gelegt. Teilweise haben aktuelle Gerichtsentscheidungen auch erste Pflöcke gesetzt. So hat das ArbG Siegburg in einer Entscheidung v. Dezember 2020 zu Recht erkannt, dass ein Arbeitgeber gegenüber seinen Arbeitnehmern das Tragen einer Mund-Nasen-Bedeckung rechtmäßig anordnen kann und jener es folglich nicht dulden muss, wenn der Arbeitnehmer das Tragen einer solchen Bedeckung verweigert.[256] Mit der Aussicht auf Impfung der gesamten Bevölkerung stellen sich wiederum neue Fragen im Arbeitsverhältnis.[257] Darf ein Arbeitgeber die Impfung des Bewerbers zur Bedingung für die Einstellung machen? Kann der Arbeitgeber von seinen Arbeitnehmern verlangen, sich impfen zu lassen? Hauptsächlich wird man diese Fragen bei bestehenden Arbeitsverhältnissen am Weisungsrecht gem. § 611 a Abs. 1 S. 2 BGB iVm § 106 GewO und dessen ermessengerechten Ausübung messen müssen.[258] Zu beachten werden dabei verschiedene Grundrechtspositionen sein, deren Wertungen in die Abwägung einfließen.[259] So wird in vielen Fällen das Interesse des Arbeitgebers an der schrankenlosen Ausübung seines Berufes (Art. 12 Abs. 1 GG), indem er seine Arbeitnehmer und Kunden vor Gesundheitsverletzungen (Art. 2 Abs. 2 S. 1 GG) durch die Übertragung des Corona-Virus schützt, gegen die Gewissens- oder Glaubensfreiheit (Art. 4 GG) sowie auch die Meinungsfreiheit nach Art. 5 Abs. 1 GG sog. Impfgegner oder -verweigerer abzuwägen sein. Relevant wird durchgängig die Wertung des Art. 2 Abs. 2 S. 1 GG sein, da jede Impfung einen Eingriff in die körperliche Unversehrtheit des Arbeitnehmers darstellt und auch gesundheitlich nachteilige Folgen haben kann.[260] Darüber kann der Arbeitnehmer nur selbst entscheiden.[261] Im Regelfall wird die Weisung an dieser Hürde scheitern und somit nicht rechtmäßig sein.[262] Das wären auch Abwägungsergebnisse, die iRd Bewerbungssituation sowie im bestehenden Arbeitsverhältnis iRd des Maßregelungsverbots

254 BGBl. 2020 I 2397; BT-Drs. 19/23944.

255 FAZ v. 27.4.2020, Nr. 98, S. 17: „Heil will Recht auf Homeoffice".

256 ArbG Siegburg Urt. v. 16.12.2020 – 4 Ga 18/20, BeckRS 2020, 36972; s. a. OVG Münster Beschl. v. 24.9.2020 – 13 B 1368/20, COVuR 2020, 715; VG Würzburg Urt. v. 24.11.2020 – W 8E 20/1772, BeckRS 2020, 32634; anders OVG Berlin-Brandenburg Beschl. v. 4.1.2021 – 11 S 132/20, BeckRS 2021, 2; Beschl. v. 6.1.2021 – 11 S 138/20, BeckRS 2021, 9.

257 FAZ v. 8.1.2021, Nr. 6, S. 17.

258 Ausführlich zur Verpflichtung von Arbeitnehmern zur Impfung *Naber/Schulte* NZA 2021, 81; sollte es sich um nicht erkennbare Konflikte handeln, wäre die rechtliche Prüfung iRd § 275 Abs. 3 BGB zu verorten. Als allgemeine Leitlinien für eine Interessenabwägung in diesen Fällen können folgende Entscheidungen des BAG dienen, BAG Urt. v. 24.5.1989 – 2 AZR 285/88, BAGE 62, 59 = NZA 1990, 144; Urt. v. 24.2.2011 – 2 AZR 636/09, BAGE 137, 164 = NZA 2011, 1087; Urt. v. 19.12.2013 – 6 AZR 190/12, BAGE 147, 60 = NZA 2014, 372.

259 *Preis* in ErfK GewO § 106 Rn. 11.

260 *Schmidt/Novara* DB 2009, 1817 (1819). Es wird aber immer auf die konkrete Situation abzustellen sein, was auch den Aspekt beinhaltet, um welche Altersgruppe es überhaupt geht; vgl. zu Todesfällen durch die Corona-Impfung bei schwer erkrankten Menschen SZ v. 20.1.2021: Was über Todesfälle nach der Impfung bekannt ist, vgl. https://www.sueddeutsche.de/gesundheit/corona-impfung-todesfaelle-norwegen-1.5180772.

261 Allgemein zur Einwilligung *Schmidt* in ErfK GG Art. 2 Rn. 109 ff.; zu dem Willensaspekt auch *Schmidt/Novara* DB 2009, 1817 (1819).

262 Mit ähnlicher Einschätzung *Naber/Schulte* NZA 2021, 81 (84); *Eufinger* BB 2021, 504 (auch zu Fragen der Lohnfortzahlungspflicht bei unterlassener Impfung).

gem. § 612 a BGB (bspw. mit Blick auf Impfprämien) oder gar im Falle von – insbes. verhaltensbedingten – Kündigungen zu beachten wären (letztere sind ohnehin nur *ultima ratio*[263]). Nicht ausgeschlossen ist, dass im Einzelfall bereichsspezifische Besonderheiten zu beachten sind, zB die bestehende Schutzpflicht gegenüber älteren bzw. hoch betagten Bewohnern im Pflegeheim oder eine Tätigkeit im medizinischen Sektor.[264] Untermauert wird dieses Ergebnis der grundrechtlich geprägten Interessenabwägung auch durch die Wertung des § 2 Nr. 2 ff. CoronaImpfV[265], wonach Arbeitnehmer priorisiert geimpft werden sollen, die mit besonders vulnerablen Personen betraut sind.[266] Dann könnte die Abwägung anders ausfallen. Freilich stellen sich diese Frage im arbeitsrechtlichen Verhältnis nicht, wenn der Gesetzgeber sich zu einer allgemeinen Impfpflicht gegen das Corona-Virus entschiede (zur Impfpflicht durch Rechtsverordnung nach § 20 Abs. 6 und 7 IfSG vgl. *Schaks* in → § 14 Rn. 23 ff.). In einem solchen Fall könnte einem Arbeitnehmer die Impfpflicht auch im Arbeitsverhältnis grundsätzlich auferlegt werden. Es bleibt daher abzuwarten, zu welchen Maßnahmen der Gesetzgeber sich in Zukunft aufgrund der Auswirkungen der Corona-Pandemie gezwungen sieht oder welche arbeitsrechtlichen Regeln gewissenmaßen als Nebenprodukt der Corona-Krise beiläufig entstehen werden.[267] Die Situation beweist jedenfalls eindrucksvoll, dass das Arbeitsrecht nicht ohne Grund als Nervenzentrum des Wirtschaftsrechts bezeichnet werden kann.

263 Aus diesem Grundsatz folgt bspw., dass der Arbeitgeber auch die Möglichkeit auszuloten hat, ob er den sich einer Impfung verweigernden Arbeitnehmer auch für andere Tätigkeiten ohne unmittelbaren Kundekontakt einsetzen kann, wenn dies von der Tätigkeitsbeschreibung des Arbeitsvertrages umfasst ist.

264 Ebenso *Thüsing/Bleckmann/Rombey* COVuR 2021, 66 (67 f., 72); zur Vorlagepflicht von Impfbescheinigung bei Bewerbern *Rixen* in Huster/Kingreen InfektionsschutzR-HdB Kap. 5 Rn. 103-105.

265 „Coronavirus-Impfverordnung" (BAnz AT 8.2.2021 V1).

266 So auch *Naber/Schmidt* NZA 2021, 81 (81 ff., 86).

267 *Bauer* NZA Editorial 5/2020 fordert eine risikogerechte gesetzliche Lösung.

Teil 8: Straf- und Bußgeldvorschriften

§ 17 Straf- und Bußgeldvorschriften*

Literatur: *Buddendiek/Rutkowski* (Hrsg.), Lexikon des Nebenstrafrechts (Stand: 42. EL Januar 2019); *Cerny/Makepeace*, Coronavirus, Strafrecht und objektive Zurechnung, KriPoZ 2020, 148; *Eckart/Winkelmüller* (Hrsg.), BeckOK Infektionsschutzrecht (Stand: 3. Edition 1.1.2021); *Esser/Tsambikakis* (Hrsg.), Pandemiestrafrecht, 2020; *Gärditz/Abdulsalam*, Rechtsverordnungen als Instrument der Epidemie-Bekämpfung, GSZ 2020, 108; *Giesberts/Gayer/Weyand*, COVID-19 – Hoheitliche Befugnisse, Rechte Betroffener und staatliche Hilfen, NVwZ 2020, 417; *Graf* (Hrsg.), BeckOK OWiG (Stand: 28. Edition, 1.10.2020); *Hotz*, Die Strafbarkeit des Verbreitens von Krankheitserregern am Beispiel der Corona-Krise, NStZ 2020, 320; *Joecks/Miebach* (Hrsg.), Münchner Kommentar zum StGB, Band 6, 3. Aufl. 2017; *Kießling* (Hrsg.), Infektionsschutzgesetz – Kommentar, 2020; *Kindhäuser/Neumann/Paeffgen* (Hrsg.), Strafgesetzbuch – Kommentar, 5. Aufl. 2017; *Krenberger/Krumm*, Ordnungswidrigkeitengesetz – 6. Aufl. 2020; *Lorenz/Oğlakcioğlu*, Keine Panik im Nebenstrafrecht – Zur Strafbarkeit wegen Verstößen gegen Sicherheitsmaßnahmen nach dem IfSG, KriPoZ 2020, 108; *Lutz*, Infektionsschutzgesetz – Kommentar, 2. Aufl. 2020; *Makepeace*, Coronavirus: Körperverletzung ohne Symptome?, ZJS 2020, 189; *Merz*, Social distancing in Dortmund – coronabedingte Kontaktverbote unwirksam und damit bußgeldlos?, CoVuR 2021, 14; *Mitsch* (Hrsg.), Karlsruher Kommentar zum OWiG, 5. Aufl. 2018; *Rau*, Straftaten nach dem Infektionsschutzgesetz in der aktuellen Corona-Pandemie, StV 2020, 722; *Schmidt* (Hrsg.), Rechtsfragen zur Corona-Krise, 2. Aufl. 2020; *Weißenberger*, Die Corona-Pandemie und das Strafrecht, insbesondere in Verbindung mit dem (neuen) IfSG, HRRS 2020, 166.

I. Regelungstechnik 1
II. Strafvorschriften 4
1. Straftatbestände des IfSG 4
a) §§ 74, 75 IfSG 5
b) § 76 IfSG 7
2. Weitere Straftatbestände 8
3. Verfahren 10
III. Ordnungswidrigkeiten 11
1. Ordnungswidrigkeiten nach dem IfSG 11
a) Allgemein: § 73 IfSG 11
b) Im Besonderen: Verstöße gegen Coronaschutzverordnungen 14
aa) Ordnungswidrigkeiten gem. Coronaschutzverordnung 16
bb) Bußgeldbemessung 20
2. Verfahren 25

I. Regelungstechnik

Die Straf- und Bußgeldvorschriften sind im 15. und damit im vorletzten Abschnitt des IfSG zusammengefasst. § 73 IfSG beschreibt alle **Bußgeldtatbestände,** während die §§ 74 und 75 IfSG die **Straftatbestände** beinhalten. § 76 IfSG erlaubt die **Einziehung** aller Gegenstände, auf die sich eine Straftat nach § 75 Abs. 1 oder 3 IfSG bezieht. 1

Es handelt sich dabei um eine typische Regelungstechnik im **Nebenstrafrecht** – also dem Strafrecht, das außerhalb des Strafgesetzbuchs (StGB) normiert ist. Während das StGB – zumindest überwiegend – ein Kernstrafrecht formuliert und sich auf den Schutz elementarer Rechtsgüter beschränkt, greift das Nebenstrafrecht als Instrument sozialer Kontrolle in gesellschaftlich abgrenzbaren Bereichen.[1] Damit dient das Nebenstrafrecht in besonderem Maße der staatlichen Reaktion auf Erscheinungsformen neu aufkommender Konflikte und richtet sich häufig an bestimmte Berufsgruppen oder Wirtschafts- 2

---

* Ein besonderer Dank gebührt *Felix Lichtenhagen*, Wissenschaftlicher Mitarbeiter bei Tsambikakis & Partner in Köln, ohne dessen Einsatz die schnelle Aktualisierung des Textes für die 2. Auflage nicht möglich gewesen wäre.

1 *Rutkowski* in NebenStrafR-Lex, Einführung in das Nebenstrafrecht Rn. 5.

zweige. Gleichzeitig kommt nebenstrafrechtlichen Gesetzen keineswegs eine geringere Bedeutung zu. In der Praxis nehmen einzelne Normen (etwa die §§ 29 ff. BtMG) großen Raum ein.[2] Für das IfSG als Sicherheitsgesetz mit präventiver Ausrichtung[3] wirkt es durchaus ungewöhnlich, dass es so viele (repressive) Straf- und Ordnungswidrigkeitentatbestände enthält.

3 Die Tatbestände bestimmen keinen eigenständigen Unrechtsgehalt, sondern stellen vorgelagerte Teile des IfSG unter strafrechtlichen Geltungsschutz. Sie sind somit als **Blankettnormen**[4] (*Rixen* in → § 4 Rn. 17 ff.) ausgestaltet. Teilweise hängt die Reichweite der Strafvorschriften von der Ausgestaltung der auf das IfSG gestützten Rechtsverordnungen, Allgemeinverfügungen und Anordnungen ab. Die Anknüpfung der Strafbarkeit an Rechtsverordnungen oder an vollziehbare Anordnungen der Verwaltung führt zu strafverfassungsrechtlichen Problemen: Aufgrund der Verlagerung der Kompetenzen zugunsten der Exekutive ergibt sich ein Konflikt mit Art. 103 Abs. 2, Art. 20 Abs. 3 bzw. Art. 80 Abs. 1 S. 2 GG (allgemein *Fleischfresser* → § 13 Rn. 28).[5] Der Normadressat muss erkennen können, welches Verhalten der Gesetzgeber als strafbar bestimmen möchte.[6] Starker Kritik ist die Form der **qualifizierten Blankettnorm** ausgesetzt. Darunter verstehen sich Fälle, in denen die Rechtsverordnung festlegen kann, ob ihre Verhaltensnormen sanktionsbewehrt sein sollen (zentral: § 73 Abs. 1 a Nr. 24 IfSG). Diese Kompetenz steht indes nur dem Gesetzgeber (nicht: der verordnungsgebenden Exekutive) zu.[7]

II. Strafvorschriften

1. Straftatbestände des IfSG

4 Das IfSG kennt zwar Straftatbestände; in der Praxis relevanter sind aber die Bußgeldtatbestände. So knüpfen die Straftatbestände zum Teil an die Bußgeldtatbestände an, dh schwerere oder qualifizierte Verstöße gegen Bußgeldtatbestände werden unter Strafe gestellt. **Schwerere Verstöße** gegen das IfSG können nach **§§ 74, 75 IfSG** mit Geldstrafe oder mit Freiheitsstrafe von bis zu fünf Jahren bestraft werden.

a) §§ 74, 75 IfSG

5 Wird eine **Ordnungswidrigkeit** nach § 73 Abs. 1 oder Abs. 1 lit. a Nr. 1–7, 11–20, 22, 22 a, 23 oder 24 IfSG **vorsätzlich** begangen **und dadurch** eine in § 6 Abs. 1 S. 1 Nr. 1 IfSG genannte **Krankheit** oder ein in § 7 IfSG genannter **Krankheitserreger verbreitet,** droht nach § 74 IfSG eine Geldstrafe oder Freiheitsstrafe von bis zu fünf Jahren. Die Anforderungen in der Praxis an eine Verurteilung sind damit denkbar hoch: Es bedarf einer vorsätzlich begangenen (Katalog-)Ordnungswidrigkeit und zusätzlich eines vorsätzlich durch diese Handlung kausalen Verbreitens einer der genannten Krankheiten. Im Alltag eines aktiven epidemischen Geschehens mit schwer überschaubaren Infektionsherden wird der Kausalnachweis in Bezug auf eine abgrenzbare Handlung kaum möglich sein. Zu viele alternative Kausalerklärungen sind im Regelfall denkbar.[8] **Ver-**

2 *Hassemer/Neumann* in NK-StGB vor § 1 Rn. 231.
3 § 1 Abs. 1 IfSG: „Zweck des Gesetzes ist es, übertragbaren Krankheiten beim Menschen vorzubeugen, Infektionen frühzeitig zu erkennen und ihre Weiterverbreitung zu verhindern."
4 Vgl. zum Charakter der Normen als „echte" Blanketttatbestände *Lorenz/Oğlakcioğlu* KriPoZ 2020, 108 (111).
5 Vgl. BVerfG Beschl. v. 21.9.2016 – 2 BvL 1/15, BVerfGE 143, 38 = NJW 2016, 3648 – Rindfleischetikettierungsgesetz; vgl. auch *Lorenz/Oğlakcioğlu* KriPoZ 2020, 108 (111); *Lorenz/Oğlakcioğlu* in Kießling IfSG § 73 Rn. 15.
6 OLG Oldenburg Beschl. v. 11.12.2020 – 2 Ss (OWi) 286/20, CoVuR 2021, 119 Rn. 8 mAnm. *Lorenz.*
7 Umfassend *Freund* in MK-StGB AMG vor § 95 Rn. 51 ff.
8 *Rau* in Schmidt COVID-19 § 74 Rn. 17; *Rau* StV 2020, 722 (723 f.).

breiten meint die Übertragung einer Krankheit oder eines Krankheitserregers auf einen anderen.[9]

Weitere Strafvorschriften finden sich in § 75 IfSG, die nicht unmittelbar an Ordnungswidrigkeiten anknüpfen, sondern unabhängig von der Schwere des Verstoßes als Strafunrecht eingeordnet werden. Im Zuge der Coronakrise wurde § 75 Abs. 1 Nr. 1 IfSG neu gefasst.[10] Danach wird mit Geldstrafe oder Freiheitsstrafe bis zu zwei Jahren bestraft, wer einer vollziehbaren Anordnung nach § 30 Abs. 1 S. 1 IfSG, auch in Verbindung mit einer Rechtsverordnung nach § 32 S. 1, zuwiderhandelt. Nach dieser Änderung ist § 75 IfSG für strafrechtliche Fragen um COVID-19 nicht länger relevant: § 30 Abs. 1 S. 1 IfSG beschränkt sich auf eine abschließende Aufzählung anderer Krankheiten. Ein Verstoß gegen Maßnahmen der „Absonderung“ nach § 30 Abs. 1 S. 2 IfSG – hierunter sind nunmehr auch Maßnahmen gegen COVID-19 subsumierbar – ist als ordnungswidriges Handeln nach § 73 Abs. 1 a Nr. 6 IfSG lediglich bußgeldbewehrt. Ebenso wurde der Verstoß gegen ein berufliches Tätigkeitsverbot gemäß § 31 IfSG aus § 75 Abs. 1 Nr. 1 IfSG ausgeklammert und zur Ordnungswidrigkeit herabgestuft. Damit steht schließlich auch die Teilnahme an verbotenen Menschenansammlungen nicht mehr unter Strafandrohung – sie ist nunmehr als Ordnungswidrigkeit verfolgbar. Im Zusammenhang mit dem Coronavirus können auch § 75 Abs. 1 Nr. 3 und 4 IfSG relevant sein.[11] Sanktionsbewehrt sind Verbringen, Ausführen, Aufbewahren, Abgeben oder Arbeiten mit **Krankheitserregern** – und damit auch dem Coronavirus – ohne die nach §§ 44 bzw. 52 IfSG erforderliche Erlaubnis. § 75 Abs. 5 IfSG bestimmt die Strafbarkeit des Behandlers bei der Feststellung oder Behandlung bestimmter Krankheiten oder Krankheitserreger, wenn der Behandelnde kein Arzt ist (Arztvorbehalt nach § 24 S. 1 IfSG). Dieser gilt ausweislich § 24 S. 2 IfSG nicht für die Durchführung von Schnelltests ua auf das Coronavirus.[12] 6

b) § 76 IfSG

Eine weitere materiellrechtliche Regelung findet sich in § 76 IfSG. Danach können **Gegenstände**, auf die sich eine Straftat nach § 75 Abs. 1 oder 3 IfSG bezieht, **eingezogen** werden. Es handelt sich um **passive Tatobjekte**, sog. Beziehungsgegenstände.[13] Die weiteren Möglichkeiten der Einziehung finden sich in §§ 73 ff. StGB. Bei Ordnungswidrigkeiten wird das Bußgeld nach § 17 Abs. 4 S. 1 OWiG regelmäßig um seinen Abschöpfungsanteil erhöht.[14] 7

2. Weitere Straftatbestände

Bei Ansteckung einer anderen Person wird zudem eine Strafbarkeit wegen **Körperverletzung** gem. §§ 223 ff. StGB diskutiert.[15] Einigkeit besteht darüber, dass bei Auftreten von Krankheitssymptomen eine tatbestandliche Körperverletzung vorliegt.[16] Im Falle von SARS-CoV-2 dürfte aufgrund der massiven gesellschaftlichen Umstellungen zur 8

9 *Neuhöfer/Kindhäuser* in BeckOK InfSchR IfSG § 74 Rn. 26; vgl. zu anderen Definitionen, beschreibend, *Tsambikakis/Kessler* in Esser/Tsambikakis PandemieStrafR § 1 Rn. 78 f.

10 Zweites Gesetz zum Schutz der Bevölkerung bei einer epidemischen Lage von nationaler Tragweite v. 22.5.2020 (BGBl. I 1024).

11 Ausführlich zu den Vorschriften *Lorenz/Oğlakcıoğlu* in Kießling IfSG § 75 Rn. 5 ff.

12 *Neuhöfer/Kindhäuser* in BeckOK InfSchR IfSG § 75 Rn. 14.1.

13 Zum Begriff der „Beziehungsgegenstände“ *Saliger* in NK-StGB § 74 Rn. 11. Ein Beispiel für solche Gegenstände sind (nach *Lutz* IfSG § 76 Rn. 1) verbrachte Krankheitserreger iSv § 44 IfSG (Strafbarkeit nach § 75 Abs. 1 Nr. 3 IfSG).

14 Vgl. *Neuhöfer/Kindhäuser* in BeckOK InfSchR IfSG § 76 Rn. 7.

15 Bei tödlichem Ausgang sind ggf. auch § 222 oder § 227 StGB zu prüfen.

16 *Zitzelsberger* in Esser/Tsambikakis PandemieStrafR § 2 Rn. 16; *Lorenz/Oğlakcıoğlu* in Kießling IfSG vor §§ 73 ff. Rn. 19.

Einschränkung der Krankheitsverbreitung keine Sozialadäquanz bei Teilnahme eines Infizierten am gesellschaftlichen Leben gegeben sein.

Unterschiedlich beantwortet wird die Frage, ob ein Erfolg schon bei der **reinen Virusübertragung** und einer ggf. symptomfrei verlaufenden Infektion vorliegt. Insbesondere ist verstärkt darauf hingewiesen worden, unterschiedliche viral übertragbare Krankheiten ebenso unterschiedlich einzuordnen und nicht in der Bewertung miteinander zu vermengen.[17] Dennoch wird teilweise von einer tatbestandlichen Körperverletzung schon bei erfolgter Übertragung ausgegangen.[18] Diese Herangehensweise übergeht, dass eine Abweichung vom körperlichen Normalzustand tatsächlich eintreten muss, um einen Erfolg zu begründen. Bei der reinen Infizierung mit SARS-CoV-2 steht ein solcher Zustand höchstens bevor. § 223 StGB und § 229 StGB sind indes keine Gefährdungsdelikte.[19] Somit liegt es nahe, bei der reinen Virusübertragung noch keinen tatbestandlichen Erfolg anzunehmen.

9 Im Übrigen geht es bei den Straf- und Ordnungswidrigkeitentatbeständen des IfSG vielfach um die **Vollstreckung von Rechtsverordnungen und Verfügungen,** so dass auch an §§ 113, 114 StGB – Widerstand gegen Vollstreckungsbeamte und tätlichen Angriff auf Vollstreckungsbeamte – gedacht werden muss.[20]

Bei epidemisch bedingten Betretungsverboten und Personenbeschränkungen auf Veranstaltungen kann auch eine Strafbarkeit nach § 123 StGB wegen **Hausfriedensbruchs** Bedeutung erlangen.[21]

Darüber hinaus geben die staatlichen Reaktionen auf die Epidemie zur Aufrechterhaltung einer leistungsfähigen Volkswirtschaft (insbesondere: Kredite und Zuschüsse an Unternehmer) verschiedene Missbrauchsmöglichkeiten. Zu denken ist hier ua an Strafbarkeiten wegen **Betrugs, Insolvenzverschleppung, Insiderhandel, Wucher oder Untreue.**[22]

3. Verfahren

10 Für das Strafverfahren gelten die allgemeinen strafprozessualen Regeln, also vor allem die **Strafprozessordnung** und das Gerichtsverfassungsgesetz.

III. Ordnungswidrigkeiten

1. Ordnungswidrigkeiten nach dem IfSG

a) Allgemein: § 73 IfSG[23]

11 § 73 IfSG folgt dem unter → Rn. 3 beschriebenen Aufbau, Fachgesetze durch **ordnungswidrigkeitenrechtliche Blankettnormen** zu ergänzen. Der Tatbestand ist dann als Verweisungsnorm ausgestaltet und erhält die konkrete inhaltliche Prägung – wie bei den Straftatbeständen des IfSG – erst durch Ausfüllungsnormen. Tauglich zur Ausfüllung

---

17 Dabei geht es vor allem um die Problematik einer Anwendbarkeit der Rechtsprechung zu HIV auf SARS-CoV-2, s. dazu *Zitzelsberger* in Esser/Tsambikakis PandemieStrafR § 2 Rn. 12 ff.; *Lorenz/Oğlakcıoğlu* in Kießling IfSG vor §§ 73 ff. Rn. 19; *Hotz* NStZ 2020, 320 (322); *Makepeace* ZJS 2020, 189 (190); vgl. auch *Weißenberger* HRRS 2020, 166 (180).

18 *Rau* in Schmidt COVID-19 § 19 Rn. 46; wohl auch *Neuhöfer/Kindhäuser* in BeckOK InfSchR IfSG § 74 Rn. 38; offenlassend, aber mit Bedenken zur objektiven Zurechenbarkeit *Cerny/Makepeace* KriPoZ 2020, 148 ff.

19 Vgl. *Zitzelsberger* in Esser/Tsambikakis PandemieStrafR § 2 Rn. 16.

20 Ausführlich *Esser* in Esser/Tsambikakis PandemieStrafR § 5.

21 *Esser* in Esser/Tsambikakis PandemieStrafR § 6.

22 Zu diesen Tatbeständen: *Tsambikakis/Gierok* in *Esser/Tsambikakis* PandemieStrafR §§ 9 ff. und zu weiteren, insbes. nebenstrafrechtlichen Normen.

23 Zu den Tatbeständen *Neuhöfer/Kindhäuser* in BeckOK InfSchR IfSG § 73 Rn. 8 ff.

sind sowohl die Vorschriften des IfSG als auch auf diesen Vorschriften beruhende Rechtsverordnungen (dazu → Rn. 14 ff.).[24]

Während § 73 Abs. 1 IfSG (Besitz von Polioviren) lediglich vorsätzlich verwirklicht werden kann, sind die in Abs. 1 a aufgeführten 35 (!) Varianten **vorsätzlich** und **fahrlässig** erfüllbar. Einzelne Tatbestände gehen weit ins Detail und richten sich teilweise an jedermann, andere Tatbestände normieren dagegen Sonderpflichten für bestimmte Berufsträger. Die Übersicht ist durch die weite inhaltliche Streuung der verschiedenen Einzelregelungen für Normadressaten und Rechtsanwender erschwert.[25] 12

§ 73 Abs. 1 a Nr. 1 IfSG betrifft den im Rahmen der Corona-Pandemie komplett neu gestalteten § 5 IfSG (*Rixen* in → § 4 Rn. 6 ff.). Nach Feststellung einer „epidemischen Lage von nationaler Tragweite" stehen dem Bundeministerium für Gesundheit gemäß § 5 Abs. 1 Nr. 1 und 2 IfSG umfassende Regelungsbefugnisse zur Kontrolle der Einreise und Fortbewegung zu.[26] Der Verstoß gegen die auf diesem Wege erteilten Anordnungen ist ordnungswidrig. Es ist denkbar, dass dem Tatbestand in der Folge weiterer Infektionswellen erhebliche Bedeutung zukommen wird. Die Nr. 2 in § 73 Abs. 1 a IfSG betrifft Meldepflichten des medizinischen Personals. Bei Nr. 3–5 geht es um Maßnahmen der Hygieneüberwachung. Nr. 6 umfasst Verstöße gegen verschiedene vollziehbare Anordnungen (so ua auf § 28 Abs. 1 basierend). Nach Nr. 7 handelt ordnungswidrig, wer bei der Behandlung von ausgewählten Gesundheitsschädlingen keine anerkannten Verfahren anwendet. Nr. 8–13 in Abs. 1 a regeln die ärztlichen Pflichten der Dokumentation und in Nr. 11 und 12 solche einer besonderen Duldung (Untersuchung eines Verstorbenen und Zutritt zur Wohnung bei Beobachtung). In den Nr. 14–19 und 7a-7 d (Impfschutzvorschriften) wird der Verstoß gegen diverse Sorgfaltspflichten im Zusammenhang mit Gemeinschaftseinrichtungen (zum Begriff § 33 IfSG) geregelt. Nr. 20 bis 23 betreffen Tätigkeiten im Lebensmittelkontext. 13

Große Beachtung kommt letztlich **Nr. 24** zu. Dort wird weitreichend auf etliche durch das IfSG gestützte **Rechtsverordnungen** Bezug genommen. Der Verstoß gegen auf diesem Wege getroffene Regelungen kann durch Nr. 24 zur Ordnungswidrigkeit erhoben werden. Von **besonderer Relevanz** ist dabei der Rekurs auf § 32 IfSG, der erst seit der Änderung des IfSG mit Wirkung zum 28.3.2020[27] Bestandteil der Norm ist. Dieser Verweis bildet die Grundlage zur Ahndung der Verstöße gegen Rechtsverordnungen nach §§ 32 S. 1, 28 Abs. 1 S. 1, 28 a IfSG (*Kluckert* in → § 2 Rn. 80 ff.; *Fleischfresser* in → § 13 Rn. 18 ff.), so insbesondere Maßnahmen adressiert an die Gesamtbevölkerung (mithin vorrangig ihrer nicht infizierten Teile).[28] Nach überwiegender Auffassung stehen dem keine durchschlagenden verfassungsrechtlichen Einwände entgegen (zur Problematik der Blankettnormen → Rn. 3).[29]

b) Im Besonderen: Verstöße gegen Coronaschutzverordnungen

Eine Besonderheit während der Coronakrise liegt in einer weitgehenden Verlagerung praxisrelevanter Bußgeldtatbestände in **Rechtsverordnungen der Landesregierungen.** 14

---

24 Allgemein zu Maßgaben an Blankettnormen *Krenberger/Krumm* OWiG § 1 Rn. 30.

25 So auch *Lutz* IfSG § 73 Rn. 3.

26 Dazu *Gärditz/Abdulsalam* GSZ 2020, 108 ff.

27 Gesetz zum Schutz der Bevölkerung bei einer epidemischen Lage von nationaler Tragweite v. 27.3.2020 (BGBl. I 587).

28 Ausführlich *Tsambikakis/Kessler* in Esser/Tsambikakis PandemieStrafR § 2 Rn. 140 ff.

29 Vgl. etwa OVG Münster Beschl. v. 19.5.2020 – 13 B 557/20.NE, BeckRS 2020, 9803 Rn. 16 ff.; anders nur AG Dortmund Urt. v. 2.11.2020 – 733 OWi – 127 Js 75/20 – 64/20, CoVuR 2020, 896 Rn. 13 ff.; AG Weimar Urt. v. 11.1.2021 – 6 OWi – 523 Js 202518/20, CoVuR 2021, 122 Rn. 13; dagegen wiederum *Kersten* CoVuR 2020, 901; *Merz* CoVuR 2021, 14 ff.

15 Die Regelungstechnik soll anhand der Verordnungen in **Nordrhein-Westfalen** veranschaulicht werden:[30] § 32 S. 1 IfSG ermächtigt die Landesregierung unter den Voraussetzungen der §§ 28–31 IfSG, durch Rechtsverordnung entsprechende Gebote und Verbote zur Bekämpfung übertragbarer Krankheiten zu erlassen. Davon hat das Land Nordrhein-Westfalen durch die Verordnung zum Schutz vor Neuinfizierungen mit dem Coronavirus SARS-CoV-2 (CoronaSchVO NRW) Gebrauch gemacht nach §§ 32, 28 Abs. 1 S. 1, 2, § 28 a IfSG.[31]

aa) Ordnungswidrigkeiten gem. Coronaschutzverordnung

16 Die Entwicklung der Rechtsverordnungen passt sich dem dynamischen und wechselhaften epidemischen Geschehen und den ebenso wechselhaften gesellschaftlichen Reaktionsmöglichkeiten an. Seit März/April 2020[32] hat sich der Inhalt der Coronaschutzverordnungen im Zuge von punktuellen Lockerungen und Verschärfungen[33] immer wieder verändert.

In der zum 14.2.2021 gültigen Fassung handelt nach § 18 Abs. 2 CoronaSchVO NRW ordnungswidrig, wer vorsätzlich oder fahrlässig

1. entgegen § 1 Absatz 3 Satz 5 Zusammenkünfte mit mehr als zehn Teilnehmenden nicht oder nicht rechtzeitig anzeigt,

1a. entgegen § 2 Absatz 1 Partys oder vergleichbare Feiern veranstaltet oder daran teilnimmt,

1b. entgegen § 2 Absatz 1 a in Verbindung mit Absatz 2 Nummer 1 a im öffentlichen Raum entweder mit anderen Personen als Angehörigen des eigenen Hausstands und höchstens einer Einzelperson aus einem anderen Hausstand zusammentrifft oder als Einzelperson mit anderen Personen als Angehörigen eines einzigen anderen Hausstands zusammentrifft, wobei die Einzelperson von zu betreuenden Kindern aus ihrem Hausstand begleitet werden kann,

2. entgegen § 3 Absatz 2 trotz bestehender Verpflichtung keine medizinische Maske oder entgegen Absatz 2 a trotz bestehender Verpflichtung keine Alltagsmaske trägt,

3. entgegen § 4 a als anwesende Person (Gast, Mieter, Teilnehmer, Besucher, Kunde, Nutzer und so weiter) unrichtige Kontaktdaten (Name, Adresse, Telefonnummer) angibt,

4. entgegen § 5 Absatz 1 erforderliche Maßnahmen zur Erschwerung des Vireneintrags, zum Schutz von Patienten, Bewohnern oder Personal nicht ergreift,

5. entgegen § 7 Absatz 1 Satz 1 Bildungsangebote und Prüfungen durchführt,

6. entgegen § 7 Absatz 1 Satz 3 Prüfungen durchführt, ohne die Regelungen der §§ 2 bis 4 a zu beachten,

7. entgegen § 8 Absatz 1 Konzerte oder Aufführungen durchführt oder Museen, Kunstausstellungen, Galerien, Schlösser, Burgen, Gedenkstätten oder ähnlichen Einrichtungen betreibt,

8. entgegen § 8 Absatz 2 Autokinos, Autotheater oder ähnliche Einrichtungen ohne Sicherstellung des Abstands betreibt,

9. entgegen § 8 Absatz 3 Musikfeste, Festivals oder ähnliche Kulturveranstaltungen durchführt oder daran teilnimmt,

---

30 Sämtliche weitere Bundesländer haben vergleichbare Regelungen erlassen, s. https://kripoz.de/2020/03/25/straf-und-ordnungswidrigkeitenrechtliche-massnahmen-des-bundes-und-der-laender-im-zusammenhang-mit-der-corona-pandemie/.

31 Zunächst Verordnung v. 22.3.2020 (GV NRW 178), seitdem immer wieder aktualisiert.

32 S. dazu die Voraufl. dieses Werkes unter § 17 Rn. 21.

33 Zur Entwicklung des staatlichen Umgangs mit SARS-CoV-2 *Kersten/Rixen* Verfassungsstaat Covid-19 S. 21 f.

10. entgegen § 9 Absatz 1 Freizeit- und Amateursportbetrieb auf oder in öffentlichen oder privaten Sportanlagen, Fitnessstudios, Schwimmbädern und ähnlichen Einrichtungen durchführt oder daran teilnimmt,
11. entgegen § 9 Absatz 2 Sportfeste oder ähnliche Sportveranstaltungen durchführt oder daran teilnimmt,
12. entgegen § 9 Absatz 3 das Betreten der Wettbewerbsanlage durch Zuschauer zulässt,
13. entgegen § 10 Absatz 1 Satz 1 Nummer 1 Schwimm- und Spaßbäder, Saunen, Thermen, Sonnenstudios oder ähnliche Einrichtungen betreibt,
14. entgegen § 10 Absatz 1 Satz 1 Nummer 2 Freizeitparks, Indoor-Spielplätze oder ähnliche Einrichtungen für Freizeitaktivitäten (drinnen und draußen) betreibt,
15. entgegen § 10 Absatz 1 Satz 1 Nummer 3 Spielhallen, Spielbanken oder ähnliche Einrichtungen betreibt,
16. entgegen § 10 Absatz 1 Satz 1 Nummer 4 Clubs, Diskotheken oder ähnliche Einrichtungen betreibt,

16a. entgegen § 10 Absatz 1 a in Wettannahmestellen, Wettbüros und so weiter einen über die Entgegennahme der Spielscheine, Wetten und so weiter hinausgehenden Aufenthalt oder eine Überschreitung der Höchstzahl von Kunden zulässt,

17. entgegen § 10 Absatz 2 Bordelle, Prostitutionsstätten oder ähnliche Einrichtungen beziehungsweise Swingerclubs oder ähnliche Einrichtungen betreibt oder sexuelle Dienstleistungen außerhalb von Einrichtungen erbringt,
18. entgegen § 10 Absatz 3 einen Zoologischen Garten oder Tierpark für Besucher öffnet,
19. entgegen § 10 Absatz 4 eine Ausflugsfahrt mit Schiffen, Kutschen, historischen Eisenbahnen oder ähnlichen Einrichtungen anbietet,
20. entgegen § 11 Absatz 2 Satz 1 eine Verkaufsstelle oder eine Einrichtung zum Vertrieb von Reiseleistungen betreibt oder in Verbindung mit § 11 Absatz 1 Satz 1 Nummer 8 in einer Einrichtung des Großhandels andere Waren als Lebensmittel an Endkunden verkauft,

20a. entgegen § 11 Absatz 2 Satz 2 Halbsatz 2 die Abholung bestellter Waren ohne Sicherstellung der Kontaktfreiheit ermöglicht,

20b. entgegen § 11 Absatz 4 oder Absatz 4 a eine Überschreitung der Höchstzahl von Kunden zulässt,

20c. entgegen § 11 Absatz 5 Nummer 1 zwischen 23 Uhr und 6 Uhr alkoholische Getränke verkauft,

20d. entgegen § 11 Absatz 5 Nummer 2 in der Verkaufsstelle oder im Umkreis von 50 Metern um die Verkaufsstelle dort erworbene Lebensmittel verzehrt,

21. entgegen § 11 Absatz 6 eine Messe, eine Ausstellung, einen Jahrmarkt, einen Spezialmarkt oder eine ähnliche Veranstaltung durchführt,
22. entgegen § 12 Absatz 1 Satz 3 in Verbindung mit § 11 Absatz 4 eine Überschreitung der Höchstzahl von Kunden zulässt,
23. entgegen § 12 Absatz 2 eine Dienst- oder Handwerksleistung, bei der ein Mindestabstand von 1,5 Metern zum Kunden nicht eingehalten werden kann, anbietet,
24. entgegen § 13 Absatz 1 Veranstaltungen oder Versammlungen durchführt oder daran teilnimmt,
25. entgegen § 13 Absatz 3 große Festveranstaltungen durchführt oder daran teilnimmt,
26. entgegen § 14 Absatz 1 Satz 1 oder 2 eine gastronomische Einrichtung betreibt,

26a. entgegen § 14 Absatz 2 Satz 3 in Verbindung mit § 11 Absatz 1 a zwischen 23 Uhr und 6 Uhr alkoholische Getränke verkauft,

26b. entgegen § 14 Absatz 2 Satz 4 in einem Umkreis von 50 Metern um die gastronomische Einrichtung dort erworbene Speisen oder Getränke verzehrt,
27. entgegen § 15 Absatz 1 Übernachtungsangebote zu privaten Zwecken durchführt oder wahrnimmt,
28. entgegen § 15 Absatz 2 Reisebusreisen oder sonstige Gruppenreisen mit Bussen zu touristischen Zwecken durchführt oder daran teilnimmt,

ohne dass es zusätzlich einer Zuwiderhandlung gegen eine vollziehbare Anordnung auf Grund dieser Verordnung bedarf. Satz 1 gilt nur, soweit nicht gemäß § 16 Absatz 3 reduzierte Schutzmaßnahmen in Kraft gesetzt sind.

17 Daneben existieren korrespondierende **Bußgeldkataloge**. Es handelt sich dabei um verwaltungsinterne Richtlinien zur einheitlichen Bemessung der Bußgelder bei ähnlich gelagerten Sachverhalten.[34] Aufgrund ihrer fehlenden Rechtssatzqualität tritt durch ihren Erlass für ein ggf. entscheidendes Gericht **keine bindende Wirkung** ein.[35] Durch die angestrebte Vereinheitlichung der Bußgelder soll im Grundsatz für die Behörde die Bemessungsentscheidung vereinfacht werden, der betroffene Bürger durch die Gleichmäßigkeit und somit gesicherte Willkürfreiheit profitieren. Besondere Einzelfallumstände sind dennoch sowohl zugunsten des Adressaten (etwa dessen wirtschaftliche Situation) als auch zu seinen Lasten (wiederholte Begehung oÄ) in die Entscheidung einbeziehbar.[36] Im vorliegenden Fall dürfte der Bußgeldkatalog durch seine plakativen Strafen und deren mediale Ankündigung vor allem von der Vermutung generalpräventiver Wirkungen getragen sein.[37] Der gegenwärtige Bußgeldkatalog in Nordrhein-Westfalen[38] sieht Bußgelder in Abstufungen von 50 EUR, 150 EUR, 250 EUR, 500 EUR, 1.000 EUR, 2.000 EUR, 4.000 EUR, 5.000 EUR und 10.000 EUR vor. Bemessen werden die Stufen anhand der **epidemischen Risiken**, die von der Ordnungswidrigkeit ausgehen und des Adressatenkreises. Während etwa das Betreten einer Einrichtung ohne Mund-Nasen-Schutz zu einem Regelsatz von 50 EUR führt, liegt der Regelsatz bei Durchführung eines Wettbewerbs im Berufssport ohne Hygienekonzept bei 10.000 EUR.

18 Vorsätzliche oder fahrlässige Verstöße gegen alle anderen Ge- oder Verbote in der CoronaSchVO NRW stellen nach § 18 Abs. 3 CoronaSchVO NRW Ordnungswidrigkeiten dar, falls eine **vollziehbare Anordnung**, den Verstoß zu beenden, missachtet wird. Die Vollziehbarkeit solcher Anordnungen besteht dabei gem. § 28 Abs. 3 iVm § 16 Abs. 8 IfSG unmittelbar kraft Gesetzes. Sie werden mit einer Geldbuße in Höhe eines Regelsatzes von 500 EUR geahndet. Anders nur bei einem Verstoß gegen die Pflicht zum Tragen einer Mund-Nase-Bedeckung in Wahlräumen und deren Zuwegen und in Handelseinrichtungen: Hier beträgt das Regelbußgeld 50 EUR (Ziffer II. im Bußgeldkatalog).

Vollziehbare Anordnungen können auch auf reiner Grundlage von § 28 Abs. 1 IfSG erfolgen, ohne dabei Rechtsverordnungen nach § 32 S. 1 IfSG miteinzubeziehen. Auch hier handelt es sich bei Verstoß um eine Ordnungswidrigkeit (§ 73 Abs. 1 a Nr. 6 IfSG). Diesbezüglich sind keine Regelsätze festgelegt (Ziffer III. im Bußgeldkatalog).

19 Gleiches gilt für weitergehende **Weisungen** der örtlichen **Ordnungsbehörden**. Diese sind nach § 28 Abs. 1 IfSG iVm § 16 CoronaSchVO NRW zulässig, wenn sie der Coro-

34 *Sackreuther* in BeckOK OWiG § 17 Rn. 104 f.

35 OLG Jena Beschl. v. 20.3.2006 – 1 Ss 7/06, NStZ-RR 2006, 244 (245); eine Ausnahme bildet die auf Grundlage von § 26 a StVG erlassene BKatV.

36 *Mitsch* in KK-OWiG § 17 Rn. 99 ff.

37 S. https://www.land.nrw/de/pressemitteilung/straf-und-bussgeldkatalog-zur-umsetzung-des-kontaktverbots-erlassen, in dieser Pressemitteilung am 24.3.2020 MP Laschet: „(...) die Unvernünftigen bestrafen. Und zwar konsequent und hart. Die Signale müssen ankommen. Null Toleranz gilt auch gegenüber Rechtsbrechern im Kampf gegen das Corona-Virus."

38 Abrufbar unter https://kripoz.de/wp-content/uploads/2020/11/201104_bkat_zur_coronaschvo_ab_5.11.2020.pdf.

naSchVO NRW nicht widersprechen. Die Vollziehbarkeit solcher Anordnungen besteht ebenfalls unmittelbar kraft Gesetzes gem. § 28 Abs. 3 iVm § 16 Abs. 8 IfSG.

bb) Bußgeldbemessung

Zunächst soll nach dem Bußgeldkatalog das **Regelbußgeld** festgesetzt werden. Das gilt für alle Erstverstöße. 20

Wird bei einem Verstoß zusätzlich eine **vollziehbare Anordnung**, den Verstoß zu beenden, missachtet, so ist der Regelsatz zu **verdoppeln**. Eine Verdoppelung erfolgt auch, bei Folgeverstößen (Ziffer IV. im Bußgeldkatalog). 21

Verletzt dieselbe Handlung mehrere Tatbestände wird nur eine einzige Geldbuße festgesetzt (**Tateinheit** gem. § 19 Abs. 1 OWiG), allerdings ist das Bußgeld angemessen zu erhöhen, wobei die Summe der Regelsätze nicht erreicht werden darf. 22

Ist eine Handlung gleichzeitig **Straftat und Ordnungswidrigkeit**, so wird nur das Strafgesetz angewendet, es sei denn, es wird keine Strafe verhängt (§ 21 OWiG).[39] 23

Im Kontext um die Einführung eines Verbandssanktionengesetzes in Deutschland darf nicht vergessen werden, dass schon nach geltendem Recht die Möglichkeit besteht, neben dem Bußgeld gegen eine Individualperson zusätzlich nach den §§ 30, 130 OWiG einen Verband oder ein **Unternehmen** (also eine juristische Person oder eine rechtsfähige Personenvereinigung) mit einem **Bußgeld** zu belegen, soweit das Unternehmen zB durch den Verstoß gegen die CoronaSchVO NRW bereichert worden ist oder werden sollte (Ziffer V. im Bußgeldkatalog) Die Geldbuße soll auch in diesen Fällen den wirtschaftlichen Vorteil, den der Täter aus der Ordnungswidrigkeit gezogen hat, übersteigen (§ 30 Abs. 3 iVm § 17 Abs. 4 OWiG). 24

2. Verfahren

Das Verfahren richtet sich nach dem **Ordnungswidrigkeitengesetz.** 25

Bei Verstößen gegen die Rechtsverordnungen bestimmt die Landesregierung gem. § 54 IfSG durch Rechtsverordnung die **zuständigen Behörden**, soweit eine landesrechtliche Regelung nicht besteht. Dies hat zur Folge, dass verschiedene Landes- bzw. Kommunalbehörden für die Aufgabenwahrnehmung nach dem IfSG zuständig sind.[40] In Nordrhein-Westfalen bestimmt die Verordnung zur Regelung von Zuständigkeiten nach dem Infektionsschutzgesetz in den §§ 2–4 ZVO-IfSG NRW, dass die örtlichen Ordnungsbehörden der Städte und Gemeinden die zuständigen Behörden zur Wahrnehmung von Maßnahmen nach §§ 16, 17, 25 Abs. 4 und §§ 28 ff. IfSG sind (*Ritgen* in → § 12 Rn. 59). Zudem sind Kreise und kreisfreie Städte „Gesundheitsämter" iSd § 2 Nr. 14 IfSG. In der CoronaSchVO wird ausschließlich auf die nach § 28 Abs. 1 IfSG zuständigen Behörden verwiesen. Dies hat zur Folge, dass die zuständige Ordnungsbehörde bei Maßnahmen nach § 16 Abs. 1 oder § 28 IfSG solche Maßnahmen anordnet, die der Behörde zuvor von dem Gesundheitsamt vorgeschlagen wurden (§ 16 Abs. 4 iVm § 28 Abs. 3 IfSG).[41] 26

Gegen einen **Bußgeldbescheid** kann innerhalb von zwei Wochen nach Zustellung schriftlich bei der Verwaltungsbehörde, die den Bußgeldbescheid erlassen hat, **Einspruch** eingelegt werden, dh bei der zuständigen Ordnungsbehörde der Städte oder Gemeinden. 27

Ist der Einspruch zulässig, prüft die Verwaltungsbehörde, ob sie den Bußgeldbescheid aufrechterhält oder zurücknimmt. Wird der Bußgeldbescheid nicht zurückgenommen 28

---

39 Daher erfolgt in diesen Fällen zunächst eine Abgabe an die Staatsanwaltschaft.
40 *Giesberts/Gayer/Weyand* NVwZ 2020, 417 (418).
41 *Giesberts/Gayer/Weyand* NVwZ 2020, 417 (418).

oder verfährt die Behörde nicht gem. § 69 Abs. 1 S. 1 OWiG, wird die Akte über die Staatsanwaltschaft an das Amtsgericht übersendet. Das **Amtsgericht**, in dessen Bezirk die Verwaltungsbehörde ihren Sitz hat, entscheidet über Einsprüche gegen den Bußgeldbescheid. Das Hauptverfahren bestimmt sich dann nach den §§ 71 ff. OWiG.

Anhang: Zusammenstellung der Corona-Bekämpfungsregelungen der Bundesländer*

A. Baden-Württemberg 1
B. Bayern 3
C. Berlin 7
D. Brandenburg 10
E. Bremen 14
F. Hamburg 18
G. Hessen 21
H. Mecklenburg-Vorpommern 23
I. Niedersachsen 27
J. Nordrhein-Westfalen 30
K. Rheinland-Pfalz 34
L. Saarland 37
M. Sachsen 40
N. Sachsen-Anhalt 43
O. Schleswig-Holstein 46
P. Thüringen 49

In der nachfolgenden Übersicht sind die bis zum 31.12.2020 von den Bundesländern zur Bekämpfung des Coronavirus sowie zur Bewältigung der Pandemiefolgen erlassenen Regelungen zusammengestellt.

* Ein herzlicher Dank für die tatkräftige und mühevolle Unterstützung bei der Erstellung der Übersicht gebührt Herrn Ass. jur. *Lars Cordes*, LL.M. und Herrn *Niklas Horn*, beide Wissenschaftliche Mitarbeiter an der Bergischen Universität Wuppertal. Besonderer Dank richtet sich auch an meine Mitarbeiterin *Daniela Renn*, die die mühevolle redaktionelle Koordinierung und Bearbeitung engagiert und sorgsam übernommen hat.

A. Baden-Württemberg

I. Gesetze

1 1. **Gesetz zur Feststellung einer Naturkatastrophe, der Höhe der Ausnahmekomponente und zur Festlegung eines Tilgungsplans nach § 18 Absatz 6 der Landeshaushaltsordnung für Baden-Württemberg**
   v. 19.3.2020 (GBl. 125)
   - Erklärung der COVID-19-Pandemie zur Naturkatastrophe
2. **Gesetz über die Feststellung eines Nachtrags zum Staatshaushaltsplan von Baden-Württemberg für die Haushaltsjahre 2020/21**
   v. 19.3.2020 (GBl. 126)
   - Möglichkeit der Aufnahme von Krediten bis zu fünf Mrd. Euro bezüglich Ausgaben im Zusammenhang mit der Pandemie
3. **Gesetz zur Änderung der Gemeindeordnung, der Landkreisordnung und anderer Gesetze**
   v. 7.5.2020 (GBl. 259)
   - Durchführung von Sitzungen des Gemeinderats/des Kreistags ohne persönliche Anwesenheit der Mitglieder im Sitzungsraum möglich; Videokonferenz notwendig
4. **Gesetz über den Erlass infektionsschützender Maßnahmen**
   v. 23.7.2020 (GBl. 649), geändert durch G. v. 17.12.2020 (GBl. 1271)
   - Befugnis, Ge- und Verbote zur Bekämpfung übertragbarer Krankheiten nach Maßgabe des § 32 IfSG unter den Voraussetzungen, die für die Maßnahmen nach den §§ 28 bis 31 IfSG maßgebend sind, durch Rechtsverordnung zu erlassen

II. Rechtsverordnungen

2 1. **Verordnung der Landesregierung über infektionsschützende Maßnahmen gegen die Ausbreitung des Virus SARS-Cov-2 (Corona-Verordnung – CoronaVO)**
   v. 16.3.2020 (GBl. 117), ersetzt/fortgeführt durch VO v. 17.3.2020 (GBl. 120)
   - Einstellung des Betriebs an Schulen; Notbetrieb
   - Aussetzung des Betriebs an Hochschulen
   - Untersagung von Versammlungen und sonstigen Veranstaltungen mit mehr als 100 Teilnehmern
   - Schließung von Kultur- und Freizeiteinrichtungen (zB Bildungseinrichtungen, Schwimmbäder, Bibliotheken etc)
   - Einschränkung des Betriebs von Gaststätten; Ausnahme für Speisegaststätten, wenn Sitz- und Stehplätze 1,5 m entfernt
   - Besuchsverbot in Einrichtungen nach § 23 Abs. 3 S. 1 Nr. 1, 3–5 IfSG, teilstationären Einrichtungen für Menschen mit Pflege- und Unterstützungsbedarf etc
   - Ermächtigung für Maßnahmen gegenüber Ein- und Rückreisenden
   - Regelung für Erstaufnahmeeinrichtungen
2. **Verordnung der Landesregierung über infektionsschützende Maßnahmen gegen die Ausbreitung des Virus SARS-Cov-2 (Corona-Verordnung – CoronaVO)**
   v. 17.3.2020 (GBl. 120), geändert durch VO v. 20.3.2020 (GBl. 133), VO v. 22.3.2020 (GBl. 135), VO v. 28.3.2020 (GBl. 153), VO v. 9.4.2020 (GBl. 181), VO v. 17.4.2020 (GBl. 189), VO v. 23.4.2020 (GBl. 192), VO v. 2.5.2020 (GBl. 206), ersetzt/fortgeführt durch VO v. 9.5.2020 (GBl. 266)
   - Fortführung der Maßnahmen der VO v. 16.3.2020 mit Verschärfungen:
   - Untersagung des Betriebs von Diskotheken, Bars, Spiel- und Bolzplätzen, Freizeit- und Tierparks, Geschäften (ausgenommen Lebensmittel, Wochenmärkte, Lieferdienste, Apotheken)
   - **Änd-VO v. 20.3.2020:**
   - Verweilverbot im öffentlichen Raum für Gruppen von mehr als drei Personen; Verbot von Versammlungen, sonstigen Veranstaltungen und Ansammlungen (Ausnahmen für Verwandte und in häuslicher Gemeinschaft lebender Personen)
   - Verbot der Einreise aus einem Risikogebiet; Ausnahmen für Fahrten zur Arbeitsstätte
   - Schließung von Gaststätten (ausgenommen Hol- und Lieferservice)

- Untersagung des Hotel- und Pensionsbetriebs zu touristischen Zwecken
- **Änd-VO v. 22.3.2020:** Modifizierung der Kontaktbeschränkung: Erlaubnis des Aufenthalts im öffentlichen Raum nur allein, mit einer weiteren nicht im gleichen Haushalt lebenden Person oder im Kreis der Angehörigen
- **Änd-VO v. 9.4.2020:** Regelungen für Erstaufnahmeeinrichtungen
- **Änd-VO v. 17.4.2020:** Lockerungen, insb. Öffnung von Schulen für Abschlussklassen ab 4.5.2020, Öffnung von Geschäften bis 800 qm Verkaufsfläche, Öffnung von Hochschulen mit digitalem Betrieb
- **Änd-VO v. 23.4.2020:**
- Maskenpflicht im ÖPNV, Läden und Einkaufszentren
- erweiterte Notbetreuung in Schulen und Kindergärten
- **Änd-VO v. 2.5.2020:** Öffnung von Friseurbetrieben, Museen, öffentlichen Spielplätzen
- Aufhebung des Ausgehverbots für Bewohner stationärer Einrichtungen

3. **Verordnung des Sozialministeriums zur Einschränkung des Betriebs von Werkstätten für Menschen mit Behinderungen und anderen Angeboten zur Eindämmung der Infektionen mit Sars-CoV-2 (Corona-Verordnung WfMB – CoronaVO WfMB)**
   v. 18.3.2020 (GBl. 127), geändert durch VO v. 9.4.2020 (GBl. 184), VO v. 17.4.2020 (GBl. 200), VO v. 29.4.2020 (GBl. 243), VO v. 22.5.2020 (GBl. 315), VO v. 12.6.2020 (GBl. 399), ersetzt/fortgeführt durch VO v. 9.7.2020 (GBl. 629)
   - Untersagung der Beschäftigung für Menschen mit Behinderung in Werkstätten und angegliederten Förderstätten; Betretungs- und Teilnahmeverbot
4. **Verordnung des Sozialministeriums zur Untersagung des Betriebs von Einrichtungen der Tages- und Nachtpflege nach § 71 SGB XI zum Schutz vor Infektionen mit Sars-CoV-2 (Corona-Verordnung § 71 SGB XI – CoronaVO § 71 SGB XI)**
   v. 18.3.2020 (GBl. 128), ersetzt/fortgeführt durch VO v. 22.5.2020 (GBl. 317)
   - Untersagung des Betriebs von Einrichtungen der Tages- oder Nachtpflege
5. **Verordnung des Kultusministeriums über infektionsschützende Maßnahmen gegen die Ausbreitung des Virus SARS-Cov-2 im Bereich von Gottesdiensten und weiteren religiösen Veranstaltungen, Ansammlungen und Zusammenkünften sowie Bestattungen**
   v. 21.3.2020 (GBl. 197), ersetzt/fortgeführt durch VO v. 2.4.2020 (GBl. 198)
   - grundsätzliche Untersagung religiöser Veranstaltungen mit Ausnahmen
6. **Verordnung des Sozialministeriums zur Untersagung bestimmter Maßnahmen in Einrichtungen nach § 111 a SGB V zum Schutz vor Infektionen mit Sars-CoV-2 (Corona-Verordnung § 111 a SGB V – CoronaVO § 111 a SGB V)**
   v. 24.3.2020 (GBl. 160), geändert durch VO v. 18.4.2020 (GBl. 201)
   - außer Kraft mit Ablauf 3.5.2020
7. **Verordnung des Wirtschaftsministeriums zur Soforthilfe-Unterstützung durch die Industrie- und Handelskammern sowie die Handwerkskammern im Land Baden-Württemberg im Zuge der Corona-Pandemie (Corona-Soforthilfeunterstützungsverordnung – CorUnVO)**
   v. 25.3.2020 (GBl.197), geändert durch VO v. 8.4.2020 (GBl. 199)
   - Unterstützung durch Industrie- und Handelskammern bei Prüfung von Anträgen auf „Soforthilfe Corona“
8. **Verordnung des Kultusministeriums über infektionsschützende Maßnahmen gegen die Ausbreitung des Virus SARS-Cov-2 im Bereich von Gottesdiensten und weiteren religiösen Veranstaltungen, Ansammlungen und Zusammenkünften sowie Bestattungen**
   v. 2.4.2020 (GBl. 198), ersetzt/fortgeführt durch VO v. 3.5.2020 (GBl. 275)
9. **Verordnung des Sozialministeriums zur Untersagung des Verlassens bestimmter Einrichtungen zum Schutz besonders gefährdeter Personen vor Infektionen mit Sars-CoV-2 (Corona-Verordnung Heimbewohner – CoronaVO Heimbewohner)**
   v. 7.4.2020 (GBl. 183), geändert durch VO v. 17.4.2020 (GBl. 200)
   - Untersagung des Verlassens von Einrichtungen nach § 6 Abs. 2 CoronaVO, dh Einrichtungen nach § 23 Abs. S. 1 Nr. 1, 3–5 IfSG (zB Krankenhäuser), teilstationären Einrichtungen für Menschen mit Pflege- und Unterstützungsbedarf oder mit Behinderungen etc
   - außer Kraft mit Ablauf 3.5.2020

10. **Verordnung des Sozialministeriums über das Training im Spitzen- und Profisport (Corona-Verordnung Spitzensport – CoronaVO Spitzensport)**
    v. 10.4.2020 (GBl. 184), geändert durch VO v. 18.4.2020 (GBl. 201), VO v. 2.5.2020 (GBl. 245), VO v. 7.5.2020 (GBl. 279), VO v. 4.6.2020 (GBl. 385), ersetzt/fortgeführt durch VO v. 25.6.2020 (GBl. 515)
    – Ausnahme vom Verbot des Betriebs von Schwimmbädern und Sportstätten für Spitzensportler
11. **Verordnung des Sozialministeriums zu Quarantänemaßnahmen für Ein- und Rückreisende zur Eindämmung des Virus SARS-Cov-2 (Corona-Verordnung Einreise – CoronaVO Einreise)**
    v. 10.4.2020 (GBl. 185), geändert durch VO v. 24.4.2020 (GBl. 228), VO v. 2.5.2020 (GBl. 245), VO v. 9.5.2020 (GBl. 280), VO v. 16.5.2020 (GBl. 303), VO v. 5.6.2020 (GBl. 387), ersetzt/fortgeführt durch VO v. 15.6.2020 (GBl. 410)
    – häusliche Quarantäne für Ein- und Rückreisende mit Ausnahmen
12. **Verordnung des Kultusministeriums über die Wiederaufnahme des Schulbetriebs (Corona-Verordnung Schule – CoronaVO Schule)**
    v. 29.4.2020 (GBl. 229), ersetzt/fortgeführt durch VO v. 14.5.2020 (GBl. 292)
    – Wiederaufnahme des Schulbetriebs ab 4.5.2020
13. **Verordnung des Kultusministeriums zur Regelung der Besonderheiten bei der Leistungsfeststellung der Schulen und der Durchführung der schulischen Abschlussprüfungen im Schuljahr 2019/2020, den Versetzungsentscheidungen und Niveauzuordnungen, den Beratungen schulischer Gremien sowie der Lehrkräfteausbildung und -prüfung (Corona-Pandemie-Prüfungsverordnung)**
    v. 29.4.2020 (GBl. 231), geändert durch VO v. 15.5.2020 (GBl. 300)
    – Regelung von Leistungsfeststellung, Abschlussprüfungen und Versetzungsentscheidungen
14. **Verordnung des Wirtschaftsministeriums und des Sozialministeriums zur Eindämmung von Übertragungen des Corona-Virus (SARS-Cov2) in Einzelhandelsbetrieben (Corona-Verordnung Einzelhandel – CoronaVO Einzelhandel)**
    v. 3.5.2020 (GBl. 246), geändert durch VO v. 8.6.2020 (GBl. 390), aufgehoben durch VO v. 26.6.2020 (GBl. 524)
    – technische Schutzmaßnahmen, Abstandsregelungen, Hygiene- und Desinfektionsregeln, Maßnahmen zum Schutz der Beschäftigten
15. **Verordnung des Wirtschaftsministeriums und des Sozialministeriums zur Eindämmung von Übertragungen des Corona-Virus (SARS-Cov-2) in Friseurbetrieben (Corona-Verordnung Friseurbetriebe – CoronaVO Friseurbetriebe)**
    v. 3.5.2020 (GBl. 247), ersetzt/fortgeführt durch VO v. 10.5.2020 (GBl. 283)
    – Hygieneregelungen für Friseurbetriebe (zB Abstandsregelungen (ausgenommen Dienstleistung selbst), Desinfektion)
16. **Verordnung des Sozialministeriums und des Wirtschaftsministeriums zur Eindämmung von Übertragungen des Corona-Virus (SARS-Cov-2) in medizinischen und nicht medizinischen Fußpflegeeinrichtungen (CoronaVerordnung Fußpflege – CoronaVO Fußpflege)**
    v. 3.5.2020 (GBl. 249), ersetzt/fortgeführt durch VO v. 10.5.2020 (GBl. 283)
    – Hygieneregelungen für Fußpflegeeinrichtungen (zB Abstandsregelungen, Desinfektion)
17. **Verordnung des Kultusministeriums über infektionsschützende Maßnahmen gegen die Ausbreitung des Virus SARS-Cov-2 im Bereich von Gottesdiensten und weiteren religiösen Veranstaltungen und Ansammlungen sowie Bestattungen**
    v. 3.5.2020 (GBl. 275), geändert durch VO v. 3.6.2020 (GBl. 381), VO v. 11.6.2020 (GBl. 398)
18. **Verordnung des Sozialministeriums und des Kultusministeriums über die Wiederaufnahme des Betriebs in den Musikschulen und Jugendkunstschulen (Corona Verordnung Musik- und Jugendkunstschulen – CoronaVO Musik- und Jugendkunstschulen)**
    v. 5.5.2020 (GBl. 278), ersetzt/fortgeführt durch VO v. 22.5.2020 (GBl. 314)

19. **Verordnung der Landesregierung über infektionsschützende Maßnahmen gegen die Ausbreitung des Virus SARS-CoV-2 (Corona-Verordnung – CoronaVO)**
v. 9.5.2020 (GBl. 266), geändert durch VO v. 16.5.2020 (GBl. 289), VO v. 26.5.2020 (GBl. 325), VO v. 9.6.2020 (GBl. 374), VO v. 16.6.2020 (GBl. 406), ersetzt/fortgeführt durch VO v. 23.6.2020 (GBl. 483)
   - Fortführung der Maßnahmen der VO v. 17.3.2020 mit Lockerungen:
   - Lockerung der Kontaktbeschränkung: Erlaubnis des Aufenthalts im öffentlichen Raum allein, mit Angehörigen oder mit Personen aus bis zu zwei verschiedenen Haushalten
   - Öffnung von Häfen, Vergnügungsstätten, Tattoo- und Piercing-Studios, Kosmetikstudios, Freiluftsportanlagen
   - **Änd-VO v. 16.5.2020:**
   - Wiederaufnahme des Betriebs von Kindertageseinrichtungen, Freizeiteinrichtungen im Außenbereich, Freizeitparks, Hotels, Campingplätzen
   - Öffnung von privaten und öffentlichen Sportanlagen sowie Schwimm- und Hallenbädern für den Schwimmunterricht
   - Wiederaufnahme des Betriebs an beruflichen Bildungsstätten
   - **Änd-VO v. 26.5.2020:**
   - Verbot von Veranstaltungen mit mehr als 500 Personen
   - Erlaubnis privater Veranstaltungen mit bis zu zehn Personen
   - Öffnung von Kultureinrichtungen mit festen Sitzplätzen bis 100 Personen
   - **Änd-VO v. 9.6.2020:** Erlaubnis des Aufenthalts im öffentlichen Raum von bis zu zehn Personen; Erlaubnis privater Veranstaltungen mit bis zu 20 Personen bzw. unbegrenzter Anzahl bei Verwandtschaft
   - **Änd-VO v. 16.6.2020:** Öffnung von Kindertagesstätten und Grundschulen
20. **Verordnung des Sozialministeriums und des Wirtschaftsministeriums zur Eindämmung von Übertragungen des Corona-Virus (SARS-CoV-2) in Vergnügungsstätten (Corona-Verordnung Vergnügungsstätten – CoronaVO Vergnügungsstätten)**
v. 10.5.2020 (GBl. 281), aufgehoben durch VO v. 26.6.2020 (GBl. 524)
   - Abstands- und Hygieneregelungen in Spielhallen und -banken etc
21. **Verordnung des Sozialministeriums und des Wirtschaftsministeriums zur Eindämmung von Übertragungen des Corona-Virus (SARS-CoV-2) in Tattoo-, Piercing-, Massage-, Kosmetik-, Sonnen-, Nagel- und Friseurstudios sowie medizinischen und nicht medizinischen Fußpflegeeinrichtungen (Corona-Verordnung Kosmetik und medizinische Fußpflege – CoronaVO Kosmetik und medizinische Fußpflege)**
v. 10.5.2020 (GBl. 283), aufgehoben durch VO v. 26.6.2020 (GBl. 524)
   - Regelungen ua hinsichtlich Vergabe von Terminen, Schutzmaßnahmen für Beschäftige und Kunden, Hygiene und Desinfektion, einzuhaltender Abstände etc
22. **Verordnung des Sozialministeriums und des Wirtschaftsministeriums zur Eindämmung von Übertragungen des Corona-Virus (SARS-CoV-2) in Gaststätten (Corona-Verordnung Gaststätten – CoronaVO Gaststätten)**
v. 10.5.2020 (GBl. 285), ersetzt/fortgeführt durch VO v. 16.5.2020 (GBl. 301)
   - allgemeine Schutzmaßnahmen: Abstandsregeln, Regelungen hinsichtlich Hygiene und Desinfektion (insb. für die Speisewirtschaft)
23. **Verordnung des Kultusministeriums über die Wiederaufnahme des Schulbetriebs (Corona-Verordnung Schule – CoronaVO Schule)**
v. 14.5.2020 (GBl. 292), ersetzt/fortgeführt durch VO v. 27.5.2020 (GBl. 353)
   - Wiederaufnahme des Schulbetriebs
24. **Verordnung des Wirtschaftsministeriums über die Wiederaufnahme des Betriebs der beruflichen Bildungseinrichtungen (Corona-Verordnung Berufsbildung – CoronaVO Berufsbildung)**
v. 14.5.2020 (GBl. 295), geändert durch VO v. 22.5.2020 (GBl. 313)
   - außer Kraft mit Ablauf 30.6.2020

25. **Verordnung des Sozialministeriums und des Wirtschaftsministeriums zur Eindämmung von Übertragungen des Corona-Virus (SARS-CoV-2) in Gaststätten (Corona-Verordnung Gaststätten – CoronaVO Gaststätten)**
    v. 16.5.2020 (GBl. 301), geändert durch VO v. 28.5.2020 (GBl. 365), aufgehoben durch VO v. 26.6.2020 (GBl. 524)
    – allgemeine Schutzmaßnahmen: Betretungsverbote ua für Kontaktpersonen und Personen mit Symptomen eines Atemwegsinfekts, Datenerhebung
26. **Verordnung des Kultusministeriums über die Wiederaufnahme des Betriebs der Einrichtungen der allgemeinen Weiterbildung und freien schulischen Bildung (Corona-Verordnung allgemeine Weiterbildung – CoronaVO allgemeine Weiterbildung)**
    v. 21.5.2020 (GBl. 309), überführt in VO v. 23.6.2020 (GBl. 483)
    – Zulässigkeit der Erbringung von Bildungsangeboten an privaten und öffentlichen Bildungseinrichtungen
    – Regeln über zulässige Bildungsangebote und Ausschluss von der Teilnahme
27. **Verordnung des Kultusministeriums und des Sozialministeriums über Sportstätten (Corona-Verordnung Sportstätten – CoronaVO Sportstätten)**
    v. 22.5.2020 (GBl. 311), ersetzt/fortgeführt durch VO v. 4.6.2020 (GBl. 381)
    – Öffnung aller öffentlichen und privaten Sportanlagen und Sportstätten (insb. Fitness- und Yogastudios sowie Tanzschulen und ähnliche Einrichtungen im Sinne des § 4 Abs. 2 Nr. 15 a CoronaVO) zu Trainings- und Übungszwecken unter Auflagen
28. **Verordnung des Sozialministeriums und des Kultusministeriums über die Wiederaufnahme des Betriebs in den Musikschulen und Jugendkunstschulen (Corona-Verordnung Musik- und Jugendkunstschulen – CoronaVO Musik- und Jugendkunstschulen)**
    v. 22.5.2020 (GBl. 314), geändert durch VO v. 4.6.2020 (GBl. 386), ersetzt/fortgeführt durch VO v. 25.6.2020 (GBl. 514)
    – Wiederaufnahme des Betriebs unter Einhaltung der Grundsätze des Infektionsschutzes
29. **Verordnung des Sozialministeriums über den eingeschränkten Betrieb von Einrichtungen der Tages- und Nachtpflege nach § 71 SGB XI und über eingeschränkte Gruppenangebote im Vor- und Umfeld von Pflege (Corona-Verordnung Tages- und Nachtpflege sowie Unterstützungsangebote – CoronaVO Tages- und Nachtpflege sowie Unterstützungsangebote)**
    v. 22.5.2020 (GBl. 317), ersetzt/fortgeführt durch VO v. 28.5.2020 (GBl. 358)
    – Regelungen für Einrichtungen der Tages- und Nachpflege: zB Betriebskonzept, Hygieneregeln, Ausschluss von Personen (Kontaktpersonen)
30. **Verordnung des Sozialministeriums und des Wirtschaftsministeriums zur Eindämmung von Übertragungen des Corona-Virus (SARS-CoV-2) in Beherbergungsbetrieben sowie auf Campingplätzen und Wohnmobilstellplätzen (Corona-Verordnung Beherbergungsbetriebe – CoronaVO Beherbergungsbetriebe)**
    v. 23.5.2020 (GBl. 318), aufgehoben durch VO v. 26.6.2020 (GBl. 524)
    – Betretungsverbote für Kontaktpersonen uÄ; Abstandsregeln; Hygieneregeln; Regeln zum Schutz der Beschäftigten
31. **Verordnung des Kultusministeriums über die Wiederaufnahme des Schulbetriebs (Corona-Verordnung Schule – CoronaVO Schule)**
    v. 27.5.2020 (GBl. 353), ersetzt/fortgeführt durch VO v. 16.6.2020 (GBl. 412)
    – Wiederaufnahme des Schulbetriebs
32. **Verordnung des Sozialministeriums zur Eindämmung von Übertragungen des Corona-Virus (SARS-CoV-2) in Krankenhäusern, Pflegeeinrichtungen und vergleichbaren Einrichtungen sowie Unterstützungsangeboten im Vor- und Umfeld von Pflege (CoronaVerordnung Krankenhäuser und Pflegeeinrichtungen – CoronaVO Krankenhäuser und Pflegeeinrichtungen)**
    v. 28.5.2020 (GBl. 358), ersetzt/fortgeführt durch VO v. 26.6.2020 (GBl. 517)
    – Regelungen hinsichtlich Betretung, Besuch, Hygienekonzept etc

33. **Verordnung des Sozialministeriums zur Eindämmung von Übertragungen des Corona-Virus (SARS-CoV-2) für Anbieterinnen und Anbieter von Freizeitaktivitäten in geschlossenen Räumlichkeiten (Corona-Verordnung Indoor-Freizeitaktivitäten – CoronaVO Indoor-Freizeitaktivitäten)**
    v. 28.5.2020 (GBl. 362), überführt in VO v. 23.6.2020 (GBl. 483)
    – Hygienekonzept, Betretungsverbot, Abstandsregelungen, Maskenpflicht, Regeln hinsichtlich gastronomischer Angebote etc
34. **Verordnung des Sozialministeriums und des Wirtschaftsministeriums zur Eindämmung von Übertragungen des Corona-Virus (SARS-CoV-2) in Freizeitparks (CoronaVerordnung Freizeitparks – CoronaVO Freizeitparks)**
    v. 28.5.2020 (GBl. 365), überführt in VO v. 23.6.2020 (GBl. 483)
    – Hygienekonzept, Betretungsverbot, Abstandsregelungen, Maskenpflicht und Regeln hinsichtlich gastronomischer Angebote etc
35. **Verordnung des Sozialministeriums zur Eindämmung von Übertragungen des Corona-Virus (SARS-CoV-2) bei Angeboten der Kinder- und Jugendarbeit sowie Jugendsozialarbeit (Corona-Verordnung Angebote Kinder- und Jugendarbeit sowie Jugendsozialarbeit – CoronaVO Angebote Kinder- und Jugendarbeit sowie Jugendsozialarbeit)**
    v. 29.5.2020 (GBl. 375), geändert durch VO v. 12.6.2020 (GBl. 399), ersetzt/fortgeführt durch VO v. 26.6.2020 (GBl. 522)
    – Regelungen hinsichtlich Personenzahl, Abständen, Kontaktverboten, Hygienemaßnahmen, Erhebung von personenbezogenen Daten
    – Regelungen für Betreuerinnen und Betreuer
36. **Verordnung des Sozialministeriums über die Pflicht zum Tragen von Mund-Nasen-Bedeckungen in Praxen (Corona-Verordnung Maskenpflicht in Praxen – CoronaVO Maskenpflicht in Praxen)**
    v. 29.5.2020 (GBl. 377), überführt in VO v. 23.6.2020 (GBl. 483)
    – Pflicht zum Tragen eines Mund-Nasen-Schutzes in Arzt- und Zahnarztpraxen
37. **Verordnung des Sozialministeriums zur Eindämmung von Übertragungen des Corona-Virus (SARS-CoV-2) auf Veranstaltungen (Corona-Verordnung Veranstaltungen – CoronaVO Veranstaltungen)**
    v. 29.5.2020 (GBl. 378), überführt in VO v. 23.6.2020 (GBl. 483)
    – Regelungen für nicht private Veranstaltungen: Teilnahmeverbot für Kontaktpersonen uÄ, Mindestabstand, Sitzplatzzuweisung, Datenerhebung, Hygieneregeln
    – Regeln für Beschäftigte
38. **Verordnung des Kultusministeriums und des Sozialministeriums über Sportstätten (Corona-Verordnung Sportstätten – CoronaVO Sportstätten)**
    v. 4.6.2020 (GBl. 381), ersetzt/fortgeführt durch VO v. 25.6.2020 (GBl. 515)
    – Regelungen zum Betrieb von Sportanlagen, Sportstätten uÄ sowie Schwimm- und Hallenbädern; gastronomische Angebote; Betretungsverbote
39. **Verordnung des Sozialministeriums und des Verkehrsministeriums zur Eindämmung von Übertragungen des Corona-Virus (SARS-CoV-2) in der Bordgastronomie (Corona-Verordnung Bordgastronomie – CoronaVO Bordgastronomie)**
    v. 4.6.2020 (GBl. 387), aufgehoben durch VO v. 26.6.2020 (GBl. 524)
    – Regelungen für den Personenverkehr in Zügen und auf Schiffen
40. **Verordnung des Sozialministeriums über die Benutzung von Saunen (Corona-Verordnung Saunen – CoronaVO Saunen)**
    v. 5.6.2020 (GBl. 388), ersetzt/fortgeführt durch VO v. 25.6.2020 (GBl. 510)
    – Regelungen zum Betrieb von Saunen: Personenzahl, Abstandsregelung, Kontaktverbot, Hygieneregeln etc
41. **Verordnung des Sozialministeriums zur Eindämmung von Übertragungen des Corona-Virus (SARS-CoV-2) auf privaten Veranstaltungen (Corona-Verordnung private Veranstaltungen – CoronaVO private Veranstaltungen)**
    v. 8.6.2020 (GBl. 391), geändert durch VO v. 11.6.2020 (GBl. 398), aufgehoben durch VO v. 26.6.2020 (GBl. 524)

- Regeln für private Veranstaltungen: Beschränkung der Teilnehmerzahl auf 100 Personen; Teilnahmeverbot für Kontaktpersonen uÄ; Abstandsregeln; Erhebung von Daten
- Regeln für Beschäftigte

42. **Verordnung des Kultusministeriums und des Sozialministeriums über die Durchführung von sportlichen Wettbewerben und Wettkämpfen ohne Zuschauerinnen und Zuschauer (Corona-Verordnung Sportwettkämpfe – CoronaVO Sportwettkämpfe)**
v. 10.6.2020 (GBl. 393), ersetzt/fortgeführt durch VO v. 25.6.2020 (GBl. 515)
    - Regelungen hinsichtlich Teilnahme, Ausschluss von Kontaktpersonen etc
    - Vorgaben für den Profi- und Breitensport
43. **Verordnung des Sozialministeriums und des Verkehrsministeriums zur Eindämmung von Übertragungen des Corona-Virus (SARS-CoV-2) in Reisebussen (Corona-Verordnung Reisebusse – CoronaVO Reisebusse)**
v. 10.6.2020 (GBl. 395), ersetzt/fortgeführt durch VO v. 25.6.2020 (GBl. 395)
    - Hygienekonzept, Beförderungsverbot etc beim Betrieb von Reisebussen
44. **Verordnung des Sozialministeriums zu Quarantänemaßnahmen für Ein- und Rückreisende zur Eindämmung des Virus SARS-Cov-2 (Corona-Verordnung Einreise-Quarantäne – CoronaVO EQ)**
v. 15.6.2020 (GBl. 410), geändert durch VO v. 29.6.2020 (GBl. 531), ersetzt/fortgeführt durch VO v. 14.7.2020 (GBl. 642)
    - Quarantänemaßnahmen für Ein- und Rückreisende (Ausnahmen für systemrelevante Berufsgruppen)
45. **Verordnung des Kultusministeriums über die Wiederaufnahme des Schulbetriebs (Corona-Verordnung Schule – CoronaVO Schule)**
v. 16.6.2020 (GBl. 412), ersetzt/fortgeführt durch VO v. 29.6.2020 (GBl. 526)
    - Wiederaufnahme des Schulbetriebs
46. **Verordnung des Sozialministeriums und des Innenministeriums über die Verarbeitung personenbezogener Daten im Rahmen der Corona-Verordnung Datenverarbeitung durch das Landesgesundheitsamt für die Gesundheitsämter und die Ortspolizeibehörden (Corona-Verordnung Auftragsverarbeitung – CoronaVO Auftragsverarbeitung)**
v. 16.6.2020 (GBl. 415)
    - Regeln der Auftragsverarbeitung: Im Rahmen des Bereitstellungs- und Abfrageverfahrens nach §§ 1 und 2 CoronaVO Datenverarbeitung verarbeitet das Landesgesundheitsamt (Auftragnehmer) für die Gesundheitsämter und die Ortspolizeibehörden (jeweils einzeln Auftraggeber) personenbezogene Daten in deren Auftrag und nach deren Weisung.
    - Regelung der Rechte und Pflichten der Auftraggeber; Unterauftragsverhältnisse; Regeln zur Speicherung und Löschung der Protokolldaten
    - außer Kraft ab 31.1.2021
47. **Verordnung der Landesregierung über infektionsschützende Maßnahmen gegen die Ausbreitung des Virus SARS-Cov-2 (Corona-Verordnung – CoronaVO)**
v. 23.6.2020 (GBl. 483), geändert durch VO v. 28.7.2020 (GBl. 661), VO v. 22.9.2020 (GBl. 721), VO v. 6.10.2020 (GBl. 733), VO v. 9.10.2020 (GBl. 787), VO v. 18.10.2020 (GBl. 951), VO v. 1.11.2020 (GBl. 959), VO v. 17.11.2020 (GBl. 1052), ersetzt/fortgeführt durch VO v. 30.11.2020 (GBl. 1067)
    - Fortgeltung von Abstandsgebot und Maskenpflicht
    - Untersagung des Betriebs von Bordellen und Diskotheken
    - maximal erlaubte Personenzahl im privaten und öffentlichen Raum auf 20 Personen beschränkt
    - Erlaubnis von Veranstaltungen mit bis zu 250 Personen (ab 1.6.2020) bzw. mit bis zu 500 Personen (ab 1.8.2020)
    - **Änd-VO v. 28.7.2020:**
    - Maskenpflicht an weiterführenden Schulen
    - Konkretisierung der Maßgaben zur Datenerhebung und -verarbeitung
    - **Änd-VO v. 22.9.2020:**
    - Attestpflicht bei Nichteinhaltung der Maskenpflicht

- Konkretisierung der Regeln hinsichtlich des Mund-Nasen-Schutzes in Gastronomie, Tourismus, Fahrschulen etc
- **Änd-VO v. 6.10.2020:** Wahrheitspflicht bei der Angabe von Kontaktdaten zur Kontaktnachverfolgung
- **Änd-VO v. 9.10.2020:** Wiederaufnahme des Betriebs von Prostitutionsstätten
- **Änd-VO v. 18.10.2020:**
- Maskenpflicht in Fußgängerzonen, auf Marktplätzen und in öffentlichen Einrichtungen
- Ansammlungen auf zehn Personen begrenzt (Ausnahmen bei maximal zwei Haushalten oder Verwandtschaft)
- Erlaubnis privater Veranstaltungen mit bis zu zehn Personen (Ausnahmen bei maximal zwei Haushalten oder Verwandtschaft)
- Begrenzung der Teilnehmerzahl für sonstige Veranstaltungen auf 100 Personen
- **Änd-VO v. 1.11.2020:**
- Verschärfungen: Schließung ua von Bars, Cafés (Abholung möglich), Fitnessstudios (Ausnahmen), Freizeitparks, Kinos, Kiosken, Museen, Restaurants (Angebote zum Mitnehmen möglich), Saunen, Schwimmbädern, Shisha-Bars
- unter Auflagen geöffnet ua Autohäuser, Autokinos, Bibliotheken, Blumenläden, der Einzelhandel (maximal eine Person pro zehn qm), Friseure, Musikschulen, Sanitätshäuser, Spielplätze, Supermärkte, Tabakgeschäfte, Wochenmärkte und das Taxigewerbe
- **Änd-VO v. 17.11.2020:** Möglichkeit für das Sozialministerium, eine Quarantäne-Verordnung (bei SARS-CoV-2-Infektionen) zu erlassen

48. **Verordnung des Kultusministeriums und des Sozialministeriums über Bäder und Saunen (Corona-Verordnung Bäder und Saunen – CoronaVO Bäder und Saunen)**
 v. 25.6.2020 (GBl. 510), geändert durch VO v. 12.8.2020 (GBl. 671), ersetzt/fortgeführt durch VO v. 3.9.2020 (GBl. 692)
 - Regelungen für Bäder und Badeseen mit kontrolliertem Zugang sowie für Saunen
49. **Verordnung des Kultusministeriums und des Sozialministeriums über den Betrieb von Musikschulen, Kunstschulen und Jugendkunstschulen (Corona-Verordnung Musik-, Kunst- und Jugendkunstschulen – CoronaVO Musik-, Kunst- und Jugendkunstschulen)**
 v. 25.6.2020 (GBl. 514), geändert durch VO v. 14.8.2020 (GBl. 671), ersetzt/fortgeführt durch VO v. 3.9.2020 (GBl. 690)
 - Regeln für Musik- und Kunstschulen hinsichtlich Teilnehmerzahl (maximal 20 Personen)
 - Regeln für Gesangs- und Blasinstrumentenunterricht etc
 - außer Kraft ab 13.9.2020
50. **Verordnung des Kultusministeriums und des Sozialministeriums über die Sportausübung (Corona-Verordnung Sport – CoronaVO Sport)**
 v. 25.6.2020 (GBl. 515), geändert durch VO v. 12.8.2020 (GBl. 671), ersetzt/fortgeführt durch VO v. 3.9. (GBl. 691)
 - Regeln für alle öffentlichen und privaten Sportanlagen uÄ: insb. Hygienekonzept, Mindestabstand, maximal zulässige Personenzahlen (hinsichtlich Sportler und Zuschauer)
 - Regelungen hinsichtlich gastronomischer Angebote
51. **Verordnung des Wirtschaftsministeriums und des Sozialministeriums zur Eindämmung von Übertragungen des Corona-Virus (SARS-CoV-2) durch Beherbergungsverbote (CoronaVerordnung Beherbergungsverbot – CoronaVO Beherbergungsverbot)**
 v. 25.6.2020 (GBl. 516), ersetzt/fortgeführt durch VO v. 15.7.2020 (GBl. 644)
 - Beherbergungsverbot für Personen aus Risikogebieten (Ausnahmen mit ärztlichem Attest, welches bestätigt, dass keine Infektion mit dem Coronavirus vorliegt)

52. **Verordnung des Sozialministeriums zur Eindämmung von Übertragungen des Virus SARS-CoV-2 (Coronavirus) in Krankenhäusern, Pflegeeinrichtungen und vergleichbaren Einrichtungen sowie Unterstützungsangeboten im Vor- und Umfeld von Pflege (Corona-Verordnung Krankenhäuser und Pflegeeinrichtungen – CoronaVO Krankenhäuser und Pflegeeinrichtungen)**
v. 25.6.2020 (GBl. 517), geändert durch VO v. 19.8.2020 (GBl. 673), VO v. 31.8.2020 (GBl. 687), überführt in VO v. 30.11.2020 (GBl. 1067)
    - Regelungen für Krankenhäuser, Pflegeeinrichtungen etc hinsichtlich des Betretens der Einrichtung, der Datenspeicherung, der Besuche etc
53. **Verordnung des Verkehrsministeriums und des Sozialministeriums zur Eindämmung von Übertragungen des Corona-Virus (SARS-CoV-2) in Reisebussen (Corona-Verordnung Reisebusse – CoronaVO Reisebusse)**
v. 25.6.2020 (GBl. 521), geändert durch VO v. 20.8.2020 (GBl. 675), überführt in VO v. 30.11.2020 (GBl. 1067)
    - Hygienekonzept, Abstandregeln etc für den Betrieb von Reisebussen
    - Beförderungsverbot, Verpflegung während der Beförderung
    - **Änd-VO v. 20.8.2020:** Änderung der Geltungsdauer
54. **Verordnung des Sozialministeriums zur Eindämmung von Übertragungen des Virus SARS-CoV-2 (Coronavirus) bei Angeboten der Kinder- und Jugendarbeit sowie Jugendsozialarbeit (CoronaVerordnung Angebote Kinder- und Jugendarbeit sowie Jugendsozialarbeit – CoronaVO Angebote Kinder- und Jugendarbeit sowie Jugendsozialarbeit)**
v. 26.6.2020 (GBl. 522), geändert durch VO v. 19.8.2020 (GBl. 673), VO v. 2.11.2020 (GBl. 965), überführt in VO v. 30.11.2020 (GBl. 1067)
55. **Verordnung des Kultusministeriums über die Wiederaufnahme des Schulbetriebs unter Pandemiebedingungen (CoronaVerordnung Schule – CoronaVO Schule)**
v. 29.6.2020 (GBl. 526), ersetzt/fortgeführt durch VO v. 31.8.2020 (GBl. 685)
    - Wiederaufnahme des Schulbetriebs unter Auflagen (zB Ausschluss von der Teilnahme, Betretungsverbote)
56. **Verordnung über den Betrieb der Kindertageseinrichtungen und Kindertagespflegestellen unter Pandemiebedingungen (CoronaVerordnung Kita – CoronaVO-Kita)**
v. 29.6.2020 (GBl. 530), geändert durch VO v. 3.8.2020 (GBl. 670), VO v. 18.8.2020 (GBl. 672), VO v. 2.11.2020 (GBl. 965), überführt in VO v. 30.11.2020 (GBl. 1067)
    - Umfang der Betreuung; Mindestpersonalschlüssel; Ausschluss von der Teilnahme; Betretungsverbote
    - **Änd-VO v. 2.11.2020:** Erlaubnis von Spaziergängen und Ausflügen im Freien sowie Nutzung von öffentlichen Spielplätzen unter Auflagen
    - **Änd-VO v. 7.12.2020:**
    - Wegfall der Pflicht der Erziehungsberechtigten, zum Gesundheitszustand der Kinder eine Erklärung abzugeben
    - Verkürzung der Quarantänedauer
57. **Verordnung des Wirtschaftsministeriums über die Zuständigkeitserweiterung der Industrie- und Handelskammern im Land Baden-Württemberg für die Unterstützung bei der Administration von Hilfen im Rahmen der Stabilisierungshilfe Corona für das Hotel- und Gaststättengewerbe (Corona-Stabilisierungshilfe-HOGA Zuständigkeitsverordnung – CoSHG-ZVO)**
v. 30.6.2020 (GBl. 532)
58. **Verordnung des Wirtschaftsministeriums und des Sozialministeriums zur Eindämmung von Übertragungen von SARS-CoV-2 (Coronavirus) in Schlachtbetrieben und der Fleischverarbeitung (Corona-Verordnung Schlachtbetriebe und Fleischverarbeitung – CoronaVO Schlachtbetriebe und Fleischverarbeitung)**
v. 7.7.2020 (GBl. 627), geändert durch VO v. 8.8.2020 (GBl. 670), überführt in VO v. 30.11.2020 (GBl. 1067)
    - Abstandsregel, Mund-Nasen-Schutz und Hygieneanforderungen in Schlachtbetrieben

59. **Verordnung des Sozialministeriums zur Einschränkung des Betriebs von Werkstätten für behinderte Menschen und anderen Angeboten zur Eindämmung der Infektionen mit SARS-CoV-2 (CoronaVerordnung WfbM – CoronaVO WfbM)**
v. 9.7.2020 (GBl. 629), geändert durch VO v. 14.8.2020 (GBl. 672), überführt in VO v. 30.11.2020 (GBl. 1067)
   - Bedingungen der Beschäftigung für behinderte Menschen
60. **Verordnung des Wirtschaftsministeriums und des Sozialministeriums zur Eindämmung von Übertragungen des Corona-Virus (SARS-CoV-2) auf Messen, Ausstellungen und Kongressen (Corona-Verordnung Messen – CoronaVO Messen)**
v. 14.7.2020 (GBl. 641), geändert durch VO v. 24.8.2020 (GBl. 675), überführt in VO v. 30.11.2020 (GBl. 1067)
   - allgemeine Anforderungen, Abstandsregelungen, Maskenpflicht und Regeln für gastronomische Angebote auf Messen
   - **Änd-VO v. 24.8.2020:** Besuchern auf Messen uÄ soll an Ständen ein fester Platz zugewiesen werden
61. **Verordnung des Sozialministeriums zu Quarantänemaßnahmen für Ein- und Rückreisende zur Eindämmung des Virus SARS-CoV-2 (Corona-Verordnung Einreise-Quarantäne – CoronaVO EQ)**
v. 14.7.2020 (GBl. 642), ersetzt/fortgeführt durch VO v. 24.8.2020 (GBl. 676)
   - Absonderung für Ein- und Rückreisende aus Risikogebieten mit Ausnahmen
62. **Verordnung des Wirtschaftsministeriums und des Sozialministeriums zur Eindämmung von Übertragungen des Corona-Virus (SARS-CoV-2) durch Beherbergungsverbote (Corona-Verordnung Beherbergungsverbot – CoronaVO Beherbergungsverbot)**
v. 15.7.2020 (GBl. 644), geändert durch VO v. 18.8.2020 (GBl. 673), aufgehoben durch VO v. 20.10.2020 (GBl. 956)
   - Beherbergungsverbot von Gästen in Beherbergungsbetrieben mit Ausnahmen
63. **Verordnung des Sozialministeriums zu Quarantänemaßnahmen und Testungen für Ein- und Rückreisende zur Eindämmung des Coronavirus (SARS-CoV-2) (Corona-Verordnung Einreise-Quarantäne und Testung – CoronaVO EQT)**
v. 24.8.2020 (GBl. 676), geändert durch VO v. 16.10.2020 (GBl. 954), ersetzt/fortgeführt durch VO v. 6.11.2020 (GBl. 1032)
   - Begriffsbestimmung „Risikogebiet“
   - Vorlagepflicht eines ärztlichen Zeugnisses für Ein- und Rückreisende aus Risikogebieten
   - Quarantänepflicht (Ausnahmen für systemrelevante Berufe, Schüler etc)
   - **Änd-VO v. 16.10.2020:** weitere Ausnahmen von der Quarantänepflicht für Ein- und Rückreisende (Personen, deren Reise aus Gründen des Besuchs einer Bildungseinrichtung stattgefunden hat oder Aufenthalt weniger als 24 Stunden)
64. **Verordnung des Kultusministeriums über den Schulbetrieb unter Pandemiebedingungen (Corona-Verordnung Schule – CoronaVO Schule)**
v. 31.8.2020 (GBl. 685), geändert durch VO v. 15.10.2020 (GBl. 953), VO v. 21.10.2020 (GBl. 961), ersetzt/fortgeführt durch VO v. 7.12.2020 (GBl. 1169)
   - Regeln für Schulen, Grundschulförderklassen und Schulkindergärten
   - Pflicht über Hygieneanforderungen informiert zu werden
   - Pflicht zum Tragen eines Mund-Nasen-Schutzes (ausgenommen während des Unterrichts)
   - Mindestabstand für Lehrkräfte, Eltern und Beschäftigte (Ausnahmen für Schüler)
   - Vermeidung von Durchmischen von Schulklassen
   - Hygieneregeln
   - Regeln für Sport- und Schwimmunterricht
   - **Änd-VO v. 15.10.2020:**
   - Verschärfungen: Ausweitung der Maskenpflicht (ab Jahrgangsstufe fünf)
   - Einschränkung der Nutzung für außerschulische Zwecke (zB zur Durchführung von Wahlen etc)
   - Verbot von Kontaktsportarten im Sportunterricht

- **Änd-VO v. 21.10.2020:**
- Ausnahmen von der Maskenpflicht an Schulen:
- für die Nahrungsaufnahme sowie während der Pausenzeiten außerhalb der Gebäude (unter Einhaltung des Mindestabstands)
- in Zwischen- und Abschlussprüfungen (unter Einhaltung des Mindestabstands)
- Nutzung der Schulräume für nichtschulische Zwecke grundsätzlich zulässig

65. **Verordnung des Sozialministeriums zur Eindämmung von Übertragungen von SARS-CoV-2 (Coronavirus) bei Saisonarbeit in der Landwirtschaft (Corona-Verordnung Saisonarbeit Landwirtschaft – CoronaVO Saisonarbeit Landwirtschaft)**
v. 2.9.2020 (GBl. 687), überführt in VO v. 30.11.2020 (GBl. 1067)
    - Pflicht zum Tragen eines Mund-Nasen-Schutzes in Betriebsstätten
    - Testpflicht für Beschäftigte in landwirtschaftlichen Betrieben vor Aufnahme der Tätigkeit
    - Informationspflicht für Betreiber
    - Ausstattung der Beschäftigten mit Schutzausrüstung
66. **Verordnung des Kultusministeriums zur Regelung der Besonderheiten bei der Leistungsfeststellung der Schulen und der Durchführung der schulischen Abschlussprüfungen im Schuljahr 2020/2021, den Versetzungsentscheidungen, den Beratungen schulischer Gremien sowie der Lehrkräfteausbildung und -prüfung (Corona-Pandemie-Prüfungsverordnung 2020/2021)**
v. 2.9.2020 (GBl. 701), geändert durch VO v. 4.11.2020 (GBl. 1031)
67. **Verordnung des Kultusministeriums und des Sozialministeriums über den Betrieb von Musikschulen, Kunstschulen und Jugendkunstschulen (Corona-Verordnung Musik-, Kunst- und Jugendkunstschulen – CoronaVO Musik-, Kunst- und Jugendkunstschulen)**
v. 3.9.2020 (GBl. 690), geändert durch VO v. 22.10.2020 (GBl. 962), überführt in VO v. 30.11.2020 (GBl. 1067)
    - redaktionelle Änderungen
    - Beschränkung der zulässigen Personenzahl für Gruppen
    - Reinigungspflicht von Instrumenten
    - Abstandspflicht bei Gesangs- und Blasinstrumentenunterricht
    - Hygienevorschrift und Dokumentationspflicht
68. **Verordnung des Kultusministeriums und des Sozialministeriums über die Sportausübung (Corona-Verordnung Sport – CoronaVO Sport)**
v. 3.9.2020 (GBl. 691), ersetzt/fortgeführt durch VO v. 18.9.2020 (GBl. 717)
    - Erweiterung des Anwendungsbereichs hinsichtlich der Räumlichkeiten
    - bei Einhaltung des Mindestabstands kann von maximal zulässigerer Personenzahl abgewichen werden
    - Beschränkung des Publikums bei Sportwettkämpfen auf 500 Personen
69. **Verordnung des Kultusministeriums und des Sozialministeriums über Bäder und Saunen (Corona-Verordnung Bäder und Saunen – CoronaVO Bäder und Saunen)**
v. 3.9.2020 (GBl. 692), überführt in VO v. 30.11.2020 (GBl. 1067)
    - Erlaubnis von Schwimmunterricht in Schulen, wenn Obergrenze der Klassenstärke eingehalten wird
70. **Verordnung des Wissenschaftsministeriums über infektionsschützende Maßnahmen gegen die Ausbreitung des Virus SARS-CoV-2 im Geschäftsbereich des Wissenschaftsministeriums (Corona-Verordnung Studienbetrieb und Kunst – CoronaVO Studienbetrieb und Kunst)**
v. 16.9.2020 (GBl. 715), geändert durch VO v. 18.10.2020 (GBl. 955), VO v. 1.11.2020 (GBl. 963), ersetzt/fortgeführt durch VO v. 1.12.2020 (GBl. 1090)
    - Auflagen für Veranstaltungen in Kunst- und Kultureinrichtungen:
    - Mindestabstand und Pflicht zum Tragen eines Mund-Nasen-Schutzes
    - Pflicht zur Datenerhebung
    - **Änd-VO v. 18.10.2020:**
    - Maskenpflicht an Hochschulen in Lehrveranstaltungen mit Sitzplatz
    - generelle Maskenpflicht bei öffentlich zugänglichen Veranstaltungen
    - **Änd-VO v. 1.11.2020:** Aussetzung des Präsenz-Studienbetriebs der Hochschulen und Akademien mit Ausnahmen

71. **Verordnung des Kultusministeriums und des Sozialministeriums über die Sportausübung (Corona-Verordnung Sport – CoronaVO Sport)**
v. 18.9.2020 (GBl. 717), ersetzt/fortgeführt durch VO v. 8.10.2020 (GBl. 796)
    - probeweise Zulassung eines Publikums bei Sportveranstaltungen unter Auflagen (zB fester Sitzplatz, Mindestabstand, maximale Zuschauerzahl, personalisierte Tickets, Alkoholverkaufsverbot)
72. **Verordnung des Kultusministeriums und des Sozialministeriums über die Sportausübung (Corona-Verordnung Sport – CoronaVO Sport)**
v. 8.10.2020 (GBl. 796), geändert durch VO v. 22.10.2020 (GBl. 962), ersetzt/fortführt durch VO v. 30.11.2020 (GBl. 1067)
    - bei Profisportveranstaltungen dürfen bis zu vier Zuschauer ohne Abstand zusammensitzen
73. **Verordnung des Kultusministeriums über Veranstaltungen von Religions- und Weltanschauungsgemeinschaften sowie Veranstaltungen bei Todesfällen (Corona-Verordnung religiöse Veranstaltungen und Veranstaltungen bei Todesfällen – CoronaVO religiöse Veranstaltungen und Veranstaltungen bei Todesfällen)**
v. 15.10.2020 (GBl. 952), geändert durch VO v. 19.10.2020 (GBl. 956), ersetzt/fortgeführt durch VO v. 30.11.2020 (GBl. 1067)
    - Gemeindegesang untersagt
    - Maskenpflicht, Anmeldepflicht
    - Besuch von Veranstaltungen zur Religionsausübung stellt triftigen Grund im Sinne des § 1 c Abs. 1 Nr. 4 und Abs. 2 Nr. 4 CoronaVO dar, um die Wohnung zu verlassen
    - **Änd-VO v. 19.10.2020:** Erlaubnis religiöser Veranstaltungen im Freien mit maximal 500 Personen; Veranstaltungen im Freien bei Todesfällen mit maximal 100 Personen
74. **Verordnung des Sozialministeriums zu Quarantänemaßnahmen für Ein- und Rückreisende zur Bekämpfung des Coronavirus SARS-CoV-2 (Corona-Verordnung Einreise-Quarantäne – CoronaVO EQ)**
v. 6.11.2020 (GBl. 1032), geändert durch VO v. 17.11.2020 (GBl. 1059), überführt in VO v. 30.11.2020 (GBl. 1067)
    - Ausnahme von der Quarantänepflicht (zB für Personen, die grenzüberschreitend Waren und Güter transportieren, bei Besuch von Verwandten ersten Grades)
    - Verkürzung der Quarantänedauer auf zehn Tage
    - Befreiung von Quarantänepflicht bei Negativtest erst nach fünf Tagen (Ausnahmen für Ärzte, Pflegekräfte, Richter, Anwälte, Parlaments- und Regierungsmitarbeiter, Polizeivollzugsbeamte)
75. **Verordnung des Sozialministeriums zur Absonderung von mit dem Virus SARS-CoV-2 infizierten oder krankheitsverdächtigen Personen und deren Haushaltsangehörigen (Corona-Verordnung Absonderung – CoronaVO Absonderung)**
v. 23.11.2020 (GBl. 1060), überführt in VO v. 30.11.2020 (GBl. 1067)
    - Quarantäne und Isolationsregeln im Krankheitsfall
76. **Verordnung der Landesregierung über infektionsschützende Maßnahmen gegen die Ausbreitung des Virus SARS-CoV-2 (Corona-Verordnung – CoronaVO)**
v. 30.11.2020 (GBl. 1067), geändert durch VO v. 11.12.2020 (GBl. 1175), VO v. 15.12.2020 (GBl. 1177)
    - Verschärfung der Kontaktbeschränkung auf Treffen mit maximal fünf Personen (Kinder bis 14 Jahre nicht mitgezählt) aus nicht mehr als zwei Haushalten (Ausnahme bei Verwandtschaft)
    - Maskenpflicht in Arbeits- und Betriebsstätten (Ausnahme am eigenen Arbeitsplatz bei Einhaltung eines Mindestabstands)
    - keine Maskenpflicht in Einrichtungen im Sinne des Kindertagesbetreuungsgesetzes
    - Fortgeltung der Maskenpflicht in Einkaufszentren, Ladengeschäften und Märkten sowie stark frequentierten Fußgängerbereichen
    - Maskenpflicht an Schulen ab Jahrgangsstufe fünf
    - Zutrittsbeschränkung im Einzelhandel: bei einer Verkaufsfläche bis 800 qm maximal ein Kunde pro zehn qm; bei größerer Verkaufsfläche ein Kunde pro 20 qm

- **Änd-VO v. 11.12.2020:**
- Ausgangsbeschränkung: Aufenthalt außerhalb der Wohnung nur bei Vorliegen eines triftigen Grundes gestattet (zB Ausübung beruflicher und dienstlicher Tätigkeiten)
- Verschärfung der Kontaktbeschränkung auf Treffen von Angehörigen des eigenen Haushalts sowie einer weiteren nicht zum Haushalt gehörenden Person im öffentlichen und privaten Raum (Ausnahmen für Alleinerziehende, pflegende Angehörige, Patchwork-Familien)
- **Änd-VO v. 15.12.2020:**
- Verhängung eines weitgehenden Lockdowns mit ua folgenden Maßnahmen:
- Untersagung und Einschränkungen von Ansammlungen und Veranstaltungen
- Betriebsuntersagungen für Einzelhandel (ausgenommen Lebensmittel, Apotheken, Drogerien etc)
- Untersagung des Präsenzunterrichtes in Schulen

77. **Verordnung des Wissenschaftsministeriums über infektionsschützende Maßnahmen gegen die Ausbreitung des Virus SARS-CoV-2 im Geschäftsbereich des Wissenschaftsministeriums (Corona-Verordnung Studienbetrieb – CoronaVO Studienbetrieb)**
    v. 1.12.2020 (GBl. 1090), geändert durch VO v. 16.12.2020 (GBl. 1284)
    - Schließung von Sportstätten und Sportanlagen an Hochschulen
    - Schließung von Bibliotheken und Archiven
78. **Verordnung des Sozialministeriums zur Eindämmung von Übertragungen des Virus SARS-CoV-2 (Coronavirus) bei Angeboten der Kinder- und Jugendarbeit sowie Jugendsozialarbeit (Corona-Verordnung Angebote Kinder- und Jugendarbeit sowie Jugendsozialarbeit – CoronaVO Angebote Kinder- und Jugendarbeit sowie Jugendsozialarbeit)**
    v. 1.12.2020 (GBl. 1099), überführt in VO v. 30.11.2020 (GBl. 1067)
    - Angebote der Jugendarbeit nicht gestattet
    - Angebote der außerschulischen Jugendbildung mit bis zu 30 Personen gestattet (Maskenpflicht für Personen ab sechs Jahren)
79. **Verordnung des Sozialministeriums zur Absonderung von mit dem Virus SARS-CoV-2 infizierten oder krankheitsverdächtigen Personen und deren Haushaltsangehörigen (Corona-Verordnung Absonderung – CoronaVO Absonderung)**
    v. 1.12.2020 (GBl. 1101)
    - Regelungen für Kontaktpersonen der „Cluster-Schüler“
    - Verkürzung der Quarantäne für Haushaltsangehörige auf grundsätzlich zehn Tage
80. **Verordnung des Kultusministeriums über den Schulbetrieb unter Pandemiebedingungen (Corona-Verordnung Schule – CoronaVO Schule)**
    v. 7.12.2020 (GBl. 1169)
    - Schulbetrieb grundsätzlich im Fernunterricht; Ausnahmen (dh Regelbetrieb unter Pandemiebedingungen) für Abschlussklassen und sonderpädagogische Bildungs- und Beratungszentren
81. **Verordnung des Sozialministeriums zu Quarantänemaßnahmen für Ein- und Rückreisende zur Bekämpfung des Coronavirus SARS-CoV-2 (Corona-Verordnung Einreise-Quarantäne – CoronaVO EQ)**
    v. 22.12.2020 (GBl. 9 [2021])
    - Fortführung der Maßnahmen der VO v. 6.11.2020

B. Bayern

I. Gesetze

1. **Gesetz zur Änderung des Haushaltsgesetzes 2019/2020 (Nachtragshaushaltsgesetz 2019/2020 – NHG 2019/2020)** 3
   v. 19.3.2020 (GVBl. 153)
   - Ermächtigung des Staatsministeriums der Finanzen und für Heimat zur Deckung von Ausgaben im Zusammenhang mit der Corona-Pandemie
2. **Bayerisches Infektionsschutzgesetz (BayIfSG)**
   v. 25.3.2020 (GVBl. 174)
   - Sicherung des öffentlichen Gesundheitswesens bei einem Gesundheitsnotstand und Erweiterung der Handlungsmöglichkeiten der Staatsregierung jenseits des Infektionsschutzgesetzes des Bundes, insb. Möglichkeit der Beschlagnahme von medizinischem Material und Zugriff auf medizinisches und pflegerisches Personal

II. Rechtsverordnungen

1. **Verordnung zur Änderung der Zuständigkeitsverordnung** 4
   v. 10.3.2020 (MBl. Nr. 112)
   - Anordnungen für den Bereich mehrerer Kreisverwaltungsbehörden und Zuständigkeit in Eilfällen
2. **Verordnung über die Vorlesungszeit an den Fachhochschulen und über die Unterrichtszeit an den Kunsthochschulen im Sommersemester 2020**
   v. 12.3.2020 (MBl. Nr. 113)
   - Änderung der Unterrichtszeit an Fachhochschulen und Kunsthochschulen: Beginn 20.4.2020
3. **Bayerische Verordnung über eine vorläufige Ausgangsbeschränkung anlässlich der Corona-Pandemie**
   v. 24.3.2020 (MBl. Nr. 130), geändert durch VO v. 27.3.2020 (MBl. Nr. 158), ersetzt/fortgeführt durch VO v. 31.3.2020 (MBl. Nr. 194)
   - Reduzierung sozialer Kontakte auf ein Minimum; Mindestabstand 1,5 m; Verlassen der Wohnung nur aus triftigem Grund (Aufzählung triftiger Gründe)
4. **Bayerische Verordnung über Infektionsschutzmaßnahmen anlässlich der Corona-Pandemie (Bayerische Infektionsschutzmaßnahmenverordnung – BayIfSMV)**
   v. 27.3.2020 (MBl. Nr. 158), geändert durch VO v. 31.3.2020 (MBl. Nr. 194), ersetzt/fortgeführt durch VO v. 16.4.2020 (MBl. Nr. 205)
   - Veranstaltungs- und Versammlungsverbot
   - Betriebsuntersagungen: Einrichtungen, die nicht notwendigen Verrichtungen des täglichen Lebens, sondern der Freizeitgestaltung dienen (zB Bars, Diskotheken, Gaststätten) ausgenommen Lieferung und Mitnahme; Ausnahmegenehmigungen möglich; Schließung von Hotels
   - Schließung des Einzelhandels (ausgenommen Lebensmittelhandel, Getränkemärkte, Banken, Apotheken, Drogerien, Sanitätshäuser, Tankstellen, Online-Handel etc)
   - Betretungs- und Besuchsverbote in Krankenhäusern, vollstationären Einrichtungen der Pflege, Einrichtungen für Menschen mit Behinderungen etc (ausgenommen zB Geburts- und Palliativstationen etc)
   - **Änd-VO v. 31.3.2020:** vorläufige Ausgangsbeschränkung; 1,5 m Mindestabstand; Ausnahmenkatalog mit triftigen Gründen
5. **Verordnung über Quarantänemaßnahmen für Einreisende zur Bekämpfung des Coronavirus (Einreise-Quarantäneverordnung – EQV)**
   v. 9.4.2020 (MBl. Nr. 192), geändert durch VO v. 16.4.2020. (MBl. Nr. 205), VO v. 1.5.2020 (MBl. Nr. 239), VO v. 5.5.2020 (MBl. Nr. 240), ersetzt/fortgeführt durch VO v. 15.6.2020 (MBl. Nr. 273)
   - häusliche Quarantäne für Ein- und Rückreisende mit Ausnahmen
6. **Zweite Bayerische Infektionsschutzmaßnahmenverordnung (2. BayIfSMV)**
   v. 16.4.2020 (MBl. Nr. 205), geändert durch VO v. 21.4.2020 (MBl. Nr. 210),

VO v. 28.4.2020 (MBl. Nr. 254), ersetzt/fortgeführt durch VO v. 1.5.2020 (MBl. Nr. 239)
- Fortführung der Maßnahmen der VO v. 27.3.2020 mit Änderungen:
- Untersagung von Präsenzveranstaltungen an Hochschulen
- Pflicht zum Tragen eines Mund-Nasen-Schutzes im ÖPNV
- Öffnung von Kfz-Handel, Buchhandel, Fahrradhandel, Einzelhandel mit einer Verkaufsfläche unter 800 qm mit Auflagen (zB Abstandsregelung, Mund-Nasen-Schutz, Schutz- und Hygienekonzept)
- Erlaubnis der Sportausübung im Freien
- **Änd-VO v. 28.4.2020:** Öffnung von Einkaufszentren mit Verkaufsfläche bis 800 qm

7. **Dritte Bayerische Infektionsschutzmaßnahmenverordnung (3. BayIfSMV)**
v. 1.5.2020 (MBl. Nr. 239), geändert durch VO v. 7.5.2020 (MBl. Nr. 247), ersetzt/fortgeführt durch VO v. 5.5.2020 (MBl. Nr. 240)
   - Fortführung der Maßnahmen der VO v. 16.4.2020 mit Änderungen:
   - Erlaubnis von Gottesdiensten unter Auflagen (zB Mindestabstand 1,5 m, Mund-Nasen-Schutz, Höchstdauer 60 Minuten)
   - Erlaubnis öffentlicher Versammlungen unter Auflagen (zB maximal 50 Teilnehmer, Mindestabstand 1,5 m etc)
   - Öffnung von Friseurbetrieben und Physiotherapiepraxen mit Auflagen
   - weitere Ausnahmen von der 800-qm-Regel
8. **Vierte Bayerische Infektionsschutzmaßnahmenverordnung (4. BayIfSMV)**
v. 5.5.2020 (MBl. Nr. 240), geändert durch VO v. 7.5.2020 (MBl. Nr. 247), VO v. 14.5.2020 (MBl. Nr. 269), VO v. 20.5.2020 (MBl. Nr. 287), ersetzt/fortgeführt durch VO v. 29.5.2020 (MBl. Nr. 304)
   - Fortführung der Maßnahmen der VO v. 1.5.2020:
   - Ausnahmen von Maskenpflicht (zB gesundheitliche Gründe, Hörbehinderung)
   - Aufhebung der Ausgangsbeschränkungen; Kontaktbeschränkung im öffentlichen und privaten Raum begrenzt auf enge Angehörige
   - Lockerung des Besuchsverbots in Kranken- und Pflegeheimen
   - Erlaubnis von Breitensport unter Auflagen
   - Öffnung von Spielplätzen, Musikschulen, Bibliotheken, Museen, zoologische Gärten unter Auflagen
   - Öffnung von Groß- und Einzelhandel unter Auflagen
   - Betriebserlaubnis für Hotels für nicht touristische Privatreisen
   - Erlaubnis von Berufs- und Fortbildungen unter Auflagen
   - **Änd-VO v. 7.5.2020:** Lockerung der Kontaktbeschränkung (Erlaubnis von Treffen zwischen zwei Hauhalten)
   - **Änd-VO v. 14.5.2020:**
   - Erlaubnis des Spiel- und Wettkampfbetriebs der 1. und 2. Bundesliga
   - Betriebserlaubnis für Gastronomiebetriebe mit Auflagen
   - **Änd-VO v. 20.5.2020:** redaktionelle Änderungen
9. **Fünfte Bayerische Infektionsschutzmaßnahmenverordnung (5. BayIfSMV)**
v. 29.5.2020 (MBl. Nr. 304), geändert durch VO v. 12.6.2020 (MBl. Nr. 334), VO v. 16.6.2020 (MBl. Nr. 338), ersetzt/fortgeführt durch VO v. 19.6.2020 (MBl. Nr. 348)
   - Fortführung der Maßnahmen der VO v. 5.5.2020 mit Lockerungen:
   - Erlaubnis von Sport im Freien in Gruppen von bis zu 20 Personen unter Auflagen; Erlaubnis von Sport in geschlossenen Räumen unter Auflagen
   - weitere Lockerungen in den Bereichen Erwachsenenbildung, Reisebusreisen sowie Theatern, Konzertveranstaltungen und sonstigen Veranstaltungen
   - **Änd-VO v. 12.6.2020:**
   - Erhöhung der zulässigen Teilnehmerzahl bei Gottesdiensten und Zusammenkünften im Freien auf 100 Personen mit Auflagen (Einhaltung des Mindestabstands sowie Vermeidung jeglichen Körperkontakts mit anderen Teilnehmern)
   - Möglichkeit, Unterricht und Veranstaltungen in Schulen durchzuführen unter Auflagen (Einhaltung des Mindestabstands, Schutz- und Hygienekonzept)
   - Erlaubnis zur Durchführung kleinerer Seminare an Hochschulen (maximal 30 Teilnehmer)

- Auflagen, unter denen kulturelle Veranstaltungen in Theatern, Konzerthäusern etc zulässig sind (zB Mindestabstand, maximal 50 Personen in geschlossenen Räumen bzw. 100 Personen im Freien, Maskenpflicht in geschlossenen Räumen etc)
- **Änd-VO v. 16.6.2020:** Kontaktbeschränkung im öffentlichen Raum auf Treffen von bis zu zehn Personen

10. **Verordnung über Quarantänemaßnahmen für Einreisende zur Bekämpfung des Coronavirus (Einreise-Quarantäneverordnung – EQV)**
v. 15.6.2020 (MBl. Nr. 273), VO v. 24.6.2020 (MBl. Nr. 362), VO v. 7.7.2020 (MBl. Nr. 387), VO v. 24.7.2020 (MBl. Nr. 429), VO v. 28.7.2020 (MBl. Nr. 430), VO v. 14.8.2020 (MBl. Nr. 463), VO v. 1.9.2020 (MBl. Nr. 494), VO v. 17.9.2020 (MBl. Nr. 533), VO v. 22.9.2020 (MBl. Nr. 535), VO v. 1.10.2020 (MBl. 562), VO v. 16.10.2020 (MBl. Nr. 588), VO v. 22.10.2020 (MBl. Nr. 601), ersetzt/fortgeführt durch VO v. 5.11.2020 (MBl. Nr. 630)
   - Regelungen über häusliche Quarantäne für Ein- und Rückreisende mit Ausnahmen
11. **Sechste Bayerische Infektionsschutzmaßnahmenverordnung (6. BayIfSMV)**
v. 19.6.2020 (MBl. Nr. 348), geändert durch VO v. 24.6.2020 (MBl. Nr. 362), VO v. 30.6.2020 (MBl. Nr. 374), VO v. 7.7.2020 (MBl. Nr. 387), VO v. 14.7.2020 (MBl. Nr. 403), VO v. 28.7.2020 (MBl. Nr. 430), VO v. 14.8.2020 (MBl. Nr. 463), VO v. 1.9.2020 (MBl. Nr. 494), VO v. 8.9.2020 (MBl. 507), VO v. 17.9.2020 (MBl. Nr. 533), VO v. 22.9.2020 (MBl. Nr. 535), ersetzt/fortgeführt durch VO v. 1.10.2020 (MBl. Nr. 562)
   - Fortführung der Maßnahmen der VO v. 29.5.2020 mit Lockerungen:
   - Erlaubnis des Aufenthalts im öffentlichen Raum mit der Familie, mit Angehörigen des eigenen und eines weiteren Hausstands oder in einer Gruppe von bis zu zehn Personen
   - Erlaubnis von Veranstaltungen im Kunst- und Kulturbereich mit bis zu 50 Gästen in geschlossenen Räumen bzw. 100 Gästen im Freien
   - Erlaubnis von Chorgesang im Bereich der Laienmusik unter Auflagen
   - Erlaubnis privater Veranstaltungen (zB Hochzeiten, Beerdigungen, Geburtstage, Schulabschlussfeiern, Vereinssitzungen) mit bis zu 50 Gästen in geschlossenen Räumen bzw. 100 Gästen im Freien
   - Lockerungen der Besuchsregelung in Krankenhäusern, Altenheimen und Behinderteneinrichtungen
   - Öffnung von Hallenbädern, Thermen (nur Innenbereiche) und Hotelschwimmbädern
   - Wiederaufnahme des Lehrgangsbetriebs im Sport; keine Obergrenzen für Outdoor- und Indoor-Sport
   - **Änd-VO v. 24.6.2020:** Beherbergungsverbot für Gäste aus Orten mit Inzidenzwert über 50; Ausnahmen bei Vorlage eines ärztlichen Zeugnisses
   - **Änd-VO v. 30.6.2020:** Aufhebung der Maskenpflicht am Sitzplatz in geschlossenen Räumen von Kulturstätten
   - **Änd-VO v. 7.7.2020:**
   - Erlaubnis von Veranstaltungen mit bis zu 100 Personen in geschlossenen Räumen bzw. 200 Personen im Freien
   - Öffnung von Freizeiteinrichtungen in geschlossenen Räumen
   - Erlaubnis von Wettkampfsport (kontaktfrei) unter Einhaltung von Hygieneauflagen
   - **Änd-VO v. 14.7.2020:**
   - Anpassung der zulässigen Personenzahl im Bereich kultureller Veranstaltungen und Kinos
   - Erhöhung der zulässigen Personenzahl bei Sport-Wettkämpfen in geschlossenen Räumen
   - Erlaubnis beruflicher oder dienstlicher Veranstaltungen
   - Erlaubnis von Märkten im Freien unter Einhaltung von Hygieneregeln
   - **Änd-VO v. 28.7.2020:**
   - Größenbeschränkung von Trainingsgruppen in Kampfsportarten, bei denen über einen längeren Zeitraum ein unmittelbarer Körperkontakt erforderlich ist (maximal fünf Personen)

- für Unternehmen und landwirtschaftliche Betriebe mit mehr als 50 Beschäftigten können im Einzelfall infektionsschutzrechtliche Maßnahmen (Schutz- und Hygienemaßnahmen) von den Kreisverwaltungsbehörden angeordnet werden
- **Änd-VO v. 14.8.2020:**
- Erlaubnis von Wochen- und sonstigen Verkaufsmärkten im Freien (Auflage: Schutz- und Hygienekonzept des Veranstalters)
- Auflagen für Tagungen und Kongresse (zB Mindestabstand, Teilnehmerbegrenzungen, Maskenpflicht etc)
- Erhöhung der zulässigen Besucherzahl in Kulturstätten auf 200 Personen in geschlossenen Räumen bzw. 400 Personen im Freien
- **Änd-VO v. 1.9.2020:** Pflicht zum Tragen eines Mund-Nasen-Schutzes in Schulen mit Ausnahmen
- **Änd-VO v. 8.9.2020:** Maskenpflicht bei Versammlungen ab 200 Teilnehmern
- **Änd-VO v. 17.9.2020:** Auflagen für Wettkämpfe in Kontaktsportarten (zB Kontaktdatenerfassung, Teilnehmerbegrenzung, Bedingungen für Zulassung von Zuschauern)
- **Änd-VO v. 22.9.2020:**
- Möglichkeit der zuständigen Gesundheitsbehörden, verschärfte Maßnahmen zu erlassen, wenn Sieben-Tage-Inzidenzwert über 50; ua folgende Maßnahmen:
- Beschränkung des gemeinsamen Aufenthalts im öffentlichen Raum auf zwei Hausstände und maximal fünf Personen
- Beschränkung von Zusammenkünften auf maximal zwei Hausstände, nahe Angehörige oder eine Gruppe von maximal fünf Personen
- Beschränkung der zulässigen Teilnehmerzahl bei Veranstaltungen auf maximal 25 Personen in geschlossenen Räumen bzw. 50 Personen im Freien
- Maskenpflicht auf bestimmten, stark frequentierten öffentlichen Plätzen
- Besuchsbeschränkung in Krankenhäusern, Alten- und Pflegeheimen sowie Behinderteneinrichtungen

12. **Siebte Bayerische Infektionsschutzmaßnahmenverordnung (7. BayIfSMV)**
v. 1.10.2020 (MBl. Nr. 562), geändert durch VO v. 16.10.2020 (MBl. Nr. 588), VO v. 18.10.2020 (MBl. Nr. 589), VO v. 22.10.2020 (MBl. Nr. 601), ersetzt/fortgeführt durch VO v. 30.10.2020 (MBl. Nr. 616)
    - Einführung einer bußgeldbewehrten Pflicht zur Erfassung der Kontaktdaten für Gastronome, Hotelbetreiber und Veranstalter
    - Beschränkung der zulässigen Teilnehmerzahl für private Feiern in öffentlichen oder angemieteten Räumen auf maximal 50, wenn in einem Landkreis oder einer kreisfreien Stadt Sieben-Tage-Inzidenzwert über 35
    - **Änd-VO v. 16.10.2020:**
    - bei Überschreitung einer Sieben-Tage-Inzidenz von 35:
    - Ausdehnung der Maskenpflicht auf stark frequentierte Plätze, öffentliche Gebäude, Begegnungs- und Verkehrsflächen, in Schulen (ausgenommen Grundschulen) und Bildungsstätten auch im Unterricht, für Zuschauer bei sportlichen Veranstaltungen, auf Tagungen, Kongressen und Messen durchgängig auch am festen Platz
    - Sperrstunde in der Gastronomie ab 23 Uhr
    - Beschränkung privater Feiern auf zwei Hausstände oder maximal zehn Personen
    - bei Überschreitung einer Sieben-Tage-Inzidenz von 50:
    - Sperrstunde in der Gastronomie ab 22 Uhr
    - Beschränkung privater Feiern und Kontakte auf zwei Haustände oder maximal fünf Personen
    - **Änd-VO v. 18.10.2020:**
    - Abholung und Lieferung von mitnahmefähigen Speisen und nichtalkoholischen Getränken während der Sperrstunde zulässig
    - bei Überschreitung einer Sieben-Tage-Inzidenz von 35: Maskenpflicht auf Begegnungs- und Verkehrsflächen von Arbeitsstätten, insb. in Fahrstühlen, Fluren, Kantinen und Eingängen
    - **Änd-VO v. 22.10.2020:** redaktionelle Änderungen

13. **Achte Bayerische Infektionsschutzmaßnahmenverordnung (8. BayIfSMV)**
v. 30.10.2020 (MBl. Nr. 616), geändert durch VO v. 12.11.2020 (MBl. Nr. 639), ersetzt/fortgeführt durch VO v. 30.11.2020 (MBl. Nr. 683)
- Fortführung der Maßnahmen der VO v. 1.10.2020 mit Verschärfungen:
- Erlaubnis des Aufenthalts im öffentlichen Raum und in privat genutzten Räumen nur mit Angehörigen des eigenen und eines weiteren Hausstands (maximal zehn Personen)
- generelle Untersagung von Feiern auf öffentlichen Plätzen
- Untersagung von Veranstaltungen, Versammlungen und Ansammlungen (ausgenommen zB religiöse Zusammenkünfte)
- Erlaubnis von Sport nur allein, zu zweit oder mit Angehörigen des eigenen Haushalts
- Verbot von Zuschauern beim Profisport
- Betriebsverbot für Fitnessstudios uÄ
- Schließung von Gastronomiebetrieben, Hotels, Museen etc
- Verbot von Tagungen, Kongressen, Messen etc
- **Änd-VO v. 12.11.2020:** Nutzungserlaubnis von Sportstätten im Freien

14. **Verordnung über Quarantänemaßnahmen für Einreisende zur Bekämpfung des Coronavirus (Einreise-Quarantäneverordnung – EQV)**
v. 5.11.2020 (MBl. Nr. 630), geändert durch VO v. 29.11.2020 (MBl. Nr. 681), VO v. 8.12.2020 (MBl. 711) VO v. 30.12.2020 (MBl. Nr. 819)
- Regelungen über häusliche Quarantäne für Ein- und Rückreisende mit Ausnahmen

15. **Neunte Bayerische Infektionsschutzmaßnahmenverordnung (9. BayIfSMV)**
v. 30.11.2020 (MBl. Nr. 683), ersetzt/fortgeführt durch VO v. 8.12.2020 (MBl. Nr. 711)
- Fortführung der Maßnahmen der VO v. 30.10.2020 mit Verschärfungen:
- Beschränkung von Treffen auf maximal fünf Personen aus zwei Haushalten (Kinder unter 14 Jahren nicht mitgezählt)
- Zutrittsbeschränkung im Groß- und Einzelhandel: für die ersten 800 qm der Verkaufsfläche darf ein Kunde pro zehn qm anwesend sein; für die über 800 qm hinausreichende Verkaufsfläche darf ein weiterer Kunde pro 20 qm anwesend sein

16. **Zehnte Bayerische Infektionsschutzmaßnahmenverordnung (10. BayIfSMV)**
v. 8.12.2020 (MBl. Nr. 711), geändert durch VO v. 10.12.2020 (MBl. Nr. 734), ersetzt/fortgeführt durch VO v. 15.12.2020 (MBl. Nr. 737)
- Fortführung der Maßnahmen der VO v. 30.11.2020 mit Verschärfungen:
- Verhängung einer Ausgangssperre: Verlassen der Wohnung nur aus triftigem Grund
- Erweiterung der Ausgangssperre ab Inzidenzwert über 200: Verlassen der Wohnung zwischen 21 Uhr und 5 Uhr nur aus gewichtigen und unabweisbaren Gründen; Ausnahmen für die Weihnachtszeit
- Präsenzunterricht in Schulen bis Jahrgangsstufe sieben; Wechselunterricht ab Jahrgangsstufe acht; Ausnahmen für Abschlussjahrgänge
- Maskenpflicht und Gesangsverbot in Gottesdiensten
- Verbot von Großveranstaltungen
- Alkoholkonsumverbot in Innenstädten
- Besuchsregeln für Altenheime, Pflege- und Behinderteneinrichtungen etc mit Auflagen (zB Maskenpflicht, Mindestabstand, eine Besuchsperson pro Bewohner und Tag)
- Verbot von Präsenzveranstaltungen an Hochschulen
- **Änd-VO v. 10.12.2020:** Ausweitung des Alkoholkonsumverbots auf den gesamten öffentlichen Raum

17. **Elfte Bayerische Infektionsschutzmaßnahmenverordnung (11. BayIfSMV)**
v. 15.12.2020 (MBl. Nr. 737), geändert durch VO v. 15.12.2020 (MBl. Nr. 738)
- Fortführung der Maßnahmen der VO v. 8.12.2020 mit Verschärfungen:
- Ausgangssperre von 21 Uhr bis 5 Uhr unabhängig vom Inzidenzwert (Ausnahmen)
- besondere Regeln für Weihnachten: Erlaubnis von Zusammenkünften zwischen Angehörigen des eigenen und eines weiteren Haushalts (maximal fünf Personen)
- Betriebsverbot für Ladengeschäfte mit Kundenverkehr (ausgenommen Lebensmittelhandel, Getränkemärkte, Apotheken, Drogerien, Tankstellen, Banken etc)
- Schließung von Schulen, Kindertageseinrichtungen, Musikschulen, Fahrschulen etc

III. Allgemeinverfügungen

5 1. **Allgemeinverfügung des StMGP zum Besuch von Schulen, Kindertageseinrichtungen, Kindertagespflegestellen und Heilpädagogischen Tagesstätten**
v. 6.3.2020 (MBl. Nr. 111), ersetzt durch AV v. 13.3.2020 (MBl. Nr. 140)
– kein Schulbesuch von Schülern aus Risikogebieten

2. **Allgemeinverfügung des StMGP zum Verbot von Veranstaltungen mit mehr als 1.000 Teilnehmern**
v. 11.3.2020 (MBl. Nr. 139), aufgehoben, da geregelt in § 1 BayIfSMV
– Untersagung von Veranstaltungen mit mehr als 1.000 Teilnehmern

3. **Vollzug des Infektionsschutzgesetzes (IfSG) – Maßnahmen anlässlich der Corona-Pandemie**
v. 13.3.2020 (MBl. Nr. 140), geändert durch AV v. 21.3.2020 (MBl. Nr. 166), AV v. 16.4.2020 (MBl. Nr. 207), AV v. 24.4.2020 (MBl. Nr. 224), AV v. 8.5.2020 (MBl. Nr. 250)
– kein Betrieb an Schulen, Kindertageseinrichtungen etc; Notbetreuung von Schülern und Kindern in Kindertageseinrichtungen, wenn Eltern in kritischer Infrastruktur tätig

4. **Vollzug des Infektionsschutzgesetzes (IfSG) – Corona-Pandemie: Einschränkung der Besuchsrechte für Krankenhäuser, Pflege- und Behinderteneinrichtungen**
v. 13.3.2020 (MBl. Nr. 141), geändert durch AV v. 17.3.2020 (MBl. Nr. 146), aufgehoben durch AV v. 3.4 2020 (MBl. Nr. 174) und geregelt in § 3 Abs. 1 BayIfSMV

5. **Vollzug des Infektionsschutzgesetzes (IfSG) – Vollzug des Ladenschlussgesetzes (LadSchlG) – Veranstaltungsverbote und Betriebsuntersagungen anlässlich der Corona-Pandemie**
v. 16.3.2020 (MBl. Nr. 143), geändert durch AV v. 17.3.2020 (MBl. Nr. 148), aufgehoben durch AV v. 3.4 2020 (MBl. Nr. 174) und geregelt in § 1 Abs. 1 und § 2 Abs. 1 BayIfSMV
– Veranstaltungsverbote und Betriebsuntersagungen, einschließlich Einzelhandel (Ausnahmen für notwendigen Lebensbedarf), Gastronomiebetriebe

6. **Vollzug des Infektionsschutzgesetzes (IfSG) – Corona-Pandemie: Verpflichtung der Laborbetreiber in Bayern zur Meldung der Anzahl der untersuchten Abstriche und Proben sowie der Anzahl der positiven und negativen Befunde an das Landesamt für Gesundheit und Lebensmittelsicherheit**
v. 17.3.2020 (MBl. Nr. 144), geändert durch AV v. 25.6.2020 (MBl. Nr. 364), AV v. 29.7.2020 (MBl. Nr. 443), AV v. 28.8.2020 (MBl. Nr. 493), AV v. 29.10.2020 (MBl. Nr. 614)

7. **Vollzug des Infektionsschutzgesetzes (IfSG) – Meldepflicht für Beatmungsgeräte anlässlich der Corona-Pandemie**
v. 17.3.2020 (MBl. Nr. 145), geändert durch AV v. 30.4.2020 (MBl. Nr. 236), AV v. 8.5.2020 (MBl. Nr. 248)
– Ärzte in Bayern sind verpflichtet, unverzüglich die Gesamtzahl der in der jeweiligen Praxis vorhandenen Beatmungsgeräte an das Staatsministerium für Gesundheit und Pflege zu übermitteln.

8. **Vollzug des Infektionsschutzgesetzes (IfSG) – Corona-Pandemie: Betretungsverbot für Hochschulen**
v. 17.3.2020 (MBl. Nr. 147), aufgehoben durch AV v. 3.4.2020 (MBl. Nr. 174) und geregelt in § 3 Abs. 2 BayIfSMV
– Betretungsverbot von Hochschulen für Personen, die sich in Risikogebieten aufgehalten haben

9. **Vollzug des Infektionsschutzgesetzes (IfSG) – Maßnahmen anlässlich der Corona-Pandemie im Bereich der Werkstätten für behinderte Menschen, Förderstätten sowie Berufsbildungs- und Berufsförderungswerke**
v. 17.3.2020 (MBl. Nr. 149), geändert durch AV v. 20.3.2020 (MBl. Nr. 153), AV v. 24.4.2020 (MBl. Nr. 222), AV v. 30.4.2020 (MBl. Nr. 237), AV v. 7.5.2020 (MBl. Nr. 237)
– keine „reguläre“ Beschäftigung für und Betreuung von Menschen mit Behinderung; Ausnahmen zB in Wohnheimen mit unmittelbar räumlich verbundenen Werkstätten; Notbetreuung für minderjährige Menschen mit Behinderung, wenn Eltern in kritischer Infrastruktur tätig

10. **Vollzug des Infektionsschutzgesetzes (IfSG) – Durchführung der Stichwahlen am 29. März 2020 ausschließlich als Briefwahlen anlässlich der Corona-Pandemie**
v. 19.3.2020 (MBl. Nr. 150), aufgehoben durch AV v. 3.4.2020 (MBl. Nr. 174) und geregelt in Art. 60 a des Gemeinde- und Landkreiswahlgesetzes, vgl. Art. 9 a BayIfSMV
    - Bei den am 29.3.2020 im Zuge der allgemeinen Gemeinde- und Landkreiswahlen erforderlich gewordenen Stichwahlen durften keine Abstimmungsräume zur Stimmabgabe genutzt werden.
11. **Vollzug des Infektionsschutzgesetzes (IfSG) – Corona-Pandemie: Verschiebung elektiver Eingriffe und geplanter Behandlungen in Krankenhäusern**
v. 19.3.2020 (MBl. Nr. 151), geändert durch AV v. 8.5.2020 (MBl. Nr. 253)
    - Zurückstellung oder Unterbrechung planbarer Eingriffe, um möglichst umfangreiche Kapazitäten für die Versorgung von COVID-19-Patienten freizumachen
12. **Vollzug des Infektionsschutzgesetzes (IfSG) – Vorläufige Ausgangsbeschränkung anlässlich der Corona-Pandemie**
v. 20.3.2020 (MBl. Nr. 152), überführt in VO v. 24.3.2020 (MBl. Nr. 130)
    - Kontakte zu Menschen aus einem anderen Hausstand sind auf ein absolut nötiges Minimum zu reduzieren
    - Untersagung von Gastronomiebetrieben jeder Art (ausgenommen Abholung und Lieferung mitnahmefähiger Speisen)
    - Besuchsverbot in Krankenhäusern etc
    - Verlassen der eigenen Wohnung nur aus triftigem Grund erlaubt (Auflistung triftiger Gründe)
13. **Vollzug des Infektionsschutzgesetzes (IfSG) – Maßnahmen anlässlich der Corona-Pandemie im Bereich der Werkstätten für behinderte Menschen, Förderstätten sowie Berufsbildungs- und Berufsförderungswerke**
v. 20.3.2020 (MBl. Nr. 153)
14. **Vollzug des Infektionsschutzgesetzes (IfSG), des Bayerischen Krankenhausgesetzes (BayKrG) sowie des Bayerischen Katastrophenschutzgesetzes (BayKSG) – Notfallplan Corona-Pandemie: Allgemeinverfügung zur Bewältigung erheblicher Patientenzahlen in Krankenhäusern**
v. 24.3.2020 (MBl. Nr. 164), geändert durch AV v. 1.4.2020 (MBl. Nr. 171), AV v. 8.5.2020 (MBl. Nr. 253)
    - Organisation der Krankenhausbelegung: Steuerung der Patientenströme und Belegung der Krankenhauskapazitäten soll dezentral in den Landkreisen und kreisfreien Städten entschieden werden
    - Neukonzeption der IT-Steuerung und Meldepflichten zur Erfassung von Behandlungskapazitäten
    - Schaffung zusätzlicher Kapazitäten; Pflicht zur Zusammenarbeit; Schaffung von Koordinierungsgruppen zwischen den Krankenhäusern
    - organisatorische Maßnahmen im Krankenhaus: Einrichtung eines Screenings auf COVID-19 in den Notaufnahmen (soweit möglich); Einrichtung separater COVID-19-Stationen sowie separater Zugangsmöglichkeiten
15. **Vollzug des Ladenschlussgesetzes (LadSchlG) – Besondere Ladenschlusszeiten anlässlich der Corona-Pandemie**
v. 27.3.2020 (MBl. Nr. 160), geändert durch AV v. 2.4.2020 (MBl. Nr. 172), AV v. 16.4.2020 (MBl. Nr. 209), AV v. 29.04.2020 (MBl. Nr. 235)
    - montags bis samstags bis 6 Uhr und ab 22 Uhr
    - an Sonn- und Feiertagen bis 12 Uhr und ab 18 Uhr
    - **AV v. 2.4.2020:** Ladenschlusszeiten an Ostern
16. **Vollzug des Infektionsschutzgesetzes (IfSG) – Notfallplan Corona-Pandemie: Regelungen für Pflegeeinrichtungen**
v. 3.4.2020 (MBl. Nr. 187), geändert durch AV v. 16.4.2020 (MBl. Nr. 208), AV v. 30.4.2020 (MBl. Nr. 236), AV v. 7.5.2020 (MBl. Nr. 248)
    - Regelungen für Pflegeeinrichtungen: Aufnahmestopp für Pflegeeinrichtungen, Mund-Nasen-Schutz, Mindestabstand

17. **Vollzug des Infektionsschutzgesetzes (IfSG) – Notfallplan Corona-Pandemie: Regelungen für stationäre Einrichtungen für Menschen mit Behinderung**
v. 3.4.2020 (MBl. Nr. 203), geändert durch AV v. 30.4.2020 (MBl. Nr. 236), AV v. 8.5.2020 (MBl. Nr. 248)
18. **Vollzug des Krankenhausfinanzierungsgesetzes (KHG) – Genehmigung zusätzlicher intensivmedizinischer Behandlungskapazitäten mit maschineller Beatmungsmöglichkeit in zugelassenen Krankenhäusern**
v. 9.4.2020 (MBl. Nr. 202)
19. **Vollzug des Infektionsschutzgesetzes (IfSG) – Corona-Pandemie: Maßnahmen betreffend Werk- und Förderstätten für Menschen mit Behinderung sowie Frühförderstellen**
v. 16.4.2020 (MBl. Nr. 206)
20. **Vollzug des Infektionsschutzgesetzes (IfSG) – Verlängerung von Maßnahmen anlässlich der Corona-Pandemie**
v. 16.4.2020 (MBl. Nr. 208)
21. **Vollzug des Infektionsschutzgesetzes (IfSG) – Maßnahmen anlässlich der Corona-Pandemie: Bekanntmachung des Bayerischen Staatsministeriums für Gesundheit und Pflege**
v. 24.4.2020 (MBl. Nr. 224)
    - Betretungsverbot an Schulen bis zum 10.5.2020; Ausnahmen für Schüler in Abschlussklassen sowie zur Notbetreuung ab 27.4.2020)
22. **Vollzug des Infektionsschutzgesetzes (IfSG) – Isolation von Kontaktpersonen der Kategorie I und von Verdachtspersonen**
v. 7.5.2020 (MBl. Nr. 249), geändert durch AV v. 25.6.2020 (MBl. Nr. 364), AV v. 29.6.2020 (MBl. Nr. 443)
23. **Vollzug des Infektionsschutzgesetzes (IfSG) – Maßnahmen anlässlich der Corona-Pandemie im Bereich der Schulen und Heilpädagogischen Tagesstätten**
v. 8.5.2020 (MBl. Nr. 251)
    - schrittweise Wiedereröffnung von Schulen und Heilpädagogischen Tagesstätten; Notbetreuung
24. **Vollzug des Infektionsschutzgesetzes (IfSG), des Bayerischen Krankenhausgesetzes (BayKrG) sowie des Bayerischen Katastrophenschutzgesetzes (BayKSG) – Notfallplan Corona-Pandemie: Allgemeinverfügung zur Bewältigung erheblicher Patientenzahlen in Krankenhäusern**
v. 8.5.2020 (MBl. Nr. 253)
25. **Vollzug des Infektionsschutzgesetzes (IfSG) Corona-Pandemie: Maßnahmen betreffend Werk- und Förderstätten für Menschen mit Behinderung, Frühförderstellen sowie Berufsbildungs- und Berufsförderungswerke**
v. 14.5.2020 (MBl. Nr. 271), geändert durch AV v. 20.5.2020 (MBl. Nr. 286), AV v. 3.6.2020 (MBl. Nr. 317), AV v. 10.6.2020 (MBl. Nr. 333)
26. **Vollzug des Infektionsschutzgesetzes (IfSG) – Maßnahmen anlässlich der Corona-Pandemie im Bereich der Kindertageseinrichtungen und Kindertagespflegestellen**
v. 19.5.2020 (MBl. Nr. 275)
    - Betreuungsverbote an allen gebäudebezogenen Kindertageseinrichtungen mit Ausnahmen
27. **Vollzug des Infektionsschutzgesetzes (IfSG) – Notfallplan Corona-Pandemie: Regelungen für Pflegeeinrichtungen**
v. 22.5.2020 (MBl. Nr. 288), geändert durch AV v. 10.6.2020 (MBl. Nr. 332), AV v. 26.6.2020 (MBl. Nr. 369), AV v. 26.6.2020 (MBl. Nr. 370), AV v. 3.7.2020 (MBl. Nr. 385), AV v. 9.7.2020 (MBl. Nr. 399), AV v. 11.8.2020 (MBl. Nr. 453), AV v. 20.10.2020 (MBl. Nr. 590)
    - Regelungen für Aufnahmen und Rückverlegungen in Pflegeeinrichtungen
    - Hygieneregeln
28. **Vollzug des Infektionsschutzgesetzes (IfSG) – Maßnahmen anlässlich der Corona-Pandemie im Bereich der Schulen und Heilpädagogischen Tagesstätten**
v. 28.5.2020 (MBl. Nr. 302)
    - redaktionelle Änderungen

29. **Vollzug des Infektionsschutzgesetzes (IfSG): Corona-Pandemie – Hygienekonzept für Kinobetriebe**
    v. 15.6.2020 (MBl. Nr. 336)
    – Regelungen für Kinovorführungen (zB maximale Besucherzahl, Hygiene- und Abstandsregeln)
30. **Vollzug des Infektionsschutzgesetzes (IfSG) und des Bayerischen Krankenhausgesetzes (BayKrG): Notfallplan Corona-Pandemie – Allgemeinverfügung zur Bewältigung erheblicher Patientenzahlen in Krankenhäusern**
    v. 19.6.2020 (MBl. Nr. 347), geändert durch AV v. 28.9.2020 (MBl. Nr. 554)
    – Organisation der Krankenhausbelegung
    – Konzeption der IT-Steuerung und Meldepflichten
    – Sicherstellung der stationären Versorgung
    – beihilferechtliche Betreuung
    – organisatorische Maßnahmen in stationären Einrichtungen
31. **Vollzug des Infektionsschutzgesetzes (IfSG) – Corona-Pandemie: Maßnahmen betreffend Werk- und Förderstätten für Menschen mit Behinderung, Frühförderstellen sowie Berufsbildungs- und Berufsförderungswerke**
    v. 30.6.2020 (MBl. Nr. 373), geändert durch AV v. 30.7.2020 (MBl. Nr. 444), AV v. 9.9.2020 (MBl. Nr. 520), AV v. 28.10.2020 (MBl. Nr. 613)
    – Beschäftigungsverbot für Menschen mit Behinderung in Förderstätten mit Ausnahmen
32. **Vollzug der Verordnung zur Testpflicht von Einreisenden aus Risikogebieten und des Infektionsschutzgesetzes (IfSG) – Corona-Pandemie: Testpflicht von Einreisenden aus Risikogebieten**
    v. 7.8.2020 (MBl. Nr. 451), geändert durch AV v. 29.9.2020 (MBl. Nr. 555), AV v. 13.10.2020 (MBl. Nr. 576)
    – Konkretisierung der AV zur Testpflicht für Einreisende
33. **Vollzug des Infektionsschutzgesetzes (IfSG) – Corona-Pandemie: Anordnung von Maßnahmen zur Beschränkung des Einsatzes von Arbeitnehmerinnen und Arbeitnehmern in landwirtschaftlichen Betrieben zum Zwecke der Bekämpfung des Coronavirus SARS-CoV-2**
    v. 10.8.2020 (MBl. Nr. 452), geändert durch AV v. 18.8.2020 (MBl. Nr. 465), AV v. 9.9.2020 (MBl. Nr. 519), AV v. 29.10.2020 (MBl. Nr. 614), AV v. 30.12.2020 (MBl. Nr. 821)
    – Attestpflicht für Saisonarbeitskräfte
34. **Vollzug des Infektionsschutzgesetzes (IfSG) – Isolation von Kontaktpersonen der Kategorie I, von Verdachtspersonen und von positiv auf das Coronavirus getesteten Personen**
    v. 18.8.2020 (MBl. Nr. 464), geändert durch AV v. 29.9.2020 (MBl. Nr. 555)
    – Regelungen zur Isolation (zB Hygieneregeln während der Isolation, Maßnahmen während der Isolation von Kontaktpersonen der Kategorie I, Beendigung der Isolationsmaßnahmen)
35. **Vollzug des Infektionsschutzgesetzes (IfSG) und des Bayerischen Krankenhausgesetzes (BayKrG) – Notfallplan Corona-Pandemie: Allgemeinverfügung zur Bewältigung erheblicher Patientenzahlen in Krankenhäusern**
    v. 2.11.2020 (MBl. Nr. 618), aufgehoben durch AV v. 23.11.2020
    – Sicherstellung der stationären Versorgung
    – Organisation der Krankenhausbelegung
    – Aufgaben und Befugnisse des Ärztlichen Leiters
    – Krankenhauskoordinierung
    – organisatorische Maßnahmen in stationären Einrichtungen
36. **Vollzug des Infektionsschutzgesetzes (IfSG) – Quarantäne von Kontaktpersonen der Kategorie I und von Verdachtspersonen, Isolation von positiv auf das Coronavirus getesteten Personen (AV Isolation)**
    v. 6.11.2020 (MBl. Nr. 631)
    – Vorschriften zu Quarantäne und Isolation; Hygieneregeln während Quarantäne und Isolation; Maßnahmen während der Quarantäne von Kontaktpersonen der Kategorie I

37. **Vollzug des Infektionsschutzgesetzes (IfSG), des Bayerischen Krankenhausgesetzes (BayKrG) sowie des Krankenhausfinanzierungsgesetzes (KHG) – Notfallplan Corona-Pandemie: Allgemeinverfügung zur Bewältigung erheblicher Patientenzahlen in Krankenhäusern**
v. 23.11.2020 (MBl. Nr. 663), aufgehoben durch AV v. 9.12.2020 (MBl. Nr. 733)
    - Sicherstellung der stationären Versorgung
    - Organisation der Krankenhausbelegung
    - Aufgaben und Befugnisse des Ärztlichen Leiters
    - Krankenhauskoordinierung
    - organisatorische Maßnahmen in stationären Einrichtungen
    - Bestimmungen nach § 21 Abs. 1 a KHG
38. **Vollzug des Infektionsschutzgesetzes (IfSG) – Quarantäne von Kontaktpersonen der Kategorie I und von Verdachtspersonen, Isolation von positiv auf das Coronavirus getesteten Personen (AV Isolation)**
v. 2.12.2020 (MBl. Nr. 705)
    - Vorschriften zu Quarantäne und Isolation; Hygieneregeln während Quarantäne und Isolation; Maßnahmen während der Quarantäne von Kontaktpersonen der Kategorie I
39. **Bekanntmachung zum Vollzug des Infektionsschutzgesetzes (IfSG) – Aufrechterhaltung der Arztversorgung während der Corona-Pandemie**
v. 2.12.2020 (MBl. Nr. 707)
    - Organisationsstruktur der ärztlichen Versorgung zur Bewältigung der Corona-Pandemie; Planung und Koordinierung durch den koordinierenden Arzt
40. **Allgemeinverfügung zur Aussetzung des Sonntagsfahrverbots für Paketdienste nach § 30 Abs. 3 Satz 1 der Straßenverkehrs-Ordnung im Freistaat Bayern vor dem Hintergrund der Verbreitung von COVID-19 (SARS-CoV-2)**
v. 3.12.2020 (MBl. Nr. 708)
    - Ausnahmegenehmigung vom Sonntagsfahrverbot
41. **Vollzug des Bayerischen Katastrophenschutzgesetzes (BayKSG), des Infektionsschutzgesetzes (IfSG), des Bayerischen Krankenhausgesetzes (BayKrG) sowie des Krankenhausfinanzierungsgesetzes (KHG) – Notfallplan Corona-Pandemie: Allgemeinverfügung zur Bewältigung erheblicher Patientenzahlen in Krankenhäusern**
v. 9.12.2020 (MBl. Nr. 733), aufgeboben durch AV v. 23.12.2020 (MBl. Nr. 811)
    - Sicherstellung der stationären Versorgung
    - Organisation der Krankenhausbelegung
    - Aufgaben und Befugnisse des Ärztlichen Leiters
    - Krankenhauskoordinierung nach einem „Stufenmodell"
42. **Vollzug des Infektionsschutzgesetzes (IfSG) – Corona-Pandemie: Maßnahmen betreffend Werk- und Förderstätten für Menschen mit Behinderung, Frühförderstellen sowie Berufsbildungs- und Berufsförderungswerke**
v. 15.12.2020 (MBl. Nr. 739)
    - Regelungen für den Bereich der Werk- und Förderstätten für Menschen mit Behinderung: Aussetzen regulärer Beschäftigung und Betreuung für Menschen mit Behinderung
43. **Vollzug des Infektionsschutzgesetzes (IfSG) – Corona-Pandemie: Testpflicht von Einreisenden – Verordnung des Bundesministeriums für Gesundheit zur Testpflicht von Einreisenden aus Risikogebieten vom 4. November 2020, BAnz. AT 06.11.2020 V1**
v. 21.12.2020 (MBl. Nr. 771)
    - Anordnungen für Einreisende aus dem Vereinigten Königreich von Großbritannien und Nordirland sowie aus der Republik Südafrika
44. **Vollzug des Infektionsschutzgesetzes (IfSG) – Corona-Pandemie: Testnachweis von Einreisenden aus Risikogebieten, Bekanntmachung des Bayerischen Staatsministeriums für Gesundheit und Pflege (AV Testnachweis von Einreisenden)**
v. 22.12.2020 (MBl. Nr. 774)
    - Anordnungen für Einreisende aus Risikogebieten
45. **Vollzug der Straßenverkehrs-Ordnung – Corona-Pandemie: Aussetzung des Sonntags- und Feiertagsfahrverbots zur Belieferung von Corona-Impfzentren nach § 30 Abs. 3 Satz 1 der Straßenverkehrs-Ordnung im Freistaat Bayern**
v. 22.12.2020 (MBl. Nr. 807)

46. **Vollzug des Bayerischen Katastrophenschutzgesetzes (BayKSG), des Infektionsschutzgesetzes (IfSG), des Bayerischen Krankenhausgesetzes (BayKrG) sowie des Krankenhausfinanzierungsgesetzes (KHG) – Notfallplan Corona-Pandemie: Allgemeinverfügung zur Bewältigung erheblicher Patientenzahlen in Krankenhäusern**
    v. 23.12.2020 (MBl. Nr. 811)
    - Sicherstellung der stationären Versorgung
    - Organisation der Krankenhausbelegung
    - Aufgaben und Befugnisse des Ärztlichen Leiters
    - Krankenhauskoordinierung
47. **SARS-CoV-2-Infektionsschutz Handlungsempfehlungen (Rahmenkonzept) für ein einrichtungsindividuelles Schutz- und Hygienekonzept für Besuche in Krankenhäusern sowie Vorsorge- und Rehabilitationseinrichtungen, in denen eine den Krankenhäusern vergleichbare medizinische Versorgung erfolgt**
    v. 23.12.2020 (MBl. Nr. 812)
    - sensibler Umgang mit Besuchen unter Berücksichtigung der Erfordernisse des Infektionsschutzes
48. **Vollzug des Infektionsschutzgesetzes (IfSG) – Corona-Pandemie: Verpflichtung der Laborbetreiber in Bayern zur Meldung der Anzahl der untersuchten Abstriche und Proben sowie der Anzahl der positiven und negativen Befunde an das Landesamt für Gesundheit und Lebensmittelsicherheit**
    v. 30.12.2020 (MBl. Nr. 822)
    - Erweiterung der Labor-Meldepflichten

IV. Verwaltungsvorschriften

1. **Feststellung des Katastrophenfalls** 6
   v. 16.3.2020 (GVBl. 115), aufgehoben am 16.6.2020 (MBl. Nr. 337)
   - Vorliegen einer Katastrophe gem. Art. 4 Abs. 1 S. 1 BayKSG
2. **Feststellung des Katastrophenfalls**
   v. 8.12.2020 (MBl. Nr. 710)
   - Vorliegen einer Katastrophe gem. Art. 4 Abs. 1 S. 1 BayKSG

C. Berlin

I. Gesetze

7 –

II. Rechtsverordnungen

8 1. **Verordnung über Maßnahmen zur Eindämmung der Ausbreitung des neuartigen Coronavirus SARS-CoV-2 in Berlin (SARS-CoV-2 Eindämmungsverordnung – SARS-CoV-2-EindV)**
v. 14.3.2020 (GVBl. 210), ersetzt/fortgeführt durch VO v. 17.3.2020 (GVBl. 213)
   - Verbot von Veranstaltungen mit mehr als 50 Teilnehmern; Anwesenheitsliste
   - Schließung bestimmter Gewerbebetriebe (zB Tanzlustbarkeiten, Messen, Ausstellungen)
   - Schließung von Raucher- und sonstiger Gaststätten unter Auflagen (Ausnahme bei Wahrung des Mindestabstands von 1,5 m)gült
   - Schließung von Badeanstalten und Sportstätten mit Ausnahmen (zB für Sportler in Vorbereitung auf die Olympischen Spiele)
   - Schulung von Krankenhauspersonal; schwerpunktmäßiger Ressourceneinsatz auf Patienten mit COVID-19
   - Besuchsverbot in Krankenhäusern
   - Schließung von Schulen und Kindertageseinrichtungen (ausgenommen Notbetrieb); Aussetzung des Lehrbetriebs an berufsbildenden Schulen
2. **Verordnung über erforderliche Maßnahmen zur Eindämmung der Ausbreitung des neuartigen Coronavirus SARS-CoV-2 in Berlin (SARS-CoV-2-Eindämmungsmaßnahmenverordnung – SARS-CoV-2-EindmaßnV)**
v. 17.3.2020 (GVBl. 213), geändert durch VO v. 19.3.2020 (GVBl. 218), VO v. 21.3.2020 (GVBl. 219), ersetzt/fortgeführt durch VO v. 22.3.2020 (GVBl. 220)
   - Fortführung der Maßnahmen der VO v. 14.3.2020 mit Verschärfungen:
   - Schließung von Hotels für touristische Zwecke
   - Schließung des Einzelhandels (ausgenommen Lebensmittel und Getränke, Wochenmärkte, Apotheken etc)
   - Schließung von Einrichtungen der Tages- und Nachtpflege (ausgenommen Notbetrieb)
   - Schließung von Universitäten und Bibliotheken
   - **Änd-VO v. 19.3.2020:** Schließung von Werkstätten für Menschen mit Behinderung (ausgenommen Notbetreuung)
   - **Änd-VO v. 21.3.2020:** Verbot von Veranstaltungen und Versammlungen mit mehr als zehn Teilnehmern; Mindestabstandsregel von 1,5 m
3. **Verordnung über erforderliche Maßnahmen zur Eindämmung der Ausbreitung des neuartigen Coronavirus SARS-CoV-2 in Berlin (SARS-CoV-2-Eindämmungsmaßnahmenverordnung – SARS-CoV-2-EindmaßnV)**
v. 22.3.2020 (GVBl. 220), geändert durch VO v. 2.4.2020 (GVBl. 234), VO v. 9.4.2020 (GVBl. 240), VO v. 16.4.2020 (GVBl. 259), VO v. 21.4.2020 (GVBl. 263), VO v. 28.4.2020 (GVBl. 287), VO v. 7.5.2020 (GVBl. 307), VO v. 12.5.2020 (GVBl. 316), VO v. 19.5.2020 (GVBl. 345), ersetzt/fortgeführt durch VO v. 23.6.2020 (GVBl. 562)
   - Fortführung der Maßnahmen der VO v. 17.3.2020 mit Änderungen:
   - Untersagung von Versammlungen; Ausnahmegenehmigungen möglich
   - **Änd-VO v. 2.4.2020:** Kontaktbeschränkung, dh grundsätzlich ständiger Aufenthalt in Wohnung mit zahlreichen Ausnahmen (zB für Besorgungen des persönlichen Bedarfs, Sport und Bewegung an der frischen Luft, bei behördlicher Vorladung); Quarantänemaßnahmen für Reiserückkehrer
   - **Änd-VO v. 9.4.2020:** Ausnahme vom Sportbetriebsverbot für Bundesligamannschaften
   - **Änd-VO v. 21.4.2020:**
   - Erlaubnis des Aufenthalts im öffentlichen Raum nur alleine, mit Angehörigen oder höchstens einer haushaltsfremden Person
   - Öffnung von Einzelhandelsgeschäften mit einer Verkaufsfläche bis 800 qm
   - Öffnung von Schulen unter Auflagen (zB Beachtung von Hygieneregeln)
   - Pflicht zum Tragen eines Mund-Nasen-Schutzes im ÖPNV

- **Änd-VO v. 7.5.2020:**
- Erweiterung der Pflicht zum Tragen eines Mund-Nasen-Schutzes
- Öffnung von Einzelhandelsgeschäften unabhängig von der Verkaufsfläche unter Auflagen
- Lockerung der Kontaktbeschränkungen: Erlaubnis von Treffen im öffentlichen Raum von Personen aus zwei verschiedenen Haushalten
- **Änd-VO v. 12.5.2020:** Ausnahme vom Veranstaltungsverbot für Veranstaltungen mit bis zu 50 Teilnehmern, die der Arbeit von Presse, Rundfunk und sonstigen Medien dienen
- **Änd-VO v. 19.5.2020:** Konkretisierung der Regelungen hinsichtlich häuslicher Quarantäne für Ein- und Rückreisende mit Ausnahmen

4. **Verordnung über das Verbot von Großveranstaltungen vor dem Hintergrund der SARS-CoV-2-Pandemie (Großveranstaltungsverbotsverordnung – GroßveranstVerbV)**
   v. 21.4.2020 (GVBl. 270), geändert durch VO v. 28.4.2020 (GVBl. 294), VO v. 7.5.2020 (GVBl. 315), VO v. 28.5.2020 (GVBl. 315), ersetzt/fortgeführt durch VO v. 23.6.2020 (GVBl. 562)
   - Verbot von Großveranstaltungen mit mehr als 1.000 Teilnehmern
5. **SARS-CoV-2-Infektionsschutzverordnung**
   v. 23.6.2020 (GVBl. 562), geändert durch VO v. 26.6.2020 (GVBl. 570), VO v. 21.7.2020 (GVBl. 625), VO v. 4.8.2020 (GVBl. 658), VO v. 11.8.2020 (GVBl. 663), VO v. 1.9.2020 (GVBl. 667), VO v. 29.9.2020 (GVBl. 749), VO v. 6.10.2020 (GVBl. 762), VO v. 20.10.2020 (GVBl. 782), VO v. 27.10.2020 (GVBl. 836), VO v. 29.10.2020 (GVBl. 842), VO v. 3.11.2020 (GVBl. 854), VO v. 17.11.2020 (GVBl. 886), VO v. 26.11.2020 (GVBl. 922), ersetzt/fortgeführt durch VO v. 14.12.2020 (GVBl. 1463)
   - Fortführung der Maßnahmen der VO v. 17.3.2020 mit Änderungen:
   - Fortgeltung der Abstandsregelung
   - Aufhebung der Kontaktbeschränkung auf zwei Haushalte bzw. fünf Personen; physische soziale Kontakte sind zu reduzieren
   - Vereinfachung der Regelungen zur Vermeidung von Infektionen für Veranstalter in Verantwortung für Betriebe, Vereine und andere Einrichtungen
   - **Änd-VO v. 26.6.2020:**
   - häusliche Quarantänepflicht für Ein- und Rückreisende auch aus dem Inland
   - Ausnahme von der Pflicht eines Schutz- und Hygienekonzepts für Veranstaltungen im privaten und familiären Bereich
   - **Änd-VO v. 21.7.2020:**
   - Erlaubnis von Kontaktsportarten mit maximal 30 Personen (Kampfsportarten mit maximal vier Personen); Erlaubnis des Wettkampfbetriebs für Kontaktsportarten ab 21.8.2020
   - Anpassung der Quarantäneregeln für Reiserückkehrer
   - Aufhebung des Gesangsverbots in geschlossenen Räumen unter Einhaltung eines Hygienekonzepts
   - Erlaubnis des Verzehrs von Speisen und Getränken in Gaststätten und Schankwirtschaften ausschließlich an Tischen sowie am Tresen unter Einhaltung der Abstandsregeln
   - Öffnung von Trockensaunen unter Auflagen
   - **Änd-VO v. 4.8.2020:**
   - Lockerung der Maßnahmen hinsichtlich sexueller Dienstleistungen
   - Ausnahme von der Maskenpflicht an Schulen für die Dauer des Unterrichts
   - **Änd-VO v. 11.8.2020:** Verpflichtung von Fernbusverkehrsunternehmen, die aus Risikogebieten einreisen, den Zentralen Omnibusbahnhof Berlin als ausschließliche Haltestelle anzufahren
   - **Änd-VO v. 1.9.2020:**
   - Schutz- und Hygienekonzept bei Feiern und Veranstaltungen von mehr als 50 Gästen erforderlich; Dokumentationspflicht der Anwesenden
   - Erlaubnis für Gaststätten, geschlossene Gesellschaften zu bewirten
   - Maskenpflicht bei Versammlungen im Freien von mehr als 100 Personen

- **Änd-VO v. 29.9.2020:**
- Pflicht zum Tragen eines Mund-Nasen-Schutzes in geschlossenen Räumen in Büro- und Verwaltungsgebäuden sowie in Aufzügen
- Dokumentationspflicht über die anwesenden Personen bei privaten Zusammenkünften ab zehn Personen (die nicht in einem Haushalt leben)
- Beschränkung der zulässigen Teilnehmerzahl bei privaten Veranstaltungen auf 50 Personen im Freien bzw. 25 Personen in geschlossenen Räumen
- **Änd-VO v. 6.10.2020:**
- Beschränkung von Treffen im öffentlichen Raum im Freien zwischen 23 Uhr und 6 Uhr auf fünf Personen aus verschiedenen Haushalten
- Verbot von privaten Veranstaltungen und Zusammenkünften in geschlossenen Räumen
- Schließung von Verkaufsstellen zwischen 23 Uhr und 6 Uhr
- **Änd-VO v. 20.10.2020:**
- Einschränkung der Kontakte für symptomatische Personen
- Pflicht zum Tragen eines Mund-Nasen-Schutzes im öffentlichen Raum, auf Märkten und in bestimmten Einkaufsstraßen sowie bei Versammlungen
- Beschränkung von Treffen im privaten Raum auf Personen aus zwei Haushalten oder einem Haushalt und fünf haushaltsfremden Personen
- Beschränkung privater Veranstaltungen und Zusammenkünfte im öffentlichen Raum auf 25 Personen
- Festlegung von Zuschauerhöchstgrenzen
- Hygienekonzepte können als Rechtsverordnung erlassen werden
- **Änd-VO v. 27.10.2020:**
- Geltung der Maskenpflicht im öffentlichen Raum, auf Märkten und in bestimmten Einkaufsstraßen für Fußgänger
- Pflicht zum Tragen eines Mund-Nasen-Schutzes bei Veranstaltungen ab 20 Personen
- Einschränkungen an Hochschulen: kein Publikumsverkehr, grundsätzlich kein Präsenzunterricht
- Personenobergrenzen bei Veranstaltungen (500 Personen im Freien bzw. 300 Personen in geschlossenen Räumen)
- **Änd-VO v. 29.10.2020:**
- Schließung von Gaststätten (ausgenommen Außer-Haus-Verkauf)
- Verbot touristischer Übernachtungen
- Erlaubnis von Treffen mit maximal zehn Personen aus zwei Haushalten
- **Änd-VO v. 3.11.2020:**
- Neuregelung der Quarantäneregelungen für Einreisende (Quarantänepflicht nur nach Aufenthalt in einem Risikogebiet innerhalb der letzten zehn Tage)
- zehn-tägige häusliche Quarantänepflicht für Reiserückkehrer mit Ausnahmen (zB bei bestimmten Tätigkeiten und Zwecken von Reisen); Möglichkeit der Aufhebung der Quarantäne nach fünf Tagen durch Negativtest
- **Änd-VO v. 17.11.2020:**
- Erlaubnis von Rehasport unter Auflagen
- Erlaubnis für Fernbusse, andere Haltestellen als den Zentralen Omnibus-Bahnhof anzufahren
- **Änd-VO v. 26.11.2020:**
- Ausweitung der Maskenpflicht auf Gehwege vor Gebäuden des Einzelhandels sowie von Dienstleistungs- und Handwerksbetrieben
- Erlaubnis privater Treffen nur mit Angehörigen eines weiteren Haushalts; insgesamt maximal fünf Personen (Kinder bis zwölf Jahre nicht mitgezählt)

6. **Verordnung zur Neufassung der Berliner Vorschriften zum Schutz vor Infektionen mit dem Coronavirus SARS-CoV-2**
   v. 14.12.2020 (GVBl. 1463), geändert durch VO v. 22.12.2020 (GVBl. 1573)
   - Verlassen der Wohnung nur aus triftigem Grund gestattet (zB Einkauf, Ausübung beruflicher Tätigkeit, Arztbesuch etc)
   - Erlaubnis sportlicher Aktivitäten nur alleine oder kontaktfrei mit einer anderen Person
   - Verbot des Verzehrs alkoholischer Getränke im öffentlichen Raum

- Kontaktbeschränkung an Weihnachten: Erlaubnis privater Veranstaltungen nur im Kreis von Ehe- und Lebenspartnern, Angehörigen des eigenen Haushalts oder Angehörigen von bis zu vier weiteren Haushalten
- kein Präsenzunterricht an Schulen (ausgenommen Notbetreuung), Volkshochschulen und Musikschulen
- kein Regelbetrieb in Einrichtungen der Kindertagesförderung
- Schließung von Verkaufsstellen (ausgenommen Lebensmittel, Apotheken, Drogerien etc)
- Verbot von Weihnachtsmärkten, Jahrmärkten etc
- Verbot des Verkaufs und des Abbrennens von Feuerwerkskörpern; Verbot des Verkaufs und des Ausschanks von alkoholischen Getränken an Silvester (zwischen 14 Uhr und 6 Uhr)
- Versammlungsverbot vom 21.12.2020 bis zum 1.1.2021
- **Änd-VO v. 22.12.2020:** Aufhebung der Quarantänebefreiung für Personen, die sich im Rahmen des Grenzverkehrs mit Nachbarstaaten weniger als 24 Stunden in einem Risikogebiet aufgehalten haben

III. Allgemeinverfügungen

1. **Allgemeinverfügung zur Einzeleinfuhr von Remdesivir im Rahmen von individuellen Heilversuchen von schwer erkrankten COVID-19-Patientinnen und -Patienten** 9
   v. 18.3.2020 (ABl. 1907)
2. **Allgemeinverfügung für Ausnahmegenehmigungen im Arbeitszeitrecht aus Anlass der Ausbreitung des Infektionserregers SARS-CoV-2 (Corona)**
   v. 17.3.2020 (ABl. 1999)
3. **Allgemeinverfügung über das Offenhalten von Verkaufsstellen an Sonn- und Feiertagen anlässlich der Corona-Pandemie**
   v. 19.3.2020 (ABl. 2001)

D. Brandenburg

I. Gesetze

10 **Brandenburgisches kommunales Notlagegesetz**
v. 15.4.2020 (GVBl. I Nr. 14), geändert durch G. v. 25.9.2020 (GVBl. I Nr. 27)
- Kommunalparlamente, Kreistage, und Gemeindevertretungen: Erlaubnis der Tagung per Video- und Telefonkonferenz

II. Rechtsverordnungen

11 1. **Verordnung über Maßnahmen zur Eindämmung des neuartigen Coronavirus SARS-CoV-2 und COVID-19 in Brandenburg**
(SARS-CoV-2-Eindämmungsverordnung – SARS-CoV-2-EindV)
v. 17.3.2020 (GVBl. II Nr. 10), ersetzt/fortgeführt durch VO v. 22.3.2020 (GVBl. II Nr. 11)
   - Verbot von Veranstaltungen und Versammlungen mit mehr als 50 Teilnehmern
   - Schließung von Verkaufsstellen des Einzelhandels (ausgenommen Lebensmittel, Wochenmärkte etc)
   - Schließung von Vergnügungsstätten für den Publikumsverkehr (zB Kinos, Theater, Museen etc)
   - Verbot von Zusammenkünften in Vereinen und Sporteinrichtungen
   - Pflicht zur Einhaltung des Mindestabstands von 1,5 m für Gäste in Gaststätten
   - Schließung von zB Clubs, Bars, Diskotheken etc
   - Regelungen hinsichtlich Personaleinsatz und Besuch in Krankenhäusern
   - Regelungen für Einrichtungen der Kinder- und Jugendhilfe sowie der Eingliederungshilfe
2. **Verordnung über Maßnahmen zur Eindämmung des neuartigen Coronavirus SARS-CoV-2 und COVID-19 in Brandenburg**
(SARS-CoV-2-Eindämmungsverordnung – SARS-CoV-2-EindV)
v. 22.3.2020 (GVBl. II Nr. 11), geändert durch VO v. 31.3.2020 (GVBl. II Nr. 13), ersetzt/fortgeführt durch VO v. 17.4.2020 (GVBl. II Nr. 21)
   - Fortführung der Maßnahmen der VO v. 17.3.2020 mit Verschärfungen:
   - Kontaktverbot
   - Betretungsverbot für öffentliche Orte wie Wege, Straßen, Plätze und Parks; Ausnahmen für berufliche Tätigkeit, notwendige Einkäufe, Kinderbetreuung und Individualsport im Freien
   - **Änd-VO v. 31.3.2020:** Zulassung von schulischen Prüfungen (Schulschließung durch fachaufsichtliche Weisung vom 18.3.2020)
3. **Verordnung zu Quarantänemaßnahmen für Ein- und Rückreisende zur Bekämpfung des neuartigen Coronavirus SARS-CoV-2 und COVID-19 in Brandenburg**
(SARS-CoV-2-Quarantäneverordnung – SARS-CoV-2-QuarV)
v. 9.4.2020 (GVBl. II Nr. 17), geändert durch VO v. 17.4.2020 (GVBl. II Nr. 20), ersetzt/fortgeführt durch VO v. 22.5.2020 (GVBl. II Nr. 40)
   - 14-tägige Quarantänepflicht für Ein- und Rückreisende
4. **Verordnung zur Aufrechterhaltung der Handlungsfähigkeit der kommunalen Organe in außergewöhnlicher Notlage**
(Brandenburgische kommunale Notlagenverordnung – BbgKomNotV)
v. 17.4.2020 (GVBl. II Nr. 19)
   - Möglichkeit für die Gemeindevertretung, bei Vorliegen einer Notlage Sitzungen als Präsenz-, Video- und Audiositzung durchzuführen; haushaltsrechtliche Erleichterungen
5. **Verordnung über Maßnahmen zur Eindämmung des neuartigen Coronavirus SARS-CoV-2 und COVID-19 in Brandenburg**
(SARS-CoV-2-Eindämmungsverordnung – SARS-CoV-2-EindV)
v. 17.4.2020 (GVBl. II Nr. 21), geändert durch VO v. 24.4.2020 (GVBl. II Nr. 25), ersetzt/fortgeführt durch VO v. 8.5.2020 (GVBl. II Nr. 30)

- Fortführung der Maßnahmen der VO v. 22.3.2020 mit Lockerungen:
- Öffnung von Museen, Ausstellungshallen und Bibliotheken unter Einhaltung von Hygieneauflagen
- Kitas bleiben geschlossen; Ausweitung der Notbetreuung in Krippen, Kitas und Horten (insb. für Alleinerziehende) ab 27.4.2020
- Erlaubnis von Versammlungen im Freien von bis zu 20 Personen unter strikter Einhaltung des Mindestabstands; Gleiches gilt für das Verweilen auf Parkbänken und Wiesen
- **Änd-VO v. 24.4.2020:** Pflicht zum Tragen eines Mund-Nasen-Schutzes in Verkaufsstellen und im ÖPNV

6. **Verordnung über das Verbot von Großveranstaltungen vor dem Hintergrund der SARS-CoV-2-Pandemie in Brandenburg (Großveranstaltungsverbotsverordnung – GroßveranstVerbV)**
   v. 8.5.2020 (GVBl. II Nr. 29), geändert durch VO v. 27.5.2020 (GVBl. II Nr. 42), VO v. 12.6.2020 (GVBl. II Nr. 50), VO v. 7.7.2020 (GVBl. II Nr. 56), VO v. 11.8.2020 (GVBl. II Nr. 66), VO v. 3.9.2020 (GVBl. II Nr. 74), VO v. 22.9.2020 (GVBl. II Nr. 84), ersetzt/fortgeführt durch VO v. 30.10.2020 (GVBl. II Nr. 103)
   - Verbot von Großveranstaltungen (zB Konzerte, Messen, Volksfeste etc) mit mehr als 1.000 Teilnehmern
   - **Änd-VO v. 27.5.2020:** Erlaubnis von Veranstaltungen in Theatern, Konzert- und Opernhäusern
   - **Änd-VO v. 12.6.2020:** Versammlungen im Sinne des Versammlungsgesetzes sind vom Großveranstaltungsverbot ausgenommen
   - **Änd-VO v. 7.7.2020:** Verlängerung der Maßnahmen bis zum 31.10.2020
   - **Änd-VO v. 11.8.2020:** Möglichkeit der Ausnahme vom Großveranstaltungsverbot für Autokinos, -theater, -konzerte etc
   - **Änd-VO v. 3.9.2020:** Verlängerung der Maßnahmen bis zum 1.1.2021
   - **Änd-VO v. 22.9.2020:** Erlaubnis von Sportgroßveranstaltungen mit mehr als 1.000 Teilnehmern unter Auflagen (bis zum 15.11.2020)
7. **Verordnung über Maßnahmen zur Eindämmung des neuartigen Coronavirus SARS-CoV-2 und COVID-19 in Brandenburg (SARS-CoV-2-Eindämmungsverordnung – SARS-CoV-2-EindV)**
   v. 8.5.2020 (GVBl. II Nr. 30), geändert durch VO v. 19.5.2020 (GVBl. II Nr. 39), VO v. 27.5.2020 (GVBl. II Nr. 43), ersetzt/fortgeführt durch VO v. 12.6.2020 (GVBl. II Nr. 49)
   - Fortführung der Maßnahmen der VO v. 17.4.2020 mit Lockerungen (ab 9.5.2020 bzw. ab 15./25.5.2020):
   - Betreten öffentlicher Orte nicht mehr grundsätzlich untersagt
   - Lockerung der Kontaktbeschränkung: Aufenthalt im öffentlichen Raum nur allein, mit Angehörigen oder mit Personen eines weiteren Haushalts gestattet; Erleichterung bei nachbarschaftlich organisierter Kinderbeaufsichtigung
   - Öffnung öffentlicher Spielplätze
   - Wegfall der Beschränkung der maximal zulässigen Verkaufsfläche von bis zu 800 qm
   - Öffnung von Gaststätten unter Auflagen; Öffnung von Hotels für Gäste
8. **Verordnung zu Quarantänemaßnahmen für Ein- und Rückreisende zur Bekämpfung des neuartigen Coronavirus SARS-CoV-2 und COVID-19 in Brandenburg (SARS-CoV-2-Quarantäneverordnung – SARS-CoV-2-QuarV)**
   v. 22.5.2020 (GVBl. II Nr. 40), ersetzt/fortgeführt durch VO v. 12.6.2020 (GVBl. Nr. 51)
   - Fortführung der Maßnahmen der VO v. 9.4.2020 mit Lockerungen: Aufhebung der 14-tägigen Quarantänepflicht für Ein- und Rückreisende aus EU-Staaten, Island, Liechtenstein, Norwegen, der Schweiz und Großbritannien mit Nordirland
9. **Verordnung über den Umgang mit dem SARS-CoV-2-Virus und COVID-19 in Brandenburg (SARS-CoV-2-Umgangsverordnung – SARS-CoV-2-UmgV)**
   v. 12.6.2020 (GVBl. II Nr. 49), geändert durch VO v. 26.6.2020 (GVBl. II Nr. 54), VO v. 11.8.2020 (GVBl. II Nr. 64), VO v. 3.9.2020 (GVBl. II Nr. 73), VO v. 8.10.2020 (GVBl. II Nr. 94), VO v. 20.10.2020 (GVBl. II Nr. 99), ersetzt/fortgeführt durch VO v. 30.10.2020 (GVBl. II Nr. 103)

- Fortführung der Maßnahmen der VO v. 8.5.2020 mit weitreichenden Lockerungen:
- Aufhebung der Kontaktbeschränkungen: Erlaubnis öffentlicher und privater Veranstaltungen mit bis zu 1.000 Teilnehmern; Wegfall der Personenbegrenzung bei Demonstrationen
- Öffnung von Gaststätten ohne zeitliche Beschränkungen
- Besuchserlaubnis in Krankenhäusern und Pflegeheimen mit bis zu zwei Personen; ab 15.7.2020 Wegfall zahlenmäßiger Besuchsbeschränkungen
- **Änd-VO v. 26.6.2020:**
- Lockerung der Maßnahmen hinsichtlich sportlicher Aktivitäten, Reisebus- und Schifffahrten
- Verbot von Beherbergungen zu touristischen Zwecken für Gäste aus Landkreisen oder kreisfreien Städten ab Sieben-Tage-Inzidenz von 50
- **Änd-VO v. 11.8.2020:**
- Einführung einer Pflicht zum Tragen eines Mund-Nasen-Schutzes im Innenbereich von Schulen und Horten
- Verlängerung der Maßnahmen bis zum 4.9.2020
- **Änd-VO v. 3.9.2020:**
- Beschränkung der Personenzahl für private Feiern auf maximal 75 Personen
- Lockerungen: in Gaststätten dürfen bis zu sechs Personen ohne Einhaltung eines Mindestabstands an einem Tisch zusammensitzen; Erlaubnis von Kontaktsportarten in geschlossenen Räumen unter Auflagen; Erlaubnis sportlicher Aktivitäten an Hochschulen; Lockerungen hinsichtlich sexueller Dienstleistungen
- Verlängerung der Maßnahmen bis zum 11.10.2020
- **Änd-VO v. 8.10.2020:** Verschärfung der Maßnahmen:
- Begrenzung der zulässigen Personenzahl für private Feiern: ab Inzidenzwert von 35 maximal 25 Personen im privaten Bereich bzw. 50 Personen im öffentlichen Bereich; ab Inzidenzwert von 50 weitere Einschränkung auf maximal zehn Personen im privaten Bereich bzw. 25 Personen im öffentlichen Raum
- Einführung einer Maskenpflicht in Büro- und Verwaltungsgebäuden
- **Änd-VO v. 20.10.2020:** weitere Verschärfung der Maßnahmen:
- Beschränkung der zulässigen Teilnehmerzahl bei Veranstaltungen sowie bei privaten Feiern auf maximal 15 Personen im privaten Raum bzw. 25 Personen im öffentlichen Raum (ab Inzidenzwert von 35)
- Verbot des Alkoholausschanks in Gaststätten zwischen 23 Uhr und 6 Uhr
- Erweiterung der Pflicht zum Tragen eines Mund-Nasen-Schutzes in Fußgängerzonen etc
- Kontaktbeschränkung im öffentlichen Raum ab Inzidenzwert von 50 auf maximal zehn Personen oder einen Haushalt

10. **Verordnung zu Quarantänemaßnahmen für Ein- und Rückreisende zur Bekämpfung des SARS-CoV-2-Virus und COVID-19 in Brandenburg (SARS-CoV-2-Quarantäneverordnung – SARS-CoV-2-QuarV)**
v. 12.6.2020 (GVBl. II Nr. 51), geändert durch VO v. 11.8.2020 (GVBl. II Nr. 65), VO v. 3.9.2020 (GVBl. II Nr. 73), VO v. 7.10.2020 (GVBl. II Nr. 95), VO v. 23.10.2020 (GVBl. II Nr. 100), ersetzt/fortgeführt durch VO v. 4.11.2020 (GVBl. II Nr. 104)
    - 14-tägige Quarantänepflicht für Ein- und Rückreisende aus Risikogebieten mit Ausnahmen
    - **Änd-VO v. 11.8.2020:** Verpflichtung zur Quarantäne endet, wenn Negativtest durch ärztliches Zeugnis bestätigt und der zuständigen Behörde innerhalb von 14 Tagen nach der Einreise vorgelegt wird
    - **Änd-VO v. 3.9.2020:** Ausnahme von der häuslichen Quarantäne ua für beruflich bedingte Reisen
    - **Änd-VO v. 7.10.2020:** Verlängerung der Maßnahmen bis zum 8.11.2020
    - **Änd-VO v. 23.10.2020:** Grenzverkehr mit Nachbarstaaten bei Aufenthalt von bis zu 24 Stunden möglich

11. **Verordnung über befristete Eindämmungsmaßnahmen aufgrund des SARS-CoV-2-Virus und COVID-19 im Land Brandenburg (SARS-CoV-2-Eindämmungsverordnung – SARS-CoV-2-EindV)**
v. 30.10.2020 (GVBl. II Nr. 103), ersetzt/fortgeführt durch VO v. 30.11.2020 (GVBl. II Nr. 110)
- Fortführung der Maßnahmen der VO v. 12.6.2020 mit Verschärfungen:
- Kontaktbeschränkung in der Öffentlichkeit auf Treffen mit Angehörigen des eigenen oder eines weiteren Haushalts (maximal zehn Personen)
- Schließung von Gaststätten und Einrichtungen der Freizeitgestaltung (zB Kinos, Museen etc)
- Untersagung von Übernachtungen zu touristischen Zwecken
- Untersagung von Veranstaltungen mit Unterhaltungscharakter mit Teilnehmern aus mehr als zwei Haushalten und mehr als zehn Personen
- Verbot von Freizeit- und Amateursport (ausgenommen Individualsport); Erlaubnis von Profisportveranstaltungen ohne Zuschauer
- Ausweitung der Maskenpflicht an Schulen (für Schüler der Oberstufe während des Unterrichts)
- außer Kraft am 30.11.2020

12. **Verordnung zu Quarantänemaßnahmen für Ein- und Rückreisende zur Bekämpfung des SARS-CoV-2-Virus und COVID-19 in Brandenburg (SARS-CoV-2-Quarantäneverordnung – SARS-CoV-2-QuarV)**
v. 4.11.2020 (GVBl. II Nr. 104), geändert durch VO v. 13.11.2020 (GVBl. II Nr. 105), VO v. 10.12.2020 (GVBl. II Nr. 116), VO v. 15.12.2020 (GVBl. II Nr. 120)
- Fortführung der Maßnahmen der VO v. 12.6.2020:
- Verkürzung der Quarantänedauer auf zehn Tage
- **Änd-VO v. 13.11.2020:** Ausnahmen von Quarantänepflicht für Personen, die beruflich bedingt Personen, Waren, Post etc grenzüberschreitend transportieren und sich bis zu 21 Tage im Land Brandenburg aufhalten mit Auflagen
- **Änd-VO v. 10.12.2020:** Verlängerung der Maßnahmen bis zum 15.1.2020
- **Änd-VO v. 15.12.2020:** Aufhebung der Ausnahme von der Quarantänepflicht für Personen, die sich im Rahmen des Grenzverkehrs mit Nachbarstaaten weniger als 24 Stunden in einem Risikogebiet aufgehalten haben oder für bis zu 24 Stunden einreisen

13. **Zweite Verordnung über befristete Eindämmungsmaßnahmen aufgrund des SARS-CoV-2-Virus und COVID-19 im Land Brandenburg (Zweite SARS-CoV-2-Eindämmungsverordnung – 2. SARS-CoV-2-EindV)**
v. 30.11.2020 (GVBl. II Nr. 110), ersetzt/fortgeführt durch VO v. 15.12.2020 (GVBl. II Nr. 119)
- Fortführung der Maßnahmen der VO v. 30.10.2020:
- Ausweitung der Pflicht zum Tragen eines Mund-Nasen-Schutzes auf alle öffentlich zugänglichen Räume und Orte mit Publikumsverkehr
- Verschärfung der Kontaktbeschränkung bei privaten Feiern und Zusammenkünften auf den eigenen und einen weiteren Haushalt bei maximal fünf Personen (Kinder bis 14 Jahren nicht mitgezählt)
- Verlängerung der Maßnahmen bis zum 21.12.2020

14. **Dritte Verordnung über befristete Eindämmungsmaßnahmen aufgrund des SARS-CoV-2-Virus und COVID-19 im Land Brandenburg (Dritte SARS-CoV-2-Eindämmungsverordnung – 3. SARS-CoV-2-EindV)**
v. 15.12.2020 (GVBl. II Nr. 119), geändert durch VO v. 18.12.2020 (GVBl. II Nr. 124)
- Fortführung der Maßnahmen der VO v. 30.11.2020 mit Verschärfungen:
- Reduzierung der physischen Kontakte auf ein absolut nötiges Minimum
- Erlaubnis des Aufenthalts im öffentlichen Raum nur aus triftigen Gründen
- Schließung von Geschäften für den Publikumsverkehr (ausgenommen Lebensmittel, Apotheken, Tankstellen etc)
- Verbot des Verkaufs und des Abbrennens von Feuerwerkskörpern am 31.12.2020
- Untersagung des Präsenzunterricht an Schulen mit Ausnahmen

- **Änd-VO v. 18.12.2020:**
- Konkretisierung hinsichtlich Ausgangsbeschränkung: Beschränkung gilt auch für private Feiern und Zusammenkünfte im Familien- und Bekanntenkreis
- Verbot des Tragens von FFP2-Masken mit Ausatemventil für medizinisches Personal in Krankenhäusern und Pflegeeinrichtungen

III. Allgemeinverfügung

12 **Allgemeinverfügung des Ministeriums für Soziales, Gesundheit, Integration und Verbraucherschutz zur Beschäftigung von Arbeitnehmerinnen und Arbeitnehmern an Sonn- und Feiertagen sowie zur Verlängerung der täglichen Arbeitszeiten aus Anlass der Ausbreitung des Coronavirus (SARS-CoV-2) in Deutschland**
v. 17.3.2020 (ABl. Nr. 11S)

IV. Fachaufsichtliche Weisung

13 **Fachliche Weisung des Ministeriums für Soziales, Gesundheit, Integration und Verbraucherschutz**
v. 15.3.2020 (ABl. MBJS [Nr. 9] 110), verlängert am 18.4.2020, geändert mit Weisung v. 22.4.2020

- Schulschließung; aber Notbetreuung
- **Weisung v. 22.4.2020:** sukzessive Wiederaufnahme des Schulbetriebs

E. Bremen

I. Gesetze

– 14

II. Rechtsverordnungen

1. **Verordnung zum Schutz vor Neuinfektionen mit dem Coronavirus SARS-CoV-2** 15
v. 3.4.2020 (GBl. 168), geändert durch VO v. 9.4.2020 (GBl. 198), ersetzt/fortgeführt durch VO v. 17.4.2020 (GBl. 205)
   - häusliche Quarantäne von Infizierten, Kontaktpersonen und Reiserückkehrern aus Risikogebieten
   - Kontaktverbot: Aufenthalt im öffentlichen Raum nur alleine oder mit Familienmitgliedern bzw. Person aus demselben Haushalt; 1,5 m Abstand in der Öffentlichkeit zu anderen Personen
   - Verbot von Veranstaltungen und Ansammlungen; Versammlungen vom Verbot ausgenommen, aber Anzeigepflicht und Verbotsvorbehalt
   - Verbot religiöser Zusammenkünfte mit Ausnahmen (zB für Bestattungen)
   - Untersagung von Busreisen
   - Schließung von Gaststätten und Einzelhandel mit Ausnahmen (für Dinge des täglichen Bedarfs)
   - Verbot des Hotelbetriebs zu touristischen Zwecken
   - Verbot von Dienstleitungen und handwerklichen Tätigkeiten, bei denen Mindestabstand nicht gewahrt werden kann (zB Friseurleistungen, Tätigkeiten in Nagelstudios)
   - Besuchsregelungen für Krankenhäuser, Pflegeeinrichtungen und Einrichtungen für Menschen mit Behinderungen (Ausnahmen bei besonderem Interesse: Gebärende, Palliativmedizin)
   - Gebot, planbare medizinische Eingriffe aufzuschieben
   - Schließung von Einrichtungen der Tagespflege sowie Einrichtungen mit Tagesangeboten der Eingliederungshilfe, Sucht- und Drogenhilfe und der Wohnungsnotfallhilfe
   - Schließung von Schulen, Bildungseinrichtungen und Kindertagesstätten (Ausnahmen für Prüfungen, Notbetreuung)
   - **Änd-VO v. 9.4.2020:**
   - Zulassung von schulischen Prüfungen
   - Anzeigepflicht und Absonderungspflicht für Ein- und Rückreisende aus dem Ausland (Ausnahmen für Saisonarbeitskräfte)
2. **Verordnung zum Schutz vor Neuinfektionen mit dem Coronavirus SARS-CoV-2 (Coronaverordnung)**
v. 17.4.2020 (GBl. 205), geändert durch VO v. 21.4.2020 (GBl. 224), VO v. 24.4.2020 (GBl. 226), VO v. 28.4.2020 (GBl. 241), ersetzt/fortgeführt durch VO v. 6.5.2020 (GBl. 244)
   - Fortführung der Maßnahmen der VO v. 3.4.2020 mit Lockerungen:
   - Erleichterungen für bestimmte Gewerbebetriebe; insb. Öffnung von Einzelhandelsgeschäften mit einer Verkaufsfläche von weniger als 800 qm; Möglichkeit, Verkaufsfläche auf höchstens 799 qm zu begrenzen; Öffnungsmöglichkeit unter bestimmten Voraussetzungen für Shopping-Center
   - Erleichterungen für Beherbergungen, wenn keine touristischen Zwecke vorliegen
   - Prüfungen und (ab 27.4.2020) prüfungsvorbereitender Unterricht für Abschlussklassen bei Einhaltung des Mindestabstands
   - **Änd-VO v. 24.4.2020:** Pflicht zum Tragen eines Mund-Nasen-Schutzes im ÖPNV sowie beim Betreten von Einzelhandelsgeschäften oder ähnlichen Einrichtungen
   - **Änd-VO v. 28.4.2020:**
   - Öffnung von Friseurbetrieben
   - schrittweise weitere Öffnung von Schulen
   - Lockerungen der Restriktionen für Einrichtungen der Erwachsenenbildung

3. **Zweite Verordnung zum Schutz vor Neuinfektionen mit dem Coronavirus SARS-CoV-2 (Zweite Coronaverordnung)**
   v. 6.5.2020 (GBl. 244), ersetzt/fortgeführt durch VO v. 12.5.2020 (GBl. 269)
   - Fortführung der Maßnahmen der VO v. 17.4.2020 mit Lockerungen:
   - Erlaubnis religiöser Zusammenkünfte unter Auflagen
   - Öffnung öffentlicher Spielplätze unter Auflagen
   - Dienstleistungen unter Einhaltung der Hygieneregeln erlaubt (auch wenn Abstand von 1,5 m nicht eingehalten werden kann)
   - Öffnung von Einrichtungen der Erwachsenenbildung unter Einhaltung der Abstandsregeln
4. **Dritte Verordnung zum Schutz vor Neuinfektionen mit dem Coronavirus SARS-CoV-2 (Dritte Coronaverordnung)**
   v. 12.5.2020 (GBl. 269), geändert durch VO v. 13.5.2020 (GBl. 293), ersetzt/fortgeführt durch VO v. 19.5.2020 (GBl. 314)
   - Fortführung der Maßnahmen der VO v. 6.5.2020 mit Lockerungen:
   - Erlaubnis der Zusammenkunft von Angehörigen zweier Haushalte
   - Erlaubnis von Veranstaltungen mit maximal 1.000 Personen im Freien bzw. 200 Personen in geschlossenen Räumen; andere Veranstaltungen bis zum 31.08.2020 verboten
   - Öffnung von Gaststätten ab 18.5.2020 unter Auflagen; Öffnung von Geschäften des Einzelhandels ohne Beschränkung der Verkaufsfläche unter Auflagen
   - Öffnung weiterer Einrichtungen (zB Museen, Gedenkstätten, Bibliotheken etc)
   - Erlaubnis von Sport in Freiluftsportanlagen unter Auflagen
   - Öffnung von Beherbergungsbetrieben für touristische Zwecke ab 18.5.2020
   - Besuchserlaubnis in Krankenhäusern und Pflegeeinrichtungen etc unter Auflagen
   - Betreuung in Tagesstätten für Menschen mit psychischer Erkrankung, Nachtcafés etc wieder zulässig
   - stufenweise Öffnung von Schulen
   - erweiterte Notbetreuung in Kindertageseinrichtungen; schrittweise Öffnung für Kinder mit besonderem Förderbedarf
5. **Vierte Verordnung zum Schutz vor Neuinfektionen mit dem Coronavirus SARS-CoV-2 (Vierte Coronaverordnung)**
   v. 19.5.2020 (GBl. 314), ersetzt/fortgeführt durch VO v. 26.5.2020 (GBl. 346)
   - Fortführung der Maßnahmen der VO v. 12.5.2020 mit Lockerungen:
   - Erlaubnis sportlicher Betätigung in Hallen und Fitnessstudios unter Auflagen
   - Verlängerung der Maßnahmen bis zum 5.6.2020
6. **Fünfte Verordnung zum Schutz vor Neuinfektionen mit dem Coronavirus SARS-CoV-2 (Fünfte Coronaverordnung)**
   v. 26.5.2020 (GBl. 346), ersetzt/fortgeführt durch VO v. 2.6.2020 (GBl. 374)
   - Fortführung der Maßnahmen der VO v. 19.5.2020 mit Lockerungen:
   - Öffnung von öffentlichen und privaten Frei- und Hallenbädern unter Auflagen
   - Verlängerung der Maßnahmen bis zum 12.5.2020
7. **Sechste Verordnung zum Schutz vor Neuinfektionen mit dem Coronavirus SARS-CoV-2 (Sechste Coronaverordnung)**
   v. 2.6.2020 (GBl. 374), ersetzt/fortgeführt durch VO v. 9.6.2020 (GBl. 405)
   - Fortführung der Maßnahmen der VO v. 26.5.2020 mit Lockerungen:
   - Wiederaufnahme des Betriebs von Werkstätten für Menschen mit Behinderungen unter Auflagen
8. **Siebente Verordnung zum Schutz vor Neuinfektionen mit dem Coronavirus SARS-CoV-2 (Siebente Coronaverordnung)**
   v. 9.6.2020 (GBl. 405), ersetzt/fortgeführt durch VO v. 16.6.2020 (GBl. 436)
   - Fortführung der Maßnahmen der VO v. 2.6.2020 mit Lockerungen:
   - Öffnung von Kinos, Theatern, Konzerthäusern etc unter Auflagen
   - eingeschränkter Regelbetrieb in Kindestagesstätten und Schulen unter Auflagen
9. **Achte Verordnung zum Schutz vor Neuinfektionen mit dem Coronavirus SARS-CoV-2 (Achte Coronaverordnung)**
   v. 16.6.2020 (GBl. 436), ersetzt/fortgeführt durch VO v. 24.6.2020 (GBl. 470)

- Fortführung der Maßnahmen der VO v. 9.6.2020 mit Lockerungen:
- Lockerung der Besuchsregelungen in Alten- und Pflegeeinrichtungen (zB Erlaubnis täglicher Besuche und wechselnder Besuchspersonen)
- Verlängerung der Maßnahmen bis zum 3.7.2020

10. **Neunte Verordnung zum Schutz vor Neuinfektionen mit dem Coronavirus SARS-CoV-2 (Neunte Coronaverordnung)**
    v. 24.6.2020 (GBl. 470), ersetzt/fortgeführt durch VO v. 1.7.2020 (GBl. 504)
    - Fortführung der Maßnahmen der VO v. 16.6.2020 mit Lockerungen:
    - Erlaubnis von Kontaktsport mit bis zu zehn Personen unter Auflagen
    - Erlaubnis von Zuschauern bei Sportveranstaltungen unter Auflagen
    - Erlaubnis von Freiluftgottesdiensten unter Auflagen
    - Verlängerung der Maßnahmen bis zum 10.7.2020
11. **Zehnte Verordnung zum Schutz vor Neuinfektionen mit dem Coronavirus SARS-CoV-2 (Zehnte Coronaverordnung)**
    v. 1.7.2020 (GBl. 504), ersetzt/fortgeführt durch VO v. 14.7.2020 (GBl. 552)
    - Fortführung der Maßnahmen der VO v. 24.6.2020 mit Lockerungen:
    - Erlaubnis von Veranstaltungen mit bis zu 250 Personen in geschlossenen Räumen bzw. 400 Personen im Freien unter Auflagen
    - Verlängerung der Maßnahmen bis zum 17.7.2020
12. **Elfte Verordnung zum Schutz vor Neuinfektionen mit dem Coronavirus SARS-CoV-2 (Elfte Coronaverordnung)**
    v. 14.7.2020 (GBl. 552), ersetzt/fortgeführt durch VO v. 21.7.2020 (GBl. 691)
    - Fortführung der Maßnahmen der VO v. 1.7.2020 mit Lockerungen:
    - Erlaubnis von Kontaktsportarten mit maximal 30 Personen
    - Verlängerung der Maßnahmen bis zum 31.7.2020
13. **Zwölfte Verordnung zum Schutz vor Neuinfektionen mit dem Coronavirus SARS-CoV-2 (Zwölfte Coronaverordnung)**
    v. 21.7.2020 (GBl. 691), geändert durch VO v. 31.7.2020 (GBl. 796), ersetzt/fortgeführt durch VO v. 5.8.2020 (GBl. 798)
    - Fortführung der Maßnahmen der VO v. 14.7.2020 mit Änderungen
    - Verlängerung der Maßnahmen bis zum 31.8.2020
    - **Änd-VO v. 31.7.2020:** Öffnung von Shisha-Bars für den Publikumsverkehr
14. **Dreizehnte Verordnung zum Schutz vor Neuinfektionen mit dem Coronavirus SARS-CoV-2 (Dreizehnte Coronaverordnung)**
    v. 5.8.2020 (GBl. 798), ersetzt/fortgeführt durch VO v. 25.8.2020 (GBl. 819)
    - Fortführung der Maßnahmen der VO v. 21.7.2020 mit Lockerungen:
    - weitere Lockerung der Besuchsregelungen in Alten- und Pflegeheimen unter Auflagen (zB Wegfall der täglichen Besuchszeitbeschränkung von zwei Stunden sowie Erlaubnis mehrerer Besuchspersonen gleichzeitig; kein separates Besuchszimmer mehr erforderlich)
    - Verlängerung der Maßnahmen bis zum 11.9.2020
15. **Vierzehnte Verordnung zum Schutz vor Neuinfektionen mit dem Coronavirus SARS-CoV-2 (Vierzehnte Coronaverordnung)**
    v. 25.8.2020 (GBl. 819), geändert durch VO v. 27.8.2020 (GBl. 840), VO v. 31.8.2020 (GBl. 879), ersetzt/fortgeführt durch VO v. 2.9.2020 (GBl. 881)
    - Fortführung der Maßnahmen der VO v. 5.8.2020 mit Lockerungen:
    - Erhöhung der zulässigen Teilnehmerzahl beim Ausüben von Sport auf 50 Personen unter Auflagen
    - Verlängerung der Maßnahmen bis zum 25.9.2020
    - **Änd-VO v. 27.8.2020:** redaktionelle Änderungen
    - **Änd-VO v. 31.8.2020:** redaktionelle Änderungen
16. **Fünfzehnte Verordnung zum Schutz vor Neuinfektionen mit dem Coronavirus SARS-CoV-2 (Fünfzehnte Coronaverordnung)**
    v. 2.9.2020 (GBl. 881), ersetzt/fortgeführt durch VO v. 8.9.2020 (GBl. 903)
    - Fortführung der Maßnahmen der VO v. 28.5.2020
    - Verlängerung der Maßnahmen bis zum 2.10.2020

17. **Sechzehnte Verordnung zum Schutz vor Neuinfektionen mit dem Coronavirus SARS-CoV-2 (Sechzehnte Coronaverordnung)**
    v. 8.9.2020 (GBl. 903), ersetzt/fortgeführt durch VO v. 15.9.2020 (GBl. 925)
    - Fortführung der Maßnahmen der VO v. 2.9.2020 mit Lockerungen:
    - Betriebserlaubnis für Stätten des Prostitutionsgewerbes
    - Verlängerung der Maßnahmen bis zum 9.10.2020
18. **Siebzehnte Verordnung zum Schutz vor Neuinfektionen mit dem Coronavirus SARS-CoV-2 (Siebzehnte Coronaverordnung)**
    v. 15.9.2020 (GBl. 925), ersetzt/fortgeführt durch VO v. 6.10.2020 (GBl. 1086)
    - Fortführung der Maßnahmen der VO v. 8.9.2020
    - Verlängerung der Maßnahmen bis zum 16.10.2020
19. **Achtzehnte Verordnung zum Schutz vor Neuinfektionen mit dem Coronavirus SARS-CoV-2 (Achtzehnte Coronaverordnung)**
    v. 6.10.2020 (GBl. 1086), geändert durch VO v. 12.10.2020 (GBl. 1111), VO v. 13.10.2020 (GBl. 1113), VO v. 16.10.2020 (GBl. 1164), ersetzt/fortgeführt durch VO v. 31.10.2020 (GBl. 1237)
    - Fortführung der Maßnahmen der VO v. 15.9.2020 mit Verschärfungen:
    - Pflicht zum Tragen einer FFP2-Maske in Kliniken und Pflegeeinrichtungen
    - Einschränkung privater Feiern auf maximal 25 Personen ab Inzidenzwert von 50 Fällen pro 100.000 Einwohnern; Obergrenze für sonstige Veranstaltungen: 100 Personen
    - Verlängerung der Maßnahmen bis zum 3.11.2020
    - **Änd-VO v. 12.10.2020:** Erlaubnis von Zusammenkünften und Menschenansammlungen außerhalb der eigenen Wohnung mit maximal fünf Personen
    - **Änd-VO v. 13.10.2020:** Maskenpflicht in Schulen und Mensen ab Sieben-Tage-Inzidenzwert von 50
    - **Änd-VO v. 16.10.2020:** Erlaubnis von Veranstaltungen in geschlossenen Räumen und im Freien mit maximal 150 Personen ab Sieben-Tage-Inzidenzwert von 35
20. **Neunzehnte Verordnung zum Schutz vor Neuinfektionen mit dem Coronavirus SARS-CoV-2 (Neunzehnte Coronaverordnung)**
    v. 31.10.2020 (GBl. 1237), geändert durch VO v. 2.11.2020 (GBl. 1265), ersetzt/fortgeführt durch VO v. 10.11.2020 (GBl. 1278)
    - Fortführung der Maßnahmen der VO v. 6.10.2020 mit Verschärfungen:
    - Beschränkung von Zusammenkünften auf Personen aus zwei Hausständen (maximal zehn Personen)
    - Beschränkung sportlicher Aktivitäten auf maximal zwei Personen oder Personen aus einem Hausstand
    - Verbot kultureller, sportlicher und sonstiger Veranstaltungen; bei anderen Veranstaltungen gilt eine Obergrenze von 100 Personen unter Auflagen
    - Erlaubnis privater Feierlichkeiten in öffentlichen und privaten Räumen mit maximal zehn Personen
    - Schließung von Spielhallen, -banken etc
    - Schließung von Prostitutionsstätten
    - Schließung von Schwimmbädern, Saunen und Fitnessstudios
    - Schließung von Gaststätten (ausgenommen Außer-Haus-Verkauf)
    - Verbot touristischer Beherbergungen
    - Verringerung der zulässigen Personenzahl im Groß- und Einzelhandel
    - Verlängerung der Maßnahmen bis zum 30.11.2020
    - **Änd-VO v. 2.11.2020:** redaktionelle Änderungen
21. **Zwanzigste Verordnung zum Schutz vor Neuinfektionen mit dem Coronavirus SARS-CoV-2 (Zwanzigste Coronaverordnung)**
    v. 10.11.2020 (GBl. 1278), ersetzt/fortgeführt durch VO v. 17.11.2020 (GBl. 1307)
    - Fortführung der Maßnahmen der VO v. 31.10.2020
    - Verlängerung der Maßnahmen bis zum 30.11.2020
22. **Einundzwanzigste Verordnung zum Schutz vor Neuinfektionen mit dem Coronavirus SARS-CoV-2 (Einundzwanzigste Coronaverordnung)**
    v. 17.11.2020 (GBl. 1307), ersetzt/fortgeführt durch VO v. 30.11.2020 (GBl. 1340)

- Fortführung der Maßnahmen der VO v. 10.11.2020 mit Verschärfungen:
- Pflicht zum Tragen eines Mund-Nasen-Schutzes in Schulen
- Erlaubnis des gemeinsamen Singens und Musizierens mit Blasinstrumenten in geschlossenen Räumen zu zweit oder mit Angehörigen des eigenen Hausstands
- Verlängerung der Maßnahmen bis zum 15.12.2020

23. **Zweiundzwanzigste Verordnung zum Schutz vor Neuinfektionen mit dem Coronavirus SARS-CoV-2 (Zweiundzwanzigste Coronaverordnung)**
v. 30.11.2020 (GBl. 1340), geändert durch VO v. 11.12.2020 (GBl. 1628), ersetzt/fortgeführt durch VO v. 15.12.2020 (GBl. 1634)
- Fortführung der Maßnahmen der VO v. 17.11.2020 mit Verschärfungen
- Verlängerung der Maßnahmen bis zum 9.1.2021
- **Änd-VO v. 11.12.2020:** redaktionelle Änderungen

24. **Dreiundzwanzigste Verordnung zum Schutz vor Neuinfektionen mit dem Coronavirus SARS-CoV-2 (Dreiundzwanzigste Coronaverordnung)**
v. 15.12.2020 (GBl. 1634), geändert durch VO v. 22.12.2020 (GBl. 1682), VO v. 23.12.2020 (GBl. 1685)
- Fortführung der Maßnahmen der VO v. 30.11.2020 mit Änderungen:
- Aussetzung der Präsenzpflicht an Schulen
- Ausnahmeregelungen für private Zusammenkünfte an Weihnachten: es dürfen zu den maximal fünf Personen vier weitere Personen zusammenkommen, die zum engsten Familienkreis gehören (Kinder bis 14 Jahren nicht mitgezählt
- Ansammlungs- und Versammlungsverbot an Silvester und Neujahr
- Verkaufsverbot von Pyrotechnik
- Schließung des Einzelhandels (ausgenommen Lebensmittelmärkte, Abhol- und Lieferdienste der Gastronomie, Apotheken, Drogerien, Optiker etc)
- Schließung von Dienstleistungsbetrieben der Körperpflege (zB Friseure, Kosmetikstudios etc)
- Verlängerung der Maßnahmen bis zum 15.2.2020
- **Änd-VO v. 22.12.2020:** Träger vollstationärer Einrichtungen sollen Besuchspersonen PoC-Antigen-Tests anbieten
- **Änd-VO v. 23.12.2020:** Anpassung der Liste der Ordnungswidrigkeiten

III. Allgemeinverfügungen[1]

1. **Allgemeinverfügung über das Verbot von Veranstaltungen und Menschenansammlungen zur Eindämmung des Coronavirus** 16
v. 11.3.2020, ersetzt durch AV v. 20.3.2020, aufgehoben durch § 21 Abs. 4 VO v. 3.4.2020 (GBl. 168)
- Verbot von Veranstaltungen und Menschenansammlungen ab 1.000 Personen; Anzeigepflicht für nicht-öffentliche Veranstaltungen

2. **Allgemeinverfügung über das Verbot des Schul- und Unterrichtsbetriebes an Privatschulen und das Verbot der Kindesbetreuung in nicht öffentlichen Einrichtungen der Kindertagesbetreuung und Kindertagespflegestellen in der Stadtgemeinde Bremen**
v. 14.3.2020, aufgehoben durch § 21 Abs. 4 VO v. 3.4.2020 (GBl. 168)

3. **Allgemeinverfügung zur Absonderung von Personen, die mit dem Corona-Virus (SARS-CoV 2) infiziert sind oder Kontakt mit infizierten Personen hatten (Kontaktpersonen der Kategorie I)**
v. 17.3.2020, ersetzt durch AV v. 20.3.2020, aufgehoben durch § 21 Abs. 4 VO v. 3.4.2020 (GBl. 168)
- 14-tägige häusliche Quarantäne für betroffene Personen; Beobachtung durch das Gesundheitsamt gem. § 29 IfSG

1 Gemäß den Bestimmungen des Bremischen Bekanntmachungsgesetzes vom 25.11.2014 (GBl. 551) erfolgen amtliche Bekanntmachungen ab 1.1.2015 durch Bereitstellung im Internet auf der Seite: https://www.amtliche-bekanntmachungen.bremen.de/sixcms/detail.php?template=22_amtliche_bekanntmachungen_init_d&pfad=.

4. **Allgemeinverfügung zur Absonderung von Personen, die aus Risikogebieten zurückgekehrt sind, in sogenannte häusliche Quarantänen zur Eindämmung des Coronavirus**
   v. 17.3.2020, aufgehoben durch § 21 Abs. 4 VO v. 3.4.2020 (GBl. 168)
   – 14-tägige häusliche Quarantäne für betroffene Personen; Beobachtung durch das Gesundheitsamt
5. **Allgemeinverfügung über das Verbot von Veranstaltungen, Zusammenkünften und der Öffnung bestimmter Betriebe zur Eindämmung des Coronavirus**
   v. 17.3.2020, ersetzt durch AV v. 20.3.2020, AV v. 23.3.2020, aufgehoben durch § 21 Abs. 4 VO v. 3.4.2020 (GBl. 168)
   – Verbot öffentlicher und nicht-öffentlicher Veranstaltungen und Menschenansammlungen (auch Gottesdienste)
   – Untersagung des Betriebs von Gaststättengewerben aller Art (ausgenommen Außer-Haus-Verkauf und Auslieferung von Speisen), von Kinos, Bars, Restaurants, Messen
   – Schließung von Verkaufsstellen des Einzelhandels (ausgenommen zB Lebensmittelhandel, Drogerien, Tankstellen)
   – Schließung von Dienstleistungsbetrieben; Handwerker dürfen Tätigkeit weiter ausüben
   – Ausnahme für Hotels bei nichttouristischen Zwecken
   – Versammlungen grds. vom Verbot ausgenommen; aber Beschränkungsmöglichkeit durch Versammlungsbehörde
   – **AV v. 20.3.2020:** Ausnahme vom Veranstaltungsverbot für Bestattungen
   – **AV v. 23.3.2020:** Erlaubnis des Aufenthalts im öffentlichen Raum nur allein, mit Angehörigen oder mit einer anderen nicht im Haushalt lebenden Person
6. **Allgemeinverfügung über die Einschränkung der Besuchsrechte für Pflege- und Behinderteneinrichtungen und Einrichtungen der Eingliederungshilfe in der Stadtgemeinde Bremen**
   v. 18.3.2020, aufgehoben durch § 21 Abs. 4 VO v. 3.4.2020 (GBl. 168)
   – Besuchsverbot in Pflege- und Behinderteneinrichtungen; Ausnahmen möglich, wenn berechtigtes Interesse
7. **Allgemeinverfügung über das Verbot des Betriebes von Tagespflegeeinrichtungen in der Stadtgemeinde Bremen**
   v. 18.3.2020, aufgehoben durch § 21 Abs. 4 VO v. 3.4.2020 (GBl. 168)
   – Schließung von Tagespflegeeinrichtungen (ausgenommen Notbetreuung)
8. **Allgemeinverfügung über die Einschränkung der Besuchsrechte für Krankenhäuser und weitere Einrichtungen der medizinischen Versorgung in der Stadtgemeinde Bremen**
   v. 19.3.2020, aufgehoben durch § 21 Abs. 4 VO v. 3.4.2020 (GBl. 168)
   – Besuchsverbote in Krankenhäusern und weiteren Einrichtungen der medizinischen Versorgung
   – Verschiebung planbarer medizinischer Eingriffe
9. **Allgemeinverfügung zur Öffnung von Freiluftsportanlagen für den Publikumsverkehr gemäß § 9 Abs. 1 Nr. 3 der Verordnung zum Schutz vor Neuinfektionen mit dem Coronavirus SARS-CoV-2 (Coronaverordnung)**
   v. 25.4.2020, ersetzt/fortgeführt durch AV v. 7.5.2020, aufgehoben durch AV v. 16.5.2020
   – Erlaubnis der Sportausübung in öffentlichen und nicht-öffentlichen Freisportanlagen unter Auflagen; zunächst alleine, ab 7.5.2020 auch in Gruppen; Letzteres ab 16.5.2020 wieder verboten

IV. Sonstiges

17 **Bremer Verfügung zur Schließung öffentlicher Schulen**[2]
v. 13.3.2020

2 https://www.bildung.bremen.de/sixcms/media.php/13/01_Erste%20Verf%FCgung%20zum%20Corona-Virus.pdf.

F. Hamburg

I. Gesetze

– 18

II. Rechtsverordnungen

1. **Verordnung zur Eindämmung der Ausbreitung des Coronavirus SARS-CoV-2 in der Freien und Hansestadt Hamburg (Hamburgische SARS-CoV-2-Eindämmungsverordnung – HmbSARS-CoV-2-EindämmungsVO)** 19
   v. 2.4.2020 (GVBl. 181), geändert durch VO v. 9.4.2020 (GVBl. 205), VO v. 17.4.2020 (GVBl. 217), VO v. 24.4.2020 (GVBl. 232), VO v. 5.5.2020 (GVBl. 243), VO v. 12.5.2020 (GVBl. 256), VO v. 18.5.2020 (GVBl. 281), ersetzt/fortgeführt durch VO v. 26.5.2020 (GVBl. 285)
   - Kontaktbeschränkungen; Mindestabstand 1,5 m
   - Verbot von öffentlichen und nicht-öffentlichen Versammlungen und Veranstaltungen (einschließlich religiöse Zusammenkünfte); Liste mit Ausnahmen erlaubter Kontakte und Ansammlungen (zB zur Berufsausübung (soweit nicht eingeschränkt), in Krankenhäusern und Behörden)
   - Verzehrverbot von Speisen an öffentlichen Orten
   - Schließung bestimmter Gewerbebetriebe für den Publikumsverkehr
   - Einstellung des Sportbetriebs
   - Einstellung von Prostitutionsangeboten
   - Schließung des Einzelhandels (ausgenommen zB Lebensmittel)
   - Verbot von touristischen Übernachtungsangeboten
   - Sperrung von Spielplätzen
   - Untersagung des Gaststättenbetriebs (ausgenommen Lieferung und Abholung)
   - Einschränkung der Besuchsrechte in Krankenhäusern, Behinderteneinrichtungen und Einrichtungen der öffentlich-rechtlichen Unterbringung
   - Regelungen für Wohneinrichtungen und tagesstrukturierende Einrichtungen der Eingliederungshilfe; Schließung teilstationärer Tagespflegeeinrichtungen
   - Betretungsverbote bei behördlicher Anordnung (Quarantäne)
   - Schließung von Hochschulen
   - Schließung von Schulen (ausgenommen für Prüfungsarbeiten), Kindertagesstätten; Einrichtung einer Notbetreuung
   - **Änd-VO v. 9.4.2020:** häusliche Quarantäne für Ein- und Rückreisende mit Ausnahmen
   - **Änd-VO v. 17.4.2020:**
   - schrittweise Wiederöffnung von Schulen ab 27.4.2020
   - Öffnung des Einzelhandels mit einer Verkaufsfläche bis 800 qm
   - Erweiterung der Notbetreuung in Kindertagesstätten
   - **Änd-VO v. 24.4.2020:**
   - erweiterte Maßnahmen zum Schutz Pflegebedürftiger: Mund-Nasen-Schutz
   - Pflicht zum Tragen eines Mund-Nasen-Schutzes im Einzelhandel, auf Märkten und im ÖPNV
   - Lockerungen für Dienstleistungsbetriebe (zB Friseurbetriebe)
   - Versammlungen möglich, wenn Risiken im vertretbaren Rahmen gehalten werden
   - **Änd-VO v. 5.5.2020:**
   - Erlaubnis religiöser Veranstaltungen und Zusammenkünfte bei Vorliegen eines Hygienekonzepts
   - Öffnung von Bibliotheken, Museen, botanischen Gärten, Tierparks etc unter Auflagen (zB Einhaltung des Abstandsgebots)
   - Öffnung von Spielplätzen unter Auflagen
   - Erweiterung der Notbetreuung
   - **Änd-VO v. 12.5.2020:**
   - Lockerung der Besuchseinschränkungen in Pflege- und Wohneinrichtungen sowie Einrichtungen für Menschen mit Behinderung

- staatliche und private Bildungseinrichtungen dürfen Angebote unter Auflagen durchführen
- erweiterte Notbetreuung in Kindertagestätten
- Wegfall der Flächenbegrenzung (800 qm) im Einzelhandel
- Öffnung von Gaststätten und Hotelrestaurants unter Auflagen
- Öffnung von Hotels, Ferienwohnungen uÄ für Touristen unter Auflagen
- Erlaubnis der Benutzung von Sportanlagen im Freien unter Auflagen (zB kontaktfreie Sportausübung, Einhaltung des Abstandsgebots)
- Öffnung von Dienstleistungsbetrieben der Körperpflege ab sofort (insb. Kosmetikstudios, Nagelstudios, Massagesalons, Tattoo-Studios und ähnliche Betriebe)
- **Änd-VO v. 18.5.2020:** Aufhebung der Quarantänepflicht für Ein- und Rückreisende aus der Europäischen Union sowie Island, Liechtenstein, Norwegen, der Schweiz, Großbritannien und Nordirland

2. **Verordnung zur Eindämmung der Ausbreitung des Coronavirus SARS-CoV-2 in der Freien und Hansestadt Hamburg (Hamburgische SARS-CoV-2-Eindämmungsverordnung – Hmb-SARS-CoV-2-EindämmungsVO)**
   v. 26.5.2020 (GVBl. 285), geändert durch VO v. 8.6.2020 (GVBl. 319), VO v. 15.6.2020 (GVBl. 325), ersetzt/fortgeführt durch VO v. 30.6.2020 (GVBl. 365)
   - Fortführung der Maßnahmen der VO v. 2.4.2020 mit Lockerungen:
   - Öffnung von Kinos und Planetarien unter Auflagen
   - Erlaubnis von Kulturveranstaltungen im Freien (maximal 50 Personen)
   - Angebote der Jugendhilfe wieder möglich; Öffnung von Tagestreffpunkten
   - Öffnung von Fitness- und Sportstudios, Tanzschulen und Indoor-Spielplatzen unter Auflagen
   - Erlaubnis religiöser Veranstaltungen im Freien
   - Öffnung von Spielhallen und Wettvermittlungsstellen
   - **Änd-VO v. 8.6.2020:**
   - Einschränkung des Regelbetriebs in Kindertagesstätten
   - Lockerung der Besuchsbeschränkungen in Pflegeeinrichtungen
   - **Änd-VO v. 15.6.2020:**
   - weitere Lockerung der Besuchsregeln in Pflegeheimen (Verlängerung der Besuchszeit von einer auf drei Stunden) unter Auflagen
   - Erlaubnis der Kinderbetreuung in Kindertagesstätten unabhängig von Alter und Gruppe
   - Öffnung von Frei- und Kombibädern unter Auflagen
3. **Verordnung zur Eindämmung der Ausbreitung des Coronavirus SARS-CoV-2 in der Freien und Hansestadt Hamburg (Hamburgische SARS-CoV-2-Eindämmungsverordnung – Hmb-SARS-CoV-2-EindämmungsVO)**
   v. 30.6.2020 (GVBl. 365), geändert durch VO v. 13.7.2020 (GVBl. 404), VO v. 24.7.2020 (GVBl. 411), VO v. 7.8.2020 (GVBl. 415), VO v. 25.8.2020 (GVBl. 417), VO v. 8.9.2020 (GVBl. 425), VO v. 22.9.2020 (GVBl. 477), VO v. 2.10.2020 (GVBl. 503), VO v. 10.10.2020 (GVBl. 513), VO v. 16.10.2020 (GVBl. 521), VO v. 23.10.2020 (GVBl. 543), VO v. 30.10.2020 (GVBl. 547), VO v. 6.11.2020 (GVBl. 569), VO v. 13.11.2020 (GVBl. 572), VO v. 20.11.2020 (GVBl. 581), VO v. 27.11.2020 (GVBl. 595), VO v. 8.12.2020 (GVBl. 637), VO v. 14.12.2020 (GVBl. 659), VO v. 22.12.2020 (GVBl. 707)
   - Fortführung der Maßnahmen der VO v. 26.5.2020 mit Lockerungen:
   - Erlaubnis von Zusammenkünften von bis zu zehn Personen unabhängig vom Hausstand
   - Erlaubnis von Picknicken und Grillen im Freien
   - Öffnung von Messen, Jahrmärkten, (Musik-) Theatern, Opern- und Konzerthäusern und Tanzschulen
   - Öffnung von Hochschulen für Präsenzvorlesungen
   - Erlaubnis von Veranstaltungen im Freien und mit festem Sitzplatz mit maximal 1.000 Personen bzw. ohne festen Sitzplatz mit bis zu 200 Personen; Erlaubnis von Veranstaltungen in geschlossenen Räumen und mit festem Sitzplatz mit maximal 650 Personen bzw. ohne festen Sitzplatz mit bis zu 100 Personen; bei Veranstaltungen ohne festen Sitzplatz und mit Alkoholausschank: Halbierung der zulässigen Teilnehmerzahl

- Erlaubnis privater Feiern in der eigenen Wohnung oder auf dem eigenen Grundstück mit bis zu 25 Personen
- **Änd-VO v. 13.7.2020:** redaktionelle Änderungen
- **Änd-VO v. 24.7.2020:** Öffnung von Kindertagesstätten für den Regelbetrieb (Kinder mit Fieber oder Husten dürfen nicht betreut werden (ausgenommen durch chronische Erkrankung hervorgerufene Symptome)
- **Änd-VO v. 7.8.2020:**
- Verantwortlichkeit sorgeberechtigter Personen, die gemeinsam mit ihnen in einem Haushalt lebenden Kinder nach der Einreise aus einem Risikogebiet zwecks Quarantäne abzusondern
- Personen, die der Absonderungspflicht unterliegen, sind berechtigt, diese zum Zwecke der Testung auf das Vorliegen einer Infektion mit dem Coronavirus zu unterbrechen
- **Änd-VO v. 25.8.2020:**
- Öffnung von Tagespflegeeinrichtungen unter Auflagen
- Betretungsverbot für Personen, die sich in Risikogebieten aufgehalten haben, in Einrichtungen für öffentliche Unterbringung sowie Einrichtungen der Eingliederungshilfe (zB für Menschen mit Behinderung und Pflegeeinrichtungen); Besuchserlaubnis erst nach 14-tägiger Quarantäne oder Negativtest
- Aufhebung der Regelung, dass bei Veranstaltungen in geschlossenen Räumen die Anzahl der anwesenden Personen eine Person je zehn Quadratmeter der Veranstaltungsfläche nicht überschreiten darf
- Erlaubnis von Mannschaftssport mit bis zu 30 Personen (auch im Wettkampfbetrieb)
- Öffnung von Saunen etc unter Auflagen
- Buffets mit Selbstbedienung wieder zulässig
- Erlaubnis der Nutzung von Shishas in Bars
- Wegfall der Zehn-qm-Regel im Einzelhandel
- **Änd-VO v. 8.9.2020:**
- Erlaubnis von Prostitutionsangeboten unter Auflagen
- Erlaubnis von Volksfesten unter Auflagen
- Erlaubnis von Stadionveranstaltungen unter freiem Himmel mit mehr als 1.000 Personen unter Auflagen; Genehmigung erforderlich
- **Änd-VO v. 22.9.2020:** Änderungen hinsichtlich der Voraussetzungen für die Durchführung von Sportveranstaltungen in Einzelfällen
- **Änd-VO v. 2.10.2020:** Verschärfung der Regelungen zur Kontaktverfolgung ua in der Gastronomie
- **Änd-VO v. 10.10.2020:** Pflicht zum Tragen eines Mund-Nasen-Schutzes an bestimmten Plätzen zu bestimmten Zeiten, bei Veranstaltungen in geschlossenen Räumen (Ausnahme für Sitzplätze), in gastronomischen Betrieben und im Einzelhandel
- **Änd-VO v. 16.10.2020:**
- Einschränkung privater Feierlichkeiten im Familien-, Freundes- oder Bekanntenkreis auf maximal 25 Personen; private Feierlichkeiten im eigenen Wohnraum mit maximal 15 Personen zulässig
- Schließung von Gaststätten zwischen 23 Uhr und 5 Uhr
- Alkoholverkaufsverbot zwischen 23 Uhr und 5 Uhr
- Beschränkung von Veranstaltungen im Freien ohne festen Sitzplatz auf maximal 100 Personen bzw. in geschlossenen Räumen auf maximal 50 Personen; bei Veranstaltungen mit Alkoholausschank: Halbierung der zulässigen Teilnehmerzahl; Schutzkonzept für Veranstaltungen mit festem Sitzplatz erforderlich
- Pflicht zum Tragen eines Mund-Nasen-Schutzes während des Unterrichts
- **Änd-VO v. 23.10.2020:**
- Verschärfung der Kontaktbeschränkungen: es dürfen sich maximal zehn Personen aus zwei Haushalten treffen (Ausnahmen für Kinder unter zwölf Jahren und Personen mit direkten Familienzusammenhängen)
- Klarstellung, dass das Abstandsgebot für Zusammenkünfte von bis zu zehn Personen nicht bei Angeboten mit körperlicher Betätigung im Rahmen von Freizeiteinrichtungen gilt

- **Änd-VO v. 30.10.2020:**
- touristische Reisen sind zu vermeiden
- Schließung von Restaurants, Kneipen, Bars, Clubs etc (ausgenommen Außer-Haus-Verkauf)
- Verbot von Freizeit- und Unterhaltungsveranstaltungen; Schließung von Freizeitparks
- Schließung von Indoor-Sportanlagen, Sporthallen, Fitnessstudios, Schwimmbädern, Saunen etc (Ausnahmen für den Profisport); Ausschluss von Zuschauern beim Profisport
- Schließung von Dienstleitungsbetrieben der Körperpflege (zB Kosmetikstudios, Massagepraxen etc)
- Schließung von Theatern, Kinos, Opern- und Konzerthäusern, Museen etc
- Quarantänepflicht für Ein- und Rückreisende aus Risikogebieten
- **Änd-VO v. 6.11.2020:**
- Untersagung von Hafenrundfahrten und Stadtrundfahrten
- Untersagung von Angeboten der Freizeitgestaltung sowie der Hobbyausübung hinsichtlich staatlicher und privater Bildungs- und Ausbildungseinrichtungen
- die in Lehrplänen vorgesehene sportliche Betätigung bleibt als Teil schulischer, akademischer oder beruflicher Bildung zulässig; ebenso die Sportausübung in Einrichtungen des Justizvollzugs
- **Änd-VO v. 13.11.2020:**
- bei Versammlungen im Freien mit mehr als 100 Teilnehmern darf Mund-Nasen-Schutz vom Redner (bei Ansprachen und Vorträgen) abgelegt werden
- Zulässigkeit von ärztlich verordnetem Rehabilitationssport mit bis zu zehn Personen
- **Änd-VO v. 20.11.2020:** Erweiterung der Pflicht zum Tragen eines Mund-Nasen-Schutzes im öffentlichen Raum an bestimmten Orten bzw. zu bestimmten Zeiten
- **Änd-VO v. 27.11.2020:**
- Verschärfung der Kontaktbeschränkungen: es dürfen sich maximal fünf Personen aus zwei Haushalten treffen (Kinder bis 14 Jahre nicht mitgezählt)
- Lockerung der Kontaktbeschränkungen für die Weihnachtsfeiertage
- Verschärfung der Maskenpflicht in öffentlichen Gebäuden, Arbeits-, Dienst- und Betriebsstätten
- Zutrittsbeschränkungen im Einzelhandel: bei einer Verkaufsfläche von bis zu 800 qm ist eine Person pro zehn qm zugelassen; bei einer größeren Verkaufsfläche sind größere Abstände einzuhalten
- **Änd-VO v. 8.12.2020:**
- Untersagung des Verkaufs sowie der Abgabe alkoholischer Getränke zum unmittelbaren Verzehr
- assistenzbedürftige Personen dürfen auch im Rahmen der geltenden Kontaktbeschränkungen die notwendige Unterstützung erhalten
- in allen Arbeits-, Dienst- und Betriebsstätten, die nicht für den Publikumsverkehr zugänglich sind, darf der Mund-Nasen-Schutz abgelegt werden, ua wenn dies zur Ausübung der beruflichen Tätigkeit dringend erforderlich ist
- **Änd-VO v. 14.12.2020:**
- Schließung von Verkaufsstellen des Einzelhandels (ausgenommen Einzelhandel für Lebensmittel, Apotheken, Drogerien etc)
- Regelungen zu den Kontaktbeschränkungen für Weihnachten: Erlaubnis von Treffen mit maximal zehn Personen aus vier Haushalten; Erlaubnis von Übernachtungen zwecks Familienbesuchs
- Verbot des Verkaufs, der Abgabe und des Abbrennens von Feuerwerkskörpern an Silvester
- Möglichkeit, die Präsenzpflicht von Schülern in der Schule vorübergehend aufzuheben und durch andere schulische Angebote zu ersetzen
- **Änd-VO v. 22.12.2020:** Verschärfung der Besuchsregeln in Pflegeeinrichtungen: Besuche nur mit negativem Corona-Testergebnis; Härtefallregelung für Weihnachten

III. Allgemeinverfügungen

1. **Allgemeinverfügung für Reiserückkehrer aus COVID-19-Risikogebieten zur Beschränkung des Besuchs von Schulen, Kindertageseinrichtungen, Kindertagespflegestellen und Heilpädagogischen Tagesstätten** 20
   v. 11.3.2020 (Amtl. Anz. 297), aufgehoben durch AV v. 2.4.2020[3]
2. **Allgemeinverfügung über das Verbot von Veranstaltungen und Versammlungen zur Eindämmung des Coronavirus**
   v. 12.3.2020 (Amtl. Anz. 301), aufgehoben durch AV v. 2.4.2020[4]
   - Verbot von Veranstaltungen und Versammlungen ab einer Teilnehmerzahl von 1.000 Personen
3. **Allgemeinverfügung betreffend die befristete Schließung der Schulen in der Freien und Hansestadt Hamburg**
   v. 13.3.2020 (Amtl. Anz. 329), ersetzt durch AV v. 26.3.2020 (Amtl. Anz. 450), aufgehoben durch AV v. 2.4.2020[5]
   - zunächst befristete Schulschließung vom 16. bis zum 29.3.2020
   - **Änd-AV v. 26.3.2020:** Verlängerung der Maßnahmen bis zum 19.4.2020
4. **Allgemeinverfügung zur Eindämmung des Coronavirus in Hamburg**
   v. 15.3.2020 (Amtl. Anz. 333), aufgehoben durch AV v. 2.4.2020[6]
   - Verbot öffentlicher und nicht-öffentlicher Veranstaltungen mit Ausnahmen (zB für Stellen und Einrichtungen, die öffentlich-rechtliche Aufgaben wahrnehmen)
   - Schließung bestimmter Gewerbetriebe(zB Clubs, Messen, Volksfeste)
   - Öffnung von Gaststätten nur bei Einhaltung der Abstandsregelung von 1,5 m gestattet
   - Schließung von Vergnügungsstätten iSd BauNVO; Schließung von Prostitutionsstätten
   - Schließung von Theatern, Museen und öffentlichen Bibliotheken
   - Einstellung des Sportbetriebs
5. **Allgemeinverfügung zur Eindämmung des Coronavirus in Hamburg**
   v. 16.3.2020 (Amtl. Anz. 336 a), aufgehoben durch AV v. 2.4.2020[7]
   - Schließung von Verkaufsstellen des Einzelhandels und bestimmten Betrieben oder Einrichtungen (ausgenommen Lebensmittel, Wochenmärkte, Friseurbetriebe etc) sowie Einrichtungen des Gesundheitswesens
   - Untersagung von Zusammenkünften von Glaubensgemeinschaften
   - Schließung von Konzerthäusern, Freizeitparks, Tierparks, Spielplätzen etc
   - Schließung von Gaststätten (ausgenommen Speiselokale und Betriebe, in denen überwiegend Speisen zum Verzehr an Ort und Stelle abgegeben werden unter Einhaltung des Mindestabstands von 1,5 m, Außer-Haus Verkauf oder Lieferung)
   - Schließung von Beherbergungsbetrieben für touristische Zwecke
6. **Allgemeinverfügung zum Schutz besonders vulnerabler Menschen vor dem Coronavirus in Hamburg**
   v. 17.3.2020 (Amtl. Anz. 369), geändert durch AV v. 30.3.2020 (Amtl. Anz. 474), aufgehoben durch AV v. 2.4.2020[8]
7. **Allgemeinverfügung zur befristeten Ausnahme vom Beschäftigungsverbot an Sonn- und Feiertagen und für Abweichungen von bestimmten Beschränkungen des Arbeitszeitgesetzes aus Anlass der Ausbreitung des Coronavirus (SARS-CoV-2)**
   v. 19.3.2020 (Amtl. Anz. 376)

---

3 https://www.hamburg.de/allgemeinverfuegungen/13781892/2020-04-02-aufhebung-der-allgemeinverfuegungen.

4 https://www.hamburg.de/allgemeinverfuegungen/13781892/2020-04-02-aufhebung-der-allgemeinverfuegungen.

5 https://www.hamburg.de/allgemeinverfuegungen/13781892/2020-04-02-aufhebung-der-allgemeinverfuegungen.

6 https://www.hamburg.de/allgemeinverfuegungen/13781892/2020-04-02-aufhebung-der-allgemeinverfuegungen.

7 https://www.hamburg.de/allgemeinverfuegungen/13781892/2020-04-02-aufhebung-der-allgemeinverfuegungen.

8 https://www.hamburg.de/allgemeinverfuegungen/13781892/2020-04-02-aufhebung-der-allgemeinverfuegungen.

8. **Allgemeinverfügung betreffend eines Betretungsverbots zum Schutze von Menschen mit Behinderung und von Behinderung bedrohter Menschen**
v. 20.3.2020 (Amtl. Anz. 405), aufgehoben durch AV v. 2.4.2020[9]
9. **Allgemeinverfügung betreffend die befristete Schließung der Kindertageseinrichtungen und Kindertagespflegestellen**
v. 20.3.2020 (Amtl. Anz. 410)
10. **Allgemeinverfügung zur Eindämmung des Coronavirus in Hamburg; hier: Ansammlungsverbot und Schließung von Gaststätten für den Publikumsverkehr**
v. 20.3.2020 (Amtl. Anz. 416), ersetzt/fortgeführt durch AV v. 22.3.2020 (Amtl. Anz. 422)
11. **Allgemeinverfügung zum Schutz pflegebedürftiger und behinderter Menschen vor dem Coronavirus in Hamburg**
v. 30.3.2020 (Amtl. Anz. 474), aufgehoben durch AV v. 2.4.2020[10]

9 https://www.hamburg.de/allgemeinverfuegungen/13781892/2020-04-02-aufhebung-der-allgemeinverfuegungen.

10 https://www.hamburg.de/allgemeinverfuegungen/13781892/2020-04-02-aufhebung-der-allgemeinverfuegungen.

G. Hessen

I. Gesetze

– 21

II. Rechtsverordnungen

1. **Verordnung zur Bekämpfung des Corona-Virus** 22
v. 13.3.2020 (GVBl. 150), geändert durch VO v. 14.3.2020 (GVBl. 156), VO v. 16.3.2020 (GVBl. 169), VO v. 20.3.2020 (GVBl. 178), VO v. 23.3.2020 (GVBl. 190), VO v. 30.3.2020 (GVBl. 214), VO v. 8.4.2020 (GVBl. 246), VO v. 16.4.2020 (GVBl. 262), VO v. 27.4.2020 (GVBl. 282), VO v. 7.5.2020 (GVBl. 298), VO v. 18.5.2020 (GVBl. 334), VO v. 9.6.2020 (GVBl. 380), VO v. 12.6.2020 (GVBl. 390), VO v. 1.7.2020 (GVBl. 473), VO v. 11.8.2020 (GVBl. 538), VO v. 15.9.2020 (GVBl. 582), VO v. 19.10.2020 (GVBl. 726), VO v. 29.10.2020 (GVBl. 734), ersetzt/fortgeführt durch VO v. 26.11.2020 (GVBl. 826)
   - Quarantäneregelung für bestimmte Personengruppen, deren Beruf der gesundheitlichen Versorgung von Menschen oder der Aufrechterhaltung der öffentlichen Sicherheit oder Ordnung dient
   - **Änd-VO v. 14.3.2020:** berufliches Tätigkeitsverbot für Mitarbeiter der Behörden des öffentlichen Gesundheitsdienstes nach Aufenthalt in Risikogebiet
   - **Änd-VO v. 16.3.2020:** keine Absonderungspflicht bei Personalengpässen für symptomfreie Personen, die in medizinischen oder pflegerischen Berufen tätig sind
   - **Änd-VO v. 20.3.2020:**
   - 14-tägige Absonderungspflicht für Personen, die in den letzten zwei Wochen aus einem Risikogebiet zurückgekehrt sind
   - Festlegung der Vollzugsbehörden: neben den Gesundheitsämtern auch die örtlichen Ordnungsbehörden
   - **Änd-VO v. 23.3.2020:** Möglichkeit des Gesundheitsamtes, einzelfallbezogene Anordnungen hinsichtlich der Absonderung zu treffen
   - **Änd-VO v. 30.3.2020:** Einführung eines Ordnungswidrigkeitentatbestands hinsichtlich Absonderung und beruflichem Tätigkeitsverbot
   - **Änd-VO v. 8.4.2020:**
   - Neufassung der Quarantänepflicht für Einreisende aus einem Risikogebiet mit Ausnahmen (zB für beruflich bedingt grenzüberschreitende Personen sowie für Personen, deren Tätigkeit der Aufrechterhaltung der Funktionsfähigkeit des Gesundheitswesens dient)
   - Meldepflicht beim Gesundheitsamt für Einreisende aus dem Ausland mit Ausnahmen (zB für bestimmte Berufsgruppen und kurzzeitige Aufenthalte)
   - **Änd-VO v. 16.4.2020:** Ausnahme von Quarantänepflicht für Personen, die aus Risikogebieten einreisen und für eine internationale Organisation tätig sind
   - **Änd-VO v. 27.4.2020:** Verlängerung der Maßnahmen bis zum 10.5.2020
   - **Änd-VO v. 7.5.2020:** Ausnahme von Quarantänepflicht für Personen, die zwecks einer mindestens 72 Stunden dauernden Arbeitsausübung einreisen
   - **Änd-VO v. 18.5.2020:** Quarantänepflicht für Personen, die aus einem Drittstaat oder einem Nicht-EU-Staat einreisen (bei Sieben-Tage-Inzidenz über 50)
   - **Änd-VO v. 9.6.2020:** Verlängerung der Maßnahmen bis zum 5.7.2020
   - **Änd-VO v. 12.6.2020:**
   - Aufhebung der Sieben-Tage-Inzidenz-Regelung hinsichtlich der Quarantänepflicht bei Einreise aus einem EU-Staat
   - grundsätzliche Quarantänepflicht für Personen, die auf dem Land, See oder Luftweg aus dem Ausland einreisen und sich zu einem Zeitpunkt innerhalb von 14 Tagen vor der Einreise in einem Risikogebiet aufgehalten haben
   - **Änd-VO v. 1.7.2020:** allgemeine Anordnung des Tragens einer Schutzausrüstung für Personen, die in Einrichtungen nach § 23 Abs. 3 oder § 36 Abs. 1 Nr. 2 und 7 des Infektionsschutzgesetzes tätig sind

- **Änd-VO v. 11.8.2020:** Wegfall der Quarantänepflicht bei Vorliegen eines Negativtests
- **Änd-VO v. 15.9.2020:** Lockerung der Quarantäneregeln für beruflich bedingte Reisen
- **Änd-VO v. 19.10.2020:** Quarantänepflicht für Personen, die sich in den letzten zehn Tagen vor der Einreise in einem Risikogebiet aufgehalten haben; Möglichkeit der Beendigung der Absonderung bei negativem Testergebnis frühestens ab dem fünften Tag nach der Einreise
- **Änd-VO v. 29.10.2020:** Absonderungspflicht bei positivem Corona-Test

2. **Zweite Verordnung zur Bekämpfung des Corona-Virus**
v. 13.3.2020 (GVBl. 153), geändert durch VO v. 14.3.2020 (GVBl. 156), VO v. 16.3.2020 (GVBl. 170), VO v. 20.3.2020 (GVBl. 178), VO v. 23.3.2020 (GVBl. 190), VO v. 27.3.2020 (GVBl. 206), VO v. 30.3.2020 (GVBl. 214), VO v. 8.4.2020 (GVBl. 246), VO v. 16.4.2020 (GVBl. 262), VO v. 23.4.2020 (GVBl. 278), VO v. 27.4.2020 (GVBl. 282), VO v. 1.5.2020 (GVBl. 290), VO v. 7.5.2020 (GVBl. 298), VO v. 18.5.2020 (GVBl. 334), VO v. 25.5.2020 (GVBl. 342), VO v. 9.6.2020 (GVBl. 380), VO v. 15.6.2020 (GVBl. 394), VO v. 1.7.2020 (GVBl. 473), VO v. 20.7.2020 (GVBl. 502), VO v. 11.8.2020 (GVBl. 538), VO v. 15.9.2020 (GVBl. 582), VO v. 12.10.2020 (GVBl. 718), VO v. 29.10.2020 (GVBl. 734), ersetzt/fortgeführt durch VO v. 26.11.2020 (GVBl. 826)

- Schließung von Kindertageseinrichtungen und Schulen (ausgenommen Notbetreuung)
- Betretungsverbot medizinischer Einrichtungen (zB von Krankenhäusern) für Personen, die sich in den letzten 14 Tagen in einem Risikogebiet aufgehalten haben
- Besuchsbeschränkung auf einen Besucher für eine Stunde pro Tag in medizinischen Einrichtungen (zB in Krankenhäusern)
- **Änd-VO v. 14.3.2020:** Möglichkeit der Notbetreuung für Kinder von Mitarbeitern der Behörden des öffentlichen Gesundheitsdienstes
- **Änd-VO v. 16.3.2020:** Schließung von Kinderhorten und erlaubnispflichtigen Kindertagespflegestellen
- **Änd-VO v. 20.3.2020:** Möglichkeit der Notbetreuung von Kindern, wenn ein Elternteil in kritischer Infrastruktur tätig ist; Gleiches gilt für Mitarbeiter in der Abfallbewirtschaftung
- **Änd-VO v. 23.3.2020:** Möglichkeit der Betreuung von Kindern von Fachkräften
- **Änd-VO v. 27.3.2020:** Kinder, deren Betreuung in einer Kindertageseinrichtung oder Kindertagespflegestelle aufgrund einer Entscheidung des zuständigen Jugendamtes zur Sicherung des Kindeswohls dringend erforderlich ist, sind vom Betretungsverbot ausgenommen
- **Änd-VO v. 30.3.2020:** Ausschluss von der Notbetreuung in Kindertagesstätten, wenn Angehörige des gleichen Hausstands Krankheitssymptome aufweisen
- **Änd-VO v. 8.4.2020:** Erweiterung der Notbetreuung für Kinder bestimmter Berufsgruppen (zB psychologische Psychotherapeuten, Beratungsdienstleister der psychosozialen Notfallversorgung, Berater in Schwangerschaftskonfliktberatungsstellen)
- **Änd-VO v. 16.4.2020:** Präsenzunterricht ua für Abschlussklassen sowie die vierte Jahrgangsstufe der Grundschulen
- **Änd-VO v. 23.4.2020:** Möglichkeit der Notbetreuung für Kinder, deren Erziehungsberechtigte als Lehrkräfte tätig sind
- **Änd-VO v. 27.4.2020:** Aufhebung des Präsenzunterrichts für die vierte Jahrgangsstufe an Grundschulen
- **Änd-VO v. 1.5.2020:** Verpflichtung zum Tragen eines Mund-Nasen-Schutzes für Besucher und Patienten in Einrichtungen nach § 23 Abs. 3 Satz 1 Nr. 2 und Nr. 8–10 des Infektionsschutzgesetzes
- **Änd-VO v. 7.5.2020:** Verlängerung der Schließung von Kindertageseinrichtungen bis zum 5.6.2020
- **Änd-VO v. 18.5.2020:** Öffnung der Kindertagespflege ab 25.5.2020
- **Änd-VO v. 25.5.2020:**
- Öffnung der Kindertagesstätten im eingeschränkten Regelbetrieb
- Ausnahme von der Präsenzpflicht von Lehrkräften bei Vorliegen von Krankheitssymptomen, die in den letzten 14 Tagen aufgetreten sind
- Aufhebung des Besuchsverbots in Jugendhilfeeinrichtungen

- **Änd-VO v. 9.6.2020:**
- Ausnahme von Mindestabstandsregel und Beschränkung der Gruppengröße in Schulen auf 15 Personen für den Unterricht in den Jahrgangsstufen eins bis vier
- Wiederaufnahme des Präsenzbetriebs an Grundschulen und Förderschule (nur Grundstufe)
- Öffnung von Kindertagesstätten; Betretungsverbot für Kinder mit Krankheitssymptomen und Kontaktpersonen
- **Änd-VO v. 15.6.2020:** Ausweitung der Besuchsregeln in Alten- und Pflegeeinrichtungen auf drei Besuche pro Woche von einer Person
- **Änd-VO v. 1.7.2020:**
- Besuchserlaubnis in Rehakliniken
- Lockerung der Besuchsregeln in Krankenhäusern
- Aufhebung der Betretungsbeschränkung in Werkstätten für Menschen mit Behinderung
- **Änd-VO v. 20.7.2020:** Verlängerung der Maßnahmen bis zum 31.10.2020
- **Änd-VO v. 11.8.2020:** Pflicht zum Tragen eines Mund-Nasen-Schutzes an Schulen (ausgenommen im Klassen- und Kursverband während des Präsenzunterrichts)
- **Änd-VO v. 15.9.2020:**
- Konkretisierung der Betretungsverbote an Schulen und Kindertageseinrichtungen (zB hinsichtlich vorliegender Krankheitssymptome)
- Abschaffung der allgemeinen Besuchsbeschränkung in Altenpflege- und Behinderteneinrichtungen
- **Änd-VO v. 12.10.2020:** keine Verpflichtung zum Tragen eines Mund-Nasen-Schutzes (zB im Klassen- oder Kursverband während des Präsenzunterrichts)
- **Änd-VO v. 29.10.2020:**
- Regelungen, wann das Tragen eines Mund-Nase-Schutzes nicht geboten ist (zB bei Behinderung oder einer gesundheitlichen Beeinträchtigung)
- Erweiterung der Maskenpflicht an Schulen: Verpflichtung zum Tragen eines Mund-Nasen-Schutzes im Klassenverband in den Jahrgangsstufen eins bis vier

3. **Dritte Verordnung zur Bekämpfung des Corona-Virus**
   v. 14.3.2020 (GVBl. 161), geändert durch VO v. 20.3.2020 GVBl. 178), VO v. 22.3.2020 (GVBl. 183), VO v. 30.3.2020 (GVBl. 214), VO v. 2.4.2020 (GVBl. 238), VO v. 16.4.2020 (GVBl. 262), VO v. 21.4.2020 (GVBl. 270), VO v. 27.4.2020 (GVBl. 282), ersetzt/fortgeführt durch VO v. 7.5.2020 (GVBl. 302)
   - Verbot öffentlicher und nichtöffentlicher Veranstaltungen mit mehr als 100 zu erwartenden Teilnehmern
   - **Änd-VO v. 20.3.2020:**
   - Verbot von Treffen auf öffentlichen Wegen und Plätzen von mehr als fünf Personen, die nicht in einem Haushalt leben
   - Reduzierung der zulässigen Personenzahl bei Versammlungen und Veranstaltungen auf fünf Personen
   - **Änd-VO v. 22.3.2020:** Erlaubnis des Aufenthalts im öffentlichen Raum nur alleine, mit einer weiteren nicht im gleichen Haushalt lebenden Person oder im Kreis der Angehörigen des eigenen Hausstands mit Ausnahmen
   - **Änd-VO v. 30.3.2020:** Verlängerung der Maßnahmen bis zum 3.5.2020
   - **Änd-VO v. 2.4.2020:** redaktionelle Änderungen
   - **Änd-VO v. 16.4.2020:** Empfehlung, im ÖPNV Mund-Nasen-Schutz zu tragen
   - **Änd-VO v. 21.4.2020:** Pflicht zum Tragen eines Mund-Nasen-Schutzes im ÖPNV
   - **Änd-VO v. 27.4.2020:** Erlaubnis von Zusammenkünften von Glaubensgemeinschaften unter Auflagen
4. **Vierte Verordnung zur Bekämpfung des Corona-Virus**
   v. 17.3.2020 (GVBl. 167), geändert durch VO v. 20.3.2020 (GVBl. 178), VO v. 22.3.2020 (GVBl. 183), VO v. 30.3.2020 (GVBl. 214), VO v. 2.4.2020 (GVBl. 238), VO v. 16.4.2020 (GVBl. 262), VO v. 21.4.2020 (GVBl. 270), VO v. 27.4.2020 (GVBl. 282), VO v. 1.5.2020 (GVBl. 290), ersetzt/fortgeführt durch VO v. 7.5.2020 (GVBl. 302)
   - Schließung von Vergnügungs-, Sport-, und Freizeitstätten sowie Spielplätzen
   - Schließung des Einzelhandels (ausgenommen Lebensmittel etc unter Auflagen)

- Schließung von Kultureinrichtungen (zB Museen, Theater- und Opernhäuser, Kulturstätten)
- Verbot von Zusammenkünften in Vereinen
- Verbot religiöser Zusammenkünfte
- Festlegung strenger Hygieneauflagen für Gaststätten (zB Beschränkung der Besucherzahl, Abstandsregelungen), Öffnung maximal bis 18 Uhr
- Untersagung von Übernachtungsangeboten zu touristischen Zwecken in Hotels; Hygieneauflagen
- **Änd-VO v. 20.3.2020:** Schließung von Gaststätten (ausgenommen Abholung und Lieferung); Schließung von Eisdielen
- **Änd-VO v. 22.3.2020:** Schließung von Dienstleistungsbetrieben im Bereich der Körperpflege (zB Friseure)
- **Änd-VO v. 30.3.2020:** Verlängerung der Maßnahmen bis zum 19.4.2020
- **Änd-VO v. 2.4.2020:**
- Erlaubnis der Öffnung bis 22 Uhr für bestimmte Geschäfte für die Osterfeiertage (zB Lebensmittel, Baumärkte, Apotheken etc)
- **Änd-VO v. 16.4.2020:** Verlängerung der Maßnahmen bis zum 3.5.2020
- **Änd-VO v. 21.4.2020:** Pflicht zum Tragen eines Mund-Nasen-Schutzes in weiterhin geöffneten Einrichtungen (zB Lebensmitteleinzelhandel, Wochenmärkte, Apotheken etc)
- **Änd-VO v. 27.4.2020:** Erlaubnis der Zusammenkunft in Kirchen, Moscheen, Synagogen etc unter Auflagen
- **Änd-VO v. 1.5.2020:**
- Öffnung von Freizeitparks, Spielplätzen, Museen, Ausstellungen, Schlössern
- Öffnung von Dienstleistungsbetrieben im Bereich der Körperpflege (zB Friseure)

5. **Fünfte Verordnung zur Bekämpfung des Corona-Virus**
   v. 16.3.2020 (GVBl. 166), geändert durch VO v. 20.3.2020 (GVBl. 178), VO v. 27.3.2020 (GVBl. 206), VO v. 30.3.2020 (GVBl. 214), VO v. 2.4.2020, (GVBl. 238), VO v. 16.4.2020, (GVBl. 262), VO v. 27.4.2020 (GVBl. 282), VO v. 1.5.2020 (GVBl. 290), VO v. 7.5.2020 (GVBl. 298), VO v. 25.5.2020 (GVBl. 342), VO v. 15.6.2020 (GVBl. 394), VO v. 1.7.2020 (GVBl. 473)
   - Aussetzung von medizinischen Eingriffen und Behandlungen in Krankenhäusern, die keine dringende medizinische Notwendigkeit aufweisen
   - **Änd-VO v. 20.3.2020:** Pflicht zum Verschieben nicht notwendiger Operationen und Behandlungen umfasst auch Praxiskliniken und Privatkrankenanstalten
   - **Änd-VO v. 27.3.2020:** Meldepflicht für Beatmungsgeräte
   - **Änd-VO v. 30.3.2020:** Verlängerung der Maßnahmen bis zum 19.4.2020
   - **Änd-VO v. 2.4.2020:** redaktionelle Änderungen
   - **Änd-VO v. 16.4.2020:** Verlängerung der Maßnahmen bis zum 3.5.2020
   - **Änd-VO v. 27.4.2020:** Verlängerung der Maßnahmen bis zum 10.5.2020
   - **Änd-VO v. 1.5.2020:** Erlaubnis zur Durchführung medizinischer Eingriffe und Operationen, die aufschiebbar waren
   - **Änd-VO v. 7.5.2020:** Verlängerung der Maßnahmen bis zum 5.6.2020
   - **Änd-VO v. 25.5.2020:** Verlängerung der Maßnahmen bis zum 5.7.2020
   - **Änd-VO v. 15.6.2020:** Verlängerung der Maßnahmen bis zum 16.8.2020
   - **Änd-VO v. 1.7.2020:** redaktionelle Änderungen
6. **Verordnung zum Umgang mit und zur Einführung einer Meldepflicht von persönlicher Schutzausrüstung (Sechste Verordnung zur Bekämpfung des Corona-Virus)**
   v. 2.4.2020 (GVBl. 238), geändert durch VO v. 16.4.2020 (GVBl. 262), VO v. 27.4.2020 (GVBl. 282), VO v. 7.5.2020 (GVBl. 298), VO v. 25.5.2020 (GVBl. 342)
   - Gebot, Schutzausrüstung, Medizinprodukte und Desinfektionsmittel sparsam einzusetzen und zu verwenden
   - **Änd-VO v. 16.4.2020:** Verlängerung der Maßnahmen bis zum 3.5.2020
   - **Änd-VO v. 27.4.2020:** Verlängerung der Maßnahmen bis zum 10.5.2020
   - **Änd-VO v. 7.5.2020:** Verlängerung der Maßnahmen bis zum 5.6.2020
   - **Änd-VO v. 25.5.2020:** Verlängerung der Maßnahmen bis zum 5.7.2020

7. **Verordnung zur Beschränkung von sozialen Kontakten und des Betriebes von Einrichtungen und von Angeboten aufgrund der Corona-Pandemie (Corona-Kontakt- und Betriebsbeschränkungsverordnung)**
v. 7.5.2020 (GVBl. 302, ber. 315), geändert durch VO v. 12.5.2020 (GVBl. 311), VO v. 25.5.2020 (GVBl. 342), VO v. 9.6.2020 (GVBl. 380), VO v. 15.6.2020 (GVBl. 394), VO v. 25.6.2020 (GVBl. 426), VO v. 1.7.2020 (GVBl. 473), VO v. 20.7.2020 (GVBl. 502), VO v. 11.8.2020 (GVBl. 538), VO v. 29.9.2020 (GVBl. 590), VO v. 12.10.2020 (GVBl. 718), VO v. 19.10.2020 (GVBl. 726), VO v. 29.10.2020 (GVBl. 742), VO v. 2.11.2020 (GVBl. 742), VO v. 6.11.2020 (GVBl. 746), ersetzt/fortgeführt durch VO v. 26.11.2020 (GVBl. 826)
- Fortführung der Maßnahmen der VO v. 17.3.2020 mit Lockerungen:
- Erlaubnis von Treffen mit Angehörigen zweier Hausstände
- Möglichkeit, familiäre Betreuungsgemeinschaften zu bilden
- Öffnung von Restaurants, Gaststätten etc
- Öffnung von Hotels für touristische Zwecke
- Erlaubnis der Ausübung von kontaktfreiem Sport
- Öffnung von Theatern, Opern- und Konzerthäusern
- **Änd-VO v. 12.5.2020:** Ausnahmen hinsichtlich der Kontaktbeschränkung im öffentlichen Raum bei Zusammenkünften und Veranstaltungen
- **Änd-VO v. 25.5.2020:**
- Öffnung von Freizeitparks, Spielhallen und -banken
- Öffnung von Fitnessstudios, Schwimmbädern und Badeanstalten
- Erlaubnis des Verzehrs von Speisen und Getränken in Gastronomiebetrieben unter Auflagen; Wegfall der Fünf-qm-Regel hinsichtlich der maximalen Gästeanzahl
- Erlaubnis von Übernachtungsangeboten
- **Änd-VO v. 9.6.2020:**
- Erlaubnis von Treffen im öffentlichen Raum von maximal zehn Personen
- Wegfall der Personenbegrenzung auf den privaten Kreis bei privaten Zusammenkünften unterhalb der Veranstaltungsschwelle
- Mindestabstandsregel ua in Geschäften, Gottesdiensten, Gaststätten
- **Änd-VO v. 15.6.2020:**
- Erlaubnis von Zusammenkünften und Veranstaltungen bis maximal 250 Personen
- Lockerung der Zutrittsbeschränkung im Einzelhandel auf einen Kunden pro zehn qm Verkaufsfläche (zuvor pro Kunde 20 qm)
- **Änd-VO v. 25.6.2020:** Beherbergungsverbot für Personen, die aus einem Gebiet außerhalb Hessens anreisen oder dort ihren Wohnsitz haben mit Ausnahmen
- **Änd-VO v. 1.7.2020:**
- Lockerung der Zutrittsbeschränkung in Verkaufsstätten auf einen Kunden pro drei qm Verkaufsfläche
- personalisierte Sitzplatzvergabe für Zuschauer bei Veranstaltungen in geschlossenen Räumen
- Aufhebung der Fünf-qm-Regel (Sitzplätze) bzw. Zehn-qm-Regel (Stehplätze) bei Veranstaltungen, Messen, Konzerten, Theatern und Kinos
- Erlaubnis des Besuchs von Sportveranstaltungen und Wettkämpfen unter Auflagen
- **Änd-VO v. 20.7.2020:** Aufhebung der Mindestabstandsregel und der Personenbeschränkung bei der Sportausübung
- **Änd-VO v. 11.8.2020:** Verzehr von Speisen und Getränken auf Wochenmärkten etc nur am Rand des Marktes und außerhalb üblicher Verkehrswege gestattet
- **Änd-VO v. 29.9.2020:** Regelungen zum Tragen eines Mund-Nasen-Schutzes in Hochschulen sowie Berufs- und Musikakademien
- **Änd-VO v. 12.10.2020:**
- Verbot privater Feiern ab 50 Personen; Empfehlung: maximal 25 Personen
- Aufhebung der Drei-qm-Regel bei Veranstaltungen und Kulturangeboten (zB Theater, Kinos etc) sowie in Geschäften
- **Änd-VO v. 19.10.2020:** Verpflichtung von Gaststättenbetreibern etc, Kontaktdaten zur Kontaktnachverfolgung zu erfassen

- **Änd-VO v. 29.10.2020:**
- Erlaubnis des Aufenthalts in der Öffentlichkeit nur mit Angehörigen des eigenen und eines weiteren Haushalts (maximal zehn Personen)
- Erlaubnis öffentlicher Veranstaltungen nur bei besonderem öffentlichen Interesse
- Untersagung von privaten Veranstaltungen
- Verbot von Übernachtungsangeboten für touristische Zwecke
- Schließung von Theatern, Kinos, Freizeitparks, Schwimmbädern, Fitnessstudios
- Untersagung von Freizeit- und Amateursport
- Schließung von Restaurants, Gaststätten, Bars etc
- Alkoholkonsumverbot im öffentlichen Raum zwischen 23 Uhr und 6 Uhr
- Betriebsverbot für Anbieter körpernaher Dienstleistungen (zB Kosmetikstudios, Friseure etc)
- Ausweitung der Maskenpflicht in der Öffentlichkeit (zB auf stark frequentierten Plätzen)
- **Änd-VO v. 2.11.2020:**
- Erlaubnis privater Treffen in der eigenen Wohnung nur im engen privaten Kreis und unter Einhaltung des Mindestabstands
- Betriebsverbot für öffentliche und private Sportanlagen des Freizeit- und Amateursports
- Erlaubnis des Trainings- und Wettkampfbetriebs des Spitzen- und Profisports sowie des Schulsports unter Einhaltung eines umfassenden Hygienekonzepts
- **Änd-VO v. 6.11.2020:** Erlaubnis von Freizeit- und Amateursport auf allen öffentlichen und privaten Sportanlagen, sofern die Ausübung alleine, zu zweit oder mit dem eigenen Hausstand erfolgt

8. **Verordnung zur Bekämpfung des Corona-Virus (Corona-Quarantäneverordnung)**
   v. 26.11.2020 (GVBl. 826), geändert durch VO v. 14.12.2020 (GVBl. 866)
   - Fortführung der Maßnahmen der VO v. 13.3.2020 mit Änderungen:
   - Ausnahme von der Quarantänepflicht für Personen, die Waren auf dem Luft-, See-, Schienen- oder Straßenweg befördern
   - Aufhebung des Betretungsverbots in Kindertagesstätten und Schulen, wenn sich Angehörige als reine Kontaktperson absondern müssen
   - **Änd-VO v. 14.12.2020:** Verlängerung der Maßnahmen bis zum 10.1.2020
9. **Zweite Verordnung zur Bekämpfung des Corona-Virus (Corona-Einrichtungsschutzverordnung)**
   v. 26.11.2020 (GVBl. 826, 832), geändert durch VO v. 14.12.2020 (GVBl. 866)
   - Fortführung der Maßnahmen der VO v. 7.5.2020:
   - Zutrittsbeschränkungen in Geschäften und im Einzelhandel: für die ersten 800 qm der Verkaufsfläche darf ein Kunde pro zehn qm anwesend sein; für die über 800 qm hinausreichende Verkaufsfläche darf ein weiterer Kunde pro 20 qm anwesend sein (800-qm-Regel)
   - **Änd-VO v. 14.12.2020:**
   - Wegfall der Verpflichtung von Schülern zur Teilnahme am Präsenzunterricht
   - Schließung von Kindertagesstätten (ausgenommen für dringende Betreuungsnotwendigkeiten)
   - Pflicht zum Tragen einer FFP2- oder KN95-Maske in Alten- und Pflegeheimen
10. **Verordnung zur Beschränkung von sozialen Kontakten und des Betriebes von Einrichtungen und von Angeboten aufgrund der Corona-Pandemie (Corona-Kontakt- und Betriebsbeschränkungsverordnung)**
    v. 26.11.2020 (GVBl. 826, 837), geändert durch VO v. 14.12.2020 (GVBl. 866), VO v. 21.12.2020 (GVBl. 953)
    - Fortführung der Maßnahmen der VO v. 7.5.2020:
    - Aufenthalt in der Öffentlichkeit nur mit Angehörigen des eigenen und eines weiteren Hausstands erlaubt (maximal fünf Personen)
    - Maskenpflicht in geschlossenen Räumen, die öffentlich oder im Rahmen eines Besuchs- oder Kundenverkehrs zugänglich sind
    - Maskenpflicht im ÖPNV und an Haltstellen

- **Änd-VO v. 14.12.2020:**
- Schließung von Verkaufsstellen des Einzelhandels (ausgenommen Lebensmittel, Apotheken, Drogerien, Tankstellen etc)
- Verzehrverbot von Speisen und Getränken in unmittelbarer Umgebung von Verkaufsstätten
- Untersagung von Floh- und Weihnachtsmärkten
- Schließung von Dienstleistungsbetrieben der Körperpflege (zB Friseurbetriebe)
- **Änd-VO v. 21.12.2020:** Erlaubnis des Vor-Ort-Verzehrs in Kantinen von Krankenhäusern unter Einhaltung der Abstands- und Hygieneregeln

H. Mecklenburg-Vorpommern

I. Gesetze

23 1. **Gesetz über die Errichtung eines Sondervermögens „MV-Schutzfonds"**
v. 1.4.2020 (GVOBl. 140)
- Das Sondervermögen „MV-Schutzfonds" dient der Finanzierung von Maßnahmen zur Bewältigung der Corona-Pandemie und ihrer Folgen.

2. **Gesetz über den Tilgungsplan für Kredite auf Grundlage der Kreditermächtigung gemäß § 2 Absatz 2 a Haushaltsgesetz 2020/2021 (Kredittilgungsplangesetz 2020)**
v. 1.4.2020 (GVOBl. 140)
- Die auf Grundlage der Kreditermächtigung gemäß § 2 Abs. 2 a des Haushaltsgesetzes 2020/2021 tatsächlich aufgenommenen Kredite sind jeweils in Höhe von zehn Prozent in den Jahren 2024 bis 2033 haushalterisch zu tilgen.

II. Rechtsverordnungen

24 1. **Verordnung der Landesregierung über Maßnahmen zur Bekämpfung der Ausbreitung des neuartigen Coronavirus SARS-CoV-2 in Mecklenburg-Vorpommern (SARS-CoV-2-Bekämpfungsverordnung – SARS-CoV-2-BekämpfV)**
v. 17.3.2020 (GVOBl. 82), geändert durch VO v. 21.3.2020 (GVOBl. 86), VO v. 23.3.2020 (GVOBl. 90), ersetzt/fortgeführt durch VO v. 3.4.2020 (GVOBl. 130)
- Verkaufsverbot für Einzelhandel (ausgenommen Lieferdienst, Lebensmittel, Wochenmärkte, Apotheken etc); Aufhebung des Sonntagsverkaufsverbot für die erlaubten Gewerbe
- Schließung von Bars, Clubs, Kneipen etc für Publikumsverkehr; gleiches gilt für Theater, Konzert- und Opernhäuser, Museen etc
- Beschränkung von Gaststätten: zeitliche Öffnungsbeschränkung, Mindestabstand 2 m, nicht mehr als 50 Personen in einer Gaststätte, Untersagung von Beherbergungen in Hotels etc zu touristischen Zwecken
- Untersagung touristischer Reisen nach Mecklenburg-Vorpommern; Ausnahmen für Personen mit erstem Wohnsitz dort
- Einschränkung des Besuchs von stationären und teilstationären Einrichtungen der Kinder- und Jugendhilfe sowie Einrichtungen der Eingliederungshilfe für Kinder und Jugendliche gemäß §§ 45 ff. SGB VIII
- Untersagung von Zusammenkünften in öffentlichen Einrichtungen (ausgenommen Trauungen und Beisetzungen mit bis zu 20 Personen); Verbot religiöser Zusammenkünfte in Kirchen, Moscheen, Synagogen etc
- **Änd-VO v. 21.3.2020:** Verschärfung hinsichtlich Gaststätten (Schließung für den Publikumsverkehr; Abholung und Lieferung möglich; Verzehrverbot innerhalb von 50 m)
- **Änd-VO v. 23.3.2020:**
- Kontaktverbot (Reduzierung von Kontakten, Mindestabstand 2 m)
- Verschiebung von Kommunalwahlen
- Schließung von Dienstleistungsbetrieben im Bereich der Körperpflege (ausgenommen medizinisch notwendige Behandlungen)

2. **Verordnung der Landesregierung über Maßnahmen zur Bekämpfung der Ausbreitung des neuartigen Coronavirus SARS-CoV-2 in Mecklenburg-Vorpommern (SARS-CoV-2-Bekämpfungsverordnung – SARS-CoV-2-BekämpfV)**
v. 3.4.2020 (GVOBl. 130), geändert durch VO v. 8.4.2020 (GVOBl. 146), VO v. 16.4.2020 (GVOBl. 154), ersetzt/fortgeführt durch VO v. 17.4.2020 (GVOBl. 158)
- Fortführung der Maßnahmen der VO v. 17.3.2020 mit Verschärfungen:
- Untersagung von Zusammenkünften in privaten Wohnungen
- Versammlungsverbot; Erlaubnisvorbehalt für Versammlungen im Freien
- Beschränkung von Trauungen und Beisetzungen auf engsten Familienkreis
- Untersagung von Reisen innerhalb Mecklenburg-Vorpommerns (ausgenommen Familienbesuche)

- **Änd-VO v. 8.4.2020:** Erlaubnis von Zusammenkünften religiöser Glaubensgemeinschaften im Freien unter Auflagen (Abstandsregelungen)
- **Änd-VO v. 16.4.2020:** Öffnung von Bau- und Gartenmärkten

3. **Verordnung der Landesregierung zu Quarantänemaßnahmen für Ein- und Rückreisende zur Bekämpfung des neuartigen Coronavirus SARS-CoV-2 in Mecklenburg-Vorpommern** *v. 9.4.2020 (GVOBl. 150), geändert durch VO v. 17.4.2020 (GVOBl. 158), VO v. 8.5.2020 (GVOBl. 230), VO v. 19.5.2020 (GVOBl. 306), VO v. 12.6.2020 (GVOBl. 470), VO v. 7.7.2020 (GVOBl. 518), VO v. 28.7.2020 (GVOBl. 662), VO v. 11.8.2020 (GVOBl. 670), VO v. 1.9.2020 (GVOBl. 842), VO v. 6.10.2020 (GVOBl. 882), VO v. 9.10.2020 (GVOBl. 890), VO v. 13.10.2020 (GVOBl. 895), VO v. 20.10.2020 (GVOBl. 906), ersetzt/fortgeführt durch VO v. 28.11.2020 (GVOBl. 1249)*
   - Pflicht zur häuslichen Quarantäne für Ein- und Rückreisende mit Ausnahmen für Berufspendler, in kritischer Infrastruktur tätige Personen und Saisonarbeitskräfte
   - **Änd-VO v. 17.4.2020:** Verlängerung der Maßnahmen bis zum 10.5.2020
   - **Änd-VO v. 8.5.2020:** Verlängerung der Maßnahmen bis zum 10.6.2020
   - **Änd-VO v. 19.5.2020:** Quarantänepflicht nur noch für Personen, die aus Nicht-EU-Staaten, Island, dem Fürstentum Liechtenstein, Norwegen, der Schweiz oder dem Vereinigten Königreich von Großbritannien und Nordirland einreisen
   - **Änd-VO v. 12.6.2020:** Verlängerung der Maßnahmen bis zum 10.8.2020
   - **Änd-VO v. 7.7.2020:** Quarantänepflicht für Personen, die aus einem Landkreis oder einer kreisfreien Stadt mit einer Sieben-Tage-Inzidenz von über 50 einreisen oder dort ihren Wohnsitz haben
   - **Änd-VO v. 28.7.2020:** Verlängerung der Maßnahmen bis zum 27.8.2020
   - **Änd-VO v. 11.8.2020:** Verlängerung der Maßnahmen bis zum 10.9.2020
   - **Änd-VO v. 1.9.2020:** Verlängerung der Maßnahmen bis zum 9.10.2020
   - **Änd-VO v. 6.10.2020:** Verlängerung der Maßnahmen bis zum 10.11.2020
   - **Änd-VO v. 9.10.2020:** Ausnahmen von der Quarantänepflicht für Personen mit COVID-19-Symptomen, die aus einem innerdeutschen Risikogebiet mit Sieben-Tage-Inzidenz über 50 einreisen
   - **Änd-VO v. 13.10.2020:** Erweiterung des Ausnahmenkatalogs v. 9.10.2020 (zB für Personen, die von privaten Besuchen bei Familienangehörigen (Kernfamilie) zurückkehren
   - **Änd-VO v. 20.10.2020:** Verlängerung der Maßnahmen bis zum 30.11.2020
4. **Verordnung der Landesregierung gegen das neuartige Coronavirus (Anti-Corona-VO MV)** *v. 17.4.2020 (GVOBl. 158), geändert durch VO v. 22.4.2020 (GVOBl. 194), VO v. 23.4.2020 (GVOBl. 199), VO v. 29.4.2020 (GVOBl. 204), VO v. 30.4.2020 (GVOBl. 214), VO v. 6.5.2020 (GVOBl. 218), ersetzt/fortgeführt durch VO v. 8.5.2020 (GVOBl. 230)*
   - Fortführung der Maßnahmen der VO v. 3.4.2020 überwiegend mit Lockerungen:
   - Empfehlung zum Tragen eines Mund-Nasen-Schutzes
   - Öffnung des Einzelhandels mit einer Verkaufsfläche bis 800 qm;
   - Öffnung von Buchhandel, Kfz-Handel etc unter Auflagen
   - Erlaubnis von Versammlungen im Freien mit bis zu 50 Teilnehmern unter Auflagen; Erlaubnisvorbehalt für Veranstaltungen mit über 50 Teilnehmern
   - Besuchs- und Betretungsbeschränkungen in Krankenhäusern und Einrichtungen nach dem SGB V sowie Einrichtungen der Jugendhilfe nach § 45 Absatz 1 Satz 2 SGB VIII
   - **Änd-VO v. 22.4.2020:** Öffnung von Bibliotheken, Zoos, botanischen Gärten etc
   - **Änd-VO v. 23.4.2020:** Maskenpflicht im Einzelhandel
   - **Änd-VO v. 29.4.2020:**
   - Maskenpflicht im ÖPNV
   - Öffnung von Autokinos
   - Öffnung von Friseuren ab 4.5.2020 unter Auflagen
   - Anordnung von Mund-Nasen-Schutz in Arztpraxen
   - Einreiseerlaubnis für Personen mit zweitem Wohnsitz in Mecklenburg-Vorpommern ab 1.5.2020
   - Erlaubnis von Zusammenkünften von Glaubensgemeinschaften unter Auflagen; Erlaubnis von Zusammenkünften im Freien mit bis zu 50 Personen

- **Änd-VO v. 30.4.2020:** Öffnung von Spielplätzen
- **Änd-VO v. 6.5.2020:**
- Öffnung von Museen; Öffnung von Galerien und Gedenkstätten ab 11.5.2020 unter Auflagen
- Dienstleistungen im Bereich der Körperpflege unter Auflagen erlaubt

5. **Verordnung der Landesregierung zum Übergang nach den Corona-Schutz-Maßnahmen (Corona-Übergangs-LVO MV)**
v. 8.5.2020 (GVOBl. 230), geändert durch VO v. 13.5.2020 (GVOBl. 254), VO v. 19.5.2020 (GVOBl. 306), VO v. 20.5.2020 (GVOBl. 326), VO v. 3.6.2020 (GVOBl. 399), VO v. 9.6.2020 (GVOBl. 461), VO v. 12.6.2020 (GVOBl. 470), VO v. 23.6.2020 (GVOBl. 498), ersetzt/fortgeführt durch VO v. 7.7.2020 (GVOBl. 518)
   - Fortführung der Maßnahmen der VO v. 17.4.2020 mit Lockerungen:
   - Öffnung des gesamten Einzelhandels unter Auflagen
   - Öffnung von Fahrschulen
   - Erlaubnis von Freizeit- und Breitensport in Außenanlagen unter Einhaltung des Mindestabstands
   - tourismusaffine Dienstleistungen wieder zulässig
   - Öffnung von Gaststätten unter Auflagen (zB Beschränkung der Öffnungszeiten)
   - Besuchserlaubnis in Krankenhäusern für feste Kontaktperson oder Kernfamilie; Gleiches gilt für Einrichtungen nach SGB V
   - Verbot von Großveranstaltungen mit mehr als 200 Personen in geschlossenen Räumen bzw. mehr als 500 Personen im Freien und Volksfesten bis zum 31.8.2020
   - Erlaubnis von Versammlungen mit bis zu 150 Personen im Freien unter Auflagen; Erlaubnisvorbehalt für Versammlungen mit mehr als 150 Personen
   - Trauungen und Beisetzungen mit bis zu 25 Personen zulässig
   - **Änd-VO v. 13.5.2020:**
   - Öffnung von Beherbergungsbetrieben für Personen aus anderen Bundesländern ab 25.5.2020 (augenommen Risikogebiete)
   - Erlaubnis der Einreise aus anderen Bundesländern unter Auflagen (Vorliegen einer verbindlichen Buchung für mind. eine Übernachtung)
   - **Änd-VO v. 19.5.2020:**
   - Öffnung von Kinos unter Einhaltung von Hygienemaßnahmen sowie Einlass- und Kontaktbeschränkungen
   - Öffnung von Freibädern unter Auflagen
   - Öffnung von Fitness- und Yogastudios, Tanzschulen etc unter Auflagen
   - Fortsetzung des Spiel- und Wettkampfbetriebs im Bereich des Profi- und Spitzensports ohne Publikum
   - Verlängerung der Maßnahmen bis zum 15.6.2020
   - **Änd-VO v. 20.5.2020:** Wegfall der Personenbeschränkung auf eine Person pro zehn qm bei Zusammenkünften von Glaubensgemeinschaften
   - **Änd-VO v. 3.6.2020:**
   - Öffnung von Schwimm- und Spaßbädern zur Durchführung von Schwimmkursen sowie Schul- und Vereinssport unter Auflagen
   - Erweiterung der Kontaktbeschränkung auf Treffen mit maximal zehn Personen
   - Öffnung von Outdoor-Freizeitangeboten
   - Schankwirtschaften bleiben für den Publikumsverkehr geschlossen
   - Verlängerung der Maßnahmen bis zum 11.6.2020
   - **Änd-VO v. 9.6.2020:**
   - Öffnung von Theatern, Konzert- und Opernhäusern unter Auflagen (Genehmigung des Hygiene- und Sicherheitskonzepts durch die zuständige Gesundheitsbehörde im Sinne des § 2 Abs. 1 Infektionsschutzausführungsgesetz Mecklenburg-Vorpommern)
   - Öffnung von Bars und Schankwirtschaften unter Auflagen (Genehmigung des Hygiene- und Sicherheitskonzepts durch die zuständige Gesundheitsbehörde, Einhaltung einer Sperrstunde sowie einer Personenbegrenzung pro Tisch auf maximal zehn Gäste, Maskenpflicht für Gäste (ausgenommen am Tisch))
   - Verlängerung der Maßnahmen bis zum 10.7.2020

- **Änd-VO v. 12.6.2020:**
- Einreiseerlaubnis für Touristen aus dem europäischen Ausland; Einreisende aus Risikogebieten müssen ärztliches Zeugnis vorlegen, welches die Abwesenheit von Anhaltspunkten für das Vorliegen einer Infektion mit dem Coronavirus bestätigt
- Öffnung von Zirkussen sowie mobilen und ortsgebundenen Freizeitparks unter Auflagen
- Öffnung von Spielhallen, -banken und Wettannahmestellen unter Auflagen
- Wiederaufnahme des Spiel- und Wettkampfbetriebs in kontaktfreien Sportarten im Freizeit- und Breitensport unter Auflagen (Hygiene- und Sicherheitskonzept) sowie ohne Zuschauer
- Öffnung von Hallen- und Spaßbädern für den öffentlichen Betrieb unter Auflagen
- Erlaubnis von Proben für Chöre und Musikensembles unter Auflagen
- Aufhebung der Kapazitätsbegrenzung in Beherbergungsbetrieben und auf Campingplätzen
- **Änd-VO v. 23.6.2020:** Verlängerung der Kontaktbeschränkungen bis zum 10.7.2020

6. **Verordnung der Landesregierung zur weiteren schrittweisen Lockerung der coronabedingten Einschränkungen des öffentlichen Lebens in Mecklenburg-Vorpommern (Corona-Lockerungs-LVO MV)**
   v. 7.7.2020 (GVOBl. 518), geändert durch VO v. 11.8.2020 (GVOBl. 670), VO v. 1.9.2020 (GVOBl. 842), VO v. 8.9.2020 (GVOBl. 857), VO v. 6.10.2020 (GVOBl. 882), VO v. 13.10.2020 (GVOBl. 895), VO v. 20.10.2020 (GVOBl. 906), VO v. 27.10.2020 (GVOBl. 912), ersetzt/fortgeführt durch VO v. 31.10.2020 (GVOBl. 926)

- Fortführung der Maßnahmen der VO v. 8.5.2020 mit Lockerungen:
- Aufhebung der Kontaktbeschränkungen
- Erlaubnis von Tagestourismus (zB Busreisegruppen)
- Erhöhung der zulässigen Teilnehmeranzahl bei Veranstaltungen auf 200 Personen in geschlossenen Räumen bzw. 500 Personen im Freien
- Erlaubnis, bei Familienfeiern zu tanzen
- Öffnung von Töpfer- und Flohmärkten
- **Änd-VO v. 11.8.2020:**
- Ausreisepflicht für Personen, die keine Haupt- oder Nebenwohnung in Mecklenburg-Vorpommern haben, mit Ausnahmen (zB zur Ausübung beruflicher Tätigkeit, private Besuchen der Kernfamilie)
- Maskenpflicht in öffentlich zugänglichen Bereichen von Bahnhofsgebäuden und Flughäfen
- **Änd-VO v. 1.9.2020:**
- Erlaubnis der Einreise und des Aufenthalts in Mecklenburg-Vorpommern (ausgenommen Personen, die sich in Risikogebieten aufgehalten haben und nicht zB ihren Haupt- oder Nebenwohnsitz in Mecklenburg-Vorpommern haben, Betreiber von Campingplätzen, Vermieter von Ferienwohnungen etc sind)
- Erlaubnis von Jahrmärkten, Herbst- und Weihnachtsmärkten (Genehmigungsvorbehalt)
- Öffnung von öffentlichen und privaten Sportanlagen (alle Sportarten) für den Trainings-, Spiel- und Wettkampfbetrieb für Athleten des Deutschen Olympischen Sportbundes (Bundeskader) uÄ sowie für Spitzenathleten, die mit dem Sport ihren überwiegenden Lebensunterhalt bestreiten; Erlaubnis von Zuschauern
- Maskenpflicht an Bushaltestellen
- **Änd-VO v. 8.9.2020:**
- Genehmigungsbedürftigkeit für Veranstaltungen des Spiel- und Wettkampfbetriebs mit einer Zuschauerzahl von mehr als 500 Personen im Freien bzw. 200 Personen in geschlossenen Räumen und Hallen
- **Änd-VO v. 6.10.2020:** Verlängerung der Maßnahmen bis zum 10.11.2020
- **Änd-VO v. 13.10.2020:** Ausnahme vom Einreiseverbot aus Risikogebieten für Personen, deren Einreise medizinisch veranlasst ist

- **Änd-VO v. 20.10.2020:**
- Berechtigung der zuständigen Behörden, weitergehende infektionsschutzrechtliche Maßnahmen zu treffen, wenn im örtlichen Zuständigkeitsbereich eines Landkreises bzw. einer kreisfreien Stadt die Sieben-Tage-Inzidenzwert über zehn liegt
- Ausnahme vom Einreiseverbot aus Risikogebieten für Personen, die Sportveranstaltungen vorbereiten, durchführen oder an Trainings-, Wettkampf- und Lehrgangsmaßnahmen teilnehmen
- **Änd-VO v. 27.10.2020:** Berechtigung der zuständigen Behörden, in Abhängigkeit vom jeweiligen Infektionsgeschehen, weitergehende infektionsschutzrechtliche Maßnahmen zu treffen (maßgeblich ist der Erlass des Ministeriums für Wirtschaft, Arbeit und Gesundheit zur MV-Corona-Ampel)

7. **Corona-Landesverordnung Mecklenburg-Vorpommern (Corona-LVO M-V)**
   v. 31.10.2020 (GVOBl. 926), ersetzt/fortgeführt durch VO v. 28.11.2020 (GVOBl. 1158)
   - Fortführung der Maßnahmen der VO v. 7.7.2020 mit Verschärfungen:
   - Erlaubnis des Aufenthalts in der Öffentlichkeit nur alleine oder mit den Angehörigen des eigenen und maximal eines weiteren Hausstands (maximal zehn Personen)
   - Verbot der Zusammenkunft feiernder Menschen auf öffentlichen Plätzen, in Wohnungen sowie in privaten Einrichtungen
   - generelles Einreiseverbot mit Ausnahmen (zB für Personen mit Haupt- oder Nebenwohnsitz in Mecklenburg-Vorpommern, für beruflich bedingte Reisen etc)
   - Schließung von Freizeiteinrichtungen (zB Kinos, Theater, Opernhäuser, Zoos etc)
   - Schließung von kulturellen Ausstellungen, Museen und Gedenkstätten sowie ähnlichen Einrichtungen in geschlossenen Räumen für den Publikumsverkehr
8. **Verordnung zur Eindämmung der Atemwegserkrankung COVID-19/Übertragung von SARS-CoV-2 im Bereich von Schule (Schul-Corona-Verordnung – SchulCoronaVO M-V)**
   v. 3.11.2020 (GVOBl. 1018), geändert durch VO v. 4.11.2020 (GVOBl. 1023), VO v. 16.11.2020 (GVOBl. 1136), VO v. 27.11.2020 (GVOBl. 1155), VO v. 14.12.2020 (GVOBl. 1324)
   - Maskenpflicht in Schulgebäuden und allen schulischen Anlagen (Dienstpflicht für Schulpersonal)
   - **Änd-VO v. 4.11.2020:** redaktionelle Änderungen
   - **Änd-VO v. 16.11.2020:** Berechtigung der zuständigen Behörden, in Abhängigkeit vom jeweiligen Infektionsgeschehen, weitergehende infektionsschutzrechtliche Maßnahmen zu treffen (maßgeblich ist der Erlass des Ministeriums für Wirtschaft, Arbeit und Gesundheit zur MV-Corona-Ampel)
   - **Änd-VO v. 27.11.2020:** Verlängerung der Maßnahmen bis zum 31.1.2021
   - **Änd-VO v. 14.12.2020:** Ausnahme von der Maskenpflicht für Personen, die zur Kommunikation mit Menschen mit Hörbehinderung, auf das Lippenlesen angewiesen sind; unter Einhaltung des Mindestabstands
9. **Corona-Landesverordnung Mecklenburg-Vorpommern (Corona-LVO M-V)**
   v. 28.11.2020 (GVOBl. 1158), geändert durch VO v. 15.12.2020 (GVOBl. 1329), VO v. 18.12.2020 (GVOBl. 1414)
   - Fortführung der Maßnahmen der VO v. 31.10.2020 mit Verschärfungen
   - Beschränkung von privaten Treffen auf fünf Personen (Lockerung für die Weihnachtsfeiertage)
   - **Änd-VO v. 15.12.2020:**
   - Schließung von Verkaufsstellen des Einzelhandels (ausgenommen zB Lebensmittel, Wochenmärkte, Apotheken, Sanitätshäuser, Drogerien, Tankstellen, Großhandel etc); Erlaubnis des Verkaufs sonstiger Waren bei Abholung oder Lieferung
   - Schließung von Dienstleistungsbetrieben im Bereich der Körperpflege (zB Kosmetikstudios, Friseure etc)
   - Verbot öffentlich veranstalteter Feuerwerke sowie der Verwendung von Pyrotechnik auf öffentlichen Plätzen und Straßen an Silvester (ausgenommen Kleinstfeuerwerk)
   - **Änd-VO v. 18.12.2020:** Verbot der Zusammenkunft feiernder Menschen auf öffentlichen Plätzen, in Wohnungen sowie privaten Einrichtungen im Rahmen öffentlicher und nicht-öffentlicher Veranstaltungen, An- oder Versammlungen

10. **Zweite Verordnung der Landesregierung zu Quarantänemaßnahmen für Ein- und Rückreisende zur Bekämpfung des neuartigen Coronavirus SARS-CoV-2 in Mecklenburg-Vorpommern (2. SARS-CoV-2-Quarantäneverordnung – 2. SARS-CoV-2-QuarV)**
    v. 28.11.2020 (GVOBl. 1249), geändert durch VO v. 18.12.2020 (GVOBl. 1414)
    - Absonderungspflicht für Personen mit Wohnsitz in Mecklenburg-Vorpommern, die sich aus einem anderen privaten Anlass als einem privaten Besuch bei der Kernfamilie etc in einem Landkreis oder einer kreisfreien Stadt in Deutschland mit einer Sieben-Tage-Inzidenz über 200 aufgehalten haben
    - **Änd-VO v. 18.12.2020:** Erweiterung des Personenkreises, für den eine Quarantänepflicht nach dem Aufenthalt in einem Risikogebiet gilt

III. Allgemeinverfügungen

1. **Allgemeinverfügung der Landesregierung zum Besuch von Schulen, Einrichtungen der Kindertagesförderung und der Kindertagespflege zur Eindämmung der Atemwegserkrankung COVID-19/Übertragung von SARS-CoV-2 ab dem 16. März 2020** 25
   v. 14.3.2020 (ABl. 126, ber. 145), geändert durch AV v. 17.4.2020 (ABl. 182)
   - Untersagung des Besuchs von Schulen und Kindergärten (ausgenommen Notfallbetreuung)
2. **Allgemeinverfügung zur Ausnahmebewilligung zur Beschäftigung von Arbeitnehmern an Sonn- und Feiertagen und für Abweichungen von bestimmten Beschränkungen des Arbeitszeitgesetzes aus Anlass der Ausbreitung des Coronavirus (SARS-CoV-2) in Deutschland gemäß § 15 Absatz 2 Arbeitszeitgesetz (ArbZG)**
   v. 20.3.2020 (ABl. 134)
   - Bewilligung der Beschäftigung von Arbeitnehmern an Sonn- und Feiertagen (zB im Bereich von Lebensmitteln, Hygieneartikeln, Medikamenten etc)

IV. Erlasse

1. **Erlass des Ministeriums für Wirtschaft, Arbeit und Gesundheit für Regelungen des Besuchs und des Betretens sozialer Institutionen und weiterer kontaktvermeidender Maßnahmen ab dem 20. März 2020** 26
   v. 20.3.2020 (ABl. 143), außer Kraft mit Ablauf 19.4.2020
   - fachaufsichtliche Weisung zur Untersagung des Betretens von Werkstätten für Menschen mit Behinderung, Tagespflegeeinrichtungen, Beratungsstellen
2. **Erlass des Ministeriums für Soziales, Integration und Gleichstellung zum Sozialdienstleister-Einsatzgesetz vom 27. März 2020 (BGBl. I S. 575, 578) für Leistungen nach dem Achten Buch Sozialgesetzbuch (SGB VIII), Teil 2 des Neunten Buches Sozialgesetzbuch (SGB IX) und dem Zwölften Buch Sozialgesetzbuch (SGB XII)**
   v. 7.4.2020 (ABl. 171)
3. **Erlass über die Vergabe öffentlicher Aufträge im Zusammenhang mit der Corona-Pandemie**
   v. 14.4.2020 (ABl. 160)
   - keine Durchführung eines förmlichen Vergabeverfahrens bei medizinischen Bedarfsgegenständen

I. Niedersachsen

I. Gesetze

27 1. **Gesetz zur Finanzierung von Zuführungen an das Sondervermögen zur Nachholung von Investitionen bei den Hochschulen in staatlicher Verantwortung und an das Sondervermögen Wirtschaftsförderfonds Niedersachsen sowie zur Errichtung eines Sondervermögens zur Bewältigung der Auswirkungen der COVID-19 Pandemie mit Mitteln des Jahresüberschusses 2019**
v. 12.5.2020 (GVBl. 108), geändert durch G. v. 15.7.2020 (GVBl. 236)
   - Errichtung eines Sondervermögens zur Bewältigung der COVID-19-Pandemie, das Leistungsfähigkeit in Gesundheitsversorgung und Wirtschaft sicherstellen soll und dem verschiedene Vermögenswerte zugeführt werden
   - **Änd-G. v. 15.7.2020:** detaillierte Zweckbindung des Sondervermögens
2. **Haushaltsbegleitgesetz zum Zweiten Nachtragshaushaltsgesetz 2020**
v. 15.7.2020 (GVBl. 236)
   - Ausgleich von Gewerbesteuerausfällen für Kommunen iHv 814 Mio. Euro
   - Festlegung eines Ausgleichs des Mehraufwands iHv 100 Mio. Euro
   - Anpassung des Finanzausgleichs
   - Finanzhilfen und Sondervermögen für verschiedene Wirtschaftszweige
3. **Gesetz zur Änderung niedersächsischer Rechtsvorschriften aus Anlass der COVID-19-Pandemie**
v. 15.7.2020 (GVBl. 244)
   - Möglichkeit für Landtag, epidemische Lage landesweiter Tragweite festzustellen, um bei dessen Eintreten Kompetenzen von Kommunen auf Fachministerien zu übertragen (Verankerung im Niedersächsischen Gesetz über den öffentlichen Gesundheitsdienst)
   - Änderungen für verschiedene Gesetze:
   - im Gesundheitssektor: verschiedene Fördermaßnahmen und Pflichten, um unterschiedlichen, geänderten Bedürfnissen der Corona-Pandemie Rechnung zu tragen
   - Änderung der Bauordnung zur Errichtung und Nutzung von Notunterkünften im Notfall
   - Ergänzung des Katastrophenschutzgesetzes anlässlich der Corona-Pandemie um „außergewöhnliche Ereignisse“ und „Katastrophenvoralarm“; Anpassung der Kompetenzen für diese Fälle
   - Anpassung des Kommunalverfassungsgesetzes, verschiedener Kommunalgesetze und des Beamtenrechts, insb. hinsichtlich Finanzierung und Kompetenzen

II. Rechtsverordnungen

28 1. **Niedersächsische Verordnung zur Bekämpfung der Corona-Virus-Krankheit COVID-19**
v. 18.3.2020 (GVBl. 37), geändert durch VO v. 17.4.2020 (GVBl. 79), ersetzt/fortgeführt durch VO v. 8.5.2020 (GVBl. 97)
   - Pflicht für Krankenhäuser, planbare Eingriffe auszusetzen
   - Patienten eines solchen Eingriffs sind zu entlassen
2. **Niedersächsische Verordnung zur Beschränkung sozialer Kontakte anlässlich der Corona-Pandemie**
v. 27.3.2020 (GVBl. 48), ersetzt/fortgeführt durch VO v. 2.4.2020 (GVBl. 55)
   - Kontaktbeschränkung auf absolutes Minimum
   - für Kontakte außerhalb der eigenen Wohnung ist ein Mindestabstand von 1,5 m einzuhalten (Ausnahme eigener Hausstand); Ansammlung auf zwei Personen beschränkt; Untersagung von Aktivitäten, die Abstand gefährden (zB Gruppenbildung)
   - erlaubt sind: Sport, berufliche Tätigkeit, Inanspruchnahme (tier-)medizinischer Einrichtungen (wenn unaufschiebbar) etc, Versorgung mit Gegenständen des täglichen Bedarfs in aufgelisteten Bereichen, Besuch von Lebenspartnern oder Pflegebedürftigen, Besuch von Hochzeiten und Trauerfeiern im engsten Kreis, Wahrnehmung öffentlicher Aufgaben etc
   - bloß Außer-Haus-Verkauf für Gaststätten

- Verbot von Dienstleistungen, die nicht ohne Abstandsverstöße möglich sind (Friseurbetriebe, Physiotherapie etc)
- Abstand von 1,5 m in Läden; nur eine Person pro zehn qm Verkaufsfläche zugelassen
- Baumärkte dürfen nur per Versand an Privatkunden verkaufen (in Folgeregelung weggefallen)
- Festlegung von Ordnungswidrigkeiten mit bis zu 25.000 Euro Bußgeld

3. **Niedersächsische Verordnung über die Beschränkung sozialer Kontakte zur Eindämmung der Corona-Pandemie**
   v. 2.4.2020 (GVBl. 55), ersetzt/fortgeführt durch VO v. 7.4.2020 (GVBl. 63)
   - Fortführung der Maßnahmen der VO v. 27.3.2020 mit Änderungen:
   - Verbot des Kontakts in der eigenen Wohnung betreffend Außenstehende
   - Schließung von Bars, Clubs, Theatern, Opernhäusern, Museen, Messen, Kinos etc
   - Erweiterung erlaubter Einkäufe
   - Beherbergungsverbot für Tourismusbetriebe
   - Verbot von Zusammenkünften für Sport und Freizeit, Religion, in Bildungseinrichtungen oder sonstigen öffentlichen Einrichtungen
   - Verbot des touristischen Aufenthalts in Zweitwohnung
   - Erlaubnis zur Berichterstattung im öffentlichen Raum
   - 14-tägiges Betretungsverbot in Krankenhäusern, Pflege- oder Bildungseinrichtungen etc für Reiserückkehrer
   - Verbot des Verzehrs von Restaurantspeisen innerhalb von 50 m zum Verkaufsort
4. **Verordnung über Auftragswertgrenzen und Verfahrenserleichterungen zum Niedersächsischen Tariftreue- und Vergabegesetz**
   (Niedersächsische Wertgrenzenverordnung – NwertVO)
   v. 3.4.2020 (GVBl. 60)
   - aufgrund von Corona-Pandemie: Vergabeverfahren für Aufträge über Bauleistungen bis zum 30.9.2020 unter drei Mio. Euro dürfen ohne Teilnahmewettbewerb vergeben werden; bis eine Mio. Euro durch freihändige Vergabe
   - Erleichterungen bei Vergabeverfahren bis zum 30.9.2020; geringere Nachweispflichten bei Beurteilung der finanziellen Leistungsfähigkeit
   - für Vergabe bei Liefer- oder Dienstleistungen bis 30.9.2020 größere Wahlmöglichkeiten für Auftraggeber (oder sogar ohne Vergabeverfahren möglich, wenn unter 214.000 Euro)
5. **Niedersächsische Verordnung über die Beschränkung sozialer Kontakte zur Eindämmung der Corona-Pandemie**
   v. 7.4.2020 (GVBl. 63), geändert durch VO v. 9.4.2020 (GVBl. 70), ersetzt/fortgeführt durch VO v. 17.4.2020 (GVBl. 74)
   - Fortführung der Maßnahmen der VO v. 2.4.2020 mit Änderungen:
   - Streichung des Kontaktverbots in der eigenen Wohnung
   - Beschränkung von Trauer- und Hochzeitsfeiern auf zehn Personen
   - **Änd-VO v. 9.4.2020:** 14-tägige häusliche Quarantäne für Reiserückkehrer; Meldepflicht bei Behörde; Ausnahme für Kurzreisen und bei systemrelevanter Tätigkeit, wenn symptomfrei
6. **Niedersächsische Verordnung zum Schutz vor Neuinfektionen mit dem Corona-Virus**
   v. 17.4.2020 (GVBl. 74), geändert durch VO v. 24.4.2020 (GVBl. 84), VO v. 5.5.2020 (GVBl. 90), ersetzt/fortgeführt durch VO v. 8.5.2020 (GVBl. 97)
   - Fortführung der Maßnahmen der VO v. 7.4.2020 mit Änderungen:
   - Verbot von Großveranstaltungen mit 1.000 oder mehr Teilnehmern bis zum 31.8.2020
   - Präsenzunterrichtsverbot (ausgenommen Jahrgangsstufen neun, zehn und 13 sowie Notbetreuung in Kleingruppen für Jahrgangsstufen eins bis acht); Untersagung von außerschulischen Aktivitäten (Klassenfahrten, Konzerte etc)
   - Ausnahmen für Versammlungen im Freien möglich
   - Besuchsverbote in Krankenhäusern; Verbot der Tagespflege; keine Neuaufnahme in Betreuungseinrichtungen; Betriebsverbot für Behindertenwerkstätte
   - Geschäfte mit weniger als 800 qm Fläche dürfen öffnen
   - Tourismusverbot für Inseln

- **Änd-VO v. 24.4.2020:**
- Maskenpflicht beim Einkauf und im ÖPNV
- Schulbesuche auch für vierte Klasse wieder erlaubt (ab 4.5.2020)
- Betriebserlaubnis für Friseurbetriebe mit Dokumentationspflicht der Kunden (ab 4.5.2020)
- **Änd-VO v. 5.5.2020:**
- Erlaubnis der privaten Betreuung von bis zu 5 Kindern aus fremden Hausständen unter Führung einer Anwesenheitsliste
- Öffnung von Spielplätzen im Freien und Campingplätzen für Langzeitbesucher
- Erlaubnis der Nutzung von Zweitwohnungen
- Öffnung von außerschulischen Bildungseinrichtungen zur Prüfungsvorbereitung und Prüfungsvornahme unter Einhaltung von Dokumentationspflichten
- generelles Verbot von Großveranstaltungen unabhängig von ihrer Größe (zBVolks- oder Dorffeste)
- Öffnung von Autokinos und Sportstätten für kontaktlosen Sport
- Erlaubnis von religiösen Zusammenkünften
- Öffnung von Zoos, Freilichtmuseen, Museen etc; Maskenpflicht in geschlossenen Räumen
- Erlaubnis des Besuchs von Rechtsanwälten, Notaren, Physio- und Ergotherapeuten etc
- Verlängerung der Maßnahmen bis zum 10.5.2020

7. **Niedersächsische Verordnung über Beschränkungen im Krankenhausbetrieb zur Bekämpfung der Corona-Virus-Krankheit COVID-19**
   v. 5.5.2020 (GVBl. 93), ersetzt/fortgeführt durch VO v. 15.7.2020 (GVBl. 256)
   - Fortführung der Maßnahmen der VO v. 18.3.2020 mit Änderungen:
   - prozentuale Freihaltung von Behandlungskapazitäten in Krankenhäusern inklusive einer Sicherheitsreserve und diesbezügliche Meldepflicht
8. **Niedersächsische Verordnung zur Bekämpfung der Corona-Pandemie**
   v. 8.5.2020 (GVBl. 97), geändert durch VO v. 19.5.2020 (GVBl. 130), VO v. 22.5.2020 (GVBl. 134), VO v. 5.6.2020 (GVBl. 147), VO v. 19.6.2020 (GVBl. 155), VO v. 25.6.2020 (GVBl. 170), VO v. 5.7.2020 (GVBl. 202), VO v. 10.7.2020 (GVBl. 223), ersetzt/fortgeführt durch VO v. 10.7.2020 (GVBl. 226)
   - Fortführung der Maßnahmen der VO v. 17.4.2020 mit Änderungen:
   - Öffnung von Ferienwohnungen und Campingplätzen unter Auflagen
   - Erlaubnis von Kontaktsportarten (zB Fußball) unter strengen Auflagen, insb. unter Ausschluss von Zuschauern
   - Erweiterung des Sicherheitsabstands für körperliche Aktivitäten auf 2 m
   - Öffnung von Pflegeeinrichtungen zur Notbetreuung
   - Erlaubnis der Neuaufnahme in Heimen bei Einhaltung von Quarantänevorschriften
   - Erweiterung von Trauer- und Hochzeitsfeiern auf 20 Personen
   - Erlaubnis von außerschulischen Bildungsangeboten
   - Erlaubnis von Restaurationsbetrieben und körpernahen Dienstleistungen (ausgenommen Tattoo-Studios) unter Auflagen
   - Ausweitung der Präsenzunterrichtserlaubnis auf Jahrgangsstufen drei und zwölf
   - **Änd-VO v. 19.5.2020:** Öffnung von Krankenhäusern und Pflegeeinrichtungen für Besuch unter strengen Auflagen
   - **Änd-VO v. 22.5.2020:**
   - Erweiterung des Präsenzunterrichts auf weitere Jahrgangsstufen unter Auflagen
   - Öffnung von Spielhallen, Wettannahmestellen uÄ unter Auflagen
   - Öffnung touristischer Angebote, wie Hotels (bis zu einer 60 prozentigen Auslastung), Stadtführungen, Schifffahrten unter Auflagen
   - **Änd-VO v. 5.6.2020:**
   - Verpflichtung für Pflegeeinrichtungen, Isolations- und Quarantäneplätze vorzuhalten
   - Erweiterung der Kapazitätsgrenze für Beherbergungsbetriebe auf 80 Prozent
   - Öffnung von Schwimmbädern unter Auflagen
   - Erweiterung von Feiern auf 50 Personen
   - Konkretisierung der Unterrichtskonzepte

- **Änd-VO v. 19.6.2020:**
- Erlaubnis von Messen, Kongressen uÄ unter strengen Auflagen
- Öffnung von Sportveranstaltungen für Zuschauer unter strengen Auflagen
- weitere Konkretisierung der Unterrichtskonzepte
- **Änd-VO v. 25.6.2020:** Beherbergungsverbot für Menschen aus den Kreisen Gütersloh und Warendorf mit Ausnahmen
- **Änd-VO v. 5.7.2020:**
- Erlaubnis von Kontaktsport für feste Kleingruppen
- Aufhebung des Beherbergungsverbots für Menschen aus Warendorf
- Verlängerung der Maßnahmen bis zum 12.7.2020 (ausgenommen der Regelung hinsichtlich Großveranstaltungen)
- **Änd-VO v. 10.7.2020:** Aufhebung des Beherbergungsverbots für Risikogebiete

9. **Niedersächsische Verordnung zur Neuordnung der Maßnahmen gegen die Ausbreitung des Corona-Virus SARS-CoV-2 (Niedersächsische Corona-Verordnung)**
v. 10.7.2020 (GVBl. 226), berichtigt durch VO v. 15.7.2020 (GVBl. 257), geändert durch VO v. 31.7.2020 (GVBl. 260), VO v. 11.8.2020 (GVBl. 267), VO v. 26.8.2020 (GVBl. 279), VO v. 10.9.2020 (GVBl. 283), VO v. 23.9.2020 (GVBl. 336), ersetzt/fortgeführt durch VO v. 7.10.2020 (GVBl. 346)
   - Fortführung der Maßnahmen der VO v. 8.5.2020 mit Änderungen:
   - generelle Abstandsregelung; Beschränkung öffentlicher Zusammenkünfte auf zehn Personen
   - Erfordernis eines Hygienekonzepts für öffentliche Einrichtungen
   - Dokumentationspflichten für Besucher im öffentlichen Raum
   - Hygieneregeln für Arbeitgeber und den Einzelhandel
   - überarbeitete Hygieneregeln für Schulen und Kindertagesstätten, für Angebote der Kinder- und Jugendhilfe sowie für Behindertenwerkstätten
   - **Änd-VO v. 31.7.2020:**
   - Lockerung hinsichtlich der Qualifikation von Beschäftigten in Kindertagesstätten uÄ für coronabedingte Personalausfälle
   - Kompetenz für Gesundheitsämter, den Schulbetrieb für bestimmte Schulen einzuschränken oder komplett einzustellen
   - **Änd-VO v. 11.8.2020:** Ergänzung des Hygieneplans für Schulen
   - **Änd-VO v. 10.9.2020:**
   - Erlaubnis auch für Behörden, Gerichte uÄ, personenbezogene Daten der Besucher zu erheben
   - Möglichkeit des Widerrufs der Öffnung von Messen, Kongressen etc unter Berücksichtigung des Infektionsgeschehens
   - spezielle Regeln für die Ausübung von Prostitution
   - **Änd-VO v. 23.9.2020:**
   - Änderungen für den Besuch von Sportveranstaltungen
   - Verlängerung der Maßnahmen bis zum 8.10.2020
10. **Niedersächsische Verordnung über Beschränkungen im Krankenhausbetrieb zur Bekämpfung der Corona-Virus-Krankheit COVID-19**
v. 15.7.2020 (GVBl. 256), geändert durch VO v. 24.9.2020 (GVBl. 341)
   - Fortführung der Maßnahmen der VO v. 5.5.2020 mit Änderungen:
   - Möglichkeit, Kapazität zu erhöhen, wenn sich Infektionslage verschlechtert
   - **Änd-VO v. 24.9.2020:** Verlängerung der Maßnahmen bis zum 31.12.2020
11. **Verordnung zur Änderung der Verordnung über berufsbildende Schulen**
v. 31.8.2020 (GVBl. 282)
   - Vorgaben für die Benotung bei coronabedingten Prüfungsausfällen
   - außer Kraft am 1.8.2021

12. **Verordnung zur Änderung schulrechtlicher Verordnungen aus Anlass der COVID-19-Pandemie**
    v. 23.9.2020 (GVBl. 332)
    – Sonderregelungen für schulrechtliche Problemstellungen wie Versetzung, Auswahl der weiterführenden Schule, Auslandsaufenthalte, Abschlüsse, Prüfungen etc für den Zeitraum der Corona-Pandemie
13. **Niedersächsische Verordnung über Maßnahmen gegen die Ausbreitung des Corona-Virus SARS-CoV-2 (Niedersächsische Corona-Verordnung)**
    v. 7.10.2020 (GVBl. 346), geändert durch VO v. 22.10.2020 (GVBl. 363), ersetzt/fortgeführt durch VO v. 30.10.2020 (GVBl. 368)
    – Fortführung der Maßnahmen der VO v. 10.7.2020 mit Änderungen:
    – generelle Masken- und Abstandspflicht im öffentlichen Raum mit Ausnahmen
    – generelle Dokumentationspflicht der Anwesenheit im öffentlichen Raum
    – Beschränkung privater Zusammenkünfte auf 25 Personen in geschlossenen Räumen bzw. 50 Personen im Freien; Ausnahmen möglich; Reduzierung für Veranstaltungen in Risikogebieten
    – Beschränkung privater Zusammenkünfte im öffentlichen Raum auf 100 Personen bei Einhaltung des Mindestabstands; absolutes Alkoholverbot ab 22 Uhr bei Zusammenkünften von mehr als 50 Personen; Ausnahmen für Risikogebiete
    – Erlaubnis von Veranstaltungen mit festem Sitzplatz für bis zu 500 Personen unter Auflagen
    – Erlaubnis von Sportveranstaltungen mit 500 bis 1.000 Zuschauern nur nach vorheriger Genehmigung und unter strengen Auflagen
    – Öffnung von Shisha-Bars unter Auflagen
    – **Änd-VO v. 22.10.2020:**
    – Verschärfung der Maskenpflicht bei erhöhter Inzidenz an allen öffentlichen Orten
    – Reduzierung privater Zusammenkünfte in geschlossenen Räumen auf 15 Personen
    – Verbot der Teilnahme an privaten Veranstaltungen in geschlossenen Räumen für Personen aus Risikogebieten
    – Reduzierung privater Feiern im Freien auf 25 Personen
    – Besucherbeschränkungen für Veranstaltungen mit festem Sitzplatz
    – Sperrfristen für Gastronomiebetriebe; generelles Alkoholausschankverbot
14. **Niedersächsische Verordnung über Beherbergungsverbote zur Eindämmung des Corona-Virus SARS-CoV-2 (Niedersächsische Corona-Beherbergungs-Verordnung)**
    v. 9.10.2020 (GVBl. 357), aufgehoben durch VO v. 22.10.2020 (GVBl. 365)
    – Beherbergungsverbote für Personen aus bestimmten Risikogebieten mit Ausnahmen
15. **Niedersächsische Verordnung über Maßnahmen zur Eindämmung des Corona-Virus SARS-CoV-2 (Niedersächsische Corona-Verordnung)**
    v. 30.10.2020 (GVBl. 368), geändert durch VO v. 27.11.2020 (GVBl. 408)
    – Fortführung der Maßnahmen der VO v. 7.10.2020 mit Änderungen:
    – Erlaubnis von Treffen in der Öffentlichkeit und im Privaten nur mit Familienangehörigen, Personen des eigenen oder eines anderen Hausstandes (maximal zehn Personen)
    – Erlaubnis von Veranstaltungen mit maximal 50 Personen; Veranstaltungen ohne festen Sitzplatz bedürfen vorheriger Zulassung; keine Zuschauer bei Veranstaltungen des Leistungssports zulässig
    – Erlaubnis religiöser Veranstaltungen und Versammlungen im Freien mit größerer Teilnehmerzahl unter Wahrung eines Hygienekonzepts
    – Schließung von Gastronomiebetrieben, Theatern, Kinos etc
    – Verbot von Breitensport
    – Verbot von körpernahen Dienstleistungen
    – Verbot von touristischen Schiff-, Bus- und Kutschfahrten sowie Beherbergungen
    – **Änd-VO v. 27.11.2020:**
    – Beschränkung von Treffen in der Öffentlichkeit auf fünf Personen; zwischen dem 23.12.2020 und dem 1.1.2021 bis zu zehn Personen unabhängig vom Hausstand
    – Maskenpflicht am Arbeitsplatz mit Ausnahmen
    – Erlaubnis des Betriebs von Autoraststätten

- Beschränkung der Personenzahl im Einzelhandel
- Verbot von Feuerwerkskörpern
- Verlängerung der Maßnahmen bis zum 20.12.2020 bzw. 1.1.2021
- umfangreiche Begründung der Niedersächsischen Corona-Verordnung

16. **Niedersächsische Verordnung zu Quarantänemaßnahmen für Ein- und Rückreisende zur Eindämmung des Corona-Virus (Niedersächsische Quarantäne-Verordnung)**
    v. 6.11.2020 (GVBl. 380), geändert durch VO v. 27.11.2020 (GVBl. 408)
    - Verkürzung der Selbstisolation für Ein- und Rückreisende aus Risikogebieten auf zehn Tage
    - Meldepflicht mit anschließender Überwachung durch zuständige Behörde
    - Ausnahmen für Kurzreisende sowie bestimmte Berufs- und Personengruppen
    - Möglichkeit der Quarantäne-Verkürzung bei Vorlage eines negativen Testergebnisses
    - **Änd-VO v. 27.11.2020:**
    - Verlängerung der Maßnahmen bis zum 20.12.2020
    - ausführliche Begründung der Niedersächsischen Quarantäne-Verordnung

III. Allgemeinverfügungen

1. **Allgemeinverfügung zur Durchführung des Arbeitszeitgesetzes – ArbZG – Ausnahmebewilligung zur Beschäftigung von Arbeitnehmerinnen und Arbeitnehmern an Sonn- und Feiertagen im Zusammenhang mit Lieferengpässen aufgrund der Ausbreitung des Corona-Virus gemäß § 15 II ArbZG (Az.: 40012/1-15-02)** 29
   v. 12.3.2020 (MBl. 386), geändert durch AV v. 16.3.2020 (MBl. 400), AV v. 19.3.2020 (MBl. 406), AV v. 20.3.2020 (MBl. 407), AV vom 24.3.2020 (MBl. 419)
   - Lieferung von Lebensmitteln und Hygieneartikeln ausnahmsweise an Sonn- und Feiertagen
   - **Änd-AV v. 16.3.2020:** Ausweitung auf Einräumen von Regalen und Tiefkühlungen im Einzelhandel
   - **Änd-AV v. 19.3.2020:** Aufhebung des Arbeitsverbots an Sonn- und Feiertagen für den pharmazeutischen Großhandel
   - **Änd-AV v. 20.3.2020:** zulässige Höchstarbeitszeit für Krankenhausangestellte auf zwölf Stunden pro Tag verlängert; Wochenarbeitszeit auf 60 Stunden pro Woche beschränkt (Soll-Vorschrift)
   - **Änd-AV v. 24.3.2020:**
   - deutliche Ausweitung der Sonn- und Feiertagsarbeit für Lieferung, Herstellung und Versorgung mit verschiedenen Produkten (insb. Lebensmittel, Hygieneartikel, Zeitungen, Arznei- und Medizinprodukte, Mittel zur Bekämpfung der Pandemie und Futtermittel sowie der dafür erforderlichen Rohstoffe)
   - Erhöhung der zulässigen Wochenarbeitszeit für essentielle Arbeiten (insb. Rettungsdienste, Feuerwehr, Krankenhaus, Pflege, Medien, Daseinsvorsorge, Landwirtschaft, IT-Infrastruktur) auf zwölf Stunden pro Tag; Soll 60 Stunden pro Woche; Dokumentationspflichten für Arbeitgeber
   - befristet bis zum 31.5.2020
2. **Allgemeinverfügung Vollzug des IfSG: Soziale Kontakte beschränken anlässlich der Corona-Pandemie (Az. 401-41609-11-3)**
   v. 23.3.2020 (MBl. 401), außer Kraft durch AV v. 1.4.2020 (MBl. 435)
   - in weiten Teilen inhaltsgleich mit VO v. 2.4.2020 (GVBl. 55)
3. **Allgemeinverfügung zur Umsetzung der Bekanntmachung nach § 79 V Arzneimittelgesetz (AMG) des Bundesministeriums für Gesundheit (BMG) vom 27.2.2020 bezüglich der Einzeleinfuhr von Remdesivir im Rahmen von individuellen Heilversuchen von schwer erkrankten COVID-19 Patientinnen und Patienten (Az.: 41405/1/3/24/002)**
   v. 24.3.2020 (MBl. 421)
   - Einfuhrerlaubnis des Präparats Remdesivir für schwerkranke COVID-19-Patienten
   - medizinische Notwendigkeit im Ermessen des ärztlichen Personals
   - befristet bis zum 30.6.2020

J. Nordrhein-Westfalen

I. Gesetze

30 1. **Gesetz zur Errichtung eines Sondervermögens zur Finanzierung aller direkten und indirekten Folgen der Bewältigung der Corona-Krise (NRW-Rettungsschirmgesetz)**
v. 24.3.2020 (GV. 186)
- Einrichtung eines Sondervermögens für direkte und indirekte Folgen der Corona-Krise
- Mittel bis zu einer Höhe von 25 Mrd. Euro

2. **Gesetz über die Feststellung eines Nachtrags zum Haushaltsplan des Landes Nordrhein-Westfalen für das Haushaltsjahr 2020 (Nachtragshaushaltsgesetz 2020 – NHHG 2020)**
v. 24.3.2020 (GV. 189)
- Sondervermögen unter J.I.1. wird im Haushaltsplan 2020 abgebildet
- Ermächtigung der jeweiligen Ministerien für die Bereitstellung von Leistungen

3. **Gesetz zur konsequenten und solidarischen Bewältigung der COVID-19-Pandemie in Nordrhein-Westfalen und zur Anpassung des Landesrechts im Hinblick auf die Auswirkungen einer Pandemie**
v. 14.4.2020 (GV. 218 b), berichtigt durch G. v. 22.4.2020 (GV. 304 a)
- Änderung verschiedener Zuständigkeits- und Beschlussregeln des Kommunal- und Landesrechts in Justiz, Verwaltung, Hochschule etc

4. **Gesetz zur Regelung besonderer Handlungsbefugnisse im Rahmen einer epidemischen Lage von nationaler oder landesweiter Tragweite und zur Festlegung der Zuständigkeiten nach dem Infektionsschutzgesetz (Infektionsschutz- und Befugnisgesetz – IfSBG-NRW)**
v. 14.4.2020 (GV. 218 b)
- neue Handlungsbefugnisse für epidemische Lagen; Änderungen bestehender Gesetze; Regelung der Zuständigkeiten betreffend IfSG
- Ermächtigung des Gesundheitsministeriums zum Erlass von Rechtsverordnungen für den Fall einer epidemischen Lage; Befugnis gegenüber Krankenhäusern, Behandlungskapazitäten zu erhöhen oder Organisation zu ändern
- Beschlagnahmerechte; Befugnis zur Anordnung eines Verkaufszwangs und gesetzliche Meldepflichten für Geräte und Material; Errichtung eines Registers freiwilliger Helfer
- Zuwiderhandlung stellt Ordnungswidrigkeit mit bis zu 500.000 Euro Geldbuße dar

[5. **Feststellung der epidemischen Lage von landesweiter Tragweite]**
v. 14.4.2020 (GVBl. 218 b)
- Feststellung des Landtags, dass epidemische Lage nach § 11 Abs. 1 S. 1 IfSBG-NRW besteht

6. **Gesetz zur Sicherung von Schul- und Bildungslaufbahnen im Jahr 2020 (Bildungssicherungsgesetz)**
v. 30.4.2020 (GV. 312 a)
- automatische Versetzung ins nächste Schuljahr, außer Versetzung ist mit Erwerb eines Abschlusses verbunden
- Änderungen für Lehreraus- und -weiterbildung

7. **Gesetz zur Änderung der Wasserverbandsgesetze aufgrund der Corona-Pandemie**
v. 29.5.2020 (GV. 376)
- im Falle einer epidemischen Lage, darf eine Verbandsversammlung der Gewässerverbände auch virtuell erfolgen

8. **Gesetz zur Durchführung der Kommunalwahlen 2020**
v. 29.5.2020 (GV. 379)
- Änderungen in der Durchführung der Kommunalwahlen aufgrund der Corona-Pandemie (zB Ausnahmen vom Verhüllungsverbot etc)
- außer Kraft am 31.12.2020

9. **Gesetz über die Feststellung eines zweiten Nachtrags zum Haushaltsplan des Landes Nordrhein-Westfalen für das Haushaltsjahr 2020 (Zweites Nachtragshaushaltsgesetz 2020 – 2. NHHG 2020)**
v. 30.6.2020 (GV. 678), berichtigt durch G. v. 17.7.2020 (GV. 715)
- Beschluss diverser Haftungsfreistellungen anlässlich der Corona-Pandemie

10. **Gesetz zur Änderung des Gesetzes zur Errichtung einer Stiftung „Stiftung für Hochschulzulassung" und zur Änderung weiterer Gesetze im Hochschulbereich**
v. 1.9.2020 (GV. 890)
   - Möglichkeit der Verlängerung von Beamtenverhältnissen an Hochschulen und Kunsthochschulen
11. **Gesetz zur Isolierung der aus der COVID-19-Pandemie folgenden Belastungen in den kommunalen Haushalten und zur Sicherung der kommunalen Handlungsfähigkeit sowie zur Anpassung weiterer landesrechtlicher Vorschriften**
v. 29.9.2020 (GV. 916)
   - Anpassung der Haushalte an Corona-Pandemie
   - Berücksichtigung der Pandemie bei der Haushaltsaufstellung für 2021 und dem Jahresabschluss für 2020
   - Vereinbarung von Sonderhilfen für Kommunen
   - Anpassung der Beschlussfassung in Kreisen und Kommunen
12. **Feststellung des Landtags Nordrhein-Westfalen zu einer epidemischen Lage von landesweiter Tragweite**
v. 30.10.2020 (GV. 1052 b)
   - Feststellung des Landtags, dass eine epidemische Lage von landesweiter Tragweite vorliegt
   - Geltung bis zum 30.11.2020
13. **Feststellung des Landtags Nordrhein-Westfalen zu einer epidemischen Lage von landesweiter Tragweite**
v. 27.11.2020 (GV. 1097 a)
   - Feststellung des Landtags, dass eine epidemische Lage von landesweiter Tragweite vorliegt
   - Geltung bis zum 27.1.2021
14. **Gesetz zur Anpassung bestehenden Landesrechts an die COVID-19-Pandemie und sonstige pandemiebedingte Sondersituationen**
v. 1.12.2020 (GV. 1109)
   - Anpassung diverser Landesgesetze vor allem hinsichtlich der Abstimmungsmodi und zeitlichen Abläufe vor dem Hintergrund der Pandemie
15. **Gesetz hinsichtlich weiterer Maßnahmen zur Bewältigung der Corona-Pandemie im Hochschulbereich**
v. 1.12.2020 (GV. 1110)
   - Anpassung des Hochschul- und Kunsthochschulgesetzes vor allem hinsichtlich der Abstimmungsmodi und zeitlichen Abläufe vor dem Hintergrund der Pandemie
16. **Gesetz zur Ausführung des Gesetzes zum Ausgleich von Gewerbesteuermindereinnahmen der Gemeinden in Folge der COVID-19-Pandemie durch Bund und Länder (Gewerbesteuerausgleichsgesetz Nordrhein-Westfalen – GewStAusgleichsG NRW)**
v. 1.12.2020 (GV. 1111)
   - Festlegung einer Gewerbesteuerausgleichszuweisung für die Gemeinden für krisenbedingte Mindereinnahmen
   - außer Kraft am 30.6.2021
17. **Gesetz über die Feststellung des Haushaltsplans des Landes Nordrhein-Westfalen für das Haushaltsjahr 2021 (Haushaltsgesetz 2021 – HHG 2021)**
v. 17.12.2020 (GV. 1262)
   - zahlreiche Berücksichtigungen der Corona-Pandemie im gefassten Haushaltsplan

II. Rechtsverordnungen

1. **Verordnung zum Schutz vor Neuinfizierungen mit dem Coronavirus SARS-CoV-2 (CoronaSchVO)** 31
v. 22.3.2020 (GV. 178 a), geändert durch VO v. 30.3.2020 (GV. 202), ersetzt/fortgeführt durch VO v. 16.4.2020 (GV. 222 a)
   - Betretungsverbote für Reiserückkehrer aus Risikogebieten (Gemeinschaftseinrichtungen, Krankenhäuser, Pflegeheime, Hochschulen etc)

- Besuchsverbote für Krankenhäuser und Pflegeeinrichtungen; Schließung der Kantinen
- Betriebsuntersagung für Clubs, Freizeitparks, Spielplätze und sonstige Kultur- und Vergnügungsstätten, Ladengeschäfte, Beherbergungsbetriebe etc
- Ausnahmen für Dinge des täglichen Bedarfs; Sonntagsöffnung; Abstandsregel 1,5 m; eine Person pro 10 qm
- nur Außer-Haus-Verkauf für Restaurants gestattet; Verzehr im Umkreis von 50 m verboten
- Veranstaltungsverbot außer zur Aufrechterhaltung der öffentliche Sicherheit und Ordnung oder Daseinsvorsorge
- Versammlungsverbot (einschließlich religiöser Versammlungen); Ausnahmen zulässig; Trauerfeiern nur im engsten Familienkreis
- Ansammlungsverbot für mehr als zwei Personen außer engen Familienmitgliedern oder bei zwingender Notwendigkeit
- **Änd-VO v. 30.3.2020:**
- Kontaktverbot für Patienten und Bewohner von Pflegeeinrichtungen und Krankenhäusern; Öffnung der Kantinen
- Betrieb von Verkaufsstellen ist für Versand oder Abholung von Waren erlaubt; Abstandsregelungen gelten für alle Einrichtungen
- Handwerker und Dienstleister dürfen unter Einhaltung von Schutzvorkehrungen grundsätzlich arbeiten (ausgenommen Dienstleistungen, die einen Abstand von 1,5 m nicht einhalten können, außer sie sind unaufschiebbar (zB Optiker, orthopädische Schuhmacher etc))
- Schließung von Sportstätten; Betretungsverbote für öffentliche Orte durch zuständige Behörden möglich
- ausführliche Listen möglicher Verstöße

2. **Erste Verordnung zur Änderung der Verordnung über die Anerkennung von Angeboten zur Unterstützung im Alltag und Förderung der Weiterentwicklung der Versorgungsstruktur in Nordrhein-Westfalen**
   v. 31.3.2020 (GV. 219)
   - Aufnahme eines Corona-spezifischen Dienstleistungskatalogs in die AnFöVO
3. **Verordnung zum Schutz vor Neuinfizierungen mit dem Coronavirus SARS-CoV-2 im Bereich der Betreuungsinfrastruktur (CoronaBetrVO)**
   v. 2.4.2020 (GV. 212), geändert durch VO v. 16.4.2020 (GV. 222 a), bereinigt durch VO v. 17.4.2020 (GV. 304), geändert durch VO v. 24.4.2020 (GV. 308 b), VO v. 1.5.2020 (GV. 333 b), VO v. 5.5.2020 (GV 312 c), VO v. 6.5.2020 (GV. 316 d), VO v. 8.5.2020 (GV. 340 a), VO v. 11.5.2020 (GV. 350 b), VO v. 19.5.2020 (GV. 340 e), VO v. 29.5.2020 (GV. 348 a), VO v. 2.6.2020 (GV. 382), VO v. 10.6.2020 (GV. 382 a), VO v. 15.6.2020 (GV. 422), ersetzt/fortgeführt durch VO v. 1.7.2020 (GV. 491 b)
   - Schließung aller Schulen (ausgenommen Notbetreuung in Schulräumlichkeiten) und Kindergärten, Tages- und Nachtpflegeeinrichtungen mit Ausnahmen
   - **Änd-VO v. 16.4.2020:** Zugang zur Schule für Abschlussklassen; Zutritt für Schüler der Jahrgänge 1-6 für Notbetreuung; Lehr- und Praxisveranstaltungen sowie Prüfungen zum Studienabschluss sind erlaubt
   - **Änd-VO v. 1.5.2020:** Verlängerung der Maßnahmen bis zum 6.5.2020
   - **Änd-VO v. 5.5.2020:**
   - Verlängerung der Maßnahmen bis zum 10.5.2020
   - Öffnung von Schulen unter Auflagen (Mindestabstand, Mundschutz etc)
   - **Änd-VO v. 6.5.2020:**
   - Verlängerung der Maßnahmen bis zum 30.5.2020
   - schrittweise Öffnung tagesstrukturierender Einrichtungen, Behindertenwerkstätten etc
   - **Änd-VO v. 8.5.2020:** Verkürzung der Maßnahmen bis zum 25.5.2020
   - **Änd-VO v. 19.5.2020:** Verlängerung der Maßnahmen bis zum 5.6.2020
   - **Änd-VO v. 29.5.2020:** Verlängerung der Maßnahmen bis zum 15.6.2020
   - **Änd-VO v. 2.6.2020:** Einschränkung der Betreuungszeiten
   - **Änd-VO v. 10.6.2020:** Verlängerung der Maßnahmen bis zum 1.7.2020

4. **Verordnung zur Regelung von Neu- und Wiederaufnahmen in vollstationären Dauer- und Kurzzeitpflegeeinrichtungen sowie besonderen Wohnformen für Menschen mit Behinderungen einschließlich Kurzzeitwohneinrichtungen der Eingliederungshilfe zur Verhinderung der weiteren Ausbreitung von SARS-CoV-2 (CoronaAufnahmeVO)**
   v. 3.4.2020 (GV. 212 a)
   - vor Neu- oder Wiederaufnahme in eine vollstationäre Einrichtung muss ein Corona-Test erfolgen; Isolation von Positiv-Getesteten erforderlich; Ausbau von Quarantäneeinrichtungen durch Kreise und kreisfreie Städte
   - außer Kraft am 19.4.2020
5. **Verordnung zum Schutz vor Neuinfizierungen mit dem Coronavirus SARS-CoV-2 in Bezug auf Ein- und Rückreisende (CoronaEinreiseVO)**
   v. 9.4.2020 (GV. 218 a), geändert durch VO v. 16.4.2020 (GV. 222 a), VO v.1.5.2020 (GV. 333 b), VO v. 6.5.2020 (GV. 316 d), VO v. 8.5.2020 (GV. 340 a), VO v. 14.5.2020 (GV. 340 c), VO v. 19.5.2020 (GV. 340 e), VO v. 29.5.2020 (GV. 348 a), ersetzt/fortgeführt durch VO v. 21.6.2020 (GV. 450)
   - Isolationsverpflichtung für Auslandsreisende bei über dreitägiger Abwesenheit (ausgenommen bei wichtigen Tätigkeiten und wenn keine Symptome vorliegen); Bußgeldandrohung bei Verstoß
   - **Änd-VO v. 16.4.2020:** Verlängerung der Maßnahmen bis zum 3.5.2020
   - **Änd-VO v. 1.5.2020:** Verlängerung der Maßnahmen bis zum 10.5.2020
   - **Änd-VO v. 6.5.2020:** Verlängerung der Maßnahmen bis zum 30.5.2020
   - **Änd-VO v. 8.5.2020:** Verkürzung der Maßnahmen bis zum 25.5.2020
   - **Änd-VO v. 14.5.2020:** Beschränkung der häuslichen Quarantäne auf Rückreisende aus Nicht-EU- (oder EFTA-) Ländern (ausgenommen bei zu hoher Infektionszahl im betreffenden Land)
   - **Änd-VO v. 19.5.2020:** Verlängerung der Maßnahmen bis zum 5.6.2020
   - **Änd-VO v. 29.5.2020:** Verlängerung der Maßnahmen bis zum 15.6.2020
6. **Verordnung zur Bewältigung der durch die Coronavirus SARS-CoV-2-Epidemie an den Hochschulbetrieb gestellten Herausforderungen (Corona-Epidemie-Hochschulverordnung)**
   v. 15.4.2020 (GV. 298), berichtigt durch VO v. 29.4.2020 (GV. 316 a), geändert durch VO v. 15.5.2020 (GV. 356 d), VO v. 31.10.2020 (GV. 1046), VO v. 11.12.2020 (GV. 1234)
   - Wahlen zu Gremien von Hochschule und Studierenden dürfen nach Ermessen des Rektorats verschoben werden; vereinfachte Beschlussfassung möglich; Erlaubnis von Online-Prüfungen und Änderungen von Prüfungen und Prüfungsordnungen
   - Erhöhung der Regelstudienzeit; erleichterte Einschreibung möglich
   - außer Kraft am 1.4.2021
   - **Änd-VO v. 31.10.2020:** Anpassung der Abstimmungsmodi, Prüfungs- und Veranstaltungsabläufe
7. **Verordnung zum Schutz vor Neuinfizierungen mit dem Coronavirus SARS-CoV-2 (CoronaSchVO)**
   v. 16.4.2020 (GV. 222 a), bereinigt durch VO v. 17.4.2020 (GV 304), geändert durch VO v. 24.4.2020 (GV. 306 a), VO v. 1.5.2020 (GV. 333 b), VO v. 6.5.2020 (GV. 316 d), ersetzt/fortgeführt durch VO v. 8.5.2020 (GV. 340 a)
   - Fortführung der Maßnahmen der VO v. 22.3.2020 mit Änderungen:
   - Reiserückkehrer dürfen Hochschulen wieder betreten
   - für die Isolation von zurückkehrenden Patienten dürfen Krankenhäuser auch einseitig von bestehenden Verträgen mit Patienten abweichen
   - Erlaubnis von Autokinos
   - Ausweitung der Öffnung auf Buchhandlungen, Baumärkte, vergleichbare Fachmärkte (zB Floristen, Eisenwaren etc) und Einrichtungshäuser
   - Öffnung aller Geschäfte bis 800 qm Fläche, unabhängig von ihrem Sortiment
   - berufliche Tätigkeit von Unternehmen und Selbstständigen ist unter Auflagen erlaubt
   - **Änd-VO v. 24.4.2020:**
   - Versammlungen zur Religionsausübung dürfen unter Auflagen wieder stattfinden
   - Maskenempfehlung, -pflicht im ÖPNV, in Arztpraxen und Verkaufsräumen

- **Änd-VO v. 1.5.2020:**
- Öffnung von Museen, Galerien, Zoos etc unter Auflagen (insb. Maskenpflicht)
- Untersagung von Sportbetrieb auf Sportanlagen
- Erlaubnis zum Hochschulbetrieb unter Einhaltung von Auflagen
- Erlaubnis von Friseurleistungen
- Erlaubnis zum Dauercampen
- Verbot aller Großveranstaltungen bis zum 31.8.2020
- grundsätzliches Versammlungsverbot bis auf weiteres; Ausnahmen möglich
- Erlaubnis religiöser Versammlungen unter Auflagen
- **Änd-VO v. 6.5.2020:** Besuchserlaubnis in Krankenhäusern, Reha- und Pflegeeinrichtungen unter Auflagen

8. **Zweite Verordnung zur Änderung der Weiterbildungs- und Prüfungsordnung zu Fachgesundheits- und Krankenpflegerinnen, -pflegern, Fachgesundheits- und Kinderkrankenpflegerinnen, -pflegern für Krankenhaushygiene – Hygienefachkraft**
   v. 27.4.2020 (GV. 343)
   - Fristverlängerung für die Abgabe von Hausarbeiten
9. **Verordnung zur Änderung der Ordnung des Vorbereitungsdienstes und der Staatsprüfung**
   v. 28.4.2020 (GV. 314 a)
   - Corona-spezifische Sonderregelungen für Einstellung und unterrichtspraktische Prüfungen bei Lehramtsreferendaren
10. **Verordnung zur befristeten Änderung von Ausbildungs- und Prüfungsordnungen gemäß § 52 SchulG**
   v. 1.5.2020 (GV. 312 b)
   - verschiedene Regelungen zur erleichterten Versetzung in die folgende Jahrgangsstufe und zum Erwerb des Schulabschlusses an verschiedenen Schulformen
11. **Verordnung zum Schutz vor Neuinfizierungen mit dem Coronavirus SARS-CoV-2 (CoronaSchVO)**
   v. 8.5.2020 (GV. 340 a), geändert durch VO v. 15.5.2020 (GV. 340 d), VO v. 19.5.2020 (GV. 340 e), VO v. 20.5.2020 (GV. 340 f), VO v. 27.5.2020 (GV. 340 g), VO v. 29.5.2020 (GV. 348 a), ersetzt/fortgeführt durch VO v. 10.6.2020 (GV. 382 a)
   - Fortführung der Maßnahmen der VO v. 16.4.2020 mit Änderungen:
   - Beschränkung öffentlicher Zusammenkünfte auf zwei Hausstände
   - Erlaubnis zum Betrieb von Gastronomiebetrieben unter Auflagen
   - Ausweitung der Mundschutzpflicht auf Warteschlangen
   - grundsätzliche Besuchserlaubnis in Krankenhäusern und Reha-Einrichtungen unter Wahrung eines Hygienekonzepts
   - Ausnahmeregelungen für kulturelle Veranstaltungen (zB Theater) bis 100 Zuschauer
   - Erlaubnis von Sportveranstaltungen in Profiligen unter Auflagen
   - Erlaubnis von Freizeitparks und Indoor-Spielplätzen unter Auflagen
   - Erlaubnis von Wettbüros uÄ unter Auflagen
   - Erlaubnis von Dienst- und Handwerksleistungen (auch bei Unterschreitung von 1,5 m Abstand) unter Auflagen (ausgenommen Tattoo-Studios)
   - Verbot von Großveranstaltungen (zB Volks-, Schützen- oder Weinfeste etc) bis zum 31.8.2020 außer zur Aufrechterhaltung der öffentlichen Sicherheit
   - Verbot für touristische Beherbergung bis zum 17.5.2020; danach nur Verbot für Personen mit Wohnsitz außerhalb von Deutschland; im Übrigen unter Auflagen
   - **Änd-VO v.15.5.2020:** Erlaubnis touristischer Beherbergung auch von EU- und EFTA-Bürgern
   - **Änd-VO v. 19.5.2020:**
   - Erlaubnis von Besuchern bei Hochzeiten unter Einhaltung des Mindestabstands
   - Verlängerung der Maßnahmen bis zum 5.6.2020
   - **Änd-VO v. 27.5.2020:**
   - Treffen im öffentlichen Raum erweitert auf maximal zehn Personen
   - generelle Maskenpflicht in geschlossenen Räumen in der Öffentlichkeit
   - Dokumentationspflichten für Begegnungsräume im öffentlichen Raum, Gottesdiensten, Kulturangeboten etc

- Vorgaben für Hygienekonzepte
- Erlaubnis außerschulischer Angebote abseits der Schulliegenschaften unter Auflagen
- Erlaubnis von bis zu 100 Zuschauern bei Sportereignissen unter Auflagen
- Erlaubnis von touristischem Fahren mit Schiffen, Kutschen etc sowie Picknicken
- Erlaubnis für Gastronomiebetriebe, Räumlichkeiten an separate Veranstaltungen zu vermieten
- Verlängerung der Maßnahmen bis zum 15.6.2020

12. **Zweite Verordnung zur Änderung der Ordnung des Vorbereitungsdienstes und der Staatsprüfung**
    v. 2.6.2020 (GV. 703)
    - Anpassung der Examensprüfungen an die schulischen Bedingungen vor dem Hintergrund der Corona-Pandemie
13. **Verordnung zum Schutz vor Neuinfizierungen mit dem Coronavirus SARS-CoV-2 (Coronaschutzverordnung – CoronaSchVO)**
    v. 10.6.2020 (GV. 382 a), geändert durch VO v. 15.6.2020 (GV. 422), VO v. 18.6.2020 (GV. 442), VO v. 19.6.2020 (GV. 446), ersetzt/fortgeführt durch VO v. 1.7.2020 (GV. 456 b)
    - Fortführung der Maßnahmen der VO v. 8.5.2020 mit Änderungen:
    - Vorgaben für Hygienekonzepte
    - Maskenpflicht in Warteschlangen
    - Erlaubnis von Kulturveranstaltungen mit mehr als 100 Zuschauern unter Auflagen
    - Erlaubnis von Kontaktsport unter Auflagen
    - Öffnung von Schwimmbädern; Erlaubnis zum Grillen auf öffentlichen Plätzen
    - Öffnung von Messen, Kongressen etc unter Auflagen
    - Erlaubnis von Veranstaltungen und Festen mit mehr als 100 Personen unter Auflagen
    - **Änd-VO v. 18.6.2020:** Erlaubnis von Schulabschlussfeiern unter Auflagen
    - **Änd-VO v. 19.6.2020:** deutliche Vereinfachung der Besuche in stationären Einrichtungen
14. **Verordnung zum Schutz vor Neuinfizierungen mit dem Coronavirus SARS-CoV-2 in Bezug auf Ein- und Rückreisende (Coronaeinreiseverordnung – CoronaEinrVO)**
    v. 21.6.2020 (GV. 450), ersetzt/fortgeführt durch VO v. 1.7.2020 (GV. 487 b)
    - Fortführung der Maßnahmen der VO v. 9.4.2020 mit geringfügigen Änderungen
15. **Verordnung zum Schutz vor Neuinfizierungen mit dem Coronavirus SARS-CoV-2 in Regionen mit besonderem Infektionsgeschehen (Coronaregionalverordnung – CoronaRegioVO)**
    v. 23.6.2020 (GV. 450 a), geändert durch VO v. 24.6.2020 (GV. 450 b), ersetzt/fortgeführt durch VO v. 30.6.2020 (GV. 464 a)
    - Verhaltenspflichten für Bewohner von Risikogebieten (Warendorf und Gütersloh):
    - Verbot von Treffen in der Öffentlichkeit von mehr als zwei Personen
    - Verbot von Veranstaltungen mit Ausnahmen
16. **Verordnung zum Schutz vor Neuinfizierungen mit dem Coronavirus SARS-CoV-2 in Regionen mit besonderem Infektionsgeschehen (Coronaregionalverordnung – CoronaRegioVO)**
    v. 30.6.2020 (GV. 464 a)
    - Fortführung der Maßnahmen der VO v. 23.6.2020 mit Änderungen:
    - Reduzierung der Beschränkungen auf Kreis Gütersloh
17. **Dritte Verordnung zur Änderung der Bürgerentscheid DVO**
    v. 30.6.2020 (GV. 702)
    - bei Vorliegen einer epidemischen Lage, darf die Frist für Bürgerbegehren verlängert werden
18. **Verordnung zum Schutz vor Neuinfizierungen mit dem Coronavirus SARS-CoV-2 (Coronaschutzverordnung – CoronaSchVO)**
    v. 1.7.2020 (GV. 456 b), geändert durch VO v. 6.7.2020 (GV. 514 a), VO v. 12.7.2020 (GV. 524 a), VO v. 13.7.2020 (GV. 698), ersetzt/fortgeführt durch VO v. 11.8.2020 (GV. 721 a)
    - Fortführung der Maßnahmen der VO v. 10.6.2020 mit geringfügigen Änderungen
    - **Änd-VO v. 6.7.2020:** Verlängerung des Veranstaltungsverbots bis zum 31.10.2020

- **Änd-VO v. 12.7.2020:**
- Erlaubnis von Veranstaltungen mit bis zu 300 Zuschauern
- Verlängerung der Maßnahmen bis zum 11.8.2020

19. **Verordnung zum Schutz vor Neuinfizierungen mit dem Coronavirus SARS-CoV-2 in Bezug auf Ein- und Rückreisende (Coronaeinreiseverordnung – CoronaEinrVO)**
v. 1.7.2020 (GV. 487 b), geändert durch VO v. 6.7.2020 (GV. 514 a), VO v. 12.7.2020 (GV. 524 a), ersetzt/fortgeführt durch VO v. 11.8.2020 (GV. 763 a)
   - Fortführung der Maßnahmen der VO v. 21.6.2020
   - **Änd-VO v. 12.7.2020:**
   - Beschränkung der Ausnahmeregelungen
   - Verlängerung der Maßnahmen bis zum 11.8.2020
20. **Verordnung zum Schutz vor Neuinfizierungen mit dem Coronavirus SARS-CoV-2 im Bereich der Betreuungsinfrastruktur (Coronabetreuungsverordnung – CoronaBetrVO)**
v. 1.7.2020 (GV. 491 b), berichtigt durch VO v. 2.7.2020 (GV. 516), geändert durch VO v. 12.7.2020 (GV. 524 a), ersetzt/fortgeführt durch VO v. 11.8.2020 (GV. 767 a)
   - Fortführung der Maßnahmen der VO v. 2.4.2020 mit geringfügigen Änderungen
   - **Änd-VO v. 12.7.2020:** Verlängerung der Maßnahmen bis zum 11.8.2020
21. **Verordnung zu den Grundsätzen über die Qualifikation und den Personalschlüssel (Personalverordnung)**
v. 4.8.2020 (GV. 726)
   - Vorgaben zum Personalschlüssel und zur Qualifikation von Kindertageseinrichtungen vor dem Hintergrund der Pandemie
22. **Verordnung zur Änderung der Verordnung über die Ausbildung und Prüfung für Fachlehrerinnen und Fachlehrer an Förderschulen und in der pädagogischen Frühförderung**
v. 5.8.2020 (GV. 736)
   - Anpassung der schulpraktischen Prüfung an die Besonderheiten der Corona-Pandemie
23. **Verordnung zum Schutz vor Neuinfizierungen mit dem Coronavirus SARS-CoV-2 (Coronaschutzverordnung – CoronaSchVO)**
v. 11.8.2020 (GV. 721 a), geändert durch VO v. 13.8.2020 (GV. 726 a), ersetzt/fortgeführt durch VO v. 31.8.2020 (GV. 758 a)
   - Fortführung der Maßnahmen der VO v. 1.7.2020 mit geringfügigen Änderungen
   - Verlängerung der Maßnahmen bis zum 31.8.2020
   - **Änd-VO v. 13.8.2020:** Erlaubnis von Ausflügen auch in den Herbstferien
24. **Verordnung zum Schutz vor Neuinfizierungen mit dem Coronavirus SARS-CoV-2 in Bezug auf Ein- und Rückreisende (Coronaeinreiseverordnung – CoronaEinrVO)**
v. 11.8.2020 (GV. 763 a), ersetzt/fortgeführt durch VO v. 31.8.2020 (GV. 811 a)
   - Fortführung der Maßnahmen der VO v. 1.7.2020
   - Verlängerung der Maßnahmen bis zum 31.8.2020
25. **Verordnung zur Neuregelung der Bestimmungen zum Schutz vor Neuinfizierungen mit dem Coronavirus SARS-CoV-2 im Bereich der Betreuungsinfrastruktur (Coronabetreuungsverordnung – CoronaBetrVO)**
v. 11.8.2020 (GV. 767 a), berichtigt durch VO v. 12.8.2020 (GV. 738), geändert durch VO v. 20.8.2020 (GV. 753), ersetzt/fortgeführt durch VO v. 31.8.2020 (GV. 800 a)
   - Fortführung der Maßnahmen der VO v. 1.7.2020 mit geringfügigen Änderungen
   - Verlängerung der Maßnahmen bis zum 31.8.2020
26. **Verordnung des Ministeriums für Arbeit, Gesundheit und Soziales zur Vermeidung weiterer Infektionsgeschehen mit dem Coronavirus SARS-CoV-2 in Großbetrieben der Fleischwirtschaft (CoronaFleischwirtschaftVO)**
v. 28.8.2020 (GV. 752 a), geändert durch VO v. 25.9.2020 (GV. 890 a), VO v. 30.10.2020 (GV. 1045 a), berichtigt durch VO v. 30.10.2020 (GV. 1052 b)
   - gilt für fleischverarbeitende Betriebe mit mehr als 100 Mitarbeitern in NRW:
   - Erfordernis der Testung aller Mitarbeiter zweimal pro Woche mit Ausnahmen
   - Verbot des Arbeitens mit Erkältungssymptomen; Dokumentations- und Informationspflichten des Arbeitgebers
   - **Änd-VO v. 25.9.2020:** Verlängerung der Maßnahmen bis zum 31.10.2020
   - **Änd-VO v. 30.10.2020:** Verlängerung der Maßnahmen bis zum 30.11.2020

27. **Verordnung zum Schutz vor Neuinfizierungen mit dem Coronavirus SARS-CoV-2 (Coronaschutzverordnung – CoronaSchVO)**
    v. 31.8.2020 (GV. 758 a), berichtigt durch VO v. 10.9.2020 (GV. 974), ersetzt/fortgeführt durch VO v. 15.9.2020 (GV. 826)
    – Fortführung der Maßnahmen der VO v. 11.8.2020 mit Änderungen:
    – Abstufung der Hygienekonzepte für unterschiedliche Veranstaltungen
    – Möglichkeit regionaler Anpassung bei Sieben-Tage-Inzidenzwert von 35 Neuinfektionen pro 100.000 Einwohnern; Pflicht zur Anpassung bei Inzidenzwert von 50
28. **Verordnung zum Schutz vor Neuinfizierungen mit dem Coronavirus SARS-CoV-2 im Bereich der Betreuungsinfrastruktur (Coronabetreuungsverordnung – CoronaBetrVO)**
    v. 31.8.2020 (GV. 800 a), ersetzt/fortgeführt durch VO v. 15.9.2020 (GV. 871)
    – Fortführung der Maßnahmen der VO v. 11.8.2020 mit Änderungen:
    – Lockerung der Maskenpflicht in Schulen (keine Maskenpflicht am Sitzplatz)
    – Aufhebung der Betreuungszeitbeschränkungen in Kindertageseinrichtungen
    – Verlängerung der Maßnahmen bis zum 15.9.2020
29. **Verordnung zum Schutz vor Neuinfizierungen mit dem Coronavirus SARS-CoV-2 in Bezug auf Ein- und Rückreisende (Coronaeinreiseverordnung – CoronaEinrVO)**
    v. 31.8.2020 (GV. 811 a), ersetzt/fortgeführt durch VO v. 15.9.2020 (GV. 883)
    – Fortführung der Maßnahmen der VO v. 11.8.2020 mit geringfügigen Änderungen
    – Verlängerung der Maßnahmen bis zum 15.9.2020
30. **Verordnung zum Schutz vor Neuinfizierungen mit dem Coronavirus SARS-CoV-2 (Coronaschutzverordnung – CoronaSchVO)**
    v. 15.9.2020 (GV. 826), ersetzt/fortgeführt durch VO v. 30.9.2020 (GV. 923)
    – Fortführung der Maßnahmen der VO v. 31.8.2020 mit Änderungen:
    – Erlaubnis von Sportveranstaltungen mit mehr als 300 Zuschauern
    – Erlaubnis sexueller Dienstleistungen unter Auflagen
    – Verlängerung der Maßnahmen bis zum 30.9.2020
31. **Verordnung zum Schutz vor Neuinfizierungen mit dem Coronavirus SARS-CoV-2 im Bereich der Betreuungsinfrastruktur (Coronabetreuungsverordnung – CoronaBetrVO)**
    v. 15.9.2020 (GV. 871), ersetzt/fortgeführt durch VO v. 30.9.2020 (GV. 954)
    – Fortführung der Maßnahmen der VO v. 31.8.2020 mit Änderungen
    – Verlängerung der Maßnahmen bis zum 30.9.2020
32. **Verordnung zum Schutz vor Neuinfizierungen mit dem Coronavirus SARS-CoV-2 in Bezug auf Ein- und Rückreisende (Coronaeinreiseverordnung – CoronaEinrVO)**
    v. 15.9.2020 (GV. 883), geändert durch VO v. 18.9.2020 (GV. 826 a), ersetzt/fortgeführt durch VO v. 30.9.2020 (GV. 963)
    – Fortführung der Maßnahmen der VO v. 31.8.2020 mit Änderungen
    – Verlängerung der Maßnahmen bis zum 30.9.2020
    – **Änd-VO v. 18.9.2020:** Erlaubnis der Durchreise
33. **Verordnung zum Schutz vor Neuinfizierungen mit dem Coronavirus SARS-CoV-2 (Coronaschutzverordnung – CoronaSchVO)**
    v. 30.9.2020 (GV. 923), geändert durch VO v. 13.10.2020 (GV. 978), VO v. 16.10.2020 (GV. 978 a), VO v. 29.10.2020 (GV. 1044 a), ersetzt/fortgeführt durch VO v. 30.10.2020 (GV. 1044 b)
    – Fortführung der Maßnahmen der VO v. 15.9.2020 mit Änderungen:
    – Erlaubnis innovativer Luftfilterung anstelle von regelmäßigem Lüften im Rahmen des Hygienekonzepts
    – ausnahmsweise Öffnung von Geschäften an bestimmten Sonntagen zur Entzerrung des Weihnachtsgeschäfts
    – Verlängerung der Maßnahmen bis zum 31.10.2020
    – **Änd-VO v. 13.10.2020:**
    – Beschränkung von Feiern außerhalb der eigenen Wohnung auf 50 Personen; für bereits vorher angemeldete Feiern ausnahmsweise Beschränkung auf 150 Personen bei Inzidenzwert unter 35 bzw. 25 Personen bei Inzidenzwert über 50
    – **Änd-VO v. 16.10.2020:**
    – Einführung der Gefährdungsstufen 1 und 2 abhängig von Inzidenzwerten

- je nach Gefährdungsstufe werden Veranstaltungen untersagt oder Sperrstunden für Alkoholverkauf uÄ festgelegt sowie die Größe von Festen und Treffen weiter reduziert
- Erweiterung des Bußgeld-Katalogs
- **Änd-VO v. 29.10.2020:** Verlängerung der Maßnahmen bis zum 1.11.2020

34. **Verordnung zum Schutz vor Neuinfizierungen mit dem Coronavirus SARS-CoV-2 im Bereich der Betreuungsinfrastruktur (Coronabetreuungsverordnung – CoronaBetrVO)**
    v. 30.9.2020 (GV. 954), geändert durch VO v. 21.10.2020 (GV. 1044), VO v. 9.11.2020 (GV. 1048 a)
    - Fortführung der Maßnahmen der VO v. 15.9.2020 mit Änderungen
    - Verlängerung der Maßnahmen bis zum 31.10.2020
    - **Änd-VO v. 21.10.2020:** Verlängerung der Maßnahmen bis zum 31.12.2020
35. **Verordnung zum Schutz vor Neuinfizierungen mit dem Coronavirus SARS-CoV-2 in Bezug auf Ein- und Rückreisende (Coronaeinreiseverordnung – CoronaEinrVO)**
    v. 30.9.2020 (GV. 963), geändert durch VO v. 1.10.2020 (GV. 968), VO v. 6.10.2020 (GV. 970), VO v. 29.10.2020 (GV. 1044 a), ersetzt/fortgeführt durch VO v. 6.11.2020 (GV. 1044 d)
    - Fortführung der Maßnahmen der VO v. 15.9.2020 mit Änderungen
    - Verlängerung der Maßnahmen bis zum 31.10.2020
    - **Änd-VO v. 1.10.2020:**
    - Ausnahme von der Quarantänepflicht für Personen, die sich weniger als 24 Stunden in der BRD aufhalten bzw. in einem Risikogebiet aufgehalten haben
    - Ablauf am 31.10. bzw. 31.12.2020
    - **Änd-VO v. 29.10.2020:** Verlängerung der Maßnahmen bis zum 8.11.2020
36. **Zweite Verordnung zur befristeten Änderung der Ausbildungs- und Prüfungsordnungen gemäß § 52 SchulG**
    v. 2.10.2020 (GV. 975), berichtigt durch VO v. 13.11.2020 (GV. 1060)
    - Möglichkeit von Präsenz- und Distanzunterricht
    - Vorgaben für die Organisation des Distanzunterrichts zwischen Eltern und Lehrern
37. **Verordnung zum Schutz vor Neuinfizierungen mit dem Coronavirus SARS-CoV-2 (Coronaschutzverordnung – CoronaSchVO)**
    v. 30.10.2020 (GV. 1044 b), geändert durch VO v. 4.11.2020 (GV. 1044 c), VO v. 9.11.2020 (GV. 1046 a), ersetzt/fortgeführt durch VO v. 30.11.2020 (GV. 1060 a)
    - Fortführung der Maßnahmen der VO v. 30.9.2020 mit Änderungen:
    - Verbot kultureller Veranstaltungen bis zum 31.12.2020; Ausnahmen für Autokinos
    - Verbot von Sport in Gruppen bis zum 30.11.2020 mit Ausnahmen
    - eingeschränktes Bildungsangebot
    - Schließung von Freizeit- und Vergnügungsstätten
    - Verbot von Messen, Ausstellungen uÄ bis zum 30.11.2020
    - Einführung verkaufsoffener Sonntage
    - Verbot körpernaher Dienstleistungen bis zum 30.11.2020 mit Ausnahmen
    - Verbot von Veranstaltungen mit strengen Ausnahmen
    - Betriebsverbot für Gaststätten (ausgenommen Außer-Haus-Verkauf) bis zum 30.11.2020 mit Ausnahmen
    - touristisches Beherbergungsverbot bis zum 30.11.2020
    - **Änd-VO v. 4.11.2020:** generelles Alkoholverkaufsverbot zwischen 23 Uhr und 6 Uhr
    - **Änd-VO v. 9.11.2020:** Öffnung von Wettannahmestellen unter Auflagen
38. **Verordnung zur Änderung der Kommunalhaushaltsverordnung Nordrhein-Westfalen**
    v. 30.10.2020 (GV. 1049)
    - Anpassung des Vergabeverfahrens
    - Aktivierung von Aufwendungen zur Erhaltung gemeindlicher Leistungsfähigkeit
39. **Verordnung zur Durchführung online gestützter Wahlen der Hochschulen und der Studierendenschaften in Nordrhein-Westfalen (Onlinewahlverordnung)**
    v. 30.10.2020 (GV. 1056)
    - Anpassung universitärer Wahlen an den Online-Betrieb

40. **Verordnung zur weiteren Verlängerung der zulässigen Befristungsdauer nach §§ 39 Absatz 5, 44 Absatz 8 Hochschulgesetz und §§ 32 Absatz 4, 37 Absatz 7 Kunsthochschulgesetz aus Anlass der COVID-19-Pandemie an Hochschulen (Hochschul-Befristungsdauer-Verlängerungsverordnung – HSBdVV)**
    v. 5.11.2020 (GV. 1056)
    – Verlängerung der zulässigen Befristung für Angestellte im Hochschulbetrieb
41. **Verordnung zum Schutz vor Neuinfizierungen mit dem Coronavirus SARS-CoV-2 in Bezug auf Ein- und Rückreisende (Coronaeinreiseverordnung – CoronaEinrVO)**
    v. 6.11.2020 (GV. 1044 d), ersetzt/fortgeführt durch VO v. 30.11.2020 (GV. 1092 a), VO v. 20.12.2020 (GV. 1138 b)
    – Fortführung der Maßnahmen der VO v. 30.9.2020 mit Änderungen:
    – Verkürzung der Quarantänedauer für Ein- und Rückreisende aus Risikogebieten auf zehn Tage
    – Möglichkeit der Verkürzung der Quarantänedauer auf bis zu fünf Tage bei negativem Testergebnis mit Ausnahmen
    – Verlängerung der Maßnahmen bis zum 30.11.2020
42. **Verordnung des Ministeriums für Arbeit, Gesundheit und Soziales zur Vermeidung weiterer Infektionsgeschehen mit dem Coronavirus SARS-CoV-2 in Großbetrieben der Fleischwirtschaft (CoronaFleischwirtschaftVO)**
    v. 27.11.2020 (GV. 1087 a), geändert durch VO v. 15.12.2020 (GV. 1126 b), ersetzt/fortgeführt durch VO v. 16.12.2020 (GV. 1122 c)
    – Fortführung der Maßnahmen der VO v. 28.8.2020 mit Änderungen
    – Verlängerung der Maßnahmen bis zum 15.12.2020
    – **Änd-VO v. 15.12.2020:** Verlängerung der Maßnahmen bis zum 10.1.2021
43. **Verordnung zum Schutz vor Neuinfizierungen mit dem Coronavirus SARS-CoV-2 (Coronaschutzverordnung – CoronaSchVO)**
    v. 30.11.2020 (GV. 1060 a), geändert durch VO v. 8.12.2020 (GV. 1116 a), VO v. 14.12.2020 (GV. 1122 a), VO v.15.12.2020 (GV. 1124 b), VO v. 17.12.2020 (GV. 1122 d), VO v. 22.12.2020 (GV. 1212 a), VO v. 30.12.2020 (GV. 1212 c)
    – Fortführung der Maßnahmen der VO v. 30.10.2020 mit Änderungen:
    – Verbot öffentlicher Feuerwerke, um Ansammlungen zu verhindern
    – Erlaubnis von Treffen an Weihnachten mit bis zu zehn Personen
    – Verbot verkaufsoffener Sonntage
    – Anpassung der Maßnahmen bei einem Inzidenzwert unter 50 oder über 200
    – **Änd-VO v. 8.12.2020:**
    – Verzehr von Speisen 50 m um Verkaufsstelle verboten
    – Alkoholverkaufsverbot zwischen 23 Uhr und 6 Uhr
    – **Änd-VO v. 14.12.2020:**
    – Verpflichtung der Religionsgemeinschaften, nach eigener Einschätzung Präsenzveranstaltungen zu untersagen
    – Reduzierung der zugelassenen Personenzahl auf Weihnachtsfesten auf vier Personen
    – Maskenpflicht für Lehrer
    – Besuchseinschränkungen für Gesundheits- und Pflegeeinrichtungen; Festlegung von Testintervallen für Beschäftigte
    – Verlegung von Hochschulprüfungen soweit möglich; Verbot außerschulischer Bildungsangebote bis zum 10.1.2021
    – Verbot von Sport auf Sportanlagen
    – Öffnungserlaubnis nur noch für Geschäfte des täglichen Bedarfs
    – Verbot körpernaher Dienstleistungen
    – Verbot gemeinsamen Singens
    – generelles Alkoholverbot
    – Verbot privater Übernachtungsangebote
    – Verlängerung der Maßnahmen bis zum 10.1.2021
    – **Änd-VO v. 15.12.2020:** Verbot von Partys und Feiern
    – **Änd-VO v. 22.12.2020:** Öffnung von Baumärkten nur zur Versorgung von Handwerkern, Gewerbetreibenden etc

44. **Verordnung zum Schutz vor Neuinfizierungen mit dem Coronavirus SARS-CoV-2 im Bereich der Betreuungsinfrastruktur (Coronabetreuungsverordnung – CoronaBetrVO)**
    v. 30.11.2020 (GV. 1076 a), geändert durch VO v. 8.12.2020 (GV. 1116 a), VO v. 15.12.2020 (GV. 1122 b), VO v. 17.12.2020 (GV. 1122 d)
    - Fortführung der Maßnahmen der VO v. 30.9.2020 mit Änderungen:
    - Verschärfung der Maskenpflicht für Schüler
    - **Änd-VO v. 15.12.2020:**
    - Einführung regelmäßiger Tests für Beschäftigte
    - Verlängerung der Maßnahmen bis zum 10.1.2021
45. **Verordnung zur Regelung von Absonderungen nach § 30 des Infektionsschutzgesetzes (Quarantäneverordnung NRW)**
    v. 30.11.2020 (GV. 1092 a), ersetzt/fortgeführt durch VO v. 18.12.2020 (GV. 1138 a)
    - Fortführung der Maßnahmen der VO v. 6.11.2020 mit Änderungen:
    - Anordnung der Quarantäne für Positiv-Getestete (PCR-Test) und Menschen mit Erkältungssymptomen
    - Aufhebung der Quarantäne durch negativen PCR-Test oder nach zwei symptomfreien Tagen; nach positivem PCR-Test Aufhebung frühestens nach zehn Tagen
    - Quarantäneanordnung für Haushaltsangehörige und Kontaktpersonen für einen Regelzeitraum von 14 Tagen unter Auflagen
    - Ausnahmen für systemrelevante Berufe
46. **Verordnung zur Ausübung eines Freiwilligendienstes in einer epidemischen Lage (Freiwilligendienst-Verordnung – FdVO-NRW)**
    v. 11.12.2020 (GV. 1148)
    - Regelungen für die Einführung eines Freiwilligendienstes in einer epidemischen Lage: Einführung eines Melderegisters; Regelung zu Dienstpflichten, Verdienstausfällen etc
    - außer Kraft am 31.3.2021
47. **Verordnung des Ministeriums für Arbeit, Gesundheit und Soziales zur Vermeidung weiterer Infektionsgeschehen mit dem Coronavirus SARS-CoV-2 in Großbetrieben der Fleischwirtschaft (CoronaFleischwirtschaftVO)**
    v. 16.12.2020 (GV. 1122 c)
    - Fortführung der Maßnahmen der VO v. 27.11.2020 mit Änderungen:
    - Anpassung der Testpflicht für Kurzzeitbesucher in den Betrieben
48. **Verordnung zur Regelung von Absonderungen nach § 30 des Infektionsschutzgesetzes (Quarantäneverordnung NRW)**
    v. 18.12.2020 (GV. 1138 a), geändert durch VO v. 23.12.2020 (GV. 1212 b)
    - Fortführung der Maßnahmen der VO v. 30.11.2020 mit Änderungen
    - Verlängerung der Maßnahmen bis zum 18.1.2021
49. **Verordnung zum Schutz vor Neuinfizierungen mit dem Coronavirus SARS-CoV-2 in Bezug auf Ein- und Rückreisende aus dem Vereinigten Königreich und Südafrika (Coronaeinreiseverordnung – CoronaEinrVK-VO)**
    v. 20.12.2020 (GV. 1138 b), geändert durch VO v. 22.12.2020 (GV. 1212 a), VO v. 23.12.2020 (GV. 1212 b), VO v. 30.12.2020 (GV. 1213 c)
    - Anwendung der Maßnahmen der Quarantäneverordnung v. 18.12.2020 auf Reiserückkehrer aus dem Vereinigten Königreich oder Südafrika
    - **Änd-VO v. 22.12.2020:** Testpflicht für Berufspendler bei Einreise
    - **Änd-VO v. 23.12.2020:** Ausweitung der Regelung auf andere Risikogebiete mit Ausnahmen
    - **Änd-VO v. 30.12.2020:** Absehen von Isolation aus ethischen Gründen möglich

III. Allgemeinverfügungen

1. **Allgemeinverfügung zur Durchführung von Lehrveranstaltungen sowie Prüfungen an den Schulen des Gesundheitswesens** 32
   v. 23.4.2020 (MBl. 168 a), ersetzt/fortgeführt durch AV v. 1.5.2020 (MBl. 221 c)
   - Untersagung von Veranstaltungen an Schulen des Gesundheitswesens außer für spezielle Teile der theoretischen und praktischen Ausbildung sowie erforderliche Prüfungen
   - befristet bis zum 3.5.2020
2. **Allgemeinverfügung zur Durchführung von Lehr- und Praxisveranstaltungen sowie Prüfungen an den Hochschulen im Land Nordrhein-Westfalen**
   v. 23.4.2020 (MBl. 171 a), ersetzt/fortgeführt durch AV v. 1.5.2020 (MBl. 216 c)
   - Präsenzprüfung nur unter Einhaltung von Hygiene- und Abstandsregeln möglich; Präsenzveranstaltung nur wenn notwendig, begrenzt auf 20 Teilnehmer
   - Bibliotheken 2 m Abstand; Maskenpflicht, wo Abstand nicht möglich
   - befristet bis zum 3.5.2020
3. **Allgemeinverfügung (zur Durchführung des Fahrschulunterrichts)**
   v. 23.4.2020 (MBl. 176 a)
   - Fahrschulunterricht in der Theorie soweit möglich digital, ansonsten mit Mundschutz; Maskenpflicht bei praktischem Unterricht und Prüfung
4. **Allgemeinverfügung (für den Betrieb von überbetrieblichen Bildungsstätten)**
   v. 27.4.2020 (MBl. 216 a)
   - Betrieb von überbetrieblichen Bildungsstätten für Azubis im Abschlussjahr unter Einhaltung von Abstand und Maskenpflicht möglich; Anwesenheitsliste erforderlich; Durchführung von Prüfungen erlaubt
5. **Sicherstellung einer landesweiten Betreuungs- und Untersuchungsstruktur für pflegebedürftige Menschen (CoronaAVPflege)**
   v. 29.4.2020 (MBl. 216 b)
   - Aufnahmeverpflichtung für Pflegeeinrichtungen ohne Belegungsverbot
   - Testungspflicht der Krankenhäuser für Patienten, die in eine Pflegeeinrichtung entlassen werden sollen sowie für Neuaufnahmen durch behandelnden Arzt
   - getrennte Versorgung für Infizierte und Verdachtsfälle
6. **Sicherstellung einer landesweiten Betreuungs- und Untersuchungsstruktur für Menschen mit Behinderung und Personen mit besonderen sozialen Schwierigkeiten (CoronaAVEingliederungs- und Sozialhilfe)**
   v. 29.4.2020 (MBl. 224 b), neu gefasst durch AV v. 15.5.2020 (MBl. 236 c)
   - Aufnahmeverpflichtung für Betreuungseinrichtungen; Trennung von Verdachtsfällen und Infizierten
   - keine Entlassung von Infizierten in solche Einrichtungen durch Krankenhäuser; vorherige Testpflicht; für übrige Aufnahmen Testpflicht des behandelnden Arztes
   - Unterstützungspflicht durch Kreise und kreisfreie Städte
   - Geltung bis zum Ende der epidemischen Lage
7. **Allgemeinverfügung zur Durchführung von Lehrveranstaltungen sowie Prüfungen an den Schulen des Gesundheitswesens**
   v. 1.5.2020 (MBl. 221 c), geändert durch AV v. 10.5.2020 (MBl. 236 a)
   - Erlaubnis des Unterrichts und von Prüfungen an Gesundheitsschulen unter Auflagen
   - Verlängerung der Maßnahmen bis zum 25.5.2020 (AV v. 10.5.2020)
8. **Allgemeinverfügung zur Durchführung von Lehr- und Praxisveranstaltungen sowie Prüfungen an den Hochschulen im Land Nordrhein-Westfalen**
   v. 1.5.2020 (MBl. 216 c), geändert durch AV v. 10.5.2020 (MBl. 240 a), neu gefasst durch AV v. 12.5.2020 (MBl. 236 b)
   - Erlaubnis digitaler Prüfungen an Hochschulen; Präsenzprüfungen nur unter Auflagen; Hygiene- und Vorsichtsmaßnahmen im übrigen Hochschulbetrieb
   - **Änd-AV v. 10.5.2020:** Verlängerung der Maßnahmen bis zum 25.5.2020

IV. Sonstiges

33 1. **Erlass zu weiteren kontaktreduzierenden Maßnahmen ab dem 16.03.2020 und 17.03.2020**
v. 15.3.2020[11]*, geändert durch Erl. v. 17.3.2020*[12]*, Erl. v. 17.3.2020*[13]
- 14-tägiges Betretungsverbot in Gemeinschaftseinrichtungen, Krankenhäusern, Hochschulen etc für Reiserückkehrer
- für Krankenhäuser sind Schutzmaßnahmen zu treffen, Besuchsverbote auszusprechen, Kantinen zu schließen
- Vergnügungsstätten sind zu schließen
- Zugang zu Bibliotheken und Restaurants ist zu beschränken (Abstand 2 m); auch zu Einkaufszentren etc ist der Zugang zu beschränken (nur zur Deckung des dringenden Bedarfs)
- öffentliche Veranstaltungen sind zu untersagen
- **Änd-Erl. v. 17.3.2020:** Regelung von Öffnungszeiten; Öffnung an Sonntagen erlaubt; touristische Übernachtungen sind zu untersagen

2. **Weisung zum Betretungsverbot von Gemeinschaftseinrichtungen im Sinne des § 33 Nr. 1 und 2 IfSG**
v. 16.3.2020[14]
- Weisung, den Zutritt zu Kindertagesstätten zu versagen (ausgenommen zur Notbetreuung)

3. **Anwendung des Vergaberechts im Zusammenhang mit der Beschaffung von Leistungen zur Eindämmung der Ausbreitung des neuartigen Coronavirus SARS-CoV-2**
v. 27.3.2020 (MBl. 168), geändert durch Erl. v. 27.4.2020 (MBl. 236)
- kein Vergabeverfahren für Bau-, Liefer- und Dienstleistungsaufträge bis 3.000 Euro; Unterschwellenvergabeordnung für notwendige Beschaffungen bis 30.6.2020 ausgesetzt
- Verhandlungsverfahren ohne Teilnahmewettbewerb für die Aufrechterhaltung des Dienstbetriebs möglich
- außer Kraft am 31.12.2020
- **Änd-Erl. v. 27.4.2020:** Erhöhung vergaberechtlicher Wertgrenzen für die Beschaffung von Bauleistungen

---

11 https://lexcorona.de/lib/exe/fetch.php?media=rechtsakteland:nrw:erlass-kontakt-reduzierende-massnahmen-15032020.pdf.

12 https://lexcorona.de/lib/exe/fetch.php?media=rechtsakteland:nrw:200317-erlass-ergaenzung-weitere-kontakt reduzierende-massnahmen.pdf.

13 https://lexcorona.de/lib/exe/fetch.php?media=rechtsakteland:nrw:200317-fortschreibung-der-erlasse-15.-und-17.03.2020-kontaktreduzierende-massnahmen.pdf-2.pdf.

14 https://lexcorona.de/lib/exe/fetch.php?media=rechtsakteland:nrw:2020-03-14-200313-erlass-betretungsverbot-gemeinschaftseinrichtungen-kita.pdf.

K. Rheinland-Pfalz

I. Gesetze

Gesetz zum Beschluss eines Nachtragshaushaltsplans 34
v. 27.3.2020 (GVBl. 83)
- Feststellung, dass Corona-Pandemie Naturkatastrophe ist
- Festlegung einer Sonderzahlung an Kreise und kreisfreie Städte iHv 25 Euro pro Einwohner
- Ausgabeermächtigungen

II. Rechtsverordnungen

1. **Erste Coronabekämpfungsverordnung Rheinland-Pfalz (1. CoBeVO)** 35
   v. 19.3.2020 (GVBl. 73), ersetzt/fortgeführt durch VO v. 23.3.2020 (GVBl. 79)
   - Verbot der Ein- oder Durchreise aus einem Corona-Risikogebiet nach Rheinland-Pfalz (ausgenommen zu Beschäftigung oder Wohnsitz); Pendlerbescheinigung für Fahrten zur Arbeit
2. **Zweite Corona-Bekämpfungsverordnung Rheinland-Pfalz (2. CoBeLVO)**
   v. 20.3.2020 (GVBl. 78), ersetzt/fortgeführt durch VO v. 23.3.2020 (GVBl. 79)
   - Schließung von Restaurants, Eisdielen, Internetgastronomie, Schwimmbädern, Fahrschulen, Bibliotheken etc (ausgenommen Außer-Haus-Verkauf)
   - Ansammlungen von mehr als fünf Personen untersagt
3. **Dritte Corona-Bekämpfungsverordnung Rheinland-Pfalz (3. CoBeLVO)**
   v. 23.3.2020 (GVBl. 79), geändert durch VO v. 27.3.2020 (GVBl. 99), VO v. 30.3.2020 (GVBl. 101), VO v. 1.4.2020 (GVBl. 102), VO v. 7.4.2020 (GVBl. 105), VO v. 9.4.2020[15]*,ersetzt/fortgeführt durch VO v. 17.4.2020 (GVBl. 127)*
   - Fortführung der Maßnahmen der VO v. 19.3.2020 und VO v. 20.3.2020 mit Verschärfungen:
   - Schließung von Clubs, Kneipen, Theatern, Messen, Bordellen, Sportbetrieben, Verkaufsstellen des Einzelhandels, Dienstleistungsbetrieben der Körperpflege, die Mindestabstand von 1,5 m nicht gewährleisten können etc; Ausnahmen für Dinge des täglichen Bedarfs (dort gilt: 1,5 m Mindestabstand, maximal eine Person pro zehn qm)
   - Öffnung an Sonn- und Feiertagen bis zum 19.4.2020
   - Dienstleister und Handwerker dürfen arbeiten; Unterschreitung des Mindestabstands erlaubt, wenn notwendig
   - Verbot touristischer Übernachtungen
   - Versammlungsverbot von Vereinen, Religionsgemeinschaften; Bestattungen im engsten Familienkreis; Veranstaltungsverbot
   - Kontaktbeschränkungen im öffentlichen Raum auf eine Person bei 1,5 m Abstand
   - Ansammlungen zur Aufrechterhaltung der öffentlichen Sicherheit und Ordnung und aus geschäftlichen Gründen erlaubt
   - Schließung von Schulen und Kindergärten (ausgenommen Notbetreuung)
   - 14-tägiges Betretungsverbot von Hospizen, Pflegeheimen, betreutem Wohnen etc für Kontaktpersonen nach Rückkehr (ausgenommen bei kurzzeitigem Aufenthalt im betroffenen Gebiet)
   - Schließung von Behindertenwerkstätten
   - Krankenhäuser müssen planbare Behandlungen verschieben
   - **Änd-VO v. 27.3.2020:** Öffnung von Kantinen in Krankenhäusern für Mitarbeiter
   - **Änd-VO v. 30.3.2020:**
   - Weiterbetrieb von Behindertenwerkstätten, wenn zur Aufrechterhaltung von Lieferketten zwingend notwendig und die Betroffenen einverstanden sind
   - Meldepflicht der Krankenhäuser hinsichtlich COVID-19-Patienten
   - **Änd-VO v. 1.4.2020:**
   - Schließung von Fachkrankenhäusern in deren Ermessen

15 https://corona.rlp.de/fileadmin/rlp-stk/pdf-Dateien/Corona/200409_5AEnderungsVO_CoBeLVO__002__UntS.pdf.

- Meldepflicht für Beatmungsgeräte
- ausführliche Liste der Ordnungswidrigkeiten
- **Änd-VO v. 7.4.2020:** Rücknahme der Erlaubnis zur Arbeit an Sonn- und Feiertagen
- **Änd-VO v. 9.4.2020:** 14-tägige Quarantäne für Reiserückkehrer (ausgenommen bei systemrelevanter Tätigkeit, Kurzaufenthalt im Ausland, Pendlern und Saisonarbeitern, soweit keine Symptome); Meldepflichten

4. **Erste Landesverordnung zur Änderung der Landesverordnung zur Festsetzung der Jahrespauschale und Kostengrenze für die pauschale Förderung der Krankenhäuser**
   v. 14.4.2020[16]
   - Auszahlung der Jahrespauschale als Gesamtbetrag zum 15.5.2020
5. **Landesverordnung zur Regelung von Neu- und Wiederaufnahmen von Personen in Einrichtungen nach den §§ 4 und 5 des Landesgesetzes über Wohnformen und Teilhabe sowie in weiteren Einrichtungen zur Verhinderung der weiteren Ausbreitung des Coronavirus**
   v. 15.4.2020, ersetzt/fortgeführt durch VO v. 6.5.2020[17]
   - Pflicht von Krankenhäusern, Isolationsbereiche für Patienten mit COVID-19-Symptomen einzurichten; Maskenpflicht für Patienten und Personal; Aufenthaltspflicht in diesen Bereichen für 14 Tage
6. **Vierte Corona-Bekämpfungsverordnung Rheinland-Pfalz (4. CoBeLVO)**
   v. 17.4.2020 (GVBl. 127), geändert durch VO v. 20.4.2020 (GVBl. 137), VO v. 24.4.2020[18]*, VO v. 28.4.2020*[19]*, ersetzt fortgeführt durch VO v. 30.4.2020*[20]
   - Fortführung der Maßnahmen der VO v. 23.3.2020 mit Änderungen:
   - Öffnung von Einzelhandelsbetrieben bis 800 qm Verkaufsfläche
   - Empfehlung von Masken für ÖPNV und Ladengeschäften
   - Öffnung von Zoos etc
   - Erlaubnis von Individualsport, Öffnung von Sportstätten für bis zu fünf Personen
   - Öffnung von Schulen ab 4.5.2020 in gestuftem Verfahren
   - **Änd-VO v. 24.4.2020:** Maskenpflicht für Einkauf, ÖPNV
   - **Änd-VO v. 28.4.2020:** Ausweitung der Kapazitätspflichten für Krankenhäuser (inklusive Notbedarf)
7. **Fünfte Corona-Bekämpfungsverordnung Rheinland-Pfalz (5. CoBeLVO)**
   v. 30.4.2020[21]*, geändert durch VO v. 7.5.2020*[22]*, ersetzt/fortgeführt durch VO v. 8.5.2020*[23]
   - Fortführung der Maßnahmen der VO v. 17.4.2020 mit Änderungen/Lockerungen:
   - Erlaubnis von Friseurleistungen uÄ
   - Erlaubnis von Gottesdiensten unter Auflagen (zB Abstand, Mundschutz, Kontaktnachverfolgung etc)
   - Erlaubnis von Versammlungen im Freien unter Auflagen
   - Fortgeltung der Schulpflicht auch für Unterricht zu Hause
   - **Änd-VO v. 7.5.2020:**
   - Öffnung von Museen, Ausstellungen etc
   - Öffnung von Geschäften mit einer Verkaufsfläche über 800 qm unter Auflagen (zB Mundschutz, Einlasskontrollen etc)

---

16 https://corona.rlp.de/fileadmin/rlp-stk/pdf-Dateien/Corona/1._LVO_AEnd._Festsetzung_Jahrespauschale_Kostengrenze14042020.pdf.

17 https://corona.rlp.de/fileadmin/rlp-stk/pdf-Dateien/Corona/LVO_Neu-_und_Wiederaufnahme_pflegebeduerftige_Menschen.pdf.

18 https://corona.rlp.de/fileadmin/rlp-stk/pdf-Dateien/Corona/2._Landesverordnung_zur_AEnderung_der_4._Corona-Bekaempfungsverordnung.pdf.

19 https://corona.rlp.de/fileadmin/rlp-stk/pdf-Dateien/Corona/Dritte_AEnderungsverordnung.pdf.

20 https://corona.rlp.de/fileadmin/rlp-stk/pdf-Dateien/Corona/5._Corona-Bekaempfungsverordnung_Rheinland-Pfalz.pdf.

21 https://corona.rlp.de/fileadmin/rlp-stk/pdf-Dateien/Corona/5._Corona-Bekaempfungsverordnung_Rheinland-Pfalz.pdf.

22 https://corona.rlp.de/fileadmin/rlp-stk/pdf-Dateien/Corona/1._Landesverordnung_zur_AEnderung_der_5._Corona-Bekaempfungsverordnung.pdf.

23 https://corona.rlp.de/fileadmin/rlp-stk/pdf-Dateien/Corona/6._CoBeLVO_.pdf.

8. **Landesverordnung über die stufenweise Wiederaufnahme des Betriebs von anerkannten Werkstätten für behinderte Menschen und anderer Einrichtungen sowie von Berufsbildungs- und Beförderungswerken**
   v. 6.5.2020[24]
   - Öffnung von Werkstätten für Menschen mit Behinderung, die nicht zur vulnerablen Gruppe gehören unter Auflagen
   - Öffnung von Tagesstätten unter gleichen Voraussetzungen
   - Tagesförderstätten dürfen nur zur Notbetreuung betreten werden
   - schrittweise Öffnung von Berufsbildungswerken unter Auflagen
   - außer Kraft am 24.5.2020
9. **Landesverordnung über Neu- und Wiederaufnahmen volljähriger Menschen mit Behinderung in Einrichtungen nach den §§ 4 und 5 des Landesgesetzes über Wohnformen und Teilhabe zur Verhinderung der weiteren Ausbreitung des Coronavirus**
   v. 6.5.2020[25]*, geändert durch VO v. 20.5.2020*[26]*, VO v. 15.6.2020*[27]*, VO v. 26.6.2020*[28]*, VO v. 14.7.2020*[29]*, VO v. 25.8.2020*[30]*, VO v. 28.10.2020*[31]
   - Wieder- oder Neuaufnahmen aus Krankenhäusern oder von zu Hause dürfen nur bei negativer Testung auf Corona oder mit Durchführung einer 14-tägigen Isolation erfolgen
   - Verlassen solcher Einrichtungen durch vulnerable Personen nur unter Auflagen
   - Meldepflichten für Einrichtungen hinsichtlich Corona-Verdachtsfällen, -Infektionen oder -Todesfällen
   - **Änd-VO v. 20.5.2020:**
   - Öffnung von Tagesförderstätten
   - Erlaubnis von Gruppentherapien unter strengen Auflagen
   - Verlängerung der Maßnahmen bis zum 30.6.2020
   - **Änd-VO v. 15.6.2020:** Erlaubnis des Präsenzbetriebs in Einrichtungen beruflicher Rehabilitation ab 15.6.2020 unter Auflagen
   - **Änd-VO v. 26.6.2020:**
   - detaillierte Sonderregeln für Tagesförderstätten
   - Verlängerung der Maßnahmen bis zum 31.8.2020
   - **Änd-VO v. 14.7.2020:** Öffnung von Rehabilitationseinrichtungen nur bei Vorliegen eines Hygienekonzepts
   - **Änd-VO v. 25.8.2020:** Verlängerung der Maßnahmen bis zum 31.10.2020
   - **Änd-VO v. 28.10.2020:** Verlängerung der Maßnahmen bis zum 31.1.2021
   - **Änd-VO v. 14.12.2020:** Erlaubnis des Besuchs von Behindertenwerkstätten und Tagesförderstellen zwischen dem 16.12.2020 und dem 10.1.2021
10. **Sechste Corona-Bekämpfungsverordnung Rheinland-Pfalz (6. CoBeLVO)**
    v. 8.5.2020[32]*, geändert durch VO v. 14.5.2020*[33]*, ersetzt/fortgeführt durch VO v. 15.5.2020*[34]

---

24 https://corona.rlp.de/fileadmin/rlp-stk/pdf-Dateien/Corona/LVO_Wiederaufnahme_Betrieb_WfbM.pdf.

25 https://corona.rlp.de/fileadmin/rlp-stk/pdf-Dateien/Corona/LVO_Neu-_und_Wiederaufnahme_pflegebeduerftige_Menschen.pdf.

26 https://corona.rlp.de/fileadmin/rlp-stk/pdf-Dateien/Corona/AEnderungsVO_stufenweise_Wiederaufnahme_.pdf

27 https://corona.rlp.de/fileadmin/rlp-stk/pdf-Dateien/Corona/2._AEnderung_Wiederaufnahme_Betrieb_Werkstaetten_behinderte_Menschen.pdf

28 https://corona.rlp.de/fileadmin/rlp-stk/pdf-Dateien/Corona/Dritte_Landesverordnung_stufenweise_Inbetriebnahme.pdf

29 https://corona.rlp.de/fileadmin/rlp-stk/pdf-Dateien/Corona/2020/10._Bekaempfungsverordnung/4._AEnderung_LVO_ueber_stufenweise_Wiederaufnahme_betrieb_anerkannten_WfbM_und_anderer_Einrichtungen.pdf

30 https://corona.rlp.de/fileadmin/msagd/Gesundheit_und_Pflege/GP_Dokumente/Informationen_zum_Coronavirus/Fuenfte_AEnderungsverordnung_zur_LVO_stufenweise_Wiederaufnahme_Werkstaetten.pdf

31 https://corona.rlp.de/fileadmin/msagd/Gesundheit_und_Pflege/GP_Dokumente/Informationen_zum_Coronavirus/6._AEnderung_WfbM.pdf

32 https://corona.rlp.de/fileadmin/rlp-stk/pdf-Dateien/Corona/6._CoBeLVO_.pdf.

33 https://corona.rlp.de/fileadmin/rlp-stk/pdf-Dateien/Corona/6._CoBeLVO_1._AEnderungsVO.pdf.

34 https://corona.rlp.de/fileadmin/rlp-stk/pdf-Dateien/Corona/7._CoBeLVO.pdf.

- Fortführung der Maßnahmen der VO v. 30.4.2020 mit Änderungen/Lockerungen:
- Erlaubnis von Profi-Fußballspielen unter Auflagen
- Öffnung von Campingplätzen für Dauercamper
- Öffnung von Gastronomiebetrieben unter Auflagen (zB Anwesenheitsliste, Abstandsregelung etc)
- Erlaubnis von Treffen von zwei Hausständen
- Öffnung von Spielplätzen unter Auflagen
- Geltung bis zum 24.5.2020
- **Änd-VO v. 14.5.2020:** Aufhebung der häuslichen Quarantänepflicht für Reiserückkehrer aus EU- und EFTA-Staaten unter Auflagen

11. **Siebente Corona-Bekämpfungsverordnung Rheinland-Pfalz (7. CoBeLVO)**
v. 15.5.2020[35]*, ersetzt/fortgeführt durch VO v. 26.5.2020*[36]
- Fortführung der Maßnahmen der VO v. 8.5.2020 mit Änderungen/Lockerungen:
- Öffnung von Hotels, Gasthäusern uÄ mit Auflagen (zB Anwesenheitsliste, Hygienevorschriften etc)
- Geltung bis zum 26.5.2020

12. **Achte Corona-Bekämpfungsverordnung Rheinland-Pfalz (8. CoBeLVO)**
v. 26.5.2020[37]*, ersetzt/fortgeführt durch VO v. 4.6.2020*[38]
- Fortführung der Maßnahmen der VO v. 16.5.2020 mit Änderungen/Lockerungen:
- generelle Maskenpflicht und Abstandsgebot
- spezielle Vorgaben für unterschiedliche Hygienekonzepte
- Erlaubnis von Versammlungen mit bis zu 100 Personen
- Erlaubnis von Gottesdiensten und religiösen Versammlungen unter Auflagen (zB Kontaktnachverfolgung)
- stufenweise Öffnung von Schulen
- eingeschränkte Kinderbetreuungsangebote
- Öffnung von Kinos, Theatern etc
- außer Kraft am 9.6.2020

13. **Neunte Corona-Bekämpfungsverordnung Rheinland-Pfalz (9. CoBeLVO)**
v. 4.6.2020[39]*, geändert durch VO v. 9.6.2020*[40]*, ersetzt/fortgeführt durch VO v. 19.6.2020*[41]
- Fortführung der Maßnahmen der VO v. 26.5.2020 mit Änderungen:
- Erlaubnis von Versammlungen mit bis zu zehn Personen oder Personen aus zwei Hausständen
- Reduzierung der Beschränkung der zulässigen Personenzahl im Einzelhandel auf eine Person pro zehn qm unabhängig von der Gesamtfläche
- Erlaubnis von Veranstaltungen mit bis zu 250 Personen im Freien bzw. bis zu 75 Personen in geschlossenen Räumen
- keine Maskenpflicht am Sitzplatz in religiösen Veranstaltungen
- Öffnung von Schwimmbädern und touristischen Angeboten
- Lockerung der Auflagen für Gastronomiebetriebe
- Öffnung von Messen und Freizeitparks unter Auflagen
- Öffnung der Schulen nach dem „Hygieneplan-Corona“
- Ergänzung des Bußgeld-Katalogs

35 https://corona.rlp.de/fileadmin/rlp-stk/pdf-Dateien/Corona/7._CoBeLVO.pdf.
36 https://lexcorona.de/lib/exe/fetch.php?media=rechtsakteland:rlp:8._cobelvo.pdf
37 https://lexcorona.de/lib/exe/fetch.php?media=rechtsakteland:rlp:8._cobelvo.pdf
38 https://corona.rlp.de/fileadmin/rlp-stk/pdf-Dateien/Corona/2020/9_bekaempfungsverordnung/9._CoBeLVO.pdf
39 https://corona.rlp.de/fileadmin/rlp-stk/pdf-Dateien/Corona/2020/9_bekaempfungsverordnung/9._CoBeLVO.pdf
40 https://corona.rlp.de/fileadmin/rlp-stk/pdf-Dateien/Corona/2020/9_bekaempfungsverordnung/9._CoBeLVO_1._AEnderungsVO.pdf
41 https://corona.rlp.de/fileadmin/rlp-stk/pdf-Dateien/Corona/2020/10._Bekaempfungsverordnung/10_CoBeLVO.pdf

- außer Kraft am 23.6.2020
- **Änd-VO v. 9.6.2020:** Verbot der Prostitution

14. **Zehnte Corona-Bekämpfungsverordnung Rheinland-Pfalz (10. CoBeLVO)**
v. 19.6.2020[42]*, geändert durch VO v. 25.6.2020*[43]*, VO v. 14.7.2020*[44]*, VO v. 25.8.2020*[45]*, ersetzt/fortgeführt durch VO v. 11.9.2020*[46]
    - Fortführung der Maßnahmen der VO v. 4.6.2020 mit Änderungen/Lockerungen:
    - Erlaubnis von Veranstaltungen mit bis zu 350 Personen im Freien bzw. 150 Personen in geschlossenen Räumen
    - Erlaubnis privater Veranstaltungen mit bis zu 75 Gästen unter Auflagen
    - Erlaubnis von Chorgesang und des Gesangs in religiösen Veranstaltungen
    - Lockerung der Maskenpflicht in Vergnügungsstätten
    - Lockerungen für Beherbergungsbetriebe
    - Erlaubnis von Sport mit bis zu zehn Personen auch in Kontaktsportarten
    - weitere Öffnung von Kinderbetreuungsangeboten; Lockerung für Betreuungsangebote mit bis zu 25 Personen
    - Quarantänepflicht für Reiserückkehrer aus Risikogebieten; Ausweitung der Ausnahmen für Quarantänepflichtige (zB Atteste, Sonderregeln für Saisonarbeitskräfte)
    - außer Kraft am 31.8.2020
    - **Änd-VO v. 25.6.2020:** Ausweitung der Quarantänepflicht für Einreise aus Risikogebieten auch innerhalb Deutschlands; Ausweitung der Ausnahmen
    - **Änd-VO v. 14.7.2020:**
    - Erlaubnis des Thekenbetriebs
    - Erlaubnis sportlicher Betätigung mit bis zu 30 Personen
    - Lockerung der Maßnahmen an Schulen und Einrichtungen der Kinderbetreuung; Regelbetrieb ab 1.8.2020; detaillierte Übergangsregeln
    - Anpassung des Bußgeldkatalogs
    - **Änd-VO v. 25.8.2020:**
    - Regelbetrieb in Kindertageseinrichtungen
    - Möglichkeit des Attests für Asylsuchende
    - Ausweitung der Quarantäneausnahmen
    - Verlängerung der Maßnahmen bis zum 15.9.2020
15. **Landesverordnung zur Bekämpfung des Coronavirus SARS-CoV-2 in Schlachthöfen, Zerlegebetrieben und fleischverarbeitenden Betrieben**
v. 9.7.2020[47]*, geändert durch VO v. 25.8.2020*[48]*, VO v. 27.10.2020*[49]
    - Beschäftigungsverbot in Betrieben ab einer bestimmten Größe mit Ausnahmen (zB bei negativem Testergebnis); Arbeitsverbot für Quarantänepflichtige; Nachhalten der Kontaktdaten
    - **Änd-VO v. 25.8.2020:** Verlängerung der Maßnahmen bis zum 31.10.2020
    - **Änd-VO v. 27.10.2020:** Verlängerung der Maßnahmen bis zum 31.1.2021

42 https://corona.rlp.de/fileadmin/rlp-stk/pdf-Dateien/Corona/2020/10._Bekaempfungsverordnung/10_CoBeLVO.pdf
43 https://corona.rlp.de/fileadmin/rlp-stk/pdf-Dateien/Corona/2020/10._Bekaempfungsverordnung/200625_1._AEndVO_10CoBeLVO__003_.pdf
44 https://corona.rlp.de/fileadmin/msagd/Gesundheit_und_Pflege/GP_Dokumente/Informationen_zum_Coronavirus/10CoBeLVO_2._AEnderungsVO.pdf
45 https://corona.rlp.de/fileadmin/msagd/Gesundheit_und_Pflege/GP_Dokumente/Informationen_zum_Coronavirus/Dritte_AEnderungsverordnung_zur_Zehnten_CoBeLVO.pdf
46 https://corona.rlp.de/fileadmin/msagd/Gesundheit_und_Pflege/GP_Dokumente/Informationen_zum_Coronavirus/11._CoBeLVO.pdf
47 https://corona.rlp.de/fileadmin/rlp-stk/pdf-Dateien/Corona/RVO_fleischverarbeitende_Betriebe_konsolidiert.pdf
48 https://corona.rlp.de/fileadmin/msagd/Gesundheit_und_Pflege/GP_Dokumente/Informationen_zum_Coronavirus/Erste_AEnderungsverordnung_zur_LVO_Fleischbetriebe.pdf
49 https://corona.rlp.de/fileadmin/msagd/Gesundheit_und_Pflege/GP_Dokumente/Informationen_zum_Coronavirus/2._AEnderung_Fleischbetriebe.pdf

16. **Elfte Corona-Bekämpfungsverordnung Rheinland-Pfalz (11. CoBeLVO)**
v. 11.9.2020[50]*, geändert durch VO v. 18.9.2020*[51]*, VO v. 30.9.2020*[52]*, VO v. 2.10.2020*[53]*, VO v. 9.10.2020*[54]*, VO v. 22.10.2020*[55]*, ersetzt/fortgeführt durch VO v. 30.10.2020*[56]
   - Fortführung der Maßnahmen der VO v. 19.6.2020 mit Änderungen/Lockerungen:
   - Erlaubnis von Veranstaltungen mit bis zu 500 Personen im Freien bzw. 250 Personen in geschlossenen Räumen; Ausnahmeregelung für Veranstaltungen mit festen Plätzen möglich
   - keine Maskenpflicht am Sitzplatz in Universitäten
   - außer Kraft am 31.10.2020
   - **Änd-VO v. 18.9.2020:** Erhöhung der zulässigen Auslastung von Veranstaltungsräumen
   - **Änd-VO v. 30.9.2020:**
   - Erlaubnis von Prostitution unter Auflagen (zB Alkoholverbot)
   - Ergänzung des Bußgeldkatalogs
   - **Änd-VO v. 2.10.2020:** Erweiterung der Quarantäneausnahmen
   - **Änd-VO v. 9.10.2020:**
   - Verbot der Auskunftsverweigerung uÄ bei Kontaktnachverfolgung
   - Verbot touristischer Beherbergung für Einreisende aus Risikogebieten mit Ausnahmen
   - **Änd-VO v. 22.10.2020:**
   - Reduzierung der zulässigen Gästezahl bei privaten Feiern auf maximal 25 Personen
   - Verlängerung der Maßnahmen bis zum 30.11.2020
17. **Zwölfte Corona-Bekämpfungsverordnung Rheinland-Pfalz (12. CoBeLVO)**
v. 30.10.2020[57]*, geändert durch VO v. 6.11.2020*[58]*, ersetzt/fortgeführt durch VO v. 27.11.2020*[59]
   - Fortführung der Maßnahmen der VO v. 11.9.2020 mit Änderungen:
   - Verschärfung der Maskenpflicht
   - Verbot von Veranstaltungen und Ansammlungen mit Ausnahmen
   - Verbot der Prostitution
   - Schließung von Restaurants (ausgenommen Außer-Haus-Verkauf)
   - Schließung von Beherbergungsbetrieben
   - Alkoholverbot im ÖPNV
   - Verbot von Reisebusreisen uÄ
   - Verbot von Gruppensport mit Ausnahmen insb. für den Profi-Sport
   - Schließung von Schwimmbädern
   - Schließung von Kino, Theater und Freizeiteinrichtungen (zB Messen, Freizeitparks)
   - generelle Maskenpflicht an Schulen und Kindertageseinrichtungen
   - außer Kraft am 30.11.2020
   - **Änd-VO v. 6.11.2020:**
   - Verkürzung der Quarantänepflicht auf zehn Tage

---

50 https://corona.rlp.de/fileadmin/msagd/Gesundheit_und_Pflege/GP_Dokumente/Informationen_zum_Coronavirus/11._CoBeLVO.pdf
51 https://corona.rlp.de/fileadmin/msagd/Gesundheit_und_Pflege/GP_Dokumente/Informationen_zum_Coronavirus/11._CoBeLVO_1._AEnderungsVO.pdf
52 https://corona.rlp.de/fileadmin/msagd/Gesundheit_und_Pflege/GP_Dokumente/Informationen_zum_Coronavirus/11._CoBeLVO_2._AEnderungsVO.pdf
53 https://corona.rlp.de/fileadmin/msagd/Gesundheit_und_Pflege/GP_Dokumente/Informationen_zum_Coronavirus/11._CoBeLVO_3._AEnderungsVO.pdf
54 https://corona.rlp.de/fileadmin/msagd/Gesundheit_und_Pflege/GP_Dokumente/Informationen_zum_Coronavirus/201009_11CoBeLVO_4AEndVO_Kontakterfassung_Beherbungsverbot_004.pdf
55 https://corona.rlp.de/fileadmin/msagd/Gesundheit_und_Pflege/GP_Dokumente/Informationen_zum_Coronavirus/5._AEnderungsVO.pdf
56 https://corona.rlp.de/fileadmin/msagd/Gesundheit_und_Pflege/GP_Dokumente/Informationen_zum_Coronavirus/12._CoBeLVO.pdf
57 https://corona.rlp.de/fileadmin/msagd/Gesundheit_und_Pflege/GP_Dokumente/Informationen_zum_Coronavirus/12._CoBeLVO.pdf
58 https://corona.rlp.de/fileadmin/msagd/Gesundheit_und_Pflege/GP_Dokumente/Informationen_zum_Coronavirus/1._AEnderungsverordnung_12._CoBeLVO.pdf
59 https://corona.rlp.de/fileadmin/msagd/Gesundheit_und_Pflege/GP_Dokumente/Informationen_zum_Coronavirus/13._CoBeLVO.pdf

- detailliertere Quarantänepflichten mit Ausnahmen (zB für systemrelevante Berufe, Nato-Angehörige etc)
- Möglichkeit der Verkürzung der Absonderungsdauer auf fünf Tage (durch Attest)

18. **Dreizehnte Corona-Bekämpfungsverordnung Rheinland-Pfalz (13. CoBeLVO)**
v. 27.11.2020[60]*, ersetzt/fortgeführt durch VO v. 14.12.2020*[61]
- Fortführung der Maßnahmen der VO v. 30.10.2020 mit Änderungen:
- Beschränkung privater Treffen und des Aufenthalts im öffentlichen Raum auf fünf Personen
- Verschärfung der Zutrittsbeschränkung im Einzelhandel ab 800 qm Verkaufsfläche
- Erlaubnis von Selbsthilfegruppen
- Aufhebung der Personenbegrenzung zB für Wochenmärkte und persönliche Beratungsgespräche
- Maskenpflicht in allen Betriebs- und Arbeitsstätten

19. **Landesverordnung über Aufnahmen, Besuchs- und Ausgangsrechte sowie Testungen in Pflegeeinrichtungen und Einrichtungen der Eingliederungshilfe nach den §§ 4 und 5 des Landesgesetzes über Wohnformen und Teilhabe zur Verhinderung der weiteren Ausbreitung des Coronavirus**
v. 27.11.2020[62]*, geändert durch VO v. 11.12.2020*[63]*, VO v. 18.12.2020*[64]
- Verpflichtung für neu aufgenommene Bewohner und Rückkehrer, für sieben Tage einen Mund-Nasen-Schutz zu tragen und einen Test durchzuführen
- Erlaubnis von zwei Besuchern pro Bewohner und Tag mit Einschränkungen; zwischen dem 1.12. und dem 21.12.2020 Reduzierung auf einen Besucher
- Testpflicht für Mitarbeiter einmal pro Woche
- Meldepflichten für Pflegeeinrichtungen
- außer Kraft am 15.1.2021
- **Änd-VO v.18.12.2020:** Verlängerung der Testpflichten bis zum 10.1.2021

20. **Landesverordnung zur Absonderung von mit dem Coronavirus SARS-CoV-2 infizierten oder krankheitsverdächtigen Personen und deren Hausstandsangehörigen und Kontaktpersonen**
v. 8.12.2020[65]
- Absonderungspflicht für Krankheitsverdächtige; unterschiedliche Beendigungsvoraussetzungen für Krankheitsverdächtige und Positiv-Getestete
- Sonderregeln für Angehörige des gleichen Hausstands
- Regeln für den Aufenthaltsort
- außer Kraft am 12.2.2021

21. **Vierzehnte Corona-Bekämpfungsverordnung Rheinland-Pfalz (14. CoBeLVO)**
v. 14.12.2020[66]*, geändert durch VO v. 21.12.2020*[67]
- Fortführung der Maßnahmen der VO v. 27.11.2020 mit Änderungen:
- Erlaubnis von Treffen zwischen einem Haushalt und vier weiteren Personen an Weihnachten
- Versammlungsverbot an Silvester (Gebot)
- Verbot des Feuerwerksverkaufs; Feuerwerksverbot auf öffentlichen Plätzen
- stärkere Beschränkung der Besucherzahl bei Trauungen

---

60 https://corona.rlp.de/fileadmin/msagd/Gesundheit_und_Pflege/GP_Dokumente/Informationen_zum_Coronavirus/13._CoBeLVO.pdf
61 https://corona.rlp.de/fileadmin/corona/14._CoBeLVO.pdf
62 https://corona.rlp.de/fileadmin/msagd/Gesundheit_und_Pflege/GP_Dokumente/Informationen_zum_Coronavirus/Landesverordnung_Neu-_und_Wiederaufnahme.pdf
63 https://corona.rlp.de/fileadmin/msagd/Gesundheit_und_Pflege/GP_Dokumente/Informationen_zum_Coronavirus/1._AEnderung_Landesverordnung_Aufnahmen__Besuchs-_und_Ausgangsrechte_sowie_Testungen_in_Pflegeeinrichtungen_und_Einrichtungen_der_Eingliederungshilfe.pdf
64 https://corona.rlp.de/fileadmin/msagd/Gesundheit_und_Pflege/GP_Dokumente/Informationen_zum_Coronavirus/2._AEnderungsverordnung_Pflegeeinrichtungen_20201218.pdf
65 https://corona.rlp.de/fileadmin/rlp-stk/pdf-Dateien/Corona/AEnderungsverordnung_Absonderungsverordnung/AbsonderungsVO_konsolidierte_Fassung.pdf
66 https://corona.rlp.de/fileadmin/corona/14._CoBeLVO.pdf
67 https://corona.rlp.de/fileadmin/corona/1._AEnderungsVO_14._CoBeLVO.pdf

- Verbot von Chorgesang in Gottesdiensten; Steuerung des Zutritts zu Gottesdiensten; Anmeldeerfordernis
- Schließung gewerblicher Einrichtungen mit Ausnahmen für Abhol-Dienste und Dinge des täglichen Bedarfs
- Schließung von Schulen zwischen dem 16.12.2020 und dem 18.1.2021; Notbetreuung
- Kindertageseinrichtungen nur noch für dringenden Bedarf geöffnet
- Schließung von Fahrschulen
- Angebote der Jugendarbeit nur in Form von Einzelangeboten
- keine Quarantäneausnahmen für Transporteure
- Sonderregeln für Kreise und kreisfreie Städte mit Inzidenzwert über 200
- außer Kraft am 10.1.2021
- **Änd-VO v. 21.12.2020:**
- Verbot von Gottesdiensten
- Erlaubnis für nicht aufschiebbare Präsenzprüfungen unter Auflagen
- Ergänzung des Bußgeldkatalogs

III. Sonstiges

36 1. **Erlass des Ministeriums für Soziales, Arbeit, Gesundheit und Demografie zum Erlass von Allgemeinverfügungen zum Entfall von Unterricht und Betreuungsangeboten im Zuge der Ausbreitung des Coronavirus SARSCoV-2 (COVID-19)**
v. 13.3.2020, ersetzt/fortgeführt durch VO v. 23.3.2020 (GVBl. 79)
2. **Erlass des Ministeriums für Soziales, Arbeit, Gesundheit und Demografie zum Erlass von Allgemeinverfügungen zur Einschränkung der Besuchsrechte für Krankenhäuser, Pflege-und Behinderteneinrichtungen im Zuge der Ausbreitung des Coronavirus SARSCoV-2 (COVID-19)**
v. 16.3.2020, ersetzt/fortgeführt durch VO v. 23.3.2020 (GVBl. 79)
3. **Erlass des Ministeriums für Soziales, Arbeit, Gesundheit und Demografie zu weiteren kontaktreduzierenden Maßnahmen aufgrund des Aufkommens von SARS-CoV-2-Infektionen in Rheinland-Pfalz**
v. 17.3.2020, ersetzt/fortgeführt durch VO v. 23.3.2020 (GVBl. 79)

L. Saarland

I. Gesetze

1. **Gesetz zur Errichtung eines Sondervermögens „zur Bewältigung der finanziellen Folgen der Covid-19-Pandemie“** 37
   v. 24.6.2020 (ABl. 446)
   - Errichtung eines Sondervermögens zur Bewältigung der Corona-Pandemie
   - Kreditermächtigung iHv 1,4 Mio. Euro
   - Errichtung eines „Krankenhausfonds“, dem Mittel zugeführt werden sollen
2. **Saarländisches Gesetz zur Kontaktnachverfolgung im Rahmen der Corona-Pandemie**
   v. 11.11.2020 (ABl. 1171), berichtigt durch G. v. 13.11.2020 (ABl.1190)
   - Pflicht zur Kontaktnachverfolgung für Gaststätten, Hotels, Kinos, Indoorspielplätze, Hochschulen, bei Bestattungen, beim Sport etc mit Ausnahmen (zB für Gottesdienste oder Versammlungen)
   - Details zum Ablauf der Kontaktnachverfolgung durch die Behörden
   - außer Kraft am 26.2.2020
3. **Gesetz Nr. 2010 zum Schutz der Kommunen gegen die finanziellen Folgen der Covid-19-Pandemie**
   v. 11.11.2020 (ABl. 1339)
   - Vereinbarung eines kommunalen Schutzschirms zur Bekämpfung der Folgen der Corona-Pandemie für die Kommunen

II. Rechtsverordnungen

1. **Verordnung zur Bekämpfung der Corona-Pandemie** 38
   v. 30.3.2020 (ABl. 196B), geändert durch VO v. 7.4.2020 (ABl. 206B), VO v. 16.4.2020 (ABl. 258), ersetzt/fortgeführt durch VO v. 17.4.2020 (ABl. 262B)
   - Kontaktreduzierung; Mindestabstand von 2 m soweit möglich
   - Ver- und Ansammlungsverbot für mehr als zwei Personen, die nicht gleichem Haushalt angehören
   - Verlassen der Wohnung nur aus triftigem Grund (zB Arbeit, medizinische Versorgung, Einkäufe des täglichen Bedarfs etc)
   - Bestattungen nur im engsten Familienkreis
   - Verbot religiöser Versammlungen; individuelle Besuche bleiben erlaubt
   - Betriebsverbot für Gaststätten (ausgenommen Außer-Haus-Verkauf), Beherbergungsbetriebe (ausgenommen unabweisbarer Übernachtungsgrund) und Einrichtungen, die für das tägliche Leben nicht notwendig sind (zB Kinos, Museen etc)
   - Verbot des Einzelhandels (ausgenommen Dinge des täglichen Bedarfs wie Lebensmittelhandel, Banken, Baumärkte, Gesundheitsberufe etc oder wenn kein Ladenlokal betrieben wird)
   - Betretungs- und Besuchsverbote für Behindertenwerkstätten, Pflegeeinrichtungen, Krankenhäuser etc; Schließung der Kantinen
   - Aufnahmestopp in Krankenhäusern soweit planbar; Ausbau der Intensivpflegekapazitäten
   - Präsenz-Hochschulbetrieb bis zum 4.5.2020 ausgesetzt; Prüfungen per Videokonferenz möglich; Aufrechterhaltung insb. kritischer Forschungstätigkeit zu Corona
   - Schließung der Schulen (ausgenommen Notbetreuung); Änderung von Prüfungsverfahren möglich; Schließung von Kindergärten (ausgenommen Notbetreuung)
   - Öffnung von Geschäften an Sonn- und Feiertagen möglich
   - Verbot des planmäßigen Sondierens von Kampfmitteln, wenn mehr als 100 Personen oder kritische Infrastruktur evakuiert werden müssten
   - Ordnungswidrigkeiten bei Verstößen
   - **Änd-VO v. 7.4.2020:** auch außerhalb des Ladenlokals sind Dienstleistungen untersagt, die am Menschen erfolgen und nicht notwendig sind (zB Friseurdienstleistungen etc)

- **Änd-VO v. 16.4.2020:**
- Geschäfte bis 800 qm Verkaufsfläche dürfen, neben den bisher geltenden Ausnahmen, öffnen
- Hochschulprüfungen dürfen ab 24.4.2020 durchgeführt werden
- Staatsprüfungen im Lehramt dürfen durchgeführt werden
- Verlängerung der Maßnahmen bis zum 3.5.2020

2. **Verordnung zu Quarantänemaßnahmen für Ein- und Rückreisende zur Bekämpfung des Coronavirus**
   v. 8.4.2020 (ABl. 248), geändert durch VO v. 16.4.2020 (ABl. 258), VO v. 2.5.2020 (ABl. 284), VO v. 15.5.2020 (ABl. 318), VO v. 29.5.2020 (ABl. 372), ersetzt/fortgeführt durch VO v. 13.6.2020 (ABl. 402)
   - 14-tägige häusliche Quarantäne für Reiserückkehrer; Meldepflicht bei zuständiger Behörde (Ausnahmen bei wichtiger Tätigkeit, für Arbeitnehmer von Verkehrsunternehmen, Personen, die zwingend täglich ins Bundesgebiet einreisen müssen oder weniger als drei Tage im Ausland waren und Saisonarbeiter)
   - Androhung von Bußgeldern
   - **Änd-VO v. 16.4.2020:** Verlängerung der Maßnahmen bis zum 3.5.2020
   - **Änd-VO v. 2.5.2020:** Verlängerung der Maßnahmen bis zum 17.5.2020
   - **Änd-VO v. 15.5.2020:**
   - keine häusliche Quarantäne für Rückreisende aus EU- und weiteren ausgesuchten Ländern
   - Verlängerung der Maßnahmen bis zum 31.5.2020
   - **Änd-VO v. 29.5.2020:**
   - häusliche Quarantäne für Ein- und Rückreisende aus Ländern mit Inzidenzwert über 50 Neuinfektionen pro 100.000 Einwohnern; Ausnahmen nur für Symptomfreie
   - Verlängerung der Maßnahmen bis zum 14.6.2020
3. **Neufassung der Verordnung zur Bekämpfung der Corona-Pandemie**
   v. 17.4.2020 (ABl. 262B), geändert durch VO v. 24.4.2020 (ABl. 274B), ersetzt/fortgeführt durch VO v. 2.5.2020 (ABl. 284)
   - Fortführung der Maßnahmen der VO v. 30.3.2020
   - **Änd-VO v. 24.4.2020:**
   - generelle Empfehlung zum Tragen einer Maske
   - Maskenpflicht bei Fahrten mit ÖPNV oder beim Einkaufen
   - Versammlungen bei Einhaltung von Hygiene- und Abstandsregeln erlaubt

[4. **Entscheidung des VerfGH Saarland**]
   v. 28.4.2020 (ABl. 280)
   - Verlassen der eigenen Wohnung unter Wahrung der Sicherheitsmaßnahmen erlaubt

5. **Verordnung zur Änderung von Ausbildungs-, Schul- und Prüfungsordnungen im Bereich des Ministeriums für Bildung und Kultur aufgrund der Corona-Pandemie**
   v. 29.4.2020 (ABl. 296)
   - Abweichungsmöglichkeiten für verschiedene Schulformen bei schwerwiegenden Gefahren für Leben und Gesundheit
6. **Verordnung zur Bekämpfung der Corona-Pandemie**
   v. 2.5.2020 (ABl. 284), ersetzt/fortgeführt durch VO v. 15. 5.2020 (ABl. 318)
   - Fortführung der Maßnahmen der VO v. 17.4.2020 mit Änderungen:
   - Erlaubnis von Treffen von maximal zwei Hausständen (privat und im öffentlichen Raum)
   - Erlaubnis von Gottesdiensten unter Auflagen
   - Öffnung von Geschäften (außer Gastronomie und Beherbergungen) unter Auflagen
   - Öffnung von Spielhallen und Spielplätzen unter Auflagen
   - Öffnung von Zoos uÄ
   - Präsenz-Hochschulbetrieb unter Auflagen
7. **Verordnung zum stufenweisen Wiedereinstieg in den schulischen Präsenzbetrieb und den Betrieb sonstiger Bildungseinrichtungen**
   v. 2.5.2020 (ABl. 284/288), geändert durch VO v.15.5.2020 (ABl. 318/324), VO v. 29.5.2020 (ABl. 372/378), ersetzt/fortgeführt durch VO v. 12.6.2020 (ABl. 402/409)

- Öffnung von Schulen für Abschlussklassen ab 4.5.2020
- Öffnung für Jahrgangsstufen elf und zwölf ab 11.5.2020
- Einhaltung des Hygieneplans erforderlich
- Öffnung von Gesundheitsschulen ab 4.5.2020
- Öffnung von außerschulischen Bildungsangeboten ab 4.5.2020
- Öffnung von Musik-, Kunst und Schauspielschulen
- **Änd-VO v. 15.5.2020:**
- Öffnung von allgemeinbildenden und beruflichen Schulen ab 25.5.2020 unter Auflagen
- Verlängerung der Maßnahmen bis zum 31.5.2020
- **Änd-VO v. 29.5.2020:**
- Öffnung der Schulen teils unter Einhaltung eines alternierenden Systems mit Auflagen
- Öffnung von Kindertageseinrichtungen ab 7.6.2020 unter Auflagen
- Öffnung von Musik-, Kunst- und Schauspielschulen unter Auflagen
- Verlängerung der Maßnahmen bis zum 14.6.2020

8. **Verordnung zur Bekämpfung der Corona-Pandemie**
   VO v. 15.5.2020 (ABl. 318), ersetzt/fortgeführt durch VO v. 29.5.2020 (ABl. 372)
   - Fortführung der Maßnahmen der VO v. 2.5.2020 mit Änderungen:
   - Verbot von Großveranstaltungen von mehr als 1.000 Personen bis zum 31.8.2020
   - Erlaubnis von Gastronomiebetrieben unter Auflagen (ua Anwesenheitsliste)
   - Erlaubnis von Beherbergung unter Auflagen
   - Öffnung von Spielplätzen und Sportbetrieben unter Auflagen
   - Erlaubnis von Reisebusreisen unter Auflagen
   - Öffnung von Behinderteneinrichtungen in Stufen ab 18.5.2020
   - Öffnung von Krankenhauskantinen
   - Möglichkeit für besondere Regelungen bei regionalen Infektionsherden
   - Geltung bis zum 31.5.2020
9. **Verordnung zur Umsetzung des Gesetzes über den Einsatz der Einrichtungen und sozialen Dienste zur Bekämpfung der Coronavirus-SARS-CoV-2 Krise in Verbindung mit einem Sicherstellungsauftrag (Sozialdienstleister-Einsatzverordnung – SodEVO)**
   v. 15.5.2020 (ABl. 326)
   - Zuständigkeitsregelung und Festlegung der Höhe monatlicher Zuschüsse
   - Geltung bis zum 30.9.2020
10. **Verordnung zur Bekämpfung der Corona-Pandemie (VO-CP)**
   v. 29.5.2020 (ABl. 372), ersetzt/fortgeführt durch VO v. 12.6.2020 (ABl. 402/403)
   - Fortführung der Maßnahmen der VO v 15.5.2020 mit Änderungen:
   - Soll-Vorgaben für private Zusammenkünfte
   - Lockerung der Maskenpflicht auf Fähren
   - Erlaubnis von Ansammlungen mit bis zu zehn Personen; ab 15.6.2020 bis zu 100 Personen im Freien bzw. 50 Personen in geschlossenen Räumen
   - Bestattungen, Gottesdienste und Versammlungen unter Auflagen erlaubt
   - Pflicht zur Kontaktnachverfolgung
   - Erlaubnis von einer Person pro zehn qm Verkaufsfläche
   - Öffnung von Theatern, Kinos etc ab 15.6.2020
   - Öffnung von Schwimmbädern ab 8.6.2020
   - Erlaubnis von Sportgruppen mit bis zu zehn Personen
   - schrittweise Öffnung von Behinderteneinrichtungen
   - Besuchsrechte in Pflegeeinrichtungen und Krankenhäusern unter Auflagen
   - Möglichkeit von Sonderregelungen bereits ab Inzidenzwert von 35
   - außer Kraft am 14.6.2020
11. **Änderung der Verordnung zu Quarantänemaßnahmen für Ein- und Rückreisende zur Bekämpfung des Coronavirus**
   v. 12.6.2020 (ABl. 402), geändert durch VO v. 26.6.2020 (ABl. 438), VO v. 10.7.2020 (ABl. 586), VO v. 17.7.2020 (ABl. 602), VO v. 24.7.2020 (ABl. 678), VO v. 8.8.2020 (ABl. 738), VO v. 21.8.2020 (ABl. 768), VO v. 2.9.2020 (ABl. 800B), VO v. 17.9.2020 (ABl. 906), VO v. 2.10.2020 (ABl. 942), VO v. 15.10.2020 (ABl. 998), VO v. 16.10.2020

(ABl. 1008), VO v. 30.10.2020 (ABl. 1046), ersetzt/fortgeführt durch VO v. 30.10.2020 (ABl.1046)
- Fortführung der Maßnahmen der VO v. 8.4.2020 mit Änderungen:
- Quarantäne für Reisrückkehrer aus Risikogebieten
- Abschaffung pauschaler Ausnahmen
- **Änd-VO v. 26.6.2020:** Verlängerung der Maßnahmen bis zum 12.7.2020
- **Änd-VO v. 10.7.2020:** Verlängerung der Maßnahmen bis zum 26.7.2020
- **Änd-VO v. 17.7.2020:** Erweiterung der Ausnahmen für Reiserückkehrer
- **Änd-VO v. 24.7.2020:** Verlängerung der Maßnahmen bis zum 9.8.2020
- **Änd-VO v. 8.8.2020:** Verlängerung der Maßnahmen bis zum 23.8.2020
- **Änd-VO v. 21.8.2020:**
- 14-tägige Quarantäne für Aufnahmen in der Landesaufnahmestelle; Ausnahmen für Konsular- und EU-Tätigkeiten
- Verlängerung der Maßnahmen bis zum 6.9.2020
- **Änd-VO v. 2.9.2020:** Verlängerung der Maßnahmen bis zum 20.9.2020
- **Änd-VO v. 17.9.2020:**
- Zuständigkeitserklärung der örtlichen Polizeibehörde
- Verlängerung der Maßnahmen bis zum 4.10.2020
- **Änd-VO v. 2.10.2020:** Verlängerung der Maßnahmen bis zum 18.10.2020
- **Änd-VO v. 15.10.2020:** Verlängerung der Maßnahmen bis zum 1.11.2020
- **Änd-VO v. 30.10.2020:** Verlängerung der Maßnahmen bis zum 8.11.2020

12. **Verordnung zur Bekämpfung der Corona-Pandemie (VO-CP)**
    v. 12.6.2020 (ABl. 402/403), ersetzt/fortgeführt durch VO v. 26.6.2020 (ABl. 438)
    - Fortführung der Maßnahmen der VO v. 29.5.2020 mit Änderungen:
    - Pflicht für Betreiber öffentlich zugänglicher Stellen, das Tragen der Masken sicherzustellen und den Zugang zur Einrichtung zu beschränken
    - Erlaubnis von Chorproben in geschlossenen Räumen
    - Erlaubnis von Sportgruppen mit bis zu 20 Personen
13. **Verordnung zum stufenweisen Wiedereinstieg in den schulischen Präsenzbetrieb und den Betrieb sonstiger Bildungseinrichtungen sowie Kindertageseinrichtungen**
    v. 12.6.2020 (ABl. 402/409), geändert durch VO v. 26.6.2020 (ABl. 438/443), VO v. 24.7.2020 (ABl. 678/683), ersetzt/fortgeführt durch VO v. 8.8.2020 (ABl. 738/743)
    - Fortsetzung der Maßnahmen der VO v. 2.5.2020 mit Änderungen:
    - weitere Öffnung nach Maßgaben der Schulaufsichtsbehörde
    - Geltung der Maßnahmen bis zum 14.8.2020
    - **Änd-VO v. 24.7.2020:** Sicherung der Ausbildung in Gesundheitsfachberufen im Falle einer epidemischen Lage von nationaler Tragweite
14. **Verordnung zur Bekämpfung der Corona-Pandemie (VO-CP)**
    v. 26.6.2020 (ABl. 438), ersetzt/fortgeführt durch VO v. 10.7.2020 (ABl. 586)
    - Fortführung der Maßnahmen der VO v. 12.6.2020 mit Änderungen:
    - Vorgaben für Kontaktnachverfolgung
    - Verdopplung der erlaubten Besucherzahl pro qm Verkaufsfläche
    - Vorgaben für Hygienekonzepte
    - Erlaubnis von Veranstaltungen mit bis zu 350 Personen im Freien bzw. 150 Personen in geschlossenen Räumen
    - Erlaubnis von Kontaktsport in Gruppen mit bis zu zehn Personen
    - Beherbergungsverbot für Personen aus Regionen mit Inzidenzwert ab 50 mit Ausnahmen
    - Öffnung von Behindertenwerkstätten
    - weitere Besuchsrechte in Pflegeeinrichtungen und Krankenhäusern
    - außer Kraft am 12.7.2020
15. **Verordnung zur Bekämpfung der Corona-Pandemie (VO-CP)**
    v. 10.7.2020 (ABl. 586), ersetzt/fortgeführt durch VO v. 24.7.2020 (ABl. 678)

- Fortführung der Maßnahmen der VO v. 26.6.2020 mit Änderungen:
- Erlaubnis von Veranstaltungen mit bis zu 500 Personen im Freien bzw. 250 Personen in geschlossenen Räumen; schrittweise Erweiterung der zugelassenen Personenzahl bis zu 1.000 bzw. 500 Personen ab 24.8.2020
- Erlaubnis von Sportgruppen mit bis zu 25 Personen
- erweiterte Besuchsrechte in Krankenhäusern und Pflegeeinrichtungen unter Auflagen
- Verlängerung der Maßnahmen bis zum 26.7.2020

16. **Verordnung zur Bekämpfung der Corona-Pandemie (VO-CP)**
v. 24.7.2020 (ABl. 678), ersetzt/fortgeführt durch VO v. 8.8.2020 (ABl. 738)
    - Fortführung der Maßnahmen der VO v. 10.7.2020 mit Änderungen:
    - Erlaubnis von Sportgruppen mit bis zu 35 Personen
    - Verlängerung der Maßnahmen bis zum 9.8.2020
17. **Verordnung zur Bekämpfung der Corona-Pandemie (VO-CP)**
v. 8.8.2020 (ABl. 738), ersetzt/fortgeführt durch VO v. 21.8.2020 (ABl. 768)
    - Fortführung der Maßnahmen der VO v. 24.7.2020 mit Änderungen:
    - Erlaubnis von Prostitution unter Auflagen
    - Erlaubnis von bis zu 15 Tagespflegegästen für entsprechende Einrichtungen
    - außer Kraft am 23.8.2020
18. **Verordnung zum stufenweisen Wiedereinstieg in den schulischen Präsenzbetrieb und den Betrieb sonstiger Bildungseinrichtungen sowie Kindertageseinrichtungen**
v. 8.8.2020 (ABl. 738/743), geändert durch VO v. 6.11.2020 (ABl. 1074), ersetzt/fortgeführt durch VO v. 27.11.2020 (ABl. 1190/1199)
    - Fortführung der Maßnahmen der VO v. 12.6.2020 mit Änderungen:
    - Wiederaufnahme des regulären Schulbetriebs zum 17.8.2020 nach Hygieneplan
    - Abschaffung der Maskenpflicht für Schüler
    - **Änd-VO v. 6.11.2020:** Maskenpflicht für Schüler ab der fünften Klasse mit Ausnahmen
19. **Verordnung zur Bekämpfung der Corona-Pandemie (VO-CP)**
v. 21.8.2020 (ABl. 768), ersetzt/fortgeführt durch VO v. 2.9.2020 (ABl. 800B)
    - Fortführung der Maßnahmen der VO v. 8.8.2020 mit Änderungen:
    - Beschränkung von Veranstaltungen auf 900 Personen im Freien bzw. 450 Personen in geschlossenen Räumen
    - außer Kraft am 6.9.2020
20. **Verordnung zur Bekämpfung der Corona-Pandemie (VO-CP)**
v. 2.9.2020 (ABl. 800B), ersetzt/fortgeführt durch VO v. 19.9.2020 (ABl. 906)
    - Fortführung der Maßnahmen der VO v. 21.8.2020 mit Änderungen:
    - Weitergabe der zur Kontaktnachverfolgung erhobenen Daten nur unter Auflagen
    - Verbot von Veranstaltungen mit mehr als 1.000 Teilnehmern bis zum 31.12.2020
    - Verbot von Bordellbetrieben
    - außer Kraft am 20.9.2020
21. **Verordnung zur Bekämpfung der Corona-Pandemie (VO-CP)**
v. 19.9.2020 (ABl. 906), ersetzt/fortgeführt durch VO v. 2.10.2020 (ABl. 942)
    - Fortführung der Maßnahmen der VO v. 2.9.2020 mit Änderungen:
    - Verlängerung der Maßnahmen bis zum 4.10.2020
22. **Verordnung zur Bekämpfung der Corona-Pandemie (VO-CP)**
v. 2.10.2020 (ABl. 942), ersetzt/fortgeführt durch VO v. 15.10.2020 (ABl. 998)
    - Fortführung der Maßnahmen der VO v. 19.9.2020 mit Änderungen:
    - Verlängerung der Maßnahmen bis zum 18.10.2020
23. **Verordnung zur Bekämpfung der Corona-Pandemie (VO-CP)**
v. 15.10.2020 (ABl. 998), ersetzt/fortgeführt durch VO v. 16.10.2020 (ABl. 1008)
    - Fortführung der Maßnahmen der VO v. 19.9.2020 mit Änderungen:
    - Aufhebung des Beherbergungsverbots für Personen aus Risikogebieten
    - detaillierte Sonderregelungen für Kreise mit unterschiedlicher Sieben-Tage-Inzidenz (zB Möglichkeit, Veranstaltungen sowie Zugang zu Einrichtungen unterschiedlich stark zu reglementieren, Sportausübung zu untersagen und Alkoholausschank zu verbieten)

24. **Verordnung zur Bekämpfung der Corona-Pandemie (VO-CP)**
    v. 16.10.2020 (ABl. 1008), ersetzt/fortgeführt durch VO v. 31.10.2020 (ABl. 1046/1049)
    - Fortführung der Maßnahmen der VO v. 15.10.2020 mit Änderungen:
    - weitere Sonderregelungen für Landkreise mit unterschiedlichen Inzidenzwerten (zB Obergrenzen für private Feiern und Veranstaltungen, Sperrstunden für Gastronomiebetriebe und Alkoholausschankverbot, Erweiterung der Maskenpflicht, Einschränkung der Sportausübung)
    - weitere Verschärfungen möglich, wenn durch diese Maßnahmen kein Erfolg erzielt wird
    - außer Kraft am 1.11.2020
25. **Verordnung hinsichtlich Maßnahmen gegen die Ausbreitung des Coronavirus SARS-CoV-2 bei regionalem Infektionsgeschehen im Landkreis Merzig-Wadern**
    v. 18.10.2020 (ABl. 1018), ersetzt/fortgeführt durch VO v. 31.10.2020 (ABl. 1046/1049)
    - Beschränkung von Treffen auf zehn Personen im Freien bzw. zehn Personen aus maximal zwei Haushalten in geschlossenen Räumen
    - Beschränkung von Veranstaltungen im Freien auf maximal 100 Personen mit Ausnahmen
    - Sperrstunde für Gastronomiebetriebe und Alkoholverkaufsverbot
    - Erweiterung der Maskenpflicht auf Gaststätten, Gottesdienste etc
    - außer Kraft, sobald an fünf aufeinanderfolgenden Tagen ein fallender Grenzwert erreicht wird
26. **Verordnung hinsichtlich Maßnahmen gegen die Ausbreitung des Coronavirus SARS-CoV-2 bei regionalem Infektionsgeschehen im Landkreis Neunkirchen**
    v. 18.10.2020 (ABl. 1019), ersetzt/fortgeführt durch VO v. 31.10.2020 (ABl. 1046/1049)
    - Anwendung der Maßnahmen der VO v. 18.10.2020 auf den Landkreis Neunkirchen
27. **Verordnung hinsichtlich Maßnahmen gegen die Ausbreitung des Coronavirus SARS-CoV-2 bei regionalem Infektionsgeschehen im Landkreis Saarbrücken**
    v. 18.10.2020 (ABl. 1020), ersetzt/fortgeführt durch VO v. 31.10.2020 (ABl. 1046/1049)
    - Anwendung der Maßnahmen der VO v. 18.10.2020 auf den Landkreis Saarbrücken
28. **Verordnung hinsichtlich Maßnahmen gegen die Ausbreitung des Coronavirus SARS-CoV-2 bei regionalem Infektionsgeschehen im Landkreis Saarlouis**
    v. 18.10.2020 (ABl. 1022), ersetzt/fortgeführt durch VO v. 31.10.2020 (ABl. 1046/1049)
    - Anwendung der Maßnahmen der VO v. 18.10.2020 auf den Landkreis Saarlouis
29. **Verordnung hinsichtlich Maßnahmen gegen die Ausbreitung des Coronavirus SARS-CoV-2 bei regionalem Infektionsgeschehen im Saarpfalz-Kreis**
    v. 18.10.2020 (ABl. 1023), ersetzt/fortgeführt durch VO v. 31.10.2020 (ABl. 1046/1049)
    - Anwendung der Maßnahmen der VO v. 18.10.2020 auf den Saarpfalz-Kreis
30. **Verordnung hinsichtlich Maßnahmen gegen die Ausbreitung des Coronavirus SARS-CoV-2 bei regionalem Infektionsgeschehen im Landkreis St. Wendel**
    v. 18.10.2020 (ABl. 1024), ersetzt/fortgeführt durch VO v. 31.10.2020 (ABl. 1046/1049)
    - Anwendung der Maßnahmen der VO v. 18.10.2020 auf den Landkreis St. Wendel
31. **Verordnung zu Quarantänemaßnahmen für Ein- und Rückreisende zur Bekämpfung des Coronavirus**
    v. 30.10.2020 (ABl. 1046), ersetzt/fortgeführt durch VO v. 13.11.2020 (ABl. 1110)
    - Fortführung der Maßnahmen der VO v. 12.6.2020 mit Änderungen:
    - zehn-tägige Quarantänepflicht für Ein- und Rückreisende aus Risikogebieten mit diversen Ausnahmen (zB für systemrelevante Berufe)
    - Meldepflicht
    - Verkürzung der Absonderungsdauer bei Nachweis eines negativen Testergebnisses möglich
    - außer Kraft am 15.11.2020
32. **Verordnung zur Bekämpfung der Corona-Pandemie (VO-CP)**
    v. 31.10.2020 (ABl. 1046/1049), ersetzt/fortgeführt durch VO v. 13.11.2020 (ABl. 1110/1113)
    - Fortführung der Maßnahmen der VO v. 16.10.2020 mit Änderungen:
    - Maskenpflicht in Gaststätten, bei öffentlichen Veranstaltungen und Gottesdiensten etc

- Ausweitung der Maskenpflicht auf öffentlichen Plätzen möglich
- Beschränkung von Treffen im Freien auf maximal zehn Personen aus zwei Haushalten
- Verbot von Unterhaltungs- und Sportveranstaltungen; Verbot von Veranstaltungen mit mehr als zehn Personen
- Schließung von Gaststätten (ausgenommen Außer-Haus-Verkauf)
- Verbot der Prostitution
- Einschränkung des Berufssports (Ausschluss von Zuschauern etc)
- Verbot körpernaher Dienstleistungen mit Ausnahmen
- Schließung von Kinos, Museen etc
- Verbot touristischer Beherbergung
- Sperrstunde für Alkoholverkauf
- Aufhebung regionaler Sonderregelungen
- außer Kraft am 15.11.2020

33. **Verordnung zu Quarantänemaßnahmen für Ein- und Rückreisende zur Bekämpfung des Coronavirus**
v. 13.11.2020 (ABl. 1110), ersetzt/fortgeführt durch VO v. 27.11.2020 (ABl. 1190)
    - Fortführung der Maßnahmen der VO v. 30.10.2020 mit Änderungen
    - Verlängerung der Maßnahmen bis zum 29.11.2020
34. **Verordnung zur Bekämpfung der Corona-Pandemie (VO-CP)**
v. 13.11.2020 (ABl. 1110/1113), ersetzt/fortgeführt durch VO v. 27.11.2020 (ABl. 1190/1193)
    - Fortführung der Maßnahmen der VO v. 31.10.2020 mit Änderungen:
    - Betriebserlaubnis für Tattoo- und Piercingstudios sowie Erlaubnis körpernaher Dienstleistungen unter Auflagen
    - Erlaubnis des Betriebs von Raststätten
    - Verbot touristischer Bus- und Schiffsreisen
    - Verlängerung der Maßnahmen bis zum 29.11.2020
35. **Verordnung zu Quarantänemaßnahmen für Ein- und Rückreisende zur Bekämpfung des Coronavirus**
v. 27.11.2020 (ABl. 1190), ersetzt/fortgeführt durch VO v. 12.12.2020 (ABl. 1274)
    - Fortführung der Maßnahmen der VO v. 13.11.2020 mit Änderungen
    - außer Kraft am 13.12.2020
36. **Verordnung zur Bekämpfung der Corona-Pandemie (VO-CP)**
v. 27.11.2020 (ABl. 1190/1193), berichtigt durch VO v. 27.11.2020 (ABl. 1234B), ersetzt/fortgeführt durch VO v. 12.12.2020 (ABl. 1274/1277)
    - Fortführung der Maßnahmen der VO v. 13.11.2020 mit Änderungen:
    - generelle Maskenpflicht in geschlossenen Räumen in der Öffentlichkeit und an Betriebsstätten
    - umfangreichere Pflichten hinsichtlich der Kontaktnachverfolgung und des Umgangs mit personenbezogenen Daten
    - Verschärfung der Zugangsbeschränkungen zu öffentlichen Einrichtungen
    - Beschränkung der zulässigen Personenzahl bei privaten Treffen auf maximal fünf Personen und einem anderen Hausstand
    - Reduzierung der Teilnehmerzahl von Veranstaltungen auf zehn Personen; mehr Teilnehmer nur bei dringendem, unabweisbarem Bedürfnis gestattet
    - Verbot von Feuerwerkskörpern
    - Verlängerung der Maßnahmen bis zum 13.12.2020
37. **Verordnung zum regulären Schulbetrieb und zum Betrieb sonstiger Bildungseinrichtungen sowie zum Betrieb von Kindertageseinrichtungen während der Corona-Pandemie**
v. 27.11.2020 (ABl. 1190/1199), berichtigt durch VO v. 27.11.2020 (ABl. 1234B), ersetzt/fortgeführt durch VO v. 12.12.2020 (ABl. 1274/1283)
    - Fortführung der Maßnahmen der VO v. 8.8.2020 mit Änderungen:
    - Fortführung des regulären Schulbetriebs unter Einhaltung eines Musterhygieneplans unter Auflagen mit ausführlicher Begründung
    - außer Kraft am 13.12.2020

38. **Verordnung zur Änderung von Ausbildungs-, Schul- und Prüfungsordnungen im Bereich des Ministeriums für Bildung und Kultur aufgrund der Corona-Pandemie**
    v. 11.12.2020 (ABl. 1352)
    - Anpassung verschiedener Verordnungen des Bildungswesens an die Corona-Pandemie (zB hinsichtlich Prüfungen, Benotung, Zeugnisvergaben uÄ)
39. **Verordnung zu Quarantänemaßnahmen für Ein- und Rückreisende zur Bekämpfung des Coronavirus**
    v. 12.12.2020 (ABl. 1274), ersetzt/fortgeführt durch VO v. 15.12.2020 (ABl. 1336_2)
    - Fortführung der Maßnahmen der VO v. 27.11.2020 mit Änderungen
    - Verlängerung der Maßnahmen bis zum 16.12.2020
40. **Verordnung zur Bekämpfung der Corona-Pandemie (VO-CP)**
    v. 12.12.2020 (ABl. 1274/1277), ersetzt/fortgeführt durch VO v. 15.12.2020 (ABl. 1336_5)
    - Fortführung der Maßnahmen der VO v. 27.11.2020 mit Änderungen
    - Verlängerung der Maßnahmen bis zum 16.12.2020
41. **Verordnung zum regulären Schulbetrieb und zum Betrieb sonstiger Bildungseinrichtungen sowie zum Betrieb von Kindertageseinrichtungen während der Corona-Pandemie**
    v. 12.12.2020 (ABl. 1274/1283), ersetzt fortgeführt durch VO v. 15.12.2020 (ABl. 1336_12)
    - Fortführung der Maßnahmen der VO v. 27.11.2020 mit Änderungen
    - Verlängerung der Maßnahmen bis zum 16.12.2020
42. **Verordnung zu Hygienerahmenkonzepten auf der Grundlage der Verordnung zur Bekämpfung der Corona-Pandemie**
    v. 12.12.2020 (ABl. 1316)
    - Konkretisierung verschiedener Hygienerahmenkonzepte hinsichtlich Maskenpflicht, Belüftung, Zugang, Kontaktnachtverfolgung uÄ für unterschiedliche Dienstleistungs- und Gewerbebetriebe (zB Kinos, Gaststätten etc)
43. **Verordnung zu Quarantänemaßnahmen für Ein- und Rückreisende zur Bekämpfung des Coronavirus**
    v. 15.12.2020 (ABl. 1336_2), ersetzt/fortgeführt durch VO v. 22.12.2020 (ABl. 1372_2)
    - Fortführung der Maßnahmen der VO v. 12.12.2020 mit Änderungen
    - Verlängerung der Maßnahmen bis zum 27.12.2020
44. **Verordnung zur Bekämpfung der Corona-Pandemie (VO-CP)**
    v. 15.12.2020 (ABl. 1336_5), ersetzt/fortgeführt durch VO v. 22.12.2020 (ABl. 1372_5)
    - Fortführung der Maßnahmen der VO v. 12.12.2020 mit Änderungen:
    - Lockerung der Betretungsbeschränkungen
    - Erlaubnis von Festen mit bis zu vier Personen aus unterschiedlichen Haushalten zwischen dem 24. und dem 26.12.2020
    - Verbot von Ansammlungen an Silvester
    - Schließung von Ladengeschäften (Ausnahme: Dinge des täglichen Bedarfs)
    - Möglichkeit eines Alkoholkonsumverbots an öffentlichen Plätzen
    - Verpflichtung für Personal in Pflege- und Betreuungseinrichtungen zweimal wöchentlich einen PoC-Test durchzuführen (ab Inzidenzwert von 150)
    - Verbot von Präsenzveranstaltungen an Universitäten
    - außer Kraft am 27.12.2020
45. **Verordnung zum regulären Schulbetrieb und zum Betrieb sonstiger Bildungseinrichtungen sowie zum Betrieb von Kindertageseinrichtungen während der Corona-Pandemie**
    v. 15.12.2020 (ABl. 1336_12), ersetzt/fortgeführt durch VO v. 22.12.2020 (ABl. 1372_12)
    - Fortführung der Maßnahmen der VO v. 12.12.2020 mit Änderungen:
    - Verpflichtung zum Angebot von Online-Unterricht
    - Einstellung des Präsenzbetriebs zwischen dem 16.12.2020 und dem 10.1.2020 mit Ausnahme der Nutzung des Gebäudes als Arbeitsplatz
    - Verbot des Präsenzunterrichts für Verwaltungsschulen und außerschulischer Angebote
    - Verbot von Musik- und Schauspielunterricht
    - Verlängerung der Maßnahmen bis zum 27.12.2020

46. **Verordnung zu Quarantänemaßnahmen für Ein- und Rückreisende zur Bekämpfung des Coronavirus**
    v. 22.12.2020 (ABl. 1372_2)
    - Fortführung der Maßnahmen der VO v. 15.12.2020 mit Änderungen
    - Verlängerung der Maßnahmen bis zum 10.1.2021
47. **Verordnung zur Bekämpfung der Corona-Pandemie (VO-CP)**
    v. 22.12.2020 (ABl. 1372_5)
    - Fortführung der Maßnahmen der VO v. 15.12.2020 mit Änderungen
    - außer Kraft am 10.1.2021
48. **Verordnung zum regulären Schulbetrieb und zum Betrieb sonstiger Bildungseinrichtungen sowie zum Betrieb von Kindertageseinrichtungen während der Corona-Pandemie**
    v. 22.12.2020 (ABl. 1372_12)
    - Fortführung der Maßnahmen der VO v. 15.12.2020 mit Änderungen
    - Verlängerung der Maßnahmen bis zum 10.1.2021

III. Allgemeinverfügungen

1. **Allgemeinverfügung des Ministeriums für Soziales, Gesundheit, Frauen und Familie zum Verbot von Veranstaltungen mit über 1.000 Teilnehmern** 39
   v. 11.3.2020 (ABl. 162), ersetzt/fortgeführt durch VO v. 30.3.2020 (ABl. 196B)
2. **Allgemeinverfügung des Ministeriums für Soziales, Gesundheit, Frauen und Familie zur Schließung von Kindertageseinrichtungen, Kindergroßtagespflegestellen und Heilpädagogischen Tagesstätten und Veranstaltungen und Ansammlungen einer größeren Anzahl von Menschen**
   v. 13.3.2020 (ABl. 166), ersetzt/fortgeführt durch VO v. 30.3.2020 (ABl. 196B)
   - Schließung von Kindertagesstätten
   - Schließung von Vergnügungsbetrieben (zB Kinos, Clubs, Saunen etc)
   - Besuchsverbot in Pflegeeinrichtungen
3. **Allgemeinverfügung zum Vollzug des Infektionsschutzgesetzes (IfSG): Vollzug des Ladenöffnungsgesetzes (LÖGSL)**
   v. 16.3.2020 (ABl. 170B), ersetzt/fortgeführt durch VO v. 30.3.2020 (ABl. 196B)
   - Verbot von Ver- oder Ansammlungen mit mehr als fünf Personen (ausgenommen private Feiern)
   - Verbot des Betriebs von Ladengeschäften, die nicht den täglichen Bedarf decken, von Betrieben zur Freizeitgestaltung, religiösen Zusammenkünften, Gaststättenbetrieb ohne Abstand von 2 m; Einschränkung der Öffnungszeiten in Gaststätten
   - Betretungsverbot von Behindertenwerkstätten und Betreuungseinrichtungen
4. **Allgemeinverfügung Vollzug des Infektionsschutzgesetzes (IfSG): Vorläufige Ausgangsbeschränkung anlässlich der Corona-Pandemie**
   v. 20.3.2020 (ABl. 178), ersetzt/fortgeführt durch VO v. 30.3.2020 (ABl. 196B)
   - Abstandsregel von 2 m
   - Verbot, Wohnung ohne triftigen Grund zu verlassen
   - Erlaubnis von Sport in Gruppen von bis zu fünf Personen
5. **Allgemeinverfügung zum Vollzug des Infektionsschutzgesetzes (IfSG)**
   v. 25.3.2020 (ABl. 194), ersetzt/fortgeführt durch VO v. 30.3.2020 (ABl. 196B)
   - Anbieten von touristischen Übernachtungsmöglichkeiten verboten
   - Betriebserlaubnis von Rastanlagen an Autobahnen
   - Treffen zur Sportausübung auf zwei Personen beschränkt
6. **Allgemeinverfügung zur Umsetzung der Bekanntmachung nach § 79 Abs. 5 Arzneimittelgesetz (AMG) des Bundesministeriums für Gesundheit vom 26. Februar 2020 (BAnz AT 27.02.2020 B4) bzgl. der Einzeleinfuhr von Remdesivir im Rahmen von individuellen Heilversuchen von schwer erkrankten COVID-19-Patientinnen und -Patienten**
   v. 27.3.2020 (ABl. 196G)
   - Erlaubnis zur Einführung des Präparats Remdesivir zur Behandlung von schweren COVID-19-Erkrankungen

7. **Allgemeinverfügung zum Vollzug des Infektionsschutzgesetzes (IfSG), des Saarländischen Krankenhausgesetzes (SKHG) und der Verordnung zur Alarm- und Einsatzplanung zur Vorsorge bei Notfällen, Notfallereignissen mit einer größeren Anzahl von Verletzten oder Kranken, Großschadenslagen und Katastrophen in saarländischen Krankenhäusern (KHAlarmV)** *v. 30.3.2020 (ABl. 196J)*
   - Verpflichtung von Krankenhäusern, vorhandene Kapazitäten für Behandlung von Corona-Patienten bereitzuhalten
   - keine Neuaufnahmen zur Vorsorge oder Rehabilitation; Anschlussbehandlungen nur mit Patienten aus dem Saarland
   - Verpflichtung zum Ausbau bereits vorhandener Behandlungskapazitäten
   - Reduzierung planbarer Aufnahmen, um Kapazitäten für Corona-Patienten bereitzuhalten
   - bei Auslastung von vorhandenen Kapazitäten, Einrichtung von COVID-19-Versorgungszentren
   - Verpflichtung zur Kooperation der Krankenhäuser untereinander und eines COVID-19-Screenings im Eingangsbereich; Einrichtung einer Koordinierungsstelle
   - außer Kraft am 31.5.2020

M. Sachsen

I. Gesetze

1. **Gesetz zur Änderung des Haushaltsgesetzes 2019/2020 (Nachtragshaushaltsgesetz 2019/2020)** 40
   v. 9.4.2020 (GVBl. 161)
   - für das Sondervermögen „Corona-Bewältigungsfonds Sachsen" dürfen bis zu sechs Mrd. Euro Kredit aufgenommen werden
2. **Gesetz zur Errichtung eines Sondervermögens „Corona-Bewältigungsfonds Sachsen" (Sächsisches Coronabewältigungsfondsgesetz – SächsCorBG)**
   v. 9.4.2020 (GVBl. 166)
   - Errichtung eines Corona-Bewältigungsfonds, der Gesundheitswesen und Wirtschaft stärken und Schäden kompensieren soll, die durch die Corona-Krise entstanden sind
3. **Gesetz zur Unterstützung der Kommunen des Freistaates Sachsen zur Bewältigung der COVID-19-Pandemie**
   v. 15.7.2020 (GVBl. 425)
   - Änderung des Finanzausgleichsmassen-, des Sächsischen Finanzausgleichsgesetzes und weiterer Gesetze, um die Folgen der Corona-Pandemie abzufedern
4. **Gesetz zur Schaffung pandemiebedingter Ausnahmeregelungen im Kommunalwahlrecht und im Kommunalrecht**
   v. 16.12.2020 (GVBl. 722)
   - Ausnahmebestimmung zu Wahlgesetzen und verschiedenen Verordnungen, um den besonderen Umständen der Pandemie Rechnung zu tragen (zB Beschränkung auf Briefwahl etc)
5. **Zweites Gesetz zur Unterstützung der Kommunen des Freistaates Sachsen zur Bewältigung der COVID-19-Pandemie**
   v. 16.12.2020 (GVBl. 729)
   - ergänzend zum Gesetz vom 15.7.2020: pauschale Zuweisungen zum Ersatz von Gewerbesteuermindereinnahmen etc
6. **Gesetz zur Stärkung der frühkindlichen, schulischen und hochschulischen Bildung**
   v. 17.12.2020 (GVBl. 731)
   - ua Verlängerung der Regelstudienzeit aufgrund der COVID-19-Pandemie

II. Rechtsverordnungen

1. **Verordnung der Sächsischen Staatsregierung und des Sächsischen Staatsministeriums für Soziales und Gesellschaftlichen Zusammenhalt zur Änderung der Infektionsschutzgesetz-Zuständigkeitsverordnung** 41
   v. 13.3.2020 (GVBl. 82)
   - erlaubt im Eilfall das Tätigwerden der obersten Landesgesundheitsbehörde, anstelle der Landkreise und kreisfreien Städte
2. **Verordnung des Sächsischen Staatsministeriums für Soziales und Gesellschaftlichen Zusammenhalt zum Schutz vor dem Coronavirus SARS-CoV-2 und COVID-19 (Sächsische Corona-Schutz-Verordnung – SächsCoronaSchVO)**
   v. 31.3.2020 (GVBl. 86), ersetzt/fortgeführt durch VO v. 17.4.2020 (GVBl. 170)
   - generelle Kontaktbeschränkung auf ein Minimum, Abstandsregelung (1,5 m)
   - Ausgangsbeschränkungen; Ausnahme bei triftigen Gründen (zB Weg zur Arbeit, Lieferverkehr, Versorgungswege des täglichen Lebens etc)
   - Besuchsverbote für Pflegeheime, Betreuungseinrichtungen, Krankenhäuser, Kindergärten etc
3. **Verordnung des Sächsischen Staatsministeriums für Soziales und Gesellschaftlichen Zusammenhalt zu Quarantänemaßnahmen für Ein- und Rückreisende zur Bekämpfung des Corona-Virus (Sächsische Corona-Quarantäne-Verordnung – Sächs-CoronaQuarVO)**
   v. 9.4.2020 (GVBl. 158), geändert durch VO v. 17.4.2020 (GVBl. 174), VO v. 30.4.2020 (GVBl. 190), ersetzt/fortgeführt durch VO v. 19.5.2020 (GVBl. 214)

- 14-tägige häusliche Quarantäne für Reiserückkehrer; Meldepflicht bei zuständiger Behörde; Ausnahmen für systemrelevante Tätigkeiten in Gesundheitswesen, Verwaltung Verkehrsunternehmen, für Grenzpendler, Gastarbeiter und bei Auslandsaufenthalt unter zwei Tagen
- Personen mit Wohnsitz außerhalb Sachsens dürfen innerhalb dieser Zeit nicht in Sachsen arbeiten
- **Änd-VO v. 17.4.2020:** Verlängerung der Maßnahmen bis zum 3.5.2020
- **Änd-VO v. 30.4.2020:**
- Aufhebung des Tätigkeitsverbots in Quarantäne
- Verlängerung der Maßnahmen bis zum 20.5.2020

4. **Verordnung des Sächsischen Staatsministeriums für Soziales und Gesellschaftlichen Zusammenhalt zum Schutz vor dem Coronavirus SARS-CoV-2 und COVID-19 (Sächsische Corona-Schutz-Verordnung – SächsCoronaSchVO)**
   v. 17.4.2020 (GVBl. 170), ersetzt/fortgeführt durch VO v. 30.4.2020 (GVBl. 186)
   - Fortführung der Maßnahmen der VO v. 31.3.2020 mit Änderungen/Lockerungen:
   - Mundschutz wird empfohlen; Maskenpflicht im ÖPNV
   - Aufforderung, private Reisen zu unterlassen
   - Kontaktreduzierung im öffentlichen Raum auf eine andere Person oder Angehörige des eigenen Hausstands
   - Ansammlungsverbot auch für religiöse Versammlungen; ausgenommen sind notwendige berufliche Treffen, Hochzeits- oder Trauerfeiern etc bis fünf Personen
   - Betriebsuntersagung für Einrichtungen mit Publikumsverkehr (zB Theater, Museen, Volksfeste, Stadtführungen etc)
   - erlaubt ist die Öffnung von Schulen zur Prüfungsvorbereitung, Hochschulen, Einrichtungen zur Notbetreuung, Einrichtungen des Gesundheitswesens etc, soweit Hygienevorschriften beachtet werden
   - Betriebsuntersagung für Gastronomiebetriebe (ausgenommen Außer-Haus-Verkauf)
   - Untersagung von Beherbergungen zu touristischen Zwecken
   - Öffnung von Geschäften des täglichen Bedarfs, Einzelhandel jedweder Art mit Verkaufsfläche bis 800 qm unter Einhaltung von Maskenpflicht und Mindestabstands
   - Dienstleistungen mit unmittelbarem Kontakt nur erlaubt, wenn medizinisch notwendig
   - schärfere Maßnahmen für stark betroffene Gebiete möglich
5. **Verordnung des Sächsischen Staatsministeriums für Soziales und Gesellschaftlichen Zusammenhalt zum Schutz vor dem Coronavirus SARS-CoV-2 und COVID-19 (Sächsische Corona-Schutz-Verordnung – SächsCoronaSchVO)**
   v. 30.4.2020 (GVBl. 186), ersetzt/fortgeführt durch VO v. 12.5.2020 (GVBl. 206)
   - Fortführung der Maßnahmen der VO v.17.4.2020 mit Änderungen/Lockerungen:
   - Treffen im öffentlichen Raum mit einer nicht zum Hausstand gehörenden Person und deren Partner sowie Personen, für die ein Sorgerecht besteht
   - Versammlungserlaubnis mit bis zu 50 Personen für 60 Minuten unter Auflagen
   - Verbot von Großveranstaltungen mit mehr als 1.000 Personen bis zum 31.8.2020
   - Erlaubnis von Friseurbetrieben uÄ unter Auflagen
6. **Verordnung des Sächsischen Staatsministeriums für Soziales und Gesellschaftlichen Zusammenhalt zum Schutz vor dem Coronavirus SARS-CoV-2 und COVID-19 (Sächsische Corona-Schutz-Verordnung – SächsCoronaSchVO)**
   v. 12.5.2020 (GVBl. 206), ersetzt/fortgeführt durch VO v. 3.6.2020 (GVBl. 262)
   - Fortführung der Maßnahmen der VO v. 30.4.2020 mit Änderungen/Lockerungen:
   - Erlaubnis von Treffen von zwei Hausständen (im öffentlichen und privaten Raum)
   - grundsätzliche Öffnung von Geschäften unter Auflagen
   - Verbot von Treffen im nicht-öffentlichen Raum mit Ausnahmen
   - Öffnung von Schulen, Theatern, Kinos, Zoos, Hochschulen etc unter Auflagen
   - Öffnung von Gastronomie- und Beherbergungsbetrieben unter Auflagen
   - Geltung bis zum 5.6.2020

[7. **Entscheidung des OVG Bautzen]**
v. 12.5.2020 (GVBl. 211)
- Verbot der Öffnung von Geschäften mit einer Verkaufsfläche über 800 qm außer Vollzug gesetzt

8. **Verordnung des Staatsministeriums für Kultus zur Flexibilisierung der Lehramtsprüfungen im Freistaat Sachsen**
v. 14.5.2020 (GVBl. 242)
- Anpassung der Lehramtsprüfungen an Corona-Pandemie durch Absehen von Prüfungen, Einsatz von Videotelefonie etc

9. **Verordnung des Sächsischen Staatsministeriums für Soziales und Gesellschaftlichen Zusammenhalt zu Quarantänemaßnahmen für Ein- und Rückreisende zur Bekämpfung des Corona-Virus (Sächsische Corona-Quarantäne-Verordnung – Sächs-CoronaQuarVO)**
v. 19.5.2020 (GVBl. 214), ersetzt/fortgeführt durch VO v. 12.6.2020 (GVBl. 270)
- Fortführung der Maßnahmen der VO v. 9.4.2020 mit Änderungen/Lockerungen:
- Quarantänepflicht für Reiserückkehrer aus Nicht-EU oder -EFTA-Staaten und Risikogebieten mit Inzidenzwert über 50
- Reduzierung der Ausnahmeregelungen
- außer Kraft am 14.6.2020

10. **Verordnung des Sächsischen Staatsministeriums für Soziales und Gesellschaftlichen Zusammenhalt zum Schutz vor dem Coronavirus SARS-CoV-2 und COVID-19 (Sächsische Corona-Schutz-Verordnung – SächsCoronaSchVO)**
v. 3.6.2020 (GVBl. 262), berichtigt durch VO v. 12.6.2020 (GVBl. 272), ersetzt/fortgeführt durch VO v. 26.6.2020 (GVBl. 274)
- Fortführung der Maßnahmen der VO v. 12.5.2020 mit Änderungen/Lockerungen:
- Erlaubnis von Treffen mit bis zu zehn Personen im öffentlichen Raum bzw. Familienfeiern mit bis zu 50 Personen
- Erlaubnis von Sport im Freien unter Auflagen
- Wegfall des Abstandsgebots in Kindertageseinrichtungen etc
- Öffnung von Geschäften und Läden mit Publikumsverkehr unter Auflagen (ausgenommen Volksfeste, Prostitutionsstätten, Sportveranstaltungen, Saunen, etc)
- Besuchserlaubnis in Alten- und Pflegeheimen
- Erlaubnis körpernaher Dienstleistungen
- abweichende Regelungen ab Inzidenzwert von 35 möglich; Pflicht zum Tätigwerden ab Inzidenzwert von 50

11. **Verordnung des Sächsischen Staatsministeriums für Soziales und Gesellschaftlichen Zusammenhalt zu Quarantänemaßnahmen für Ein- und Rückreisende zur Bekämpfung des Corona-Virus (Sächsische Corona-Quarantäne-Verordnung – Sächs-CoronaQuarVO)**
v. 12.6.2020 (GVBl. 270), ersetzt/fortgeführt durch VO v. 25.6.2020 (GVBl. 278)
- Fortführung der Maßnahmen der VO v. 19.5.2020 mit Änderungen/Lockerungen:
- Quarantäne nur für Reiserückkehrer aus Risikogebieten
- Ausnahmen bei ärztlichem Zeugnis, begründeten Fällen und Saisonarbeitskräften

12. **Verordnung des Sächsischen Staatsministeriums für Soziales und Gesellschaftlichen Zusammenhalt zu Quarantänemaßnahmen für Ein- und Rückreisende zur Bekämpfung des Corona-Virus (Sächsische Corona-Quarantäne-Verordnung – Sächs-CoronaQuarVO)**
v. 25.6.2020 (GVBl. 278), geändert durch VO v. 14.7.2020 (GVBl. 372), VO v. 25.8.2020 (GVBl. 479), VO v. 10.9.2020 (GVBl. 482), VO v. 29.9.2020 (GVBl. 515), ersetzt/fortgeführt durch VO v. 30.10.2020 (GVBl. 562)
- Fortführung der Maßnahmen der VO v. 12.6.2020 mit Änderungen/Lockerungen:
- Ausnahmen für Grenzübertritte von Transportpersonen
- **Änd-VO v. 10.9.2020:** Erweiterung der Ausnahmeregelungen für Grenzpendler und Personen, deren Tätigkeit der Aufrechterhaltung politischer Tätigkeiten zwingend dient
- **Änd-VO v. 29.9.2020:** Ausweitung der Ausnahmen für kurze Auslandsaufenthalte unter 48 Stunden

13. **Verordnung des Sächsischen Staatsministeriums für Soziales und Gesellschaftlichen Zusammenhalt zum Schutz vor dem Coronavirus SARS-CoV-2 und COVID-19 (Sächsische Corona-Schutz-Verordnung – SächsCoronaSchVO)**
    v. 26.6.2020 (GVBl. 274), ersetzt/fortgeführt durch VO v. 14.7.2020 (GVBl. 368)
    - Fortführung der Maßnahmen der VO v. 3.6.2020 mit Änderungen/Lockerungen:
    - Erlaubnis von Familienfeiern mit bis zu 100 Personen
    - Beherbergung von Personen aus Risikogebieten mit Inzidenzwert über 50 nur mit ärztlichem Zeugnis gestattet
    - Erlaubnis von Versammlungen mit mehr als 1.000 Personen
    - außer Kraft am 17.7.2020
14. **Verordnung des Sächsischen Staatsministeriums für Soziales und Gesellschaftlichen Zusammenhalt zum Schutz vor dem Coronavirus SARS-CoV-2 und COVID-19 (Sächsische Corona-Schutz-Verordnung – SächsCoronaSchVO)**
    v. 14.7.2020 (GVBl. 368), ersetzt/fortgeführt durch VO v. 25.8.2020 (GVBl. 474)
    - Fortführung der Maßnahmen der VO v. 26.6.2020 mit Änderungen/Lockerungen:
    - Erlaubnis von Betriebsfeiern mit bis zu 50 Personen
    - Angebote der Kinder- und Jugendhilfe müssen Hygienekonzept vorlegen
    - Maskenpflicht in Reisebussen
    - Erlaubnis der Unterschreitung des Mindestabstands bei religiösen Veranstaltungen bei Kontaktnachverfolgung
    - Erlaubnis von Tanzveranstaltungen unter Auflagen
    - Erlaubnis von Volksfesten, Jahrmärkten und Sportveranstaltungen mit Publikum unter Einhaltung eines Hygienekonzepts
    - Erlaubnis von Veranstaltungen mit mehr als 1.000 Personen unter Auflagen ab 1.9.2020
    - außer Kraft am 31.8.2020
15. **Verordnung des Sächsischen Staatsministeriums für Soziales und Gesellschaftlichen Zusammenhalt zum Schutz vor dem Coronavirus SARS-CoV-2 und COVID-19 (Sächsische Corona-Schutz-Verordnung – SächsCoronaSchVO)**
    v. 25.8.2020 (GVBl. 474), ersetzt/fortgeführt durch VO v. 29.9.2020 (GVBl. 510)
    - Fortführung der Maßnahmen der VO v. 14.7.2020 mit Änderungen/Lockerungen:
    - Maskenpflicht an Schulen nach Vorgaben des Ministeriums für Soziales; Ausnahme von Maskenpflicht für Kinder unter sechs Jahren
    - Erlaubnis der Prostitution unter strengen Auflagen
    - Sonderregeln für Saisonarbeitskräfte
    - Erlaubnis von Tanzlustbarkeiten unter freiem Himmel mit bis zu 1.000 Personen
    - Verbot von Großveranstaltungen mit mehr als 1.000 Personen; im Übrigen gilt bei Inzidenzwert über 20: generelles Verbot von Großveranstaltungen mit Genehmigungsvorbehalt
    - Anpassung des Bußgeldkatalogs
16. **Verordnung des Sächsischen Staatsministeriums für Soziales und Gesellschaftlichen Zusammenhalt zum Schutz vor dem Coronavirus SARS-CoV-2 und COVID-19 (Sächsische Corona-Schutz-Verordnung – SächsCoronaSchVO)**
    v. 29.9.2020 (GVBl. 510), geändert durch VO v. 15.10.2020 (GVBl. 518), ersetzt/fortgeführt durch VO v. 21.10.2020 (GVBl. 546)
    - Fortführung der Maßnahmen der VO v. 25.8.2020 mit Änderungen/Lockerungen:
    - Sonderregeln für Weihnachtsmärkte hinsichtlich Hygienekonzepten und deren Anpassung
    - **Änd-VO v. 15.10.2020:** Aufhebung des Beherbergungsverbots für Reisende aus Gebieten mit Inzidenzwert über 50
17. **Verordnung des Sächsischen Staatsministeriums für Soziales und Gesellschaftlichen Zusammenhalt zum Schutz vor dem Coronavirus SARS-CoV-2 und COVID-19 (Sächsische Corona-Schutz-Verordnung – SächsCoronaSchVO)**
    v. 21.10.2020 (GVBl. 546), ersetzt/fortgeführt durch VO v. 30.10.2020 (GVBl. 557)
    - Fortführung der Maßnahmen der VO v. 29.9.2020 mit Änderungen/Lockerungen:
    - Maskenpflicht in Gesundheitseinrichtungen

- Erweiterung der Pflicht eines Hygienekonzepts
- detaillierte Sonderregeln für Gebiete mit erhöhtem Infektionsaufkommen:
- ab Inzidenzwert von 35: flächendeckende Kontaktnachverfolgung, Reduzierung privater Feiern auf 25 Personen, Reduzierung der zulässigen Personenzahl bei Veranstaltungen im Freien auf 250 Personen bzw. 150 Personen in geschlossenen Räumen, Verschärfung der Maskenpflicht, Sperrstunde
- ab Inzidenzwert von 50: private Feiern nur noch mit zehn Personen erlaubt, Beschränkung der zulässigen Personenzahl bei Veranstaltung auf 100 Personen, Verbot der Prostitution
- weitere Verschärfungen, wenn Inzidenzwert nicht innerhalb von zehn Tagen sinkt
- Anpassung des Ordnungswidrigkeiten-Katalogs

18. **Verordnung des Sächsischen Staatsministeriums für Soziales und Gesellschaftlichen Zusammenhalt zum Schutz vor dem Coronavirus SARS-CoV-2 und COVID-19 (Sächsische Corona-Schutz-Verordnung – SächsCoronaSchVO)**
v. 30.10.2020 (GVBl. 557), ersetzt/fortgeführt durch VO v. 10.11.2020 (GVBl. 574)
- Fortführung der Maßnahmen der VO v. 21.10.2020 mit Änderungen/Lockerungen:
- dringende Empfehlung zu Reiseverzicht
- Treffen im öffentlichen Raum nur mit einem anderen Hausstand und maximal zehn Personen bzw. alternativ unabhängig vom Hausstand mit maximal fünf Personen
- Verbot privater Feiern und Betriebsfeiern
- Verschärfung der Maskenpflicht in allen Bereichen des öffentlichen Raums; Maskenpflicht an Schulen mit Ausnahmen
- Schließung von Aus- und Fortbildungseinrichtungen
- Schließung von Fitnessstudios, Schwimmbädern, Sportstätten etc
- Schließung von Theatern, Kinos, Museen, Bibliotheken etc
- Schließung von Angeboten der Kinder- und Jugendhilfe sowie -betreuung
- Verbot von Busreisen, touristischer Beherbergung etc
- Verbot des Betriebs von Prostitutionsstätten etc
- Schließung von Gaststätten und sonstigen Einrichtungen der Freizeitgestaltung
- Verbot körpernaher Dienstleistungen
- nicht-verbotene Einrichtungen sind zur Kontaktnachverfolgung verpflichtet
- Zugangsbeschränkung in Groß- und Einzelhandel auf eine Person pro zehn qm
- Möglichkeit kommunaler Behörden, schärfere Maßnahmen zu treffen

19. **Verordnung des Sächsischen Staatsministeriums für Soziales und Gesellschaftlichen Zusammenhalt zu Quarantänemaßnahmen für Ein- und Rückreisende zur Bekämpfung des Corona-Virus (Sächsische Corona-Quarantäne-Verordnung – Sächs-CoronaQuarVO)**
v. 30.10.2020 (GVBl. 562), geändert durch VO v. 10.11.2020 (GVBl. 579), VO v. 16.11.2020 (GVBl. 582), VO v. 30.12.2020 (GVBl. 748 b)
- Fortführung der Maßnahmen der VO v. 25.6.2020 mit Änderungen/Lockerungen:
- zehn-tägige Quarantänepflicht für Ein- und Rückreisende aus Risikogebieten; Ausnahmen für NATO-Truppen, Angehörige systemrelevanter Berufe, bei Vorliegen eines negativen Corona-Tests
- Möglichkeit der Verkürzung der Absonderungsdauer auf fünf Tage bei negativem Corona-Test
- Anpassung des Bußgeldkatalogs
- **Änd-VO v. 10.11.2020:** Meldepflicht für Ein- und Rückreisende gegenüber dem Gesundheitsamt durch Ausfüllen eines Online-Formulars
- **Änd-VO v. 16.11.2020:** quarantänefreie Ein- und Ausreise nur bei Aufenthalt unter zwölf Stunden
- **Änd-VO v. 30.12.2020:** Erfordernis der Einreisetestung für Ein- und Rückreisende

20. **Verordnung des Sächsischen Staatsministeriums für Soziales und Gesellschaftlichen Zusammenhalt zum Schutz vor dem Coronavirus SARS-CoV-2 und COVID-19 (Sächsische Corona-Schutz-Verordnung – SächsCoronaSchVO)**
v. 10.11.2020 (GVBl. 574), ersetzt/fortgeführt durch VO v. 27.11.2020 (GVBl. 666)

- Fortführung der Maßnahmen der VO v. 30.10.2020 mit Änderungen/Lockerungen:
- Erlaubnis von Versammlungen im Freien mit bis zu 1.000 Personen unter Einhaltung der Maskenpflicht und des Mindestabstands; Genehmigung für Versammlungen mit mehr als 1.000 Personen möglich
- außer Kraft am 30.11.2020

21. **Verordnung des Sächsischen Staatsministeriums für Soziales und Gesellschaftlichen Zusammenhalt zum Schutz vor dem Coronavirus SARS-CoV-2 und COVID-19 (Sächsische Corona-Schutz-Verordnung – SächsCoronaSchVO)**
v. 27.11.2020 (GVBl. 666), ersetzt/fortgeführt durch VO v. 11.12.2020 (GVBl. 686)
- Fortführung der Maßnahmen der VO v. 10.11.2020 mit Änderungen/Lockerungen:
- Erlaubnis von Treffen in der Öffentlichkeit mit maximal fünf Personen; ab 23.12.2020 ausnahmsweise mit maximal zehn Personen zulässig
- Maskenpflicht auf Parkplätzen, in Arbeits- und Betriebsstätten, vor Schulen etc
- Schließung von Sportstätten mit engeren Ausnahmen
- Verschärfung der Zugangsbeschränkungen für Geschäfte mit mehr als 800 qm Fläche
- Möglichkeit zur Anordnung strengerer Maßnahmen an Schulen bei Inzidenzwert über 200 (zB Schließung oder alternierendes System); Verpflichtung zu eingeschränktem Regelbetrieb in festen Gruppen
- Pflicht zum Tätigwerden der Kommunalbehörden bei Inzidenzwert über 50 (zB hinsichtlich Alkoholsperrstunde und Versammlungen); darüber hinausreichende Ausgangsbeschränkungen bei Inzidenzwert über 200 mit Ausnahmen
- Sächsischer Landtag von Corona-Regeln befreit

22. **Verordnung des Sächsischen Staatsministeriums für Soziales und Gesellschaftlichen Zusammenhalt zum Schutz vor dem Coronavirus SARS-CoV-2 und COVID-19 (Sächsische Corona-Schutz-Verordnung – SächsCoronaSchVO)**
v. 11.12.2020 (GVBl. 686), geändert durch VO v. 14.12.2020 (GVBl. 718), VO v. 22.12.2020 (GVBl. 720 b)
- Fortführung der Maßnahmen der VO v. 27.11.2020 mit Änderungen/Lockerungen:
- Erlaubnis von Treffen mit bis zu zehn Personen nur zwischen dem 23. und dem 27.12.2020
- gesonderte Hygienekonzepte in Eigenverantwortung für religiöse Zusammenkünfte; Trauungen und Beerdigungen sind mit bis zu zehn Personen gestattet
- Ausgangsbeschränkung mit Ausnahmen (zB Berufsausübung, medizinische Versorgung, Wahrnehmung unaufschiebbarer Termine etc)
- Ausgangssperre zwischen 22 Uhr und 6 Uhr mit enger gesteckten Ausnahmen
- Alkoholausschank- und -konsumverbot in der Öffentlichkeit
- Schließung von Geschäften mit Ausnahme von solchen des täglichen Bedarfs und zur Grundversorgung oder bei Abhol- und Lieferdiensten
- Schließung von Fahrschulen
- Schließung von Schulen (ausgenommen Notbetreuung) zwischen dem 14.12.2020 und dem 8.1.2021; detaillierte Vorgaben für Notbetreuung
- Besuch in Gesundheits- und Pflegeeinrichtungen nur mit Mund-Nasen-Schutz und negativem Corona-Test
- Schließung von Behindertenwerkstätten mit Ausnahme dringender Betreuungszwecke
- Möglichkeit (keine Pflicht) kommunaler Sonderregelungen ab Inzidenzwert von 50
- Beschränkung der zulässigen Teilnehmerzahl bei Versammlungen auf zehn Personen bei Inzidenzwert über 300
- außer Kraft am 10.1.2021
- **Änd-VO v. 14.12.2020:**
- Beschränkung von Treffen an Weihnachten auf den eigenen Hausstand und vier weitere Personen
- Testpflicht für Beschäftigte in Betreuungseinrichtungen etc zweimal pro Woche

23. **Zweite Verordnung des Sächsischen Staatsministeriums für Kultus zur Flexibilisierung der Lehramtsprüfungen im Freistaat Sachsen**
    v. 16.12.2020 (GVBl. 738)
    – Anpassung der Lehramtsprüfungen an die Besonderheiten der Corona-Pandemie (zB durch Einführung von digitalen Prüfungen)

III. Allgemeinverfügungen

1. **Allgemeinverfügung zur Umsetzung der Bekanntmachung nach § 79 Absatz 5 des Arzneimittelgesetzes des Bundesministeriums für Gesundheit bezüglich der Bereitstellung spezifischer Arzneimittel zur Verhütung einer Infektion mit dem neuartigen Coronavirus (Az.: 26-5111/230/11)** 42
   v. 3.3.2020 (ABl. 272)
   – Erlaubnis zum Inverkehrbringen nicht zugelassener Desinfektionsmittel bis zum 30.3.2020
2. **Allgemeinverfügung zur Umsetzung der Bekanntmachung nach § 79 Absatz 5 des Arzneimittelgesetzes des Bundesministeriums für Gesundheit bezüglich des Arzneimittels Remdesivir zur Behandlung von schwer an COVID-19 erkrankten Patientinnen und Patienten (Az.: 26-5111/230/11 C)**
   v. 18.3.2020 (ABl. 272)
   – Erlaubnis zur Einführung des Präparats Remdesivir für Fälle schwerer Corona-Erkrankungen bis zum 31.5.2020
3. **Allgemeinverfügung Vollzug des Infektionsschutzgesetzes: Maßnahmen anlässlich der Corona-Pandemie – Einstellung des Betriebs von Schulen und Kindertageseinrichtungen (Az.: 15-5422)**
   v. 18.3.2020 (ABl. 290), ersetzt/fortgeführt durch AV v. 1.5.2020 (Az.: 15-5422/4)[68]
   – Schließung von Schulen und Kindertagesstätten (ausgenommen zur Notbetreuung)
4. **Allgemeinverfügung Vollzug des Infektionsschutzgesetzes: Maßnahmen anlässlich der Corona-Pandemie – Verbot von Veranstaltungen (Az.: 15-5422)**
   v. 18.3.2020 (ABl. 296), ersetzt/fortgeführt durch AV v. 20.3.2020 – Az.: 15-5422/5 (ABl. 302)
   – Veranstaltungsverbot
   – Schließung aller Geschäfte außer solchen zur Deckung des täglichen Bedarfs, bei denen auch Öffnungen am Sonntag erlaubt sind
   – Arbeiten von Dienstleistern und Handwerkern erlaubt sowie Veranstaltungen zur Erfüllung öffentlich-rechtlicher Aufgaben
   – Hochzeiten oder Trauerfeiern mit bis zu 100 Personen erlaubt
   – Betriebsverbot für Clubs, Kneipen, Spielhallen, Theater, Kinos, Bildungseinrichtungen, Spielplätze; Verbot religiöser Zusammenkünfte etc
   – Verbot von Übernachtungen zu touristischen Zwecken
   – Betrieb von Gaststätten, nur wenn Abstand von 1,5 m eingehalten wird oder Außer-Haus-Verkauf
5. **Allgemeinverfügung Vollzug des Infektionsschutzgesetzes: Maßnahmen anlässlich der Corona-Pandemie – Betretungsverbot in stationären Einrichtungen der Kinder- und Jugendhilfe sowie der Eingliederungshilfe für Kinder und Jugendliche (Az.: 42-6928-20)**
   v. 19.3.2020 (ABl. 310)
   – Betretungsverbot für Pflege- und Betreuungseinrichtungen
6. **Allgemeinverfügung Vollzug des Infektionsschutzgesetzes: Maßnahmen anlässlich der Corona-Pandemie – Verbot von Veranstaltungen (Az.: 15-5422/5)**
   v. 20.3.2020 (ABl. 302), ersetzt/fortgeführt durch AV v. 31.3.2020 (ABl. 436)
   – Reduzierung familiärer Veranstaltungen auf 50 Teilnehmer
   – Schließung der Gaststätten (ausgenommen Außer-Haus-Verkauf)

68 https://www.coronavirus.sachsen.de/download/Allgemeinverfuegung_Kita_04_05_2020_final.pdf.

7. **Allgemeinverfügung Vollzug des Infektionsschutzgesetzes: Maßnahmen anlässlich der Corona-Pandemie – Betretungsverbot für Werkstätten für behinderte Menschen, andere Leistungsanbieter und tagesstrukturierende Angebote (Az.: 43-510/70)**
   v. 20.3.2020 (ABl. 307), ersetzt/fortgeführt durch AV v. 12.5.2020[69]
   - Schließung von Behindertenwerkstätten mit Ausnahmen (zB für Symptomfreie ohne andere Betreuungsmöglichkeit) unter Auflagen
   - Geltung bis zum 5.6.2020
8. **Allgemeinverfügung Vollzug des Infektionsschutzgesetzes: Maßnahmen anlässlich der Corona-Pandemie – Anordnung von Schutzmaßnahmen an Krankenhäusern und stationären medizinischen Rehabilitationseinrichtungen zur Verhinderung der Verbreitung des Corona-Virus und zur Behandlung von COVID-19-Patientinnen und -Patienten (Az.: 34-5422.40/6)**
   v. 20.3.2020 (ABl. 313), ersetzt/fortgeführt durch AV v. 12.5.2020[70]
   - Reduzierung planbarer Aufnahmen in Krankenhäusern; Pflicht der Krankenhäuser Aufnahmekapazitäten zu erhöhen; wechselseitige Unterstützungspflichten der Krankenhäuser; Pflicht, durch eigene Maßnahmen, Corona-Ausbreitung zu minimieren
9. **Allgemeinverfügung Vollzug des Infektionsschutzgesetzes: Notwendige Maßnahmen zur Eindämmung des Corona-Virus (SARS-CoV-2, COVID-19) (Az.: 33-5421.50/58)**
   v. 20.3.2020 (ABl. 315), ersetzt/fortgeführt durch AV v. 12.5.2020[71]
   - Besuchsverbote in Alten- und Pflegeheimen
10. **Allgemeinverfügung Vollzug des Infektionsschutzgesetzes: Maßnahmen anlässlich der Corona-Pandemie – Betretungsverbot von Tagespflegeeinrichtungen im Sinne des Elften Buches Sozialgesetzbuch (Az.: 33-5421.50/58)**
    v. 20.3.2020 (ABl. 317), ersetzt/fortgeführt durch AV v. 12.5.2020[72]
    - Schließung von Tagespflegeeinrichtungen außer zur Notfallversorgung
11. **Allgemeinverfügung Vollzug des Infektionsschutzgesetzes: Maßnahmen anlässlich der Corona-Pandemie – Verbot von Veranstaltungen Bekanntmachung des Sächsischen Staatsministeriums für Soziales und Gesellschaftlichen Zusammenhalt (Az.: 15-5422/5)**
    v. 31.3.2020 (ABl. 436), ersetzt/fortgeführt durch VO v. 17.4.2020 (GVBl. 170)
    - Beerdigungen und Trauerfeiern auf 15 Personen beschränkt
    - Empfehlung, private Veranstaltungen zu verschieben
    - Geltung bis zum 19.4.2020
12. **Allgemeinverfügung Vollzug des Infektionsschutzgesetzes: Maßnahmen anlässlich der Corona-Pandemie – Einstellung des Betriebs von Schulen und der Kindertagesbetreuung (Az.: 15-5422/4)**
    v. 1.5.2020[73]
    - Fortführung der Maßnahmen der AV v. 18.3.2020 (ABl. 290)
    - Geltung bis zum 22.5.2020
13. **Allgemeinverfügung Vollzug des Infektionsschutzgesetzes: Notwendige Maßnahmen zur Eindämmung des Corona-Virus (SARS-CoV-2, COVID-19) – Regelungen für stationäre Pflegeeinrichtungen, ambulant betreute Wohngemeinschaften für pflegebedürftige Menschen, Wohngruppen für Menschen mit Behinderungen sowie Hospize im Freistaat Sachsen (Az.: 33-5421.50/79)**
    v. 12.5.2020[74]
    - Betretungsverbote für Pflege- und Betreuungseinrichtungen; Ausnahmen für Ärzte, Seelsorger, Rechtsanwälte etc
    - Erlaubnis des Kontakts außerhalb der Einrichtungen unter Wahrung der Hygienevorschriften
    - Geltung bis zum 5.6.2020

69 https://www.coronavirus.sachsen.de/download/SMS-Allgemeinverfuegung-WfbM-2020-05-12.pdf.
70 https://www.coronavirus.sachsen.de/download/SMS-Allgemeinverfuegung-Krankenhaeuser-2020-05-12.pdf.
71 https://www.coronavirus.sachsen.de/download/SMS-Allgemeinverfuegung-stationaere-Einrichtungen-2020.
72 https://www.coronavirus.sachsen.de/download/SMS-Allgemeinverfuegung-Tagespflege-2020-05-12.pdf.
73 https://www.coronavirus.sachsen.de/download/Allgemeinverfuegung_Kita_04_05_2020_final.pdf.
74 https://www.coronavirus.sachsen.de/download/SMS-Allgemeinverfuegung-stationaere-Einrichtungen-2020.

14. **Allgemeinverfügung Vollzug des Infektionsschutzgesetzes: Maßnahmen anlässlich der Corona-Pandemie – Betretungsverbot in stationären Einrichtungen der Kinder- und Jugendhilfe sowie der Eingliederungshilfe für Kinder und Jugendliche**
    v. 12.5.2020 [75]
    - Betretungsverbote für Betreuungseinrichtung für Kinder und Jugendliche; Ausnahmen für Richter, Betreuer, Sorgeberechtigte etc
    - Geltung bis zum 5.6.2020
15. **Allgemeinverfügung Vollzug des Infektionsschutzgesetzes: Maßnahmen anlässlich der Corona-Pandemie – Anordnung von Schutzmaßnahmen an Krankenhäusern und stationären medizinischen Rehabilitationseinrichtungen zur Verhinderung der Verbreitung des Corona-Virus und zur Behandlung von COVID-19 Patientinnen und Patienten (Az.: 34-5422.40/6)**
    v. 12.5.2020 [76]
    - In-Kraftsetzung von Alarm- und Einsatzplänen in Krankenhäusern
    - Pflicht für Krankenhäuser, Kapazitäten zu erhöhen und in Kooperation mit Reha-Kliniken zu treten
    - Geltung bis zum 5.6.2020
16. **Allgemeinverfügung Vollzug des Infektionsschutzgesetzes: Maßnahmen anlässlich der Corona-Pandemie – Betretungsverbot von Tagespflegeeinrichtungen im Sinne des Elften Buches Sozialgesetzbuch (Az.: 33-5421.50/58-80)**
    v. 12.5.2020[77]
    - Schließungsgebot für Tagespflegeeinrichtungen (ausgenommen zur Notbetreuung)
    - Geltung bis zum 5.6.2020

75 https://www.coronavirus.sachsen.de/download/SMS-Allgemeinverfuegung-Kinder-Jugendhilfe-2020-05-12.pdf.
76 https://www.coronavirus.sachsen.de/download/SMS-Allgemeinverfuegung-Krankenhaeuser-2020-05-12.pdf.
77 https://www.coronavirus.sachsen.de/download/SMS-Allgemeinverfuegung-Tagespflege-2020-05-12.pdf.

N. Sachsen-Anhalt

I. Gesetze

43 **Gesetz zur Änderung des Haushaltsgesetzes 2020/2021 (Nachtragshaushaltsgesetz 2020/2021)**
v. 8.4.2020 (GVBl. 129)
– Berücksichtigung der Corona-Pandemie im Haushaltsplan

II. Rechtsverordnungen

44 1. **Verordnung über Maßnahmen zur Eindämmung der Ausbreitung des neuartigen Coronavirus SARS-CoV-2 in Sachsen-Anhalt**
(SARS-CoV-2-Eindämmungsverordung – SARS-CoV-2-EindV)
v. 17.3.2020 (GVBl. 50), ersetzt/fortgeführt durch VO v. 24.3.2020 (GVBl. 54)
– Verbot von Veranstaltungen oder Ansammlungen mit mehr als 50 Teilnehmern außer zur Aufrechterhaltung der öffentlichen Sicherheit und Ordnung oder Daseinsvorsorge
– Veranstaltungen unter 50 Personen: Abstandsregel von 2 m; Anwesenheitsliste
– Schließung von Clubs, Messen, Spielhallen, Museen, Schwimmbädern, Fitnessstudios, Bildungseinrichtungen etc
– nicht mehr als 50 Gäste in Restaurants unter Wahrung von 2 m Abstand
– Schließung von Sportstätten und Ladengeschäften (außer für Dinge des täglichen Bedarfs oder notwendige medizinische Versorgung)
– Betretungsverbote für Reiserückkehrer für 14 Tage in Krankenhäusern, Pflege- und Behinderteneinrichtungen
– Betretungsverbote für Behindertenwerkstätten, soweit Betreuung anderweitig gewährleistet ist

2. **Zweite Verordnung über Maßnahmen zur Eindämmung der Ausbreitung des neuartigen Coronavirus SARS-CoV-2 in Sachsen-Anhalt**
(Zweite SARS-CoV-2-Eindämmungsverordnung – 2. SARS-CoV-2-EindV)
v. 24.3.2020 (GVBl. 54), ersetzt/fortgeführt durch VO v. 2.4.2020 (GVBl. 112)
– Fortführung der Maßnahmen der VO v. 17.3.2020 mit Änderungen/Verschärfungen:
– Veranstaltungen sind auf zwei Personen beschränkt, ausgenommen unvermeidbare Zusammenkünfte aus beruflichen Gründen, Trauerfeiern oder Hochzeiten im engsten Kreis (1,5 m Abstand und Anwesenheitsliste)
– touristische Reisen innerhalb Sachsen-Anhalts verboten
– Schließung von Gaststätten (ausgenommen Außer-Haus-Verkauf; kein Verzehr innerhalb von 50 m)
– Verbot von Dienstleistungen der Körperpflege
– Betretungsverbote für bzw. Schließung von Tagesförderstätten und -kliniken, teilstationären Betreuungseinrichtungen und Reha-Einrichtungen (mit Ausnahmen, falls keine anderweitige Betreuungsmöglichkeit besteht)
– Schließung von Schulen und Kindergärten (ausgenommen Notbetreuung und Prüfungsvorbereitung)
– Befugnis zur Änderung der Prüfungsordnung an Hochschulen
– Möglichkeit, Suppenküchen und Einrichtungen für Blutspenden etc weiter zu betreiben
– Verbot planbarer Kampfmittelbeseitigung mit Ausnahmen
– Kontaktbeschränkung; Mindestabstand 1,5 m; Verlassen der Wohnung nur aus triftigem Grund (zB Arbeit, Prüfungen, medizinische Versorgung, Versorgungsgänge etc)

3. **Dritte Verordnung über Maßnahmen zur Eindämmung der Ausbreitung des neuartigen Coronavirus SARS-CoV-2 in Sachsen-Anhalt**
(Dritte SARS-CoV-2-Eindämmungsverordnung – 3. SARS-CoV-2-EindV)
v. 2.4.2020 (GVBl. 112), ersetzt/fortgeführt durch VO v. 16.4.2020 (GVBl. 190)
– Fortführung der Maßnahmen der VO v. 24.3.2020
– ausführliche Darstellung möglicher Verstöße in Form von Ordnungswidrigkeiten und Straftaten

4. **Verordnung zu Quarantänemaßnahmen für Ein- und Rückreisende zur Eindämmung der Ausbreitung des neuartigen Coronavirus SARS-CoV-2 in Sachsen-Anhalt (SARS-CoV-2-Quarantäneverordnung – SARS-CoV-2QuaV)**
   v. 9.4.2020 (GVBl. 124), geändert durch VO v. 16.4.2020 (GVBl. 201), VO v. 2.5.2020 (GVBl. 231), VO v. 19.5.2020[78]*, VO v. 12.6.2020*[79]*, VO v. 30.6.2020*[80]*, VO v. 15.9.2020*[81]*, VO v. 27.10.2020*[82]
   - Meldepflicht und 14-tägige häusliche Quarantäne für Reiserückkehrer (ausgenommen bei Tätigkeit in systemrelevanten Bereichen, Pendlern, Saisonarbeitern und Auslandsreisen unter zwei Tagen)
   - **Änd-VO v. 16.4.2020:** Verlängerung der Maßnahmen bis zum 3.5.2020
   - **Änd-VO v. 2.5.2020:** Verlängerung der Maßnahmen bis zum 27.5.2020
   - **Änd-VO v. 19.5.2020:** Quarantäne nur für Ein- und Rückreisende aus Nicht-EU oder -EFTA-Staaten oder aus Risikogebieten
   - **Änd-VO v. 12.6.2020:**
   - Quarantänepflicht für Ein- und Rückreisende aus Risikogebieten
   - keine Absonderungspflicht bei negativem Testergebnis
   - Reduzierung der Ausnahmen
   - Verlängerung der Maßnahmen bis zum 1.7.2020
   - **Änd-VO v. 30.6.2020:** Verlängerung der Maßnahmen bis zum 16.9.2020
   - **Änd-VO v. 15.9.2020:**
   - Ausnahmen für bestimmte systemrelevante Berufe und Grenzpendler
   - Verlängerung der Maßnahmen bis zum 18.11.2020
   - **Änd-VO v. 27.10.2020:**
   - Verkürzung der Absonderungsdauer auf zehn Tage
   - Erweiterung der Ausnahmevorschriften abhängig von der Dauer des Grenzübertritts; Ergänzungen für notwendige Einreise
   - Möglichkeit, bei anfänglichen Symptomen die Absonderungsdauer auf bis zu fünf Tage zu verkürzen (durch negativen Corona-Test)
   - Aufhebung der zeitlichen Befristung
5. **Vierte Verordnung über Maßnahmen zur Eindämmung der Ausbreitung des neuartigen Coronavirus SARS-CoV-2 in Sachsen-Anhalt (Vierte SARS-CoV-2-Eindämmungsverordnung – 4. SARS-CoV-2-EindV)**
   v. 16.4.2020 (GVBl. 190), geändert durch VO v. 21.4.2020 (GVBl. 205), ersetzt/fortgeführt durch VO v. 2.5.2020 (GVBl. 219)
   - Fortführung der Maßnahmen der VO v. 2.4.2020 mit Änderungen/Lockerungen:
   - Präambel über generelle Hygienemaßnahmen
   - Maskenempfehlung im ÖPNV
   - Öffnung aller Ladengeschäfte unter 800 qm Verkaufsfläche
   - Öffnung von Dienstleistungsbetrieben der Körperpflege zum 3.5.2020
   - Öffnung von Einkaufszentren unter Wahrung der Hygienevorschriften
   - teilweise Öffnung von Berufs- (Abschlussklassen) und Hochschulen (digital)
   - **Änd-VO v. 21.4.2020:**
   - Maskenpflicht im ÖPNV und beim Einkauf
   - Öffnung von Tierparks uÄ unter Einhaltung von Hygienevorschriften

78 https://lexcorona.de/lib/exe/fetch.php?media=rechtsakteland:sachsenanhalt:3._quarantaeneverordnung_19.5.2020_unterschrieben.pdf

79 https://ms.sachsen-anhalt.de/fileadmin/Bibliothek/Politik_und_Verwaltung/MS/MS/Presse_Corona/15_06_2020/15_06_2020_AEVO_4_QuarntaeneVO.pdf

80 https://ms.sachsen-anhalt.de/fileadmin/Bibliothek/Politik_und_Verwaltung/MS/MS/Presse_Corona/30_06_2020/30_06_2020_AEVO5_SARS-CoV-2-QuarantaeneVO.pdf

81 https://ms.sachsen-anhalt.de/fileadmin/Bibliothek/Politik_und_Verwaltung/MS/MS/Presse_Corona/VO/20200915_Sechste_VO_zur_AEnderung_der_SARS-CoV-2-QuarantaeneVO.pdf

82 https://ms.sachsen-anhalt.de/fileadmin/Bibliothek/Politik_und_Verwaltung/MS/MS/Presse_Corona/AEVO-27.10.2020_SARS-CoV-2-QuarantaeneVO.pdf

6. **Fünfte Verordnung über Maßnahmen zur Eindämmung der Ausbreitung des neuartigen Coronavirus SARS-CoV-2 in Sachsen-Anhalt**
   (Fünfte SARS-CoV-2-Eindämmungsverordnung – 5. SARS-CoV-2-EindV)
   v. 2.5.2020 (GVBl. 219), geändert durch VO v. 12.5.2020 (GVBl. 234), ersetzt/fortgeführt durch VO v. 26.5.2020
   - Fortführung der Maßnahmen der VO v. 16.4.2020 mit Änderungen/Lockerungen:
   - Verbot von Großveranstaltungen bis zum 31.8.2020
   - Anwesenheitsliste bei ausnahmsweise erlaubten Veranstaltungen
   - Öffnung von Museen, Bibliotheken etc unter Auflagen
   - Öffnung von Friseurbetrieben, Nagelstudios etc unter Auflagen
   - Möglichkeit der Öffnung von Spielplätzen unter Auflagen ab 8.5.2020
   - schrittweise Öffnung der Schulen bis zum 2.6.2020 unter Auflagen
   - Geltung der Maßnahmen bis zum 27.5.2020
   - **Änd-VO v. 12.5.2020:**
   - Erlaubnis von Versammlungen im Freien und in geschlossenen Räumen unter Auflagen
   - Nutzung von Ferienwohnungen, Campingplätzen uÄ für Personen aus Sachsen-Anhalt ab 15.5.2020 unter Auflagen möglich; entsprechende Öffnung von Hotels ab 22.5.2020
   - Öffnung von Gaststätten ab 22.5.2020 unter Auflagen (ggf. ab 18.5.2020)
   - Öffnung von Tattoo-Studios uÄ unter Auflagen
   - Öffnung von Behindertenwerkstätten uÄ unter Auflagen
   - Öffnung von Kindertagesstätten
7. **Sechste Verordnung über Maßnahmen zur Eindämmung der Ausbreitung des neuartigen Coronavirus SARS-CoV-2 in Sachsen-Anhalt**
   (Sechste SARS-CoV-2-Eindämmungsverordnung – 6. SARS-CoV-2-EindV)
   v. 26.5.2020[83], ersetzt/fortgeführt durch VO v. 30.6.2020[84]
   - Fortführung der Maßnahmen der VO v. 2.5.2020 mit Änderungen/Lockerungen:
   - Erlaubnis von Treffen mit bis zu zehn Personen
   - Erlaubnis privater Feiern mit bis zu 20 Personen unter Auflagen
   - Öffnung von Wettannahmestellen, Spielbanken etc
   - Öffnung von Fitnessstudios, Schwimmbädern, Kinos etc unter Auflagen
   - Lockerung der Hygieneregeln für Sportstätten
   - Erlaubnis touristischer Beherbergung unter Auflagen
   - Erlaubnis von Reisebusreisen etc unter Auflagen
   - Öffnung von Gaststätten unter Auflagen
   - Besuchsrechte für Krankenhäuser, Pflegeeinrichtungen etc unter Auflagen
   - eingeschränkter Regelbetrieb in Kindertagesstätten ab 2.6.2020
   - Öffnung von Schulen unter Auflagen
   - Erhöhung des Strafrahmens bei Verstößen
8. **Siebte Verordnung über Maßnahmen zur Eindämmung der Ausbreitung des neuartigen Coronavirus SARS-CoV-2 in Sachsen-Anhalt**
   (Siebte SARS-CoV-2-Eindämmungsverordnung – 7. SARS-CoV-2-EindV)
   v. 30.6.2020[85], ersetzt/fortgeführt durch VO v. 15.9.2020[86]
   - Fortführung der Maßnahmen der VO v. 26.5.2020 mit Änderungen:
   - Verbot von Großveranstaltungen bis zum 31.10.2020
   - Erlaubnis von Veranstaltungen mit bis zu 250 Personen in geschlossenen Räumen bzw. 1.000 Personen im Freien
   - Beherbergungsverbot für Reisende aus Risikogebieten mit Ausnahmen

83 https://ms.sachsen-anhalt.de/fileadmin/Bibliothek/Politik_und_Verwaltung/Geteilte_Ordner/Corona_Verordnungen/Dokumente/6._Verordnung_unterschrieben_26.5..pdf

84 https://ms.sachsen-anhalt.de/fileadmin/Bibliothek/Politik_und_Verwaltung/Geteilte_Ordner/Corona_Verordnungen/Dokumente/VO_Siebte_SARS-Co-2-EindaemmungsVO.PDF

85 https://ms.sachsen-anhalt.de/fileadmin/Bibliothek/Politik_und_Verwaltung/Geteilte_Ordner/Corona_Verordnungen/Dokumente/VO_Siebte_SARS-Co-2-EindaemmungsVO.PDF

86 https://ms.sachsen-anhalt.de/fileadmin/Bibliothek/Politik_und_Verwaltung/MS/MS/Presse_Corona/VO/20200915_Achte_SARS-CoV-2-EindaemmungsVO_web.pdf

- Erlaubnis von kontaktfreiem Sport mit bis zu 50 Teilnehmern
- Erweiterung der Besuchsrechte in Krankenhäusern, Behindertenwerkstätten etc; Lockerungen für ambulante Leistungen
- Möglichkeit der Sonderregelung durch einzelne Ministerien
- Reduzierung des Strafrahmens bei Verstößen
- außer Kraft am 16.9.2020

9. **Achte Verordnung über Maßnahmen zur Eindämmung der Ausbreitung des neuartigen Coronavirus SARS-CoV-2 in Sachsen-Anhalt**
(Achte SARS-CoV-2-Eindämmungsverordnung – 8. SARS-CoV-2-EindV)
v. 15.9.2020[87]*, geändert durch VO v. 27.10.2020*[88]*, VO v. 30.10.2020*[89]*, VO v. X.11.2020*[90]*, ersetzt/fortgeführt durch VO v. 15.12.2020*[91]
- Fortführung der Maßnahmen der VO v. 30.6.2020 mit Änderungen:
- Verbot von Großveranstaltungen ohne Kontaktnachverfolgung bis zum 31.12.2020
- Erlaubnis von Veranstaltungen mit bis zu 500 Personen in geschlossenen Räumen; ab 1.11.2020 Erhöhung auf bis zu 1.000 Personen; Zulassungen einer höheren Teilnehmerzahl durch Landkreise möglich
- Erlaubnis von privaten Feiern mit bis zu 50 Personen unter Auflagen
- Öffnung von Tanzlustbarkeiten und Volksfesten ab 1.11.2020 unter Auflagen
- Erlaubnis der Prostitution
- generelle Pflicht zur Kontaktnachverfolgung
- Maskenpflicht, wo Einhaltung des Abstands nicht möglich ist
- Öffnung von Schulen im Regelbetrieb
- **Änd-VO v. 27.10.2020:**
- Verbot von Veranstaltungen mit mehr als 1.000 Personen in geschlossenen Räumen ab 1.11.2020
- Schließung von Tanzlustbarkeiten und Verbot von Volksfesten ab 1.11.2020
- Möglichkeit der weiteren Einschränkung durch örtliche Behörden
- Verlängerung der Maßnahmen bis zum 20.1.2021
- **Änd-VO v. 30.10.2020:**
- Verbot von Veranstaltungen mit mehr als zehn Personen zwischen dem 2. und dem 30.11.2020 mit Ausnahmen bei Notwendigkeit
- Aufrechterhaltung der Schließung von Tanzlustbarkeiten und des Verbots von Volksfesten bis zum 30.11.2020
- Gleiches gilt für Prostitutionsstätten
- Gleiches gilt für Einrichtungen, die nicht unmittelbar dem öffentlichem Bedarf dienen (zB Kinos, Museen, Theater etc)
- Verbot von Busreisen und touristischer Beherbergung bis zum 30.11.2020
- Schließung von Gaststätten bis zum 30.11.2020 (ausgenommen Außer-Haus-Verkauf)
- Schließung des Einzelhandels bis zum 30.11.2020 (ausgenommen Dinge des täglichen Bedarfs unter Einhaltung von Personenbeschränkungen)
- Verbot von Gruppensport bis zum 30.11.2020
- Ergänzung des Bußgeldkatalogs
- **Änd-VO v. X.11.2020:**
- Verschärfung der Zugangskontrollen in Ladengeschäften
- Verlängerung der Einschränkungen und Verbote bis zum 20.12.2020
- Erlaubnis von Zusammenkünften mit bis zu fünf Personen

87 https://ms.sachsen-anhalt.de/fileadmin/Bibliothek/Politik_und_Verwaltung/MS/MS/Presse_Corona/VO/20200915_Achte_SARS-CoV-2-EindaemmungsVO_web.pdf
88 https://ms.sachsen-anhalt.de/fileadmin/Bibliothek/Politik_und_Verwaltung/Geteilte_Ordner/Corona_Verordnungen/Dokumente/8._VO_AEnderung_Lesefassung.pdf
89 https://ms.sachsen-anhalt.de/fileadmin/Bibliothek/Politik_und_Verwaltung/Geteilte_Ordner/Corona_Verordnungen/Dokumente/30.10._Achte_SARS_Co-2_EIndV_Lesefassung.pdf
90 https://ms.sachsen-anhalt.de/fileadmin/Bibliothek/Politik_und_Verwaltung/Geteilte_Ordner/Corona_Verordnungen/Dokumente/3_AEVO_Achte_SARS-CoV-2-EindV-Lesefassung_27112020_nachKabinett.pdf
91 https://www.landkreis-wittenberg.de/de/datei/anzeigen/id/211201,1162/neunte_sars-cov-2-eindaemmungsverordnung.pdf

- Einschränkung der Besuchsrechte in Krankenhäusern möglich
- Maskenpflicht in Schulen bis zum 20.12.2020
- außer Kraft am 20.12.2020

10. **Neunte Verordnung über Maßnahmen zur Eindämmung der Ausbreitung des neuartigen Coronavirus SARS-CoV-2 in Sachsen-Anhalt**
(Neunte SARS-CoV-2-Eindämmungsverordnung – 9. SARS-CoV-2-EindV)
v. 15.12.2020[92]*, geändert durch VO v. X.12.2020*[93]
    - Fortführung der Maßnahmen der VO v. 15.9.2020 mit Änderungen:
    - Beschränkung von Treffen im öffentlichen Raum sowie privaten Zusammenkünften auf fünf Personen mit Ausnahmen
    - Lockerung der Beschränkungen von Treffen zwischen dem 24. und dem 26.12.2020: Angehörige eines Hausstandes dürfen sich mit bis zu vier Personen aus fremden Hausständen treffen
    - Versammlungsverbot an Silvester; Feuerwerksverbot
    - Beherbergungsverbot soweit nicht unaufschiebbar
    - Alkoholkonsum- und -ausschankverbot in der Öffentlichkeit
    - Schließung von Kindertageseinrichtungen mit Ausnahmen
    - zwischen dem 16.12.2020 und dem 10.1.2021 keine Präsenzpflicht bis zur Jahrgangsstufe sieben; im Übrigen Distanzunterricht
    - Verordnungsermächtigung für Kreise ab Inzidenzwert von 35
    - ab Inzidenzwert über 200: Möglichkeit, Ausgangssperren für fünf Tage zu verhängen
    - außer Kraft am 15.12.2020

III. Allgemeinverfügung

45 **Allgemeinverfügung Vollzug des Infektionsschutzgesetzes (IfSG): Ausgangsbeschränkung anlässlich der COVID-19 Pandemie**
v. 22.3.2020[94]
- Kontaktreduzierung; Abstand 1,5 m; Verlassen der Wohnung nur mit triftigem Grund
- Begrenzung des Kontakts im öffentlichen Raum auf eine weitere Person
- Schließung von Gaststätten (ausgenommen Außer-Haus-Verkauf)
- Schließung aller Ladengeschäfte (Ausnahme: Dinge des täglichen Bedarfs)

92 https://www.landkreis-wittenberg.de/de/datei/anzeigen/id/211201,1162/neunte_sars-cov-2-eindaemmungsverordnung.pdf

93 https://ms.sachsen-anhalt.de/fileadmin/Bibliothek/Politik_und_Verwaltung/Geteilte_Ordner/Corona_Verordnungen/Dokumente/KabVO_1AEVO_9_SARS-Co-2-EindV_Urschrift.pdf

94 https://lexcorona.de/lib/exe/fetch.php?media=rechtsakteland:sachsenanhalt:d-ausgangsbeschraenkung-anlaesslich-der-pandemie-220320-data.pdf.

O. Schleswig-Holstein

I. Gesetze

1. **Gesetz über die Feststellung eines Nachtrages zum Haushaltsplan für das Haushaltsjahr 2020** 46
   v. 18.3.2020 (GVBl. 152)
   - Änderung des Haushaltsplans; Ermächtigung des Finanzministeriums zur Einrichtung erforderlicher Titel zur Bekämpfung des Coronavirus und zur Bewältigung möglicher Folgelasten durch die Corona-Pandemie
2. **Gesetz über die Feststellung eines 2. Nachtrags zum Haushaltsplan für das Haushaltsjahr 2020**
   v. 8.5.2020 (GVBl. 214)
3. **Gesetz zur Änderung schul- und hochschulrechtlicher Vorschriften des Lehrkräfteausbildungsgesetzes, des Pflegeberufekammergesetzes, des Heilberufekammergesetzes, diverser Sozialgesetze, des KiTa-Reformgesetzes, des Kindertagesstättengesetzes, des Kindertagesförderungsgesetzes sowie des Finanzausgleichgesetzes aufgrund der Corona-Pandemie**
   v. 8.5.2020 (GVBl. 220)
   - Änderung der Abläufe für Schulabschlussprüfungen möglich, sogar gänzliches Absehen von Prüfungen möglich; Anpassung der Notenbildung und Leistungsnachweise für verschiedene Schulformen
   - Anpassung des Hochschulgesetzes, der Ausbildungsvorschriften für verschiedene Berufsgruppen etc an die Auswirkungen der Corona-Pandemie
   - Anpassung der Ausführungsgesetze zu Büchern des Sozialgesetzbuches
   - Anpassung der Gesetze zur Kinderbetreuung, des Finanzausgleichsgesetzes und Personalvertretungsrechts
4. **Gesetz zur Änderung des Schulgesetzes**
   v. 1.7.2020 (GVBl. 399)
   - Möglichkeit, die Notengebung anlässlich der Corona-Pandemie anzupassen
5. **Gesetz zur Umsetzung des Gesetzes zum Ausgleich von Gewerbesteuermindereinnahmen der Gemeinden in Folge der COVID-19-Pandemie durch Bund und Länder**
   v. 6.11.2020 (GVBl. 803)
   - Verteilung von 330 Mio. Euro unter den verschiedenen Kommunen
   - Anpassung des Finanzausgleichsgesetzes
6. **Gesetz zur bedarfsgerechten Weiterentwicklung des kommunalen Finanzausgleichs**
   v. 12.11.2020 (GVBl. 808)
   - Verteilung von Finanzausgleichsmitteln zur Bewältigung coronabedingter Mindereinnahmen

II. Rechtsverordnungen

1. **Landesverordnung über Maßnahmen zur Bekämpfung der Ausbreitung des neuartigen Coronavirus SARS-CoV-2 in Schleswig-Holstein (SARS-CoV-2-Bekämpfungsverordnung – SARS-CoV-2-BekämpfVO)** 47
   v. 17.3.2020 (GVBl.158), ersetzt/fortgeführt durch VO v. 23.3.2020 (GVBl. 171)
   - Verbot touristischer Beherbergung und touristischer Reisen in Schleswig-Holstein
   - Schließung von Gaststätten (ausgenommen Außer-Haus-Verkauf)
   - Schließung aller Verkaufsstellen des Einzelhandels (ausgenommen für Dinge des täglichen Bedarfs unter Auflagen)
   - Schließung von Vergnügungsstätten
   - Verbot von Zusammenkünften sportlicher, religiöser oder freizeitlicher Art
2. **Landesverordnung zur Änderung der Landesverordnung über den Verkauf von Waren an Sonn- und Feiertagen in Kur-, Erholungs- und Tourismusorten (Bäderverordnung – BäderVO)**
   v. 18.3.2020 (GVBl. 159), geändert durch VO v. 16.4.2020 (GVBl. 195), VO v. 2.5.2020 (GVBl. 277)

- Aufhebung des Verbots des Verkaufs an Sonn- und Feiertagen bis zum 19.4.2020
- Verlängerung der Maßnahmen bis zum 18.5.2020

3. **Landesverordnung über Maßnahmen zur Bekämpfung der Ausbreitung des neuartigen Coronavirus SARS-CoV-2 in Schleswig-Holstein (SARS-CoV-2-Bekämpfungsverordnung – SARS-CoV-2-BekämpfVO)**
   v. 23.3.2020 (GVBl. 171), ersetzt/fortgeführt durch VO v. 2.4.2020 (GVBl. 175)
   - Festlegung von RKI-Hygienestandards
   - Zulässigkeit von Bestattungen
   - Erlaubnis zum Anbieten von Dienstleistungen, wenn dabei die Wahrung eines Mindestabstands möglich ist oder es sich um ein Gesundheitshandwerk handelt
4. **Landesverordnung über Maßnahmen zur Bekämpfung der Ausbreitung des neuartigen Coronavirus SARS-CoV-2 in Schleswig-Holstein (SARS-CoV-2-Bekämpfungsverordnung – SARS-CoV-2-BekämpfVO)**
   v. 2.4.2020 (GVBl. 175), ersetzt/fortgeführt durch VO v. 8.4.2020 (GVBl. 178)
   - Kontaktbeschränkung auf eine Person außerhalb des eigenen Haushalts; Abstandsregel von 1,5 m
   - Ausnahmen für Veranstaltung zum Schutz der öffentlichen Sicherheit und Ordnung oder der Daseinsvorsorge oder wenn sonst unvermeidbar
   - Versammlungsverbot
   - Zutrittsverbot für Inseln mit Ausnahmen
   - Schließung von Reha-, Kur- sowie Pflegeeinrichtungen (außer Notbetrieb)
   - Verweis auf Positivliste erlaubter Dienstleistungs-, Behandlungs- und Handwerkstätigkeiten
5. **Landesverordnung über Maßnahmen zur Bekämpfung der Ausbreitung des neuartigen Coronavirus SARS-CoV-2 in Schleswig-Holstein (SARS-CoV-2-Bekämpfungsverordnung – SARS-CoV-2-BekämpfVO)**
   v. 8.4.2020 (GVBl. 178), ersetzt/fortgeführt durch VO v. 18.4.2020 (GVBl. 195)
   - Reduzierung auch familiärer Treffen auf maximal zehn Personen
   - Verbots des Verzehrs von Speisen in 100 m Abstand
6. **Verordnung zu Quarantänemaßnahmen für Ein- und Rückreisende zur Bekämpfung des Coronavirus des Landes Schleswig-Holstein**
   v. 9.4.2020 (GVBl. 193), ersetzt/fortgeführt durch VO v. 16.5.2020 (GVBl. 289)
   - 14-tägige häusliche Quarantäne für Reiserückkehrer; Meldepflicht
   - Tätigkeitsverbot für Auswärtige in Schleswig-Holstein
   - Ausnahmen für systemrelevante Berufe, Saisonarbeiter Berufspendler etc
7. **Landesverordnung über Maßnahmen zur Bekämpfung der Ausbreitung des neuartigen Coronavirus SARS-CoV-2 in Schleswig-Holstein (SARS-CoV-2-Bekämpfungsverordnung – SARS-CoV-2-BekämpfVO)**
   v. 18.4.2020 (GVBl. 195), ersetzt/fortgeführt durch VO v. 1.5.2020 (GVBl. 271)
   - Öffnung von Einzelhandelsbetrieben bis 800 qm Fläche; unabhängig von Ladengröße: Autohäuser, Buchhandlungen und Fahrradhändler; ab 200 qm Fläche mindestens eine Person zur Aufsicht der Einhaltung der Auflagen erforderlich
   - Öffnung von Einkaufszentren
   - Öffnung von Tierparks, Jugendtreffs, Bibliotheken
8. **Landesverordnung zum Tragen einer Mund-Nasen-Bedeckung in bestimmten Bereichen der Öffentlichkeit in Schleswig-Holstein (Mund-Nasen-Bedeckungsverordnung – MNB-VO)**
   v. 24.4.2020 (GVBl. 211), ersetzt/fortgeführt durch VO v. 16.5.2020 (GVBl. 283)
   - Maskenpflicht im ÖPNV, in Läden, Banken etc; ausreichend sind Schals uÄ; Ausnahmen für Kinder, Fahrpersonal etc
9. **Landesverordnung über Maßnahmen zur Bekämpfung der Ausbreitung des neuartigen Coronavirus SARS-CoV-2 in Schleswig-Holstein (SARS-CoV-2-Bekämpfungsverordnung – SARS-CoV-2-BekämpfVO)**
   v. 1.5.2020 (GVBl. 271), geändert durch VO v. 5.5.2020 (GVBl. 278), VO v. 8.5.2020 (GVBl. 279), ersetzt/fortgeführt durch VO v. 16.5.2020 (GVBl. 283)

- Öffnung von Campingplätzen für Dauercamper
- Verbot von Veranstaltung mit mehr als 1.000 Teilnehmern bis zum 31.8.2020
- ausnahmsweise Erlaubnis von Versammlungen unter Auflagen möglich
- Öffnung von Museen, Galerien, Ausstellungen etc unter Auflagen
- Öffnung von Sportanlagen unter Auflagen
- Erlaubnis von Gottesdiensten unter Auflagen
- **Änd-VO v. 5.5.2020:** Staffelung der Überwachungspflichten abhängig von der Größe des Ladengeschäfts
- **Änd-VO v. 8.5.2020:** Erlaubnis von Treffen von Personen aus zwei Haushalten

10. **Landesverordnung zur Bekämpfung des Coronavirus SARS-CoV-2 (Corona-Bekämpfungsverordnung – Corona-BekämpfVO)**
    v. 16.5.2020 (GVBl. 283), ersetzt/fortgeführt durch VO v. 5.6.2020 (GVBl.340)
    - Fortführung der Maßnahmen der VO v. 1.5.2020 mit Änderungen:
    - neue Hygienevorgaben hinsichtlich Lüften und Reinigung
    - Verpflichtung zur Erhebung von Kontaktdaten zur Kontaktnachverfolgung
    - Erlaubnis von Veranstaltungen mit bis zu 50 Personen; weitere Ausnahmen für das Veranstaltungsverbot
    - Verbot von Zusammenkünften im privaten Raum mit mehr als zwei Haushalten
    - Öffnung von Restaurants unter Auflagen (zB Alkoholverbot für Betrunkene); Bewirtung von maximal 50 Gästen unter Auflagen
    - Öffnung von Pflegeeinrichtungen unter Auflagen; teilstationäre Einrichtungen bleiben mit Ausnahmen geschlossen
    - Öffnung von Kinder- und Jugendhilfe für bis zu zehn Personen
    - Öffnung von Beherbergungsbetrieben unter Auflagen
    - generelle Ausnahmen für Angehörige der kritischen Infrastruktur
    - Erlaubnis von Sonderregeln bei Sieben-Tage-Inzidenzwert über 50
    - außer Kraft am 7.6.2020
11. **Verordnung zu Quarantänemaßnahmen für Ein- und Rückreisende zur Bekämpfung des Coronavirus des Landes Schleswig-Holstein**
    v. 16.5.2020 (GVBl. 289), ersetzt/fortgeführt durch VO v. 12.6.2020 (GVBl. 353)
    - Fortführung der Maßnahmen der VO v. 9.4.2020 mit Ausnahmen:
    - Aufhebung der Quarantänepflicht für Ein- und Rückreisende aus EU-Ländern (außer bei Inzidenzwert über 50)
    - außer Kraft am 15.6.2020
12. **Landesverordnung zur Bekämpfung des Coronavirus SARS-CoV-2 (Corona-Bekämpfungsverordnung – Corona-BekämpfVO)**
    v. 5.6.2020 (GVBl. 340), geändert durch VO v. 19.6.2020 (GVBl. 355), VO v. 24.6.2020 (GVBl. 378), ersetzt/fortgeführt durch VO v. 26.6.2020 (GVBl. 382)
    - Fortführung der Maßnahmen der VO v. 16.5.2020 mit Änderungen:
    - Erlaubnis von Zusammenkünften mit bis zu zehn Personen unabhängig vom Haushalt
    - Betriebserlaubnis für Saunen und Whirlpools für Angehörige eines Haushalts
    - Wahrheitspflicht bei Angabe der Kontaktdaten
    - Erlaubnis von Veranstaltungen mit bis zu 250 Personen unter Auflagen (zB Kontaktminimierung); Erlaubnis von Festen und Veranstaltungen im öffentlichen Raum mit bis zu 50 Personen
    - Erlaubnis von Märkten, Versammlungen uÄ im Freien mit bis zu 100 Personen
    - Alkoholausschankverbot
    - Öffnung von Freizeitparks, Schwimmbädern etc
    - Verpflichtung für Krankenhäuser, Quarantäne-Kapazitäten vorzuhalten
    - vollständige Öffnung von Betreuungs- und Pflegeeinrichtungen unter Auflagen
    - Erweiterung der Kinder- und Jugendhilfe auf 15 Personen
    - Erlaubnis touristischen Reiseverkehrs unter Einhaltung der Maskenpflicht
    - außer Kraft am 28.6.2020
13. **Verordnung zu Quarantänemaßnahmen für Ein- und Rückreisende zur Bekämpfung des Coronavirus des Landes Schleswig-Holstein**
    v. 12.6.2020 (GVBl. 353), ersetzt/fortgeführt durch VO v. 24.6.2020 (GVBl. 377)

- Fortführung der Maßnahmen der VO v. 16.5.2020 mit Ausnahmen:
- Quarantänepflicht für Ein- und Rückreisende aus Risikogebieten nach RKI
- Aufhebung des Tätigkeitsverbots
- Ausnahmen für Durchreisende, Personen, die weniger als 48 Stunden ausgereist waren, Menschen mit negativem Corona-Test etc
- außer Kraft am 28.6.2020

14. **Verordnung zu Quarantänemaßnahmen für Ein- und Rückreisende zur Bekämpfung des Coronavirus des Landes Schleswig-Holstein**
v. 24.6.2020 (GVBl. 377), geändert durch VO v. 10.7.2020 (GVBl. 444), ersetzt/fortgeführt durch VO v. 7.8.2020 (GVBl. 469)
   - Fortführung der Maßnahmen der VO v. 12.6.2020 mit Ausnahmen:
   - Möglichkeit, Regionen innerhalb Deutschlands zu Risikogebieten zu erklären
   - **Änd-VO v. 10.7.2020:**
   - Pflicht, Gebiete mit einem Inzidenzwert ab 50 zum Risikogebiet zu erklären
   - außer Kraft am 9.8.2020
15. **Landesverordnung zur Bekämpfung des Coronavirus SARS-CoV-2 (Corona-Bekämpfungsverordnung – Corona-BekämpfVO)**
v. 26.6.2020 (GVBl. 382), geändert durch VO v. 15.7.2020 (GVBl. 446), VO v. 7.8.2020 (GVBl. 468), VO v. 14.8.2020 (GVBl. 504), VO v. 22.8.2020 (GVBl. 505), VO v. 28.8.2020 (GVBl. 561), ersetzt/fortgeführt durch VO v. 1.9.2020 (GVBl. 562)
   - Fortführung der Maßnahmen der VO v. 5.6.2020 mit Änderungen:
   - Erlaubnis von Märkten uÄ im Freien mit bis zu 250 Personen
   - Erlaubnis privater Feiern mit bis zu 50 Personen
   - detaillierte Regeln für die freizuhaltenden Kapazitäten in Krankenhäusern
   - Isolationspflicht für Bewohner stationärer Einrichtungen mit Symptomen
   - **Änd-VO v. 15.7.2020:** allgemeine Lockerung personeller Beschränkungen: von 250 auf 500 Personen bzw. von 100 auf 250 Personen
   - **Änd-VO v. 7.8.2020:** Verlängerung der Maßnahmen bis zum 30.8.2020
   - **Änd-VO v. 14.8.2020:** Erlaubnis von Zuschauern bei Sportveranstaltungen
   - **Änd-VO v. 22.8.2020:** Einführung der Maskenpflicht an Schulen und auf Schulwegen mit Ausnahmen
   - **Änd-VO v. 28.8.2020:** Verlängerung der Maßnahmen bis zum 1.9.2020
16. **Verordnung zu Quarantänemaßnahmen für Ein- und Rückreisende zur Bekämpfung des Coronavirus des Landes Schleswig-Holstein**
v. 7.8.2020 (GVBl. 469), geändert durch VO v. 28.8.2020 (GVBl. 561), ersetzt/fortgeführt durch VO v. 1.9.2020 (GVBl. 571)
   - Fortführung der Maßnahmen der VO v. 24.6.2020 mit Ausnahmen:
   - strengere Anforderungen an Atteste, die eine Ausnahme von der Quarantänepflicht begründen
   - **Änd-VO v. 28.8.2020:** Verlängerung der Maßnahmen bis zum 1.9.2020
17. **Landesverordnung zur Bekämpfung des Coronavirus SARS-CoV-2 (Corona-Bekämpfungsverordnung – Corona-BekämpfVO)**
v. 1.9.2020 (GVBl. 562), ersetzt/fortgeführt durch VO v. 14.9.2020 (GVBl. 686)
   - Fortführung der Maßnahmen der VO v. 26.6.2020 mit Änderungen:
   - Lockerung des Mindestabstands bei Konzerten
   - Erlaubnis von Veranstaltungen mit bis zu 500 Personen im Freien bzw. 250 Personen in geschlossenen Räumen
   - Erlaubnis privater Feiern mit bis zu 150 Personen im Freien bzw. 50 Personen in geschlossenen Räumen
   - Maskenpflicht in Ämtern, Kinderhorten uÄ
18. **Verordnung zu Quarantänemaßnahmen für Ein- und Rückreisende zur Bekämpfung des Coronavirus des Landes Schleswig-Holstein**
v. 1.9.2020 (GVBl. 571), geändert durch VO v. 1.10.2020 (GVBl. 727), VO v. 8.10.2020 (GVBl. 748), VO v. 30.10.2020 (GVBl. 781), ersetzt/fortgeführt durch VO v. 6.11.2020 (GVBl. 828)

- Fortführung der Maßnahmen der VO v. 7.8.2020 mit Ausnahmen:
- Möglichkeit für Landesregierung, innerhalb der BRD Risikogebiete festzulegen
- Ausweitung der Ausnahmen (zB hinsichtlich konsularischer oder parlamentarischer Aufgaben)
- **Änd-VO v. 1.10.2020:** Verlängerung der Maßnahmen bis zum 1.11.2020
- **Änd-VO v. 8.10.2020:** Ermessen bei Einstufung als Risikogebiet gestrichen
- **Änd-VO v. 30.10.2020:** Verlängerung der Maßnahmen bis zum 8.11.2020

19. **Landesverordnung zur Bekämpfung des Coronavirus SARS-CoV-2 (Corona-Bekämpfungsverordnung – Corona-BekämpfVO)**
v. 14.9.2020 (GVBl. 686), ersetzt/fortgeführt durch VO v. 18.9.2020 (GVBl. 698)
- Fortführung der Maßnahmen der VO v. 1.9.2020 mit Änderungen:
- Erlaubnis von Prostitution unter strengen Auflagen (zB Maskenpflicht)
- Verlängerung der Maßnahmen bis zum 4.10.2020

20. **Landesverordnung über besondere Maßnahmen zur Verhinderung der Ausbreitung des Coronavirus SARS-CoV-2 an Hochschulen (Hochschulen-Coronaverordnung – HochschulencoronaVO)**
v. 15.9.2020 (GVBl. 578), geändert durch VO v. 13.10.2020 (GVBl. 749), ersetzt/fortgeführt durch VO v. 31.10.2020 (GVBl. 783)
- generelles Abstandsgebot an Hochschulen; Ausnahmen bei Zusammenkünften von bis zu zehn Personen oder Personen aus zwei Haushalten und für feste Gruppen innerhalb eines Raumes
- Pflicht für Hochschulen, Hygienekonzept aufzustellen
- Pflicht zur Kontaktnachverfolgung für Präsenzveranstaltungen
- Maskenpflicht mit Ausnahmen für Studenten bei Einhaltung des Mindestabstands oder bei Nachverfolgbarkeit

21. **Landesverordnung zur Bekämpfung des Coronavirus SARS-CoV-2 (Corona-Bekämpfungsverordnung – Corona-BekämpfVO)**
v. 18.9.2020 (GVBl. 698), ersetzt/fortgeführt durch VO v. 1.10.2020 (GVBl. 727)
- Fortführung der Maßnahmen der VO v. 14.9.2020 mit Änderungen:
- Erlaubnis von Veranstaltungen mit bis zu 1.500 Personen
- Erlaubnis von Märkten, Theatern uÄ
- Erlaubnis von Versammlungen mit bis zu 1.500 Personen im Freien bzw. 750 Personen in geschlossenen Räumen

22. **Landesverordnung zur Bekämpfung des Coronavirus SARS-CoV-2 (Corona-Bekämpfungsverordnung – Corona-BekämpfVO)**
v. 1.10.2020 (GVBl. 727), geändert durch VO v. 8.10.2020 (GVBl. 748), VO v. 22.10.2020 (GVBl. 779), ersetzt/fortgeführt durch VO v. 1.11.2020 (GVBl. 786)
- Fortführung der Maßnahmen der VO v. 18.9.2020 mit Änderungen:
- Aufhebung der Zugangsbeschränkungen im Einzelhandel
- Lockerungen im Freizeitbereich
- Aufhebung der Maskenpflicht an Schulen
- Verlängerung der Maßnahmen bis zum 1.11.2020
- **Änd-VO v. 8.10.2020:** Möglichkeit, Risikogebiete festzulegen
- **Änd-VO v. 22.10.2020:**
- Möglichkeit für Lehrpersonal, durchsichtige Visiere statt Masken zu tragen
- Möglichkeit, im Einzelhandel physische Barrieren anstelle von Masken einzusetzen

23. **Landesverordnung über besondere Maßnahmen zur Verhinderung der Ausbreitung des Coronavirus SARS-CoV-2 an Schulen (Schulen-Coronaverordnung – SchulencoronaVO)**
v. 6.10.2020 (GVBl. 745), geändert durch VO v. 30.10.2020 (GVBl. 782), ersetzt/fortgeführt durch VO v. 30.11.2020 (GVBl. 971)
- Fortführung der Maßnahmen der VO v. 18.9.2020 hinsichtlich Maskenpflicht an Schulen und auf Schulwegen
- **Änd-VO v. 30.10.2020:** Maskenpflicht an Schulen auch am Sitzplatz mit Ausnahmen (zB auf dem Pausenhof, in der Mensa); Möglichkeit der Sonderregelung bei Inzidenzwert über 50

24. **Landesverordnung über besondere Maßnahmen zur Verhinderung der Ausbreitung des Coronavirus SARS-CoV-2 an Hochschulen (Hochschulen-Coronaverordnung – HochschulencoronaVO)**
    v. 31.10.2020 (GVBl. 783), geändert durch VO v. 29.11.2020 (GVBl. 969)
    - Fortführung der Maßnahmen der VO v. 15.9.2020 mit Änderungen:
    - grundsätzliche Anordnung des digitalen Betriebs an Hochschulen; Ausnahmen für praktische Veranstaltungen oder Prüfungen
    - Schließung von Bibliotheken mit Ausnahmen; Schließung von Mensen
    - grundsätzliches Kontaktverbot mit Ausnahmen
    - besondere Anforderungen an das jeweilige Hygienekonzept
    - außer Kraft am 30.11.2020
    - **Änd-VO v. 29.11.2020:**
    - Erlaubnis praktischer Prüfungen an Kunsthochschulen unter Auflagen
    - Verlängerung der Maßnahmen bis zum 22.12.2020
25. **Landesverordnung zur Bekämpfung des Coronavirus SARS-CoV-2 (Corona-Bekämpfungsverordnung – Corona-BekämpfVO)**
    v. 1.11.2020 (GVBl. 786), ersetzt/fortgeführt durch VO v. 29.11.2020 (GVBl. 940)
    - Fortführung der Maßnahmen der VO v. 1.10.2020 mit Änderungen:
    - Beschränkung von Zusammenkünften auf zwei Haushalte und maximal zehn Personen
    - Maskenpflicht in Fußgängerzonen und ähnlichen Bereichen des öffentlichen Raums
    - Schließung von Saunen, Duschräumen uÄ
    - Beschränkung von Veranstaltungen ohne feste Sitzplätze auf zehn Personen bzw. mit festen Plätzen auf 100 Personen
    - Beschränkung privater Feiern auf zehn Personen
    - Schließung von Märkten, Messen uÄ
    - Aufrechterhaltung der Erlaubnis von Versammlungen im Freien mit bis zu 1.500 Personen bzw. 750 Personen in geschlossenen Räumen unter Einhaltung der Maskenpflicht ab einer Teilnehmerzahl von 100 bzw. zehn Personen
    - Schließung von Gaststätten (ausgenommen Außer-Haus-Verkauf)
    - Zugangsbeschränkungen im Einzelhandel
    - Alkoholverkaufsverbot während der Sperrstunde
    - Verbot von körpernahen Dienstleistungen (ausgenommen medizinisch-notwendige Behandlungen und Friseure)
    - Verbot von Prostitution
    - Schließung von Freizeiteinrichtungen (ausgenommen Spielplätze)
    - Verbot von Sport in Gruppen mit Ausnahmen
    - Erlaubnis religiöser Veranstaltungen mit bis zu 100 Personen
    - Verbot touristischer Beherbergung
    - außer Kraft am 29.11.2020
26. **Verordnung zu Quarantänemaßnahmen für Ein- und Rückreisende zur Bekämpfung des Coronavirus des Landes Schleswig-Holstein**
    v. 6.11.2020 (GVBl. 828), geändert durch VO v. 13.11.2020 (GVBl. 861), VO v. 27.11.2020 (GVBl. 939)
    - Fortführung der Maßnahmen der VO v. 1.9.2020 mit Ausnahmen:
    - zehn-tägige Quarantänepflicht für Ein- und Rückreisende aus Risikogebieten
    - Risikogebiet definiert durch RKI
    - Ausnahmen für Kurzbesuche von weniger als 72 Stunden, Pendler und systemrelevante Personen
    - detaillierte Ausnahmeregelungen
    - Möglichkeit der Verkürzung der Absonderungsdauer durch negatives Testergebnis
    - außer Kraft am 29.11.2020
    - **Änd-VO v. 13.11.2020:** digitale Meldepflicht für Ein- und Rückreisende
    - **Änd-VO v. 27.11.2020:** Verlängerung der Maßnahmen bis zum 20.12.2020
27. **Landesverordnung zur Bekämpfung des Coronavirus SARS-CoV-2 (Corona-Bekämpfungsverordnung – Corona-BekämpfVO)**
    v. 29.11.2020 (GVBl. 940), ersetzt/fortgeführt durch VO v. 14.12.2020 (GVBl. 1050)

- Fortführung der Maßnahmen der VO v. 1.11.2020 mit Änderungen:
- Öffnung von Zoos unter Auflagen
- Erlaubnis von Klassenfahrten in Theater etc
- Verbot touristischen Reiseverkehrs
- Verlängerung der Maßnahmen bis zum 20.12.2020

28. **Landesverordnung über besondere Maßnahmen zur Verhinderung der Ausbreitung des Coronavirus SARS-CoV-2 an Schulen (Schulen-Coronaverordnung – SchulencoronaVO)**
v. 30.11.2020 (GVBl. 971), geändert durch VO v. 12.12.2020 (GVBl. 1048)
- Fortführung der Maßnahmen der VO v. 6.10.2020 mit Änderungen:
- Maskenpflicht für alle Schüler unabhängig vom Alter
- Verschärfung der Maskenpflicht im Monat Dezember für Risikogebiete mit Inzidenzwert über 50
- Verlängerung der Maßnahmen bis zum 22.12.2020
- **Änd-VO v. 12.12.2020:**
- Schulschließungen bis zum 9.1.2021
- Verlängerung der Maßnahmen bis zum 10.1.2021

29. **Landesverordnung zur Bekämpfung des Coronavirus SARS-CoV-2 (Corona-Bekämpfungsverordnung – Corona-BekämpfVO)**
v. 14.12.2020 (GVBl. 1050)
- Fortführung der Maßnahmen der VO v. 29.11.2020 mit Änderungen:
- Beschränkung privater Treffen auf maximal fünf Personen aus einem weiteren Haushalt; an Weihnachten Beschränkung auf vier Besucher unabhängig vom Hausstand
- generelles Alkoholverbot in der Öffentlichkeit
- Verbot von Feuerwerkskörpern
- generelles Veranstaltungsverbot mit Ausnahmen
- Beschränkung von Versammlungen auf 100 Personen im Freien bzw. 50 Personen in geschlossenen Räumen
- Schließung des Einzelhandels (ausgenommen Außer-Haus-Verkauf und Dinge des täglichen Bedarfs)
- Verbot außerschulischer Angebote in Präsenz
- Beschränkung religiöser Veranstaltungen auf 50 Personen in geschlossenen Räumen bzw. 100 Personen im Freien
- Attestpflicht für Besucher in Betreuungseinrichtungen
- Einschränkungen für Gruppenpflegeeinrichtungen hinsichtlich Testpflicht und Besuchsverboten
- Schließung von Kinderbetreuungseinrichtungen (ausgenommen Notbetreuung)
- außer Kraft am 10.1.2021

III. Allgemeinverfügungen und Erlasse

1. **Erlass zum Umgang mit Reiserückkehrern aus Risikogebieten und besonders von der Ausbreitung des Coronavirus SARS-CoV-2 und COVID-19 betroffenen Gebieten; Beschränkung des Besuchs von Gemeinschaftseinrichtungen, medizinischen Einrichtungen, Berufsschulen und Hochschulen sowie stationären Einrichtungen der Pflege und Eingliederungshilfe** 48
v. 9.3.2020 (ABl. 748)
- in Schulen, Kinderpflegestellen, Krankenhäusern, Pflegeeinrichtungen, Rehaeinrichtungen uÄ sind geeignete Maßnahmen zu treffen, um die Weiterverbreitung des Coronavirus zu verhindern

2. **Erlass zur Beschränkung des Zugangs zu den Inseln, Halligen und Warften an Nord- und Ostsee zum Schutz der Bevölkerung vor der Verbreitung des Coronavirus SARS-CoV-2**
   v. 15.3.2020[95]
   - Weisung zum Erlass von Allgemeinverfügungen für Betretungsverbote zu den Inseln außer zur Versorgung mit notwendigen Dingen oder Besuch enger Verwandter
3. **Erlass zum kommunalen Sitzungsdienst**
   v. 16.3.2020[96]
   - Sitzungen von kommunalen Gremien sollen nicht stattfinden; wenn zwingend erforderlich, sind Sicherheitsvorkehrungen einzuhalten
4. **Erlass des Ministeriums für Soziales, Gesundheit, Jugend, Familie und Senioren**
   v. 16.3.2020, geändert am 17.3.2020[97]
   - Verringerung der Fachkraftquote in Pflege- und Betreuungseinrichtungen möglich
5. **Erlass von Allgemeinverfügungen zum Verbot und zur Beschränkung von Angeboten in Kur- und Rehaeinrichtungen sowie in teilstationären Pflegeeinrichtungen**
   v. 16.3.2020[98]
6. **Erlass zum Vorgehen zur Einstellung des Unterrichtsbetriebs an den Schulen in Schleswig-Holstein bis einschließlich 19. April 2020**
   v. 17.3.2020[99]
   - Regeln für Notbetrieb an Schulen
7. **Aussetzung des Sonn- und Feiertagsfahrverbot für Lkw (§ 30 Abs. 3 und 4 StVO) in Schleswig-Holstein vor dem Hintergrund des Corona-Virus**
   v. 18.3.2020, verlängert am 23.4.2020 [100]
   - befristet bis zum 30.6.2020
8. **Erlass von Allgemeinverfügungen zum Verbot und zur Beschränkung von Kontakten in besonderen öffentlichen Bereichen**
   v. 23.3.2020, ersetzt durch Erl. v. 2.4.2020[101]
   - 14-tägiges Betretungsverbot für Reiserückkehrer in Kindertagesstätten, Krankenhäusern, Pflegeeinrichtungen, Berufs- und Hochschulen und sonstigen öffentlichen Einrichtungen (außer bei Notwendigkeit)
   - Betretungsverbote in Schulen für alle Schüler ab Jahrgangsstufe sieben (außer bei erhöhtem Betreuungsbedarf)
   - Betretungsverbote für Schüler bis zur Jahrgangssufe sechs (ausgenommen Notbetreuung)
   - Betretungsverbote für Kindertagesstätten (ausgenommen Notbetreuung)
   - Betretungsverbote für Behindertenwerkstätten (Ausnahmen, falls keine andere Betreuungsmöglichkeit etc)
   - Quarantäne für Neuaufnahmen in Pflegeheimen
9. **Ausnahmebewilligung zur Beschäftigung von Arbeitnehmerinnen und Arbeitnehmern an Sonn- und Feiertagen und für Abweichungen von bestimmten Beschränkungen des Arbeitszeitgesetzes aus Anlass der Ausbreitung des Corona-Virus (SARS-CoV-2) in Deutschland gemäß § 15 Abs. 2 Arbeitszeitgesetz (ArbZG)**
   v. 1.4.2020

95 https://lexcorona.de/lib/exe/fetch.php?media=rechtsakteland:schleswigholstein:200315_erlass_halligen_download.pdf.

96 https://www.schleswig-holstein.de/DE/Schwerpunkte/Coronavirus/Erlasse/200316_kommunaler_sitzungsdienst.html.

97 https://www.schleswig-holstein.de/DE/Schwerpunkte/Coronavirus/Erlasse/200327_Erlass_Fachkraftquote.html.

98 https://beck-online.beck.de/?vpath=bibdata/ges/SHCO19VOREHA/cont/SHCO19VOREHA.INH.htm.

99 https://www.schleswig-holstein.de/DE/Schwerpunkte/Coronavirus/Erlasse/200317_erlass_vorgehen_unterrichtsbetrieb.html.

100 https://schleswig-holstein.de/DE/Schwerpunkte/Coronavirus/Erlasse/200318_erlass_sonntagsfahrverbot.html.

101 https://lexcorona.de/lib/exe/fetch.php?media=rechtsakteland:schleswigholstein:erlass_von_allgemeinverfuegungen_zum_verbot_und_zur_beschraenkung_von_kontakten_in_besonderen_oeffentlichen_bereichen.pdf.

- Beschäftigung an Sonn- und Feiertagen für Lieferung und Produktion von Dingen des täglichen Bedarfs, Medizin- und Pandemieprodukten sowie -dienstleistungen
- Erhöhung der Höchstarbeitszeit für systemrelevante Berufe; Dokumentationspflichten für Arbeitgeber
- außer Kraft am 19.4.2020

10. **Allgemeinverfügung zum Vollzug des Arbeitsschutzgesetzes (ArbSchG) und der Arbeitsstättenverordnung (ArbStättV) bei der Beschäftigung von Saisonarbeitnehmerinnen und Saisonarbeitnehmern aus Anlass der Ausbreitung des Corona-Virus (SARS-CoV-2) in Deutschland gemäß § 22 Abs. 3 Nr. 1 und 2 ArbSchG**
    v. 9.4.2020[102]
    - Regelungen hinsichtlich Abstand, Unterbringung, Versorgung etc bei Beschäftigung von Saisonarbeitnehmern
11. **Erlass von Allgemeinverfügungen zum Verbot und zur Beschränkung von Kontakten in besonderen öffentlichen Bereichen**
    v. 18.4.2020
    - Weisung zum Erlass von Betretungsverboten an allen Schulen; Verbot schulischer Veranstaltungen (ausgenommen für Personen in Abschlussjahrgängen oder Personen, die daran beteiligt sind sowie für Notbetreuung bis Jahrgangsstufe sechs)
    - Betretungsverbot für Kindertagesstätten uÄ
    - Betretungsverbot für Behindertenwerkstätten
    - Betretungsverbot für Krankenhäuser, Pflegeeinrichtungen etc
    - Aufnahmebeschränkungen für Verlegungen aus Krankenhäusern oÄ; 14-tägige Quarantäne (außer bei Symptomfreiheit und negativem Test oder kurzzeitigem Aufenthalt außerhalb der Einrichtung)
    - Pflicht für Krankenhäuser, Kapazitäten zu erhöhen und zu Aufnahmestopps (bzw. -reduzierung) zur Vorhaltung von Kapazitäten
    - Schließung von Universitäten und Abstandsregeln für Prüfungen
    - Geltung bis zum 3.5.2020
12. **Erlass des Wirtschaftsministeriums zur Öffnung von bestimmten Verkaufsstellen an Sonn- und Feiertagen**
    v. 24.4.2020[103]
    - Weisung zum Erlass von Allgemeinverfügung zur Öffnung von Geschäften an Sonn- und Feiertagen

102 https://www.uk-nord.de/fileadmin/user_upload/pdf/arbeitsschutz/Coronavirus/09042020Allgemeinverfuegung_Saisonarbeit_Coronavirus.pdf.

103 https://www.schleswig-holstein.de/DE/Schwerpunkte/Coronavirus/Erlasse/erlass_sonntagsoeffnung.html.

P. Thüringen

I. Gesetze

49 1. **Thüringer Gesetz zur Umsetzung erforderlicher Maßnahmen im Zusammenhang mit der Corona-Pandemie (ThürCorPanG)**
v. 11.6.2020 (GVBl. 277)
- Errichtung eines Sondervermögens zur Kompensation der Folgen der Corona-Pandemie iHv 694,77 Mio. Euro
- Änderung verschiedener (Haushalts-)gesetze und -ordnungen, um die finanziellen Folgen der Corona-Pandemie abzufedern

2. **Thüringer Gesetz zur Umsetzung des Gesetzes zum Ausgleich von Gewerbesteuermindereinnahmen der Gemeinden infolge der COVID-19-Pandemie durch Bund und Länder und zur Änderung weiterer Vorschriften**
v. 23.11.2020 (GVBl. 563)
- pauschale Gewerbesteuerkompensationszuweisung an Kommunen iHV 82,5 Mio. Euro
- Anpassung der Gemeindehaushaltsordnung, des Finanzausgleichsgesetzes und des Gesetzes zur Stabilisierung der Kommunalfinanzen

II. Rechtsverordnungen

50 1. **Vorläufige Thüringer Grund-Verordnung zur Eindämmung der Corona-Pandemie (Corona EindämmungsVO)**
v. 24.3.2020 (GVBl. 113), ersetzt/fortgeführt durch VO v. 26.3.2020 (GVBl. 115)
- Kontaktreduzierung; 1,5 m Abstand
- Beschränkung öffentlicher Kontakte auf eine Person
- Festlegung von Hygienevorschriften

2. **Thüringer Verordnung über erforderliche Maßnahmen zur Eindämmung der Ausbreitung des Coronavirus SARS-CoV-2**
v. 26.3.2020 (GVBl. 115), ersetzt/fortgeführt durch VO v. 7.4.2020 (GVBl. 123)
- Fortführung der Maßnahmen der VO v. 23.3.2020 mit Änderungen/Verschärfungen:
- Versammlungs- und Veranstaltungsverbot, ausgenommen zur öffentlichen Sicherheit und Ordnung oder Daseinsvorsorge etc
- Trauer- und Hochzeitsfeiern nur im engsten Kreis
- Schließung von Vergnügungsstätten (zB Fitnessstudios, Bars, Clubs, Messen, Spielhallen etc) und Pflegeeinrichtungen
- Schließung des Einzelhandels (außer für Dinge des täglichen Bedarfs)
- Schließung von Tattoo-Studios, Friseurbetrieben, Hotels, Fahrschulen etc
- Einrichtungen des Gesundheitswesens dürfen bei medizinischer Notwendigkeit einer Behandlung betrieben werden
- Schließung von Gaststätten (ausgenommen Außer-Haus-Verkauf, Kantinen für Angestellte etc)
- Schließung von Einrichtungen nach § 33 IfSG
- Verpflichtung von Krankenhäusern, Ressourcen vor allem auf COVID-19 zu konzentrieren
- Schließung von Tagesgruppen
- Besuchsbeschränkung für Krankenhäuser und Pflegeeinrichtungen
- Betretungsverbot für Behindertenwerkstätten
- Betretungsverbot für Reiserückkehrer in Pflegeeinrichtungen, Hochschulen, Gaststätten etc
- Schließung von Schwangerschaftskonfliktberatungsstellen

3. **Zweite Thüringer Verordnung über erforderliche Maßnahmen zur Eindämmung der Ausbreitung des Coronavirus SARS-CoV-2**
v. 7.4.2020 (GVBl. 123), ersetzt/fortgeführt durch VO v. 18.4.2020 (GVBl. 135)
- Fortführung der Maßnahmen der VO v. 26.3.2020 mit Änderungen:
- Aufenthalt im öffentlichen Raum zur Berichterstattung erlaubt
- grundsätzliche Erlaubnis zum Betrieb von Einrichtungen des Gesundheitswesens

- Verzehr von Speisen mit Abstand von zehn m zum Verkaufsort erlaubt
- Betretungsverbote für Kontaktpersonen
- Pflicht der Krankenhäuser, ihre Behandlungskapazitäten in einer Liste zu registrieren
- Ausweitung der Liste der Ordnungswidrigkeiten

4. **Thüringer Verordnung zu Quarantänemaßnahmen für Ein- und Rückreisende zur Bekämpfung des Coronavirus SARS-CoV-2**
   v. 9.4.2020 (GVBl. 131), geändert durch VO v. 18.4.2020 (GVBl. 135), VO v. 2.5.2020 (GVBl. 149), ersetzt/fortgeführt durch VO v. 25.5.2020 (GVBl. 259)
   - 14-tägige häusliche Quarantäne für Reiserückkehrer; Tätigkeitsverbot; Ausnahmen für systemrelevante Berufe, Pendler, Saisonarbeiter etc
   - **Änd-VO v. 2.5.2020:** Verlängerung der Maßnahmen bis zum 25.5.2020
5. **Dritte Thüringer Verordnung über die erforderlichen Maßnahmen zur Eindämmung der Ausbreitung des Coronavirus SARS-CoV-2**
   v. 18.4.2020 (GVBl. 135), geändert durch VO v. 22.4.2020 (GVBl. 146), VO v. 23.4.2020 (GVBl. 145), VO v. 2.5.2020 (GVBl. 149), ersetzt/fortgeführt durch VO v. 12.5.2020 (GVBl. 153)
   - Fortführung der Maßnahmen der VO v. 26.3.2020 mit Änderungen/Lockerungen:
   - Zulässigkeit von Versammlungen mit bis zu 30 Personen in geschlossenen Räumen bzw 50 Personen im Freien und entsprechenden religiösen Veranstaltungen unter Auflagen
   - Öffnung von Geschäften bis 800 qm Verkaufsfläche
   - Öffnung von Museen, Zoos, Volkshochschulen, Bibliotheken etc
   - Öffnung von Friseurbetrieben
   - Öffnung von Kantinen
   - Öffnung von Schulen für Abschlussklassen ab 27.4.2020 und 4.5.2020 (je nach Schulform)
   - **Änd-VO v. 23.4.2020:** Maskenpflicht im ÖPNV und in Geschäften
   - **Änd-VO v. 2.5.2020:**
   - generelle Öffnung von Geschäften
   - stufenweise Öffnung von Schulen
   - Verlängerung der Maßnahmen bis zum 25.5.2020
6. **Thüringer Verordnung zur Freigabe bislang beschränkter Bereiche und zur Fortentwicklung der erforderlichen Maßnahmen zur Eindämmung der Ausbreitung des Coronavirus SARS-CoV-2 (Thüringer SARS-CoV-2-Maßnahmenfortentwicklungsverordnung – ThürSARS-CoV-2-MaßnFortentwVO)**
   v. 12.5.2020 (GVBl. 153), geändert durch VO v. 20.5.2020 (GVBl. 259), VO v. 4.6.2020 (GVBl. 265), ersetzt/fortgeführt durch VO v. 9.6.2020 (GVBl. 269)
   - Fortführung der Maßnahmen der VO v. 18.4.2020 mit Änderungen/Lockerungen:
   - Erlaubnis von Versammlungen (im Freien und in geschlossenen Räumen) unter Einhaltung der Hygienevorschriften nach Anzeige
   - Erlaubnis von religiösen Zusammenkünften unter Einhaltung der Hygienevorschriften
   - Verbot von öffentlichen Veranstaltungen (zB Kirmes, Festivals etc) bis zum 31.8.2020
   - Einführung allgemein gültiger Infektionsschutzregeln
   - Erfordernis und Vorgaben für ein Infektionsschutzkonzept
   - Erlaubnis der Öffnung von Kindertagesstätten ab 18.5.2020, spätestens bis zum 21.6.2020
   - schrittweise Öffnung der Schulen bis zum 21.6.2020
   - Betretungserlaubnis in Behindertenwerkstätten unter Auflagen
   - Öffnung von Gaststätten und Beherbergungsbetrieben ab 15.5.2020 sowie von Sportstätten ab 1.6.2020
   - **Änd-VO v. 20.5.2020:** Ausweitung der Liste der Ordnungswidrigkeiten um „Verstoß gegen Abstandsgebot"
   - **Änd-VO v. 4.6.2020:** Verlängerung der Maßnahmen bis zum 12.6.2020

7. **Thüringer Verordnung zur Abmilderung der Folgen der Corona-Pandemie im Schulbereich (ThürAbmildSchulVO)**
   v. 16.5.2020 (GVBl. 253)
   – Anpassung der Prüfungen in verschiedenen Schulformen an die Umstände der Corona-Pandemie hinsichtlich Prüfungsformen und Gewichtung der Teilleistungen
8. **Zweite Thüringer Verordnung zu Quarantänemaßnahmen für Ein- und Rückreisende zur Bekämpfung des Coronavirus SARS-CoV-2 (Zweite Thüringer Quarantäneverordnung)**
   v. 25.5.2020 (GVBl. 259), ersetzt/fortgeführt durch VO v. 15.6.2020 (GVBl. 319)
   – Fortführung der Maßnahmen der VO v. 9.4.2020 mit Änderungen/Lockerungen:
   – Quarantänepflicht für Ein- und Rückreisende aus Nicht-EU- oder -EFTA-Staaten sowie aus Risikogebieten mit Inzidenzwert über 50; keine Ausnahmen für kurze Auslandsaufenthalte
   – außer Kraft am 15.6.2020
9. **Entscheidung des Thüringer Oberverwaltungsgerichts**
   v. 27.5.2020 (GVBl. 267)
   – Öffnung von Fitnessstudios nach Vorlage eines Infektionsschutzkonzepts
10. **Thüringer Verordnung über grundlegende Infektionsschutzregeln zur Eindämmung der Ausbreitung des Coronavirus SARS-CoV-2 (Thüringer SARS-CoV-2-Infektionsschutz-Grundverordnung – ThürSARS-CoV-2-IfS-GrundVO)**
    v. 9.6.2020 (GVBl. 269), ersetzt/fortgeführt durch VO v. 7.7.2020 (GVBl. 349)
    – Fortführung der Maßnahmen der VO v. 12.5.2020 mit Änderungen/Lockerungen:
    – Gebot, sich nicht mit mehr als zehn Personen zu treffen
    – Schließung von Tanzlustbarkeiten, Theatern etc bis zum 31.8.2020
    – Schließung von Prostitutionsstätten bis zum 31.8.2020
    – Verbot von Volksfesten etc mit Ausnahmen
    – Öffnung von Messen mit Infektionsschutzkonzept
    – Öffnung von Schwimmbädern, Saunen und Thermen mit Infektionsschutzkonzept
    – Anzeigepflicht von privaten Feiern mit mehr als 30 Personen in geschlossenen Räumen bzw. 75 Personen im Freien
    – Besuchserlaubnis für einen Besucher pro Tag und Patient in Krankenhäusern, Reha-Zentren etc
    – Möglichkeit kommunaler Sonderregelungen ab Inzidenzwert von 35; Pflicht zum Tätigwerden ab Inzidenzwert von 50
    – außer Kraft am 15.7.2020
11. **Änderung der Thüringer Verordnung zur Regelung von Zuständigkeiten und zur Übertragung von Ermächtigungen nach dem Infektionsschutzgesetz**
    v. 9.6.2020 (GVBl. 275), geändert durch VO v. 21.9.2020 (GVBl. 501)
    – Übertragung verschiedener infektionsrechtlicher Kompetenzen auf Kreise und kreisfreie Städte, das Gesundheitsministerium und das Schulministerium bis zum 31.7.2021
12. **Thüringer Verordnung über die Infektionsschutzregeln zur Eindämmung der Ausbreitung des Coronavirus SARS-CoV-2 in Kindertageseinrichtungen, Schulen und für den Sportbetrieb (ThürSARS-CoV-2-KiSSP-VO)**
    v. 12.6.2020 (GVBl. 313), geändert durch VO v. 8.7.2020 (GVBl. 357), ersetzt/fortgeführt durch VO v. 19.8.2020 (GVBl. 430)
    – Betretungsverbote in Kindertagesstätten und Schulen bei Vorliegen von Erkältungssymptomen sowie für Kontaktpersonen
    – Betretungsrechte für einrichtungsfremde Personen nur unter strengen Auflagen
    – Meldepflichten für Personal und volljährige Schüler gegenüber der Schule; Kontaktnachverfolgung
    – Notbetreuung bei Schließung von Schulen und Tagesstätten
    – Hygienevorgaben für Kinderbetreuung (zB Mindestabstand und Maskenpflicht für Personal)
    – Angebot von Präsenz- und Distanzunterricht für unterschiedliche Schülergruppen
    – Maskengebot in Schulen

- Erlaubnis von Sportbetrieb unter Auflagen (zB Kontaktnachverfolgung)
- außer Kraft am 30.8.2020
- **Änd-VO v. 8.7.2020:**
- Ausweitung des Geltungsbereichs auf Angebote der Jugend- und Jugendsozialarbeit
- Betretungsverbote nur bei COVID-19-Symptomen; Betretungsrecht mit negativem Corona-Testergebnis
- detaillierte Vorgaben für Meldepflichten von Einrichtungen
- Ausweitung des Anwendungsbereichs auf sonstige Einrichtungen nach § 45 SGB VIII
- Einschränkung der Betreuungsangebote während der Sommerferien
- Einschränkung der Angebote der Jugend(sozial)arbeit
- Erlaubnis von Sportveranstaltungen mit bis zu 200 Zuschauern

13. **Dritte Thüringer Verordnung zu Quarantänemaßnahmen für Ein- und Rückreisende zur Bekämpfung des Coronavirus SARS-CoV-2**
    (Dritte Thüringer Quarantäneverordnung)
    v. 15.6.2020 (GVBl. 319), ersetzt/fortgeführt durch VO v. 7.7.2020 (GVBl. 355)
    - Fortführung der Maßnahmen der VO v. 25.5.2020 mit Änderungen/Lockerungen:
    - Quarantänepflicht für Reiserückkehrer aus Risikogebieten
    - Ausnahme für Personen mit negativem Corona-Testergebnis
    - außer Kraft am 15.7.2020
14. **Zweite Thüringer Verordnung über grundlegende Infektionsschutzregeln zur Eindämmung der Ausbreitung des Coronavirus SARS-CoV-2**
    (Zweite Thüringer SARS-CoV-2-Infektionsschutz-Grundverordnung – 2. ThürSARS-CoV-2-IfS-GrundVO)
    v. 7.7.2020 (GVBl. 349), geändert durch VO v. 18.8.2020 (GVBl. 425), VO v. 21.9.2020 (GVBl. 501), VO v. 20.10.2020 (GVBl. 544), VO v. 7.11.2020 (GVBl. 555), VO v. 29.11.2020 (GVBl. 586), VO v. 14.12.2020 (GVBl. 637)
    - Fortführung der Maßnahmen der VO v. 9.6.2020 mit Änderungen/Lockerungen:
    - Aufhebung der Pflicht für Krankenhäuser, Intensivpflegekräfte für den Umgang mit Beatmungsgeräten und COVID-19-Patienten weiter zu schulen
    - Lockerung der Absonderungsregelungen in Einrichtungen der Eingliederungshilfe
    - außer Kraft am 30.8.2020
    - **Änd-VO v. 18.8.2020:**
    - Erlaubnis sexueller Dienstleistungen unter Auflagen
    - Ausweitung der Pflicht zur Kontaktnachverfolgung
    - Durchführung von Volksfesten, Sport- und Tanzveranstaltungen etc nach vorheriger Erlaubnis
    - Ankündigungspflicht für private Feiern mit mehr als 50 Personen in geschlossenen Räumen bzw. mehr als 100 Personen im Freien
    - Aufhebung von Besuchsbeschränkungen in Pflegeeinrichtungen etc (außer bei erhöhtem Infektionsaufkommen)
    - Besuchsbeschränkungen in Krankenhäusern auf zwei Besucher pro Bewohner und Tag
    - Ausweitung der Liste der Ordnungswidrigkeiten
    - Verlängerung der Maßnahmen bis zum 30.9.2020
    - **Änd-VO v. 21.9.2020:** Verlängerung der Maßnahmen bis zum 31.10.2020
    - **Änd-VO v. 20.10.2020:**
    - Ankündigungspflicht sowie Vorlage eines Infektionsschutzkonzepts bereits ab 75 Personen im Freien bzw. 30 Personen in geschlossenen Räumen
    - bei Überschreitung der Inzidenzgrenzwerte kann die oberste Gesundheitsbehörde erforderliche Anordnungen zur Eindämmung des Infektionsgeschehens treffen
    - Verlängerung der Maßnahmen bis zum 30.11.2020
    - **Änd-VO v. 29.11.2020:**
    - Staffelung der Pflichten zu Sonderregelungen für Inzidenzwerte ab 50, 100 bzw. 200
    - Verlängerung der Maßnahmen bis zum 20.12.2020
    - **Änd-VO v. 14.12.2020:** Verlängerung der Maßnahmen bis zum 10.1.2021

15. **Vierte Thüringer Verordnung zu Quarantänemaßnahmen für Ein- und Rückreisende zur Bekämpfung des Coronavirus SARS-CoV-2 (Vierte Thüringer Quarantäneverordnung)**
v. 7.7.2020 (GVBl. 355), geändert durch VO v. 18.8.2020 (GVBl. 429), VO v. 21.9.2020 (GVBl. 501), VO v. 20.10.2020 (GVBl. 545), ersetzt/fortgeführt durch VO v. 7.11.2020 (GVBl. 551)
   - Fortführung der Maßnahmen der VO v. 15.6.2020 mit Änderungen/Lockerungen:
   - Verlängerung der Maßnahmen bis zum 30.8.2020
   - **Änd-VO v. 18.8.2020:** Verlängerung der Maßnahmen bis zum 30.9.2020
   - **Änd-VO v. 21.9.2020:** Verlängerung der Maßnahmen bis zum 31.10.2020
   - **Änd-VO v. 20.10.2020:** Verlängerung der Maßnahmen bis zum 30.11.2020
16. **Thüringer Verordnung über die Infektionsschutzregeln zur Eindämmung der Ausbreitung des Coronavirus SARS-CoV-2 in Kindertageseinrichtungen, der weiteren Jugendhilfe, Schulen und für den Sportbetrieb (ThürSARS-CoV-2-KiJuSSP-VO)**
v. 19.8.2020 (GVBl. 430), geändert durch VO v. 7.11.2020 (GVBl. 555)
   - Fortführung der Maßnahmen der VO v. 12.6.2020 mit Änderungen/Lockerungen:
   - Ausnahmen für Personen mit negativem Corona-Test
   - Betretungsverbote für Personen mit Quarantänepflicht
   - Ausweitung der Hygiene- und Kontaktnachverfolgungspflichten
   - Anmeldepflicht für einrichtungsfremde Personen
   - Regelbetrieb mit primärem Infektionsschutz
   - Möglichkeit für Kindertageseinrichtungen, Einrichtungen im Sinne der §§ 45, 48 a SGB VIII, Schulen, Jugendarbeit und Sportbetrieb, auf eingeschränkten Regelbetrieb umzustellen
   - Maskengebot an Schulen und auf Schulwegen
   - Möglichkeit der Befreiung gefährdeter Schüler vom Präsenzunterricht
   - Vorgaben für Unterricht nach Schulschließungen
   - Vorgaben für Sportbetriebe
   - außer Kraft am 14.2.2021
17. **Thüringer Verordnung über außerordentliche Sondermaßnahmen zur Eindämmung einer sprunghaften Ausbreitung des Coronavirus SARS-CoV-2 (Thüringer SARS-CoV-2-Sondereindämmungsmaßnahmenverordnung – ThürSARS-CoV-2-SonderEindmaßnVO)**
v. 31.10.2020 (GVBl. 547), geändert durch VO v. 7.11.2020 (GVBl. 554), ersetzt/fortgeführt durch VO v. 29.11.2020 (GVBl. 583)
   - Kontaktbeschränkung in der Öffentlichkeit auf zwei Haushalte oder maximal zehn Personen mit Ausnahmen
   - Erlaubnis entgeltlicher Übernachtungen nur bei vorliegender Notwendigkeit (zB geschäftliche Zwecke)
   - Schließung von Schullandheimen, Angeboten der Jugendarbeit etc
   - Verbot von Freizeitveranstaltungen (zB Kinos, Museen, Theater etc)
   - Schließung von Gaststätten (ausgenommen Außer-Haus-Verkauf)
   - Zugangsbeschränkungen im Groß- und Einzelhandel auf einen Besucher pro zehn qm
   - Pflicht zum Arbeitsschutz
   - Ausweitung der Liste der Ordnungswidrigkeiten
   - außer Kraft am 30.11.2020
18. **Fünfte Thüringer Verordnung zu Quarantänemaßnahmen für Ein- und Rückreisende zur Bekämpfung des Coronavirus SARS-CoV-2 (Fünfte Thüringer Quarantäneverordnung)**
v. 7.11.2020 (GVBl. 551), geändert durch VO v. 29.11.2020 (GVBl. 587), VO v. 14.12.2020 (GVBl. 638)
   - Fortführung der Maßnahmen der VO v. 7.7.2020 mit Änderungen/Lockerungen:
   - Verkürzung der Quarantänedauer auf zehn Tage
   - digitale Meldepflicht für Ein- und Rückreisende
   - Ausweitung der Quarantäneausnahmen auf Personen in systemrelevanten Berufen, in Medizin und Verwaltung, für Grenzpendler, NATO-Soldaten etc sowie bei negativem Testergebnis
   - **Änd-VO v. 29.11.2020:** Verlängerung der Maßnahmen bis zum 20.12.2020
   - **Änd-VO v. 14.12.2020:** Verlängerung der Maßnahmen bis zum 10.1.2021

19. **Zweite Thüringer Verordnung über außerordentliche Sondermaßnahmen zur Eindämmung einer sprunghaften Ausbreitung des Coronavirus SARS-CoV-2 (Zweite Thüringer SARS-CoV-2-Sondereindämmungsmaßnahmenverordnung – 2. ThürSARS-CoV-2-Sonder-EindmaßnVO)**
    v. 29.11.2020 (GVBl. 583), ersetzt/fortgeführt durch VO v. 14.12.2020 (GVBl. 631)
    - Fortführung der Maßnahmen der VO v. 31.10.2020 mit Änderungen/Lockerungen:
    - Erlaubnis von Treffen in der Öffentlichkeit mit einem weiteren Hausstand und maximal fünf Person mit Ausnahmen
    - Beschränkung von Beerdigungen und Hochzeiten auf 15 Personen
    - Verbot von Reisebusveranstaltungen
    - erweiterte Maskenpflicht für alle Räume mit Publikumsverkehr, Arbeitsstätten etc
    - Beschränkung privater Zusammenkünfte in der eigenen Wohnung mit maximal fünf Personen
    - Verschärfung der Zugangsbeschränkung in Ladengeschäften ab 800 qm Fläche auf eine Person pro 20 qm
    - außer Kraft am 20.12.2020
20. **Dritte Thüringer Verordnung über außerordentliche Sondermaßnahmen zur Eindämmung einer sprunghaften Ausbreitung des Coronavirus SARS-CoV-2 (Dritte Thüringer SARS-CoV-2-Sondereindämmungsmaßnahmenverordnung – 3. ThürSARS-CoV-2-Sonder-EindmaßnVO)**
    v. 14.12.2020 (GVBl. 631)
    - Fortführung der Maßnahmen der VO v. 29.11.2020 mit Änderungen/Lockerungen:
    - Erlaubnis von Treffen zwischen dem 24. und dem 26.12.2020 mit vier weiteren Personen aus dem engen Familienkreis außerhalb des eigenen Hausstands
    - Alkoholausschank- und -konsumverbot in der Öffentlichkeit
    - Ausgangssperre zwischen 22 Uhr und 5 Uhr ab 15.12.2020 mit umfangreichem Ausnahmenkatalog
    - Veranstaltungsverbot
    - Verbot von Feuerwerksverkauf und Feuerwerk im öffentlichen Raum
    - Verbot von Silvesterfeiern
    - Verbot körpernaher Dienstleistungen
    - Schließung von Geschäften (ausgenommen Außer-Haus-Verkauf und Dinge des täglichen Bedarfs)
    - Maskenpflicht für Besucher in Pflegeeinrichtungen; Testpflicht für Personal
    - Schließung von Tagespflegeeinrichtungen
    - Schließung von Fortbildungseinrichtungen, Schulen, Kindertagesstätten etc
    - Notbetreuungsangebote ab 15.12.2020; häusliches Lernen ab 15.12.2020; Möglichkeit von Präsenzprüfungen unter Auflagen
    - Verbot von Sport mit Ausnahmen
    - außer Kraft am 10.1.2021

III. Allgemeinverfügungen

1. **Allgemeinverfügung des Thüringer Landesverwaltungsamtes zur Erteilung einer allgemeinen Ausnahme vom Sonn- und Feiertagsfahrverbot des § 30 Abs. 3 Satz 1 Straßenverkehrs-Ordnung** 51
   v. 10.2.2020[104]
   - Ausnahme für Lkw-Transporte von Medizinprodukten, Lebensmitteln etc

104 https://lexcorona.de/lib/exe/fetch.php?media=rechtsakteland:thueringen:allgemeinverfugung_corona_sonntagsfahrverbot.pdf.

2. **Allgemeinverfügung des Thüringer Landesamtes für Verbraucherschutz zur Erteilung einer allgemeinen Ausnahme vom Sonn- und Feiertagsverbot gemäß § 15 Abs. 2 Arbeitszeitgesetz (ArbZG) [...] für das Kommissionieren von Arzneimitteln, Lebensmitteln und Hygieneartikeln sowie für die Anlieferung und Annahme der Waren**
   v. 20.3.2020[105]
   - Ablauf am 1.6.2020

IV. Sonstiges

52 1. **Erlass über infektionsschützende Maßnahmen gegen die Ausbreitung des Virus SARS-CoV-2**
   v. 19.3.2020[106]
   - Umsetzung soll in Allgemeinverfügungen erfolgen:
   - Verbot von Veranstaltungen, ausgenommen zum Schutz der öffentlichen Sicherheit und Ordnung oder Daseinsvorsorge etc
   - innerhalb der vorgenannten Ausnahmen gilt Abstandsregel; Ausschluss von Menschen mit Symptomen
   - Trauer- und Hochzeitsfeiern nur im engsten Familienkreis
   - Schließung von Einrichtungen nach § 33 Nr. 1–5 IfSG (ausgenommen Notbetreuung)
   - Schließung von Bars, Cafés, Fitnessstudios etc
   - Schließung des Einzelhandels (ausgenommen für Dinge des täglichen Bedarfs)
   - zulässig sind Dienst- und Handwerksleistungen (ausgenommen Friseurbetriebe, Beherbergung etc)
   - zulässig ist die Öffnung von Einrichtungen des Gesundheitswesens
   - Besuchsverbote in Krankenhäusern, Rehaeinrichtungen etc
   - Betriebsverbot für Gaststätten (ausgenommen Außer-Haus-Verkauf, Kantinen für Bedienstete)
   - Betretungsverbot in Behindertenwerkstätten mit Ausnahmen
   - für Risikopersonen gelten Betretungsverbote in Tagesstätten, Pflegeeinrichtungen etc mit Ausnahmen (zB bei unabdingbarer Funktion im Gesundheitswesen)
   - Schwangerschaftskonfliktberatung auch telefonisch möglich
2. **Fachaufsichtliche Weisung betreffend Vollzug des Thüringer Ladenöffnungsgesetzes (ThürLadÖffG) durch Landkreise und kreisfreie Städte**
   v. 20.3.2020[107]
   - Weisung, Allgemeinverfügungen zur Öffnung an Sonntagen zurückzunehmen

---

105 https://lexcorona.de/lib/exe/fetch.php?media=rechtsakteland:thueringen:20200320_tlv_allgemeinverfuegung_arbzg-15-2.pdf.

106 https://lexcorona.de/lib/exe/fetch.php?media=rechtsakteland:thueringen:20200319_erlass_massnahmen_ausbreitung_virus_sars-cov-2.pdf.

107 https://lexcorona.de/lib/exe/fetch.php?media=rechtsakteland:thueringen:2902_2827_1.pdf.

Stichwortverzeichnis

Die **fetten** Zahlen verweisen auf den Paragrafen (Beitrag), die mageren auf die Randnummer.

2. Corona-Mehrkostenzuschlagsvereinbarung **11** 148

Abgabe von Medizinprodukten **7** 46 ff., 53 ff., 68 ff.
Abgeltung von Preis- und Mengensteigerungen **11** 147
Ablaufzeit **5** 56, 57
Abrechnungsprüfung **11** 149 ff.
- Erfüllung der Mindestmerkmale **11** 151
- Prüfverfahrensvereinbarung **11** 154
- Regelprüfung **11** 150
Absonderung **1** 7, 50, **2** 186 f., 204 ff., **10** 8, **12** 40, **13** 40 ff., **15** 22 ff., **16** 12
- Einreise **2** 207
- Entschädigung **16** 16
- Freiheitsentziehung **2** 214
- Freiwilligkeit **2** 210 ff., **13** 42
- Gefahr im Verzug **2** 215
- häusliche **2** 205, 207
- Lohnfortzahlung **16** 13 ff.
- Massenquarantäne **13** 27
- Rechtsverordnung **2** 207
- Richtervorbehalt **2** 209 ff., **13** 41
- Sanktionen **2** 212
- sofortige Vollziehbarkeit **2** 211
- Zitiergebot **2** 218, **13** 41
Abstandsgebot **3** 16, 27, **13** 22
Abwägung **2** 55, 64 f., 72, 74, 76, 121, 125, 182
- Erfüllung von Schutzpflichten **2** 68 ff.
- körperliche Unversehrtheit **2** 60 ff.
- Leben **2** 60 ff.
- Lebensrisiko, allgemeines **2** 76
- Übermaß **2** 74
- Untermaß **2** 74, 75
Agreement on Trade-Related Aspects of Intellectual Property Rights **1** 68
Akzeptanz infektionsschutzrechtlicher Maßnahmen **2** 41, 183, **12** 14
Allgemeines Persönlichkeitsrecht **5** 50
Allgemeinverfügung
- Bündel **2** 199
- Einzelfall **2** 194 ff.
- Einzelfallfiktion **2** 197, 201 ff.
- Gefahr, konkrete **2** 165
- Grenzen **2** 201 ff.
- landesweite Geltung **2** 203
- materieller Begriff **2** 194
- personenbezogene **2** 200
- Reichweite der Handlungsform **2** 191 ff.
- sachbezogene **2** 199
All-Risiko-Ansatz **1** 34
Altenheim **3** 33 ff.
Altenpfleger
- heilkundliche Tätigkeiten **9** 56
Ambulante Intensivpflege
- Pflegeeinrichtung **10** 10 ff.
Ambulante Praxis **9** 6
- Aufrechterhaltung der Gesundheitsversorgung **9** 4 ff., 13 ff., 28 ff.
- Maßnahmen **11** 79 ff.
AMG-Kostenverordnung
- Gebühren **8** 87
AMG-Zivilschutzausnahmeverordnung (AMGZSAV) **8** 99
Amtsarzt **12** 53
Amtsgericht
- Bußgeldbescheid **17** 28
- Zuständigkeit **13** 44
Amtshaftung **15** 78 ff.
Amtshilfe **2** 46a ff., **12** 48, 80d, 84
- Amtshilfepflicht **2** 46a
- Einreise **2** 46c ff.
- Grundrechtseingriff **2** 46a f., 46c ff.
- Robert Koch-Institut (RKI) **2** 46b
- § 36 Abs. 11 IfSG **2** 46c ff.
- § 4 IfSG **2** 46b

Änderungsvorbehalt **2** 155, 157
Anerkannte Angebote zur Unterstützung im Alltag
– finanzielle Kompensation **11** 193
Angaben, personenbezogene
– Einreise **5** 29, 30
Anlauf- und Meldestation **5** 43
Anordnung
– des Bundesministeriums für Gesundheit **12** 80b
– frühere **5** 9
– zur Durchführung und Erweiterung der Maßnahmen für Produkte des medizinischen Bedarfs **8** 26
Anordnung, vollziehbare
– Straftat **17** 6
Ansammlungsverbot **3** 5 ff.
Anscheinsgefahr **2** 170
Anscheinsstörer **15** 18
Ansteckung
– Körperverletzung **17** 8
Ansteckungsgefahr
– Verweigerung der Arbeit **16** 35
Ansteckungsverdächtiger **2** 170
– Entschädigung **15** 14 ff.
Ansteckungswahrscheinlichkeit **5** 31, 32, 35, 46, 47, **6** 25
Antikörpertest **9** 14 f., **12** 9b
Anwendung von Medizinprodukten **7** 46 ff.
Anwesenheitsliste **3** 8
Anzeigepflicht **7** 53 ff.
Apotheke **3** 23
Apothekenbetriebsordnung **8** 41
Apothekengesetz **8** 41
Approbationsordnung
– Apotheker **9** 55
– ärztliche **9** 54 ff.
– Rechtsverordnung **10** 29
– Zahnarzt **9** 55
Arbeitnehmer
– Offenbarungspflicht **16** 65 ff.
Arbeitsausfall **16** 11 ff.
Arbeitspflicht
– Absonderung **16** 12
– Arbeitsunfähigkeit, infektionsbedingte **16** 18
– berufliches Tätigkeitsverbot **16** 12
– Kinderbetreuung **16** 26 ff.
– Verweigerung mangels Schutzmaßnahmen **16** 36
– Verweigerung wegen Ansteckungsgefahr **16** 35
Arbeitsrecht **16** 1 ff.
– COVID-19-Arbeitszeitverordnung (COVID-19-ArbZV) **16** 8 f.
– Kurzarbeitergeld-VO (KugV) **16** 10
– SARS-CoV-2-Arbeitsschutz-VO (Corona-ArbSch-VO) **16** 10c
– Verordnung **16** 4 ff.
Arbeitsunfähigkeit, infektionsbedingte
– Arbeitspflicht **16** 18
– Feststellung durch Krankenhaus **8** 35
– Lohnfortzahlung **16** 18 f.
Arbeitsunfähigkeitsbescheinigung **11** 97 ff.
Arbeitsverweigerung **16** 34 ff.
Arzneimittel **7** 7
– Abgabe **8** 42
– Abgabe von Teilmengen **8** 46
– antivirale **2** 3
– Austausch durch Apotheker **8** 36
– Begriff **8** 4
– Betäubungsmittel **8** 3
– Compassionate Use **14** 17
– epidemische Lage von nationaler Tragweite **8** 1 ff.
– Impfstoff **8** 3, **14** 8
– Inverkehrbringen **14** 9
– Off-Label-Use **14** 17
– Packungsanzahl **8** 38
– Packungsgröße **8** 38
– pharmakologisch-therapeutisch vergleichbares **8** 37
– wirkstoffgleiches **8** 37
Arzneimittel- und Wirkstoffherstellungsverordnung (AMWHV) **8** 16
Arzneimittelhaftung **8** 68

Arzneimittel-Richtlinie **9** 48
Arzneimittelverordnung **11** 98
Arzneimittelverschreibungsverordnung **9** 48
Arzneimittelzulassung
- Qualität **14** 9
- Sicherheit **14** 9
- Verfahren **14** 9
- Wirksamkeit **14** 9
Arzt **10** 7 f., **11** 79 ff.
- Aufklärung vor Impfung **14** 20
- Impfung **14** 14
- Liquiditätssicherung **11** 100 ff.
- Mitwirkungspflicht **10** 24 f.
- Verteilung von Schutzausrüstung **11** 88 ff.
- Zulassung **9** 41 ff.
Arzthaftung
- Impfung **14** 13
Ärztliche Aufklärung
- Impfung **14** 20
Ärztliche Untersuchung **6** 32 ff.
- Ermöglichung **6** 35 f.
Ärztliches Zeugnis **6** 32
AstraZeneca **11** 246, **14** 18
Atemmaske **7** 2, 7, 11, 26 f.
Aufenthalt, gewöhnlicher **5** 30
Aufenthaltsbeschränkung im Freien **13** 22
Aufenthaltsorte **5** 33
Aufgaben, behördliche **12** 5
Aufhebungsmöglichkeit **5** 60
Aufhebungsvorbehalt **2** 158
Aufklärung
- Infektionsschutzgesetz **14** 2
Aufklärung über Infektionsgefahren **12** 11
Aufopferungsanspruch **15** 68 ff., 76
Aufrechterhaltung der Gesundheitsversorgung
- ambulante Praxis **9** 4 ff., 13 ff., 28 ff.
Auftragswahrnehmung durch Sozialversicherungsträger
- Pandemie **11** 57 ff.
Aufwendungsersatzanspruch **8** 56
Ausbreitung
- dynamische **5** 19
Ausbreitungsweise **5** 19
Ausbruchsgeschehen, globales **5** 33
Ausbruchsherd **6** 56
Ausfuhr von Medizinprodukten **7** 46 ff., 62
Ausfuhrverbote **1** 99
Ausgangsbeschränkung **12** 36
Ausgangssperre **3** 13 ff., **12** 36
Ausgangsstoffe **8** 14
Ausgleichszahlungen **11** 131, 135; *siehe auch* Ausgleichszahlungen (§ 21 Abs. 1a KHG)
- COVID-19-Krankenhausentlastungsgesetz **10** 63 f.
- Liste der Notfallkrankenhäuser **11** 140
- Nachweisverfahren **11** 134
- Vorsorge- und Rehabilitationseinrichtungen **11** 158
Ausgleichszahlungen (§ 21 Abs. 1a KHG)
- Berechnung **11** 138
- Kriterien **11** 137
- Sonderregelungen **11** 139
Auskünfte **6** 22
Auskunftspflicht
- Ausnahmen bei Einreisen **5** 45
- Ausnahmen bei Transport und Verkehr **6** 70
- Hersteller und Vertreiber von versorgungsrelevanten Produkten des medizinischen Bedarfs **8** 52
Auskunftsrecht
- Verhütung übertragbarer Krankheiten **12** 18
Auslandsaufenthalt **5** 23
Auslegung, restriktive **4** 18 ff., 40, 44, **7** 44
Auslegungsfähigkeit **2** 94
Ausnahmebestimmungen
- Einreise **5** 44

- medizinprodukterechtliche Vorschriften 7 46 ff.
- Transport und Verkehr 6 4, 69

Ausnahmemaßnahmen
- Einreise 5 55, 58

Ausnahmezustand 2 85 f., 99, 152, 4 4 f.

Ausschuss für wirtschaftliche, soziale und kulturelle Rechte 1 65

Außengrenzen 5 21
- Grenzüberschreitung des Krankheitsausbruchs 5 5, 6 6
- Transport und Verkehr 6 19

Außergewöhnliches Ereignis 12 81 f.
- iSd Katastrophenschutzrechts 12 4a

Außerkrafttreten 7 86

Aussteigekarte 6 21

Auswahlermessen 12 25

Auswärtiges Amt (AA) 5 10

Bank 3 23

Barrierefreiheit 6 54
- Information von Reisenden 6 51 ff.

Baumarkt 3 25

Bayerisches Infektionsschutzgesetz (BayIfSG) 2 15, 4 30 ff., 38 ff., 44, 12 4
- Bußgeld 4 33

Beatmungsgerät 7 7

Beauftragung von Behörden 6 18

Beförderer 6 22

Beförderung 6 46

Beförderungsunterlassung
- Pflicht zur 6 41 f.

Beförderungsunternehmen 6 11

Beförderungsverbot 6 41

Befragung 6 31

Befristung
- Eingriffsbefugnisse, behördliche 13 17

Behörden
- unterstützende 6 16, 22
- zuständige 6 16, 22

Beitragsfinanzierung 11 34

Bekämpfungsmaßnahmen (erste Welle) 3 1
- Absonderung 3 36 ff.
- Ansammlungen 3 5 ff.
- Ausgangssperre 3 13 ff.
- Betretungsverbote 3 39 f.
- Dienstleistungen 3 46
- Freizeitangebote 3 43 ff.
- Gaststätten 3 19
- Gottesdienste 3 5 ff.
- Handwerk 3 46
- Hochschulen 3 42
- Hotels 3 20
- Kindertagesstätten 3 40 f.
- Kontaktbeschränkungen 3 13 ff.
- Krankenhäuser 3 29 ff., 33 f.
- Krankenversorgung 3 29 ff.
- Kultureinrichtungen 3 43 f.
- Pflegeheime 3 33 ff.
- Reisen 3 9 ff.
- Schulen 3 40 f.
- Sport 3 43 ff.
- Veranstaltungen 3 5 ff.
- Verkaufsstellen 3 22 ff.
- Zweitwohnung 3 21

Beobachtung 12 40
- Standardmaßnahmen 13 37

Beratungsbesuche 11 184 ff.
- digital 11 186
- Videokonferenz 11 186

Berufliches Tätigkeitsverbot 2 188 f.
- Entschädigung 16 16

Berufsfreiheit 6 73

Beschaffung von Medizinprodukten 7 53 ff.

Beschäftigtendatenschutz 16 50 ff.

Bestimmtheitsgebot 2 83, 9 36, 13 28
- Auslegungsfähigkeit 2 94
- Eigenart des Sachverhalts 2 96
- Eingriffsbefugnisse, behördliche 13 20 ff.
- Eingriffsintensität 2 96
- Erstreaktionszeitraum 2 99
- Impfpflicht 14 24
- Krisenlagen 2 152 ff.
- Maßgaben 2 96

– Verordnungsermächtigungen **2** 145, 148 f.
– § 28 Abs. 1 IfSG **2** 88 ff.
Besuchsregelungen **3** 33 ff.
Betäubungsmittelrecht
– Beatmungskapazitäten **8** 47
– Betäubungsmittelbedarf **8** 47
Betäubungsmittel-Verschreibungsverordnung **8** 50
Betreiber von Flughäfen, Häfen, Personen- und Omnibusbahnhöfen **6** 11, 19, 51 f.
Betretungsrecht **12** 18
Betretungsverbot **3** 39 f., **17** 19
Betreuungseinrichtung
– Schließung **15** 35 ff.
Betreuungsverbot
– Masernimpfpflicht **14** 29
Betriebsarzt
– Impfung **14** 14
Betriebskantine **3** 19
Betriebsrisiko **16** 11
Betriebsschließung **13** 22
Betriebsstätte
– Anordnungen des BMG **8** 25
– Eröffnung oder Schließung **16** 5
– Medizinprodukte **7** 72
Beurteilungsspielraum **13** 25a
Bevölkerung
– bedrohte Teile der **14** 25
Bevorratung
– Gesetzgebungskompetenz **2** 3
– von Medizinprodukten **7** 53 ff.
Bewertungsausschuss
– Coronavirus-Test **11** 84 ff.
– Einlesen der elektronischen Gesundheitskarte **11** 99
– postalische Zustellung von Verordnungen **11** 99
– Substitutionsbehandlung **11** 94
– telefonische Beratung **11** 93
– Videosprechstunde **11** 93
Bewertungsmaßstab, einheitlicher **9** 43
Beziehungsgegenstände **17** 7
Bezug von Medizinprodukten **7** 53 ff.
Bibliothek **3** 44
Biontech **14** 18, 20
Biozidprodukte **7** 19
Blankettnorm
– Ordnungswidrigkeit **17** 11
– qualifiziert **17** 3
– Strafvorschriften **17** 3
Blumenladen **3** 25
Blutspende **3** 8
Blutzubereitung **8** 8
BMG **5** 9, 11, 27, 44, **6** 69
Botendienst
– AMPreisV **8** 43
– Förderung von **8** 45
– Zusatzbeitrag **8** 43
Budgetrecht **2** 55, 57
Bundeseigene Verwaltung **2** 22 ff.
Bundesinstitut für Arzneimittel und Medizinprodukte (BfArM) **7** 2
Bundeskanzler
– Entscheidungsbefugnis **5** 11
Bundeskompetenz, ergänzende **5** 7 f., **6** 8
Bundesländer
– ergänzende Bundeskompetenz **5** 7 f.
– Grenzüberschreitung des Krankheitsausbruchs **5** 6, **6** 7
Bundesmantelvertrag **9** 41
– Verteilung von Schutzausrüstung **11** 88 ff.
– Videosprechstunde **11** 92
Bundesministerium der Verteidigung **12** 80d
Bundesministerium des Innern, für Bau und Heimat (BMI) **5** 10
Bundesministerium für Arbeit und Soziales (BMAS) **5** 10
Bundesministerium für Bildung und Forschung (BMBF) **5** 10
Bundesministerium für Familien, Senioren, Frauen und Jugend (BMFSFJ) **5** 10

Bundesministerium für Gesundheit (BMG) **5** 10, **7** 2
– Aufgaben bei epidemischer Notlage **2** 31 ff., 38, **12** 52
– Vollzugskompetenzen **12** 80b
Bundesministerium für Verkehr und digitale Infrastruktur (BMVI) **5** 10
Bundesministerium für Wirtschaft und Energie (BMWi) **5** 10
Bundesoberbehörde **2** 24
Bundespolizei **5** 28
Bundesrecht
– Vorrang **9** 10
Bundesregierung **5** 6 ff., 57
Bundes-Seuchengesetz **12** 3
– Ermächtigung **14** 23
– Impfpflicht **14** 23
– Impfung **14** 2
– Rechtsverordnung **14** 23
– Verordnungsermächtigung **14** 23
Bundestagsbeschluss **5** 17 f., 22
Bundesverwaltung **8** 62
– fakultative **2** 32
Bundesverwaltung, fakultative **2** 23 f.
Bundeswehr **2** 39 ff., **12** 28, 84
– Vollzugskompetenz **12** 80c
Bundeswehrkrankenhaus **12** 80d
Bundeszentrale für gesundheitliche Aufklärung (BZgA) **2** 42, **12** 12, **14** 2
Bundeszuschuss
– Budgetentscheidung **11** 63
– Corona-Prämie **11** 240 f.
– Sozialversicherung **11** 62 ff.
Bund-Länder-Informationsverfahren **10** 13, **12** 50
Bund-Länder-Verständigung über Eindämmungsmaßnahmen **2** 43 ff., **12** 73
Bußgeld **17** 1 ff.
– Bayerisches Infektionsschutzgesetz (BayIfSG) **4** 33
– Bemessung **17** 20
– Bußgeldkatalog **17** 17 ff.
Bußgeldbescheid
– Einspruch **17** 27
– Hauptverfahren **17** 28
– Unternehmen aus dem Bereich Transport und Verkehr **6** 38
Busverkehr **6** 41

Campingplatz
– Schließung von **13** 22
CE-Kennzeichnung **7** 17 ff., 22 ff.
China **1** 14, 17
– Impfstoffzulassung **14** 1, 18
Compassionate Use **8** 81, **14** 17
Contact Tracing **12** 28
Containment Scout **12** 28
Corona Datenspende App **12** 32
CORONA_MONITORING lokal **12** 27
Corona-Einreiseverordnung (CoronaEinreiseV) **5** 10, 15 f., 26, 31, 35, 40, 46 f., 56, **6** 24, 25, 30, 40, 45, 49, 55, 68, 71
Corona-Krise
– Rechtsprechung **13** 10 ff.
Corona-Mehrkostenzuschlagsvereinbarung 2020 **11** 148
Corona-Prämie **10** 64
– Bundeszuschuss **11** 240 f.
– Finanzierung **11** 233
– Finanzierungsverantwortung **11** 236 ff.
– Gesetzgebungskompetenz **11** 238 ff.
– Kriterium „Belastung“ **11** 168
– Pflegeeinrichtungen **11** 201
– Stationäre Versorgung **11** 167
– versicherungsfremde Leistung **11** 241
Corona-Proteste **14** 23
Corona-Testung *Siehe* Test auf Coronavirus
Coronavirus-Impfverordnung **12** 19, **14** 22a
– Gesetzliche Krankenversicherung **11** 15

Coronavirus-Schutzverordnung (CoronaSchV) **5** 10, 15 f., 26, 47, **6** 24, 30, 40, 45, 49, 55, 68, 71
- NRW **17** 15 ff.
- Strafvorschriften **17** 14 ff.
Coronavirus-Surveillanceverordnung **12** 27
Corona-Warn-App **12** 31
- Test in der vertragsärztlichen Versorgung **11** 87
COVAX **1** 73 ff.
COVID-19
- Begriff **14** 1
- Meldepflicht **12** 9
COVID-19 Technology Access Pool **1** 80
COVID-19-Arbeitszeitverordnung (COVID-19-ArbZV) **16** 8 f.
COVID-19-Ausgleichs-Anpassungs-Verordnung
- Ausgleichszahlungen **11** 133
COVID-19-Krankenhausentlastungsgesetz **9** 38, **10** 61 f., **15** 77
- Abrechnungsprüfung **11** 150
- Ausgleichszahlung **10** 63 f.
- Datenübermittlung **10** 64
- Gesetzliche Krankenversicherung **11** 10
- Kostenerstattung **10** 63
- Liquiditätssicherung von Vertragsärzten **11** 100 ff.
- Schutzausrüstung **11** 147
- Vorsorge- und Rehabilitationseinrichtungen **11** 157 f.
COVID-19-Versorgungsstrukturen-Schutzverordnung (COVID-19-VSt-SchutzV)
- Vertragszahnarzt **11** 108 ff.

Daten **5** 37
Datenaustausch **5** 41
Datenschutz **5** 42
- Standortdaten **12** 29 ff.
Datenspende App **12** 32
Datenübermittlung
- unterstützender Behörden **6** 18
Datenverwendung **5** 41, **6** 58
Datenweitergabe **6** 58
Datum
- der Einreise **5** 32
DEA **6** 25 ff.
DEMIS **12** 9a
Demokratieprinzip **2** 182 f.
Demokratische Legitimation **2** 183
Derogation von Parlamentsgesetzen **2** 137 ff., **4** 17 ff.
- Abweichungsbefugnis des BMG **9** 33, 39, 52
- Änderungsvorbehalt **2** 155, 157
- Aufhebungsvorbehalt **2** 156
- Ausnahmezustand **2** 152 ff.
- Begründungspflicht **2** 154
- Bestimmtheitsgebot **2** 148 f., 152 ff.
- Ernährungssicherstellungs- und -vorsorgegesetz (ESVG) **2** 141
- Gewaltenteilung **2** 148, 150, 153 ff., 158
- Gewichtsverschiebung **2** 144, 150
- Grenzen **2** 144 f.
- Judikate **2** 143 ff.
- Kernbereich der Legislative **2** 150
- Krisenlagen **2** 151 ff.
- Notstand **2** 152 ff.
- Parlamentsvorbehalt **2** 154 ff.
- sachliche Gründe **2** 147
- Sicherungselemente **2** 153 ff.
- Staatspraxis **2** 138 ff.
- Verkehrssicherstellungsgesetz (VSG) **2** 139 f.
- Wirtschaftssicherstellungsgesetz (WiSG) **2** 139 f.
- Zulässigkeit **2** 147 ff.
- Zustimmungsfiktion **2** 156
- Zustimmungsvorbehalt **2** 155 f.
- § 80 Abs. 1 GG **2** 148 f., 152 ff.
Desinfektionsmittel **7** 1 ff., 13
Deutsches Elektronisches Melde- und Informationssystem für den Infektionsschutz (DEMIS) **12** 9a
Diagnostika **8** 4

Digitale Einreiseanmeldung (DEA) **6** 25 ff.
Digitale Gesundheitsanwendungen **9** 15
Digitale Zuordnung
- Einreise **5** 29
Disease-Management-Programm
- Dokumentation **9** 46
DIVI IntensivRegister-Verordnung **10** 30 ff., 69
- Adressat **10** 34 f.
- Intensivbetten **10** 35
- Nachweispflichten **10** 37
- Patienten **10** 36
- Pflicht **10** 32 ff.
- Rechtmäßigkeit **10** 39
- Sanktion **10** 38
- Verordnungsbegründung **10** 31 ff.
Dokumente **6** 22
Dreifachimpfung **14** 40
Drittes Bevölkerungsschutzgesetz **7** 33, **14** 4, 28
- Ausgleichszahlungen **11** 136
- Gesetzliche Krankenversicherung **11** 14
- Parlamentsvorbehalt **2** 111e ff., **9** 18
Drogeriemarkt **3** 23
Durchführung
- Rechtsverordnung **7** 78 f.
Durchimpfungsrate **14** 33

Early Warning and Response System **1** 87
eGK **11** 99
Eigentumsbeeinträchtigung **15** 71 ff.
Einfuhr von Medizinprodukten **7** 46 ff.
Eingriffsbefugnisse, behördliche **12** 21 ff.
- Absonderung **2** 204 ff.
- Befristung **13** 17
- bei Infektionskrankheiten **13** 1 ff.
- Bestimmtheit **13** 20 ff.
- Einschätzungsprärogative **13** 16
- Entschädigung **15** 52
- Ermessen **12** 33
- Ermittlungsmaßnahmen **12** 23
- Gefahrerforschung **12** 23
- Gefahrprognose **2** 166 ff., 172 ff., **13** 16
- Generalklausel, erste **13** 6
- Generalklausel, zweite **13** 18
- Grundrechtseinschränkungen **13** 27
- Handlungsgebot **13** 14, 19
- Mittelauswahl **13** 20 ff.
- Pandemie **13** 11
- Risikolage **13** 26
- Standardmaßnahmen **2** 184 ff., **12** 36
- Verhältnismäßigkeit **2** 112 ff., **12** 33, **13** 7, 15
Einheitlicher Bewertungsmaßstab **9** 43
Einkaufszentrum **3** 28
Einreise **2** 35 ff., 46c ff., **5** 1 ff., 22
- Absonderung **2** 187
- Krisenreaktionsmaßnahmen **5** 12 ff.
Einreise- und Infektionsbestimmungen **6** 67
Einreiseanmeldung
- digitale **5** 31, 35, 40, 46 f., 51
Einreisebeschränkungen **5** 3
- Prävention **12** 16
Einreisedatum **5** 32
Einreisende **6** 22 ff.
Einreisepflichten **6** 22
Einreiseverbot **13** 22
Einschätzungsspielräume (insbes. des Gesetzgebers) **2** 117 ff., **7** 40
- Eingriffsbefugnisse, behördliche **13** 16
- Masernimpfpflicht **14** 30
Einschleppung von Krankheiten **5** 19, 51, **6** 2, 74
- Feststellung und Verhinderung **6** 14
Einspruch
- Bußgeldbescheid **17** 27
Einzelfallfiktion **2** 197, 201 ff.
Einzelhandel **3** 22 ff.

Einziehung **17** 7
Eisenbahn-Bundesamt **12** 80g
Eisenbahnverkehr **6** 41
Elektronische Gesundheitskarte (eGK) **11** 99
Elektronische Nachrichten **6** 3, 67
Elektronische Verordnung **9** 15
Elektronisches Melde- und Informationssystem (DEMIS) **6** 66, **12** 9a
EMA **1** 72
E-Mail-Adresse
- Einreisende **5** 30
Empfehlungen **1** 56
- Soft Law **1** 24
- WHO **1** 48 ff.
Enteignende Wirkung **4** 42
Enteignender Eingriff **15** 68 ff.
Enteignung **7** 60, 64, 67, 70 f., 74 ff.
Entgeltfortzahlung **16** 11 ff.
Entlassmanagement
- G-BA **10** 58
- Krankenhaus **8** 34
Entlastungsbetrag **11** 195 ff.
Entschädigung **7** 60, 64, 67, 74 ff., **15** 1 ff.
- Absonderung **15** 22 ff., **16** 16
- Abwicklung **16** 42
- Abwicklungsrisiko **16** 47
- Anscheinsstörer **15** 18
- Ansteckungsverdächtige **15** 14 ff.
- Antrag **16** 43
- Antragsfrist **16** 43
- Bekämpfung übertragbarer Krankheiten **15** 52
- berufliches Tätigkeitsverbot **16** 16
- erfasste Personen **15** 7 ff., 14 ff.
- Erlöschen von Ansprüchen **15** 61
- Frist **15** 46
- Impfempfehlung **14** 12
- Impfschaden **14** 12
- Kinderbetreuung **16** 31 ff.
- Kranker **15** 19 ff.
- Nichtstörer **15** 48
- Patentrecht **8** 112
- Pfändung der Ansprüche **15** 65
- Rechtsweg **15** 63 f., **16** 48
- Ruhen des Anspruchs **11** 222
- Systematik der Ansprüche **15** 3
- Tätigkeitsverbot **15** 8a ff.
- Verfahren **15** 44 ff.
- Verhältnis von EFZG und IfSG **16** 20 ff.
- Verjährung von Ansprüchen **15** 62, **16** 44
- Verkaufs- und Verpflichtungsverbote bei Produkten des medizinischen Bedarfs **8** 23
- Vermögensnachteil **15** 53 ff.
- Zahlungsfluss **16** 45 f.
Entschließungsermessen **12** 18
Entseuchung **13** 31 ff.
Epidemie **10** 15 ff.
- Schwerwiegende **5** 18
Epidemische Krankheit
- Anhaltspunkte **6** 31
Epidemische Lage von nationaler Tragweite **4** 6 ff., **5** 17, **7** 35 ff., **10** 1 ff.
- Anordnungen **4** 8, 10 ff., 24
- Arzneimittel **8** 1 ff.
- Aufhebung **8** 57
- Auslegung (restriktive) **4** 18 ff., 40, 44, **7** 44
- Deutschland **1** 60
- Dynamik **8** 111
- Einreise **5** 1 ff.
- Epidemie **10** 15 ff.
- Feststellung **5** 4, 19, 54, **6** 5, **9** 2, 27, 57, **10** 2, 14 ff.
- Finanzhilfen **2** 48, **4** 16, 27
- Grundrechtsfragen **4** 28 f.
- Medizinprodukte **7** 1 ff.
- Normenkontrolle **4** 9
- Notstand **2** 85 f., **10** 18
- Pandemie **10** 15 ff.
- Patent **4** 12
- Rechtsverordnungen **4** 8 f., 13 ff., 19 f.
- Strafvorschriften **17** 13
- Transport **6** 1 ff.
- verfassungsrechtliche Würdigung **4** 17 ff.

– Verhältnis zum Landesrecht **4** 40 f.
– Verkehr **6** 1 ff.
– Verwaltungskompetenzen **4** 21 ff.
– Vorrang des Gesetzes **4** 17 f.
Epidemische Verbreitung **14** 16, 26
EpiLage-Fortgeltungsgesetz **2** 37, **4** 1, 6
– Arbeitsrecht **16** 3, 6
– Arzneimittel **8** 27
– Ärzte **9** 2, 4, 20, 23 f., 49, 60
– Aussetzung von Qualitätsprüfungen **11** 205a
– behördliche Zuständigkeiten und Aufgaben **12** 9, 26, 51 f., 90
– Einreise **5** 1, 7 f., 18, 56, 59 f.
– Entschädigungsanspruch **15** 4, 22, 34 f., 46
– Europäisches Infektionsschutzrecht **1** 100
– Gesetzliche Krankenversicherung **11** 111, 180, 182, 186, 198
– Impfstoffzulassung **14** 18
– Impfung **14** 6 f., 29 f.
– Kinderbetreuung **16** 31
– Kompensationszahlung **9** 21, **11** 106a
– Kostenerstattungsanspruch **11** 189
– Krankenhäuser und Pflegeeinrichtungen **10** 16, 23, 44, 50a, 62
– Medizinprodukte **7** 86
– Robert Koch-Institut (RKI) **2** 26
– Schutzimpfungen **14** 22a
– Transport und Verkehr **6** 1, 52
– Verordnungsermächtigung **2** 131
Erfassung, behördliche
– Einreise **5** 29
Ergänzende Schutzzertifikate **8** 104
Ergänzende Zuständigkeit
– Einreise **5** 8
Erlös
– Berechnung **11** 143
Erlösausfall **11** 141 ff.
Erlösrückgang
– Corona-Ausgleichsvereinbarung 2020 **11** 144
– Doppelfinanzierung **11** 143
Ermessen
– Bekämpfung von übertragbaren Krankheiten **12** 33
Ermittlungsmaßnahmen **12** 23
Ernährungssicherstellungs- und -vorsorgegesetz (ESVG) **2** 141
Ersatzmitteilung **5** 31, 35, 40, 46 f., **6** 25 f.
Erstattung von Medizinprodukten **7** 68 ff.
Erstes Bevölkerungsschutzgesetz **7** 1 ff., 33 ff., **10** 2, 62
– Abweichungsbefugnisse **9** 33, 39, 52, **10** 26 ff., 44, 47 f., 49, 50, 56
– Entstehungsgeschichte **10** 25, 45
– Ermächtigung **10** 17, 19, 20
– Feststellung einer epidemischen Lage von nationaler Tragweite **9** 2, 27, 57
– Gesetzgebungsverfahren **10** 24 f., 45
– Gesetzliche Krankenversicherung **11** 8 f.
– Verfassungskonformität **10** 27, 48
Erstreaktionszeitraum **2** 86, 99
Ethik-Kommission **8** 90
Ethikrat **12** 38
EU
– Impfstoffzulassung **14** 1, 18
Europäische Gesundheitsunion **1** 88
Europäische Grundrechtecharta (GrCH) **1** 95
Europäischer Gerichtshof (EuGH)
– Grundrechte **1** 96
Europäisches Infektionsschutzrecht **1** 1 ff., 6, 82 ff.
– Aktionsprogramme **1** 85
– EU4Health **1** 91
– EU-Kompetenzen **1** 83
– Europäische Sozialcharta **1** 102 f., 105
– Europarat **1** 102 ff.
– European Committee of Social Rights **1** 104, 106
– gemeinsame Beschaffung **1** 101

– Grundfreiheiten **1** 97 ff.
– Grundrechte **1** 90 ff., 95 f.
– Informationsübermittlung **1** 88 f.
– Institutionalisierung **1** 86, 88
– nationaler Infektionsschutz **1** 95 ff.
– NextGenerationEU **1** 91
– Notstandsklausel **1** 100
– Pandemie-Governance **1** 89 ff.
– Querschnittsklausel **1** 82
– Recht auf Schutz der Gesundheit **1** 103, 105
– Sonderzulassungen **1** 100
European Centre for Disease Prevention and Control **1** 85 ff.
– Informationsübermittlung **1** 86 ff.
European Committee of Social Rights
– Kontrollpraxis **1** 106
European Medicines Agency **1** 72
Evaluation **5** 59

Fachaufsicht
– Rechtsaufsicht **9** 43
Faktische Impfpflicht
– SARS-CoV-2 **14** 6a
Fakultative Bundesverwaltung **2** 23 f., 32
Feststellung der epidemischen Lage von nationaler Tragweite **5** 4, 19, 54, **6** 5
Finanzierung
– Freihaltung von Krankenhausbetten **11** 226
– Intensivbetten **11** 227
– Liquiditätsreserve des Gesundheitsfonds **11** 227 f.
Finanzierungshilfen **2** 48, **4** 16, 27
Finanzierungskompetenz **2** 47 f., **11** 53 ff.
– Finanzhilfen des Bundes **2** 48
– Lastenverteilungsregel, allgemeine **2** 47
– Verwaltungsausgaben **2** 48
– Zweckausgaben **2** 48
Finanzierungsverantwortung
– Corona-Prämie **11** 236 ff.
– der GKV **11** 207 ff.
Fitnessstudio **3** 43
Fixkostendegressionsabschlag **11** 161
Flüchtlinge **3** 47
Flughafen **5** 21
Flugverkehr **6** 41
Föderalismus **12** 85 ff., **14** 15
Formulierungshilfe **2** 20
Forschungseinrichtungen
– ausländische **5** 27
Fortgeltung der epidemischen Lage *siehe* EpiLage-Fortgeltungsgesetz
Fortsetzungsfeststellungsklage **13** 46
Fragerecht des Arbeitgebers **16** 50 ff.
– Aufenthalt **16** 55 f.
– datenschutzrechtlicher Prüfungsmaßstab **16** 50 ff.
– Einwilligung des Arbeitnehmers **16** 62 ff.
– Gesundheitszustand **16** 57 f.
– Interessenabwägung **16** 53 ff.
– Kontakt zu infizierten Personen **16** 55 f.
– medizinischer Sektor **16** 59 ff.
– Zulässigkeit **16** 52 ff.
Freihaltung von Krankenhausbetten
– allgemeine Staatsaufgabe **11** 226
– § 28 Abs. 1 S. 1 IfSG **2** 101
Freiheit der Person **9** 7
Freiheitsentziehung **2** 214
Freizeit-, Kultur- und Vergnügungsstätte
– Schließung von **3** 43 ff., **13** 22
Freizeitangebot **3** 43 ff.
Freizügigkeit **5** 6
– EU **1** 98
Friseur **3** 46
Früherkennung
– Transport und Verkehr **6** 56

Gaststätte
– Schließung von **3** 19, **13** 22
G-BA
– Arbeitsunfähigkeitsbescheinigung per Telefon **11** 97 ff.
– Arzneimittelverordnung **11** 98

- Ausnahmen **11** 172
- befristete Sonderregelungen **10** 56 ff.
- Entlassmanagement **10** 58
- Grundlagen **10** 57
- Häusliche-Krankenpflege-Richtlinie **9** 49
- Heil- und Hilfsmittel-Richtlinien **9** 49
- Krankentransport-Richtlinie **9** 49
- Krebsfrüherkennungs-Richtlinie **9** 49
- qualitätssichernde Anforderungen **10** 59
- Richtlinien **9** 40 f., 45 ff.
- Schutzimpfungen **14** 11
- Sonderregelungen **11** 172
- Soziotherapie-Richtlinie **9** 49
- Spezialisierte-Ambulante-Palliativversorgungs-Richtlinie (SAPV-Richtlinie) **9** 49

Geburtsdatum
- Angabe bei Einreise **5** 30

Gefahr **2** 160 ff.
- abstrakte **2** 164 f.
- Allgemeinverfügung **2** 165
- Anscheinsgefahr **2** 170
- Begrenzungsfunktion **2** 163
- Begriff **2** 174
- Eingriffsschwelle **2** 167 f.
- Gefahrenbild **2** 162, 169
- Gefahrenverdacht **2** 171
- Gefahrprognose **13** 16
- konkrete **2** 164 f.
- Möglichkeit **2** 167
- Rechtsgut, geschütztes **2** 173
- Schadensprognose **2** 172 ff.
- schwerwiegende **5** 19
- Störer **2** 169 ff.
- Tatbestandsmerkmal, ungeschriebenes **2** 162 f.
- Tatsachengrundlage **2** 163, 170
- Vermutungen **2** 167, 170
- Vorverlagerung **2** 166 ff.
- Wahrscheinlichkeit **2** 174 f.

Gefahr im Verzug **2** 19, 110, 215, **6** 9

Gefährdungseinschätzung **5** 25

Gefährdungsgebiete **6** 12, 41

Gefährdungspotenzial **5** 17

Gefahrenabwehr
- Abgrenzung zur GKV **11** 71 ff.
- besonderes Gefahrenabwehrrecht **2** 160
- effektive **2** 123, 181
- IfSG (Zuordnung) **2** 160 f.
- Medizinprodukte **7** 39, 61
- rechtsstaatliche Einfassung **2** 161, 167
- Schadensprognose **2** 172 ff.
- vorverlagerter Gefahrenbegriff **2** 166 ff.

Gefahrenlage
- Einfluss auf Interessengewichtung **2** 115, 129

Gefahrenverdacht **2** 171

Gefahrerforschung **12** 23

Geflüchtete **3** 47

Geltung, zeitlich begrenzte
- Anordnungen **6** 76

Geltungsarzneimittel **8** 5

Gemeinschaftseinrichtung **12** 20, **14** 28, 29a

Gemeinwohlbelange **2** 55, 57
- Gefahrenlage **2** 115, 129
- Gewicht **2** 115 f.
- Nutzeffekt **2** 115, 129

General Agreement
- on Tariffs and Trade **1** 68
- on Trade in Services **1** 68

Generaldirektor **1** 44
- Empfehlungen **1** 48 ff.

Generalklausel
- als Voraussetzung effektiven Infektionsschutzes **12** 34 f.
- Auslegung, einschränkende **2** 101
- Ausnahmezustand **2** 85 f., 99
- Bestimmtheitsgebot (§ 28 Abs. 1 IfSG) **2** 88 ff.
- erste (§ 16 Abs. 1 S. 1 IfSG) **13** 6
- Erstreaktionszeitraum **2** 86, 99
- Folgenbewältigung **2** 101

– Maßnahmen des BMG **7** 43 ff.
– Parlamentsvorbehalt **2** 106 ff., 183
– verfassungsrechtliche Probleme **2** 80 ff.
– Verhältnis zu Standardmaßnahmen **2** 184 ff.
– Wesentlichkeitsvorbehalt **2** 102 ff.
– zweite (§ 28 Abs. 1 S. 1) **2** 88 ff., **13** 18
Genesung
– Meldepflicht **12** 9c
Genomsequenzierung **12** 27
Gesamtvergütung **9** 38
Gesetz über den Erlass infektionsschützender Maßnahmen (ErlIfSMG BW) **12** 4
Gesetz Zukunftsprogramm Krankenhäuser
– Gesetzliche Krankenversicherung **11** 13
Gesetz zur Durchführung der Internationalen Gesundheitsvorschriften (IGV-DG) **1** 59
Gesetz zur Verbesserung der Gesundheitsversorgung und Pflege
– Gesetzliche Krankenversicherung **11** 16
Gesetze, formelle **2** 16
– Derogation durch Verordnungen **2** 137 ff.
Gesetzeszweck
– Infektionsschutzgesetz **14** 2
Gesetzgebungskompetenzen **2** 1 ff., **11** 24 ff.
– Abgrenzung **11** 49
– Bedeutung Finanzierung **11** 49
– Bekämpfung **2** 3
– Bevorratung **2** 3
– Bund **2** 1 ff.
– Corona-Prämie **11** 238 ff.
– ergänzende Bundeskompetenzen **2** 8
– Finanzierungskompetenz **11** 53 ff.
– Folgenbewältigung **2** 4 f., 13, 15, 101
– gemeingefährliche Krankheiten **11** 37
– Grundgesetz **11** 24 ff.
– IfSG/Infektionskrankheiten **14** 4
– Infektionsschutzrecht **2** 1 ff., **4** 38
– Katastrophenschutz **2** 10 ff.
– konkurrierende Gesetzgebung **9** 12
– Krankenhauswesen **11** 41 ff.
– Krankenversorgung **2** 4 f., 13, 15
– Länder **2** 10 ff., 14 ff.
– Landesnormen **2** 14 ff., **9** 9 ff.
– Pandemie **11** 37
– Rechtsverordnungen (Länder) **2** 16
– Vorbeugung **2** 3
– Zivilschutz **2** 11
Gesetzliche Krankenversicherung (GKV) **11** 1 ff.
– Abgrenzung zum Infektionsschutzrecht **11** 72
– Abgrenzung zum Katastrophenschutzrecht **11** 73 f.
– Ausgabenentwicklung **11** 208
– Coronavirus-Impfverordnung **11** 15
– COVID-19-Krankenhausentlastungsgesetz **11** 10
– Drittes Bevölkerungsschutzgesetz **11** 14
– Erstes Bevölkerungsschutzgesetz **11** 8
– Gesetz Zukunftsprogramm Krankenhäuser **11** 13
– Gesetz zur Verbesserung der Gesundheitsversorgung und Pflege **11** 16
– Kosten der Pandemie **11** 208
– Testverordnung **11** 12
– Zweites Bevölkerungsschutzgesetz **11** 11
Gesundheitliche Notlage von internationaler Tragweite **1** 44 ff.
Gesundheitsamt **2** 18 f., 48, **12** 53 ff.
– Impfung **14** 22
Gesundheitsanwendungen
– digitale **9** 15
Gesundheitsbegriff
– WHO **1** 21

Gesundheitsfachberufe **9** 6, 8
– Übertragung der Ausübung von heilkundlichen Tätigkeiten **9** 56
Gesundheitsfonds
– Liquiditätsreserve **9** 14
Gesundheitsgefahr durch andere Arbeitnehmer
– Offenbarungspflicht des Arbeitnehmers **16** 70
Gesundheitskarte, elektronische (eGK) **11** 99
Gesundheitsnotstand **7** 24 ff., **12** 82
Gesundheitsprodukte
– Produktkategorien **8** 2
Gesundheitsschädlinge **13** 33
Gesundheitsschutz **7** 24 ff.
Gesundheitsversorgung, Aufrechterhaltung **9** 4 ff., 13 ff., 28 ff., **10** 21
Gesundheitsversorgung, Einrichtungen der
– Ärzte, Krankenhäuser **9** 3
Gesundheitsvölkerrecht **1** 4
Gesundheitszeugnis **14** 28
Gesundheitszustand
– Auskunft **6** 31
– Fragerecht des Arbeitgebers **16** 57 f.
– Offenbarungspflicht des Arbeitnehmers **16** 69 f.
Gewaltenteilung **2** 56, 137, 148, 150, 153 ff., 158
Gleichheitssatz, allgemeiner **2** 127 ff.
Global Alliance for Vaccines and Immunization **1** 17
Global Health Law **1** 4
Global Humanitarian Response Plan **1** 64
Global Outbreak Alert and Response Network **1** 56, 62
Globale Gesundheitspolitik
– Deutschland **1** 107
– Kooperation **1** 1
– Multilateralismus **1** 107
Globalermächtigung **9** 36
GMP-Leitfaden **8** 15
Gottesdienst, Verbot **3** 5 ff., **13** 22
Grenzschutz **2** 46c ff.
Grenzüberschreitung des Krankheitsausbruchs
– Außengrenzen **5** 5, **6** 6
– Bundesländer **5** 6, **6** 7
Grippeimpfstoff, saisonaler **9** 17
Großbritannien
– Impfstoffzulassung **14** 1, 18
Großhandel **3** 23
Grundfreiheiten
– Freizügigkeit **1** 98
– Warenverkehrsfreiheit **1** 99
Grundrecht auf Leben und körperliche Unversehrtheit
– Schutzpflicht des Staates **2** 49 ff., **14** 4
– Zitiergebot **14** 6
Grundrechte **4** 28 f.
– Abwehrrecht **2** 49
– Allgemeines Persönlichkeitsrecht **5** 50
– Berufsfreiheit **6** 73
– betroffene, bezogen auf Einreise **5** 48
– betroffene, bezogen auf Transport und Verkehr **6** 72 ff.
– Eingriffe **2** 63 ff.
– Europäische Grundrechtecharta **1** 90 ff.
– Freiheit der Person **9** 7
– Freizügigkeit **5** 6
– informationelle Selbstbestimmung **5** 50, **6** 73
– körperliche Unversehrtheit **5** 49, **9** 7
– Masernimpfpflicht **14** 30
– Schutzpflichten **2** 49 ff.
Grundrechtseingriff
– Bestimmtheitsgebot **2** 96
– Eingriffsbefugnisse, behördliche **13** 27
– Fernwirkungen, tödliche **2** 67, 75
– Masernimpfpflicht **14** 30
– Rechtfertigungsbedürftigkeit, besondere **2** 63 f., 68

Gute Herstellungspraxis für Arzneimittel (GMP) **8** 15
GWB-Digitalisierungsgesetz
- Kinderkrankengeld **11** 18

Haftung für Medizinprodukte **7** 21, 46 ff., 84 f.
Handlungsgebot
- Eingriffsbefugnisse, behördliche **13** 14, 19
Handwerk **3** 46
Hauptverfahren
- Bußgeldbescheid **17** 28
Hauptwohnung **5** 30
Häusliche-Krankenpflege-Richtlinie **9** 49
Health in All Policies **1** 85
Health Organization of the League of Nations **1** 9
Hebamme
- Hebammenhilfe **11** 112 ff.
- Schutzausrüstung **11** 117
- Verlängerungsvereinbarungen **11** 118
- Videosprechstunde **11** 116
Heil- und Hilfsmittel-Richtlinien **9** 49
Heilkundliche Tätigkeiten, Ausübung von
- Gesundheitsfachberufe **9** 56
Heilkundliche Versorgung
- Verordnung **16** 6
Herdenimmunität **14** 6a, 18, 31
Herdenschutz **14** 1
Herstellung von Medizinprodukten **7** 46 ff.
„Herunterfahren" des öffentlichen Lebens **3** 1 ff., **13** 22 ff.
Hilfsmittel **7** 1 ff.
- Begriff **7** 8
Hilfsorganisationen, anerkannte **12** 84a
Hilfsstoffe **8** 13
Hochinzidenzgebiet **5** 26
Hochschule **3** 42
Hörgeräteakustiker **3** 24
Hospiz **3** 34
Hotel
- Schließung von **3** 20, **13** 22
Humanarzneimittel **14** 8

Identifizierung **6** 56
Identität **5** 33
Identitätsbestimmung **5** 29
IfSGKoordinierung-VwV **10** 13
IGV-DG **1** 59
IGV-Durchführungsgesetz **6** 21, 62
Immunität **12** 38, **14** 1, 19
- Masern **14** 32
Immunstatusdokumentation **14** 6 f.
Impfdokumentation **6** 28, 32, **14** 6 f.
Impfempfehlungen **14** 11 ff.
- Arzthaftung **14** 13
- Entschädigung **14** 12
- medizinischer Standard **14** 13
Impfkampagnen **6** 29
Impflücken **14** 19
Impfpflicht **12** 19, **15** 31
- Aufklärung **14** 10
- Ausnahme **14** 28
- bedrohte Teile der Bevölkerung **14** 16, 25 f.
- berufsbezogene **13** 35
- Bestimmtheitsgebot **14** 24
- Bundes-Seuchengesetz **14** 23
- faktische **14** 6a
- Freiwilligkeit **14** 10
- Gemeinschaftseinrichtung **14** 27 f.
- gesamte Bevölkerung **14** 25
- Grundrechte **14** 30
- Grundrechtseingriff **14** 30
- Kontraindikation **14** 16, 28
- Masern **14** 27 ff.
- Pocken **14** 27
- Rechtsverordnung **14** 15 f.
- übertragbare Krankheit mit epidemischer Verbreitung **14** 16, 26
- übertragbare Krankheit mit klinisch schwerer Verlaufsform **14** 16, 26
- unmittelbarer Zwang **14** 28
- Verfassungsmäßigkeit **14** 10, 30
- Verhältnismäßigkeit **14** 30

- Wesentlichkeitsgrundsatz **14** 24
- Zulässigkeit **14** 30
- zwangsweise Durchsetzung **14** 28
Impfquote **14** 14, 31, 33
- Masern **14** 39
Impfreaktion
- Meldepflicht **12** 9
Impfreihenfolge **11** 247
Impfschäden
- Entschädigung **14** 12
- Legaldefinition **14** 12
- Versorgung bei **15** 60
Impfschutz **12** 38
Impfskepsis **12** 19
Impfstoff **2** 30, **6** 29, **8** 6 f., **14** 19
- Arzneimittel **14** 8
- Legaldefinition **14** 8
- Priorisierung **9** 18
- Zulassung **14** 1, 17
Impfstoffzulassung **14** 17
- Paul-Ehrlich-Institut (PEI) **14** 9
Impfstrategie
- formelles Gesetz **11** 247
Impfung **9** 14 f., **12** 13, 19, **14** 1 ff.
- Anzahl **6** 29
- Arzthaftung **14** 13
- Aufklärung **14** 10
- Betriebsarzt **14** 14
- Freiwilligkeit **14** 10
- Herdenimmunität **14** 18
- Herdenschutz **14** 1
- kostenlose **14** 22
- Legaldefinition **14** 7
- Masern **14** 27 ff.
- Priorisierung **14** 1
- Verwaltungszwang **13** 35 ff.
Impfverordnung **11** 246 ff.
- Bestimmtheit der Ermächtigungsgrundlage **11** 246 ff.
- Finanzierung **11** 234
Impfzentrum **12** 81, **14** 20, 22
Industrie
- pharmazeutische **14** 40
Infektion **14** 1
Infektionsgefahr **13** 8
Infektionshygiene
- Krankenhaus **10** 6
- Pflegeeinrichtung **10** 11
Infektionskette **12** 11
Infektionskrankheit **9** 1 f.
- Bekämpfung **13** 1 ff.
- Verhütung **13** 1 ff.
Infektionsquelle
- Meldepflicht **12** 9c
Infektionsrisiko
- erhöhtes **5** 23, 33
Infektionsschutz- und Befugnisgesetz (IfSBG-NRW) **2** 15, **4** 34 ff., 38 ff., 44, **12** 4
Infektionsschutzgesetz (IfSG) **14** 1 ff.
- Gesetzeszweck **12** 6, **14** 2, 8
- Infektionskrankheiten **9** 1 f.
Infektionsschutzrecht
- Abgrenzung zur GKV **11** 72
- Kooperation, multilaterale **1** 9 f.
- Maßnahmen **1** 50 ff.
- Maßnahmen, Akzeptanz **12** 14
Infektionsweg **6** 56
- Meldepflicht **12** 9c
Influenza
- WHO **1** 63
Information
- barrierefreie **6** 51 ff., 52 ff.
- Impfstoff **14** 19
- Infektionsschutzgesetz **14** 2
- öffentliche Aufgabe **14** 2
Informationelle Selbstbestimmung **5** 50, **6** 73
Informationen
- barrierefrei **6** 3
Informationsaustausch **6** 66
Informationshandeln, staatliches **2** 41 f., **12** 15
Informationsmaterialien **6** 53
Informationsweitergabe
- Pflicht **6** 54
Inkubation **5** 32
Inlandsaufenthalt **5** 22

Inpflichtnahme
- Unternehmen aus dem Bereich Transport und Verkehr **6** 13, 20 f.
Integrated Political Crisis Response **1** 89
Intensivbetten **10** 35
- Finanzierung **11** 227
Intensivpflege, ambulante
- Pflegeeinrichtung **10** 10 ff.
Internationale Gesundheitsvorschriften (IGV) **1** 29 ff., **5** 53, **6** 75, **12** 8
- All-Risiko-Ansatz **1** 34
- Anlaufstelle **1** 42
- Anwendungsbereich **1** 33
- Deutschland **1** 58 ff.
- Durchführungsgesetz **1** 59
- IGV (1969) **1** 30 f.
- IGV (2005) **1** 32 ff.
- Infektionsschutz **1** 29 f.
- Informationsübermittlung **1** 38 ff.
- Konstitutionalisierung **1** 35
- Konsultation **1** 40
- Kontaktstelle **1** 42
- Meldepflicht **1** 39 ff.
- Reforminitiativen **1** 56
- Reformprozess **1** 32
- Verfassungsrecht **1** 58
- Zweck **1** 33
Internationale Sanitätskonferenzen **1** 7 ff.
- elfte Konferenz **1** 8
- erste Konferenz **1** 8
Internationale Sanitätskonvention **1** 8
Internationaler Pakt über wirtschaftliche, soziale und kulturelle Rechte **1** 65
Internationaler Währungsfonds **1** 67
Internationales Infektionsschutzrecht **1** 5 ff.
Inverkehrbringen
- Medizinprodukte **7** 17 ff.
Inzidenz **12** 37c
- als Maßstab für Schutzmaßnahmen **12** 77a
Inzidenzwert **13** 29g
Isolationsverbot **13** 29e
IT-Dienstleister **5** 39
IT-Infrastruktur
- hochsensibel **5** 39
ITS-Arzneimittelbevorratungsverordnung (ITSABV)
- intensivmedizinische Versorgung **8** 94
- parenteral anzuwendende Arzneimittel **8** 95

Johnson & Johnson **14** 18
Joint External Evaluation **1** 56

Kampfmittelbeseitigung **3** 48
Kartellrecht **1** 90
Kassenärztliche Bundesvereinigung/Vereinigungen **9** 30 f., 40
Katalogmaßnahmen
- Medizinprodukte **7** 45
Katastrophenschutzrecht **4** 1, **12** 4a, 81 ff.
- Abgrenzung zur GKV **11** 73 f.
- Gesetzgebungskompetenz **2** 10 ff.
- Katastrophenfall **12** 81
- Schutzpflicht **2** 58
Katastrophenvoralarm **12** 4a
Kennzeichnung
- CE-Kennzeichnung **7** 17 ff., 22 ff.
- von Medizinprodukten **7** 46 ff.
Kernbereich der Legislative **2** 150
Kinderbetreuung **16** 25 ff.
- Arbeitspflicht **16** 26 ff.
- Entschädigung **16** 31 ff.
- Lohnfortzahlung **16** 28 ff.
Kinderkrankengeld
- Bundeszuschuss **11** 224
- erweitertes Kinderkrankengeld **11** 18
- Pandemiebekämpfung **11** 218 ff.
- Ruhen der Entschädigung nach dem IfSG **11** 222
- Verlängerung **11** 221 f.
Kinderkrankenpfleger
- heilkundliche Tätigkeiten **9** 56
Kindertagesstätte **3** 40 f.

Kiosk **3** 23
Klinisch schwere Verlaufsform **14** 16, 26
Klinische Studien
- Beschleunigung **8** 33
Kombinationsimpfstoff
- Masernimpfpflicht **14** 40 ff.
Kombinationsimpfstoffpflicht **14** 40
Kompetenzielle Zuordnung **6** 17
Kompetenzübertragung an das BMG **7** 78 f.
Konditionalität, zeitlich-parlamentarische **5** 55
Konformitätsbewertungsverfahren **7** 17 ff., 22 ff., 48
Konnexitätsprinzip **2** 47
Konsultation, ärztliche
- Telefonat **9** 50
- Videosprechstunde **9** 50
Kontakstelle **6** 66
Kontakt zu infizierten Personen
- Fragerecht des Arbeitgebers **16** 55 f.
- Offenbarungspflicht des Arbeitnehmers **16** 66 ff.
Kontaktbeschränkungen **3** 13 ff.
- Umsetzung in der Krankenbehandlung **11** 81, 91 ff.
Kontaktreduzierung **12** 36
- Arbeitsunfähigkeitsbescheinigung per Telefon **11** 97 ff.
- Hebamme **11** 113 ff.
Kontaktverfolgung **12** 28
Kontraindikation
- Impfung **14** 16
- medizinische **14** 28
Konventionen und Übereinkommen
- Verfassungsrecht, nationales **1** 25
Kooperation
- EU **1** 86
- WHO **1** 61
Kooperation zwischen Bund und Ländern **2** 43 ff.
- Absprachen **2** 45
- Grenzen, rechtliche **2** 44 ff.
Körperliche Unversehrtheit **5** 49
- Abwägungsfähigkeit **2** 60 ff.
- Erfüllung von Schutzpflichten **2** 68 ff.
- Fundamentalwert **2** 60
- Grundrecht **9** 7
- Menschenwürde, Verhältnis zur **2** 69
Körperverletzung
- Ansteckung **17** 8
Kostenerstattung
- COVID-19-Krankenhausentlastungsgesetz **10** 63
- Pflegeeinrichtungen **11** 189
Kranken- und Pflegeversicherung
- Einbeziehung Pandemiebekämpfung **11** 2 ff.
- Pandemie **11** 25 ff.
Krankenhaus **10** 1 ff., 5 ff., 60 ff.
- Absonderung **10** 8
- Arzt **10** 7 f.
- Definition **10** 22
- Entgelte **11** 43 ff.
- Entlassmanagement **8** 34
- Infektionshygiene **10** 6
- Leiter **10** 6 ff.
- Privatklinik **10** 22
Krankenhausbetten, Freihaltung von
- allgemeine Staatsaufgabe **11** 226
- § 28 Abs. 1 S. 1 IfSG **2** 101
Krankenhausentlastungsgesetz
- Ausgleichszahlungen **11** 131
- Intensivmedizinische Behandlungskapazitäten **11** 146
Krankenhauswesen
- Abgrenzung Gefahrenabwehr **11** 47 f.
- Gesetzgebungskompetenz **11** 42 ff.
- Pandemie **11** 41 ff.
Krankenpfleger
- heilkundliche Tätigkeiten **9** 56
Krankentransport-Richtlinie **9** 49
Krankenversicherung
- ambulanter Bereich **11** 79 ff.
- Aufgaben in der Pandemie **11** 75 ff.
Krankenversicherung, private **11** 230

Krankenversorgung 2 59
- Gesetzgebungskompetenz 2 4 f., 13, 15
- § 28 Abs. 1 S. 1 IfSG 2 101
Kranker
- Entschädigung **15** 19 ff.
Krankheit
- bedrohliche übertragbare 5 17 ff., 24, **6** 12
- Begriff 2 2
- gemeingefährliche 2 2
- übertragbare 2 2, **5** 17 ff., **6** 12, **9** 1 f., **13** 8, **14** 1
- übertragbare, Bekämpfung von **12** 21 ff.
- Verbreitung, Straftat **17** 5
Krankheitserreger, Verbreitung
- Straftat **17** 5
Krankheitsfälle
- Meldung **6** 60, 61
Krankheitsursprünge **6** 56
Krankheitsverdacht 2 171
Krankheitsverhütung **14** 1 ff.
Krebsfrüherkennungs-Richtlinie **9** 49
Krisenkommunikation **12** 12, 50
Krisenreaktionsmaßnahmen
- Einreise **5** 12 ff.
- Transport und Verkehr **6** 10 ff.
Krisenzeiten **8** 97
Kritik, verfassungsrechtliche
- Einreise **5** 44
- Transport und Verkehr **6** 69
Kultureinrichtung
- Schließung von **3** 43 ff., **13** 22
Kurzarbeitergeldbezugsdauer-VO **16** 10a
Kurzarbeitergeld-VO (KugV) **16** 10

Labordiagnostika **7** 1 ff., 9
Land-, See- und Luftgrenzen
- Transport und Verkehr **6** 19
Ländergesetzgebung **2** 14 ff., **9** 9 ff., **10** 51 ff.
- Bayern **2** 15, **4** 30 ff., **10** 52 ff.
- Ermächtigung **10** 54
- Nordrhein-Westfalen **2** 15, **4** 34 ff., **10** 52 ff., 54
- verfassungskonforme **10** 53 ff.
Länderkompetenzen **2** 14 ff., 17 ff., **6** 8
Landesbehörden **5** 28
Landesinfektionsschutzgesetze **4** 30 ff., 34 ff., **12** 4
- Gesetzgebungskompetenz **2** 15 f.
Lastenverteilungsregel, allgemeine **2** 47
Leben, Recht auf
- Abwägungsfähigkeit **2** 60 ff.
- Eingriff **2** 64 ff.
- Erfüllung von Schutzpflichten **2** 68 ff.
- Gesetzesvorbehalt **2** 65
- Höchstwert **2** 60
- Menschenwürde, Verhältnis zur **2** 65, 69
Lebensmitteleinzelhandel **3** 23
Lebensrisiko, allgemeines **2** 76
Leistungserbringer
- Arzt **9** 29
- ermächtigte Einrichtung **9** 29
- ermächtigter Arzt **9** 29
- medizinische Versorgungszentren (MVZ) **9** 29
Leistungsfähigkeit
- Unternehmen aus dem Bereich Transport und Verkehr **6** 15
Leistungsstörung
- Arbeitsrecht **16** 11 ff.
Liquiditätssicherung
- Vertragsarzt **11** 100 ff.
- Vertragszahnarzt **11** 108 ff.
Lockdown **13** 27
Lohnfortzahlung
- Absonderung **16** 13 ff.
- Arbeitsunfähigkeit, infektionsbedingte **16** 18 f.
- Ausschlussfrist **16** 39
- berufliches Tätigkeitsverbot **16** 13 ff.
- Kinderbetreuung **16** 28 ff.

- Leistungshindernis, persönliches **16** 14
- nicht erhebliche Zeit **16** 14 f.
- Rechtsweg **16** 41
- Verjährung **16** 40
- Verweigerung mangels Schutzmaßnahmen **16** 36

Magna Charta der Weltgesundheit **1** 11

Marktzugangserleichterungen **8** 60

Masern **13** 36, **14** 27 ff., **15** 31
- Hospitalisierung **14** 37
- Immunität **14** 32
- Impfquote **14** 39
- meldepflichtige Krankheit **14** 37
- Schuleingangsuntersuchung **14** 36
- Therapie **14** 37
- Tod **14** 37

Masernimpfpflicht **14** 27 ff.
- Angemessenheit **14** 35 ff.
- Betreuungsverbot **14** 29
- Beurteilungsspielraum des Gesetzgebers **14** 30
- Erforderlichkeit **14** 33
- Faktor Zeit **14** 32, 39
- Freiwilligkeit **14** 33
- Geeignetheit **14** 32
- Gesetzeszweck **14** 31
- Gesundheitsgefahr **14** 36
- Grundrecht auf Leben und körperliche Unversehrtheit **14** 31, 36
- Grundrechte **14** 30 ff.
- Grundrechtseingriff **14** 30
- Herdenimmunität **14** 31
- Kombinationsimpfstoff **14** 40 ff.
- legitimer Zweck **14** 31
- Mehrfachimpfstoff **14** 40
- Monoimpfstoff **14** 40 ff.
- Parlamentsvorbehalt **14** 27
- Sicherung des bisherigen Impferfolgs **14** 32, 39
- Sozialstaatsprinzip **14** 31
- Tätigkeitsverbot **14** 29
- unmittelbarer Zwang **14** 28, 36
- Verfassungsmäßigkeit **14** 30 ff.
- Verhältnismäßigkeit **14** 30 ff.
- vulnerable Personengruppen **14** 32
- Wesentlichkeitsgrundsatz **14** 27
- Zulässigkeit **14** 30 ff.
- zwangsweise Durchsetzung **14** 28, 36

Masernschutzgesetz **12** 48, **13** 36
- Gesetzeszweck **14** 34

Maske
- Atemmaske **7** 2, 7, 11, 26 f.
- Mund-Nasen-Schutz **7** 2, 7, 11, 26 f., **12** 14, **13** 22
- Operationsmaske **7** 2, 7, 11, 26 f.

Massagestudio **3** 46

Massenquarantäne **13** 27

Maßnahmen zur Sicherstellung der Versorgung
- Produkte des medizinischen Bedarfs **8** 18 ff.

Medicines Patent Pool **1** 79

Medizinische Versorgung, ambulante **9** 5

Medizinischer Bedarf Versorgungssicherstellungsverordnung (MedBVSV) **7** 55 ff., **8** 58, **10** 20

Medizinischer Mund-Nasen-Schutz *siehe auch* Mund-Nasen-Schutz

Medizinischer Sektor
- Fragerecht des Arbeitgebers **16** 59 ff.

Medizinischer Standard
- Impfempfehlungen **14** 13

Medizinprodukte **7** 1 ff., 62
- Ausfuhr **7** 46 ff.
- Begriff **7** 6 ff.
- Erstattung **7** 68 ff.
- Katalogmaßnahmen **7** 45
- Sonderzulassung **7** 2, 22 ff., 48
- Zulassung **7** 36

Medizinproduktegesetz (MPG) **7** 1 ff., 15 ff., 36, 48 ff.

Medizinprodukterecht-Durchführungsgesetz (MPDG) **7** 16

Medizinstudierende **9** 4, 6, 8, 54

Mehrfachimpfstoff
- Masern **14** 40

Melde- und Informationssystem, elektronisches (DEMIS) **5** 14, 37, 38, 42, **12** 9a
Meldepflicht **1** 39 ff., 56, **7** 53 ff., 58 ff.
- COVID-19 **12** 9
- Genesung **12** 9c
- Infektionsquelle **12** 9c
- Infektionsweg **12** 9c
- SARS-Coronaviren **12** 9
- Serostatus **12** 9c
Meldewesen **2** 26, **12** 7 ff.
Meldung
- von Krankheitsfällen **6** 60, 61
- von Testergebnissen **12** 9b
- von Verdachtsfällen **6** 60, 61
Menschenrechte **1** 3
- Europäische Menschenrechtskonvention (EMRK) **1** 102
- UN **1** 65
- WHO **1** 35
Menschenwürde **2** 65, 69
Mischsortiment **3** 23
Mitteilungspflicht des Arbeitgebers **16** 71 f.
Mittelauswahl
- Eingriffsbefugnisse, behördliche **13** 20 ff.
Mitwirkungspflicht
- Unternehmen aus dem Bereich Transport und Verkehr **6** 10, 36 f.
MMR **14** 40
MMRV **14** 40
Moderna **14** 18, 20
Monoimpfstoff
- Masernimpfpflicht **14** 40 ff.
Mumps **14** 40
Mund-Nasen-Schutz **7** 2, 7, 11, 26 f., **12** 14
Musikschule **3** 43

Nachverfolgungsmaßnahmen **6** 57
Nachweis der Immunität gegen Masern
- Ausnahme **14** 29a
Nebenstrafrecht **17** 2
Neue Formel **2** 127 f.
Nicht anderweitig finanzierte Kosten
- Zusatzentgelt **11** 170
Nichtstörer **2** 90 ff., 175a f., **12** 38
- Entschädigung **15** 48
- Inanspruchnahme **2** 175a f.
Nies- und Hustenetikette **12** 11
Normenkontrolle **4** 9, **13** 25 ff., 45 ff.
Normsetzungsverträge
- Bundesmantelvertrag **9** 41
- Gesamtvertrag **9** 41
Notbetreuung **3** 41
Notbremse **12** 59
- bei Überschreiten von Inzidenzwert **12** 9b, 77a
Notfallausschuss
- WHO **1** 36
Notfallmechanismus
- bei Überschreiten von Inzidenzwert **12** 9b, 77a f.
Notfallsanitäter
- heilkundliche Tätigkeiten **9** 56
Notstand **2** 85 f., 99, 141, 152, **10** 18
- gesundheitlicher **7** 24 ff.
- Notfall-Verschreibung **8** 51
Notstandsverfassung
- Sicherstellungsgesetze **4** 9, 19, 22 f.
Nudging **12** 15
Nutzeffekt **2** 115, 129
Nutzen-Risiko-Verhältnis **8** 67

Obdachloser **3** 17
Offenbarungspflicht des Arbeitnehmers **16** 65 ff.
- Aufenthalt **16** 66 ff.
- Gesundheitsgefahr durch andere Arbeitnehmer **16** 70
- Gesundheitszustand **16** 69 f.
- Interessenabwägung **16** 65
- Kontakt zu infizierten Personen **16** 66 ff.
Öffentliche Mobilfunknetze
- Betreiber von **6** 3, 67
Öffentlicher Gesundheitsdienst **12** 4, 12

Office International des Epizooties 1 9
Office International d'Hygiène Publique 1 9
Off-Label-Use 8 32, 14 17
Öffnungsklauseln 12 76
One Health 1 81
Operationsmaske 7 2, 7, 11, 26 f.; *siehe auch* Mund-Nasen-Schutz
Opioidabhängige Patienten
– substituierender Arzt 8 48 ff.
– Substitution 8 48 ff.
Optiker 3 24
Ordnungsbehörde 2 19, 12 79 f.
– Weisungen 17 19
Ordnungswidrigkeit 17 1 ff., 11 ff.
– Verfahren 17 25
Ordnungswidrigkeitengesetz 17 25
Örtliche Unterschiede 2 130

Packungsbeilage 8 73
Palliativstationen 3 34
Pan American Sanitary
– Bureau 1 9
– Organization 1 20
Pandemic Emergency Financing Facility 1 66
Pandemic Influenza Risk Management 1 63
Pandemie 1 63 ff., 10 15 ff.
– Auftragswahrnehmung durch Sozialversicherungsträger 11 57 ff.
– Bundeszuschuss 11 62 ff.
– Einbeziehung der Sozialversicherung 11 57 ff.
– Eingriffsbefugnisse, behördliche 13 11
– European Centre for Disease Prevention and Control 1 87
– Gesetzgebungskompetenz 11 37
– Kranken- und Pflegeversicherung 11 25 ff.
– Krankenhauswesen 11 41 ff.
– Pandemieplan 2 21, 38
– Pandemievorsorge 1 66
– Sozialversicherungsrecht 11 25 ff.
– stationäre Versorgung 11 41 ff.
– verfassungsrechtlicher Rahmen 11 27 ff.
Pandemieplan 2 21, 38
Parenterale Zubereitungen 8 40
Parlamentsbeteiligungsgesetze 2 111d
Parlamentsgesetz
– Impfstrategie 11 247 ff.
– Vorrang 4 17 ff.
Parlamentsvorbehalt 5 2, 9
– Gefahr im Verzug 2 110
– Impfpflicht 14 27
– Parlamentsbeteiligungsgesetze 2 111d
– Rechtsverordnungen (§ 5 Abs. 2 IfSG) 2 154 ff.
– Relativierung 2 84
– Wesentlichkeitsvorbehalt 2 102 ff., 154
– § 28 Abs. 1 IfSG 2 102 ff., 183
Passagierliste 6 62 f.
Patent 4 12
Patent Pools 1 79 f.
Patentrecht
– Ausnahmen vom 8 105
– Begrenzung 7 80 ff.
– Einschränkungen 8 102 f.
– Entschädigungsanspruch 8 112
– öffentliche Wohlfahrt 8 102 f.
– staatliche Benutzungsanordnung 8 105 ff.
– Vergütung, angemessene 8 108 f.
– Zwangslizenz 8 105, 109
Patient
– Anzahl 10 36
Patientenkontakte
– Reduktion 8 31
Paul-Ehrlich-Institut (PEI) 2 30
– Impfstoffzulassung 14 9
– Impfung 14 1
Personenbezogene Angaben 5 29, 30
Personenbezogene Maßnahmen
– Standardmaßnahmen 13 34
Persönliche Schutzausrüstung 7 1 ff., 10, 18, 31

Persönlichkeitsrecht, allgemeines **5** 50
Pfizer **14** 18, 20
Pflegebedürftigkeit
– Begutachtung **11** 179
– Wiederholungsbegutachtungen **11** 182
Pflegebudget **10** 64
Pflegeeinrichtung **10** 1 ff., 9 ff., 42 ff., 50, 60 ff.
– ambulante **10** 43
– ambulante Intensivpflege **10** 10 ff.
– Beeinträchtigung der Leistungserbringung **11** 188
– Infektionshygiene **10** 11
– Kostenerstattungsanspruch **11** 189
– Leiter **10** 12
– Schließung von **3** 33 ff.
– stationäre **10** 43
Pflegeentgeltwert **11** 162
Pflegefachfrau
– heilkundliche Tätigkeiten **9** 56
Pflegeheim **3** 33 ff.
Pflegepersonaluntergrenzen **11** 163
– Melde- und Nachweispflichten **11** 165
– Sanktionen **11** 165
Pflegerische Versorgung
– Aufrechterhaltung **10** 41 ff.
Pflegeunterstützungsgeld **11** 199 ff.
Pharmazeutische Industrie **14** 40
Planung **2** 21, 38
Pockenschutzimpfung **14** 27
Polioviren
– Besitz **17** 12
Polizei **12** 79 f.
Polizei- und Ordnungsrecht **2** 161, **12** 4a
Positivliste **8** 10
Post **3** 23
Prävention **12** 10 ff., **14** 1 ff.
– Aufklärung über Infektionsgefahren **12** 11 ff.
– Einreisebeschränkungen **12** 16
– Impfung **14** 2
– Verhütung übertragbarer Krankheiten **12** 17 ff.
– Verkehrsbeschränkungen **12** 16
Präventionsgesetz **14** 2
Preisbildung und -gestaltung von Medizinprodukten **7** 68 ff.
Priorisierung
– Coronaimpfstoff **14** 1
Priorisierungsentscheidung **14** 22a
Prioritätengruppen **11** 246a
Private Krankenversicherung **11** 230
Privatklinik **10** 22
Privilegien
– für Geimpfte **2** 130, **14** 6a
Produktionsstätte
– Anordnungen des BMG **8** 25
– Eröffnung oder Schließung **16** 5
– Medizinprodukte **7** 72
Produktkategorien
– Gesundheitsprodukte **8** 2
Prognosespielraum **13** 25a
Prophylaxe **14** 2
Proteste
– Corona **14** 23
Prüfpräparte **8** 80
Prüfquotensystem **11** 153
Prüfung, klinische
– von Medizinprodukten **7** 46 ff.
Psychotherapie **11** 92 f.

Qualitätskontrolle **8** 17
Qualitätsprüfungen
– Pflegeeinrichtung **11** 204
Quarantäne-Verordnung **12** 44
Quartalsbezogene Prüfquoten **11** 150

R&D Blueprint for Action to Prevent Epidemics **1** 56
Rahmengesetz
– SGB V **9** 39
Rechtsaufsicht
– Fachaufsicht **9** 43
Rechtsprechung in der Corona-Krise **13** 10 ff.
Rechtsstaatliche Bedenken **5** 2

Rechtsvergleichung **4** 2 f.
Rechtsverordnung **2** 131 ff., **4** 8 f., 13 ff., 19 f., **5** 57, **7** 34
– Absonderung **2** 207
– Approbationsordnung für Ärzte **10** 29
– Arbeitsrecht **16** 4 ff.
– Arzt **11** 98
– BMG **9** 3, 10, 14
– COVID-19-Arbeitszeitverordnung (COVID-19-ArbZV) **16** 8 f.
– Einreise **5** 12
– elektronische **9** 15
– formeller Begriff **2** 193
– heilkundliche Versorgung **16** 6
– Impfpflicht **14** 15
– Kurzarbeitergeldbezugsdauer-VO **16** 10a
– Kurzarbeitergeld-VO (KugV) **16** 10
– Länder **2** 16
– Medizinischer Bedarf Versorgungssicherstellungsverordnung **10** 20
– SARS-CoV-2-Arbeitsschutz-VO (Corona-ArbSch-VO) **16** 10c
– SARS-CoV-2-Arzneimittelversorgungsverordnung **10** 20, 40
– Strafvorschriften **17** 14 ff.
– über die Bereitstellung auf dem Markt und die Verwendung von Biozidprodukten **7** 19
– über In-vitro-Diagnostika **7** 16
– über Medizinprodukte (MP-VO) **7** 15, 16
– über persönliche Schutzausrüstungen **7** 10, 18, 31
– Verordnung zur Beschaffung von Medizinprodukten und persönlicher Schutzausrüstung **10** 20
– § 5 Abs. 2 IfSG **2** 132 ff.
Rechtsweg
– Lohnfortzahlung **16** 41
Reformbedarf **5** 59
Regelbeispiel **2** 80, **13** 29a ff.
Regelbußgeld **17** 20
Regionalität, Gebot der **13** 29 f.
Rehabilitationseinrichtung
– Ausgleichszahlungen **11** 158
– COVID-19-Krankenhausentlastungsgesetz **11** 157 f.
Reihenuntersuchung **12** 27
Reinigung **3** 23
Reisebeschränkungen **3** 9 ff.
Reisedokumente
– Abgleich mit **6** 18 f.
Reisemittel, genutztes **5** 36
Reisende
– barrierefreie Information **6** 51 ff., 52 ff.
Reiseroute **5** 36
Reiserückkehrer **15** 33a f.
Reiseveranstalter **6** 11, 19 f., 51 f.
Reiseverkehr
– internationaler **5** 2 f., 20, 51, **6** 2, 74
Religionsfreiheit **3** 6
Retaxation **8** 39
Rezept
– Arzt **11** 98
Richtervorbehalt **2** 209 ff.
Risikogebiet **5** 24 ff., **6** 22, 26, 46 f., **12** 40
– Fragerecht des Arbeitgebers **16** 55 f.
– Liste der **5** 26
– Offenbarungspflicht des Arbeitnehmers **16** 66 ff.
– Robert Koch-Institut (RKI) **3** 39
Risikolage
– Eingriffsbefugnisse, behördliche **13** 26
Robert Koch-Institut (RKI) **1** 59, **2** 25 ff., **5** 7, 10, 14, 24 ff., 25, 37 ff., 43, **6** 66, **7** 40, **12** 12, 46 ff.
– Amtshilfe **2** 46b
– Außenkompetenzen **2** 29
– Errichtung **2** 25
– Fachaufsicht **2** 25
– Kooperation **1** 61 f.
– Ständige Impfkommission (STIKO) **14** 11

– Surveillance **2** 27
– Tätigkeitsbereich **2** 26
Röteln **14** 40
Russland **14** 18

Sanitätshaus **3** 24
SAPV-Richtlinie **9** 49
SARS-Coronaviren
– Meldepflicht **12** 9
SARS-CoV-2
– Begriff **14** 1
– klinische Studie **14** 1
– Stand der Wissenschaft **14** 18
– übertragbare Krankheit **14** 17
– wissenschaftliche Erkenntnisse **14** 18
– Zwangslizenz **14** 18
SARS-CoV-2-Arbeitsschutz-VO (Corona-ArbSch-VO)
– Home-Office **16** 10c
SARS-CoV-2-Arzneimittelversorgungsverordnung (CoV-2-AMVO) **7** 58 ff., **8** 29, **10** 20, 40
Schengener Grenzkodex **5** 21, 52
Schengen-System **5** 52
Schiffsverkehr **6** 41
Schmerztherapie **11** 93
Schnelltest
– Meldepflicht **12** 9
Schule
– Schließung **3** 40 f., **15** 35 ff.
Schuleingangsuntersuchung **14** 33
– Masern **14** 36
Schutzausrüstung **1** 99
– Hebamme **11** 117
– persönliche **7** 5 ff., 10, 18, 31
– Verteilung **11** 88 ff.
– Verteilung an Vertragsarzt **11** 88 ff., 235
– Verteilung von Schutzmasken an Risikogruppen **11** 119 ff.
Schutzimpfung
– Anspruchsberechtigung **11** 248
– Finanzierung **11** 257
– Impfstoffverteilung **9** 18
– Organisation **11** 254 ff.
– Priorisierung **11** 249 ff.
Schutzmaßnahmen, notwendige **2** 93 ff., 176 ff.
– abwägende Gesamtschau **2** 182
– Demokratieprinzip **2** 182 f.
– Epidemiologie **2** 178
– Ermessen **2** 176 ff.
– Ermessensausübung **2** 177 ff.
– Faktenwissen **2** 178 f.
– gebundene Entscheidung **2** 176
– Grenzen, innere **2** 179
– Grenzen, rechtliche **2** 180 ff.
– Parlamentsvorbehalt **2** 183
– Präjudizierung **2** 178
– Unsicherheiten **2** 179
– Verhältnismäßigkeit **2** 181
Schutzpflichten, grundrechtliche **2** 49 ff.
– Abwägung **2** 55, 75 ff.
– Budgetrecht **2** 55
– Evidenz **2** 54
– Gesetzgeber **2** 55 f.
– IfSG/Infektionskrankheiten **2** 53, **14** 4
– Inhalt **2** 54 ff.
– Konflikte **2** 50, 55
– Krankenversorgung **2** 59
– Naturkatastrophen **2** 51
– objektiv-rechtliche Herleitung **2** 49
– Pandemie **2** 51 f.
– Reichweite **2** 50, 55
– Schutzniveau **2** 70 ff.
– Seuchengefahr **2** 52
– Verfassungsbeschwerde **2** 49, 55
– Verletzung **2** 54 f.
– Verwaltung **2** 57
– Vorbehalt des Möglichen **2** 55
– Zielkonflikte **2** 55
Schutzzertifikate, ergänzende **8** 104
Schwangerschaftskonfliktberatung **3** 49
Schwerpunktambulanzen **11** 102
Seehafen **5** 21
Selbstbestimmung, informationelle **5** 50, **6** 73

Selbsteintrittsrecht Landtag **2** 16, 111 ff., 183
– Parlamentsbeteiligungsgesetze **2** 111d
Selbsteintrittsrecht Ministerium **12** 59
Selbstverwaltung **11** 83 ff.
Selbstverwaltungspartner
– Kassenärztliche Bundesvereinigung **9** 40
– Kassenärztliche Vereinigungen **9** 40
– Krankenkassen **9** 40
– Spitzenverband Bund der Krankenkassen **9** 40
Sera **8** 8
Serostatus
– Meldepflicht **12** 9c
Seuchenbekämpfung **1** 7 ff.
Seuchengefahr **8** 106
Sicherstellung der Versorgung
– Medizinprodukte **7** 1 ff., 35 ff.
– Produkte des medizinischen Bedarfs **8** 18 ff.
Sicherstellung von Medizinprodukten **7** 60 ff., 61
Sicherstellungsauftrag **9** 30
– bedarfsgerechte Versorgung **8** 54
Sicherstellungsgesetze
– Derogation von Parlamentsgesetzen **2** 139 ff.
– Notstandsverfassung **4** 9, 19, 22 f.
Sitzpläne **6** 62 f.
Social Distancing **13** 22
Soft Law **1** 4
– Empfehlungen **1** 24
Solidarität
– mit Nicht-Geimpften **14** 6a
Sonderopfer **15** 70 ff., 74 ff.
Sonderrechte
– für Geimpfte **2** 130, **14** 6a
Sonderzulassung
– Medizinprodukte **7** 2, 22 ff., 48
Sonntagsöffnung **3** 27
SORMAS **12** 9a
Soziale Pflegeversicherung **11** 178 ff.
Sozialgesetzbuch
– SGB V **14** 4
– SGB V, Rahmengesetz **9** 39
– SGB V, SGB IX, SGB XI **7** 8
Sozialgestaltung **2** 57, 74
Sozialstaatsprinzip **2** 53, 54, **14** 31
Sozialversicherung
– Abgrenzung Gefahrenabwehr **11** 31
– Begriff **11** 29 ff.
– Beitragsfinanzierung **11** 34
– Bundeszuschuss **11** 62 ff.
– Entgelte Krankenhausleistungen **11** 44
– Finanzierungskompetenz **11** 53 ff.
– Gesetzgebungskompetenz **11** 28 ff.
– konstitutive Merkmale **11** 30 ff.
– neue Sachverhalte **11** 31
– Pandemie **11** 31 ff.
– Regelungskompetenz **11** 22 ff.
– Schutz der Solidargemeinschaft **11** 33
– Steuersystem **11** 52 ff.
– Strukturprinzipien **11** 45
– Übertragung von Aufgaben **11** 23
– verfassungsrechtlicher Rahmen **11** 26 ff.
– verfassungsrechtliches Finanzierungssystem **11** 52 ff.
– versicherungsfremde Aufgaben (-wahrnehmung) **11** 35 ff., 57 ff.
– Versicherungsprinzip **11** 32 ff.
Sozialversicherungsbeitrag
– Zweckbindung **11** 51 ff.
Sozialversicherungsrecht
– Aufgaben in der Pandemie **11** 75 ff.
– Pandemie **11** 25 ff.
Sozialversicherungsträger
– Auftragswahrnehmung in der Pandemie **11** 57 ff.
Soziotherapie-Richtlinie **9** 49
Spezialisierte-Ambulante-Palliativversorgungs-Richtlinie **9** 49
Spielplatz
– Schließung von **3** 43

Sportstätte
- Schließung von **3** 43 ff., **13** 22 ff.
Sprechstunde
- Sprechstundenbedarf **9** 17
- Video **9** 50, **11** 91 ff.
- Video, Bewertungsausschuss **11** 93
- Video, Bundesmantelvertrag **11** 92
- Video, Hebamme **11** 116
SPS-Übereinkommen **1** 50, 69 ff.
- Auslegung **1** 71
Sputnik V **14** 18
Staatliche Benutzungsanordnung
- Patentrecht **8** 105 ff.
Staatliches Informationshandeln
2 41 f., **12** 15
Staatsangehörigkeit
- Deutsche **6** 42
Staatshaftung **15** 1 ff.
Standardmaßnahmen **2** 80, 184, **12** 39 ff., **13** 29a ff., 30
- Absonderung **2** 186 f., 204 ff., **12** 40, **13** 40 ff.
- als Regelungsbeispiele **2** 185
- Ausgangsbeschränkung **12** 36
- Ausgangssperre **12** 36
- Beobachtung **12** 40, **13** 37
- berufliches Tätigkeitsverbot **2** 188 f.
- Entseuchung **13** 31 ff.
- gegenüber Nichtstörern **2** 186 f.
- Impfung **13** 35
- Kontaktreduzierung **12** 36
- personenbezogene Maßnahmen **13** 34
- Tätigkeitsverbot, berufliches **12** 40, **13** 38
- Veranstaltungsverbot **12** 37
- Verhältnis zur Generalklausel **2** 184 ff.
- Versammlungsverbot **12** 37
Ständige Impfkommission (STIKO) **12** 13
- Empfehlungen **14** 21
- Impfempfehlungen **14** 11
Standortdaten **12** 29 ff.
Stationäre Versorgung **11** 125 ff.
- Pandemie **11** 41 ff.
Stoffbegriff **8** 4
Störer **2** 90, 169 ff., 175a f.
- Ansteckungsverdächtiger **2** 171
- Auswahl **2** 175b
- Krankheitsverdächtiger **2** 170
Störerauswahl **13** 24
Strafprozess **17** 10
Straftat **17** 1 ff.
- vollziehbare Anordnung **17** 6
Strafvorschriften
- Coronaschutzverordnung **17** 14 ff.
- epidemische Lage **17** 13
- Rechtsverordnung **17** 14 ff.
Strukturprüfung **11** 149 ff., 155 ff.
- Mindestmerkmale **11** 156
- Operationen- und Prozedurenschlüssel **11** 156
Substitutionsbehandlung **8** 48 ff., **11** 94
Sunset-Klausel **7** 86
Surveillance **2** 3, 27, 178, **12** 27
- infektionsepidemiologische **12** 7
SurvNet **12** 9a

Taiwan **1** 14
Tankstelle **3** 23
Tätigkeitsverbot, berufliches **12** 20, 40
- Arbeitspflicht **16** 12
- Entschädigung **15** 8a ff., **16** 16
- Lohnfortzahlung **16** 13 ff.
- Masernimpfpflicht **14** 29
- Standardmaßnahmen **13** 38
Technische Umsetzung **5** 39
Telefon
- Arbeitsunfähigkeitsbescheinigung **11** 97 ff.
- ärztliche Konsultation **9** 50
- Beratung, Bewertungsausschuss **11** 93
Telefonnummer
- Einreisende **5** 30

Telekommunikationsdienste
- Anbieter von **6** 3
Telekommunikationsdienstleister **6** 67 ff.
Terminservicestelle **11** 102
Test auf Coronavirus **6** 34, **7** 9, 26, **11** 84 ff., 166
- Antikörpertest **9** 14 f.
- Kostentragung **11** 211 ff.
- Meldung von Testergebnissen **12** 9b
- nach Warnhinweis durch die Corona-Warn-App **11** 87
- Test- und Nachweispflicht **6** 25
- Testergebnis **6** 32
- Testpflicht **12** 26
- Zusatzentgelt **11** 166
Testverordnung
- Gesetzliche Krankenversicherung **11** 12
Tierbedarf **3** 23
Tiergesundheitsgesetz (TierGesG) **2** 6, **14** 8
Tierseuche **2** 6
Tracing-App **12** 30
Tracing-Maßnahmen **6** 57
Tracking-Maßnahmen **6** 57
Transfusionsgesetz
- Blut- und Blutbestandteile **8** 83
Transgouvernementale Netzwerke **1** 72
Transport
- Ausnahmebestimmungen **6** 4
- epidemische Lage von nationaler Tragweite **6** 1 ff.
- internationaler **6** 74
- Transportpflichten **6** 64
- von Krankheitsfällen **6** 64
- von Verdachtsfällen **6** 64
Trauerfeier **3** 8
Trauung **3** 8
Typisierung **2** 128a, 129a

Übertragbare Krankheit **5** 17 ff., 24, **6** 12, **9** 1 f.
- bedrohte Teile der Bevölkerung **14** 16, 26
- Bekämpfung von **12** 21 ff.
- epidemische Verbreitung **14** 16, 26
- klinisch schwere Verlaufsform **14** 16, 26
- Legaldefinition **14** 7
United Nations (UN) **1** 64 f.
- Gründungskonferenz **1** 11
Unmittelbarer Zwang
- Transport und Verkehr **6** 21
Unsicherheit **2** 56, 119, 179
UN-Sozialpakt **1** 65
Unternehmen
- Bußgeld **17** 24
- Inpflichtnahme **6** 13
Unternehmenssanktion **17** 24
Unterrichtungspflichten, unverzügliche **6** 18
Unterstützende Behörden **6** 17 f.
Untersuchung, ärztliche **6** 32 ff.
- Ermöglichung **6** 35 f.
Unversehrtheit, körperliche **5** 49
USA
- Impfstoffzulassung **14** 1, 18

Varizellen **14** 40
Veranstaltungsverbot **3** 5 ff., **12** 37
Verantwortlichkeit **2** 169 ff.
- Ansteckungsverdächtiger **2** 171
- Krankheitsverdächtiger **2** 170
Veräußerungsverbot
- Medizinprodukte **7** 65 f.
Verbandskompetenz **4** 26
Verbandssanktionengesetz **17** 24
Verbot der Nutzung von Zweit- und Ferienwohnungen **3** 21, **13** 22
Verbotsgesetz **7** 66
Verbringen von Medizinprodukten **7** 46 ff.
Verdachtsfälle, Meldung **6** 60 f.
Vereinte Nationen (UN) **1** 64 f.
- Gründungskonferenz **1** 11

Verfassungsbeschwerde
– Verletzung von Schutzpflichten **2** 49
Verfassungskonformität
– Erstes Bevölkerungsschutzgesetz **10** 27, 48
Verfügung über Medizinprodukte **7** 65 ff.
Verfügungsverbot
– Medizinprodukte **7** 65 f.
Vergnügungsstätte
– Schließung von **3** 43 ff., **13** 22
Vergütung, angemessene
– Patentrecht **8** 108 f.
Vergütung von Medizinprodukten **7** 68 ff.
Vergütungsanspruch, arbeitsrechtlicher
– Abwicklung **16** 38 ff.
Verhältnismäßigkeit **2** 112 ff.
– Angemessenheit **2** 121 ff.
– Begrenzungsfunktion **2** 113
– Bekämpfung von übertragbaren Krankheiten **12** 33
– Bekämpfungsphase, fortgeschrittene **2** 129
– Bekämpfungsphase, frühe **2** 124, 126
– effektive Gefahrenabwehr **2** 123
– Eingriffsbefugnisse, behördliche **13** 7, 15
– Einreise **5** 45
– Einschätzungsspielräume **2** 117 ff.
– Endzwecke **2** 116
– Erforderlichkeit **2** 118, 120
– Geeignetheit **2** 118, 120
– Gerichte **2** 125 ff.
– Gleichheitssatz **2** 127 f.
– Interessengewichtung **2** 115 f., 129
– Lockerungen **2** 127
– Masernimpfpflicht **14** 30 ff.
– neue Formel **2** 127 f.
– örtliche Unterschiede **2** 130
– Schranken-Schranke **2** 113
– Transport und Verkehr **6** 33, 70
– Unsicherheiten **2** 119
– Zweck, legitimer **2** 116
– Zwischenziele **2** 116
– § 28a Abs. 2, 3 IfSG **13** 29e
Verhütung
– Begriff **12** 18
– übertragbarer Krankheiten **12** 17 ff., **14** 1 ff.
Verhütungsmaßnahmen
– Infektionskrankheit **13** 1 ff.
Verjährung
– Entschädigung **16** 44
– Lohnfortzahlung **16** 40
Verkauf von Medizinprodukten **7** 65 ff.
Verkaufs- und Verpflichtungsverbot
– Hersteller und Vertreiber von versorgungsrelevanten Produkten des medizinischen Bedarfs **8** 52
Verkaufsstätte **3** 22 ff.
Verkaufsverbot von Medizinprodukten **7** 65 f.
Verkehr
– Ausnahmebestimmungen **6** 4
– epidemische Lage von nationaler Tragweite **6** 1 ff.
Verkehrsbeschränkungen
– Prävention **12** 16
Verkehrssicherstellungsgesetz **2** 139 f.
Verlaufsformen
– klinisch schwere **5** 19
Vermögensnachteil
– Entschädigung **15** 53 ff.
Vernichtung von Gegenständen **12** 19
Verordnung BMG Anspruchsberechtigung Krankenhäuser **11** 17
Verordnung zum Anspruch auf Schutzimpfung gegen das Coronavirus SARS-CoV-2 (Coronavirus-Impfverordnung – CoronaImpfV) **14** 4
Verordnungsermächtigungen **12** 44
– Änderungsvorbehalt **2** 155, 157
– Aufhebungsvorbehalt **2** 158
– Begründungspflicht **2** 154
– BMG **2** 131
– Impfpflicht **14** 15
– Krisenlagen **2** 151 ff.

- Parlamentsbeteiligungsgesetze 2 111d
- Sicherungselemente 2 153 ff.
- verfassungsrechtliche Probleme 2 137 ff.
- Zustimmungsfiktion 2 158
- Zustimmungsvorbehalt 2 155 f.
- § 5 Abs. 2 IfSG 2 132 ff.

Versammlungsfreiheit 3 7, 12 76
Versammlungsverbot 3 5 ff., 12 37, 13 22
Verschreibung von Medizinprodukten 7 46 ff.
Versicherungsfremde Aufgaben
- Gefahrenabwehr 11 35 ff.

Versicherungsfremde Leistung 11 216, 241
Versicherungsprinzip
- Sozialversicherung 11 32 ff.

Versorgung
- Aufrechterhaltung der pflegerischen 10 41 ff.
- bei Impfschäden 12 57
- heilkundliche, Verordnung 16 6
- medizinische, ambulante 9 5
- mit infektionsschutzrelevanten Produkten nach Unionsrecht 1 100
- Produkte medizinischen Bedarfs 8 1
- Sicherstellung der 7 1 ff., 35 ff.

Versorgungsämter 12 57
Versorgungskrise 2 141
Versorgungsrelevante Produkte
- medizinischer Bedarf 8 53

Verteilung von Medizinprodukten 7 53 ff.
Vertragsärztliche Versorgung
- Facharzt 9 30
- Hausarzt 9 30

Vertrieb von Medizinprodukten 7 68 ff.
Verwaltungsausgaben 2 48
Verwaltungsgericht
- Zuständigkeit 13 43 ff.

Verwaltungskompetenzen 2 17 ff., 4 21 ff., 25
- Aufklärung 2 41 f.
- Behördenzuständigkeit, Bestimmung der 2 18
- BMG 2 35 ff.
- bundeseigene Verwaltung 2 22 ff.
- Bundesoberbehörde 2 24
- Bundeswehr 2 39 ff., 12 80c ff.
- der Länder beim Vollzug des IfSG 12 53 ff.
- Einreisen 2 35 ff.
- fakultative Bundesverwaltung 2 23 f., 32
- Gefahr im Verzug 2 19
- Gesundheitsamt 2 18 f.
- Kooperation zwischen Bund und Ländern 2 43 ff.
- kraft Natur der Sache 2 22
- kraft Sachzusammenhangs 2 39c
- Krisenkommunikation 2 41 f.
- landeseigene Verwaltung 2 18 ff.
- Ordnungsbehörde 2 19
- Pandemieplan 2 21, 38
- Paul-Ehrlich-Institut (PEI) 2 30
- Planung 2 21, 38
- Robert Koch-Institut (RKI) 2 25 ff.
- Versorgung mit Gesundheitsprodukten 2 31 ff.
- Weisungen 2 20

Verwaltungsverfahren
- Abänderungskompetenz 2 19a
- Bundesregelung 2 19a

Verwaltungsvollstreckung
- Transport und Verkehr 6 21

Verwendung von Medizinprodukten 7 60 ff.
Videosprechstunde 9 50, 11 91 ff.
- ärztliche Konsultation 9 50
- Aufhebung der Mengenbeschränkungen 11 95
- Ausweitung der Leistungserbringung 11 96
- Bewertungsausschuss 11 93
- Bundesmantelvertrag 11 92
- Hebammenhilfe 11 116

Vierfachimpfung **14** 40
Virusvarianten-Gebiet **5** 26
Viruszirkulation **12** 9b
Völkerrecht **1** 2 ff.
- Gesundheitsvölkerrecht **1** 4
- globales Recht **1** 3
- Soft Law **1** 3
- Völkerrechtssubjektivität **1** 12
Vollstreckungsbeamte
- Widerstand gegen **17** 9
Vollstreckungshilfe **12** 80
Vollziehbare Anordnung
- Absonderung **2** 211
- Straftat **17** 6
Vollzugsdefizite **2** 128a, 129a
Vollzugskompetenzen des Bundesministeriums für Gesundheit **9** 10, **12** 6
Vorbehalt des Möglichen **2** 55
Vorrang des Gesetzes **2** 137, 149, **4** 17 ff.
Vorsorgeeinrichtungen
- Ausgleichszahlungen **11** 158
- COVID-19-Krankenhausentlastungsgesetz **11** 157 f.

Wahrnehmung anerkannter Angebote zur Unterstützung im Alltag **11** 191
- Erstattungsverfahren **11** 194
- finanzielle Hilfen **11** 192
Warenverkehrsfreiheit **1** 99
Weisung **2** 20, **12** 89
- (fach-)aufsichtliche **12** 74
- Ordnungsbehörde **17** 19
- Weisungsrecht des Bundesministeriums der Gesundheit **12** 52
Weltbank
- Pandemievorsorge **1** 66
Weltgesundheitsrecht **1** 4
Weltgesundheitsversammlung **1** 13
- Kompetenzen **1** 16
Wesentlichkeitsgrundsatz **2** 103 f., **5** 16, **13** 28, 29b ff.
- Impfpflicht **14** 24, 27
WHO **1** 4, 11 ff., **6** 58, **12** 8
- Ablehnungsrecht der Mitgliedstaaten **1** 28
- Aufbau und Struktur **1** 15 ff.
- Aufgaben **1** 22
- Ausschüsse **1** 15, 36 f.
- Beobachterstatus **1** 72
- Budget **1** 23
- Deutschland **1** 57 ff.
- Empfehlungen **1** 24, 48 ff.
- Entstehung und Rechtsgrundlage **1** 11
- Exekutivrat **1** 18
- Finanzierung **1** 23, 62
- Generaldirektor **1** 13, 19
- Gesundheitsbegriff **1** 21
- Global Influenza Strategy 2019–2030 **1** 24
- Global Influenza Surveillance Network **1** 24
- Hauptorgane **1** 15 ff.
- Health Emergencies Programme **1** 56
- Infektionsschutz **1** 22
- Influenza **1** 63
- Information **1** 38 ff.
- Informationsbewertung **1** 44 ff.
- Informationsübermittlung **1** 42 f.
- Instrumentarium **1** 51
- Kompetenzen **1** 48 ff.
- Konsultation **1** 40 f.
- Konventionen und Übereinkommen **1** 25 f.
- Maßnahmen der Vertragsstaaten **1** 52 ff.
- Mitglieder **1** 13
- nicht-staatliche Informationsquellen **1** 41
- Notfallausschuss **1** 36
- Organisationsstruktur **1** 20
- Pandemic Influenza Risk Management **1** 24
- Prinzipien **1** 13
- Prüfungsausschuss **1** 37
- Rechtsetzung **1** 26
- Regelungsgegenstände **1** 27

- Regionalisierung 1 20
- Sekretariat 1 19
- Standardmaßnahmen 1 52
- Status 1 12
- Streitbeilegung 1 55
- Überwachungssystem 1 47
- Universalitätsprinzip 1 13 f.
- Validierungsverfahren 1 41
- Vorbehaltsrecht der Mitgliedstaaten 1 28
- Vorschriften 1 27 f.
- Weltgesundheitsversammlung 1 13, 16 f.
- Wissenschaftlichkeit 1 50, 54
- Ziele 1 21

Widerstand gegen Vollstreckungsbeamte 17 9
Windpocken 14 40
Wirkstoffe 8 13
Wirtschaftssicherstellungsgesetz 2 139 f.
Wochenmärkte
- Schließung von 3 25

Wohn- und Aufenthaltsadresse 5 30
WTO 1 68
- Ziele 1 68

Zahnarzt 3 47
- Liquiditätssicherung 11 108 ff.

Zeitablauf 5 57
Zitiergebot 5 48, 14 6
- Absonderung 2 218

Zivilschutz 2 11, 12 84
Zulassung von Ärzten 9 41 ff.
- Zulassungsbeschränkungen 9 16

Zulassung von Medizinprodukten 7 36, 46 ff.
Zulassungsverordnung 9 41
Zuordnung, digitale 5 29
Zusatzentgelt 11 170
Zusätzliche Intensivbetten 11 146
Zusatzpflichten
- Unternehmen aus dem Bereich Transport und Verkehr 6 10, 39 ff.

Zuständigkeit
- behördliche 2 18, 6 17, 10 17, 12 5
- Länder 10 17

Zustimmungsfiktion 2 158
Zustimmungsvorbehalt 2 111d, 155 f.
Zwangslizenz
- Patentrecht 8 105, 109

Zwangsregelung
- Zwangsverpflichtung 9 7 f., 12 f.

Zwangstest 12 26
Zwangsverpflichtung 9 7 f., 12 f.
Zweckausgaben 2 48
Zweites Bevölkerungsschutzgesetz 7 1 ff., 33 ff., 9 2, 13, 10 61 f.
- Abweichungsbefugnis vom Pauschalbetrag 10 64
- Approbationsordnung 9 55
- Corona-Prämie 10 64
- Gesetzgebungsverfahren 14 6
- Gesetzliche Krankenversicherung 11 11
- Immunstatusdokumentation 14 6
- Pflegebudget 10 64
- Verordnungsermächtigung 9 13 f.

Zweitwohnung 3 21